lonely planet

Südafrika
Lesotho & Swasiland

Mary Fitzpatrick
Kate Armstrong, Becca Blond, Michael Kohn, Simon Richmond, Al Simmonds

KGALAGADI TRANSFRONTIER PARK (S. 580)
Einmal die unendliche Weite der Kalahari erleben
NAMAQUALAND (S. 586)
Im Frühjahr verschwindet die raue Landschaft unter einem farbenprächtigen Teppich aus Wildblumen
WINELANDS (S. 180)
Exzellente Weine und eine gute Küche locken in die Täler um Franschhoek, zwischen Paarl und Stellenbosch
KAPSTADT (S. 106)
Weltoffene Eleganz in einer der schönsten Städte der Welt
REGION OVERBERG (S. 198)
Südafrikas Küste – von dem Walbeobachtungsort Hermanus bis zu den Flüssen und Schluchten des Tsitsikamma National Park
KAROO (S. 284)
Weite und Stille der Karoo auf sich wirken lassen – oder Graaff-Reinet besuchen, eine der schönsten Städte in Südafrika
Central Kalahari Game Reserve
WINDHOEK
Gobabis
Südlicher Wendekreis
BOTSUANA
Mariental
Kgalagadi Transfrontier Park
Kanye
Tshabong
NORTH-WEST PROVINCE
Kalahari
Keetmanshoop
Rietfontein
Vryburg
NAMIBIA
Hotazel
Kuruman
Noenieput
Fish River Canyon National Park
Richtersveld National Park
B1
B3
Augrabies Falls National Park
Upington
SÜD-AFRIKA
Alexander Bay
Noordoewer
Orange River
Port Nolloth
Prieska
Springbok
NAMAQUALAND
NORTHERN CAPE
De Aar
ATLANTISCHER OZEAN
Bitterfontein
Carnarvon
Calvinia
Middelburg
St Helena Bay
Cederberg Wilderness Area
Olifants River
Karoo National Park
Beaufort West
Karoo Nature Reserve
Saldanha
WESTERN CAPE
Ceres
Worcester
Paarl
Montagu
Oudtshoorn
Wilderness National Park
Tsitsikamma National Park
Kapstadt
Stellenbosch
Swellendam
Mossel Bay
George
Knysna
Plettenberg Bay
Table Mountain National Park
Kap der Guten Hoffnung
False Bay
Hermanus
Bredasdorp
De Hoop Nature Reserve
Cape Agulhas
Vaal River
16° O
18° O
20° O
22° O
24° O

SIMBABWE
MOSAMBIK
Gonarezhou National Park
Mapungubwe NP
Musina
Limpopo River
Thohoyandou
Makhado (Louis Trichardt)
Banhine National Park
Tropic of Capricorn
Great Limpopo Transfrontier Park
Limpopo National Park
KRUGER NATIONAL PARK (S. 501)
Die Schönheit einer grandiosen Natur in diesem weltberühmten Safariziel bestaunen
Ellisras
Phalaborwa
Polokwane (Pietersburg)
LIMPOPO
Inhambane
GABORONE
Blyde River Canyon Nature Reserve
Kruger National Park
Lobatse
Pilanesberg National Park
Sun City
Zeerust
Olifants
Sabie
Nelspruit
Xai-Xai
Rustenburg
PRETORIA
Middelburg
Komatipoort
Mmabatho Mafikeng
GAUTENG
Johannesburg
Soweto
Lichtenburg
MPUMALANGA
Pigg's Peak
MAPUTO
MBABANE
Heidelberg
Potchefstroom
Klerksdorp
Vereeniging
Ermelo
Manzini
SWASILAND
SWASILAND (S. 623)
Hervorragende Kunsthandwerksläden und eine traditionsreiche Kultur in einer kleinen afrikanischen Monarchie
Big Bend
Standerton
Piet Retief
Hlathikulu
Kosi Bay Nature Reserve
Vrede
Volksrust
Golela
MAPUTALAND (S. 362)
Die Stille an der schönen Küste zwischen Greater St. Lucia Wetlands Park und Kosi Bay Nature Reserve in der Nebensaison genießen
Bloemhof
Kroonstad
Newcastle
Mkuze
Sodwana Bay National Park
Welkom
Madadeni
Vryheid
Greater St Lucia Wetland Park
Virginia
Bohlakong
FREE STATE
Harrismith
Dundee
Hluhluwe-Imfolozi Park
Senekal
Bethlehem
Ulundi
HLUHLUWE-IMFOLOZI PARK (S. 359)
Die Big Five und viele andere Vertreter der afrikanischen Tierwelt
Mtubatuba
Ficksburg
Ladysmith
Drakensberg
Empangeni
Richards Bay
BLOEMFONTEIN
Estcourt
Thaba 'Nchu
MASERU
KWAZULU-NATAL
uKhahlamba-Drakensberg Park
ZULULAND (S. 351)
Vergangenheit und Gegenwart verschmelzen in einem der lebendigsten Zentren des Landes
LESOTHO
Caledon
Pietermaritzburg
Mohokare
Mafeteng
Durban
Mohale's Hoek
Amanzimtoti
Kokstad
Aliwal North
Port Shepstone
DRAKENSBERGE (S. 479)
Zwischen den Gipfeln und steilen Tälern dieser atemberaubenden Landschaft wandern
EASTERN CAPE
Mkambati Nature Reserve
Mthatha
Port St Johns
Hluleka Nature Reserve
Queenstown
Cradock
Sada
Great Kei River
Dwesa Nature Reserve
Mountain Zebra National Park
Fort Beaufort
LESOTHO (S. 595)
Ponyritte und Wanderungen durch die Bergwelt in Südafrikas „Königreich im Himmel"
Somerset East
Bhisho
East London
INDISCHER OZEAN
Grahamstown
Addo Elephant National Park
Port Alfred
Port Elizabeth
WILD COAST (S. 303)
Donnernde Brandung und geheimnisvolle Wasserfälle an der Küste, hübsche Xhosa-Dörfer im Hinterland.
HÖHENANGABEN
2400 m
1800 m
1200 m
600 m
0
LEGENDE
Mautstraße
Autobahn
Hauptstraße
Landstraße
Verbindungsstraße
unbefestigte Straße
0
150 km
22° S
24° S
26° S
28° S
30° S
32° S
34° S
36° S
26° O
28° O
30° O
32° O
34° O
36° O

Reiseziel Südafrika, Lesotho & Swasiland

Kein Wunder, dass Südafrika deutlich mehr Besucher anzieht als jedes andere Land südlich der Sahara: Einzigartige Wildtiere, unglaubliche Naturlandschaften und ein pulsierendes Kulturleben – das Land bietet genug für jeden Geschmack und Geldbeutel. Innerhalb eines Tages kann man in Südafrika von den beschaulichen Weinbergen des Western Cape in die offene Weite der Kalahari reisen, von der eleganten Küste Kapstadts in ein abgelegenes Zuludorf, von den Elefanten im Kruger National Park zu Surferparadiesen und luxuriösen Strandresorts. Und im Unterschied zum restlichen Afrika kann man all dies erleben, ohne auf westlichen Komfort verzichten zu müssen – und Englisch wird überall verstanden. Ganz besonders reizvoll ist die Möglichkeit, einen Abstecher nach Lesotho zu unternehmen, dessen Landschaft zum Wandern oder Reiten einlädt – oder nach Swasiland, wo das Leben geruhsamer abläuft und die traditionelle Kultur noch ganz lebendig ist.

Auf einer Reise durch Südafrika wird man leicht geblendet von der Glitzerwelt und Infrastruktur der westlichen Welt und sollte deswegen auch ein wenig hinter die Fassaden schauen: Da gibt es immer noch die riesigen Townships, in denen viel zu viele Menschen unter Hunger, Armut und Aids leiden. Südafrika hat eine unglaublich reiche Natur – aber das Land kämpft bis heute um ein ausgeglichenes und entspanntes Verhältnis zwischen den einzelnen Volksgruppen. Dieses unablässige Bemühen ist das eigentliche und spannende Drama des Landes, und man sieht es unterwegs überall im Land. Die beste Zeit dafür ist gerade jetzt, in einem Moment, da die Farben der „Regenbogennation" tatsächlich miteinander zu verschmelzen beginnen.

BRENT STIRTON/GETTY IMA

Tradition & Kultur

ARIADNE VAN ZANDBERGEN

Örtliche Traditionen werden in einem Cultural Village (S. 633) in Swasiland lebendig

RICHARD I'ANSON

Faszinierendes Kunsthandwerk: Masken in Johannesburg (S. 445)

NOCH MEHR HIGHLIGHTS

- Webern bei der kunstvollen Arbeit in Teyateyaneng (S. 607), Lesotho, zusehen
- Die Kultur der Zulu bei einem der Zulu-Festivals (S. 356) in KwaZulu-Natal kennenlernen

Traditionelle Hochzeitsfeier in der Regina Mundi Church (S. 454) in Soweto

BRENT STIRTON/GETTY IMAGES

Naturparks & Küsten

LUKE HUNTER

Atemberaubende Landschaft im Kgalagadi Transfrontier Park (S. 580), Northern Cape

Ein beeindruckender Kokerboom (Aloë) im Augrabies Falls National Park (S. 585), Northern Cape

ARIADNE VAN ZANDBERGEN

NOCH MEHR HIGHLIGHTS

- Meeresschildkröten und Muränen ganz aus der Nähe betrachten – in Sodwana Bay (Kasten S. 367), KwaZulu-Natal
- Das bunte Kaleidoskop aus den Blüten unzähliger Blumen im Namaqu National Park (S. 592) bestaunen

Den Strand an der Atlantikküste bei Kapstadt erleben (S. 123)

NIC BOTH

DI JONES

Blick über spektakuläre Canyons, Flüsse und Schluchten in Lesotho (S. 596)

PAUL KENNEDY

Wellenreiten an der Jeffrey's Bay (S. 264), Eastern Cape

Sonnenaufgang im Kruger National Park (S. 501)

KARL LEHMANN

Städtische Kontraste

ARIADNE VAN ZANDBERGEN

Kapstadts eindrucksvolles International Convention Centre (S. 165)

Freundlicher Rikscha-Fahrer am Strand von Durban (S. 330)

RICHARD I'ANSON

NOCH MEHR HIGHLIGHTS

- Das Northern Cape Legislature Building (S. 571) besuchen – ein phantasievolles Werk der Architektur mit elegant geschwungenen Linien
- Die Herrenhäuser von Barberton (S. 496) in Mpumalanga betrachten und Einblicke in die Vergangenheit der Stadt nehmen

Eine Tour durch Johannesburg bietet Einblicke in das Leben in den Townships (S. 433)

BRENT STIRTON/GETTY IMA

BRENT STIRTON/GETTY IMAGES

Das farbenprächtige Bo-Kaap (S. 115) in Kapstadt

ANDREW BURKE

Bürogebäude in Johannesburg (S. 423)

Ein nächtlicher Imbiss mit den Einheimischen in der Long Street (S. 118), Kapstadt

BRENT STIRTON/GETTY IMAGES

Tiere beobachten

Wer sich traut, kann in Hermanus (S. 201), Western Cape, mit den Haien tauchen

TIM ROCK

ARIADNE VAN ZANDBERGEN

Bärenpavian im Cape of Good Hope Nature Reserve (S. 174)

NOCH MEHR HIGHLIGHTS

- Einmal ausprobieren, wie viele der 615 Vogelarten man selbst in Makhado (Louis Trichardt; S. 535), Limpopo, zu Gesicht bekommt
- Im Hluhluwe-Imfolozi Park (S. 359), KwaZulu-Natal, unterm Sternenhimmel schlafen

CHRISTER FREDRIKSSON

Tiere in ihrem natürlichen Lebensraum – im Kgalagadi Transfrontier Park (S. 580), Northern Cape

Löwe im Phinda Resource Reserve (S. 370), KwaZulu-Natal

LUKE HUNTER

Entspannung & Genuss

ARIADNE VAN ZANDBERGEN

Stilvoll speisen in Kapstadt (S. 155)

ARIADNE VAN ZANDBERGEN

Ideal zum Entspannen: eine Unterkunft in Kapstadt (S. 151)

NOCH MEHR HIGHLIGHTS

- Einmal in Ruhe in den Boutiquen und Kunstgalerien in Clarens (S. 414), Free State, stöbern
- Den 5-Sterne-Luxus in einer Unterkunft in einem der privaten Schutzgebiete (S. 522) im Kruger National Park genießen

Weinlese in Stellenbosch (S. 184), Western Cape

CHRISTER FREDRIKSSON

Weg zur Freiheit

Auf Robben Island (S. 114), Kapstadt, führen ehemalige Häftlinge heute die Besucher

PAUL GILHAM/GETTY IMAGES

Auf Robben Island (S. 114) bei Kapstadt war Nelson Mandela zwei Jahrzehnte lang inhaftiert

NOCH MEHR HIGHLIGHTS

- Im Freedom Park (S. 464) in Pretoria an diejenigen denken, die ihr Leben für die Freiheit gaben
- Die Einschusslöcher in den Mauern der Regina Mundi Church (S. 454) in Soweto betrachten – die Kirche diente während der Zeit der Apartheid als Versammlungsort

PER-ANDERS PETTERSSON/GETTY IMAGES

Im Apartheid Museum (S. 432), Johannesburg, erinnern Schlingen an die ermordeten politischen Gefangenen

Exponate im Apartheid Museum (S. 432) von Johannesburg

ALEXANDER JOE/GETTY IMAGES

Inhalt

Kartenübersicht

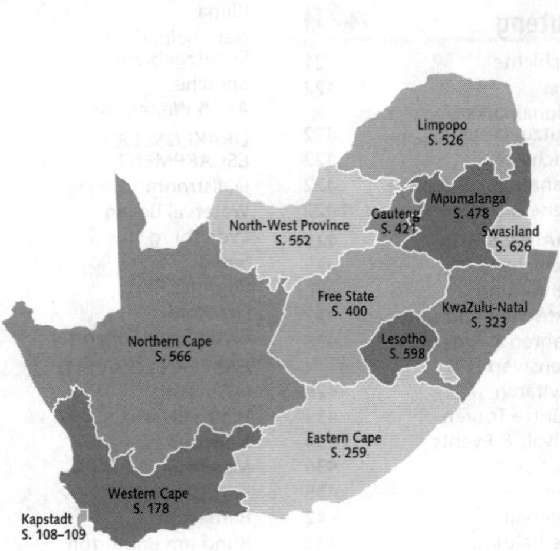

Die Autoren

MARY FITZPATRICK

Hauptautorin

Mary stand vor über zehn Jahren zum ersten Mal auf einem Hügel östlich von Johannesburg und blickte staunend auf die Skyline der Stadt. Seitdem ist sie etliche Male nach Südafrika zurückgekehrt und hat auch Fahrten nach Lesotho und Swasiland unternommen. Ihre schönsten Reisemomente dabei: die ersten multiethnischen Wahlen in Südafrika live und hautnah zu erleben; am Heiligabend in einem Polizeiwagen aus dem Cape of Good Hope Nature Reserve herausgebracht zu werden; durch Lesotho zu wandern – und die wunderbare Gastfreundschaft der Einheimischen genießen zu dürfen. Sie lebt und arbeitet als Reiseautorin im viel weiter nördlich gelegenen Kairo, aber immerhin auf dem afrikanischen Kontinent.

Meine Lieblingsroute

Falls ich genügend Zeit habe, möchte ich bei meiner nächsten Südafrikareise so viele der folgenden Highlights wie möglich erleben: Wandern im Cape of Good Hope Nature Reserve (S. 174); durch das Hochland von Lesotho (S. 610) bei Oxbow streifen; einen Nachmittag hoch über einem der Täler im Golden Gate Highlands National Park (S. 412) verbringen und dort die Stille und die wunderschöne Landschaft genießen; den Kgalagadi Transfrontier Park (S. 580) besuchen; einige Wochen in den Parks von KwaZulu-Natal verbringen, vor allem im Mkhuze Game Reserve (S. 370) und im Hluhluwe-Imfolozi Park (S. 359). Johannesburg (S. 423) ist ganz klar meine Lieblingsstadt, Swasiland (S. 624) das netteste Ausflugsziel.

KATE ARMSTRONG

KwaZulu-Natal, Lesotho, Swasiland

Kate verfiel der Faszination Afrikas, als sie eine Zeitlang in Mosambik lebte und arbeitete – und später dann auf ihren Reisen quer durch Ostafrika. Die Chance, bei der Recherche für diesen Lonely Planet ein ganz neues Stück dieses Kontinents zu entdecken, ließ sie sich natürlich nicht nehmen. Zwar schaffte sie es dabei, den Malariamücken zu entkommen, sie wurde aber dennoch angesteckt: von der Begeisterung für die Kultur der Zulu, die Giraffen und die überwältigende Gastfreundschaft der Einheimischen (einmal abgesehen von den vielen Reifenpannen unterwegs). Wenn Kate nicht gerade mit Essen, Wandern oder Tanzen irgendwo in Afrika, Europa oder Südamerika beschäftigt ist, wohnt sie in Sydney, wo sie Reiseartikel und Kinderbücher schreibt.

DIE AUTOREN VON LONELY PLANET

Warum unsere Reiseführer die besten der Welt sind? Ganz einfach: Unsere Autoren sind unabhängige und leidenschaftliche Globetrotter. Sie recherchieren nicht einfach nur übers Internet oder Telefon, und sie lassen sich nicht mit Werbegeschenken für positive Berichterstattung schmieren. Sie reisen weit, zu touristischen Highlights und entlegenen Orten. Sie besuchen persönlich Tausende von Hotels, Restaurants, Cafés, Bars, Galerien, Schlösser, Museen und mehr – und schildern ihre Eindrücke gnadenlos ehrlich, ohne Schönfärberei. Weitere Infos gibt's auf www.lonelyplanet.com im Autorenbereich.

BECCA BLOND Free State, North-West Province, Northern Cape

Becca verliebte sich in Afrika, als sie während ihrer Uni-Zeit eine Zeitlang in Simbabwe studierte; damals nahm sie sich vor, wenigstens einmal pro Jahr zurückzukehren. Mit sechs Reisen in den Süden und Osten des Kontinents in den vergangenen acht Jahren, darunter drei für Lonely Planet (zweimal für dieses Buch und einmal für die Aktualisierung von Teilen des Bandes *Africa on a Shoestring)*, ist sie ihrem Vorsatz einigermaßen treu geblieben. Wenn sie nicht gerade rund um den Globus zieht und Reiseartikel schreibt, lebt sie mit ihrem Freund Aaron in Boulder im US-Bundesstaat Colorado. Becca denkt häufig daran, eines Tages ihre Siebensachen zusammenzupacken und ganz nach Kapstadt zu ziehen.

MICHAEL KOHN Mpumalanga, Kruger-Nationalpark, Limpopo

Michael besuchte Südafrika erstmals während seines Studiums 1994 – allerdings ließ er die Bücher irgendwann links liegen und gönnte sich stattdessen lieber ein paar Bier an der Waterfront, und er sprang damals mit dem Fallschirm über Stellenbosch ab. Seitdem ist er nie wieder so richtig sesshaft geworden; er hat als Journalist und Reiseautor in aller Welt gearbeitet und u.a. an sechs Lonely-Planet-Reiseführern mitgeschrieben. Wenn er es überhaupt einmal irgendwo längere Zeit aushält, dann in seiner alten Heimat Nordkalifornien. Für diesen Reiseführer hat er auch den Abschnitt über die Wild Coast im Kapitel Eastern Cape verfasst.

SIMON RICHMOND Kapstadt

Simon besuchte Kapstadt erstmals 2001, um für den Lonely Planet *Südafrika, Lesotho & Swasiland* und den Reiseführer *Kapstadt* zu recherchieren. Seitdem ist er zweimal dorthin zurückgekehrt, um an den Neuausgaben der beiden Bücher zu arbeiten. Im Grunde hat er jeden Winkel der Stadt erkundet – vom Cape Point bis nach Durbanville, von Clifton bis nach Khayelitsha, und dabei in den verschiedensten Unterkünften gewohnt, von der einfachen Hütte bis zum Penthouse. Ach ja, noch was: Nur sehr wenige Restaurants, Cafés oder Bars hat er dabei links liegenlassen, und was immer man hier an (Sport)aktivitäten so wagen kann – er hat's schon ausprobiert, egal ob Sandboarding oder Paragliding am Lion's Head.

AL SIMMONDS

Western Cape, Eastern Cape, Gauteng

Al Simmonds wuchs in Johannesburg auf und lebte in Kapstadt, bevor er Südafrika 1998 verließ und nach London zog. Dort arbeitete er als Reisejournalist und versuchte, wenigstens einmal im Jahr etwas über Südafrika zu schreiben. Doch als typischer Freiberufler trieb es ihn bald hinaus in die Welt, er lebte in New York und Amsterdam, zog dann quer durch Europa, den Fernen Osten und Mittelamerika, bevor er in seine alte Lieblingsstadt Kapstadt zurückkehrte – wo er bis heute lebt. Übrigens hat er schon jeden Zipfel von Südafrika besucht, mit Ausnahme der nördlichsten Ausläufer des Northern Cape. Naja, beim nächsten Mal ...

BEITRÄGE VON ...

Jane Cornwell; sie verfasste das Musikkapitel (S. 62). Jane stammt aus Australien, lebt aber in London, wo sie als Musikjournalistin für Zeitungen und Magazine wie den *Evening Standard*, *Guardian*, *Songlines* und *Jazzwise* arbeitet. Ihre Artikel erscheinen außerdem regelmäßig in der Zeitung *Australian*. Sie hat in Anthropologie promoviert und für das Institute of Contemporary Arts, Real World Records, World of Music, Arts and Dance (Womad) und das Ignite Festival in Sydney gearbeitet.

Bevor es losgeht

Südafrika verfügt über eine gut ausgebaute Infrastruktur mit einem ausgezeichneten asphaltierten Straßennetz, ausreichend Geldautomaten und Internetzugängen und einer attraktiven Auswahl an bezahlbaren und trotzdem hochwertigen Unterkünften. Einmal abgesehen von den Schulferien (wenn die Hotels in den beliebtesten Feriengebieten vollständig ausgebucht sind), kann man Südafrika eigentlich zu jeder Zeit spontan besuchen. Swasiland und (vor allem) Lesotho bieten dagegen keine gleichwertige Infrastruktur. In Lesotho beispielsweise sind nur einige wenige Hauptstraßen asphaltiert, und in beiden Ländern findet man Geldautomaten oder Computer mit Internetzugang nur an wenigen Orten in oder rund um die jeweilige Hauptstadt. Allerdings sind beide Länder auch so klein und leicht zu bereisen, dass man mit etwas Planung im Vorfeld auch hier gut zurechtkommt. Überhaupt hat man mehr von der Reise, wenn man sich vorher gründlich vorbereitet, egal, in welchen Teil von Südafrika man fahren möchte. Der Tourismus ist in allen drei Staaten ein großes Geschäft und eine wichtige Einnahmequelle.

Wer mit öffentlichen Verkehrsmitteln unterwegs ist, sollte ausreichend Umsteigezeiten einkalkulieren, vor allem bei Zielen abseits der wichtigsten Routen. Es ist ziemlich beliebt und einfach, Südafrika auf eigene Faust per Mietwagen zu erkunden; oft ist dies auch die einzige Möglichkeit, entlegenere Gegenden zu besuchen. Mit etwas Glück und guter Planung stößt man auf günstige Mietwagenangebote. Autofahren ist auch in Lesotho und Swasiland einfach und relativ preiswert, aber im Gegensatz zu Südafrika kann man hier sogar mit öffentlichen Verkehrsmitteln praktisch jeden Winkel erreichen – sehr preiswert und ohne viel Aufwand.

REISEZEIT

Weitere Hinweise in den Klimatabellen auf S. 666.

Südafrika ist ganzjährig ein angenehmes Reiseziel. Allerdings sollte man trotzdem an die Jahreszeiten denken – es gibt sie nämlich, und sie sind denen auf der Nordhalbkugel entgegengesetzt: Der Winter (Juni bis September) ist kühler und trockener und deshalb ideal für Wanderungen und alle Unternehmungen im Freien. Da die Vegetation zu dieser Jahreszeit weniger dicht ist und durstige Tiere sich an Flüssen und anderen Wasserstellen versammeln, bietet der Winter auch die beste Möglichkeit zur Wildtierbeobachtung. Im östlichen Highveld sind die Nächte oft sehr kühl und klar, deshalb unbedingt eine Jacke einpacken.

Der Sommer (Ende November bis März) beschert dem Land Regen, Nebel und im Lowveld – einschließlich weiter Teile des östlichen Swasilands – einige ziemlich heiße Tage. An der Küste des Indischen Ozeans ist das Wetter dann schwül und tropisch. In Swasiland und Lesotho kommt es im Sommer zu heftigen Gewittern.

Man kann die eigene Reisezeit vom Wetter abhängig machen; wichtiger sind allerdings die Termine der Schulferien. Von Mitte Dezember bis in den Januar strömen Massen von Südafrikanern aus den Städten in die Urlaubsgebiete, dazu kommen die Touristen aus Europa und Nordamerika. Absolute Hochsaison herrscht von Weihnachten bis Mitte Januar, danach noch einmal um Ostern. Die Hotels in den Touristenhochburgen und in den Nationalparks sind dann ausgebucht, die Preise können doppelt so hoch liegen wie sonst. Wer in dieser Zeit nach Kapstadt reist, die Garden Route oder andere populäre Reiseziele besucht, sollte in jedem Fall im Voraus reservieren! Andererseits kann man im südafrikanischen

Hochsommer einige der schönsten Feiern und Festivals erleben, darunter den Cape Town New Year Karnaval und in Swasiland die Incwala-Zeremonie. Auf S. 659 gibt es Infos über dieses und andere Feste.

Der Frühling (Mitte September bis November) und der Herbst (April und Mai) sind fast überall eine ideale Reisezeit. Im Frühling ist außerdem das Northern Cape besonders schön, wenn die Wildblumen blühen.

In den „normalen" Schulferien sind zwar die Preise für Unterkünfte in Südafrika nicht so teuer und die Hotels auch nicht so überlaufen wie zur Hauptferienzeit von Dezember bis Januar, die Preise liegen aber in allen Ferienwochen höher, Reservierungen sind dann also immer empfehlenswert. Mehr über die Ferienzeiten auf S. 658.

PREISE

Reisen ist in Südafrika nicht so preiswert wie in vielen weniger entwickelten afrikanischen Ländern. Aber trotzdem ist Südafrika – trotz des steigenden Rand-Kurses – noch immer billiger als Europa oder Nordamerika; die Einrichtungen für Besucher und die Infrastruktur sind im Allgemeinen ziemlich hochwertig. Unbedingt ihr Geld wert sind die Nationalparks und -schutzgebiete, in denen man Tiere in freier Wildbahn beobachten kann, und dies auch noch deutlich preiswerter als in Teilen Ostafrikas.

Wer sehr sparsam reisen möchte, kann ohne Probleme mit 200 Rand (21,25 €) am Tag auskommen, sofern man campt, in Unterkünften für Selbstversorger absteigt und öffentliche Verkehrsmittel benutzt.

In der mittleren Preisklasse bietet Südafrika das beste Preis-Leistungsverhältnis. Realistisch sind dort etwa 400 Rand (42,50 €) pro Person und Tag; teurer wird es, wenn man ein Auto mietet. Luxusreisen beginnen in Südafrika bei etwa 1500 Rand (160 €) pro Person und Tag, der Preis kann auch das Fünffache betragen, wenn man sich in Wildlife Lodges einquartiert. Die Preise in Lesotho und Swasiland sind ähnlich oder liegen etwas unter denen in Südafrika, da die öffentlichen Verkehrsmittel preiswerter sind, ebenso das Essen. In Lesotho kann man auch bei Einheimischen Quartier nehmen oder campen. Die Währung in Lesotho ist der Loti (Plural: Maloti; M), der in 100 Liesente unterteilt ist, während man in Swasiland mit dem Lilangeni (Plural: Emalangeni; E) bezahlt. Beide Währungen sind mit festem Wechselkurs an den Rand gekoppelt.

WAS KOSTET WIE VIEL?

Flasche Wein 60–70 R

Mietwagen pro Tag 300 R

1 kg Mangos 6 R

Kruger-Nationalpark, Eintritt pro Person 120 R

Surfbrett 1500 R

Siehe auch Lonely Planet Index, innere Umschlagschlappe vorn.

GELD SPAREN

In den beliebtesten Touristenzentren zahlt man oft mehr als die hier genannten Durchschnittspreise, sofern man nicht auf die Ausgaben achtet. Vor allem Kapstadt ist dafür bekannt – hier kann man es sich richtig gut gehen lassen, fährt aber am Ende mit leerem Geldbeutel wieder nach Hause. Man sollte also ein wenig aufpassen, denn es gibt auch dort preiswerte Unterkünfte und Restaurants, die trotzdem gute Qualität bieten. Einige Tipps:

- Möglichst nicht während der Schulferien durchs Land reisen
- In Hotels immer nach Rabatten für Werktage oder Wochenenden und ggf. nach Preisnachlässen für Kinder fragen
- Als Selbstversorger oder Camper lebt man billiger
- Quittungen und Rechnungen aufheben, um später die Mehrwertsteuer-Erstattung nutzen zu können (MwSt.; s. S. 663)
- Besser auf eine oder zwei Regionen des Landes konzentrieren und nicht zu große Entfernungen einplanen
- Das öffentliche Verkehrsnetz nutzen oder in einer Gruppe reisen, um die Mietwagenkosten zu teilen
- Mietwagen sind oft am günstigsten, wenn man sie sehr frühzeitig bucht.
- Inlandsflüge am besten online buchen, dabei spart man bis zu 50 % gegenüber den normalen Tarifen

TOP TEN

Architektur-Highlights

Südafrikas Geschichte spiegelt sich auch in der Architektur im Lande wider. Wer diese Sehenswürdigkeiten besucht, erlebt südafrikanische Geschichte live und hautnah:

- die Regina-Mundi-Kirche in Soweto (S. 454)
- Kapholländische Häuser an der Church Street in Tulbagh (S. 209)
- das Gefängnis auf Robben Island, in dem Nelson Mandela inhaftiert war (S. 114)
- den Alayam-Hindutempel in Durban (S. 332)
- die Owal-Moschee und das Bo-Kaap-Viertel in Kapstadt (S. 110)
- die kleinen bunt bemalten Xhosa-Häuser in den Dörfern landeinwärts an der Wild Coast (S. 303)
- den Constitutional Court in Johannesburg (S. 432)
- den Church Square (S. 465) und das Voortrekker Monument (S. 464) in Pretoria
- Linton Panel im South African Museum in Kapstadt (S. 120)
- Freedom Park (S. 464)

Klassische Bücher

Der Kampf gegen die Apartheid hat ein einzigartige Fülle an Literatur hervorgebracht – wichtige Literatur, die ihre Leser geradewegs in die Seele dieses Landes blicken lässt:

- *Der lange Weg zur Freiheit* von Nelson Mandela
- *Der Marabi-Tanz* von Modikwe Dikobe
- *Mein Verräterherz. Mordland Südafrika* von Rian Malan
- *A Burning Hunger: One Family's Struggle Against Apartheid* von Lynda Schuster
- *Singing Away the Hunger: Stories of a Life in Lesotho* von Mpho 'M'atsepo Nthunya
- *Morgen ist ein anderes Land. Südafrikas geheime Revolution* von Allister Sparks
- *Mein Land, mein Leben* von Albert Luthuli
- *The Heart of Redness* von Zakes Mda
- *Denn sie sollen getröstet werden* von Alan Paton
- *Entzauberung* von Nadine Gordimer

Tolle Filme

Wer einige dieser Filme anschaut , bekommt einen spannenden ersten Eindruck von Südafrika:

- Amandla! A Revolution in Four-Part Harmony (Lee Hirsch, 2003)
- U-Carmen eKhayalitsha (Mark Dornford-May, 2004)
- Drum (Zola Maseko, 2005)
- Zulu Love Letter (Ramadan Suleman, 2004)
- Sarafina! (Darrell Roodt, 1992)
- Boy Called Twist (Timothy Greene, 2004)
- Mapantsula (Oliver Schmitz, 1988)
- In My Country (John Boorman, 2005)
- A World Apart (Chris Menges, 1988)
- Friends (Elaine Proctor, 1993)

An alles gedacht?

- Ein Fernglas zur Beobachtung von Wildtieren, außerdem ein Zoom-Objektiv für großartige Fotos in freier Wildbahn
- Heißhunger auf *biltong, boerewors* und *mealie pap* (s. S. 96)
- So viel Zeit im Reisekalender lassen, dass man wenigstens eine Township besuchen kann
- Die Impfung (mit Nachweis) gegen Gelbfieber, sofern man anderswo im südlichen Afrika gereist ist
- Das Kapitel über Malaria im Gesundheitskapitel lesen (S. 703), falls man in Malariagebiete reisen möchte
- Eine Taschenlampe und warme, wasserundurchlässige Kleidung für die ziemlichen kalten, pechschwarzen, aber sternenklaren Nächte im Hochland von Lesotho
- Einen Schlafsack – sofern man campen möchte
- Einige der oben aufgeführten Bücher lesen (oder auch eines für lange Busfahrten von zuhause mitbringen).

REISELEKTÜRE

From Jo'burg to Jozi, herausgegeben von Heidi Holland und Adam Roberts, ist eine gut lesbare Sammlung mit Kurzbeiträgen über Johannesburg von einheimischen und ausländischen Journalisten. Der Nachfolgeband, *Soweto Inside Out,* zusammengestellt von Adam Roberts und Joe Thloloe, bietet ähnliche Texte über Südafrikas berühmteste Township.

Power Lines: Two Years on South Africa's Borders von Jason Carter erzählt aus der Perspektive eines Peace-Corps-Freiwilligen aus der größten amerikanischen Freiwilligen-Hilfsorganisation von den immer noch tiefen Gräben zwischen Weißen und Schwarzen in Südafrika.

Die Autobiografie von Nelson Mandela ist keine Reiselektüre, aber der Band *Der lange Weg zur Freiheit* ist vielleicht eines der besten Werke, um sich auf eine Südafrikareise vorzubereiten. Dort, wo sein Buch aufhört, beginnt das Werk von John Malathronas: *Rainbow Diary: A Journey in the New South Africa* – ein nachdenkliches Buch. *After the Dance: Travels in a Democratic South Africa* von David Robbins handelt von einer Tour durch das Südafrika nach dem Ende der Apartheid.

Siehe S. 670 für regionale Touristen-Websites.

Eine etwas veraltete, aber wichtige Sicht auf das Land bietet das Buch *South from the Limpopo: Travels through South Africa,* in dem die irische Autorin Dervla Murphy ihre Fahrradreise quer durch die Regenbogennation vor, während und nach den Wahlen von 1994 beschreibt.
Ein Bild vom Leben in den Zeiten der Apartheid vermitteln natürlich auch viele der Romane und Erzählungen der südafrikanischen Literaturnobelpreisträgerin Nadine Gordimer (geb. 1923), darunter *Fremdling unter Fremden* (1958) und *Die Geschichte meines Sohnes* (1990).

INFOS IM INTERNET

Government of Swasiland (www.gov.sz) Offizielle Website der Swasi-Regierung (englisch).

Lesotho Government Online (www.lesotho.gov.ls) Die Regierungswebseite Lesothos (englisch).

Lonely Planet (www.lonelyplanet.com, www.lonelyplanet.de) Reisetipps zu Südafrika und das Thorn-Tree-Messageboard (englisch, deutsch).

South Africa Info (www.safrica.info) Das offizielle, mit Infos vollgestopfte Online-Portal Südafrikas (englisch).

South Africa Infoweb.com (www.southafrica-infoweb.com) Viele wichtige Infos und Reisetipps (deutsch).

Reiserouten

KLASSISCHE ROUTEN

SAFARI SPECIAL **Eine bis zwei Wochen / Von Johannesburg nach KwaZulu-Natal**
Für Safarifans ist Südafrika ein erstklassiges Reiseziel. Dabei dient **Johannesburg** (S. 423) als Basis; von hier aus fährt man östlich über **Nelspruit** (S. 491) in Südafrikas Safarizentrum schlechthin, den **Kruger National Park** (S. 501). Die Tiere hier und in den benachbarten **privaten Wildschutzgebieten** (S. 521) sind spektakulär genug, um den Beobachter mindestens einige Tage lang zu fesseln. Wer nur wenig Zeit hat, kann auch im **Madikwe Game Reserve** (S. 559) oder im **Pilanesberg National Park** (S. 556) Wildtiere beobachten. Beide Parks sind von Johannesburg aus leicht erreichbar. Vom Kruger-Nationalpark fährt man weiter nach Süden bis nach Swaziland hinein, wo man einige Tage durch das Grasland und die Wälder des **Malolotja Nature Reserve** (S. 642) wandern kann, bevor man über **Mbabane** (S. 629) ins **Mkhaya Game Reserve** (S. 646) vorstößt. Von hier aus geht's weiter nach Süden in die Provinz KwaZulu-Natal mit ihren erstklassigen Möglichkeiten für Wildtiersafaris. Dazu gehören das **Mkhuze Game Reserve** (S. 370) und der **Hluhluwe-Imfolozi Park** (S. 359) mit seinem Netz aus Wanderpfaden. In der Nähe locken das gepflegte **Phinda Resource Reserve** (S. 370) sowie die Flussläufe im **Greater St. Lucia Wetlands Park** (S. 363).

Schon in zehn Tagen sieht man auf dieser mindestens 1600 km langen Route viel von der Tierwelt Südafrikas. Keine Zeit? Dann eben nur auf einen oder zwei Parks konzentrieren. Wer drei oder mehr Wochen übrig hat, schafft den Kruger-Nationalpark und Swasiland, dazu auch noch einige Parks in KwaZulu-Natal. Bis auf ein paar Schotterpisten in den Parks sind die Straßen überall recht gut.

KAP & KÜSTE **Zwei Wochen / Von Kapstadt nach Plettenberg Bay**

Dieses Südafrika findet man in jeder Urlaubsbroschüre – kein Wunder: Die Naturlandschaft hier ist wunderschön, es gibt eine ausgezeichnete Infrastruktur und viele andere Attraktionen. Die Rundreise ist leicht mit öffentlichen Verkehrsmitteln zu schaffen, aber wer die Abstecher und Umwege ausprobieren möchte, fährt besser mit dem Auto.

Nach einigen erlebnisreichen Tagen in **Kapstadt** (S. 106), ruhig mit Aufenthalt in einem Bed&Breakfast in einer Township, muss man sich von dieser Stadt förmlich losreißen, um in die fruchtbaren Täler der Winelands aufzubrechen. Angesagt sind ein oder zwei Übernachtungen in **Stellenbosch** (S. 181) oder **Franschhoek** (S. 189). Von hier aus führt die Route östlich in das Künstlerdorf **Montagu** (S. 217) und dann auf der landschaftlich reizvollen Route 62 durch die Little Karoo bis nach **Oudtshoorn** (S. 221), Südafrikas Straußen-Hauptstadt. Unterwegs locken reizvolle Umwege, u. a., je nach Jahreszeit, zum Whale Watching in **Hermanus** (S. 200) oder nach **Cape Agulhas** (S. 205), um endlich einmal auf dem südlichsten Punkt Afrikas zu stehen; oder man fährt ins **De Hoop Nature Reserve** (S. 206).

Oudtshoorn ist ein idealer Ausgangsort für eine Reise in die Karoo, am besten über den beeindruckenden **Swartberg Pass** (S. 245) und dann weiter ins hübsche **Prince Albert** (S. 244) – von hier geht es direkt auf der N1 zurück nach Kapstadt.

Alternativ bietet sich eine Fahrt nach Süden an; von dort geht es dann auf der N2 entlang der Garden Route ins waldreiche **Knysna** (S. 235) und nach **Plettenberg Bay** (S. 241), einem relaxten Seebad. Über Oudtshoorn und die Route 62 geht es zurück nach Kapstadt; oder man bleibt direkt auf der N2.

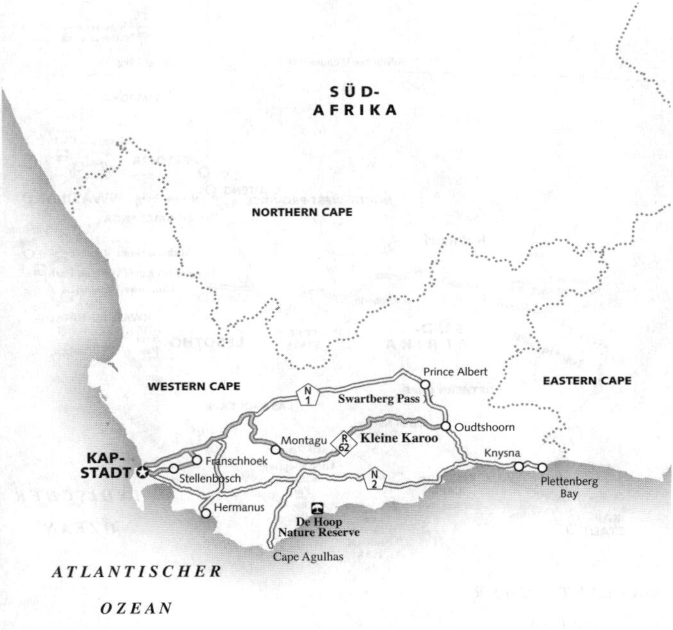

Diese angenehme Tour führt 1000 km auf guten Straßen durch einige der schönsten Landstriche Südafrikas. Man kann die Strecke in zehn Tagen abhaken oder etwas entspannter reisen und drei oder mehr Wochen einplanen.

GROSSE RUNDREISE

Zwei Monate / Rundreise ab Kapstadt

Los geht's in **Kapstadt** (S. 106), dann ostwärts auf der Route 62 und auf der Garden Route oder auf Teilstücken beider Straßen bis zum Östlichen Kap. Wer die Region von Prince Albert aus durch die Karoo anfährt, sollte in **Graaff-Reinet** (S. 286) vorbeischauen: Architektur in beeindruckender Umgebung, und gleich in der Nähe liegt das **Karoo Nature Reserve** (S. 291). Wer das Östliche Kap von der Küste aus ansteuert, kann u. a. im **Tsitsikamma National Park** (S. 260) und im **Addo Elephant National Park** (S. 274) halten. Der Trip führt weiter nach Osten; **Amathole** (S. 294) lohnt einen Besuch ebenso wie die **Wild Coast** (S. 303), bevor man **Durban** (S. 324) erreicht. Von hier aus kann man über den **Sani Pass** (S. 613) einen Ausflug nach Lesotho unternehmen. Auf der Rückfahrt nach KwaZulu-Natal sollte man viel Zeit in den Parks am Weg verbringen, darunter das **Mkhuze Game Reserve** (S. 370), der **Hluhluwe-Imfolozi Park** (S. 359) und der **Greater St. Lucia Wetland Park** (S. 363). **Sodwana Bay** (S. 367) entspannt, bevor die Reise weiter nach **Swasiland** (S. 624), zum **Kruger National Park** (S. 501), schließlich nach **Johannesburg** (S. 423) und **Pretoria** (S. 458) führt. An diesem Abschnitt kann man u. a. in **Sabie** (S. 483) und **Pilgrim's Rest** (S. 485) vorbeischauen. Wer will, kann nun nach Norden abbiegen, und den **Mapungubwe National Park** (S. 538) oder **Soutpansberg** (S. 535) besuchen. Ansonsten fährt man von Jo'burg weiter nach Südwesten bis nach **Kimberley** (S. 567) und schaut sich **Clarens** (S. 414) und den östlichen **Free State** (S. 407) an. Hier kann man die **Kalahari** (S. 576) und darin den **Augrabies Falls National Park** (S. 585) erleben, bevor man wieder zurück Richtung **Namaqualand** (S. 586) fährt, in den **Winelands** (S. 180) noch einmal relaxt und dann im Anschluss Kapstadt ansteuert.

Selbst auf dieser mehr als 5000 km langen Route wird man nicht alles sehen können – bekommt aber garantiert einen guten Überblick über Südafrika, Lesotho und Swasiland. Sechs Wochen (mit öffentlichen Verkehrsmitteln) sind das absolute Minimum; doch um die Ziele abseits der Hauptstrecke nicht zu versäumen, sollte man eher zwei Monate einplanen.

UNBEKANNTE ROUTEN

DER WILDE NORDWESTEN Vier bis sechs Wochen / Rundreise ab Kapstadt

Der äußerste Nordwesten Südafrikas vermittelt mit seiner endlosen Weite ein unglaubliches Flair und ist eine sehr gute Alternative zur Küste. Die Tour beginnt in **Kapstadt** (S. 106) und schlängelt sich dann nördlich über **Citrusdal** (S. 254), **Clanwilliam** (S. 256), **Vanrhynsdorp** (S. 568) und **Calvinia** (S. 593) in der Hantam Karoo. Die Route führt weiter nach **Namaqualand** (S. 586), bevor es in den wild-rauen und einsamen **Richtersveld National Park** (S. 591) hineingeht. Um ihn auf Wanderungen intensiv zu erleben, sollte man vier Tage einplanen. Von Richtersveld fährt man weiter durch **Upington** (S. 577) zum **Augrabies Falls National Park** (S. 585). Auch Upington selbst lohnt den Besuch, ebenso das **Witsand Nature Reserve** (S. 580). Weiter geht's nach Norden auf einen mindestens viertägigen Besuch im **Kgalagadi Transfrontier Park** (S. 580). Den Weg zurück findet man über **Kuruman** (S. 576) – eine lebendige kleine Stadt in der Wildnis – und über das Diamantenzentrum **Kimberley** (S. 567). Von hier aus führt die Route auf der N12 und der N1 durch die Karoo wieder nach Süden; auf dem Weg sollte man im **Karoo National Park** (S. 547) und in **Matjiesfontein** (S. 246) einen Stopp einlegen, bevor man bei **Franschhoek** (S. 189) die Winelands erreicht und die Tour in Kapstadt beschließt. Eine alternative Strecke ab Kimberley: Über **Bloemfontein** (S. 401) im Osten – mit viel Geschichte und einem erstaunlich guten Nachtleben – weiter und hinauf nach **Johannesburg** (S. 423).

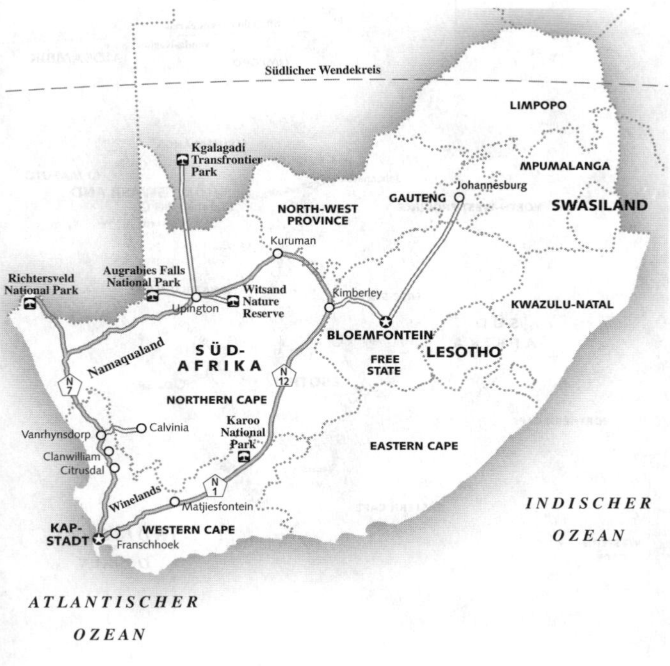

Nach einer 2500 km langen Reise durch den weiträumigen Nordwesten Südafrikas fällt es nicht so leicht, sich wieder in einer Stadt einzuleben. Wer zu den Parks in Kgalagadi, Richtersveld und Augrabies Falls aufbricht, sollte einen Wagen mit Allradantrieb mieten und sich sechs Wochen Zeit nehmen, um einige Wanderungen und Rafting-Touren ins Programm aufnehmen zu können.

TRADITIONELLE WEGE

Ein Monat / Von Swasiland nach Johannesburg

Wer traditionelle Kultur erleben möchte, sollte am besten in **Swasiland** (S. 624) beginnen – spannender geht es nicht. Falls möglich, sollte man den Besuch während des jährlichen **Umhlanga-Tanz (Schilftanz)** (S. 633) oder während des ebenso farbenprächtigen **Incwala** (Kasten S. 633) einplanen oder beim **Matsamo Cultural Village** (S. 495) ins Land einreisen. Das Kunsthandwerk aus Swasiland gilt als erstklassig, und etwas davon zu kaufen, bringt einem die Kultur natürlich auch näher. Eine sehr gute Auswahl findet man im **Malkerns Valley** (S. 638) und im **Ezulwini Valley** (S. 634).

Von Swasiland geht die Fahrt nach Süden in das Zentrum der Zulu, KwaZulu-Natal. In **Zululand** (S. 351) findet man noch viele traditionelle Dörfer, und mit etwas Glück bekommt man sogar ein **Zulu-Fest** (S. 356) zu sehen. Über **Durban** (S. 324) reist man dann weiter nach **Lesotho** (S. 596), wo ein **Ponyritt** (Kasten S. 616) oder eine Wanderung durch die Basotho-Dörfer auf dem Programm stehen könnten – sehr gut geeignet, um Alltag und Kultur dieses Landstrichs kennenzulernen. Auch hier sollte man nach Kunsthandwerk Ausschau halten. **Teyateyaneng** (S. 608) gilt als das heimliche Kunsthandwerkszentrum, es ist wegen seiner Wandteppiche bekannt. Bevor man Lesotho verlässt, unbedingt noch einige der traditionellen Biere probieren. Von Lesotho fährt man weiter nach Süden, ins Hinterland der **Wild Coast** (S. 303), wo sich die Xhosa-Dörfer in der sanft gewellten Hügellandschaft verstecken. Die Rückfahrt führt über Durban, vorbei an Zeugnissen **indischer Kultur** (S. 607), bevor das Endziel **Johannesburg** (S. 423) erreicht ist. Ein möglicher Abstecher von Johannesburg: Richtung Norden nach Limpopo fahren und dort die Völker der **Ndebele** (S. 528) und **Venda** (S. 538) kennenlernen.

Diese mindestens 3000 km lange Rundreise führt in die schönsten Ecken Südafrikas – der perfekte Gegensatz zur manchmal langweiligen Reiserei im Westen. Man kann die Strecke leicht in drei Wochen schaffen, sollte aber mehr Zeit einplanen. Und generell gilt: Je rauer die Straße, desto lebendiger und aufregender die einheimische Kultur.

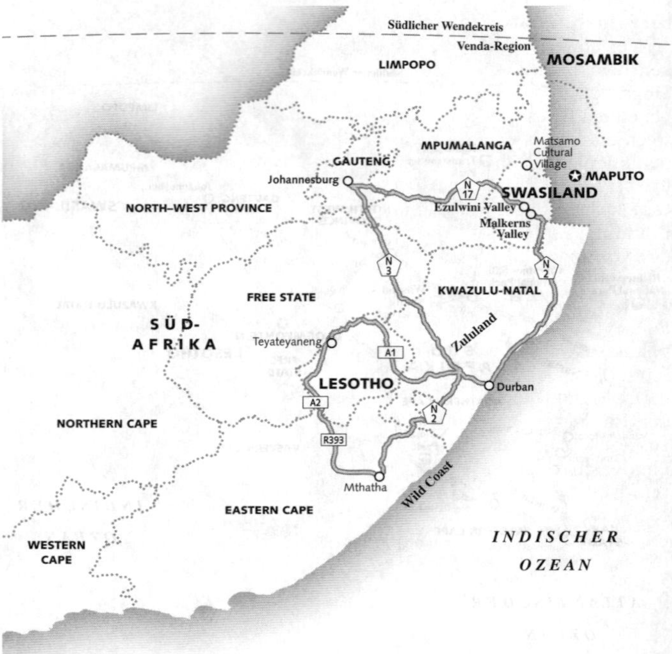

MASSGESCHNEIDERTE TOUREN

ERHOLUNG FÜR KÖRPER & SEELE

Südafrika ist eines der urbansten Länder des Kontinents, und trotzdem ist der afrikanische Busch nie weit entfernt. Mit ihren kontrastreichen Landschaften und dem unvergesslichen Licht ist die **Karoo** (S. 244) ein idealer Ort, um einmal richtig abzuschalten. Der hübsche Ort **Graaff-Reinet** (S. 286) bietet sich hervorragend als Ausgangspunkt an. Auch die unberührten Gebiete in **Namaqualand** (S. 586) beeindrucken, vor allem im Frühling, wenn die Steppe mit Wildblumen übersät ist.

An der Küste sollte man die Wildnis in **Maputaland** (S. 362) durchstreifen, wo unzählige Vögel den Sonnenaufgang über dem Wasser mit ihrem Gesang begrüßen. Im nahegelegenen **Mkhuze Game Reserve** (S. 370) kann man in der Morgendämmerung beim Frühstück den Geräuschen der afrikanischen Wildnis lauschen und dabei hautnah und live Wildtiere erleben.

Das märchenhafte Dorf **Hogsback** (S. 295) ist nicht so aufregend, aber kaum weniger schön: Dank der idyllischen Lage und der guten Bio-Küche in den Restaurants kann man hier richtig ausspannen und seine Batterien wieder aufladen. Luxus gefällig? Dann sind vielleicht ein paar Tage im **Santé Wellness Centre** (S. 194) bei **Paarl** (S. 193) angebracht.

Wer höher hinaus will, kann sich die Landschaft am Rande des Drakensberg Escarpment im **Central Berg** (S. 376) ansehen und dabei dem Singsang des Windes in den Schluchten lauschen. Perfekte Idylle gibt's bei einem Besuch in der einzigartigen **Kalahari** (S. 576) mit ihren ständig wechselnden roten und weißen Sandtönen und den unvergesslichen Sonnenuntergängen über der endlosen Weite. Zum Abschluss fährt man nach **Overberg** (S. 198) und rundet die ganze Reise mit einem Abstecher zum **Cape Agulhas** (S. 205) ab: Einfach hinstellen, die Gischt der donnernden Brandung genießen und sich darüber freuen, auf dem südlichsten Zipfel des Kontinents zu stehen!

TOUR FÜR WANDERFREAKS

Die Wanderpfade in Südafrika bieten eine phantastische Möglichkeit, um die faszinierende Natur der Region zu entdecken. Wanderfreaks sollten zum Östlichen Kap fahren, wo der **Tsitsikamma National Park** (S. 260) und der ausgezeichnete **Amathole Trail** (S. 294) einmalige Landschaftsansichten und anspruchsvolles Terrain garantieren. Attraktionen im Westlichen Kap sind vor allem der **Boesmanskloof Hiking Trail** (S. 215) und die **Cederberg Wilderness Area** (S. 252) mit Felsmalereien der San.

In den Drakensbergen kann man im **Royal Natal National Park** (S. 373) durch eine beeindruckende Fels- und Tallandschaft wandern, den **Golden Gate Highlands National Park** (S. 412) mit seinen farbigen Sandsteinhügeln und einer vielfältigen Tierwelt entdecken oder im **Blyde River Canyon Nature Reserve** (S. 487) die Steilhänge bewundern und die Fernsicht genießen. Der **Giant's Cup Trail** (S. 381) von Sani Pass nach Bushman's Nek ist ein weiteres Highlight, im östlichen Flachland sind es die Wildpfade im **Kruger National Park** (S. 515).

Im **Cape of Good Hope Nature Reserve** (S. 174) gibt es einzigartige Wanderpfade vor der Kulisse einer windgepeitschen See. Der Tafelberg ist natürlich ein Muss und erschließt sich am besten auf dem **Table Mountain Trail** (S. 113), der über den Gipfel führt (drei Tage).

Und schließlich sollte man auch in **Lesotho** (S. 596) vorbeischauen, einem Land, das wie für Wanderer geschaffen ist: Hier kann man überall in den Hügeln losziehen. Das **Malolotja Nature Reserve** (S. 642) in Swasiland ist ähnlich gut für Wanderlustige geeignet.

WEGE ZUR FREIHEIT

Wer auf den Spuren von Nelson Mandela und den anderen südafrikanischen Oppositionellen wandelt, erhält Einblick in die jüngere Geschichte. Eine Einführung ins Thema bietet **Robben Island** (S. 114), wo Mandela lange eingesperrt war – zusammen mit Walter Sisulu, Govan Mbeki und Robert Sobukwe, dem Gründer des Pan Africanist Congress (PAC). Im nahen Paarl liegt das **Victor Verster Prison** (S. 194), aus dem Mandela einst entlassen wurde. Vom Östlichen Kap stammen viele Anti-Apartheidskämpfer, darunter auch Sobukwe, dessen Haus man in der Graaff-Reinet's Umasizakhe Township besichtigen kann; außerdem Oliver Tambo (geboren in Pondoland), Govan Mbeki, Walter Sisulu, Chris Hani und natürlich auch Mandela. In der östlichen Kapregion sollte man unbedingt das **Mandela Museum** (S. 315) besuchen, ebenso **Qunu** (Wohnhaus aus Jugendtagen und sein heutiger Wohnsitz; S. 315). Weiterhin sehenswert: das winzige **Mveso Village** (Mandelas Geburtsort; S. 315); die **University of Fort Hare** (S. 295) bei Alice, wo u. a. Mandela, Sobukwe, Tambo, Hani und Steve Biko studierten. Gleich außerhalb von King William's Town liegt der Ginsberg-Friedhof mit der **Grabstätte von Steve Biko** (S. 294).

Vom Östlichen Kap geht es weiter nach **Soweto** (S. 450), dicht vorbei an Sharpeville, Schauplatz des Sharpeville-Massakers. Die Freedom Charter des ANC wurde in Soweto in Kliptown am (Freedom) Square verkündet, und auch der Aufstand von Soweto begann hier (an der Orlando West Secondary School, Vilikazi Street). Und natürlich kehrten Mandela und Sisulu nach dem Gefängnis auch hierher zurück, wo einst so viele andere ANC-Aktivisten lebten. Das herausragende **Hector Pieterson Museum** (S. 454) vermittelt die Geschichte des Unabhängigkeitskampfes und führt den Alltag Sowetos vor Augen. In der Nähe steht die **Kirche Regina Mundi** (S. 454), ein wichtiger Versammlungsort.

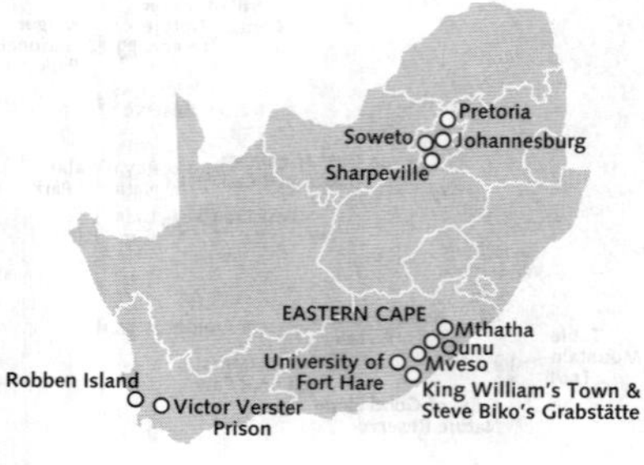

In **Johannesburg** (S. 423) kann man das Anwaltsbüros Mandelas sehen (in der Fox Street, gleich am Ghandi Square), außerdem die **City Hall** (S. 428) und verschiedene Gefängnisse, darunter das gefürchtete **Old Fort** (S. 432). Das **Museum Africa** (S. 430) lohnt den Abstecher wegen einer Ausstellung über die berüchtigten Treason Trials von 1956–1961. Im **Palace of Justice** (S. 465) in Pretoria wurde schließlich der Rivonia-Prozess abgehalten, in dem Mandela, Sisulu, Govan Mbeki sowie fünf weitere Aktivisten zu lebenslanger Haft verurteilt wurden.

Überblick

Die offizielle Abschaffung der Apartheid liegt nun fast 15 Jahre zurück – und Südafrika ist heute auf einem guten politischen Weg. Die dritten demokratischen Wahlen im Land (2004) verliefen völlig ruhig und bescherten dem African National Congress (ANC) die erwartete überwältigende Mehrheit. Das Vorhaben der Regierung, Namen aus der Kolonialzeit zu ändern, wird zügig umgesetzt, auch wenn es bei einigen Namensvorschlägen lautstarke Proteste hagelte. Geschichte wird hier im wahrsten Sinne des Wortes neu geschrieben, denn in den Schulen revidiert man Unterrichtspläne und Bücher kontinuierlich, um den Kindern die wirkliche Geschichte ihrer Heimatregion nahezubringen. Der erste Schock über das Ausmaß des Terrors während des Apartheidregimes, den die Truth and Reconciliation Commission Hearings 1996 bis 1998 an den Tag brachten, ist überstanden; für die Millionen von Aids-Opfern im Land sind immer mehr moderne Medikamente verfügbar, und auch die (noch immer erschreckend hohen) Kriminalitätsraten gehen ganz langsam zurück.

Doch auf vielen Ebenen beginnt der mühevolle Aufbau einer neuen Nation erst ganz allmählich: Zwar ist die politisch motivierte Gewalt, die das Land in den frühen 1990er-Jahren fast in den Abgrund gerissen hätte, heute weitgehend verschwunden, doch die ethnischen und kulturellen Gräben sind noch immer sehr tief. Denkmäler, Museen und andere Stätten kultureller Identität, die schwarze Südafrikaner und andere, früher von der Gesellschaft ausgeschlossene Gruppen ehren, entstehen heute überall im Land und füllen eine echte, seit langem bestehende Lücke im nationalen Bewusstsein. Viele Monumente haben allerdings auch alte Spannungen wieder aufleben lassen; auf beiden Seiten wird heftig darüber gestritten, welche Version der Geschichte denn nun die „richtige" sei.

Das aufsehenerregendste und umstrittenste Projekt im Zusammenhang mit der Neudefinition des eigenen Landes ist der Freedom Park, eine viele Millionen Dollar teure Anlage am Stadtrand von Pretoria, die einen umfassenden Überblick über die südafrikanische Geschichte geben soll: Wenn er einmal fertiggestellt ist, wird der Freedom Park die Jahrtausende von den Ursprüngen des Menschen bis zur Gegenwart abdecken und natürlich auch an die Freiheitskämpfer gegen die Apartheid erinnern. Der Park, den Präsident Mbeki als das wichtigste Nationaldenkmal des Landes pries, steht direkt gegenüber dem Voortrekker Monument – für die weißen Afrikaner das Symbol ihrer Geschichte, für viele andere Südafrikaner freilich eher eine provozierende Erinnerung an die Ungerechtigkeiten der Kolonialära und der Apartheid.

Aber wie soll es weitergehen? Zwar sind sich fast alle Südafrikaner einig, dass ihr Land heute besser dasteht als früher, aber bislang gibt es keine Übereinstimmung darüber, wie man mit der Vielfalt des Landes in Zukunft umgehen sollte. Gegenwärtig wird über den Bau einer Straße zwischen dem Freedom Park und dem Voortrekker Monument diskutiert. Sollte diese Straße wirklich von beiden Seiten als ein Symbol für den gemeinsamen Weg in die Zukunft gesehen werden, dann könnte diese spezielle Straße den Geist des neues Südafrikas zum Ausdruck bringen – und das Land wäre auf einem guten Weg, sich als „Regenbogennation" neu zu definieren.

Mehr über aktuelle Entwicklungen in Lesotho s. S. 599; zu Swasiland s. S. 627.

KURZINFOS: SÜDAFRIKA

Bevölkerung: 46,9 Mio.

Fläche: 1,2 Mio. km²

Arbeitslosenrate: 26,7 %

HIV/Aids-Infektionsrate: 29,5 %

Amtssprachen: 11 (Englisch, Afrikaans, Ndebele, Xhosa, Zulu, Sepedi, Sotho, Setswana, Swati, Tshivenda und Xitsonga)

Lesefähigkeit: 86,4 % (87 % bei Männern und 85,7 % bei Frauen)

Wappenblume: Königsprotea *(Protea cynaroides)*

Elefanten im Kruger National Park: 12 467 (Zählung von 2005)

Südafrikanische Weinanbautradition: fast 325 Jahre, die längste Tradition außerhalb Europas

Weltweit größter Diamant: 3106,75 Karat, ungeschliffen; 1905 in Südafrika gefunden

Geschichte

Will man das heutige Südafrika verstehen, muss man sich mit der langen und bewegten Geschichte des Landes auseinandersetzen. Hinweise auf die Geschichte von Lesotho finden sich auf S. 597, über Swasiland informiert S. 625.

DIE ERSTEN SÜDAFRIKANER

Die ersten Menschen, die dauerhaft an der Südspitze des afrikanischen Kontinents lebten, waren die San – geschickte Jäger und Sammler, die ein Nomadenleben führten und außer einigen eindrucksvollen Felsmalereien kaum Spuren hinterließen. Datierungsversuche ihrer Kunst lassen darauf schließen, dass die San bereits vor 25 000 Jahren, vielleicht sogar schon vor 40 000 Jahren auf dem Gebiet des heutigen Südafrika lebten. Da es noch heute kleinere Gruppen von ihnen in Südafrika gibt, gehören die San zu den ältesten noch existierenden Kulturen der Welt.

Die Zeit vor den San liegt völlig im Dunkeln. 1998 wurde in Sterkfontein bei Johannesburg (Jo'burg) eine wichtige archäologische Entdeckung gemacht. Demnach durchstreiften Vormenschen, sogenannte Hominiden, das Hochland schon vor mindestens 3 Mio. Jahren. Deren Nachfahren – bekannt als *Homo erectus* – glichen 2 Mio. Jahre später bereits stark dem heutigen Menschen und hatten sich weit über die Grenzen Afrikas hinaus nach Europa und Asien ausgebreitet. Vor ungefähr 100 000 Jahren betrat dann der *Homo sapiens*, der moderne Mensch, die Bühne. Es wird zwar immer noch darüber gestritten, doch Fossilienfunde aus dem Mündungsgebiet des Klasies River in Eastern Cape legen nahe, dass unsere *Homo-sapiens*-Vorfahren schon kurze Zeit später auch durch Südafrika wanderten.

Einen Überblick über die Entwicklung der Menschheit gibt http://www.zum.de/Faecher/Materialien/beck/13/bs13-38.htm.

Vor etwa 2500 Jahren legten sich einige Gruppen der San erstmals Vieh zu. Allmählich gaben sie ihr Leben als Jäger und Sammler ganz auf und wurden zu Rinderhirten. Als Viehhalter lernten die Menschen zum ersten Mal so etwas wie persönlichen Wohlstand und Privateigentum kennen. Gleichzeitig entstanden Gemeindestrukturen und ein Häuptlingswesen. Die Gruppen der San, die Vieh hielten, wurden auch Khoi Khoi („die eigentlichen Menschen") genannt; sie zogen in Richtung Süden bis hinunter zur Kapküste. Im Laufe der Zeit siedelten sie sich an der Küste an, während kleine Gruppen von San weiterhin als Jäger und Sammler das Hinterland bewohnten.

NEUANKÖMMLINGE

Etwa zur gleichen Zeit gelangten auch die ersten Bantu sprechenden Völker in das Gebiet des heutigen Südafrika. Sie stammten ursprünglich aus dem Bereich des Nigerdeltas in Westafrika und hatten sich etwa 1000 v. Chr. auf den Weg nach Süden und Osten gemacht, der sie um das Jahr 500 n. Chr. nach KwaZulu-Natal führte. Diese Menschen hielten Vieh, bauten verschiedene Getreidearten an, verarbeiteten Eisen und lebten in festen Siedlungen. Sie gelangten nicht in einer Art großen „Völkerwanderung", sondern eher in kleinen Einwanderungswellen nach Südafrika.

ZEITACHSE

ca. 25 000 v.Chr.	100–500 n.Chr.
Die San ziehen ins heutige Südafrika	Bantu sprechende Völker erreichen das heutige KwaZulu-Natal

Einige Gruppen – die Vorfahren der heutigen Nguni (Zulu, Xhosa, Swazi und Ndebele) – bevorzugten eine Lage mit Meerblick und ließen sich in Küstennähe nieder. Andere Gruppen, heute als Sotho-Tswana bezeichnet (Tswana, Pedi, Basotho), siedelten im Highveld, während die Venda, Lemba und Shangaan-Tsonga im Nordosten Südafrikas heimisch wurden.

Felsmalereien belegen, dass es zu einer Vermischung der Bantu sprechenden Völker mit den Khoisan kam. Einzelheiten dieses Kontakts sind nicht bekannt, aber eine Verflechtung ist auch sprachlich bewiesen, da mehrere Bantu-Sprachen (vor allem Xhosa und Zulu) die charakteristischen Schnalz- oder Klicklaute früherer Khoisan-Sprachen übernommen haben. Zudem wurden in Bantu-Siedlungen zahlreiche Artefakte der Khoisan gefunden.

Als das Hirtenvolk der Khoi Khoi Richtung Süden wanderte, vermischte es sich mit den San, einem Volk von Jägern und Sammlern – daher der Name Khoisan.

EUROPÄISCHE ENTDECKER

Die ersten Europäer im Land waren die Portugiesen, die auf der Suche nach einem Seeweg nach Indien an der südafrikanischen Küste entlangsegelten. 1487 umrundete der furchtlose Bartolomeu Dias mit einigen Abenteurern ein felsiges, windumwehtes Kap. Dias taufte es Cabo da Boa Esperança (Kap der Guten Hoffnung). 1498, also ein Jahrzehnt später, umsegelte der ebenso furchtlose Vasco da Gama die gleiche Landspitze und fuhr weiter nach Nordosten. Unterwegs ankerte er mehrfach vor Südafrika und Mosambik, bevor er schließlich Indien erreichte.

Die Portugiesen waren stolz auf ihre bis dahin einzigartige nautische Leistung, zeigten aber an Südafrika selbst wenig Interesse. Die schwierigen Wetterbedingungen und die felsige Küste schreckten die Besatzungen ab, und viele Versuche, mit den dort ansässigen Khoi Khoi Handel zu treiben, endeten in gewalttätigen Übergriffen. Die Küste von Mosambik weiter nordöstlich sagte den Portugiesen schon eher zu; dort gab es einladende Buchten, köstliche Garnelen und die Verheißung legendärer Goldfelder im Landesinneren.

Die Portugiesen waren beinahe die einzigen Fremden vor den Küsten im Süden Afrikas, bis ihnen im späten 16. Jh. die Briten und Niederländer auf ihren Handelsrouten Konkurrenz machten. Der Schiffsverkehr um die Südspitze des Kontinents nahm zu, und das Kap wurde zu einem regulären Zwischenstopp für skorbutgeplagte Schiffsbesatzungen. 1647 erlitt eine niederländische Crew in der Tafelbucht vor dem jetzigen Kapstadt Schiffbruch. Auf sich allein gestellt, versuchten sie als erste Europäer, sich in diesem Gebiet anzusiedeln. Sie bauten ein Fort und blieben ein Jahr lang, bis sie gerettet wurden. Ihre Berichte in der Heimat klangen offenbar nicht nur negativ, denn kurz darauf beschloss die Niederländische Ostindien-Kompanie (Vereenigde Oost-Indische Compagnie, oder VOC), dort dauerhaft eine Siedlung zu errichten. Die VOC – eine der führenden Handelsunternehmungen Europas, die auf der Gewürzroute nach Osten segelten – wollte das Gebiet jedoch nicht kolonisieren, sondern lediglich einen sicheren Stützpunkt schaffen, an dem Schiffe Halt machen und hungrige Seeleute frische Ware wie Fleisch, Obst und Gemüse an Bord holen konnten. Zu diesem Zweck gelangte eine kleine Expedition der VOC unter dem Kommando von Jan van Riebeeck im April 1652 in die Tafelbucht.

1487 Bartolomeu Dias umschifft erfolgreich das Kap der Guten Hoffnung

1652 Erste niederländische Siedlung in der Tafelbucht, Kapstadt

1660 pflanzte Jan van Riebeeck eine Hecke aus Bittermandelbäumen, um die Niederländer von den Khoi Khoi abzuschirmen. Teile davon sind heute noch im Botanischen Garten Kirstenbosch zu sehen (s. S. 118).

DIE NIEDERLÄNDER ALS KOLONISTEN

Die Einwohner der neuen Siedlung trieben zwar (aus der Not heraus) Handel mit den benachbarten Khoi Khoi, aber ihr Verhältnis war alles andere als herzlich, und der Kontakt blieb begrenzt. Deshalb wurde einer kleinen Gruppe von Niederländern gestattet, vor Ort eigene Farmen zur Versorgung der Siedlung mit Lebensmitteln aufzubauen. Dieses Arrangement erwies sich als äußerst erfolgreich und lieferte reiche Vorräte an Obst, Gemüse, Weizen und Wein; später wurde auch Vieh gehalten. Die erste kleine Gruppe von freien Bürgern, wie die Bauern genannt wurden, wuchs stetig und erweiterte ihre Farmen nach Norden und Osten in das Gebiet der Khoi Khoi.

Die Mehrheit der Bürger war holländischer Abstammung und gehörte der reformierten calvinistischen Kirche der Niederlande an, aber es waren auch zahlreiche Deutsche unter ihnen. Dazu gesellten sich 1688 französische Hugenotten, ebenfalls Calvinisten, die vor der religiösen Verfolgung unter König Ludwig XIV. geflohen waren.

Zusätzlich zu den freien Bürgern brachten Van Riebeeck und die VOC eine große Anzahl Sklaven ins Land, vor allem von Madagaskar und aus Indonesien. Mit diesen zusätzlichen Arbeitskräften konnte das von der VOC besetzte Gebiet noch weiter nach Norden und Osten ausgedehnt werden, wo Zusammenstöße mit den Khoi Khoi unausweichlich waren. Die bedrängten Khoi Khoi wurden von ihrem Land vertrieben, durch eingeschleppte Krankheiten dezimiert oder mit überlegenen Waffen vernichtet, wenn sie sich zur Wehr setzten – was sie in einer Reihe größerer „Kriege" und in einem Freiheitskampf taten, der bis ins 19. Jh. andauerte. Den meisten Überlebenden blieb nur die Möglichkeit, in einem ausbeuterischen System für die Europäer zu arbeiten, das sich kaum von Sklaverei unterschied. Im Laufe der Zeit vermischten sich die Khoi Khoi, ihre europäischen Aufseher und die ins Land gebrachten Sklaven. Ihren Nachkommen entstammt die heutige sogenannte farbige Bevölkerung Südafrikas. (Zu den „Farbigen" rechnet man Gruppen unterschiedlichster ethnischer Herkunft.)

Zu den bekanntesten Gruppen der Khoi Khoi gehörten die Griqua, die von der Westküste zwischen St. Helena Bay und den Zederbergen stammten. Im späten 18. Jh. gelang es ihnen, sich Waffen und Pferde zuzulegen, und sie wanderten Richtung Nordosten. Unterwegs schlossen sich ihnen andere Khoisan, Farbige und sogar weiße Abenteurer an, und sie erlangten rasch den Ruf einer Kampftruppe. Schließlich erreichten die Griqua das Highveld in der Nähe des jetzigen Kimberley und steckten dort ein Gebiet ab, das heute Griqualand heißt.

DER BUSCH WIRD EROBERT

Als die freien Bürger weiter ins raue Hinterland im Norden und Osten vordrangen, nahmen viele dabei auch ein halbnomadisches Hirtenleben auf, das dem der Khoi Khoi nicht unähnlich war. Zusätzlich zu den Herden besaßen die Familien etwa einen Karren, ein Zelt, eine Bibel und einige Schusswaffen. Wurden sie sesshafter, bauten sie eine Hütte mit Lehmwänden – häufig ganz bewusst mehrere anstrengende Tagesreisen von den nächsten Europäern entfernt. Diese Menschen waren die ersten Trekboer (umherziehende Viehbauern, später zu Boer, dt. Buren, ver-

1658 Die ersten Sklaven werden nach Südafrika gebracht

ca. 1700 Trekboers ziehen ins Hinterland (das heutige Westliche Kap)

EIN AUSERWÄHLTES VOLK?

Lebensweise und Kultur der Buren hatten großen Einfluss auf die Geschichte Südafrikas. Während viele Mitglieder der ersten VOC-Expedition noch eine Rückkehr nach Europa planten, sahen sich die Buren schnell als eigene Gemeinde, deren Heimat auf Dauer Südafrika bleiben würde. Ihrem calvinistischen Glauben zufolge waren die Buren Gottes auserwähltes Volk, und sie sahen es als ihre Pflicht an, ihre schwarzen Nachbarn zu zivilisieren und damit zu erretten. Nach Auffassung einiger Fachleute führte gerade der Calvinismus, besonders dessen Lehre von der Prädestination, bei den Afrikaanern zu der Überzeugung, einer überlegenen Rasse anzugehören: Die Rassentrennung entsprach göttlicher Vorsehung und rechtfertigte alle Mittel, um die Reinheit der weißen Rasse im gelobten Land zu erhalten.

kürzt) – frei von jeglicher staatlicher Aufsicht, in hohem Maße autark und isoliert. Ihr rauer Lebenswandel brachte mutige Individualisten hervor, aber auch rückständige Menschen, die ihre Bildung oft allein aus der Bibel bezogen.

DIE BRITEN AM KAP

Gegen Ende des 18. Jhs. schwand die Handelsmacht der Niederländer, und die Briten füllten die entstandene Lücke. Sie besetzten das Kap, um es nicht in die Hände ihrer französischen Rivalen fallen zu lassen, und überließen es vorübergehend den Niederländern, bevor sie sich 1814 die Hoheitsgewalt über das Gebiet sicherten.

In seinem Roman *Praying Mantis* entwirft André Brink vor dem Hintergrund der Apartheidzeit ein geheimnisvolles Bild vom Leben in der Kapkolonie im späten 18. und 19. Jh.

An der Südspitze des Kontinents erwartete die Briten eine Kolonie mit 25 000 Sklaven, 20 000 weißen Kolonisten, 15 000 Khoisan und 1000 ehemaligen Sklaven. Die Macht war der weißen Elite von Kapstadt vorbehalten, und eine Trennung nach Rassen war tief in der Gesellschaft verwurzelt. Außerhalb von Kapstadt und dem direkten Umland lebten isolierte schwarze und weiße Viehhirten.

Ebenso wie die Niederländer interessierte auch die Briten die Kapkolonie zunächst nur als strategisch wichtiger Hafen. Zu den ersten Herausforderungen der neuen Herren gehörte die Schlichtung eines lästigen Grenzstreits zwischen den Buren und den Xhosa an der östlichen Grenze der Kolonie. 1820 ließen sich etwa 5000 Briten, die meisten von ihnen Händler und Geschäftsleute, dazu überreden, England zu verlassen und sich in dem Gebiet zwischen den gegnerischen Parteien anzusiedeln. Sie sollten eine Art Pufferzone bilden, doch der Plan war ausgesprochen erfolglos. Bereits 1823 hatte sich die Hälfte der Siedler in die Städte zurückgezogen, vor allem nach Grahamstown und Port Elizabeth, um dort wieder im Handel zu arbeiten.

Dieser Zustrom von Siedlern führte zwar nicht zu einer Beilegung der Grenzstreitigkeiten, aber er sorgte für eine stärkere Präsenz der Briten und veränderte die relativ homogene Gesellschaft der Weißen in Südafrika. Waren die Buren und ihre Vorstellungswelt früher unangefochten gewesen, so gab es jetzt zwei Sprachgruppen und zwei Kulturen. Bald kristallisierte sich ein Muster heraus, nach dem die Englisch sprechenden Menschen vor allem in Städten lebten und Politik, Handel, Finanzwesen, Bergbau und verarbeitende Industrie beherrschten, während den oft ungebildeten Buren nur ihre Farmen blieben.

1814
England sichert sich die Hoheitsgewalt über das Kap

1820
Britische Siedler erreichen das heutige Östliche Kap

Die Kluft zwischen den britischen Siedlern und den Buren vertiefte sich 1833 mit der Abschaffung der Sklaverei, einem Akt, den die meisten Buren als Verstoß gegen die gottgegebene Rangordnung der Rassen sahen. Währenddessen stieg die Anzahl der Briten in Kapstadt rasant an, ebenso im Bereich östlich der Kapkolonie (heute Eastern Cape), in Natal (heute KwaZulu-Natal) und, nach der Entdeckung von Gold und Diamanten, in Teilen von Transvaal (vor allem im heutigen Gauteng).

Natal erhielt seinen Namen von Vasco da Gama , der die Küste am Weihnachtstag 1497, dem „dies natalis", entdeckte und nach dem Geburtstag Jesu benannte.

DIFAQANE & ZERSTÖRUNG

Vor diesem Hintergrund kündigte sich ein gewaltiger Umbruch an: Den afrikanischen Völkern in dieser Region stand eine Zeit unermesslichen Leidens bevor. Dieser Zeitabschnitt wird in Sotho *difaqane* (Vertreibung) und in Zulu *mfeqane* (Zerstörung) genannt.

Uneinigkeit herrscht in Bezug auf die Auslöser der *difaqane*. Zu den wichtigsten gehört aber sicher der Aufstieg des mächtigen Zulureichs. Zu Beginn des 19. Jhs. schlossen sich nämlich die vorher nur locker verbundenen Stämme der Nguni aus KwaZulu-Natal zu einem zentralisierten, militärisch organisierten Staat unter Shaka Zulu, dem Häuptlingssohn des kleinen Zulu-Clans, zusammen. Shaka baute eine große Armee auf, eroberte weite Gebiete und verbreitete Angst und Schrecken. Wer sich ihm entgegenstellte, wurde versklavt oder beseitigt.

Die umliegenden Stämme flohen vor Shakas Armee und griffen ihrerseits ihre Nachbarn an. Diese Welle des Terrors erfasste ganz Südafrika und seine Umgebung und hinterließ Tod und Zerstörung. Gleichzeitig förderte sie die Gründung mehrerer Staaten, vor allem der Sotho (das heutige Lesotho, s. S. 597) und Swasi (heute Swasiland, s. S. 625).

1828 starb Shaka durch die Hände seiner Halbbrüder Dingaan und Umhlanga. Dingaan, schwächer und weniger gewieft, wurde sein Nachfolger und bemühte sich um Kontakte zu den britischen Händlern an der Küste von Natal – doch da näherte sich die Zeit des unabhängigen Zulureiches schon ihrem Ende.

DER GROSSE TRECK

Die Buren wurden unterdessen immer unzufriedener mit der britischen Herrschaft über die Kapkolonie. Besonders die von den Briten propagierte Rassengleichheit war ihnen ein Dorn im Auge. Ab 1836 wanderten Gruppen von Buren, zusammen mit zahlreichen Khoi Khoi und ihren schwarzen Dienern, ins Binnenland ab, um dort unabhängiger leben zu können. Im Norden und Osten des Oranje-Flusses (der die Grenze der Kapkolonie bildete) fanden diese Voortrekker (Pioniere) weites, offenbar unbewohntes Weideland. Sie hatten scheinbar ihr Gelobtes Land gefunden, in dem das Vieh reichlich Platz zum Grasen hatte. Sie ahnten nicht, dass diese Einsamkeit ein Ergebnis der *difaqane* war und keineswegs der Normalzustand.

Abgesehen von den Ndebele trafen die Voortrekker bei den verstreuten Völkern auf wenig Widerstand. Die *difaqane* hatte sie auseinandergetrieben, und sie besaßen weder Pferde noch Schusswaffen. Der desolate Zustand der Einheimischen bestärkte die Buren in ihrem Glauben, die europäische Besatzung würde Zivilisation in ein wildes Land tragen.

Die Berge (in denen König Moshoeshoe I. das Reich der Basotho formte, das spätere Lesotho) und die bewaldeten Täler von Zululand bereiteten größere Schwierigkeiten. Dort trafen die Buren auf heftigen Widerstand, und es kam während der nächsten 50 Jahre trotz zunehmender Vorherrschaft der Weißen immer wieder zu kleineren Scharmützeln und Zwischenfällen.

EIN FLUSS FÄRBT SICH BLUTROT

Der Große Treck hielt zunächst bei Thaba 'Nchu, in der Nähe des heutigen Bloemfontein, wo man eine Republik gründete. Nach Unstimmigkeiten zwischen den Anführern sonderten sich mehrere Gruppen der Voortrekker ab, von denen die meisten über die Drakensberge nach Natal zogen und dort eine weitere Republik gründeten. Da dieses Gebiet den Zulu gehörte, suchte Piet Retief, der Anführer der Voortrekker, König Dingaan auf und wurde prompt von den misstrauischen Zulu getötet. Dieser Mord zog weitere nach sich, ebenso natürlich einen Racheangriff der Buren. Die Ereignisse erreichten im Dezember 1838 ihren Höhepunkt, als am Fluss Ncome in Natal mehrere Buren verletzt und mehrere Tausend Zulu getötet wurden. Es heißt, das Wasser des Ncome habe sich damals rot gefärbt.

Bis 1994 wurde der 16. Dezember von den Weißen in Erinnerung an den Sieg über die Zulu als Tag des Gelübdes gefeiert, später wurde er in „Tag der Versöhnung" umbenannt.

Nach diesem Sieg (der durch überlegene Waffen errungen wurde) glaubten die Buren sich in der lang gehegten Annahme bestätigt, ihre Expansionspolitik finde göttliche Zustimmung. Die Hoffnungen, in Natal eine Republik etablieren zu können, zerschlugen sich jedoch bald. Die Briten annektierten die Gegend 1843 und gründeten auf dem Gebiet des heutigen Durban ihre neue Kolonie. Die meisten Buren zogen empört weiter nach Norden.

Die Briten legten in Natal ausgedehnte Zuckerrohrplantagen an und bezogen die fehlenden Arbeitskräfte aus Indien. Zwischen 1860 und dem frühen 20. Jh. erreichten 150 000 unter Vertrag genommene sowie zahlreiche „freie" Inder das Land. Sie bildeten den Grundstock einer der größten indischen Gemeinden außerhalb Indiens.

DIE BURENREPUBLIKEN

Die Buren suchten weiter nach einem eigenen freien Land, und schließlich ließen sie sich in Transvaal (dazu gehörten Teile der Provinzen Gauteng, Limpopo, Nordwest und Mpumalanga) und im Oranje-Freistaat nieder.

1869 geriet die Welt der Buren allerdings aus den Fugen, als in der Nähe von Kimberley Diamanten gefunden wurden. Die Fundstellen lagen im Land der Griqua, doch sowohl Transvaal als auch der Oranje-Freistaat erhoben Anspruch darauf. Großbritannien schritt ein und annektierte das Gebiet kurzerhand selbst.

Die Entdeckung der Diamantenminen bei Kimberley lockte eine Flut von Europäern und schwarzen Arbeitern in die Gegend. Städte schossen wie Pilze aus dem Boden, ohne dass auf die „gebührliche" Trennung von Weiß und Schwarz geachtet worden wäre, und die Buren waren darüber hinaus empört, weil ihre verarmten Republiken nicht an den Gewinnen der Minen teilhatten.

1860

Die *MS Truro* erreicht Durban mit mehr als 300 indischen Vertragsarbeitern an Bord

1869

In der Nähe von Kimberley werden Diamanten gefunden

DIE BURENKRIEGE

Der lange schwelende Unmut der Buren entflammte in Transvaal einen echten Aufstand, und 1880 brach der erste Burenkrieg zwischen Briten und Buren aus (die Afrikaaner oder Afrikaander, wie die Nachkommen der ersten Buren sich nannten – s. Kasten S. 52 –, sprachen vom Unabhängigkeitskrieg). Er endete rasch mit einem überwältigenden Sieg der Buren in der Schlacht von Majuba Hill Anfang 1881. Der Burenstaat erlangte als Zuid-Afrikaansche Republiek (ZAR, Südafrikanische Republik) wieder seine Unabhängigkeit. Paul Kruger, einer der Rebellenführer, wurde 1883 Präsident der ZAR.

Die Briten betrachteten ihre Niederlage bei Majuba als bloßes Missgeschick und verfolgten weiter das Ziel, die Kolonien und Republiken im südlichen Afrika zu vereinen.

1879 brachten sie Zululand unter ihre Herrschaft. Goldfunde am Witwatersrand (nahe Jo'burg) im Jahr 1886 beschleunigten den Einigungsprozess und versetzten den Buren einen weiteren Schlag. Bis Mitte der 1890er-Jahre schnellte die Bevölkerungszahl in Jo'burg auf 100 000 hoch, und in der ZAR lebten plötzlich Tausende von schwarzen und weißen Uitlandern (Ausländer), während die Buren an den Rand gedrängt wurden. Ganz besonders missfiel den Buren der Zustrom von schwarzen Arbeitern; vielen von ihnen ging es wirtschaftlich gar nicht so gut, und sie ärgerten sich darüber, dass Schwarze Lohn erhielten.

Die Lage spitzte sich 1899 zu, als die Briten für die 60 000 weißen Ausländer am Witwatersrand das Wahlrecht forderten (bis dahin hatte Krugers Regierung alle Ausländer von der Wahl ausgeschlossen). Kruger weigerte sich und forderte seinerseits, die Briten sollten sich von den Grenzen der ZAR zurückziehen. Als die Briten sich widersetzten, erklärte Kruger den Krieg. Der zweite Burenkrieg zog sich länger hin, und die Briten waren besser vorbereitet als bei Majuba Hill. Mitte 1900 kapitulierte mit Pretoria die letzte der großen Burenstädte. Die *bittereinder* – Buren, die bis zum bitteren Ende kämpften – führten jedoch noch zwei Jahre lang einen guerillaähnlichen Krieg, den die Briten mit einer Politik der verbrannten Erde beantworteten. Bis 1902 starben 26 000 Menschen an den Folgen von Krankheiten und Verwahrlosung. Im Mai 1902 brachte der Vertrag von Vereeniging formal den Frieden. Darin erkannten die Burenrepubliken die britische Oberherrschaft an, während die Briten sich zum Wiederaufbau ihrer Regierungsgebiete verpflichteten.

FRIEDEN & EINHEIT?

Der Witwatersrand birgt die größten Goldvorräte der Erde; bisher stammt etwa ein Drittel des weltweit geförderten Goldes von hier.

In den Nachkriegsjahren konzentrierten sich die Briten darauf, das Land und besonders die Bergwerke wiederaufzubauen. 1907 förderten die Minen am Witwatersrand beinahe ein Drittel des weltweit gewonnenen Goldes. Doch der durch den Vertrag erzielte Frieden war brüchig und wurde von allen Seiten in Frage gestellt. Die Afrikaaner fanden sich als arme Farmer in einem Land wieder, in dem der ausgedehnte Bergbau und das ausländische Kapital ihnen jedes Gewicht nahmen. Besonders erzürnt waren sie über die erfolglosen Versuche der Briten, sie zu anglisieren und ihnen Englisch als offizielle Sprache in der Schule und bei der Arbeit aufzuzwingen. Auch als Gegenreaktion darauf entwickelte sich das Afrikaans zur *volkstaal* (Volkssprache) und zu einem Zeichen der natio-

1879
Zululand gerät unter britische Herrschaft

1881
Ende des ersten Burenkriegs; aus Transvaal wird die Südafrikanische Republik

nalen Identität der Afrikaaner; gleichzeitig entstanden mehrere nationalistische Organisationen.

Schwarze (also die Angehörigen der Bantu sprechenden Völker) und Farbige wurden marginalisiert. Die Steuern stiegen stark an, die Löhne sanken, und die britische Verwaltung unterstützte die Immigration von mehreren Tausend Chinesen, sodass den Betroffenen ein Arbeitskampf aussichtslos erschien. 1906 entlud sich der Protest gegen die Steuerlast in der Bambatha-Rebellion, bei der 4000 Zulu ums Leben kamen.

Die Briten strebten derweil weiterhin eine Einigung des Landes an. Nach mehreren Jahren der Verhandlung wurde 1910 der Unionsvertrag unterzeichnet, der die Kapkolonie, Natal, Transvaal und den Oranje-Freistaat zur Südafrikanischen Union vereinte. Dem Vertrag zufolge blieb die Union britisches Gebiet, das die Afrikaaner aber selbst verwalteten. Die britischen Hochkommissariate Basutoland (heute Lesotho), Betschuanaland (heute Botsuana), Swasiland und Rhodesien (heute Simbabwe) unterstanden weiterhin direkt der britischen Regierung (Afrikaans wurde erst 1925 als Amtssprache anerkannt.) Einer Kampagne der Schwarzen und Farbigen zum Trotz wurde das alte Wahlrecht beibehalten, und nur Weiße konnten ins Parlament gewählt werden.

UNTERDRÜCKUNG, WIDERSTAND & RASSISMUS

Die erste Regierung der neuen Union unterstand General Louis Botha und seinem Stellvertreter General Jan Smuts. Ihre South African National Party (später South African Party oder SAP) verfolgte im Wesentlichen eine pro-britische Linie der weißen Einheit. Radikalere Buren trennten sich unter General Barry Hertzog und gründeten 1914 die National Party (NP). Die NP setzte sich für die Interessen der Afrikaaner ein und befürwortete neben einer getrennten Entwicklung der beiden weißen Gruppen die Unabhängigkeit von Großbritannien.

Unter www.anc.org.za gibt es weitere Informationen über den ANC und die Geschichte Südafrikas.

In der neuen Union gab es keinen Platz für Schwarze, obwohl sie über 75 % der Bevölkerung ausmachten. Der Unionsvertrag verweigerte ihnen in Transvaal und im Oranje-Freistaat das Wahlrecht, und in der Kapkolonie durften sie nur wählen, wenn sie ein gewisses Eigentum nachweisen konnten. Nach der Kriegspropaganda der Briten, die Freiheit von der „Sklaverei der Buren" versprochen hatte, sahen die Schwarzen die Verweigerung des Wahlrechts nun als himmelschreienden Verrat an. Bald darauf wurde eine Flut von repressiven Gesetzen erlassen, nach denen schwarze Arbeiter nicht streiken durften, qualifizierte Arbeit Weißen vorbehalten war, Schwarze keinen Militärdienst leisten durften und einer restriktiven Residenzpflicht mit strengen Passgesetzen unterlagen. Der Natives Land Act von 1913 gestand den Schwarzen ganze 8 % der Fläche von Südafrika zu. Die Weißen, immerhin nur 20 % der Bevölkerung, reservierten sich über 90 % des Landes. Schwarze Afrikaner durften außerhalb der ihnen zugewiesenen Gebiete weder etwas kaufen noch mieten oder auch nur als Farmpächter arbeiten. Tausende wurden von Farmen vertrieben und in zunehmend überfüllte und verarmte Reservate oder in die Städte gedrängt. Wer blieb, galt nur mehr als Arbeiter ohne Grundbesitz.

Die schwarze und farbige Opposition schweißten diese Umstände zusammen, und Anführer wie John Jabavu, Walter Rubusana und Abdullah

1902
Der Vertrag von Vereeniging beendet den zweiten Burenkrieg

1910
Gründung der Südafrikanischen Union; Schwarze erhalten kein Wahlrecht; Lesotho und Swaziland bleiben britische Protektorate

MAHATMA GANDHI

1893 machte sich Mohandas (Mahatma) Gandhi, ein junger indischer Anwalt, auf den Weg nach Durban in Südafrika, um dort ein Jahr lang zu arbeiten. In Natal war man Indern gegenüber abweisend, und bei seiner Ankunft wurde Gandhi deshalb bei Pietermaritzburg aus dem Zugabteil der ersten Klasse geworfen.

Dieser Zwischenfall beeindruckte Gandhi nachhaltig. Er eignete sich Methoden des gewaltfreien Widerstands an und engagierte sich zunehmend für die indische Gemeinde vor Ort und die Sicherung ihrer politischen Rechte. Bald war Gandhi nicht nur als erfolgreicher Anwalt bekannt, sondern auch als prominenter Sprecher für die Belange der Inder in Südafrika.

Gandhi unternahm 1896 und 1901 kurze Reisen nach Indien, um dort intensiv auf die Notlage der Inder in Südafrika aufmerksam zu machen. Zurück in Südafrika, gelangte Gandhi zu den Ansichten, an denen er fortan seine politische Arbeit ausrichtete. Er verzichtete auf das angenehme Leben als erfolgreicher Anwalt, fing an, selbst seine Kleidung zu waschen, verschrieb sich einem zölibatären und besitzlosen Dasein und dem Dienst an anderen. Zudem entwickelte er sein Konzept der Satyagraha (was frei übersetzt so viel bedeutet wie „Wahrheit durch Gewaltlosigkeit").

1907 erließ die Regierung von Transvaal den Asian Registration Act, nach dem sich alle Inder registrieren lassen und einen Nachweis dieser Registrierung stets bei sich tragen mussten. Gandhi rief die indische Gemeinde dazu auf, sich dem Erlass zu widersetzen und im Fall einer Verhaftung keinen Widerstand zu leisten. Während der nächsten sieben Jahre folgte eine Reihe von ähnlichen Diskriminierungen, darunter ein Gerichtsentscheid, demzufolge alle Ehen von Hindus und Moslems ungültig waren. Auch dem widersetzten sich Gandhi und seine Anhänger friedlich. Als Reaktion darauf wurden Gandhi und Tausende von Indern, die seinem Satyagraha-Widerstand folgten, wiederholt verhaftet.

Gandhi kehrte schließlich 1914 nach Indien zurück – aus dem einen Jahr, das er in Südafrika hatte bleiben wollen, waren mehr als 20 geworden. Gandhis Lehren hatten weltweit eine enorme Wirkung, und in Südafrika erreichte er mit seinem Vorgehen den Erlass der Indian Relief Bill, die neben anderen Zugeständnissen die Ehen von Hindus und Moslems wieder anerkannte.

Abdurahman schufen die Voraussetzungen für politische Vereinigungen von Schwarzen über die Stammesgrenzen hinweg. Pixley ka Isaka Seme, ein Anwalt mit dem Abschluss der Columbia University, führte die Repräsentanten der afrikanischen Stämme zusammen, um eine vereinte, landesweite Organisation zu gründen. Diese sollte die Interessen der Schwarzen vertreten und ihnen in der neuen Union Gehör verschaffen. Das war die Geburtsstunde des South African Native National Congress, nach 1923 bekannt als African National Congress (ANC).

Zur gleichen Zeit kämpfte Mohandas (Mahatma) Gandhi mit der indischen Bevölkerung von Natal und dem Transvaal gegen die zunehmende Beschneidung ihrer Rechte (s. Kasten oben).

1924 übernahm die NP unter Hertzog in einer Koalition die Regierungsmacht, und der Nationalismus der Afrikaaner erstarkte. Niederländisch als Amtssprache der Union wurde durch Afrikaans ersetzt (das bis dahin nur als Unterschichtendialekt der Niederländer gegolten hatte), und die sogenannte *swart gevaar* (schwarze Gefahr) war im Wahlkampf von 1929 das Hauptthema. Hertzog koalierte Mitte der 1930er-Jahre kurzzeitig mit dem gemäßigteren Jan Smuts. Smuts übernahm später die Zügel und führte nach einer kontroversen Entscheidung Südafrika an der Seite der Alliierten in den Zweiten Weltkrieg. Die Hoffnung auf eine

1914
Mahatma Gandhi kehrt nach mehr als 20 Jahren in Südafrika in sein Heimatland Indien zurück

1924
Die NP übernimmt die Regierungsmacht

Schwächung nationalistischer Strömungen erwies sich jedoch als trügerisch, denn Daniel François (DF) Malan gelang es, einer radikalen Splittergruppe, der Purified National Party, eine zentrale Stellung in der Politik der Afrikaaner zu sichern. Der Afrikaner Broederbond, eine geheime Bruderschaft, 1918 zum Schutz der Afrikaaner-Kultur gegründet, erreichte rasch großen Einfluss. Er stand hinter der NP und anderen Organisation, die das *volk* (die Afrikaaner) begünstigen wollten.

Dank der während des Krieges florierenden Wirtschaft wurden schwarze Arbeitskräfte in den Minen und den Fabriken immer wichtiger, und die schwarze Bevölkerung in den Städten verdoppelte sich beinahe. In den Randbezirken von Jo'burg – und in geringerem Maße im Umfeld der anderen großen Städte – entstanden riesige Hüttenviertel. In den Townships herrschten entsetzliche Zustände, aber die Armut betraf nicht nur die Schwarzen; Erhebungen aus der Kriegszeit belegen, dass 40 % der weißen Schulkinder unterernährt waren.

DIE MAUERN DER APARTHEID WACHSEN

Im Vorfeld der Wahlen von 1948 warb die NP vor allem für ihre Politik der Rassentrennung oder „Apartheid" (was auf Afrikaans den Zustand des Getrenntseins beschreibt). Die NP wurde ins Parlament gewählt und bildete eine Koalition mit der Afrikaner Party (AP) unter der Führung von D. F. Malan.

Unter Malan wurde die Apartheid, die längst Realität war, sogar zum Gesetz. Schlag auf Schlag wurden Mischehen verboten, sexuelle Beziehungen zwischen Schwarzen und Weißen für illegal erklärt und alle Personen einer Rasse zugeordnet, wobei in Zweifelsfällen ein Prüfungsgremium entschied. Der schreckliche Group Areas Act von 1950 reservierte begehrte Stadtviertel ausschließlich für Weiße und verbannte alle anderen in die Townships. Der Separate Amenities Act (Gesetz für getrennte Annehmlichkeiten) sorgte unter anderem für getrennte Strände, Busse, Krankenhäuser, Schulen und sogar Parkbänke.

Die existierenden Passgesetze wurde noch strenger: Schwarze und Farbige mussten stets Ausweise bei sich tragen und durften ohne ausdrückliche Genehmigung nicht in den Städten bleiben oder sie auch nur besuchen. Paare durften nicht in einer Stadt leben (oder sich dort gegenseitig besuchen), wenn nur einer von ihnen dort arbeitete, und Kinder mussten auf dem Land bleiben.

1960 erreichten die Spannungen mit dem Massaker von Sharpeville (s. nächsten Abschnitt) einen Höhepunkt. Wenig später setzte Premierminister Hendrik Verwoerd, dessen fanatischer Rassismus ihm den Beinamen „Architekt der Apartheid" eintrug, ein Referendum an über die Frage, ob das Land eine Republik werden sollte. Der Wechsel wurde von einer knappen Mehrheit befürwortet. Verwoerd löste Südafrika aus dem Commonwealth, und im Mai 1961 entstand die Republik Südafrika.

Nelson Mandelas Autobiografie *Der lange Weg zur Freiheit* ist ein beeindruckender Bericht über die Zeit des Widerstands und die folgenden Jahre.

AKTIONEN & AKTIVISMUS

Diese Entwicklungen drängten den bis dahin eher konservativen ANC zum Handeln. In seinem Programm von 1949 rief er zum ersten Mal zum offenen Widerstand auf, und zwar in Form von Streiks, zivilem Ungehorsam und Protestmärschen. Der Widerstand zog sich durch die 1950er-

1948
Vor den Wahlen wirbt die NP mit ihrer Politik der Apartheid

1961
Premierminister Verwoerd löst Südafrika aus dem Commonwealth, die neue Republik entsteht

Mehr Informationen über Nelson Mandela bietet u. a. die Biografie *Nelson Mandela. Ein Leben für Freiheit und Versöhnung* von Jack Lang.

Jahre und führte zuweilen zu gewalttätigen Auseinandersetzungen. Im Juni 1955 hielten mehrere Organisationen, darunter der Indian Congress und der ANC, in Kliptown bei Jo'burg eine Konferenz ab, auf der sie eine Freiheitscharta verabschiedeten. Darin wird die Vision eines nicht-rassistischen, demokratischen Staates skizziert, und die Charta ist für den ANC immer noch ein wichtiger Bestandteil seines Bildes von einem neuen Südafrika.

1959 spalteten sich einige desillusionierte Mitglieder vom ANC ab; sie waren gegen jeden Kontakt zur weißen Regierung und bildeten den militanteren Pan Africanist Congress. Der erste Punkt auf der Agenda des PAC war eine Reihe von landesweiten Demonstrationen gegen die verhassten Passgesetze. Am 21. März 1960 schoss die Polizei auf Demonstranten, die eine Polizeiwache in Sharpeville, einer Township bei Vereeniging, umringt hatten. Mindestens 67 Menschen wurden getötet, weitere 186 verwundet; den meisten von ihnen wurde in den Rücken geschossen.

Für viele in- und ausländische Beobachter hatte das Blutbad von Sharpeville eine wichtige Grenze überschritten, und es gab nach diesem Vorfall nun keinen Zweifel mehr, welcher Art dieses weiße Regime war. Nach den Schüssen wurde eine umfassende Arbeitsverweigerung organisiert, und die Demonstrationen liefen weiter. Verwoerd rief den Notstand aus, sodass die Sicherheitskräfte Menschen ohne Prozess inhaftieren konnten. Über 18 000 Demonstranten wurden verhaftet, darunter viele Anführer des ANC und des PAC, und beide Organisationen wurden verboten.

Da immer mehr schwarze Aktivisten inhaftiert wurden, verlegten sich die bewaffneten Flügel des ANC und des PAC, Umkhonto we Sizwe (Speer der Nation, MK) und Poqo („rein" oder „allein"), auf Sabotageakte. Im Juli 1963 wurden 17 Mitglieder der ANC-Untergrundbewegung verhaftet. Ihnen und Nelson Mandela, dem Vorsitzenden des ANC, der bereits wegen anderer Anschuldigungen im Gefängnis gesessen hatte, wurde im berühmten Rivonia-Prozess Hochverrat vorgeworfen. Im Juni 1964 wurden Mandela und sieben weitere Angeklagte zu lebenslanger Haft verurteilt. Oliver Tambo, der ebenfalls der Führung des ANC angehörte, gelang die Flucht aus Südafrika, er führte den ANC vom Exil aus weiter.

„Ich habe gegen weiße Vorherrschaft gekämpft und ich habe gegen schwarze Vorherrschaft gekämpft. Ich halte an dem Ideal einer demokratischen und freien Gesellschaft fest, in der alle Menschen die gleichen Chancen haben und in Eintracht miteinander leben. Für dieses Ideal lebe ich, und ich hoffe, ich werde es erreichen. Aber sollte es nötig sein, ist es auch ein Ideal, für das ich bereit bin zu sterben."

Nelson Mandela, 20. April 1964, Rivonia-Prozess

A Burning Hunger: One Family's Struggle Against Apartheid von Lynda Schuster ist eine außergewöhnliche Darstellung des Kampfes einer schwarzen Familie gegen die Apartheid, von den Unruhen in Soweto 1976 bis zur Befreiung in den frühen 1990er-Jahren.

FINSTERE ZEITEN

Der ANC war verboten, Mandela und die meisten anderen aus der ANC-Führung waren im Gefängnis oder im Exil, und dem Land stand eine seiner düstersten Epochen bevor. Die Apartheidgesetze wurden weiter verschärft, und die trennenden Mauern zwischen den Bevölkerungsgruppen wurden immer höher gezogen. Am verhasstesten war die Einrichtung von eigenen „Homelands" für Schwarze (s. Kasten S. 562). Verwoerd fiel

1963
Mehrere Mitglieder des ANC und dessen Vorsitzender, Nelson Mandela, werden verhaftet

1964
Mandela wird zu lebenslanger Haft verurteilt

DIE „HOMELANDS"

1962 – zwei Jahre, bevor Nelson Mandela zu einer lebenslangen Freiheitsstrafe verurteilt wurde – entstand Transkei. Es war das erste von zehn sogenannten „Bantustans" oder „Homelands", die als Heimat für alle schwarzen Südafrikaner vorgesehen waren. In diesen Gebieten sollten Schwarze – so die weiße Propaganda – unabhängig und unter eigener Verwaltung mit ihren Stammesangehörigen zusammenleben.

Die Wirklichkeit sah anders aus. In den Homelands gab es weder Infrastruktur noch Industrie, und sie konnten nicht genügend Nahrung für die rasch wachsende schwarze Bevölkerung produzieren. Außerdem war ihre Größe für die Zahl der Menschen, die dort leben sollten, vollkommen unangemessen. Zusammengenommen machten alle Homelands gerade einmal 14 % der Fläche Südafrikas aus, obwohl die Schwarzen beinahe 80 % der Bevölkerung stellten. Die Menschen wurden willkürlich in Stämme eingeteilt, und war ihnen einmal ein Homeland zugewiesen worden, durften sie es ohne Ausweis und Genehmigung nicht mehr verlassen. Diese Situation verschlimmerte das Leiden der schwarzen Bevölkerung erheblich. Wegen der Überbevölkerung war das Ackerland bald ausgelaugt, und Familien wurden auseinandergerissen, weil die Männer als rechtlose Gastarbeiter zurück in die Städte gezwungen wurden.

Nach der Einrichtung der Homelands strömten die Schwarzen auf der Suche nach Arbeit zurück in die Städte. In den Hüttensiedlungen der Stadt herrschten schlechte Lebensbedingungen, in den Homelands sah es aber noch schlimmer aus. Die Regierung versuchte, das zu ändern, und untersagte Schwarzen, als Verkäufer, Rezeptionisten, Schreibkräfte oder Schalterbeamte zu arbeiten. In den schwarzen „Schlafstädten" (Vorstadtgegenden für schwarze Arbeiter) durfte nicht weitergebaut werden, stattdessen wurden riesige, nach Geschlechtern getrennte Wohnheime errichtet.

Die Lage in den Homelands wurde durch interne politische Streitigkeiten noch verschlimmert. Um sich selbst mehr Macht zu sichern, arbeiteten manche politische Führer der Homelands mit der Regierung zusammen, sie akzeptierten ihre „Unabhängigkeit" und unterdrückten gleichzeitig jede Form von Widerstand.

Die Homelands wurden zwar nach dem Ende der Apartheid aufgelöst, ihr Erbe jedoch – u.a. eine völlig unzureichende Infrastruktur bei gleichzeitig hoher Bevölkerungsdichte – belastet Südafrika noch heute.

1966 einem Mordanschlag zum Opfer, aber B. J. Vorster und P. W. Botha hielten an seiner Politik fest.

Während der 1970er-Jahre wuchs der Widerstand erneut, zunächst vor allem in den Gewerkschaften und durch Streiks; später stand die South African Students' Organisation mit ihrem charismatischen Anführer Steve Biko an der Spitze der Bewegung. Der Medizinstudent Biko war die treibende Kraft hinter dem South Africa's Black Consciousness Movement, das ein schwarzes Selbstbewusstsein und gewaltfreien Widerstand gegen die Apartheid forderte.

Soweto Blues: Jazz and Politics in South Africa von Gwen Ansell deckt auf spannende Weise die Zusammenhänge zwischen Jazz und Politik im Südafrika der Apartheid auf.

Die Ereignisse spitzten sich 1976 zu, als der Studentenrat von Soweto Proteste gegen den Gebrauch von Afrikaans (das als Sprache der Unterdrücker galt) in schwarzen Schulen organisierte. Am 16. Juni schoss die Polizei auf einen Protestmarsch von Studenten und löste damit landesweit Demonstrationen, Streiks, Massenverhaftungen, Unruhen und Gewalttaten aus, die im Lauf der folgenden zwölf Monate über 1000 Menschenleben kosteten.

Im September 1977 wurde Steve Biko ermordet (s. S. 294). Unbekannte Angehörige der Sicherheitspolizei prügelten so lange auf ihn ein, bis er

1966
Premierminister Hendrik Verwoerd kommt bei einem Attentat ums Leben

1976
Gewaltsame Niederschlagung des Soweto-Aufstandes

ins Koma fiel. Nach drei Tagen ohne ärztliche Behandlung starb er schließlich in Pretoria. Die anschließende gerichtliche Untersuchung ergab, dass niemanden die Schuld an diesem Tod treffe; allerdings ging die South African Medical Association später gegen die Ärzte vor, die Biko eine Behandlung verweigert hatten. Dieses Ereignis hat Südafrika verändert: Eine Generation junger Schwarzer verschrieb sich dem Kampf gegen die Apartheid („Befreiung geht vor Bildung", lautete ihre Losung), und die schwarzen Gemeinden engagierten sich politisch.

SÜDAFRIKA IM BELAGERUNGSZUSTAND

1980 war Südafrika das einzige Land des Kontinents mit einer weißen Regierung und einer Verfassung, welche die Mehrheit der Einwohner diskriminierte. Je deutlicher sich die Weltöffentlichkeit gegen das weiße Regime wandte, desto stärker sah sich die Regierung (und der Großteil der weißen Bevölkerung) als eine Bastion, die von Kommunismus, Atheismus und schwarzer Anarchie bedrängt wurde. Sanktionen wurden mit großer Anstrengung unterlaufen, und die Regierung entwickelte sogar Atomwaffen (die mittlerweile vernichtet wurden).

Eine Mehrheitsregierung mit dem ANC stand (zumindest offiziell) nicht zur Debatte, und der Regierung blieb nichts anderes übrig, als das Land gegen Bedrohungen von außen und innen mit bloßer Militärmacht zu verteidigen. Die Weißen sahen sich in einer Art Belagerungszustand, und obwohl vielen klar war, dass sie einen Bürgerkrieg gegen die schwarze Mehrheit nicht gewinnen konnten, war er ihnen lieber, als politischen Forderungen „nachzugeben". Das brutale Vorgehen von Polizei und Militär schien völlig gerechtfertigt. Die internationalen Sanktionen, die die Weißen vom Rest der Welt abschnitten, nützten übrigens der politischen Bildung der schwarzen Elite, die im Exil Verbindungen zu lokalen und internationalen Führungspersönlichkeiten knüpfen konnte.

Zwischen 1978 und 1988 unternahm die South African Defence Force (SADF; heute die South African National Defence Force oder SANDF) eine Reihe von Angriffen auf Angola, Mosambik, Simbabwe, Botsuana und Lesotho. Alle männlichen Weißen waren zum Wehrdienst verpflichtet, und Tausende flohen vor der Einberufung ins Ausland. Andere blieben und litten unter den erbitterten Kämpfen in der Region und in den Townships von Südafrika.

EIN NEUES KLIMA

Beyond the Miracle: Inside the New South Africa von Allister Sparks, einem der angesehensten Journalisten Südafrikas, ist eine realistische, aber auch optimistische Analyse des Landes auf seinem Weg in die Zukunft.

In den frühen 1980er-Jahren wehte ein frischer Wind durch Südafrika. Die Weißen stellten nur noch 16 % der Gesamtbevölkerung – 50 Jahre zuvor waren es noch 20 % gewesen –, und ihre Zahl nahm weiterhin ab. P. W. Botha erkannte, dass ein Wandel unumgänglich war, und erklärte den weißen Südafrikanern, sie müssten „sich anpassen oder sterben". Zahlreiche Reformen wurden auf den Weg gebracht, darunter die Aufhebung der Passgesetze. Aber Botha wagte sich nicht an umfassende Reformen, und viele Schwarze (ebenso wie die internationale Gemeinschaft) hielten die Veränderungen für rein kosmetisch. Der Widerstand blieb ungebrochen, und immer tiefere Risse spalteten Südafrika. Gleichzeitig entstand eine weiße Gegenbewegung mit mehreren paramilitärischen, rechtsextremen Gruppen, vor allem der Afrikaner Weerstandsbeweging

1977 Steve Biko wird von der Sicherheitspolizei ermordet

1982 Erster offizieller Todesfall durch Aids

(AWB) unter Eugène Terre'Blanche. Doch auch die politisch entgegengesetzte United Democratic Front (UDF) wurde zu dieser Zeit gegründet. Ihre zahlreichen Mitglieder riefen unter der Führung von Erzbischof Desmond Tutu und Reverend Allan Boesak die Regierung dazu auf, die beabsichtigten Reformen fallen zu lassen und stattdessen die Apartheid selbst ebenso wie die Homelands abzuschaffen.

Auch der internationale Druck stieg, da die wirtschaftlichen Sanktionen allmählich spürbar wurden und der Kurs der Landeswährung Rand einbrach. 1985 rief die Regierung den Notstand aus. Die Medien wurden zensiert, und bis 1988 wurden 30 000 Menschen ohne Prozess verhaftet und Tausende gefoltert.

DUNKLE SCHATTEN

In all diesen Wirren legte sich ein vielleicht noch dunklerer Schatten über Südafrika. 1982 wurde dort der erste offizielle Todesfall durch Aids verzeichnet. Innerhalb eines Jahrzehnts stieg die Zahl der bekannten Aids-Fälle auf über 1000, und Mitte der 1990er-Jahre waren es 10 000. Diese offiziell verzeichneten Fälle bildeten jedoch nur die Spitze des Eisbergs; manche Schätzungen gehen davon aus, dass 1995 tatsächlich beinahe 1 Mio. Menschen HIV-positiv waren. Man vermutet, dass Aids sich vor allem durch die traditionelle Migrantenarbeit in den Minen Südafrikas mit unglaublichen 500 neuen Fällen pro Tag ausgebreitet hat.

Ende der 1980er-Jahre versuchte die South African Chamber of Mines, die starke Ausbreitung mit einer Bildungskampagne einzudämmen. Ohne eine grundlegende Veränderung der Arbeitsbedingungen in den Minen war ein Erfolg allerdings kaum realistisch. Lange Zeiten ohne einen Besuch zu Hause, trostlose Zustände und nur wenige arbeitsfreie Tage im Monat – so sah in den Zeiten der Apartheid das Leben von Tausenden von Arbeitern in den Minen und anderswo aus. Das Problem wurde dadurch verschlimmert, dass sich noch Mitte der 1990er-Jahre die Gesundheitsämter eher mit Tuberkulose als mit Aids befassten.

Als Südafrika erste zaghafte Versuche unternahm, die Mauern der Apartheid einzureißen, stellte Aids schon eine große Gefahr für viele Menschen in Südafrika dar.

VRYE WEEKBLAD

1988 gründete der regierungskritische Journalist Max du Preez, ein Afrikaaner, zusammen mit einigen anderen weißen Anti-Apartheid-Aktivisten das *Vrye Weekblad*, Südafrikas erste Zeitung gegen die Apartheid auf Afrikaans. Von Beginn an hatte die Zeitung gegen staatliche Schikanen zu kämpfen. Ihre Büroräume wurden zerbombt, Du Preez erhielt zahlreiche Drohungen, und der damalige Präsident P. W. Botha reichte eine Verleumdungsklage gegen die Zeitung ein. Obwohl sie nur kurze Zeit erschien, war ihr Plädoyer für die Meinungsfreiheit von großer Bedeutung, ebenso ihr Feldzug gegen Unterdrückung und ihre Enthüllungsberichte über Korruption und Brutalität in allen Teilen des politischen Spektrums. Nach nur fünf Jahren aktueller, investigativer Berichterstattung musste das Vrye Weekblad kurz vor den Wahlen von 1994 schließen. Du Preez arbeitete später als Produzent für den staatlichen Fernsehsender SABC, der von den Anhörungen vor der Wahrheits- und Versöhnungskommssion berichtete, und ist noch heute als hochangesehener Journalist tätig. In seinem Buch *Oranje Blanje Blues* schildert Du Preez die faszinierende Geschichte der Zeitung.

1988
Die Apartheid ist über sich hinausgewachsen, 30 000 Menschen sind ohne Prozess in Haft

1990
Nelson Mandela wird freigelassen

DIE MAUERN BRÖCKELN

1986 verkündete Präsident Botha dem Parlament, Südafrika sei über die Apartheid "hinausgewachsen". Die Regierung leitete kleinere Reformen in Richtung Gleichstellung ein, hielt aber weiterhin die Medien und alle Anti-Apartheid-Demonstrationen eisern unter Kontrolle.

Ende 1989 wurde der körperlich geschwächte Botha durch F. W. de Klerk abgelöst. In seiner Antrittsrede vor dem Parlament verkündete De Klerk im Februar 1990, er wolle alle diskriminierenden Gesetze abschaffen und den ANC, den PAC und die kommunistische Partei legalisieren. Die Zensur der Medien wurde aufgehoben, und De Klerk entließ politische Gefangene, die nicht gegen normale Strafgesetze verstoßen hatten.

NELSON MANDELA

Nelson Rolihlahla Mandela ist zweifellos eine der bedeutendsten internationalen Führungspersönlichkeiten des 20. Jhs. Einst von der weißen Regierung Südafrikas verunglimpft und zu lebenslanger Haft verurteilt, forderte er nach 27 Jahren im Gefängnis Versöhnung und Vergebung, und es gelang ihm, alle Südafrikaner zum entscheidenden Zeitpunkt zu vereinen.

Mandela, Sohn eines Xhosa-Häuptlings, wurde am 18. Juli 1918 in dem kleinen Dorf Mveso am Fluss Mbashe geboren. Als Kind zog er mit seiner Familie nach Qunu südlich von Mthatha, heute Östliches Kap. Hier wuchs er in einem Kraal (einer dörflichen Siedlung) auf, wie es sie noch heute dort gibt. Sein Leben war ländlich geprägt, gleichzeitig wurde er auf seine zukünftige Aufgabe als Stammesführer vorbereitet. Nach seiner Ausbildung am University College von Fort Hare ging Mandela nach Jo'burg, wo er sich bald der Politik zuwandte. In dieser Zeit machte er seinen Abschluss in Jura und eröffnete gemeinsam mit Oliver Tambo die erste schwarze Anwaltskanzlei Südafrikas. 1944 gründete er mit Tambo und Walter Sisulu die Jugendorganisation des African National Congress (ANC). Während der 1950er-Jahre stand Mandela bei den Kampagnen des ANC zum zivilen Ungehorsam in der ersten Reihe, weshalb er 1952 zum ersten Mal verhaftet, vor Gericht gestellt und freigesprochen wurde. Es folgten weitere Festnahmen. Nach dem Verbot des ANC in der unruhigen Zeit nach dem Massaker von Sharpeville setzte Mandela sich für die Gründung eines geheimen, bewaffneten Flügels ein, des Umkhonto we Sizwe. Während er noch eine frühere Haftstrafe verbüßte, wurde Mandela im Rivonia-Prozess öffentlich wegen Sabotage und eines Umsturzversuches angeklagt. Nachdem er sich selbst brillant verteidigt hatte, wurde er zu lebenslanger Haft verurteilt und verbrachte die nächsten 18 Jahre im berüchtigten Gefängnis von Robben Island. Später wurde er in das Pollsmoor-Gefängnis auf dem Festland und das Victor-Verster-Gefängnis in der Nähe von Paarl verlegt, bevor er schließlich freigelassen wurde.

Während seiner gesamten Haft weigerte sich Mandela, seine politischen Überzeugungen zu verraten, um freizukommen; er erklärte, nur freie Menschen könnten verhandeln. Unter anderem lehnte er Angebote zur Freilassung ab, nach denen er die Unabhängigkeit von Transkei hätte anerkennen müssen (womit er aber das Apartheidregime legitimiert hätte).

Mandela wurde am 18. Februar 1990 entlassen und 1991 zum Präsidenten des ANC gewählt. In dieser neuen Position führte er die Verhandlungen weiter, die bereits im Geheimen während seiner Haft begonnen hatten und mit zum Ende der Apartheid und der Minderheitenregierung führten. 1993 erhielt er gemeinsam mit F. W. de Klerk den Friedensnobelpreis und wurde im nächsten Jahr bei den ersten freien Wahlen zum Präsidenten von Südafrika gewählt. In seiner oft zitierten Rede „Endlich frei!" nach dem Wahlsieg 1994 lenkte er den Blick des Landes mit Nachdruck auf die Zukunft und sagte: „Jetzt müssen wir die alten Wunden heilen und ein neues Südafrika aufbauen."

1997 trat Mandela – dessen traditioneller Xhosa-Name Madiba lautet – als ANC-Präsident zurück, aber der erfahrene Staatsmann wirkte weiter als politischer Ratgeber.

1991

Nelson Mandela wird zum Präsidenten des ANC gewählt

1993

Zusammen mit F. W. de Klerk erhält Nelson Mandela den Friedensnobelpreis

DIE REGIERUNG SÜDAFRIKAS

Nach langwierigen Verhandlungen verabschiedete das südafrikanische Parlament 1996 eine überarbeitete Version der Verfassung von 1993, in der die Zusammensetzung der neuen, demokratischen Regierung festgelegt wurde. Heute besteht die Landesregierung aus der 400 Mitglieder starken Nationalversammlung, dem Nationalrat der Provinzen mit 90 Mitgliedern und einem Staatsoberhaupt (dem Präsidenten), das von der Nationalversammlung gewählt wird. Zusätzlich gibt es neun Provinzregierungen, denen jeweils ein Ministerpräsident und ein zehnköpfiges Kabinett vorstehen. Die Provinzen (und ihre Hauptstädte) heißen: Westliches Kap (Kapstadt), Östliches Kap (Bisho), Nördliches Kap (Kimberley), KwaZulu-Natal (Pietermaritzburg), Mpumalanga (Nelspruit), Gauteng (Jo'burg), Freistaat (Bloemfontein), Nordwest (Mafikeng) und Limpopo (Polokwane, auch Pietersburg genannt). Kapstadt ist die offizielle Landeshauptstadt, Pretoria das Verwaltungs- und Regierungszentrum und Bloemfontein der Sitz des Obersten Gerichts.

Ein südafrikanischer Präsident ähnelt eher einem deutschen Bundeskanzler als z. B. einem US-Präsidenten, allerdings besitzt er als Staatsoberhaupt mehr Exekutivbefugnisse als die meisten westlichen Premierminister. Die Verfassung bildet das Kernstück des Rechtssystems und beinhaltet eine besonders umfangreiche Menschen- und Bürgerrechtserklärung.

Parallel zu diesen Institutionen westlicher Prägung existiert ein traditionelles Herrschaftssystem, und alle Gesetze, die indigenes Recht, Traditionen oder Bräuche berühren, müssen dem Council of Traditional Leaders vorgelegt werden. Dieser Rat kann Gesetze zwar nicht abändern oder verhindern, aber er kann ihr Inkrafttreten verzögern.

Die landesweiten Wahlen finden alle fünf Jahre statt, die nächsten sind für 2009 angesetzt.

Am 11. Februar 1990, 27 Jahre nach seiner Inhaftierung, verließ Nelson Mandela das Gelände des Victor-Verster-Gefängnisses als freier Mann.

1990 und 1991 wurden auch die Rechtsgrundlagen der Apartheid beseitigt. Ein Referendum – die letzte Wahl in Südafrika, an der nur Weiße teilnehmen durften – verlieh der Regierung mit überwältigender Mehrheit die Befugnis, mit dem ANC und anderen Gruppen eine neue Verfassung auszuarbeiten.

FREIE WAHLEN

Im Dezember 1991 nahm die Convention for a Democratic South Africa (Codesa) Verhandlungen zur Bildung einer gemeinsamen Übergangsregierung und zur Erarbeitung einer Verfassung auf, die allen Gruppen politische Rechte zugestand. Nach monatelangem Ringen einigte man sich schließlich auf einen Kompromiss und ein Datum für die Wahl. Im ganzen Land kam es in dieser Zeit zu politisch motivierten Gewaltausbrüchen, vor allem nach der Ermordung von Chris Hani, dem beliebten Vorsitzenden der South African Communist Party. Mittlerweile weiß man, dass Teile der Polizei und Armee sich damals an diesen Gewalttaten beteiligten. Behauptungen zufolge sollen auch hochrangige Regierungsbeamte und Politiker Massaker angeordnet oder zumindest geduldet haben.

1993 wurde ein Verfassungsentwurf veröffentlicht, der Meinungs- und Religionsfreiheit garantierte, ebenso Zugang zu angemessenem Wohnraum und vielen weiteren Leistungen, und der Diskriminierung ausdrücklich verbot. Schließlich sang man um Mitternacht vom 26. auf den 27. April 1994 die alte Nationalhymne „Die Stem" (Der Ruf) und holte

1994

Die ersten demokratischen Wahlen; Nelson Mandela wird zum Staatspräsidenten gewählt

1996

Eine überarbeitete Version der Verfassung legt die Zusammensetzung der neuen, demokratischen Regierung fest die alte Flagge ein. Dann wurde die neue Regenbogenflagge gehisst und die neue Nationalhymne gesungen, „Nkosi Sikelele Afrika" (Gott segne Afrika). Die Wahl verlief friedlich, überall herrschte eine spürbar gute Stimmung.

Der ANC gewann 62,7 % der Stimmen und lag damit unter den 66,7 %, mit denen er die Verfassung hätte ändern können. Neben der Landesregierung wurden auch die Provinzregierungen gewählt, und der ANC siegte in allen bis auf zwei Provinzen. Die NP erhielt die Stimmen der meisten Weißen und Farbigen und wurde Oppositionspartei.

DIE GESCHICHTE WIRD NEU GESCHRIEBEN

Nach den Wahlen richtete sich der Blick auf die Wahrheits- und Versöhnungskommission (Truth & Reconciliation Commission; 1994–99), die Verbrechen aus der Zeit der Apartheid aufdecken sollte. Sie folgte dem Leitgedanken von Erzbischof Desmond Tutu: „Ohne Vergebung gibt es keine Zukunft, aber ohne Geständnis kann man keine Vergebung erlangen." Die Kommission hörte Berichte über entsetzliche Grausamkeiten und Ungerechtigkeiten an, und die Opfer der Apartheid konnten auf diese Weise ein wenig von ihrer Vergangenheit bewältigen.

Die Kommission ließ die Opfer zu Wort kommen und die Täter ihre Schuld eingestehen; wer alles bekannte, wurde freigesprochen. Denjenigen, die nicht vor der Kommission aussagten, drohte eine Strafverfolgung, wenn ihre Schuld bewiesen werden konnte. Während manche Soldaten, Polizisten und „normale" Bürger ihre Verbrechen gestanden, hielten sich die Drahtzieher, die Menschenrechtsverletzungen angeordnet hatten, im Hintergrund (P. W. Botha erschien z. B. nicht vor diesem Tribunal). Beweise gegen sie waren nur sehr schwer zusammenzutragen.

FREIE WAHLEN – RUNDE ZWEI

1999 fanden in Südafrika die zweiten demokratischen Wahlen statt. 1997 hatte Mandela seinem Stellvertreter Thabo Mbeki die Führung des ANC überlassen, und man befürchtete, der ANC könnte deshalb Wählerstimmen verlieren. Tatsächlich gewann er aber Wähler hinzu und lag nur einen Sitz unter der Zweidrittelmehrheit, mit der er die Verfassung hätte ändern können.

Die NP, unter dem Namen New National Party (NNP) angetreten, verlor zwei Drittel ihrer Sitze und ihren Status als offizielle Opposition an die Democratic Party (DP), eine Partei der liberalen Weißen, die auch von enttäuschten Konservativen und Angehörigen der schwarzen Mittelschicht gewählt wurde. Knapp hinter der DP lag die Inkatha Freedom Party (IFP) mit Hauptsitz in KwaZulu-Natal, seit langem das Sprachrohr der nationalistischen Zulu. Obwohl die IFP Einbußen hinnehmen musste, konnte sich ihr Vorsitzender Mangosuthu Buthelezi als Innenminister halten.

SÜDAFRIKA HEUTE

Obwohl die Narben der Vergangenheit noch schmerzen und viele Probleme noch nicht gelöst sind, ist Südafrika heute ein ungleich optimistischeres und entspannteres Land als noch vor einem Jahrzehnt. Die Basis des ANC bringt Mbeki zwar bei weitem nicht die gleiche Zuneigung ent-

1997
Nelson Mandela tritt als Präsident des ANC zurück, sein Nachfolger ist Thabo Mbeki

1999
Der ANC gewinnt die zweiten demokratischen Wahlen mit einem erdrutschartigen Sieg

gegen wie ihrem geliebten „Madiba“ (Mandela), aber er hat sich als scharfsinniger Politiker erwiesen, der sich seine Führungsrolle sichert, indem er die Oppositionsparteien isoliert oder in die Regierung einbindet. Die Wahlen 2004 gewann der ANC mit Mbeki an der Spitze mit deutlichen 70 % der Stimmen, sodass der ANC auch weiterhin das politische Tagesgeschäft bestimmt.

Mehreren Studien zufolge sind in Südafrika beinahe drei Viertel aller Todesfälle von Kindern unter fünf Jahren auf Aids zurückzuführen.

Allerdings blieben Rückschläge nicht aus. Zu Beginn seiner Präsidentschaft führte Mbekis nachhaltiges Leugnen der HIV-/Aids-Krise zu scharfer internationaler Kritik, und dass er es so auffällig unterließ, die Enteignung von weißen Farmern im benachbarten Simbabwe zu verurteilten, beunruhigte südafrikanische Landbesitzer ebenso wie ausländische Investoren.

In den kommenden Jahren wird es zum einen darum gehen, einen Nachfolger für Mbeki zu wählen, der 2009 sein Amt niederlegen will, zum anderen wird man sich auf Themen wie Kriminalität, wirtschaftliches Ungleichgewicht, eine Umstrukturierung des Bildungssystems und vor allem HIV/Aids konzentrieren müssen. Bei geschätzten 4,5 Mio. infizierten Südafrikanern – das sind mehr Menschen als in jedem anderen Land – verblassen neben dieser Geißel alle anderen Probleme des Landes.

Während der letzten Jahre kämpften Berater und private Hilfsorganisationen vor allem gegen die Stigmatisierung von Infizierten und darum, dass alle an Aids Erkrankten Zugang zu geeigneten Medikamenten erhielten. Zwar wurden gewaltige Fortschritte erzielt – in vielen Provinzen gibt es inzwischen gute Möglichkeiten, sich behandeln zu lassen –, aber es bleibt immer noch viel zu tun: Ziel ist es, medizinische Hilfe für alle (insbesondere die erkrankten Kinder) zur Verfügung zu stellen und die immer noch erschreckend hohe Rate der Neuinfektionen zu senken.

Mehr über Aids in Südafrika und über den Kampf gegen die Krankheit findet man unter www.avert.org/aidssouthafrica.htm.

2003

Die Regierung Südafrikas stimmt der Verteilung von kostenlosen Aids-Medikamenten in öffentlichen Krankenhäusern zu

2006

Fast 5 Mio. Südafrikaner leben mit HIV/Aids

Kultur

MENTALITÄT

Mehr als ein Jahrzehnt nach den ersten demokratischen Wahlen ist Südafrika immer noch auf der Suche nach einer neuen Identität. In den Straßen spürt man auch heute noch die Lebensfreude und den Optimismus, die beide ganz wesentlich den Freiheitskampf mitgetragen haben, doch macht sich inzwischen auch eine gewisse Ernüchterung breit. Das Erbe der jahrelangen Unterdrückung und des Blutvergießens durch das Apartheidregime hat die Gesellschaft nachhaltig geprägt. Und die Freiheit brachte neue ungekannte Herausforderungen mit sich.

Arbeitslosigkeit, eine hohe Kriminalitätsrate und HIV/Aids sind die Themen, die die Südafrikaner heute am stärksten beschäftigen. Die Nation hat sich innerhalb weniger Jahre zu einer Gesellschaft entwickelt, in der weniger die Volks-, sondern vielmehr die Klassenzugehörigkeit die Menschen voneinander trennt. Die Kluft zwischen Arm und Reich ist größer als je zuvor und nach Angaben der Weltbank auch im internationalen Vergleich besorgniserregend. Gepflegte Vorstädte liegen unmittelbar neben heruntergekommenen Townships, in denen sauberes Trinkwasser immer noch ein seltenes Gut ist. Palastartige Villen thronen über ärmlichen Wellblechhütten. Die Zahl der Gewaltverbrechen hat sich auf einem unzumutbar hohen Level eingependelt. Die Generation, die in ihrer Jugend mit täglicher Brutalität und Unsicherheit konfrontiert war, ist inzwischen erwachsen geworden. Obwohl die Rassentrennung formal aufgehoben ist, haben sich alte Verhaltensstrukturen bis in die Gegenwart gehalten. Gegenseitige Verdächtigungen und Misstrauen beherrschen auch heute noch das Miteinander.

HIV/Aids ist die häufigste Todesursache in Südafrika und für rund 30 % aller landesweiten Todesfälle verantwortlich (zum Vergleich: 6 % aller Totesfälle gehen auf Morde und Gewalttaten zurück).

Auch wenn die Berichte über Kriminalität die Schlagzeilen bestimmen und damit ernsthaft den Ruf Südafrikas als attraktives Reiseland gefährden, sollte man trotzdem die schönen Seiten des Landes nicht aus den Augen verlieren. Das neue Südafrika ist ein einzigartiges und faszinierendes Land und zählt sicher zu den spannendsten und hoffnungsvollsten Ländern des gesamten Kontinents.

Die Geschichte des politischen Umbruchs ist so aktuell, dass die, die sie miterlebt haben, noch als Augenzeugen davon berichten können. Eine Reise nach Südafrika bietet die seltene Gelegenheit, eine Nation zu erleben, die sich nach einem grundlegenden Wandel neu formiert. All dies vollzieht sich vor dem Hintergrund einer grandiosen Landschaft und einer ungemein tiefen Verbundenheit der (meisten) Südafrikaner mit ihrem Land. Sie spiegelt sich vielleicht am treffendsten in der Literatur (s. S. 57).

LEBENSART

Es ist unmöglich, *den* südafrikanischen Alltag zu beschreiben. Viele Familien der Mittel- und Oberschicht leben in stark gesicherten Häusern und verbringen ihre Freizeit in ebenso streng geschützten Einkaufszentren oder sonstigen Freizeiteinrichtungen. Wer eine dieser noblen Shopping Malls besucht, sieht dort Wachen auf den Wegen und in den Läden patrouillieren, die Kriminelle schon im Vorfeld abschrecken sollen. Überall spürt man eine latente Angst und Unsicherheit, die eng mit dem Untergang des alten Regimes verbunden ist. Gespräche werden überschattet von düsteren Prognosen hinsichtlich der Zukunft des Landes und der Kompetenz der Regierung.

Ganz anders dagegen der Alltag von Millionen Südafrikanern, die auch heute noch in Armut leben: Großfamilien hausen in winzigen Hütten, sauberes Trinkwasser ist in vielen Gegenden nach wie vor ein Luxusgut und die medizinische Versorgung noch lange nicht überall gesichert.

Trotzdem ist das Leben in den Townships voller Energie und Lebensfreude. Man trifft sich an den Straßenecken oder in den Bars, die hier *shebeens* heißen. Hochzeiten sind Großereignisse, die häufig ihre Fortsetzung in Form von Tanzeinlagen auf der Straße finden.

Zu den Schattenseiten zählen auch die unzähligen Begräbnisse, die in Südafrika und in den Nachbarländern Lesotho und Swasiland der häufigste Grund für das Zusammenkommen der Menschen sind. Am Wochenende füllen sich die Friedhöfe mit Trauergästen – viele Tote sind Jugendliche. Immer mehr Zeit verbringen die Menschen bei Begräbnissen von Verwandten und Freunden. Viele Frauen tun sich inzwischen zu Bestattungsgesellschaften zusammen, um Geld für die steigenden Begräbniskosten zu sparen.

Laut einer Umfrage verbringen Südafrikaner mehr Zeit auf Begräbnissen als beim Einkaufen, bei den *braais* (Grillpartys) oder beim Friseurbesuch.

Unzählige Kinder, deren Eltern an Aids gestorben sind, sorgen in Südafrika, Lesotho und Swasiland als einzige für das Überleben ganzer Familien. Oft haben in einer Familie nur die ältesten Kinder überlebt – sie wurden geboren, bevor sich ihre Eltern infizierten. Viele Großeltern müssen ihre verwaisten Enkel großziehen, von denen viele ebenfalls HIV-positiv sind.

Trotz der weiten Verbreitung ist Aids mit einem Stigma behaftet. Viele Menschen schämen sich zuzugeben, dass ein Verwandter an Aids erkrankt war. Es heißt dann, er sei an Tuberkulose oder Grippe gestorben.

BEVÖLKERUNG

Südafrika, Lesotho und Swasiland bilden zusammen ein bunt gemischtes Spektrum an Kulturen und Volksgruppen (s. Kasten S. 52).

Außer durch ihre kulturellen Wurzeln sind alle drei Länder auch durch komplexe sozioökonomische Strukturen miteinander verflochten. Die südafrikanische Provinz Gauteng, zu der Johannesburg und Tshwane (früher Pretoria) gehören, ist das ökonomische Herz des Landes, in dem mehr als die Hälfte des Volksvermögens erwirtschaftet wird. Die Provinz ist auch die am dichtesten besiedelte und am stärksten urbanisierte Provinz des Landes. Die ländliche und unterentwickelte Provinz Eastern Cape ist das genaue Gegenteil: hier haben fast 20 % der Erwachsenen keine richtige Schulbildung genossen.

Millionen Immigranten aus dem ganzen Kontinent machen sich bis heute auf den Weg nach Südafrika, um von der florierenden Wirtschaft des Landes zu profitieren. Während einige legal einreisen, riskieren andere ihr Leben, um im Land bleiben zu können (indem sie z. B. aus den Fenstern fahrender Züge springen, die sie eigentlich in ihre Länder abschieben sollen). Viele dieser illegalen Einwanderer leben in der heruntergekommenen Innenstadt von Johannesburg. Und nicht wenige Südafrikaner beschuldigen die gesellschaftlichen Außenseiter, ihnen ihre Jobs wegzunehmen und für die hohe Kriminalität verantwortlich zu sein.

Swasiland ist sozioökonomisch zu fast 100 % vom großen Nachbarn abhängig. Fast zwei Drittel der Exporte geht nach Südafrika, der Import von Gütern und Dienstleistungen aus dem großen Nachbarland liegt prozentual sogar noch viel höher. Bis zu 70 % der Swasi leben auf dem Land und verdienen ihren Lebensunterhalt in der Landwirtschaft. Die Swasi-Kultur ist weit verbreitet und unterscheidet sich stark von der südafrikanischen. Die Monarchie bestimmt viele Aspekte des Lebens – von kulturellen Festen bis hin zur Politik. Einige Swasi sind immer noch stolz

SÜDAFRIKAS BEVÖLKERUNG

In nur ganz wenigen Ländern sind Rassenkämpfe und ethnische Konflikte so intensiv und so lang anhaltend geführt worden wie in Südafrika. Im Herz des Landes pulsiert das Blut der alten San und Khoi Khoi, der holländischen Siedler des 17. Jhs., der britischen Händler des 19. Jhs., der Bantu sprechenden afrikanischen Stämme, der Inder, der Juden, der Portugiesen und der vielen anderen Gruppen, die ins südliche Afrika gekommen waren. Doch erst seit 1994, als sich der African National Congress (ANC) für die Schaffung einer „Regenbogen-Gesellschaft" ohne Rassendiskriminierung stark machte, ist eine gewisse Bereitschaft zu Zusammenarbeit und Frieden zwischen den unterschiedlichen Gruppen erkennbar.

Während der Apartheid versuchte die Regierung, jeden Einwohner einer der vier großen Gruppen zuzuordnen, was einfacher gesagt als getan war. Die Unterteilung in Afrikaner (manchmal auch als „Eingeborene", „Bantu" oder „Schwarze" bezeichnet), *coloured* (Farbige), Asiaten und Weiße war oftmals willkürlich und höchst umstritten. Die Einteilung diente der Festlegung, wer wo und wie leben und arbeiten durfte und wurde schon bald zur Grundlage für angewandte Ungleichheit und Intoleranz.

Heute gehören diese Zeiten mehr und mehr der Vergangenheit an, stattdessen droht die Diskriminierung durch Armut die einstige Rassendiskriminierung abzulösen. Die Klassifizierungen werden auch im neuen Südafrika verwendet, auch die Autoren dieses Reiseführers haben die Begriffe übernommen, obwohl sie doch nur zum Teil zutreffen: Innerhalb der vier großen Kategorien gibt es Dutzende von Untergruppen, deren Grenzen meist fließend sind.

In Lesotho und Swasiland wurde die Einteilung nach Rassen nie angewandt. In beiden Ländern dominiert jeweils ein Volksstamm (in Lesotho die Basotho und in Swasiland die Swasi) – hier ist Rassismus viel weniger präsent als im großen Nachbarland.

Afrikaner

Die große Mehrheit der Südafrikaner (rund 77 %) sind Afrikaner. Obwohl sie in zahlreiche kleinere Gruppen zerfallen, stammen alle letztlich von den Bantu sprechenden Stämmen ab, die Anfang des 1. Jts. v. Chr. nach Südafrika zogen. Aufgrund der Zersplitterung durch die *difaqane* (erzwungene Migration) sowie der Zwangsumsiedlungen und Drangsalierungen während der Apartheid ist das Zusammengehörigkeitsgefühl in Südafrika meist schwächer ausgeprägt als in anderen Gebieten des Kontinents.

Mittlerweile stehen vor allem ethno-linguistische Gruppierungen im Mittelpunkt des Interesses. Da die neue Verfassung elf Sprachen den Status einer „offiziellen Landessprache" zuerkennt, bekommt das Konzept der Ethnizität neues Gewicht. Die größte ethno-linguistische Gruppe sind die Nguni, zu denen die Zulu, Swasi, Xhosa und Ndebele gehören. Andere große Gruppen sind die Sotho-Tswana, die Tsonga-Shangaan und die Venda.

Die Zulu haben sich über die Jahre noch am ehesten ihre ethnische Identität bewahren können. Dies ist vor allem dem Einsatz von Häuptling Mangosouthu Buthelezis Partei Inkatha Freedom und deren Forderung nach einem autonomen Zulu-Staat zu verdanken. Rund 23 % der Südafrikaner sprechen Zulu als Muttersprache. Die zweitgrößte Gruppe nach den Zulu sind die Xhosa, die einen großen politischen Einfluss ausüben. Nelson Mandela ist ein Xhosa, genau wie viele andere Protagonisten des Widerstands gegen die Apartheid. Die meisten schwarzen Berufstätigen stammen seit jeher aus den Reihen der Xhosa. Für etwa 18 % der Südafrikaner ist Xhosa die Muttersprache. Andere große Gruppen sind die Basotho (die vor allem in und um Lesotho und in der Provinz Free State leben), die Swasi (die meist in Swasiland leben) und die Tswana (die vor allem in Limpopo, der North-West Province und in Botsuana anzutreffen sind). Der Anteil der Ndebele und Venda ist kleiner, wobei sie sich allerdings ihre eigenständigen Kulturen bewahrt haben. Die genannten und weitere Gruppen werden jeweils im entsprechenden Kapitel des Buches genauer vorgestellt.

Coloureds (Farbige)

Während der Apartheid war *coloured* (Farbiger) ein Begriff für alle, die nicht in eine der anderen Kategorien passten. Trotzdem hat sich im Laufe der Zeit eine eigenständige kulturelle Identität der Farbigen herausgebildet. Sie hatte ihre Wurzeln in der Weigerung der Weißen, die Gleichberechtigung der Farbigen zu akzeptieren, und der gleichzeitigen Weigerung der *coloureds*, gesellschaftlich mit der schwarzen Bevölkerung auf eine Stufe gestellt zu werden.

Zu den Vorfahren der farbigen Bevölkerung zählen Buren und aus Europa Stammende, westafrikanische Sklaven, politische Gefangene und Exilanten aus den holländischen Kolonien in Ostindien sowie Angehörige der Khoi Khoi, der südafrikanischen Ureinwohner. Eine der größten Untergruppen sind die Griqua (S. 34), von denen die Mehrzahl Anhänger der Niederländisch-Reformierten Kirche sind. Eine andere große Untergruppe sind die Kapmalaien, deren Vorfahren aus so unterschiedlichen Regionen wie Indien, Indonesien und Gebieten in Ostafrika stammen. Die meisten Kapmalaien sind Muslime, die sich ihre eigenständige Kultur bewahren konnten. Besonders deutlich wird dies in Kapstadts Bezirk Bo-Kaap sowie beim Anblick der über die ganze Stadt verteilten *karamats* (Grabmale muslimischer Heiliger) – und natürlich am Ende des Ramadans, wenn Tausende Muslime an Kapstadts Sea Point Promenade beten.

Mittlerweile leben die meisten Farbigen in den Provinzen Northern Cape und Western Cape (einige von ihnen auch in KwaZulu-Natal). Rund 20 % von ihnen sprechen Englisch als Muttersprache. Die große Mehrheit (rund 80 %) spricht jedoch Afrikaans. Eines der ältesten in Afrikaans verfassten Dokumente ist ein Koran-Transkript nach einer arabischen Vorlage.

Das beeindruckendste Beispiel für die Kultur der Farbigen ist der aufregende Cape Town New Year Karnaval in Kapstadt (S. 150).

Weiße

Die Mehrzahl der rund 5,5 Mio. Weißen (deren Anteil an der Gesamtbevölkerung Südafrikas bei etwa 12 % liegt) sind entweder Afrikaans sprechende Nachfahren der ersten holländischen Siedler oder sprechen Englisch. Die Buren, bei denen sich deutsches, französisches, britisches und anderes Blut mit dem ihrer holländischen Vorfahren gemischt hat, machen nur 7 % der Gesamtbevölkerung aus. Trotz ihres geringen Bevölkerungsanteils besaßen sie einen sehr großen Einfluss auf die Geschichte des Landes. Mit Ausnahme von Eastern Cape, KwaZulu-Natal und den ehemaligen Homelands werden ländliche Gegenden nach wie vor von Buren (Afrikaandern) dominiert. Allen gemeinsam ist das Afrikaans und die Zugehörigkeit zur Niederländisch-Reformierten Kirche, die in den Landstädten den Mittelpunkt des Gemeindelebens bildet.

Während einige Buren immer noch von einem *Volksstaat* (einem unabhängigen, rassisch reinen Burenstaat) träumen, nehmen die meisten in den Städten lebenden Buren aus der Mittelklasse einen weitaus gemäßigteren Standpunkt ein. Interessanterweise scheinen die Buren umso stolzer auf ihr kulturelles Erbe zu werden, je größer die zeitliche Distanz zwischen den Gräueln der Apartheid und dem „neuen Südafrika" wird. Ein Beispiel hierfür ist die zunehmende Popularität des Absa Klein Karoo National Arts Festival (S. 659).

Zu den wichtigen Kulturorganisationen der Buren zählen der geheime Afrikaaner Broederbond, der großen Einfluss auf die Politik der National Party hat, die Federasie van Afrikaanse Kultuurvereniginge (FAK), die Kulturveranstaltungen und -initiativen koordiniert, sowie die Voortrekkers, eine Jugendorganisation der Buren, die auf der Pfadfinderbewegung basiert.

Etwa zwei Drittel der Englisch sprechenden weißen Südafrikaner stammen von englischen Einwanderern ab, die seit Anfang der 1820er-Jahre in Südafrika eintrafen. Allerdings ist der Zusammenhalt innerhalb der Gruppe wesentlich geringer als bei den Buren. Zu den weißen Südafrikanern zählen auch die rund 100 000 Juden, von denen viele aus Osteuropa emigriert oder in den 1930er- und 1940er-Jahren vor den Nazis geflohen sind, sowie eine große Zahl Griechen und etwa 50 000 Portugiesen, die in den 1970er-Jahren aus Mosambik ins Land flohen.

Asiaten

Etwa 98 % der 1 Mio. Asiaten im Land sind Inder. Viele sind Nachkommen der Kontraktarbeiter mit befristeten Arbeitsverträgen, die in der zweiten Hälfte des 19. Jhs. nach KwaZulu-Natal kamen. Der Rest stammt von selbstständigen „reisenden Indern" ab, die etwa zur gleichen Zeit als Händler und Unternehmer in Südafrika eintrafen. Während der Apartheid wurden die Inder von den Weißen diskriminiert – aber auch von einigen Schwarzen als Kollaborateure der Weißen betrachtet.

Heute sind die meisten südafrikanischen Inder Hindus, etwa 20 % Muslime und nur wenige von ihnen Christen. Fast 90 % leben in Durban und anderen städtischen Gebieten von KwaZulu-Natal, in denen Hindutempel, Currys und fernöstliche Gewürze zum Alltag gehören. Die meisten Asiaten sprechen Englisch als Muttersprache. Daneben werden auch Tamil, Hindi und Afrikaans gesprochen. Außer den Indern leben rund 25 000 Chinesen (vor allem in Jo'burg) und einige andere Ostasiaten im Land.

auf die monarchischen Traditionen und betrachten argwöhnisch die Befürworter einer Demokratisierung. Doch die derzeit noch überschaubare Zahl an Menschenrechtlern und Oppositionellen, die eine Übergabe der Macht vom König an das Volk fordern, wächst unaufhaltsam.

Das wichtigste Bindeglied zwischen Lesotho und Südafrika ist der Bergbau. In den 1990er-Jahren waren über 120 000 Basotho in den südafrikanischen Minen beschäftigt. Die Bergarbeiter erwirtschafteten fast ein Drittel des Staatshaushaltes. Mit der Umstrukturierung des Bergbaus gingen jedoch Tausende Jobs verloren, viele ehemalige Bergarbeiter mussten nach Lesotho zurückkehren und sich dort in das Heer der Arbeitslosen einreihen.

Südafrika hat weltweit die höchste Zahl an HIV-positiv-Infizierten, Swasiland die weltweit höchste HIV-Infektionsrate (38,8 %), dicht gefolgt von Lesotho.

Einmal abgesehen von den wirtschaftlichen Unterschieden herrscht auch sonst zwischen den Bevölkerungsgruppen ein gespanntes Verhältnis. Während die Beziehung zwischen den Schwarzen und den Weißen bisher in Südafrika im Mittelpunkt stand, nehmen mittlerweile auch die Probleme und das Misstrauen zwischen Schwarzen, *coloureds* (Farbigen) und Südafrikanern indischer Abstimmung zu. Selbst innerhalb der einzelnen Gruppen wachsen die Vorurteile gegen die jeweils andere Untergruppe. Man braucht nur einen Zulu zu fragen, was er von den Xhosa hält, oder einen englischsprachigen Weißen nach seiner Meinung von Afrikaanern …

Frauen

Südafrikanische Frauen haben in der turbulenten Geschichte ihres Landes immer ein außergewöhnlich hohes Ansehen genossen. Sie standen bei den Demonstrationen gegen die restriktiven Passgesetze und bei den Busboykotten der 1950er-Jahre an vorderster Front. Ihr Slogan „You strike the woman and you strike the rock" (Wer Frauen schlägt, schlägt einen Stein, der ihn zermalmen wird) wurde zum allgemeinen Schlachtruf. Frauen sind auch im südafrikanischen Parlament stark vertreten: Ein Drittel der Abgeordneten sowie ein Drittel der Minister sind Frauen (u. a. die Sprecherin der Nationalversammlung). Damit zählt Südafrika zu den elf führenden Ländern hinsichtlich des Frauenanteils in der Regierung. Frauenrechte sind in der Verfassung verankert, außerdem hat der ANC eine Frauenquote in der Partei eingeführt.

Das Zulu-Wort für Großmutter ist *Gogo*. Die *Gogo* spielt in vielen Familien eine zentrale Rolle – ihre Rente ist häufig die einzige regelmäßige Einkommensquelle einer Großfamilie.

Der Alltag vieler Frauen sieht aber ganz anders aus: Armut, sexuelle Gewalt und HIV überschatten die positiven Errungenschaften. Besonders ernüchternd ist die Statistik hinsichtlich sexueller Gewalt: Die Zahl angezeigter Vergewaltigungen in Südafrika ist die weltweit höchste. Etwa 52 000 Vergewaltigungen werden jährlich gemeldet, im Schnitt wird alle 26 bis 60 Sekunden eine Frau angegriffen. Einige Frauengruppen glauben, dass die wahre Zahl noch viel höher liegt, denn viele Frauen haben Angst, das Verbrechen zu melden. Noch trauriger stimmt die Tatsache, dass 20 % (manche sagen sogar fast 40 %) der angezeigten Vergewaltigungen und versuchten Vergewaltigungen an Mädchen unter 18 Jahren begangen wurden.

Frauen werden statistisch gesehen häufiger mit HIV infiziert als Männer. Viele infizieren sich bereits in frühem Alter, weil sie Sex mit älteren Männern haben. Diese Männer verweigern die Benutzung von Kondomen, was die Situation noch verschlimmert.

In Swasiland hatten Frauen lange Zeit den gesetzlichen Status von Minderjährigen: Sie durften unter eigenem Namen weder Eigentum besitzen noch Verträge abschließen. Ohne die Bürgschaft eines männlichen Verwandten wurde ihnen auch kein Bankkredit gewährt. Bis 2003 hatten die Witwen kein Wahlrecht und waren gemäß dem traditionellen Swasi-Glauben gezwungen, zu Hause zu bleiben: Eine Witwe galt als „unrein", weil sie den Geist ihres toten Ehemannes in sich trug. Die neue, 2005 verabschiedete Verfassung gewährt Frauen gleiche politische, ökonomische und gesellschaftliche Rechte wie den Männern, räumt ihnen ein Drittel der Parlamentssitze ein und setzt fest, dass „eine Frau nicht dazu gezwungen werden darf, sich einem Brauch zu unterziehen, den sie eigentlich ablehnt." Noch ist nicht ganz klar, welche Vorteile dieser Passus wirklich mit sich bringt, denn einige dieser neuen Rechte können wieder außer Kraft gesetzt werden, wenn ein Gericht das traditionelle über das neue Recht stellt. Vor diesem Hintergrund ist es pure Ironie, dass laut einer Umfrage der Regierung über 70 % der kleinen Unternehmen von Frauen geleitet werden.

In Lesotho tragen Frauen einen Großteil der ökonomischen, gesellschaftlichen und familiären Verantwortung, während ihre Ehemänner und die männlichen Verwandten in den Bergwerken Südafrikas arbeiten. Während im Bergbau viele Stellen abgebaut wurden, konnte die Textilindustrie hingegen wachsen. Sie ist inzwischen ein wichtiger Wirtschaftszweig Lesothos und fest in Frauenhand: Frauen haben 90 % der neuen Jobs übernommen. Im Gegensatz zum sonstigen Trend in der Region besitzen Basotho-Frauen häufig einen höheren Bildungsgrad als Männer: Auf dem Land müssen viele junge Männer das Vieh hüten (oder in Südafrika arbeiten) und können dadurch nicht die Schule besuchen.

Südafrikas Fußballnationalmannschaft wird Bafana Bafana („Jungs Jungs" in der Zulusprache) und das Frauenteam Banyana Banyana („Mädchen Mädchen") gerufen.

SPORT

Südafrikaner sind Sportfanatiker. Nachdem die Nationalmannschaften jahrzehntelang von internationalen Wettbewerben ausgeschlossen waren, sind sie nun heiß auf internationale Erfolge. König Fußball ist der Lieblingssport der Zuschauer, gefolgt von Rugby und Cricket. Die Mehrzahl der Fußballfans ist schwarz, während Cricket und Rugby überwiegend weiße Zuschauer anzieht. Doch auch diese Trennungen weichen allmählich auf.

Vor allem Rugby hat immer noch den Ruf, trotz schwarzer Spieler und Funktionäre eine von Weißen dominierte Sportart zu sein. Mit Nachwuchsprogrammen werden Talente über alle Rassengrenzen hinweg gefördert. Rugby und Cricket werden inzwischen regelmäßig in Soweto und einigen anderen Townships gespielt. Der Sieg bei der Rugby-Weltmeisterschaft 1995 war der Wendepunkt. Das Bild des im Springbok-Trikot feiernden Präsidenten Nelson Mandela wurde zum Symbol der Versöhnung. Südafrikanische Fans verehren ihre geliebten „Boks". Im Vorfeld internationaler Rugby-Turniere erfasst das Springbok-Fieber regelmäßig große Bevölkerungskreise.

Minibus-Taxis sind nach der früheren Langstreckenläuferin und Olympiateilnehmerin Zola Budd benannt, weil sie als schnell und zuverlässig gelten.

2010 ist Südafrika Gastgeber der Fußball-Weltmeisterschaft. Ein lokales Großereignis ist das Soweto Derby zwischen Johannesburgs „Orlando Pirates" und den „Kaizer Chiefs". Egal wo man unterwegs ist: Wer eine Einladung zu einem Spiel bekommt, sollte hingehen! Und bei einem Besuch in den Townships kann es gut sein, dass gerade einer der Fußballstars in seinem teuren Schlitten durch die Straßen kurvt. Viele der Top-Spieler werden wie Pop-Stars verehrt.

MEDIEN

Nach Jahrzehnten der Restriktionen und Repressionen befinden sich die Medien Südafrikas heute in einem Stadium des Übergangs. Die nationale Fernsehanstalt SABC ist eine wichtige Nachrichtenquelle für Millionen Südafrikaner und immer noch dabei, sich an ihre Rolle als nun unabhängige Stimme des Volkes zu gewöhnen. Sie sendet vor allem Berichte aus den Bereichen Sport, Wirtschaft und Kriminalität. Erst langsam entwi-

Im Radiosender Y-FM 99.2 ist Kwaito, die südafrikanische Version von Hip-Hop, zu hören.

Laut der Organisation Reporter ohne Grenzen steht Südafrika (zusammen mit Australien) hinsichtlich der Pressefreiheit auf Rang 31 und liegt damit weit vor den USA (Platz 44).

ckelt sich auch so etwas wie ein investigativer Journalismus. SABC hat derzeit 18 Radiosender und mehrere Fernsehkanäle.

Der private Fernsehsender e-tv, der vor ungefähr einem Jahrzehnt an den Start ging, wendet sich an ein jüngeres Publikum.

Das Zappen durch die Radioprogramme bietet einen guten Eindruck von der Vielfalt Südafrikas – jede der elf offiziellen Sprachen ist mit einem eigenen Sender vertreten. Der Jugendsender Y-FM (www.yfm.co.za) aus Jo'burg sendet z. B. in einem Sprachmix aus Englisch und Township-Slang – und zählt zu den erfolgreichsten Radioprogrammen des Landes.

Die Entwicklungen in der Medienindustrie spiegeln die Politik: Der Einfluss der Schwarzen hat zugenommen, da immer mehr Sender und Verlagshäuser in ihre Hände übergegangen sind. Der zuvor weiße Radiosender Jacaranda-FM ist mittlerweile einer der beliebtesten schwarzen Sender.

Südafrikas meistverkaufte Tageszeitung ist der *Sowetan*. Obwohl sie vor allem von einer nur wenig gebildeten Zielgruppe gelesen wird, ist sie in vielerlei Hinsicht politisch und gesellschaftlich fortschrittlicher als die meisten großen weißen Zeitungen.

RELIGION

Die Religion spielt bei den meisten Südafrikanern, Basotho und Swasi eine zentrale Rolle. In allen drei Ländern dominiert das Christentum: Über 75 % der Südafrikaner, etwa 90 % der Basotho und etwa 60 % der Swasi bezeichnen sich als Christen.

Zu den großen südafrikanischen Glaubensgemeinschaften zählen die Nederduitse Gereformeerde (NG) oder Dutch Reformed Churches (Niederländisch-Reformierte Kirchen), denen mehr als 3,5 Mio. Gläubige und 1200 Kirchen im ganzen Land angehören. Die Zion Christian Church (ZCC) mit geschätzten 4 Mio. Gläubigen in Südafrika sowie vielen Gläubigen in Swasiland ist die zweite große Glaubensgemeinschaft. Jedes Jahr versammeln sich während der Osterfestwochen und im September mehr als 1 Mio. ZCC-Mitglieder in Zion City bei Polokwane (Provinz Limpopo), um dort gemeinsam zu feiern. Generell liegt die Zahl der Kirchenbesucher sehr hoch. Selbst an den kältesten Wintertagen machen sich z. B. Familien aus Lesotho am Sonntagmorgen zu Fuß auf den weiten Weg durch die Berge zur Kirche.

„Als die Missionare nach Afrika kamen, hatten sie die Bibel und wir das Land. Sie sagten: ‚Lasst uns beten!' Wir schlossen unsere Augen. Als wir sie wieder öffneten, hatten wir die Bibel und sie das Land." (Erzbischof Desmond Tutu)

Obwohl sie einen großen Einfluss auf die Gesellschaft ausüben, machen Muslime, Hindus und Juden weniger als 6 % der südafrikanischen Bevölkerung aus. Der Rest sind Atheisten und Agnostiker sowie ein kleiner Prozentsatz, der traditionelle afrikanische Glaubenssätze befolgt.

Bis zu zwei Drittel der südafrikanischen Inder sind ihrem hinduistischen Glauben treu geblieben, viele von ihnen sind indischer Abstammung. Der Islam hat eine kleine, aber wachsende Gefolgschaft, insbesondere in der Kapregion. Die jüdische Gemeinde hat rund 100 000 Mitglieder, die sich in Johannesburg konzentrieren.

Die Zahl der Anhänger traditioneller afrikanischer Religionen ist gering, obwohl ihre Traditionen und Praktiken einen großen Einfluss auf die Kultur und das Leben haben. Selbst Christen vertrauen auf *muti*, die traditionelle afrikanische Medizin. Muti geht auf das Zulu-Wort umuthi – Baum – zurück. Muti wird aus vielen unterschiedlichen Zutaten wie Pflanzen oder Körperteilen von Tieren gewonnen.

Reisende können z. B. im Laden des Museum of Man & Science an der Diagonal Street im Zentrum von Johannesburg oder in der Nähe des Eingangs zum Krankenhaus Chris Hani Baragwanagth in Soweto alle möglichen Arten von Kräutern, Pudern und flüssigem Gebräu kaufen.

KUNST & KULTUR

Kino

Seit den Anfängen des Films Ende des 19. Jhs. beherrschten Ausgrenzung und Spaltung die südafrikanische Filmindustrie. Nach dem Ende der Apartheid fielen allmählich die Mauern. *Fools* von Ramadan Suleman (1998) war der erste Spielfilm, bei dem ein Schwarzer Regie führte. Seitdem haben viele neue Talente ihre Chance bekommen, u. a. Zola Maseko *(Drum)* und Zulfah Otto-Sallies *(Raya)*, die auch für ihre Fernsehproduktionen bekannt ist. Weitere Filmtitel stehen auf S. 22.

Literatur

Südafrika hat eine außerordentlich lange Literaturgeschichte. Um einen Eindruck von der Vergangenheit und eine Idee von der Zukunft des Landes zu bekommen, lohnt sich die Beschäftigung mit der südafrikanischen Literatur.

Viele der frühen schwarzen Schriftsteller wie Solomon Tshekisho Plaatje, der erste Generalsekretär des African National Congress (ANC), wurden von Missionaren unterrichtet. Sein 1930 veröffentlichter epischer Liebesroman *Mhudi* war eines der ersten Bücher, das auf Englisch erschien (das allererste war 1928 R. R. Dhlomos *An African Tragedy*).

Eiserne Zeit (Age of Iron) von J. M. Coetzee erzählt die Geschichte einer älteren Dame, die sich urplötzlich mit einem Blutbad konfrontiert sieht. Coetzees faszinierende Prosa gibt einen Eindruck von der Gewalt und der Isolation des Landes während der Apartheid

1948 tauchte Südafrika mit der Veröffentlichung von Alan Patons internationalem Bestseller *Denn sie sollen getröstet werden (Cry, the Beloved Country)* erstmals auf der Bildfläche der Weltliteratur auf. Auch heute noch zählt diese großartige lyrische Geschichte eines schwarzen Priesters, der seinen Sohn in Johannesburg sucht, zu den beliebtesten Büchern des Landes. Weitere Klassiker von Paton sind u. a. *Aber das Wort sagte ich nicht (Too Late the Phalarope)*, das sich mit der afrikanischen Mentalität und der Unmenschlichkeit der Apartheid befasst. *Ah, But Your Land is Beautiful* ist ein beeindruckender Blick auf die menschlichen Opfer, die die Apartheid gefordert hat.

In den 1950er-Jahren wurde die Zeitschrift *Drum* zum Mittelpunkt einer umtriebigen Satire-, Fiktion- und Sozialkritikszene. Als wichtiges Sprachrohr der Anti-Apartheidbewegung zog sie regelmäßig die Aufmerksamkeit des Regimes auf sich. Sie gab der urbanen schwarzen Kultur eine Stimme, indem sie Geschichten von Menschen veröffentlichte, die trotz der Unterdrückung ihr Leben nach den eigenen Vorstellungen gestalten wollten. *Drum* wurde zum Karrieresprungbrett für zahlreiche prominente Journalisten und Autoren wie Can Themba (der vor allem durch seine Kurzgeschichten bekannt wurde) und Moses „Casey" Motsisi, der später als Journalist arbeitete.

In seinem Buch *Drum: The Making of a Magazine* erzählt Anthony Sampson die Geschichte von *Drum* bis zu ihrer Blütezeit in den 1950er-Jahren, als die Zeitschrift zum Sprachrohr für die Anti-Apartheidbewegung wurde. Im Buch kommen auch einige der prominentesten Autoren der damaligen Zeit zu Wort.

In den 1960er-Jahren veröffentlichte die spätere Nobelpreisträgerin Nadine Gordimer ihre ersten Bücher, darunter auch *Nicht zur Veröffentlichung: Erzählungen* (*Not for Publication and Other Stories;* 1965) und das viel gerühmte *Der Ehrengast* (*A Guest of Honour*; 1970). Ihr bekanntester Roman, *Julys Leute (July's People)*, der den Zusammenbruch der weißen Herrschaft beschreibt, erschien 1981.

In den 1960er- und 1970er-Jahren wurden auch afrikaanssprachige Autoren durch ihr Eintreten für den Widerstand berühmt. Breyten Breytenbach – ein Dichter und Romanautor, der fast die ganzen 1960er-Jahre in einem selbstauferlegten Exil verbrachte – wurde später wegen seiner Beteiligung an der Freiheitsbewegung inhaftiert, während André Brink als erster Afrikaaner von der Apartheidregierung verbannt wurde. Brinks bekanntester Roman *Weiße Zeit der Dürre (A Dry White Season)* beschreibt den einsamen Kampf eines weißen Südafrikaners, der die Wahrheit über den Tod eines schwarzen Freundes in Polizeigewahrsam herausfindet. Weitere Titel von Brink sind *The Rights of Desire* – eine Geschichte aus dem Südafrika nach dem Ende der Apartheid – und das kürzlich erschienene *Praying Mantis*.

In den 1970er-Jahren veröffentlichten auch zahlreiche einflussreiche schwarze Dichter wie Mongane Wally Serote (ein Veteran des Freiheitskampfes) ihre Werke. Seine Lyrik (u. a. das bewegende epische Gedicht *No Baby Must Weep*) diente den unter der Apartheid leidenden Menschen als aufrüttelnder Weckruf zum Widerstand. Auch heute noch bietet sie einen großartigen Einblick in das Leben der schwarzen Südafrikaner während der schlimmsten Zeit der Unterdrückung.

Die Werke von John Maxwell (J. M.) Coetzee erschienen ebenfalls bereits in den 1970er-Jahren, allerdings wurde er erst zwei Jahrzehnte später international berühmt. Sein Roman *Schande (Disgrace)* – eine beeindruckend nüchterne, aber komplexe Schilderung der sozialen Realität in Südafrika – wurde 1999 veröffentlicht und brachte Coetzee zum zweiten Mal den Booker Prize (den wichtigsten britischen Buchpreis) ein. 2003 erhielt Coetzee den Nobelpreis für Literatur.

Einer der bekanntesten zeitgenössischen Autoren ist Zakes Mda, der sich 1995 mit der Veröffentlichung von *Ways of Dying* erfolgreich vom Dichter und Theaterautor zum umjubelten Romanschriftsteller mauserte. Sein zuletzt erschienenes Buch *Der Walrufer* (*The Whale Caller*; 2005) steht dem Optimismus hinsichtlich des neuen Südafrikas ziemlich skeptisch gegenüber.

Weitere literarische Highlights s. S. 22.

Architektur

Zu den schönsten Beispielen traditioneller Architektur der südafrikanischen Ureinwohner zählen die sogenannten „Bienenkorbhütten", die überall im Land, aber auch in Swasiland und in den ländlichen Gebieten von KwaZulu-Natal zu sehen sind. Die Behausungen bestehen aus einem Gerüst aus Holzstäben oder Holzpfählen, die zusammengebunden und festgezurrt eine Kuppel bilden. Anschließend werden sie mit Grasmatten und Stroh bedeckt. Eine typische Siedlung, die in der Zulu-Sprache *Umuzi* genannt wird, besteht aus mehreren Hütten, die kreisförmig um einen Viehkral angeordnet und von einem Zaun aus Steinen oder Sträuchern umgeben sind. Gewöhnlich stehen diese Hütten auf einem Osthang, wobei sich die Hütte des Häuptlings stets am höchsten Punkt befindet.

> Das mit wunderschönen Fotos illustrierte Buch *Shack Chic* von Craig Fraser ist ein fesselndes Porträt der Widerstandkraft und des Überlebenswillens der Bewohner der Townships.

Bienenkorbhütten sieht man auch in Xhosa-Gebieten, dort werden sie aber vorwiegend bei Initiationsriten benutzt. Als Wohnhäuser dominieren hier strohgedeckte Rundhütten mit geraden Wänden, die oft in den ländlichen Gebieten des Eastern Cape zu sehen sind. Obwohl inzwischen immer öfter auch Lehmziegel und andere Materialien verwendet werden, sind die Wände dieser Hütten traditionellerweise mit einer Mischung aus Ton und Viehdung verkleidet. Die Mischung wird über ein Rundgerüst verteilt, das am Schluss mit einem Strohdach geschützt wird. Xhosa-Hütten liegen in der Regel weit verstreut über mehrere Hänge, nur selten sieht man die Kraalform, die für die Dörfer der Zulugebiete so charakteristisch ist.

Kunstvoll bemalte Ndebele-Häuser (die es in dieser Form noch gar nicht so lange gibt) sind ein weiteres Highlight des Landes. Die Außenwände sind mit bunten geometrischen Motiven bzw. noch ausgefeilteren Kunstwerken geschmückt. Die Motivwahl reicht von Flugzeugen über zweistöckige Häuser bis hin zu Straßenlampen.

Die Häuser der Basotho sind ebenfalls oft sehr bunt bemalt und mit geometrischen und teilweise ausgesprochen symbolhaltigen Wandmalereien *(litema)* verziert. Die Tradition nahm ihren Anfang, als die Frauen begannen, Symbole auf ihre Häuser zu malen, um so um Regen und ein gutes Schicksal zu bitten. Im Kampf gegen die Apartheid benutzten einige Frauen Litema als politisches Statement, indem sie ihre Häuser in den Farben des ANC (Gold, Schwarz und Grün) bemalten. Heute werden Litema vor allem bei besonderen Feierlichkeiten und Feiertagen wie Geburten, Hochzeiten und religiösen Festen gemalt.

Das architektonische Vermächtnis der Kolonialzeit ist sehr eindrucksvoll. Einer der interessantesten Baustile ist der kapholländische Baustil mit den weiß getünchten Mauern und den geschwungenen Giebeln. Viele Beispiele kapholländischer Architektur stehen in der Provinz Western Cape. Weitere Paradebeispiel kolonialer Architektur stehen in Tshwane (Pretoria): Neben den eindrucksvollen herrschaftlichen Anwesen sind die berühmten, vom englischen Architekten Sir Herbert Baker entworfenen Union Buildings (S. 467) besonders sehenswert.

Johannesburg wuchs rasant schnell nach der Entdeckung des ersten Golds 1886. Wer viel Geld verdiente, präsentierte seinen Reichtum in Form von palastartigen Häusern und riesigen Büros. In Durban dagegen herrschte ein verspielterer Baustil vor. Die in den 1930er-Jahren errichteten und vom Jugendstil beeinflussten Gebäude prägen noch heute das einzigartige Stadtbild von Durban. Einige der schönsten Gebäude stehen am Victoria Embankment, in der Broad Street und in der Aliwal Street. Auch in Kapstadt schlug sich der Bauboom der 1930er-Jahre in Form zahlreicher Jugendstilbauten nieder. Sie konzentrieren sich vor allem in der Nähe des Greenmarket Square. Der Stadtrundgang (S. 146) durch Kapstadt führt an vielen architektonischen Highlights der Hafenstadt vorbei.

In den finsteren Zeiten der Apartheid entstanden zahlreiche unspektakuläre Bürokomplexe und öffentliche Gebäude. Die heutigen Architekten bemühen sich, dieses Vermächtnis zu korrigieren. Die bisher von Weißen beherrschte Bauindustrie beschäftigt zunehmend auch schwarze Fachkräfte. Doch ein Neuanfang ist schwer; die südafrikanischen Architekten sind immer noch auf der Suche nach einem Stil, mit dem sich die gesamte Nation identifizieren kann. Erschwerend kommen die Sicherheitsaspekte hinzu: Die Sicherheit steht immer mehr im Mittelpunkt der architektonischen Überlegungen. So sind hohe Mauern, Elektrozäune, beschrankte Eingangstore und Wachhäuser fast schon obligatorische Bestandteile eines jeden Bebauungsplanes.

Eines der bemerkenswertesten Beispiele jüngster südafrikanischer Architektur ist der Constitutional Court in Johannesburg (S. 432). Das Verfassungsgerichtsgebäude wurde 2004 einweiht und an der Stelle des alten Jo'burg Fort gebaut. Dort waren während des Freiheitskampfes viele berühmte Anti-Apartheidaktivisten inhaftiert. Ein weiteres interessantes Beispiel für eine neue Architektursprache ist das neue Northern Cape Legislature Building in Kimberley (S. 571): Hier wurde beim Bau auf Säulen und auf rechte Winkel und gerade Linien verzichtet.

Weitere Architektur-Highlights s. S. 22.

Bildende Künste

Die frühesten erhaltenen Zeugnisse südafrikanischer Kunst sind die unverkennbaren Felsmalereien und -gravuren der San. Als die ersten europäischen Künstler im Land eintrafen, malten sie zunächst Darstellungen von Afrika, die für Liebhaber der Kolonien zu Hause gedacht waren. Im Laufe der Zeit entwickelten sie allerdings eine mehr auf Südafrika ausgerichtete Perspektive.

News aus dem Bereich der modernen Bildenden Künste Südafrikas bietet die Internetseite www.artthrob.co.za.

Schwarze Künstler sahen sich lange an den Rand gedrängt. Gerard Sekoto war einer der ersten, dem es gelang, dies zu ändern. Er spielte eine entscheidende Rolle bei der Entwicklung der modernen südafrikanischen Kunst. Bevor er Südafrika 1947 verließ und nach Paris ging, lebte er in Sophiatown und Kliptown. In vielen seiner Frühwerke malte er das farbenfrohe und pulsierende Leben in den Townships. Eines seiner berühmtesten Gemälde aus dieser Zeit ist *Yellow Houses* (1940), das erste Werk eines schwarzen Malers, das die Johannesburg Art Gallery erwarb.

Etwa zur gleichen Zeit, als Sekoto berühmt wurde, begann der ebenfalls aus Sophiatown stammende John Koenakeefe Mohl Kunstunterricht für junge schwarze Künstler anzubieten. 1960 zählte er zu den Gründungsmitgliedern der Artists' Market Association, die jungen Talenten ein Forum bieten wollte. Inzwischen heißt die Vereinigung Artists Under the Sun.

Artists Under the Sun (www.artistsunderthesun.org) wurde während der Apartheid gegründet, um die Bildenden Künste unabhängig von der Hautfarbe der Künstler zu fördern. Die Organisation ist auch heute noch aktiv und präsentiert am jeweils ersten Wochenende im Monat eine kostenlose Ausstellung am Zoo Lake in Parktown, Johannesburg.

In Zeiten der Apartheid zählten Rassismus, Unterdrückung und Gewalt zu den immer wiederkehrenden Motiven der Gemälde. Viele schwarze Künstler, die sich die Malutensilien nicht leisten konnten, verwendeten billigere Alternativen wie z. B. Linoleumdrucke. Während des Freiheitskampfes spielten Künstler eine große Rolle beim Design von Logos für T-Shirts, Banner und Poster.

Die Kürzung von öffentlichen Zuschüssen für den Kunstmarkt hat zuletzt dazu geführt, dass Künstler zunehmend auf die Sammel- und Fördertätigkeit von Unternehmen und auf den Tourismus angewiesen sind.

Die Bandbreite der modernen Kunst reicht von eindrucksvollem Kunsthandwerk, das von Straßenhändlern verkauft wird, bis hin zu teuren Gemälden, die in angesagten Galerien hängen. Innovative Künstler verwenden für ihre Werke so ziemlich alle verfügbaren Materialien, seien es Telefonkabel, Sicherheitsnadeln, Perlen, Plastiktüten oder Blechdosen.

Das Spektrum der südafrikanischen Bildhauerei ist ebenfalls enorm. Bekannte Künstler wie Jackson Hlungwane, der für seine außerordentlich symbolträchtigen, religiös geprägten Holzschnitte berühmt ist, und Helen Martins, deren konkrete Skulpturen in ihrem Owl House in Nieu Bethesda (s. S. 292) zu sehen sind, haben mit zahlreichen Stilen und Materialien experimentiert.

Theater & Tanz

Während der Kolonialzeit wurden in südafrikanischen Theatern vor allem europäische und amerikanische Stücke gespielt. Als das Theater in den Townships an Popularität gewann, schrieben ab den 1930er-Jahren auch südafrikanische Bühnenautoren, Schauspieler und Regisseure eigene Theaterstücke. Einer der ersten schwarzen Autoren des Landes, dessen Werke auf Englisch erschienen sind, war Herbert Dhlomo, der 1936 mit seinem Drama *The Girl Who Killed to Save* Erfolge feiern konnte. Sophiatown, der alte Stadtteil Jo'burgs, war ein besonders fruchtbarer Boden für neue Künstler und Stücke. Allerdings ließ der National Theatre Fund des Apartheidregimes den schwarzen Theatergruppen keinerlei Unterstützung zukommen, sodass ihre Arbeit vom ständigen Kampf um die Finanzierung geprägt war.

Ein wichtiger Wendepunkt trat ein, als der Bühnenautor und Regisseur Athol Fugard auf der Bildfläche erschien. Fugard, der eine entscheidende Rolle bei der Entwicklung und Förderung von schwarzen Theatertalenten spielte, gründete in den 1950er-Jahren in Port Elizabeth und Johannesburg gleich mehrere Theatergruppen. In den 1960er- und 1970er-Jahren waren Theater und Politik untrennbar miteinander verbunden. Zahlreiche

Künstler wurden inhaftiert und wegen ihrer Beteiligung im Kampf gegen die Apartheid angeklagt, die Werke anderer Künstler wurden verboten. Die innovative Zwei-Mann-Show *Woza Albert!*, die die Ankunft von Jesus Christus in Südafrika zu Zeiten der Apartheid inszenierte, erhielt begeisterte Kritiken und internationale Anerkennung.

1974 wurden heruntergekommene Gebäude in Jo'burgs Indian Market, dem altem „indischen" Obst- und Gemüsemarkt, zum Market Theatre umgebaut. Publikum und Darsteller setzten sich über das berüchtigte Group-Areas-Gesetz der Apartheidregierung hinweg, indem sie das Theater zu einem Ort für alle Rassen machten. Auch heute noch ist das Market Theatre eine der bekanntesten Bühnen des Landes (S. 445).

Während Themen wie Rassismus und Unterdrückung seit dem Ende der Apartheid an Bedeutung verlieren, erleben die Darstellenden Künste in Südafrika eine Renaissance und beginnen sich neue Themenkreise zu erschließen.

Das Musical *African Footprint* (www.africanfootprintonline.com), das 2000 seine Weltpremiere feierte, hat sich zu einem sehr erfolgreichen Forum entwickelt, das jungen südafrikanischen Tänzern die Möglichkeit bietet, sich auch international zu präsentieren. Ein weiteres Highlight ist das First National Bank Dance Umbrella, ein alljährliches Tanz- und Choreografie-Festival, das einheimischen und internationalen Künstlern die Gelegenheit bietet, ihre neuen Werke aufzuführen.

Musik

Jane Cornwell

Nelson Mandela hat einmal gesagt, Musik sei die Rettung seines Volkes. So wie sie ihren Beitrag zum Widerstand gegen die Apartheid geleistet hat, ist die Musik auch heute noch ein wichtiges Ausdrucksmittel, um Freiheit und Gerechtigkeit einzufordern. Musik ist in Südafrika allgegenwärtig. Überraschenderweise gibt es keine „typische" südafrikanische Musik: Kein anderes afrikanisches Land hat ein so breit gefächertes Musikspektrum wie Südafrika – selbst andere vergleichbar große Länder auf der Welt können da nicht mit Südafrika konkurrieren. Die Südafrikaner sind leidenschaftliche Plattensammler und lieben Musik, egal ob Rock, Jazz, Klassik, Gospel, Rap, Reggae, Maskanda, Mbaqanga oder Kwaito. Traditionelles Liedgut und Musik aus dem Westen bekommen hier einen modernen, landestypischen Touch. Die riesige Plattenindustrie (inklusive der zwar kleinen, aber umso engagierteren neuen Labels in den Händen von Schwarzen) ist hellwach und stets bemüht, neue Künstler unter Vertrag zu nehmen.

Pascale Lamches Film *Sophiatown* (2003) porträtiert das Leben in Jo'burgs quirligem Stadtteil Sophiatown, dem Harlem Südafrikas. Er wurde in den 1950er-Jahren abgerissen und später wieder aufgebaut. Mittlerweile haben sich dort viele Künstler und Musiker niedergelassen. Archivaufnahmen und Interviews mit Nelson Mandela, Hugh Masekela und Dorothy Masuka machen den Film zu einem sehenswerten Erlebnis.

Südafrikanische Klänge haben natürlich auch die Musik der kleineren Nachbarländer Lesotho und Swaziland beeinflusst. In Lesotho ist der Chorgesang sehr populär, genau wie Afro-Pop, Jazz, Reggae und ganz besonders Kwaito. Die Basotho haben noch heute ein große Vorliebe für traditionelle Musikinstrumente wie die *Lekolulo*-Flöte und den *Setolo-tolo*-Mouthbow (Mundbogen mit runder Saite). Auch Swasiland hat eine eigenständige traditionelle Musiktradition, die bei Erntefesten, Hochzeiten, Geburten und anderen Veranstaltungen lebendig wird. Außerdem hat das Land eine eigene Chor-, Jazz-, Afro-Pop- und Rock-Szene, eine boomende Hip-Hop- und vor allem eine große Gospel-Szene.

Auch heute, nach über einem Jahrzehnt der Freiheit, bringt Südafrika immer wieder Talente von Weltformat hervor. Den typischen Südafrikaklang wird es wohl nie geben, was nur von Vorteil für die Vielfalt der Musik sein kann. Das spiegelt sich auch in der alljährlichen Verleihung des South African Music Awards, der in unzähligen Kategorien und Stilen vergeben wird. Das breite musikalische Spektrum ist eine der Facetten, die Südafrika so faszinierend machen. Der folgende (unvollständige) Überblick stellt die wichtigsten Genres und ihre Vertreter vor.

Der *Rough Guide. Weltmusik* von Simon Broughton u. a. (Hrsg.) ist ein hervorragendes Lexikon über die Musik aus über 70 Ländern und Regionen. In einem umfangreichen Kapitel über Südafrika gehen die Autoren ausführlich auf die Musikgeschichte des Landes ein. *Mbube: Chormusik aus Südafrika* (Buch mit Begleit-CD) von Martin Detterbeck und Volker Schütz erzählt die Geschichte der südafrikanischen Mbube-Chorgesänge

EIN STREIFZUG DURCH DIE MUSIKGESCHICHTE SÜDAFRIKAS

Die Völker der Zulu, Xhosa und Sotho singen und tanzen traditionell seit Jahrtausenden (ihre Musik hat 1988 Paul Simon zu seiner CD *Graceland* inspiriert), die Venda (und die Basotho in Lesotho) spielen schon seit ewigen Zeiten auf ihren *mbiras* (Daumenklavieren) und Rohrflöten. In Südafrika gibt es acht unterschiedliche „Stammes"-Traditionen – seit Beginn der Demokratie ist traditionelle Musik wieder stark im Kommen. Von der Kolonialzeit bis heute hat sich die südafrikanische Musik dank der Vermischung von älteren lokalen und importierten Stilen immer wieder selbst neu erfunden. Die meisten populären Musikstile beruhen entweder auf einem A-cappella-Gesang (der Zulu) oder einem harmonischen Mbaqanga-Vokalgesang. So bleibt der Klang unabhängig vom Begleitinstrument (Banjo, Geige, Konzertina oder Elektrogitarre) immer ein typisch afrikanischer.

Der Grund, warum die Akkordfolgen vieler Songs aus Südafrika so vertraut klingen, liegt in ihrem religiösen Ursprung. Die protestantischen Missionare schufen im 19. Jh. eine Gesangstradition, die südafrikanische

INTERVIEW MIT HUGH MASEKELA

Nach fast drei Jahrzehnten im Ausland konnte sich einer der bekanntesten Musiker Südafrikas, Hugh Masekela (er war während der Apartheid ins Exil gegangen) seine außergewöhnliche Stellung innerhalb der Musikszene des Landes wieder zurückerobern. Seit seiner Rückkehr 1990 hat Masekela mit seinem Enthusiasmus, seinem musikalischen Können und seinem Geschäftssinn dafür gesorgt, dass die südafrikanische Plattenindustrie endlich wieder die langersehnten Erfolge feiern kann. „Es war nicht immer einfach", sagt er achselzuckend. Trotzdem ist er froh, wieder da zu sein.

„Ich bin so etwas wie ein Schwein, das sich im tiefsten Schlamm suhlt", sagte er mit einem Grinsen. „Ich kann mich sehr glücklich schätzen, dass ich mich wieder intensiv mit den Dingen beschäftigen kann, die ich vermisst habe, als ich weg war. Menschen wie Miriam (Makeba), Abdullah (Ibrahim) und ich haben nur ungern im Ausland gelebt. Ehrlich gesagt hat meine Karriere erst richtig begonnen, als ich wieder hierher zurückkam (womit ich ehrlich nie und nimmer gerechnet hätte)".

Masekelas Erfolge im 21. Jh. mit Alben wie *Sixty, Black to the Future* und *Time* sind eine äußerst befriedigende Genugtuung für jemand, der vor fast 50 Jahren anfing, Musik zu machen. „Dieses Land versorgte mich schon immer mit kreativer Energie", sagt er. „Jetzt ist die Zeit gekommen, etwas davon zurückzugeben." Neben den Aufnahmen zu seinen Soloalben, auf der zahlreiche talentierte Musiker (wie Zwai Bela, ehemals Mitglied der Kwaito-Gruppe TKZee) ihr Können präsentieren können, hat sich Masekela dem Wiederaufbau des Landes verschrieben: Zum einen hat er die Initiative MAAPSA (Musicians and Artists Programme of South Africa) ins Leben gerufen, die Drogen-Rehabilitations-Projekte für die Musik- und Kulturszene anbietet (Masekela war früher selber drogenabhängig). Zum anderen hat er eine Plattenfirma gegründet, die mittlerweile auch Musikveranstaltungen, Theaterproduktionen, Opern und Filme produziert.

„Chissa ist das erste unabhängige Plattenlabel in der Hand von Schwarzen. Es war ein verdammt harter Kampf, bis wir da waren, wo wir jetzt sind, weil bisher alles, was in Afrika mit Entertainment zu tun hatte, Vertretern der alten Kolonialordnung gehörte", meint der nach wie vor politisch sehr engagierte Masekela mit funkelnden Augen. „Sie zeigen Widerstand, weil sie genau wissen, dass wir sie letzten Endes doch rauswerfen werden. Genau das ist der neue Kampf. Die neue Revolution. Die Regierung würde gerne helfen, aber wie Politiker halt so sind: Sie wissen nicht, wie sie es anstellen sollen."

Er sei nicht allein, fügt er hinzu. Masekela und seine Mitstreiter wollen ein Musikvertriebsnetzwerk aufbauen, wie es vergleichbar bereits in Indien, Japan oder Brasilien (und in den USA und Europa) existiert. „Voraussetzung dafür ist, dass es uns allein gehört. Genau daran arbeiten wir im Moment. Wir wollen unserer eigenen Kultur zurückerobern und besitzen – das ist das Vermächtnis, die einige von uns unseren Nachkommen hinterlassen wollen. Dadurch werden wir unsere Selbstachtung wiedergewinnen. Die Apartheid hat unserer Kultur im Grunde den Garaus gemacht – um sie wiederzubeleben, müssen wir die audio-visuelle Industrie in unseren Besitz bringen."

Masekela kann auf eine lange, aufregende Biographie zurückblicken. Als der Junge aus Witbank in Jo'burg auf der Leinwand Kirk Douglas sah, wie der im Film *Young Man With A Horn* Bix Beiderbecke spielte, wollte er unbedingt auch Trompete spielen („Douglas hatte die coolsten Klamotten, hatte seine eigene Band und schleppte alle Mädchen ab"). Er war Mitbegründer der Jazz Epistles, der ersten schwarzen Jazzband aus Südafrika, die eine LP aufnahm. Er verließ sein zerrissenes Heimatland, ging nach Großbritannien und zog anschließend in die USA („Miles, Dizzy und Louis sagten zu mir: Würz deine Musik mit ein bisschen südafrikanischem Flair, dann werden alle auf dich aufmerksam werden.") und in andere afrikanische Länder. Er heiratete Miriam Makeba (und ließ sich wieder von ihr scheiden), konnte Nelson Mandela beeindrucken und schloss Freundschaft mit Harry Belafonte, Paul Simon und Fela Kuti. Vor allem nutzte er seine Bekanntheit dafür, sein Volk und die Welt daran zu erinnern, welche Bedeutung das Land hat und was dort vor sich ging.

Masekela ist wieder dahin zurückgekehrt, wo er hingehört: „Eine Nation, die unterdrückt und terrorisiert wurde, wieder aufzubauen, ist sehr schwierig. Es gibt Leute, die betrachten uns als eine wundervolle heile „Regenbogen-Nation". Aber die Nachwirkungen verschwinden nicht einfach so in dem Moment, an dem man sich in die Schlange stellt, um wählen zu gehen." Hugh Masekela macht eine kurze Pause, lächelt und sagt dann: „Wir werden es schaffen, auch wenn es noch einige Zeit dauern wird. Aber wir müssen zusammenhalten, um dies zu erreichen".

Komponisten später mit traditionellen Harmoniefolgen verbanden: Die Hymne *Nkosi sikelel i Afrika* (Gott segne Afrika), die Enoch Sontonga 1897 schrieb, ist heute die Nationalhymne Südafrikas. Gospelmusik ist gegenwärtig die beliebteste Stilrichtung. Gloria Bosman, Sibongile Khumalo, Pinise Saul und andere schwarze Stars, die in Klassik, Jazz, Gospel und Oper Erfolge feiern, haben ihre Karriere in Chören von Missionsschulen oder in Kirchenchören begonnen. Andere wie Gospel-Superstar Rebecca kommen ursprünglich aus der Glitzerwelt des Pop. Der größte Gospelstar Swasilands ist der frühere Goldminenarbeiter Shongwe.

Paul Simons Album *Graceland* ist weltweit inzwischen 7 Mio. Mal verkauft worden. Trotz der Kontroverse wegen des Verstoßes gegen den Kulturboykott, der während der Apartheid gegen Südafrika verhängt worden war, war Simon entscheidend daran beteiligt, die Musik aus Südafrika weltweit bekannt zu machen.

Die langlebigste Zulu-Musikgruppe ist Ladysmith Black Mambazo, deren Stil wegen ihrer zahlreichen Alben und internationalen Konzerttourneen im Westen irrtümlicherweise für „typisch" südafrikanisch gehalten wird. Ihre Musik ist ein Beispiel für die gelungene Vermischung einheimischer Harmonien mit dem Sound europäischer und afrikanischer Kirchenchöre zu einem Gesangsstil, der *mbube* genannt wird. Wie viele Bereiche der modernen Kunst und Kultur Südafrikas hat die *Isicathamiya*-Musik von Ladysmith ihren Ursprung in den Zeiten der Unterdrückung: Der Chorgesang ohne instrumentale Begleitung entstand in den 1930er-Jahren in den Wanderarbeiter-Wohnheimen der Provinz Natal, in denen sich die Männer größte Mühe gaben, ihre Bosse bloß nicht aufzuwecken. Auch heute noch treten die *Isicathamiya*-Chöre in Johannesburg und Durban einmal pro Woche gegeneinander in Wettbewerben an. Häufig singen solche Chöre auch als Straßenmusiker.

Kwela-Musik ist, wie die meisten modernen Stile in Südafrika, in den Townships entstanden. Kwela (Spring rein) lautete der Befehl an diejenigen, die während Razzien in Polizeiautos verfrachtet wurden. In ehemals berüchtigten Gegenden wie Soweto, Sharpeville, District Six und Sophiatown entstanden städtische, stammesübergreifende Musikrichtungen, die vor allem durch amerikanischen Jazz, Swing, Jive und Soul inspiriert wurden. Schwarze Südafrikaner fügten dem Ganzen eine weitere Nuance hinzu: Aus *Kwela* mit seiner Zinnflöte (einem Instrument, das auf die Rohrflöten von Hirtenjungen zurückgeht) und dem einsaitigen Bass wurde Saxophon-Jive bzw. *Mbaqanga*. Marabi-Soul feierte in den 1970er-Jahren Erfolg, Bubblegum-Pop dominierte die 1980er-Jahre. *Kwaito*, die südafrikanische Version von Hip-Hop, boomte in den 1990er-Jahren und ist immer noch – neben der Gospel- und der aufstrebenden R&B-Szene – der populärste Musikstil des Landes. Der Kwaito-Superstar und frühere Townshipberühmtheit Zola moderiert sogar eine eigene Fernsehsendung.

Der Soundtrack zu dem 2006 mit dem Oscar prämierten Township-Drama *Tsotsi* stammt vom Kwaito-Star Zola (der auch den lokalen Bandenführer Fela spielt). Außerdem sind auf ihm mehrere beeindruckende Songs von dem Sänger und Liedermacher Vusi Mahlasela zu hören (*Music From the Motion Picture Tsotsi*, Milan Records).

Musik aus Amerika und Europa war Vorbild für weiße südafrikanische Künstler. Four Jacks and a Jill aus den 1960er-Jahren spielten typischen Pop aus dem Westen. In den 1970er-Jahren inspirierte Punk aus Großbritannien Bands aus der Arbeiterklasse wie Wild Youth. In den 1980er-Jahren ließen sich schwarze und weiße Musiker auf einen Crossover ein: Johnny Clegg und seine Band Juluka (heute: Savuka) spielten eine Mischung aus weißer Rock- und Pop-Musik und traditioneller Zulu-Musik, um gegen rassistische Restriktionen zu protestieren und andere Bands dazu zu animieren, es ihnen nachzumachen. Von Grunge ließen sich Scooters Union, die Springbok Nude Girls und andere Gitarrenbands der 1990er-Jahre inspirieren. Bands und Musiker wie Seether, die Parlotones und der ehemalige Springbok-Frontmann Arno Carstens sorgen dafür, dass Rockmusik in Südafrika nach wie vor sehr angesagt ist. Musik von Buren erlebt – dank Anna Davel, Chris Chameleon, Lize Beekman und Theuns Jordaan – zur Zeit eine Renaissance. Daneben existiert eine große progressive Tanz-Szene mit House, Techno, Acid Jazz, R&B, Dancehall und allen möglichen anderen Grooves, in die oft auch Liveelemente eingebaut werden.

Die Nachwirkungen der Apartheid auf das Leben vieler Menschen und ihre Kultur sind immer noch deutlich zu spüren. Musiker wie Hugh Masekela, Jazz-Legende und ehemaliger Exilant, rufen immer wieder zu erhöhter Wachsamkeit auf (das Gleiche gilt für den hoch talentierten Protestsänger Vusi Mahlasela). Eine Musikindustrie und ein Vertriebsnetzwerk in den Händen von Schwarzen sind immer noch Zukunftsmusik (die alten weißen Plattenindustriemogule leisten immer noch heftigen Widerstand), dabei wäre dies ein wichtiger Schritt zur Afrikanisierung der südafrikanischen Musik. Die Musik des Widerstands hat sich jedenfalls ihre Intensität bewahrt, indem sie sich auf andere Themen konzentriert: Probleme wie HIV/Aids, Armut und der Missbrauch von Frauen und Kindern stehen nun im Mittelpunkt der Texte und Songs.

Das Morija Arts and Cultural Festival ist ein fünf Tage langes Fest, bei der die Basotho-Kultur und das kulturelle Erbe Lesothos im Mittelpunkt stehen. Es findet alljährlich Ende September in Morija (40 km außerhalb von Lesothos Hauptstadt Maseru) statt.

In Swaziland geht es weniger liberal zu. So hat der notorisch polygame König Mswati 2005 angeblich seine Tochter und ihre Freunde (allesamt Teenies) auspeitschen lassen, weil sie sich weigerten, die Musik bei einer Party leiser zu stellen. Mswati, der über einen eigenen „elektronischen" Lobsänger verfügt (Quawe Mamba, der das TV-Studio des Königs und einen privaten Fernsehsender leitet), hat mehrere Wohltätigkeitskonzerte veranstaltet, zu denen sowohl internationale Stars (Eric Clapton, Erykah Badu) als auch lokale Acts eingeladen waren. Musik, so seine Worte, „ist heilende Kraft für bedrückte Seelen und Ausdruck der Freude". Die Musik Swasilands ist tatsächlich dank Künstlern wie dem Kwaito-DJ Kwephe, der Reggaegruppe Black Roses und dem hoffnungsvollen Nachwuchssänger Fanaza Tsabedze auf dem Vormarsch.

Auch in Lesotho ist Musik allgegenwärtig. Die Basotho lieben ihre Lieder und Instrumente: Dorfkinder üben im Chor den perfekten Harmoniegesang, Hirtenjungen spielen auf ihren *Lekolulo*-Flöten und singen mit ihren hellen klaren Stimmen. Frauen spielen das Saiteninstrument *thomo* und die Männer die *setolo-tolo*, eine Art verlängerte jüdische Harfe, die mit dem Mund gezupft wird.

In Südafrika sind die Grenzen inzwischen gefallen, die Musikstile befruchten sich gegenseitig. Viele Musikstile, vor allem der Jazz, boomen (wobei es allerdings immer noch an Veranstaltungsorten mangelt). Die hart erkämpfte Demokratie hat eine tolle Musik hervorgebracht.

SÜDAFRIKANISCHE MUSIKSTILE

Marabi

Zu Beginn des 20. Jhs. beeindruckten afro-amerikanische Minstrel-Shows, Vaudeville-Acts, Ragtime-Klavierspieler und Gospel-Gruppen das einheimische Publikum in den schnell wachsenden Städten Kapstadt und Johannesburg. Die zunehmende Verstädterung löste einen Schneeballeffekt bei den Musikstilen aus: Auftritte von amerikanischen Jazzkünstlern

EIN SCHLAFENDER RIESE

1939 nahm der Zulu-Wanderarbeiter Solomon Linda für die Plattenfirma Gallo einen Song namens *Mbube* (Löwe) auf. Unter dem neuen Titel *Wimoweh/The Lion Sleeps Tonight* wurde der Song für Interpreten wie Pete Seeger und Firmen wie Disney, die das Lied 1994 für den Film *Der König der Löwen* verwendeten, zum Top-Hit. Linda hatte seine Rechte an dem Song (der mittlerweile geschätzte 15 Mio. US$ eingespielt haben dürfte) abgetreten. Allerdings wurde 2006 ein Schlupfloch in der südafrikanischen Gesetzgebung entdeckt, durch das die Rechte wieder an Solomon Lindas Familie zurückfielen.

und Platten von Musikern wie Louis Armstrong und Duke Ellington legten den Grundstein für das, was sich später zur südafrikanischen Jazz-Szene entwickeln sollte. In den 1920er- und 1930er-Jahren sangen und swingten die Menschen in den städtischen Ghettos zu einem eigenen „gefährlichen" (in Sotho bedeutet das Wort Gangster) Sound: *Marabi.*

Die südafrikanische Music Week findet jährlich im August in Kapstadt statt.

Marabi, der auf billigen Fußorgeln und Keyboards und begleitet von Perkussion (auf mit Kieselsteinen gefüllten Dosen) gespielt wird, breitete sich schnell in den illegalen Township-*shebeens* (Bars ohne Lizenz) und -Dancehalls aus. Die Musik brachte die Leute zum Tanzen und Trinken, verschaffte den unterdrückten Menschen in den Arbeitervierteln allerdings auch eine gewisse Würde und Trost. Die tranceartigen Rhythmen und die zyklischen Harmonien des *Marabi* und des amerikanischen Dixieland und Ragtime haben einiges gemeinsam. Später fügten Musiker dem Sound noch Blechflöten, Schlagzeug, Banjo, Big-Band-Swing und sogar Bebop-Ästhetik hinzu.

Marabi wurde von den Jazz-Dance-Bands begierig aufgenommen. Ihnen gehörten die erste Generation professioneller schwarzer Musiker an: Jazz Maniacs, Merry Blackbirds und Jazz Revellers. Oft der Einfachheit halber (und nicht immer zutreffend) als „African Jazz" oder „Jive" bezeichnet, brachte der *Marabi* zahlreiche andere Stile wie z. B. den Kwela hervor.

Kwela

Kwela war der erste populäre südafrikanische Stil, der die Aufmerksamkeit der internationalen Musikwelt auf sich ziehen konnte. Ursprünglich wurde Kwela auf einer Akustikgitarre, einem Banjo, einem einsaitigen Bass und vor allem auf der Zinnflöte gespielt. Dann wurde er von Kindern und Jugendlichen nachgeahmt, die weder Blechblasinstrumente noch Klaviere hatten, aber trotzdem ihre eigene Version des amerikanischen Swing spielen wollten. Zinnflöten-Bands spielten an Straßenecken in Gebieten, die Weißen vorbehalten waren. Die Gefahr, verhaftet zu werden, erhöhte dabei den Reiz der Musik noch, von der sich rebellische Weiße, die als „ducktails" (Entenschwänze) bezeichnet wurden, magisch angezogen fühlten. Viele der Gruppen standen gleichzeitig auch Schmiere für die Betreiber von *shebeens.*

Auf der Website South African Music (www.music.org.za) sind u. a. zahlreiche Künstlerbiografien, Fotos, Infos zu Konzerten, Musik-News sowie eine ausführliche Link-Liste zu finden.

Kwela-Combos erspielten sich zwar eine große Fangemeinde mit ihren Liveauftritten, nahmen aber bis 1954 nur wenige Platten auf. 1954 entwickelten sich Spokes Mashinyanes Ace Blues zum afrikanischen Überraschungserfolg des Jahres, worauf sich weiße Produzenten rasch auf die Suche nach viel versprechenden schwarzen Bands begaben. Künstler wie Sparks Nyembe und Jerry Mlotshwa wurden populär. Der Hit *Tom Lark* von Elias Lerole and His Zig-Zag Flutes war sogar in Großbritannien zu hören, wo er sich – vermutlich weil er wie ein Skiffle-Song klang – 14 Wochen in den Charts halten konnte.

Anfang der 1960er-Jahre führte Mashinyane mit seinem Song *Big Joe Special* das Saxophon im Kwela ein, womit er gleichzeitig das Ende des Zinnflöten-Booms einläutete und den Sax-Jive begründete. Sax-Jive entwickelte sich schon bald weiter zu Mbaqanga.

Mbaqanga

Das Saxophon rückte in den Mittelpunkt der Jazzmusik, die zum Leidwesen der weißen Kwela-Fans nur in den Townships gespielt werden durfte. Die Entstehung von Mbaqanga (schnelles Geld) geht auf mehrere Musiker zurück: Joseph Makwela und Marks Mankwane, gefeierte Session-Musiker aus der Makhona Tshole Band, fügten den kaskadenartigen

ABSOLUT HÖRENSWERT

- Marabi – *From Marabi to Disco*, Verschiedene Interpreten (Gallo, Südafrika)
- Kwela – *Spokes Mashiyane*, King Kwela (Gallo, Südafrika)
- Mbaqanga – *Kuze Kuse*, Soul Brothers (Gallo, Südafrika)
- Jazz – *Sheer Jazz*, Verschiedene Interpreten (Sheer Sound, Südafrika)
- Gospel – *Tales of Gospel S.A.* (Sheer Sound, Südafrika)
- Neo-traditionelle Musik – *Sthandwa*, Phuzekhemisi (Gallo, Südafrika)
- Soul und Reggae – *Respect*, Lucky Dube (Gallo, Südafrika)
- Bubblegum, Kwaito und andere aktuelle Trends – *New Construction*, Bongo Maffin (Gallo, Südafrika)

Rhythmen elektrische Gitarren (vor allem einen dröhnenden Funk-Bass) hinzu, während der Saxophonist/Produzent West Nkosi das Tempo vorgab. Dieser ungeheuer populäre Sound lieferte den musikalischen Background für Sänger, deren Gesangsstil später (nach einem Tanzstil) Mqashiyo getauft wurde, obwohl er sich im Grunde nicht von Mbaqanga unterschied.

Der typische Mbaqanga-Gesang findet sich bei den in den 1950er-Jahren beliebten Vokalgruppen wie den Manhattan Brothers und Miriam Makebas Skylarks wieder. Diese Ensembles kopierten zunächst die vierstimmigen afro-amerikanischen Doo-Wop-Ensembles, wandten sich dann aber typisch afrikanischen fünfstimmigen Harmonien zu. In den 1960er-Jahren kam Aaron Lerole von Black Mambazo mit seiner krächzenden Stimme hinzu. Allerdings waren es vor allem die tiefe Bassstimme von Simon „Mahlathini" Nkabinde und die engelsgleichen Stimmen seiner Mahotella Queens (begleitet von der Makhona Tshole Band), die eine ganze Generation begeisterten – darunter auch Izintombi Zeze Manje Manje and the Boyoyo Boys, deren Sound 1981 vom britischen Produzenten Malcolm McLaren für seinen britischen Nr. 1-Hit „Double Dutch" gesamplet wurden. Die Mahotella Queens sind auch heute noch (auch ohne Mahlatini) sehr erfolgreich.

Mbaqanga spielt in der südafrikanischen Musik nach wie vor eine große Rolle. Sein Einfluss auf südafrikanischen Soul, Reggae, R&B, Kwaito und natürlich Jazz hält auch weiter an.

Lee Hirschs Film *Amandla! A Revolution in Four-Part Harmony* (2003) dokumentiert anhand von Musik und Interviews mit Abdullah Ibrahim, Hugh Masekela, Miriam Makeba und anderen die Rolle, die die Musik während des Widerstands gegen die Apartheid gespielt hat. Die Produktion des eindrucksvollen Films dauerte insgesamt neun Jahre.

Jazz

Der südafrikanische Jazz mit seinen Eigenarten hinsichtlich Aufbau, Harmonie und Melodie war zunächst eine Underground-Bewegung, die sich zum Ausdrucksmittel von Protest und Identität entwickelte. Im Exil lebende Stars wie die Sängerin Miriam Makeba, der Pianist Abdullah Ibrahim (alias Dollar Brand) und der Trompeter Hugh Masekela machten mit ihren Songs das Leiden eines Volkes publik. Die legendären Blue Notes unter der Leitung von Chris McGregor und dem Saxophonisten Dudu Pukwana waren nach ihrem Wegzug nach Großbritannien entscheidend an den Umwälzungen in der europäischen Jazz-Szene beteiligt. Im Land verbliebene Jazzmusiker kreierten neue Sounds und eroberten mit Jazz-Rock-Fusions, Latin-Mixes und Crossover aus Jazz und malaiischer Musik neue Fans.

Weltberühmten Musikern, die nach dem Ende des Kulturboykotts aus dem Exil zurückgekehrt waren, fiel es schwer, das einheimische Publikum wieder für sich zu gewinnen. Viele von ihnen haben sich aber inzwischen wieder eine große Fangemeinde erspielt, wobei Hugh Masekela nach wie vor der wichtigste Botschafter Südafrikas ist. Zahlreiche Jazz-Festivals, bei denen häufig auch ausländische Bands auftreten (z. B. das Cape Town International Jazz Festival, das einmal jährlich im April stattfindet), und die positive Berichterstattung in den südafrikanischen Medien sorgen für das hervorragende Standing der Jazzmusik.

Bekannte lokale Künstler treiben eine Weiterentwicklung des Jazz voran, indem sie mit DJs, Künstlern, Dichtern und Tanz-Kompanien zusammenarbeiten. Der von John Coltrane beeinflusste Saxophonist Zim Ngqawana (der 1994 bei Nelson Mandelas Amtseinführung mit einer Gruppe aus 100 Schlagzeugern, Sängern und Tänzern spielte) bezieht dabei Folkelemente und ländliche Musiktraditionen sowie indische Musik, Avantgarde und Klassik mit ein. Sein ehemaliger Mitstreiter, der Pianist Andile Yenana, kombiniert traditionelle und experimentelle Musik mit dem Flair des Jazz-Giganten Thelonious Monk. Der Gitarrist Jimmy Dludlu, eine Art afrikanischer George Benson, arbeitet intensiv mit Musikschulabsolventen zusammen. Tsopo „The Village Pope" Tshola aus Lesotho hat ein überraschendes Comeback gefeiert. Die Sängerinnen Gloria Bosman, Sibongile Khumalo, Judith Sephumo u. v. a. haben von sich reden gemacht. Viele sind in einem anderen Genre erfolgreich, das die gleichen Wurzeln hat: dem Gospel.

Rage (www.rage.co.za) ist eine Online-Zeitschrift mit Musik-News, Kritiken und Modeberichten.

Gospel

Der südafrikanische Gospel hat den größten Anteil am einheimischen Musikmarkt – nicht zuletzt, weil 80 % der schwarzen Bevölkerung Christen sind. Er ist eine Mischung aus europäischer Chormusik, amerikanischen Einflüssen, A-cappella-Gesang der Zulu und anderen afrikanischen Traditionen, die Einzug in die Kirchengemeinden gefunden haben. Voller Lebensfreude, farbenfroh und ausgelassen, mit viel Rhythmus und Leidenschaft treten Gospel-Chöre in ganz Südafrika auf und bringen dabei sowohl große Bühnen als auch kleine Gemeindezentren zum Kochen. Der 24-köpfige international erfolgreiche Soweto Gospel Choir (dessen neues Album *Blessed* heißt) wird wie viele andere Chöre von einer Band mit Schlagzeugern und Tänzern begleitet.

Gospel lässt sich in traditionellen Gospel (wie ihn z. B. der renommierte Pentecostal Church Choir (IPCC) oder Solly Moholo, die Lusanda Spiritual Group und Jabu Hlongwane spielen) und modernen Gospel unterscheiden. Für Letzteren stehen u. a. die zierliche Diva Rebecca, die auch im traditionellen Stil singt, die mit mehrfachen Platin-Alben ausgezeichnete KwaMashu Deborah „Debs" Fraser, Reverend Benjamin Dube (genannt „Gospel-Maestro") und das Klassik-Ensemble Soweto String Quartet. Der ehemalige Goldminen-Bergarbeiter Shongwe – der seine Gospellieder unter Tage komponierte und sie summte, bis seine Schicht vorbei war – ist der größte Gospelstar Lesothos.

One World (www.oneworld.co.za) ist ein unabhängiger Online-Store, der südafrikanische Musik sowie Bücher und Videos vertreibt.

Viele Lieder von Ladysmith Black Mambazo (auf deren 2006 erschienenen Album *Long Walk To Freedom* u. a. Emmylou Harris und Natalie Merchant gastieren) sind Gospelsongs. Ihre Zulu-*Isicathimiya*-Musik ist ein hervorragendes Beispiel dafür, wie sich ein einzigartiger Musikstil aus der Verschmelzung von traditioneller südafrikanischer und westlicher Musik entwickeln kann.

Neo-traditionelle Musik

Außerhalb des städtischen Lebens in den Townships und abseits der Aufnahmestudios in den großen Städten haben traditionelle Musiker aus den

TOP 10: ALBEN AUS SÜDAFRIKA

- *The Indestructible Beat of Soweto, Volumes 1–6* – Verschiedene Interpreten
- *Jazz in Africa, Volume 1* – Jazz Epistles
- *Her Essential Recordings* – Miriam Makeba
- *Hope* – Hugh Masekela
- *The Best of Mahlathini and the Mahotella Queens*
- *Shaka Zulu* – Ladysmith Black Mambazo
- *Zabalaza* – Thandiswa
- *Ibutho* – Zola
- *The Voice* – Vusi Mahlasela
- *New Beginnings* – Judith Sephuma

Regionen Sotho, Zulu, Pedi und Shangaan eine dynamische soziale Musik komponiert. In den 1930er-Jahren kombinierten sie den Ruf-und-Antwort-Gesang mit dem verträumten Sound der 10-Tasten-Konzertina, einem Instrument, manchmal auch als Handharmonika bezeichnet, das später im Zulu-Pop sein Comeback feiern konnte.

Die Sotho nahmen das Akkordeon, die Pedi die deutsche Zither und die Zulus die Gitarre zur Hand.

Maskanda (bzw. Maskandi) ist eine Art rhythmisch-repetitives Gitarrenzupfen, dessen Ursprung bis in die Zeit der Wanderarbeiterschaft der Zulus zurückgeht.

Viele Musiker begnügen sich mit dem *igogogo,* einem Instrument aus Ölfässern. Maskanda-Star Shiyani Ngcobo greift bei seinen Liveauftritten immer noch auf das *igogogo* zurück. Zu den erfolgreichsten Maskanda-Acts zählen Bhekumuzi Luthuli, Inkunzi Emdaka, Thokozani und Phuzekhemisi, bei deren Konzerten häufig zahlreiche Sänger, Tänzer und Instrumentalisten gastieren.

Zu Gruppen, die die energiegeladene und lateinamerikanisch angehauchte Tsonga- (ehemals Shangaan-) Musik spielen, gehören in der Regel ein männlicher Sänger (manchmal mit Frauenchor), Gitarren, Synthesizer, Schlagzeug sowie ein gnadenloser Disco-Beat. Zu den bekanntesten Acts zählen Doctor Sithole, George Maluleke, Matshwa Bemuda & Magenge Sisters und Thomas Gezane Mzamani.

Der Altstar Busi Mhlongo (der Sänger kommt inzwischen wie auch Tsepo Tsola dank Hugh Masekelas MAAPSA-Drogen-Rehabilitations-Programm ohne Drogen aus) verbindet traditionelle Zulu-Klänge mit HipHop und Kwaito.

Die Band Sotho Sounds, deren Mitglieder Hirten aus Lesotho sind, spielt auf Instrumenten aus Schrottteilen: Die einsaitige Geige *(qwadinyana),* Gitarren *(katara)* und Schlagwerkzeuge wurden aus entsorgten Ölfässern, Autoreifen, Zweigen und einem Spülbecken zusammengeschraubt. Nachdem sie 2003 auf dem britischen Festival WOMAD UK gastierten, kehrten sie wieder in ihre Heimat Malealea zurück, wo sie weiter ihre Songs komponieren und proben (jeden zweiten Tag treten sie dort vor Gästen in der Malealea Lodge auf).

Wie so oft in Südafrika mischt sich aber auch hier neo-traditionelle Musik mit allen nur erdenklichen Klängen, seien es Country, Blues, Rap (Hörtipps: Hip Hop Pantsula, H2O, Tuks Senganga), House (siehe DJs Fresh, Oskido, Christos), Rock, Reggae oder Soul.

Soul & Reggae

Der amerikanische Soul der 1960er-Jahre hinterließ bei den Teenagern in den Townships einen tiefen Eindruck. Die einheimische Musikindustrie versuchte ihr Glück daraufhin mit zahlreichen billigen Imitaten. Die wenigen erfolgreichen südafrikanischen „Soul"-Gruppen konnten wie die Movers durch einen Mix aus Soul und Marabi oder wie die Soul Brothers (die unzählige Male imitiert wurden und immer noch aktiv sind) durch eine Kombination aus Soul und Mbaqanga überzeugen. Moderner Soul aus Südafrika wird meist unter der Rubrik Mbaqanga abgelegt. Die Reggae-Musik-Szene, in der der ewig junge Lucky Dube 1984 zu Berühmtheit gelangte, hat sich grundlegend geändert. Abgesehen vom Reggae-Star Dube wird südafrikanischer Reggae häufig unter die Musikstile Ragga und Kwaito subsumiert: Die Respekt einflößende Band Bongo Maffin (die südafrikanischen Fugees) wirft z. B. Kwaito, House, Reggae, Ragga, Gospel und Hip-Hop in einen Topf.

Auch der einheimische R&B ist im Kommen: Die ungeheuer erfolgreiche Sängerin Lebo Mathosa verbindet traditionelle Musik mit Tanzmusik, Funk und R&B. Die stimmgewaltigen Sängerinnen Mariah Carey und Whitney Houston sind Vorbilder. Camagu fügt seiner sanften Stimme elektronische Beats hinzu, während sich die wunderbare Thandiswa (Bongo Maffins Lauryn Hill) auf ihrem neue Album *Zabalaza* vor dem R&B verbeugt.

Bubblegum, Kwaito & aktuelle Trends

Die Disco-Musik der 1970er-Jahre feierte in den 1980er-Jahren in Form von „Bubblegum" ihre seicht-poppige afrikanisierte Auferstehung. Was mit den Soul Brothers begann, führten Superstars wie Brenda Fassie, Sello „Cicco" Twala und Yvonne Chaka Chaka in noch raffinierterer Form fort (der plötzliche Tod der charismatischen Fassie im Mai 2004 sorgte in Südafrika für viel Aufsehen). Die Popularität von Bubblegum ließ in den 1990er-Jahren nach, stattdessen eroberte Kwaito die Charts (Kwi-to bedeutet heiß).

Kwaito – die Musik des jungen, schwarzen urbanen Südafrika – ist eine aufregender Stil-Mix aus Bubblegum, Hip-Hop, R&B, Ragga, Mbaqanga, traditioneller Musik, Jazz sowie britischer und amerikanischer House Music. Außerdem hat sie eine Modebewegung, eine Geisteshaltung und einen Lebensstil begründet. In einem Sprachmix aus Englisch, Zulu, Sesotho und dem Straßenslang Isicamtho wird meist über programmierte Beats und Backing-Tapes gerappt oder gesungen. Das Spektrum der Kwaito-Texte reicht von belanglos bis sozialkritisch. Durch seine einzigartige Verbindung hat Kwaito die Aufmerksamkeit des neuen Südafrikas auf sich gezogen. Künstler wie Zola, Boom Shala, TK Zee und Arthur führen die Charts Südafrikas an, während Brickz, Brown Dash, Spikiri und Prokid zum hoffnungsvollen Nachwuchs zählen – obwohl Letzterer auch als Rapper gilt (im Wettstreit zwischen Rap und Kwaito geht es oft heiß her).

Freie Meinungsäußerung war für die schwarzen Jugendlichen in dem von Apartheid gebeutelten Land lange Zeit ein Luxus. Die Zeiten sind nun vorbei. Die frisch gewonnenen Freiheiten wurden zuallererst von Künstlern genutzt, die eine ungemein vielfältige Musikszene aufgebaut haben, die boomt und sich ständig neu erfindet.

Natur & Umwelt

GEOGRAFIE

Südafrika liegt an der Südspitze des afrikanischen Kontinents und ist mit 1 233 404 km² etwa dreieinhalb Mal so groß wie Deutschland. Auf drei Seiten wird es von einer windumtosten schönen Küste und von zwei Ozeanen eingerahmt: im Westen vom kalten Atlantik, im Osten vom wärmeren Indischen Ozean.

Lesotho ist das einzige Land weltweit, in dem der tiefste Punkt des Landes so hoch liegt: auf 1380 m im Senqu River Valley in Südlesotho.

Einen Großteil Südafrikas nimmt das Highveld ein, ein weites, über 1500 m hoch gelegenes Plateau. Im Nordwesten geht die Hochebene in das tiefer liegende Kalaharibecken über. Spektakulär ist das Drakensberg Escarpment, der Steilabfall der Drakensberge: Hier bricht das Highveld zum östlich gelegenen Lowveld ab.

Das winzige Lesotho ist eine Enklave innerhalb des südafrikanischen Staatsgebietes. Die gesamte Staatsfläche des 30 350 km² großen Landes liegt auf dem Highveld und damit über 1000 m hoch. Swasiland ist mit 17 363 km² zwar nur halb so groß wie Lesotho, aber landschaftlich sehr viel abwechslungsreicher: Es gibt viele unterschiedliche Ökozonen, u. a. Regenwald im Nordwesten und Buschsavannen im Osten.

Gute Safari-Begleiter: *Field Guide to Mammals of Southern Africa* und *A Field Guide to the Tracks and Signs of Southern and East African Wildlife*, beide von Chris und Tilde Stuart, sowie *The Safari Companion: A Guide to Watching African Mammals* von Richard Estes. Außerdem: *Säugetiere des Südlichen Afrika*. Ein Bestimmungsbuch von Robin Frandsen.

TIERE & PFLANZEN

Die Bedingungen für die Wildbeobachtung sind im südlichen Afrika so gut wie sonst kaum auf dem Kontinent, viele Schutzgebiete sind leicht zu erreichen.

Tiere

SÜDAFRIKA

Südafrikas Artenvielfalt ist einzigartig! Hier leben u. a. die drei größten Landsäugetiere der Welt: der Afrikanische Elefant, das Breitmaulnashorn und das Flusspferd. Auch das höchste (Giraffe), schnellste (Gepard) und kleinste (Zwergspitzmaus) Landsäugetier sind hier anzutreffen. Nirgendwo sonst in Afrika hat man eine größere Chance, die berühmten „Big Five" – Spitzmaulnashorn, Kaffernbüffel, Elefant, Leopard und Löwe – zu sehen. Eine Herausforderung ist es dagegen, die weniger berühmten

VERANTWORTUNGSVOLLES REISEN

Der Tourismus ist ein wichtiges wirtschaftliches Standbein Südafrikas. Die folgenden Tipps können dabei helfen, dass man als Reisender möglichst wenig in den Alltag und das Umfeld der Bevölkerung eingreift:

- Immer vor dem Fotografieren die betroffene Person um Erlaubnis fragen
- Kein Geld, Süßigkeiten oder Kugelschreiber an Kinder verteilen, viel besser sind Spenden an bestehende Projekte oder lokale Hilfsorganisationen
- Lokale Firmen unterstützen
- Keine Souvenirs aus Elfenbein, Leder, Muscheln etc. kaufen
- Beim Essen in Fischrestaurants stets die Sassi Wallet Card (s. S. 98) dabeihaben
- Sparsam mit Wasser und anderen Rohstoffen umgehen
- Sich über Südafrikas Geschichte informieren und sie sich beim Reisen immer wieder bewusst machen

Informativ ist auch die Website von Fair Trade in Tourism South Africa (www.fairtourismsa.org.za).

„Little Five" (Nashornkäfer, Büffelweber, Elefantenspitzmaus, Pantherschildkröte und Ameisenlöwe) zu entdecken! Der farbige Tierführer (S. 73) stellt einige Vertreter der südafrikanischen Tierwelt vor.

Zu den besten Bestimmungsbüchern für Südafrika, Lesotho und Swasiland zählen *Newman's Birds of Southern Africa* von Kenneth Newman und *Birds of Southern Africa* von Ian Sinclair et al.

Die beste Zeit für die Wildbeobachtung ist der kühle, trockene Winter (Juni–Sept.). Wenn die Bäume ihre Blätter verlieren und die Tiere zu den Wasserlöchern kommen, lassen sie sich relativ einfach beobachten. Im Sommer (Ende Nov.–März) ist es regnerisch und heiß. Die Tiere verteilen sich dann über eine größere Fläche und sind oft entsprechend schwer zu entdecken. Die Landschaft präsentiert sich in dieser Zeit in einem intensiven Grün, die Vogelwelt ist besonders interessant.

Über 800 Vogelarten leben in Südafrika, darunter der größte flugunfähige (der Strauß) und der schwerste flugfähige Vogel der Welt, die Riesentrappe. Es gibt bunte Nektarvögel und Rosaflamingos, aber besonders zahlreich sind die Webervögel: Ihre riesigen Gemeinschaftsnestbauten begeistern immer wieder aufs Neue. Gelegentlich teilen sie sich ihre Riesennester mit Zwergfalken, den weltweit kleinsten Greifvögeln.

Die Bedingungen für die Vogelbeobachtung sind das ganze Jahr über gut; optimal sind jedoch das Frühjahr (Aug.–Nov.) und der Sommer.

Bedrohte Tierarten

Der Endangered Wildlife Trust (www.ewt.org.za) aus Johannesburg ist die beste Informationsquelle für alle, die sich über gefährdete südafrikanische Tierarten informieren wollen.

Das Spitzmaulnashorn ist das bekannteste Tier auf Südafrikas Liste der bedrohten Arten; die Chancen, einen der Kolosse zu sichten, sind im Mkhuze Game Reserve (S. 370) und im Hluhluwe-Imfolozi Park (S. 359) besonders groß. Das gefährdetste Säugetier ist der Buschmannhase, der weltweit nur in der Nähe von Flussläufen in der zentralen Karoo lebt. Hyänenhunde, die man mit Glück im Hluhluwe-Imfolozi Park beobachten kann, sind ebenso gefährdet wie die Pferdeantilopen.

Zu den gefährdeten Vogelarten zählen der elegante Klunkerkranich und die Stahlschwalbe. Brillenpinguine und Kapgeier gelten ebenfalls als bedroht.

LESOTHO

Wegen der großen Höhe ist die Tierwelt Lesothos nicht so vielfältig wie die vieler anderer Länder des südlichen Afrika. Meist trifft man auf Rehantilopen, Schakale, Mangusten, Erdmännchen und Elenantilopen.

Etwa 300 Vogelarten wurden in Lesotho registriert, darunter Bartgeier, Lämmergeier und Waldrappen.

SWASILAND

Im winzigen Swasiland leben 120 Säugetierarten und damit ein Drittel der im südlichen Afrika beheimateten Landsäuger. Viele Tiere, z. B. Elefanten, Nashörner und Löwen, wurden eingeführt. Großwild begegnet man ausschließlich in Naturschutzgebieten oder auf privaten Wildfarmen. Mangusten und Großflecken-Ginsterkatzen kommen häufig vor; Hyänen und Schakale leben in den Schutzgebieten. Leoparden lassen sich nur sehr selten blicken.

Zu den ersten wilden Bewohnern Lesothos gehörten Dinosaurier, darunter der kleine, laufstarke Lesothosaurus, der nach dem Land benannt wurde.

Durch die verschiedenen Ökosysteme hat Swasiland auch eine vielfältige Vogelwelt, hier leben u. a. Paradieskraniche, Erdspechte (*Geocolaptes olivaceus*) und Ohrengeier.

Pflanzen

Über 20 000 Pflanzenarten – rund 10 % der weltweit vorkommenden Arten – sind in Südafrika heimisch. Sie konzentrieren sich auf nur 1 % der Erdoberfläche! Dutzende von Blumen, die in anderen Teilen der Welt

(Fortsetzung auf S. 89)

Tierführer

Beim Stichwort Afrika denkt jeder automatisch an die afrikanische Tierwelt. Das gilt auch für Südafrika, wo die faszinierendsten Tierarten der Erde leben. Selbst beim Besuch nur weniger Nationalparks sieht man mit ziemlicher Sicherheit Raubkatzen und große Tierherden.

Egal ob Wälder, Savannen, Halbwüsten oder Küstensümpfe – Südafrikas Landschaften sind abwechslungsreich und beherbergen eine erstaunliche Vielfalt an Arten. Die Begegnungen sind vielfältig: spektakulär sind die jahreszeitlichen Wanderungen riesiger Zebraherden, das Verhalten einer Gruppe lebhafter Grüner Meerkatzen ist interessant und vergnüglich und der Beutezug der Löwen eine eindrucksvolle Dokumentation von Leben und Tod. Dass sich die Tiere in den Parks hervorragend beobachten lassen, macht Südafrika als Reiseland so attraktiv. In vielen Schutzgebieten ist das Wild an die Anwesenheit von Menschen in Fahrzeugen gewöhnt, sodass Besucher den Tieren derart nahe kommen, wie es anderswo nur Wissenschaftlern vorbehalten ist.

Die wichtigsten Wildtiere Südafrikas leben innerhalb eingezäunter Areale, die Konflikte mit den menschlichen Nachbarn vermeiden sollen. Da die Areale aber unendlich groß sind, sehen Besucher diese Einzäunung nur bei der Einfahrt in die Nationalparks.

Wer auf Safari gehen will, sollte sich bewusst machen, dass der Safari-Tourismus eine der wichtigsten Einkommensquellen ist, mit der in Südafrika und im benachbarten Swasiland Naturschutzmaßnahmen finanziert werden. Das Geld, das Reisende in Nationalparks und Wildreservaten ausgeben, fließt direkt zurück in diese Schutzgebiete und sorgt dafür, dass auch künftige Besucher unvergessliche Erlebnisse haben können.

Bärenpavian, im Hintergrund Fynbos-Vegetation, Cape of Good Hope Nature Reserve, Western Cape.

FOTO KARL LEHMANN

Beide Halbaffenarten leben meist in Familienverbänden mit sechs oder sieben Mitgliedern.
FOTO MITCH REARDON

PRIMATEN

HALBAFFEN RIESENGALAGO (GREATER BUSHBABY)

Otolemur crassicaudatus (s. Abb.); Kleiner Galago Galago moholi

Galagos gehören zu den Halbaffen und verdanken ihrem Namen dem klagenden Ruf. Sie haben einen kleinen Kopf, große, runde Ohren, einen dicken, buschigen Schwanz und große Augen. Riesengalagos haben ein dunkelbraunes Fell, Kleine Halbaffen sind hellbraun mit gelblicher Färbung an den Füßen. Baumsäfte und Früchte sind ihre Hauptnahrung, ergänzt durch Insekten. Riesengalagos fressen auch Eidechsen, Jungvögel und Eier. **Größe:** Riesengalago: Länge 80 cm inkl. des 45 cm langen Schwanzes; Gewicht bis zu 1,5 kg; Kleine Galagos: Länge 40 cm; Gewicht 150–200 g. **Lebensraum:** Riesengalagos im äußersten Nordosten der Region, Kleine Nachtaffen nördlich von Limpopo. **Status:** Weit verbreitet, aber ausschließlich nachtaktiv.

Männliche Grüne Meerkatzen besitzen ein auffällig blaues Skrotum, ein wichtiges Statussymbol im Rudel.
FOTO ADRIAN BAILEY

GRÜNE MEERKATZE (VERVET MONKEY)

Cercopithecus aethiops

Grüne Meerkatzen, die häufigste Affenart der Baumsavanne, sind an ihrem grau gesprenkelten Fell und dem schwarzen, weiß gerahmten Gesicht leicht zu erkennen. Meerkatzen leben in Rudeln von bis zu 30 Tieren, sind tagaktiv und ernähren sich von Früchten, Samen, Blättern, Blüten, Insekten und gelegentlich einer Eidechse oder einem Jungvogel. Sie lernen sehr schnell, dass sie in der Nähe von Zeltplätzen und Lodges leicht an Nahrung kommen. Oft werden sie dadurch zur Plage.

Größe: Länge bis zu 130 cm inkl. des 65 cm langen Schwanzes; Gewicht 3,5–8 kg; Männchen sind größer als Weibchen. **Lebensraum:** östliche und nördliche Baumsavannen; in Wüsten nur entlang der Flussläufe. **Status:** Weit verbreitet und einfach zu beobachten.

Bärenpaviane leben in Rudeln von bis zu 150 Tieren; sie sind die größten Paviane.
FOTO LUKE HUNTER

BÄRENPAVIAN (CHACMA BABOON)

Papio ursinus

Die Schnauze des Bärenpavians lässt das Tier aggressiver aussehen als andere Primaten, die menschenähnlichere Gesichtszüge haben. Wenn man allerdings ihr Verhalten in der Gruppe beobachtet, fällt es schwer, sie nicht mit Menschen zu vergleichen. Die ausschließlich tagaktiven Tiere ernähren sich von Gras, Früchten, Insekten und kleinen Wirbeltieren. Als notorischer Opportunist kann der Bärenpavian zur Plage werden, wenn er die Zeltplätze besucht und um Nahrung bettelt.

Größe: Schulterhöhe 75 cm; Länge bis zu 160 cm inkl. des 70 cm langen Schwanzes; Gewicht bis 45 kg; Männchen sind größer und doppelt so schwer wie Weibchen. **Lebensraum:** Überall in Südafrika, ausgenommen Wüsten. **Status:** In vielen Regionen verbreitet, tagaktiv.

NAGETIERE

SPRINGHASE (SPRINGHAAS, SPRINGHARE)

Pedetes capensis

Obwohl der Springhase flink ist und mit einem Satz meterweit springen kann, wird er von allen Räubern – vom Schakal bis zum Löwen – gejagt.
FOTO ANTHONY BANNISTER/ABPL

Trotz seines Namens und der langen Ohren ist der Springhase kein Hase, sondern ein ungewöhnliches Nagetier ohne nahe Verwandte. Mit seinen kraftvollen, übergroßen Hinterbeinen und den kleinen Vorderpfoten ähnelt er am ehesten einem kleinen Känguru und bewegt sich auch ähnlich. Der Springhase gräbt lange Tunnel, die er nachts verlässt, um Gras und Graswurzeln zu fressen. Die Spiegelungen der Scheinwerfer in seinen großen, hellen Augen verraten das Tier bei nächtlichen Safaris.

Größe: Länge 80 cm inkl. des 40 cm langen Schwanzes; Gewicht 3–4 kg. **Lebensraum:** Vor allem im Zentrum und Norden des Landes; bevorzugt Grasland mit sandigen Böden. **Status:** Weit verbreitet, aber ausschließlich nachtaktiv.

SÜDAFRIKANISCHES STACHELSCHWEIN (CAPE PORCUPINE)

Hystrix africaeaustralis

Wird ein Südafrikanisches Stachelschwein angegriffen, wendet es dem Raubtier seinen Steiß zu. Die Stacheln lösen sich leicht und bleiben im Opfer stecken. Sie verursachen schwere Verletzungen und können sogar zum Tod führen.
FOTO DAVE HAMMAN

Das Südafrikanische Stachelschwein (auch Hauben-Stachelschwein) ist das größte südafrikanische Nagetier. Lange, schwarz-weiß-gestreifte Stacheln von der Schulter bis zum Schwanz machen es unverwechselbar. Es zieht sich in Höhlen zurück oder gräbt selbst welche. Seine Nahrung besteht aus Rinde, Knollen, Samen, verschiedenen Pflanzen und niedrig wachsenden Blättern. Ein Wurf besteht aus einem bis zu vier Jungen und wird im heißen Sommer geboren.

Größe: Länge 70–100 cm inkl. des 15 cm langen Schwanzes; Gewicht 10–25 kg. **Lebensraum:** Im ganzen südlichen Afrika. **Status:** Nachtaktiv, ab und zu auch an kühlen Tagen unterwegs; schwer zu sichten.

KAP-ERDHÖRNCHEN (CAPE GROUND SQUIRREL)

Xerus inauris

Kap-Erdhörnchen teilen ihren Bau häufig mit Erdmännchen.
FOTO MITCH REARDON

Das Kap-Erdhörnchen ist ein geselliges Nagetier, das in Kolonien von bis zu zwölf, manchmal bis zu 30 Tieren in einem Gangsystem lebt. Es ernährt sich von Gras, Wurzeln, Samen und Insekten und lässt sich in den Touristencamps auch gerne füttern. Das Kap-Erdhörnchen ist hervorragend an aride Lebensräume angepasst: Es benötigt keine Flüssigkeit, sondern zieht die Feuchtigkeit aus seiner Nahrung. Hoch aufgerichtet beobachtet das Kap-Erdhörnchen aufmerksam seine Umgebung. Droht Gefahr, hebt es seinen fächerförmigen Schwanz, der auch als Sonnenschirm dient.

Größe: Länge inkl. des 20 cm langen Schwanzes 45 cm; Gewicht bis zu 1 kg. **Lebensraum:** Nördliches und zentrales Südafrika. **Status:** Weit verbreitet, tagaktiv.

Schakale werden von Farmern gejagt, lassen sich davon aber nicht beeindrucken und sind oft auf Farmen zu sehen.
FOTO ANDREW MACCOLL

FLEISCHFRESSER

SCHAKALE (JACKALS) SCHABRACKENSCHAKAL

Canis mesomelas (s. Abb.) Streifenschakal Canis adustus

Schakale sind in erster Linie Aasfresser, jagen aber auch gelegentlich. Ihre Beute sind Insekten, Vögel, Nagetiere und manchmal eine kleine Antilope. Schakale sind in der Nähe menschlicher Siedlungen zu finden, wo sie Haustiere reißen. Schabrackenschakalpaare bleiben lange zusammen und beanspruchen ein Revier von 3 bis 21,5 km². Der seltenere Streifenschakal hat eine weiße Schwanzspitze.

Größe: Schulterhöhe 35–50 cm; Länge 95–120 cm inkl. des 35–50 cm langen Schwanzes; Gewicht 12 kg. **Lebensraum:** Schabrackenschakale in der gesamten Region; Streifenschakale nur im Nordosten. **Status:** Schabrackenschakale weit verbreitet, tag- und nachtaktiv; Streifenschakale seltener, nachts und am frühen Morgen aktiv

Die großen Ohren des Löffelhundes erfassen sogar die leisen Geräusche von Insekten unter der Erde; hat er sie einmal geortet, legt er sie mit heftigem Graben frei.
FOTO DAVE HAMMAN

LÖFFELHUND (BAT-EARED FOX)

Otocyon megalotis

Der Löffelhund frisst Insekten, vor allem Termiten, aber auch Wildfrüchte und kleine Wirbeltiere. Die monogam lebenden Tiere treten häufig in der Gruppe auf, die aus einem Elternpaar und seinen Nachkommen besteht. Zu ihren natürlichen Feinden zählen Greifvögel, Tüpfelhyänen und größere Katzen. Wird ein Familienmitglied angegriffen, versuchen die anderen, es zu retten.

Größe: Schulterhöhe 35 cm; Länge 75–90 cm inkl. des 30 cm langen Schwanzes; Gewicht 3–5 kg. **Lebensraum:** Der Westen Südafrikas und die offenen Ebenen der Provinz Limpopo. **Status:** Vor allem in den Nationalparks weit verbreitet; nachtaktiv, beste Sichtung am späten Nachmittag und am frühen Morgen.

Der Hyänenhund braucht einen riesigen Lebensraum und ist einer der am meisten bedrohten großen Fleischfresser Afrikas.
FOTO MITCH REARDON

HYÄNENHUND (WILD DOG)

Lycaon pictus

Der Hyänenhund (oder Afrikanischer Wildhund) ist leicht an seinem schwarz-gelb-weiß geflecktem Fell und den großen runden Ohren zu erkennen. Hyänenhunde sind sehr gesellige Tiere und leben in Rudeln von 12 bis 20, manchmal bis zu 40 Individuen. Die ausdauernden Jäger hetzen ihre Beute bis zur Erschöpfung und reißen sie dann gemeinsam. Berüchtigt sind sie dafür, ihre Opfer bei lebendigem Leibe zu fressen; wahrscheinlich tötet diese Methode aber ebenso schnell wie „sauberere" Techniken anderer Fleischfresser. Bevorzugte Beute sind mittelgroße Antilopen, doch wagt sich ein Rudel auch an Büffel.

Größe: Schulterhöhe 65–80 cm; Länge 100–150 cm inkl. des 35 cm langen Schwanzes; Gewicht 20–35 kg. **Lebensraum:** Nur in größeren Nationalparks im äußersten Nordosten. **Status:** Stark bedroht; der Bestand sinkt dramatisch unter die natürlich niedrige Populationsdichte.

HONIGDACHS (HONEY BADGER)

Mellivora capensis

Dass Honigdachse selbst Tiere in der Größe von Büffeln angreifen, gehört wohl ins Reich der Legenden. Sie sind aber sehr kampflustig und gemessen an ihrer Größe sehr stark.

FOTO LORNA STANTON/ABPL

Das afrikanische Pendant des Europäischen Dachses wird auch Ratel genannt und gilt als bösartig und aggressiv. Das hauptsächlich nachtaktive Tier ist ein Allesfresser und ernährt sich von kleinen Tieren, Aas, Beeren, Wurzeln, Eiern, Honig und vor allem von staatenbildenden Insekten wie Ameisen, Termiten und Bienen sowie deren Larven. Seine dicke und lose auf dem Körper sitzende Haut schützt ihn hervorragend gegen Raubtiere, Bienenstiche und Schlangenbisse. In einigen Nationalparks plündern Honigdachse die Mülltonnen.

Größe: Schulterhöhe 30 cm; Länge 95 cm inkl. des 30 cm langen Schwanzes; Gewicht bis zu 15 kg. **Lebensraum:** weit verbreitet, außer im Zentrum Südafrikas und in Lesotho. **Status:** Kommt in dünn besiedelten Regionen vor, ist vorrangig nachtaktiv.

GINSTERKATZEN (GENETS) KLEINFLECK-GINSTERKATZE

Genetta genetta; Großfleck-Ginsterkatze Genetta tigrina (s. Abb.)

Wie viele andere Säugetiere legen auch Ginsterkatzen ihren Kot an einsehbaren oder auffälligen Orten ab.

FOTO ARIADNE VAN ZANDBERGEN

Die mit den Mangusten verwandten Ginsterkatzen ähneln lang gewachsenen, schmalen Hauskatzen, haben aber ein spitzes, fuchsähnliches Gesicht. Die beiden in Südafrika vorkommenden Arten sind sich sehr ähnlich und können nur an der Schwanzspitze unterschieden werden: Sie ist bei der Kleinfleck-Ginsterkatze weiß und bei der Großfleck-Ginsterkatze schwarz. Geschickt jagen sie auf dem Boden und in den Baumkronen; bevorzugte Nahrung sind Nagetiere, Vögel, Reptilien, Jungvögel, Eier, Insekten und Früchte.

Größe: Schulterhöhe 18 cm; Länge 85–110 cm inkl. des 45 cm langen Schwanzes; Gewicht 1,5–3 kg. **Lebensraum:** Kleinfleck-Ginsterkatzen überall in Südafrika außer im zentralen Osten; Großfleck-Ginsterkatzen in den östlichen und südlichen Küstenregionen. **Status:** Weit verbreitet, nachtaktiv.

MANGUSTE (MONGOOSE)

Das ausgeprägte Sozialverhalten hilft Mangusten bei Gefahr. Gemeinsam wehrt die Gruppe selbst wesentlich größere Feinde ab.

FOTO DAVE HAMMAN

Die zumeist einzeln lebenden Mangusten bekommt man oft nur flüchtig zu Gesicht. Die Schlanke Manguste (*Galerella sanguinea*; s. Abb.) erkennt man an ihrem schwarz-gefleckten Schwanz, den sie beim Laufen hoch erhoben wie eine Fahne trägt. Einige Arten wie die Südliche Zwergmanguste (Dwarf mongoose; *Helogale parvula*), die Zebramanguste (Banded mongoose; *Mungo mungo*) und das Scharrtier/Surikate (*Suricata suricatta*) führen ein intensives Sozialleben. Die Hauptnahrungsquelle bilden Insekten und andere Wirbellose.

Größe: Variiert von 40–400 g (Zwergmanguste) bis 120 cm und 5,5 kg (Weißschwanzmanguste). **Lebensraum:** Fast überall mind. zwei oder drei Arten; die meisten im Nordosten. **Status:** im Verbreitungsgebiet zahlreich; gesellige Arten, tagaktiv, Einzelgänger nachtaktiv.

Männliche Erdwölfe helfen den Weibchen bei der Aufzucht der Jungen. Während die Mutter auf Nahrungssuche geht, bewachen sie den Bau.
FOTO MITCH REARDON

ERDWOLF (AARDWOLF)

Proteles cristatus

Das kleinste Mitglied der Hyänenfamilie lebt fast ausschließlich von Ernte-Termiten, die andere Termitenfresser verabscheuen, weil sie giftig sind. Bis zu 200 000 Termiten leckt ein Erdwolf pro Nacht vom Boden. Anders als Hyänen bilden Erdwölfe keine Clans, sondern jagen alleine; Paare leben in lockeren Gemeinschaften. Da viele fälschlich glauben, dass Erdwölfe Nutzvieh reißen, werden die Tiere verfolgt. Durch die chemische Bekämpfung der Heuschrecken kam es zu dramatischen Rückgängen der Population, da das versprühte Gift auch Termiten (und damit die Nahrungsgrundlage der Erdwölfe) getötet hat.

Größe: Schulterhöhe 40–50 cm; Länge 80–100 cm inkl. des 25 cm langen Schwanzes; Gewicht 8–12 kg. **Lebensraum:** In ganz Südafrika, außer Süd- und Westküste. **Status:** Selten; nachtaktiv, aber gelegentlich bei Sonnenauf- und -untergang zu beobachten.

Weibliche Tüpfelhyänen sind größer und auch dominanter als die Männchen. Sie besitzen sogar männliche Körpermerkmale, zu deren bemerkenswertesten eine erektile Klitoris zählt. Männchen und Weibchen lassen sich deshalb äußerlich kaum unterscheiden.
FOTO ARIADNE VAN ZANDBERGEN

TÜPFELHYÄNE (SPOTTED HYENA)

Crocuta crocuta

Obwohl die Tüpfelhyäne (oder Fleckenhyäne) allgemein als Aasfresser gilt, ist sie in Wirklichkeit ein hocheffektiv jagendes Raubtier mit einer faszinierenden Sozialordnung. Die aus Dutzenden von Mitgliedern bestehenden Clans werden von einem Weibchen geführt. Die Tüpfelhyäne besitzt einen massigen Körperbau und wirkt hundeartig, obwohl sie mit Katzen näher verwandt ist als mit Hunden. Mit Laufgeschwindigkeiten von bis zu 60 km/h können Rudel sogar erwachsene Gnus und Zebras reißen. Ihre natürlichen Feinde sind Löwen.

Größe: Schulterhöhe 85 cm; Länge 120–180 cm inkl. des 30 cm langen Schwanzes; Gewicht 55–80 kg. **Lebensraum:** Nur im Nordosten. **Status:** Weit verbreitet, wenn entsprechende Nahrung vorhanden ist; nachtaktiv, kann aber auch tagsüber beobachtet werden.

Seinen langen Hinterläufen verdankt der Wüstenluchs seine hohe Sprungkraft; er fängt sogar Vögel im Flug.
FOTO DAVE HAMMAN

WÜSTENLUCHS (CARACAL)

Felis caracal

Seinen Namen verdankt er seinen langen, mit Büscheln geschmückten Ohren. Der Wüstenluchs oder Karakal ist eine robuste und kräftige Katze, die hauptsächlich kleine Antilopen, Vögel und Nagetiere jagt. Wüstenluchse sind aber auch durchaus im Stande, um ein Vielfaches größere Tiere zu reißen. Wie die meisten Katzen ist der Wüstenluchs ein Einzelgänger. Weibchen werfen ein bis drei Junge und ziehen sie alleine groß. Sein Territorium markiert der Wüstenluchs mit Urin und Kot. Er bewohnt offenes Gelände und meidet den Wald.

Größe: Schulterhöhe 40–50 cm; Länge 95–120 cm; Gewicht 7–18 kg; Männchen etwas größer. **Lebensraum:** Überall außer in weiten Teilen von KwaZulu-Natal und an der West- und Südküste. **Status:** Weit verbreitet, aber schwer zu beobachten, da nachtaktiv.

LEOPARD (LEOPARD)

Panthera pardus

Leoparden sind außerordentlich beweglich; ihre Beute verbergen sie in den Bäumen, um sie nicht an Löwen oder Hyänen zu verlieren.
FOTO ADRIAN BAILEY

Der Leopard ist ein Meister in der Kunst des Überfalls: Mit unendlicher Geduld schleicht er sich bis auf wenige Meter an seine Beute heran und greift dann mit einem explosionsartigen Sprung an. Er frisst alles von Insekten bis hin zum Zebra. Gazellen sind aber seine bevorzugte Beute. Leoparden sind Einzelgänger; Männchen und Weibchen schließen sich nur in der Brunstzeit zusammen, die bei den Weibchen etwa eine Woche dauert. Nach drei Monaten kommen bis zu drei Junge auf die Welt, die sie alleine aufzieht.

Größe: Schulterhöhe 50–75 cm; Länge 160–210 cm inkl. des 70–110 cm langen Schwanzes; Gewicht bis zu 90 kg. **Lebensraum:** Kommt nur im Nordosten und in Gebirgsregionen im Süden und Osten vor. **Status:** Weit verbreitet, aber am schwersten von allen großen Raubkatzen zu sichten, da ausschließlich nachtaktiv.

LÖWE (LION)

Panthera leo

Einen Großteil der Nacht verbringen Löwen mit der Jagd, mit der Sicherung des Territoriums und mit Spielen.
FOTO LUKE HUNTER

Löwen leben in Rudeln von bis zu 30 Tieren, deren Kern vier bis zwölf miteinander verwandte Weibchen bilden. Sie bleiben ihr Leben lang in diesem Rudel zusammen. Die männlichen Mitglieder schützen in Gruppen die Weibchen vor fremden Männchen. Löwen beanspruchen Areale von 50 bis 400 km^2. Junge Männchen werden im Alter von zwei bis drei Jahren aus dem Rudel ausgestoßen und führen ein Nomadenleben, bis sie im Alter von fünf Jahren in der Lage sind, ein eigenes Rudel zu erobern. Löwen jagen alles – Gnus, Zebras und Büffel sind ihre Lieblingsnahrung.

Größe: Schulterhöhe 120 cm; Länge 250–300 cm inkl. des 100 cm langen Schwanzes; Gewicht bis zu 260 kg (Männchen), 180 kg (Weibchen). **Lebensraum:** Nur in größeren Reservaten im Nordosten. **Status:** Im Verbreitungsgebiet zahlreich; hauptsächlich nachtaktiv, aber auch tagsüber leicht zu beobachten.

GEPARD (CHEETAH)

Acinonyx jubatus

Geparde schleichen sich meist bis auf 60 m Entfernung an ihre Beute heran, bevor sie mit rasanter Geschwindigkeit angreifen; schon nach wenigen hundert Metern sind sie erschöpft.
FOTO ANDREW VAN SMEERDIJK

Das schnellste Säugetier der Welt kann Spitzengeschwindigkeiten von 105 km/h erreichen. Geparden jagen bis zu 60 kg schwere Antilopen, Hasen, junge Gnus und Zebras. Ein Wurf kann bis zu neun Junge haben. Viele werden aber in der offenen Savanne von anderen Raubtiere (vor allem Löwen) gefressen. Im Alter von etwa 18 Monaten verlassen die Jung-Geparde ihre Mutter. Während Männchen Gruppen bilden, leben die Weibchen als Einzelgänger.

Größe: Schulterhöhe 85 cm; Länge 180–220 cm inkl. des 70 cm langen Schwanzes; Gewicht bis zu 65 kg. **Lebensraum:** Kgalagadi Transfrontier Park, Teile der Provinz Limpopo und Reservate im Nordosten Südafrikas. **Status:** Selten, einzelne Tiere durchstreifen riesige Areale, tagaktiv.

HUFTIERE

Das Erdferkel gräbt tiefe, weit verzweigte Tunnelsysteme als Unterschlupf. Sie werden auch von vielen anderen Tieren wie Warzenschweinen und Mangusten genutzt.
FOTO ANTHONY BANNISTER/ABPL

ERDFERKEL (AARDVARK)

Orycteropus afer

Das Erdferkel (so die Übersetzung aus dem Afrikaans) ähnelt mit seiner langen, rüsselförmigen Schnauze, dem kräftigen, känguruähnlichen Schwanz und den großen Hasenohren nur entfernt einem Schwein. Er hat keine nahen Verwandten. Die durch eine dicke, faltige rosa-graue Haut geschützten Tiere gehen nachts auf die Suche nach Termiten- und Ameisennestern, die sie mit ihren erstaunlich kräftigen Vorderbeinen und den langen, spatenförmigen Krallen aufreißen. Das nachtaktive Tier verbringt manchmal kalte Wintermorgen in der Sonne, bevor es sich unter die Erde zurückzieht.

Größe: Schulterhöhe 60 cm; Länge 140–180 cm inkl. des 55 cm langen Schwanzes; Gewicht 40 bis 80 kg. **Lebensraum:** Im der gesamten Region. **Status:** Selten; nachtaktiv und schwer zu sichten.

Die tägliche Nahrungsration eines erwachsenen afrikanischen Elefanten sind etwa 250 kg Gras, Blätter, Rinde und andere Pflanzen.
FOTO ALEX DISSANAYAKE

AFRIKANISCHER ELEFANT (AFRICAN ELEPHANT)

Loxodonta africana

Afrikanische Elefanten leben meist in kleinen Familienverbänden von 10 bis 20 Tieren. Diese schließen sich häufig an gemeinsam genutzten Wasserstellen oder Nahrungsquellen zu größeren Herden zusammen. Sie bilden matriarchale Gemeinschaften; die Herden werden von alten Weibchen geführt. Bullen leben alleine oder in Jungesellengruppen und schließen sich in der Brunftzeit den Herden an. In dieser Zeit kann sich eine Kuh mit verschiedenen Bullen paaren.

Größe: Schulterhöhe bis zu 4 m (Bullen), 3,5 m (Kühe); Gewicht 5–6,5 t (Bullen), 3–3,5 t (Kühe). **Lebensraum:** Beschränkt auf einige wenige Reservate im Nordosten, Osten und Süden Südafrikas. **Status:** In einigen Nationalparks sehr zahlreich.

Obwohl er aussieht wie ein großes Meerschweinchen, ist der Klippschliefer ein Verwandter des Elefanten.
FOTO LUKE HUNTER

KLIPPSCHLIEFER (ROCK DA-SIE)

Procavia capensis

Der auch als Hyrax bekannte Klippschliefer lebt überall, wo es Berge oder Felsen gibt. Die geselligen Tiere bilden Kolonien von bis zu 60 Individuen. Sie ernähren sich von Pflanzen und verbringen einen Großteil des Tages damit, sich auf den Felsen in der Sonne zu aalen und andere Klippschliefer im Spiel zu jagen. Bei Gefahr stoßen die Tiere schrille Schreie aus und verstecken sich in Felshöhlen. An Menschen gewöhnt, können sie zahm werden. Felsen, die vom Urin weiß gefärbt sind, bieten einen Hinweis auf eine Kolonie von Klippschliefern.

Größe: Länge 40–60 cm; Gewicht bis zu 5,5 kg. **Lebensraum:** Überall außer an der zentralen Ostküste; nicht in dichten Wäldern. **Status:** Weit verbreitet und leicht zu beobachten, vor allem, wenn sie an Menschen gewöhnt sind.

STEPPENZEBRA (BURCHELL'S ZEBRA)

Equus burchellii (s. Abb.); Bergzebra Equus zebra

Zebras leben in kleinen Gruppen miteinander verwandter Stuten zusammen. Die Hengste kämpfen heftig um die Weibchen.
FOTO MANFRED GOTTSCHALK

Steppenzebras sind an den schattenähnlichen Linien zwischen ihren schwarzen Streifen zu erkennen. Bergzebras haben keine Schatten, dafür aber ein gitterförmiges Muster schwarzer Streifen direkt über dem Schwanz. Beide Arten fressen Gras und weichen gelegentlich auf Blätter und Buschwerk aus. Hengste haben einen Harem, der bis zu 15 Jahre bei ihnen bleibt. Allerdings verlieren sie immer mal wieder einzelne Stuten an jüngere Konkurrenten, die ihren eigenen Harem aufbauen. Beide Zebraarten sind Beute der größeren Fleischfresser, vor allem der Löwen.

Größe: Schulterhöhe 140–160 cm; Gewicht bis zu 390 kg; Bergzebras sind kleiner als Steppenzebras; Hengste sind größer als Stuten. **Lebensraum:** Steppenzebras im Nordosten, Bergzebras in einigen wenigen südafrikanischen Reservaten. **Status**: Steppenzebra weit verbreitet; Bergzebras seltener.

NASHÖRNER (RHINOCEROSES) BREITMAULNASHORN (WHITE RHINOCEROS)

Ceratotherium simum (s. Abb.); Spitzmaulnashorn (Black Rhinoceros) Diceros bicornis

Wegen ihres Horns wurden Nashörner aggressiv von Wilderern gejagt und gehören heute zu den bedrohtesten Arten Afrikas.
FOTO CAROL POLICH

Als Grasfresser bevorzugt das Breitmaulnashorn weite, ebene Landschaften, während das Früchte und Blätter fressende Spitzmaulnashorn im buschigem Gelände unterwegs ist. Spitzmaulnashörner sind für ihre Angriffslust berüchtigt – sie sind kurzsichtig und attackieren alles. Das Breitmaulnashorn ist sanfter und geselliger.

Größe: Breitmaulnashorn Schulterhöhe 180 cm; Gewicht 2100–1500 kg; Spitzmaulnashorn Schulterhöhe 160 cm; Gewicht 800–1200 kg. **Lebensraum:** Nur in Schutzgebieten. Natürliches Vorkommen in einigen Reservaten von KwaZulu-Natal. **Status:** Breitmaulnashorn bedroht, aber gut geschützt; Spitzmaulnashorn stark bedroht.

WARZENSCHWEIN (WARTHOG)

Phacochoerus aethiopicus

Die auffälligen Gesichtswarzen des Warzenschweins helfen bei der Geschlechtsbestimmung: Weibchen haben nur ein Paar Warzen unter den Augen, während Männchen ein weiteres Paar etwas tiefer auf der Schnauze tragen.
FOTO ADRIAN BAILEY

Warzenschweine bilden unterschiedliche Gemeinschaften; eine Gruppe besteht meistens aus zwei oder drei Sauen mit ihren Frischlingen. Eber schließen sich zu Junggesellengruppen zusammen oder leben als Einzelgänger. Nur wenn eine Sau in der Brunst ist, nähern sie sich dem Rudel. Warzenschweine fressen Gras, aber auch Früchte und Rinde. In nahrungsarmen Perioden wühlen sie mit ihrer Schnauze nach Wurzeln und Knollen. Erdhöhlen oder die frei gelegten Hohlräume verlassener Termitenhügel dienen als Unterschlupf; hier werden auch die Jungen geboren.

Größe: Schulterhöhe 70 cm; Gewicht bis zu 105 kg, im Schnitt 50–60 kg; Eber größer als Sauen. **Lebensraum:** Nur im Nordosten. **Status:** Weit verbreitet und leicht zu sichten.

Flusspferde sind an Land extrem gefährlich und töten jedes Jahr zahlreiche Menschen, wenn diese unabsichtlich zwischen die Tiere und das Wasser geraten.
FOTO DAVID WALL

FLUSSPFERD (HIPPOPOTAMUS)

Hippopotamus amphibius

Flusspferde suchen die Nähe von frischem Wasser. Sie verbringen einen Großteil des Tages untergetaucht und gehen nur nachts zum Grasen an Land. Ein einzelnes Tier verzehrt jeden Abend bis zu 40 kg Pflanzennahrung. Flusspferde leben in großen Herden und tolerieren unter Wasser die Nähe anderer, sind an Land aber lieber für sich allein. Erwachsene Bullen verteidigen ihr Territorium angriffslustig; die meisten tragen Narben von diesen Kämpfen (durch die Narben lassen sie sich gut von den Weibchen unterscheiden). Kühe mit Kälbern benehmen sich anderen Tieren gegenüber sehr aggressiv.

Größe: Schulterhöhe 150 cm; Gewicht 1–2 t; Bullen größer als Kühe. **Lebensraum:** Nur im Nordosten. **Status:** Weit verbreitet in größeren Wasserläufen.

Trotz ihres unglaublich langen Halses besitzt die Giraffe ebenso wie andere Säugetiere und Menschen nur sieben Halswirbel.
FOTO JOHN HAY

GIRAFFE (GIRAFFE)

Giraffa camelopardalis

Der Name Giraffe kommt vom arabischen *zarafah* und bedeutet „jemand, der schnell läuft". Beide Geschlechter tragen „Hörner", die aber eigentlich kurze, von Haut bedeckte Knochen sind. Giraffen weiden Bäume ab und ernähren sich dabei von Blättern in einer Höhe, die außer ihnen nur noch Elefanten erreichen. Jungtiere fallen häufig Raubtieren zum Opfer, Löwen reißen sogar erwachsene Giraffen. An Wasserlöchern sind die Tiere nahezu schutzlos; beim Trinken wirken sie deshalb stets etwas zögerlich.

Größe: Höhe 4–5,2 m (Bulle), 3,5–4,5 m (Stute); Gewicht 900–1400 kg (Bulle), 700–1000 kg (Kuh). **Lebensraum:** Nur im Nordosten. **Status:** Im Verbreitungsgebiet zahlreich und leicht zu sichten.

In der Trockenzeit sind Nyalas nur morgens und abends aktiv; in der Regenzeit äsen sie häufiger nachts.
FOTO LUKE HUNTER

NYALA

Tragelaphus angasii

Das Nyala ist eine der seltensten und schönsten Antilopen Afrikas. Die Bullen sind grau, haben ein Mähne und lange Haare unter Hals und Hinterläufen. Vertikale Streifen schmücken den Rücken und lange, leierförmige Hörner mit weißen Spitzen krönen den Kopf. Kühe sind schlammfarben mit vertikalen, weißen Streifen und haben keine Hörner. Nyalas ernähren sich von Früchten und Blättern. Weibchen und Junge leben in kleinen Gruppen. Kälbchen können Opfer von Greifvögeln und Pavianen werden.

Größe: Schulterhöhe 115 cm (Bulle), 100 cm (Kuh); Gewicht 100–140 kg (Bulle), 60–90 kg (Kuh); Hörner bis zu 85 cm lang. **Lebensraum:** Nur im Nordosten. **Status:** Im Verbreitungsgebiet zahlreich, aber gut getarnt.

BUSCHBOCK (BUSHBUCK)

Tragelaphus scriptus

Wenn ein Buschbock aufgescheucht wird, rast er los und bricht mit großem Lärm durch das Unterholz.
FOTO MITCH REARDON

Der Buschbock (Schirrantilope) ist ein vorsichtiger Einzelgänger und bevorzugt dichte Buschlandschaften in der Nähe permanenter Wasserstellen. Nachts äst er Blätter. Sein haselnuss- bis dunkelbraunes Fell trägt eine Zeichnung vertikaler, weißer Streifen zwischen Hals und Rumpf, weiße Tupfen an den Oberschenkeln und einen weißen Fleck am Hals. Normalerweise wachsen nur bei den Bullen gerade, etwa 30 cm lange Hörner, die leicht spiralförmig gedreht sind. In die Enge gedrängt kann der Buschbock aggressiv und gefährlich reagieren.

Größe: Schulterhöhe 80 cm; Gewicht bis zu 80 kg; Hörner bis zu 55 cm lang; Männchen größer als Weibchen. **Lebensraum:** Nordosten sowie die östlichen und südlichen Küstenregionen. **Status:** Weit verbreitet, aber in der dichten Vegetation schwer zu sichten.

GROSSER KUDU (GREATER KUDU)

Tragelaphus strepsiceros

Der Große Kudu ist ein guter Springer und kann Barrieren von mehr als 2 m Höhe überwinden.
FOTO LUKE HUNTER

Der Große Kudu ist Afrikas zweitgrößte Antilope. Bullen tragen mächtige, spiralförmig gedrehte Hörner, die bei Trophäenjägern sehr begehrt sind. Zwischen sechs und zehn weiße Streifen an den Flanken und ein weißer Fleck zwischen den Augen schmücken das hellgraue Fell. Kudu-Weibchen bilden zusammen mit ihren Jungen kleine Herden, denen sich die sonst alleine lebenden Bullen in der Brunftzeit anschließen. Die Tiere fressen Früchte, vor allem aber Blätter, und finden ihre Nahrung in Baumsavannen mit dichtem Buschbestand.

Größe: Schulterhöhe bis zu 150 cm; Gewicht 200–300 kg (Bullen), 120–220 kg (Kühe); Hörner bis zu 180 cm lang. **Lebensraum:** Im Norden der Region sowie im zentralen und südlichen Südafrika. **Status:** Weit verbreitet.

ELENANTILOPE (ELAND)

Taurotragus oryx

Elenantilopen trinken täglich, können aber auch mehr als einen Monat ohne Wasser überstehen.
FOTO DAVID WALL

Afrikas größte Antilope ist ein mächtiges Tier. Beide Geschlechter tragen Hörner, die durchschnittlich 65 cm lang sind. Sie sind an der Basis gedreht und stehen dann gerade nach hinten. Bullen haben ein auffälliges Haarbüschel am Kopf und kräftigere Hörner als die Weibchen. Elenantilopen bevorzugen die Buschsavanne, wo sie am frühen Morgen und am späten Nachmittag und Abend Gras und Blätter äsen. Sie leben in Herden von sechs bis zwölf Tieren, zu denen meist mehrere Weibchen und ein Männchen gehören. Wo junges Gras wächst, können sich bis zu 1000 Tiere sammeln.

Größe: Schulterhöhe 124–180 cm; Gewicht 300–950 kg; Hörner bis zu 100 cm lang. **Lebensraum:** Kleine Gebiete des zentralen Nordens und Nordosten Südafrikas und die Drakensberge. **Status:** Von Natur aus geringer Bestand, im Verbreitungsgebiet relativ zahlreich und leicht zu beobachten.

Kronenducker überstehen lange Perioden ohne Wasser, doch sie trinken, wann immer sie Gelegenheit dazu haben.
FOTO MITCH REARDON

KRONENDUCKER (COMMON ODER GREY DUIKER)

Sylvicapra grimmia

Kronenducker gehören zu den am häufigsten vorkommenden kleinen Antilopen. Sie leben vereinzelt, werden aber gelegentlich auch als Paare gesichtet. Das Fell ist gräulich-hellbraun, am Bauch weiß und im Gesicht mit einem braunen Streifen geschmückt. Die geraden, spitzen und selten über 15 cm langen Hörner tragen nur die Männchen. Da Kronenducker gerne auf den Getreidefeldern äsen, werden sie außerhalb der Naturschutzgebiete häufig verfolgt. Der Bestand ist durch die Jagd aber nicht gefährdet.

Größe: Schulterhöhe 50 cm; Gewicht 10–20 kg; Hörner bis zu 18 cm lang; Weibchen etwas größer als Männchen. **Lebensraum:** Überall in der Region. **Status:** Weit verbreitet, tagaktiv außer in Regionen, in denen sie häufig gestört werden.

Das ölige Fell des Wasserbocks hat einen starken Moschusgeruch. Vor allem geschlechtsreife Bullen stinken so intensiv, das selbst Menschen es riechen können.
FOTO DAVID WALL

WASSERBOCK (WATERBUCK)

Kobus ellipsiprymnus

Ein weißer Ring um den Steiß und weiße Flecken im Gesicht und am Hals sind das Kennzeichen der Antilopen. Die kräftigen Tiere besitzen ein dickes, zotteliges, dunkelbraunes Fell. Die leicht nach außen gebogenen und dann gerade nach oben wachsenden Hörner (bis zu 75 cm lang) tragen nur die Männchen. Kühe, Kälber und ein erwachsener Bulle bilden kleine Herden, während die Junggesellen in separaten Gruppen leben. Die Grasfresser halten sich stets in der Nähe von Wasserläufen auf und sind gute Schwimmer. Vor Raubtieren fliehen sie ins Wasser.

Größe: Schulterhöhe 130 cm; Gewicht 200–300 kg (Bulle), 150–200 kg (Kuh); Hörner bis zu 100 cm lang. **Lebensraum:** Feuchtgebiete im nordöstlichen Südafrika. **Status:** Weit verbreitet und leicht zu beobachten.

Der Riedbock wiederholt seinen pfeifenden Ruf mehrmals beim Markieren seines Territoriums; das Pfeifen gilt auch als Alarmzeichen.
FOTO ANDREW VAN SMEERDIJK

RIEDBÖCKE (REEDBUCKS) GROSSER RIEDBOCK (COMMON REEDBUCK)

Redunca arundinum (s. Abb.); Bergriedbock (Mountain reedbuck) Redunca fulvorufula

Der Große Riedbock bewohnt Feuchtgebiete und flussnahe Regionen, während der Bergriedbock Gebirgslandschaften bevorzugt. Er ist etwas kleiner, besitzt aber sonst die gleichen Merkmale: Bauch, Innenseiten der Oberschenkel, Hals und die Schwanzunterseite sind weiß; die Bullen tragen auffällig nach vorne gebogene Hörner. Unterschiede gibt es im Sozialleben: Große Riedböcke leben paarweise; weibliche Bergriedböcke schließen sich zu kleinen Herden zusammen.

Größe: Großer Riedbock Schulterhöhe 90 cm; Gewicht 50–90 kg; Bergriedbock Schulterhöhe 70 cm; Gewicht 20– 40 kg; bei beiden Arten sind die Bullen größer. **Lebensraum:** Großer Riedbock im Norden und Osten; Bergriedbock im Osten. **Status:** Weit verbreitet und leicht zu sichten.

PFERDEANTILOPE (ROAN ANTELOPE)

Hippotragus equinus

Beide Geschlechter der Pferdeantilopen tragen lange, nach hinten gebogene Hörner.
FOTO JASON EDWARDS

Die Pferdeantilope zählt zu den seltensten Antilopenarten Südafrikas und zu den größten Afrikas. Als Grasfresser bevorzugt sie hohes Gras und schattige Regionen mit Wasser. Ihre Fellfarbe variiert vom rötlichen Schwanz über den dunkleren, rotbraunen Rücken mit weißem Bauch bis hin zu einer auffälligen Mähne dicker, schwarzer Haare zwischen Nacken und Schultern. Das Gesicht ist markant schwarz-weiß, auf den langen Ohren sitzen braune Haarbüschel. Die Herden bestehen aus bis zu 20 Weibchen und Jungen und werden von einem erwachsenen Bullen geführt. Andere Männchen schließen sich zu Junggesellengruppen zusammen.

Größe: Schulterhöhe 140 cm; Gewicht 200–300 kg; Hörner bis zu 100 cm lang. **Lebensraum:** Kruger NP. **Status:** Die Bestände sind rückläufig. Im Verbreitungsgebiet dennoch gut zu beobachten.

RAPPENANTILOPE (SABLE ANTELOPE)

Hippotragus niger

Sowohl Pferde- als auch Rappenantilopen sind mutige Kämpfer und greifen sogar Löwen an.
FOTO DENNIS JONES

Rappenantilopen sind etwas kleiner, aber kräftiger gebaut als Pferdeantilopen. Das Fell ist dunkelbraun bis schwarz mit weißem Bauch und Gesichtsmarkierung. Beide Geschlechter tragen nach hinten gewölbte Hörner, die über 1 m lang werden können; die Hörner der Bullen sind länger und gebogener. Ihr Lebensraum ist vergleichbar mit dem der Pferdeantilopen, aber etwas waldreicher. Weibchen und Jungen leben in Herden von 10 bis 30 Tieren. Erwachsene Bullen markieren Territorien, die sich mit denen der weiblichen Herden überschneiden. Die übrigen bilden Junggesellengruppen.

Größe: Schulterhöhe 135 cm; Gewicht 180–270 kg; Hörner bis zu 130 cm lang. **Lebensraum:** Nur im äußersten Nordosten Südafrikas. **Status:** Weit verbreitet und gut zu sichten.

ORYXANTILOPE/SPIESSBOCK (GEMSBOK)

Oryx gazella

Um Wasser zu sparen, kann die Oryxantilope ihre Körpertemperatur stark erhöhen; die meisten anderen Säugetiere würden daran sterben.
FOTO ANDREW MACCOLL

Die Oryxantilope überlebt in ariden Regionen, die für die meisten anderen Antilopen unbewohnbar sind. Sie kann lange ohne Wasser auskommen, indem sie ihrer Nahrung Feuchtigkeit entzieht, und erträgt extreme Hitze. Das kraftvolle Tier mit seinen langen, geraden Hörnern (Bullen und Kühe) ist bestens zur Selbstverteidigung gerüstet und kann sogar angreifende Löwen töten. Herden bestehen meist aus 5 bis 40 Tieren, doch auch Gruppen von mehreren hundert Oryx sind nicht ungewöhnlich. Wichtigste Nahrung ist Gras, aber auch Dornbüsche werden gefressen.

Größe: Schulterhöhe 120 cm; Gewicht 180–240 kg; Hörner bis zu 120 cm lang; Bullen kräftiger als Kühe und mit dickeren Hörnern. **Lebensraum:** Zentraler Norden Südafrikas. **Status:** Im Verbreitungsgebiet zahlreich, flieht oft vor Menschen.

Bunt- und Blässböcke stehen oft in Gruppen herum und schauen mit gebogenem Hals in die Sonne.
FOTO LUKE HUNTER

BUNTBOCK (BONTEBOK) & BLÄSSBOCK (BLESBOK)

Damaliscus dorcas dorcas & Damaliscus dorcas phillipsi

Die beiden miteinander verwandten Unterarten sind nahe Verwandte der Leierantilope. Am besten kann man sie an der Farbe unterscheiden: Im Vergleich zum kräftig dunkel-rotbraun gefärbten Buntbock erscheint der Blässbock blass. Beide Arten fressen kurzes Gras, Bullen und Kühe tragen Hörner. Wie bei vielen Antilopenarten zeigen die Bullen Territorialverhalten, während die Kühe kleine Herden bilden. Der Buntbock war nahezu ausgerottet; auch heute noch gibt es nur einige wenige Tausend Exemplare.

Größe: Schulterhöhe 90 cm; Gewicht 55–80 kg; Hörner bis zu 50 cm lang. Weibchen kleiner als Männchen. **Lebensraum:** Endemisch in Südafrika; Buntbock nur im Südwesten, Bläsbock häufig im Zentrum des Landes. **Status:** Buntbock selten; Blässbock weit verbreitet.

Leierantilopen ernähren sich von Gras. Sie vertragen Trockengras, ziehen aber Überflutungs- und Feuchtgebiete mit saftigem Gras vor.
PHOTO ARIADNE VAN ZANDBERGEN

LEIERANTILOPE (TSESSEBE)

Damaliscus lunatus

Die Leierantilope hat ein dunkles, rötlich-braunes Fell mit glänzenden violett-braunen Flecken an den hinteren Oberschenkeln, an den Vorderläufen und im Gesicht. Die von beiden Geschlechtern getragenen Hörner sind leierförmig gebogen. Die geselligen Tiere leben in Herden und mischen sich häufig unter andere Grasfresser. In der Brunftzeit markieren die Bullen ihr Territorium und verteidigen es gegen Rivalen, während die Kühe von einem zum nächsten ziehen. Solange ausreichend Gras zur Verfügung steht, können Leierantilopen lange Perioden ohne Wasser überstehen.

Größe: Schulterhöhe 120 cm; Gewicht 120–150 kg (Bulle), 75–150 kg (Kuh); Hörner bis zu 45 cm lang. **Lebensraum:** Nordosten Südafrikas. **Status:** Im Verbreitungsgebiet zahlreich.

Gnus sind Grasfresser. Ständig sind sie auf der Suche nach guten Weiden und Wasser.
FOTO LUKE HUNTER

STREIFENGNU (BLUE WILDEBEEST)

Connochaetes taurinus

Streifengnus sind gesellig und bilden in einigen Teilen Afrikas Herden von mehreren zehntausend Tieren. Oft grasen sie zusammen mit Zebras und anderen Pflanzenfressern. In Südafrika sind die Bestände dezimiert und große Herden selten. Bullen versuchen, Gruppen von Kühen auf ihr Gebiet zu treiben. Da Streifengnus eigentlich täglich trinken müssen und höchstens fünf Tage ohne Wasser überleben, unternehmen sie lange Wanderungen auf der Suche nach Wasser. Während der Regenzeit grasen sie überall, in der Trockenzeit versammeln sie sich in der Umgebung der Wasserlöcher.

Größe: Schulterhöhe 140 cm; Gewicht 200–300 kg (Bullen), 140–230 kg (Kühe); Hörner bis zu 85 cm lang. **Lebensraum:** An der zentralen Ostküste, im Nordosten und im zentralen Norden. **Status:** Weit verbreitet, aber hauptsächlich in Schutzgebieten.

KLIPPSPRINGER (KLIPSPRINGER)

Oreotragus oreotragus

Männliche und weibliche Klippspringer gehen lang anhaltende Beziehungen ein und beanspruchen gemeinsam ein Territorium als Lebensraum.
FOTO LUKE HUNTER

Den kleinen, robusten Klippspringer erkennt man ganz einfach daran, dass er wie auf Zehenspitzen läuft. Dank seiner Hufe kann er hervorragend auf felsigem Untergrund klettern und trotzdem sein Gleichgewicht halten. Die weit auseinander stehenden, kurzen Hörner tragen nur die Männchen. Klippspringer bewohnen meistens Felsregionen, ziehen aber gelegentlich auch in angrenzende Grassavannen. Bei Gefahr flüchten sie jedoch zurück in die Felsen. Die erstaunlich beweglichen und trittsicheren Antilopen können sehr steile, zerklüftete Felsen hochklettern.

Größe: Schulterhöhe 55 cm; Gewicht 9–15 kg; Hörner bis zu 15 cm lang; Weibchen größer als Männchen. **Lebensraum:** Fels- und Bergregionen im gesamten Südafrika; aber keine dichten Wälder. **Status:** Weit verbreitet.

STEINBÖCKCHEN (STEENBOK)

Raphicerus campestris

Wenn sich ein Raubtier nähert, legt sich das Steinböckchen flach und mit gestrecktem Hals auf den Boden. Erst im letzten Moment rast es Haken schlagend davon.
FOTO ARIADNE VAN ZANDBERGEN

Steinböckchen sind sehr hübsche, kleine Antilopen: Rücken und Hinterläufe changieren zwischen hellem, rötlichem und dunklem Braun, der Bauch ist blass. Auf der Nase hat das Steinböckchen eine schwarze, keilförmige „Blässe", an der man es gut erkennen kann. Bullen tragen kleine, gerade und weit auseinander stehende Hörner. Obwohl Steinböckchen meist alleine gesichtet werden, wird vermutet, dass sie ihr Territorium mit einem Partner teilen, aber nur gelegentlich mit ihm zusammenkommen. Steinböckchen sind am Morgen und Abend aktiv.

Größe: Schulterhöhe 50 cm; Gewicht 10–16 kg; Hörner bis zu 19 cm lang. **Lebensraum:** Nicht im zentralen Osten und der Ostküste des Landes, sonst in der gesamten Region und in allen Naturräumen außer den Wüsten. **Status:** Zahlreich im Verbreitungsgebiet.

MOSCHUSBÖCKCHEN (SUNI)

Neotragus moschatus

Moschusböckchen erstarren, wenn sie überrascht werden, manchmal sogar für einen längeren Zeitraum. Dann springen sie mit einem bellenden Alarmruf davon.
FOTO RICHARD I'ANSON

Diese winzige Antilope konkurriert mit dem Blauböckchen um den Titel der kleinsten Antilope in der Region. Am leichtesten ist sie an Wasserlöchern zu beobachten. Sie verrät sich meist durch den seitlich wedelnden Schwanz, während Kronenducker ihn auf und ab bewegen. Moschusböckchen sind mit hoher Wahrscheinlichkeit monogam; die Paare leben auf kleinen Territorien, die sie mit einem Sekret aus einer großen, vor den Augen befindlichen Drüse, markieren. Sie fressen Blätter und heruntersgefallene Früchte.

Größe: Schulterhöhe 35 cm; Gewicht 4–6 kg; Hörner bis zu 14 cm lang. **Lebensraum:** Bewaldete Gebiete im äußersten Nordosten; auch im Kruger NP und im False Bay Park. **Status:** Wegen geringer Größe und Scheu im Unterholz schwer zu sichten; aktiv am frühen Morgen und Spätnachmittag.

Impalas sind bekannt für ihre Schnelligkeit und Sprungkraft: Ein Sprung bringt sie bis zu 10 m weit und bis zu 3 m hoch.
FOTO ADRIAN BAILEY

IMPALA (IMPALA)

Aepyceros melampus

Touristen missachten die eleganten Impalas häufig, weil sie so zahlreich zu sehen sind. Impalas haben keine nahen Verwandten. Männchen tragen leierförmige und durchschnittlich 75 cm lange Hörner. Als gesellige Tiere leben Impalas in Herden von bis zu 100 Individuen. Bullen verteidigen die weiblichen Herden während der Brunst, verbringen die restliche Zeit aber in Junggesellengruppen. Impalas sind eine beliebte Beute für Löwen, Leoparden, Geparden, Wildhunde und Tüpfelhyänen.

Größe: Schulterhöhe 90 cm; Gewicht 40–70 kg; Hörner bis zu 80 cm lang; Bullen größer als Kühe. **Lebensraum:** Im Nordosten weit verbreitet. **Status:** Sehr zahlreich und leicht zu sichten, da sie regelrecht fast zutraulich sind.

Springböcke sind in ariden Regionen weit verbreitet; sie leben in Herden von rund hundert Tieren und mit sehr unterschiedlicher Sozialstruktur.
FOTO ARIADNE VAN ZANDBERGEN

SPRINGBOCK (SPRINGBOK)

Antidorcas marsupialis

Springböcke zählen mit Geschwindigkeiten von bis zu 88 km/h zu den schnellsten Antilopenarten. Den Namen verdanken sie den Flucht-Sprüngen, die sie mit durchgestreckten Läufen und gekrümmtem Rücken vollführen, wenn sie ein Raubtier wittern. Bei diesem „Prunken" stellen sich die weißen Haare am Steiß und die weiße Mähne entlang des Rückgrats auf, die sonst in einer Hautfalte versteckt ist. Springböcke überstehen lange Zeiträume ohne Wasser und legen auf der Suche nach Weideland weite Strecken in über tausendköpfigen Herden Tieren zurück. Beide Geschlechter tragen leierförmige Hörner.

Größe: Schulterhöhe 75 cm; Gewicht 25–55 kg; Hörner bis zu 50 cm lang; Männchen größer als Weibchen. **Lebensraum:** Nordwestliches und zentrales, nördliches Südafrika. **Status:** Weit verbreitet und einfach zu sichten.

Obwohl er generell sanftmütig ist, kann ein Büffel sehr gefährlich werden. Man sollte ihm stets mit Vorsicht begegnen.
FOTO LUKE HUNTER

KAFFERNBÜFFEL (AFRICAN BUFFALO)

Syncerus caffer

Der Kaffernbüffel ist das einzige einheimische wilde Rind in Afrika. Beide Geschlechter tragen auffällige, gebogene Hörner, die zur Basis hin breiter werden und über der Stirn in einem mächtigen „Höcker" enden, Kühe haben meist kleinere Hörner. Der Büffel passt sich an fast jeden Lebensraum an, solange ausreichend Gras, Wasser und Deckung vorhanden sind. Das gesellige Tier bildet Herden von bis zu mehreren tausend Tieren. Die Gruppenzusammensetzung ist nicht konstant; kleinere Herden spalten sich ab, kehren manchmal aber auch wieder in eine größere Herde zurück.

Größe: Schulterhöhe 160 cm; Gewicht 400–900 kg; Hörner bis zu 125 cm lang; Kühe etwas kleiner als Bullen. **Lebensraum:** Einige Schutzgebiete im Nordosten und Osten. **Status:** Weit verbreitet.

(Fortsetzung von S. 72)

gezüchtet werden, wachsen in Südafrika wild, u.a. Gladiolen, Proteen, Strelitzien und Schmucklilien. Südafrika ist außerdem das einzige Land mit einem eigenen Florenreich, der bei Botanikern berühmten *Kapensis*, die durch viele Korbblüter gekennzeichnet ist (s. Kasten unten).

Im trockeneren Nordwesten gedeihen Sukkulenten, vor allem Euphorbien und Aloen. Die einjährigen Pflanzen blühen nach den Frühlingsregen in leuchtenden Farben und gehören zu den wichtigsten Sehenswürdigkeiten der Provinz Northern Cape (s. S. 587).

Reste an natürlichen Wäldern waren nie besonders ausgedehnt, doch heute existieren sie nur noch als kleine Inseln. Kleine Waldgebiete säumen die Südküste zwischen George und Humansdorp; weitere findet man in den Drakensbergen, KwaZulu-Natal und in Mpumalanga. Reste subtropischer Wälder wachsen nordöstlich von Port Elizabeth im Hinterland der Wild Coast und in KwaZulu-Natal.

Den Norden prägen Savannen mit Akazien und Dornenbäumen.

Vertreter der Hochlandflora Lesothos sind die alpinen Kapblumen und die Spiralaloe *(Aloe polyphylla)*.

In Swasilands Grasländern, Wäldern, Savannen und Feuchtgebieten wurden über 3500 Pflanzenarten und damit etwa 14 % der in Südafrika vorkommenden Pflanzenarten gezählt.

In Swasiland wurden mehr Vogelarten gesichtet als im deutlich größeren Kruger National Park.

NATIONALPARKS & WILDSCHUTZGEBIETE

Südafrika

Südafrika hat knapp 600 Nationalparks und Wildschutzgebiete. In allen finden Reisende spektakuläre Landschaften, eine beeindruckende Tier- und Pflanzenvielfalt und eine hervorragende Infrastruktur. Die Schutzgebiete sind unbestritten die Höhepunkte einer Südafrikareise! Die berühmtesten locken mit ihrem Wildreichtum, während andere durch ihre unberührte Natur oder durch ihre Wandermöglichkeiten begeistern. Die Tabelle auf S. 92 nennt einige der besten, doch letztendlich hat jedes Schutzgebiet etwas Besonderes zu bieten.

Viele große Wildparks stehen unter der Verwaltung des **South African National (SAN) Parks Board** (☎ 012-428 9111; www.sanparks.org). Die Parks in KwaZulu-Natal werden von **KZN Wildlife** (☎ 033-845 1000; www.kznwildlife.com) verwaltet. Auch in einigen anderen Provinzen überwachen lokale Natur-

Die Spiralaloe ist Lesothos Nationalblume. Die beiden links- bzw. rechtsdrehenden Varianten (im bzw. gegen den Uhrzeigersinn) wachsen an den Hängen der Maluti Mountains.

DAS KAPLÄNDISCHE FLORENREICH, DIE KAPENSIS

Das winzige Kapländische Florenreich ist das kleinste der weltweit existierenden sechs Florenreiche, doch ohne Frage das mit der größten Artenvielfalt. Ein Teil davon wird inzwischen als Unesco-Weltnaturerbe geschützt. Pro 10 000 km² haben Wissenschaftler die unglaubliche Zahl von 1300 Arten gezählt – das sind rund 900 mehr als im südamerikanischen Regenwald!

Das Kapländische Florenreich erstreckt sich vom Cape Point nach Osten bis Grahamstown und nach Norden bis zum Olifants River. Heute findet man einen Großteil der noch existierenden einheimischen Flora ausschließlich in Schutzgebieten wie dem Tafelberg und auf der Kap-Halbinsel.

Die Hauptvegetation bildet Fynbos (feiner Busch), typisch sind kleine, schmale Blätter und Stämme. Innerhalb der Fynbos-Pflanzengesellschaft wachsen bis zu 8500 Pflanzenarten, die meisten sind Endemiten, d.h. sie kommen ausschließlich in Südafrika vor.

Zu den wichtigsten Fynbos-Pflanzenfamilien zählen Heidekraut-, Proteen- und Sauergrasarten, sie wurden auch an anderen Orten heimisch gemacht. Doch viele Arten haben ein erstaunlich winziges Verbreitungsgebiet – schon beim Roden einer Fläche von der Größe eines Hauses können sie bereits ausgerottet werden.

schutzbüros kleinere Schutzgebiete, die innerhalb der Provinzgrenzen liegen. **Komatiland Eco-Tourism** (☎ 013-754 2724; www.komatiecotourism.co.za) kontrolliert die Waldgebiete, fördert den Ökotourismus und pflegt mehrere Wanderwege in Mpumalanga. Hilfreiche Ansprechpartner sind außerdem **Cape Nature Conservation** (☎ 021-426 0723; www.capenature.org.za) und das **Eastern Cape Tourism Board** (☎ 043-701 9600; www.ectb.co.za).

James Stevenson Hamiltons Klassiker *A South African Eden* beschreibt die Anfänge des Naturschutzes in Südafrika und die Gründung des Kruger National Parks.

Alle südafrikanischen Nationalparks erheben pro Tag eine Eintritts- bzw. „Naturschutz"-Gebühr. Die Höhe variiert von Park zu Park (Detailinfos siehe Nationalparktabelle). Vergünstigungen bietet die Wild Card der SAN-Parks, die es in verschiedenen Ausführungen gibt: So zahlen ausländische Urlauber 795 R für eine Karte, die zehn Tage lang freien Eintritt in alle südafrikanischen Parks bietet (1395 R für ein Paar, 1795 R für eine Familie). Wer die preiswerteren Parks besuchen will, spart damit kaum etwas; interessant wird sie, wenn man mindestens sieben Tage im Kruger National Park unterwegs ist (dort liegt der Tageseintritt bei 120 R). Andere Karten gelten nur für eine regional begrenzte Zahl von Nationalparks, sie sind ganz sinnvoll, wenn man ausschließlich einen bestimmten Teil des Landes bereist.

Detailinfos zum Kauf einer Wild Card und zu den Bonusprogrammen stehen auf der Internetseite www.wildinafrica.com.

Neben den Nationalparks hat Südafrika auch Anteil an mehreren Transfrontier Parks (Friedensparks), in denen Schutzgebiete über Landesgrenzen hinweg zusammenfasst wurden. Berühmte Beispiele sind der Kgalagadi Transfrontier Park, in dem der ehemalige Kalahari Gemsbok National Park (Northern Cape) mit Botsuanas Gemsbok National Park vereint wurde. Ein ehrgeiziges Projekt ist auch der Great Limpopo Transfrontier Park, der mit 100 000 km² größer als Portugal wäre und für die Grenzregion von Südafrika, Mosambik und Simbabwe geplant ist. Daneben gibt es eine Vielzahl privater Wildschutzgebiete.

Im englischen Wortschatz heißt das Breitmaulnashorn White Rhino. Der Name hat nichts mit der Farbe Weiß zu tun, sondern bezieht sich auf die Lippenform des Nashorns. Die Buren beschrieben die Lippenform als *wijde* (weit), daraus wurde fälschlicherweise *white*.

Insgesamt stehen knapp 7 % Südafrikas unter Naturschutz. Die Regierung verhandelt mit privaten Eigentümern von Schutzgebieten darüber, auch diese unter staatliche Aufsicht zu stellen. Ziel ist es, langfristig den Anteil geschützten Landes auf 10 % zu erhöhen.

Lesotho

In Lesotho hat jeder Staatsbürger freien Zugang zu den Rohstoffquellen des Landes. Das Landnutzungsrecht ist einer der Gründe, warum in Lesotho nur 1 % der Staatsfläche unter Naturschutz steht. Der Staat ist damit das Land mit dem geringsten Anteil an geschütztem Land auf dem gesamten Kontinent! Wichtigster Nationalpark ist der abgelegene Sehlabathebe National Park (S. 620), der berühmt für seine unberührte Wild-

SÜDAFRIKAS UNESCO-WELTERBE

- Greater St. Lucia Wetland Park (S. 363)
- Robben Island (S. 114)
- Fossilienfundstätten von Hominiden bei Sterkfontein und Kromdraai (S. 459)
- uKhahlamba-Drakensberg Park (S. 370)
- Mapungubwe Cultural Landscape (S. 538)
- Schutzgebiete des Kapländischen Florenreiches (S. 89)
- Vredefort Dome (S. 409)

NICHT ERWISCHEN LASSEN

Eine der größten Attraktionen in Südafrika ist eine Safari, die Besuchern eine größtmögliche Nähe zum Wild ermöglicht. Allerdings sollte man sich vergegenwärtigen, dass die Tiere nicht zahm sind und dass ihr Verhalten unkalkulierbar ist. Folgende Tipps helfen dabei, Angriffe und andere weniger dramatische Gefahren im Busch zu vermeiden.

- Warnungen der Safari-Guides immer beherzigen
- Nicht zu nahe an ein Tier herangehen; für gute Fotos sollte man stattdessen ein starkes Teleobjektiv verwenden
- Nie zwischen eine Mutter und ihr Junges oder ein Flusspferd und das Wasser geraten
- Tiere nicht füttern – die Eckzähne der Paviane können länger sein als die eines Löwen
- Vorsicht vor Spitzmaulnashörnern – sie greifen einfach alles an
- Baumklettern trainieren
- Stiefel, Socken und lange Hosen schützen vor Schlangenbissen beim Weg durch das Unterholz; Vorsicht auch bei Höhlen, Spalten und beim Sammeln von Feuerholz
- Beim Wandern Zecken mit Insektenmittel abwehren; Körper und Kleidung nach dem Aufenthalt im Zeckengebiet (meist Buschland, aber auch in Städten) und vor allem nach einer Pause unter einem Kameldorn (sehr beliebt bei Zecken) genau absuchen

nis ist. Weitere Schutzgebiete sind der Ts'ehlanyane National Park (S. 610) und das Bokong Nature Reserve (S. 615). Näheres dazu auf S. 600.

Swasiland

Etwa 4 % von Swasiland stehen unter Naturschutz. Da die sehenswerten Schutzgebiete nicht so bekannt sind, liegen die Besucherzahlen weit unter denen der südafrikanischen Nachbarparks. Empfehlenswert sind das leicht zugängliche Mlilwane Wildlife Sanctuary (S. 638), das Mkhaya Game Reserve (S. 646) und das wunderschöne Malolotja Nature Reserve (S. 642) – ein Paradies für Wanderer!

SAFARIS

Am einfachsten lassen sich die Nationalparks mit einem Mietwagen besuchen, besonders günstig ist die Miete, wenn man in der Gruppe unterwegs ist. Für viele Parks reicht auch ein normaler PKW. Doch vor allem im Winter, wenn das Gras sehr hoch steht, hat ein hoch liegender Geländewagen durchaus seine Vorteile. Die Alternative – organisierte Safaris – bieten alle größeren Reiseveranstalter an; über (günstige) Angebote für Rucksackreisende informieren Aushänge in den Hostels.

In größeren Nationalparks wie Kruger, Hluhluwe-Imfolozi und Pilanesberg können Besucher geführte Wildniswanderungen in Begleitung bewaffneter Ranger unternehmen. Eine solche Fußwanderung ist ein viel intensiveres Erlebnis als die Fahrt mit dem Auto. Wegen ihrer Beliebtheit müssen entsprechende Wanderungen frühzeitig bei der jeweiligen Parkverwaltung gebucht werden. Infos dazu haben die Parkbehörden, weitere Details finden sich bei den Parkbeschreibungen in den jeweiligen Regionalkapiteln. In vielen Wildparks werden auch kürzere Wanderungen am frühen Morgen und am Nachmittag angeboten, sie können in der Regel am Vortag reserviert werden. Mehrtägige Wanderungen müssen auf alle Fälle von der zuständigen Parkverwaltung genehmigt werden, Übernachtungen sind nur in den offiziellen Unterkünften erlaubt.

Alle südafrikanischen Nationalparks haben eine sehr gute Infrastruktur. Ein Führer ist meist nicht erforderlich, doch er kann mit seinem Wissen einen gemeinsamen Ausflug zu einem noch intensiveren Erlebnis werden lassen. Alle Parks haben sogenannte Rest Camps, in denen die Parkbesucher preiswert übernachten können – das Angebot reicht vom einfachen Zeltstellplatz bis hin zu Häusern für Selbstversorger. Oft gehören ein Restaurant, Läden und eine Tankstelle zum Camp. Häuser und Zeltplätze müssen in Ferienzeiten unbedingt im Voraus gebucht werden, außerhalb der Hochsaison sind Unterkünfte auch kurzfristig verfügbar.

Die meisten Tore der Nationalparks und Wildschutzgebiete schließen bei Sonnenuntergang.

Weitere Links zu Umweltproblemen in Südafrika: www-sul.stanford.edu/depts/ssrg/africa/southafrica/rsaenviro.html und www.environment.gov.za/Enviro-Info/env/salinks.htm.

UMWELTPROBLEME

Südafrika

Südafrika ist einerseits das Land mit der drittgrößten Biodiversität weltweit, andererseits das Land mit dem höchsten Verstädterungsgrad aller afrikanischen Länder: rund 60 % der Bevölkerung leben in Städten. Eine der größten Herausforderungen für die Regierung ist es daher, die anhaltende Verstädterung und das Bevölkerungswachstum in den Griff zu bekommen und gleichzeitig die Umwelt zu schützen. Das städtisch-länd-

TOP NATIONALPARKS & SCHUTZGEBIETE

Lage	Park	Besonderheiten	Aktivitäten	beste Reisezeit	Seite
Cape Peninsula (Kap-Halbinsel)	Table Mountain National Park	Felsklippen, Meer; Wasservögel, Bonteboks, Elenantilopen, Brillenpinguine	Wandern, Mountainbiken	ganzjährig	S. 114
Western Cape	Cederberg Wilderness Area	gebirgig und zerklüftet; San-Fels-Felsmalereien, bizarre Sandsteinskulpturen, große Pflanzenvielfalt	Wandern	ganzjährig	S. 252
Mpumalanga/ Limpopo	Kruger National Park	Savanne, Baum- und Dornbuschsavanne; Big Five und viele andere Tiere	Autosafari, geführte Wildniswanderungen	Juni–Okt.	S. 501
	Blyde River Canyon Nature Reserve	Canyons, Höhlen, Flüsse; phantastische Ausblicke	Wandern, Kloofing	ganzjährig	S. 487
Northern Cape	Augrabies Falls National Park	Wüste, Fluss, Wasserfälle; Klippspringer, Klippschiefer; eindrucksvolle Landschaft	Wandern, Kanu fahren, Raften	April–Sept.	S. 585
	Richtersveld National Park	Gebirgswüste; karge Schönheit; Klippspringer, Schakale, Zebras, Pflanzen, Vögel	Wandern	April–Sept.	S. 591
Eastern Cape	Addo Elephant National Park	dichter Busch, Küsten-Grassavanne, bewaldete Kloofs (Schluchten); Elefanten, Spitzmaulnashörner, Büffel	Auto-Safaris, Wanderwege, Ausritte	ganzjährig	S. 274
	Tsitsikamma National Park	Küste, Klippen, Flüsse, Schluchten, Wälder; Kap-Fingerotter Otter, Paviane, Affen, großer Vogelreichtum	Wandern	ganzjährig	S. 260

liche Siedlungsmuster macht dieses Vorhaben zusätzlich kompliziert. Die Apartheidära (S. 41) hat Südafrika ein bitteres Erbe hinterlassen: Eine viel zu große Zahl an Bewohnern lebt in den Townships auf viel zu engem Raum. Fast immer mangelt es an adäquater Infrastruktur und den notwendigen Versorgungsbetrieben.

Die Zerstörung des Bodens ist eines der schwerwiegendsten Probleme Südafrikas: Ein Viertel des Landes ist ernsthaft geschädigt. Jahrzehntelange Überweidung und Raubbau haben in den ehemaligen Homelands (s. S. 43) zu massiver Bodenerosion geführt. Zerstörte und damit wertlose Böden und die generell schlechte wirtschaftliche Lage treiben die Menschen vermehrt in die Städte und verstärken dort die Probleme.

Die südafrikanische Website des World Wide Fund for Nature (WWF) gibt einen Überblick über die Naturschutzbemühungen im Land: www.panda.org.za

Auch Wasser ist ein Problem: In Südafrika fallen durchschnittlich 500 mm Regen im Jahr, häufig kommt es zu Dürreperioden. Um den Wasserbedarf des Landes zu decken, wurden alle größeren südafrikanischen Flüsse gestaut oder ihr Lauf begradigt. Damit wurde die Wasserversorgung für viele Regionen verbessert – in anderen Landesteilen hingegen wurden lokale Ökosysteme zerstört und die Austrocknung von Flüssen beschleunigt.

Lage	Park	Besonderheiten	Aktivitäten	Beste Reisezeit	Seite
KwaZulu-Natal	Hluhluwe-Imfolozi Park	üppige, subtropische Vegetation, Savanne; Nashörner, Giraffen, zahlreiche Löwen, Elefanten und viele Vögel	Wildniswanderungen, Wildbeobachtung	Mai–Okt.	S. 359
	Greater St. Lucia Wetland Park	Feuchtgebiete, küstennahe Grassavanne; Elefanten, Vögel, Flusspferde	Wildniswanderungen, Auto- oder Boot-Safaris	März–Nov.	S. 363
	Mkhuze Game Reserve	Savanne, Wälder, Sümpfe; Nashörner und nahezu alle anderen Tiere; Hunderte von Vogelarten	geführte Wanderungen, vogelkundliche Wanderungen, Auto-Safaris	ganzjährig	S. 370
	uKhahlamba-Drakensberg Park	das atemberaubende Drakensberg Escarpment; phantastische Landschaft und unberührte Natur	Wandern	ganzjährig	S. 370
Free State	Golden Gate Highlands National Park	spektakuläre Sandsteinklippen und -felsen; Zebras, Schakale, Rehantilopen, Elenantilopen, Vögel	Wandern	ganzjährig	S. 412
Lesotho	Sehlabathebe National Park	Gebirgswildnis; Bartgeier, Rehantilopen, Paviane; wunderbare Einsamkeit	Wandern	März–Nov.	S. 620
Swasiland	Malolotja Nature Reserve	Berge, Bäche, Wasserfälle, Savanne, Wälder großer Vogel- und Pflanzenreichtum, Impalas, Klippspringer	Wandern	ganzjährig	S. 642

Earthlife Africa (www.earthlife.org.za) ist eine der aktivsten südafrikanischen Umweltschutzgruppen und ein guter Ansprechpartner für jeden, der sich engagieren möchte.

Südafrika war stets Afrikas Flaggschiff hinsichtlich des Tierschutzes. Aber die Mittel sind nach wie vor knapp und werden es auch bleiben, solange so viele Südafrikaner nicht einmal ihre Grundbedürfnisse befriedigen können. Hilfe beim Naturschutz verspricht die Kooperation von öffentlicher Hand und Privatleuten, höhere Privatspenden und Zuschüsse von internationalen Organisationen wie dem World Wide Fund for Nature (WWF).

DER KAMPF UMS ELFENBEIN

Nach einer massiven Kampagne verschiedener Naturschutzorganisationen wurde 1990 die UN-Konvention zum internationalen Handel mit gefährdeten Tierarten (Cites) verabschiedet. Sie verbot u. a. den Handel mit Elfenbein – eine Maßnahme zum Schutz der immer stärker bedrohten Elefantenpopulationen in Afrika. Dank des Handelsverbots konnten sich die Bestände wieder in Regionen erholen, in denen sie zuvor stark dezimiert worden waren. In Südafrika, wo Elefanten schon lange geschützt sind, wuchs ihre Zahl aber so stark, dass die Elefanten begannen, ihren eigenen Lebensraum zu zerstören.

Es gab mehrere Ansätze, das Problem der Überpopulation zu lösen: Ein Weg war die Schaffung grenzüberschreitender Parks, in denen die Tiere weite Strecken wandern können, ein anderer die Umsiedlung, ein weiterer der begrenzte Einsatz von Verhütungsmitteln. Am umstrittensten war und ist der kontrollierte Abschuss *(culling)*.

Durch die kontrollierten Abschüsse hatte Südafrika 2002 große Vorräte an Elfenbein angesammelt. Nach einigem Druck lockerte Cites deshalb das weltweite Handelsverbot für Elfenbein und erlaubte den Verkauf von Stoßzähnen legal abgeschossener südafrikanischer Elefanten. Der Erlös sollte Naturschutzprojekten zugute kommen. Die umstrittene Entscheidung wurde von einigen anderen afrikanischen Regierungen jedoch kritisiert. Sie fürchteten nicht zu Unrecht, dass die Wiederaufnahme des

DAS KUYASA-PROJEKT

Obwohl Südafrika nur für 1 bis 1,5 % der Erderwärmung verantwortlich zeichnet, produziert es mehr Treibhausgase als jedes andere Land südlich der Sahara. Das Land zählt zu den 15 Hauptverursachern der globalen Erderwärmung. Etwa 90 % der landesweit produzierten Elektrizität stammen aus Kohlekraftwerken, die Stromgewinnung ist der Hauptproduzent von Treibhausgasen.

Das Kuyasa-Projekt ist ein kleiner, aber viel gelobter Schritt zur Reduzierung des Ausstoßes von Treibhausgasen mit Hilfe alternativer Energiequellen. Auf den Weg gebracht wurde es 2003, als zehn Häuschen von Geringverdienern in Kapstadts Township Khayelitsha mit Techniken zur Gewinnung erneuerbarer Energie ausgestattet wurden: Sie bekamen solarbetriebene Wasserboiler, Energiesparlampen und gut isolierte Dächer. Neben der deutlichen Energieeinsparung – pro Haushalt bis zu 40 % – zählen die Schaffung neuer Arbeitsplätze und andere Vorteile einer nachhaltigen Entwicklung zu den weiteren Pluspunkten des Projektes.

Das Projekt wurde von der gemeinnützigen Entwicklungshilfeorganisation SouthSouthNorth initiiert und wurde international bekannt, als es mit seinem Konzept und seinem Beitrag zur nachhaltigen Entwicklung den Clean Development Mechanism Gold Standard des World Wide Fund for Nature (WWF) erreichte. Das Projekt hat nun Vorbildfunktion für ähnliche Projekte in weiteren Teilen Khayelitshas und anderen Regionen des Landes.

Eine andere eindrucksvolle Initiative ist das People's Environmental Centre des GreenHouse Project (www.greenhouse.org.za). Die regelmäßig veranstalteten Workshops in Johannesburg bemühen sich darum, bei den Teilnehmern das Bewusstsein für das Energiesparen zu schärfen und werben für die Verwendung erneuerbarer Energiequellen.

LYNEDOCH ECO-VILLAGE

Etwa 15 km südlich von Stellenbosch entsteht im Zentrum der Cape Winelands Südafrikas erste nach ökologischen Prinzipien gestaltete und sozial gemischte Siedlung. Eine scheinbar utopische Idee – doch Lynedoch Eco-Village ist auf dem besten Weg, Wirklichkeit zu werden: Vor- und Grundschule, Gemeindehaus und eine Vereinigung der Hausbesitzer gibt es bereits. Sowohl die Privathäuser als auch die öffentlichen Gebäude sollen mit Solarzellen und anderen energiesparenden Details ausgestattet werden. Außerdem soll so viel wie möglich recycelt werden. Ein Ziel ist auch die weitgehende Selbstversorgung der Bewohner des Eco-Village. Die Initiatoren hoffen mit dieser und vergleichbaren Initiativen, Stellenbosch und seine Umgebung vor unkontrollierter Verstädterung und Zersiedlung retten zu können. Auch Umwelt und heimische Wirtschaft sollen so geschützt werden. Weitere Infos finden sich auf der Internetseite www.sustainabilityinstitute.net.

Handels die Nachfrage nach Elfenbein beleben und damit der Wilderei erneuten Vorschub leisten würde.

Im Augenblick beobachtet Cites noch, ob die Wilderei tatsächlich wieder zunimmt – erste Anzeichen lassen vermuten, dass dem so ist. Elfenbein erlebt derzeit eine Renaissance: In China, dem Hauptabsatzmarkt für illegales Elfenbein, sind mit Elfenbein dekorierte Mobiltelefone derzeit der letzte Schrei.

Lesotho

Die Umweltdiskussionen in Lesotho drehen sich um das umstrittene Highlands Water Project (s. S. 614). Gegner weisen auf die mögliche Zerstörung traditioneller Dorfgemeinschaften, die Überflutung von landwirtschaftlichen Flächen und mögliche negative ökologische Folgen für den Senqu (Orange River) hin.

Ein anderes Umweltthema ist die Belastung der Böden durch Überweidung, die der Bodenerosion Vorschub leistet. Rund 18 bis 20 t Mutterboden gehen jährlich pro Hektar Land verloren. Prognosen gehen davon aus, dass bis 2040 alle Anbauflächen zerstört sein werden.

Ein Lichtblick ist das kürzlich von Lesotho und Südafrika ins Leben gerufene Maluti-Drakensberg Transfrontier Conservation and Development Project, mit dem das alpine Ökosystem der Maluti und Drakensberg Mountains geschützt werden soll.

Swasiland

Drei der wichtigsten Flüsse des Landes – Komati, Lomati und Usutu – entspringen in Südafrika. Swasiland ist also unmittelbar von allen südafrikanischen Flussregulierungen betroffen. Dürren treten häufig im östlichen Lowveld auf.

Andere Probleme ergeben sich aus dem unzureichenden Interesse der Bevölkerung am Naturschutz und dem mangelnden Engagement der Regierung.

Essen & Trinken

Eine „südafrikanische Küche" existiert im Bewusstsein der Südafrikaner erst seit dem Ende der Apartheid. Vorher aßen die schwarzen Afrikaner ihren *meali pap* (Maisbrei), die Buren ihre *boerewors* und die Inder und Kapmalaien ihre Currys. Inzwischen beginnen die kulinarischen Barrieren zwischen den Bevölkerungsgruppen zu fallen.

Das Buch *The South African Illustrated Cookbook* von Lehla Eldridge enthält eine Rezeptsammlung, die die ganze Bandbreite der südafrikanischen Küche aufzeigt.

Südafrika begeistert Gourmets durch seine Mischung kulinarischer Einflüsse: Herzhafte Fleisch- und Gemüseeintöpfe sind ein Erbe der niederländischen Siedler, die schier unerschöpfliche Vielfalt an Maisgerichten prägt seit Jahrhunderten das Leben der afrikanischen Familien in Südafrika, Lesotho und Swasiland. Mosambik bereichert die Geschmacksvielfalt mit einem Hauch *piri-piri* (schwarzem Pfeffer), und aus Asien kamen Curry und Koriander per Schiff über den Indischen Ozean.

Leider ist es für Besucher nicht immer leicht, diese Vielfalt auch zu entdecken. Zu oft trifft man auf Fastfood-Ketten oder bekommt in den Lokalen die internationalen Standardgerichte ohne geschmackliche Nuancen serviert. Aber wer sich auf die Suche macht, wird begeistert sein von der leckeren und abwechslungsreichen Kochtradition in Südafrika, Lesotho und Swasiland.

TYPISCHES & SPEZIALITÄTEN

Je nachdem, wo man sich gerade aufhält, wird man höchst unterschiedliche Gerichte auf dem Teller vorfinden: Die weißen Südafrikaner haben das Frühstück zu einer Kunstform entwickelt, allerdings zu einer unglaublich kalorienreichen Variante mit viel Fleisch, Eiern und Zucker. Wer durch Swasiland und Lesotho reist oder sich eher bei Südafrika schwarzafrikanischer Bevölkerung aufhält, wird dort Schalen voll kochend heißem Mais- oder Hirsebrei (manchmal gesüßt, manchmal leicht gegoren und sauer) vorgesetzt bekommen. Die Frühstücksbüfetts vieler Hotels sind eher konservativ, die Hoteliers servieren häufig ein klassisches englisches Frühstück mit Eiern, weichem Toast und gegrillten Tomaten. In Kapstadts Viertel Bo-Kaap und in den indischen Viertel von Durban bekommt man dagegen oft ein scharfes Curry oder *atchar* (Gericht mit eingelegtem Obst und Gemüse) serviert.

In seinem Buch *Flavours of South Africa* zeichnet der südafrikanische Gourmetpapst Peter Veldsman die Geschichte der südafrikanischen Küche nach. Das Buch bietet viele Informationen über Zutaten und lokale Spezialitäten.

Biltong & Boerewors

Die traditionelle Burenküche geht auf die Frühzeit der niederländischen Kolonie zurück. Das erste Burengericht, das die meisten Besucher probieren werden, ist *biltong*: Das Trockenfleisch wird in Swasiland auch *umncweba* genannt. *Rusks* (getrocknetes Brot) ist ebenfalls weit verbreitet, wie auch die würzige Boerewors (Bauernbratwurst). Wer sich an Boerewors nicht so recht gewöhnen mag, wird vielleicht *braaiwors* (Grillwürstchen) essen, eine nicht ganz so qualitativ hochwertige Wurstsorte. *Potjiekos* (Eintöpfe) wurde häufig auf den langen Wagentrecks quer durch Südafrika gekocht: Meist enthalten diese Eintöpfe Fleischbrocken und Gemüse, die stundenlang in Kochtöpfen vor sich hin köcheln. Die gusseisernen Töpfe mit drei Füßen werden traditionellerweise über heiße Kohlen gestellt.

Echte *boerewors* muss zu 90 % aus Fleisch bestehen, davon kann wiederum ein Drittel auch Fett sein. Da kann man ungefähr erahnen, was alles in nicht-kontrollierter *braaiwors* so drinsteckt …

Doch der große südafrikanische Klassiker ist sicher das *braai*: Das traditionelle Grillen ist heute über alle ethnischen Grenzen hinweg beliebt und mehr als nur ein Essen. Bei der netten geselligen Grillparty dürfen vor allem zwei Dinge nicht fehlen: Boerewors und Bier!

Kap-Küche

Die Kap-Küche (Cape Cuisine), die oft auch unter dem Stichwort „Cape Malay"-Küche auftaucht, ist eine Mischung aus der Kochtradition „malaiischer" Sklaven (von denen viele aber aus Madagaskar und Indonesien stammten) und der Küche der Buren. Die Gerichte sind oft recht schwer und sehr süß, dennoch sollte man einmal ein entsprechendes Restaurant besuchen, Gleiches gilt für die Gerichte der Buren. Typisch für die kapmalaiischen Speisen sind asiatische Gewürze und regionale Produkte. Besonders beliebt sind Gerichte wie *bobotie, waterblommetjie bredie* und *malva* (s. S. 101). Authentische Kap-Küche, die heute vor allem von Moslems gegessen wird, enthält keinerlei Alkohol. Auch der qualitätvolle südafrikanische Wein findet kulinarisch kaum Anwendung.

Lust auf einen Snack? Sehr lecker sind gegrillte *mealies* (Maiskolben) oder *bunny chow* aus Durban (ein halber Brotlaib, der ausgehöhlt und mit Curry gefüllt wird).

Currys

Neben Mahatma Gandhi ist das indische Curry Indiens zweiter großer Exportschlager. Die am schärfsten gewürzten Currys werden übrigens in Durban gekocht. Auch in der Kap-Küche sind Currys beliebt, allerdings werden sie dort weniger scharf zubereitet.

Mealie Pap

Mealie pap (maisbreiähnliches Porridge) ist das am häufigsten gegessene Gericht in Südafrika, Swasiland und Lesotho. Je nachdem, wo man das Gericht bestellt, fällt es dünner oder dickflüssiger aus, ist aber insgesamt eher fad im Geschmack und daher gewöhnungsbedürftig. Allerdings macht es satt und ist billig. Mit einer guten Soße oder einem Eintopf kombiniert kann es sehr lecker sein.

In Lesotho sollte man *motoho* probieren – ein Porridge aus gegorener Hirse. Die Swasi-Varianten sind *sishwala* (Mais- und Bohnenbrei, der meist mit Fleisch oder Gemüse gegessen wird) und *incwancwa* (leicht gegorenes Mais-Porridge).

Fleisch

Es gibt nur wenige Regionen auf der Welt, in denen Fleisch zu den Hauptnahrungsmitteln zählt – einige Gebiete Südafrikas gehören garantiert dazu! Fast alles wird hier auf den Grill gelegt – darunter auch Straußen-, Krokodil-, Warzenschwein- und Kudufleisch. Die genannten sind nur einige der vielen afrikanischen Tiere, die hier gegessen werden, daneben stehen aber auch Rind- und Lammfleisch auf den Speisekarten. Vor allem Steaks sind in sehr guter Qualität zu erstaunlich günstigen Preisen zu bekommen.

Meeresfrüchte

Südafrika wird bekanntermaßen von zwei Ozeanen eingerahmt, umso mehr erstaunt es, dass die Region unter Fans von Fisch- und Meeresfrüchtegerichten einen eher bescheidenen Ruf genießt. Doch in Kapstadt, an der Westküste und entlang der Garden Route gibt es trotzdem einige sehr leckere Fischgerichte: Zu den Highlights zählen nicht allzu scharfe Fischeintöpfe, *snoekbraai* (gegrillter Snoek), Muscheln, Austern und sogar Hummer. In der Kap-Küche ist eingelegter Fisch sehr beliebt, in Swasiland findet man auf den Speisekarten oft Garnelen – sie stammen allerdings aus dem benachbarten Mosambik.

GETRÄNKE

Bier

Bier ist auch in Südafrika das Nationalgetränk – kein Wunder angesichts der vielen und teilweise recht guten Marken. Bekannte Biersorten sind Castle, Black Label und Windhoek, ein Bier aus Namibia. In den Provinzen rund ums Kap sollte man am besten Mitchell's und Birkenhead's bestellen. Lagerbier wird in Dosen oder *dumpies* (kleinen Flaschen) für etwa 8 R angeboten. In Bars werden *toms* (750-ml-Flaschen) ab etwa 10 R ausgeschenkt. Bier vom Fass ist dagegen nur selten zu finden.

In Lesotho sollte man nach den gelben oder weißen Fahnen in Dörfern Ausschau halten. Dort wird selbstgebrautes Bier ausgeschenkt: Gelbe Fahnen stehen für Maisbier, weiße Fahnen für Hirsebier (*joala*).

Wasser

Grundsätzlich kann man das Leitungswasser in südafrikanischen Städten bedenkenlos trinken. Allerdings sollte man in ländlichen Gebieten (bzw. überall dort, wo die örtlichen Behörden auf eine Trinkwassergefährdung hinweisen) und auf jeden Fall in ganz Swasiland und Lesotho nur abgefülltes Wasser trinken.

Wein

Südafrikanischer Wein wird schon seit 1659 angebaut – und hat inzwischen einen hohen Grad an Perfektion erreicht. Die Weine sind alle qualitativ sehr gut und bleiben dennoch bezahlbar. Trockene Weißweine sind besonders gefragt, u. a. die Sorten Sauvignon Blanc, Riesling, Colombard und Chenin Blanc. Zu den beliebtesten Rotweine zählen Cabernet Sauvignon, Pinotage (eine regionale Mischung aus Pinot und Cinsaut, der früher auch als Hermitage bekannt war), Shiraz und Pinot Noir. Kein Wein darf ohne Zertifikat auf dem Etikett den Namen des Weinguts, der Kellerei oder der Herkunft nennen. Und ähnlich wie im Rest der Welt darf auch in Südafrika kein südafrikanischer Champagner produziert werden. Einige Produzenten nutzen aber Chardonnay- und Pinot-Noir-Verschnitte, um daraus nach der *méthode champenoise* ein champagnerähnliches Getränk zu keltern.

Die Weinpreise liegen in Restaurants und Weinläden bei rund 60 R pro Flasche; die meisten Restaurants bietet eine Weinauswahl in *dinkies* (250-ml-Flaschen) an.

WOHIN ZUM ESSEN?

Wer in gemütlich-stilvoller Atmosphäre gediegen speisen möchte, sollte in die Winelands (S. 180) fahren. An der Küste der Provinz Western Cape bieten Restaurants, die direkt am Meer liegen, oft Fisch-*braais* unter einem glitzernden Sternenhimmel an. Und ein Highlight eines jeden Township-Abstechers ist ein hausgemachtes Essen in einem dortigen

SOUTHERN AFRICAN SUSTAINABLE SEAFOOD INITIATIVE (SASSI)

Die Küstengewässer vor Südafrika sind sehr fischreich – aber auch hier ist das Fischvorkommen nicht unbegrenzt. Viele Fischbestände wie die von Snoek (Thunfisch), Seehecht und Yellowtail (Makrelenart) gelten noch als ziemlich intakt. Aber Überfischung und ungeeignete Fischmethoden bedrohen andere Fischarten wie den Steenbras (Weißfisch) und die Meerbrassen.

Das südafrikanische Meeresschutzbüro des World Wide Fund for Natur (WWF) hat deshalb die Kampagne Southern African Sustainable Seafood Initiative (SASSI) gestartet. Ziel dieser Initiative ist es, über die Situation in den Meeresgebieten Südafrikas zu informieren und den Konsum von Fisch und Meeresfrüchten zu fördern. Mehr über die Initiative erfährt man online unter www.panda.org.za/sassi. Auf der Website kann auch (kostenlos) ein „Consumer's Seafood Pocket Guide", eine Art Verbraucherführer in Taschenformat, heruntergeladen werden. Er listet die beliebtesten Fischarten mit einer Farbkodierung auf. Die Farben stehen für den jeweiligen Schutzstatus: rot – nicht bestellen, gelb – vielleicht bestellen, grün – bedenkenlos bestellen. Als gut informierter Restaurantbesucher kann man damit sozusagen seinen Fisch „umweltverträglich" auswählen. Der WWF will damit erreichen, dass überfischte Arten mit einem Verbraucher-Boykott belegt werden. Ziel ist es, den Fischpopulationen eine Pause zur Regeneration zu geben. Das Nein gilt auch für alle illegal gefischten oder verkauften Arten. Nur so können umweltschädigende Fangpraktiken bekämpft werden.

Bed&Breakfast. Neben den Spezialitätenrestaurants gibt es fast in jeder größeren Stadt Lokale, die westliche Küche zu vergleichbaren Preisen auftischen (ab etwa 50 R). Die meisten Restaurants haben eine Schankerlaubnis, einige gestatten den Gästen auch, eigenen Wein mitzubringen – und erheben dafür nur ein geringes oder gar kein Korkgeld.

In größeren Städten findet man auch Cafés, die einen Cappuccino, Sandwiches und andere kleine Speisen servieren; in ländlichen Gegenden sind „Cafés" meist kleine Eckläden, die Softdrinks, Pommes und Fleischaufläufe (*pies*) verkaufen. Die meisten dieser Lokale sind von 8 bis 17 Uhr geöffnet.

Früher hatten die meisten südafrikanischen Pubs und Kneipen einen *kroeg* (Bar), an der die weißen Männer ihren Drink nahmen, außerdem eine Damenbar und eine Lounge für weiße Paare – und irgendwo eine Durchreiche in der Wand, an der Flaschen an Schwarze und andere Nicht-Weiße verkauft wurden. Bis heute herrscht in den von Männern dominierten Bars und Kneipen eine heimliche Rassentrennung. Die beste Kneipen- und Pubs bieten Johannesburg, Durban, Kapstadt und Kimberley. In den Städten breiten sich immer mehr preisgünstige, aber anonym-langweilige Bar-Ketten aus. Kleinere Orten haben in der Regel zumindest ein Hotel mit Ausschank. In den Townships trifft man sich am liebsten in den *shebeens* – die einst illegalen Kneipen haben auch heute häufig noch keine Schankerlaubnis. Überall in Südafrika (und auch in den größeren Städten in Lesotho und Swasiland) wird Alkohol in sogenannten „bottle stores" (Bier- und Weinläden) und in Supermärkten verkauft.

VEGETARIER & VEGANER

In Südafrika wird gerne Fleisch gegessen, trotzdem findet man in allen größeren Orten problemlos ein Lokal, das auch vegetarische Gerichte auf der Karte stehen hat. In ländlichen Gebieten muss man sich sonst alternativ selbst versorgen. In Touristenzentren und Universitätsstädten wie beispielsweise Grahamstown hat inzwischen sogar das eine oder andere vegetarische Restaurant aufgemacht. Davon einmal abgesehen gibt es wenig spezielle Angebote für Vegetarier. Ein ganz guter Tipp sind Cafés: Sie kochen oft auf Bestellung leckere vegetarische Gerichte, Gleiches gilt für indische und italienische Restaurants. Viele Pastasoßen enthalten allerdings Tierfette. In Großstädten verkaufen Bioläden auch Tofu, Sojamilch und andere entsprechende Produkte – die Angestellten kennen auch die Adressen von vegetarierfreundlichen Restaurants.

In Südafrika wachsen viele verschiedene Früchte, aus denen leckere Fruchtsäfte gepresst werden. Besonders fein sind die Säfte der Passionsfrucht und *nartjie* (Mandarine).

Schwieriger ist es dagegen, sich in Südafrika rein veganisch zu ernähren; die meisten fleischlosen Gerichte enthalten Käse, auch Milch und Eier sind häufige Zutaten. Einen Versuch wert sind wiederum Bioläden, obwohl die meisten abends und an Wochenenden geschlossen haben.

In Lesotho und Swasiland findet man zahlreiche Bohnen-, Erdnuss- und andere Gerichte mit Hülsenfrüchten – dennoch ist es nicht ganz einfach, als Vegetarier Abwechslung in den Speiseplan zu bringen.

FÜR KLEINE ESSER

In Südafrika haben es Kinder sehr gut – die meisten Restaurants sind ausgesprochen familienfreundlich. Viele bieten auch spezielle Kinderteller an, alternativ findet sich auf jeder Speisekarte etwas Passendes für den Nachwuchs. Restaurants in Touristengegenden haben auch Hochstühle für Kleinkinder. Abgesehen von Currys und anderen scharfen Gerichten können Kinder eigentlich alles essen. Das Leitungswasser ist im Grunde trinkbar, wer aber Kindern bislang auf Reisen oder zuhause nur abgefülltes Wasser gegeben hat, sollte das in Südafrika beibehalten. Mehr über Reisen mit Kindern s. S. 664.

ESSKULTUR

In touristischen Gegenden entspricht die Esskultur sehr stark westlichen Sitten und Gebräuchen. Allerdings werden hier weniger häufig Snacks auf der Straße gegessen.

Drei Mahlzeiten am Tag sind die Regel, die Hauptmahlzeit ist das Abendessen, obwohl auch ein Mittagessen in ländlichen Gebieten ziemlich üppig ausfallen kann. Überhaupt sind die Portionen ziemlich reichhaltig.

Wer in Restaurants etwas Leichtes essen möchte, sollte eine Suppe und einen Salat (oft mit Käse) bestellen – das reicht völlig aus, um satt zu werden. Der beliebteste Snack sind geröstete *mealies* – die Maisbreigerichte werden an den Straßen in allen drei Ländern verkauft.

Auf dem Land kann es passieren, dass man einmal mit den Händen essen muss – nicht ganz einfach, aber eine erlernbare Kunst: Gegessen wird ausschließlich mit der rechten Hand.

Dabei wird die Speise, meist Maisbrei mit Zwiebel- oder Tomatensoße, der berühmte *Pap*, mit den Fingern zu einer Kugel geformt, in die Soße oder den Eintopf getunkt und dann gegessen – idealerweise geschieht dies, ohne dass einem die Soße am Ellenbogen herabtrieft oder die eigene Speisekugel im Eintopf zerbröselt.

Braais sind das wichtigste kulinarische Gesellschaftsereignis – wer zu einem dieser Grillfeste eingeladen wird, kann sich auf eine lockere Atmosphäre freuen, die Kleidung ist leger und getrunken wird in der Regel ausschließlich Bier. Meist sitzen alle um einen großen Holzkohlegrill herum und genießen das Fest.

KOCHKURSE

Kapstadt ist ein Paradies für Feinschmecker – und bietet eine Reihe von Möglichkeiten, an Kochkursen teilzunehmen. Hier einige empfehlenswerte Kursangebote:

Andulela (☎ 021-790 2592; www.andulela.com) Der Veranstalter bietet für 295 R an jedem Samstag einen halbtägigen kap-malaiischen Kochkurs im Bo-Kaap an, außerdem eine afrikanische „Kochsafari" (295 R) in der Township Kayamandi in der Nähe von Stellenbosch – dabei lernt man auch traditionelle Xhosa-Rezepte kennen.

Cape Gourmet Adventure Tours (☎ 083-693 1151; http://gourmet.cape-town.info) Ein weiterer Anbieter, der sehr gediegene, maßgeschneiderte Kochkurse in Kapstadt veranstaltet. Im Rahmen von speziellen Restaurantführungen wird die regionale Küche und jene der verschiedenen Ethnien vorgestellt.

Cooking with Conrad Gallagher (☎ 021-794 0111; www.conradgallagherfood.com; Bramasole House, 31 Alphen Dr., Constantia) Zweitägige Gourmet-Kochkurse (1850 R) mit dem Michelin-Sternekoch Conrad Gallagher. Er bietet alles an – von Frühstücksgerichten bis hin zu perfekten *braais*, zusätzlich lernen die Teilnehmer etwas über Tischdekorationen und Blumengestecke. Sein Eintageskurs „Desperate Housewives" (Verzweifelte Hausfrauen) kostet 1000 R, der Kurs „Ladies of Leisure" (Damen des Müßiggangs) findet am jeweils ersten und letzten Sonnabend eines Monats statt.

Kopanong (☎ 021-361 2084; kopanong@xsinet.co.za) Thope Lekau bietet im B&B (S. #165) in Khayelitsha eine halbtägige Einführung in afrikanischen Kochmethoden an (150 R).

SPRACHFÜHRER ESSEN

Wer den Unterschied zwischen *phutu* und *umphokoqo* oder *boerewors* und *braaiwors* wissen will, sollte sich etwas mit der Sprache, oder besser: den verschiedenen Idiomen Südafrikas, beschäftigen. Einige Tipps zur Aussprache stehen im Sprachführer auf S. 707.

Was steht auf der Karte?

Zwar wird man die im Folgenden genannten Gerichte nicht alle vereint auf einer Speisekarte finden, die Übersicht vermittelt aber einen guten Einblick in die Vielfalt der südafrikanischen Küche, die wegen ihrer Buntheit auch *rainbow cuisine* genannt wird.

ESSEN

Fleischgerichte

bobotie – überbackener Curry- und Hackfleischauflauf mit einer Ei-Milchkruste. In der Regel wird er auf einer Schicht Reis mit etwas Chutney serviert

boerewors – die würzige Wurst wird traditionell aus Rind- und Schweinefleisch, vielen Gewürzen und viel Fett hergestellt: Sie ist ein wichtiger Bestandteil eines *braai* und wird oft von Straßenverkäufern als Hot Dog angeboten. Nebenbei bemerkt hat die an Wiener Würstelbuden verkaufte Burenwurst kaum eine Ähnlichkeit mit ihr.

braaiwors – boerewors in minderer Qualität

bredie – herzhafter Eintopf der Buren, wird traditionell mit Lamm und Gemüse zubereitet

eisbein – Eisbein

frikkadel – Frikadellen

potjiekos – Fleisch und Gemüse, das stundenlang in einem dreibeinigen Kochtopf über einem Feuer gegart wird

russian – eine herzhafte rote gebratene Wurst, die aber oft kalt serviert wird

smilies – Slangausdruck für gekochten und gebratenen Schafskopf, der oft in ländlichen Gegenden verkauft wird

sosatie – in Knoblauch, Tamarindensoße und Currygewürzen marinierte Lammfleischwürfel, die dann mit Zwiebeln und Aprikosen auf einen Spieß gesteckt und gegrillt werden. Das ursprünglich rein moslemische Gericht (also ohne Schweinefleisch) wird heute oft auch mit fettem Schweinefleisch zubereitet

venison – Wild bedeutet in Südafrika meistens Antilopenfleisch (normalerweise Springbock oder Impala, selten auch Gnu)

vienna – die kleinere Version eines russian

waterblommetjie bredie – kapmalaiischer Eintopf mit Lamm, Wasserhyazinthenblüten und Weißwein

Currys, Aromen & Gewürze

atchar – ein kapmalaiisches Gericht mit eingelegten Früchten und Gemüse, abgeschmeckt mit Knoblauch, Zwiebeln und Curry

bunny chow – ein halber Brotlaib, der ausgehöhlt und mit Curry gefüllt wird; am leckersten ist Bunny chow in Durban

chakalaka sauce – eine würzige Soße auf Tomatenbasis, abgeschmeckt mit Zwiebeln, *piri-piri* und Paprikaschoten – früher wurde es zu *Pap* und anderen Gerichten gegessen, um ein wenig Würze auf den Teller zu zaubern

curry – genauso gut wie in Indien; wer es scharf mag, sollte die Currys in Durban probieren, in Kapstadt (im Viertel Bo-Kaap) findet man auch mildere Varianten

monkey gland sauce – eine aus Tomaten und Worcestersoße sowie Chutney hergestellte Soße, die oft zu Steaks serviert wird

Mrs Balls' Chutney – die berühmteste Marke von süß-sauren Chutneys

piri-piri – scharfer Pfeffer

samosa – scharfes indisches Gebäck

slaphakskeentjies – eine kapmalaiische Spezialität mit Zwiebeln, die in einer Milch- und Senfsoße pochiert werden

Brote & Süßes

fetkoeks – wörtlich „fette Kekse" – frittierter Brotteig mit viel Frucht-Gemüse- (Spinat) oder Hackfleischfüllung

koeksesters – kleine, vor Honig triefende und klebrige Krapfen – garantiert gut für die Figur

konfyt – Obstmarmelade oder -konfitüre
malva – ein leckeres Dessert aus Biskuits, manchmal auch „vinegar pudding" (Essigpudding) genannt, da es traditionell aus Aprikosenmarmelade und Essig hergestellt wird
melktart – ein mächtiger Kuchen, der Ähnlichkeiten mit Karamell- oder Vanillepudding hat. Er wird aus Milch, Eiern, Mehl und Zimt zubereitet
rooster koek – Blechkuchen, der für ein *braii* gebacken wird
rusk – ein zweimal gebackenes Teigstück, das man meist zum Frühstück oder zwischendurch isst, ähnlich einem Zwieback, es heißt auch *beskuit*
vetkoek – frittierte Teigbälle oder Krapfen, die manchmal mit Hackfleisch gefüllt sind; in Xhosa *amagwinya* genannt

Getreide & Gemüse

aamadumbe – eine jamsähnliche Kartoffel. Grundnahrungsmittel in KwaZulu-Natal
imbasha – eine Swasi-Delikatesse aus geröstetem Mais und Nüssen
imifino – Xhosa-Speise aus Maismehl und Gemüse
mashonzha – gebratene oder gegrillte Mopanewürmer, die mit *dhofi* (Erdnusssoße) serviert werden; ein in Venda-Gebieten häufig gegessenes Gericht
mealie – ein gegrillter Maiskolben, wird gerne zwischendurch gegessen
mealie meal – fein gemahlener Mais
mealie pap – Maisbrei, ein typisch südafrikanisches Grundnahrungsmittel; schmeckt am besten mit einer Soße oder einem Eintopf
Mopane-Würmer – Raupen, die man auf Mopanebäumen sammelt: Sie werden getrocknet und als Knabbersnack in einer scharfen Soße serviert; die handverlesenen Nachtfalterraupen gibt es in ländlichen Supermärkten auch in Dosen zu kaufen. Eingewickelt in *Pap* erinnern sie in ihrer Konsistenz und Geschmack eher an Schrimps.
morogo – grüne Blätter, gekocht, gewürzt und mit *pap* angerichtet; in Xhosa auch *imifino* genannt
pap & sous – Maisbrei mit Tomaten- und Zwiebelsoße
phutu – ein Zulu-Gericht aus krümeligem Maisbrei, der oft mit gesäuerter Milch gegessen wird; in Xhosa *umphokoqo* genannt
rystafel – die Buren-Version einer traditionellen indonesischen Gerichtes; zu Reis werden viele verschiedene kleine Gerichte serviert
samp – Mischung aus Mais und Bohnen; s. *umngqusho*
tincheki – gekochte Kürbisfleischwürfel mit Zucker, in Swasiland sehr verbreitet
ting – Hirsebrei, bei den Tswana sehr beliebt
umngqusho – gekochte Maisgrütze (getrocknete und dann zerkleinerte Maiskörner) wird anschließend mit Bohnen, Salz und Öl vermischt und schließlich geköchelt – eine Xhosa-Delikatesse (in Sotho auch *nyekoe* genannt)
umvubo – Gericht aus Sauermilch und Maismehl

Fisch

kingklip – ein ausgezeichneter Speisefisch mit festem Fleisch, der meist gebraten wird – er ist der beliebteste Speisefisch Südafrikas
line fish – Tagesfang
snoek – ein Wanderfisch mit festem Fleisch, der nur im Juni und Juli vor dem Kap auftaucht; man isst ihn geräuchert, gesalzen oder als Curry

GETRÄNKE

Don Pedro – ein alkoholischer Milchshake, der traditionellerweise aus Whiskey und Eiskrem hergestellt wird. Er ist aber auch mit anderen Alkoholsorten erhältlich
mampoer – selbstgebrannter Brandy aus Pfirsichen und Kaktusfeigen
rooibos – rooibos heißt wörtlich übersetzt „roter Busch" – der Kräutertee hat therapeutische Wirkung, da er den Organismus dazu anregen soll, die Selbstheilungskräfte zu aktivieren, die Selbstheilungskräfte zu aktivieren; er wird aus einem Hülsenfrüchtler hergestellt.

spook & diesel – Rum und Cola
springbok – ein Cocktail mit Crème de Menthe, gekrönt von einem Schlag Amarula-Creme (einer südafrikanischen Version von Bailey's Irish Cream)
steen – Chenin Blanc; der verbreitetste Weißwein
sundowner – eigentlich jedes (meist alkoholisches) Getränk, das man bei Sonnenuntergang genießt
umnqombothi – ein Xhosa-Begriff für ein selbst gebrautes Bier; in Swasiland auch als *umqombotsi* oder *tjwala* bekannt
witblitz – Obstler (60 %) der Buren – wirkt wie ein Blitz!

Glossar Essen & Trinken

Die folgende Übersicht enthält weitere Begriffe, die überwiegend aus dem Afrikaans stammen (sofern nicht anders angegeben). Sie erleichtern die Bestellung im Restaurant.

ESSEN

biefstuk	Steak
biltong	getrocknetes Salzfleisch
brood	Brot
dipadi	gerösteter Mais mit Salz, manchmal mit Zucker (Sotho)
groente	Gemüse
ho seal	Maisspeise (Sotho)
hoender	Hähnchen
incwancwa	gegorener Maisbrei (Swati, Zulu)
ingubela	Kürbisbrei (Xhosa)
isijingi	zerstampfter Kürbis und Maismehl (Zulu)
kaas	Käse
lipolokoe	gedünstetes Brot
motoho	gegorener Hirsebrei (Sotho)
ntswanatsike	gegorener Gerstenbrei (Sotho)
sishwala	Pap, meist mit Fleisch oder Gemüse serviert (Swati)
tinkhobe	gekochter, ganzer Mais (Swati)
umncweba	Biltong (Swati)
varkvlies	Schwein
vis	Fisch
vleis	Fleisch
vrugte	Früchte

GETRÄNKE

amasi	Sauermilch (Xhosa)
bier	Bier
cool drink	Softdrink in einer Dose
dinkies	250-ml-Weinflasche
dumpies	kleine Bierflaschen
glas melk	ein Glas Milch
ijinja	regionales Ingwerbier (Xhosa)
joala	regionales Hirsebier
koppie koffie	eine Tasse Kaffee
long toms	750-ml-Bierflaschen
moqopothi	regionales Hirsebier (Zulu)
tee	Tee
wyn	Wein

NOCH MEHR

braai	Grillparty unter freiem Himmel; leitet sich von *braaivleis* (Grillfleisch) ab
kroeg	Bar
padkos	Picknick
shebeen	Bar ohne offizielle Schankerlaubnis, oft eine Kneipe in den Vorstädten, wo die Musik wichtiger als ein Getränk ist

Südafrika

JANE SWEENEY

Kapstadt

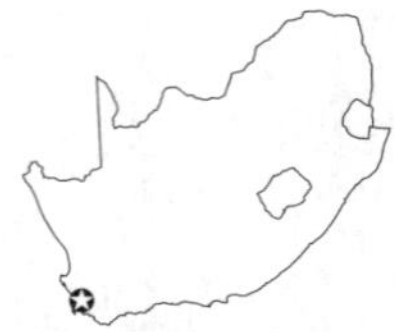

Kapstadt (Cape Town) ist attraktiv, lebenslustig, sportlich und relaxt. Die Stadt wird auch Mother City (Mutterstadt) genannt und liegt an einem der schönsten Flecken der Erde. Ihr weltweit bekanntes Wahrzeichen ist der Table Mountain, der Tafelberg. Vieles dreht sich um dieses berühmte Plateau mit seiner einzigartigen Pflanzenwelt – trotz all der wunderschönen Strände und Weinberge ringsum.

Eine großartige und farbenprächtige Architektur unterstreicht auf einzigartige Weise die natürliche Schönheit der Stadt. Die Bandbreite reicht von den farbigen Fassaden in Bo-Kaap über die viktorianischen Badehütten in Muizenberg bis hin zu den vielen hervorragenden Gästehäusern, Pensionen, Restaurants und Bars in einem modernen und eleganten „Afro-Look". Die multikulturelle Bevölkerung der Stadt ist der beste Beweis dafür, dass Südafrika in der Tat eine „Regenbogennation" ist!

Kapstadt ist aber auch ein Ort der Extreme. Dem Reichtum von Camps Bay und Constantia steht die Armut in Townships wie Khayelitsa gegenüber. Doch auch hier wie in den ärmlichen Vororten der farbigen Bevölkerung (in denen die übergroße Mehrheit der Kapstädter lebt) gibt es große Unterschiede im Lebensstandard. Die Stadt ist stolz auf viele herausragende Beispiele für Bürgerstolz und Optimismus, schockierend sind allerdings die Kriminalitätsraten in den Townships und eine erschreckende HIV- bzw. Aids-Statistik.

In der Stadt gibt es unzählige einladende Restaurants und Kneipen mit einer lebendigen Kulturszene – vor allem im Bereich Musik. Sportliche finden ein breites Angebot an Freizeitaktivitäten, die so manches Mal den Adrenalinspiegel in die Höhe schnellen lassen. Also auf nach Kapstadt!

HIGHLIGHTS

- Zur **Robben Island** (S. 114) übersetzen, um sich ein Bild vom Wandel Südafrikas zu machen
- Mit der Drahtseilbahn auf den großartigen **Table Mountain/Tafelberg** (S. 114) fahren und von oben einen Blick auf Kapstadt werfen
- Die **City Bowl** (S. 115) mit ihren Museen, den Company's Gardens und der Art-déco- und viktorianischen Architektur besichtigen
- An der Spitze des **Cape of Good Hope Nature Reserve** (S. 174) die dramatische Landschaft, die Strände und das Tierleben erkunden
- Den Fischmarkt, die Antiquitätenläden und die Cafés in **Kalk Bay** (S. 170) genießen

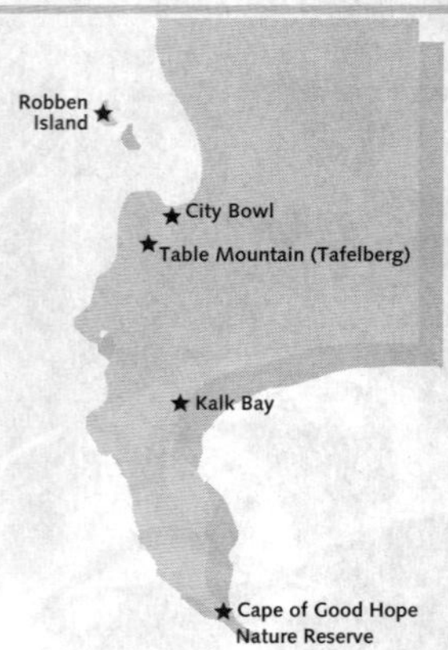

EINWOHNER: 3,1 MILLIONEN	FLÄCHE: 2487 km²

GESCHICHTE

1652 richtete die niederländische Ostindien-Kompanie (Vereenigde Oost-Indische Compagnie; VOC; s. S. 33) in der Kapstädter Bucht einen Stützpunkt ein. Doch schon lange vorher wurde die Gegend von den Nomadenstämmen der San und Khoi Khoi besiedelt (die zusammengefasst auch als Khoisan bezeichnet werden).

Um dem chronischen Arbeitskräftemangel Herr zu werden, verschleppten die Niederländer Sklaven aus Madagaskar, Indien, Sri Lanka, Malaysia und Indonesien ans Kap. Absolute Mangelware waren Frauen; deshalb wurden Sklavinnen und Khoi Khoi nicht selten sexuell missbraucht. Mit der Zeit vermischten sich die Sklaven mit den Khoi Khoi.
Die Nachfahren dieser Verbindungen sind heute ein Teil der farbigen Bevölkerung am Kap. So erklärt sich auch der einmalige Charakter der muslimischen Stadtbevölkerung (s. S. 110).

Während der 150-jährigen niederländischen Herrschaft boomte Kaapstad, so die holländische Bezeichnung, als „Taverne der Meere". Der raue Hafen wurde von jedem Schiff angelaufen, das zwischen Europa und Asien unterwegs war. Gegen Ende des 18. Jhs. war die VOC aber praktisch bankrott, und die Briten wurden auf Kapstadt aufmerksam. Nach dem britischen Sieg gegen die Niederländer 1806 bei Bloubergstrand (25 km nördlich von Kapstadt) wurde die Kolonie am 13. August 1814 an die britische Krone abgetreten. Der Sklavenhandel wurde 1808, die Sklaverei 1833 abgeschafft.

Die Entdeckung und der Abbau von Diamanten und Gold im Herzen von Südafrika veränderten auch Kapstadt nach den 1870er-Jahren grundlegend. So dominierte die Hafenstadt nicht länger das ganze Land, profitierte aber als wichtiger Hafen vom Mineralienreichtum Südafrikas, der die Grundlage für die spätere Industriegesellschaft legte. Derselbe Reichtum inspirierte auch die imperialen Großmachtträume des Cecil John Rhodes. Er hatte Millionen als Chef der De Beers Consolidated Mines verdient (s. S. 569) und wurde 1890 Premierminister der Kapkolonie.

Ein Ausbruch der Beulenpest 1901 wurde den schwarzen afrikanischen Arbeitern angelastet, obwohl die Krankheit aus Argentinien eingeschleppt worden war. Der Vorwurf lieferte der Regierung das Hauptargument zur Einführung der Rassentrennung: Die schwarze Bevölkerung wurde auf zwei Stadtteile abgedrängt. Ein Stadtteil lag am Hafen, der andere bei Ndabeni an der Westseite des Tafelbergs – beide waren Keimzellen der späteren Townships der Cape Flats.

1948 trat die National Party mit einer offenen Apartheidpolitik bei den Wahlen an und gewann diese knapp. Nach einer Reihe von schweren gerichtlichen Auseinandersetzungen um die Verfassung wurde das ohnehin begrenzte Wahlrecht der Schwarzen und Farbigen abgeschafft und der Apartheidstaat etabliert. Ganze Wohnviertel wie District Six (s. S. 118) wurden daraufhin zwangsgeräumt, die Bewohner vertrieb man in die trostlosen Cape Flats.

Die Regierung bemühte sich jahrzehntelang, wilde Siedlungen wie Crossrads aufzulösen, da sie ein Zentrum des schwarzen Widerstands gegen das Apartheidregime bildeten. Beim letzten Versuch wurden zwischen Mai und Juni 1986 rund 70 000 Menschen aus ihren Wohnungen vertrieben. Hunderte von ihnen starben.

Doch selbst durch den brutalen Überfall konnte die Regierung diesen Teil ihrer Politik nicht durchsetzen. Schließlich gestand sie ihre Niederlage ein und begann, die Lebensbedingungen der Menschen zu verbessern.

Nur Stunden nach seiner Freilassung am 11. Februar 1990 hielt Nelson Mandela seine erste öffentliche Rede vom Balkon des Kapstädter Rathauses – der Beginn einer neuen Ära in Südafrika. Vieles hat sich seitdem in Kapstadt verändert: Die Immobilienpreise steigen unvermindert stark an, und das Stadtzentrum ist inzwischen ein sicherer und angenehmer Ort, um dort einzukaufen, zu arbeiten und zu wohnen. In historischen Gebäuden wie den Mutual Heights (S. 119) wurden Luxusapartments eingerichtet.

Die endgültige Integration der nicht-weißen Bevölkerung ist jedoch noch immer nicht abgeschlossen, und manch einer fragt sich, ob sie überhaupt je vollzogen werden kann. Die große Mehrheit der Kapstädter, die in den Cape Flats lebt, wohnt immer noch wie früher in ethnisch getrennten Vierteln. Die Menschen leiden unter unvorstellbaren wirtschaftlichen, sozialen und

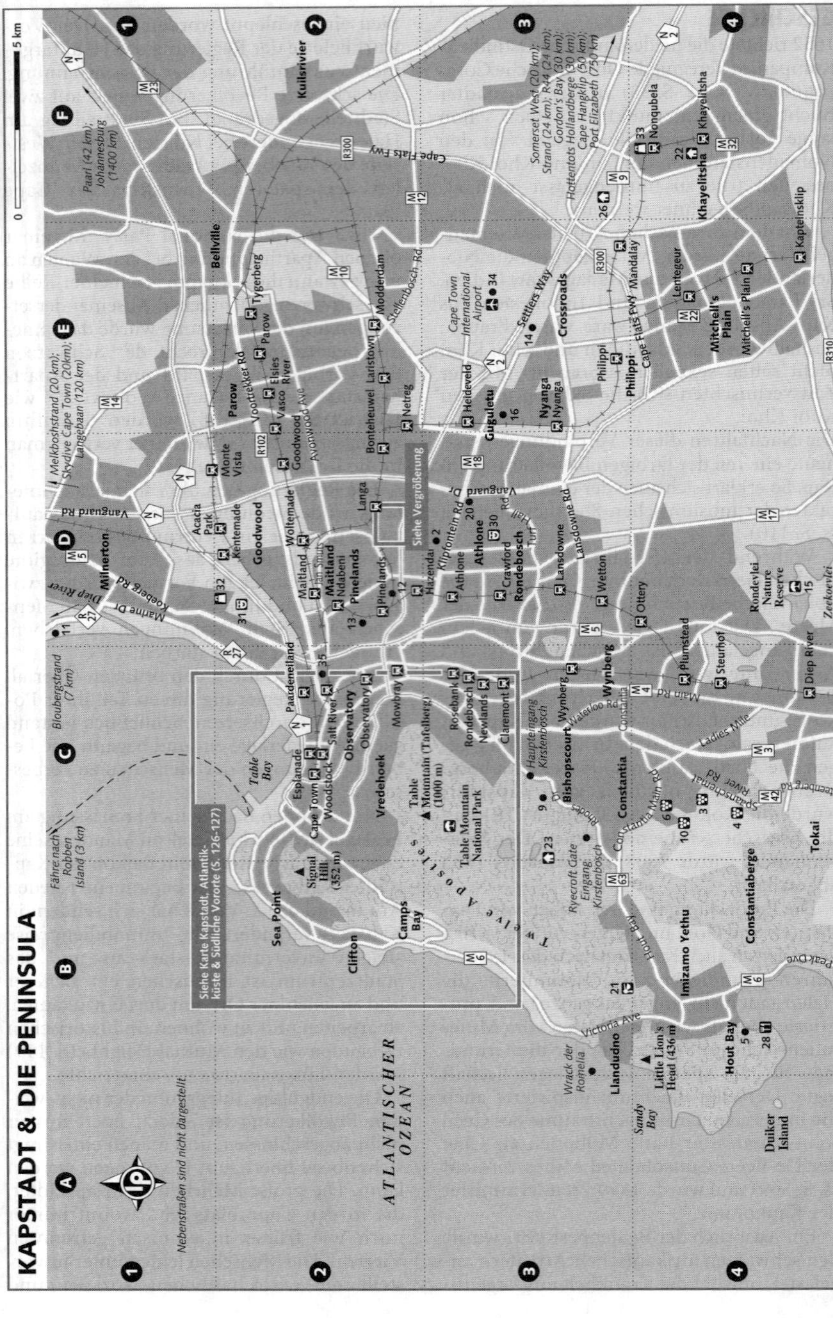
KAPSTADT & DIE PENINSULA
Nebenstraßen sind nicht dargestellt
0
5 km
ATLANTISCHER OZEAN
Fähre nach Robben Island (3 km)
Bloubergstrand (7 km)
Melkbosstrand (20 km); Skydive Cape Town (20km); Langebaan (120 km)
Paarl (42 km); Johannesburg (1400 km)
Somerset West (20 km); Strand (24 km); R44 (24 km); Gordon's Bay (30 km); Hottentots Hollandberge (30 km); Cape Hangklip (50 km); Port Elizabeth (750 km)
Siehe Karte Kapstadt, Atlantikküste & Südliche Vororte (S. 126-127)
Siehe Vergrößerung
Table Bay
Sea Point
Signal Hill (352 m)
Clifton
Camps Bay
Twelve Apostles
Table Mountain (Tafelberg) (1000 m)
Table Mountain National Park
Cape Town
Esplanade
Woodstock
Salt River
Paardeneiland
Observatory
Mowbray
Vredehoek
Rosebank
Rondebosch
Newlands
Claremont
Haupteingang Kirstenbosch
Ryecroft Gate Eingang Kirstenbosch
Rhodes Dr
Bishopscourt
Constantia
Constantia Main Rd
Wynberg
Waterloo Rd
Main Rd
Ladies Mile
Spaanschemat River Rd
Steenberg Rd
Plumstead
Steurhof
Diep River
Tokai
Constantiaberge
Imizamo Yethu
Hout Bay
Hout Bay Rd
Victoria Ave
Llandudno
Wrack der Romelia
Little Lion's Head (436 m)
Sandy Bay
Duiker Island
Peak Dve
Milnerton
Diep River
Marine Dr
Koeberg Rd
Vanguard Rd
Acacia Park
Kentemade
Monte Vista
Goodwood
Parow
Voortrekker Rd
Elsies River
Vasco
Tygerberg
Bellville
Kuilsrivier
Cape Flats Fwy
Woltemade
Maitland
Jan Smuts
Ndabeni
Pinelands
Langa
Bonteheuwel
Lansdowne
Netreg
Modderdam
Stellenbosch Rd
Avonwood Ave
Cape Town International Airport
Settlers Way
Hazendal
Klipfontein Rd
Athlone
Crawford
Rondebosch
Turf Hall Rd
Lansdowne Rd
Vanguard Dr
Heideveld
Gugulethu
Nyanga
Crossroads
Philippi
Lentegeur
Mandalay
Mitchell's Plain
Khayelitsha
Nonqubela
Kapteinsklip
Wetton
Ottery
Rondevlei Nature Reserve
Zeekoevlei

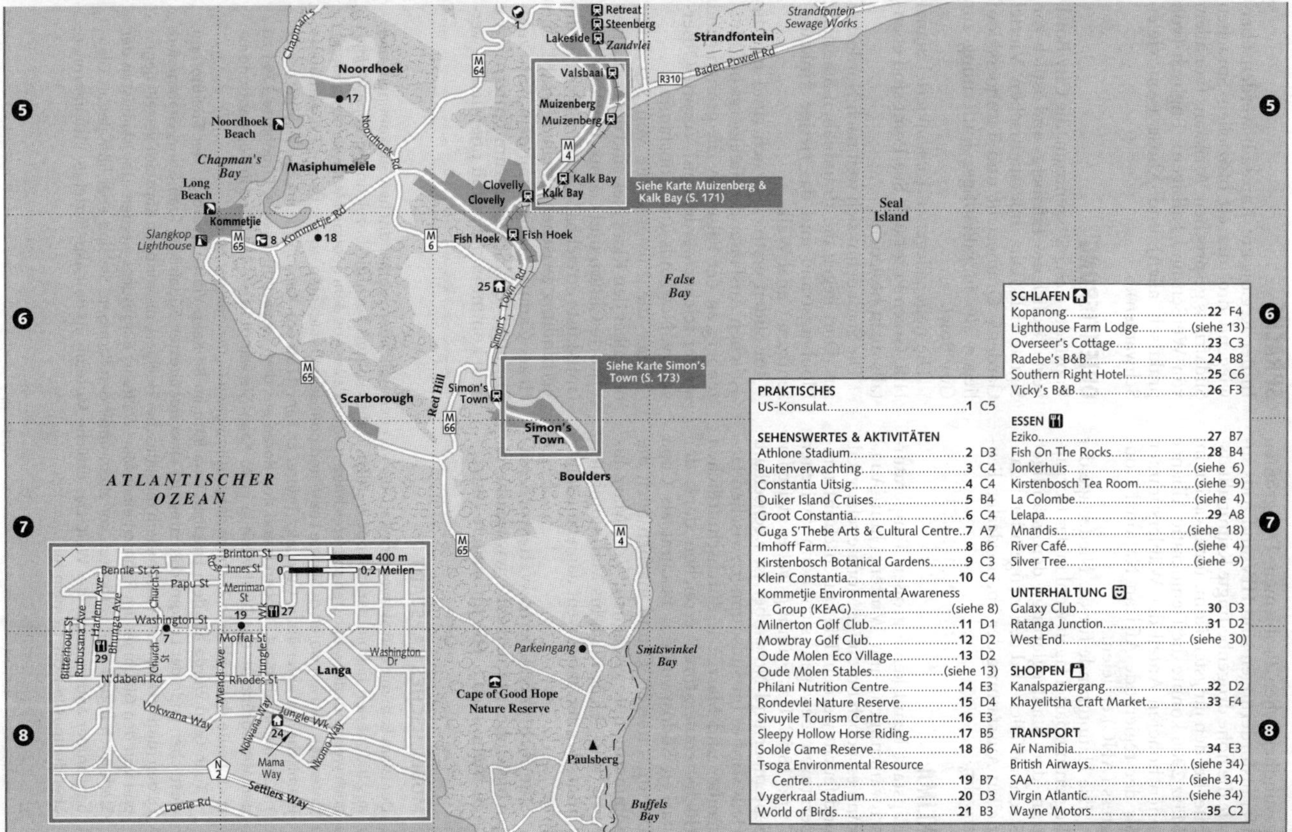

PRAKTISCHES

US-Konsulat 1 C5

SEHENSWERTES & AKTIVITÄTEN

Athlone Stadium 2 D3
Buitenverwachting 3 C4
Constantia Uitsig 4 C4
Duiker Island Cruises 5 B4
Groot Constantia 6 C4
Guga S'Thebe Arts & Cultural Centre .. 7 A7
Imhoff Farm 8 B6
Kirstenbosch Botanical Gardens 9 C3
Klein Constantia 10 C4
Kommetjie Environmental Awareness Group (KEAG) .... (siehe 8)
Milnerton Golf Club 11 D1
Mowbray Golf Club 12 D2
Oude Molen Eco Village 13 D2
Oude Molen Stables .... (siehe 13)
Philani Nutrition Centre 14 E3
Rondevlei Nature Reserve 15 D4
Sivuyile Tourism Centre 16 E3
Sleepy Hollow Horse Riding 17 B5
Solole Game Reserve 18 B6
Tsoga Environmental Resource Centre 19 B7
Vygerkraal Stadium 20 D3
World of Birds 21 B3

SCHLAFEN

Kopanong 22 F4
Lighthouse Farm Lodge .... (siehe 13)
Overseer's Cottage 23 C3
Radebe's B&B 24 B8
Southern Right Hotel 25 C6
Vicky's B&B 26 F3

ESSEN

Eziko 27 B7
Fish On The Rocks 28 B4
Jonkerhuis .... (siehe 6)
Kirstenbosch Tea Room .... (siehe 9)
La Colombe .... (siehe 4)
Lelapa 29 A8
Mnandis .... (siehe 18)
River Café .... (siehe 4)
Silver Tree .... (siehe 9)

UNTERHALTUNG

Galaxy Club 30 D3
Ratanga Junction 31 D2
West End .... (siehe 30)

SHOPPEN

Kanalspaziergang 32 D2
Khayelitsha Craft Market 33 F4

TRANSPORT

Air Namibia 34 E3
British Airways .... (siehe 34)
SAA .... (siehe 34)
Virgin Atlantic .... (siehe 34)
Wayne Motors 35 C2

gesundheitlichen Problemen. Die größten Herausforderungen sind HIV und Aids sowie die hohe drogenbedingte Kriminalitätsrate. Bei den jüngsten Kommunalwahlen im März 2006 konnte die Democratic Alliance einen höheren Anteil der Wählerstimmen als der regierende African National Congress (ANC) erzielen.

Die Hauptgründe für die Niederlage der Regierungspartei lagen wohl in der Korruption der Stadtregierung, den ständigen Stromausfällen und der mangelnden finanziellen Ausstattung der überforderten Feuerwehr.

KLIMA

Kapstadt kennt keine großen Temperaturschwankungen, im Winter (Juni–Aug.) kann es jedoch für einige Monate relativ kalt und feucht werden. Die Durchschnittstemperaturen bewegen sich dann zwischen 7 und 18 °C. Das Frühlingswetter zwischen September und November ist wechselhaft. Heiß wird es im Südsommer zwischen Dezember und März. Die durchschnittlichen Höchsttemperaturen erreichen dank der starken Südostwinde – bekannt als Cape Doctor – nur 26 °C und machen auch die Sommermonate erträglich. Von März bis April (und gelegentlich bis Mai) dominiert schönes Wetter, meist weht dann eine sanfte Brise.

Stündlich aktualisierte Wettervorhersagen bietet die Internetseite www.weathersa.co.za. Siehe auch S. 666 für weitere Infos.

SPRACHE

In der Region um Kapstadt werden überwiegend drei der elf offiziellen Sprachen Südafrikas gesprochen: Afrikaans (vor allem von Weißen und Farbigen), Englisch (von praktisch allen) und Xhosa (von vielen Schwarzen).

ORIENTIERUNG

Kapstadts Geschäftszentrum, die City Bowl, liegt nördlich des Tafelbergs und östlich von Signal Hill. Die innerstädtischen Viertel Gardens, Oranjezicht und Tamboerskloof liegen alle in fußläufiger Entfernung zur City Bowl.

Die nahe gelegenen Küstenviertel Signal Hill, Green Point und Sea Point sind ebenfalls dicht besiedelt.

Die Stadt dehnt sich weit nach Nordosten aus. Dort liegen die strandnahen Stadtteile Bloubergstrand und das riesige Einkaufszentrum Canal Walk.

Im Süden erstrecken sich rund um die östlichen Ausläufer des Tafelbergs bei Muizenberg an der False Bay die grünen (und immer reicher werdenden) Vororte Observatory, Newlands und Constantia.

Über die Küstenstraße von Sea Point oder über den Kloof Nek sind die exklusiven Vororte Clifton und Camps Bay an der Atlantikküste erreichbar. Der Kloof Nek ist die Verbindung zwischen Tafelberg und Lion's Head. Camps Bay liegt mit dem Auto zehn Minuten vom Stadtzentrum entfernt, und man kommt mühelos mit öffentlichen Ver-

MUSLIMISCHES KAPSTADT

Der Islam kam mit den Sklaven ans Kap, die von den Holländern vom indischen Subkontinent und aus Indonesien hierhin verschleppt wurden. Daher kommt auch die Bezeichnung *Cape Malays*, auch wenn nur die wenigsten so bezeichneten von Sklaven aus dem heutigen Malaysia abstammen. Unter den Sklaven waren gebildete Leute und politische Dissidenten, so z. B. der ins Exil verbannte islamische Anführer Tuan Guru aus Tidore. Er kam 1780 ans Kap und schrieb im Laufe seiner 13 Gefängnisjahre auf Robben Island den Koran aus dem Gedächtnis nieder. Er gehörte 1794 zu den Mitbegründern der Owal Mosque in Bo-Kaap. Sie war die erste Moschee in Kapstadt und ist noch heute das spirituelle Zentrum der muslimischen Gemeinde der Stadt.

Tuan Guru wurde auf dem Friedhof Tana Baru im Bo-Kaap-Viertel beerdigt. Der Friedhof am westlichen Ende der Longmarket Street ist einer der ältesten Südafrikas. Tuan Gurus Grab gehört zu den rund 20 *karamats* (Grabmälern muslimischer Heiliger), die rund um Kapstadt verteilt liegen und von den Gläubigen im Rahmen einer Mini-Wallfahrt aufgesucht werden. Der Islam ist in der Stadt noch immer weit verbreitet, vor allem unter den Farbigen. Sie sind aber liberaler als Glaubensbrüder anderswo auf der Welt. Das örtliche Museum im Bo-Kaap-Viertel (S. 119) informiert über die muslimische Gemeinde.

KAPSTADT IN …

zwei Tagen

Am Morgen geht es auf den **Tafelberg** (S. 114), um den Panoramablick über die Stadt zu genießen. Zurück in der Stadt folgen ein Spaziergang durch die **Company's Gardens** (S. 115) und ein Besuch der **SA National Gallery** (S. 120). Dort sind die schönsten Kunstwerke des Landes ausgestellt. Nach einer Kostprobe afrikanischer Küche im **Café African Image** (S. 156) ist ein Bummel durch die Souvenirläden auf dem **Greenmarket Square** (S. 165) und an der **Long Street** (S. 118) angesagt.

Der zweite Tag führt ans südliche Ende der Halbinsel und zur False Bay. Ziel ist der atemberaubende **Cape Point** (S. 174), wo man ohne weiteres einen ganzen Tag verbringen kann. Es wäre aber schade, auf das reizvolle **Simon's Town** (S. 172), die Pinguinkolonie bei **Boulders** (S. 173) sowie die Antiquitätenläden und den malerischen Fischereihafen in **Kalk Bay** (S. 170) zu verzichten. Zum Mittagessen bietet sich in Kalk Bay das **Olympia Café & Deli** (S. 172) an.

Danach geht es an der Atlantikküste und über **Chapman's Peak Drive** (S. 123) in die Stadt zurück. Bei einer Pause in **Camps Bay** (S. 123) kann man den Sonnenuntergang mit einem hervorragenden Cocktail genießen.

vier Tagen

Am dritten Tag geht es morgens auf eine halbtägige **Township-Tour** (S. 149). Der Ausflug schließt in der Regel den Besuch des **District Six Museum** (S. 115) ein. Nachmittags folgt eine Schiffsfahrt nach **Robben Island** (S. 114). Für den Abend bietet sich ein Bummel über die **Waterfront** (S. 122) an. Die Alternative sind ein Abendessen (S. 158) und ein anschließender Discoabend (S. 162) an der **Waterkant**.

Der vierte Tag ist für die südlichen Vororte reserviert. Zunächst geht es ins **Irma Stern Museum** (S. 141) oder ins grüne **Constantia** (S. 128), um dort ein paar Weine zu testen. Nachmittags lohnt sich der Spaziergang durch die **Kirstenbosch Botanical Gardens** (S. 128). Den Nachmittagstee kann man dort oder im Tearoom neben dem **Rhodes Memorial** (S. 141) einnehmen. Der Blick über die Cape Flats ist beeindruckend. Zum Abschluss des Ausflugs folgt ein Abendessen im **Africa Café** (S. 157) oder im **Madame Zingara & Cara Lazuli** (S. 157).

kehrsmitteln dorthin. Will man jedoch weiter nach Süden Richtung Llandudno, Hout Bay oder Noordhoek, nimmt man besser ein eigenes Auto oder das Fahrrad.

Die Orte der False Bay (Muizenberg bis Simon's Town) sind alle mit dem Zug zu erreichen und werden im Kapitel Rund um Kapstadt (S. 169) beschrieben. Dort finden sich auch Informationen zum spektakulären Naturschutzgebiet Cape of Good Hope Nature Reserve (S. 174), das 70 km südlich des Stadtzentrums liegt. Entlang der N2 erstrecken sich südöstlich des Tafelberges die Orte der Cape Flats (S. 175).

Karten

Cape Town Tourism (S. 113) bietet einen kostenlosen Stadtplan, der für die meisten Kurzbesuche ausreicht. Wer länger als eine Woche bleiben möchte und ein Mietauto hat, sollte sich eventuell den *Cape Town & Pensinsula Street Guide* von Map Studio kaufen.

PRAKTISCHE INFORMATIONEN

Buchläden

Die wichtigste Buchladenkette und Zeitungshandlung heißt CNA, sie hat in der Stadt viele Filialen.

Clarke's Bookshop (Karte S. 116–117; ☎ 021-423 5739; www.clarkesbooks.co.za; 211 Long St., City Bowl) Großes Sortiment an Büchern über Südafrika und den gesamten Kontinent; große Auswahl an Secondhand- und antiquarischen Titeln.

Exclusive Books Waterfront (Karte S. 124–125; ☎ 021-419 0905; Victoria Wharf); Cavendish Square Mall (Karte S. 126–127; Claremont); Lifestyles on Kloof (Karte S. 121) Hervorragende Auswahl.

Travellers Bookshop (Karte S. 124–125; ☎ 021-425 6880; Victoria Wharf, Waterfront)

Geld

Geld kann am Flughafen, in den meisten Banken und bei Cape Town Tourism (s. unten) umgetauscht werden. Rennies Travel (s. S. 112) ist der lokale Vertreter von Thomas Cook und tauscht ebenfalls Geld.

Geldautomaten finden sich im ganzen Stadtgebiet. Doch vorher unbedingt die Hinweise im Kasten auf S. 667 wegen Betrügereien am Geldautomaten lesen!

American Express City Bowl (Karte S. 116–117; ☎ 021-425 7991; Thibault Sq.); Waterfront (Karte S. 124–125; ☎ 021-419 3917; V&A Hotel Mall, Waterfront)

Internetzugang

Kapstadt ist eine der internetfreundlichsten Städte Afrikas. Die meisten Hotels und Hostels haben Internetanschlüsse, dazu kommen viele Internetcafés. Die Tarife liegen bei 10 R pro Stunde.

Catwalk TV (Karte S. 116–117; ☎ 021-423 8999; www.catwalk.co.za; 16 Burg St., City Bowl; 24 Std.) Zentral gelegen.

Medien

Kapstadts Morgenzeitung, die **Cape Times** (www.capetimes.co.za), und die nachmittags erscheinende **Cape Argus** (www.capeargus.co.za) bringen praktisch identische Nachrichten. Das Wochenmagazin *Mail & Guardian* erscheint freitags. Die Beilage enthält lesenswerte Kunstkritiken sowie einen Veranstaltungskalender. **Cape Etc** (www.capeetc.com) ist eine brauchbare, zweimonatlich erscheinende Kunst- und Kulturzeitschrift mit Veranstaltungshinweisen für Kapstadt.

Medizinische Versorgung

Die medizinische Versorgung hat in Kapstadt ein hohes Niveau. Viele Ärzte machen Hausbesuche, sie sind im Telefonverzeichnis unter „Medical" aufgeführt. Auch Hotels und viele andere Unterkünfte können Ärzte vermitteln.

Christian Barnard Memorial Hospital (Karte S. 116–117; ☎ 021-480 6111; www.netcare.co.za; 181 Longmarket St., City Bowl) Das beste Privatkrankenhaus; die Rezeption liegt im 8. Stock.

Groote Schuur Hospital (Karte S. 126–127; ☎ 021-404 9111; capegateway.gov.za/gsh; Main Rd., Observatory) Im Notfall direkt zur Notaufnahme gehen.

SAA-Netcare Travel Clinic (Karte S. 116–117; ☎ 021-419 3172; 11. Stock, Picbal Arcade, 58 Strand St., City Bowl; Mo–Fr 8–17, Sa 9–13 Uhr) Für Impfungen und Gesundheitsfragen rund ums Reisen.

Notfall

Bei Notfällen die ☎ 107 oder per Handy die ☎ 112 anrufen. Weitere nützliche Telefonnummern:

Krankenwagen (☎ 10177)
Feuerwehr (☎ 021-535 1100)
Bergwacht (☎ 021-948 9900)
Polizei (☎ 10111)
Seenotrettungsdienst (☎ 021-405 3500)

Post

Hauptpost (Karte S. 116–117; ☎ 021-464 1700; Parliament St., City Bowl; Mo–Fr 8–16.30, Sa 8–12 Uhr) Postlagerung.

Reisebüros

Africa Travel Centre (Karte S. 121; ☎ 021-423 5555; www.backpackers.co.za; The Backpack, 74 New Church St., Tamboerskloof) Bucht alle Arten von Ausflügen und Aktivitäten, darunter Tagesausflüge, Mietwagen und ausgedehnte Trucktouren durch Afrika.

Atlantic Tourist Information Centre (Karte S. 126–127; ☎ 021-434 2382; www.arokan.co.za; 242 Main Rd., Three Anchor Bay) Unter Leitung von Schwulen; agiert auch als Reiseveranstalter.

Flight Centre (Karte S. 121; www.flightcentre.co.za; ☎ 021-461 8658; Gardens Centre, Mill St., Gardens)

Rennies Travel (www.renniestravel.co.za) City Bowl (Karte S. 116–117; ☎ 021-423 7154; 101 St. George's Mall); Sea Point (Karte S. 126–127; ☎ 021-439 7529;

CAPE TOWN PASS

Wer sehr viel in Kapstadt besichtigen möchte, sollte sich eventuell den **Cape Town Pass** (☎ 021-886 7080; www.thecapetownpass.co.za) kaufen. Der Pass gilt ein, zwei, drei oder sechs aufeinander folgende Tage (Erw. 275/425/495/750 R, Kind 180/285/350/550 R) und bietet einen kostenlosen Eintritt zu rund 70 Attraktionen in der Stadt und auf der Halbinsel. Davon ausgenommen sind aber die Fahrt auf den Tafelberg und der Bootsausflug nach Robben Island. Ob sich der Preis des Ein- bzw. Zwei-Tages-Passes lohnt, ist nicht einfach zu entscheiden. Die Drei- bzw. Sechs-Tages-Pässe sind in der Regel preislich attraktiver. Der Cape Town Pass bietet auch zahlreiche sonstige Ermäßigungen in der Stadt, z.B. das kostenlose Ausleihen eines Handys und einer örtlichen SIM-Card von Vodashop-Cellucity. Der Cape Town Pass wird in den offiziellen Touristeninformationen in der City Bowl und an der Waterfront verkauft. Beim Kauf über das Internet wird er zur gewählten Unterkunft in Kapstadt geschickt.

HOERIKWAGGO TRAILS

So wie beim Ayers Rock in Australien, der eigentlich Uluru heißt, sollte man sich schon mal an den traditionellen Namen des Tafelbergs gewöhnen: Hoerikwaggo. In der Sprache der Khoi Khoi bedeutet der Name „Berg im Meer". 2005 eröffnete der Table Mountain National Park den ersten von drei geplanten **Hoerikwaggo Trails** (www.hoerikwaggotrails.co.za). So können Besucher auf dem Berg übernachten und die 80 km von der City Bowl zum Kap der Guten Hoffnung dann erwandern.

Der dreitägige Table Mountain Trail ist eine geführte Wanderung, die an der Waterfront beginnt und zunächst durch die City Bowl führt. Die Wanderer übernachten im komfortablen historischen Platteklip Wash House (Karte S. 121) in Vredehoek am nördlichen Abhang des Berges. Am zweiten Tag geht es zur Drahtseilbahn, dann zum Gipfel und weiter zum Back Table. Dort verbringen die Wanderer die Nacht im Overseers Cottage (Karte S. 108–109). Am letzten Tag wird der Back Table erkundet und danach beginnt der Abstieg auf der Ostseite zu den Kirstenbosch Botanical Gardens (S. 128). Die Wanderung kostet 1900 R pro Person (Übernachtung im DZ). Im Preis enthalten sind Vollverpflegung, Gepäckservice und eine luxuriöse Unterkunft. Die Gruppen bestehen aus maximal 16 Personen.

Anfang 2007 soll der weniger bequeme Tip-to-Top-Trail eröffnet werden. Die sechstägige Wanderung beginnt am Cape Point. Auf dieser Wanderung müssen die Teilnehmer aber ihr Essen, die Ausrüstung und ihren Schlafsack selbst tragen. Ende 2007 soll eine Luxusvariante eingerichtet werden, wobei die Wanderung dann in entgegengesetzter Richtung durchgeführt wird (Top to Tip). Für die Unterkunft sollen komfortable Hütten eingerichtet werden.

182 Main Rd.); Waterfront (Karte S. 124–125; ☎ 021-418 3744; Einkaufszentrum Victoria Wharf) Führt Buchungen im In- und Ausland durch und vertritt Thomas Cook (Reiseschecks). Gegen eine geringe Gebühr werden Visa für die Nachbarländer organisiert.

STA Travel (Karte S. 126–127; ☎ 021-686 6800; 14 Main Rd., Rondebosch)

Wanderwomen (☎ 021-788 9988; www.wanderwomen.co.za) Reisebüro und -veranstalter; wird von Frauen geleitet.

Telefon

Für die Telefonzellen sind Telefonkarten nützlich. Man kann sie bei Cape Town Tourism, Zeitungshändlern und in verschiedenen Läden kaufen.

Handys können geliehen werden. Alternativ kann man an den MTM- und Vodacom-Schaltern am Flughafen eine SIM-Card kaufen. In der Stadt gibt es außerdem zahlreiche Cell-C-Läden. Nachladekarten werden überall in der Stadt angeboten.

Touristeninformation

Cape Town Tourism (www.tourismcapetown.co.za) Stadtzentrum (Karte S. 116–117; ☎ 021-487 6800; Ecke Castle St./Burg St., City Bowl; 🕓 Okt.–März Mo–Fr 8–18, Sa 8.30–14, So 9–13 Uhr; April–Sept. Mo–Fr 8–17.30, Sa 8.30–13, So 9–13 Uhr); Waterfront (Karte S. 124–125; ☎ 021-405 4500; Clock Tower Centre; 🕓 9–21 Uhr) Die eindrucksvolle und gut geführte Touristeninformation bucht Unterkünfte, Führungen oder Mietwagen. Die Filiale im Stadtzentrum hat Infos zu den Naturparks (☎ 021-426 0723) und den Nationalparks (☎ 021-423 8005). Dazu kommen noch ein Internetcafé und ein Schalter zum Geldwechsel. Das Waterfront-Büro ist eine abgespeckte Version des Hauptbüros.

Visaverlängerungen

Department of Home Affairs (Karte S. 116–117; ☎ 021-465 0333; www.samigrationservices.co.za; 56 Barrack St., City Bowl; 🕓 Mo–Fr 8–15.15 Uhr)

SICHERHEIT

Kapstadt ist noch immer eine der ruhigsten Städte Afrikas, was manchen Reisenden allerdings dazu verleitet, sich zu sicher zu fühlen. Diebstähle passieren meist dort, wo Urlauber sich unvorsichtig verhalten, indem sie z. B. ihre Wertsachen am Strand unbeaufsichtigt liegen lassen, während sie schwimmen gehen.

Paranoia ist nicht angesagt, gesunder Menschenverstand aber schon. Auf der Halbinsel herrscht eine unglaubliche Armut, und die „informelle Umverteilung des Wohlstands" ist relativ weit verbreitet. Die Townships der Cape Flats haben eine erschreckend hohe Kriminalitätsrate. Ohne einen vertrauenswürdigen Führer oder außerhalb einer geführten Tour sollte man niemals in diese Vororte gehen!

Bei Spaziergängen in der Stadt ist es wichtig, immer auf den belebten Straßen zu bleiben und generell dem Rat der Einheimischen zu folgen.

Das Baden an den Stränden des Kaps kann sehr gefährlich werden, vor allem, wenn man mit der Brandung nicht vertraut ist. Generell gilt: Immer auf die Warnhinweise achten und nur an bewachten Stränden baden gehen.

Für Sicherheitshinweise zu Wanderungen im Table Mountain National Park s. S. 145.

SEHENSWERTES

Table Mountain National Park

Rund drei Viertel der Halbinsel nimmt der **Table Mountain National Park** (www.tmnp.co.za) ein, der sich vom flachen Tafelberg bis nach Cape Point (s. S. 174) erstreckt. Für die meisten Besucher ist der Gipfel des 1086 m hohen Berges die Hauptattraktion ihres Kapstadtaufenthaltes.

Der Berg ist sehr leicht mit der **Drahtseilbahn** (Karte S. 126–127; ☎ 021-424 5148; www.tablemountain.net; Erw. einfach/hin & zurück 57,50/115 R; 🕑 Feb.–Nov. 8.30–19 Uhr, Dez.–Jan. 8–22 Uhr) erreichbar. Die Kabinen gehen alle 10/20 Minuten auf Fahrt.

Der Ausblick von den sich drehenden Gondeln und vom Gipfel ist einfach phänomenal. Auf dem Gipfel gibt es Souvenirläden, ein Café und einige leichte Wanderwege. Die Drahtseilbahn fährt nicht bei starkem Wind. Es macht auch keinen Sinn, hochzufahren, wenn oben alles wolkenverhangen ist (die berühmte „Tischdecke“ des Tafelberges). Man kann sich vorher telefonisch erkundigen, ob die Bahn in Betrieb ist. Die besten Sicht- und Wetterbedingungen herrschen meistens frühmorgens und am Abend. Hinweise für den Aufstieg zu Fuß s. S. 145.

Rikkis (S. 169) fahren für 16 R vom Stadtzentrum zur Talstation der Bahn. Ein Taxi kostet pro Person rund 50 R.

Robben Island & Nelson Mandela Gateway

Schon in den Frühzeiten der Ostindien-Kompanie waren auf **Robben Island** (☎ 413 4220; www.robben-island.org.za; Erw./Kind 150/75 R; 🕑 stdl., Fähren 9–15 Uhr, Dez.–Jan. Sonnenuntergangsfahrten 17 Uhr) Gefangene inhaftiert. Die letzten Häftlinge wurden 1996 entlassen, die Gefängnisinsel wurde Museum und von der Unesco zum Weltkulturerbe erklärt. Die Insel zählt zu den größten Attraktionen der Stadt.

Ein Besuch von Robben Island ist sehr empfehlenswert, aber in mancherlei Hinsicht problematisch. Meist ist die Insel überlaufen, und die Besucher werden im Eiltempo zu den Sehenswürdigkeiten geführt. Mit maximal zwei Stunden Aufenthalt auf der Insel (plus einer jeweils 30-minütigen Schiffsfahrt) sind die Touren zu kurz geplant. Der Besuch ist dennoch sehr interessant, weil einstige Mitinhaftierte von Mandela durch das Gefängnis führen. Sie berichten von ihren fürchterlichen Erlebnissen; einige schaffen es dennoch, den Geist der Versöhnung zu vermitteln.

Für die Standardtouren gibt es beim Ticketkauf feste Abfahrts- und Rückkehrzeiten. Auf dem Programm steht eine Führung durch das alte Gefängnis inklusive obligatorischem Blick in die Zelle von Nelson Mandela. Hinzu kommt eine etwa 45-minütige Busfahrt über die Insel mit Erläuterungen zu den verschiedenen Sehenswürdigkeiten. Dazu zählt der Kalksteinbruch, in dem Mandela und die vielen anderen Inhaftierten Zwangsarbeit verrichten mussten. Zu sehen ist auch die Kirche aus der Zeit, als die Insel noch eine Leprakolonie war. Mit etwas Glück bekommt man zehn Minuten zugestanden, um für sich alleine herumzulaufen. Die Führer empfehlen in der Regel, zur Kolonie der Brillenpinguine in der Nähe des Landungsstegs zu gehen. Für Freunde der jüngsten Historie interessanter ist aber der Block A des Gefängnisses mit der Ausstellung *Cell Stories*. Jede der 40 Isolationszellen erzählt die Geschichte eines früheren politischen Gefangenen.

Die geführten Touren beginnen am **Nelson Mandela Gateway** (Karte S. 124–125; Eintritt frei; 🕑 9–20.30 Uhr) neben dem Clock Tower an der Waterfront. Selbst wer die Insel nicht besuchen möchte, sollte einen Blick in das Museum am Anleger werfen, das anschaulich über den Freiheitskampf informiert. Für die Inselfahrten ist eine Reservierung empfehlenswert: Vor allem in den Ferienzeiten sind die Touren auf Tage hinaus ausgebucht. Reservierungen werden am Anleger beim Nelson Mandela Gateway oder in der Stadt bei Cape Town Tourism (s. S. 113) angenommen. Die nach den Pelzrobben benannte Insel Robben Island ist auch für Schnorchler und Naturliebhaber attraktiv.

City Bowl

City Bowl ist das Geschäftszentrum der Stadt und liegt eingezwängt zwischen Tafelberg, Signal Hill und Hafen. Im Westen grenzen Bo-Kaap und die Waterkant an die City Bowl, im Osten Zonnebloem, das früher einmal District Six hieß. Am besten besichtigt man die vielen Sehenswürdigkeiten im Rahmen eines Stadtrundgangs (auf S. 148 werden einige empfehlenswerte Veranstalter genannt) oder macht sich auf eigene Faust auf den Weg (s. S. 146).

DISTRICT SIX MUSEUM

Wer nur ein Museum in Kapstadt besuchen will, sollte unbedingt ins **District Six Museum** (Karte S. 116–117; ☎ 021-466 7200; www.districtsix.co.za; 25A Buitenkant St.; Erw./Kind 15/10 R; ⌚ Mo 9–15, Di–Sa 9–16 Uhr) gehen. Praktisch alle geführten Touren in die Townships beginnen hier, um die Geschichte der Passgesetze zu erklären. Das emotional sehr berührende Museum ist den Menschen des ausgelöschten District Six gewidmet und erzählt ihre Geschichte. Zu den Ausstellungsstücken gehört ein Stadtplan des District Six auf dem Fußboden, auf dem ehemalige Bewohner markiert haben, wo einmal ihre zerstörten Häuser und andere Gebäude gestanden haben. Der Stadtplan wird durch Wohnungseinrichtungen, vergilbte Fotos und alte Tonaufnahmen ergänzt. Viele der Mitarbeiter – fast alle wurden selbst zwangsumgesiedelt – erzählen auf Nachfrage ihre traurigen persönlichen Geschichten (s. Kasten S. 118).

Empfehlenswert sind auch die **Stadtführungen** (☎ 021-466 7208; pro Pers. 50 R, Min. 10 Pers.) durch den alten District Six.

CASTLE OF GOOD HOPE

Viele Besucher sind überrascht, dass es in Kapstadt eine **Burg** gibt (Karte S. 116–117; ☎ 021-787 1249; www.castleofgoodhope.co.za, www.iziko.org.za/castle/index.html; Mo–Sa Erw./Kind 20/10 R, So 10/5 R; ⌚ 9–16 Uhr, Führungen Mo–Sa 11, 12 & 14 Uhr). Die Burg wurde 1666–79 zur Verteidigung der Stadt errichtet. Die fünfeckige steinerne Festung gilt als das älteste Gebäude der Stadt. Es lohnt sich, an einer der Führungen teilzunehmen. Die Führung um 12 Uhr fällt mit dem Wachwechsel zusammen: Die Festung ist auch heute noch das Hauptquartier des Western Cape Military Command. Doch auch ohne Führung fällt die Orientierung leicht. Von Montag bis Freitag ist das Burgtor um 10 Uhr Schauplatz einer Schlüsselzeremonie. Dann werden die Torschlüssel feierlich übergeben. In der Burg wird eine interessante Ausstellung mit militärischen Gegenständen sowie archäologischen Exponaten gezeigt. Auch der so genannte Dolphin Pool wurde rekonstruiert. Highlight ist jedoch die William Fehr Collection (9.30–16 Uhr). Sie zeigt wunderschöne kapholländische Möbel, darunter einen Tisch für 100 Personen, sowie Gemälde von John Thomas Baines.

Der Eingang liegt in der Buitenkant Street.

COMPANY'S GARDENS

Der im Herzen der Stadt gelegene schattige grüne **Park** (Karte S. 121; ⌚ 7–19 Uhr) ist ein schöner Ort, um der größten Hitze des Tages zu entfliehen. Das 6 ha große Parkgelände erstreckt sich zu beiden Seiten der Government Avenue und ist der letzte Rest eines ehemaligen Gemüseackers, den die Ostindien-Kompanie angelegt hatte. Die Eingänge liegen neben der National Library of South Africa und an der Museum Street bzw. Queen Victoria Street. Nachdem die VOC ihre Versorgung anderweitig sichern konnte, wurde das Gelände zu einem schönen Erholungspark umgestaltet und mit unzähligen Pflanzen und Bäume aus Südafrika und dem Ausland bepflanzt. Besonders schön sind die Frangipanis, die Afrikanischen Flammenbäume, Aloegewächse und Rosen.

Die Eichhörnchen, die den Park bevölkern, wurden von Cecil Rhodes aus Nordamerika nach Kapstadt importiert. Seine Statue steht im Zentrum des Parks. Ein- oder zweimal im Monat findet neben dem zentralen Café ein Kunsthandwerksmarkt statt. Weitere Informationen dazu hat das Informationszentrum des Parks.

HOUSES OF PARLIAMENT

Für alle, die sich für die jüngste Geschichte des Landes interessieren, lohnt sich der Besuch des südafrikanischen **Parlaments** (Karte S. 116–117; ☎ 021-403 2266; www.parliament.gov.za; Parliament St.; Eintritt frei; Mo–Fr Führungen nach Voranmeldung). Die heiligen Hallen wurden 1885 errichtet und haben einige denkwürdige Ereignisse erlebt: 1960 hielt hier der britische Premierminister Harold Macmillan seine „Wind of Change"-Rede, 1966 wurde

CITY BOWL & BO-KAAP

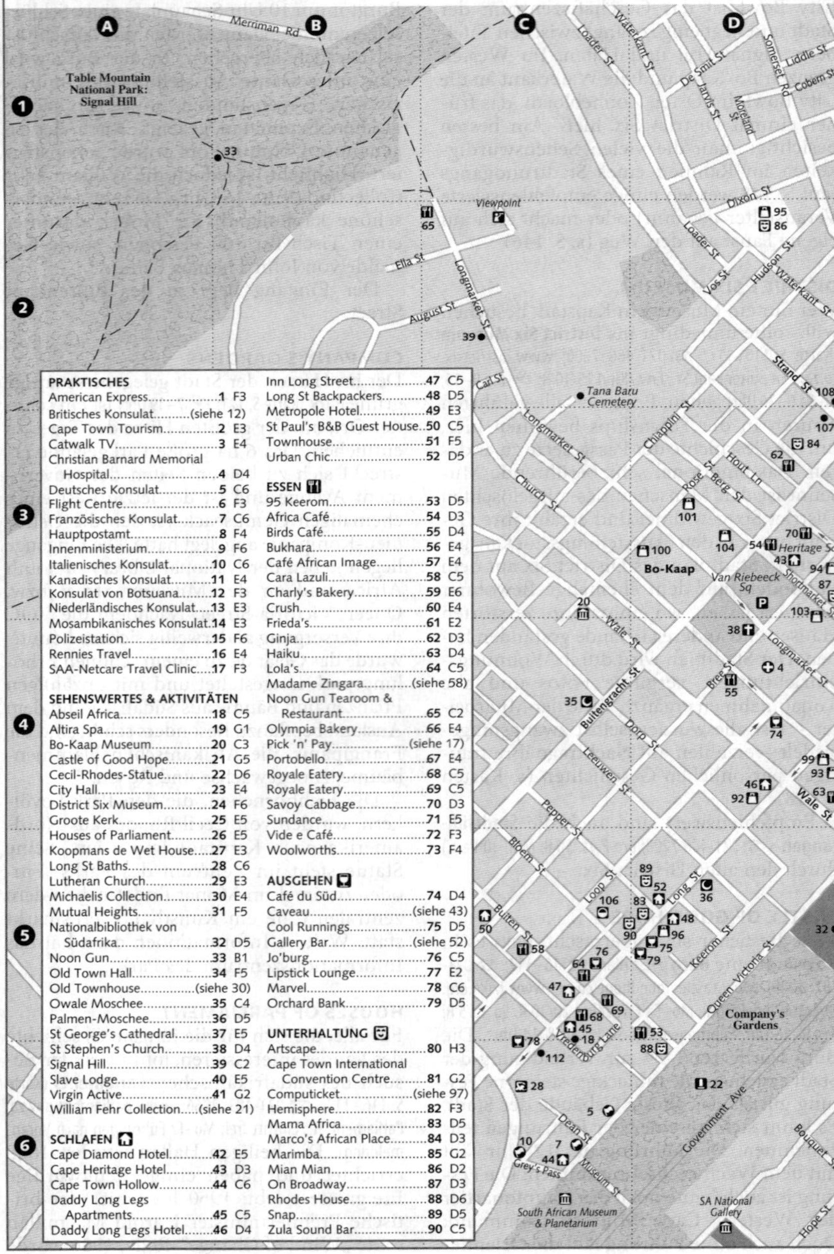

PRAKTISCHES
American Express.................1 F3
Britisches Konsulat..........(siehe 12)
Cape Town Tourism.............2 E3
Catwalk TV...........................3 E4
Christian Barnard Memorial Hospital.............4 D4
Deutsches Konsulat..............5 C6
Flight Centre.........................6 F3
Französisches Konsulat..........7 C6
Hauptpostamt.......................8 F4
Innenministerium..................9 F6
Italienisches Konsulat..........10 C6
Kanadisches Konsulat...........11 E4
Konsulat von Botsuana..........12 F3
Niederländisches Konsulat....13 E3
Mosambikanisches Konsulat.14 E3
Polizeistation.......................15 F6
Rennies Travel......................16 E4
SAA-Netcare Travel Clinic....17 F3

SEHENSWERTES & AKTIVITÄTEN
Abseil Africa........................18 C5
Altira Spa.............................19 G1
Bo-Kaap Museum.................20 C3
Castle of Good Hope............21 G5
Cecil-Rhodes-Statue.............22 D6
City Hall...............................23 E4
District Six Museum.............24 F6
Groote Kerk..........................25 E5
Houses of Parliament...........26 E5
Koopmans de Wet House......27 E3
Long St Baths.......................28 C6
Lutheran Church...................29 E3
Michaelis Collection.............30 E4
Mutual Heights.....................31 F5
Nationalbibliothek von Südafrika.............32 D5
Noon Gun.............................33 B1
Old Town Hall......................34 F5
Old Townhouse................(siehe 30)
Owale Moschee....................35 C4
Palmen-Moschee..................36 D5
St George's Cathedral...........37 E5
St Stephen's Church..............38 D4
Signal Hill.............................39 C2
Slave Lodge..........................40 E5
Virgin Active.........................41 G2
William Fehr Collection.....(siehe 21)

SCHLAFEN
Cape Diamond Hotel.............42 E5
Cape Heritage Hotel..............43 D3
Cape Town Hollow................44 C6
Daddy Long Legs Apartments.............45 C5
Daddy Long Legs Hotel.........46 D4
Inn Long Street.....................47 C5
Long St Backpackers.............48 D5
Metropole Hotel....................49 E3
St Paul's B&B Guest House..50 C5
Townhouse...........................51 F5
Urban Chic............................52 D5

ESSEN
95 Keerom............................53 D5
Africa Café............................54 D3
Birds Café.............................55 D4
Bukhara................................56 E4
Café African Image...............57 E4
Cara Lazuli............................58 C5
Charly's Bakery.....................59 E6
Crush....................................60 E4
Frieda's.................................61 E2
Ginja.....................................62 D3
Haiku....................................63 D4
Lola's....................................64 C5
Madame Zingara...............(siehe 58)
Noon Gun Tearoom & Restaurant.............65 C2
Olympia Bakery....................66 E4
Pick 'n' Pay......................(siehe 17)
Portobello.............................67 E4
Royale Eatery........................68 C5
Royale Eatery........................69 C5
Savoy Cabbage......................70 D3
Sundance..............................71 E5
Vide e Café...........................72 F3
Woolworths..........................73 F4

AUSGEHEN
Café du Süd..........................74 D4
Caveau............................(siehe 43)
Cool Runnings.......................75 D5
Gallery Bar.......................(siehe 52)
Jo'burg.................................76 C5
Lipstick Lounge....................77 E2
Marvel...................................78 C6
Orchard Bank........................79 D5

UNTERHALTUNG
Artscape...............................80 H3
Cape Town International Convention Centre.............81 G2
Computicket.....................(siehe 97)
Hemisphere..........................82 F3
Mama Africa.........................83 D5
Marco's African Place...........84 D3
Marimba...............................85 G2
Mian Mian............................86 D2
On Broadway.......................87 D3
Rhodes House......................88 D6
Snap.....................................89 D5
Zula Sound Bar.....................90 C5

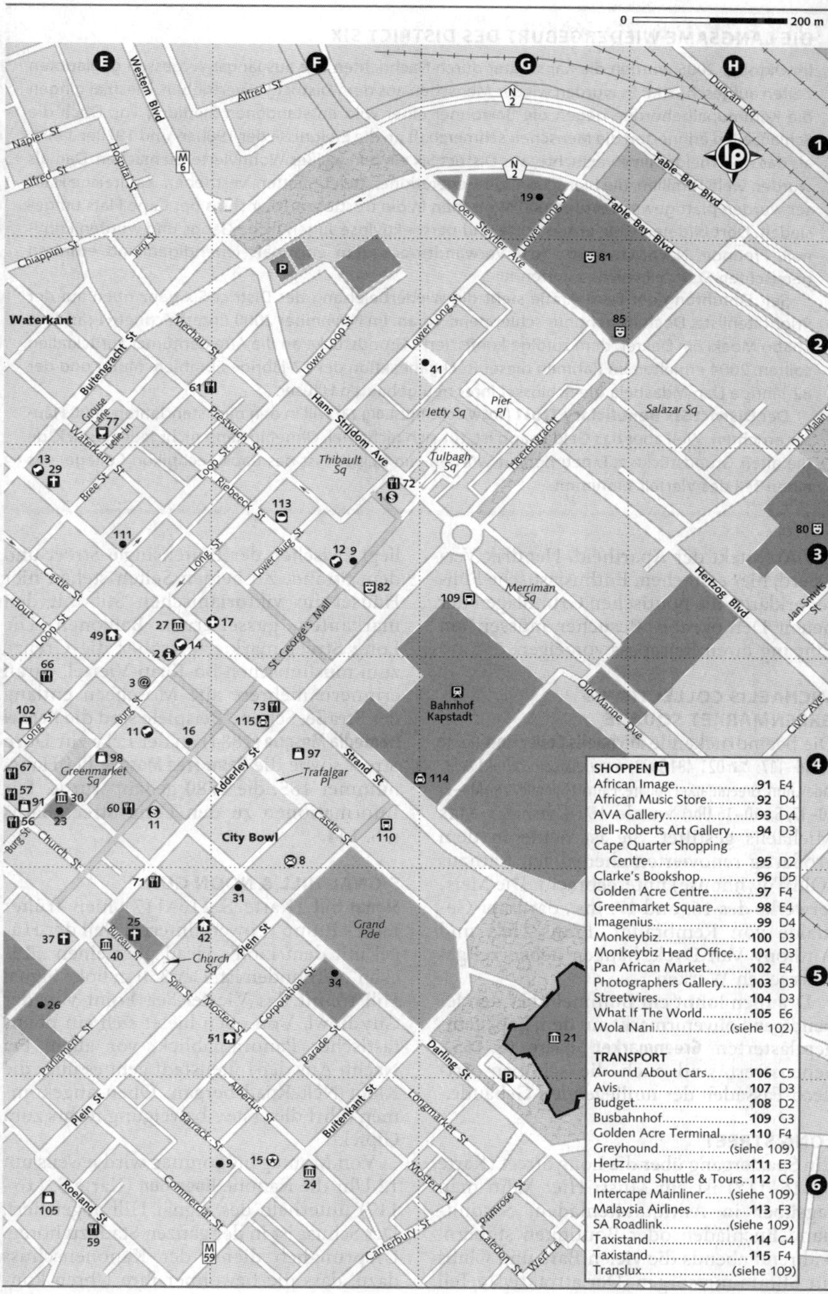

SHOPPEN

African Image	91	E4
African Music Store	92	D4
AVA Gallery	93	D4
Bell-Roberts Art Gallery	94	D3
Cape Quarter Shopping Centre	95	D2
Clarke's Bookshop	96	D5
Golden Acre Centre	97	F4
Greenmarket Square	98	E4
Imagenius	99	D4
Monkeybiz	100	D3
Monkeybiz Head Office	101	D3
Pan African Market	102	E4
Photographers Gallery	103	D3
Streetwires	104	D3
What If The World	105	E6
Wola Nani	(siehe 102)	

TRANSPORT

Around About Cars	106	C5
Avis	107	D3
Budget	108	D2
Busbahnhof	109	G3
Golden Acre Terminal	110	F4
Greyhound	(siehe 109)	
Hertz	111	E3
Homeland Shuttle & Tours	112	C6
Intercape Mainliner	(siehe 109)	
Malaysia Airlines	113	F3
SA Roadlink	(siehe 109)	
Taxistand	114	G4
Taxistand	115	F4
Translux	(siehe 109)	

DIE LANGSAME WIEDERGEBURT DES DISTRICT SIX

Im Oktober 2005 wurden die Kapstädter durch Nachrichten wie aus längst vergessen geglaubten Zeiten aufgeschreckt: Es wurden wieder Menschen aus dem District Six vertrieben. Diesmal gingen die Kommunalbehörden gegen die Bewohner einer wild entstandenen Siedlung vor. Doch die Schlagzeilen erinnerten die Menschen schmerzhaft an die Ereignisse der 1960er- und 1970er-Jahre, als das Apartheidregime versuchte, aus District Six ein rein weißes Wohnviertel zu machen. Damals wurden viele Familien, die hier schon seit Generationen gelebt hatten, vertrieben. Zahlreiche Häuser wurden platt gewalzt und 50 000 Menschen in die trostlosen Townships der Cape Flats umgesiedelt. Dort bildeten viele enttäuschte und perspektivlose Jugendliche Gangs und wurden kriminell. Freunde, Nachbarn und sogar Verwandte aus dem einstmals lebendigen und ethnisch gemischten Stadtteil wurden getrennt.

Seit Einführung der Demokratie steht die Wiederbelebung des District Six ganz oben auf der Prioritätenliste. Doch es geht nur schleppend voran. Im November 2000 unterzeichnete Präsident Thabo Mbeki ein Dekret, dem zufolge konfiszierte Grundstücke an die Alteigentümer zurückfallen sollten. 2004 erhielten im Rahmen dieser Rückgabeaktion der 87-jährige Ebrahiem Murat und der 82-jährige Dan Mdzabela die Schlüssel ihrer neu gebauten Häuser.

Der **District Six Beneficiary Trust** (www.d6bentrust.org.za) will in den nächsten Jahren 2000 Häuser errichten. Weil aber das Geld knapp ist, tut sich nicht viel. Ohnehin kann nicht jeder zurück, da die alten Grundstücke z.T. neu bebaut wurden, ein Beispiel ist das Cape Technikon College, das einen Teil des Viertels einnimmt.

der Architekt der Apartheid, Hendrik Verwoerd, hier erstochen. Enthusiastische Führer erklären die politischen Grundlagen der neuen Demokratie. Besucher müssen am Eingang ihren Reisepass vorzeigen.

MICHAELIS COLLECTION & GREENMARKET SQUARE

Die beeindruckende **Michaelis Collection** (Karte S. 116–117; ☎ 021-481 3933; www.iziko.org.za/michaelis/index.htm; Greenmarket Square; Eintritt Spende; 🕑 Mo–Fr 10–17, Sa 10–16 Uhr) wurde 1914 von Sir Max Michaelis gestiftet. Sie ist heute in dem großartig renovierten ehemaligen Rathaus (Old Townhouse) untergebracht. Die Meisterwerke des 16. und 17. Jhs., darunter Gemälde von Rembrandt, Frans Hals und Anthony Van Dyck, hängen neben zeitgenössischen Werken.

Draußen lohnt ein Bummel über den lebendigen Souvenirmarkt auf dem kopfsteingepflasterten **Greenmarket Square** (S. 165). Sehenswert sind auch die schönen Art-déco-Fassaden der umliegenden Gebäude.

LONG STREET

Ein Spaziergang über die Long Street (Karte S. 116–117) ist ein Muss: Hier kann man tagsüber in Antiquitätenläden, Secondhand-Buchläden oder Boutiquen stöbern, während abends die vielen Bars und Clubs für Stimmung sorgen. Der attraktivste Teil liegt zwischen der Buitensingle Street und dem Strand. Zu beiden Seiten stehen hier Häuser im viktorianischen Stil mit den markanten, gusseisernen Balkonen. Die Long Street markierte früher die Grenze zum muslimischen Bo-Kaap-Viertel, daran erinnern mehrere alte Moscheen entlang der Straße. Schöne Beispiele sind die **Noor el Hamedia Mosque** (1884) an der Ecke zur Dorp Street sowie die **Palm Tree Mosque** bei Hausnummer 185, die 1780 gebaut wurde. Für Informationen zu den Long Street Baths s. S. 144.

SIGNAL HILL & NOON GUN

Signal Hill (Karte S. 116–117) hieß früher Lion's Rump (Löwenhintern), weil der Hügel mit dem Lion's Head über einen „Rücken" verbunden ist. Der 350 m hohe Signal Hill trennt das Viertel Sea Point von der City Bowl. Von oben bietet sich ein phantastischer Panoramablick, vor allem bei Nacht. Aus der Innenstadt geht es über die Kloof Nek Road bergan. Oben angekommen führt die erste Abzweigung rechts zum Gipfel.

Von Montag bis Sonntag wird jeweils um 12 Uhr die Kanone **Noon Gun** (Karte S. 116–117) unterhalb des Signal Hill abgefeuert. Der Schuss ist in der ganzen Stadt zu hören. Ursprünglich diente der Kanonenschuss dazu, dass die Bewohner ihre Uhren kontrollieren konnten. In Bo-Kaap beginnt der steile Aufstieg an der Longmarket Street, der man bis zu ihrem Ende folgt. Das Noon Gun Tearoom & Restaurant (S. 157) ist ideal für eine erholsame Pause zwischendurch.

SLAVE LODGE

Die **Slave Lodge** (Karte S. 116–117; ☎ 021-460 8240; www.iziko.org.za/slavelodge/index.html; 49 Adderley St; Erw./Kind 10/5 R; Mo–Sa 10–16.30 Uhr) zählt zu den ältesten Gebäuden der Stadt und hat eine ungewöhnliche Geschichte. Von seiner Errichtung 1660 bis 1811 wurden in dem Gebäude jeweils bis zu 1000 Sklaven in feuchten und dreckigen Verhältnissen zusammengepfercht. Jedes Jahr starben bis zu 20 % der Insassen. Die Sklaven wurden direkt um die Ecke in der Spin Street ver- bzw. gekauft.

Das Museum legt heute den Schwerpunkt auf die Geschichte und die Erfahrungen der Sklaven und ihrer Nachfahren am Kap. Die Ausstellung im Obergeschoss stammt jedoch noch aus der Zeit, als das Gebäude das Kulturhistorische Museum beherbergte. Zu sehen sind Exponate aus dem antiken Ägypten, Griechenland, Rom und dem Fernen Osten. Das Gebäude diente zwischenzeitlich aber auch mal als Bordell, Gefängnis, Irrenanstalt, Kapstadts erstem Postamt sowie als Bibliothek. Bis 1914 tagte hier das Oberste Gericht. Im Innenhof sind die Wände der ursprünglichen Slave Lodge zu sehen, genau wie die Grabsteine von Jan van Riebeeck, dem Gründer Kapstadts, und seiner Frau Maria de la Queillerie. Die Grabsteine stammen aus Jakarta, wo van Riebeeck begraben liegt.

BO-KAAP MUSEUM

Einen kleinen Einblick in die Geschichte und das Leben der Bewohner des Bo-Kaap-Viertels bietet das kleine, aber interessante **Museum** (Karte S. 116–117; ☎ 021-481 3939; www.iziko.org.za/bokaap/index.html; 71 Wale St., Bo-Kaap; Erw./Kind 5/2 R; Mo–Sa 9.30–16.30 Uhr). Das Haus selbst wurde 1763 errichtet und ist das älteste der Gegend. Tagsüber lohnt ein Bummel durch das Viertel mit seiner schönen traditionellen Architektur.

GOLD OF AFRICA MUSEUM

Das glitzernde **Museum** (Karte S. 116–117; ☎ 021-405 1540; www.goldofafrica.com; 96 Strand St.; Erw./Kind 20/10 R; Mo–Sa 9.30–17 Uhr) im Martin Melck House (1783) zeigt Goldschmuck aus Afrika. Ausgestellt sind atemberaubend schöne Stücke, die zumeist aus Westafrika

EIN NEUES LEBEN FÜR DAS OLD MUTUAL

Kapstadt erlebte in den 1930er-Jahren einen wahren Bauboom. Aus dieser Zeit stammen die vielen Art-déco-Gebäude, die heute in der ganzen City Bowl zu finden sind. Das beeindruckendste Gebäude ist das Mutual Heights (Karte S. 116–117) an der Ecke Parliament St./Darling St. Es wurde von der Finanzgesellschaft Old Mutual in Auftrag gegeben und war damals – abgesehen von den Pyramiden – das größte und teuerste Bauwerk Afrikas. Es wurde mit schwarzem Marmor verkleidet, der mit rosa und goldenen Streifen durchsetzt war. Das Innere ziert eines der größten Steinfriese der Welt. Der Entwurf stammt von Ivan Mitford-Barberton, die Ausführung von den Lorenzi-Brüdern, zwei meisterhaften Steinmetzen.

Leider wurde die Fertigstellung 1939 vom Beginn des Zweiten Weltkriegs überschattet. Auch die Toplage verschwand, als die Stadtverwaltung entschied, einen 2 km langen Streifen der Bucht trocken zu legen. Die Old Mutual zog ab den 1950er-Jahren mit ihren Büros in die Vororte. Wäre das Gebäude nicht rechtzeitig unter Denkmalschutz gestellt worden, stände es jetzt wahrscheinlich nicht mehr. 2004 bekam das Old Mutual eine neue Chance, als man dort Apartments einrichtete. Sie waren innerhalb von wenigen Wochen komplett verkauft. Dadurch angespornt, beeilten sich die Immobilienfirmen, auch andere lange vernachlässigte Bürogebäude im Stadtzentrum zu Wohnungen umzubauen.

Ein Großteil der originalen Inneneinrichtung des Old Mutual blieb erhalten, darunter die beeindruckende zentrale Bankhalle. Sie ist so riesig, dass man hier leicht ein großartiges MGM-Musical aufführen könnte. Nun soll hier ein Geschäft für das **Cape Craft and Design Institute** (www.capecraftanddesign.org.za) entstehen. Wer sich etwas Luxuriöses leisten möchte, kann das atemberaubende **Penthouse** (☎ 794 3140; simonhudson@mweb.co.za; Apt. für 4 Pers. 5000 R) mit seinen vier Schlafzimmern mieten.

stammen und mit vielen historischen Hintergrundinformationen präsentiert werden. Im Museumsladen können interessante Souvenirs aus Gold gekauft werden, darunter auch Kopien von einigen Museumsstücken. Dazu kommt noch eine Schauwerkstatt, in der sich Besucher für Kurse in Schmuckdesign (650 R) und Blattgold (450 R) anmelden können.

KOOPMANS DE WET HOUSE

Wer das **Koopmans de Wet House** (Karte S. 116–117; 021-481 3935; www.iziko.org.za/koopmans/index.html; 35 Strand St.; Erw./Kind 5/2 R; Di–Do 9.30–16 Uhr) betritt, macht eine Zeitreise ins 18. Jh. Das typische Beispiel eines kapholländischen Stadthauses wurde stimmungsvoll mit Möbeln aus dem 18. und frühen 19. Jh. ausgestattet. Im Hof wachsen alte Weinstöcke, während die Dielen noch genauso knarzen wie damals, als Marie Koopmans de Wet, die ehemalige Besitzerin, das Haus bewohnte.

KIRCHEN

Es gibt mehrere beeindruckende Kirchen in der City Bowl. Die **Groote Kerk** (Karte S. 116–117; 021-461 7044; Adderley St.; Mo–Fr 10–14 Uhr, Messen So 10 und 19 Uhr) ist das Zentrum der Niederländisch Reformierten Kirche (Nederduitse Gereformeerde Kerk bzw. NG Kerk). Zu den schönsten Details zählen die riesige Orgel und die kunstvolle Kanzel aus Burma-Teakholz. Eine erste Kirche wurde 1704 an dieser Stelle errichtet, doch von ihr sind nur noch Fragmente erhalten. Der Großteil des heutigen Gebäudes stammt von 1841.

1780 wurde eine Scheune zur ersten **Lutheran Church** (Karte S. 116–117; 021-421 5854; 98 Strand St.; Mo–Fr 10–14 Uhr) am Kap umgebaut. Die sehenswerte Kanzel ist das Meisterwerk des deutschen Bildhauers Anton Anreith. Er hat auch Werke für die Groote Kerk und Groot Constantia (S. 128) geschaffen.

In der anglikanischen **St. George's Cathedral** (Karte S. 116–117; 021-24 7360; www.stgeorgescathedral.com; 1 Wale St.) hat früher Erzbischof Desmond Tutu gepredigt. Auf der Webseite finden sich Informationen zu Orchesterkonzerten, die in der Regel an jedem letzten Sonntag im Monat stattfinden.

Gardens & Umgebung

An den Hängen des Tafelberges liegen die reichen Vororte Gardens, Tamboerskloof, Oranjezicht und Vredehoek. Die Hauptsehenswürdigkeiten konzentrieren sich rund um die ausgedehnten Parkanlagen der Company's Gardens (S. 115).

SA NATIONAL GALLERY

Die **Nationalgalerie** (Karte S. 121; 021-467 4660; www.iziko.org.za/sang/index.html; Government Ave., Gardens; Erw./Kind 10/5 R, Sa Eintritt Spende; Di–So 10–17 Uhr) ist Südafrikas wichtigstes Museum für Kunstliebhaber. Die Dauerausstellung reicht bis in die niederländische Ära zurück und zeigt aus dieser Epoche einige bedeutende Kunstwerke. Doch am eindrucksvollsten sind die zeitgenössischen Kunstwerke wie die Skulptur *Butcher Boys* (Fleischerjungen) von Jane Alexander. Großartig ist auch die Teaktür im Hof mit Szenen der weltweiten Wanderungen der Juden.

Ein angenehmes Café und ein Laden mit interessanten Büchern und Geschenken ergänzen das Angebot.

SOUTH AFRICAN MUSEUM & PLANETARIUM

Auch wenn die Ausstellung in den letzten Jahren umgebaut und durch einige neue Exponate bereichert wurde, zeigt das älteste **Museum** (Karte S. 121; 021-481 3330; www.iziko.org.za/sam/index.html; 25 Queen Victoria St., Gardens; Erw./Kind 10/5 R, Sa Eintritt Spende; 10–17 Uhr) des Landes doch deutliche Alterserscheinungen. Das Museum ist kein Muss, zeigt aber eine breite Sammlung mit teilweise sehr beeindruckenden Ausstellungsstücken. Einen Schwerpunkt bildet die Naturgeschichte Südafrikas. Die jüngeren Sammlungen sind die interessantesten und zeigen Exponate zur Kunst und Kultur der ersten Bewohner des Kaps, der Khoi Khoi und San. Zu sehen ist der berühmte Linton Panel – eines der faszinierendsten Beispiele der Felskunst der San. Vor allem die grazil dargestellten Elenantilopen begeistern.

An das Museum angeschlossen ist das **Planetarium** (021-481 3900; www.iziko.org.za/planetarium/index.html; 25 Queen Victoria St., Gardens; Erw./Kind 20/6 R; 10–17 Uhr). Die Ausstellung und die Sternenshows erklären die Sternbilder des Südhimmels. Zu sehen sind Bilder, die vom südafrikanischen Großteleskop in der Karoo aufgenommen wurden. Die Shows laufen von Montag bis Freitag um 14 Uhr, samstags und sonntags um 14.30 Uhr und dienstags um 20 Uhr.

GARDENS, ORANJEZICHT & ZONNEBLOEM

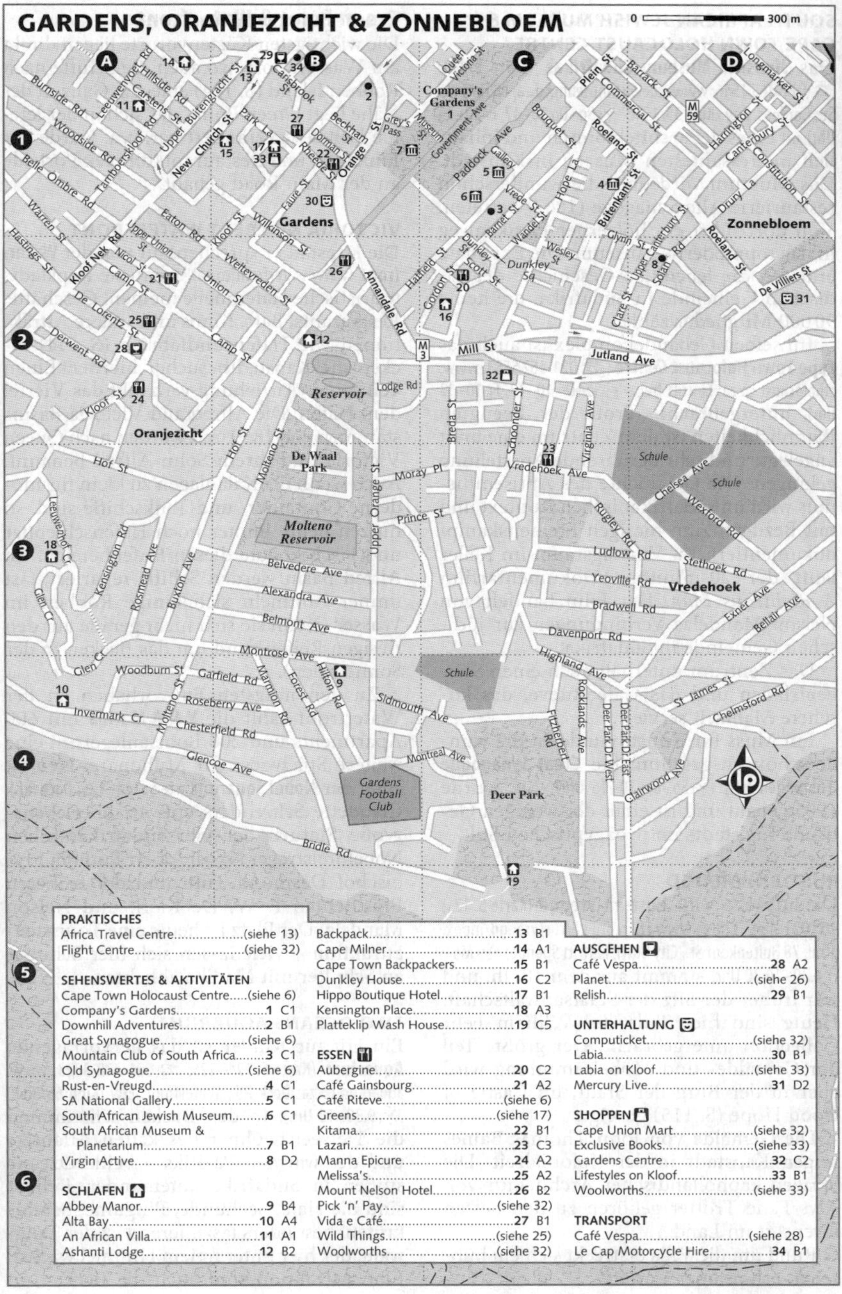

PRAKTISCHES
- Africa Travel Centre (siehe 13)
- Flight Centre (siehe 32)

SEHENSWERTES & AKTIVITÄTEN
- Cape Town Holocaust Centre (siehe 6)
- Company's Gardens 1 C1
- Downhill Adventures 2 B1
- Great Synagogue (siehe 6)
- Mountain Club of South Africa 3 C1
- Old Synagogue (siehe 6)
- Rust-en-Vreugd 4 C1
- SA National Gallery 5 C1
- South African Jewish Museum 6 C1
- South African Museum & Planetarium 7 B1
- Virgin Active 8 D2

SCHLAFEN
- Abbey Manor 9 B4
- Alta Bay 10 A4
- An African Villa 11 A1
- Ashanti Lodge 12 B2
- Backpack 13 B1
- Cape Milner 14 A1
- Cape Town Backpackers 15 B1
- Dunkley House 16 C2
- Hippo Boutique Hotel 17 B1
- Kensington Place 18 A3
- Platteklip Wash House 19 C5

ESSEN
- Aubergine 20 C2
- Café Gainsbourg 21 A2
- Café Riteve (siehe 6)
- Greens (siehe 17)
- Kitama 22 B1
- Lazari 23 C3
- Manna Epicure 24 A2
- Melissa's 25 A2
- Mount Nelson Hotel 26 B2
- Pick 'n' Pay (siehe 32)
- Vida e Café 27 B1
- Wild Things (siehe 25)
- Woolworths (siehe 32)

AUSGEHEN
- Café Vespa 28 A2
- Planet (siehe 26)
- Relish 29 B1

UNTERHALTUNG
- Computicket (siehe 32)
- Labia 30 B1
- Labia on Kloof (siehe 33)
- Mercury Live 31 D2

SHOPPEN
- Cape Union Mart (siehe 32)
- Exclusive Books (siehe 33)
- Gardens Centre 32 C2
- Lifestyles on Kloof 33 B1
- Woolworths (siehe 33)

TRANSPORT
- Café Vespa (siehe 28)
- Le Cap Motorcycle Hire 34 B1

SOUTH AFRICAN JEWISH MUSEUM & CAPE TOWN HOLOCAUST CENTRE

Das **Jüdische Museum Südafrikas** (Karte S. 121; ☎ 021-465 1546; www.sajewishmuseum.co.za; 88 Hatfield St., Gardens; Erw./Kind 35/15 R; ⏱ So–Do 10–17, Fr 10–14 Uhr) ist eines der architektonisch und inhaltlich interessantesten Museen in Kapstadt. Das Museum wird über die wunderschön restaurierte Alte Synagoge (1862) betreten. Von dort führt ein hölzerner Plankenweg in das topmoderne Museum. Die Exponate erklären die lebendige Geschichte der jüdischen Gemeinde in Südafrika, die heute 90 000 Mitglieder zählt.

Im selben Gebäudekomplex ist auch das **Cape Town Holocaust Centre** (☎ 021-462 5553; www.ctholocaust.co.za; Eintritt frei; ⏱ So–Do 10–17, Fr 10–13 Uhr) untergebracht. Trotz der beengten Räumlichkeiten ist dem Zentrum eine breit angelegte und sehr berührende Ausstellung gelungen. Die Geschichte des Antisemitismus wird im südafrikanischen Kontext und mit Bezügen zum hiesigen Freiheitskampf dokumentiert. Im Vortragsraum im Keller läuft der 20-minütige Dokumentarfilm *A Righteous Man*. Der Film handelt von Nelson Mandelas Verbindungen zur jüdischen Gemeinde in Südafrika.

Das Zentrum unterhält auch einen Souvenirladen und das Café Riteve, das koschere Mahlzeit serviert.

Ein Muss für Kunstfreunde ist die wunderschön ausgeschmückte **Great Synagogue** (Führungen frei; ⏱ So–Do 10–16 Uhr). Sie wurde 1905 gebaut und ist eines der wenigen Gebäude Kapstadts im neoägyptischen Stil.

RUST-EN-VREUGD

Die hübsche Villa **Rust-en-Vreugd** (Karte S. 121; ☎ 021-464 3280; www.iziko.org.za/rustvreugd/index.html; 78 Buitenkant St., City Bowl; Eintritt Spende; ⏱ Mo–Fr 8.30–16.30 Uhr) stammt aus dem 18. Jh. und war früher der Sitz der Staatsanwaltschaft. Heute sind hier Teile der William Fehr Collection untergebracht. Der größte Teil der Gemälde- und Möbelsammlung wird aber in der Burg der Stadt, im Castle of Good Hope (S. 115) gezeigt.

Die Gemälde von John Thomas Baines zeigen Kapstadt in der Kolonialzeit. Die Skizzen kapholländischer Architektur von Alys Fane Trotter gehören zu den besten ihrer Art im Land.

Rund um die Villa erstreckt sich ein hübscher, erholsamer Garten.

Green Point & Waterfront

Die wichtigsten Küstenvororte liegen direkt am Wasser, dort, wo auch die Schiffe nach Robben Island (S. 114) ablegen. Ganz in der Nähe liegt Green Point, das sich in der letzten Zeit sehr verändert hat, u. a. wurde der Einkaufs- und Restaurantkomplex Portside an der Main Road gebaut.

VICTORIA & ALBERT WATERFRONT

Die Kapstädter sprechen nur von der **Waterfront** (www.waterfront.co.za), wenn sie Kapstadts touristische Hafenmeile meinen. Geschäfte, Restaurants, Bars, Kinos und andere Attraktionen wie Hafenrundfahrten (S. 144) locken die Kapstadtbesucher hierher. Einen Teil seiner Anziehung verdankt das Viertel dem Hafen. Die Alfred and Victoria Basins stammen von 1860 und wurden nach Queen Victoria und ihrem Sohn Alfred benannt. Auch wenn die Kaianlagen zu klein für moderne Container- und Tankschiffe sind, so nutzen heute immer noch Hafenschlepper und Fischerboote diesen Hafenbereich. Im Alfred Basin werden Schiffe repariert; fast immer tummeln sich einige Robben im Wasser (wenn sie sich nicht gerade auf den riesigen Reifen rund um das Becken in der Sonne aalen).

Zu den jüngsten Bauvorhaben an der Waterfront zählt die **V & A Marina** mit 600 Apartments und 200 Bootsanlegern – eine weitere Spielwiese für Millionäre. Neu ist auch der **Nobel Square** (Karte S. 124–125; Dock Rd.). Claudette Schreuders entwarf überlebensgroße Statuen der vier südafrikanischen Nobelpreisträger Nkosi Albert Luthuli, Erzbischof Desmond Tutu und der früheren Präsidenten F. W. De Klerk und Nelson Mandela. Der Platz ist heute eine Touristenattraktion – viele lassen sich hier Schulter an Schulter mit Madiba ablichten.

TWO OCEANS AQUARIUM

Ein Hit für Kinder ist das hervorragende **Aquarium** (Karte S. 124–125; ☎ 021-418 3823; www.aquarium.co.za; Dock Rd., Waterfront; Erw./Kind 65/30 R; ⏱ 9.30–18 Uhr): In den Becken schwimmen die Tiefseebewohner des kalten Atlantiks und des warmen Pazifiks – beide Ozeane stoßen in Südafrika aufeinander. Beliebt sind die Haie, Seehunde, Pinguine, Schildkröten, besonders faszinierend ist der Tangwald, der hier unter freiem Himmel wächst. Eine Attraktion sind auch die Becken, in denen einige der Meeresbewohner berührt werden können. Zertifizierte Taucher dürfen in einem der Tanks mit Haien, einem 150 kg schweren Stachelrochen, anderen Raubfischen sowie einer Schildkröte auf Tuchfühlung gehen. Das Abenteuer kostet 400 R (einschließlich der Tauchausrüstung).

Wer sich am Eingang die Hand stempeln lässt, kann das Aquarium zwischendurch einmal verlassen und dann nochmal wiederkommen.

SOUTH AFRICAN MARITIME MUSEUM

Das **Museum** (Karte S. 124–125; ☎ 021-405 2880; www.iziko.org.za/maritime/index.html; Dock R., Waterfront; Erw./Kind 10/5 R; ⌚ 10–17 Uhr) wurde teilweise in das Union Building an der Waterfront) verlegt, ein Teil wird weiterhin im Marsh Centre gezeigt. Dazu kommt noch eine kleine Ausstellung im Castle of Good Hope.

Das Museum zeigt unzählige Schiffsmodelle. Im Eintritt eingeschlossen ist die Besichtigung der SAS *Somerset*. Das ausgemusterte Kriegsschiff liegt beim Museum. Viele Schiffe bzw. große Modelle werden aber derzeit eingelagert, da sie im Union Building nicht gezeigt werden können. Das Museum plant einen Umzug, der alle Museumsabteilungen an einem Ort zusammenführen soll.

Atlantikküste

Eine spektakuläre Landschaft und weiße Sandstrände prägen die Atlantikküste Kapstadts, nur die starken Winde trüben teilweise die Strandfreuden. Einige Strände liegen zwar geschützt vor den sommerlichen Südostwinden, doch das Wasser ist auch hier wie überall bitterkalt, da es direkt aus der Antarktis zur südafrikanischen Küste strömt.

Sea Point hat ein ungewöhnliches Freibad (S. 144), von dort geht es südlich weiter nach Clifton und Camps Bay und über eine atemberaubende Straße zum Fischerort Hout Bay.

Strände in Clifton

Riesige Granitfelsen unterbrechen die vier aneinander grenzenden Strände bei Clifton (Karte S. 126–127). Treppen führen von der Victoria Road zum Wasser. Da die Strände relativ windgeschützt liegen, zählen sie zu den beliebtesten Orten zum Sonnenbaden. Den Einheimischen zufolge treffen sich an den Strände Nr. 1 und 2 die Models und ausgemachte Narzisten, am Strand Nr. 3 die Schwulen und am Strand Nr. 4 die Familien. Für die Hungrigen verkaufen Händler Getränke und Eis am Strand. Für 50 R werden Liegen und Sonnenschirme vermietet.

STRÄNDE IN CAMPS BAY

Durch den weichen weißen Sand und die spektakulären Twelve Apostles des Tafelbergs als Kulisse ist der Strand von Camps Bay (Karte S. 126–127) einer der beliebtesten der ganzen Stadt. Da er mit dem Auto nur 15 Minuten vom Stadtzentrum entfernt liegt, wird es hier vor allem an den Wochenenden schnell voll. Der Strand ist sehr windig und das Wasser äußerst kalt, es gibt keinen Rettungsdienst, aber eine starke Brandung. Wer trotzdem baden gehen will, sollte also sehr vorsichtig sein!

Die schicken Bars (S. 161) und Restaurants (S. 159) sind ein beliebter Treffpunkt für einen Drink bei Sonnenuntergang, manch einer verbringt hier auch komplett den ganzen Tag.

Strände in Llandudno & Sandy Bay

Llandudno (Karte S. 108–109) ist ein beliebter Surfspot. Die Beach Breaks (meistens Rights) lassen sich am besten bei Flut reiten, die Wellen sind nicht sehr hoch und der Wind bläst meist aus Südosten.

Im nahe gelegenen Sandy Bay (Karte S. 108–109) liegt der Nudisten- und Schwulenstrand von Kapstadt. Der Sandstrand ist besonders schön – es besteht auch kein FKK-Zwang. Genau wie bei vielen anderen Stränden gibt es keine direkte Zufahrtsstraße nach Sandy Bay. Von der M6 geht es Richtung Llandudno, dann an den Abzweigungen jeweils links Richtung Meer bis zum Parkplatz Sunset Rocks. Von dort läuft man Richtung Süden rund 15 Minuten bis zum Strand.

CHAPMAN'S PEAK DRIVE

Die Fahrt über den **Chapman's Peak Drive** (Karte S. 108–109; ☎ 021-790 9163; Maut 22 R) zwischen Hout Bay und Noordhoek ist atemberaubend. Die 5 km lange Küstenstraße wird nach wie vor bei schlechtem Wetter gesperrt – trotz der Verbauungen, die wegen der Felsstürze notwendig geworden waren. Die meisten geführten Tagestouren zum Cape

GREEN POINT, WATERKANT & WATERFRONT

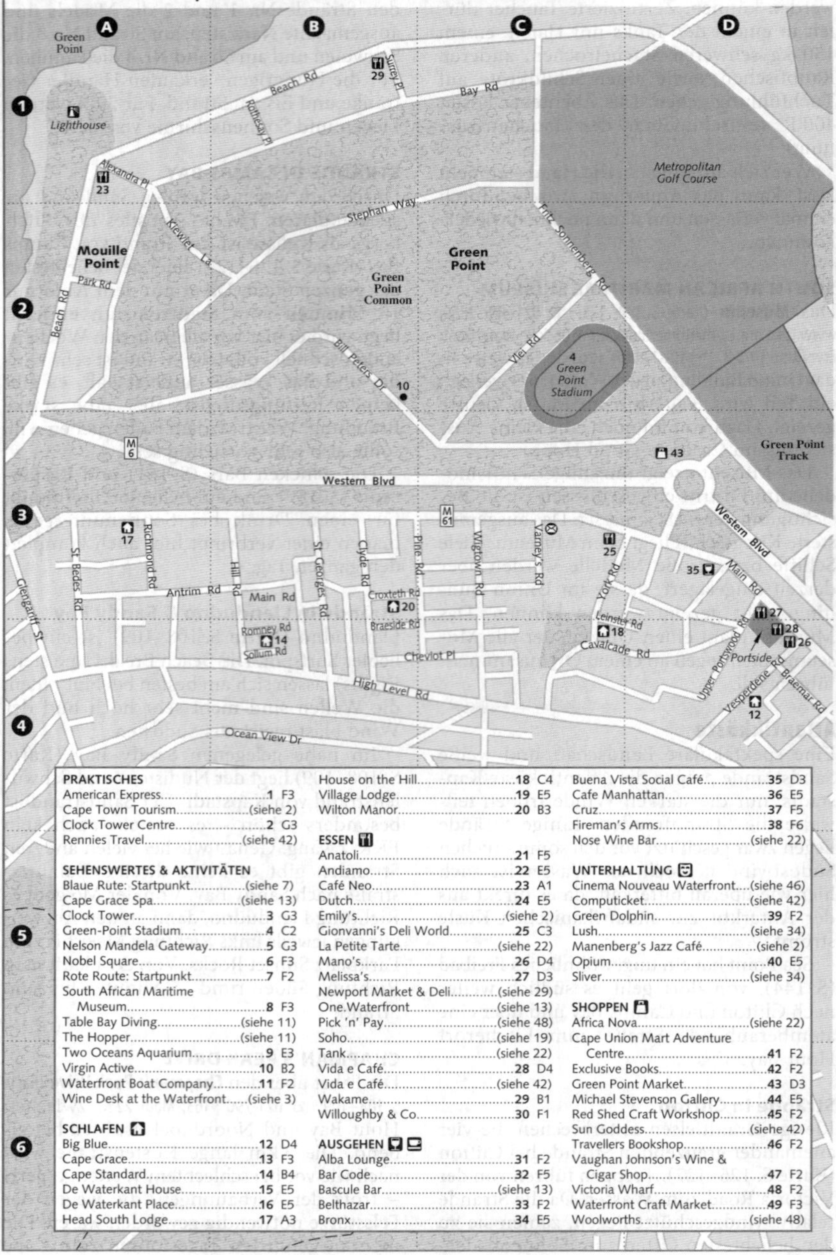

PRAKTISCHES
- American Express ... 1 F3
- Cape Town Tourism ... (siehe 2)
- Clock Tower Centre ... 2 G3
- Rennies Travel ... (siehe 42)

SEHENSWERTES & AKTIVITÄTEN
- Blaue Rute: Startpunkt ... (siehe 7)
- Cape Grace Spa ... (siehe 13)
- Clock Tower ... 3 G3
- Green-Point-Stadium ... 4 C2
- Nelson Mandela Gateway ... 5 G3
- Nobel Square ... 6 F3
- Rote Route: Startpunkt ... 7 F2
- South African Maritime Museum ... 8 F3
- Table Bay Diving ... (siehe 11)
- The Hopper ... (siehe 11)
- Two Oceans Aquarium ... 9 E3
- Virgin Active ... 10 B2
- Waterfront Boat Company ... 11 F2
- Wine Desk at the Waterfront ... (siehe 3)

SCHLAFEN
- Big Blue ... 12 D4
- Cape Grace ... 13 F3
- Cape Standard ... 14 B4
- De Waterkant House ... 15 E5
- De Waterkant Place ... 16 E5
- Head South Lodge ... 17 A3
- House on the Hill ... 18 C4
- Village Lodge ... 19 E5
- Wilton Manor ... 20 B3

ESSEN
- Anatoli ... 21 F5
- Andiamo ... 22 E5
- Café Neo ... 23 A1
- Dutch ... 24 E5
- Emily's ... (siehe 2)
- Gionvanni's Deli World ... 25 C3
- La Petite Tarte ... (siehe 22)
- Mano's ... 26 D4
- Melissa's ... 27 D3
- Newport Market & Deli ... (siehe 29)
- One.Waterfront ... (siehe 13)
- Pick 'n' Pay ... (siehe 48)
- Soho ... (siehe 19)
- Tank ... (siehe 22)
- Vida e Café ... 28 D4
- Vida e Café ... (siehe 42)
- Wakame ... 29 B1
- Willoughby & Co ... 30 F1

AUSGEHEN
- Alba Lounge ... 31 F2
- Bar Code ... 32 F5
- Bascule Bar ... (siehe 13)
- Belthazar ... 33 F2
- Bronx ... 34 E5
- Buena Vista Social Café ... 35 D3
- Cafe Manhattan ... 36 E5
- Cruz ... 37 F5
- Fireman's Arms ... 38 F6
- Nose Wine Bar ... (siehe 22)

UNTERHALTUNG
- Cinema Nouveau Waterfront ... (siehe 46)
- Computicket ... (siehe 42)
- Green Dolphin ... 39 F2
- Lush ... (siehe 34)
- Manenberg's Jazz Café ... (siehe 2)
- Opium ... 40 E5
- Sliver ... (siehe 34)

SHOPPEN
- Africa Nova ... (siehe 22)
- Cape Union Mart Adventure Centre ... 41 F2
- Exclusive Books ... 42 F2
- Green Point Market ... 43 D3
- Michael Stevenson Gallery ... 44 E5
- Red Shed Craft Workshop ... 45 F2
- Sun Goddess ... (siehe 42)
- Travellers Bookshop ... 46 F2
- Vaughan Johnson's Wine & Cigar Shop ... 47 F2
- Victoria Wharf ... 48 F2
- Waterfront Craft Market ... 49 F3
- Woolworths ... (siehe 48)

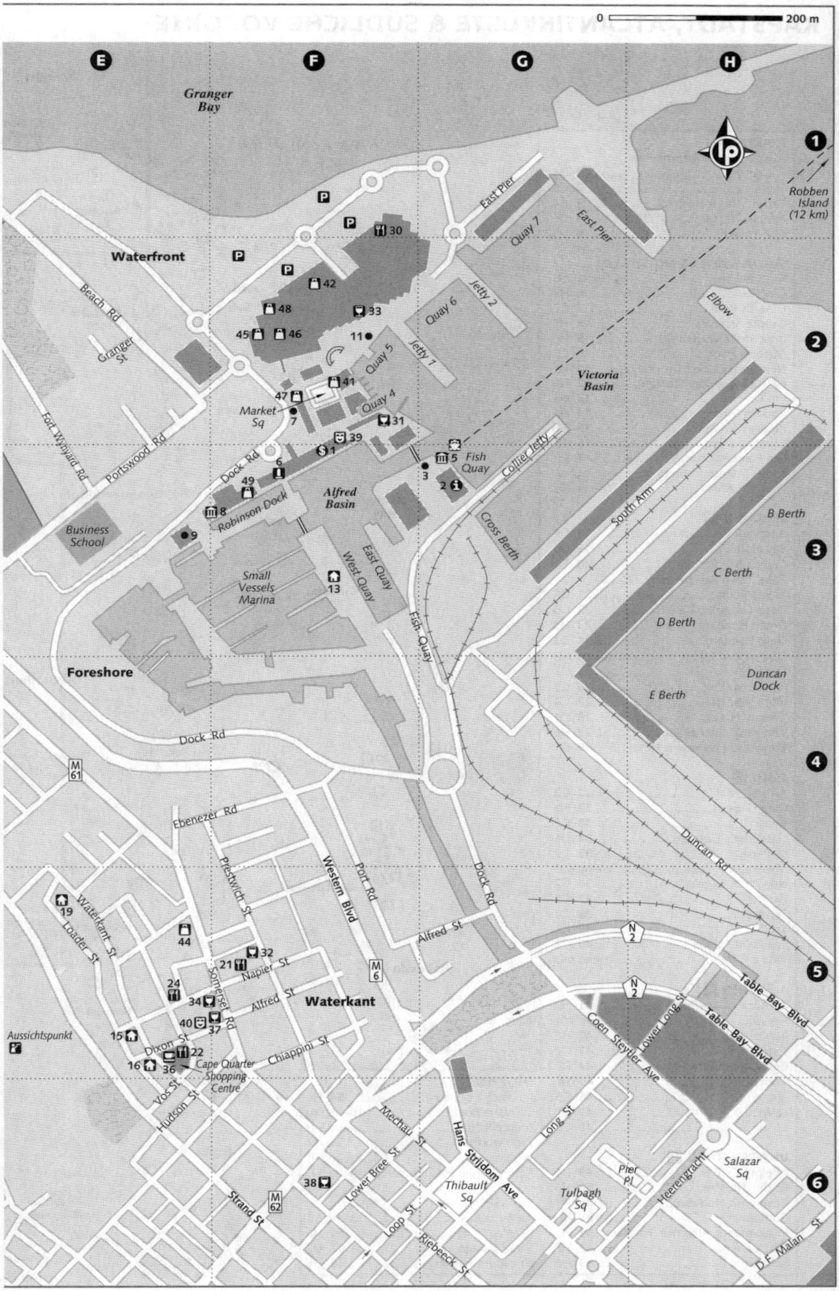
0
200 m
Granger Bay
Waterfront
Robben Island (12 km)
Beach Rd
Granger St
Fort Wynyard Rd
Portswood Rd
Dock Rd
Market Sq
Quay 5
Quay 4
Quay 6
Quay 7
Jetty 1
Jetty 2
East Pier
Elbow
Victoria Basin
Fish Quay
Collier Jetty
Alfred Basin
Robinson Dock
Business School
Small Vessels Marina
East Quay
West Quay
Cross Berth
South Arm
B Berth
C Berth
D Berth
E Berth
Duncan Dock
Foreshore
Dock Rd
Ebenezer Rd
Prestwich St
Western Blvd
Port Rd
Duncan Rd
Waterkant St
Loader St
Alfred St
Napier St
Somerset Rd
Waterkant
Dixon St
Chiappini St
Cape Quarter Shopping Centre
Aussichtspunkt
Vos St
Hudson St
Table Bay Blvd
Coen Steytler Ave
Lower Long St
Long St
Mechau St
Hans Strijdom Ave
Lower Bree St
Thibault Sq
Tulbagh Sq
Pier Pl
Heerengracht
Salazar Sq
Strand St
Loop St
Riebeeck St
D F Malan St

KAPSTADT

KAPSTADT, ATLANTIKKÜSTE & SÜDLICHE VORORTE

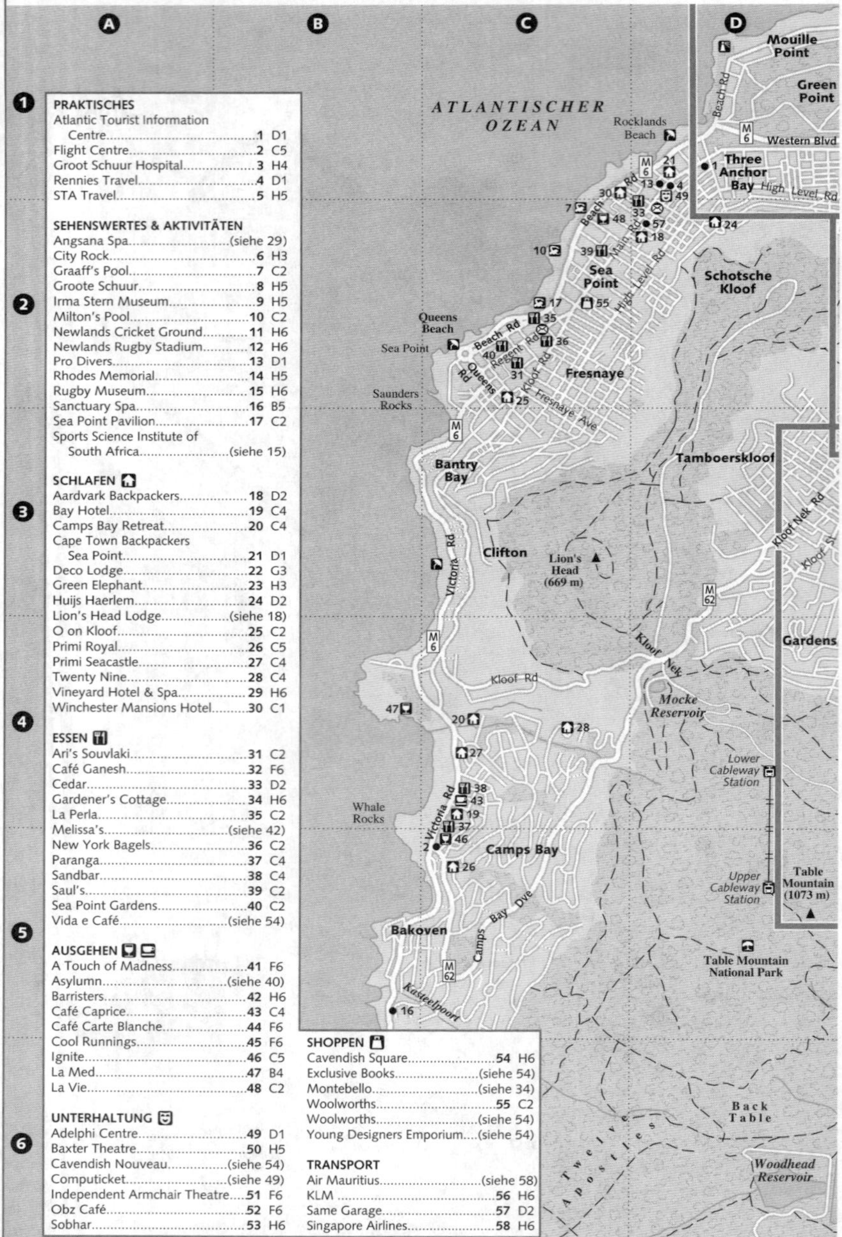

PRAKTISCHES
- Atlantic Tourist Information Centre ... 1 D1
- Flight Centre ... 2 C5
- Groot Schuur Hospital ... 3 H4
- Rennies Travel ... 4 D1
- STA Travel ... 5 H5

SEHENSWERTES & AKTIVITÄTEN
- Angsana Spa ... (siehe 29)
- City Rock ... 6 H3
- Graaff's Pool ... 7 C2
- Groote Schuur ... 8 H5
- Irma Stern Museum ... 9 H5
- Milton's Pool ... 10 C2
- Newlands Cricket Ground ... 11 H6
- Newlands Rugby Stadium ... 12 H6
- Pro Divers ... 13 D1
- Rhodes Memorial ... 14 H5
- Rugby Museum ... 15 H6
- Sanctuary Spa ... 16 B5
- Sea Point Pavilion ... 17 C2
- Sports Science Institute of South Africa ... (siehe 15)

SCHLAFEN
- Aardvark Backpackers ... 18 D2
- Bay Hotel ... 19 C4
- Camps Bay Retreat ... 20 C4
- Cape Town Backpackers Sea Point ... 21 D1
- Deco Lodge ... 22 G3
- Green Elephant ... 23 H3
- Huijs Haerlem ... 24 D2
- Lion's Head Lodge ... (siehe 18)
- O on Kloof ... 25 C2
- Primi Royal ... 26 C5
- Primi Seacastle ... 27 C4
- Twenty Nine ... 28 C4
- Vineyard Hotel & Spa ... 29 H6
- Winchester Mansions Hotel ... 30 C1

ESSEN
- Ari's Souvlaki ... 31 C2
- Café Ganesh ... 32 F6
- Cedar ... 33 D2
- Gardener's Cottage ... 34 H6
- La Perla ... 35 C2
- Melissa's ... (siehe 42)
- New York Bagels ... 36 C2
- Paranga ... 37 C4
- Sandbar ... 38 C4
- Saul's ... 39 C2
- Sea Point Gardens ... 40 C2
- Vida e Café ... (siehe 54)

AUSGEHEN
- A Touch of Madness ... 41 F6
- Asylumn ... (siehe 40)
- Barristers ... 42 H6
- Café Caprice ... 43 C4
- Café Carte Blanche ... 44 F6
- Cool Runnings ... 45 F6
- Ignite ... 46 C5
- La Med ... 47 B4
- La Vie ... 48 C2

UNTERHALTUNG
- Adelphi Centre ... 49 D1
- Baxter Theatre ... 50 H5
- Cavendish Nouveau ... (siehe 54)
- Computicket ... (siehe 49)
- Independent Armchair Theatre ... 51 F6
- Obz Café ... 52 F6
- Sobhar ... 53 H6

SHOPPEN
- Cavendish Square ... 54 H6
- Exclusive Books ... (siehe 54)
- Montebello ... (siehe 34)
- Woolworths ... 55 C2
- Woolworths ... (siehe 54)
- Young Designers Emporium ... (siehe 54)

TRANSPORT
- Air Mauritius ... (siehe 58)
- KLM ... 56 H6
- Same Garage ... 57 D2
- Singapore Airlines ... 58 H6

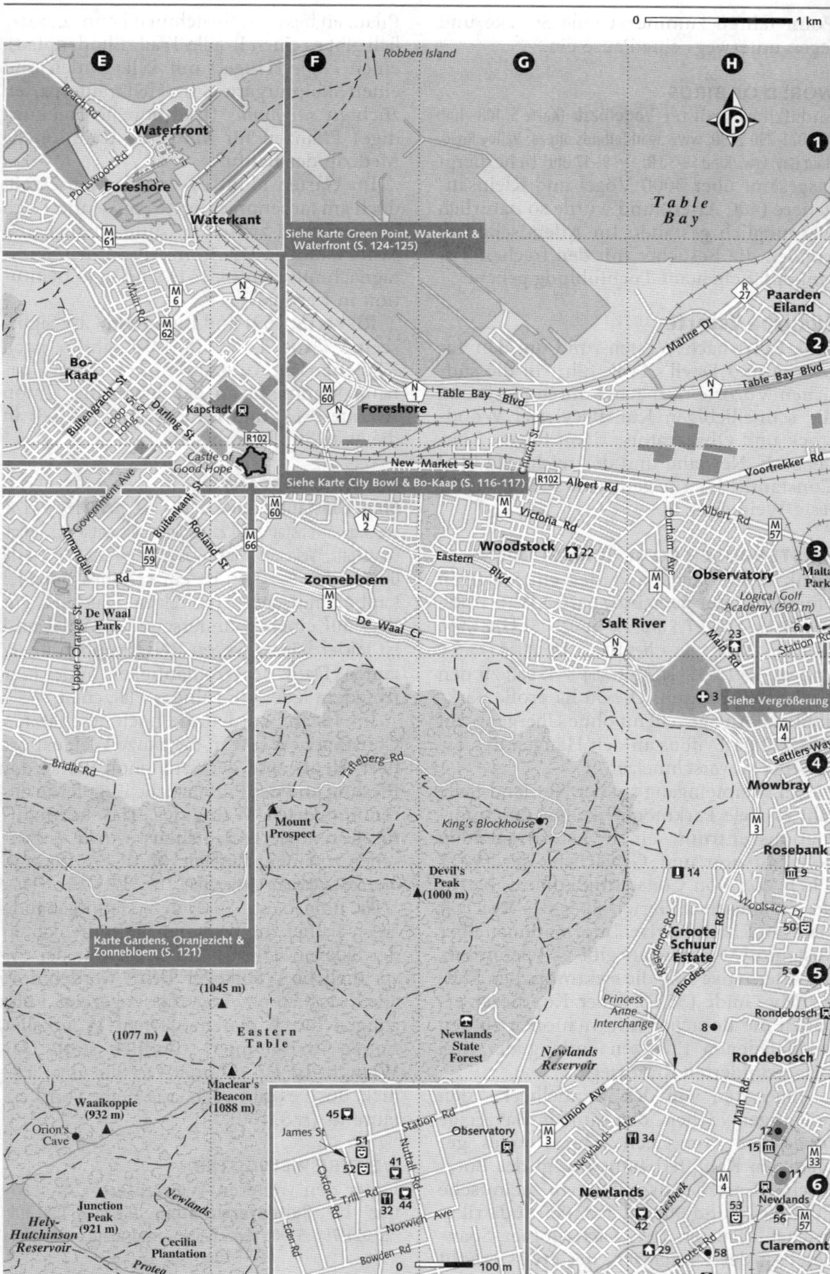
0 1 km
E
F
G
H
Robben Island
Table Bay
Waterfront
Foreshore
Waterkant
Beach Rd
Portswood Rd
Siehe Karte Green Point, Waterkant & Waterfront (S. 124-125)
Paarden Eiland
Marine Dr
Table Bay Blvd
Bo-Kaap
Buitengracht St
Loop St
Long St
Darling St
Kapstadt
Castle of Good Hope
Foreshore
New Market St
Church St
Voortrekker Rd
Siehe Karte City Bowl & Bo-Kaap (S. 116-117)
Albert Rd
Victoria Rd
Woodstock
Eastern Blvd
Durham Ave
Observatory
Malta Park
Logical Golf Academy (500 m)
Government Ave
Annandale Rd
Buitenkant St
Roeland St
Zonnebloem
De Waal Cr
Salt River
Main Rd
Station Rd
De Waal Park
Upper Orange St
Siehe Vergrößerung
Settlers Way
Mowbray
Bridle Rd
Tafelberg Rd
Mount Prospect
King's Blockhouse
Rosebank
Devil's Peak (1000 m)
Woolsack Dr
Residence Rd
Groote Schuur Estate
Rhodes Rd
Karte Gardens, Oranjezicht & Zonnebloem (S. 121)
(1045 m)
(1077 m)
Eastern Table
Newlands State Forest
Princess Anne Interchange
Rondebosch
Newlands Reservoir
Maclear's Beacon (1088 m)
Waaikoppie (932 m)
Orion's Cave
Union Ave
Newlands Ave
Junction Peak (921 m)
Newlands
Hely-Hutchinson Reservoir
Cecilia Plantation
Protea
Liesbeek
Claremont
Protea Rd
Station Rd
James St
Observatory
Nuttall Rd
Oxford Rd
Trill Rd
Norwich Ave
Eden Rd
Bowden Rd
0 100 m

Point fahren zumindest eine Strecke und legen unterwegs eine Pause ein.

WORLD OF BIRDS

Südafrikas größter **Vogelpark** (Karte S. 108–109; ☎ 021-790 2730; www.worldofbirds.org.za; Valley Road, Hout Bay; Erw./Kind 50/32 R; ⌚ 9–17 Uhr) beherbergt insgesamt über 3000 Vögel und Kleinsäugetiere (400 Arten) und wurde so natürlich wie möglich gestaltet. Im Affendschungel können die Besucher mit den frechen Totenkopfäffchen auf Tuchfühlung gehen.

Südliche Vororte

Eine Fahrt nach Westen rund um den Tafelberg und Devil's Peak führt in die südlichen Vororte. Zunächst durchquert man die schnelllebigen Künstlerviertel Woodstock und Observatory, dann folgen Rondebosch, Newland und der reiche Stadtteil Constantia. Hier liegen auch Südafrikas älteste Weingüter.

KIRSTENBOSCH BOTANICAL GARDENS

Dank seiner Lage und der einzigartigen Flora zählt der **Botanische Garten** (Karte S. 108–109; ☎ Mo–Fr 021-799 8783, Sa–So 021-761 4916; www.sanbi.org; Rhodes Dr., Newlands; Erw./Kind 25/5 R; ⌚ Sept.–März 8–19 Uhr, April–Aug. 8–18 Uhr) zu den schönsten weltweit. Die 36 ha große parkähnliche Anlage scheint ohne Übergang mit den 492 ha Fynbos an den Hängen des Tafelbergs zu verschmelzen.

Am Haupteingang auf der Newland-Seite gibt es viele Parkmöglichkeiten, ein Informationszentrum, einen hervorragenden Souvenirshop und Gewächshäuser (9–17 Uhr). Wer von Constantia kommt, betritt den botanischen Garten über das Ryecroft Gate am Rhodes Drive. Informationen über kostenlose Führungen gibt es telefonisch, die Alternative sind die elektronischen Führer My Guide (35 R). Über Kopfhörer erhalten die Besucher Informationen zu den verschiedenen Pflanzen entlang der drei ausgeschilderten Rundwege.

Abgesehen von der Mandelhecke, den prächtigen Eichen, der Morton-Bay-Feige sowie den von Cecil John Rhodes gepflanzten Kampferbäumen zeigt der Botanische Garten ausschließlich heimische Pflanzen. Rund 9000 der 22 000 südafrikanischen Pflanzenarten wachsen hier. Spannend ist der Duftgarten, der etwas erhöht angelegt wurde, damit man den Geruch der Pflanzen besser wahrnehmen kann. Zusätzlich gibt es einen Braille Trail (Blindenpfad), einen *kopje* (Hügel) mit Pelargonien und einen Skulpturgarten. Im Heilkräutergarten züchten *sangomas* (traditionelle Heilkundige) Pflanzen für *muti*, die traditionelle Medizin der Bantu.

Im Garten blüht es zu jeder Jahreszeit, doch am farbenprächtigsten präsentiert sich Kirstenbosch zwischen Mitte August und Mitte Oktober. Die Konzerte an den Sonntagnachmittagen (S. 151) sind eine Institution in Kapstadt.

Rikkis (S. 169) und Busse von City Sightseeing Cape Town (S. 148) fahren nach Kirstenbosch. Autofahrer biegen vom Zentrum kommend an der Kreuzung Union Avenue (M3) und Rhodes Drive (M63) in die erste Straße rechts ab.

GROOT CONSTANTIA

Groot Constantia (Karte S. 108–109; ☎ 021-794 5128; www.grootconstantia.co.za; Groot Constantia Rd., High Constantia; Weinproben inkl. Glas 25 R; ⌚ Dez.–April 9–18 Uhr, Mai–Nov. 9–17 Uhr) ist ein schönes Beispiel kapholländischer Architektur. Das Weingut liegt auf einem wunderschönen Areal und ist leider häufig wegen Reisegruppen überlaufen. Dank der Weitläufigkeit findet hier trotzdem jeder ein ruhiges Plätzchen.

Im 18. Jh. wurden die hoch geschätzten Constantia-Weine in die ganze Welt exportiert. Heute sind der Sauvignon Blanc, der Riesling und der Pinotage die Zugpferde des renommierten Weingutes. Das fachmännisch renovierte Gutshaus wurde inzwischen zu einem **Museum** (☎ 021-795 5140; www.iziko.org.za/grootcon/index.html; Erw./Kind 8/2 R; ⌚ 10–17 Uhr) umgebaut. Unter dem Hauptgebäude lagen früher die beengten Räumlichkeiten der Sklaven. Der Cloete Cellar war der ursprüngliche Weinkeller, heute werden dort alte Kutschen und Lagerfässer gezeigt. Führungen durch den modernen Weinkeller finden im Sommer stündlich statt. Das Weingut ist ein schöner Ort für ein Picknick, doch es gibt auch eine Reihe von Restaurants (s. S. 160).

WEITERE WEINGÜTER

Unter den weiteren Weingütern Constantias ist **Buitenverwachting** (Karte S. 108–109; ☎ 021-794 5190; www.buitenverwachting.co.za; Klein

(Fortsetzung auf S. 141)

BRENT STIRTON/GETTY IMAGES

Bar an der Long Street (S. 118), Kapstadt

Junger Straßenmusikant, Kapstadt (S. 106)

RICHARD I'ANSON

CAROL POLICH

Der Tafelberg (S. 114), Kapstadt

Long Street (S. 118) bei Nacht, Kapstadt

BRENT STIRTON/GETTY IMAGES

BRENT STIRTON/GETTY IMAGES

Antiquitätenladen, Kalk Bay (S. 170), Kapstadt

BRENT STIRTON/GETTY IMAGES

Fischer, Kalk Bay (S. 170), Kapstadt

Das Dutch Café, Waterkant (S. 158), Kapstadt

ARIADNE VAN ZANDBERGEN

Gospelsänger, Kapstadt (S. 106)

RICHARD I'ANSON

BRENT STIRTON/GETTY IMAGES

Cape Point, Cape of Good Hope Nature Reserve (S. 174), Kapstadt

Karoo National Park (S. 247), Western Cape

ADRIAN BAILEY

PAUL KENNEDY

„The Kom" reiten – Kommetjie (S. 143), Kapstadt

Ein Junge in einem Feld voller Wildblumen, Ceres (S. 211), Western Cape

NIC BOTHMA

ARIADNE VAN ZANDBERGEN

Robberg Nature and Marine Reserve (S. 244), Western Cape

Dutch Reformed Church, Western Cape (S. 177)

RICHARD I'ANSON

RICHARD I'ANSON

Brillenpinguine am Boulders Beach (S. 173), Kapstadt

Kaptölpel an der Lambert's Bay (S. 251), Western Cape

ANDREW PARKINSON

RICHARD I'ANSON

Edward Protea Hotel (S. 272), Port Elizabeth, Eastern Cape

Sandboarden bei Jeffrey's Bay (S. 264), Eastern Cape

PAUL KENNEDY

TIM ROCK

Tsitsikamma National Park (S. 260), Eastern Cape

Xhosa-Architektur (S. 58), Eastern Cape

DENNIS JONES

RICHARD I'ANSON

Windsurfer bei Port Elizabeth (S. 270), Eastern Cape

Addo Elephant National Park (S. 274), Eastern Cape

CAROL POLICH

ERIC L WHEATER

Familie aus dem Township Cradock (S. 284), Eastern Cape

Surfer, Jeffrey's Bay (S. 264), Eastern Cape

PAUL KENNEDY

ARIADNE VAN ZANDBERGEN

Ein Zulu bereitet sich auf einen Auftritt vor, Zululand (S. 351), KwaZulu-Natal

Eine Zulu-Frau trägt Wasser, Dumazulu Cultural Village (S. 359), KwaZulu-Natal

RICHARD I'ANSON

ARIADNE VAN ZANDBERGEN

Felszeichnungen, Monk's Cowl (S. 377), KwaZulu-Natal

Zulu-Dorfhäuptling, Dumazulu Cultural Village (S. 359), KwaZulu-Natal

RICHARD I'ANSON

TIM ROCK

Löwe bei Sonnenuntergang, Hluhluwe-Imfolozi-Park (S. 359), KwaZulu-Natal

Unechte Karettschildkröten (S. 366) werden nach ihrer Markierung entlassen, KwaZulu-Natal

DAVE HAMMAN

RICHARD I'ANSON

Perlenverzierte Souvenirs an der Promenade von Durban (S. 330), KwaZulu-Natal

Panoramastraße nach Southern Berg (S. 378), KwaZulu-Natal

RICHARD I'ANSON

BRENT STIRTON/GETTY IMAGES

Gast bei einer traditionellen Hochzeit, Regina Mundi Church (S. 454), Soweto

RICHARD I'ANSON

Eine Frau produziert Souvenirs aus Holz (S. 445), Johannesburg

Souvenir-Maske, Bruma Lake Market World (S. 445), Johannesburg

RICHARD I'ANSON

Ein Mann vor einem verzierten Ndebele-Haus (S. 58), Pretoria

ARIADNE VAN ZANDBERGEN

BRENT STIRTON/GETTY IMAGES

Türsteher vor einem Nachtclub in Melville (S. 442), Johannesburg

BRENT STIRTON/GETTY IMAGES

Bar am Market Theatre (S. 445), Johannesburg

Nachtclub (S. 414), Johannesburg

BRENT STIRTON/GETTY IMAGES

Cultural District Newtown (S. 438), Johannesburg

BRENT STIRTON/GETTY IMAGES

BRENT STIRTON/GETTY IMAGES

Kinder in Soweto (S. 450)

BRENT STIRTON/GETTY IMAGES

Township Soweto (S. 450)

Anhängerin der Shembe-Religion (S. 356)

BRENT STIRTON/GETTY IMAGES

Frau mit Waren auf dem Kopf, Soweto (S. 450)

BRENT STIRTON/GETTY IMAGES

CAROL POLICH

Ndebele-Frau, Mpumalanga (S. 528)

Bunte Kniphofia im Blyde River Canyon Nature Reserve (S. 487), Mpumalanga

RICHARD I'ANSON

Bourke's Luck Potholes (S. 487), Blyde River Canyon, Mpumalanga

ARIADNE VAN ZANDBERGEN

Lone Creek Falls (S. 483), Mpumalanga

CAROL POLICH

(Fortsetzung von S. 128)

Constantia Rd.; kostenlose Weinprobe; Mo–Fr 9–17, Sa 9–13 Uhr) eines der bekanntesten. Buitenverwachting heißt übersetzt „jenseits der Erwartungen" – und genau dieses Gefühl stellt sich bei einem Besuch ein.

Das Weingut ist für die ungewöhnlich guten Wohn- und Arbeitsbedingungen seiner Angestellten bekannt. Für 90 R wird vor dem 1786 gebauten Gutshaus ein mittägliches Picknick serviert (Reservierungen ☎ 083-257 6083).

Klein Constantia (Karte S. 108–109; ☎ 021-794 5188; www.kleinconstantia.com; Klein Constantia Rd.; kostenlose Weinprobe; Mo–Fr 9–17, Sa 9–13 Uhr) gehörte ursprünglich zum Constantia-Weingut und erzeugt ebenfalls Qualitätsweine. Dazu zählt der Vin de Constance, ein süßer Muskateller, den sowohl Napoleon als auch Jane Austen zu schätzen wussten. Das Weingut hat einen schönen Raum für Weinverkostungen und zeigt eine informative Ausstellung.

Am Eingang zum Anwesen steht der *karamat* (Grabstein des Heiligen) von Scheich Abdurachman Matebe Shah, er wurde hier 1661 begraben.

Ein weiteres Weingut ist **Constantia Uitsig** (☎ 021-794 1810; www.uitsig.co.za; Spaanschemat River Rd.; kostenlose Weinprobe; Mo–Fr 9–16.30, Sa –So 10–15.30 Uhr) mit einem bekannten Hotel (S. 155) und mehreren guten Restaurants (S. 160).

IRMA STERN MUSEUM

Das attraktivste **Museum** (Karte S. 126–127; ☎ 021-685 5686; www.irmastern.co.za; Cecil Rd., Rosebank; Erw./Kind 10/5 R; Di–Sa 10–17 Uhr) der südlichen Vororte ist Irma Stern (1894–1966) gewidmet. Sie war eine der bahnbrechenden Künstlerinnen des 20. Jhs. und lebte 38 Jahre in diesem charmanten Haus. Ihr Studio ist noch so erhalten, als sei sie nur eben in den üppig bepflanzten Garten gegangen, um ein bisschen Luft zu schnappen. Ihre ethnografische Kunsthandwerkssammlung mit Exponaten aus der ganzen Welt ist genauso interessant wie ihre eigenen expressionistischen Kunstwerke. Kritiker haben ihre Arbeiten mit denen von Gauguin verglichen. Vom Bahnhof Rosebank geht man über die Main Road nach Westen, überquert die Straße und folgt der Chapel Street zum Museum.

GROOTE SCHUUR

Das **Groote Schuur** (Karte S. 126–127; ☎ 021-686 9100; Groote Schuur Estate, Klipper Rd.; Eintritt 60 R; Führungen nur nach Voranmeldung) wurde von Sir Herbert Baker umgebaut. Es ist eines der historisch bedeutendsten Gebäude Südafrikas und wurde dem Staat von Cecil Rhodes vermacht. Hier wohnten mehrere Premierminister bis hin zu F. W. de Klerk. Die restaurierten Innenräume mit Teakholzpanelen und wuchtigen Möbeln im Kolonialstil, Antiquitäten und wunderschönen Wandteppichen sind sehr eindrucksvoll. Am schönsten ist jedoch die Säulenveranda mit Blick auf die formal angelegten Gärten. Sie ziehen sich einen Hang zu einer Kiefernallee hoch. Im Hintergrund ragt der Devil's Peak auf. Im Rahmen der Führung bekommen die Besucher auch einen Tee auf der Veranda serviert. Da es sich um einen Hochsicherheitsbereich handelt, dürfen die Besucher das Gelände nur unter Vorlage eines Reisepasses betreten. Der Eingang ist nicht ausgeschildert, ist aber leicht auf der linken Seite erkennbar, wenn man bei der Abfahrt Princess Anne Avenue die M3 verlässt.

RHODES MEMORIAL

Als Vorbild für das Denkmal diente der Triumphbogen am Londoner Hyde Corner. Das imposante Granitdenkmal (Karte S. 126–127) erinnert an den Bergwerksmagnaten und früheren Premierminister Cecil Rhodes und steht auf der östlichen Seite des Tafelbergs. Obwohl er von hier aus einen phänomenalen Blick über die Cape Flats bis zu den Bergketten am Horizont hat – und damit im übertragenen Sinne ins Herz Afrikas – scheint Rhodes eher missmutig dreinzuschauen. Hinter dem Denkmal liegt eine nette Teestube in einem alten Steincottage. Zum Denkmal führt die Abfahrt Princess Anne Avenue von der M3.

OUDE MOLEN ECO VILLAGE

Auf dem verlassenen Gelände der Psychiatrischen Klinik Valkenberg befindet sich die einzige Biofarm in Kapstadt – **Oude Molen Eco Village** (Karte S. 108–109; ☎ 021-448 6419; Alexandra Rd., Mowbray). Freiwillige können hier über das Programm **Willing Workers on Organic Farms** (www.wwoof.org) arbeiten, Urlauber im Backpacker Hostel (S. 154) übernachten. Auch Ausritte werden angeboten (S. 143). Dank großzügiger Unterstützung seitens der Regierung konnte die Farm zu einem Musterbetrieb für nachhaltige Landwirtschaft umgebaut werden.

AKTIVITÄTEN

Auf der Suche nach sportlicher Betätigung? Dann ist Kapstadt genau der richtige Ort.

Abseiling & Kloofing

Abseil Africa (Karte S. 116–117; ☎ 021-424 4760; www.abseilafrica.co.za; 1 Vredenburg Lane, City Bowl; Abseiling 295 R) ermöglicht den Abstieg vom Gipfel des Tafelbergs mit Hilfe eines 112 m langen Seils. Wer nicht absolut schwindelfrei ist, braucht gar nicht erst anzufragen. Der Ausblick unterwegs ist phantastisch – also entsprechend viel Zeit einplanen.

Abseil Africa bietet auch Kloofing-Touren in der Umgebung an. Bei dieser Sportart geht es mit dem Seil kletternd, wandernd, schwimmend oder springend in sogenannte *kloofs* (Klippen oder Schluchten). Der Trendsport macht großen Spaß, ist aber auch nicht ganz ungefährlich. Umso wichtiger ist es, vor einer Buchung die Vertrauenswürdigkeit des Anbieters und seiner Ausrüstung zu überprüfen.

Ein weiterer verlässlicher Anbieter ist Day Trippers (s. S. 149).

Fallschirmspringen

Kapstadt ist einer der preisgünstigsten Orte, um das Fallschirmspringen zu erlernen oder einen Tandemsprung zu wagen. Der Blick auf den Tafelberg und die Halbinsel sind grandios.

Skydive Cape Town (☎ 082-800 6290; www.skydivecapetown.za.net; Fallschirmsprünge pro Pers. 1200 R) ist eine erfahrene Firma, die ihre Büros 20 km nördlich des Stadtzentrums in Melkboshstrand hat.

Für weitere Informationen s. unten.

Fitnesscenter

Virgin Active (www.virginactive.co.za; Eintritt Tag/Monat 80/435 R; Green Point Karte S. 124–125; ☎ 434 0750; Bill Peters Drive; Foreshore Karte S. 116–117; ☎ 421 5857; Lower Long St.; Gardens Karte S. 121; ☎ 462 6239, Wembley Square, Glynn St.) ist die größte Kette des Landes mit Fitnesscentern. In Kapstadt gibt es mehrere gut ausgerüstete Filialen.

Fliegen & Paragliden

Alle Anbieter garantieren einen phantastischen Nervenkitzel. Paragliding ist eine atemberaubende Sportart, doch sollte man sich schon am Ankunftstag in Kapstadt um einen Termin kümmern. Die Wetterbedingungensollten so sein, dass es nicht schwierig ist, spontan in die Luft zu kommen. Das gilt vor allem für den Lion's Head.

Ian Willis von **Air Team** (☎ 082-727 6584; www.tandemparagliding.co.za; Flüge ab 750 R) gehört zu einer Gruppe von Paraglidingausbildern und -enthusiasten, die Tandemflüge in und um Kapstadt herum anbieten. Neben Flügen vom Lion's Head bietet Air Team auch Flüge von Silvermine oberhalb von False Bay sowie von den Bergen oberhalb von Hermanus an.

Hopper (Karte S. 124–125; ☎ 021-419 8951; www.thehopper.co.za; Shop 6, Quay 5, Waterfront) bringt Interessierte für 400 R mit einem Helikopter in die Luft. Der 15-minütige Flug geht Richtung Sandy Bay oder zu den Twelve Apostles, der Helikopter hebt täglich um 16 Uhr ab. Ein 30-minütiger Rundflug mit Blick auf beide Ozeane kostet 900 R.

Für weitere Infos zu Flügen s. S. 650.

Golf

Golf ist sehr populär am Kap. Unglaubliche 55 Golfplätze liegen verteilt über das Stadtgebiet! Einige davon sind hervorragend und lassen auch Nichtmitglieder spielen, allerdings nur nach vorheriger Reservierung. Weitere Informationen über Platzgebühren

KAPSTADT – EINMAL ANDERS

- Den Karnevalsgruppen auf dem **Cape Town New Year Karnaval** (S. 150) zuschauen, wenn sie in ihren glänzenden Satinanzügen durch die Straßen tanzen.
- Abends den Möchtegern-Dichtern im **A Touch of Madness** (S. 162) in Observatory zuhören.
- Eine Nacht im **Daddy Long Legs** (S. 152) verbringen, wo jedes Zimmer eine Kunstinstallation ist.
- Nelson Mandela oder Desmond Tutu auf dem **Nobel Square** (S. 122) an der Waterfront umarmen.
- Über die enge Verwandtschaft des Menschen mit den Affen bei einer Führung von **Baboon Matters** (S. 195) nachdenken.

etc. erteilt **Western Province Golf Union** (☎ 021-686 1668; www.wpgu.co.za).

Logical Golf Academy (☎ 021-448 6358; www.logicalgolf.co.za; The River Club, Observatory Rd., Observatory) Driving Range und Golfschule. Eine 30-minütige Einheit kostet 150 R.

Milnerton Golf Club (Karte S. 108–109; ☎ 021-434 7808; www.milnertongolfclub.co.za; Tanglewood Crescent, Milnerton) 12 km nördlich der City Bowl an der R27 liegt Milnerton geradezu perfekt an der Table Bay mit Blick auf den Tafelberg. Der Wind ist teilweise problematisch.

Mowbray Golf Club (Karte S. 108–109; ☎ 021-685 3018; www.mowbraygolfclub.co.za; Raapenberg Rd., Mowbray) Wird wegen seiner ländlichen Lage und der Vogelwelt von manchen als der schönste Platz der Stadt bezeichnet.

Kajak fahren

Real Cape Adventures (☎ 021-790 5611, 082-556 2520; www.seakayak.co.za) Bietet je nach Vorkenntnissen eine Reihe Kajaktouren rund ums Kap (und zu weiter entfernt liegenden Zielen) an. Die halbtägige Hout-Bay-Paddeltour eignet sich gut für Anfänger (ab 200 R).

Sea Kayak Simon's Town (Karte S. 173; ☎ 082 501 8930; www.kayakcapetown.co.za; Wharf Rd., Simon's Town) Von Simon's Town geht es zu den Pinguinen bei Boulders (200 R). Interessant sind auch die Touren zum Cape Point (650 R), die Walbeobachtungsausflüge bei Glencairne sowie Kajaksafaris mit Übernachtung.

Rad fahren

Wer den Kick sucht, wird die Radtouren und Abenteuerausflüge lieben, die **Downhill Adventures** (Karte S. 121; ☎ 021-422 0388; www.downhilladventures.com; Ecke Orange St./Kloof St., Gardens) anbietet. Sehr empfehlenswert ist eine Mountainbikeabfahrt von der Talstation der Drahtseilbahn am Tafelberg (350 R) oder eine Radtour durch die Weinberge von Constantia und weiter zum Cape of Good Hope (Kap der Guten Hoffnung; 500 R). Für 100 R pro Tag werden gute Räder vermietet.

Day Trippers (S. 149) bietet ebenfalls Radtouren an, u. a. zum Cape Point.

Reiten

Oude Molen Stables (Karte S. 108–109; ☎ 072-199 7395; Violet Bldg., Oude Molen Eco Village, Alexandria Rd., Mowbray; Std. 100 R) Für Reitstunden im Eco-Village am besten Kendre kontaktieren, das Dorf bietet noch weitere interessante Angebote (s. S. 141).

Sleepy Hollow Horse Riding (Karte S. 108–109; ☎ 021-789 2341, 083-261 0104; Noordhoek) Verlässlicher Anbieter, der sowohl Ausritte über den breiten Noordhoek-Sandstrand als auch durch das bergige Hinterland anbietet.

Surfen & Sandboarden

Die Kap-Halbinsel bietet unzählige phantastische Surfmöglichkeiten. Surfer haben die Auswahl zwischen einer sanften Dünung für Anfänger oder mehr als 3 m hohen Monsterwellen für erfahrene Surfer. Im Allgemeinen ist die Brandung am Atlantik besser, die Wassertemperaturen können mit 8 °C aber extrem kalt sein. Neoprenanzüge und Schuhe sind unbedingt notwendig.

Kommetjie (Karte S. 108–109), ausgesprochen Kommi-kih, ist das Surfmekka am Kap. Die Riffe sorgen für eine ordentliche Brandung. Outer Kommetjie ist eine Left, die am Leuchtturm beginnt, während Inner Kommetjie geschützter und kleiner ist (mit vielen Kelpblättern bei Flut). Die Wellen in beiden Arealen sind bei südöstlichen bzw. südwestlichen Winden am höchsten.

An der False Bay (Karte S. 171) sind **Muizenberg** und **Kalk Bay** die besten Surfspots. Die Wellen sind hier nicht so hoch und deutlich wärmer (bis zu 20 °C). Bei Nordwestwind sind die Bedingungen ideal. Der tägliche Surfbericht ist unter ☎ 082-234 6353 oder www.wavescape.co.za abrufbar.

Wer nicht nass werden möchte, kann sich ja immer noch als Sandboarder versuchen. Diese Sportart funktioniert genau wie Snowboarden, nur eben auf Sanddünen.

Downhill Adventures (Karte S. 121; ☎ 021-422 0388; www.downhilladventures.com; Ecke Orange St./Kloof St., Gardens) bietet einen Surf-Einführungskurs für 350 R. Ein Sandboard-Trip nach Atlantis nördlich des Stadtzentrums kostet 500 R.

Bei **Gary's Surf School** (Karte S. 171; ☎ 021-788 9839; www.garysurf.co.za; Surfer's Corner, Muizenberg; 🕓 8.30–17 Uhr) müssen Interessenten nicht bezahlen, wenn sie es nach dem zweistündigen Unterricht (380 R) immer noch nicht schaffen, auf dem Surfboard zu stehen. Garys Laden ist ein Treffpunkt der Muizenberger Surfszene. Gary verleiht Boards und Neoprenanzüge für 100 R pro Tag. Die Schule bietet auch Sandboard-Trips (250 R) in die Dünen von Kommetjie an.

Sunscene Outdoor Adventures (☎ 021-783 0203, 083-517 9383; www.sunscene.co.za) bietet in den geschützten Fishhoek-Sanddünen einen zweistündigen Sandboard-Kurs (250 R) an; die erfahrenen Ausbilder und die Getränke (wichtig!) sind inklusive. Natürlich werden auch traditionelle Surfstunden und Surfausflüge angeboten. Dazu kommen Angelausfahrten ab Kalk Bay und eine Unmenge weiterer adrenalinhaltiger Aktivitäten.

Schiffsausflüge

DUIKER ISLAND

Vom Hafen Hout Bay fahren täglich Ausflugsschiffe nach Duiker Island. Die Insel wird wegen ihrer Seehundkolonie auch Seal Island genannt. Gleich drei Anbieter sind täglich auf dieser Schiffsroute unterwegs, sie garantieren in der Regel auch eine Fahrt am Vormittag. Der billigste Anbieter heißt **Circe Launches** (☎ 021-790 1040; www.circelaunches; Erw./Kind 35/10 R) und fährt mit Glasbodenschiffen. Die anderen Anbieter sind **Drumbeat Charters** (☎ 021-791 4441; Erw./Kind 50/20 R) und **Nauticat Charters** (☎ 021-790 7278; www.nauticatcharters.co.za; Erw./Kind 50/20 R). Alle haben ihre Büros am Hafen (Karte S. 108–109).

HAFENRUNDFAHRTEN

Eine Hafenrundfahrt durch die Table Bay ist alleine schon wegen des Panoramablicks auf den Tafelberg ein Muss. Die **Waterfront Boat Company** (Karte S. 124–125; ☎ 021-418 5806; www.waterfrontboats.co.za; Laden 7, Quay 5, Waterfront) bietet eine Reihe Rundfahrten an, darunter die sehr empfehlenswerte 1½-stündige Tour bei Sonnenuntergang (180 R). Die Schiffe *Spirit of Victoria* und *Esperance* sind schöne Schoner aus Holz und Messing. Mit dem Schnellboot zahlt man 250 R pro Stunde.

Die Internetseite www.waterfront.co.za/play/leisure informiert über weitere Anbieter an der Waterfront.

Schwimmen

Schwimmer haben die Wahl zwischen einigen herausragenden Bädern. Der **Sea Point Pavilion** (Karte S. 126–127; ☎ 021-434 3341; Beach Road, Sea Point; Erw./Kind 9,50/6 R; 🕑 Okt.–April 7–18.50 Uhr, Mai–Sept. 8.30–17 Uhr) ist ein riesiger Freibadkomplex mit schönen Art-déco-Details. Das Wasser ist in den Becken immer mindestens 10 °C wärmer als im Ozean.

Die **Long Street Baths** (Karte S. 116–117; ☎ 021-400 3302; Ecke Long St./Buitensingel St.; nur Schwimmen Erw./Kind 8/5 R; 🕑 Mo–Sa 7–19, So 7–18 Uhr) sind eine Institution im Stadtzentrum. Das Schwimmbecken ist beheizt und bei den Einheimischen sehr beliebt. Das separate türkische Dampfbad (52 R) ist vor allem in den kühleren Monaten ideal, um etwas ins Schwitzen zu geraten. Es gibt Frauentage (Mo–Do 8.30–19.30, Sa 9–18 Uhr) und Männertage (Di 13–19.30, Mi und Fr 9–19.30, So 8–12 Uhr) im türkischen Bad. Für Frauen werden auch Massagen (39 R nur Massage, 73 R Massage plus türkisches Dampfbad) angeboten.

In den Felsbecken bei Sea Point kann man sicher im Meer schwimmen. **Graaff's Pool** (Karte S. 126–127) am nördlichen Ende ist für Männer reserviert und wird viel von Nudisten besucht; unmittelbar südlich liegt der **Milton's Pool** (Karte S. 126–127) mit einem kleinen Strand. Das Wasser ist jedoch normalerweise eiskalt.

Tauchen

Kapstadt hat ein paar interessante Tauchspots direkt an oder vor der Küste. Hauptattraktion ist jedoch das Tauchen in einem Haifischkäfig in Gansbaii, das 150 km südöstlich der Stadt (s. S. 201 mit Infos über vertrauenswürdige Anbieter) liegt. Wer unbedingt einem Haifisch nahe kommen möchte, kann dies auch im Two Oceans Aquarium (S. 122) tun.

Einige gute Tauchbasen vor Ort:

Pro Divers (Karte S. 126–127; ☎ 021-433 0472; www.prodiverssa.co.za; 88B Main Rd., Sea Point)

Table Bay Diving (Karte S. 124–125; ☎ 021-419 8822; www.tablebaydiving.com; Shop 7, Quay 5, Waterfront)

Vergnügungsparks

Der große Vergnügungspark **Ratanga Junction** (Karte S. 108–109; ☎ 021-550 8504; www.ratanga.co.za; Century City, Milnerton; Erw./Kind 95/45 R; 🕑 Fr–So 10–17 Uhr, tgl. während der Schulferien) ist ein beliebter Afrika-Themenpark und liegt neben dem Einkaufszentrum Canal Walk – rund 5 km nördlich des Stadtzentrums an der N1. Die Eintrittskarte berechtigt zur Nutzung aller Fahrgeschäfte, darunter mehrere Achterbahnen und andere „Magenverdreher".

Wandern & Klettern

Das gebirgige Rückgrat der Kap-Halbinsel ist ein Paradies für Wanderer und Kletterer. Doch das Wandern ist hier durch das wechselhafte Wetter (s. Kasten S. 145) nicht ganz gefahrlos. Zahlreiche Bücher und Karten geben Tourenvorschläge, darunter auch Mike Lundys Buch *Best Walks in the Cape Peninsula*. Wer die Berge jedoch wirklich genießen will, sollte sich einen ortskundigen

Wanderführer anheuern. Auf S. 113 finden sich Infos zu geführten Wanderungen im Table Mountain National Park.

City Rock (Karte S. 126–127; ☎ 021-447 1326; www.cityrock.co.za; Ecke Collingwood/Anson St., Observatory; ⌚ Mo–Do 11–21, Fr–So 10–18 Uhr) Beliebte Kletterhalle mit Kletterkursen. Hier kann Ausrüstung entweder gekauft oder geliehen werden. Die Tageskarte für die Kletterwand kostet 55 R.

Kabbo African Adventures (☎ 021-701 0867, 072-024 6537; www.kabboadventures.com) Der Anbieter hat seine eigene Version des Hoerikwaggo Trail (s. S. 113) zusammengestellt. Übernachtet wird in der Hütte des Mountain Clubs auf dem Back Table, in Hostels oder auf Zeltplätzen unweit der Straße von der City Bowl zum Cape Point. Eine Bergtour mit Übernachtung kostet 725 R, für eine Wanderung zum Gipfel bei Sonnenaufgang zahlt man rund 320 R.

Mountain Club of South Africa (Karte S. 121; ☎ 021-465 3412; www.mcsa.org.za; 97 Hatfield St., Gardens) Passionierte Wanderer können sich beim Club melden, um die Namen von erfahrenen Wanderführern zu erhalten. Der Club hat eine eigene Kletterwand (5 R; Mo–Fr 10–14, Di–Mi auch 18–21 Uhr).

Venture Forth (☎ 021-556 4150; www.ventureforth.co.za) Enthusiastische Wanderführer stellen Wanderungen oder Klettertouren ganz nach den Wünschen der Kunden zusammen, oft liegen sie abseits der Hauptrouten. Der Preis (400 R) schließt Proviant und Transfers mit ein.

BESTEIGUNG DES TAFELBERGS

Rund 300 Routen führen auf den Tafelberg (Table Mountain) – entsprechend groß ist die Chance, sich zu verlaufen. Der Berg ist über 1000 m hoch, sodass sich die Wetterbedingungen rasant schnell ändern können. Bei Nebel wird die Orientierung fast unmöglich, dann muss man warten, bis sich die Wolken wieder lichten. Jedes Jahr sterben auf dem Berg unvorbereitete oder leichtsinnige Wanderer. Auf jeden Fall den nebenstehenden Kasten (Dos & Dont's) aufmerksam lesen!

Keine der Routen ist einfach, aber durch die **Platteklip Gorge** auf der City-Bowl-Seite geht es wenigstens gerade bergan. Wer nicht hundertprozent fit ist, kann alternativ von der Bergstation der Drahtseilbahn zur Talstation hinunterlaufen. Diese recht einfache Wanderung dauert rund 2½ Stunden. Doch Achtung: Die Strecke ist schattenlos und führt meistens sehr steil bergab.

Nur für erfahrene Kletterer geeignet ist die wesentlich schwierigere Route **Indian Windows**, die unmittelbar hinter der Talstation der Seilbahn beginnt und immer steil bergauf führt. Die Wanderer, die man von den Gondeln aus über die nackten Felswände klettern sieht, sind auf dieser Route unterwegs.

Der **Pipe Track** ist weniger steil und führt an der Westseite in Richtung Twelve Apostles. Bei den Kirstenbosch Botanical Gardens beginnen zwei weitere beliebte Routen: Die eine führt durch die **Skeleton Gorge**, in der einige Passagen gesichert sind, die andere geht durch die **Nursery Ravine**. Beide Routen sind für mittelmäßig Durchtrainierte in gut drei Stunden zu schaffen. Der Weg vom Botanischen Garten zur Seilbahn und wieder zurück ist aber nicht ausgeschildert.

DOS & DON'TS: WANDERUNG AUF DEN TABLE MOUNTAIN

- Auf jeden Fall jemanden über die Aufstiegsroute informieren und eine Karte mitnehmen. Besser ist allerdings das Wandern in Begleitung eines lokalen Bergführers
- Ausreichend Wasser und Essen mitnehmen
- Eine wetterfeste Jacke anziehen – das Wetter kann sich extrem schnell ändern
- Feste Wanderschuhe und einen Sonnenhut tragen
- Ein Handy – falls vorhanden – mitnehmen

Auf keinen Fall

- alleine wandern
- Abfall auf dem Berg hinterlassen
- verbotenerweise ein Feuer anzünden

LION'S HEAD

Die 2,2 km lange Wanderung von Kloof Nek zum Gipfel des Lion's Head (Karte S. 126–127) ist eine der schönsten in Kapstadt. Etwas ganz besonderes ist die Wanderung bei Vollmond, wenn sich viele Leute bei Sonnenuntergang auf dem Gipfel versammeln. Dank des Vollmonds ist der Abstieg gut zu bewältigen, eine Taschenlampe sollte aber trotzdem im Gepäck sein. Und wenn möglich, nicht alleine laufen! Der

Weg am oberen Ende der Kloof Nek Road ist ausgeschildert. An einigen Stellen muss man klettern, die schwierigsten Passagen sind aber mit Drahtseilen gesichert, sodass man sich auch festhalten kann.

CAPE OF GOOD HOPE

Wer den 38,8 km langen Cape of Good Hope Trail zum Kap der guten Hoffnung laufen will, muss sich vorher dazu anmelden. Die Gebühr für die zweitägige Rundwanderung durch den Nationalpark (S. 174) liegt bei 88 R.

Die einfache Übernachtung in den Hütten Protea und Restio am Südende des Parks ist im Preis eingeschlossen, der Eintritt zur Landspitze des Cape Point jedoch nicht. Weitere Infos hat das **Buffelfontein Visitors Centre** (☎ 021-780 9204).

Wellness

In den teuersten Hotels der Stadt finden sich die luxuriösesten Wellnessanlagen. Alle bieten die übliche Auswahl an Gesichts- und Körpermassagen an. Am günstigsten sind Tagespauschalen. Für Frauen sind auch die Massagen in den Long Street Baths (s. S. 144) interessant.

Altira Spa (Karte S. 116–117; ☎ 021-412 8200; www.altiraspa.com; Arabella Sheraton Grand Hotel, Convention Square, Lower Long St., Foreshore; 🕓 8–20 Uhr) Hier kann man einige Runden mit Blick auf die Waterfront schwimmen oder im Whirlpool mit Blick auf den Tafelberg entspannen. Natürlich gibt es auch einen Fitnessraum, eine Sauna, ein Dampfbad und Fußbäder.

Angsana Spa (Karte S. 126–127; ☎ 021-674 5005; www.angsanaspa.com; Vineyard Hotel, Colinton Rd., Newlands; 🕓 10–20 Uhr) Kapstadts trendigste Anlage bietet balinesische Entspannungstechniken in einer luxuriösen Umgebung.

Cape Grace Spa (Karte S. 124–125; ☎ 021-410 7140; www.capegrace.com/spa; Cape Grace, West Quay, Waterfront; 🕓 8–20 Uhr) Es gibt sowohl eine afrikanische als auch eine Massage mit Gewürzen. Angewandt werden auch traditionelle San-Methoden. Vom Massageraum aus hat man einen schönen Panoramablick auf den Tafelberg.

Sanctuary Spa (Karte S. 126–127; ☎ 021-437 9000; www.12apostleshotel.com/spa.htm; Twelve Apostles Hotel, Victoria Rd., Camps Bay; 🕓 8–20 Uhr) Die Pseudo-Höhle könnte einem James-Bond-Film entstammen. Das Gefühl wird durch die topmodernen Apparate in den Behandlungszimmern noch verstärkt. Hier befinden sich auch die stadtweit einzige Rasul-Kammer (eine arabische Sauna) sowie ein Pool.

Windsurfen & Kiteboarden

Bei dem beständigen Sommerwind überrascht es nicht, dass die Kapküste Windsurfer und Kiteboarder magisch anlockt. Besonders beliebt ist Bloubergstrand an der Atlantikküste, 25 km nördlich der City Bowl. **Windswept** (☎ 082-961 3070; www.windswept.co.za) bietet einen dreistündigen Anfängerkurs für 450 R an. Wer die Technik beherrscht, kann sich ein Board für 250 R leihen. Es gibt auch Pauschalangebote inklusive Unterkunft.

Langebaan (s. S. 249) ist ein weiterer beliebter Windsurferspot. Das **Cape Sport Centre** (☎ 022-772 1114; www.capesport.co.za) informiert über die jeweiligen Windsurf- und Kiteboardtarife.

STADTSPAZIERGANG

Die turbulente Geschichte Kapstadts lässt sich an vielen Gebäuden, Skulpturen und Straßennamen in den Stadtteilen City Bowl und Bo-Kaap ablesen. Der folgende Spaziergang informiert über die historischen Ereignisse und Personen, die das heutige Stadtbild entscheidend mitgeformt haben.

Ein guter Startpunkt ist die älteste europäische Festung Südafrikas, das **Castle of Good Hope** (1; S. 115). Unmittelbar westlich liegt die **Grand Parade (2)**, auf der früher Militärparaden und öffentliche Hinrichtungen stattfanden. Heute wird hier jeden Mittwoch und Samstag ein lebhafter Wochenmarkt abgehalten. Das erste, aus Lehm erbaute Fort von Jan van Riebeeck stand ebenfalls an dieser Stelle. Seine genaue Lage ist in Rot auf der Parade kurz vor der Plein Street markiert. Auf dem Balkon der beeindruckenden **Old Town Hall (3)** auf der südwestlichen Seite der Parade hielt Nelson Mandela im Februar 1990 nach 27 Jahren Gefängnis seine erste öffentliche Rede.

Über die Buitenkant Street geht es zum **District Six Museum** (4; S. 115), in dem die Geschichte des inzwischen abgerissenen Innenstadtviertels (ein Opfer des Apartheidregimes) nachvollzogen wird. Vom Museum geht es rechts in die Albertus Street, dann wieder rechts in die Corporation Street bis zur Mostert Street und dann weiter auf ihrer Fortsetzung, der Spin Street. Auf der Verkehrsinsel neben dem Church Square ist im Pflaster eine runde Plakette angebracht. Hier stand einst der alte **Sklavenbaum (5)**, unter dem bis zur gesetzlichen Befreiung

1833 Sklaven verkauft wurden. Die **Groote Kerk** (**6**; S. 120) ist die Mutterkirche der Niederländisch Reformierten Kirche. Auf der anderen Straßenseite ist in der ehemaligen **Slave Lodge** (**7**; S. 119) ein Museum untergebracht. Auf der Rückseite des Museums befindet sich Parliament Square. Das Relief im Giebel der Rückseite der Lodge zeigt einen erschöpft dreinschauenden Löwen und ein ebensolches Einhorn – ein satirischer Kommentar des Steinmetzes auf das britische Imperium nach den napoleonischen Kriegen.

Von der Spin Street führt der Spaziergang links in die Adderley Street, sie wurde nach dem Politiker Charles Adderley benannt, der sich in London erfolgreich dafür einsetzte, dass Kapstadt nicht zu einer Strafkolonie wurde. Bis Mitte des 19. Jhs. hieß die Straße Heerengracht, denn einst verband ein Kanal die **Company's Gardens** (**8**; S. 115) mit dem Meer. Der Park ist sehr schön, doch wer es eilig hat, geht in nordwestlicher Richtung über die Wale Street weiter zur **St. George's Cathedral (9)**. Von dort geht es einige Straßenblocks lang auf der Wale

ROUTENINFOS
Start: Castle of Good Hope
Ziel: Heritage Square
Länge: 3 km
Dauer: mindestens zwei Stunden

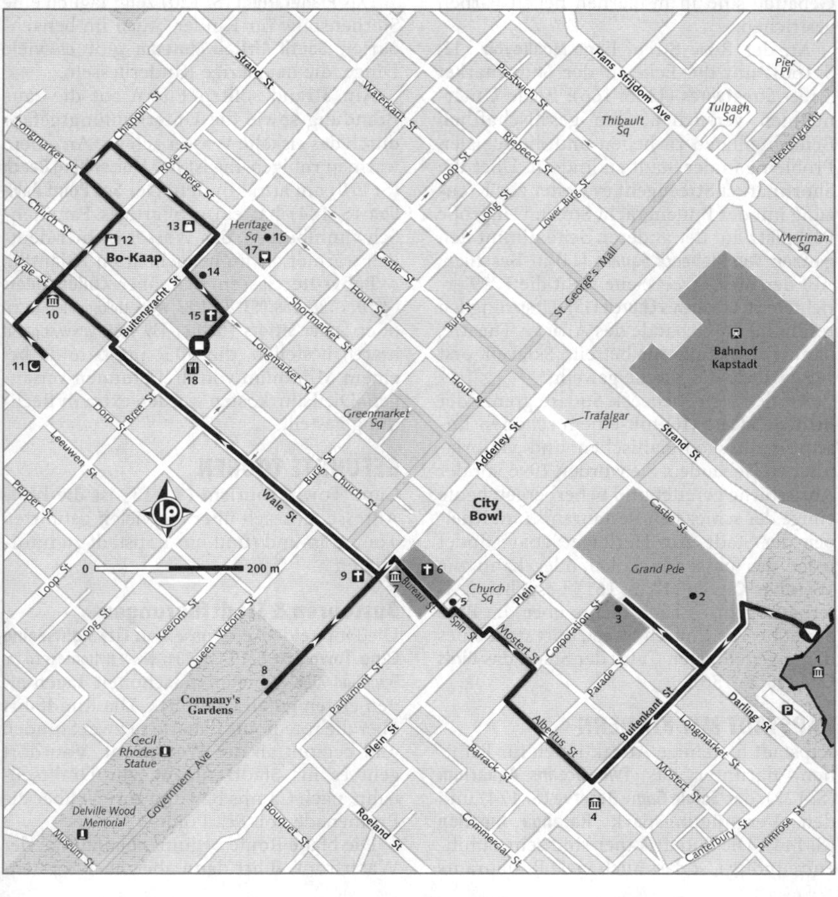

Street entlang, dabei wird die Buitengracht überquert. Der einstige Kanal wurde zugeschüttet und in eine Straße umgewandelt. Hier beginnt das Viertel Bo-Kaap.

Einen guten Einstieg in die Geschichte des vorwiegend muslimischen Stadtteils bietet das **Bo-Kaap Museum** (**10**; S. 119) an der Wale Street. Die steilen Gassen von Bo-Kaap sind zum Teil immer noch kopfsteingepflastert und werden von Flachdach-Häusern aus dem 18. Jh. sowie einigen Moscheen gesäumt. Auch heute noch ruft der Muezzin von der **Owal Mosque (11)** an der Dorp Street die Gläubigen zum Gebet. Die Moschee ist die älteste Moschee in Kapstadt. Die schönsten Häuser stehen in der Chiappini Street und in der Rose Street – viele Gebäude sind in modernen hellen Farben gestrichen.

An der Rose Street liegt **Monkeybiz** (**12**; S. 166), um die Ecke in der Shortmarket Street **Streetwires** (**13**; S. 166): Beide Unternehmen versuchen, den gesellschaftlich Benachteiligten zu helfen und die sozialen Probleme in der Stadt zu lindern. Über die Shortmarket Street geht es weiter zur Kreuzung mit der Buitengracht Street. Der große Parkplatz auf der anderen Seite nimmt den ganzen **Van Riebeeck Square (14)** in Beschlag. Auf der Bree-Street-Seite steht die 1799 errichtete **St. Stephen's Church (15)**. Ursprünglich residierte im Gebäude das African Theatre, dann eine Schule für befreite Sklaven, erst 1839 wurde die Kirche geweiht.

An den Van Riebeeck Square grenzt der **Heritage Square (16)** mit einem schönen Ensemble aus georgianischen und viktorianischen Gebäuden. Sie wurden 1996 vor der Abrissbirne gerettet und beherbergen heute einige der schicksten Restaurants und Kneipen der Stadt. Am Heritage Square findet jeder das passende Lokal oder kann die Weinbar **Caveau** (**17**; S. 161) besuchen. Alternativ geht es nach rechts über die Bree Street bis zur Church Street, dort steht eines der angenehmsten Cafés der Stadt, das **Birds Café** (**18**; S. 156).

KAPSTADT MIT KINDERN

Kapstadt hat einige Attraktionen für Familien, darunter das **Two Oceans Aquarium** (S. 122), das **Sollole Game Reserve** (S. 174) und den Vergnügungspark **Ratanga Junction** (S. 144). Die Südafrikaner sind sehr familienfreundlich, sodass auch viele Restaurants auf Kinder eingestellt sind. „Familien"-Restaurants, wie die Restaurantkette Spur (www.spur.co.za) sind über die ganze Stadt verteilt und bieten z. B. Kinderportionen an. Das Gleiche gilt auch für einige gehobene Restaurants.

Auch Tiere gibt es reichlich in der Stadt zu sehen: Die Seehunde an der **Waterfront** (S. 122) lassen sich am besten von Bertie's Landing aus beobachten. Am **Cape Point** (S. 174) leben Zebras, Antilopen und Paviane. Publikumslieblinge sind die Pinguine bei **Boulders** (S. 173), während in **World of Birds** (S. 128) Tausende von Vögeln und Affen zu sehen sind. Für einen Ritt auf einem Esel oder Kamel lohnt ein Besuch der **Imhoff Farm** (S. 174).

Das **Planetarium** (S. 120) zeigt täglich eine Sternenshow für Kinder. Auch im benachbarten **South African Museum** gibt es viele Dinge, die neugierige Kinder fesseln.

Am Strand sollten Eltern auf die raue Brandung sowie die Unterkühlungsgefahr durch das eiskalte Wasser achten. An einem warmen ruhigen Tag ist der **Muizenberg Beach** (S. 170) am attraktivsten. Der **Sea Point Pavilion** (S. 144) hat ein großartiges Familien-Schwimmbecken, das Wasser ist hier deutlich wärmer als im benachbarten Atlantik.

Babysitter lassen sich über **Childminders** (☎ 021-788 6788, 083-254 4683; www.childminders.co.za) oder **Super Sitters** (☎ 021-439 4985; www.supersitters.net) bestellen, die 30 R pro Stunde bei einem Minimum von drei Stunden verlangen. Die Fahrtkosten werden extra in Rechnung gestellt.

GEFÜHRTE TOUREN

Cape Town Tourism (S. 113) ist die beste Adresse, um sich über die vielen geführten Touren in und rund um Kapstadt zu informieren.

Bustouren & Stadtführungen

Die Doppeldecker-Busse von **City Sightseeing Cape Town** (☎ 021-511 1784; www.hyltonross.co.za; Erw./Kind 90/40 R) bieten an schönen Tagen einen ersten guten Überblick. Die Rundfahrt über die rote Route dauert gut zwei Stunden und beginnt an der Waterfront. Von dort geht es ins Stadtzentrum, zur Drahtseilbahn, nach Camps Bay und zurück über die Promenade von Sea Point.

Die blaue Route beginnt ebenfalls an der Waterfront, führt dann aber über Kirstenbosch und Hout Bay. Man kann beliebig ein- und aussteigen, die Busse fahren zwischen 9.30 und 15.30 Uhr in einem halbstündigen Rhythmus (in der Hochsaison sogar noch häufiger).

Organisierte Stadtführungen zu Fuß bieten die folgenden Anbieter:

Cape Town on Foot (☎ 021-487 6800; Führungen 100 R; 🕑 Mo–Fr 11 Uhr) Unter der Leitung der erfahrenen Reiseleiterin Ursula Stevens beginnt die Führung am Büro von Cape Town Tourism in der Burg Street.

Day Trippers (☎ 021-511 4766; www.daytrippers.co.za) Hat einen exzellenten Ruf. Bei vielen der Touren kann man auf Wunsch auch Rad fahren. Die meisten Touren kosten rund 385 R und beinhalten einen Abstecher zum Cape Point und in die Weinberge, während der Saison können auch Wale beobachtet werden.

Footsteps to Freedom (☎ 021-426 4260, 083-452 1112; www.footstepstofreedom.co.za; Führungen 100 R) Stadtführungen zu Fuß ab dem Büro von Cape Town Tourism.

Thematische Touren

Die zahlreichen Veranstalter bieten auch Touren zu speziellen Themen wie Wein, Natur und Sport an.

Fast jeder Anbieter hat Tagestouren zu den umliegenden Weingütern im Programm. Reisende mit mehr Zeit sollten in der Region, z. B. in Stellenbosch, übernachten. Von dort lassen sich ebenfalls Führungen organisieren. Informationen über entsprechende Veranstalter finden sich auf S. 186.

Einige Empfehlungen:

Birdwatch Cape (☎ 021-762 5059; www.birdwatch.co.za; halbtägige Tour 270 R) Informative Touren zur einzigartigen Vogelwelt der Kapregion.

Cape Wine Tours (☎ 021-462 1121, 083-659 8434; capewinetours@telkomsa.net; 365 R) Empfehlenswerte Tagestour durch die Weinregion; Besuch mehrerer Weingüter in Stellenbosch, Franschhoek und Paarl.

Ferdinand's Tours & Adventures (☎ 021-913 8800, 072-132 2482; ferdinand@telkomsa.net; Touren 335 R) Die Weintour ist auf Backpacker zugeschnitten. Angefahren werden mindestens vier Weingüter; ein Mittagessen ist im Preis inbegriffen. Unterwegs kann es ziemlich laut werden.

Gateway to Newlands (☎ 021-686 2151, 021-686 2150; www.newlandstours.co.za) Sportfans interessieren sich vielleicht für die Cricket- und Rugby-Stadien Kapstadts oder für das Sport Science Institute of South Africa (Karte S. 126–127). Kurze Touren beginnen bei 35/22 R für Erw./Kinder, die längeren Varianten schließen auch einen Stopp beim kleinen Rugby Museum (Karte S. 126–127) ein und kosten 60/36 R.

Imvubu Nature Tours (☎ 021-706 0842; www.imvubu.co.za; Touren Erw./Kind 30/15 R) Bei einer Tour durch das Rondevlei Nature Reserve (S. 170) entdeckt man mit etwas Glück die scheuen Flusspferde. Größere Chancen hat man bei einer Übernachtung im Insel-Buschcamp. Zwischen August und Februar werden Schiffstouren angeboten (pro Pers. 30 R, Minimum vier Teilnehmer).

Sunpath (☎ 072-417 6800; www.sunpath.co.za; Touren 100–325 R) Bietet eine Reihe von faszinierenden Touren und Wanderungen über die Halbinsel an. Sie folgen teilweise den Spuren der alten Sonnenpfade, die von den indigenen Völkern am Kap benutzt wurden.

Wine Desk at the Waterfront (Karte S. 124–125; ☎ 021-405 4550; www.winedeskwaterfront.co.za; Clocktower, Waterfront; Touren 490 R) Die täglichen Weinausflüge steuern jeden Tag unterschiedliche Weingüter an. Der Saturday Morning Wine Club besucht zwei oder drei Weingüter und die Tour endet mit einer Mahlzeit auf einem der Güter.

Township- & Kulturführungen

Viele Veranstalter bieten Township-Führungen an, ein halber Tag reicht dabei völlig aus. Die Ganztagesausflüge schließen eine Fahrt nach Robben Island ein, die Gefängnisinsel sollte man aber lieber auf eigene Faust besuchen.

Und unbedingt den Reiseveranstalter fragen, wie viel vom Geld in Projekte in den Townships fließt – nicht alle Führungen werden von den Bewohnern der Cape Flats organisiert!

Adventure Kalk Bay (☎ 021-788 5113, 0783-211 4508; arcadia@49er.co.za) Lokales Tourismusprojekt, das geführte Spaziergänge durch Kalk Bay und den Hafen anbietet. Im Mittelpunkt steht die Kultur der Fischer (30 R, inkl. Mittagessen 100 R). Der halbtägige Angeltrip (120 R) beginnt vor Sonnenaufgang, sodass eine Übernachtung bei einer Familie empfehlenswert ist (Vollpension 220 R).

Andulela (☎ 021-790 2592; www.andulela.com) Bietet Führungen durch Bo-Kaap und die Township Kayamandi in Stellenbosch an, Schwerpunkt ist das traditionelle Kochen. Der innovative Veranstalter bietet noch einige andere ungewöhnliche Fahrten bzw. Aktivitäten an.

Cape Capers Tours (☎ 083-358 0193; www.tourcapers.co.za) Der preisgekrönte Reiseleiter Faizel Gangat organisiert informative Führungen durch die Townships. Die Touren konzentrieren sich auf Langa (280 R) oder die Cape-Care-Route (460 R). Ziele sind dabei einige der erfolgreichsten Gemeinschafts- und Umweltschutzprojekte der Stadtviertel. Im Programm sind Halbtagsführungen durch das Bo-Kaap-Viertel und den ehemaligen District Six.

Charlotte's Walking Tours (☎ 083-982 5692; nomthunzie@webmail.co.za) Die überschwängliche Charlotte Swatbooi führt zu Fuß durch die Township

AUF INS KARNEVALSGETÜMMEL

Das Kapstädter Gegenstück zur Mardi-Gras-Parade von Rio ist der **Cape Town New Year Karnaval**. Dabei geht es laut, lustvoll und chaotisch zu: die farbenfrohen Kostüme der so genannten Minstrel-Gruppen sind aus Satin, Pailletten und Glitzerzeug gefertigt. Eine Fußgruppe kann bis zu 1000 Leute umfassen!

Der Karnevalsumzug hat seine Ursprünge im frühen 19. Jh., als die Sklaven über Neujahr einen Tag in Freiheit genießen durften. Der heutige Karneval wurde aber durch amerikanische Minstrel-Gruppen im frühen 20. Jh. beeinflusst – von ihnen wurden auch die geschminkten Gesichter, die bunten Kostüme und die deftigen Gesangs- und Tanzstücke kopiert. Die meisten Teilnehmer sind Farbige, doch auch einige Schwarze und sehr wenige Weiße laufen mit.

Die Hauptparaden werden am 31. Dezember und am 2. Januar abgehalten. Startpunkt ist die Darling Street vor der Old City Hall, Ziel ist das Green Point Stadium (Karte S. 124–125). Der offizielle Cape-Minstrel-Wettbewerb, bei dem die Fußgruppen anhand mehrerer Kriterien bewertet werden (z.B. Kostüme, Gesang und Tanz), findet bis Anfang Februar jeden Samstagabend statt. Wer die Hauptparade verpasst hat, kann die Fußgruppen an einem dieser Abende in Green Point, im Athlone Stadium (Karte S. 108–109) und im Vygerkraal Stadium (Karte S. 108–109) in Aktion erleben. Das Erlebnis ist einzigartig! Der Verkehr ist an diesen Abenden meist chaotisch, vor allem rund um die Whale Street und Adderley Street, wenn die Wettbewerbsteilnehmer zurück zu ihren Bussen marschieren.

Masiphumelele, die auf dem Weg nach Kommetjie liegt. Die Führungen sind eine gute Alternative zu den Standard-Bustouren durch die Townships der Cape Flats.

Coffee Beans Routes (☎ 021-448 8080, 084-762 4944; www.coffeebeans.co.za; Touren 390 R) In Gesellschaft des örtlichen Dichters Jethro Louw geht es nach Kalkfontein, einer Township nördlich der Stadt. Sehr empfehlenswert ist die Cape Town Jazz Safari (Mo ab 19 Uhr), bei der man Jazzmusiker trifft und eine Jam Session erlebt. Freitags geht es nach Marcus Garvey, einer Rastafari-Siedlung in Philippi. Abends wird jamaikanisches Essen serviert und nach Mitternacht Reggae in einem Tanzschuppen aufgelegt.

Grassroute Tours (☎ 021-706 1006; www.grassroute tours.co.za) Einer der erfahrensten Anbieter von Townshipführungen (halb-/ganztägig 290/450 R). Zum Programm gehören Abendführungen (340 R, inkl. Abendessen) mit dem Besuch eines *shebeen* (eine Art Kneipe) sowie einer Fahrt in einem Eselskarren. Spaziergänge durch Bo-Kaap kosten 260 R.

One City Tours (☎ 021-555 1468, 082-970 0564) Sam Ntimbas Halbtagesführungen (250 R) schließen den Besuch eines Schlafsaals und eines *shebeen* in Langa sowie einer Kinderkrippe in Khayelitsha ein. Besonders beliebt sind die Sonntagsführungen mit dem Besuch einer Baptistenkirche in Langa, in der ein Gospelchor auftritt.

Pure Pondo Adventures (☎ 072-302 9489; www.purepondo.co.za/cape_town_tours.htm) Der weiße *sangoma* (traditioneller Heilkundiger) Chris Ntombemhlophea führt Gruppen mit öffentlichen Verkehrsmitteln durch die Townships. Dabei besucht er einen traditionellen Kräuterladen und andere *sangomas*. Er organisiert auch eine Heilkräutertour durch Kirstenbosch.

Township Tours SA (☎ 083-719 4870; suedafrika.net/imizamoyethu) Afrika Moni leitet eine zweistündige Führung zu Fuß (85 R) durch die Township Imizamo Yethu in Hout Bay. Besucht werden ein *sangoma*, einige Kunstprojekte und ein *shebeen* (wo ein selbstgebrautes Getränk serviert wird). Die Führungen beginnen täglich um 10.30, 13 und 16 Uhr; Reservierungen sind erforderlich.

FESTIVALS & EVENTS

Der Veranstaltungskalender ist in Kapstadt gut gefüllt. **Cape Town Tourism** (www.tourismcapetown.co.za) hat einen vollständigen Überblick. Auf S. 659 stehen weitere Festivaltermine.

JANUAR & FEBRUAR

Cape Town New Year Karnaval (☎ 021-696 9538) Die Hauptparaden werden am 31. Dezember und am 2. Januar veranstaltet (Details s. Kasten oben).

Opening of Parliament Zur Eröffnung der neuen Sitzungsperiode Anfang Februar findet ein in großer Umzug mit Militärkapellen über die Adderley Street und Parliament Street statt.

Cape Town Pride (☎ 083-274 3579; www.capetownpride.co.za) Ein zehntägiges Schwulen- und Lesbenfestival im Februar.

MÄRZ & APRIL

Cape Town Festival (☎ 021-465 9042; www.capetownfestival.co.za) Dreiwöchiges Kunstfestival ab Anfang März. Die Veranstaltungen finden verteilt über die City Bowl und Waterfront statt. Im Mittelpunkt stehen Comedy, Schauspiel, Gesprächsrunden und ein Festival des Kurzfilms.

Cape Town International Jazz Festival (☎ 021-4122 5651; www.capetowninternationaljazzfestival.com) Kapstadts größtes Jazzfestival lockt Ende März die Stars der Szene aus Südafrika und dem Ausland an. Veranstaltungsort ist normalerweise das Cape Town International Convention Centre (Karte S. 116–117). Auf dem Greenmarket Square wird ein kostenloses Konzert gegeben.

Old Mutual Two Oceans Marathon (☎ 021-671 9407; www.twooceansmarathon.org.za) Mitte April geht es über harte, aber landschaftliche sehr schöne 56 km rund um die Kap-Halbinsel.

MAI & JULI

Cape Gourmet Festival (☎ 021-797 4500; www.gourmetsa.com) Zwei Wochen lang feiert Kapstadt ab Anfang Mai verschiedene kulinarische Events.

Vodacom Comedy Festival (☎ 021-680 3988; www.computicket.com) Auf dem Festival im Juli treten drei Wochen lang einige der bekanntesten Komödianten Südafrikas auf. Die Veranstaltungsorte liegen über die ganze Stadt verstreut.

Nokia Cape Town Fashion Week (☎ 021-422 0390; www.capetownfashionweek.co.za) Die Mode in Kapstadt ist schrill. Während der Modewoche im Juli werden die heißesten Designerkreationen präsentiert.

SEPTEMBER

Penguin Festival (☎ 021-786 1758) An einem Wochenende Mitte September stehen die schwarzweißen Vögel in Boulders bei Simon's Town im Mittelpunkt.

Gun Run (☎ 021-511 7130) Der populäre Halbmarathon startet auf der Beach Road in Mouile Point. Anlässlich des Marathons wird die Noon Gun, die historische Künderin der Mittagstunde, auf dem Signal Hill das einzige Mal an einem Sonntag abgefeuert. Die Läufer versuchen das Ziel zu erreichen, bevor die Kanone losdonnert. Das Rennen findet normalerweise Ende September statt.

NOVEMBER & DEZEMBER

Mother City Queer Project (☎ 082-885 0018; www.mcqp.co.za) Riesige Schwulen-Tanzparty Anfang Dezember, die man sich auf keinen Fall entgehen lassen sollte. Einlass gibt es allerdings nur, wenn man in einem zum jeweiligen Thema passenden Kostüm erscheint.

Kirstenbosch Summer Sunset Concerts (☎ 021-799 8782; www.nbi.ac.za; Erw./Kind inkl. Garteneintritt 35/10 R; ⌚ Nov.–April 17.30 Uhr) Mit Decken, Flaschen Wein und Picknickkörben ausgerüstet, genießen die Zuschauer sonntagnachmittags einen bunten Reigen an Opernarien lokaler Diven bis hin zu funkigen Jazz-Combos. Zu Silvester gibt es ein besonderes Konzert.

SCHLAFEN

Ganz gleich, ob man quirlige Hostels, stimmungsvolle Gästehäuser oder puren Luxus erleben möchte: Kapstadt bietet für jeden etwas. Entscheidend ist allein die Lage: Strandliebhaber sollten lieber in die Vororte an der Atlantik- oder False-Bay-Küste gehen als z. B. nach Gardens oder in die City Bowl. Wer ein eigenes Fahrzeug hat, kann überall übernachten, wichtig ist dabei höchstens noch das Thema Parkmöglichkeiten und Parkgebühren, die in Innenstadthotels zwischen 20 und 50 R pro Tag schwanken.

Reservierungen sind empfehlenswert, vor allem während der Schulferien zwischen Mitte Dezember und Ende Januar sowie rund um Ostern. Die Preise verdoppeln sich dann, viele Unterkünfte sind ausgebucht. In diesem Kapitel werden die Preise während der Hochsaison angegeben, sie gelten auch zu den Spitzenzeiten um Weihnachten und Silvester. Falls nicht anders angegeben ist das Frühstück im Preis eingeschlossen. Im Allgemeinen wird eine zehnprozentige Touristensteuer auf die Rechnung aufgeschlagen. Die Mehrzahl der günstigen Unterkünfte hat diese Steuer aber schon in ihre Zimmerpreise eingerechnet. Bei günstigen Unterkünften kostet ein Doppelzimmer bis zu 400 R, Mittelklassehotels verlangen 400 bis 2000 R und Spitzenklassehotels über 2000 R.

City Bowl

BUDGETUNTERKÜNFTE

Inn Long Street (Karte S. 116–117; ☎ 021-424 1660; innlongstreet@ataris.co.za; 230 Long St.; Bett 75 R, DZ ohne/mit Bad/WC 240/290 R; 🅿 💻) Im Hostel geht es ruhig zu, obwohl es mitten im Gewühl der Long Street liegt. Alle Zimmer haben Zugang zu einem umlaufenden Balkon. Der neue Anstrich sowie die funkelnden Lichter sorgen für das besondere Etwas. Parkgebühr: 20 R pro Tag.

Long Street Backpackers (Karte S. 116–117; ☎ 021-423 0615; www.longstreetbackpackers.co.za; 209 Long St.; Bett/EZ/DZ 80/120/160 R) An der Long Street liegen zahlreiche Hostels, doch dieses hier ist das Beste. Im Hausblock wurden 14 kleine Apartments um einen begrünten ruhigen Innenhof gebaut. Der Hof selbst ist mit bunten Mosaiken verziert. Die Apartments haben jeweils vier Betten und ein eigenes Bad.

St Paul's B&B Guest House (Karte S. 116–117; ☎/Fax 021-423 4420; stpaul@absamail.co.za; 182 Bree St.; EZ/DZ 150/250 R; 🅿) Eine ruhige Alternative zu den Hostels. Die schlicht eingerichteten großen Zimmer haben hohe Decken. Im schattigen, mit Wein berankten Hof lässt es sich gut ausspannen, hier wird auch das Frühstück serviert.

MITTELKLASSEHOTELS

Cape Diamond Hotel (Karte S. 116–117; ☎ 021-461 2519; www.capediamondhotel.co.za; Ecke Longmarket St./Parliament St.; EZ/DZ ab 370/530 R; P 💻) Das preisgünstige neue Hotel hat einige der Art-déco-Elemente des Gebäudes erhalten, z. B. die Holzböden. Leider haben die Zimmer wenig Tageslicht, dafür gibt es auf dem Dach einen Whirlpool mit Blick auf den Tafelberg. Das Frühstück kostet 45 R extra, Parken 45 R pro Tag.

Townhouse (Karte S. 116–117; ☎ 021-465 7050; www.townhouse.co.za; 60 Corporation St.; EZ/DZ 572/1045 R; P ❄ 💻 🏊) Die günstigeren altmodischen Zimmer des beliebten Hotels sind ganz okay, aber es lohnt sich, etwas mehr Geld für die elegant renovierten Deluxe-Zimmer auszugeben. Besonders schön sind die Zimmer mit Blick auf den Tafelberg. Parken kostet 35 R pro Tag.

Metropole Hotel (Karte S. 116–117; ☎ 021-424 7247; www.metropolehotel.co.za; 38 Long St.; EZ/DZ/Suite ab 600/1200/1650 R; P ❄ 💻) Das trendige Metropole präsentiert sich mit ruhigen Farben in minimalistischem Design. Empfehlenswert sind die größeren Deluxe-Zimmer mit Betten aus Straußenleder. Das schicke Restaurant und die Bar sind sehr beliebt. Das Parken kostet 50 R pro Tag.

Cape Town Hollow (Karte S. 116–117; ☎ 021-423 1260; www.capetownhollow.co.za; 88 Queen Victoria St.; EZ/DZ 745/1060 R; P ❄ 💻 🏊) Mit Blick auf die Company's Gardens bietet das preisgünstige Hotel angenehme Zimmer und einige nette Extras. Dazu gehören ein kleiner Pool, ein kleiner Fitnessraum, ein Business-Center sowie ein Restaurant. Das Parken kostet 30 R pro Tag.

Daddy Long Legs (Karte S. 116–117; ☎ 021-422 3074; www.daddylonglegs.co.za; 134 Long St.; Zi. 750 R; 💻) Das Hotel wirkt wie eine Kunstinstallation. Mehrere Künstler durften hier ihre Wunschträume einmal richtig ausleben. Was dabei herausgekommen ist? Ganz unterschiedlich gestaltete Zimmer, angefangen von einer Künstlermansarde bis hin zu einer Art Krankenhausstation. Zu den Highlights zählt das Karaokezimmer mit einem Mikrofon unter der Dusche und ein Zimmer, das von der Popgruppe Freshly Ground gestaltet wurde. Leider kann man nirgendwo sein Gepäck unterbringen – aber was soll's, es wurde schließlich von Künstlern und nicht von Hoteliers gestaltet! Langweilig wird es im Daddy Long Legs jedenfalls nicht. Die Besitzer vermieten auch zum gleichen Preis superschicke Apartments (263 Long Street) – eine ideale Lösung, wenn man den Luxus einer Hotelsuite haben will und sich dennoch selbst versorgen möchte.

Cape Heritage Hotel (Karte S. 116–117; ☎ 021-424 4646; www.capeheritage.co.za; 90 Bree St.; EZ/DZ ab 825/1190 R, Suite EZ/DZ 1325/1950 R; P ❄ 💻) Der liebenswürdige Service passt zu dem eleganten kapholländischen Stil des Luxushotels. Das Gebäude aus dem 18. Jh. ist Teil des Sanierungsprojekts am Heritage Square. Parken kostet 25 R pro Tag.

Urban Chic (Karte S. 116–117; ☎ 021-423 2086; www.urbanchic.co.za; Ecke Long St./Pepper St.; Zi. 1242 R; P ❄ 💻) Die Aussicht auf den Tafelberg aus den riesigen Fenstern ist grandios. Die Gallery Bar im Erdgeschoss des neuen Boutique-Hotels ist momentan sehr angesagt in der Szene. Parken kostet 40 R pro Tag.

Gardens & Umgebung

BUDGETUNTERKÜNFTE

Ashanti Lodge (Karte S. 121; ☎ 021-423 8721; www.ashanti.co.za; 11 Hof St., Gardens; Zelt 50 R, Bett/DZ mit Gemeinschaftsbad 90/250 R, Gästehaus DZ 370 R; P 💻 🏊) In einem der beliebtesten Party-Hostels der Stadt konzentriert sich alles auf die gut besuchte Bar und die Terrasse mit Blick auf den Tafelberg. Wer es etwas ruhiger haben möchte, sollte sich in einem der zwei denkmalgeschützten Häuser um die Ecke einquartieren. Die exzellenten Zimmer haben alle ein eigenes Bad.

Backpack (Karte S. 121; ☎ 021-423 4530; www.backpackers.co.za; 74 New Church St., Tamboerskloof; Bett/EZ/DZ mit Gemeinschaftsbad 90/250/300 R, EZ/DZ 300/360 R; P 💻 🏊) Das älteste Hostel Kapstadts ist ein gemütlicher und komfortabler Ort, der jedem etwas bietet. Donnerstags geht es bei den abendlichen afrikanischen Trommelsessions allerdings ziemlich lebhaft zu. In den schicken Zimmern mit Bad kann man sich gut von der Stadtbesichtigung erholen. Vor kurzem wurde Backpack ins Programm „Fair Trade in Tourism" aufgenommen. Parken kostet 20 R pro Tag.

Cape Town Backpackers (Karte S. 121; ☎/Fax 021-426 0200; www.capetownbackpackers.com; 81 New Church

St., Tamboerskloof; Bett/EZ/DZ mit Gemeinschaftsbad 90/180/220 R, Guesthouse EZ/DZ 275/320 R; (P) (💻)) Zur Auswahl stehen sowohl angenehme Schlafsäle als auch Zimmer mit Bad im schönen Guesthouse in der benachbarten Kohling Street. In Sea Point gibt es eine ebenfalls empfehlenswerte Filiale des Hostels (s. S. 154).

MITTELKLASSEHOTELS

An African Villa (Karte S. 121; ☎ 021-423 2164; www.capetowncity.co.za/villa; 19 Carstens St., Tamboerskloof; EZ/DZ ab 640/800 R; (💻) (🏊)) Die nette Pension (drei Reihenhäusern aus dem 19. Jh.) empfängt die Gäste mit einer stilvollen und bunten „afrikanischen Zen-Atmosphäre".

Dunkley House (Karte S. 121; ☎ 021-462 7650; www.dunkleyhouse.com; 3B Gordon St., Gardens; DZ/Suite ab 700/990 R; (💻) (🏊)) Ultraschicke Pension in einer ruhigen Nebenstraße. Die Zimmer sind in neutralen Farben gehalten und haben CD-Spieler und Satelliten-TV. Im Hof steht ein Tauchbecken.

Hippo Boutique Hotel (Karte S. 121; ☎ 021-423 2500; www.hippotique.co.za; 5–9 Park Lane, Gardens; EZ/DZ 800/1200 R; (P) (❄) (💻) (🏊)) Auch das Hippo ist ein angenehmes Boutique-Hotel mit geräumigen, modischen Zimmern. Die kleinen Küchenzeilen sind für Selbstversorger ideal. Viele Gäste schätzen die DVD-Spieler und die Musikanlagen.

Abbey Manor (Karte S. 121; ☎ 021-462 2935; www.abbey.co.za; 3 Montrose Ave., Oranjezicht; EZ/DZ ab 995/1290 R; (P) (❄) (💻) (🏊)) 1905 wurde die Villa für einen wohlhabenden Reeder gebaut und ist nun eine luxuriöse Unterkunft. Feine Bettwäsche, antike Möbel, ein großer Pool und die stets höflichen Angestellten tragen ihren Teil dazu dabei, dass sich hier jeder wohlfühlt.

Cape Milner (Karte S. 121; ☎ 021-426 1101; www.threecities.co.za; 2A Milner Rd., Tamboerskloof; EZ/DZ/Suite 995/1300/2140 R; (P) (❄) (💻) (🏊)) Samt und Seide sorgen in den modern eingerichteten Zimmern für ein gehobenes Ambiente. Der freundliche Service, der Blick auf den Tafelberg und das große Schwimmbecken sind weitere der angebotenen Extras. Parken kostet 25 R pro Tag.

SPITZENKLASSEHOTELS

Alta Bay (Karte S. 121; ☎ 021-487 8800; www.altabay.com; 12 Invermark Crescent, Higgoval; DZ 2100 R; (P) (❄) (💻) (🏊)) Das an den Hängen der Stadt liegende Alta Bay ist eine Oase der Ruhe und ein Paradies für Liebhaber guten Designs. Die sechs Luxuszimmer sind wunderschön mit handgefertigten Möbeln (darunter Kingsize-Betten) und europäischen Kunstwerken ausgestattet.

Kensington Place (Karte S. 121; ☎ 021-424 4744; www.kensingtonplace.co.za; 38 Kensington Crescent, Higgovale; DZ mit Frühstück 2550 R; (P) (❄) (💻) (🏊)) Das Kensington Place zählt unter den kleinen Luxushotels zur Spitze der Stadt. Die acht geräumigen Zimmer sind geschmackvoll eingerichtet und haben Balkone und wunderschön geflieste Bäder. Weitere Pluspunkte sind der kostenlose Internetzugang, das frische Obst, die Blumen, der kleine Pool und die aufmerksame Bedienung.

Waterkant

MITTELKLASSEHOTELS

De Waterkant House (Karte S. 124–125; ☎ 021-409 2500; www.dewaterkant.com; Ecke Napier/Waterkant St., Waterkant; EZ/DZ 470/720 R; (💻) (🏊)) Die Immobilienfirma Village and Life (www.villageandlife.com) betreibt im Herzen des Schwulenviertels ein angenehmes B&B mit Pool. Die Zimmereinrichtung erinnert an entsprechende Fotos aus Hochglanzmagazinen. In der Umgebung vermietet sie verschiedene Apartments (EZ/DZ ab 650/950 R). Beliebt sind auch die preisgünstigen „Crash Pads" (EZ/DZ 280/400 R).

De Waterkant Place (Karte S. 124–125; ☎ 021-419 2476; www.dewaterkantplace.com; 35 Dixon St.; EZ/DZ ab 500/600 R; (💻)) Attraktive Pension mit fünf antik eingerichteten preisgünstigen Zimmern. Die Gäste können die Küche kostenlos benutzen. Vom Dach aus bietet sich ein herrlicher Ausblick.

Village Lodge (Karte S. 124–125; ☎/Fax 021-421 1106; www.thevillagelodge.com; 49 Napier St.; EZ/DZ 750/1220 R; (❄) (💻) (🏊)) Die Zimmer dieser schicken Lodge sind schön, aber etwas gedrängt möbliert. Der Pool auf dem Dach ist bei den Gästen genauso beliebt wie das gute Thai-Restaurant Soho.

Atlantikküste

GREEN POINT & WATERFRONT

Budgetunterkünfte

Big Blue (Karte S. 124–125; ☎ 021-439 0807; www.bigbluebackpackers.hostel.com; 7 Vesperdene Rd., Green Point; Bett/EZ/DZ mit Gemeinschaftsbad 85/220/270 R, DZ 320 R; (💻) (🏊)) Das hell gestrichene Hostel ist eines der besten unter den Backpacker-Unterkünften der Stadt. Der großartige Korridor, der Zen-Garten und die freundliche Atmosphäre wirken sehr einladend.

House on the Hill (Karte S. 124–125; ☎ 021-439 3902; www.houseonthehillct.co.za; 25 Leinster Rd., Green Point; DZ/3BZ mit Gemeinschaftsbad 260/315 R, DZ/3BZ 265/385 R) Die Selbstversorgerunterkunft ist eine praktische Alternative zu den größeren Hostels. Die fünf Zimmer sind geschmackvoll im afrikanischen Stil eingerichtet und haben Fernseher und CD-Spieler; eine Reservierung ist ratsam.

Mittelklassehotels

Wilton Manor (Karte S. 124–125; ☎ 021-434 7869; www.wiltonmanor.co.za; 15 Croxteth Rd., Green Point; EZ/DZ ab 550/600 R; P 💻 🚭) Eine komfortable Pension mit sieben individuell eingerichteten Zimmern. Für Gäste ist die Küchenbenutzung kostenlos. Die Besitzer betreiben außerdem das modernere Hotel Wilton Place etwas höher am Signal Hill sowie die Altona Lodge. Die preisgünstige Pension liegt ebenfalls an der Croxteth Road – weitere Details finden sich auf der Webseite.

Head South Lodge (Karte S. 124–125; (☎ 021-434 8777; www.headsouth.co.za; 215 Main Rd., Green Point; EZ/DZ mit Frühstück 650/750 R; P ❄ 💻 🚭) Wunderschöne Hommage an die 1950er-Jahre: Retro-Möbel und eine große Sammlung von Tretchikoff-Drucken in der Bar bestimmen das Bild. Die 15 Zimmer sind geräumig, im Vorgarten steht für Ozeanmüde ein kleines Planschbecken.

Cape Standard (Karte S. 124–125; ☎ 021-430 3060; www.capestandard.co.za; 3 Romney Rd., Green Point; EZ/DZ 750/990 R; P 💻 🚭) Das gut abgeschirmte kleine Luxushotel gehört zu den Topadressen in Kapstadt. Unten erwarten schicke, mit weißem Kalkanstrich versehene Strandhauszimmer die Gäste, während sich oben sehr modern eingerichtete Zimmer befinden. Die Duschen sind so groß, dass man darin tanzen könnte.

Spitzenklassehotels

Cape Grace (Karte S. 124–125; ☎ 021-410 7100; www.capegrace.com; West Quay, Waterfront; EZ/DZ ab 4360/4490 R; P ❄ 💻 🚭) Das luxuriöse Cape Grace wirkt wie ein exklusiver, aber einladender Club. Die schönsten Zimmer haben Blick auf den Tafelberg. In der gleichen Straße liegen außerdem das exzellente Restaurant One.Waterfront (S. 159), die gesellige Whisky-Bar Bascule sowie das entspannende Cape Grace Spa (S. 146).

SEA POINT

Budgetunterkünfte

Cape Town Backpackers Sea Point (Karte S. 126–127; ☎ /Fax 021-426 0200; www.capetownbackpackers.com; 1 Rocklands Rd.; Bett/DZ 90/400 R; 💻 🚭) Mit Sicherheit bietet dieses Haus die beste und günstige Übernachtungsoption in Sea Point. Nur wenige Schritte von der Seepromenade entfernt werden sechs Betten in einem Schlafsaal und drei Doppelzimmer mit Bad vermietet. Die Regenduschen sind riesig und die Gemeinschaftsküche ist geräumig. Die Unterkunft wird von der fröhlichen Mama Fefe geleitet.

Lion's Head Lodge (Karte S. 126–127; ☎ 021-434 4163; www.lions-head-lodge.co.za; 319 Main Rd.; DZ 398 R; P ❄ 🚭) Wer länger als eine Nacht bleibt, bekommt in der altmodischen und preisgünstigen Unterkunft einen Rabatt. Für die Gäste gibt es außerdem einen schönen großen Pool und eine Bar. Die Gäste des heruntergekommeneren Aardvark Backpackers (☎ 021-434 4172; Bett/DZ 100/398 R) dürfen die Hoteleinrichtungen benutzen. Die Schlafsäle liegen in ehemaligen Wohnungen. HI-Mitglieder bekommen 10 % Rabatt.

Mittelklassehotels

Huijs Haerlem (Karte S. 126–127; ☎ 021-434 6434; www.huijshaerlem.co.za; 25 Main Drive; EZ/DZ 680/980 R; P ❄ 💻 🚭) An einem der steileren Hänge von Sea Point liegt diese empfehlenswerte Pension, die bevorzugt, aber nicht ausschließlich schwule Gäste aufnimmt. Die zwei Häuser sind mit hochwertigen Antikmöbeln ausgestattet und liegen in einem herrlichen Garten.

Winchester Mansions Hotel (Karte S. 126–127; ☎ 021-434 2351; www.winchester.co.za; 221 Beach Rd.; EZ/DZ ab 1150/1500 R; P ❄ 💻 🚭) Gäste haben in diesem schönen kapholländischen Haus in Toplage an der Promenade von Sea Point die Auswahl zwischen klassischen und modernen Zimmern. Der Pool ist groß genug und das Restaurant im Brunnenhof vor allem wegen des Sonntagsbrunches beliebt. Dann wird Livejazz (145 R; 11–14 Uhr) gespielt. Reservierungen sind ratsam.

O on Kloof (Karte S. 126–127; ☎ 021-439 2081; www.oonkloof.co.za; 92 Kloof Rd., Bantry Bay; DZ ab 1500 R; P ❄ 💻 🚭) Ein wunderschönes modernes Guesthouse mit sechs geräumigen Zimmern. Die günstigsten Zimmer haben keinen richtigen Meerblick, doch Extras wie das große Hallenbad und der Fitnessraum entschädigen dafür.

CAMPS BAY

Mittelklassehotels

Camps Bay Retreat (Karte S. 126–127; ☎ 021-437 0485; www.campsbayretreat.com; 7 Chilworth Rd., The Glen; EZ/DZ ab 1200/1500 R; P ✱ 💻 🏊) Im großartigen Earl's Dyke Manor haben Gäste die Auswahl zwischen 16 Zimmern, die entweder im Haupthaus oder im modernen Deck House liegen. Dorthin führt eine Seilbrücke, die eine Schlucht überspannt. Neben dem Tennisplatz stehen einige schöne Selbstversorgerzimmer (pro Pers. 380 R). Das Haus zählt zu den preisgünstigsten Unterkunftsmöglichkeiten in Camps Bay.

Primi Royal (Karte S. 126–127; ☎ 021-438 2741; www.primi-royal.com; 23 Camps Bay Drive; DZ ab 1500 R; P ✱ 💻 🏊) Alle zehn Zimmer des komfortablen Hotels mit Blick auf die Camps Bay sind individuell eingerichtet. Auf der anderen Seite von Camps Bay leiten die Besitzer das gleichermaßen empfehlenswerte Primi Seacastle.

Twenty Nine (Karte S. 126–127; ☎ 021-438 3800; www.twentynine.net; 29 Atholl Rd.; DZ/Suite 2000/2600 R; P 💻 🏊) Die schwulenfreundliche Unterkunft liegt hoch über Camps Bay. Alle fünf Zimmer sind so geschmackvoll eingerichtet, dass man hier bis zum Lebensende glücklich sein könnte. Beim Wohlfühlen helfen die große CD-Sammlung (600 CDs) und die DVD-Sammlung (400 DVDs).

Spitzenklassehotels

Bay Hotel (Karte S. 126–127; ☎ 021-438 4444; www.thebay.co.za; 69 Victoria Road; DZ ab 2450 R; P ✱ 💻) Das reiche Publikum nächtigt hier nur einen Steinwurf vom Strand entfernt. Die geräumigen Zimmer sind in weißen und erdfarbenen Töne gestrichen. Wer den Meerblick genießen will, muss deutlich tiefer in die Tasche greifen (3660 R). Der Pool hat eine angenehme Größe.

Südliche Vororte

BUDGETUNTERKÜNFTE

Lighthouse Farm Lodge (Karte S. 108–109; ☎ /Fax 021-447 9177; msm@mweb.co.za; Violet Bldg., Oude Molen Village, Alexandria Road, Mowbray; Bett/DZ mit Gemeinschaftsbad 60/150 R; P) Das einfache und gemütliche Hostel ist das bessere der beiden Unterkünfte im Oude Molen Eco Village (s. S. 141). Wer will, kann seine Übernachtungsgebühr auch durch Arbeiten auf der Biofarm ableisten. Der Bahnhof Pinelands liegt in fußläufiger Entfernung.

Deco Lodge (Karte S. 126–127; ☎ 021-447 4216; www.capetowndeco.com; 22 Roodebloem Rd., Woodstock; Bett/DZ 80/220 R; P 💻 🏊) Wer individuell unterwegs ist und nichts gegen eine Übernachtung in einem Vorort hat, dem bietet das riesige lila gestrichene Art-déco-Haus eine phantastische Unterkunft. Im üppig bepflanzten Garten befindet sich ein Pool zum Abkühlen; die Zimmer sind alle farbenfroh eingerichtet.

Green Elephant (Karte S. 126–127; ☎ 021-448 6359; greenele@iafrica.com; 57 Milton Rd., Observatory; B/EZ/DZ mit Gemeinschaftsbad 85/180/280 R, DZ 310 R) Das seit langem bestehende Hostel ist auf zwei Häuser aufgeteilt und noch immer eine beliebte Alternative zu den Hostels, die im Stadtzentrum liegen.

SPITZENKLASSEHOTELS

Vineyard Hotel & Spa (Karte S. 126–127; ☎ 021-657 4500; www.vineyaRoadco.za; Colinton Rd., Newlands; EZ/DZ/Suite ab 990/1392/2880 R; P ✱ 💻 🏊) Mittelpunkt des exzellenten Hotels ist ein 1799 für Lady Anne Barnard errichtetes Haus. Bei einer kürzlichen Renovierung bekam das Anwesen einen frischen modernen Anstrich. Auch die Zimmer sind brandneu, dazu kommt ein entspannendes Wellnesszentrum (s. S. 146). Der wunderbare Garten bietet großartige Panoramablicke auf den Tafelberg.

Constantia Uitsig (Karte S. 108–109; ☎ 021-794 6500; www.uitsig.co.za; Spaanschemat River Rd., Constantia; EZ/DZ ab 1600/2400 R; P ✱ 💻 🏊) Auf dem Gelände des gleichnamigen Weinguts bietet das Hotel gemütliche Zimmer. Mit ihrem viktorianischen Stil – typisch sind die Blumen- und Karomuster – wirken sie etwas kitschig. Der Garten ist herrlich, zur Auswahl stehen gleich drei Restaurants der gehobenen Kategorie.

ESSEN

Essengehen ist in Kapstadt ein großes Vergnügen. Für jeden Geschmack und für jede Brieftasche gibt es das passende Restaurant. Besonders gut sind Cafés und Feinkostläden vertreten. Das Meer und das fruchtbare Ackerland liefern ganzjährig frische und qualitativ hochwertige Zutaten für die Gerichte. Ein kulinarisches „Muss" sind die traditionellen kapmalaiischen Gerichte. In

Kapstadt gibt es außerdem mehrere gute afrikanische Restaurants.

Viele Restaurants schenken Alkohol aus, in anderen darf man seinen eigenen Wein kostenlos oder gegen ein kleines Korkgeld mitbringen. Wie diese Regelung im jeweiligen Restaurant gehandhabt wird, kann man vorher telefonisch erfragen. Viele Bars und Kneipen servieren ebenfalls gutes Essen (s. S. 160).

In Kapstadt ist es leicht, sich mit Lebensmitteln für ein Picknick oder für den täglichen Bedarf einzudecken. Die großen Supermarktketten heißen Pick 'n' Pay und Woolworths, ihre Filialen finden sich über die ganze Stadt verteilt, u. a. auch in Victoria Wharf (Karte S. 124–125) und im Gardens Centre (Karte S. 121). Für Delikatessen gibt es hervorragende Feinkostläden wie Giovanni's Deli World (S. 159) und Melissa's (S. 159).

Cafés und Restaurants sind im Allgemeinen täglich geöffnet. Cafés servieren Essen von 7.30 bis etwa 17 Uhr. Vor allem in der City Bowl haben manche Betriebe sonntags und gelegentlich auch montags geschlossen. Restaurants, die Mittagessen anbieten, öffnen normalerweise zwischen 11.30 und 15 Uhr. Abendessen wird ab etwa 19 Uhr serviert, die Küche schließt gegen 22 Uhr. Weichen die Öffnungszeiten mehr als eine halbe Stunde von der Regel ab, sind sie unten aufgeführt.

City Bowl & Bo-Kaap

Entlang der Long Street liegen zahlreiche gute Lokale, hier herrscht ein eine tolle Stimmung in der Straße. Im Viertel Bo-Kaap wird ganz normales kapmalaiisches Essen serviert.

CAFÉS & AUF DIE SCHNELLE

Crush (Karte S. 116–117; ☎ 021-422 5533; 100 Street George's Mall, City Bowl; Hauptgerichte 20–30 R) Eines der interessantesten und angenehmsten Lokale an der Street George's Mall. Crush bietet frisch gepresste Shakes, Fruchtsäfte und leckere Wraps. Gesundes Essen muss eben doch nicht langweilig sein!

Lola's (Karte S. 116–117; ☎ 021-423 0885; 228 Long St., City Bowl; Hauptgerichte 20–30 R; 🕑 8–24 Uhr) Ob man zum Frühstück oder zu einem abendlichen Kaffee oder Bier kommt: Das pastellfarbene Lola gehört zu den bekanntesten Adressen an der Long Street. Von den Tischen auf der Straße lassen sich die Passanten in Ruhe beobachten.

Portobello (Karte S. 116–117; ☎ 021-426 1418; 111 Long St., City Bowl; Hauptgerichte 20–30 R) Rustikales und ruhiges vegetarisches Café, das ganztägig verschiedene Frühstücksvarianten, Toast und frische Sandwiches anbietet. Das Mittagsbüfett kostet 30/40 R für drei/vier warme oder kalte Portionen.

Frieda's (Karte S. 116–117; ☎ 021-421 2404; 15 Bree St., City Bowl; Hauptgerichte 30–40 R; 🕑 Mo–Fr 8–16 Uhr) Die Einrichtung des beliebten Cafés am Fuß der Bree Street scheint auf dem Flohmarkt zusammengekauft worden zu sein. Die Gegend war früher etwas verrufen, ist mittlerweile aber sehr im Trend. Die Sandwiches, Wraps, Salate und Lasagne sind allesamt empfehlenswert.

Café African Image (Karte S. 116–117; ☎ 021-426 1857; 48 Church St., City Bowl; Hauptgerichte 30–45 R; 🕑 Mo–Fr 8–18, Sa 8–15 Uhr) African Image ist eindeutig Kapstadt buntestes Café. Die Kissen mit afrikanischen Mustern sind topmodisch, während die Tischdecken und der riesige Kronleuchter aus recyceltem Plastik hergestellt wurden. Das tansanische Fischcurry, der afrikanische Eintopf und die gesunden Salate sind alle sehr lecker.

Birds Café (Karte S. 116–117; ☎ 021-426 2534; 127 Bree St., City Bowl; Hauptgerichte 40 R) Vögel sind das Hauptthema des freundlichen Cafés. Die rustikale Einrichtung hat einigen Charme: Die Sitze im wunderschönen alten holländischen Gebäude waren ursprünglich Milchkisten, das Geschirr ist handgemacht. Auf der passenden Speisekarte finden sich hausgemachte Pies, Strudel und Scones.

Ein nette Adresse für einen Kaffee ist das **Sundance** (Karte S. 116–117; ☎ 021-465 9990; 21 Adderley St., City Bowl; Sandwiches 30–40 R; 🕑 6.30–21.30 Uhr). **Charly's Bakery** (Karte S. 116–117; ☎ 021-461 5181; 20 Roeland St., City Bowl; 🕑 Mo–Fr 7.30–16 Uhr) sollte man wegen der köstlichen „cupcakes" (10 R) und Pies besuchen.

RESTAURANTS

95 Keerom (Karte S. 116–117; ☎ 021-422 0765; 95 Keerom St., City Bowl; Hauptgerichte 50–100 R; 🕑 Mo–Fr 12.30–14, Mo–Sa 19–23 Uhr) Ohne Reservierungen läuft in diesem superschicken italienischen Restaurant auf der Rückseite des Rhodes House (S. 164) überhaupt nichts. Gemessen an der Qualität des Essens sind die Preise sehr moderat. Das gilt vor allem für die selbstgemachte Pasta.

Africa Café (Karte S. 116–117; ☎ 021-422 0221; www.africacafé.co.za; 108 Shortmarket St., City Bowl; Büfett 160 R; ⌚ 18.30–23 Uhr) Das Alter hat dem Charme des Africa Café nichts anhaben können. Es ist immer noch das beste Lokal für original-afrikanische Gerichte. Hunger sollte man schon haben, da gleich 15 regionale Gerichte aus allen Teilen des Kontinents zur Auswahl stehen. Die Einrichtung und die freundlichen Mitarbeiter (die im Restaurant singen und tanzen) sind ebenfalls phantastisch.

Madame Zingara & Cara Lazuli (Karte S. 116–117; ☎ 021-426 2458; 192 Loop St., City Bowl; Hauptgerichte 70 R; ⌚ Mo–Sa 19–23 Uhr) Jeden Abend ist hier Partyabend. Das stets auf Massenunterhaltung ausgerichtete Restaurant gliedert sich in zwei Bereiche. Nur ausgemachte Fleischliebhaber sollten den berühmt-berüchtigten Stapel an Rindfleischfilets in Chili-Schokoladen-Soße bestellen. Zaubertricks, Tarot-Kartenlesen, Bauchtanz und Verkleidung mit spaßigen Hüten gehören zur Animation und verbreiten Stimmung.

Ginja (Karte S. 116–117; ☎ 021-426 2368; 121 Castle St., Bo-Kaap; Ein-/Zwei-/Drei-Gänge-Menüs 95/175/195 R; ⌚ Mo–Sa 19–22 Uhr) Wer hier essen will, muss lange im Voraus buchen. Koch Mike Basset zaubert innovative Fusion-Gerichte auf den Tisch, darunter beeindruckende Salz- und Pfeffer-Garnelenspieße in Korianderschaum, die mit Korianderparfüm besprüht werden. Eine Etage höher befindet sich die weniger formelle Bar und Brasserie Shoga.

Haiku (Karte S. 116–117; ☎ 021-424 7000; 33 Church St., City Bowl; Hauptgerichte 35–70 R; ⌚ Mo–Fr 12–14.30, 18–22.30, Sa 18–22.30 Uhr) Die Besitzer des seit langem gut laufenden Restaurants Bukhara im ersten Stock haben auch die ausgefeilte asiatische Brasserie im Erdgeschoss eröffnet. Die Köche kreieren „asiatische Tapas" und verwenden dafür Elemente aus der japanischen, chinesischen und südostasiatischen Küche. Beim Abendessen gilt ein Mindestverzehr von 132 R; eine Reservierung wird empfohlen.

Royale Eatery (Karte S. 116–117; ☎ 021-422 4536; 279 Long St., City Bowl; Hauptgerichte 60 R; ⌚ Mo–Sa 12–24 Uhr) Die Burgerbar wird immer größer, inzwischen wurde eine sympathische Filiale um die Ecke in der Vredenburg Lane eröffnet. Sie ist eine gute Alternative, wenn es hier zu voll wird (was praktisch immer der Fall ist). Für Abenteuerlustige empfiehlt sich der Straußen-Burger.

Savoy Cabbage (Karte S. 116–117; ☎ 021-424 2626; 101 Hout Lane, City Bowl; Hauptgerichte 70–90 R) Das Flaggschiff der modernen Restaurantszene in Kapstadt ist für seine kreative Küche bekannt. Hier können die Gäste lokale Fleischsorten wie Zebra und Gnu probieren. Die Tomatentorte ist genauso berühmt wie die gefüllten Krautrouladen.

Noon Gun Tearoom & Restaurant (Karte S. 116–117; ☎ 021-424 0529; 273 Longmarket St., Bo-Kaap; Hauptgerichte 50–70 R; ⌚ Mo–Sa 10–22 Uhr) Hoch oben auf dem Signal Hill bietet der Familienbetrieb einen atemberaubenden Ausblick auf den Tafelberg und die Bucht. Die Currys und die kapmalaiischen Gerichte schmecken köstlich, z. B. *bobotie* – eine mit Curry gewürzte Hackfleischpastete, die mit Eiercreme überzogen ist.

Gardens & Umgebung

In der Kloof Street haben sich die besten Restaurants des Vororts niedergelassen. Auch die Einkaufszentren Lifestyles on Kloof und das Garden Centre bieten nette Cafés.

CAFÉS & AUF DIE SCHNELLE

Mount Nelson Hotel (Karte S. 121; ☎ 021-483 1000; www.mountnelsonhotel.orient-express.com; 76 Orange St.; Nachmittagstee 120 R; ⌚ 14.30–17.30 Uhr) Wer sich die Nacht im pinkfarbenen „Nelly" nicht leisten kann, sollte es wenigstens für einen netten Nachmittagstee besuchen. Auf den Tisch kommen lokale Spezialitäten wie Samosa (gebratene würzige Teigtaschen) sowie Sandwiches, Kuchen und Scones.

Lazari (Karte S. 121; ☎ 021-461 9895; Ecke Upper Maynard St./Vredehoek Ave., Vredehoek; Hauptgerichte 30–40 R; ⌚ Mo–Fr 7.30–18, Sa 8–15, So 9–15 Uhr) Das Lazari ist ein lebhaftes Café – genau richtig zum Brunchen oder für eine Pause mit Kaffee und Kuchen.

Wild Things (Karte S. 121; ☎ 021-424 3445; 96 Kloof St., Tamboerskloof; Hauptgerichte 30 R; ⌚ Mo–Fr 7–19, Sa 7.30–19, So 8–17 Uhr) Das Deli-Café hat sich auf Wildgerichte spezialisiert. Aus der Küche kommen selbstgetrocknetes *biltong*, selbstgebackene Pies und leckeres Eingemachtes. Empfehlenswert sind auch das traditionelle Rehfleischgericht *bobotie* mit Reis (28 R) und die Rehfleisch-Sandwiches (24,50 R).

Vida e Café (Karte S. 121; ☎ 021-426 0627; www.caffe.co.za; 34 Kloof St., Gardens; Hauptgerichte 20 R; ⌚ Mo–Fr 7.30–17 Uhr) Die Kapstädter lieben den frisch gebrauten Kaffee, den Orangensaft, das portugiesische Gebäck und die belegten Brötchen der einheimischen Café-Kette. Das Café ist ideal für ein Frühstück oder ein schnelles Mittagessen.

Weitere Filialen gibt es an der Waterfront (Karte S. 124–125), am Thibault Square (Karte S. 116–117), im Cavendish Centre (Karte S. 126–127) und im Green Point's Portside Complex (Karte S. 124–125).

RESTAURANTS

Aubergine (Karte S. 121; ☎ 021-465 4909; www.aubergine.co.za; 39 Barnet St., Gardens; Hauptgerichte 65–125 R; ⏲ Mo–Sa 19–22, Do 12–15 Uhr) Einige Kapstädter Restaurants verbreiten eine wilde Partystimmung. Im Aubergine steht hingegen das Essen im Vordergrund, das Weltniveau erreicht. Auf der Karte stehen Harald Bresselschmidts einfallsreiche Gerichte wie Warzenschwein-Confit und Regenbogenforellen-Eiscreme. Doch noch besser sind die Probiermenüs (Drei-/Vier-/Fünf-Gänge 220/260/295 R) mit altbekannten Favoriten wie Garnelen- und Fisch-Sate an Gemüsespaghetti oder das süße Kürbissoufflé. Ein fachkundiger Sommelier berät bei der Auswahl des Getränks, die Bedienung ist gleichbleibend aufmerksam.

Manna Epicure (Karte S. 121; ☎ 021-426 2413; 151 Kloof St., Tamboerskloof; ⏲ Di–Sa 8–19, So 8–15 Uhr) In diesem trendigen Café mit eleganter Einrichtung gibt es ein schmackhaftes einfaches Frühstück oder Mittagessen. Am späten Nachmittag werden Cocktails und Tapas auf der Straßenveranda gereicht.

Café Gainsbourg (Karte S. 121; ☎ 021-422 1780; 64 Kloof St., Gardens; Hauptgerichte 40–50 R) Das minimalistisch eingerichtete Café hat seinen Speisesaal und seine Speisekarte erweitert. Die Tagesgerichte sind sehr zu empfehlen. Besonders lecker sind die Lammschenkel, die Burger und die Salate.

Greens (Karte S. 121; ☎ 021-422 4415; 5 Park Lane, Gardens; ⏲ Mo 8–17, Di–So 8–23 Uhr) Gemütliche Brasserie mit einer geräumigen Terrasse, die sich auf Holzofenpizzen spezialisiert hat. Die Weinauswahl ist gut, der Wein wird auch glasweise ausgeschenkt.

Kitama (Karte S. 121; ☎ 021-422 1633; Rheede Street Mall, Gardens; Hauptgerichte 60 R; ⏲ Mo–Sa 6–23 Uhr) Auf der Speisekarte des modernen Lokals stehen Gerichte aus dem Mittleren Osten. Alle Gerichte sind lecker, wunderbar angerichtet und kommen in großen Portionen auf den Teller.

Waterkant

Das Cape Quarter bleibt der Dreh- und Angelpunkt dieses angesagten Viertels.

CAFÉS & AUF DIE SCHNELLE

La Petite Tarte (Karte S. 124–125; ☎ 021-425 9077; Shop A11, Cape Quarter, 72 Waterkant St.; Hauptgerichte 30–40 R; ⏲ Mo–Fr 8–15, Sa 8–14 Uhr) Das Café auf der Dixon-Street-Seite des Cape Quarter bietet exotische Teesorten und leckeres, selbstgemachtes würziges und süßes Gebäck nach französischer Art – eine ideale Adresse für den kleinen Hunger zwischendurch.

Dutch (Karte S. 124–125; ☎ 021-425 0157; 34 Napier St.; Hauptgerichte 30 R; ⏲ Mo–Fr 8–17, Sa 8–15 Uhr) Das populäre, orangefarbene Waterkant-Café hat eine europäische Atmosphäre. Die Gäste sitzen auf der Terrasse bei einem Cappuccino oder einem getoasteten Ciabatta.

RESTAURANTS

Anatoli (Karte S. 124–125; ☎ 021-419 2501; 24 Napier St., Green Point; Hauptgerichte 60 R; ⏲ Mo–Sa 18.30–23.30 Uhr) Seit fast 20 Jahren bringt das Anatoli ein kleines Stück Istanbul ans Kap. Empfehlenswert sind die warmen und kalten Vorspeisen (Meze 15–28 R). Das Lokal ist eine beliebte Partylocation, an den Wochenenden wird gelegentlich Bauchtanz dargeboten.

Andiamo (Karte S. 124–125; ☎ 021-421 3687; Laden C2, Cape Quarter, Waterkant St.; Hauptgerichte 60 R; ⏲ 8–23 Uhr) Die Tische von Andiamo haben in den letzten Jahren einen Großteil des Cape Quarter belegt – das unterstreicht die Beliebtheit des gemütlichsten Lokals der Gegend. Der gut sortierte Feinkostladen ist auch nicht zu verachten.

Tank (Karte S. 124–125; ☎ 021-419 0007; Laden B15, Cape Quarter, Waterkant St.; Hauptgerichte 80–100 R; ⏲ Di–So 12–15, 18–23 Uhr) Die helle Bar, das riesige Aquarium und die Sushi-Bar schaffen das passende Ambiente für die Schickeria der Stadt. Wer Sushi nicht mag, kann die leckeren pazifischen Gerichte probieren, z. B. den gebratenen Thunfisch.

Green Point & Waterfront

Natürlich wollen alle Besucher in Kapstadt mit Meerblick essen. Die unzähligen Restaurants und Cafés an der Waterfront befriedigen das Bedürfnis, auch wenn die Ecke eigentlich eine riesige Touristenfalle ist. Besseres Essen und weniger Besucher findet man in Green Point oder Mouille Point – nur wenige Gehminuten entfernt.

CAFÉS & AUF DIE SCHNELLE

Café Neo (Karte S. 124–125; ☎ 021-433 0849; South Seas, 129 Beach Road, Mouille Point; Hauptgerichte 30–40 R; 🕑 7–19 Uhr) Café Neo zählt zu den nettesten Cafés an der Seepromenade, verströmt eine lockere Atmosphäre und ist angenehm modern eingerichtet. Das Essen und die Getränke bestellt man an der Theke, bevor man sich mit Blick auf den rotweißen Leuchtturm niederlässt.

Giovanni's Deli World (Karte S. 124–125; ☎ 021-434 6983; 103 Main Rd., Green Point; Hauptgerichte 20–30 R; 🕑 8.30–21 Uhr) Bei Giovanni werden alle Sandwiches nach Wunsch zubereitet. Der Laden ist eine gute Adresse für alle, die sich auf dem Weg zum Strand für ein Picknick eindecken wollen. Das Straßencafé ist sehr populär. Experimentierfreudige sollten einmal den Red Espresso probieren: Dahinter verbirgt sich ein normaler Espresso mit einem Schuss Rooibostee.

Melissa's (Karte S. 124–125; www.melissas.co.za; 1 Portside, Ecke Upper Portswood/Main Rd., Green Point; Hauptgerichte 30 R; 🕑 Mo–Fr 7.30–20, Sa–So 8–20 Uhr) Die jüngste Melissa-Filiale liegt an der Ecke des trendigen Portside-Komplexes. Für das leckere Büfett bezahlt man im Feinkost-Café pro Kilogramm, anschließend lohnt sich ein Blick in die Regale, in denen Gourmet-Geschenke und Picknickzutaten zu finden sind. Weitere Filialen liegen an der Ecke Kildare Road/Main Road, in Newlands (Karte S. 126–127) sowie im Haus 94 in der Kloof Street (Karte S. 121).

RESTAURANTS

One.Waterfront (Karte S. 124–125; ☎ 021-418 0520; Cape Grace Hotel, West Quay, Waterfront; Hauptgerichte 70–100 R) Bruce Robertson ist ein versierter Koch. Auch wenn auf der Speisekarte die Gerichte mit der gewagtesten Kombination an Zutaten als erstes ins Auge stechen, sind die besten Gerichte (wie so oft) die einfachsten, z. B. die leckeren Fischbuletten. Auch ein paar kreative vegetarische Gerichte finden sich auf der Karte.

Wakame (Karte S. 124–125; ☎ 021-433 2377; www.wakame.co.za; Ecke Beach Rd./Surrey Pl., Moullie Point; Hauptgerichte 70 R; 🕑 12–22 Uhr) Den Salz-und-Pfeffer-Tintenfisch oder die Sushi-Platte und dazu den phantastischen Meerblick genießen, kann schnell einen ganzen Nachmittag ausfüllen. Für den abendlichen Drink bei Sonnenuntergang sollte man einen Balkonplatz reservieren. Unten liegt der Newport Market & Deli, eines der Feinkost-Cafés in Kapstadt.

Mano's (Karte S. 124–125; ☎ 021-434 1090; 39 Main Rd., Green Point; Hauptgerichte 40–80 R; 🕑 Mo–Fr 12–15, Mo–Sa 19–23 Uhr) Auf der schlichten Speisekarte stehen griechischer Salat, Steak, Eier und Pommes sowie Hähnchenschnitzel. Das klingt vielleicht nicht sehr verlockend, doch die Massen, die hier regelmäßig essen, erzählen eine andere Geschichte. Es muss eben nicht jeder den neuesten Trends folgen, um Erfolg zu haben.

Willoughby & Co (Karte S. 124–125; ☎ 021-418 6115; Laden 6132, Victoria Wharf, Waterfront; Hauptgerichte 60–70 R; 🕑 Restaurant 11.30–22.45 Uhr, Feinkostladen 9–20.30 Uhr) Große Portionen Sushi sind das Markenzeichen der qualitativ guten, fischlastigen Speisekarte in diesem gemütlichen Lokal. Ebenfalls im Erdgeschoss des Victoria Wharf befindet sich der Feinkostladen. Willoughby zählt allgemein zu den besseren Restaurants an der Waterfront.

Emily's (Karte S. 124–125; ☎ 021-421 1133; Laden 202, Clock Tower Centre, Waterfront; Hauptgerichte 80 R) Extravagant ist ein Wort, das eigens für Emily's erfunden worden sein könnte. Das gilt sowohl für die Inneneinrichtung als auch für die Köche, die ihre Zutaten teilweise sehr unorthodox zusammenstellen. Alles wird sehr schön angerichtet und durch eine gut sortierte Weinkarte ergänzt. Die Besitzer betreiben auch das Café im historischen Clock Tower vor der Tür – ein netter Platz für einen Absacker und/oder eine kleine Mahlzeit.

Atlantikküste

Entlang von Sea Points Main Road und der Regent Street gibt es zahlreiche preisgünstige Lokale. Tipps sind der sympathische Grieche **Ari's Souvlaki** (Karte S. 126–127; ☎ 021-439 6683; 83A Regent St.) und das rund um die Uhr geöffnete **Saul's** (Karte S. 126–127; ☎ 021-434 5404; 152 Main Rd.), das für seine sättigenden Burger bekannt ist. In Camps Bay, der Spielwiese für die Reichen und Schönen, sind Reservierungen Pflicht, wenn man für den Drink zum Sonnenuntergang einen guten Platz bekommen möchte. Weiter südlich in Hout Bay bietet **Fish on the Rocks** (Karte S. 108–109; ☎ 021-790 0001; Harbour Rd.; 🕑 10.30–20.15 Uhr) günstige und leckere Fish 'n' Chips.

CAFÉS & AUF DIE SCHNELLE

Cedar (Karte S. 126–127; ☎ 021-433 2546; 100 Main Rd., Sea Point; Hauptgerichte 40 R; ⏲ 11.30–21.30 Uhr) Der Familienbetrieb ist nichts Großartiges, aber die leckere Meze-Auswahl und die gut gemachten Gerichte aus dem Mittleren Osten sind sehr beliebt.

New York Bagels (Karte S. 126–127; ☎ 021-439 7523; 51 Regent Rd., Sea Point; Hauptgerichte 30–40 R; ⏲ 7–23 Uhr) Die Sea-Point-Institution ist ein gut sortierter Feinkostladen und eine verlockende Fresszeile (bzw. Hof). Jeder kann sich hier seine persönliche Mahlzeit zusammenstellen, z. B. ein würziges Rindfleisch-Roggen-Sandwich, gefolgt von frisch gebackenen Waffeln und einem Obstsalat.

Sandbar (Karte S. 126–127; ☎ 021-438 8336; 31 Victoria Rd., Camps Bay; Hauptgerichte 30 R; ⏲ 9.30–22 Uhr) Das modische Café mit Tischen an der Straße zählt zu den besseren Adressen in Camps Bay. Serviert werden gute Sandwiches und kleine Mahlzeiten.

RESTAURANTS

La Perla (Karte S. 126–127; ☎ 021-439 9538; Ecke Church Rd./Beach Rd.; Hauptgerichte 70 R; ⏲ 12–23.30 Uhr) La Perla präsentiert sich im Retrostil und ist schon seit Jahrzehnten eine verlässliche Adresse an der Promenade von Sea Point. Die lange Speisekarte mit Pasta-, Fisch- und Fleischgerichten macht die Wahl zur Qual. Auf der Terrasse sitzt man im Schatten unter Palmen, während die Bar drinnen intimer ist.

Paranga (Karte S. 126–127; ☎ 021-438 0404; Laden 1, The Promenade, Victoria Rd., Camps Bay; Hauptgerichte 90 R) Parangas Erfolg hat dazu geführt, dass die Betreiber jetzt ihre eigenen Chill-out-CDs und eigene Markenklamotten verkaufen. Im Mittelpunkt stehen aber weiter die Fischgerichte, die Salate, Burger und das Sushi. Die weichen cremefarbenen Möbel und die Terrasse machen Paranga zu einem der besten Restaurants an der heiß umkämpften Promenade.

Sea Point Gardens (Karte S. 126–127; ☎ 021-439 2820; 78 Regents Rd., Sea Point; 2/3 Gänge 99/129 R; ⏲ 12–22.30 Uhr) Im romantischen Innenhofgarten kann man Thunfisch-Carpaccio oder Seezunge mit einer Sauce Béarnaise genießen. Die Villa von 1919 war früher die offizielle Residenz des Bürgermeisters von Kapstadt. Nach dem Essen geht es schnurstracks nach oben in die Cocktail-Bar Asylumn (17–2 Uhr).

Südliche Vororte

An der Lower Main Road in Observatory sind die Speisekarten ganz auf den Geschmack und den Geldbeutel der studentischen Bevölkerung eingestellt. Gehobenere Restaurants finden sich auf und in der Nähe der Weingüter von Constantia. Das Viertel Kirstenbosch bietet nette Cafés für alle, die wieder einmal ihren Picknickkorb vergessen haben.

CAFÉS & AUF DIE SCHNELLE

Gardener's Cottage (Karte S. 126–127; ☎ 021-689 3158; Montebello Craft Studios, 31 Newlands Ave., Newlands; Hauptgerichte 40 R; ⏲ Di–So 8–16.30 Uhr) Sympathisches Café mit Teegarten auf dem Gelände der Künstlerateliers. Der Besuch lohnt sich schon wegen der lässigen Atmosphäre und der schlichten herzhaften Mahlzeiten.

Kirstenbosch Tea Room (Karte S. 108–109; ☎ 021-797 4883; Kirstenbosch Botanical Gardens, Rhodes Drive, Newlands; Hauptgerichte 20–30 R) Frisches Brot und selbstgebackener Kuchen machen das Café am oberen Garteneingang so beliebt. Für alle, die ein gehobeneres Ambiente mit weißen Tischdecken lieben, ist der Silver Tree (☎ 021-762 9585) unweit des Haupteingangs eine sehr gute Adresse.

Café Ganesh (☎ 021-448 3435; 38B Trill Rd., Observatory; Hauptgerichte 30–40 R; ⏲ Mo–Sa 18–23.30 Uhr) Kartoffelbrei und Gemüse, gegrillte Oryxantilope und Lammcurry stehen auf der Speisekarte des Cafés. Mal was anderes sind die Sperrmüllmöbel und die Tapeten mit Streichholzlabeln.

RESTAURANTS

La Colombe (Karte S. 108–109; ☎ 021-794 2390; Constantia Uitsig, Spaanschemat River Rd.; Hauptgerichte 90 R) Ohne Reservierungen läuft in dieser Top-Adresse unter den Restaurants von Constantia gar nichts. Der schattige Garten ist einer der schönsten Plätze in Kapstadt, die Bedienung arbeitet tadellos. Am meisten beeindruckt jedoch der provenzalische Kochstil von Koch Franck Dangereux.

River Café (Karte S. 108–109; ☎ 021-794 3010; Constantia Uitsig, Spaanschemat River Rd.; Hauptgerichte 60 R) An der Zufahrt zum Weingut Constantia Uitsig liegt ein sympathisches und beliebtes Café, in dem große Portionen auf den Tisch kommen. Die Zutaten stammen aus biologischem, Anbau und von freilaufenden Tieren. Unbedingt reservieren – vor allem für den Wochenend-Brunch.

Jonkerhuis (Karte S. 108–109; ☎ 021-794 4255; Groot Constantia, Constantia; Hauptgerichte 80 R; ⌚ Mo–Fr 10–22, Sa 9–22, So 9–16 Uhr) Seit dem Wechsel im Management geht es in der Brasserie etwas lockerer zu. Weinlaub sorgt für den nötigen Schatten im Hof, in dem die Gäste ein gutes Glas der örtlichen Weine und Räucherfleisch genießen. Zum Abschluss warten noch einige verführerische Desserts.

AUSGEHEN

Kapstadt wurde nicht ohne Grund „Taverne der Sieben Meere" genannt. Freitag- und samstagabends steigen entlang der Long Street, an der Waterkant und in Camps Bay die Partys. Natürlich gibt es auch viele ruhigere Plätze für einen Drink. Die meisten Bars öffnen gegen 15 Uhr und schließen nach Mitternacht, freitags und samstags sogar sehr viel später. Abweichende Öffnungszeiten werden beim jeweiligen Eintrag genannt.

City Bowl & Waterkant

Marvel (Karte S. 116–117; ☎ 021-426 5880; 236 Long St., City Bowl; ⌚ Mo–Sa 13–4 Uhr) Coole Kids in allen Hautfarben drängen sich in dieser phantastischen Bar. Also auf in den Kampf und versuchen, eine der gemütlichen Sitznischen vorne zu erobern oder draußen vor der Tür ein Bierchen zu trinken. Dazu legt der DJ heiße Rhythmen auf.

Gallery Bar (Karte S. 116–117; ☎ 021-423 2086; Ecke Long St./Pepper St., City Bowl) Die städtische schwarze Schickeria trifft sich unter dem Urban Chic Hotel in einer eleganten Bar. Die Fenster öffnen sich zur Long Street; die Cocktailauswahl ist sehr gut.

Orchard Bank (Karte S. 116–117; www.orchardbank.co.za; 229B Long St., City Bowl) Das Orchard Bank gehört zu den interessanteren und relaxteren Kneipen an der Long Street. Abends finden regelmäßig Veranstaltungen wie z. B. Comedy-Vorstellungen statt. Die gemütlichen Sofas sind der richtige Ort, um gemütlich einen Cocktail zu schlürfen.

Nose Wine Bar (Karte S. 124–125; ☎ 021-425 2200; www.thenose.co.za; Cape Quarter, Dixon St., Waterkant) Erstklassige Weinbar, in der man 38 der besten örtlichen Weine probieren kann. Jeden Monat kommen zwölf andere auf die Liste. Auch das Essen ist sehr gut. Ein besonderes Angebot sind die Weinkurse.

Caveau (Karte S. 116–117; ☎ 021-422 1367; www.caveau.co.za; Heritage Square, 92 Bree St.; ⌚ Mo–Sa 7–23.30 Uhr) Willkommener Zuwachs am attraktiven Heritage Square. Die Auswahl der vor Ort produzierten Weine ist göttlich und die Tapas sind sehr lecker.

Café du Süd (Karte S. 116–117; ☎ 021-422 0500; 107–109 Loop St., City Bowl; ⌚ Mo–Sa 10–23 Uhr) Die schrulligen Retromöbel, die alle auch verkauft werden, machen das Café du Süd zu einem Mekka der Schickeria. Das Essen ist nichts Besonderes, doch die Getränke sind göttlich – ein Tipp für einen Nachmittagstee oder spätabendliche Cocktails.

Ebenfalls einen Besuch wert sind der traditionell eingerichtete Pub **Fireman's Arms** (☎ 021-419 1513; 25 Mechau St., City Bowl) sowie zwei Kneipen an der Long Street: **Jo'burg** (☎ 021-422 0142; 218 Long St., City Bowl) und **Cool Runnings** (☎ 021-426 6584; 227 Long St.) mit einer Filiale in **Observatory** (☎ 021-448 7656; 96 Station St.).

Gardens & Umgebung

Relish (Karte S. 121; ☎ 021-422 3584; 70 New Church St., Tamboerskloof; ⌚ Mo–Fr 12–2, Sa–So 17–2 Uhr) Im trendigen Relish bekommt man den Panoramablick auf den Tafelberg und Lion's Head gratis dazu. Das Relish erstreckt sich über drei Stockwerke, hat Glaswände und eine große Terrasse. Das Essen ist gut, zur Happy Hour (18–19 Uhr) kosten die Cocktails nur 12 R.

Café Vespa (Karte S. 121; ☎ 021-426 5042; www.cafévespa.com; 108 Kloof St., Tamboerskloof; ⌚ 9–24 Uhr) Das Café verleiht Vespas (s. S. 167), außerdem gibt es eine (eher magere)Auswahl an Cocktails, Kaffees und Tapas. Dafür ist der Blick auf den Tafelberg von der Terrasse einfach grandios.

Planet (Karte S. 121; ☎ 021-483 1000; Mount Nelson Hotel, 76 Orange St., Gardens) Cocktails und Schampus in der schicken Bar des Mount Nelson – wer kann da widerstehen?

Green Point & Waterfront

Alba Lounge (Karte S. 124–125; ☎ 021-425 3385; Erdgeschoss Hildegards, Pierhead, Waterfront) Zweifellos der eleganteste Ort an der Waterfront für einen Cocktail. Der Blick über den Hafen ist sehr schön, die Getränkekarte innovativ. Im Winter sorgt ein offenes Feuer für die richtige Stimmung.

Belthazar (Karte S. 124–125; ☎ 021-421 3753; Laden 153, Victoria Mall, Waterfront) 600 südafrikanische Weine stehen zur Auswahl, davon kann man 170 als offene Weine probieren! Das Restaurant hat sich auf erstklassiges Karan-

Rindfleisch spezialisiert, ergänzt um einige Fischgerichte.

Mitchell's Scottish Ale House & Brewery (Karte S. 124–125; ☎ 021-419 5074; www.mitchellsbreweries.co.za; East Pier Rd., Waterfront; ⏰ 11–2 Uhr) Das traditionelle Pub serviert frisch gebraute Biere und preisgünstige Mahlzeiten.

Buena Vista Social Café (Karte S. 124–125; ☎ 021-433 0611; Exhibition Bldg., 81 Main Rd., Green Point) Das kubanisch inspirierte Bar-Restaurant mixt einen leckeren Mojito und eifert stilistisch der berühmten CD nach. Am schönsten ist es auf dem Balkon; sonntags wird hier Salsa getanzt.

Atlantikküste

Café Caprice (Karte S. 126–127; ☎ 021-438 8315; 37 Victoria Rd., Camps Bay; ⏰ 9–2 Uhr) Die Reichen und Schönen treffen sich in dieser Café-Bar, die sowohl wegen ihrer Frühstücke als auch wegen der abendlichen Drinks beliebt ist. Die Straßentische bieten den besten Blick.

Ignite (Karte S. 126–127; ☎ 021-438 7717; Obergeschoss, The Promenade, Victoria Rd., Camps Bay) Die elegante Bar hat einen neuen Name und ein etwas verändertes Outfit, geblieben ist die große Terrasse mit Strandblick.

La Med (Karte S. 126–127; ☎ 021-438 5600; Glen Country Club, Victoria Rd., Clifton) Die unverwüstliche Freiluft-Bar lebt von ihrem sagenhaften Blick auf die Bergkette der Twelve Apostles. In Kapstadt ist es fast ein Ritual, hier den Abend bei Sonnenuntergang mit einem Drink einzuläuten. Die Abzweigung zwischen Camps Bay und Clifton ist leicht zu übersehen.

La Vie (Karte S. 126–127; ☎ 021-439 2061; 205 Beach Rd., Sea Point; ⏰ 7.30–24 Uhr) Einer der wenigen Orte, wo man in Sichtweite der Promenade von Sea Point alles bekommen kann – vom Frühstück bis zum spätabendlichen Cocktail.

Südliche Vororte

Barristers (Karte S. 126–127; ☎ 021-674 1792; Ecke Kildare Rd./Main St., Newlands; Hauptgerichte 70 R; ⏰ 9.30–22.30 Uhr) Beliebteste unter den besseren Kneipen in Newland, die gemütlichen Zimmer sind im Stil alter Landkneipen ausstaffiert. Gute Speisekarte.

Café Carte Blanche (Karte S. 126–127; ☎ 021-447 8717; 42 Trill Rd., Observatory) Kerzen, gemütliche Ecken und avantgardistische Musik bestimmen den Ton in der winzigen Café-Bar. Hier trifft sich die alternative Szene von Obs.

A Touch of Madness (Karte S. 126–127; ☎ 021-448 2266; www.caféatom.co.za; 12 Nuttal Rd., Observatory; ⏰ Mo–Sa 12 Uhr–open end, So 19 Uhr–open end) Schon seit langem ist das Bar-Restaurant für seine Kunsthausatmosphäre bekannt. Alles ist in Lila mit Spitzenborten gehalten. Möchtegern-Dichter können montagabends ihre Werke vorstellen.

UNTERHALTUNG

Kinos und Theater gibt es reichlich in Kapstadt – das Spektrum an Livemusik deckt alle Musikrichtungen von Klassik über Jazz und Rock bis Marimba ab. Veranstaltungshinweise gibt es wöchentlich im **Mail & Guardian** (www.chico.mweb.co.za/art/daily/menuguide.htm) sowie unter „Tonight" im **Cape Argus** (tonight.co.za). Das alle zwei Monate erscheinende Magazin **Cape etc** (www.capeetc.com) liefert ebenfalls gute Tipps.

Über **Computicket** (☎ 083-915 8000; www.computicket.com) lassen sich praktisch alle Arten von Tickets bestellen. Filialen von Computicket gibt es im Golden Acre Centre (Karte S. 116–117), im Gardens Centre (Karte S. 121), im Adelphi Centre (Karte S. 126–127) in Sea Point sowie an der Waterfront (Karte S. 124–125).

Kino

Die Kinos der Stadt zeigen alle aktuellen internationalen Filme. Die große Multiplexe befinden sich in Victoria Wharf an der Waterfront (Karte S. 124–125), am Cavendish Square (Karte S. 126–127) und am Canal Walk (Karte S. 108–109).

Labia (Karte S. 121; ☎ 021-424 5927; www.labia.co.za; 68 Orange St., Gardens; Tickets 25 R) Zusammen mit den zwei Filmsälen des Labia on Kloof (Karte S. 121; ☎ 021-424 5727) um die Ecke ist das Labia das beste Kino für alternative Mainstreamfilme. Es wurde nach dem ehemaligen italienischen Botschafter und Philanthropen Graf Labia benannt. Das Programm „African Screen" bietet eine der wenigen Möglichkeiten, die südafrikanische Filmszene kennen zu lernen.

Cavendish Nouveau (Karte S. 126–127; ☎ 0861-300 444; Cavendish Sq., Claremont; Tickets Di 18 R, Mi–Mo 35 R) Das Cavendish Nouveau und der Ableger Cinema Nouveau Waterfront (Karte S. 124–125) sind zwei erstklassige Multiplex-Programmkinos. Doch sollte man zuerst das

SCHWULEN- & LESBENSZENE

Kapstadt gehört zu den schwulenfreundlichen Reisezielen. Es gibt so viele Bars und Clubs im selbsternannten Schwulenviertel, der **Waterkant** (Karte S. 124–125), dass selbst die anspruchsvollsten Gäste zufrieden sind. Außerhalb der Waterkant zeigen einige Lokale an der Main Road in Sea Point (Karte S. 126–127) die Regenbogenflagge. Als Strand sind der **Clifton No 3** (Karte S. 126–127) und **Sandy Bay** (Karte S. 108–109) bei Llandudno Bay zu empfehlen. Letzterer wird auch als FKK-Strand genutzt.

Im Kalender gibt es zwei wichtige Veranstaltungen: Das Cape Town Pride Festival im Februar und die Tanzveranstaltung Mother City Queer Project im Dezember (s. S. 151 mit weiteren Details).

Die meisten interessanten Lokale liegen in einem kleinen Bereich der Waterkant. Das **Cafe Manhattan** (Karte S. 124–125; ☎ 021-421 6666; 74 Waterkant St.) gilt allgemein als Motor der Schwulenszene in Waterkant, es ist ein guter Start in den Abend. Das **Cruz** (Karte S. 124–125; ☎ 021-421 5401; www.cruzcapetown.co.za; 21B Somerset Rd.) ist die heißeste Bar. Das weniger glitzernde **Bronx** (Karte S. 124–125; ☎ 021-419 9219; www.bronx.co.za; 35 Somerset Rd., Waterkant) ist immer noch beliebt und zieht ein lustiges, gemischtes Publikum an. Nebenan liegt der Tanzladen **Sliver** (Karte S. 124–125; ☎ 021-421 4798; www.sliver.co.za; 27 Somerset Rd., Waterkant; Gedeck 20 R). Der geräumige Innenhof ist märchenhaft beleuchtet, auf dem Dach gibt es Chill-out-Bereiche. Leder- und Latexfans treffen sich im **Bar Code** (Karte S. 124–125; ☎ 021-421 5305; www.leatherbar.co.za; 18 Cobern St.).

Die Lesbenszene ist in Kapstadt sehr zurückhaltend. Immerhin gibt es mittlerweile in der Waterkant einen regulären Lesben-Treffpunkt, die **Lipstick Lounge** (Karte S. 124–125; ☎ 082-738 3612; www.lipstickcapetown.co.za; 2 Lelie Lane, Waterkant). Alle zwei Wochen findet der Club **Lush** (Karte S. 124–125; ☎ 082-565 6174; www.lushcapetown.co.za) im Sliver statt (s. oben).

Der kürzlich vergrößerte Varieté-Club **On Broadway** (S. 165) wird immer beliebter – vor allem auch wegen des dynamischen Drag-Duos Mince.

Das **Triangle Project** (☎ 021-448 3812; www.triangle.org.za) ist das landesweit führende Zentrum für Schwule, Lesben und Transsexuelle. Auf der Webseite stehen viele nützliche Infos. Für heiße Locations lohnt auch der Blick in die jährlich aktualisierte *Pink Map*. Veranstaltungshinweise finden sich im *Cape Etc* sowie auf der Webseite www.gaynetcapetown.co.za.

Labia-Programm checken, da die Filme dort viel günstiger sind.

Livemusik

KLASSIK

Die unglaublich aktive **Cape Town Philharmonic** (www.cpo.org.za) ist das Flaggschiff der Klassik-Musikszene in Kapstadt. Die meisten Konzerte finden in der **City Hall** (Karte S. 116–117; ☎ 021-410 9809; Darling St., City Bowl) sowie im Artscape, an der Waterfront und anderen Orten statt. Die Philharmonie arbeitet auch mit der **Cape Town Opera** (www.capetownopera.co.za) und dem **Cape Town City Ballet** (www.capetowncityballet.org.za) zusammen, die beide normalerweise im Artscape auftreten.

Artscape (Karte S. 116–117; ☎ 021-410 9800; www.artscape.co.za; 1–10 DF Malan St., Foreshore) Der Kunsttempel besteht aus drei unterschiedlich großen Vorführsälen und ist der Dreh- und Angelpunkt für Klassik und Theater in Kapstadt. Nachts ist die Gegend allerdings nicht sehr sicher. Es empfiehlt sich daher, stvorab ein Taxi zu bestellen. Sichere Parkmöglichkeiten gibt es viele.

JAZZ

Green Dolphin (Karte S. 124–125; ☎ 021-421 7471; www.greendolphin.co.za; Waterfront; Gedeck 25 R) In dem gehobenen Jazz-Restaurant treten ständig hochkarätige Künstler auf. Das Essen ist in Ordnung, die Konzerte beginnen täglich um 20.15 Uhr (Eintritt 20 R). Leider hat man nicht von allen Tischen einen guten Blick.

Manenberg's Jazz Café (Karte S. 124–125; ☎ 021-421 5639; Clock Tower Centre, Waterfront; Gedeck 30–80 R) Der berühmte Jazzclub scheint den Umzug an die Waterfront gut verkraftet zu haben. Hier wird hauptsächlich Jazz und afrikanischer Jive gespielt. Freitags und samstags sind die Konzerte zwischen 17 und 19 Uhr kostenlos, danach muss für das Gedeck bezahlt werden.

Marimba (Karte S. 116–117; ☎ 021-418 3366; www.marimbasa.com; Cape Town International Convention Centre,

City Bowl; essende Gäste 20 R, sonst 30 R) Ja, gelegentlich spielt in dem geschniegelten Marimba tatsächlich eine Marimba-Band. Der Veranstaltungskalender ist voll mit Jazzkünstlern, deren Auftritte um 20 Uhr beginnen. Auch das Essen ist gut.

West End (Karte S. 108–109; ☎ 021-637 9132; Cine 400 Bldg., College Rd., Ryelands Estate, Athlone; Gedeck 30 R; ⏲ Fr–Sa 20 Uhr–open end) Im West End ist Mainstream-Jazz angesagt. Der professionelle Club zieht ein wohlhabendes Publikum und bekannte Künstler an. Für Autofahrer gibt es sichere Parkmöglichkeiten.

ROCK/ AFRIKANISCHE MUSIK

Mercury Live (Karte S. 121; ☎ 021-465 2106; www.mercuryl.co.za; 43 De Villiers St., Zonnebloem; Gedeck 20–40 R) Mercury Live ist Kapstadts wichtigster Veranstaltungsort für Rockkonzerte, hier treten die besten südafrikanischen und ausländischen Bands auf. Die Akustik ist gut. Wer die Musik der gerade live spielende Band nicht mag, kann zum DJ in der Mercury Lounge unten oder in die Shack Bar nebenan gehen.

Drum Café (☎ 021-462 1064; www.thedrumcafe.com) Bei Redaktionsschluss stand die neue Adresse noch nicht fest. Weitere Infos gibt es per Telefon oder im Internet.

Wer afrikanische Bands hören will, sollte die folgenden Restaurants besuchen:

Mama Africa (Karte S. 116–117; ☎ 021-426 1017; 178 Long St., City Bowl; essende Gäste 10 R, alle anderen 15 R; ⏲ Mo–Sa 19–2 Uhr)

Marco's African Place (Karte S. 116–117; ☎ 021-423 5412; 15 Rose Lane, Bo-Kaap; Gedeck 10 R; ⏲ 12–23 Uhr)

Nachtclubs

Die wichtigsten Nachtclubs liegen in der City Bowl an der Long Street und an der Waterkant. Mittwoch, Freitag und Samstag sind die meisten Gäste unterwegs.

Club Galaxy (Karte S. 108–109; ☎ 021-637 9132; College Rd., Ryelands Estate, Athlone; Gedeck 30 R) Altbekannter Tanzschuppen in den Cape Flats mit Schwerpunkt auf R&B, Hip-Hop und Livebands, die vor allem ein schwarzes und farbiges Publikum anziehen. Das legendäre West End liegt nebenan.

Hemisphere (Karte S. 116–117; ☎ 021-421 0581; www.hemisphere.org.za; 30. Stock, ABSA Centre, Riebeeck St., City Bowl; Gedeck 50 R; ⏲ Di–Sa 21–3 Uhr) Ein grandioser Blick über die Stadt gehört zum Flair des superschicken Clubs im ABSA Centre. Hier dominieren Samt und Topmodels – also richtig in Schale werfen!

Mian Mian (Karte S. 116–117; ☎ 021-422 5823; 196½ Long St., City Bowl; Gedeck 30 R) Hohe Palmen, glitzernde Märchenlichter sowie eine geräumige Bar mit Tanzfläche liegen versteckt in einer schmalen Gasse. Sehr hippe Location, auch wenn das Publikum nicht immer so cool ist, wie es sein möchte.

Opium (Karte S. 124–125; ☎ 021-425 4010; www.opium.co.za; 6 Dixon St., Waterkant; Gedeck 40 R) Mit drei Tanzflächen, großen Barbereichen, plüschiger Einrichtung und einer supercoolen Einstellung überrascht es nicht, dass das Opium unter Nachtschwärmern hoch gehandelt wird. Hier trifft man auf angehende Models, die den richtigen Gang für den Catwalk üben.

Rhodes House (Karte S. 116–117; ☎ 021-424 8844; www.rhodeshouse.com; 60 Queen Victoria St., City Bowl; Gedeck 50 R) Nicht mehr so in wie früher, aber immer noch für einen fetzigen Tanzabend gut. Das luxuriöse Rhodes belegt ein ganzes altes Stadthaus; donnerstags ist R&B-Nacht.

Snap (Karte S. 116–117; ☎ 083-940 3983; 6 Pepper St., City Bowl; Gedeck 20 R) Der städtisch-afrikanische Club bringt die Cape Flats mitten ins Stadtzentrum. Das nette Publikum ist vorwiegend schwarz und tanzt zu afrikanischer Musik.

Zula Sound Bar (Karte S. 116–117; ☎ 021-424 2442; 194 Long St., City Bowl; Gedeck 20 R) Interessanter Veranstaltungsmix mit Livebands, DJs und sogar einem allen offen stehenden Mikrofon für Lyrikabende. Der große Balkon ist ideal, um das bunte Leben in der Long Street zu verfolgen.

Sport

CRICKET

Newlands Cricket Ground (Karte S. 126–127; ☎ 021-657 3300, Ticket-Hotline 021-657 2099; Camp Ground Road, Newlands) Austragungsort für alle internationalen Spiele. Die Saison reicht von September bis März. Am beliebtesten sind die Tag-und-Nacht-Spiele. Auf den Rasentribünen kann man die festliche Stimmung am besten genießen. Tickets kosten rund 50 R für Lokalderbys und bis zu 200 R für internationale Spiele.

FUSSBALL

Bei Eintrittspreisen von 20 R sind Fußballspiele in Kapstadt nicht nur billig, sondern auch sehr unterhaltsam. Die einheimischen Fans nutzen jede Chance, um mit ihren Plastiktrompeten für großen Lärm zu sorgen. Die Saison dauert von August bis Mai. Ajax Cape Town ist mit dem niederländischen Verein Ajax Amsterdam verbunden. Manchmal spielen sie im Newlands Rugby Stadium (s. unten). Auch im Green Point Stadium (Karte S. 124–125) an der Beach Road in Green Point werden Spiele ausgetragen. Das Athlone Stadium (Karte S. 108–109) an der Klipfontein Road in Athlone ist die Heimat des Vereins Santos. Tickets gibt es bei **Computicket** (☎ 021-918 8910; www.computicket.com).

RUGBY

Newlands Rugby Stadium (Karte S. 126–127; ☎ 021-659 4600; www.wprugby.com; Boundary Road, Newlands) Der heilige Gral des südafrikanischen Rugby ist das Heimatstadion der Stormers. Tickets für Spiele der Super 12 kosten mindestens 85 R, für internationale Spiele rund 325 R.

Theater, Varieté & Comedy

Was der städtischen Theaterszene an Breite fehlt, macht sie durch ihren Ehrgeiz wieder wett. Es gibt neben großen Namen, die im Artscape (s. oben) oder im **Cape Town International Convention Centre** (Karte S. 116–117; ☎ 410 5000; www.cticc.co.za; Convention Sq., 1 Lower Long St., Foreshore) auftreten, eine ganze Reihe weiterer interessanter Aufführungen.

Für Comedy gibt es keinen festen Veranstaltungsort, dafür hat die Stadt aber viele gute Komödianten. Vorführungen finden regelmäßig im On Broadway, im Obz Café und im **Sobhar** (Karte S. 126–127; ☎ 021-674 3377; www.sobhar.co.za; 1 Letterstedt House, Main Road, Newlands) statt.

Baxter Theatre (Karte S. 126–127; ☎ 021-685 7880; www.baxter.co.za; Main Rd., Rondebosch) Das berühmte Theater in den südlichen Vororten deckt mit seinen drei Sälen das ganze Spektrum von Kindervorführungen bis zu Zulu-Tanz ab.

Obz Café (Karte S. 126–127; ☎ 021-448 5555; www.obzcafé.co.za; 115 Lower Main Rd., Observatory; Gedeck 20–50 R) Eigentlich findet draußen auf der Lower Main Road ja schon genug Theater statt. Wem das nicht reicht, der findet innerhalb der geräumigen Café-Bar eine separate Bühne, auf der von Comedy bis Varieté alles geboten wird.

On Broadway (Karte S. 116–117; ☎ 424 0250; www.onbroadway.co.za; 88 Shortmarket St., City Bowl; Tickets 70–75 R; 🕑 20.30 Uhr) Sehr populäres Varieté mit guter Küche, ohne Reservierung geht hier nichts. Das gilt vor allem für das heimische Drag- und Comedy-Duo Mince, das seine glitzernden Drag-Klamotten sonntags und montags auf der Bühne zeigt.

Independent Armchair Theatre (Karte S. 126–127; ☎ 021-447 1514; www.armchairtheatre.co.za; 135 Lower Main Rd., Observatory) Das Armchair Theatre ist Theater und Bar in einem. Hier kommen Comedy, kurze Theaterstücke und Konzerte zur Aufführung. Montagabends bezahlt man für einen Film und eine Pizza 30 R. Einlass ist ab 20 Uhr, der Film beginnt um 21 Uhr.

SHOPPEN

Ein Tipp vorweg: Unbedingt mit leerer Reisetasche nach Kapstadt reisen, denn hier gibt es viel zu kaufen! In den Läden im Stadtzentrum und an der Waterfront findet jeder etwas. Wer lieber in einem der Einkaufszentren in den Vorstädten stöbern will, sollte die folgenden besuchen:

Canal Walk (Karte S. 108–109; ☎ 0860-101 165; www.canalwalk.co.za; Century Blvd., Century City, Milnerton; 🕑 9–21 Uhr) Das größte Einkaufszentrum auf dem afrikanischen Kontinent, es liegt rund 5 km nördlich des Stadtzentrums.

Cavendish Square (Karte S. 126–127; ☎ 021-671 8042; www.cavendish.co.za; Cavendish St., Claremont; 🕑 Mo–Do 9–18, Fr 9–21, Sa 9–18, So 10–16 Uhr) Schickes Einkaufszentrum.

Gardens Centre (Karte S. 121; Mill St., Gardens) Ein weiteres günstig gelegenes Einkaufszentrum.

Das Stadtzentrum ist voller interessanter Galerien (s. S. 167) und Antiquitätenläden. Gute Adressen sind die Long Street und die Church Street. Dort wird in der Fußgängerzone ein kleiner Antiquitätenmarkt abgehalten (Mo–Sa 9–16 Uhr). Für Kunsthandwerk und Souvenirs sind folgende Märkte ganz interessant:

Green Point Stadium (Karte S. 124–125; Western Blvd., Green Point; 🕑 So 8.30–18 Uhr) Neben dem Stadion.

Greenmarket Square (Karte S. 116–117; Ecke Shortmarket/Burg St., City Bowl; 🕑 Mo–Sa 9–16 Uhr)

Hout Bay (Karte S. 108–109; Baviaanskloof Rd., Hout Bay; 🕑 So 10–17 Uhr)

Khayelitsha Craft Market (Karte S. 108–109; ☎ 021-361 2904; www.stmichaels.org.za; St. Michael's Church, Ncumo Rd., Harare, Khayelitsha; 🕑 Mo–Sa 9–16 Uhr) Großartiger Markt für interessantes Kunsthandwerk.

Waterfront Craft Market (Karte S. 124–125; ☎ 021-408 7842; Dock Rd., Waterfront) Auch bekannt als Blue Shed.

Kunsthandwerk

Kunsthandwerksläden finden sich über die ganze Stadt verteilt, doch nur wenige der traditionellen afrikanischen Waren kommen aus der Region. Empfehlenswert sind vor allem die Gegenstände, die in den örtlichen Townships hergestellt werden, z. B. die Glasperlen-Puppen, das Spielzeug aus recycelten Aludosen sowie die Drahtskulpturen.

Africa Nova (Karte S. 116–117; ☎ 021-425 5123; Cape Quarter, 72 Waterkant St., Waterkant) Modische Sammlung von zeitgenössischen afrikanischen Textilien, Kunst, Kunsthandwerk (inklusive bedruckter Stoffe), Schmuck und Töpferprodukten.

African Image (Karte S. 116–117; ☎ 021-423 8385; www.african-image.co.za; Ecke Church St./Burg St., City Bowl) Traumhafte Auswahl an afrikanischen Objekten, viel Township-Kunsthandwerk und phantasievoll bedruckte Hemden.

Imagenius (Karte S. 116–117; ☎ 021-423 7870; www.imagenius.co.za; 117 Long St., City Bowl) Eine wahre Fundgrube für modernes afrikanisches Design. Zu kaufen gibt es Keramiken, Badesachen, Schmuck und nette Wildlederschuhe für Babys; außerdem schicke Geschenkkarten, Kartons und Geschenkpapier.

Monkeybiz (Karte S. 116–117; ☎ 021-426 0145; www.monkeybiz.co.za; 65 Rose St., Bo-Kaap) Meisterhafte, mit Glasperlen verzierte Produkte, wie z. B. langbeinige Puppen, Tiere und Taschen. Alle Waren wurden von Frauen in den Townships hergestellt; der Gewinn geht an eine HIV-/Aids-Klinik, die jeden Freitag ein Stockwerk höher geöffnet hat.

Montebello (Karte S. 126–127; ☎ 021-685 6445; www.montebello.co.za; 31 Newlands Ave., Newlands) Unterstützenswertes Entwicklungsprojekt, das lokales Design fördert und so Arbeitsplätze im Kunsthandwerk schafft. Von Montag bis Freitag kann man die Künstlerateliers besichtigen.

Pan African Market (Karte S. 116–117; ☎ 021-426 4478; www.panafrican.co.za; 76 Long St., City Bowl) Ein Mikrokosmos des Kontinents mit einer atemberaubenden Auswahl an Kunsthandwerk, außerdem ein günstiges Café und ein Musikladen. Ganz oben hat Wola Nani (☎ 021-423 7385; www.wolanani.co.za) sein Büro. Die Nichtregierungsorganisation kümmert sich um HIV- und Aids-Kranke. Verkauft werden Schüsseln aus Pappmaché sowie Fotorahmen.

Red Shed Craft Workshop (Karte S. 124–125; ☎ 021-408 7847; Victoria Wharf, Waterfront; 🕑 Mo–Sa 9–21, So 10–21 Uhr) Der täglich stattfindende Markt konzentriert sich auf lokales Kunsthandwerk wie Keramik und Textilien. Besonders interessant sind der kunstfertige und hochwertige Schmuck von Get Wired sowie die farbenfrohen Textilien von Ikamva Labantu.

Streetwires (Karte S. 116–117; ☎ 021-426 2475; www.streetwires.co.za; 77/79 Shortmarket St., Bo-Kaap) Hier arbeiten Drahtskulpturkünstler im Rahmen eines Sozialprojektes für schwarze und farbige Jugendliche. Sie fertigen daraus u. a. funktionierende Radios und künstlerische Produkte wie die Nguni-Kuh-Skulpturen, die wunderschön mit Glasperlen verziert werden.

Mode & Outdoorausrüstung

Cape Union Mart Adventure Centre (Karte S. 124–125; ☎ 021-425 4559; www.capeunionmart.co.za; Quay 4, Waterfront) Beeindruckender Ausrüster für alle denkbaren Aktivitäten von Wanderungen auf den Tafelberg bis hin zu Safaris quer durch den Kontinent. Unter den vielen Filialen in der Stadt ist auch eine im Gardens Centre.

Sun Goddess (Karte S. 124–125; ☎ 021-421 7620; www.sungoddess.co.za; Laden 230, Victoria Wharf, Waterfront) Freizeit- und modische Kleidung, die von der traditionellen afrikanischen Kultur inspiriert ist. Gewagte Designs und moderne Stoffe sind die Markenzeichen des Ladens.

Young Designers Emporium (Karte S. 126–127; ☎ 021-683 6177; Laden F50, Cavendish Sq., Cavendish St., Claremont) Peppige Klamotten für Sie und Ihn, die von jungen südafrikanischen Modeschöpfern kreiert werden.

Noch mehr Läden

African Music Store (Karte S. 116–117; ☎ 021-426 0857; 134 Long St., City Bowl) Die Preise sind höher als in den CD-Läden der großen Ketten. Dafür ist die Auswahl an regionaler Musik – von erstklassigem Jazz und Kwaito bis hin zu Dance & Trance – unübertroffen. Die Angestellten kennen sich gut in der Musikszene aus.

Vaughan Johnson's Wine & Cigar Shop (Karte S. 124–125; ☎ 021-419 2121; www.vaughanjohnson.com;

GALERIEBUMMEL

In Kapstadt arbeiten viele talentierte Künstler, es lohnt sich deshalb, einen Tag durch die folgenden zentral gelegenen Galerien zu bummeln. Geöffnet haben sie Montag bis Freitag von 10 bis 17 Uhr und samstags von 10 bis 15 Uhr.

AVA Gallery (Karte S. 116–117; ☎ 021-424 7436; www.ava.co.za; 35 Church St., City Bowl) Ausstellungsraum der gemeinnützig arbeitenden Association for Visual Arts (AVA); interessante Ausstellungen lokaler Künstler.

Bell-Roberts Art Gallery (Karte S. 116–117; ☎ 021-422 1100; www.bell-roberts.com; 89 Bree St., City Bowl) Der Umzug in größere und lichtdurchflutete Räumlichkeiten verschafft Galerie und Kunstbuchverlag mehr Ausstellungsmöglichkeiten.

Michael Stevenson Gallery (Karte S. 124–125; ☎ 021-421 2575; www.michaelstevenson.com; Hill House, De Smidt St., Waterkant) Einer der besten Ausstellungsräume der Stadt. Die Kataloge, Kunstbücher und Poster sind eine gute Alternative, wenn man sich die Kunstwerke selbst nicht leisten kann.

Photographers Gallery (Karte S. 116–117; ☎ 021-422 2762; www.erdmanncontemporary.co.za; 63 Shortmarket St., City Bowl; ⌚ Di–Fr 10–17, Sa 10–13 Uhr) Werke der besten südafrikanischen Fotografen sowie Grafiken von Lien Botha und Conrad Botes.

What If The World (Karte S. 116–117; ☎ 021-461 2573; www.whatiftheworld.com; 11 Hope St., City Bowl; ⌚ Mo–Sa 10–18 Uhr) Design-Kollektiv und avantgardistische kleine Galerie. Ausstellungen für aufstrebende Künstler, außerdem abgefahrene Events.

Dock Rd., Waterfront) Verkauft praktisch jeden südafrikanischen Wein, den man sich nur wünschen kann, plus einige ausländische Tropfen. Im Gegensatz zu anderen Weinhändlern hat Vaughan Johnson's auch sonntags geöffnet.

AN- & WEITERREISE

Auto & Motorrad

Kapstadt hat ein exzellentes Straßen- und Schnellstraßensystem. Außerhalb der nachmittäglichen Rush Hour, die gegen 16 Uhr beginnt, sind die Straßen überraschend leer. Das einzige Problem sind die anderen Verkehrsteilnehmer, die teilweise auf ziemlich gefährliche Weise die Verkehrsregeln für sich interpretieren.

Die Adressen der großen örtlichen und internationalen Auto- und Motorradverleiher lauten:

Around About Cars (Karte S. 116–117; ☎ 021-422 4022; www.aroundaboutcars.com; 20 Bloem St., City Bowl)

Avis (Karte S. 116–117; ☎ 086-102 1111; www.avis.co.za; 123 Strand St., City Bowl)

Budget (Karte S. 116–117; ☎ 086-001 6622; www.budget.co.za; 120 Strand St., City Bowl)

Café Vespa (Karte S. 121; ☎ 083-448 2626, 083-646 6616; www.cafévespa.com; 108 Kloof St., Tamboerskloof; ⌚ 9–24 Uhr) Neue 150 cm^3-Vespas ab 110 R pro Tag.

Hertz (Karte S. 116–117; ☎ 021-400 9650; www.hertz.co.za; Ecke Loop St./Strand St., City Bowl)

Le Cap Motorcycle Hire (Karte S. 121; ☎ 021-423 0823; www.lecapmotorcyclehire.co.za; 43 New Church St., Tamboerskloof; ⌚ Mo–Fr 9–17, Sa 10–13 Uhr)

Bus

Vier Gesellschaften betreiben Überlandbusse in Kapstadt. Ihre Fahrkartenbüros sowie Haltestellen befinden sich am Kapstädter Hauptbahnhof (City Bowl) an der Seite zum Merriman Square.

Greyhound (☎ 021-505 6363; www.greyhound.co.za)

Intercape Mainliner (☎ 021-380 4400; www.intercape.co.za)

SA Roadlink (☎ 021-425 0203; www.saroadlink.co.za)

Translux (☎ 021-449 3333; www.translux.co.za)

Für weitere Informationen zu Busrouten und -tarifen sowie zum Baz Bus s. S. 690.

Flugzeug

Cape Town International Airport (Karte S. 108–109; ☎ 021-937 1200; www.airports.co.za) Liegt 20 km östlich des Stadtzentrums, ins Zentrum fährt man je nach Verkehrslage rund 20 Minuten. Sowohl im internationalen wie im inländischen Terminal gibt es eine Touristeninformation sowie einen Internetzugang.

Inländische Flüge sollte man über das Internet buchen und bezahlen – sie sind so am billigsten. Abgesehen von **South African Airways** (SAA; ☎ 0860-359 722; www.flysaa.com) gibt es zwei Billigflieger in Kapstadt: **Kulula.com** (☎ 0861-585 852; www.kulula.com) und **1time** (☎ 0861-345 345; www.1time.co.za). Alle drei Gesellschaften fliegen die wichtigsten südafrikanischen Städte an. Die günstigsten Tarife für Hinflüge ab Kapstadt: Durban (502 R), East London (593 R), Jo'burg (694 R), Port

Elizabeth (718 R) und Upington (712 R). Für Infos zu anderen Fluglinien s. S. 677.

Internationale Fluggesellschaften mit Büros in Kapstadt:

Air Namibia (Karte S. 108–109; ☎ 021-936 2755; www.airnamibia.com.na; Cape Town International Airport)
KLM (Karte S. 126–127; ☎ 086-024 7747; www.klm.co.za; Slade House, Boundary Terraces, 1 Mariendahl Lane, Newlands)
Lufthansa (Karte S. 108–109; ☎ 086-184 2538; Cape Town International Airport)
Malaysia Airlines (Karte S. 116–117; ☎ 021-419 8010; Fax 419 7017; 7. Stock, Safmarine House, 22 Riebeeck St., City Bowl)
Singapore Airlines (Karte S. 126–127; ☎ 021-674 0601; 2. Stock, Sanclaire, 21 Dreyer St., Claremont)
South African Airways (SAA; Karte S. 108–109; ☎ 021-936 1111; www.flysaa.com; Cape Town International Airport)

Minibus-Taxi

Die meisten Überland-Minibus-Taxis sammeln ihre Passagiere in den Townships ein, vor allem in Langa und Nyanga. Wenn sie noch nicht voll sind, fahren sie manchmal zum Hauptbahnhof. Die Townships sind kein Ort, in dem man frühmorgens auf eigene Faust (und ohne gute Ortskenntnis) rumlaufen sollte! Wer dennoch hin muss, sollte sich einen verlässlichen örtlichen Führer organisieren.

Langa ist relativ sicher, die Überland-Taxis starten frühmorgens am Einkaufszentrum. Ein Taxi vom Kapstädter Bahnhof nach Langa kostet rund 5 R.

Der Preisunterschied zu den regulären Bussen ist heutzutage verschwindend gering. Minibus-Taxis fahren zudem länger, sind unbequemer und potenziell viel gefährlicher, weil manche Fahrer rund um die Uhr arbeiten und übermüdet sind. Sie sind keine gute Wahl für lange Strecken.

Zug

Alle Züge starten im Hauptbahnhof in Kapstadt. Die Warteschlangen vor dem **Fahrkartenschalter** (☎ 021-449 4596; 🕑 Mo–Fr 7.30–16.55, Sa 7.30–10.30 Uhr) sind lang und zeitraubend.

Für detaillierte Infos zu Bahnstrecken und -tarifen s. S. 697.

UNTERWEGS VOR ORT

Bus

Der Busbahnhof für die örtlichen Buslinien ist der **Golden Acre Terminal** (Karte S. 116–117; Grand Parade, City Bowl). Hier starten die Busse von **Golden Arrow** (☎ 0800-656 463; www.gabs.co.za), die jedoch relativ früh am Abend den Verkehr einstellen. Busse sind das beste Transportmittel für Fahrten entlang der Atlantikküste vom Stadtzentrum nach Hout Bay. Auf der Ostseite des Tafelbergs verkehren Vorortzüge. Für kurze Entfernungen warten die meisten Leute an einer Bushaltestelle auf den Bus oder ein Sammeltaxi – je nachdem, wer zuerst anhält. Die touristische Alternative ist der Busservice von City Sightseeing Cape Town (S. 148).

Die Busse fahren vom Stadtzentrum (Standardtarif außerhalb der Stoßzeiten, 8–16 Uhr) u. a. nach Waterfront (3 R), Sea Point (3 R), Kloof Nek (3 R), Camps Bay (4,50 R) und Hout Bay (7 R). Während der Rush Hour zahlt man 30 % mehr. Wer öfters auf einer Linie fährt, sollte sich eine ermäßigte 10er-Karte (*clipcard*) kaufen.

Fahrrad

Die Kap-Halbinsel eignet sich gut für Radtouren, sie ist aber hügelig und die Strecken teilweise relativ lang: Vom Stadtzentrum bis Cape Point sind es fast 70 km. Leider darf man die Räder nicht in den Vorortzügen mitnehmen. Downhill Adventures (S. 143), das Atlantic Tourist Information Centre (S. 112) und Homeland Shuttle & Tours (s. S. 168) verleihen Räder.

Vom/Zum Flughafen

Sowohl **Backpacker Bus** (☎ 021-447 4991, 082-809 9185; www.backpackerbus.co.za) als auch **Homeland Shuttle & Tours** (Karte S. 116–117; ☎ 021-426 0294, 083-265 6661; www.homeland.co.za; 305 Long St., City Bowl) bieten für 90 R pro Person Transfers von den Unterkünften in der Stadt zum Flughafen an (120 R, 17–8 Uhr).

Ein allein genutztes Taxi kostet rund 200 R. Die offiziell lizensierte Flughafen-Taxifirma heißt **Touch Down Taxis** (☎ 021-919 4659). Bei vier Personen lohnt die Buchung bei Rikkis (s. S. 169), dort kostet die Fahrt in einem Minivan-Taxi 125 R.

Alle bekannten Autoverleiher (s. S. 167) haben am Flughafen einen Schalter. Die Fahrt über die N 2 vom Flughafen ins Stadtzentrum dauert normalerweise 15 bis 20 Minuten. Während der Stoßzeiten (7–9 und 16.30–18.30 Uhr) muss man mit bis zu einer Stunde Fahrzeit rechnen. Am Flughafen gibt es eine Tankstelle, bei der man die Mietwagen vor der Rückgabe, wie gefordert, voll tanken kann.

Minibus-Taxi

Minibus-Taxis decken einen Großteil der Stadt ab. Das Streckennetz ist flexibel und die Tarife sind günstig. Touristisch interessant ist die Strecke von der Adderley Street (gegenüber dem Golden Acre Centre) über die Main Road nach Sea Point (3 R) sowie über die Long Street nach Kloof Nek (2 R).

Der zentrale Minibus-Bahnhof liegt im Obergeschoss des Hauptbahnhofs. Vom Golden Acre Centre führt eine Fußgängerpassage dorthin, von der Strand Street eine Treppe. Das Ganze ist gut organisiert, die richtige Haltestelle ist schnell gefunden. Anderswo winkt man die Minibus-Taxis einfach vom Straßenrand heran und fragt den Fahrer nach dem Fahrziel. Für allgemeine Verhaltensregeln beim Fahren in Minibus-Taxis s. S. 695.

Rikki

Die kleinen Minivans von **Rikkis** (☎ 021-418 6713; www.rikkis.co.za; Mo–Fr 7–19, Sa 8–16 Uhr) sind eine Mischung aus normalem Taxi und Sammeltaxi. Sie können vorab reserviert oder vom Straßenrand herangewunken werden und verkehren im Umkreis von 5 km rund um das Stadtzentrum.

Eine Fahrt vom Hauptbahnhof nach Tamboerskloof kostet 10 R, nach Camps Bay 15 R. Ein Rikki von der City Bowl zu den Kirstenbosch Botanical Gardens oder nach Hout Bay kostet 70 R für die ersten vier Leute. Rikkis ist auch in Simon's Town (☎ 021-786 2136) aktiv und fährt Bahngäste vom Bahnhof nach Boulders.

Rikkis ist zwar billig, aber nicht sehr schnell, weil das Aussteigen der Fahrgäste seine Zeit dauert. Und die Firma ist berüchtigt dafür, dass die Fahrer zu spät zu vereinbarten Abholterminen erscheinen.

Taxi

Abends oder mit einer Gruppe lohnt sich ein normales Taxi. Die Tarife liegen bei 10 R pro Kilometer. Am Ende der Grand Parade befindet sich ein Taxistand an der Adderley Street. Alternativ lässt sich ein Taxi per Telefon bei **Marine Taxi** (☎ 021-434 0434), **SA Cab** (☎ 0861-172 222; www.sacab.co.za) oder **Unicab Taxis** (☎ 021-447 4402) bestellen.

Zug

Die Metro-Pendlerzüge sind ein praktisches Verkehrsmittel. Wochentags wird der Verkehr ab 18 Uhr jedoch fast ganz oder sogar komplett eingestellt. Samstags ist schon mittags Schluss. Weitere Infos bei **Cape Metro Rail** (☎ 0800-656 463; www.capemetrorail.co.za).

Metro-Züge führen nur Wagen der 1. und 2. Klasse. Zwischen den Klassen besteht kaum ein Unterschied hinsichtlich Preis und Komfort. Die Wagen der 1. Klasse sind im Allgemeinen aber sicherer.

Die wichtigste Bahnlinie für Touristen ist die Strecke nach Simon's Town, die durch Observatory und auf der Rückseite des Tafelbergs durch die reichen weißen Vororte wie Newlands nach Muizenberg und weiter entlang der False Bay führt. Die Züge verkehren von Montag bis Freitag mindestens stündlich zwischen 5 und 19.30 Uhr. Samstags fahren sie bis 18 Uhr und sonntags zwischen 7.30 und 18.30 Uhr. In Simon's Town werden die Fahrgäste von Rikkis direkt nach Boulders gefahren. An einigen Zügen hängt ein Speisewagen von Biggsy's mit Weinbar, für die Benutzung wird eine kleine Extragebühr erhoben.

Die Metro-Züge fahren auch weitere Ziele im Umland an, z. B. den Strand an der östlichen Seite der False Bay sowie Stellenbosch und Paarl in den Winelands. Die Bahn ist das günstigste und einfachste Verkehrsmittel in dieser Gegend; die Sicherheit ist zu Stoßzeiten am höchsten.

Fahrpreise der 2./1. Klasse vom Stadtzentrum: Observatory (4,2/5,50 R), Muizenberg (5,50/8,50 R), Simon's Town (7,30/12 R), Paarl (8,50/14,50 R) und Stellenbosch (7,50/12 R).

RUND UM KAPSTADT

Die Gemeinden rund um die False Bay – Muizenberg, Kalk Bay und Simon's Town – sind im Vergleich zu Kapstadt regelrechte Dörfer. Attraktionen gibt es aber reichlich: das wunderschöne Rondevlei Nature Reserve bei Zeekoevlei, die Pinguine von Boulders, das Solole Game Reserve und die Imhoff Farm bei Kommetjie an der Atlantikküste im Süden der Halbinsel. Und nicht zu vergessen das dramatische Cape of Good Hope, das zum Table Mountain National Park (S. 114) gehört.

Die Townships der Cape Flats liegen im Osten des Tafelbergs. Sie sollten zumindest im Rahmen eines Tagesausflugs besucht werden. Wer kann, sollte dort in einem der B&Bs übernachten, denn nur so erlebt man die traditionelle *ubuntu*, die Xhosa-Gastfreundschaft.

RONDEVLEI NATURE RESERVE

Das kleine **Naturreservat** (Karte S. 108–109; ☎ 021-706 2404; Fisherman's Walk Rd., Zeekoevlei; Erw./Kind 10/5 R; ⌚ März–Nov. 7.30–17 Uhr, Dez.–Feb. 7.30–19 Uhr) schützt ein malerisches Feuchtgebiet mit einer eigenen Marschen- und Dünenvegetation. 1981 wurden im Reservat wieder Flusspferde angesiedelt, inzwischen leben dort acht Tiere. Als Besucher wird man sie wahrscheinlich nicht sehen, es sei denn, man bleibt über Nacht. Weitere Infos hat Imvubu Nature Tours (S. 149), das im Reservat ein Büro unterhält. Im Park werden Führungen angeboten. Vom Strandpfad, den zwei Aussichtstürmen und einigen Beobachtungsposten können bis zu 230 Vogelarten beobachtet werden. Für die Anreise benötigt man ein Auto; die Anfahrt erfolgt über die M5 ab Foreshore.

MUIZENBERG & KALK BAY

Muizenberg war im frühen 20. Jh. ein beliebter Ferienort und liegt 25 km südlich der City Bowl. Nach einer Phase des wirtschaftlichen Niedergangs erlebt der Ort nun eine neue Blütezeit: Häuser werden renoviert und neue Cafés und Restaurants eröffnet. Der breite Sandstrand ist ein Paradies für Surfer. Gary's Surf School (S. 143) verleiht Bretter und gibt Unterrichtsstunden. Am Strand stehen die bunten und immer wieder fotografierten viktorianischen Badehäuschen. Das Wasser ist hier im Allgemeinen wärmer und das Baden ist sicherer als andernorts auf der Halbinsel, auch Parkplätze gibt es reichlich.

Ein angenehmer **Küstenpfad** führt vom schönen Bahnhof in den benachbarten Vorort **St. James**. Dort befindet sich ein Becken, das gut für Kinder geeignet ist.

Der nächste Ort ist **Kalk Bay**. Der malerische Fischereihafen erwacht am späten Morgen zu buntem Leben, wenn die wenigen verbliebenen Fischerboote ihren Fang anlanden und den Startschuss für einen lebhaften Fischmarkt geben. Wer etwas mehr über das Leben der Fischer aus Kalk Bay erfahren will, sollte an einer Führung (S. 149) teilnehmen.

Weitere Informationen gibt es im Büro von **Cape Town Tourism Muizenberg** (☎ 021-788 6176; The Pavilion, Beach Rd., Muizenberg; ⌚ Okt.–März Mo–Fr 8–17.30, Sa–So 9–13 Uhr, April–Sept. Mo–Fr 8.30–17, 9–12 Uhr).

Sehenswertes

JOAN ST. LEGER LINDBERGH ARTS CENTRE

Die Urenkelin des Begründers der *Cape Times*, Joan St. Leger, war eine Künstlerin und Dichterin. Sie vererbte ihr Haus (ein Entwurf von Sir Herbert Baker) samt Grundstück der Stiftung **Joan St Leger Lindbergh Arts Foundation** (☎ 021-788 2795; www.muizenberg.info/jsllaf.asp; 18 Beach Rd., Muizenberg; ⌚ Mo–Fr 8.30–16.30 Uhr). Neben Kunstausstellungen gibt es ein Café, eine umfassende Referenzbibliothek und eine Ausstellung mit alten Fotos von Muizenberg. Regelmäßige **Konzerte** finden jeweils am ersten Donnerstagvormittag im Monat (40 R) und am letzten Mittwochabend im Monat (90–110 R) statt.

RHODES COTTAGE MUSEUM

Das schöne Cottage von Cecil Rhodes wurde zum interessanten **Rhodes Cottage Museum** (☎ 021-788 1816; 246 Main Rd., Street James; Eintritt Spende; ⌚ 10–16 Uhr) umgebaut. Im Mittelpunkt steht das Leben von Cecil Rhodes, dem Gründer von De Beers, der hier 1902 starb. Weitere Informationen über Rhodes finden sich auf S. 569. Das Gebäude ist ein Entwurf von Sir Herbert Baker. Vor allem der Garten ist wunderschön und lädt zum Verweilen ein. Während der Saison kann man von hier aus Wale sichten.

NATALE LABIA MUSEUM

Im hübschen **Herrenhaus** (☎ 021-788 4106; www.iziko.org.za/natale/index.html; 192 Main Rd., Muizenberg; Eintritt 3 R; ⌚ Mo nur nach Voranmeldung) im venezianischen Stil finden immer wieder Sonderausstellungen statt, über die man sich am besten telefonisch informiert. Das Museum ist ein Ableger der South African National Gallery, das Gebäude selbst gehört noch immer der Familie des italienischen Grafen Natale Labia. Er hatte es 1930 als repräsentativen Unterbrigungsort für die italienische Gesandtschaft errichten lassen.

Schlafen

Blue Baboon Backpackers Lodge (☎ 021-788 3645, 083-641 6808; 136 Main Rd., Kalk Bay; EZ/DZ mit Gemeinschaftsbad 120/220 R) Oberhalb der Olympia Bakery & Deli bietet der umlaufende Balkon einen schönen Hafenblick. Alle Zimmer des schlicht eingerichteten Hostels haben Zugang zum Balkon. Das Blue Baboon ist die günstigste Unterkunft in Kalk Bay – man sollte sein Zimmer vorab reservieren.

Beach Lodge (☎ 021-788 1771; www.thebeachlodge.co.za; 13–19 York Rd., Muizenberg; EZ/DZ mit Gemeinschaftsbad 150/260 R; P) Hinter dem denkmalgeschützten Gebäude mit einem großartigen Meerblick verbirgt sich eine geräumige und preisgünstige Unterkunft.

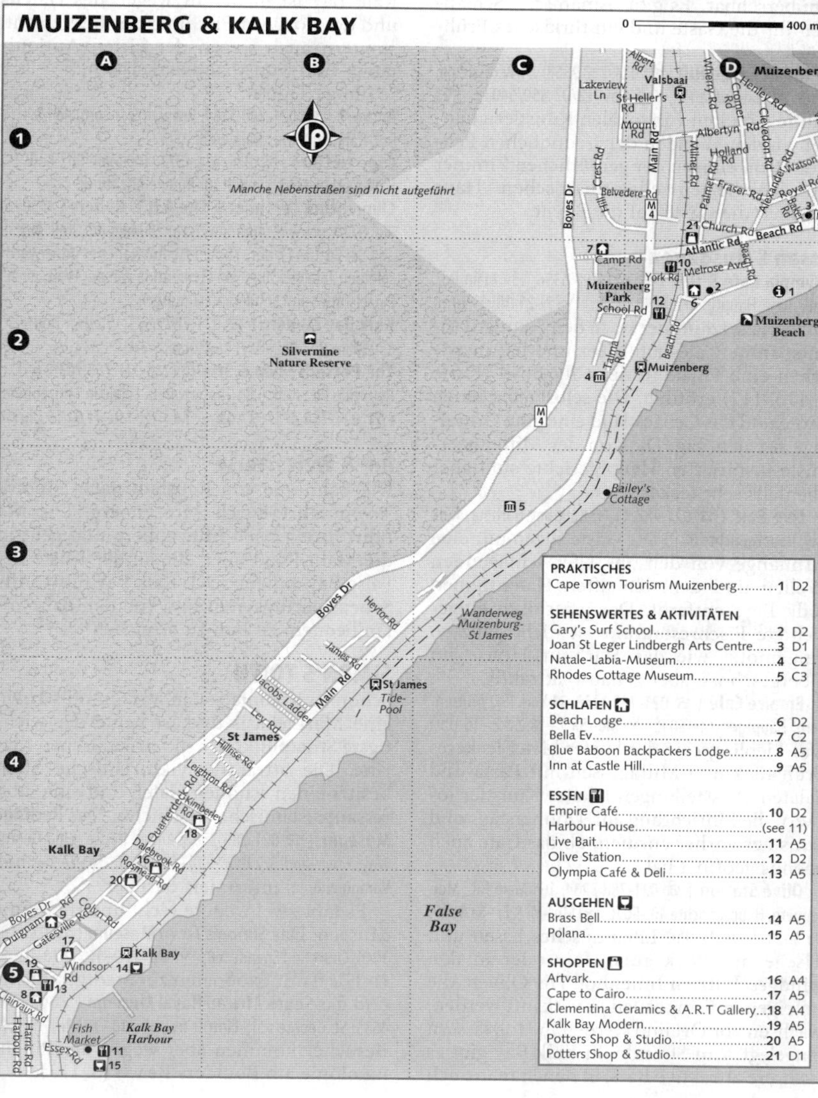

Für die Gäste stehen eine große Küche, ein kleiner Fitnessraum sowie ein gemütliches Gemeinschaftszimmer zur Verfügung.

Bella Ev (☎ 021-788 1293; www.capestay.co.za/bella/2Dev/; 8 Camp Rd., Muizenberg; EZ/DZ 480/580 R) Das Bella Ev wäre der richtige Schauplatz für einen Krimi von Agatha Christie. Die Liebe des Besitzers für alles Türkische ist unübersehbar: Es gibt osmanische Schlappen für die Gäste und ein türkisches Frühstück.

Inn at Castle Hill (☎ 021-788 2554; www.castlehill.co.za; 37 Gatesville Rd., Kalk Bay; EZ/DZ 350/640 R; Ⓟ) Bunte Arbeiten von lokalen Künstlern hängen an den Wänden der freundlichen Pension. Von einigen der gemütlichen Zimmer im renovierten edwardianischen Haus schauen die Gäste auf die Bucht.

Essen & Ausgehen

Olympia Café & Deli (☎ 021-788 6396; 134 Main Rd., Kalk Bay; Hauptgerichte 40–75 R; 🕒 7–21 Uhr) Das Olympia setzt immer noch den Standard für entspannte Cafés am Meer und hat inzwischen eine Filiale in der City Bowl (Karte S. 116–117) eröffnet. Die selbstgebackenen Brote und das Gebäck sind eine gute Grundlage für den Tag. Die von der Mittelmeerküste inspirierten Hauptgerichte sind aber ebenfalls sehr lecker.

Live Bait (☎ 021-788 4133; Kalk Bay Harbour, Kalk Bay; Hauptgerichte 60 R) Die Gäste sitzen nur eine Armlänge von den ans Ufer schlagenden Wellen und dem lebhaften Hafentreiben Kalk Bays entfernt. Das griechisch eingerichtete Fischrestaurant ist nicht ganz so aufgemotzt wie das Harbour House im Obergeschoss, aber genauso attraktiv.

Empire Café (☎ 021-788 1250; 11 York Rd., Muizenberg; Hauptgerichte 50 R; 🕒 Mo–Sa 7–16, So 8–16 Uhr) Das Lieblingscafé der Surfer bietet leckeres Frühstück und Mittagessen mit Pasta und Salaten. Ausstellungen lokaler Künstler lockern die Einrichtung auf. Donnerstags und samstags vorher anrufen, ob das Café auch abends geöffnet hat.

Olive Station (☎ 021-788 3264; 165 Main Rd., Muizenberg; Hauptgerichte 40–50 R; 🕒 Mo–Mi & Fr–Sa 8–17, Do 8–21, So 9–17 Uhr) Libanesisches Essen und Tische mit Blick aufs Meer oder in den windgeschützten Innenhof. Die Oliven, die im eigenen Feinkostladen verkauft werden, wachsen vor Ort und werden in Holzfässern eingelegt. Am Strand von Kalk Bay gibt es mehrere attraktive Bars, in denen man auch eine Kleinigkeit essen kann. Das **Brass Bell** (☎ 021-788 5455; Kalk Bay Station, Main Rd.; Hauptgerichte 50–80 R; 🕒 11–22 Uhr) ist eine Kapstädter Institution, während das gesellige **Polana** (☎ 021-788 7162; Kalk Bay Harbour) gerade sehr im Schwange ist.

Shoppen

Kalk Bay ist nicht nur wegen des Hafens und des dortigen Fischmarktes interessant, sondern auch wegen der vielen Antiquitäten- und Kunsthandwerksläden.

Einige Tipps:

Artvark (☎ 021-788 5584; www.artvark.org; 48 Main Rd., Kalk Bay) Kunsthandwerk.

Cape to Cairo (☎ 021-788 4571; 100 Main Rd., Kalk Bay) Aladins Märchenwelt für Inneneinrichtung.

Clementina Ceramics & The A.R.T. Gallery (☎ 021-788 8718; www.clementina.co.za; 20 Main Rd., Kalk Bay; 🕒 Di–So 10–17 Uhr) Komplette Auswahl des unverwechselbaren Tafelgeschirrs von Clementina van der Walt; auch Einzelstücke und Sonderanfertigungen.

Kalk Bay Modern (☎ 021-788 6571; Windsor House, 150 Main Rd., Kalk Bay) Kunsthandwerk.

The Potter's Shop & Studio (☎ 021-788 7030; 6 Rouxville Rd., Kalk Bay) Töpferwaren. Filiale in Muizenberg (☎ 021-788 8737; 9 Atlantic Rd.; 🕒 Mo–Fr 9–16 Uhr)

An- & Weiterreise

Die Bahnlinie von Kapstadt nach Simon's Town fährt durch Muizenberg, Die M4 führt direkt nach Muizenberg und geht in die Main Road über, die an der Küste der False Bay entlang nach Kalk Bay führt. Alle Sehenswürdigkeiten sind von den Bahnhöfen bequem zu Fuß zu erreichen.

SIMON'S TOWN

Schon zu Kolonialzeiten war Simon's Town eine Marinebasis und ist heute der wichtigste Stützpunkt der südafrikanischen Marine. Die attraktive viktorianische Stadt besitzt einen schönen Hafen und eine interessante islamische Geschichte. Das **Heritage Museum** (☎ 021-786 2302; Almay House, King George Way; Erw./Kind 3/2 R; 🕒 Di–Fr 11–16, Sa–So nur nach Voranmeldung) informiert darüber.

Es gibt zwei weitere recht unterhaltsame Museen: Das **Simon's Town Museum** (☎ 021-786 3046; Court Rd.; Spende 5 R; 🕒 Mo–Fr 9–16, Sa 10–13, So 11–15 Uhr) mit Exponaten zur Stadtgeschichte und das **South African Naval Museum** (☎ 021-787 4635; St. George's St.; Eintritt frei; 🕒 10–16 Uhr). Viele Besucher kommen aber wegen der Pinguinkolonie am Boulders Beach (S. 173).

Einer der Veranstalter von Schiffstouren ab Simon's Town ist **Southern Right** (☎ 083-257 7760, 021-786 2136; Simon's Town Harbour Jetty; Hafenrundfahrt 30 R), der die populäre Hafenrundfahrt auf der *Spirit of Just Nuisance* anbietet. Fahrten mit dem Schnellboot nach Cape Point und nach Seal Island kosten 250 R. Während der Walbeobachtungszeit werden Bootsfahrten zu den populären Meeressäugern angeboten.

Im Hafen und entlang der Küste Richtung Cape Point (s. S. 146) sind Kajakfahrten möglich.

Weitere Auskünfte hat **Cape Town Tourism Simon's Town** (☎ 021-786 5798; 111 St. George's St., Simon's Town; Okt.–März Mo–Fr 8–18, Sa–So 10–17 Uhr, April–Sept. Mo–Fr 9–17, Sa 10–15 Uhr).

Boulders Beach

Der **Boulders Beach** (☎ 021-701 8692; www.tmnp.co.za; Erw./Kind 20/5 R; Dez.–Jan. 7–19.30 Uhr, Feb.–Mai & Sept.–Nov. 8–18.30 Uhr, Juni–Aug. 8–17 Uhr) liegt 3 km südlich von Simon's Town – hier lebt eine berühmte Kolonie von 3000 afrikanischen Pinguinen. So nett sie auch sein mögen, sie stinken doch ziemlich, nur die wenigsten halten es deshalb beim Paddeln lange in ihrer Nähe aus.

Ins Pinguin-Schutzgebiet, das Teil des Table Mountain National Parks ist, führen zwei Wege. Den Zugang am Ende der Seaforth Road erreicht man von Simon's Town über die St. George's Street und die Queens Road. Der zweite Eingang liegt an der Bellevue Road. Auch vom Bohlenweg am Foxy Beach lassen sich die Pinguine beobachten, doch bei Boulders Beach kann man sogar zu ihnen ins Wasser gehen. Das Meer ist in den Buchten ruhig und flach, sodass Boulders bei Familien sehr beliebt ist. Vor allem während der Ferien und an Wochenenden kann es deshalb sehr voll werden.

Schlafen

Simon's Town Backpackers (☎ 021-786 1964; www.capepax.co.za; 66 Street George's St., Simon's Town; Bett/DZ 70/200 R; 💻) Die geräumigen Zimmer des relaxten Hostels sind hell gestrichen und bieten Ausblick auf den Hafen von Simon's Town.

Southern Right Hotel (☎ 021-782 0314; www.southernright.info; 12–14 Glen Rd., Glencairn; EZ/DZ

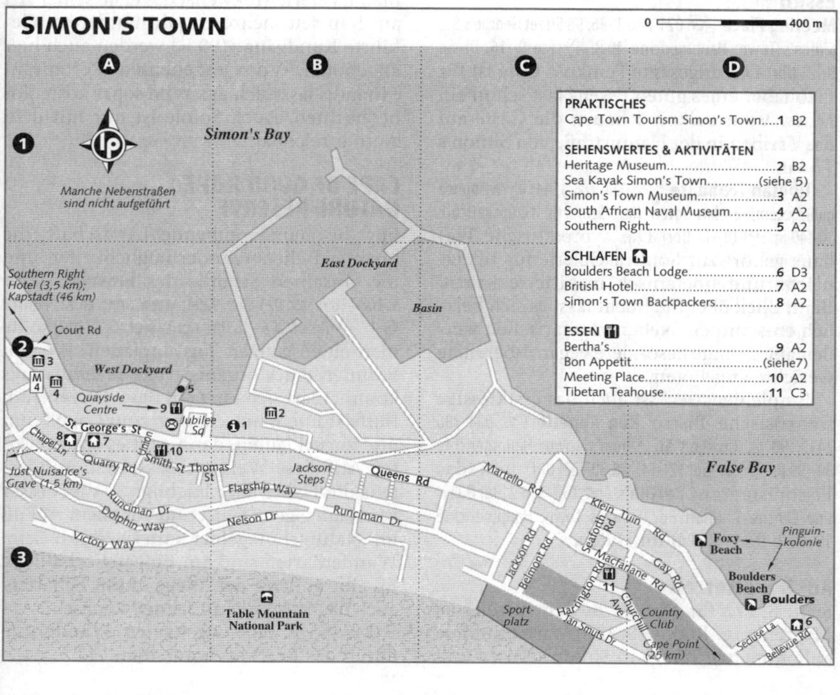

375/590 R; Ⓟ) Das historische Inn liegt einige Kilometer vor Simon's Town und wird von den Betreibern der Boulders Beach Lodge geführt. Die Zimmer sind einfach, aber ganz hübsch eingerichtet. Zum romantischen Ambiente tragen auch die vielen Kerzen bei. Ein Restaurant, ein Feinkostladen und ein Weinladen ergänzen das Angebot.

Boulders Beach Lodge (☎ 021-786 1758; www.bouldersbeach.co.za; 4 Boulders Place, Boulders Beach; EZ/DZ 450/790 R, Apt. 1500 R; 💻 Ⓟ) Wenn die Massen der Tagesausflügler nach Hause gegangen sind, hat man den Strand mitsamt den Pinguinen für sich alleine. Die Zimmer der sympathischen Unterkunft sind mit Korb- und Holzmöbeln eingerichtet; die Apartments sind für Selbstversorger gedacht. Die Lodge hat außerdem ein sehr einladendes Café zu bieten.

British Hotel (☎/Fax 021-786 2214; www.britishhotelapartments.co.za; 90 St. George's St., Simon's Town; Apt. ab 1400 R) Die ungewöhnlich eingerichteten, aber überraschend großen Apartments bieten ein gutes Preis-Leistungs-Verhältnis und sind ideal für Gruppen oder Familien.

Essen

Meeting Place (☎ 021-786 1986; 98 Street George's St., Simon's Town; Hauptgerichte 40 R; 🕑 Mo 9–16, Di–So 9–21 Uhr) Das angesagte Feinkost-Café ist für Liebhaber eines guten Essens fast schon ein Muss. Vom Balkon schauen die Gäste auf das Treiben in der Hauptstraße von Simon's Town.

Tibetan Teahouse (☎ 021-786 1544; www.sopheagallery.com; 2 Harrington Rd., Seaforth; Hauptgerichte 30–40 R; 🕑 10–17 Uhr) Das sympathische Teehaus gehört zur Sophea-Galerie für tibetanische und tibetanisch inspirierte Kunst. Beim Blick über die Bucht lässt es sich herrlich entspannen. Neben vegetarischen werden auch einige besondere veganzubereitete Gerichte angeboten.

Empfehlenswert ist auch das erstklassige französische Bistro **Bon Appetit** (☎ 021-786 2412; 90 St. George's St., Simon's Town; Hauptgerichte 80–90 R; 🕑 Di–So 12–14, 18.30–22 Uhr) und das Fischrestaurant **Bertha's** (☎ 021-786 2138; Quayside Centre, 1 Wharf Rd., Simon's Town; Hauptgerichte 55–90 R; 🕑 7–22 Uhr) im Hafen.

An- & Weiterreise

Siehe S. 172 für Details zu den Zügen aus Muizenberg. Rikkis (S. 169) wartet auf alle ankommenden Züge in Simon's Town und fährt die Fahrgäste nach Boulders und zum Cape Point.

IMHOFF FARM

Auf der historischen **Farm** (Karte S. 108–109; ☎ 021-783 4545; www.imhofffarm.co.za; Kommetjie Road; Eintritt frei; 🕑 Di–So 10–17 Uhr) unmittelbar außerhalb von Kommetjie gibt es viel zu sehen und zu tun. Zu den Attraktionen zählen die Kunsthandwerksläden, ein Café, der Schlangen- und Reptilienpark, das Tiergehege des Wildreservats sowie Kamel- und Eselsritte. Die Umweltgruppe KEAG hat hier ihren Sitz. Die Farm ist am leichtesten mit dem Auto erreichbar.

SOLOLE GAME RESERVE

Im **Wildreservat** (Karte S. 108–109; ☎ 021-785 3248; www.solole.co.za; 6 Wood Road, Sunnydale; 🕑 Mo–Fr 9.30–17.30, Sa–So 9–17 Uhr) kostet eine 45-minütige Rundfahrt über das 350 ha große Gelände auf dem Weg nach Kommetjie 30 R, es denn, man ist ein „undiszipliniertes Blag" – dann sind 5000 R fällig! Im Schutzgebiet leben neun unterschiedliche Arten von Böcken, Büffeln und das einsame Spitzmaulnashorn Mokwena, das erste seiner Art am Kap seit mehreren Jahrhunderten. Geführte Rundgänge (90 R) werden auch hier angeboten. Vom exzellenten Restaurant Mnandis lässt sich das Wild sogar kostenlos beobachten. Auch Solole ist nur mit dem Auto erreichbar.

CAPE OF GOOD HOPE NATURE RESERVE

Für die atemberaubende Landschaft, die phantastischen Wandermöglichkeiten und die einsamen Strände des **Reservats** (Karte S. 108–109; ☎ 021-780 9204; www.tmnp.co.za; Eintritt 45 R; 🕑 Okt.–Mai 6–18 Uhr, April–Sept. 7–17 Uhr) sollte man einen ganzen Tag einplanen. Wer im Rahmen eines organisierten Tagesausflugs kommt, darf sich kurz am Besucherzentrum Buffelsfontein umschauen, zum Cape Point und zurücklaufen, dann geht es schon weiter. Auf diese Weise verpasst man mindestens die Hälfte aller Highlights. Viel besser ist es, auf eigene Faust und vor allem zu Fuß im Naturschutzgebiet unterwegs zu sein. Wanderkarten sind am Eingang erhältlich. Es gibt entlang der Wege kaum Schatten, auch das Wetter kann schnell wechseln. Auf S. 145 wird eine zweitägige Wanderung durch das Reservat vorgestellt.

Wer keine Lust hat, zu wandern, kann mit der **Seilbahn** (Erw. einfach/hin und zurück 32/24 R, Kind 16/12 R; ⌚ 10–17 Uhr) vom Restaurant zum Souvenirkiosk neben dem alten Leuchtturm (1860) fahren. Weil das Leuchtfeuer zu oft im Nebel verschwand, wurde 1919 bei Dias Point ein neuer Leuchtturm errichtet. Wer an den Felsen entlangwandert, lässt die Menschenmassen schnell hinter sich.

Viele Reiseveranstalter haben Cape Point in ihrem Programm (s. S. 148). Wer mit öffentlichen Verkehrsmitteln unterwegs ist, kann in einen Wagen von Rikkis einsteigen, der am Bahnhof in Simon's Town (S. 169) losfährt. Am bequemsten ist ein Mietwagen für einen Tag, auf diese Weise lässt sich auch gleich die restliche Halbinsel besichtigen.

CAPE FLATS

Die meisten Kapstädter leben in den von Armut geplagten Townships in den sandigen Cape Flats. Wer niemanden dort kennt oder nicht von einem Einheimischen begleitet wird, sollte sich aus Sicherheitsgründen auf jeden Fall einer Tour anschließen. Ein Besuch der Townships gehört zu den beeindruckendsten Aktivitäten in Kapstadt. Hier lernt man viel über die Geschichte Südafrikas und die Kultur der schwarzen Bevölkerungsmehrheit.

Es gibt zwar Bahn- und Busverbindungen in die Townships, doch von ihnen ist aus Sicherheitsgründen ebenfalls abzuraten (falls man nicht mit Einheimischen unterwegs ist). Die halbtägigen Townshiptouren (S. 236) sind eine gute Alternative und haben alle ein vergleichbares Programm, das in der Regel einen Besuch des District Six Museums (S. 115) einschließt. Danach geht es in die Cape Flats, um einige oder alle der folgenden Townships zu besuchen: Langa, Guguletu, Crossroads und Khayelitsha. Die Reiseleiter sind meistens flexibel, was die Fahrziele und die Wünsche der Gruppe angeht.

Zu den Standardzielen zählen das großartig eingerichtete **Guga S'Thebe Arts and Cultural Centre** (Karte S. 108–109; ☎ 021-695 3493; Ecke Washington St./Church St., Langa), das **Tsoga Environmental Resource Centre** (Karte S. 108–109; ☎ 021-694 0004; Washington St., Langa) sowie das **Sivuyile Tourism Centre** (Karte S. 108–109; ☎ 021-637 8449) in Guguletu. Es zeigt eine interessante Fotoausstellung über die Townships. Künstler arbeiten im Zentrum, das auch einen guten Souvenirladen hat. Ein weiteres Ziel ist das **Philani Nutrition & Development Project** (Karte S. 108–109; ☎ 021-3875124; www.philani.org.za) in Crossroads und Khayelitsha sowie der **Khayelitsha Craft Market** (Karte S. 108–109; ☎ 021-361 2904; www.stmichaels.org.za; St. Michael's Church, Ncumo Rd., Harare, Khayelitsha; ⌚ Mo–Sa 9–16 Uhr). Hier kann man hervorragend nach interessantem Kunsthandwerk stöbern und sicher sein, dass das Geld direkt an die Leute geht, die es am dringendsten benötigen. Normalerweise spielt eine Marimbaband, die auch eigene CDs verkauft.

BABOON MATTERS

Nicht ohne Grund warnen die Schilder am Cape Point davor, die Paviane (*baboons*) zu füttern. Die Tiere haben sich so an die Besucher gewöhnt, dass sie aus der Hand fressen oder durch offene Autotüren und -fenster einsteigen, um sich selbst zu bedienen. Grundsätzlich sollte man sie *niemals* provozieren, weil sie dann aggressiv werden können. Der Schaden könnte dadurch viel größer sein, als wenn ein Pavian über die Autositze klettert. Am besten ist man wachsam und versteckt sein Essen gut.

Eine andere Seite der Paviane zeigt das Projekt **Baboon Matters** (☎ 021-783 3882; www.baboonmatters.org.za; Erw./Kind 200/100 R). Auf einer zwei- bis dreistündigen Führung können die Besucher eine Paviangruppe aus nächster Nähe beobachten – ein faszinierendes Erlebnis. Das Projekt will helfen, die Chacma-Paviane vor dem Aussterben zu bewahren. Derzeit werden 247 Paviane am Kap gezählt. Wächter versuchen die Tiere aus den Ortschaften fernzuhalten, wo sie mit den Menschen in Konflikt geraten. Ein Viertel des Eintrittsgelds dient der Unterstützung des Projekts.

Schlafen

Vicky's B&B (Karte S. 108–109; ☎ 021-387 7104, 082-225 2986; www.vickysbandb.com; Site C 685A Kiyane St., Khayelitsha; EZ/DZ mit Frühstück & Gemeinschaftsbad 190/380 R; 💻) Vicky Ntozinis B&B ist einzigartig, weil die Gastgeberin und ihre Gäste in einer Baracke wohnen. Angesichts ihres Erfolgs könnte sie sich auch etwas Besseres leisten, doch sie und ihre Großfamilie leben gerne hier und ihre Gäste schätzen das ungewöhnliche Übernachtungserlebnis. Es gibt zwei kompakte und gemütliche Gästezimmer und – für die Baracke eine Seltenheit – ein Badezimmer mit WC und Dusche im Haus.

Radebe's B&B (Karte S. 108–109; ☎ 021-695 0508, 082-393 3117; radebes@ananzi.co.za; 23 Mama Way, Settlers Place, Langa; EZ/DZ 200/360 R; 💻 🅿) Minah Radebe leitet mit ihrem selbstbewussten Soweto-Stil das beste B&B in Langa. Eines ihrer drei freundlich eingerichteten Gästezimmer hat sogar ein eigenes Bad. Im angeschlossenen Restaurant Coffee Shack werden Frühstück und andere Mahlzeiten serviert.

Kopanong (Karte S. 108–109; ☎ 021-361 2084, 082-476 1278; kopanong@xsinet.co.za; Site C-329 Velani Crescent, Khayelitsha; EZ/DZ mit Frühstück 290/480 R; 🅿 💻) Thope Lekau ist zusammen mit ihrer gleichfalls überschwänglichen Tochter Mpho die Besitzerin von Khayelitshas bestem B&B. Das solide Ziegelhaus hat zwei modern ausgestattete Gästezimmer, die beide ein eigenes Bad haben. Auf Nachfrage bietet sie auch einen **Kochkurs** (150 R) an.

Essen

Mit einem Reiseveranstalter (s. S. 148) oder einem privaten Führer kann der Besuch folgender Lokale arrangiert werden:

Eziko (Karte S. 108–109; ☎ 021-694 0434; Ecke Washington St./Jungle Walk, Langa; Hauptgerichte 30–40 R; 🕑 Mo–Fr 9–18, Sa 9–22 Uhr) Bietet einfaches gutes Essen in angenehmer Umgebung. Der Koch hat sich auf Brathühnchen und Frühstück spezialisiert.

Lelapa (Karte S. 108–109; ☎ 021-694 2681; 49 Harlem Ave., Langa; Büfett 85 R) Sheila war so erfolgreich mit ihren leckeren afrikanischen Büfetts, dass sie auch die benachbarten Häuser übernommen hat. Aus dem ehemals gemütlichen kleinen Restaurant hat sie ein Lokal für große Reisegruppen gemacht.

Western Cape

Wenn der Tafelberg langsam am Horizont verschwindet, wird deutlich, dass die Provinz Western Cape viel mehr zu bieten hat als das berühmte Felsmassiv mit Kapstadt zu seinen Füßen. Das Freizeitangebot ist gewaltig: ein Tauchgang mit Haien, ein Sprung aus dem Flugzeug, einmalige Surferlebnisse, Walbeobachtungen, ein Besuch des südlichsten Punktes von Afrika. Dazu kommen noch kulinarische Genüsse wie frisch gegrillte Krebse oder die Verkostung einiger der weltweit besten Weine.

Western Cape ist so sehr eine Welt für sich, dass viele behaupten, es sei nicht „das richtige Afrika". Grund dafür ist auch die gute touristische Infrastruktur: Es gibt schicke Hotels, Nobelrestaurants, Designerläden und moderne Einkaufszentren. Eine Beleidigung ist diese Behauptung trotzdem für beide Seiten: für den Kontinent Afrika und für eine Provinz, die auf eine jahrhundertelange Geschichte zurückblickt, in deren Verlauf sich Ureinwohner (Khoi Khoi), wandernde Bantu-Stämme, europäische Kolonisatoren und indonesische Sklaven mischten. Die Region des Westlichen Kaps spiegelt Afrika in seiner ganzen Vielfalt wider.

Western Cape mit der berühmten Garden Route ist die touristisch am häufigsten besuchte Provinz des Landes – zum Glück hat die Region dennoch nichts von ihrem Charme eingebüßt. Es gibt viele Gelegenheiten, den Besuchermassen zu entfliehen, sei es durch eine Fahrt entlang der einsamen Westküste, einen Ausflug in die sonnendurchflutete Halbwüste Karoo oder die Wanderung über einen Gebirgspass in der Cederberg Range – der einzigartigen Schönheit der Provinz Western Cape kann sich keiner entziehen!

HIGHLIGHTS

- Mit einem Heißluftballon über die dramatischen Gebirgszüge und jahrhundertealten Weinberge der **Cape Winelands** (S. 184) schweben
- Sich sonnen oder etwas Aufregendes auf der schönen **Garden Route** (S. 225) erleben
- Auf der Suche nach bizarren Sandsteinformationen und Felszeichnungen der San durch die zerklüftete und einsame **Cederberg Wilderness Area** (S. 252) wandern
- In der Region **Overberg** (S. 198) die Seele baumeln lassen – an der Küste lassen sich gut Wale beobachten
- Die Stille, die Weite und die Gastfreundschaft der **Karoo** (S. 244) genießen – sei es in **Oudtshoorn** (S. 221), im kuriosen **Prince Albert** (S. 244) oder auf dem Weg über den beeindruckenden **Swartberg Pass** (S. 245)
- Ein tradionelles *braai* am Strand erleben, den gegrillten Hummer genießen und anschließend die Blütenteppiche auf den Hügeln der **Westküste** (S. 248) bewundern

EINWOHNER: 5,2 MIO.	FLÄCHE: 129 370 km²

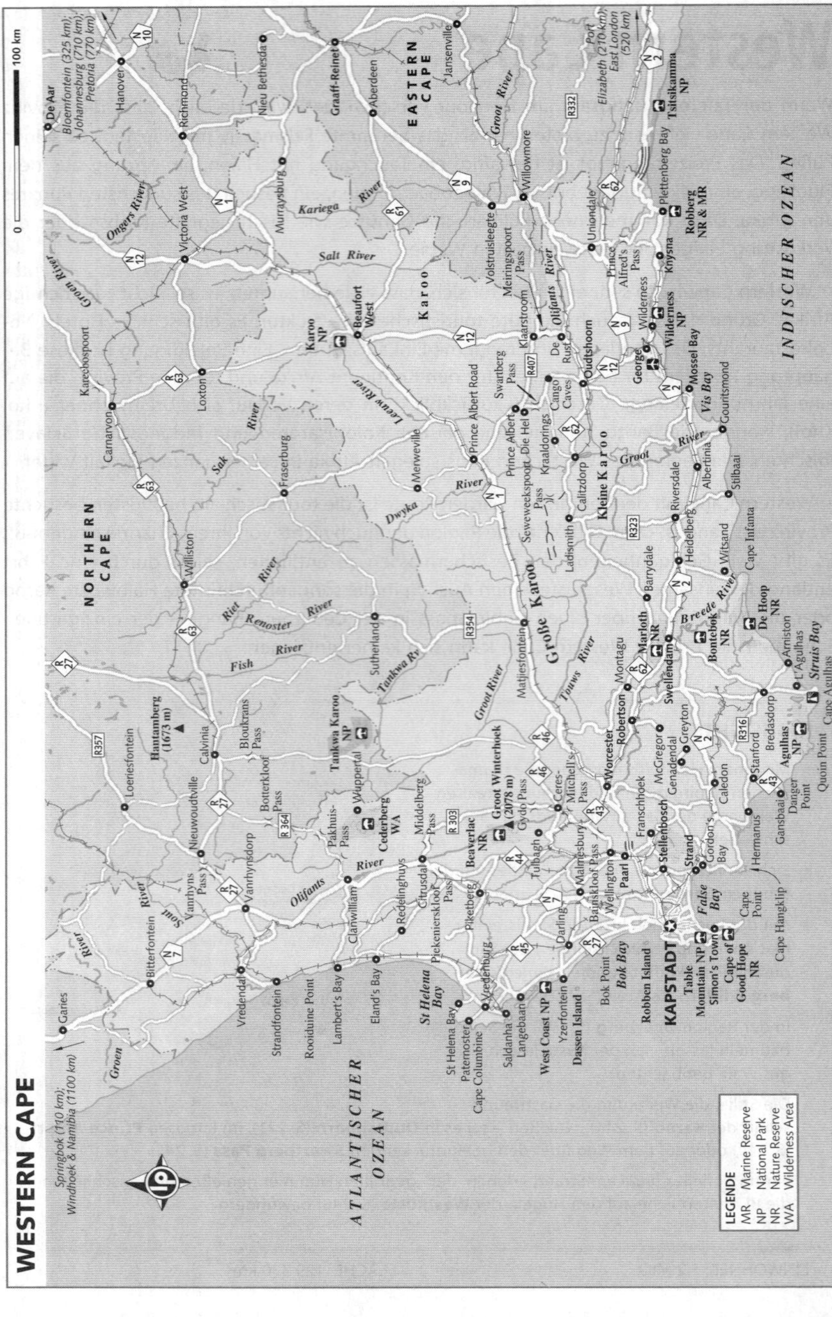
WESTERN CAPE
LEGENDE
MR Marine Reserve
NP National Park
NR Nature Reserve
WA Wilderness Area
0 100 km
ATLANTISCHER OZEAN
INDISCHER OZEAN
NORTHERN CAPE
EASTERN CAPE
Springbok (110 km); Windhoek & Namibia (1100 km)
Bloemfontein (325 km); Johannesburg (710 km); Pretoria (770 km)
Port Elizabeth (210 km); East London (520 km)
KAPSTADT
Garies
Bitterfontein
Vredendal
Strandfontein
Rooiduine Point
Lambert's Bay
Eland's Bay
St Helena Bay
Paternoster
Cape Columbine
Saldanha
Langebaan
West Coast NP
Yzerfontein
Dassen Island
Bok Point
Bok Bay
Robben Island
Table Mountain NP
Simon's Town
Cape of Good Hope NR
Cape Point
Cape Hangklip
False Bay
Strand
Gordon's Bay
Hermanus
Gansbaai
Danger Point
Stanford
Quoin Point
Agulhas NP
Cape Agulhas
L'Agulhas
Struis Bay
Arniston
Bredasdorp
De Hoop NR
Cape Infanta
Witsand
Stilbaai
Gouritsmond
Vis Bay
Mossel Bay
Wilderness NP
Wilderness
Knysna
Robberg NR & MR
Plettenberg Bay
Tsitsikamma NP
Vanrhynsdorp
Vanrhyns Pass
Nieuwoudtville
Loeriesfontein
Hantamberg (1673 m)
Calvinia
Bloukrans Pass
Botterkloof Pass
Clanwilliam
Pakhuis-Pass
Wuppertal
Cederberg WA
Tankwa Karoo NP
Middelberg Pass
Citrusdal
Redelinghuys
Piekenierskloof Pass
Piketberg
Vredenburg
Darling
Malmesbury
Bainskloof Pass
Wellington
Paarl
Stellenbosch
Franschhoek
Tulbagh
Gydo Pass
Ceres
Mitchell's Pass
Worcester
Beaverlac NR
Groot Winterhoek (2078 m)
Robertson
McGregor
Genadendal
Greyton
Caledon
Montagu
Marloth NR
Swellendam
Bontebok NR
Barrydale
Heidelberg
Riversdale
Albertinia
Ladismith
Calitzdorp
Kleine Karoo
Große Karoo
Kraaldorings
Seweweekspoort Pass
Matjiesfontein
Sutherland
Prince Albert Road
Prince Albert
Die Hel
Swartberg Pass
Cango Caves
Oudtshoorn
De Rust
Klaarstroom
Meiringspoort Pass
George
Volstruisleegte
Willowmore
Uniondale
Prince Alfred's Pass
Merweville
Fraserburg
Beaufort West
Karoo NP
Karoo
Williston
Carnarvon
Loxton
Kareebospoort
Victoria West
Murraysburg
Richmond
Hanover
De Aar
Nieu Bethesda
Graaff-Reinet
Aberdeen
Jansenville
Groen River
Sout River
Olifants River
Fish River
Renoster River
Riet River
Sak River
Tankwa Rv
Groot River
Touws River
Breede River
Dwyka River
Leeuw River
Salt River
Kariega River
Ongers River
Olifants River
Groot River
Groen River
N7
N1
N2
N9
N10
N12
R27
R63
R61
R62
R43
R44
R45
R46
R357
R364
R303
R354
R316
R323
R407
R332

GESCHICHTE

Die Khoi Khoi besiedelten die Gegend lange vor der Ankunft der Bantu und der Europäer. Nur wenige von ihnen haben überlebt – ihre Sprache und Kultur ist inzwischen fast völlig verschwunden. Gleichwohl gibt es einen großen Bevölkerungsanteil so genannter *coloureds*, deren Wurzeln auf die Khoi Khoi oder indonesische Sklaven zurückgehen. Die meisten Einwohner sind aber Christen und sprechen Afrikaans. Auf der Suche nach Arbeit wanderten in den letzten Jahrhunderten viele Farbige (vor allem Xhosa aus der Provinz Eastern Cape) in die Provinz Western Cape ein.

KLIMA

Der Sommer (Okt.–März) ist trocken und sonnig, es ist warm bis heiß und die Temperaturen können bis auf 38 °C steigen. Oft ist es windig, der sogenannte „Cape Doctor", ein aus Südosten über das Kap hinweg fegender Wind, nimmt oftmals orkanartige Ausmaße an und sorgt für eine willkommene Abkühlung. Im Winter (Juni–Aug.) kann es kalt werden, die Durchschnittstemperaturen liegen dann um 5 °C, die Höchsttemperaturen bei 17 °C. Ab und zu schneit es auf den höheren Gipfeln. An der Küste nördlich des Kaps wird es zunehmend trockener und heißer; an der Südküste ist das Klima eher gemäßigt.

NATIONALPARKS & SCHUTZGEBIETE

Die Parks am Western Cape gehören zwar nicht zu den Top Five des Landes hinsichtlich Tierbeobachtungen, sind aber wichtige Rückzugsgebiete für die heimische Tierwelt. Der West Coast National Park (S. 249) schützt international wichtige Feuchtgebiete und ist ein bedeutsamer Lebensraum für unzählige Brutkolonien von Seevögeln.

Die Cederberg Wilderness Area (S. 252) ist rau und gebirgig und bietet hervorragende Wandermöglichkeiten. Hier lassen sich Steppenpaviane, Rehbok (Rehantilope), Klippspringer, Grysbok (Kap-Greisbock) und Raubtiere wie der Karakal (Wüstenluchs), Kapfüchse, Honigdachse und Leoparden beobachten.

Mit 36 000 ha Land- und 5 km Wasserfläche ist das De Hoop Nature Reserve (S. 206) eines der reizvollsten Reservate der **Cape Nature Conservation** (☎ 021-426 0723; www.capenature.org.za). Zum Schutzgebiet gehören ein malerischer Küstenstreifen mit Badebuchten, riesigen Sanddünen und Felsklippen sowie ein Süßwassersee und der 612 m hohe Potberg.

Im Bontebok National Park (S. 209) lebt der vom Aussterben bedrohte Bontebok (Buntbock). Berühmt ist der Park auch für die einmalige Blütenpracht der Wildblumen im ausgehenden Winter und beginnenden Frühling.

Der 33 000 ha große Karoo National Park (S. 247) schließt auch die faszinierende Halbwüste Karoo mit ein. Zu ihren charakteristischen Landschaftsformen zählen weite Ebenen mit verschiedenartigen Sukkulenten, außerdem von Wäldern gesäumten Wasserläufen und der Welwitschia, und in höheren Lagen Grünland.

Der Wilderness National Park (S. 234) wird im Süden vom Ozean und im Norden von der Outeniqua Range begrenzt. Er umschließt ein einzigartiges System an Seen, Flüssen, Feuchtgebieten und Meeresarmen und bietet gute Gelegenheiten zum Kanu fahren, Angeln und Wandern.

SPRACHE

Western Cape ist eine von Südafrikas zwei Provinzen (die andere ist Northern Cape), in denen die Mehrheit der Bevölkerung (55 %) als farbig (für alteingesessene Mischlinge) bezeichnet wird.

Die Muttersprache der meisten *coloureds* ist Afrikaans, das in der Provinz auch am stärksten verbreitet ist. Englisch wird daneben aber überall gesprochen oder zumindest verstanden.

AN- & WEITERREISE

Das Western Cape ist gut mit dem Bus, Flugzeug oder Auto zu erreichen. Von Johannesburg gibt es täglich Busfahrten oder Flüge nach Kapstadt. Von dort aus lässt sich die Provinz mit öffentlichen Verkehrsmitteln oder einem Mietfahrzeug bereisen. Die Straßen sind gut und die Strecken nicht zu lang. **Baz Bus** (☎ 021-4392323; www.bazbus.com) bietet einen Shuttle-Service mit der Möglichkeit, ohne zeitliche Begrenzung ein- und auszusteigen so oft man will. Das Ticket gilt für fast die ganze Provinz (810 R), die Alternative sind Einzeltickets für Direktverbindungen (300–350 R). Eine Ausnahme bildet die Westküste, dorthin fahren fast keine öffentlichen Busse.

WEINGÜTER AM KAP *Simon Richmond*

Stellenbosch erfand in den 1970er-Jahren als Erstes eine „Weinroute" – eine Idee, die seitdem in 16 anderen Weinanbaugebieten Südafrikas begeistert aufgegriffen wurde. Stellenboschs Weinroute ist aber nach wie vor mit rund 100 beteiligten Weingütern die größte ihrer Art. Und wer die nahegelegenen Orte Franschhoek, Helderberg und Paarl mit Umgebung hinzuzieht, kommt auf mehr als 200 Weingüter, die alle im Rahmen eines Tagesausflugs von Kapstadt aus besucht werden können.

Einige Weingüter nutzen ihre Popularität und ergänzten ihr Angebot um ein Restaurant, Unterkünfte oder andere Attraktionen. Unter den vielen Weingütern werden hier die vorgestellt, die entweder etwas ganz Besonderes zu bieten haben oder die berühmt für ihre vorzüglichen Weine sind. Zu finden sind sie in den Kapiteln über Kapstadt (S. 140), Stellenbosch (S. 181), Franschhoek (S. 189), Paarl (S. 193), Tulbagh (S. 209) und Robertson (S. 213).

Wer genauere Informationen sucht, sollte im jährlich erscheinenden *South African Wine Guide* von John Platter nachschlagen.

Geschichte

Heute, Lob sei dem Herrn, wurde erstmals Wein aus Trauben vom Kap gepresst.

Jan Van Riebeeck, 2. Februar 1659

Obwohl der Gründer der Kapkolonie, Jan Van Riebeeck, bereits Weinstöcke pflanzte und daraus Rebensaft herstellte, begann das ernsthafte Keltern von Wein erst mit der Ankunft von Gouverneur Simon Van Der Stel im Jahr 1679. Er gründete Groot Constantia (S. 140), ein traumhaftes Weingut an den Hängen des Tafelbergs. Sein Wissen über den Anbau und die Verarbeitung von Trauben gab er an die Siedler rund um Stellenbosch weiter.

Zwischen 1688 und 1690 kamen über 200 Hugenotten ans Kap, denen vor allem rund um Franschhoek Land zur Verfügung gestellt wurde. Und obwohl nur wenige der Neuankömmlinge Erfahrung in der Weinproduktion hatten, gaben sie trotzdem den Impuls zur Entstehung einer ernsthaften Weinindustrie.

Lange Zeit waren die Kapweine, die nicht von Groot Constantia stammten, nur wenig gefragt – die meisten Trauben endeten als Brandy. Erst Anfang des 19. Jhs. nahm der Weinanbau einen Aufschwung, als England und Frankreich im Krieg lagen und Großbritannien seinen Wein verstärkt aus Südafrika importierte.

Die Sanktionen während der Apartheid und die Macht der 1918 gegründeten Kooperatiewe Wijnbouwers Vereeniging (KWV; sie sollte das Einhalten der Mindestpreise und Quoten wie auch die Produktionsstätten kontrollieren) sorgten nicht gerade für ein innovationsfreundliches Klima und behinderten die Weiterentwicklung des Weinanbaus. Seit 1992 hat die KWV, inzwischen privatisiert, viel von ihrem Einfluss verloren.

WINELANDS

Das Boland zieht sich von Kapstadt aus ins Landesinnere und nordwärts – es ist zwar nicht das einzige Weinanbaugebiet Südafrikas, aber sicherlich das bekannteste. Der Name bedeutet „Hochland" und verweist auf die Gebirgskette, die hier teilweise über 1500 m hoch aufragt. An ihren fruchtbaren Ausläufern reifen die Trauben für die berühmten südafrikanischen Weine. Die Pässe Franschhoek und Bainskloof gehören zu den eindrucksvollsten des ganzen Landes.

Durch die Jahrhunderte lange Kolonialgeschichte wirkt Boland noch immer europäisch, vor allem im kulinarisch frankofon orientierten Franschhoek (französische Ecke). Die lebendige Studentenstadt Stellenbosch bietet viel Abwechslung, während Paarl ein lebhaftes Wirtschaftszentrum mit wunderschönen Anwesen ist.

Von Kapstadt aus lassen sich die genannten Städte in Tagesausflügen besichtigen. Nach Stellenbosch und Paarl fährt die Bahn, für den Ausflug nach Franschhoek sollte man ein Auto mieten. Wer die Region mit ihren vielen Weingütern näher kennen ler-

Viele neue, progressive Winzer sorgten in den letzten Jahren dafür, dass Südafrika wieder ein Name auf dem Weltmarkt ist. Neue Weingüter entstanden nicht mehr im Landesinneren, sondern an der Küste östlich von Kapstadt, vor allem rund um Mossel Bay, Walker Bay und Elgin.

Inzwischen gibt es auch farbige Winzer. **Thabani** (☎ 021-882 8790; www.thabani.co.za) in Stellenbosch ist das erste Weingut, das komplett im Besitz eines Farbigen ist, es kann allerdings nicht besichtigt werden. Jabulani Ntshangase, der unter der Apartheid ins amerikanische Exil ging, entdeckte dort seine Liebe zum Rebensaft. Nach zwölf Jahren kehrte er in seine Heimat zurück, wo er heute Weine der Spitzenklasse produziert. Bei ihm ausgebildete Winzer sind auf allen großen Weingütern begehrt, auch bei der KWV.

Die **Fair Valley Workers Association** (Karte S. 181; ☎ 021-863 2450) ist eine 17 ha große Arbeiterfarm unweit vom Weingut Fairview bei Paarl. Man ist dort noch dabei, weitere Weinberge anzulegen, doch gibt es schon sechs Jahrgänge des Chenin Blanc (der über die britische Weinkette Oddbins vertrieben wird). Er stammt aus Trauben, die von Fairview gekauft werden; Gleiches gilt für einen Sauvignon Blanc und einen Pinotage (eine Kreuzung zwischen Pinot Noir und Hermitage oder Shiraz, aus dem ein sehr schwerer Wein wird).

Einen Besuch lohnt auch das Weingut **Thandi** (☎ 844 0605; www.cluver.co.za; Mo–Sa 9–17 Uhr) in der Gegend von Elgin. Die Weine werden über Tesco in Großbritannien verkauft.

Bei all dem darf man nicht vergessen, dass noch immer rund 350 000 farbige Arbeiter für einen Hungerlohn auf den Weinbergen der 4500 weißen Winzer schuften. Das unsägliche System, nach dem der Arbeitslohn teils in Wein ausgezahlt wurde, ist nun offiziell verboten, aber die sozialen und körperlichen Folgen davon waren und sind katastrophal.

Weinsorten

Am stärksten vertreten ist der Chenin Blanc, auch Steen genannt. Seit ungefähr zehn Jahren werden verstärkt modischere Sorten wie Chardonnay und Sauvignon Blanc angebaut. Weiße Tafelweine, vor allem der Chardonnay, neigten früher zu einem starken Holzgeschmack und hohen Alkoholgehalt; nun sind leichtere, fruchtigere Weißweine stärker im Kommen. Wer gute Sauvignon Blancs sucht, sollte zu den Weingütern in den kühleren Anbaugebieten rund um Constantia, Elgin und Hermanus fahren.

Ältere und robustere Rotweine wie der Shiraz, der Cabernet Sauvignon und nur am Kap angebaute Pinotage bekommen ebenfalls Konkurrenz durch leichtere Versionen des Cabernet Sauvignon, Merlot, Shiraz und Cabernet Franc, die sich im Ausdruck eher den Bordeaux annähern.

Die Region um Worcester ist Südafrikas Hauptproduzent von Port, Brandy und Hanepoot. Letzterer ist ein Süßwein, der aus der Traube Muscat of Alexandria gekeltert wird. Das Ergebnis ist ein süßer, hochprozentiger Wein für den heimischen Markt. In Worcester befindet sich auch der KWV Brandy Cellar, der größte seiner Art und letzter Halt auf der Brandy Route. Sie beginnt beim Van Ryn Brandy Cellar (S. 184) in Vlottenburg, 8 km südwestlich von Stellenbosch. Nähere Informationen liefert die **South African Brandy Foundation** (☎ 021-886 6381; www.sabrandy.co.za).

nen möchte, sollte vor Ort übernachten und sich ein Fahrzeug besorgen: Manches lässt sich mit einem Fahrrad besichtigen, wer aber viele Kellereien besuchen möchte, für den ist das Auto bequemer.

STELLENBOSCH & UMGEBUNG

☎ 021 / 220 000 Ew.

Die zweitälteste europäische Siedlung Südafrikas wurde 1679 an den Ufern des Eerste River von Gouverneur van der Stel gegründet. Die Stadt hat viele Gesichter: Wenn die Studenten der Stellenbosch University Musikfestivals feiern, ist die Stadt ein Hexenkessel fröhlicher junger Leute. Die Universität mit Afrikaans als Verkehrssprache entstand übrigens 1918 und spielt nach wie vor eine wichtige Rolle in der afrikanischen Politik und Kultur. Zu anderen Zeiten wirkt die Stadt wie ein Denkmal aus kolonialen Glanzzeiten: Entlang der ruhigen, von Eichen gesäumten Straßen stehen wunderschöne Gebäude im kapholländischen, georgiaschen oder viktorianischen Stil. Stellenbosch hat interessante Museen, bunte Märkte, schicke Hotels, viele Restaurants und ein quirliges Nachtleben – die Stadt begeistert sowohl Kapstädter als auch

STELLENBOSCH

PRAKTISCHES

- Ex Libris ... 1 C5
- Fandangos Internet Café ... 2 C5
- Fandangos Internet Café ... (siehe 33)
- Java Café ... (siehe 25)
- Rennies Travel ... 3 C5
- Stellenbosch Publicity Association ... 4 B5

SEHENSWERTES & AKTIVITÄTEN

- Braak ... 5 C5
- Easy Rider Wine Tours ... (siehe 17)
- Fick House ... 6 B5
- Grosvenor House ... 7 D5
- St Mary's on the Braak Church ... 8 C5
- Sasol Art Museum ... 9 C4
- Toy & Miniature Museum ... 10 B5
- Village Museum ... 11 D5
- VOC Kruithuis ... 12 B5

SCHLAFEN

- De Goue Druif ... 13 B5
- De Oude Meul ... 14 C5
- D'Ouwe Werf ... 15 C5
- Stellenbosch Hotel ... 16 C5
- Stumble Inn ... 17 B5
- Wild Mushroom ... 18 C5

ESSEN

- Beads ... (siehe 27)
- De Oewer ... 19 A6
- De Soete Inval ... 20 C5
- De Volkskombuis ... 21 A6
- Decameron ... 22 D5
- Fishmonger ... 23 D5
- Greengate ... 24 C4
- Java Café ... 25 C5
- L'Olive Deli & Café ... 26 C5
- Voila! ... 27 C5
- Wijnhuis ... 28 C5

AUSGEHEN

- Binelli's ... 29 A6
- Bohemia ... 30 C4
- De Akker ... 31 B6
- De Kelder ... 32 B6
- Dros ... 33 B4
- Fandangos Internet Café ... (siehe 33)
- Mystic Boer ... 34 C4
- Nu Bar ... 35 C5
- Terrace ... (siehe 33)
- Tollies ... (siehe 33)

SHOPPEN

- Green Sleeves ... 36 C4
- Kunsthandwerksmarkt ... 37 C5
- Oom Samie se Winkel ... 38 B6
- Simonsberg Cheese Factory ... 39 A3

TRANSPORT

- Minibus-Taxis ... 40 C4

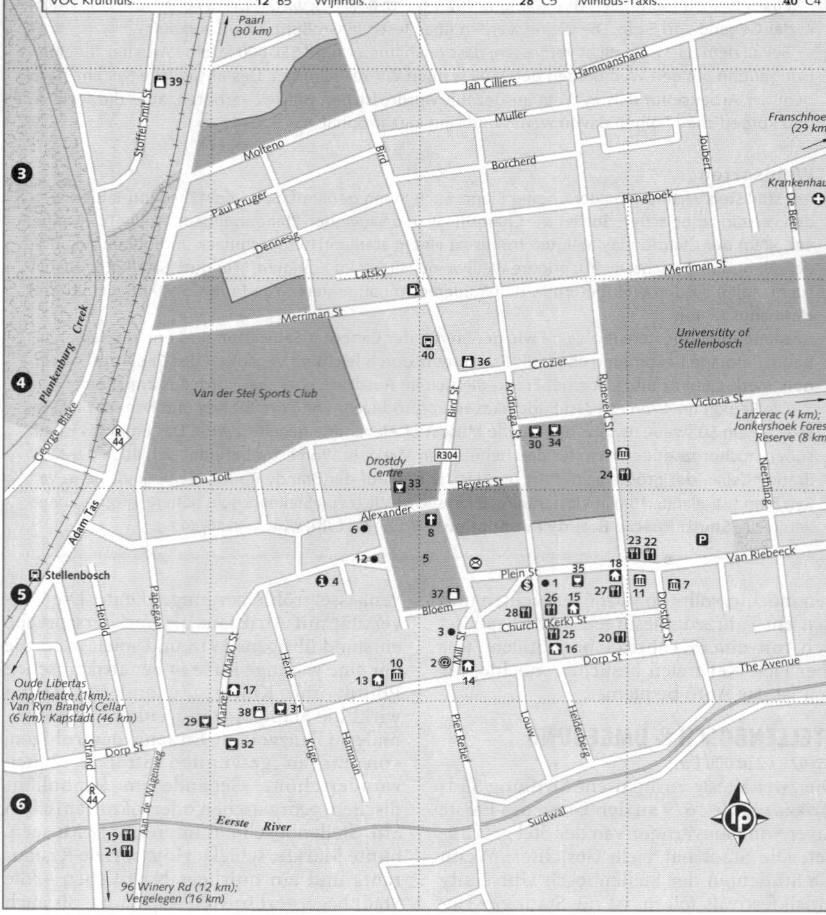

Arbeiter aus den Weingütern und natürlich Urlauber.

Orientierung

Der Bahnhof liegt einen kurzen Fußmarsch westlich des Zentrums. Die Bahnlinie bildet die Grenze im Westen, der Eerste River im Süden. Parallel zum Fluss verläuft die Dorp Street, die Hauptstraße der Altstadt. Das wirtschaftliche Zentrum liegt zwischen der Dorp Street und der Universität östlich der Braak, dem großen Platz in der Altstadt.

Praktische Informationen

Ex Libris (Karte S. 182; ☎ 021-886 6871; 18 Andringa St.) Bietet eine gute Auswahl an Büchern, darunter einige seltene Veröffentlichungen aus Südafrika.

Fandangos Internet Café (Karte S. 182; Std. 30 R) Mill St. (☎ 021-887 4628); Drostdy Centre (☎ 021-887 7501; Bird St.)

Java Café (Karte S. 182; ☎ 021-887 6261; Ecke Church St. & Andringa St.; Std. 18 R) Der billigste Internetzugang in Stellenbosch.

Rennies Travel (Karte S. 182; Mill St.) Einen Block von der Dorp St. entfernt; das Thomas-Cook-Büro tauscht ausländische Währungen.

Stellenbosch Publicity Association (Karte S. 182; ☎ 021-883 3584; www.tourismstellenbosch.co.za; 36 Market St.; ⏲ Mo–Fr 8–18, Sa 9–17, So 9–16 Uhr) Nettes, gut informiertes Personal. Unbedingt die Broschüre *Discover Stellenbosch on Foot* (3 R) mitnehmen (auch auf Deutsch erhältlich)! Eine Karte zeigt einen möglichen Stadtrundgang und informiert über die historischen Gebäude.

Öffnungszeiten und Termine für Weinproben in den Weingütern der Umgebung finden sich in der Gratisbroschüre *Stellenbosch Wine Routes*.

Sehenswertes & Aktivitäten

Nach den Weinproben bietet sich ein Besuch der städtischen Museen an. Wer erst noch nüchtern werden muss, kann auch mit einem Rundgang durch die Stadt beginnen – auf eigene Faust oder mit einer **Führung** (50 R pro Pers.). Die Führungen starten täglich um 10 und 15 Uhr vor der Stellenbosch Publicity Association, wenn mindestens drei Personen zusammenkommen.

VILLAGE MUSEUM

Im **Museumsdorf** (Karte S. 182; ☎ 021-887 2902; 18 Ryneveld St.; Erw./Kind 15/10 R; ⏲ Mo–Sa 9.30–17, So 14–17 Uhr) stehen einige sehr gut restaurierte (und möblierte) Gebäude aus der Zeit zwischen 1709 und 1850. Dazu gehören weitläufige Gärten und – auf der anderen Seite der Drostdy Street – das herrschaftliche **Grosvenor House**. Das Dorf nimmt einen ganzen Block im Zentrum zwischen den Straßen Ryneveld, Plein, Drostdy und Church ein und ist sehr sehenswert.

SASOL ART MUSEUM

Das Sasol zeigt eine der besten Kunstsammlungen des ganzen Landes – mit Werken berühmter südafrikanischer Künstler und Nachwuchstalente. Das **Museum** (Karte S. 182; ☎ 021-808 3693; 52 Ryneveld St.; Erw./Kind 9/5 R; ⏲ Di–Fr 9–16.30, Sa 9–16 Uhr) zeigt aber auch einzigartige anthropologische Schätze aus Afrika, die aus den Beständen der anthropologischen Abteilung der University of Stellenbosch stammen. Der Brennpunkt der Ausstellung liegt auf den ökologischen, sozialen und kulturellen Facetten menschlichen Lebens in Afrika.

TOY & MINIATURE MUSEUM

Das immer wieder überraschende **Museum** (Karte S. 182; ☎ 021-887 9433; 116 Dorp St.; Erw./Kind 10/5 R; ⏲ Mo–Sa 9.30–17, So 14–17 Uhr) ist im Voorgelegen House untergebracht und präsentiert eine erstaunliche Sammlung historischer Spielzeuge – angefangen bei Modelleisenbahnen bis hin zu niedlichen Puppenhäusern. Die Mitarbeiter zeigen gerne die schönsten Exponate.

BRAAK

Am nördlichen Rand der **Braak** (Karte S. 182; Town Sq.) – einer großen Wiese – stößt man auf die neugotische Kirche **St. Mary's on the Braak**, die im Jahre 1852 vollendet wurde. Am Westrand des Platzes steht das **VOC Kruithuis** (Eintritt frei, Mo–Fr 9.30–13 Uhr) von 1777. Das einstige Pulvermagazin beherbergt heute ein kleines Militärmuseum. In der nordwestlichen Ecke des Platzes fällt der Blick auf das von Lambertus Fick gebaute **Burgerhuis** – ein schönes Beispiel kapholländischer Baukunst aus dem späten 18. Jh. Hier hat die städtische Denkmalschutzbehörde ihre Büroräume.

JONKERSHOEK FOREST RESERVE

Das kleine **Waldschutzgebiet** (Karte S. 185; ☎ 021-866 1560; Eintritt Auto/Fahrrad 110/5 R) erstreckt sich rund 8 km südöstlich der Stadt entlang der WR4 und liegt in einer Holzplantage. Es bietet gute Wander- und Fahrradwege.

WESTERN CAPE

WEINGÜTER

Rund um Stellenbosch gibt es einfach zu viele Weingüter, als dass man sie alle nennen könnte. Der beste Tipp ist, durch die Landschaft zu fahren und nach Lust und Laune anzuhalten. Sehr empfehlenswert ist das Weingut **Blaauwklippen** (Karte S. 185; ☎ 021-880 0133; www.blaauwklippen.com; Weinproben 25 R; ⏲ Mo–Sa 9–17, So 9–16 Uhr), ein 330 Jahre altes Anwesen im kapholländischen Stil. Zu den bekanntesten Rotweinen von Blaauwklippen zählen der Cabernet Sauvignon und der Zinfandel.

Lohnenswert ist auch Gut **Neethlingshof** (Karte S. 185; ☎ 021-883 8988; www.neethlingshof.co.za; Weinproben 20 R; ⏲ Mo–Fr 9–17, Sa & So 10–18 Uhr). Eine Allee führt zum wunderschönen Anwesen mit Rosengarten und Teestube; im Rahmen der Führungen werden Keller und Weinberge präsentiert. Der Pinotage (eine Kreuzung zwischen Pinot Noir und Hermitage oder Shiraz) und der Cabernet Sauvignon wurden mehrfach ausgezeichnet.

Nicht verpassen sollte man auch das Gut **Delaire** (Karte S. 185; ☎ 021-885 1756; www.delairewinery.co.za; Weinproben 10 R; ⏲ 10–17 Uhr), das wegen seiner Lage oben auf dem Helshoogte Pass an der 310 Richtung Franschhoek auch „Weingut im Himmel" genannt wird. Die Aussicht ist sensationell und das ganze Anwesen ausgesprochen nett. Das Restaurant ist für Rollstuhlfahrer zugänglich; von Oktober bis April werden außerdem Picknicks (unbedingt reservieren!) angeboten. Hier sollte man den Cabernet Sauvignon und Merlot kosten. Der Merlot wächst dank eines günstigen Mirkoklimas auch auf dem **Hartenberg** (Karte S. 185; ☎ 021-882 2541; www.hartenbergestate.com; Weinprobe kostenlos; ⏲ Mo–Fr 9–17, Sa 9–15 Uhr). Dort werden außerdem ein wunderbarer Cabernet und Shiraz gekeltert. Zwischen 12 und 14 Uhr wird ein Mittagessen angeboten (Reservierung notwendig).

Zu den historischen Weingütern zählt **Lanzerac** (Karte S. 185; ☎ 021-886 5641; www.lanzeracwines.co.za; Jonkershoek Valley; Weinproben 16 R; ⏲ Mo–Do 9–16.30, Fr 9–16, Sa 10–14, So 11–15 Uhr). Dort werden ein sehr guter Merlot, ein süffiger Cabernet Sauvignon und ein guter Chardonnay produziert. Auf dem Gelände des Weingutes steht auch das nobelste Hotel von Stellenbosch (S. 187). Das Weingut **L'Avenir** (Karte S. 185; ☎ 021-889 5001; www.lavenir.co.za; Weinproben 10–20 R; ⏲ Mo–Fr 10–17, Sa 10–16 Uhr) hat kein Restaurant und ist eigentlich nur wegen seiner hervorragenden Weine interessant, dazu zählen der Chenin Blanc und der Pinotage. Er hat mehr Preise gewonnen als jede andere Sorte im Land.

Auf dem Weg nach Kapstadt liegt das wunderschöne Weingut **Spier** (Karte S. 185; ☎ 021-809 1100; www.spier.co.za; Weinproben 12 R; ⏲ 9–17 Uhr). Das riesige Anwesen bietet Attraktionen für alle Altersklassen: Fahrten mit der Dampfeisenbahn von Kapstadt zum Weingut (Infos ☎ 419 5222), Ausritte, eine Gepardenstation, ein Zentrum für darstellende Kunst, schön restaurierte Gebäude im kapholländischen Stil und verschiedene Restaurants, darunter das spektakuläre Moyo (s. S. 187). Die hier produzierten Weine zählen nicht zu den Spitzenweinen, während der Weinproben werden aber auch Weine anderer Produzenten verkostet. Von Januar bis März findet das jährliche **Arts Festival** statt – es ist ein guter Grund, nach Spier zu fahren. Zum Übernachten bietet sich das Hotel Village at Spier im kapmalaiischen Stil an (S. 186).

Wer eher auf Branntwein steht, sollte im **Van Ryn Brandy Cellar** (Karte S. 185; ☎ 021-881 3875; www.distell.co.za; Vlottenburg; Proben 15 R; ⏲ Mo–Fr 8–17, Sa 9–13.30 Uhr) vorbeischauen, der an der **Western Cape Brandy Route** (www.sabrandy.co.za) liegt. Normalerweise gibt es drei Führungen mit Verkostung am Tag. In der Probierstube wird außerdem neue südafrikanische Kunst gezeigt.

HELDERBERG

Die Region rund um Somerset West liegt 20 km südlich von Stellenbosch – hier hat man die Wahl zwischen 20 Weingütern. **Vergelegen** (Karte S. 185; ☎ 021-847 1334; www.vergelegen.co.za; Lourensford Rd., Somerset West; Eintritt 10 R, Weinproben 2,50–10 R; ⏲ 9.30–16 Uhr) ist wahrscheinlich das schönste Weingut am Kap. Simon van der Stels Sohn Willem pflanzte hier 1700 die ersten Weinstöcke. Vom Anwesen mit seinen Herrenhäusern und schönen Grünanlagen hat man einen traumhaften Blick auf die Berge. Wer hier essen will, kann sich auf der Rosenterrasse über dem Rosengarten oder im vornehmen Lady Phillips Restaurant niederlassen. Auch Picknickkörbe (pro Pers. 110 R) werden angeboten. Picknickkörbe und Tische im Restaurant müssen vorab reserviert werden, das Angebot für Essen im Freien besteht nur zwischen Oktober und März.

WEINREGIONEN STELLENBOSCH & HELDERBERG

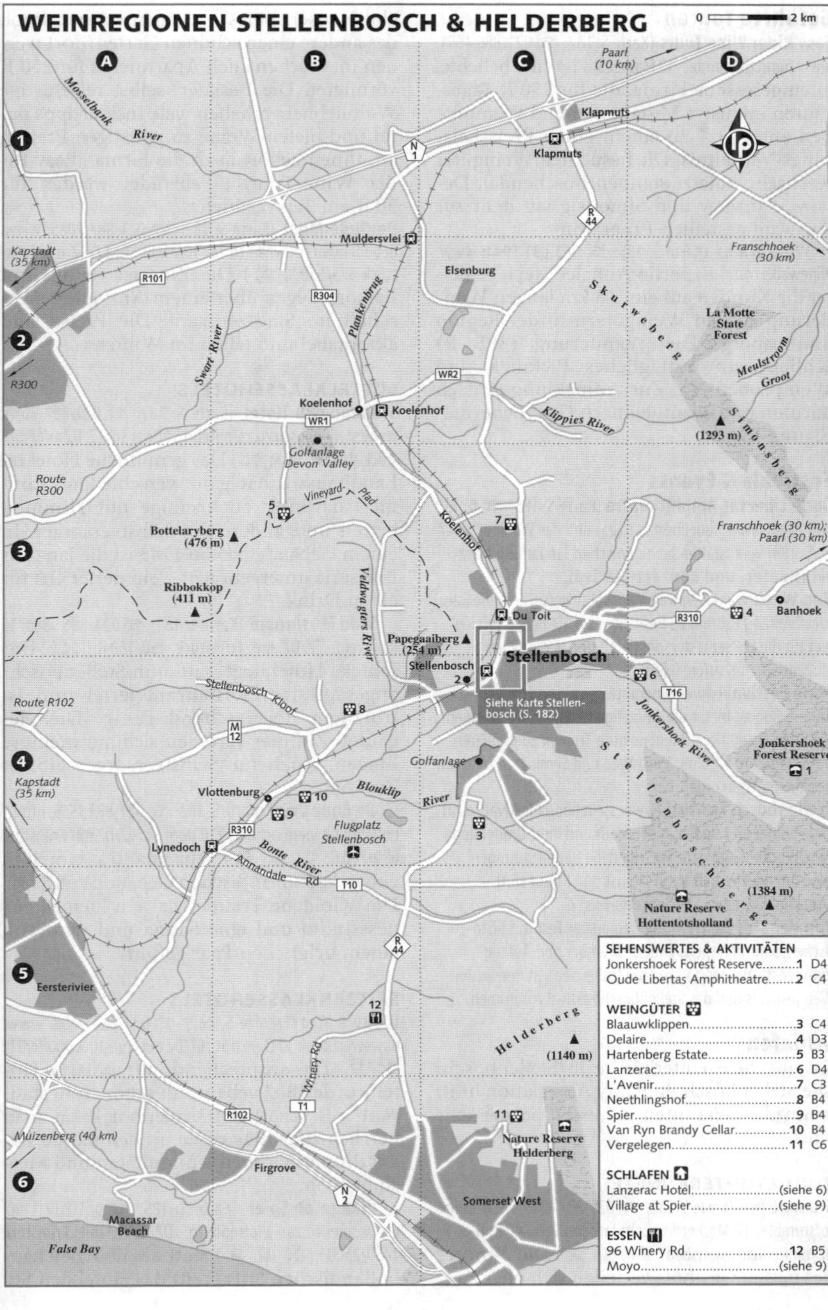

SEHENSWERTES & AKTIVITÄTEN

Jonkershoek Forest Reserve	1	D4
Oude Libertas Amphitheatre	2	C4

WEINGÜTER

Blaauwklippen	3	C4
Delaire	4	D3
Hartenberg Estate	5	B3
Lanzerac	6	D4
L'Avenir	7	C3
Neethlingshof	8	B4
Spier	9	B4
Van Ryn Brandy Cellar	10	B4
Vergelegen	11	C6

SCHLAFEN

Lanzerac Hotel	(siehe 6)
Village at Spier	(siehe 9)

ESSEN

96 Winery Rd	12	B5
Moyo	(siehe 9)	

Geführte Touren

Easy Rider Wine Tours (Karte S. 182; ☎ 021-886 4651; www.jump.to/stumble; 12 Market St.) ist eine beliebte, alteingesessene Firma, die für 250 R Tagestouren inklusive Mittagessen und Weinproben anbietet – zu einem guten Preis-Leistungs-Verhältnis. Die besuchten Weingüter wechseln, zuletzt standen Boschendal, Delaire, Fairview und Simonsig auf dem zur Auswahl gestellten Programm.

Wine Walks (Karte S. 185; ☎ 083-631 5944; www.winewalks.co.za) Expertin Annelee Steyn begleitet die Kunden auf einer 8 km langen Wanderung zu den Weingütern in der Region Simonsberg. Die Wanderung (395 R) schließt ein mittägliches Picknick und Weinproben ein. Zur Anmeldung einfach anrufen und eventuell nach Gruppenermäßigung fragen.

Festivals & Events

Oude Libertas Amphitheatre (Karte S. 185; ☎ 021-809 7380; www.oudelibertas.co.za) und das Weingut Spier (s. S. 184) veranstalten beide zwischen Januar und März ein **Theater- und Konzert-Festival**.

Rag Week Wer Livemusik mag, sollte versuchen, die Rag Week Anfang Februar zu besuchen. Lokale Bands spielen hier für die Erstsemester, die damit den Beginn ihrer studentischen Karriere feiern.

Wine Festival (www.wineroute.co.za) Das Festival Anfang August bietet die einmalige Gelegenheit, an einem Ort mehr als 400 verschiedene gute Tropfen zu probieren. Das Programm wird mit Vorträgen und Seminaren rund um das Thema Wein ergänzt.

Stellenbosch Festival (www.stellenboschfestival.co.za) Ende September finden in der Stadt und ihrer Umgebung zwei Wochen lang ganz verschiedene Veranstaltungen rund um die Themen Musik, Kunst und Kultur statt – einschließlich eines Straßenkarnevals.

Van der Stel Festival Überregionales Fest mit historischem Jahrmarkt, das Ende September und Anfang Oktober stattfindet. Es fasst die früher separat gefeierten Weinfestivals und das Stellenbosch Festival zusammen.

Schlafen

Es gibt viele Unterkünfte in Stellenbosch. Die Stellenbosch Publicity Association hilft, wenn die genannten Adressen ausgebucht sind.

BUDGETUNTERKÜNFTE

Stumble Inn (Karte S. 182; ☎ 021-887 4049; www.jump.to/stumble; 12 Market St.; Zeltplatz pro Pers. 40 R, B 60 R, DZ mit Gemeinschaftsbad 160 R; 💻 🏊) Die Zimmer des netten Gasthofs verteilen sich über zwei alte Häuser. Eines hat einen kleinen Pool, das andere einen schönen Garten, dort werden inzwischen auch Apartments für 250 R vermietet. Die Besitzer, selbst reiselustige Weinliebhaber, haben viele Insidertipps parat und bieten Weine zu günstigen Preisen an. Ihnen gehört auch die Firma „Easy Rider Wine-Tours"; Fahrräder werden für 50 R am Tag vermietet.

De Oude Meul (Karte S. 182; ☎ 021-887 7085; www.deoudemeul.snowball.co.za; 10A Mill St.; EZ/DZ mit Frühstück 375/550 R; ❄) Die Zimmer (einige mit Balkon) liegen über einem Antiquitätengeschäft im Stadtzentrum. Die Preise sind akzeptabel und fallen im Winter.

MITTELKLASSEHOTELS

Stellenbosch Hotel (Karte S. 182; ☎ 021-887 3644; www.stellenbosch.co.za/hotel; 162 Dorp St.; EZ/DZ mit Frühstück ab 425/700 R; ❄) Das gemütliche Hotel im Landhausstil hat ganz verschiedene Zimmer, darunter auch einige mit Himmelbetten und andere für Selbstversorger. In einem Gebäudeteil von 1743 ist die Jan Cats Brasserie untergebracht – ein netter Ort für einen Drink.

Wild Mushroom (Karte S. 182; ☎ 021-886 9880; 15 Ryneveld; EZ/DZ mit Frühstück 450/780 R; ❄) Das schicke Hotel liegt mitten in Stellenboschs angesagtestem Restaurantviertel und ist trotzdem überraschend ruhig. Die eleganten Zimmer verteilen sich auf mehrere Etagen. Auch für Selbstversorger gibt es Zimmer.

De Goue Druif (Karte S. 182; ☎ 021-883 3555; http://gouedruif.hypermart.net; 110 Dorp St.; EZ/DZ mit Frühstück 650/700 R; ❄ 💻 🏊) Charmantes Hotel in einem kapholländischen Gebäude von 1792. Die „Goldene Traube" hat ein kleines Fitnessstudio und eine Sauna und wird von einem belgischen Paar geführt.

SPITZENKLASSEHOTELS

D'Ouwe Werf (Karte S. 182; ☎ 021-887 4608; www.ouwewerf.com; 30 Church St.; EZ/DZ mit Frühstück 900/990 R; ❄ 🏊) Das ansprechende altmodische Hotel wurde 1802 gebaut. Im schönen Restaurant mit schattigem Innenhof kann man herrlich zu Mittag essen. In den teuren Luxuszimmern stehen Antiquitäten und Messingbetten.

Village at Spier (Karte S. 185; ☎ 021-809 1100; www.spier.co.za; Vlottenburg; DZ/Suite mit Frühstück 1450/2500 R; ❄ 💻 🏊) Statt des üblichen kapholländischen Stils greift das Hotel den Stil der bunt bemalten Häuser aus Kapstadts ältestem Viertel Bo-Kaap auf. Die Zimmer sind groß, gut ausgestattet und liegen auf dem Gelände des Weinguts.

Lanzerac Hotel (Karte S. 185; ☎ 021-887 1132; www.lanzerac.co.za; Jonkershoek Valley; EZ/DZ/Suite mit Frühstück 1700/2960/4140 R;) Zum prunkvollen Anwesen gehören ein 330 Jahre altes Schloss und ein Weingut. Einige Suiten haben einen eigenen Pool.

Essen

Stellenbosch ist ein Paradies für alle, die gerne gut essen. Die Vielfalt an Restaurants und Bars ist unglaublich, dazu kommen die schönen Weingüter in der Umgebung.

RESTAURANTS

Beads (Karte S. 182; ☎ 021-886 8734; Ecke Church St. & Ryneveld St.; Hauptgerichte 30–80 R; Frühstück, Mittag- & Abendessen) Das trendige Restaurant ist der Treffpunkt der Schönen von Stellenbosch. Gegenüber im Deli Voila! ist immer etwas los, dort können sich die Gäste ihr Essen selbst zusammenstellen.

Decameron (Karte S. 182; ☎ 021-883 3331; 50 Plein St.; Hauptgerichte 40–60 R; Mo–Sa Mittag- & Abendessen, So Mittagessen) Die Einheimischen streiten darüber, ob das Decameron das beste italienische Restaurant der Stadt ist. Das sollte jeder an einem lauen Sommerabend unter freiem Himmel persönlich entscheiden!

De Soete Inval (Karte S. 182; ☎ 021-886 4842; 5 Ryneveld St.; Hauptgerichte 50 R; Frühstück, Mittag- & Abendessen) Hier stehen 40 verschiedene Pfannkuchensorten zur Auswahl, sehr lecker ist aber auch die indonesische *rijstafel* (mehrere unterschiedliche Reisgerichte): Sechs Gerichte kosten 75 R oder als halbe Portion 50 R.

Fishmonger (Karte S. 182; ☎ 021-887 7835; Ecke Ryneveld St. & Plein St.; Hauptgerichte 50 R; Mitag- & Abendessen) Das Fishmonger ist die Adresse für Fisch und Meeresfrüchte. Das Restaurant ist schick gestaltet, hat aber trotzdem eine lockere Atmosphäre. Eine Fischplatte kostet 79 R.

Wijnhuis (Karte S. 182; ☎ 021-887 5844; Ecke Church St. & Andringa St.; Hauptgerichte 50–100 R; Mittag- & Abendessen) Eine der teureren Adressen der Stadt, die aber ihr Geld wert ist. Neben einer umfangreichen Menükarte stehen 350 verschiedene Weinsorten zur Auswahl. Rund 20 davon sind offen zu haben, ab und zu werden außerdem Weinproben veranstaltet. Wer kann, sollte einen der Tisch im Freien wählen.

De Oewer (Karte S. 182; ☎ 021-886 5431; Aan de Wagenweg; Hauptgerichte 70 R; Mo–Sa Mittag- & Abendessen, So Mittagessen) Das Restaurant beim De Volkskombuis begeistert durch seinen schattigen Außenbereich unter Eichen am Fluss. Die leichte Küche hat einen mediterranen Touch.

96 Winery Rd (Karte S. 185; ☎ 021-842 2945; Zandberg Farm, Winery Rd.; Hauptgerichte 70 R; Mo–Sa Mittag- & Abendessen, So Mittagessen) Eines der angesehensten Restaurants der Gegend, dass an der R44 zwischen Stellenbosch und Somerset liegt. Spezialität ist hier das ausgezeichnete Rindfleisch. Die Küche setzt auf einfach zubereitete, aber hochwertige Gerichte; die Atmosphäre und die Einrichtung sind locker und entspannt.

De Volkskombuis (Karte S. 182; ☎ 021-887 2121; Aan de Wagenweg; Hauptgerichte 75 R; Mo–So Mittag- & Abendessen, So Mittagessen) Der Favorit der Einheimischen hat 365 Tage im Jahr geöffnet. Das stimmungsvolle Restaurant ohne jeden Schnickschnack hat sich auf traditionelle kapmalaiische Küche spezialisiert. Von der Terrasse schauen die Gäste auf die Bergkette von Stellenbosch. Reservierung empfohlen.

Moyo (Karte S. 185; ☎ 021-809 1100; Spier Estate, Vlottenburg; Büfett 180 R; Mittag- & Abendessen) Die obligatorische Gesichtsbemalung müsste nicht wirklich sein. Das sehr beliebte Moyo holt eine phantastische Version von Afrika auf das Spier Estate, zum Unterhaltungsprogramm gehören u. a. Musiker und Tänzer. Das Essen wird draußen im Zelt oder im Baumhaus serviert (wenn es zu kalt wird, bekommen die Gäste eine Decke).

CAFÉS & AUF DIE SCHNELLE

Java Café (Karte S. 182; ☎ 021-887 6261; Ecke Church St. & Andringa St.; Snacks ab 15 R; 8.30–23 Uhr) Stilvolles Café mit einer guten Auswahl an Getränken und kleinen Imbissen. Das Café hat den günstigsten Internetzugang von ganz Stellenbosch (Std. 18 R) und ist ein Wi-fi-Hotspot.

Greengate (Karte S. 182; ☎ 021-886 6111; 44 Ryneveld St.; Snacks ab 20 R; Mo–Fr 8–17, Sa 8–12 Uhr) Der Bio-Feinkostladen verkauft gut aussehende und verlockend riechende Köstlichkeiten. Neben einem täglich wechselnden Tagesmenü wird ein Büfett (Preis nach Gewicht: 90 R/kg) angeboten, außerdem werden Nüsse, Obst und Gemüse verkauft.

L'Olive Deli & Café (Karte S. 182; ☎ 021-887 8985; Shop 1, Oude Hoek, Andringa St.; Snacks ab 25 R; ⌚ Mo–Sa 8–18 Uhr) Schicker Laden mit köstlichen Snacks rund um die Olive, die es in allen Variationen zu kaufen gibt.

Ausgehen

Stellenboschs Nachtleben ist auf die Interessen der Studenten zugeschnitten, aber wer sich ein wenig umhört, wird auch andere Lokalitäten finden. Im Zentrum von Stellenbosch kann man sich nachts gefahrlos bewegen, nichts spricht gegen einen Bummel von Pub zu Pub (für Gäste des Stumble Inn wird ab und zu sogar eine Kneipentour organisiert).

Nu Bar (Karte S. 182; ☎ 021-886 8998; 51 Plein St.) Genau der richtige Ort für alle auf der Suche nach einem richtigen Nachtclub-Feeling: Hinter der langen Bar liegt eine kleine Tanzfläche, wo DJs Hip-Hop und House auflegen.

Mystic Boer (Karte S. 182; ☎ 021-886 8870; 3 Victoria St.) Beliebter Treffpunkt cooler afrikanischer Kids.

Fandangos Internet Café (Karte S. 182; ☎ 021-887 7501; Drostdy Centre, Bird St.) Wer es etwas vornehmer mag, kann die Cocktailbar mit Internetcafé im Drostdy Centre besuchen.

Binelli's (Karte S. 182; ☎ 021-886 9009; Black Horse Centre, Ecke Dorp St. & Market St.) Das Binelli's ist vielleicht das beste Beispiel für das sich wandelnde Gesicht von Stellenbosch: Es ist eine glatte, im New Yorker Stil aufgemachte „Event-Bar" mit Kaffeespezialitäten, Tapas und Cocktails, für die nur hochwertige Zutaten verwendet werden.

Klassische Studentenkneipen:

Bohemia (Karte S. 182; ☎ 021-882 8375; Ecke Andringa St. & Victoria St.) Jeden Dienstag, Donnerstag und Sonntag wird hier Livemusik gespielt, dazu raucht man Wasserpfeifen (25 R) mit verschiedenenTabaksorten.

De Akker (Karte S. 182; ☎ 021-883 3512; 90 Dorp St.) Unten typische Pubgerichte für unter 30 R und oben ein Raum für Liveauftritte.

De Kelder (Karte S. 182; ☎ 021-883 3797; 63 Dorp St.) Ein nettes Restaurant – Bar und Biergarten sind vor allem bei deutschen Rucksackreisenden beliebt.

Das **Dros** (☎ 021-886 4856), das **Terrace** (☎ 021-887 194) und das Tollies gehören zu den lebendigsten Bars der Stadt. Sie liegen alle drei im Drostdy Centre (Karte S. 182) direkt an der Bird Street nördlich der Braak. Alle drei bieten auch etwas für den Hunger an, das Essen spielt aber nur eine Nebenrolle.

Shoppen

Oom Samie se Winkel (Onkel Sammys Laden; Karte S. 182; ☎ 021-887 0797; 84 Dorp St.; ⌚ Mo–Fr 8.30–18, Sa & So 9–17 Uhr) Der Gemischtwarenladen existiert seit 1904 und ist eine Institution in der Stadt. Auch wenn er touristisch ist, lohnt sich der Blick in den Laden, der alles von extremem Kitsch bis hin zu echten Antiquitäten verkauft.

Green Sleeves (Karte S. 182; ☎ 021-883 8374; 2 Crozier St.; ⌚ Mo–Fr 9–17, Sa 9–12 Uhr) Das Green Sleeves verkauft Kleidung im Retro-, Funky- oder Vintagestil. Im dazu gehörigen Laden gleich nebenan werden Möbel und Wohnaccessoires in den gleichen Stilrichtungen angeboten.

Die Stadt bietet viele weitere Einkaufsmöglichkeiten, vom **Kunsthandwerksmarkt** (Karte S. 182; ⌚ 9–17) bei der Braak bis hin zur **Simonsberg Cheese Factory** (Karte S. 182; ☎ 021-809 1017; 9 Stoffel Smit St.; ⌚ Mo–Fr 9–17, Sa 9–12.30 Uhr), wo man kostenlos Käse probieren und günstig einkaufen kann.

An- & Weiterreise

BUS

Überlandbusse verlangen für die kurze Fahrt nach Kapstadt einen (zu) hohen Preis und nehmen keine Reservierung an. Besser sind die Busse von **Backpacker Bus** (☎ 021-447 4991; www.backpackerbus.co.za). Die Gesellschaft verlangt für die einfache Fahrt 140 bis 220 R, zum Service gehört das Abholen bei der Unterkunft.

MINIBUS-TAXI

Eine Fahrt mit dem Minibus-Taxi nach Paarl kostet rund 30 R (45 Min.); teilweise muss man allerdings in Pniel das Taxi wechseln. Die Taxis fahren am Taxistand in der Bird Street ab.

ZUG

Für die 46 km zwischen Kapstadt und Stellenbosch kann man auch die Metro-Züge nehmen (1. Klasse/Economy Class 12/7,50 R, etwa 1 Std.). Achtung: es gibt keine Tickets für die 2. Klasse! Aus Sicherheitsgründen sollte man nur tagsüber fahren, bei Fragen im Büro der zuständigen Stelle **Metrorail** anrufen (☎ 0800 656 463).

Unterwegs vor Ort

Stellenbosch lässt sich gut zu Fuß besichtigen, eine schöne Alternative ist das Fahrrad.

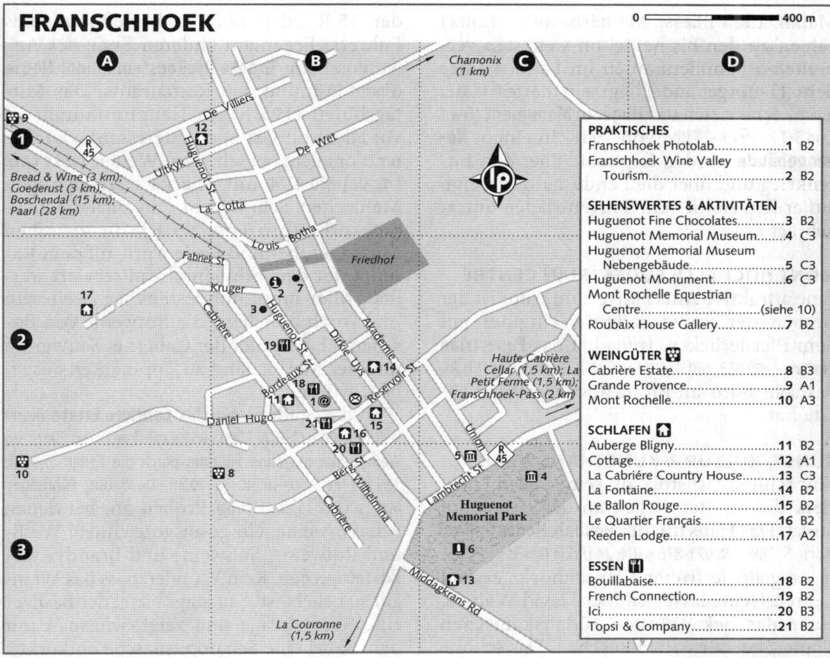

Räder verleihen das Stumble Inn (S. 186), die Publicity Association (S. 183) und Fandangos (S. 183) im Drostdy Centre (Std./Tag 20/90 R).

Wer ein Taxi für Ausflüge vor Ort braucht, ruft **Daksi Cab** (☎ 082-854 1541) an.

FRANSCHHOEK

☎ 021 / 13 000 Ew.

Franschhoek preist sich selbst als gastronomische Hauptstadt des Landes an. Die schwierigste Entscheidung ist hier in der Tat die Wahl des Restaurants. Mit einigen schönen Kunstgalerien, Weingütern und gemütlichen Unterkünften wirkt alles fast zu hübsch, um wahr zu sein – zumal die Lage eine der besten am Kap sein dürfte. Von hier ist man schnell mit dem Auto in Stellenbosch und Paarl.

Orientierung & Praktische Informationen

Die Häuser konzentrieren sich rund um die Huguenot Street. Am südlichen Ende trifft man auf eine T-Kreuzung am Huguenot Memorial Park. Die R45 führt in nordöstlicher Richtung zum landschaftlich eindrucksvollen Franschhoek Pass.

Franschhoek Photolab (Karte S. 189; ☎ 021-876 4911; Huguenot St.; Std. 30 R) Internetzugang.

Franschhoek Wine Valley Tourism (Karte S. 189; ☎ 021-876 3603; www.franschhoek.org.za; Huguenot St.; Mo–Fr 9–18, Sa 9–17, So 9–16 Uhr) Liegt links an der Hauptstraße kurz hinter dem Ortseingang. Die Mitarbeiter haben eine Karte mit malerischen Spazierwegen in der Umgebung und stellen die Genehmigung (10 R) für Wanderungen im nahen Waldgebiet aus. Auch Unterkünfte können über das Büro gebucht werden.

Sehenswertes & Aktivitäten

HUGUENOT MEMORIAL MUSEUM

Das **Museum** (Karte S. 189; ☎ 021-876 2532; Lambrecht St.; Erw./Kind 5/2 R; Mo–Sa 9–17, So 14–17 Uhr) erinnert an die französischen Hugenotten, die wegen ihres protestantischen Glaubens in ihrer Heimat verfolgt wurden und Franschhoek 1688 gründeten. Das Museum informiert über die Geschichte der Hugenotten am Kap und beherbergt ein Genealogisches Institut. Viele Namen der Einwanderer (wie

Malan, de Villiers, Malherbe oder Roux) zählen zu den bis heute am weitesten verbreiteten Familiennamen im Land. Hinter dem Hauptgebäude liegt ein nettes Café; davor erhebt sich das **Hugenot Monument** (Erw./Kind 5/1 R; ⌚ 9–17 Uhr) von 1948. In einem **Nebengebäude** werden Exponate über den Burenkrieg und über die Landesnatur gezeigt, außerdem ist hier ein Souvenirladen untergebracht.

MONT ROCHELLE EQUESTRIAN CENTRE

Eine attraktive Alternative zum Auto ist der Besuch der umliegenden Weingüter auf dem Pferderücken. Infos hat das **Equestrian Centre** (☎ 083-300 4368; Fax 021-876 2363; Std. 90 R), das sein Büro im Mont Rochelle Wine Estate hat.

KUNST, KULTUR & KUNSTHANDWERK

Franschhoek ist stolz auf seine vielen Galerien, die meisten liegen an der Huguenot Street. Das Haus mit der **Roubaix House Gallery** (Karte S. 189; ☎ 021-876 4304; 24 Dirkie Uys St.; ⌚ 10–18 Uhr) gehörte früher Franschhoeks erstem Lehrer. Heute lässt sich hier David Walters, einer der bekanntesten südafrikanischen Töpfer, bei der Arbeit zusehen. Das schöne Haus liegt hinter der Touristeninformation, auch andere Künstler stellen dort aus.

HUGUENOT FINE CHOCOLATES

Ein belgisches Förderprogramm unterstützte zwei junge Südafrikaner bei der Eröffnung ihres **Chocolate Shop** (Karte S. 189 ☎ 021-876 4096; 62 Huguenot St.) im Stil belgischer Schokoladengeschäfte. Heute reißen sich die Leute um ihre zarten Versuchungen. Wer einen Tag vorher anruft, kann eine Führung mit Verkostung verabreden (12 R).

WEINGÜTER

Viele von Franschhoeks Weingütern liegen in Fußnähe zum Zentrum, eine Ausnahme bildet das berühmte Weingut **Boschendal** (Karte S. 191; ☎ 021-870 4210; www.boschendal.com; Pniel Rd.; ⌚ 8.30–16.30 Uhr), für das man ein Auto braucht. Auf dem klassischen Weingut stehen sehenswerte Gebäude, es gibt mehrere Restaurants und die Möglichkeit, vor Ort den Wein zu testen. Die Führungen durch die Weinberge und den Keller (pro Pers. 20 R) lohnen sich sehr, eine Reservierung ist aber notwendig. Die Taphuis-Probierstuben (dort kosten Weinproben entweder 15 R oder 22 R in Begleitung eines Führers) liegen am anderen Ende des Anwesens beim **Groote Drakenstein Manor House** (Eintritt 10 R) und den Restaurants. Das Mittagsbüfett (195 R) im Hauptrestaurant ist vor allem für Gruppen interessant; viel netter, vor allem bei schönem Wetter, ist **Le Café** (☎ 021-870 4274) mit Snacks oder richtigen Mahlzeiten. Sehr beliebt sind auch die Picknickkörbe (pro Pers. 95 R), die zwischen Mitte Oktober und Ende April auf dem Rasen unter dem Sonnenschirm serviert werden. Man muss mindestens zu zweit sein und vorab bestellen. Die Rotweine von Boschendal, darunter der Cabernet Sauvignon und der Merlot, sind zu Topmarken ausgebaut worden.

In der Stadt bietet das **Cabrière Estate** (Karte S. 189; ☎ 021-876 8500; www.cabriere.co.za; Berg St.; Weinproben mit/ohne Führung durch die Keller 25/20 R; ⌚ Mo–Fr 9.30–16.30, Sa 10.30–15.30 Uhr, Führungen Mo–Fr 11 & 15, Sa 11 Uhr) Proben an, bei denen Schaumweine, einige ausgezeichnete Weiß- und Rotweine, Süßweine und Brandys verkostet werden. Kein Wunder, dass das Weingut so beliebt ist! Samstags bietet der Besitzer eine Showeinlage und zeigt, wie man mit dem Säbel eine Schampusflasche entkorkt.

Unweit der Main Road liegt das Weingut **Grande Provence** (Karte S. 189; ☎ 021-876 8600; www.grandeprovence.co.za; Main Rd.; kostenlose Weinproben; ⌚ 10–18 Uhr). In dem schönen neu gestalteten Herrenhaus aus dem 18. Jh. gibt es ein Restaurant und eine Galerie mit Werken angesehener lokaler Künstler. Verkosten kann man die leicht trinkbaren Angels Tears oder die gehaltvolleren, guten Grande-Provence-Weine.

Auf einem Hügel westlich der Stadt liegt **Chamonix** (Karte S. 191; ☎ 021-876 2494; www.chamonix.co.za; Uitkyk St.; Weinproben 15 R; ⌚ 9.30–16.30 Uhr). Führungen durch den Keller finden nach Vereinbarung um 11 und 15 Uhr statt. Als Probierstube dient eine umgebaute Schmiede; auch einige Schnäpse und Quellwässer gibt es zu verkosten. Das hübsche Restaurant **La Maison de Chamonix** (Hauptgerichte 70–90 R; ⌚ Mo–So Mittagessen, Fr & Sa Abendessen) bietet ein preisgünstiges Menü an. In den Weinbergen werden Cottages vermietet.

Mont Rochelle (Karte S. 189; ☎ 021-876 3000; montrochelle@wine.co.za; Daniel Hugo St.; Weinproben 15 R; ⌚ Weinproben 10–18, Führungen Mo–Fr 11, 12.30 & 15 Uhr) ist ein weiteres Weingut in wunderschöner Lage mit einem Sortiment an großen

WEINREGIONEN FRANSCHHOEK & PAARL

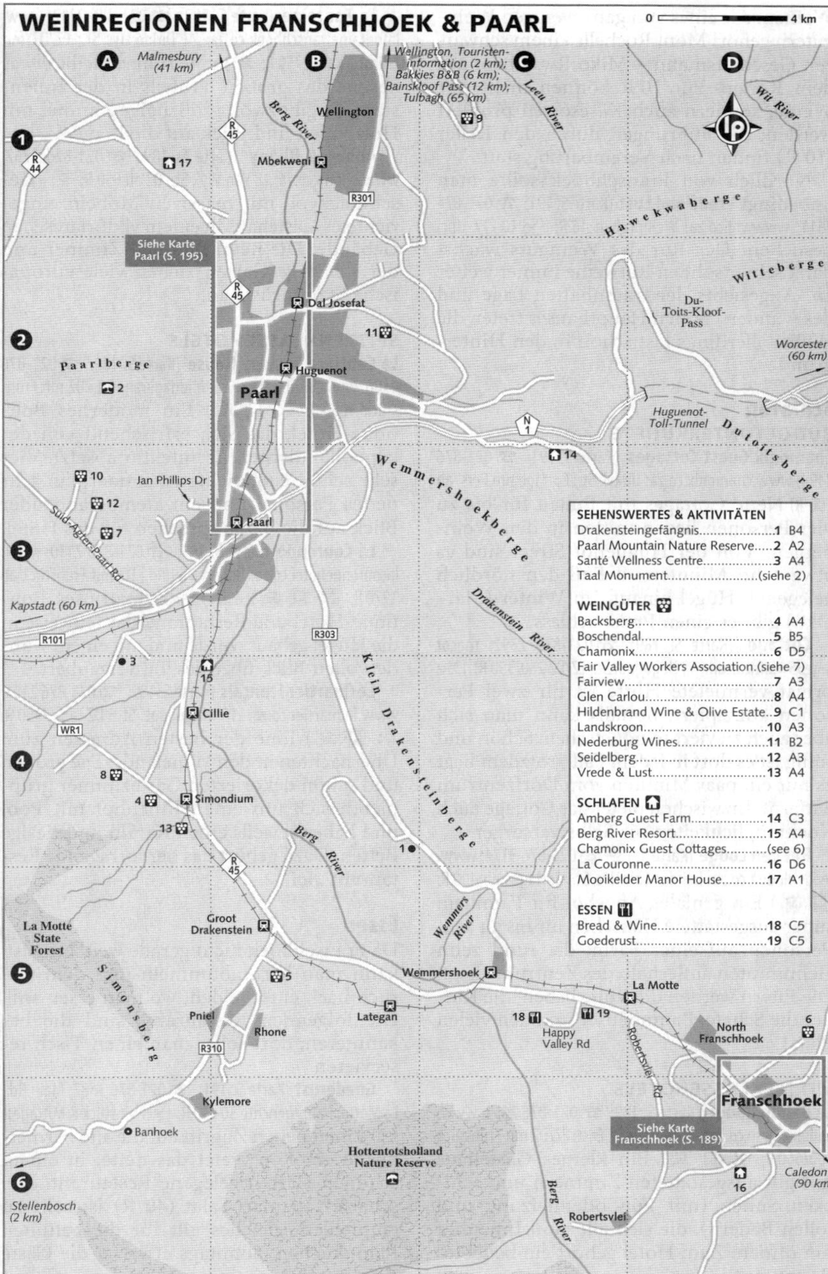

Weinen. Als eines von ganz wenigen Weingütern gehört Mont Rochelle einem schwarzen Geschäftsmann – Miko Rwayibare aus dem Kongo. Für 10 R können nicht nur Weine, sondern auch Käsesorten probiert werden; die Führungen durch den Keller (10 R) finden nach Vereinbarung statt.

Nördlich von Franschhoek sollte man unbedingt **Vrede and Lust** (Karte S. 191; ☎ 021-874 1611; www.vnl.co.za; Weinproben 15 R; ⏲ 10–17 Uhr) besuchen. Der Ruf des Weinguts wächst dank seiner soliden Rotweine immer weiter an. Angesichts der traumhaften Lage und des wunderschönen Haupthauses treten die Weine allerdings fast schon in den Hintergrund.

Schlafen

BUDGETUNTERKÜNFTE

Chamonix Guest Cottages (Karte S. 191; ☎ 021-876 2494; www.chamonix.co.za; Uitkyk St.; Cottage pro Pers. ab 200 R) Nette Cottages mit Betten für bis zu vier Personen liegen mitten in den Weinbergen. Von der Huguenot Street sind es etwa zehn Minuten zu Fuß den nördlich gelegenen Hügel hinauf. Im Winter (Mai–Okt.) gibt es einen Preisnachlass.

Cottage (Karte S. 189; ☎ 021-876 2392; thecottage55@iafrica.com; 55 Huguenot St.; EZ/DZ 260/350 R) Die privat vermietete Hütte ist für zwei Personen konzipiert, notfalls kann man sich aber auch zu viert reinquetschen. Schön und ruhig ist es dort in jedem Fall, trotzdem liegt es nur ein paar Minuten vom Dorfzentrum entfernt. Inzwischen bietet das Cottage auch Kochmöglichkeiten für Selbstversorger.

Reeden Lodge (Karte S. 189 ☎ 021-876 3174; www.reedenlodge.co.za; bei der Cabrière St.; Cottages ab 400 R; 💻 🏊) Ein geniales Angebot für Familien: super ausgestattete Häuschen für bis zu acht Personen auf einer Farm, die rund zehn Gehminuten außerhalb des Zentrums liegt. Die Eltern werden die Ruhe lieben, die Kinder die Schafe, Baumhäuser und den vielen Platz!

MITTELKLASSEHOTELS

Le Ballon Rouge (Karte S. 189; ☎ 021-876 2651; www.ballon-rouge.co.za; 7 Reservoir St. East; EZ/DZ mit Frühstück 500/650 R; ❄ 💻 🏊) Ein kleines Gästehaus mit gut ausgestatteten Zimmern und schicken Suiten (mit Fußbodenheizung und tollen Bädern), die sich alle zum Innenhof hin öffnen. Zum Hotel gehört ein beliebtes Restaurant.

La Fontaine (Karte S. 189; ☎ 021-876 2112; www.lafontainefranschhoek.co.za; 21 Dirkie Uys St.; EZ/DZ mit Frühstück 600/750 R; 🏊) Eine ruhige Bleibe etwas abseits des großen Trubels in der Innenstadt. Es gibt zwölf großzügige Zimmer mit Holzböden und Blick auf die Berge.

Auberge Bligny (Karte S. 189; ☎ 021-876 3767; www.bligny.co.za; 28 Van Wyk St.; DZ ab 650 R; 🏊) Geschmackvoll mit massiven Möbeln eingerichtetes Gästehaus in einem viktorianischen Gebäude. Die neun schönen Zimmer und der schattige Garten ziehen viele europäische Stammgäste an.

SPITZENKLASSEHOTELS

La Cabrière Country House (Karte S. 189; ☎ 021-876 4780; www.lacabriere.co.za; Middagkrans Rd.; DZ mit Frühstück 1050 R; ❄ 💻 🏊) Ein modernes Boutique-Hotel, das sich erfrischend von der kapholländischen Architektur absetzt. Vier sehr schön eingerichtete Zimmer, ein sehr nettes Personal und ein atemberaubender Blick auf die Berge sprechen für das Hotel.

La Couronne (Karte S. 191; ☎ 021-876 2110; www.lacouronnehotel.co.za; Robertsvlei Rd.; DZ mit Frühstück ab 1970 R; ❄ 💻 🏊) Ein sehr luxuriöses Boutique-Hotel und Restaurant, das teilweise in die Hügel gebaut wurde und mit einem wundervollen Blick über das Tal verzaubert.

Le Quartier Français (Karte S. 189; ☎ 021-876 2151; www.lequartier.co.za; 16 Huguenot St.; DZ ab 2350 R; ❄ 💻 🏊) Eine der besten Adressen zum Übernachten in den Winelands. Die großen und schön dekorierten Gästezimmer gruppieren sich um einen Innenhof mit Pool und haben jeweils einen Kamin und riesige Betten. Dazu gehört das hervorragende Restaurant „Ici".

Essen

Da Franschhoek nicht gerade weitläufig ist, kann man herumbummeln und dem Geruch nach entscheiden, wo man essen will. Die folgenden Restaurants sind die bekannteren; dort sollte man einen Tisch reservieren.

Goederust (Karte S. 191; ☎ 021-876 3687; Main Rd., La Motte; Hauptgerichte 30–40 R; ⏲ Frühstück & Mittagessen) Einen neuen Zugriff auf die alte Farmerküche am Kap bietet das nette, in einem schönen Garten gelegene Restaurant. Der scharfe Calamari-Salat (40 R) ist sehr zu empfehlen, gleiches gilt für die gefüllten Pfannkuchen. Sonntags erwartet die Gäste ein Büfett mit einem über dem offenen

Feuer gegrillten Lamm (Reservierung notwendig).

French Connection (Karte S. 189; ☎ 021-876 4056; 48 Huguenot St.; Hauptgerichte 50 R; ⌚ Mittag- & Abendessen) Keine aufgebackene Bistroware, sondern Gerichte aus frischen Zutaten kommen hier auf den Tisch. Rotkarierte Tischdecken sorgen für eine nette Atmosphäre.

Ici (Karte S. 189; ☎ 021-876 2151; 16 Huguenot St.; Hauptgerichte 50–280 R; ⌚ Mittag- & Abendessen) Ici ist das bekannteste Restaurant im Quartier Français und eine Institution in Franschhoek. Die Gäste müssen sich zwischen einem Bistro mit so außergewöhnlichen Gerichten wie Zebra-Carpaccio, Kaplachs oder Blesboklende (die über Süßholz gebraten wird) und einem Menü-Restaurant mit einem fünfgängigen Menü (280 R) entscheiden. An der Hotelbar werden kleinere Gerichte für etwas 60 R serviert.

Bread & Wine (Karte S. 191; ☎ 021-876 3692; Môreson Wine Farm, Happy Valley Rd., La Motte; Hauptgerichte 60–80 R; ⌚ Mi–Sa Mittagessen) Es lohnt sich, das Lokal zu suchen! Es liegt versteckt am Ende einer Staubstraße, wenn man auf der R45 Richtung Franschhoek fährt. Es ist bekannt für sein Brot, die Pizza, das Geselchte und die leckeren mediterranen Gerichte. Der Renner ist der glasierte Afrikanische Aal mit Muscheln und Artischocken (70 R), den man unbedingt probieren sollte!

Topsi & Company (Karte S. 189; ☎ 021-876 2952; 7 Reservoir St.; Hauptgerichte 60–85 R; ⌚ Mi–Mo Mittag- & Abendessen) Die Besitzerin Topsi Venter sollte man zum nationalen Kulturgut erklären! Immer wieder kommt sie zwischendurch aus ihrer offenen Küche gestürzt, um das leckere Essen zu servieren und um mit ihren Gästen zu plaudern. Hier gilt BYO – bring your own (wine).

Bouillabaise (Karte S. 189; ☎ 021-876 4430; 38 Huguenot St.; Hauptgerichte 70–110 R; ⌚ Mo & Mi–Sa Frühstück, Mittag- & Abendessen, So Frühstück & Mittagessen) Der Jet Set von Franschhoek wurde endlich aufgewertet und hat einen eigenen opulenten Treffpunkt: Die Champagner- und Austern-Bar begeistert mit mundgeblasenen Glasfiguren, schönem Personal, frischen Fisch- und Meeresfrüchtegerichten, ausgezeichnetem Champagner und hausgemachten Sorbets (Limette mit Basilikum oder Pfefferminz mit Birne).

La Petite Ferme (☎ 021-876 3016; Franschhoek Pass Rd.; Hauptgerichte 80 R; ⌚ 12–16 Uhr) Ein Muss für Feinschmecker mit einer Schwäche für romantische Ausblicke, für Wein vom eigenen Gut und geräucherte Lachsforelle (Hausspezialität). Wer will, kann von Kapstadt kommend auf dem eigenen Hubschrauberlandeplatz landen und in einem der luxuriösen Zimmer übernachten, wenn es zu spät geworden ist.

Haute Cabrière Cellar (☎ 021-876 3688; Franschhoek Pass Rd.; Hauptgerichte 80–90 R; ⌚ tgl. Mittagessen, Mi–Mo Abendessen) Das Restaurant liegt in einem Felsenkeller am Berghang. Jedes Gericht kann als Vorspeise oder Hauptgericht bestellt werden, dazu wird jeweils ein Cabrière-Wein kredenzt.

An- & Weiterreise

Franschhoek liegt 32 km östlich von Stellenbosch und 25 km südlich von Paarl. Am einfachsten zu erreichen ist es mit einem eigenen Fahrzeug. Manche Besucher legen die malerische Strecke von Stellenbosch nach Franschhoek mit dem Rad zurück – eine nicht ganz ungefährliche Angelegenheit angesichts der kurvigen Straßen. Ein Verkehrsrisiko sind auch die vielen Fahrer, die nach einigen Weinproben auf dem Heimweg sind und garantiert nicht auf Radfahrer achten. Die sicherere Alternative ist eines der Sammeltaxis ab Stellenbosch (8 R) oder Paarl (9 R).

PAARL & UMGEBUNG

☎ 021 / 165 000 Ew.

Das wirtschaftliche Zentrum Paarl liegt in schöner Lage an den Ufern des Berg River und wird von den Granitkuppen der Paarl Mountains und von Weinbergen eingerahmt. Die Stadt ist weniger touristisch und weitläufiger als Stellenbosch und lässt sich nicht mehr ganz so gut zu Fuß besichtigen. Die Weinberge reichen bis an die Stadt heran. Auch hier gibt es eine Menge zu sehen und zu unternehmen. Zu den Sehenswürdigkeiten zählt das Paarl Mountain Nature Reserve, schöne Beispiele kapholländischer Architektur im Ort und einige sehenswerte Denkmäler, die zu Ehren des Afrikaans errichtet wurden.

Orientierung & Praktische Informationen

Die 11 km lange Hauptstraße zieht sich parallel zum Berg River und zur Bahnlinie quer durch die gesamte Stadt und wird von Eichen, Jakarandas und vielen historischen

Gebäuden gesäumt. Das Geschäftszentrum konzentriert sich rund um die Lady Grey Street.

Paarl Tourism (Karte S. 195; ☎ 021-863 4937; www.paarlonline.com; 86 Main St.; ⌚ Mo–Fr 8–18, Sa & So 9–14 Uhr) Eine sehr gute Auswahl an Informationen über die gesamte Region und Angestellte, die einem wirklich weiterhelfen.

Sehenswertes & Aktivitäten

Neben den örtlichen Weingütern lohnen die folgenden Sehenswürdigkeiten einen Besuch.

PAARL MUSEUM

Das **Museum** (Karte S. 195 ☎ 021-872 2651; www.museums.org.za/paarlmuseum; 303 Main St.; Erw./Kind Spende von 5 R; ⌚ Mo–Fr 9–17, Sa 9–13 Uhr) ist im alten Pfarrhaus (*Oude Pastorie)* untergebracht, das 1714 gebaut wurde. Es zeigt neben einer faszinierenden Sammlung kapholländischer Antiquitäten und Exponate aus der Zeit der Hugenotten, außerdem Objekte aus frühen afrikanischen Kulturen. Es gibt einen Bücherschrank, der König Salomons Tempel nachempfunden wurde, und Sonderausstellungen zu Spezialthemen wie den Khoi Khoi oder der alten Moschee der ortsansässigen muslimischen Gemeinde.

AFRIKAANS LANGUAGE MUSEUM

Paarl gilt als Ursprungsort des Afrikaans – für das eigens ein interessantes **Museum** (Karte S. 195; ☎ 021-872 3441; www.taalmuseum.co.za; 11 Pastorie Ave.; Erw./Kind 10/2 R; ⌚ Mo–Fr 9–16, Sa 9–13 Uhr) geschaffen wurde. Eine Multimedia-Show zeigt, wie drei Kontinente zum Entstehen dieser faszinierenden und oft sehr schönen Sprache beitrugen. Den Museumsbesuch sollte man mit der Besichtigung des Taal Monuments verbinden.

PAARL MOUNTAIN NATURE RESERVE

Drei riesige Granithügel überragen das Reservat (Karte S. 191) und den westlichen Stadtrand. Nach einem Regenschauer glitzern sie im Sonnenlicht wie Perlen (Paarl) – ihnen verdankt die Stadt ihren Namen. Charakteristisch für den Park ist der Berg-Fynbos (wörtlich übersetzt „dünne Büsche", typische Vertreter sind Proteas, Heide- und Erikagewächse). Der angelegte Wildblumengarten ist ein schöner Ort für ein Picknick, zur Auswahl stehen einige Spazierwege mit schönem Blick über das Tal.

Der Eingang liegt am 11 km langen Jan Phillips Drive, der am östlichen Teil des Parks entlangführt. Den Picknickplatz findet man rund 4 km abseits der Main Street. Karten mit eingezeichneten Wanderwegen hält die Touristeninformation in Paarl zur Mitnahme bereit.

Auf dem Weg dorthin stößt man auf das **Taal Monument** (Karte S. 191; Erw./Kind 10/5 R; ⌚ 8.15–17 Uhr): Das riesige nadelförmige Gebäude wurde in Erinnerung an die Anerkennung der Sprache Afrikaans (1875) errichtet (*taal* heißt Sprache auf Afrikaans). Bei guten Sichtverhältnissen reicht der Blick bis Kapstadt. Beim Denkmal stehen ein Restaurant und ein Souvenirladen.

DRAKENSTEIN PRISON

Als Nelson Mandela am 11. Februar 1990 zum ersten Mal seit mehr als 27 Jahren Inhaftierung den Fuß auf freien Boden setzen durfte, verließ er nicht das Gefängnis Robben Island, sondern das Drakenstein Prison. In dem damals Victor Verster genannten Gefängnis (Karte S. 191) verbrachte Mandela die letzten beiden Jahre seiner Gefangenschaft unter vergleichsweise guten Bedingungen im Wärterhäuschen und verhandelte über das Ende der Apartheid. Das Gebäude wird auch heute noch als Gefängnis benutzt, sodass man es nicht besichtigen kann, aber es gibt dort immerhin ein recht gutes Restaurant.

SANTÉ WELLNESS CENTRE

Der absolute Renner dieses **Luxus-Spas** (Karte S. 191; ☎ 021-875 8100; www.santewellness.co.za; Klapmuts) rund 7 km südwestlich von Paarl ist die Weintherapie (1645 R mit Mittagessen). Sie umfasst eine Rebensaft-Hautschälkur namens Shiraz-Body-Peeling, Chardonnay-Cocoon-Umschläge und ein Cabernet-Sauvignon-Bad! Natürlich gibt es auch eine Menge anderer Behandlungen sowie Pools im Innen- und Außenbereich. Wer gar nicht mehr weg will, kann im prächtigen Winelands Hotel übernachten.

WINELAND-BALLONFAHRT

Das frühe Aufstehen lohnt sich für die unvergessliche Fahrt mit dem Heißluftballon über die Winelands. Infos hat **Wineland Ballooning** (Karte S. 195; ☎ 021-863 3192; 64 Main St.; pro Pers. 1500 R), das bei guter Witterung zwischen November und April Fahrten anbieten.

WELLINGTON

Das ruhige, hübsche Städtchen Wellington (Karte S. 191) hat rund 50 000 Einwohner und liegt 10 km nördlich von Paarl. Der Grundbesitzer, über dessen Land die Eisenbahntrasse gebaut wurde, ließ sich vertraglich zusichern, dass alle Züge in Wellington halten müssen. Dies galt 1947 auch für den Zug von König Georg VI. Heute ist Wellington eine Station auf der Metrorail-Strecke Paarl–Kapstadt, auch der *Blue Train* hält hier kurz.

Das **Tourism Bureau** (☎ 021-873 4604; www.visitwellington.com; 104 Main St.) liegt direkt bei der Andrew Murray Church. Das freundliche Personal verteilt eine Broschüre und ein Karte über die Weingüter in der Region Wellington und Umgebung, die übrigens weniger touristisch sind als die in Paarl. Beliebt ist etwa das Hildenbrand Wine & Olive Estate.

BAINSKLOOF PASS

Er ist einer der größten Gebirgspässe des Landes, auf halber Strecke liegt ein wunderschöner Caravanplatz. Thomas Bain ließ die Straße zwischen 1848 und 1852 über den Pass bauen, später wurde sie geteert. Seitdem hat man nichts mehr an der Straße verändert, die inzwischen sogar zum Nationaldenkmal erklärt wurde. Die Strecke ist traumhaft, wer trainiert ist, sollte sie mit dem Fahrrad zurücklegen, dann wirkt die Szenerie noch intensiver. Die R303 führt von Wellington über den Bainskloof und stößt dann auf die R43, die Richtung Süden nach Worcester und nordwärts nach Ceres führt.

Rund um den Pass gibt es einige Wanderwege, darunter den fünfstündigen **Bobbejaans River Walk** zu einem Wasserfall. Die Wanderung beginnt auf der Passhöhe Eerste Tol, die notwendige Erlaubnis (30 R) stellen die Mitarbeiter am Schalter der Cape Nature Conservation im Cape Town Tourism in Kapstadt (s. S. 113) aus.

WEINGÜTER

Weitere Informationen über Weingüter in der Umgebung hat **Paarl Vintners** (☎ 021-863 4886; 86 Main St.).

Der erste Halt auf der Paarl Wine Exploration könnte mitten in der Stadt das **KWV Emporium** (Karte S. 195; ☎ 021-807 3007; www.kwv-international.com; Kohler St.; Weinproben 20 R; ⌚ Mo–Sa

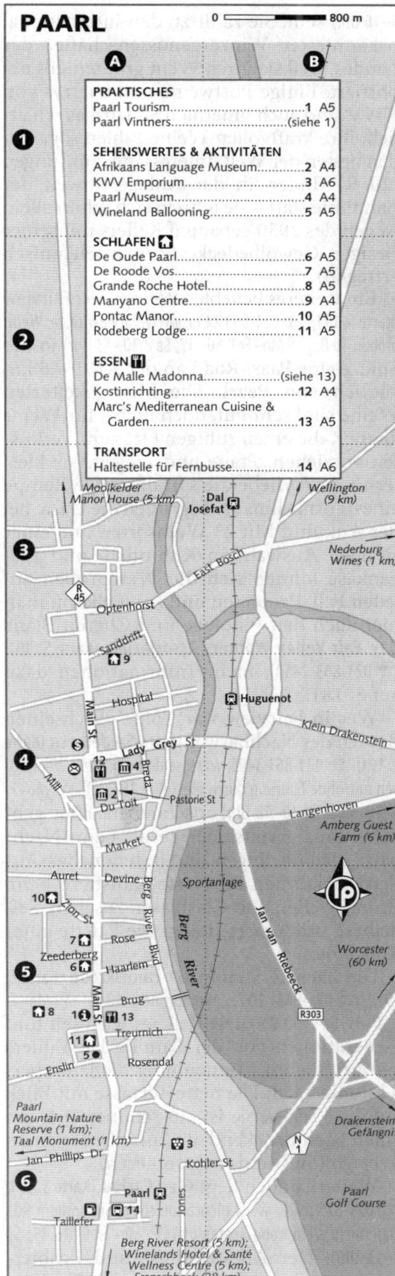

9–16 Uhr) sein. Sie zählt zu den international bekanntesten Winzergenossenschaften des Landes, weil sie ihren Wein größtenteils exportiert. Einige Portweine und Sherrys von KWV sind auch innerhalb Südafrikas erhältlich, ihre kraftvollen Weine zählen sogar zu den besten der Welt. Interessante Führungen (20 R) finden in der Anlage unweit der Bahnlinie statt – sie lohnen sich schon allein wegen des 1930 gebauten Kellers mit seiner riesigen Gewölbedecke (Zeiten telefonisch erfragen).

Ein weiteres beliebtes Weingut ist **Fairview** (Karte S. 191; ☎ 021-863 2450; www.fairview.co.za; Weinproben 10 R; ⏲ Mo–Fr 8.30–17, Sa 8.30–13 Uhr) in der Suid-Agter-Paarl Road an der R101 – 6 km südlich von Paarl. Die hier gekelterten Weine sind sehr gut, doch nichts für Weinkenner, die einen ruhigen Ort zum Verkosten vorziehen. Pfaue und Ziegen (sie klettern mit Vorliebe die spiralförmige Rampe eines Turms hinauf) begrüßen die Gäste bei der Ankunft. Mit 23 Weinsorten und einer riesigen Auswahl an Kuhmilch- und Ziegenkäse lohnen sich die Weinproben auf jeden Fall. Probieren und kaufen kann man hier auch den Pinotage und Chenin Blanc der **Fair Valley Workers Association** (Karte S. 191; ☎ 021-863 2450); mehr Informationen dazu auf S. 181.

Wer in Fairview war, sollte gleich einen Besuch des Nachbarweinguts **Seidelberg** (Karte S. 191; ☎ 021-863 3495; www.seidelberg.co.za; Weinproben mit/ohne Führung durch die Keller 18/12 R; ⏲ Mo–Fr 9–18, Sa & So 10–18 Uhr) anschließen. Hier geht es weitaus geruhsamer zu als beim Nachbarn, die Führungen sind individueller. Außerdem können die Gäste Künstlern beim Bronzegießen und Glasblasen zusehen. Seidelberg produziert eine ganze Palette guter Rotweine.

Die nächste Station ist **Landskroon** (Karte S. 191; ☎ 021-863 1039; Weinproben 10 R; ⏲ Mo–Fr 8.30–17, Sa 9–13 Uhr). Die Kellerei wird seit fünf Generationen von der Familie De Villiers geführt, die ihr Können über die Jahre perfektioniert hat. Die nette Terrasse mit Blick auf die Weinberge ist ein schöner Ort, um einen beeindruckenden Cinsaut oder einen *jerepigo* (Süßwein) zu probieren.

Weiter südlich liegt **Glen Carlou** (Karte S. 191; ☎ 021-875 5528; www.glencarlou.co.za; Simondium Rd., Klapmuts; Weinprobe kostenlos; ⏲ Mo–Fr 9–16.45, So 9–13 Uhr). Der Ausstellungs- und Probierraum mit Panoramablick auf den Tortoise Hill ist neu. Der Shiraz wird hier mit einem kleinen Anteil Viognier- und Mourvèdre-Trauben gekeltert.

Das **Hildenbrand Wine & Olive Estate** (☎ 021-873 4115; www.wine-estate-hildenbrand.co.za; Weinproben 15 R; EZ/DZ mit Frühstück 370/560 R; ⏲ Weingut 10–16 Uhr; 🍴) im Nordosten bietet ein Restaurant und gute Unterkünfte. Neben Wein werden hier auch Oliven angebaut und das frisch gepresste Olivenöl gleich vor Ort verkauft. Das Weingut liegt an einer großen Ringstraße östlich von Wellington. Schilder ab der R303 zwischen Paarl und Wellington helfen bei der Orientierung.

Zum Pflichtprogramm zählt der Besuch des Weinguts **Nederburg Wines** (Karte S. 191; ☎ 021-862 3104; www.nederburg.co.za; Weinproben 10 R; ⏲ ganzjährig Mo–Fr 8.30–17 Uhr, außerdem Dez.–März Sa & So 10–14 Uhr). Es zählt zu den bekanntesten und beliebtesten des Landes und ist trotz seiner Größe und Professionalität immer noch ein sehr persönliches Unternehmen. Die Weinauswahl ist riesig, im Rahmen der informativen Verkostungen (20 R) lernen die Gäste, wie Wein am besten auf den Geschmack verschiedener Nahrungsmittel abgestimmt wird. Das Mittags-Picknick kostet pro Person 90 R (nur Dez.–März, vorab buchen) und ist sehr beliebt. Nederburg liegt an der N1, rund 7 km östlich von Paarl.

Noch etwas weiter liegt das Weingut **Backsberg** (Karte S. 191; ☎ 021-875 5141; www.backsberg.co.za; Weinproben 15 R; ⏲ Mo–Fr 8.30–17, Sa 9–14, So 11–15 Uhr), das durch seinen traditionsreichen Namen und seine üppigen Mittagsmahlzeiten unter freiem Himmel sehr beliebt ist. Es liegt rund 12 km südwestlich von Paarl an der WR1. Die Weißweine wurden mehrfach ausgezeichnet, zusammen mit L'Avenir (S. 184) zählt Backsberg zu den wichtigsten Anbaugebieten für den heimischen Pinotage. Im Juli und August ist das Gut geschlossen.

Schlafen

BUDGETUNTERKÜNFTE

Manyano Centre (Karte S. 195; ☎ 021-872 2537; manyano@eject.co.za; Sanddrift St.; B mit Vollpension 110 R) Eine riesiger Komplex im YMCA-Stil mit spartanischen Dreibettzimmern (Schlafsack mitbringen!). Vor allem am Wochenende reisen hier viele Gruppen an, dann ist oft alles belegt. Der nächste Bahnhof ist der Bahnhof von Huguenot.

De Roode Vos (Karte S. 195; /Fax 021-872 5912; 152 Main St.; EZ/DZ 150/240 R) Unspektakuläre, aber saubere Unterkunft, die die günstigste Übernachtung im Zentrum von Paarl bietet.

Berg River Resort (Karte S. 191; 021-863 1650; bergr@mweb.co.za; Zeltplatz 155 R, DZ-Chalets 520 R;) Ein attraktiver städtischer Campingplatz am Berg River, der 5 km außerhalb von Paarl an der N45 Richtung Franschhoek liegt. Zur Ausstattung gehören Kanus, Trampoline und ein Café.

Bakkies B&B (Karte S. 191; 021-873 5161; www.bakkiesbb.co.za; Bainskloof Rd.; EZ/DZ 170/280;) Hier stimmt das Preis-Leistungs-Verhältnis: Die Zimmer an der Bainskloof Road hinter Wellington sind ein günstiger Ausgangspunkt für die Besichtigung der Region. Mittag- & Abendessen gibt es nach Absprache; das Frühstück kostet 40 R.

MITTELKLASSEHOTELS

Rodeberg Lodge (Karte S. 195; 021-863 3202; www.rodeberglodge.co.za; 74 Main St.; EZ/DZ mit Frühstück 290/460 R;) Die Lodge mit schönen Zimmern (einige mit Klimaanlage und TV) wurde abseits der lauten Hauptstraße gebaut. Unter dem Dach liegt ein Familienzimmer (200 R pro Pers.). Die Hausherren sind nett und servieren das Frühstück im Wintergarten, der auf einen schattigen Garten hinausgeht.

Amberg Guest Farm (Karte S. 191; 021-862 0982; amberg@mweb.co.za; 101; EZ/DZ mit Frühstück 330/500 R;) Die Cottages haben einen sagenhaften Ausblick. Ein Cottage wurde für Selbstversorger reserviert und kostet 360 R. Die netten Hausherren führen auch das Restaurant Amberg Country Kitchen, das sich auf Schweizer Gerichte spezialisiert hat. Die Farm liegt am Du Toits Kloof Pass.

Mooikelder Manor House (Karte S. 191; 021-869 8787; www.capestay.co.za/mooikelder; Main St., Noorder Paarl; EZ/DZ mit Frühstück 350/650 R;) Rund 5 km nördlich des Stadtzentrums liegt ein elegantes Anwesen, das eine Reihe prominenter Vorbesitzer hatte. Der bekannteste darunter war der spätere Gouverneur Cecil John Rhodes. Das wunderschöne, ruhige Fleckchen liegt in Zitrushainen, die Zimmer verströmen immer noch das Flair längst vergangener Tage.

SPITZENKLASSEHOTELS

De Oude Paarl (Karte S. 195; 021-872 1002; www.deoudepaarl.com; 132 Main St.; EZ/DZ mit Frühstück 650/930 R;) Ein neues Boutique-Hotel mit einer altehrwürdigen Atmosphäre. Hinter dem Haus liegt ein versteckter Hof. Zum Hotel gehört ein Geschäft mit einer guten Auswahl an Weinen und köstlichen, aber teuren belgischen Pralinen.

Pontac Manor (Karte S. 195; 021-872 0445; www.pontac.com; 16 Zion St.; EZ/DZ mit Frühstück 1090/1400 R;) Ein kleines, schickes Hotel im viktorianischen Stil mit schönem Blick über das Tal. Die Zimmer sind gemütlich, es gibt ein Cottage für Selbstversorger und ein empfehlenswertes Restaurant.

Grande Roche Hotel (Karte S. 195; 021-863 2727; www.granderoche.co.za; Plantasie St.; DZ ab 2420 R;) Ein luxuriöses Hotel in einer Familienresidenz im kapholländischen Stil mit Blick auf die Berge. Zu den Annehmlichkeiten gehört ein beheiztes Schwimmbad. Das preisgekrönte Bosman's Restaurant (Hauptgerichte 140 R) hat eine über 50 Seiten lange Weinkarte! Die Preise für die Drei-Gänge-Menüs beginnen bei 320 R.

Winelands Hotel (Suite mit Frühstück 2670 R;) Hotel im Santé Wellness Centre mit riesigen Betten, der neuesten audio-visuellen Ausstattung und geradezu dekadenten Bädern.

Essen

Einige Weingüter haben eigene Restaurants oder bieten ein Mittags-Picknick an – sie zählen in der Regel zu den besten und lohnenswetesten Adressen.

Kostinrichting (Karte S. 195; 021-871 1353; 19 Pastorie Ave.; Hauptgerichte 30 R; Mo–Sa Mittagessen) Ein nettes und zentral gelegenes Café in einer ehemaligen Schule im viktorianischen Stil. Der angeschlossene Laden verkauft Kunsthandwerk.

De Malle Madonna (Karte S. 195; 021-863 3925; 127 Main St.; Hauptgerichte 40–65 R; Mi–So Frühstück & Mittagessen, Mi & So Abendessen) Marc Chagall diente diesem Café-Bistro als Inspirationsquelle; der kulinarische Schwerpunkt liegt auf leckerer mediterraner Küche. Vom sonnigen Innenhof fällt der Blick auf die Berge. Der Hit ist *biltong* (getrocknetes Fleisch) mit glasiertem Rote-Bete-Salat (41 R).

Marc's Mediterranean Cuisine & Garden (Karte S. 195 021-863 3980; 129 Main St.; Hauptgerichte 60–75 R; Di–So Mittagessen, Mo–Sa Abendessen) Das Restaurant ist immer wieder ein Favorit der Restauranttester – und das aus gutem Grund! Marc Friedrich hat einen glänzenden Rahmen für eine ebensolche Küche geschaffen, die im provenzalisch gestalteten Garten serviert wird.

An- & Weiterreise

BUS

Die Busse aller großen Unternehmen fahren über Paarl, sodass man einen Besuch der Stadt leicht auf der Reiseroute einplanen kann. Die Strecke zwischen Paarl und Kapstadt kostet 110 R; günstiger ist allerdings der Zug nach Paarl. Wer weiter fahren will, kann dann in Paarl in den Bus umsteigen.

Die Bushaltestelle der Fernbusse (Karte S. 195) liegt gegenüber der Tankstelle Engen an der Main Street, auf die man von der N1 kommend abbiegt.

ZUG

Metro-Züge fahren ungefähr stündlich zwischen Kapstadt und Paarl (1./2. Klasse 14,50/8,50 R, 1¼ Std., Mo–Fr). Achtung: Es gibt keine 2. Klasse! An Wochenenden fahren die Züge seltener. Da immer wieder von Raubüberfällen berichtet wird, sollte man die Züge nur zu Stoßzeiten benutzen.

Von Paarl gibt es Bahnverbindungen nach Stellenbosch, dazu muss man einen Zug Richtung Kapstadt nehmen und in Muldersvlei umsteigen.

Unterwegs vor Ort

Wer keinen fahrbaren Untersatz hat, kann Paarl und die Umgebung – vom Wandern und Radfahren einmal abgesehen – nur mit dem Taxi erkunden. Ein Anbieter ist **Paarl Radio Taxis** (☎ 021-872 5671).

DIE REGION OVERBERG

Alle Straßen, die von Kapstadt Richtung Osten führen, stoßen plötzlich auf ein steiles Gebirge. Nach der Fahrt bergauf und der Überquerung des Berges ist man „über den Berg" – daher der Name Overberg.

Die Region Overberg liegt südlich und westlich der Franschhoek Range. Im Süden begrenzen außerdem die Wemmershoek Range und Riviersonderend Range die Region, sie bilden eine natürliche Grenze zum Breede River Valley. Overberg erreicht man von Kapstadt aus am schnellsten über die N2 oder von Strand aus über die R44 Richtung Hermanus.

Die Küstenstraße zwischen Strand und Hermanus führt über Cape Hangklip und ist ähnlich spektakulär wie der Chapmans Peak Drive in Kapstadt, aber im Gegensatz zu ihm gebührenfrei. Der erste größte Halt ist Hermanus, ein Ferienort am Meer und berühmt für die Wale, die regelmäßig vor seiner Küste auftauchen. Der Ort ist aber deswegen inzwischen so überlaufen, dass es sich fast schon empfiehlt, an eine weniger frequentierte Stelle an der Küste auszuweichen.

Wer ein ruhiges Fleckchen zum Ausruhen sucht, wird vom immer noch sehr ursprünglichen Fischerort Gansbaai begeistert sein, Alternativen sind Arniston und das De Hoop Nature Reserve auf der Weiterfahrt. Ein schöner Ausgangspunkt zum Erkunden der Region Overberg ist Swellendam. Das schöne historische Städtchen liegt zu Füßen der beeindruckenden Langeberg Mountains.

Der Reichtum dieser Region an Fynbos ist unschlagbar; die meisten Arten blühen zwischen Herbst und Frühling. Das Klima ähnelt dem in Kapstadt – es ist gemäßigt mediterran mit relativ milden Wintern und warmen Sommern. Regen fällt das ganze Jahr über, vor allem aber im August; zu allen Jahreszeiten weht ein Wind.

KOGEL BAY

☎ 024

Der schönste Abschnitt der R44 von Kapstadt aus liegt zwischen Gordon's Bay und Kleinmond. Die Ausblicke sind phantastisch: auf der einen Seite blaugrünes Wasser, auf der anderen raue Felsklippen. Manchmal hat man den Eindruck, die Straße endet im Meer. Im **Kogel Bay Pleasure Resort** (☎ 024-856 1286; fax 024-856 4741; R44; Tageskarte pro Pers. 8 R, pro Fahrzeug 15 R; Zeltplatz 70 R) gibt es einen gut ausgestatteten Campingplatz an einem sagenhaften, teilweise sehr windigen Strand. Schwimmen ist dort nicht ganz ungefährlich, außerdem gibt es dort nichts zu kaufen. Während der Schulferien kommen viele Südafrikaner hierher.

BETTY'S BAY

☎ 028

Das kleine Feriendorf Betty's Bay liegt unmittelbar östlich vom Kap Hangklip und ist der nächste lohnenswerte Halt an der R44. Größte Attraktion sind die **Harold Porter National Botanical Gardens** (☎ 028-272 9311; Erw./Kind 8/4 R; 🕑 Mo–Fr 8–16.30, Sa & So 8–17 Uhr, Dez.–Jan.

WESTERN CAPE

WALE

Zwischen Juni und November kommen Südliche Glattwale *(Eubalaena australis)* zum Kalben in die Walker Bay. Teilweise halten sich bis zu 70 Tiere gleichzeitig in der Bucht auf. Bis 1976 war Südafrika eine Walfangnation – Glattwale wurden verfolgt, bis sie fast ausgestorben waren, inzwischen steigt ihre Zahl wieder. Auch Buckelwale *(Megaptera novaeangliae)* sind hier manchmal zu sehen.

Oft kommen Wale sehr nahe an die Küste, vor allem in Hermanus gibt es ein paar ausgezeichnete Beobachtungsstellen auf dem Weg durch die Klippen vom einen Ortsende zum anderen. Die besten Plätze sind Castle Rock, Kraal Rock und Sievers Point. Auf der Felsspitze über dem alten Hafen steht extra ein Fernglas.

Erst seit kurzem nerven die Einwohner von Hermanus den Rest der Welt damit, dass sie die Wale als regelmäßige Gäste lauthals vermarkten. Mit den Walen lässt sich hervorragend werben – jedes Geschäft in der Stadt trägt inzwischen das Wal-Logo. Etwas Besonderes ist der **Wal-Schreier** (☎ 073-214 6949), der durch die Stadt läuft, auf einem Kelp-Horn bläst und eine Tafel herumträgt, auf der zu lesen ist, wo gerade Wale gesichtet wurden. Im September findet ein Walfestival statt (S. 200).

Trotz dieses ganzen Trubels müssen sich die Veranstalter von Walbeobachtungsfahrten strengen Richtlinien unterwerfen. Boote (und Jetskis) sind in der Bucht total verboten. Nur zwei Anbieter haben überhaupt eine Genehmigung, in den Gewässern außerhalb der Bucht Walbeobachtungsfahrten durchzuführen: **Southern Right Charters** (☎ 082-353 0550) und **Hermanus Whale Cruises** (☎ 028-313 2722). Sie nehmen etwa 400 R für eine ein- bis zweistündige Fahrt.

Hermanus ist sicher der bekannteste Walort an der Küste, doch die faszinierenden Tiere können auf der gesamten Strecke von der False Bay bei Kapstadt bis Plettenberg Bay und darüber hinaus beobachtet werden. Auch an der Westküste tauchen die Meeressäuger immer wieder auf.

Wer ein eigenes Fahrzeug hat: Es gibt einen großen Parkplatz zur Walbeobachtung an einer sehr hoch gelegenen Stelle unweit des Alten Hafens. An manchen Tagen lassen sich die Tiere von dort aus bequem vom Auto aus beobachten – man muss nicht einmal aussteigen.

8–19 Uhr). Am Eingang gibt es eine Teestube und einen Garten, in dem man picknicken kann. Die angelegten Pfade bieten einen Einblick in die ursprüngliche Pflanzenwelt der Region. Der 3 km lange Rundwanderweg Leopard Kloof Trail führt durch Farnwälder hinauf zu einem Wasserfall. Für den Weg sind eine Erlaubnis und ein Schlüssel notwendig, beides bekommt man am Hauptkartenschalter vor 14 Uhr gegen ein Pfand von 30 R. Von Kapstadt aus folgt hinter Betty's Bay die Abzweigung zu den Gärten. Ein anderes lohnenswertes Ziel ist **Stony Point,** das von Kapstadt kommend vor Betty's Bay an der R44 liegt. Ein kleiner Spaziergang führt zu einem Aussichtspunkt mit Blick auf eine Kolonie **Brillenpinguine.** Die schwarz-weißen Vögel bilden ein malerisches Bild vor den sich brechenden Wellen und dem Meer.

KLEINMOND

☎ 028

Das an einem wilden, wunderschönen Strand gelegene Kleinmond (an der R44) erlebt derzeit eine neue Blütezeit und wird immer schicker. Der Ort ist ein nettes Nachmittagziel, um hier frischen Fisch oder Meeresfrüchte zu essen und durch die Kunstgalerien und kleinen Läden zu bummeln. Unweit des Ortes liegen ein paar sichere Stellen für Surfer mit ordentlicher Brandung und einige gute Wandermöglichkeiten. Da der Ort keine Touristeninformation hat, fragt man am besten die netten Einwohner um Rat.

Schlafen & Essen

Die meisten Angebote liegen an der Harbour Road, sie führt Richtung Meer.

Palmiet Caravan Park (☎ 028-271 4050; Stellplätze ab 80 R) Der Platz liegt auf der Westseite der Stadt am Strand, sodass man vom Zelt aus das Meer rauschen hört. Von der R44 aus den Hinweisschildern folgen.

Fifth Avenue Guesthouse (☎ 028-271 4254; 5thaeguesthouse@telkomsa.net; 171 Fifth Ave.; EZ & DZ ab 250 R, Cottages ab 750 R;) Liegt ein bisschen abseits vom Hauptgeschehen, bietet aber saubere, gemütliche Zimmer zu einem vernünftigen Preis. Nur vier Blocks entfernt beginnt außerdem das Kogelberg Nature Reserve, in dem man schön spazieren gehen und Vögel beobachten kann.

DIE REGION OVERBERG & ROUTE 62

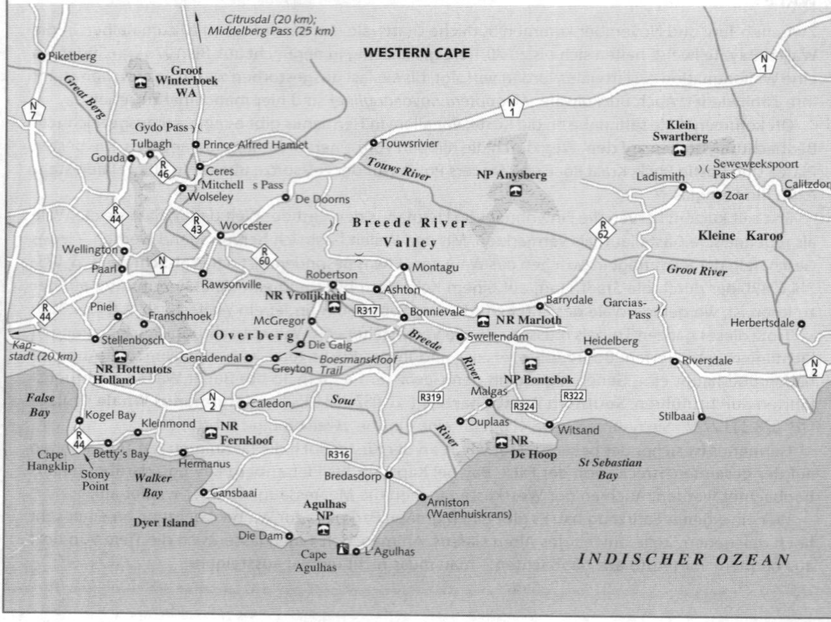

Roxy's Pizza Tavern & Pub (☎ 028-271 5378; 18 Harbour Rd.; Hauptgerichte 30–50 R; 🕑 Mittag- & Abendessen) Nicht schön, aber selten: Ein Favorit unter Einheimischen, der hält, was er verspricht. Mit seinen Partys bis in die frühen Morgenstunden ist es auch eine der wenigen Adressen, die man in Kleinmond noch nachts ansteuern kann.

Sandpiper (☎ 028-271 5368; 17 Harbour Rd.; Hauptgerichte 30–70 R; 🕑 Di–So Mittag- & Abendessen) Auf der Karte des belebten Lokals stehen Gerichte mit mediterranem Einschlag. Alle sind lecker zubereitet und werden auf der Terrasse mit Blick auf den Strand und das Meer serviert.

Alive Alive-O (☎ 028-271 3774; 35 Harbour Rd.; Hauptgerichte 35–150; 🕑 Mo–Sa Mittagessen) Eine Strandhütte, die sich auf Schalentiere spezialisiert hat – angeblich darf es als einziges Restaurant des Landes die bedrohten Abalonen (Ohrschnecken, auch See- oder Meerohren genannt) anbieten. Die Schnecken, die eine aphrodisierende Wirkung haben sollen, werden in Knoblauchbutter gebraten und in Wein-Sahnesoße serviert (200 g 140 R).

HERMANUS

☎ 028 / 24 700 Ew.

Hermanus war ursprünglich ein kleines Fischerdorf – was teilweise bis heute spürbar ist. Durch die Nähe zu Kapstadt (122 km) ist der Ort aber vor allem ein beliebtes Tagesausflugsziel geworden. Ein Grund sind die Wale: Hermanus gilt als der weltweit beste Platz, an dem sich die Meeressäuger vom Land aus beobachten lassen.

Das Stadtzentrum liegt 2 km östlich des neuen Hafens, alles liegt in fußläufiger Entfernung. Es gibt viele Restaurants und Geschäfte, leider wirkt der Ort dadurch auch ziemlich kommerzialisiert. Oft sind die Straße überlaufen, vor allem während des **Hermanus Whale Festival** (www.whalefestival.co.za) im September und während der südafrikanischen großen Schulferien im Dezember und Januar.

Etwas Ruhe findet man an den schönen Stränden, die östlich des Stadtzentrums liegen. Die felsigen Hügel ringsum erinnern ein wenig an Schottland und bieten gute Spaziermöglichkeiten. Botanisch Interessierte sollten das Naturreservat mit sei-

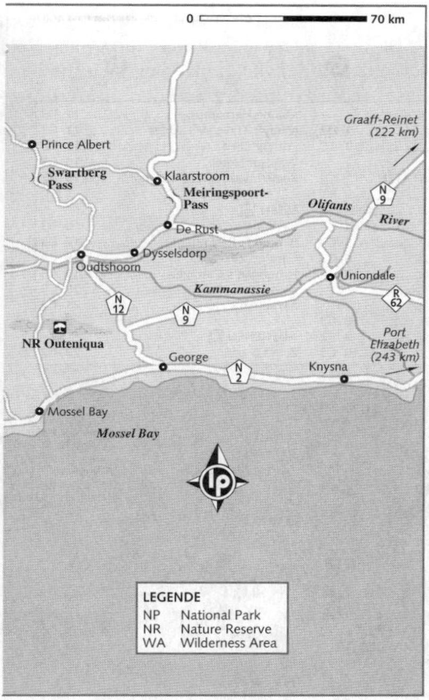

ner berühmten Fynbos-Vegetation, ein Buschland mit Proteen u. a., besuchen.

Orientierung & Praktische Informationen

Die R43 geht in Hermanus in die schnurgerade Main Road über, die ihrerseits Richtung Südosten ins Stadtzentrum führt. Das liegt direkt nördlich des Alten Hafens.

Hermanus Tourism (☎ 028-312 2629; www.hermanus.co.za; Old Station Bldg., Mitchell St.; ⌚ Mo–Sa 9–17, So 12–17 Uhr) Liegt etwas östlich des Stadtzentrums und bietet viele Informationen über die Gegend. Hier bekommt man auch Infos über Spaziergänge und Fahrten in die umliegenden Hügel und kann Unterkünfte buchen.

Internet City (☎ 028-312 4683; Waterkant Bldg., Main Rd.; Std. 20 R; ⌚ 8–20 Uhr) Bietet sicheren und schnellen Internetzugang.

Sehenswertes & Aktivitäten

An Outdoor-Aktivitäten besteht in Hermanus kein Mangel – fast jede Unterkunft kann etwas arrangieren – z. B. Kajakfahrten auf dem Meer, das Tauchen mit Haien und Weinproben. Kunstliebhaber sollten auf dem kleinen **Markt** (tgl., Lemm's Corner, Market Sq.) an der Main Road nach Kunsthandwerk schauen; samstags wird zusätzlich ein Kunsthandwerksmarkt veranstaltet.

TAUCHEN MIT HAIEN

Viele Veranstalter in Hermanus werben damit, dabei starten die meisten Boote inzwischen von Gansbaai (s. S. 204), etwa 53 km weiter östlich (alle Anbieter fahren ihre Gäste dorthin). Das Tauchen mit Haien ist zweifellos sehr beliebt, sollte aber auch durchaus kritisch gesehen werden: Die Veranstalter benutzen Köder, um die Tiere zu den Käfigen zu locken. Das wiederum bringt die Raubfische in Küstennähe und führt dazu, dass sie menschliche Wesen mit Futter assoziieren. Keine sehr verlockende Vorstellung – vor allem für Surfer, die in letzter Zeit vermehrt von Haien angegriffen wurden.

Die meisten Anbieter verlangen einen international anerkannten Tauchschein, einige lassen auch Schnorchler in den Käfig. Zu den am meisten empfohlenen Veranstaltern zählen **Brian McFarlane** (☎ 028-312 2766; www.sharkcagediving.net; Tauchgang 800 R) und **Shark Lady Adventures** (☎ 028-313 3287; www.sharklady.co.za; 61 Marine Dr.; Tauchgang 1000 R). Hier wird (allerdings nur für geübte Taucher) der Tauchgang im „Kristallkäfig" (1700 R) angeboten, der eine noch größere Nähe zu den Tieren ermöglicht. Im Preis inbegriffen sind in der Regel Frühstück, ein Mittagessen und die Tauchausrüstung.

WANDERN

Der **Cliff Path Walking Trail** schlängelt sich von der Stadt am Meer entlang zum Grotto Beach, einem langen, schmalen Strand mit tollen Einrichtungen für Surfer. Der Spaziergang dauert etwa 1½ Stunden. Auf dem Weg liegen Kraaiwater, ein guter Aussichtspunkt zur Walbeobachtung, sowie Langbaai Beach und Voelklip Beach. Das 1400 ha große **Fernkloof Nature Reserve** (Karte S. 200–201; ☎ 028-313 8100; Fir Ave.; Eintritt frei; ⌚ 9–17 Uhr) ist für alle lohnenswert, die sich für die Fynbos-Vegetation interessieren. Wissenschaftler haben bislang 1100 verschiedene Arten identifiziert. Durch das Reservat führen 60 km unterschiedlich anspruchsvolle Wanderwege.

KAJAK FAHREN

Walker Bay Adventures (☎ 028-314 0925; Prawn Flats; Kajakfahrt 250 R, Kanufahrt 350 R, Paragliden 750 R, Wal-

beobachtung vom Boot aus Erw./Kind 400/150 R) bietet Kajaktouren auf dem Ozean an. Vom Kajak lassen sich die Wale besonders nah und ohne störende menschliche Gesellschaft beobachten. Der Veranstalter organisiert auch Fahrten durch die Lagunen und verleiht Kajaks und Boote.

ALTER HAFEN

Der alte Hafen liegt an den Klippen vor dem Stadtzentrum. Es gibt dort ein kleines, etwas eintöniges **Museum** (☎ 028-312 1475; Erw./Kind 2/1 R; 🕑 Mo–Sa 9–13, 14–17, So 12–16 Uhr) und eine Reihe Fischerboote. Die Zweigstelle des Museums im alten Schulhaus auf dem Marktplatz zeigt alte Fotos von der Stadt und den Fischern.

Schlafen

Obwohl in letzter Zeit viele Unterkünfte in Hermanus aus dem Boden geschossen sind, kann es in der Hochsaison passieren, dass man vergeblich nach einem Bett sucht. Eine rechtzeitige Reservierung ist in diesen Spitzenzeiten unbedingt notwendig! Bei der Suche nach einem Zimmer hilft Hermanus Tourism oder eine der vielen Vermittlungsagenturen. Die genannten Häuser sind alle empfehlenswert, stellen aber nur eine Auswahl dar.

BUDGETUNTERKÜNFTE

Hermanus Backpackers (☎ 028-312 4293; moobag@mweb.co.za; 26 Flower St.; B 75 R, DZ mit Gemeinschaftsbad 210 R; 💻 🅿) Eine geniale Unterkunft mit fitten Angestellten. Das Haus ist schön eingerichtet und gut ausgestattet, u. a. mit einer Bar unterm Schilfdach. Im Preis inbegriffen ist ein kostenloses Frühstück.

Moby's Traveller's Lodge (☎ 028-313 2361; www.mobys.co.za; 9 Mitchell St.; B 85 R, EZ/DZ mit Gemeinschaftsbad 200/260 R;) Leser haben das Haus wärmstens empfohlen. Die Stimmung ist gut, was sicherlich auch an der großen Bar liegt, in der man die Nacht durchfeiern kann. Zum Relaxen wartet ein Felsenpool mit eigenem Wasserfall. Im Pub wird täglich ein Mittagessen angeboten, die Stunde Surfen kostet im Internetcafé 30 R.

Zoete Inval Travellers Lodge (☎ 028-312 1242; www.zoeteinval.co.za; 23 Main Rd.; B 85 R, DZ mit Gemeinschaftsbad & Frühstück 340 R) Das ruhige Zoete ist eher ein Gästehaus als ein Hotel, hat eine gute Ausstattung (sogar mit Jacuzzi) und nett eingerichtete Zimmer. Die Lodge ist nichts für Raucher und all jene, die gerne etwas (mehr) trinken. Familien werden in Vierbett-Zimmern untergebracht.

MITTELKLASSEHOTELS

Hermanus Esplanade (☎ 028-312 3610; info@hermanus.com; 63 Marine Dr.; Ferienwohnung ab 250 R) Einige dieser fröhlich bunt eingerichteten Apartments für Selbstversorger haben Meerblick. Die günstigsten Preise gelten auch während der Walsaison von Mai bis Oktober.

Potting Shed (☎ 028-312 1712; www.thepottingshedguesthouse.co.za; 28 Albertyn St.; EZ/DZ mit Frühstück ab 300/440 R; P) Ein ausgezeichnetes Gästehaus, das von vielen Lesern wärmstens empfohlen wird. Die Zimmer sind gepflegt und komfortabel; das Bad hat allerdings nur eine Dusche. Alle Zimmer und der Pool sind mit dem Rollstuhl zugänglich.

Windsor Hotel (☎ 028-312 3727; www.windsorhotel.co.za; 49 Marine Dr.; EZ/DZ mit Frühstück ab 650/900 R) Ein alt eingesessenes Hotel auf einer Klippe am Meer. Natürlich wollen alle eines der etwas teureren Zimmer mit Blick aufs Meer – und vielleicht auch auf Wale.

Auberge Burgundy (☎ 028-313 1202; www.hermanus.co.za/accom/auberge; 16 Harbour Rd.; EZ/DZ mit Frühstück 735/980 R;) Ein wunderbares Haus im Stil einer provenzalischen Villa mit guter Ausstattung, schmiedeeisernen Balkonen und echten Kunstwerken an der Wand.

SPITZENKLASSEHOTELS

Marine Hermanus (☎ 028-313 1000; www.marinehermanus.co.za; Marine Dr.; EZ/DZ mit Frühstück ab 1700/2800 R;) Mit Esplanade direkt am Meer gelegen, bietet die tolle Fünf-Sterne-Anlage eine von Designern gestaltete Ausstattung. Das Personal ist freundlich und bemüht, alle Wünsche der Gäste umzusetzen – egal ob sie ein Zimmer mit Meerblick oder mit Balkon wollen. Es gibt zwei Restaurants mit Blick auf das Wasser. Im einen wird südafrikanische *Nouvelle Cuisine* (zwei/drei Gänge 155/195 R) serviert; im anderen gibt es mittags leichte Fischgerichte und Meeresfrüchte (95 R).

Essen & Ausgehen

Restaurants gibt es in Hermanus in Hülle und Fülle; von vielen Tischen lassen sich sogar die Wale beobachten.

Fisherman's Cottage (☎ 028-312 3642; Lemm's Corner; Hauptgerichte 22–75 R; Mittag- & Abendessen) Im weiß getünchten, mit Fischernetzen dekorierten Cottage liegt der Schwerpunkt auf preiswerten Gerichten auf der Grundlage von Fisch und Meeresfrüchten.

Zebra Crossing (☎ 028-312 3906; 121 Main Rd.; Hauptgerichte 35 R; Mittag- & Abendessen) Die bei Rucksackreisenden sehr beliebte DJ-Bar mit dem witzigen Zebra-Motto ist der Ort – so wurde berichtet –, an dem am Wochenende spät nachts die Party abgeht. Die Bar hat einen Kamin und Billardtische.

Savannah Café (☎ 028-312 4259; Village Theatres Bldg., Marine Dr.; Hauptgerichte ab 40 R; Frühstück & Mittagessen) Zur Auswahl stehen ein Riesenfrühstück mit Eiern, Saft, Kaffee, Schinkenspeck und Pommes, Pilzen und *boerewors* (scharfe traditionelle Wurst) oder süßem Gebäck. Für Vegetarier, Veganer und Diabetiker gibt es ebenfalls ein paar Gerichte. Von den Tischen aus können die Gäste die Wale beobachten.

Marimba Café (☎ 028-312 2148; 9 Royal Lane an der Main Rd.; Hauptgerichte 45–85 R; Abendessen) Die lebendige Atmosphäre entschädigt für die etwas karge Speisekarte. Die Restaurant-Bar wirkt etwas ungepflegten, wird aber von vielen empfohlenen. Gekocht werden traditionelle Gerichte aus ganz Afrika.

Bientang's Cave (☎ 028-312 3454; Marine Dr.; Hauptgerichte 55 R; Mittag- & Abendessen) Das Restaurant schmiegt sich direkt am Wasser an die Klippen – eine einmalige Lage, die darüber hinwegsehen lässt, dass die Küche eher durchschnittlich ist. Der Eingang ist nur über eine steile Treppe mitten in den Klippen erreichbar.

WESTERN CAPE

Casa do Zé (☎ 028-313 0377; 12 Mitchell St.; Hauptgerichte 60 R; ⏲ Mo–Sa Mittag- & Abendessen) Ein altmodisches portugiesisches Restaurant mit frischem gegrilltem Fisch und den berühmten Lourenço-Marques-Garnelen als Spezialität. Das Bier aus Mozambique sollte man einmal probieren.

Burgundy Restaurant (☎ 028-312 2800; Marine Dr.; Hauptgerichte 60–95 R; ⏲ Mittag- & Abendessen) Das Restaurant ist so beliebt, das ohne eine Reservierung nichts geht. Es liegt im ältesten Gebäude der Stadt (1875) und hat einen Garten mit Meerblick. Auf der Karte dominiert *Seafood*, dazu kommt ein täglich wechselndes vegetarisches Gericht.

An- & Weiterreise

Trevis Tours (☎ 072-608 9213) bietet täglich einen Pendelverkehr nach Gansbaai (50 R, 30 Min.) und Kapstadt (150 R, 1½ Std.) an.

Alle drei Hostels fahren ihre Gäste zum Haltepunkt des Baz-Busses (einfach 30 R, 30 Min.) in Botrivier, 50 km westlich der Stadt. Es gibt sonst keine regelmäßigen Busverbindungen von Kapstadt nach Hermanus.

GANSBAAI

☎ 028 / 12 000 Ew.

Gansbaai hat in den letzten Jahren wegen des Haitauchens einen riesigen Aufschwung erlebt und ist doch auf charmante Art einfach geblieben. Der Ort hat jedenfalls viel mehr zu bieten als die grimmigen Raubfische vor der Küste: zum Beispiel eine glitzernde, unberührte Küste, an der man die Natur der Region Overberg abseits vom Touristenrummel entdecken kann.

Orientierung & Praktische Informationen

Die Straße führt von Hermanus aus 53 km nach Osten, hinter der Ortschaft De Kelders geht sie direkt in die Main Road über, die parallel zur Küstenlinie verläuft. Im 7 km weiter östlich gelegenen Kleinbaai werden die meisten Aktivitäten angeboten. Als erstes aber sollte man die auf der Main Road ausgeschilderte, wirklich gute Touristeninformation **Gansbaai Tourism** (☎ 028-384 1439; www.danger-point-peninsula.co.za; Ecke Main Rd. & Berg Rd.; ⏲ Mo–Fr 9–17, Sa 9–14 Uhr) besuchen.

Sehenswertes & Aktivitäten

Gansbaai ist die Verbindung zur Danger Point Peninsula, auf der auch Kleinbaai liegt. Dort gibt es die meisten Freizeitangebote.

Natürlich sind die **Walbeobachtung** und das **Haitauchen** die größten Attraktionen. Die meisten Veranstalter operieren von Hermanus (s. S. 201) aus. Gute Informationen bieten Gansbaai Backpackers und Great White House.

Das **Danger Point Lighthouse** (☎ 021-449 2400) von 1895 lohnt ebenso einen Besuch wie das **Walker Bay Reserve** (☎ 028-384 0111). Dort gibt es ausgezeichnete Wanderwege wie die Duiwelgat and Fynbos Hiking Trails und Möglichkeiten zur Vogelbeobachtung. In den Klipgat Caves wurden vor kurzem Artefakte der Khoi Khoi gefunden.

Wer einen Ausflug zur immer beliebteren Township Masakhane plant, sollte sich an **iKhaya Laba Thembu** (☎ 072-218 0742) wenden. Es gibt dort viele handgearbeitete Dinge zu kaufen; im Schatten von Milkwood-Bäumen werden außerdem traditionelle Gerichte der Xhosa gekocht.

Schlafen & Essen

Die Touristeninformation bietet eine umfassende Liste mit Übernachtungsmöglichkeiten und Restaurants in De Kelders und rund um Danger Point.

Gansbaai Backpackers (☎ 028-384 0641; gansbaaibackpackers@yahoo.com; 6 Strand St.; B 75 R, EZ/DZ mit Gemeinschaftsbad 140/220 R) Eine super Adresse, um günstig unterzukommen oder um Ausflüge und andere Aktivitäten zu buchen.

Mar (☎ 028-384 2848; info@airedelmar.co.za; 77 Van Dyk St., Kleinbaai; Zi. 200 R, EZ/DZ mit Frühstück 350/580 R; 💻) Hier gibt es Angebote in ganz unterschiedlichen Preisklassen, von einfachen Unterkünften für Rucksackreisende (Selbstversorger) bis hin zu schicken Zimmern mit tollem Blick aufs Meer und auf Dyer Island. Für 45 R wird ein ziemlich gutes Frühstück angeboten.

Great White House (☎ 028-384 3273; 5 Geelbek St., Kleinbaai; Hauptgerichte 35–70 R; ⏲ Aug.–Sept. & Dez.–Feb. Mo–So Frühstück, Mittag- & Abendessen). Ein seltsames Haus, in dem Fisch und Meeresfrüchte serviert, aber auch Kleider und Krimskrams verkauft werden, Darüber hinaus gibt es Informationen über Ausflüge und Drei-Sterne-Zimmer.

Die Buitesteen (☎ 028-384 0601; 3 Dover St., De Kelders; Hauptgerichte 40 R; ⏲ Mo–So 10–2 Uhr) Ein Pub, dessen Wände mit den Häusern von *perlemoen* (Abalonen) bedeckt sind. Hier geht es sehr locker zu. Das Buitesteen ist ein Dauerbrenner unter Backpackern und einheimischen Fischern.

An- & Weiterreise

Privatfahrzeugen ist die Einfahrt in den Ort verboten. Derzeit wird gerade mit Hochtouren an der neuen asphaltierten Straße zwischen Gansbaai und Elim gearbeitet. Sie ist Teil des Fynbos Road Projects, das die Danger Point Peninsula mit Cape Agulhas verbinden soll.

Trevis Tours (☎ 072-608 9213) bietet einen täglichen Pendelverkehr nach Hermanus (50 R, 30 Min.) und bis ins weiter entfernte Kapstadt (180 R, 2 Std.) an.

L'AGULHAS

☎ 028

L'Agulhas wurde schon als „nichts als eine Möwe und 'ne Miesmuschel" beschrieben – was nicht ganz falsch ist: Viel hat die Siedlung L'Agulhas wirklich nicht zu bieten. **Cape Agulhas** liegt etwas südlich des Ortes und ist der südlichste Punkt Afrikas.

An einem stürmischen Tag sind die zerklüfteten Felsen und das tosende Meer sehr beeindruckend, sonst gibt es kaum einen Grund, länger als für einen Fotostopp und den Besuch des nahe gelegene **Leuchtturms** (☎ 028-435 6222; Erw./Kind 6/3 R; Mo–Sa 9–16.15, So 9–14 Uhr) zu bleiben. Er wurde im Jahr 1848 errichtet und ist damit der zweitälteste Leuchtturm des Landes. Gegen den kleinen Hunger bietet die **Teestube** (☎ 028-435 7506) günstige Snacks und kleine Mahlzeiten.

L'Agulhas ist gut mit dem eigenen Auto erreichbar, einige Firmen rund um Swellendam bieten aber auch Tagesausflüge dorthin an. Nähere Infos s. S. 207.

ARNISTON (WAENHUISKRANS)

☎ 028

Der Ort zählt zu den Juwelen von Western Cape: Das hübsche Dorf liegt den Stürmen ausgesetzt in einer dramatischen Naturkulisse. Seinen Namen verdankt es dem Schiff, das 1815 vor seiner Küste sank, und einer riesigen Meereshöhle, in der mehrere Ochsenkarren Platz fänden (Waenhuiskrans bedeutet übersetzt Wagenhaus-Klippe).

Der Ort ist malerisch, was an den bunten Booten, dem warmem blaugrünen Wasser und an **Kassiesbaai** liegt. Der 200 Jahre alte Weiler mit seinen weiß getünchten Cottages bildet das Zentrum des Ortes. Südlich von Kassiesbaai liegt der **Roman Beach**, ein weißer Sandstrand mit sanfter Brandung. Der Strand ist ein idealer Tummelplatz für Kinder: An beiden Ende gibt es Höhlen, kleine Buchten und Felsbecken mit Seeigeln und farbenprächtigen Anemonen. Die Seeigel sollte man allerdings lieber nicht anfassen; sie können ziemlich schmerzende Wunden verursachen.

Das Dorf hat keine richtigen Straßenschilder, was die Orientierung und Suche erschwert. Doch die Restaurants und Unterkünfte sind in der Regel gut ausgeschildert.

Schlafen & Essen

Southwinds (☎ 028-445 9303; southwinds@arnistoninfo.co.za; 12 First Ave.; DZ mit Frühstück 550 R) Die Unterkunft liegt nur 200 m vom Meer entfernt. Alle Zimmer mit rauen, weiß gekalkten Wänden und Holzfußböden haben einen eigenen Eingang. Um die Ecke stehen einige Cottages mit Blick aufs Meer. Die Besitzer Allister und Jane helfen mit Infos zu Ausflügen in der Umgebung.

Das **Herberg & South of Africa Backpackers' Resort** (☎ 028-445 9240; www.southofafrica.co.za; EZ/DZ 279/390 R, mit Gemeinschaftsbad 130/210 R;) hat eine ungewöhnliche Lage neben einem militärischen Versuchsgelände, das an der R316 (2 km außerhalb von Arniston) ausgeschildert ist. Die Anlage ist gut ausgestattet, u. a. mit einem Konferenzzentrum, einem Fitnessstudio, einem großen Pool, einer Sauna und zwei großen Billardtischen. Es gibt zwei Zimmerkategorien, zum einen die günstigen Backpacker-Doppelzimmer und zum anderen teurere Zimmer mit eigenem Bad. Alle Zimmer haben TV. Das angeschlossene Castaway Restaurant (Hauptgerichte 20 bis 50 R) hat für jeden – auch für Kinder – etwas zu bieten.

Arniston Hotel (☎ 028-445 9000; www.arnistonhotel.com; EZ/DZ mit Frühstück 720/1790 R;) Das Arniston ist ein luxuriöses Hotel am Meer. Der Schiffbruch zieht sich als Thema durch das gesamte Haus, sei es in Form gerahmter Beschreibungen der Unglücke oder in Form von Gegenständen, die von den Schiffen gerettet wurden. Die Zimmer mit Meerblick haben raumhohe Fenster. Das noble Restaurant mit Blick aufs Wasser serviert Mittag- (40 R) und Abendessen (45–115 R) und bietet eine riesige Weinauswahl.

WESTERN CAPE

Die Waenhuis (☎ 028-445 9797; Dupreez St.; Hauptgerichte ab 40 R) Das einzige Restaurant der Stadt, das nicht zu einem Hotel gehört. Das versteckt hinter dem Arniston Center General Store liegende Restaurant hat viel Charme, Kerzenbeleuchtung und Graffitis an den Wänden und bietet eine gute Auswahl an Gerichten.

DE HOOP NATURE RESERVE

Das **De Hoop Nature Reserve** (☎ 028-425 5020; bredasdorp@capenature.org.za; Eintritt 20 R; Zeltplätze 95 R, Cottages für 4 Pers. ab 325 R; 🕑 7–18 Uhr) umfasst 36 000 ha Land- und 5 km Meeresfläche und zählt zu den interessantesten Schutzgebieten der Cape Nature Conservation. Zum Schutzgebiet gehören ein malerischer Küstenabschnitt mit Stränden, Dünen und Felsklippen, ein Süßwassersee und der Potberg Mountain. Die Besucher treffen auf eine faszinierende Bergwelt, Lowveld-Fynbos und einen abwechslungsreichen Küstenabschnitt. Am Land leben Kap-Bergzebras, Bonteboks und unzählige Vogelarten. Die Küste ist ein wichtiger Paarungsort der Südkaper oder Südlichen Glattwale.

Der Park bietet viele Tageswanderungen, eine mehrtägige Mountainbikeroute und gute Schnorchelmöglichkeiten an der Küste, die Hauptattraktion des Parks ist jedoch eindeutig die fünftägige **Whale Route** (pro Pers. 700 R). Der 55 km lange Fernwanderweg bietet zwischen Juni und Dezember ausgezeichnete Gelegenheiten zur Beobachtung von Walen. Untergebracht ist man in modernen, voll ausgestatteten Selbstversorger-Cottages. Man kann die Tour nur als Gruppe mit mindestens sechs und höchstens zwölf Teilnehmern buchen. Der Preis schließt den Rücktransport zum Auto am Ende der Wanderung mit ein. Wer sich nicht fit genug fühlt, um sein eigenes Gepäck zu tragen, kann es jeden Morgen zum nächsten Cottage transportieren lassen (1200 R für sechs Pers.).

Wer auf eigene Faust eine Nacht im Reservat verbringen möchte, hat die Wahl zwischen dem Campingplatz (95 R), einfachen Cottages (ab 325 R) oder einem Haus für zehn Personen am Strand. Im Übernachtungspreis ist der Eintritt zum Schutzgebiet enthalten.

Das Reservat liegt rund 260 km östlich von Kapstadt, die letzten 50 km von Bredasdorp oder Swellendam sind Schotterpisten. Der Park ist nur über Wydgeleë an der Straße von Bredasdorp nach Malgas zugänglich In Malgas transportiert eine von Hand gesteuerte Flussfähre (*pont*) vom Morgengrauen bis zur Abenddämmerung die Passagiere über den Breede River. Das Dorf **Ouplaas** liegt 15 km nordwestlich des Parks und ist die nächstgelegene Möglichkeit, um Treibstoff und Vorräte zu kaufen. Wer kein eigenes Fahrzeug hat, kann an einer geführten Tour teilnehmen (s. S. 207).

SWELLENDAM

☎ **028 / 30 000 Ew.**

Swellendam wurde 1776 gegründet und wächst immer noch. Sein besonderer Reiz liegt in der einzigartigen Mischung aus schöner Lage, hübschem Stadtbild und Geschichte. Die Stadt mit ihren alten Eichen wird von wogenden Weizenfeldern und Bergen eingerahmt und bietet gute Ausflugsmöglichkeiten in die Region Overberg und die Little Karoo. Die Stadt ist außerdem ein attraktiver Zwischenstopp auf dem Weg von Kapstadt zur Garden Route. Auch ohne fahrbaren Untersatz lässt sich der ursprünglich gebliebene Wald direkt an der Stadtgrenze erkunden.

Swellendam liegt am Fuß der bis zu 1600 m hohen Langeberg Range. Besonders beeindruckend ist Swellendam, wenn der Nebel über die Berge fällt. Wie Franschhoek entwickelt sich Swellendam mehr und mehr zu einem bevorzugten Ort europäischer Auswanderer.

Praktische Informationen

IT Solutions (☎ 028-514 3688; Voortrek St.; Std. 40 R; 🕑 Mo–Fr 8–17, Sa 8.30–13 Uhr) Der günstigste Internetzugang.

Swellendam Tourism Bureau (☎ 028-514 2770; Voortrek St.; 🕑 Mo–Fr 9–17, Sa 9–12.30 Uhr) In der alten Missionsstation (Oefeninghuis) an der Main Street. Eine der Zwillingsuhren steht immer auf 12.15 Uhr, der Uhrzeit, zu der früher der tägliche Gottesdienst begann. Alle Dorfbewohner, die die Uhrzeit nicht lesen konnten, mussten nur die funktionierende Uhr mit der gemalten vergleichen, um zu wissen, wann sie in der Kirche zu erscheinen hatten.

Sehenswertes

Die Hauptsehenswürdigkeit ist das etwas außerhalb gelegene **Drostdy Museum** (☎ 028-514 1138; 18 Swellengrebel St.; Erw./Kind 12/2 R; 🕑 Mo–Fr 9–16.45, Sa & So 10–15.45 Uhr). Im Zentrum steht die wunderschöne *drostdy* (Vogtei) von 1746. Die Eintrittskarte gilt für mehrere historische Gebäude auf dem Gelände, u. a. für das Gefängnis **Old Gaol**, das **Gaoler's Cottage**, eine Wassermühle und die Villa **Mayville** (1853) mit einem formalen viktorianischen Garten. Auf dem Museumsgelände gibt es außerdem ein hervorragendes Restaurant und einen Laden mit stilvollen afrikanischen Kuriositäten.

Wer die **Dutch Reformed Church** (Voortrek St.) im Stadtzentrum fotografiert, hat bei den Einwohnern von Swellendam ganz sicher einen Stein im Brett: Sie schwören, ihre Kirche sei die am dritthäufigsten fotografierte Sehenswürdigkeit der Südhalbkugel.

Aktivitäten

In Swellendam gibt es für alle Altersgruppen, jedes Portemonnaie und jeden Geschmack etwas zu erleben. Eine gute Adresse, um aus dem breiten Angebot etwas herauszusuchen, ist **Bontebok Tours & Travel** (☎ 028-514-3650; info@bontebok.co.za; 23 Swellengrebel St.; ⌚ Mo–Sa 9–18, So 10–18 Uhr), die Mitarbeiter buchen so gut wie jede Tour.

Zu den beliebtesten Aktivitäten gehören ein Ausflug zum Cape Agulhas (295 R) mit der Möglichkeit zum Quad-Biken (Std. 200 R), ein Besuch des De Hoop Nature Reserve (295 R), eine Fahrt auf der Weinroute rund um Barrydale, Montagu, Ashton und Bonnievale (295 R) sowie ein Ausflug mit dem Mountainbike (Tag 90 R) in die umliegende bergige Region.

Die Agentur bucht auch Freizeitaktivitäten beim **Buffeljachts Dam**, u. a. Fahrten auf dem See mit einem Doppeldecker-Holzfloß bei Sonnenuntergang (60 R) und Abseilingtouren (200 R).

Tageskarten (15 R) für einen Besuch des **Marloth Nature Reserve** in der Langeberg Range 3 km nördlich der Stadt stellt das **Nature Conservation Department** (☎ 028-514 1410) am Eingang des Reservats aus.

Two Feathers Horse Trails (☎ 082-494 8279; Std. 100 R) richtet sich an unerfahrene und geübte Reiter (verleiht aber keine Helme). Ausritte durch die Langeberg Range mit Übernachtung kosten 1000 R. Two Feathers liegt am Rand des Marloth Nature Reserve. Unbedingt vorab buchen!

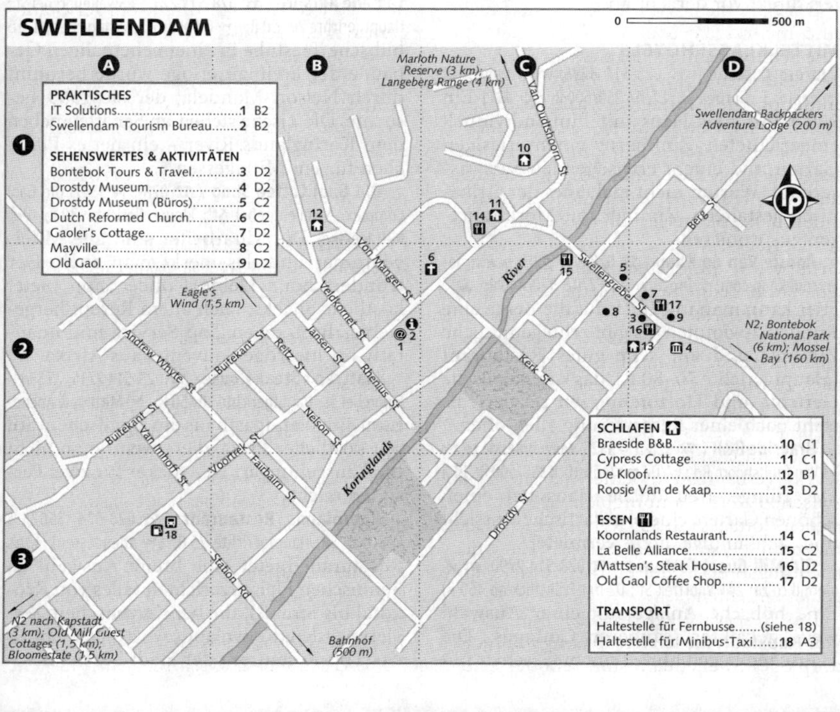

Bei **Zephyr Travel** (☎ 082-771 2765) muss man anrufen (es gibt kein Büro), um individuelle Touren zu organisieren. Vieles findet rund um Swellendam statt, es werden aber auch Ausflüge in die Region Overberg und darüber hinaus organisiert.

Schlafen

Inzwischen gibt es mehr als 100 Möglichkeiten, in und rund um Swellendam unterzukommen. Empfehlenswert sind die nachfolgend genannten Unterkünfte, ansonsten hilft auch die Touristeninformation weiter.

BUDGETUNTERKÜNFTE

Swellendam Backpackers Adventure Lodge (☎ 028-514 2648; backpack@telkomsa.net; 5 Lichtenstein St.; Zeltplatz pro Pers. 40 R, B 70 R, DZ mit Gemeinschaftsbad 170 R) Die Lodge liegt auf einem riesigen Grundstück mit eigenem Fluss und 15 Pferden ganz in der Nähe des Marloth Nature Reserve. Das hervorragende Hostel wird von einem sehr engagierten Management geführt. Ein Tipp: Wenigstens einmal am Abendessen teilnehmen (ca. 40 R) – es ist einfach gigantisch und sehr lecker. Baz Bus setzt die Gäste des Hostels direkt vor der Tür ab.

MITTELKLASSEHOTELS

Cypress Cottage (☎ 028-514 3296; www.cypresscottage.info; 3 Voortrek St.; EZ/DZ 250/500 R) Ein 200 Jahre altes Haus mit fünf individuell eingerichteten Zimmern, einem riesigen Garten und einem erfrischenden Salzwasserpool. Warum nicht mal eines der afrikanisch gestalteten Zimmer mit Moskitonetzen ausprobieren?

Roosje Van de Kaap (☎ 028-514 3001; www.roosjevandekaap.com; 5 Drostdy St.; EZ/DZ 320/440 R) Hier kann man mit Blick auf die Berge eine Runde schwimmen. Es gibt zehn gemütliche Zimmer und ein sehr gutes Restaurant (Hauptgerichte 70–80 R), das kapmalaiische Gerichte und Holzofenpizzen serviert. Es steht nach einer Reservierung allen offen.

Braeside B&B (☎ 028-514 3325; www.braeside.co.za; 13 Van Oudtshoorn Rd.; EZ/DZ mit Frühstück 350/500 R) Das ruhige, freundliche Haus hat einen schönen Garten, eine phantastische Aussicht und sachkundige, nette Vermieter.

Old Mill Guest Cottages (☎ 028-514 2790; www.oldmill.co.za; 241 Voortrek St.; DZ mit Frühstück ab 460 R) Eine hübsche Anlage mit einer Auswahl weiß gekalkter, sauberer Cottages. Die Häuschen liegen hinter einem Geschäft mit Antiquitäten und Kunsthandwerk; dazu gehört ein nettes Café.

SPITZENKLASSEHOTELS

Bloomestate (☎ 028-514 2984; www.bloomestate.co.za; 276 Voortrek St.; EZ/DZ mit Frühstück 550/1100 R) Ein speziell konzipiertes modernes Hotel auf einem schönen 2,5 ha großen Grundstück. Es bietet völlige Privatheit und den Luxus, den man sich von einem solchen Haus erwartet. Alle Zimmer haben einen kabellosen Internetzugang über ein Breitbandnetz.

De Kloof (☎ 028-514 1303; www.dekloof.co.za; 8 Weltevrede St.; EZ/DZ mit Frühstück 900/1500 R) Eine von Swellendams elegantesten Unterkünften mit überraschend persönlicher Note. Das Anwesen von 1801 bietet eine Bibliothek, ein Raucherzimmer und wunderschöne Ausblicke. Frisch Verliebte können gleich in die doppelstöckige Suite mit Wasserbett und Jacuzzi durchstarten; andere Gäste sollten vielleicht zuvor an der kostenlosen Weinprobe teilnehmen.

Essen

La Belle Alliance (☎ 028-514 2252; 1 Swellengrebel St.; Hauptgerichte 20–50 R; Frühstück & Mittagessen) Die hübsche Teestube in einem ehemaligen Gebäude der Freimaurerloge wurde berühmt durch Nelson Mandela, der sie 1999 besuchte. Die Tische stehen im Schatten neben dem Koringlands River – ein nettes Plätzchen für ein Mittagessen.

Old Gaol Coffee Shop (☎ 028-514 3847; Old Gaol Complex, Swellengrebel St.; kleine Gerichte 30 R; Mittagessen) Die Mitarbeiter sind alle Miteigentümer und das merkt man auch. Der wunderschöne kleine Coffee Shop bietet köstliche Snacks, nach altem Rezept hergestelltes Brot, einen Top-Service und qualitativ hochwertige Souvenirs aus Afrika.

Mattsen's Steak House (☎ 028-514 2715; 25 Swellengrebel St.; Hauptgerichte 30–60 R; Mittag- & Abendessen) Ein Landgasthaus im englischen Stil mit köstlicher Pizza, die – wenn man nicht total ausgehungert ist – locker für zwei Personen reicht.

Koornlands Restaurant (☎ 028-514 3567; 5 Voortrek St.; Hauptgerichte 75 R; Abendessen) Das Restaurant bietet eine breite Auswahl an heimischen Fleischgerichten (alles von Krokodil bis Strauß), die bei Kerzenschein serviert werden. Koornlands wird allgemein als das Top-Restaurant der Stadt bezeichnet.

An- & Weiterreise

Die drei größten Busunternehmen und Baz Bus fahren auf ihrem Weg von Kapstadt nach Port Elizabeth über Swellendam. Sie halten bei **Bontebok Tours & Travel** (☎ 028-514-3650; info@bontebok.co.za; 23 Swellengrebel St.; 🕑 Mo–Sa 9–18, So 10–18 Uhr). Über die Agentur können die Busfahrten mit Intercape, SA Roadlink, **Greyhound** (www.greyhound.co.za), **Translux** (www.translux.co.za) und Baz Bus gebucht werden. Bontebok bietet auch einen Pendelverkehr nach Kapstadt an (140 R). Die Busse von Intercape fahren u. a. nach Kapstadt (95 R, 2½ Std., 2-mal tgl.) und Mossel Bay (90 R, 2 Std.).

Minibus-Taxis starten an der Caltex-Tankstelle an der Station Road. Sie fahren unter anderem nach Kapstadt (100 R, 2½ Std., 1-mal tgl.) und Mossel Bay (80 R, 2 Std.) am westlichsten Punkt der Garden Route.

Die Bahnlinie *Southern Cross*, die einmal wöchentlich zwischen Kapstadt und Oudtshoorn verkehrt, hält auch am Bahnhof Swellendam.

BONTEBOK NATIONAL PARK

Etwa 6 km südlich von Swellendam liegt der **Bontebok National Park** (☎ 028-514 2735; Erw./Kind 60/30; 🕑 Okt.–April 7–19 Uhr, Mai–Sept. 7–18 Uhr). Er wurde gegründet, um das Überleben des vom Aussterben bedrohten Bonteboks (Buntbocks) zu sichern. Die ungewöhnlich gezeichnete Antilopenart lebte hier früher in größer Zahl.

Der Park liegt an den Ufern des Breede River, in dem man auch schwimmen kann. Die Küste markiert die Ostgrenze des Fynbos-Florenreiches, im Park wachsen fast 500 Gras- und viele andere Pflanzenarten. Im späten Winter und beginnenden Frühjahr ist das ganze Veld (Wiese) von Wildblumen übersät. Außer Bonteboks leben im Nationalpark Rehboks (Rehantilopen), Grysboks (Greisböcke), Duiker (Duckerantilopen), Red Hartebeests (Kuhantilopen), Bergzebras und unzählige Vogelarten.

Man kann Zeltplätze (75 R) und Cottages (2 Pers. 200 R) mieten.

ROUTE 62

Die Region wirbt damit, die längste Weinstraße der Welt zu sein und erstreckt sich von den Winelands im Westen über Uniondale in der Little Karoo bis zum nahen Humansdorp im Osten. Die Strecke führt durch verschiedenste Landschaftsformen, darunter auch das Tal des Breede River und die Little Karoo. Die R62 ist eine schöne Alternative zur N2 von Kapstadt zur Garden Route und führt durch das weniger bekannte Hinterland.

Die Landschaft mit ihren atemberaubenden Bergpässen, den landwirtschaftlich genutzten Tälern, den gut erhaltenen Städten aus dem 18. Jh. und den weiten Ebenen, über die man Strauße laufen sieht, begeistert immer wieder aufs Neue. Köstlicher Wein und nette Cafés verwöhnen den Gaumen, bezaubernde B&Bs und ein Ferienort mit Thermalquellen sorgen für Entspannung.

Europäer besiedelten Anfang des 18. Jhs. weite Teile des Breede River Valley. Doch erst mit dem Bau der Passstraßen durch das Gebirge ein Jahrhundert später setzte die Entwicklung richtig ein. Die Zuflüsse des Breede River (der manchmal auch Breë genannt wird) stammen aus dem wunderschönen, von Bergen umgebenen Ceres Basin, von dort bahnen sie sich über den Mitchell's Pass ihren Weg. Der Breede River fließt von dort 310 km Richtung Südosten und mündet dann bei Witsand in den Indischen Ozean. Viele Nebenflüsse münden in den Breede, schon in Robertson ist aus dem kleinen Gebirgsbach einen beachtlicher Fluss geworden.

Die Little Karoo (Kleine Karoo) erstreckt sich östlich des Breede River. Sie wird im Süden von der Outeniqua Range und der Langkloof Range und im Norden von der Swartberg Range begrenzt. Die Kleine Karoo ist fruchtbarer und weniger trocken als die rauere Great Karoo weiter nördlich.

Die Städte der Region werden in der Reihenfolge behandelt, in der sie bei einer Fahrt von Kapstadt aus aufeinander folgen würden.

TULBAGH

☎ 023 / 18 000 Ew.

Die Witzenberg Range bildet die malerischen Kulisse von Tulbagh, das 1699 erstmals besiedelt wurde. Die Stadt hat eines der schönsten Ensembles an kapholländischer Architektur des 18. und 19. Jhs. in ganz Südafrika. Nach einem Erdbeben 1969 wurden viele Gebäude unter Anleitung von Historikern und Architekten von Grund auf

WESTERN CAPE

restauriert. Durch die Stadt mäandriert die Church Street, die mit ihren Bäumen und blühenden Büschen das einzigartige Bild der Stadt prägt.

Orientierung & Praktische Informationen

Die berühmte Church Street, in der alle Häuser unter Denkmalschutz stehen, verläuft parallel zur Hauptverkehrsstraße, der Van der Stel Street.

Tourist Information Centre (☎ 023-230 1348; www.tourismtulbagh.co.za; 4 Church St.; ⌚ Mo–Fr 9–17, Sa 10–16, So 11–16 Uhr) Hat Informationen und Karten zur Umgebung, u. a. auch über die Tulbagh Wine Route.

Sehenswertes & Aktivitäten

Ein Bummel durch die Church Street ist eine nette Nachmittagsbeschäftigung, die mit einer Weinprobe oder dem Besuch des Oude Kerk Volksmuseum enden kann.

OUDE KERK VOLKSMUSEUM

Das **Oude Kerk Volksmuseum** (☎ 023-230 1041; 1 Church St.; Erw./Kind 7/2 R; ⌚ Mo–Fr 9–17, Sa 9–16, So 11–16 Uhr) besteht aus drei Gebäuden und ist recht interessant. Am besten beginnt man in Haus Nr. 4, in dem alte Fotos der Church Street, vom Erdbeben und der anschließenden Restaurierung gezeigt werden. Anschließend sollte man die schöne Oude Kerk (1743) und das Haus Nr. 22 besichtigen. Das rekonstruierte Stadthaus wurde schon im 18. Jh. gebaut.

WEINGÜTER

Im Tulbagh Valley werden viele Weinsorten angebaut, der Weg zu den verschiedenen Kellereien, die besichtigt werden können, ist in der Regel gut ausgeschildert. Drei Weingüter verdienen eine besondere Erwähnung: **Twee Jonge Gezellen** (☎ 023-230 0680; kostenlose Weinproben; ⌚ Mo–Fr 9–16, Sa 10–14 Uhr) ist das zweitälteste südafrikanische Weingut in Familienbesitz. Das Anwesen bietet schöne Gebäude, tolle Ausblicke und ein nettes, gut informiertes Personal. Berühmt wurde das Weingut durch die nächtlichen Weinlesen, die hier erstmals erprobt wurden. Das Weingut **Drostdy Wines** (☎ 023-230 0203; Van der Stel St.; Eintritt in das Museum & Weinprobe 12 R; ⌚ Mo–Fr 10–17, Sa 10–14 Uhr) wurde 1806 gegründet und 1969 beim Erdbeben fast völlig zerstört, anschließend aber komplett wieder aufgebaut. Mehrere Preise erhielten der Sauvignon Blanc, der Shiraz und der Pinotage des Weinguts **Rijk's Private Cellar** (☎ 023-230 1622; www.rijks.co.za; Van der Stel St.; Weinproben 5 R; ⌚ Mo–Fr 9–18, Sa 10–16 Uhr). Es liegt in wunderschöner Lage 2 km nördlich der Stadt und vermietet auch Zimmer.

Schlafen

In Tulbagh gibt es sehr gute Übernachtungsmöglichkeiten und Restaurants. Pärchen auf der Suche nach einer romantischen Bleibe werden bestimmt nicht enttäuscht.

Tulbagh Country House (☎ 023-230 1171; 24 Church St.; EZ/DZ mit Frühstück 350/550 R; 🅿) Das Herrenhaus im kapholländischen Stil wurde 1809 gebaut und hat noch seine originalen Holzdecken. Die Zimmer sind riesig und der Besitzer ist ein wandelndes Lexikon mit Informationen über die Region. Er vermietet auch zwei Cottages für Selbstversorger ab 175 R pro Person.

De Oude Herberg (☎ 023-230 0260; www.deoudeherberg.co.za; 6 Church St.; EZ/DZ mit Frühstück 375/550 R; 🅿) De Oude Herberg wird (mit Unterbrechungen) seit 1885 als Hotel genutzt, hat Möbel im Landhausstil und einen wunderbaren Innenhof. Das Restaurant (Hauptgerichte 90 R) steht nicht nur Hotelgästen offen und bietet eine umfangreiche Weinkarte und eine einfallsreiche Küche. Wer hier abends essen möchte, sollte unbedingt reservieren!

Rijk's Country Hotel (☎ 023-230 1006; www.rijks.co.za; Van der Stel St.; EZ/DZ700/950 R; 🅿) Ein guter Tipp für alle, die einmal auf einem stilvollen Weingut übernachten wollen. Das Hotel liegt 2 km nördlich des Stadtzentrums auf dem gleichen Grundstück wie die Kellerei Rijk's Private Cellar – ein malerischer, romantischer Platz mit Blick über den See. Auf dem Gelände gibt es ein Restaurant.

Essen

Reader's Restaurant (☎ 023-230 0087; 12 Church St.; Hauptgerichte 25–60 R; ⌚ Mittag- & Abendessen) Der Name ist Programm: Das Restaurant ist die richtige Adresse für Literaturliebhaber und Katzenfreunde – überall gibt es Bücher, Postkarten und Katzenskulpturen. Die Karte wechselt täglich, die Auswahl reicht von Thunfisch mit Wasabi und Ingwerbutter bis hin zum kapmalaiischen Gericht *bobotie:* dieser Auflauf aus Curry-Hackfleisch wird mit einer leckeren Eikruste auf Kurkumareis serviert und manchmal mit Banane belegt.

Forties (☎ 023-230 0940; 40 Church St.; Hauptgerichte 40–60 R; ⏲ Mi–So Abendessen) Mit seinen offenen Wänden und dem bröckelndem Putz erinnert das Pub an ein Industriegebäude, die Schäden stammen zum Teil noch vom Erdbeben. Ein netter Ort für einen Drink, eine Pizza, ein Pastagericht oder ein Steak.

Plum (☎ 023-230 8005; 10 Church St.; Hauptgerichte 45–60 R; ⏲ Mi–So Frühstück & Mittagessen) Ein leichtes Mittagessen und lokale Spezialitäten wie Springbockwurst werden in einem netten Garten mit Blick auf die zentrale Church Street serviert.

Paddagang Restaurant (☎ 023-230 0242; 23 Church St.; Hauptgerichte 50–60 R; ⏲ Frühstück, Mittag- & Abendessen) Das bekannteste Restaurant der Stadt liegt in einem schönen alten Gehöft mit einem von Wein überwucherten Innenhof. Es gibt Snacks und kleine Gerichte (20–40 R). Abends sollte man die Steaks und einen der super leckeren Nachtische probieren. Die Weinkarte ist lang; die Auswahl für Vegetarier leider gering.

An- & Weiterreise

Tulbagh erreicht man entweder über die R44 (wenn man über den Bainskloof Pass fährt) oder über Worcester auf der landschaftlich schöneren R60.

Folgt man der Van der Stel Street (sie verläuft parallel zur Church Street) hinter dem Old Drostdy Museum weiter, führt diese in eine Sackgasse. An ihrem Ende fällt der Blick über das Tal auf die rauen Gipfel der Groot Winterhoek Wilderness Area.

Wer zur R46 will (sie führt Richtung Osten nach Ceres oder Richtung Westen über die R44 nach Piketberg an der N7), muss die Van der Stel Street in die entgegengesetzte Richtung nehmen. Auf halber Höhe stadtauswärts weist ein kleines, verblasstes Schild an der Abzweigung darauf hin, dass die Straße nach Kaapstadt (Kapstadt) und Gouda an der R46 führt.

CERES & UMGEBUNG

☎ 023 / 68 000 Ew.

Ceres wird manchmal auch die Schweiz Südafrikas genannt. Die Stadt hat eine majestätische Kulisse und bietet hervorragende Bedingungen für den Obstanbau. Fruchtsäfte aus Ceres sind weit über Südafrikas Grenzen hinaus bekannt.

Das schöne Bokkeveld Valley bekommt hohe Niederschläge, vor allem zwischen Juni und September, und hat vier klar abgegrenzte Jahreszeiten. Im Winter kann bei Temperaturen unter 0 °C Schnee in den Bergen fallen; die Sommer sind heiß (36 °C). Sehr schön ist es hier im Frühling und besonders eindrucksvoll im Herbst, wenn sich die Blätter der Obstbäume verfärben. Die Stadt ist ein guter Ort für eine Mittagspause, um vorher und nachher einige der spektakulären Gebirgspässe der Umgebung zu erkunden.

Orientierung & Praktische Informationen

Vom Mitchell's Pass aus führt die zentrale Voortrekker Street in die Stadt.

Das nette **Tourism Bureau Office** (☎ 023-316 1287; www.ceres.org.za; Ecke Owen St. & Voortrekker St.; ⏲ Mo–Fr 9–17, Sa 9–12 Uhr) befindet sich in der Bibliothek. Dort gibt es Informationen über Unterkünfte, Ausflüge und Aktivitäten in der Umgebung.

Sehenswertes & Aktivitäten

Ceres war bis zur Eröffnung des Mitchell's Pass nur zu Pferd erreichbar und daher nicht zufällig berühmt für die Herstellung von Pferde- und Ochsenwagen, den Togryers. Das **Togryers' Museum** (Transport Rider's Museum; ☎ 023-312 2045; 8 Oranje St.; Erw./Kind 3/1 R; ⏲ ganzjährig Mo–Fr 8.30–13, 14–17 Uh, außerdem Dez. & Jan. Sa 9–12 Uhr) zeigt eine interessante Sammlung an Einspännern, Güterwagen und Kutschen. Die Oranje Street verläuft eine Straße nördlich parallel zur Voortrekker Street.

Nördlich von Ceres liegen zwei Bergpässe mit phantastischer Aussicht auf die malerische Landschaft: der **Middelberg Pass** und der **Gydo Pass**. Die Rot-, Ocker- und Lilatöne der felsigen Berglandschaft, der blaue Himmel, die blühenden Obstplantagen, die frischen grünen Wiesen, die Wildblumen und bunten Vögeln bieten zusammen ein einzigartiges Naturerlebnis.

Wer aus dem Norden von Citrusdal Richtung Ceres über den 1000 m hohen Gydo Pass fährt und von oben über das Ceres Valley schaut, hat das Gefühl, ihm liege die Welt unten im Tal förmlich zu Füßen.

Lohnenswert ist auch die Fahrt über den wunderschönen Mitchell's Pass südwestlich von Ceres: Er wurde 1848 fertig gestellt und blieb bis zur Eröffnung des Hex River Passes 1875 für die Wagen und Gespanne der Hauptzugang zur nördlichen Ebene.

Schlafen & Essen

Die Touristeninformation gibt Auskünfte über besonders schöne Unterkünfte und lohnenswerte Restaurants.

Farm Backpackers (☎ 023-231 1415, www.thefarm.org.za; White Bridge Farm, Ecke R46 & R43; Zeltplätze 25 R, B 50 R, DZ mit Gemeinschaftsbad 150 R;) Nach eigener Aussage ist die Übernachtung hier „a true South African experience" – was auch wirklich stimmt: Die Unterkünfte liegen in einer umgebauten Farm, unter den angebotenen Freizeitaktivitäten finden sich Kochkurse, River Tubing (Flussfahrten in Schlauchreifen), Ausflüge zu Felszeichnungen der San und vieles mehr.

Es gibt sogar ein Workexchange-Programm: Wer an sechs Tagen täglich fünf Stunden auf der Farm mitarbeitet (Minimum zwei Wochen), bekommt als Gegenleistung für zur Verfügung gestellte Arbeitskraft Kost und Logis frei und hat trotzdem genügend Freizeit, um die Gegend zu erkunden. Die Farm liegt 10 km südlich von Ceres an der Straße nach Wolseley. Man kann vorher anrufen und wird auch noch kostenlos am Bahnhof von Wolseley abgeholt.

Die Herberg (☎ 023-312 2325; 125 Voortrekker St.; EZ/DZ 200/300 R) Eine gemütliche, ein wenig altmodische Bleibe mit einfachen, aber sauberen Zimmern mit TV-Anschluss. Im angegliederten Café gibt es kleine Gerichte (15–20 R), während in Witherley's Restaurant (Hauptgerichte 30–60 R) verschiedenste Gerichte serviert werden.

Four Seasons (☎ 023-312 1918; 1 Staff St.; EZ/DZ mit Frühstück 290/400 R;) Ein nettes B&B mit persönlicher Note: Jedes Zimmer ist gemütlich nach einer Jahreszeit eingerichtet. Wer sich selber verpflegen will, zahlt pro Person ganze 40 R weniger.

An- & Weiterreise

Ceres liegt an der R46, 53 km nördlich von Wellington. Die Stadt an der Westseite eines grünen und fruchtbaren Beckens wird von der rauen und felsigen Berglandschaft der Skurweberg Range eingerahmt. Alle Pässe, die ins Tal führen, sind spektakulär. Wie bei so vielen Zielen, ist es auch hier am besten, mit einem eigenen Fahrzeug unterwegs zu sein. Es gibt aber auch Minibus-Taxis, die zwischen der Vortrekker Street und der Nachbarstadt Worcester verkehren (20 R, 35 Min.).

WORCESTER

☎ 023 / 107 000 Ew.

Worcester ist das Dienstleistungszentrum für die Bauern des Breede River Valley. Die Stadt ist nicht weiter sehenswert, es reicht absolut, das Farm Museum und die Botanischen Gärten zu besuchen.

Die Stadt liegt größtenteils südlich der N1. Rund um den Church Square (an der High Street) findet man einige schöne historische Gebäude. Infos über die Stadt hat **Breede Valley Tourism** (☎ 023-348 2795; 23 Baring St.; Mo–Fr 8–16.30, Sa 8.30–12.30 Uhr) an der Ostseite des Church Square.

Sehenswertes & Aktivitäten

KLEINPLASIE FARM MUSEUM

Das **Farm Museum** (☎ 023-342 2225; Erw./Kind 12/5 R; Mo–Sa 8–16.30, So 10.30–16.30 Uhr) zählt zu den besten Museen Südafrikas und versetzt die Besucher zurück in das Leben auf einer Farm des 18. Jhs. Museumsangestellte laufen in Kostümen der damaligen Zeit herum und demonstrieren u. a., wie Tabak gerollt, Seife gekocht, geschmiedet, Korn gemahlen und Wolle gesponnen wird.

Der Museumsladen verkauft verschiedene Sorten des traditionellen *Witblitz*–Schnapses, der auch probiert werden kann. Um sein volles Aroma zu genießen, sollte der Obstschnaps zunächst inhaliert, dann geschlürft und im Mund bewegt werden, bevor man ihn schließlich trinkt und wieder ausatmet. Nebenan liegt die **Kleinplasie Winery**, die weniger Hochprozentiges zum Verkosten anbietet.

KAROO NATIONAL BOTANIC GARDEN

Zum hervorragenden **Botanic Garden** (☎ 023-347 0785; Erw./Kind 12/6 R; 8–16 Uhr) gehören 140 ha Halbwüste – mit Pflanzenvertretern aus der Karoo und dem Fynbos – sowie ein 10 ha großer angelegter Garten, in dem viele Pflanzen beschriftet sind. Der Botanische Garten ist dadurch eine gute Gelegenheit, die Namen einiger der wunderschönen heimischen Pflanzen kennen zu lernen. Die Eintrittskarte gilt für die ganze Saison.

KWV CELLAR

Nicht ganz so berühmt wie sein Gegenstück in Paarl (s. S. 195), aber doch die größte **Brandy-Destillerie** (☎ 023-342 0255; Ecke Church St. & Smith St.; Führungen Erw./Kind 20/13 R; Mo–Fr 8–16.30 Uhr) dieser Art weltweit. Wer Brandy liebt, sollte unbedingt an einer Verkostung teilnehmen; die englischen Führungen dauern eine Stunde und beginnen um 14 Uhr.

Schlafen

Nekkies (☎ 023-343 2909; Fax 343 2911; Chalets ab 250 R) Hübsche, gut ausgestattete Holzhäuschen mit Blick über den Stausee und Fahrradverleih. Nekkies liegt 4,5 km von Worcester entfernt am Brandvlei Dam.

Wykeham Lodge B&B (☎ 023-347 3467; wykehamlodge@telkomsa.net; 168 Church St.; EZ/DZ mit Frühstück 360/460 R) Ein feiner Gasthof von 1835 mit Reetdach. Die Zimmer mit Holzbalken und Holzfußböden gehen auf einen ruhigen Hof hinaus, dazu kommt noch ein großer Garten, der für noch mehr Stille sorgt.

Kleinplasie Country Chalets (☎ 023-347 0091; Kleinplasie Farm Museum; Cottages für Selbstversorger ab 400 R) Die Chalets für vier Personen gehören zum Kleinplasie Farm Museum. Sie sind einfach, aber bequem genug für mindestens eine Übernachtung.

Essen

Dros (☎ 023-347 5131; 29 Baring St.; Hauptgerichte 40 R; 🕑 Frühstück, Mittag- & Abendessen) Die Filiale einer bekannten Steakhaus-Kette liegt ganz in der Nähe der Touristeninformation. Das Ambiente und die Gerüche halten, was sie versprechen: Der Wein ist gut und die Steaks saftig gebraten.

Kleinplasie Restaurant (☎ 023-347 5118; Kleinplasie Farm Museum; Hauptgerichte 40–50 R; 🕑 Mo–Sa Frühstück & Mittagessen, So Mittagessen) Gehört zum Kleinplasie Farm Museum und bietet traditionelle kapmalaiische und afrikanische Gerichte, darunter *bobotie* und Hühnchen-Pie. Wer will, kann draußen sitzen.

St Geran (☎ 023-342 2800; 48 Church St.; Hauptgerichte 55–70 R; 🕑 Mittag- & Abendessen) Das beliebte Steakhaus im Stadtzentrum bietet auch ein paar Gerichte mit Fisch, Meeresfrüchten oder Huhn und ein Kindermenü. Die Weinkarte ist umfangreich; für Vegetarier ist die Auswahl aber eher klein.

An- & Weiterreise

Alle Busse von **Translux** (☎ 021-449 3333; www.translux.co.za), **SA Roadlink** (☎ 021-425 0203; www.saroadlink.co.za), **Greyhound** (☎ 021-505 6363; www.greyhound.co.za) und **Intercape** (☎ 0861-287 287; www.intercape.co.za) halten an der Shell-Ultra-City-Tankstelle in der Stadt. Sie fahren u. a. nach Kapstadt (140 R, 2 Std., tgl.) und Johannesburg (375 R, 17 Std., tgl.). An der Ecke Durban Street/Grey Street stehen meistens Minibus-Taxis, die ebenfalls nach Kapstadt (65 R, 2 Std., tgl.) fahren.

Der *Trans Karoo*, der täglich zwischen Kapstadt und Johannesburg pendelt, hält auch in Worcester. Der *Southern Cross* zwischen Kapstadt und Oudtshoorn stoppt zweimal wöchentlich in Worcester: freitagabends auf dem Weg Richtung Oudtshoorn und am frühen Montagmorgen auf dem Weg Richtung Kapstadt. Auch der *Trans Oranje* nach Durban, der allerdings einen ziemlichen Umweg macht, fährt über Worcester. Reservierungen für Busfahrten unter ☎ 023-348 2203.

ROBERTSON

☎ **023 / 43 500 Ew.**

Das wohlhabende, aber eher langweilige Robertson liegt wunderschön im Herzen eines der größten Weinanbaugebiete des Landes. Es ist berühmt für seine Gestüte und bietet weit mehr Outdoor-Aktivitäten (u. a. Bergwandern, Wildwasser-Rafting und Reiten) als die bekannteren Nachbarstädte an der R62.

Das hilfreiche **Robertson Tourism Bureau** (☎ 023-626 4437; www.robertsonr62.com; Ecke Reitz St. & Voortrekker St.; 🕑 Mo–Fr 8–17, Sa 9–16, So 10–14 Uhr) bietet eine Unmenge an Informationen zur Weinregion, zur R62 und zu beflügelnden Wanderwegen, die in die Berge oberhalb der Stadt führen.

Sehenswertes & Aktivitäten

WEINGÜTER

Das Robertson Wine Valley mit seinen insgesamt 43 Weingütern (die *alle* kostenlose Weinproben anbieten!) ist ein lohenwertes Ziel – allein schon wegen seiner malerischen Lage und dem Fehlen der üblichen Touristenbusse. Die Touristeninformation hat eine Karte mit allen Weingütern.

Van Loveren (☎ 023-615 1505; www.vanloveren.co.za; 🕑 Mo–Fr 8.30–17, Sa 9.30–13 Uhr) ist eine der besten Adressen für eine Weinprobe am Kap. Sie findet in einem Garten voller Bäume statt, die jeweils anlässlich eines (guten oder schlechten) historischen Ereignisses gepflanzt wurden. Dazu gehören etwa der Tag von Mandelas Freilassung oder der Angriff auf Pearl Harbour. Doch nicht nur der Rahmen ist ungewöhnlich, Gleiches gilt auch für die gesamte Weinprobe: Die Gäste wählen beliebig viele Sorten aus, die sie probieren möchten und bekommen davon jeweils eine ganze Flasche kredenzt. Und der Wein ist gut – besonders der Colombard/Chardonnay!

Die Weinproben bei **Graham Beck** (☎ 023-626 1214; www.grahambeckwines.co.za; ⏲ Mo–Fr 9–17, Sa 10–13 Uhr) finden in einem auffälligen orangefarbenen Gebäude statt, das etwas an einen Flugzeughangar erinnert. Durch die riesigen Flachglasfenster schauen die Gäste auf einen langen Pool. So wirkt das Weingut nach all den Weingütern im kapholländischen Stil sehr erfrischend – das Gleiche gilt auch für seine Weine. Die Schaumweine etwa lassen französischen Champagner alt aussehen – und der Muskateller ist einfach himmlisch.

Die **Robertson Winery** (☎ 023-628 8817; www.robertsonwinery.co.za; Voortrekker St.; ⏲ Mo–Do 8–17, Fr 8–17.30, Sa So 9–15 Uhr) ist kommerzieller und liegt weniger schön, ist aber die älteste Kellerei der Region. Die Räumlichkeiten befinden sich in einem langweiligen modernen Gebäude im Stadtzentrum, das Gut keltert jedoch einige leckere Tropfen. Der Sauvignon Blanc, der Wide River Cabernet Sauvignon Reserve und die halbtrockenen Weine lohnen den Besuch.

SOEKERSHOF WALKABOUT

Genug Weingüter besichtigt? Dann ist eine Pause in diesem phantastischen **botanischen Garten** (☎ 023-626 4134, www.soekershof.com; Klaas Voogds West; Erw./Kind 40/20 R; ⏲ Aug.–Juni Mi–So 9–16 Uhr) genau das Richtige! Hier gibt es unzählige Labyrinthe aus einheimischen Pflanzen und Hecken, außerdem über 1700 verschiedene Sukkulentenarten. Führungen (Erw./Kind 90/20 R) dauern rund zwei Stunden, etwas Besonderes sind die Spezialführungen bei Vollmond (60 R). Soekershof liegt 8 km hinter Robertson an der R60 Richtung Ashton. An der Abzweigung nach Klaas Voogds West muss man sich links halten.

Schlafen & Essen

Robertson Backpackers (☎ 023-626 1280; www.robertsonbackpackers.co.za; 4 Dordrecht Ave.; Zeltplätze pro Pers. 40 R, B60, DZ mit Gemeinschaftsbad 160 R, Cottage ab 200 R; 💻) Ein wunderschöner Platz mit großen Schlafsälen und Doppelzimmern in gemütlich lockerer Atmosphäre. In einem großen grasbedeckten Hinterhof liegt ein Feuerplatz, um den sich die Gäste abends versammeln. Weintouren und andere Ausflüge werden auf Anfrage arrangiert.

Grand Hotel (☎ 023-626 3272; Fax 626 1158; 68 Barry St.; EZ/DZ 250/400 R; 🏊) Die Zimmer sind besser, als es das Foyer vermuten lässt; einige haben sogar einen Balkon. In der Nachbar-Lodge kostet die Übernachtung 125 R pro Person. Das etwas altmodische Simone's Grill Room & Restaurant (Hauptgerichte 55 R) bietet Huhn, Fisch und Steaks zu vernünftigen Preisen.

Ballinderry (☎ 023-626 5365; info@ballinderryguesthouse.com; 8 Le Roux St.; EZ/DZ mit Frühstück 465/780 R; 💻 🏊) Ein nettes Privathaus, das von Luc und Hilde zu einem sehr schönen und luxuriösen Gästehaus umfunktioniert wurde. Neben einem Champagner-Frühstück wird auf Wunsch auch ein Abendessen gekocht. Die Besitzer sprechen Holländisch, Französisch und Deutsch. Am besten sind die Doppelzimmer im Erdgeschoss mit Blick ins Grüne und der separat liegende „African Room" im Garten.

Branewynsdraai (☎ 023-626 3202; 1 Kromhout St.; Hauptgerichte 40 R; ⏲ Mo–Sa Mittag- & Abendessen) Ein Restaurant mit nettem Teegarten und etwas offiziellerem Dining Room. Der Schwerpunkt liegt auf einheimischen Fleischgerichten, vollmundigen Weinen und Spezialgerichten für Kinder.

Bourbon Street (☎ 023-626 5934; 22 Voortrekker Rd.; Hauptgerichte 40–70 R; ⏲ Frühstück, Mittag- & Abendessen) ist ein Dauerbrenner bei Gästen aus Übersee. Das schicke Deli-Restaurant beeindruckt mit seiner Fusion-Küche, in der sowohl Austern als auch Tapas auf den Tisch kommen können. Es gibt einen lockeren und einen formaleren Speisebereich mit entsprechenden Menükarten, das heißt für klassische und recht experimentierfreudige Gerichte.

An- & Weiterreise

SA Roadlink- (☎ 021-425 0203; www.saroadlink.co.za) und **Translux-Busse** (☎ 021-449 3333; www.translux.co.za) halten am Bahnhof. Sie fahren nach Oudtshoorn (110 R, 3 Std., tgl.), Knysna (125 R, 5 Std.), Kapstadt (120 R, 3 Std., tgl.) und Port Elizabeth (165 R, 6½ Std., tgl.).

Minibus-Taxis nach Kapstadt (R45, 3 Std.), Oudtshoorn (120 R, 3 Std.) und Montagu (27 R, 30 Min.) halten an der **Shell-Tankstelle** (Ecke Voortrekker St. & John St.). Theoretisch gibt es tägliche Verbindungen, die Busse kommen aber nicht zuverlässig vorbei.

MCGREGOR

☎ 023 / 1500 Ew.

McGregor wirkt, als sei die Zeit hier stehen geblieben – und zwar Mitte des 19. Jhs. Aus dieser Epoche stammt die Mehrzahl der Gebäude an der Voortrekker Street, einer der großen Durchgangsstraßen des Ortes. Viele der weiß gekalkten, reetgedeckten Cottages der Stadt liegen rund um den Ort in Weinbergen, Obstwiesen und Gemüsegärten. Sie wurden in den letzten Jahren zu B&Bs und Ferienanlagen für Selbstversorger umgewandelt, um den wachsenden Bedarf an Übernachtungsplätzen zu decken. Trotzdem ist das Dorf noch immer ein ruhiger Ort und mit den wunderschönen Riviersonderend Mountains vor der Tür ein guter Ausgangspunkt für Wanderungen. McGregor bildet das eine Ende des lohnenswerten Boesmanskloof Trail (s. unten), der nach Greyton führt.

Das **Tourism Bureau** (☎ 023-625 1954; www.tourismmcgregor.co.za; Voortrekker St.; 🕑 Mo–Fr 9–13, 14–16.30, Sa & So 9–13 Uhr) liegt ungefähr in der Mitte der Voortrekker Street, die keine Hausnummern hat.

Aktivitäten

Manche meinen, McGregor lohne nur einen Besuch, weil man von hier aus auf dem **Boesmanskloof Trail** (Permit für Eintageswanderung Erw./Kind 20/10 R, Zweitagestour 60/46 R) nach Greyton wandern könne. Der rund 14 km lange Wanderweg führt durch die einzigartigen, mit Fynbos bewachsenen Riviersonderend Mountains. Der Weg beginnt in Die Galg, etwa 15 km südlich von McGregor. Leider fahren keine offiziellen Busse dorthin. Viele Leute wandern deshalb nach Die Galg und wieder zurück. Die Richtung McGregor nach Greyton ist einfacher zu wandern als die Gegenrichtung. Ein Reservierung ist sinnvoll und teilweise auch notwendig, das gilt vor allem für die Wochenenden und die Ferienzeiten: Maximal 50 Leute sind auf dem Weg pro Tag zugelassen.

Wer nicht die gesamte Tour laufen will, kann alternativ den sechsstündigen Rundweg zu den wunderschönen **Oak Falls** (Permit für einen Tag Erw./Kind 20/10 R) wandern. Die Wasserfälle liegen etwa 6 km von Die Galg entfernt und bieten mit ihren schönen Felsenbecken eine willkommene Abkühlung.

Das **Vrolijkheid Nature Reserve** liegt unweit der Büros von Cape Nature Conservation an der McGregor Road. Im Schutzgebiet sind Tageswanderungen auf verschiedenen Wegen durch eine malerische, raue Landschaft möglich. Im Schutzgebiet wachsen verschiedene Sukkulentenarten, Zwergbäume und Sträucher. Die Eintrittsgebühr von 18 R wird in einen Behälter am Eingang des Schutzgebietes geworfen – bitte nicht vergessen!

Sowohl der Boesmanskloof Trail als auch das Vrolijkheid Nature Reserve werden von **Cape Nature** (☎ 028-435 5020; www.capenature.org.za; 🕑 Mo–Fr 7.30–16 Uhr) verwaltet. Die Organisation hat ihre Büros etwa 15 km südlich von Robertson an der McGregor Road. Am Wochenende stellt die Touristeninformation die Permits aus.

Die selbst kreierte „McGregor Wine Experience“ kann zwar nicht mit den Weinstraßen der Nachbarorte konkurrieren, schließt aber immerhin etwa ein halbes Dutzend Weingüter ein. Die Tour sollte man im schön gelegenen Weingut **McGregor Wines** (☎ 023-625 1741; www.mcgregorwinery.co.za; 🕑 Mo–Fr 9–17, Sa 9–14 Uhr) beginnen.

Schlafen & Essen

Die Touristeninformation hat eine vollständige Liste mit Unterkünften rund um McGregor, nimmt aber keine Buchungen vor. Viele Möglichkeiten, essen zu gehen, gibt es nicht, am besten isst man dort, wo man auch schläft.

Whipstock Farm (☎ 023-625 1733; www.whipstock.za.net; EZ/DZ 295/590 R) Flackerndes Feuer, freundliche Hunde, eine ruhige Lage und frische Lebensmittel vom Hof lassen die Übernachtung in den historischen Gebäuden dieser Farm zu einem ganz besonderen Erlebnis werden. Die netten Besitzer bieten auf Anfrage Frühstück und Abendessen und organisieren den Transfer zum bzw. vom Boesmanskloof Trail. Zur Farm fährt man auf der Voortrekker Road Richtung Berge, bis sie zu einer Schotterstraße wird, ihr folgt man für weitere 7 km.

Temenos Retreat (☎ 023-625 1871; temenos@lando.co.za; Ecke Bree St. & Voortrekker Rd.; EZ/DZ 330/495 R; ♿) Die einzigartigen Cottages liegen sehr ruhig in einem großen Garten und stehen – trotz des Namens – auch Nichtrentnern offen (außer Kindern unter zwölf Jahren). In der Anlage gibt es einen Pool, therapeutische Anwendungen, viele Ecken zum Zurückziehen und einen Coffee Shop. Ein Abendessen mit drei Gängen kostet 90 R.

McGregor Country Cottages (☎ 023-625 1816; Voortrekker Rd.; DZ 375 R; ♿) Sieben weiß getünchte und reetgedeckte Cottages für Selbstversorger liegen neben einer Obstwiese mit Aprikosenbäumen am nördlichen Dorfrand. Die Cottages haben jeweils eine Feuerstelle, drei sind sogar rollstuhlgeeignet. Die ganze Anlage wirkt sehr stimmungsvoll mit ihrer gemütlichen Bar, einem schönen Aufenthaltsraum und netten Ansprechpartnern.

Trossachs (☎ 023-612 1881; www.trossachs.co.za; EZ/DZ mit Frühstück 850/1100 R;) Eine der beliebtesten Adressen für frisch Verheiratete. Die strohgedeckten Steinhütten bieten sagenhafte Ausblicke und viel schottisches Flair. So hat jedes Cottage einen eigenen Clannamen. Innen wurde reichlich Karostoff verarbeitet. Die Abzweigung nach Trossachs kommt 10 km vor McGregor.

Villagers Coffee Shop (☎ 023-625 1787; Voortrekker Rd.; Hauptgerichte 20 R; 🕑 Mo–Sa Frühstück & Mittagessen) Der gesellige Landgasthaus serviert kleine Mahlzeiten und eine Auswahl an erfrischenden, selbst gepressten Gemüse- und Fruchtsäften.

An- & Weiterreise

Die einzige Straße nach McGregor ist die Verbindungsstraße nach Robertson. Mangels öffentlicher Verkehrsmittel braucht man hier ein Auto – oder man wandert zu Fuß von Greyton nach McGregor.

GREYTON

☎ 028

Obwohl Greyton offiziell zur Region Overberg gehört, wird es (ebenso wie der Nachbarort Genadendal) wegen des Boesmanskloof Trails an dieser Stelle aufgeführt. Der Wanderweg verbindet die beiden Orte mit McGregor.

Greyton ist hübscher und geschniegelter als McGregor – selbst die Einheimische geben zu, dass die weiß getünchten und strohgedeckten Cottages fast schon ein wenig künstlich wirken. So nett Greyton aber auch sein mag – den Vergleich gewinnt trotzdem die alte Herrnhuter Mission Genadendal: Die gut erhaltenen historischen Gebäude wirken noch authentischer.

Praktische Informationen

Tourist Information Office (☎ 028-254 9414; info@greyton.net; 🕑 Mo–Sa 10–12, 14.30–16.30 Uhr) Die kleine, aber hilfreiche Touristeninformation liegt an der Hauptstraße.

Sehenswertes & Aktivitäten

GENADENDAL MISSION STATION

Etwa 7 km westlich von Greyton liegt **Genadendal**, die älteste Missionsstation des Landes. Sie wurde 1738 gegründet und war für kurze Zeit nach Kapstadt die größte Siedlung der Kolonie. Kommt man auf der R406 in den Ort, folgt man der Main Road bis zum Church Square. Rund um den Platz drängen sich viele als Denkmal geschützte Gebäude.

Die Herrnhuter Kirche ist ein hübsches, schlicht gehaltenes Gotteshaus. Gegenüber liegt das **Tourist Information Centre** (☎ 028-251 8291; 🕑 Mo–Fr 8.30–17, Sa 10–13 Uhr) des Dorfes. Ein Café verkauft selbstgebackenes Brot und Souvenirs (darunter Töpferwaren).

Die faszinierende Geschichte des Ortes präsentiert das ausgezeichnete **Mission Museum** (☎ 028-251 8582; Erw./Kind 8/4 R; 🕑 Mo–Do 9–13, 14–17, Fr 9–15.30, Sa 9–13 Uhr). Im Museumsgebäude war früher Südafrikas erste Lehrer-Ausbildungsstätte untergebracht. Im historischen Stadtkern steht außerdem eine der ältesten Druckereien des Landes, die noch in Betrieb ist, außerdem eine Wassermühle.

GENADENDAL TRAIL

Greyton ist ein hervorragender Ausgangspunkt für Wanderungen in den Riviersonderend Mountains, die sich majestätisch direkt im Norden des Dorfes erheben. Neben dem Boesmanskloof Trail gibt es verschiedene kürzere Strecken sowie den zweitägigen Genadendal Trail für trainierte Wanderer. Der 25,3 km lange Rundweg beginnt an der Herrnhuter Kirche von Genadendal und endet dort auch. Genauere Informationen bekommt man in der Touristeninformation von Greyton, dort liegt ein Faltblatt der Cape Nature Conservation aus.

Schlafen & Essen

Trotz seiner geringen Größe bietet Greyton erstaunlich viele Unterkünfte und Restaurants.

Guinea Fowl (☎ 028-254 9550; jpagencies@telkomsa.net; Ecke DS Botha St. & Oak St.; EZ/DZ mit Frühstück ab 350/500 R;) Die gemütliche und ruhige Unterkunft bietet im Sommer einen Pool und im Winter einen großen Kamin – und das ganze Jahr über ein gutes Frühstück.

Post House (☎ 028-254 9995; Fax 254 9920; 24 Main Rd.; DZ mit Frühstück ab 400 R) Die Zimmer liegen im historischen Postgebäude des Ortes, zu dem auch ein schöner Garten gehört. Die Zimmer sind nach Personen von Beatrix Potter benannt. Die Atmosphäre im „englischen" Pub Ball & Bass ist klasse; hier sollte man einen Drink nehmen oder vielleicht auch etwas essen.

Greyton Lodge (☎ 028-254 9800; www.greytonlodge.com; 46 Main Rd.; EZ/DZ mit Frühstück 500/700 R;) Ein vornehmes, schwulenfreundliches Hotel in der alten Polizeistation. Freitags ab 17 Uhr treten auf der Gartenterrasse Schlagersänger auf. Es gibt einen Pool und ein günstiges, aber unspektakuläres Bistro.

High Hopes B&B (☎/Fax 028-254 9898; 89 Main Rd.; DZ mit Frühstück ab 580 R) Leser haben das High Hopes mehrfach empfohlen – und man merkt schnell, warum: geschmackvoll eingerichtete Zimmer, ein wunderschön angelegter Garten mit schönem Koi-Teich und eine gut ausgestattete Bibliothek. Inzwischen gibt es auch ein „Healing Energy Centre" mit Massagen und anderen Behandlungen. Für Wanderer liegt es günstig am Startpunkt des Boesmanskloof Trails.

Rosie's Restaurant (☎ 028-254 9640; 9 High St.; Hauptgerichte ab 40 R; Abendessen) Die köstlichen, riesigen Holzofenpizzen und Steaks werden in einem eher schlichten Rahmen serviert.

Oak & Vigne Café (☎ 028-254 9037; DS Botha St.; Hauptgerichte 50 R Frühstück & Mittagessen) Das angesagte Kunst-Café samt Galerie zeigt, in welche Richtung sich Greyton verändert. Ein netter Ort, um eine Kleinigkeit zu essen, sich auszuruhen und die Welt vorbeiziehen zu lassen.

An- & Weiterreise

Wer nicht von McGregor aus wandert, kommt nur mit dem eigenen Fahrzeug nach Greyton. Von Kapstadt folgt man der N2 bis kurz vor Caledon und nimmt dann die R406. Von Robertson geht es über die R317 weiter zur N2 in Stormsvlei; dann hält man sich westlich Richtung Riviersonderend, um wieder auf die R406 zu stoßen.

MONTAGU

☎ 023 / 9500 Ew.

Im malerischen und lebhaften Montagu leben Künstler, Träumer und andere Aussteiger – Gastfreundschaft wird hier groß geschrieben.

Der 1851 gegründete Ort ist der erste, den man erreicht, wenn man vom Breede River Valley über den Pass fährt. Wer den Cogmanskloof unweit von Robertson durchquert hat, befindet sich plötzlich in einer ganz anderen Welt. Dort kann man dem 21. Jh. kurzzeitig entfliehen und findet ein wenig Ruhe und Freiraum – der Ausflug ist also nichts für Leute auf der Suche nach der nächsten Party. Die Region vermittelt außerdem einen kleinen Eindruck von der Little Karoo.

Im Ort stehen rund 24 restaurierte Baudenkmäler (National Monuments), darunter auch einige schöne Beispiele der Art-déco-Architektur. In den letzten Jahren wurde Montagu zu einem sehr beliebten Ziel an der R62 – auch dank des breit gefächerten Angebots für seine Gäste: Sie finden hier Thermalquellen, kostenlose Labyrinthe und Wanderwege und Restaurants in historischem Ambiente.

Orientierung & Praktische Informationen

Die Stadt ist so klein, dass man sie gut zu Fuß erkunden kann. Die meisten Unterkünfte und sonstigen Angebote liegen in und um die Bath Street.

Printmor (70 Bath St.; Std. 40 R; Mo–Fr 8.30–17.30, Sa 8–13 Uhr) Das Succulent Café hat einen passablen Internetzugang.

Tourism Bureau (☎ 023-614 2471; www.tourismmontagu.co.za; 24 Bath St.; Mo–Fr 8–18, Sa 9–17, So 15–17 Uhr) Eine wirklich hilfreiche Touristeninformation mit Infos über Unterkünfte (darunter eine große Auswahl an B&Bs und Cottages für Selbstversorger), Wanderungen und andere Aktivitäten. Die Öffnungszeiten sind zwischen Mai und Oktober etwas kürzer.

Sehenswertes & Aktivitäten

Der Ort wirkt klein, trotzdem kann man sich hier gut ein paar Tage beschäftigen.

THERMALQUELLEN & LOVER'S WALK TRAIL

Das Wasser der **Thermalquellen** (☎ 023-614 1150; Eintritt 25 R; 8–23 Uhr; P) fließt in die Pools des Avalon Springs Hotels, das rund 3 km außerhalb der Stadt liegt. Das Wasser wird auf 43 °C erwärmt und ist für seine vitalisierenden Kräfte und heilenden Eigenschaften berühmt. Am Wochenende strömen viele Familien hierher und bevölkern die Thermalbecken.

Zum Hotel führt der 2,2 km lange Lover's Walk Trail, der am Parkplatz am Ende der Barry Street beginnt. Hilfreich ist das Faltblatt *Hiking Trails*, das in der Touristeninformation ausliegt. Der Weg führt an Montagus bestem Platz zum Felsklettern vorbei und kann etwas schwierig (und nass) werden. Wer etwas Anleitung beim Klettern und Wandern in dieser Gegend braucht, sollte **De Bos** (☎ 023-614 2532; sdbrown@mweb.co.za) anrufen

TRAKTORFAHRTEN

Niel Burger ist der Besitzer der Protea Farm auf dem Gipfel des Langebergs. Die Farm liegt rund 29 km außerhalb von Montagu, Niel bietet dorthin lustige **Traktorfahrten** (☎ 023-614 2471; Erw./Kind 60/30 R; ⏲ Fahrten Mi & Sa 10 & 14 Uhr) an. Selbst Einheimische finden die dreistündige Tour witzig – es muss also etwas dran sein. Von der Farm aus genießen die Gäste einen spektakulären Ausblick ins Breede River Valley und bekommen anschließend ein leckeres Mittagessen mit *potjiekos* (einem traditionellen Eintopfgericht) und selbstgebackenem Brot (Erw./Kind 40/10 R) serviert. Übernachtungen auf der Farm sind ebenfalls möglich (Cottages für vier Personen kosten 350 R).

MONTAGU MUSEUM & JOUBERT HOUSE

Interessante Exponate und schöne antike Möbel zeigt das **Montagu Museum** (☎ 023-614 1950; 41 Long St.; Erw./Kind 3/1 R; ⏲ Mo–Fr 9–13, 14–17, Sa & So 10.30–12.30 Uhr) in der alten Kirche der ehemaligen Mission.

Zum **Joubert House** (☎ 023-614 1774; 25 Long St.; Erw./Kind 3/1 R; ⏲ Mo–Fr 9–13, 14–16.30, Sa 10.30–12.30, So 10–12 Uhr), dem ältesten Haus von Montagu (1853), führt ein kurzer Spaziergang. Es wurde sehr schön im viktorianischen Stil restauriert.

WANDERN

Der **Bloupunt Trail** ist 15,6 km lang und kann in sechs bis acht Stunden bewältigt werden. Er führt über Schluchten und Gebirgsbäche bis auf 1000 m hinauf. Zu sehen sind botanische Kostbarkeiten wie Protea-, Erika-, Aloe-, Gladiolen- und Watsoniaarten.

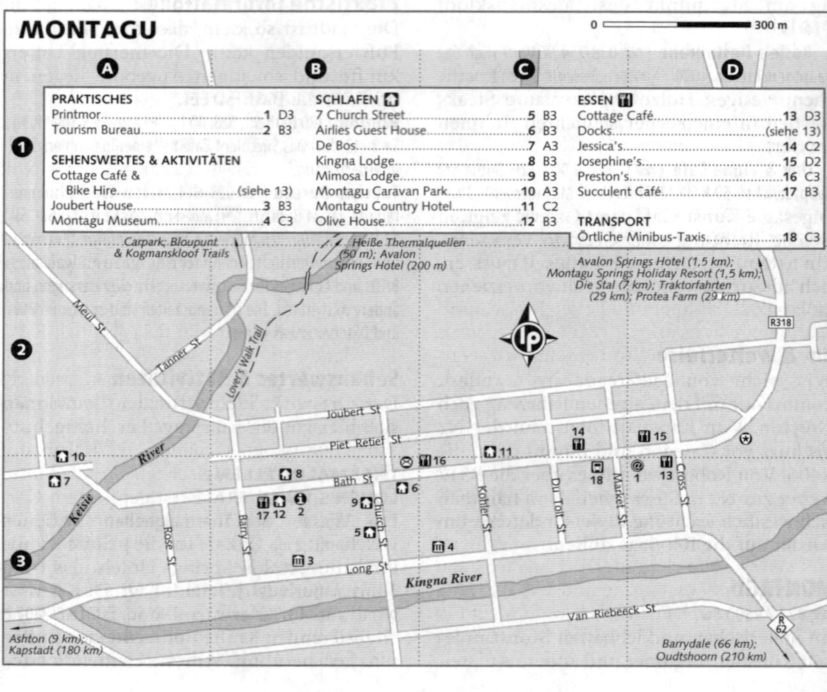

Für den 12,1 km langen **Cogmanskloof Trail** sollte man vier bis sechs Stunden kalkulieren; er ist weniger steil als der Bloupunt Trail. Beide Wanderwege beginnen am Parkplatz am Ende der Tanner Street. Die Wandererlaubnis kostet jeweils 18 R pro Person.

In der Touristeninformation kann man Übernachtungen in der Nähe des Startpunktes buchen. Die Hütten sind ziemlich einfach eingerichtet (Holzofen, Dusche und Toiletten), aber auch entsprechend billig (pro Pers. 60 R).

MOUNTAINBIKE FAHREN

Radfahren ist eine tolle Möglichkeit, die Umgebung von Montagu zu erkunden. Mountainbikes vermietet Ron Brunings. Er ist telefonisch erreichbar oder im **Cottage Café & Bike Hire** (☎/Fax 023-614 1932; 78 Bath St.; Std. 20 R) zu finden. Unter dem Namen **Dusty Sprocket Trails** (brunings@lando.co.za) bietet Ron auch elf geführte Mountainbiketouren in verschiedenen Schwierigkeitsstufen an. Sie führen durch die nähere Umgebung und sind 12 km bis 43 km lang.

Schlafen

In der Stadt gibt es einige wunderschöne Unterkünfte, aber auch weiter außerhalb kann man gut essen und übernachten, vor allem in der Nähe der Lebenskraft spendenden Thermalquellen.

BUDGETUNTERKÜNFTE

De Bos (☎ 023-614 2532; www.debos.co.za; Bath St.; Campingplatz pro Pers. 30 R, B 45 R, EZ/DZ120/170 R;) Hier können Rucksackreisende Urlaub auf dem Bauernhof machen – die Farm bietet einen Fluss, Hühner und Pecan-Nussbäume. Auf dem 7 ha großen Areal wurden bunte Arbeiterhäuschen zu Cottages für Selbstversorger (200 R) umgebaut. Am Wochenende gilt, außer auf dem Campingplatz, eine Aufenthaltsdauer, die mindestens zwei Nächte umfasst.

Montagu Caravan Park (☎ 023-614 3034; Bath St.; Stellplätze pro Pers. 40 R, 4-Pers.-Blockhütte/Chalets180/240 R) Der Caravanplatz mit vielen Aprikosenbäumen ist sehr schön gelegen und bietet viel Wiese und Schatten. Die Chalets haben Küchengrundausstattung und TV; Bettzeug wird auf Wunsch ebenfalls bereitgestellt (40 R). Die Anlage erstreckt sich am westlichen Ende der Bath Street.

MITTELKLASSEHOTELS

Olive House (☎ 023-614 1095; www.theolivehouse.co.za; Bath St.; Zi. ab 300 R;) Eine erfrischende Abwechslung zu den vielen Unterkünften im traditionellen Landhausstil: Weißer Minimalismus und kleine Kunstwerke scheinen so gar nicht zu dem denkmalgeschützten Gebäude von 1854 zu passen, sehen aber trotzdem gut aus. Essen kann man im angegliederten Succulent Café; die gesamte Anlage wird auch für Großereignisse wie Hochzeiten vermietet.

Montagu Springs Holiday Resort (☎ 023-614 1050; www.montagusprings.co.za; Warmbronne Hot Springs; Chalets für 4 Pers. ab 380 R) Die Chalets für Selbstversorger sind die günstigsten Unterkünfte in der Thermalanlage. Wer sich für Wasservögel, Tauben und Hühner interessiert, sollte das „Feathered Friends"-Sanctuary besuchen, in dem sich über 160 verschiedene Vogelarten aufhalten. Die Vögel werden täglich gefüttert.

Airlies Guest House (☎ 023-614 2943; www.airlies.co.za; Bath St.; EZ/DZ mit Frühstück 390/590 R;) Eine schöne Unterkunft in einem großen, reetgedeckten Haus. Von den geräumigen Zimmern mit Holzfußböden blickt man auf die Berge. Die Besitzer sind sehr nett, das Frühstück ist echt spitze.

SPITZENKLASSEHOTELS

Kingna Lodge (☎ 023-614 1066; www.kingnalodge.co.za; 11 Bath St.; EZ/DZ 400/600 R;) Zurückhaltend viktorianisch und sehr geschmackvoll ist das Design dieses eleganten Gästehauses. Vom fünfgängigen Abendessen (150 R) schwärmen sogar die Kritiker. Jedes Zimmer ist anders dekoriert und nach einer Rebsorte benannt, in allen gibt es Badezimmer aus Marmor und Kamine. 1995 übernachteten hier sowohl Nelson Mandela als auch F. W. De Klerk.

7 Church Street (☎ 023-614 1186; www.7churchstreet.co.za; 7 Church St.; EZ/DZ mit Frühstück 400/600 R;) Eine luxuriöse Unterkunft in einem hübschen, typischen Gebäude der Karoo mit filigranen schmiedeisernen *broekie-lace*-Verzierungen und äußerst gepflegtem Garten. Die vornehmen Innenräume dienen gleichzeitig als Galerie für die private Kunstsammlung des Besitzers.

Montagu Country Hotel (☎ 023-614 3125; www.montagucountryhotel.co.za; 27 Bath St.; EZ/DZ 480/800 R;) Ein nettes Hotel in einem großen pinkfarbenen Gebäude mit umwerfenden

Art-déco-Verzierungen. Die Zimmer sind gut ausgestattet und haben alle denkbaren Annehmlichkeiten. Zur Straße hin gibt es einen Hof, einen Pool, ein kleines Restaurant und eine Bar. Mittags kann man für 35 R à la Carte essen.

Mimosa Lodge (☎ 023-614 2351; www.mimosa.co.za; Church St.; EZ/DZ mit Frühstück 580/850 R;) Eine Lodge für jene, die es sich leisten können. Das restaurierte Gebäude aus der Zeit Edwards VII. steht in einem stilvoll angelegten Garten. Zur Anlage gehören ein schicker Pool mit Wasserfall und ein reetgedeckter, Schatten spendender Pavillon. Das Abendessen (155 R) ist ausgezeichnet – auch Nicht-Hotelgäste sind dazu willkommen.

Avalon Springs Hotel (☎ 023-614 1150; www.avalonsprings.co.za; Warmbronne Hot Springs; EZ/DZ ab 625/1050 R) Das altmodische Hotel (eine Time-Share-Anlage) wird trotz seiner schauerlichen Einrichtung, die einem Horrorfilm entstammen könnte, erstaunlich gut bewertet. An den Wochenenden und in den Ferien ziehen die Preise um 25 % an, die Mindestübernachtungszahl liegt bei zwei Nächten. Für die Gäste stehen Thermalbecken im Freien, Massagen, ein Fitnessraum und ein rund um die Uhr geöffnetes Café bereit. Auch für Kinder gibt's eine Menge zu erleben.

Essen

Außer im Montagu Country Hotel, der Mimosa Lodge und der Kingna Lodge (bei den Lodges unbedingt im Voraus buchen!) gibt es noch ein paar weitere Möglichkeiten, Essen zu gehen:

Cottage Café (☎ 023-614 1932; 78 Bath St.; Hauptgerichte10–30 R; ⏲ Mo–Sa Frühstück & Mittagessen) Im Garten des Cafés werden kleine Mittagsmahlzeiten serviert – die täglich wechselnden Gerichte sind in der Regel lecker und günstig. Für alle Süßen gibt es Eis!

Docks (☎ 023-614 3360; 80 Bath St.; Hauptgerichte 20–55 R; ⏲ Mi–Fr Abendessen, Sa & So Frühstück, Mittag- & Abendessen) Die einfachen und günstigen Gerichte werden innen oder draußen an Tischen und Bänken rund um einen Swimmingpool serviert.

Succulent Café (20 Bath St.; Hauptgerichte 20–60 R; ⏲ Frühstück, Mittag- & Abendessen) Ein klares Design, ein guter Kaffee, ein leckeres vegetarisches Menü und generell frische Zutaten sprechen für das Café, das vor allem von den einheimischen Künstlern gerne besucht wird. An den Wänden hängen große Bilder von Sukkulenten. Das Café hat Internetzugang (Std. 42 R) und ist immer am Montagabend geschlossen.

Die Stal (☎ 082-324 4318; Touwsrivier Rd., an der R318; Hauptgerichte 35–65 R; ⏲ Mi–So Frühstück & Mittagessen) Ein kulinarisches Erlebnis auf dem Land. Die Zitrusfarm liegt 7 km nördlich der Stadt und wird bewirtschaftet. Auf den Tisch kommen die Kreationen der einheimischen Küchenchefs. Das Menü wechselt täglich, die reichhaltigen Landfrühstücke stehen immer auf der Karte.

Preston's (☎ 023-614 3013; 17 Bath St.; Frühstück 30 R, Hauptgerichte 40–70 R; ⏲ Frühstück, Mittag- & Abendessen) In einem schönen Garten werden Steaks und Fisch- und vegetarische Gerichte serviert. Wer nur einen Drink nehmen möchte, ist im angeschlossenen Thomas Bain Pub an der richtigen Adresse.

Jessica's (☎ 023-614 1805; 47 Bath St.; Hauptgerichte 60–90 R; ⏲ Abendessen) In gemütlicher Atmosphäre werden kreative Bistrogerichte gereicht, darunter Butternuss-Ravioli und gebratene Springbok-Streifen. Namensgeber ist übrigens der Hund der Familie.

Josephine's (☎ 023-614 3939; 63 Bath St.; Hauptgerichte 60–90 R; ⏲ Mo–Fr Mittag- & Abendessen, Sa Abendessen) Josephine's ist das Lieblingslokal der Einheimischen. Abgesehen von den vielen Fischspezialitäten orientieren sich Karte und Dekoration an den Jahreszeiten.

An- & Weiterreise

Translux-Busse (☎ 021-449 3333; www.translux.co.za) halten in Ashton, 9 km südwestlich von Montagu auf der Fahrt von Kapstadt (120 R, 2½ Std., tgl.) nach Port Elizabeth (170 R, 6 Std., tgl.).

Die meisten Unterkünfte bieten einen (vorab zu buchenden) Shuttleservice von Ashton nach Montagu, aber man kann auch ein Minibus-Taxi nehmen (8 R), das hier regelmäßig fährt. Wer sehr spät ankommt, muss vielleicht bei einer der Mietwagenfirmen am Busbahnhof ein Auto mieten.

JJ's Transport (☎ 023-614 3975; pro Pers. 30 R) unterhält einen Taxibetrieb zwischen der Stadt und den Thermalquellen. Im Preis ist ein Glas Wein inbegriffen. Am besten telefonisch buchen.

Munnik's (☎ 021-637 1850; pro Pers. 70 R; ⏲ Mi, Fr, Sa & So) betreibt einen Pendelverkehr zwischen Montagu und Kapstadt. Gegen einen Aufpreis von 10 R werden die Fahrgäste auch zu den Thermalquellen gefahren.

Die örtlichen Minibus-Taxis starten am **OK Supermarkt** (Bath St.) unweit Ecke Market Street und fahren nach Kapstadt (110 R, 3½ Std.) und Oudtshoorn (40 R, 2½ Std.).

CALITZDORP

☎ 044 / 9000 Ew.

Viele beurteilen Calitzdorp nach seiner unscheinbaren Hauptstraße und fahren so schnell wie möglich zu scheinbar attraktiveren Zielen weiter. Von den Weinbergen einmal abgesehen gibt es in Calitzdorp ein **Museum** (Ecke Van Riebeeck St. & Geyser St.; Eintritt frei; Mo–Fr 9–12, 14–17, Sa 9–12 Uhr) mit Erinnerungsstücken aus der Geschichte von Calitzdorp und eine denkmalgeschützte **Dutch Reformed Church** zu besichtigen.

Das **Information Centre** (☎ 044-213 3312; Ecke Voortrek St. & Barry St.; Mo–Fr 9–12, 14–17, Sa 9–12 Uhr) liegt etwas versteckt hinter der Shell-Tankstelle. Die Mitarbeiter geben Auskunft über Unterkünfte und die umliegenden Weingüter.

Als bestes Weingut gilt **Boplaas** (☎ 044-213 3326; www.boplaas.co.za; Zaayman St.; Weinprobe/Wein- und Portweinprobe 15/35 R; Mo–Fr 8–17, Sa 9–15 Uhr), das schon mehrere internationale Auszeichnungen gewonnen hat. Ab der Andries Pretorius Street an der Voortrekker Road folgt man den Schildern. Führungen durch die Keller sollten telefonisch reserviert werden. In jedem ungeraden Jahr findet im Juli ein großes **Portwein-Festival** statt.

Sollte es zu spät geworden sein, vermietet das **Port-Wine Guest House** (☎ 044-213 3131; portwine@mweb.co.za; 7 Queen St.; EZ/DZ mit Frühstück 400/760 R; P) gegenüber von Boplaas Zimmer. Das nett eingerichtete, reetgedeckte Cottage ist eine schöne Adresse für ein romantisches Wochenende – alle Zimmer haben Himmelbetten, aber keinen Fernseher.

Insgesamt hat Calitzdorp sieben Restaurants und 27 weitere Gästehäuser, die alle vergleichbar gut sind. Am besten fragt man daher in der Touristeninformation, wo man am besten unterkommen und essen kann.

OUDTSHOORN

☎ 044 / 85 000 Ew.

Für einen Strauß ist dies der Ort zum Leben und Sterben. Doch das verschlafene Städtchen in der Little Karoo bietet viel mehr als die gefiederten Freunde. Sie sind eigentlich nicht besonders interessant, verfolgen einen aber, zumindest optisch, auf Schritt und Tritt auf unzähligen Werbeplakaten und sonstigen Druckwerken.

Zugegeben: Oudtshoorn ist wirklich die Straußenmetropole des Landes. Die Vögel werden hier seit den 1870er-Jahren gezüchtet – vor dem Ersten Weltkrieg waren Straußenfedern als Modeartikel heiß begehrt und haben viele Straußenzüchter sehr reich gemacht. An den kurzen Flügeln der Hähne sitzen die prachtvollen weißen Federn, die einst zur Zierde einiger Damenhüte unerlässlich waren. Oudtshoorn expandierte, und die so genannten „Federbarone" errichteten große „Straußenvillen", die teilweise bis heute das Stadtbild prägen.

Die Stadt lebt auch heute noch ganz gut von der Straußenzucht: Sowohl das Fleisch als auch das Leder der Laufvögel sind sehr begehrt, dazu kommen die unzähligen Straußenartikel, die von den Urlaubern in Form von Straußeneiern, Federn und *biltong* gekauft werden. Oudtshoorn ist aber in erster Linie ein guter Standort, um von hier aus die unterschiedlichen Landschaftsformen der Little Karoo, die städteverbindende Garden Route (über die N12 sind es nur 55 km bis nach George) und die Great Karoo zu erkunden.

Die spektakulären Pässe Swartberg und Seweweekspoort gelten als eindrucksvolle verkehrstechnische Meisterleistungen. Oudtshoorn ist ein Zentrum der Afrikaaner-Kultur, Bäume säumen die Straßen, es gibt schöne Geschäfte und Top-Restaurants.

Orientierung & Praktische Informationen

Oudtshoorn selbst lässt sich gut zu Fuß besichtigen, viele Attraktionen liegen aber weit von einander entfernt, sodass es doch bequem ist, ein eigenes Fahrzeug zu haben oder sich einer geführten Tour anzuschließen. Die Haupteinkaufsstraße ist die High (Hoog) Street östlich der Baron van Rheede Street, dort befinden sich auch die meisten Restaurants. Wer seine E-Mails abrufen möchte, findet im Oasis Shanti Hostel den gewünschten Internetzugang.

Oudtshoorn Tourismus Bureau (☎ 044-279 2532; www.oudtshoorn.com; Baron van Rheede St.; Mo–Fr 7–17, Sa & So 9–13 Uhr) Die hilfreiche Einrichtung liegt direkt beim CP Nel Museum. Die Mitarbeiter haben Infos über die vielen B&Bs der Stadt und helfen bei der Wahl von Ausflügen zu den Sehenswürdigkeiten der Umgebung.

WESTERN CAPE

Sehenswertes & Aktivitäten

Viele der Sehenswürdigkeiten liegen außerhalb der Stadtgrenze. Einige Jugendherbergen und B&Bs bieten verbilligte Eintrittskarten an, wenn man die Nacht in ihrem Haus verbringt.

CP NEL MUSEUM & LE ROUX TOWNHOUSE

Das interessante **Museum** (☎ 044-272 7306; 3 Baron van Rheede St.; Erw./Kind 10/3 R; ⏲ Mo–Sa 9–17 Uhr) hat zwei Schwerpunkte: die Straußenzucht und die Lebensweise der Bevölkerung in der Karoo. Es ist in einem schönen Sandsteingebäude untergebracht, das 1906 während der goldenen Zeiten der Straußenzucht gebaut wurde. Zu sehen sind einige aus Originalteilen nachgebaute viktorianische Geschäfte und die Inneneinrichtung einer Synagoge von 1896 (die zerstört wurde).

Im Eintrittspreis enthalten ist der Zutritt zum **Le Roux Townhouse** (☎ 044-272 3676; Ecke Loop St. & High St.; ⏲ Mo–Fr 9–13, 14–17 Uhr): Das mit Originalmöbeln eingerichtete Haus ist ein außergewöhnlich schönes Beispiel für einen „Federpalast".

CANGO WILDLIFE RANCH & CHEETAHLAND

Wer die Nase voll von Straußen hat, sollte zu dieser **Ranch** (☎ 044-272 5593; Erw./Kind 60/45 R ⏲ 8–16.30 Uhr) fahren, auf der es jede Menge anderer Tiere zu sehen gibt. Angesichts der vielen Naturparks und grenzenlosen Reser-

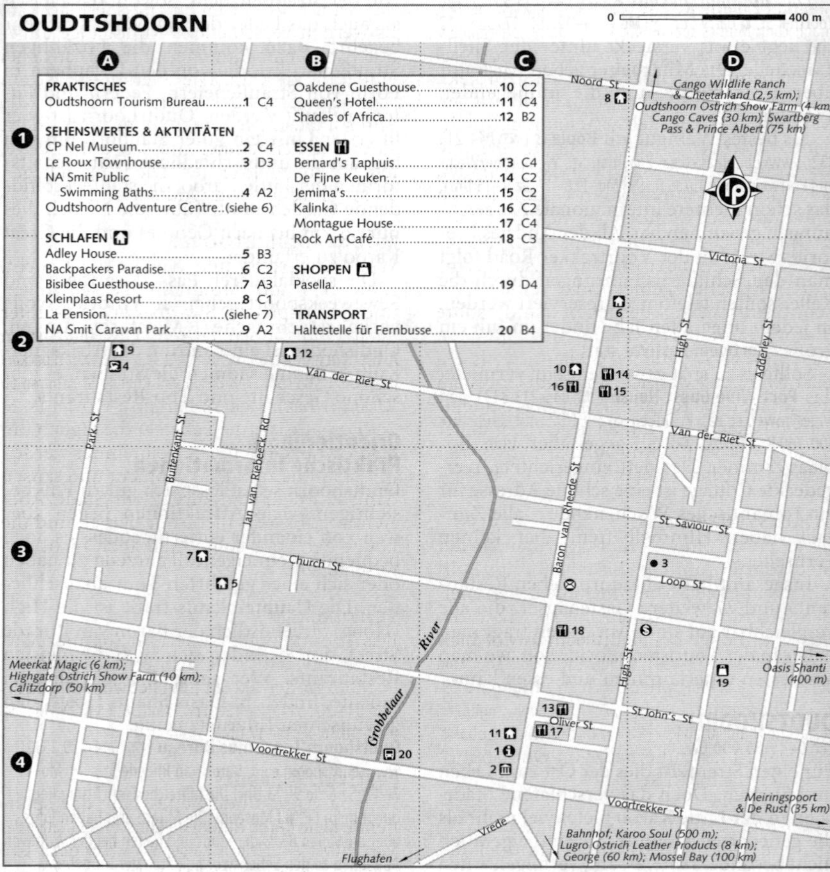

vate kommt hier wieder ein richtiges Zoo-Feeling auf – vor allem bei den Raubkatzen in ihren kleinen Gehegen. Neben Löwen, Pumas und weißen bengalischen Tigern gibt es Geparden, die man für 30 R streicheln darf (das Geld fließt in die Cheetah Conservation Foundation). Auf der Ranch leben auch Krokodile und Alligatoren. Die Cango Wildlife Ranch liegt 3 km außerhalb der Stadt an der Straße nach Prince Albert.

MEERKAT MAGIC CONSERVATION PROJECT

Fast jeder findet Meerkat (Erdmännchen) süß, aber niemand dürfte so vernarrt in sie sein wie Grant McIlrath, der sogenannte „Erdmännchen-Mann" von Oudtshoorn. **Meerkat Experience** (☎ 082-413 6895; www.meerkatmagic.com; Mindestspende 400 R; ⌚ Okt.–April Sonnenaufgang & Sonnenuntergang, Mai–Sept. Sonnenaufgang) ist ein bahnbrechendes Naturschutzprojekt, bei dem die Besucher hautnah miterleben können, wie die seltsamen, hochintelligenten Tierchen leben und kommunizieren. Da Grant über Jahre hinweg das Vertrauen der Tiere gewinnen konnte, fühlen sich diese durch das Eindringen der Menschen in ihren Lebensraum nicht mehr beeinträchtigt. Wer in der Provinz Western Cape nur ein Schutzgebiet oder eine Tierschutzeinrichtung besuchen kann, sollte hierher fahren. Die Erdmännchenhöhlen liegen an verschiedenen Stellen jeweils ein paar Kilometer westlich von Oudtshoorn an der R328, die Treffpunkte für den gemeinsamen Besuch der Höhlen liegen aber in der Stadt. Wer will, kann auf Farmen in der Nähe der Höhlen übernachten.

STRAUSSENFARMEN

Es gibt vier Show-Straußenfarmen in der Stadt, die 45-minütige bis einstündige Führungen anbieten. Die Angebote unterscheiden sich nicht groß. Sehr informativ waren die Mitarbeiter der **Oudtshoorn Ostrich Show Farm** (☎ 044-279 1861; Cango Caves Rd.; Erw./Kind 40/20 R; ⌚ 8–17Uhr), aber auch die **Highgate Ostrich Show Farm** (☎ 044-272 7115; www.highgate.co.za; Erw./Kind 40/20 R; ⌚ 8–17 Uhr) wurde gelobt. Sie liegt 10 km außerhalb von Oudtshoorn am Weg nach Mossel Bay.

ZWEI-PÄSSE-TOUR

Wer eine der Straußenfarmen nördlich der Stadt oder die Cango Caves besucht, sollte einfach weiter über den **Swartberg Pass** bis nach Prince Albert fahren und dann über den **Meiringspoort Pass** nach Oudtshoorn zurückkehren. Beide Passstraßen sind meisterhafte Ingenieursleistungen, auf halbem Weg liegen ein Wasserfall und ein kleines Besucherzentrum. Die Straße führt über De Rust nach Oudtshoorn zurück – die Rundfahrt ist ein schöner Tagesausflug. Die Hotels und die Touristeninformation haben eine Karte, in der die Route eingezeichnet ist.

CANGO CAVES

Die **Cango Caves** (☎ 044-272 7410; www.cangocaves.co.za; Eintritt ab 50 R; ⌚ 9–16 Uhr) sind ziemlich überlaufen, aber doch sehr eindrucksvoll. Ihr Name leitet sich von der Bezeichnung der Khoi Khoi für einen „nassen Platz" ab. Es werden verschiedene Rundgänge angeboten, die halbstündige Führung ist dabei eindeutig zu kurz. Die allerlängste ist am spannendsten, aber nichts für Leute, die unter Platzangst leiden oder untrainiert sind: Die Teilnehmer müssen durch enge, feuchte Stellen kriechen. Die Höhlen liegen 30 km nördlich von Oudtshoorn.

MOUNTAINBIKETOUREN

Wer trainiert ist und Nervenkitzel sucht, sollte sich aufs Mountainbike schwingen und vom Gipfel des Swartberg Passes runter nach Oudtshoorn fahren. Das **Oudtshoorn Adventure Centre** (☎ 044-272 3436; www.backpackersparadise.hostel.com; 148 Baron van Rheede St.; Touren ab 120 R) im Backpackers Paradise Hostel (s. S. 224) organisiert die Fahrten, die täglich um 8.30 Uhr beginnen. Die Teilnehmer werden mit dem Bus zum Pass gebracht und sausen dann mit dem Rad zurück zur Stadt. Aber Achtung: Es geht nicht nur bergab und die Länge der Tour sollte man auch nicht unterschätzen!

SCHWIMMEN

Das Thermometer klettert im Sommer häufig auf über 40 °C. Umso erfrischender ist ein Bad in den **NA Smit Public Swimming Baths** (☎ 044-203 3119; Park St.; Erw./Kind 5/2,65 R; ⌚ Mo–Sa 9.30–18.30, So 14–17 Uhr).

Festivals & Events

Anfang April findet jedes Jahr das spannende **Klein Karoo Nationale Kunstefees** (Nationales Kunstfestival der Kleinen Karoo; www.kknk.co.za; Ecke Church St. & Baron van Rheede St.) statt. Es widmet

WESTERN CAPE

sich laut eigener Aussage der „Renaissance des Afrikaans" und präsentiert einheimische Künstler, Dichter, Schauspieler und Musiker in einem einwöchigen, ausschweifenden Festival. Das Kunstefees ist die bestbesuchte Veranstaltung dieser Art in Südafrika.

Schlafen

BUDGETUNTERKÜNFTE

Oasis Shanti (☎ 044-279 1163; oasis@mailbox.co.za; 3 Church St.; Zeltplätze pro Pers. 35 R, B 60 R, DZ mit Gemeinschaftsbad ab180 R;) Freundliches, gut geführtes Hostel in einem großen, kürzlich renovierten Gebäude mit großem Grill- und Poolbereich und schattigen Stellplätzen für die Zelte. Im Aufenthaltsraum wärmt in kalten Nächten ein Feuer im Kamin, und die obligatorischen Straußen-Braais fehlen auch nicht.

Backpackers Paradise (☎ 044-272 3436; www.backpackersparadise.hostel.com; 148 Baron van Rheede St.; Zeltplätze pro Pers. 40 R, B 65 R, Zi. ab 180 R, DZ mit Bad 250 R;) Die hervorragende Unterkunft in einem großen alten Haus hat einen separaten Schlafsaal in einem Anbau. Dazu kommen eine Bar, Straußen-Braais und ein kostenloses Frühstück mit Straußeneiern (in der Hauptsaison bekommt man ein Ei und kann es zubereiten, wie man will). Vieles wird hier sehr günstig angeboten, u. a. verbilligte Eintrittskarten für die Attraktionen in der Umgebung. Das Adventure Centre bietet eine ganz Palette an Sportmöglichkeiten.

Karoo Soul (☎ 044-272 0330; www.karoosoul.com; 170 Langenhoven Rd.; Zeltplätze pro Pers. 40 R, B mit Frühstück 80 R, DZ mit Gemeinschaftsbad & Frühstück 250 R;) Die fehlende Atmosphäre und die kleine Karte zeigen, dass das sehr neue Haus noch auf der Suche nach einem eigenen Stil ist. Luxuriöse Bettwäsche, die Ruhe und der Komfort sind der eindeutige Beweis, dass auch Rucksackreisende irgendwann in die Jahre kommen. Das Karoo Soul ist außerdem das einzige Haus mit Blick auf Oudtshoorn. In den Doppelzimmern zur Westseite hin lassen sich vom Bett aus romantische Sonnenuntergänge beobachten. Im Garten stehen ein paar Cottages mit eigenem Bad (300 R).

NA Smit Caravan Park (☎ 044-272 2313; Fax 279 1915; Park St.; Zeltplätze 89 R, Rondavels (Hütten) 200 R;) Es gibt wenig Schatten und Gras; die sanitären Einrichtungen sind aber in Ordnung. Die Kinder werden begeistert vom Spielplatz sein.

Kleinplaas Resort (☎ 044-272 5811; kleinpls@mweb.co.za; 171 Baron van Rheede St.; Zeltplätze 120 R, 4-Pers.-Chalets 380 R;) Ein sensationeller Caravanplatz mit dazugehörigem Restaurant und großem Pool.

MITTELKLASSEHOTELS

Bisibee Guesthouse (☎ 044-272 4784; bisibee@hotmail.com; 171 Church St.; EZ/DZ mit Frühstück 280/500 R;) Eine der ersten Adressen der Stadt. Das makellos saubere, etwas altmodische Gebäude diente früher in den Krieg ziehenden Soldaten als Quartier. Sie konnten sich dort von ihrer Familie verabschieden.

La Pension (☎ 044-279 2445; www.lapension.co.za; 169 Church St.; EZ/DZ mit Frühstück 350/500 R;) Eine sichere Wahl mit einfachen Zimmern. Dazu kommen einige Unterkünfte mit TV und Kochgelegenheit für Selbstversorger, ein ziemlich großer Pool, eine Sauna und ein großer, gepflegter Garten.

Oakdene Guesthouse (☎ 044-272 3018; www.oakdene.co.za; 99 Baron van Rheede St.; EZ/DZ 395/620 R;) Elegante Cottage-Einrichtung, Holzböden, Straußeneier, hochwertige Bettwäsche und erdfarbene Wände machen jedes Zimmer zu etwas Besonderem. Dazu kommen noch ein großartiger Garten und ein schöner Pool. Im Winter werden Heizdecken verteilt.

Shades of Africa (☎ 044-272 6430; shades@mweb.co.za; 238 Jan van Riebeeck Rd.; EZ/DZ mit Frühstück 400/650 R;) Ein nettes, zeitgenössisches Gästehaus mit buntem Afro-Chic und einem kleinem Pool.

Adley House (☎ 044-272 4533; www.adleyhouse.co.za; 209 Jan van Riebeeck Rd.; EZ/DZ mit Frühstück 515/700 R;) Die Zimmer in diesem „Federpalast" von 1905 haben alle einen eigenen Eingang und viel Charme. Es gibt mehrere Pools und einen schönen Grill- und Barbereich im Freien.

Queen's Hotel (☎ 044-272 2101; www.queenshotel.co.za; 11 Baron van Rheede St.; EZ/DZ 680/950 R;) Ein attraktives Landhotel mit großen kühlen Zimmern. Die Außenwände des Hauses sind mit Efeu bewachsen. Trotz der etwas protzigen Eingangshalle aus falschem Marmor wirkt es sehr einladend.

Essen

Wie zu erwarten, wird fast überall Strauß vom Rührei bis zum Steak in irgendeiner Form serviert, doch auch sonst ist das Angebot bemerkenswert gut.

Rock Art Café (☎ 044-279 1927; 62 Baron van Rheede St.; Frühstück ab 20 R, Hauptgerichte 30–65 R; ⏲ Mo–Sa Mittag- & Abendessen, So Abendessen) In der meist sehr vollen Bar wird freitags oder samstags Livemusik gespielt. Wer Hunger hat, sucht sich einen Platz im Freien und kann zwischen vielen einfachen Gerichten wählen.

Montague House (☎ 044-272 3208; Ecke Baron van Rheede St. & Olivier St.; Hauptgerichte 30 R; ⏲ Frühstück, Mittag- & Abendessen) Frühstück gibt es hier bis 14.30 Uhr – und zwar in großer Auswahl. Pasta, Salate oder Sandwiches werden unter Sonnenschirmen im großen Blumengarten serviert.

Bernard's Taphuis (☎ 044-272 3208; Ecke Olivier St. & Montague St.; Hauptgerichte 45–80 R; ⏲ Mittag- & Abendessen) Das Lokal mit europäischem Einschlag hat sich auf vegetarische und Straußengerichte spezialisiert.

Jemima's (☎ 044-272 0808; 94 Baron van Rheede St.; Hauptgerichte ab 50 R; ⏲ Mo–So Abendessen, Fr Mittag- & Abendessen) Anerkanntermaßen eines der besten Restaurants im Land und gleichermaßen ein Genuss für Gaumen und Augen. Kleine, liebevolle Details machen den Charme des Hauses aus, aber im Mittelpunkt steht natürlich trotz allem das Essen – die kapmalaiischen Gerichte sind legendär. Nach dem Essen sollte man einen *swepie* probieren, einen Mix aus Brandy und *jerepigo* (Süßwein).

De Fijne Keuken (☎ 044-272 6403; 114 Baron van Rheede St.; Hauptgerichte 50–70 R; ⏲ Mittag- & Abendessen) Ein hoch gelobtes Restaurant mit vielen Plätzen im Freien und einer schönen Atmosphäre. An den leuchtend bunt bemalten Wänden hängen alte Karten vom Kontinent. Strauß in jeder nur denkbaren Variante steht auf der abwechslungsreichen Karte, dazu kommt noch eine große Auswahl an Pastagerichten.

Kalinka (☎ 044-279 2596; 93 Baron van Rheede St.; Hauptgerichte 60–85 R; ⏲ Mo–So Mittag- & Abendessen, Frühstück nur Sa & So) Ein angesagtes Bistro mit einfallsreicher Karte. Olga, die fachkundige Küchenchefin, hat eine Vorliebe für Zutaten aus Moskau, und so gibt es hier auch einige russische Spezialitäten. Unbedingt probieren sollte man den Tomatensalat (32 R).

Shoppen

Oudtshoorn hat viele gute Einkaufsmöglichkeiten; die meisten Geschäfte liegen an der Baron van Rheede Street. Straußenprodukte sind natürlich der Renner, vor allem das Leder. Es ist jedoch sehr teuer, da die Tiere jeweils nur wenig Haut abwerfen. Es lohnt sich also, in den Läden, auf den Showfarmen oder in den Hotels nach entsprechenden Souvenirs zu schauen.

Lugro Ostrich Leather Products (☎ 044-272 7012; bei der George Rd.; ⏲ Mo–Sa 9–17 Uhr) Gilt als eines der besten Straußenledergeschäfte der Stadt. Es gehört nicht zu einer der Straußenfarmen der Umgebung und ist entsprechend attraktiver als viele der klassischen Touristenläden mit Einheitsangebot.

Pasella (☎ 044-272 6690; 100 Adderley St.; ⏲ Mo–Fr 9–17, Sa 9–13 Uhr) Wer das etwas andere Einkaufserlebnis sucht, sollte sich Zeit für Pasella nehmen. Dort gibt es eine wunderbare Auswahl an südafrikanischen Kuriositäten, Möbeln aus zweiter Hand und allerlei Schnickschnack.

An- & Weiterreise

Intercape (☎ 0861-287 287; www.intercape.co.za) bietet Fahrten nach Johannesburg (320 R, 14½ Std., tgl.) an. Ansonsten kann man mit **Translux-Busse** (☎ 021-449 3333; www.translux.co.za) nach Mossel Bay (50 R, 1 Std., tgl.) fahren und dort in Busse mit verschiedenen Zielen umsteigen (s. S. 231). Die Busse halten am Riverside Centre bei der Voortrekker Street.

Baz-Busse halten in George, von dort organisieren die Mitarbeiter von Backpackers Paradise die Weiterfahrt nach Oudtshoorn (35 R).

Jeden Samstag fährt um 17 Uhr der *Southern Cross* nach Kapstadt weiter.

Taxis sind nicht leicht zu finden – am besten versucht man es in der Union Street beim Spar-Supermarkt oder man fragt in der Touristeninformation.

GARDEN ROUTE

Die Garden Route ist nach Kapstadt und dem Kruger National Park das wohl international bekannteste Reiseziel Südafrikas – und das zu Recht! Auf wenigen hundert Kilometern bietet sie eine atemberaubende Vielfalt an Landschafts- und Vegetationsformen, Tieren und Outdoor-Aktivitäten.

Unter der Garden Route versteht man (grob umrissen) den Küstenabschnitt von Mossel Bay im Westen bis Plettenberg Bay im Osten. Die Region ist attraktiv für alle

Urlauber: Backpacker finden viele günstige Hostels, anspruchsvolle Reisende eine große Auswahl an eleganten Hotels und charmanten Gästehäusern.

Wer will, kann durch uralte Wälder wandern, mit Quad-Bikes durch Naturreservate fahren, Affen beobachten, am Strand relaxen oder die unzähligen großen Lagunen mit dem Kanu erkunden. Die weißen Sandstrände hinter einem breiten Dünenstreifen sind einer der größten Anziehungspunkte der Garden Route. Im Landesinneren beeindrucken die Outeniqua Mountains und die Tsitsikamma Range, deren Gipfel 1000 bis 1700 m hoch sind und durch die einige spektakuläre Passstraßen führen. Die Berge trennen die Küste von der Halbwüste Karoo. An der Garden Route stehen einige der größten Bestände an südafrikanischen Urwäldern, in denen der riesige Yellowwood tree (*Podocarpus latifolius*) – der Nationalbaum des Landes – und viele Wildblumen wachsen. Das Klima ist mild und deutlich feuchter als im restlichen Land. In den Monaten August bis Oktober fallen die größten Niederschlagsmengen, dann ist es auch häufig trüb. Die wichtigsten Standorte entlang der Garden Route sind Knysna und Plettenberg Bay, obwohl die weniger überlaufenen Orte Wilderness und Buffalo Bay auch ein guter Tipp sind.

Die Bekanntheit der Region ist jedoch nicht nur ein Segen. Durch die vielen Urlauber herrscht große Konkurrenz unter den Anbietern vor Ort, entsprechend gut sind Restaurants, Hotels und Freizeitzentren. In den letzten Jahren geriet die Entwicklung aber etwas außer Kontrolle – manch einer fühlt sich dadurch wie in einer riesigen Touristenmaschinerie gefangen. Während der Sommermonate und der südafrikanischen Schulferien ziehen die Preise enorm an, viele Orte sind dann überlaufen und die Unterkünfte ausgebucht! Alles in allem ist die Garden Route aber ein lohnenswertes Ziel, wenn auch nicht die größte Attraktion des Landes.

MOSSEL BAY

☎ 044 / 78 000 Ew.

Mossel Bay galt früher als Juwel der Garden Route, wurde aber in den 1980er-Jahren durch die boomende Industrie (vor allem durch eine Erdgas- und Ölraffinerie am Stadtrand) verschandelt. Nach einem allgemeinen Reinemachen (und einer großen Marketingkampagne) erlebt die Stadt nun eine Renaissance. Ihr größter Schatz sind die schönen historischen Sandsteingebäude, in denen man wunderbar übernachten kann, und das tolle Freizeitangebot. Es gibt hier den einzigen nach Norden exponierten Strand des Landes und einige sehr gute Surfspots (s. S. 229). Nicht mehr wiedergutmachen lassen sich allerdings die Schandflecken aus Zeiten des industriellen Booms, sie sollte man bei der Anfahrt einfach ignorieren.

Als erster Europäer landete 1488 der Portugiese Bartholomeu Dias in der Bucht.

GARDEN ROUTE

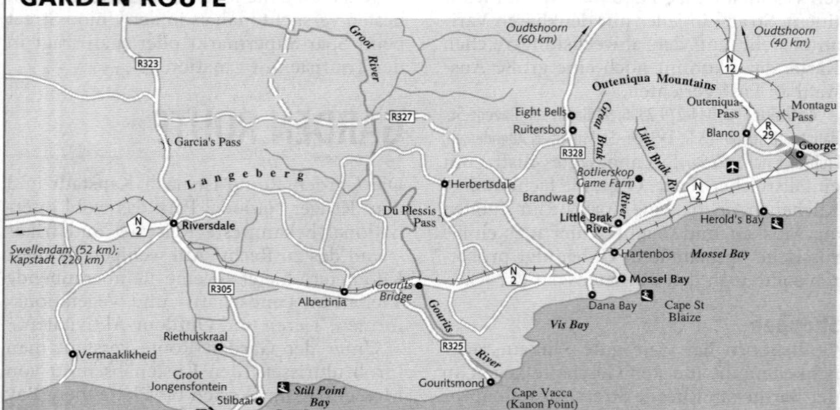

Vasco da Gama, auf der Suche nach dem Seeweg nach Indien, folgte 1497. In den folgenden Jahrhunderten legten viele Schiffe im Hafen an, um ihre Wasservorräte aufzufüllen und Proviant mit den dortigen Bewohnern, den Gouriqua Khoekhoen, zu tauschen. Ein großer Milkwood-Baum an einer Quelle wurde als Briefkasten benutzt: Die Besatzung von Schiffen hinterließ auf der Fahrt nach Osten in einem Stiefel Nachrichten, die von Seeleuten auf dem Heimweg nach Europa mitgenommen wurden. Quelle und Baum gibt es noch heute: Alle Briefe, die heute in einen Postkasten in Stiefelform geworfen werden, kommen mit einem Sonderstempel versehen zur Sammelstelle und werden verschickt.

Orientierung & Praktische Informationen

Die Stadt liegt an der Nordseite von Cape St Blaize. Der Museumsbau mit Blick über die Bucht ist der beste Platz für den Beginn eines Stadtrundgangs. An der Marsh Street, die sich durch die ganze Stadt zieht, liegen die meisten Restaurants und Pubs. The Point ist ein schöner Platz, um am späten Nachmittag einen Drink zu nehmen und den Surfern beim Ritt über die Wellen zuzuschauen. Der Badestrand der Stadt heißt Santos Beach.

Tourism Bureau (☎ 044-691 2202; Market St.; 🕑 Mo–Fr 8–18, Sa & So 9–13 Uhr) Die Touristeninformation ist mit sehr nettem Personal besetzt, das auch beim Buchen von Unterkünften hilft.

Sehenswertes

BARTHOLOMEU DIAS MARITIME MUSEUM

Zum **Museumskomplex** (☎ 044-691 1067; Market St.; Eintritt 6 R; 🕑 Maritime Museum, History Museum & Shell Museum Mo–Fr 8.30–16.45, Sa & So 9–15.45 Uhr) gehören die **Quelle** neben dem **Postal Tree**, ein VOC-**Kornspeicher** von 1786, das **Shell Museum** (mit einigen interessanten Aquarien) und das örtliche **History Museum**. Das Highlight ist der Nachbau der Karavelle, die Dias 1488 auf seiner Entdeckungsreise benutzte. Erst wenn man sieht, wie klein das Boot war, bekommt man eine Ahnung, wie geschickt und mutig die frühen Seefahrer gewesen sein müssen. Die in Portugal gebaute Karavelle segelte 1988 nach Mossel Bay, um an den 500. Jahrestag von Dias' Ankunft in der Bucht zu erinnern.

BOTLIERSKOP GAME FARM

Die **Farm** (☎ 044-696 6055; Little Brak River; Eintritt ab 360 R; EZ/DZ mit Abendessen & Frühstück 2685/3580 R; 🕑 9–12, 15–18 Uhr) ist ein privates Wildreservat, in dem man wohnen und viele afrikanische Wildtiere beobachten kann. Auf dem Areal leben Löwen, Elefanten, Nashörner, Büffel, Giraffen und Wildebeests (Streifengnus), die hier gezüchtet und an andere Parks verkauft werden. Alle Tiere bewegen sich frei, doch die Chance ist groß, sie auch zu Gesicht zu bekommen. Besonders beliebt sind Quad-Bike-Touren (550 R mit südafrikanischem Büfett), alternativ werden dreistündige Safaris (360 R, ebenfalls mit Büfett)

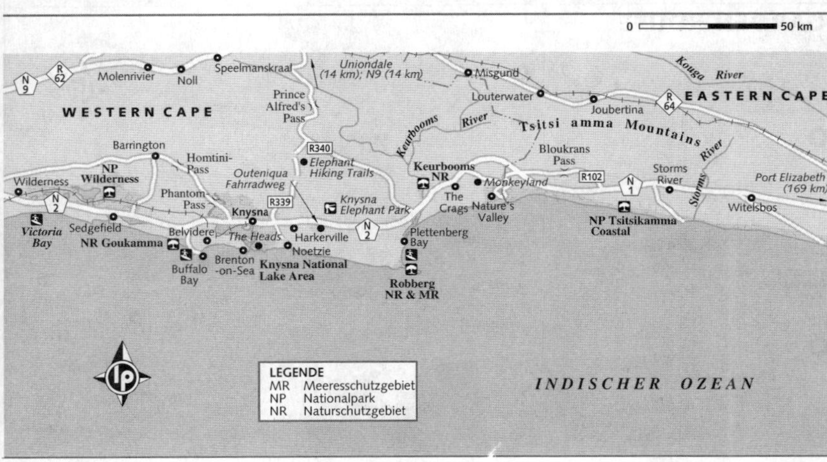

durch das Gelände angeboten. Die Farm liegt rund 20 km östlich von Mossel Bay an der N2 (die Abzeigung Little Brak River nehmen und den Schildern nach Sorgfontein folgen). Eine Reservierung ist empfehlenswert.

Aktivitäten

Mossel Bay bietet ein breites Spektrum an Freizeitaktivitäten. Regelmäßig werden Bootsfahrten auf der **Romonza Sea** (☎ 044-690 3101) und der **Seven Seas** (☎ 044-691 3371) angeboten, die Schiffe zeigen den Passagieren die Seehundkolonie, Meeres- und Küstenvögel, Delfine und Wale. Die Wale tauchen immer wieder rund um Seal Island auf. Die Fahrten dauern eine Stunde und kosten rund 60 R. Im späten Winter und Frühling bietet die *Romonza* spezielle Walbeobachtungsfahrten an (2 Std. 400 R).

Electrodive (☎ 082-561 1259; George St.; Ausrüstung pro Tag 100 R, Tauchgänge an der Küste/vom Boot aus 60–130 R) ist ein Familienbetrieb, der sich auf Tauch- und Schnorchelausfahrten spezialisiert hat. Neben PADI/NAUI-Kursen gibt es Taucheinführungen, Tauchfahrten mit Charterbooten, *rubber ducking* (Ausfahrten mit einem kajakähnlichen Boot) und Schnorchelausflüge. Die Lehrer sind spitze und gerade mit Anfängern sehr geduldig. Taucher sehen in den Gewässern von Mossel Bay Korallen, Fische und andere Meeresbewohner, sollten aber nicht mit Sichtverhältnisse wie in tropischen Gewässern rechnen.

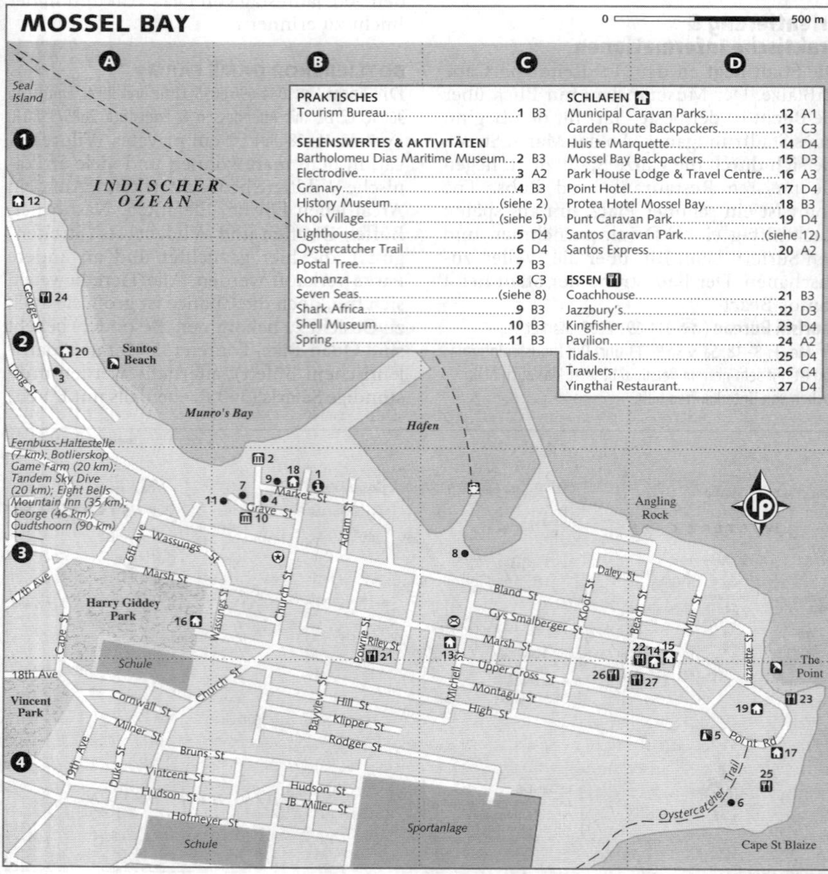

SURFEN AN DER GARDEN ROUTE *David Malherbe & Nic Vorster*

Wenn man von Kapstadt aus nach Osten reist, wird das Wasser zunehmend wärmer. Ein *springsuit* (Anzug mit kurzen Armen oder Beinen) oder knielange *baggies* (Weite, locker sitzende Schwimmshorts) im Sommer und Herbst und ein guter 2–3 mm dicker Neoprenanzug im Winter sind alles, was man braucht. Einheimische Surfer sind nett und hilfsbereit, wenn man ihnen mit dem nötigen Respekt begegnet. Die Qualität der Wellen hängt sehr stark vom Wechsel der Gezeiten und von Änderungen der Windrichtung ab. Es gibt in jedem Fall eine phantastische Bandbreite unterschiedlicher Wellen.

Lohnende Wellen finden Surfer an der Still Point Bay, einer Right, die besonders gut bei Flut zu reiten ist. Es gibt keine große Dünung, die Wellen sind 1,5 bis 2 m hoch, manchmal gibt es eine gefährliche ablandige Strömung. Bei Südwestwind sind die Bedingungen am besten. Versuchen sollte man auch die rechts brechenden Wellen von Groot Jongensfontein, 11 km westlich von Stilbaai, und die fünf hervorragenden und konstant brechenden Reefbreaks (Wellen brechen sich über Riffen) und Pointbreaks (Wellen brechen sich an Landzungen) an der Mossel Bay Peninsula. Die wichtigsten Spots sind Inner & Outer Pool und Dingdang Reef, eine Left und eine Right, die sich am besten bei einer starken südwestlichen oder östlichen Strömung reiten lassen. Alle genannten Spots lohnen sich bei westlichen und südwestlichen Winden.

Zu den wenigen Spots, die sich auch bei Nordostwinden lohnen, gehört Herold's Bay; das gilt vor allem bei kleinen Onshore-Winden. In der Regel kommt eine linke Welle aus der linken Ecke. Eine andere traumhafte kleine Bucht mit einer großen rechts brechenden Welle ist Victoria Bay, die Heimat der Springbok-Surfer Leonard Giles, David Pfaff und Sean Holmes. Einen Versuch wert ist auch Buffalo Bay, hier gibt es immer wieder gute Wellen. Gute Bedingungen herrschen bei südwestlicher Windrichtung. Auch Plettenberg Bay hat ein paar (seltene) Wellen, sie kommen aber sehr unregelmäßig. Ein paar klassische Beachbreaks lassen sich bei östlicher oder westlicher Strömung und den (seltenen) nordwestlichen oder nördlichen Winden surfen. Anfänger können sich in ihren Unterkünften nach den Möglichkeiten erkunden, Brett und/oder Anzug auszuleihen und Unterricht zu nehmen. Meist haben die Hoteliers oder Hostelbetreiber Kontakte zu den örtlichen Surfgeschäften und Surfschulen oder stellen sogar selbst die Ausrüstung bereit.

Shark Africa (☎ 044-691 3796; sharkafrica@mweb.co.za; Ochrebaan Sq., Market St.; 1200 R) bietet Tauchen und Schnorcheln im Gitterkäfig an. Dieser ermöglicht den Tauchern, mit dem berühmt-berüchtigten Weißen Haien auf Tuchfühlung zu gehen.

Face Adrenalin (☎ 044-697 7001; www.faceadrenalin.com; 170 R; 🕑 9–17 Uhr) bietet Bungeesprünge von der Gourits Bridge 35 km westlich von Mossel Bay an. Einige der Hostels bringen ihre Gäste auf Wunsch dorthin.

Tandem Sky Dive (☎ 082-824 8599; Mossel Bay Airfield; 1500 R) bringt Fallschirmspringer in die Luft. Neben großartigen Ausblicken auf die Küste ist vielleicht sogar eine elegante Strandlandung drin.

Wanderer sollten den **Oystercatcher Trail** (☎ 044-699 1204; forban@mweb.co.za) einplanen: Der drei- oder fünftägige Fernwanderweg führt von Mossel Bay über Cape St Blaize nach Dana Bay westlich von Mossel Bay. Unterwegs lassen sich viele Tiere beobachten, u. a. der vom Aussterben bedrohte Schwarze Austernfischer (der europäische ist schwarz-weiß). Am Cape St Blaize sind der **Leuchtturm** und das angrenzende **Khoi-Dorf** (☎ 044-691 1031) die Hauptattraktionen.

Wer sich ernsthaft dafür interessiert, wie der Großteil der südafrikanischen Bevölkerung lebt, kann sich an **Meet the People** (☎ 083-262 2307; 4-Std.-Tour 400 R) wenden. Die Organisation arrangiert Besuche (mit einem traditionellen Essen) bei Einwohnern der nahe gelegenen Townships Tarka und KwaNonqaba. Der Ausflug ist auf jeden Fall den Township-Ausflügen (mit Zoo-Effekt, heißt: gaffen aus sicherer Lage) in den größeren Städten des Landes vorzuziehen!

Schlafen

BUDGETUNTERKÜNFTE

Mossel Bay Backpackers (☎ 044-691 3182; www.gardenrouteadventures.com; 1 Marsh St.; Zeltplätze pro Pers. 55 R, B 80 R, DZ mit Gemeinschaftsbad 220 R; 💻 🏊) Vom alteingesessenen, bewährten und gut geführten Haus ist es nicht weit zum Strand bei The Point und den Bars der Marsh Street. Das Hostel hat einen Pool und eine

Bar sowie eine beeindruckend neue, voll ausgestattete Küche, für angehende Chefköche wie geschaffen.

Garden Route Backpackers (☎ 044-690 4640; info@gardenroutebackpackers.co.za; 38 Marsh St.; B mit/ohne Bettwäsche 75/60 R) Das saubere Hostel bietet nur Schlafsäle. Eine Küche fehlt, dank des unten gelegenen Restaurants (Hauptgerichte 40–80 R) wird aber keiner verhungern. Die Köche kochen kubanisch, selbst eine Zigarren-Lounge fehlt nicht.

Park House Lodge & Travel Centre (☎ 044-691 1937; www.park-house.co.za; 121 High St.; B 90 R, DZ mit Gemeinschaftsbad ab 220 R; 💻) Ein freundliches, hübsch eingerichtetes Steinhaus von 1860 mit schönem Garten und mehreren Teichen. Die Zimmer sind sauber und gemütlich, aber nicht wirklich ruhig, was vor allem an den Bädern zwischen den Zimmern liegt.

Santos Express (☎ 044-691 1995; www.santosexpress.co.za; Santos Beach; B 75 R, EZ/DZ mit Gemeinschaftsbad & Frühstück 105/210 R) Die Lage des umgebauten Zugs direkt am Strand ist einfach unschlagbar, die Enge in den Abteilen kann man allerdings nicht leugnen. Die Gäste haben die Wahl zwischen Schlafwagenabteilen, in denen jeweils zwei oder vier Personen schlafen können. Am Zug „hängt" ein Bar-Restaurant (Hauptgerichte 40–60 R) mit einer großen Karte und Blick über das Meer.

Es gibt drei städtische **Campingplätze** (☎ 044-691 2915; Zeltplätze ab 55 R, Chalets ab 160 R) in Mossel Bay. Bakke und Santos liegen dicht beieinander am schönen Santos Beach. The Punt liegt bei The Point und ist der nächstgelegene Platz zu den Surfspots. Die Preise steigen in der Hauptsaison; alle Plätze bieten Aussicht aufs Meer.

MITTELKLASSEHOTELS

Huis te Marquette (☎ 044-691 3182; marquette@pixie.co.za; 1 Marsh St.; EZ/DZ ab 360/600 R; 🏊 ♿) Ein nobles, seit langem etabliertes Gästehaus unweit von The Point. Die Zimmer, die auf den Pool hinausgehen und Whirlpools haben, sind etwas teurer. Das Haus gehört zum Hostel Mossel Bay Backpackers und hat eine gute Bar.

Point Hotel (☎ 044-691 3512; www.pointhotel.co.za; Point Rd.; EZ/DZ 550/700 R) Das Gebäude an sich ist ein ziemlicher Schandfleck, doch hinter der Fassade verbirgt sich ein wunderbares Hotel, das direkt oberhalb der wellenumtosten Felsen von The Point liegt. Das Hotelrestaurant ist ganz gut (Hauptgerichte 50–70 R), die geräumigen Zimmer haben allesamt Balkone mit Meerblick.

SPITZENKLASSEHOTELS

Protea Hotel Mossel Bay (☎ 044-691 3738; www.proteahotels.com/mosselbay; Market St.; EZ/DZ ab 690/900 R; 🏊) Eines der individuelleren unter den Häusern der Protea-Hotelkette. Es liegt im alten Postamt, das mit viel Gespür für den Charakter des Hauses umgebaut wurde. Auf der Karte des Restaurants (Frühstück/Mittagessen/Abendessen 40/45/80 R) findet man viel Fisch und Meeresfrüchte, aber auch Fleischgerichte und Pizzen. Einheimische halten es für das beste Restaurant der Stadt. Die angeschlossene Blue Oyster Bar ist ideal für einen Cocktail bei Sonnenuntergang.

Eight Bells Mountain Inn (☎ 044-631 0000; www.eightbells.co.za; EZ/DZ 730/1100 R; 🏊) Das Hotel liegt 35 km nördlich von Mossel Bay an der R328 in den Bergen am Beginn des Robinson Pass. Die Zimmer sind klein, aber geschmackvoll eingerichtet und haben TV und Safes. Zum Hotel gehören ein Teegarten und ein Restaurant, außerdem besteht die Möglichkeit, auf dem Gelände zu wandern und zu reiten (Std. 90 R).

Essen

Die Marsh Street ist Mossel Bays Partymeile – am besten einfach herumbummeln und schauen, wohin es einen treibt.

Trawlers (☎ 044-691 3073; 18 Marsh St.; Hauptgerichte 25–50 R; 🕑 Mittag- & Abendessen) Fischnetze und nautische Wandgemälde sorgen für eine maritime Atmosphäre. Serviert werden günstige Fischgerichte und Meeresfrüchte, Burger und Steaks. Wer nur einen Drink möchte, lässt ihn sich an der langen Holzbar servieren! Für die kleinen Gäste gibt es eine Kinder-Speisekarte.

Yingthai Restaurant (☎ 044-690 8238; 12 Marsh St.; Hauptgerichte 40–60 R; 🕑 Mittag- & Abendessen) Der unnachahmliche Duft der asiatischen Küche steigt einem schon beim Eintreten in die Nase. Wem das zu viel ist, der sollte sich draußen unter dem Vordach einen Platz suchen. Der Favorit des Kochs sind „pork wheels" mit Honig-Senf-Kartoffeln (65 R). Auch die hausgemachten Trüffel sollte man probieren.

Pavilion (☎ 044-690 4567; Santos Beach; Hauptgerichte 40–60 R; 🕑 Mittag- & Abendessen) Der zum

Restaurant umgebaute Badepavillon aus dem 19. Jh. steht am Strand; die Karte ist ganz beeindruckend.

Jazzbury's (☎ 044-691 1923; 11 Marsh St.; Hauptgerichte 40–70 R; 🕑 Abendessen) Unter der neuen Leitung hat das Jazzbury's seine traditionelle afrikanische Küche ziemlich aufgepeppt. Jetzt kann man neben dem üblichen Strauß, Rind und Fisch auch so Ungewöhnliches wie *Mopane*-Würmer probieren, auch einige kapmalaiische Gerichte stehen auf der Karte.

Kingfisher (☎ 044-690 6390; Point Rd.; Hauptgerichte 45–100 R; 🕑 Mittag- & Abendessen) Bei Einheimischen sind die Fischgerichte und Meeresfrüchte ebenso beliebt wie der Blick aufs Meer. Zur Auswahl stehen Sushi, Meeresfrüchteplatten, Fisch und Salat.

Coachhouse (☎ 044-691 1177; Ecke Riley St. & Powrie St.; Hauptgerichte 60 R; 🕑 Mittag- & Abendessen) Die Auswahl ist groß (u. a. einige interessante Salat- und Pastakreationen) und die Kellner sehr freundlich. Die Gäste können drinnen oder im Innenhof bei Kerzenschein dinieren.

Tidals (☎ 044-691 3777; Point Rd.) Ein netter Ort für einen Drink bei Sonnenuntergang. Tidals liegt direkt an den Felsen von The Point und zieht – auch wegen der Livemusik – viele junge Gäste an.

An- & Weiterreise

Da Mossel Bay an keiner größeren Straße liegt, wird es auch nicht direkt von Überlandbussen angefahren; sie lassen ihre Fahrgäste an der Voorbaai-Shell-Tankstelle 7 außerhalb der Stadt aussteigen. Die meisten Unterkünfte bieten auf Anfrage einen Abholservice an. In der Regel warten schon Taxis (25 R) auf Busreisende, die nach Mossel Bay wollen. Wer auf Nummer Sicher gehen will, reserviert vorab ein Taxi (☎ 082-673 7314) oder nimmt tagsüber ein Minibus-Taxi (4 R). Die Baz-Busse fahren in die Stadt.

Die Busse von **Translux** (☎ 021-449 3333; www.translux.co.za), **Greyhound** (☎ 021-505 6363; www.greyhound.co.za) und **Intercape** (☎ 0861-287 287; www.intercape.co.za) halten in Mossel Bay auf ihrem Weg von Kapstadt nach Port Elizabeth. Intercape fährt von Mossel Bay nach Knysna (110 R, 1¾ Std., 2-mal tgl.), Plettenberg Bay (115 R, 2½ Std., 2-mal tgl.), Kapstadt (125 R, 7¾ Std., 2-mal tgl.) und Port Elizabeth (110 R, 5½ Std., 2-mal tgl.).

GEORGE

☎ 044 / 170 000 Ew.

George wurde 1811 gegründet und ist die größte Stadt an der Garden Route. Das wichtige Wirtschaftszentrum hat nur wenige Sehenswürdigkeiten, darunter einige schöne alte Gebäude wie die kleine St Mark's Cathedral und die beeindruckende Dutch Reformed Mother Church. George liegt 8 km von der Küste entfernt, die größte Attraktion ist die historische Dampfeisenbahn *Outeniqua Choo-Tjoe* (s. Kasten S. 232). Golfspieler pilgern zum Francourt Links, einem der anerkannt besten Golfplätze der Welt.

Orientierung & Praktische Informationen

Die Abzweigung von der N2 führt von Süden über die lange vierspurige York Street in die Stadt hinein. Sie endet an der T-Kreuzung mit der Courtenay Street. Richtung Westen geht es nach Oudtshoorn, Richtung Osten nach Wilderness. Das Geschäftszentrum liegt auf der Ostseite der York Street und erstreckt sich rund um die Hibernia Street sowie die Market Street.

George Tourism (☎ 044-801 9295; www.tourismgeorge.co.za; 124 York St.; 🕑 Mo–Fr 8–17, Sa 9–13 Uhr) Hat viele Informationen und Karten über George und Umgebung.

Sehenswertes

Start- und Zielpunkt für Fahrten mit der Schmalspur-Dampfeisenbahn *Outeniqua Choo-Tjoe* ist das **Steam Train Museum** (☎ 044-801 8295; Eintritt Spende; 🕑 Mo–Sa 6.30–18 Uhr) direkt an der Courtenay Street. Wer sich für Eisenbahnen interessiert, sollte sich das Museum anschauen, hier werden elf Lokomotiven, 15 Waggons aus verschiedenen Jahrhunderten und viele detailgetreue Modelle gezeigt. Unter den Exponaten ist auch der luxuriöse Waggon, den die britische Königsfamilie in den 1940er-Jahren benutzte.

Schlafen & Essen

French Lodge International (☎ 044-874 0345; www.frenchlodge.co.za; 29 York St.; EZ/DZ mit Frühstück 500/800 R; ❄ 🏊) Der Mix aus französischem Stil und dem Charme von afrikanischen Buschhütten macht den besonderen Reiz aus – die French Lodge ist wahrscheinlich die beste Übernachtungsmöglichkeit in George. Die Zimmer liegen in strohgedeckten Ronda-

WESTERN CAPE

vels, die alle Satelliten-TV und Badewannen mit Jacuzzi haben. Die Ausstattung greift Safarimotive auf: So sitzt man auf handgeschnitzten Stühlen riesigen Holzgiraffen gegenüber.

Fancourt Hotel (☎ 044-804 0000; www.fancourt.com; Montagu St., Blanco; DZ ab 2700 R;) Das luxuriöseste Haus am Platz liegt etwa 10 km vom Stadtzentrum entfernt und hat vier 18-Loch-Golfplätze (zwei wurden von Gary Player entworfen). 2003 war der Links Golf Course Austragungsort des President's Cup. Der Hotel und Country Club hat verschiedene Top-Übernachtungsmöglichkeiten, einen Spa-Bereich und außerdem mehrere Restaurants.

Het Vijfde Seizoen (☎ 044-870 7320; 3 Maitland St., Blanco; Hauptgerichte 50–70 R; Frühstück, Mittag- & Abendessen) Die Küche verbindet Elemente der europäischen und traditionellen südafrikanischen Küche. Das gut geführte Restaurant direkt außerhalb von George bietet ein Frühstücksbüfett, Mittagessen auf der Terrasse und stimmungsvolle Candle-Light-Dinner.

Reel n' Rustic (☎ 044-884 0707; Courtenay St.; Hauptgerichte ab 55 R; Mittag- & Abendessen) Eines der besten Restaurants ringsum, das sich auf kreolische und Cajun-Steaks, Fisch und Meeresfrüchte spezialisiert hat. Einen ebenfalls sehr beliebten Ableger gibt es in der Nähe von Wilderness. An den Wochenenden kann es sehr voll werden – also rechtzeitig reservieren!

An- & Weiterreise

Kulula (www.kulula.com) und **Nationwide Airlines** (☎ 0861-737 737; www.flynationwide.co.za) fliegen **George Airport** (☎ 8044-76 9310) an, er liegt rund 15 km westlich der Stadt.

Viele Busse halten in George auf dem Hin- oder Rückweg von Kapstadt nach Port Elizabeth oder auf dem Weg zwischen Johannesburg und der Garden Route. **Greyhound-Busse** (☎ 021-505 6363; www.greyhound.co.za) fahren am St. Mark's Square hinter dem Geronimo Spur Steakhaus an der Hauptstraße ab, während die Busse von **Translux** (☎ 021-449 3333; www.translux.co.za) und **Intercape** (☎ 0861-287 287; www.intercape.co.za) am Bahnhof 2 km südlich des Touristeninformation halten. Die Busse von Intercape fahren nach Knysna (95 R, 1 Std., 2-mal tgl.), Mossel Bay (100 R, 45 Min., 2-mal tgl.), Plettenberg Bay (95 R, 1½ Std., 2-mal tgl.), Port Elizabeth (125 R, 5 Std., 2-mal tgl.), Kapstadt (110 R, 6½ Std., 2-mal tgl.), Bloemfontein (280 R, 10 Std., tgl.) und Johannesburg (370 R, 16 Std., tgl.).

Baz-Busse lassen ihre Fahrgäste in der Stadt aussteigen, viele beflissene Besitzer von Hotels in Oudtshoorn holen ihre Gäste in George ab.

Der wöchentlich fahrende *Southern Cross* zwischen Kapstadt und Oudtshoorn hält am Bahnhof in George.

RUND UM GEORGE

Es gibt einige schöne Autostrecken rund um George, die sich gut für Tagesausflüge eignen.

Montagu Pass & Outeniqua Pass

Von George kommend führt eine Staubstraße durch die Berge zum Montagu Pass. Er wurde 1847 eröffnet und inzwischen zu einem National Monument erklärt. Mehrere schöne Picknickplätze laden unterwegs zum Anhalten ein – ein Stopp loht sich

OUTENIQUA CHOO-TJOE

Der Outeniqua Choo-Tjoe (☎ in George 044-801 8264, in Knysna 044-382 1361; www.onlinesources.co.za/chootjoe/booking.htm; Erw./Kind nach Knysna & zurück 80/60 R, einfach 70/50 R) ist seit 1928 in Betrieb und zuckelt gemächlich von George nach Knysna. Teilweise führt die Strecke an der Küste entlang, teilweise durch das Landesinnere. Auf jeden Fall ist es eine phantastische Fahrt durch eine ungewöhnliche Kulisse. Täglich starten zwei Züge in George, der erste um 9.30 Uhr, der zweite um 14 Uhr. In Gegenrichtung fährt ein Zug in Knysna um 9.45 und ein zweiter um 14.15 Uhr los. Reservierung empfohlen. Wer will, kann auch in Wilderness zusteigen.

Die Hin- und Rückfahrt dauert von George aus 7½ Stunden. Wer also wieder zu seinem Auto kommen muss, sollte den 9.30 Uhr-Zug bis nach Sedgefield nehmen (Ankunft 10.53 Uhr), dort auf die andere Seite sprinten und in den wartenden Zug von Knysna (Abfahrt 10.58 Uhr) umsteigen. Dann ist man um 12.30 Uhr wieder zurück in George. Auch auf diesem Teilstück der Strecke ist die Landschaft sehr beeindruckend!

nicht nur wegen der Aussicht, sondern auch wegen der wunderschönen Fynbos-Vegetation. Der Rückweg führt über den Outinqua Pass mit noch spektakuläreren Fernblicken. Leider ist die Hauptstraße viel befahren, sodass man nur schwer anhalten kann.

Seven Passes Road

Wer die einstige Hauptverbindungsstrecke der ersten Siedler entlangfährt, kann sich gut vorstellen, wie gefährlich der Weg für die ersten Pioniere auf ihren Ochsenwagen gewesen sein muss. Die Straße ist noch immer in weiten Teilen ungeteert und durch die vielen Holztransporter teilweise mit Schlaglöchern übersät, für die Fahrt sollte man zwei Stunden einplanen. Entlang der landschaftlich schönen Strecke wurde die Fynbos-Vegetation häufig von Pinien, Gummibäumen und Exoten wie der Port-Jackson-Flechte abgelöst. Wunderschöne Ausblicke bietet die Fahrt Richtung N2.

Outeniqua Country Hop

Der Name des Ausflugs durch das Hinterland von George bezieht sich auf den Besuch einer Hopfen-Farm – schließlich liegt die Stadt in einer Bier-Region. Der Ausflug führt über den Montagu Pass und schließt einige klassische Sehenswürdigkeiten in den Outeniqua Mountains mit ein. Da die Landwirtschaft ein zentrales Thema ist, fehlen weder das Erdbeerpflücken noch die Käseverkostung, aber auch die Kunst kommt nicht zu kurz. Infos zu dieser Fahrt hat George Tourism (s. S. 231).

Herold's Bay

☎ 044

Das verschlafene Dorf Herold's Bay liegt 16 km südwestlich von George an einem schönen Strandabschnitt mit attraktiver Brandung für Surfer (s. S. 229). Gute Übernachtungsmöglichkeiten bieten Dolphin View und **Dutton's Cove** (☎ 044-851 0155; www.duttonscove.co.za; 21 Rooidraai Ave.; EZ/DZ mit Frühstück 495/790 R;). Neben wunderschönen gehobenen Unterkünften gibt es ein Restaurant mit einer großen Weinkarte (Hauptgerichte ab 50 R).

Dolphin View (☎ 044-851 0110; www.gardenroute.co.za/dolphin; 51 Rooidraai Ave.; Cottages mit 2 Schlafzimmern ab 460 R) vermietet schicke Apartments in Form von Hütten, die für Selbstversorger in schöner Lage nur etwa 1 km vom Strand entfernt liegen.

Victoria Bay

☎ 044

Das winzige Victoria Bay liegt malerisch am Fuß steiler Klippen rund 8 km südlich von George und ist bei Surfern (s. S. 229) sehr beliebt. Wer über Nacht bleiben möchte, sollte den **Caravanpark** (☎/Fax 044-889 0081; Zeltplätze 70 R) oder die **Sea Breeze Holiday Cottages** (☎ 044-889 0098; seabreeze@pixie.co.za; Cottages ab 150 R) für Selbstversorger ausprobieren.

WILDERNESS

☎ 044

Der Name ist Programm: Dichte, uralte Wälder und steile Hügel ziehen sich bergab zu einem schönen Küstenstreifen mit geschützt liegenden Lagunen. Hier rollen die Wellen an scheinbar endlose weiße Sandstrände; in den Flussmündungen leben unzählige Vogelarten. Obwohl Wilderness ein beliebtes Urlaubsziel ist, hat es sich doch viel von seiner Ursprünglichkeit bewahrt. Die unzähligen Feriendomizile fügen sich ohne zu stören in die grüne Hügellandschaft ein, das Ortszentrum ist überschaubar und bescheiden geblieben. Der einzige Nachteil: Alles liegt weit verstreut, sodass man auf ein eigenes Fahrzeug angewiesen ist.

Praktische Informationen

Internet Café (☎ 044-877 0951; 5 Wilderness Centre; Std. 60 R; ⏲ 8–17 Uhr)

Wilderness Tourism Bureau (☎ 044-877 0045; Milkwood Village, George Rd.; ⏲ Mo–Fr 8–18, Sa 8–13, So 15–17 Uhr) Das Büro liegt direkt an der N2 bei der Einfahrt in den Ort. Die Mitarbeiter buchen Unterkünfte und reservieren Plätze für die Dampfeisenbahn *Outeniqua Choo-Tjoe* (s. S. 232).

Aktivitäten

Wilderness bietet viele Freizeitaktivitäten. **Eden Adventures** (☎ 044-877 0179; www.eden.co.za; Wilderness National Park) vermietet Kanus (Tag 110 R), bietet Abseilingtouren (235 R) und Kloofing (Klettern in einer Schlucht/*kloof*) an und organisiert Kanutouren (235 R) und Ausflüge in die Umgebung.

Der Strand ist schön, aber wegen des starken Brandungsrückstroms *(riptide)* für Schwimmer zu gefährlich.

Schlafen & Essen

Fairy Knowe Backpackers (☎ 044-877 1285; www.redcard.co.uk/fairyknowe; Dumbleton Rd.; Zeltplätze pro Pers. 60 R, B 80 R, DZ mit Gemeinschaftsbad 240 R;)

Das Farmhaus von 1874 steht auf einem großen, begrünten Grundstück mit Blick über den Touws River. Die Böden sind aus Yellowwood gefertigt, in den Zimmern steht teilweise noch die Originaleinrichtung. Bar und Café sind etwas abseits in einem kleinen schönen Gebäude untergebracht, sodass die Nachtruhe nicht gestört wird. Ein herrlicher Ort zum Entspannen, aber leider mit nur sehr wenigen Betten: also unbedingt frühzeitig buchen! Die Baz-Busse halten direkt vor der Tür, die Dampfeisenbahn stoppt an der Straße. Wer mit dem eigenen Fahrzeug kommt: Nach Wilderness hineinfahren und dort auf der Hauptstraße weitere 2 km bis zur Abzweigung nach Fairy Knowe fahren.

Village B&B (☎ 044-877 1187; George Rd.; EZ/DZ mit Frühstück 175/300 R) Zweifellos das B&B der Stadt mit dem besten Preis-Leistungs-Verhältnis. Die Vermieterin Hester Stassen kümmert sich höchstpersönlich darum, dass es den Gästen gut geht. Die Zimmer liegen alle nur drei Minuten vom Strand entfernt und sind in phantasievollem afrikanischem Stil eingerichtet.

Interlaken (☎ 044-877 1374; www.interlaken.co.za; 713 North St.; DZ mit/ohne Frühstück 520/440 R; P) Die Leser sind alle begeistert, und das zu Recht: Ein gut geführtes Gästehaus, in dem man zwischen B&B-Doppelzimmern oder Einheiten für Selbstversorger wählen kann. Von allen Räumen bietet sich ein traumhafter Blick über die Lagune. Abends wird ein leckeres Essen serviert.

Palms Wilderness Guest House (☎ 044-877 1420; www.palms-wilderness.com; George Rd.; EZ/DZ mit Frühstück 900/980 R;) Das Haus fügt sich perfekt in die Landschaft ein, die Zimmer sind luxuriös ausgestattet und liegen nur zwei Gehminuten vom Strand entfernt. Wem das zu weit ist, der kann in den Pool aus schwarzem Marmor springen. Das hochgelobte Restaurant (Hauptgerichte 80 R) hat eine abwechslungsreiche Speisekarte.

Wilderness Grille (☎ 044-877 0808; George Rd.; Hauptgerichte 25–65 R; Mittag- & Abendessen) Die Gäste sitzen unter Bäumen in einem von Mauern eingefassten Garten. Serviert werden Steaks und Pizzen in verschiedenen Variationen.

Pomodoro (☎ 044-877 0808; George Rd.; Hauptgerichte 30–70 R; Frühstück, Mittag- & Abendessen) Die Gerichte hier sind nicht sehr italienisch, aber sie schmecken lecker und machen satt. Die Frühstücks-Paninis sind eine gute Grundlage für den Tag.

WILDERNESS NATIONAL PARK

Der **Nationalpark** (☎ 044-877 1197; Erw./Kind 60/30 R; Jan.–Nov. 8–17 Uhr, Dez. 8–19 Uhr) umfasst ein Gebiet, das von Wilderness und dem Touws River im Westen bis Sedgefield und dem Goukamma Nature Reserve im Osten reicht. Die Südgrenze bildet das Meer, die Nordgrenze die Outeniqua Range. Der Park schützt ein einzigartiges Ökosystem mit Seen, Flüssen, Sumpfgebieten und Flussmündungen.

Es gibt drei Arten von Seen im Nationalpark: versunkene Flusstäler (dazu zählt der Swartvlei); versunkenes Tiefland zwischen Dünensystemen (z. B. der Langvlei) und versunkene Becken, die durch Winderosion geschaffen wurden (wie z. B. der Rondevlei). Die Vogelwelt ist einzigartig, besonders erwähnenswert sind die schönen, sattgrünen Helmturakos (Knysna-Lourie) und die vielen Eisvogelarten.

Verschiedene Naturpfade führen zu den Seen, zum Strand oder in die Wälder. Für den **Kingfisher Trail** sollte man einen ganzen Tag einplanen, er führt quer durch das gesamte Seengebiet, unter anderem über einen Plankenweg durch die Gezeitenzone des Touws River. Die Seen sind ein Paradies für Angler, Kanuten, Surfer und Segler. Tretboote und Kanus verleiht das Ebb & Flow South Camp, dort gibt es auch einen kleinen Laden.

Im Park liegen zwei **Zeltplätze** (Stellplatz 150 R, DZ-Rondavels mit Gemeinschaftsbad 205 R, DZ in einer Waldhütte 350 r): Ebb & Flow North und Ebb & Flow South. Der Park ist von der N2 aus ausgeschildert und liegt in fußläufiger Entfernung zu Wilderness.

BUFFALO BAY

☎ 044

Buffalo Bay (17 km westlich von Knysna) ist ganz untypisch für die Garden Route: Außer einem langen, meist menschenleeren Surfstrand gibt es eine kleine Enklave mit Ferienwohnungen, ein Backpacker-Hostel am Strand und ein Naturreservat. Das ist alles, und es ist mehr als genug!

Das **Wild Side Backpackers** (☎ 044-383 0609; B 70 R, DZ mit Gemeinschaftsbad 180 R) ist eines der besten Hostels Südafrikas. Luxus sollte hier keiner erwarten (überall knirscht der Sand, aber die Lage direkt am Strand ist traumhaft! Hier werden legendäre Partys gefeiert, die Lounge mit Blick über den Ozean ist ideal zum Abhängen. Wer will, kann das Surfen lernen oder an einem Ausritt bei Sonnenuntergang teilnehmen. Die lecker zubereiteten Mahlzeiten kosten zwischen 30 und 50 R.

Ein lohnenswertes Ziel ist auch der Ausflug in das **Goukamma Nature Reserve** (☎ 044-383 0042; Eintritt 15 R; 🕒 9–17 Uhr), das nur über die Straße von Buffalo Bay zugänglich ist. Das Schutzgebiet umfasst 14 km felsige Küstenlinie, Sandsteinklippen, mit Küsten-Fynbos bewachsene und bewaldete Dünen und den Groenvlei, einen großen Süßwassersee. Übernachten kann man im Zelt (Stellplatz 55 R) oder in Rondavels für vier Personen (270 R).

KNYSNA

☎ 044 / 54 000 Ew.

Das von Wäldern umrahmte Knysna (ausgesprochen „ny-znah") schmiegt sich an den Rand einer ruhigen Lagune. Die Kombination von Wasser und Wald führte zur Gründung einer Schiffswerft und dem Bau eines Hafens, von dem aus das Holz verschifft wurde. Werft und Hafen bildeten die Keimzelle der heutigen Stadt. Die Tradition der Holzindustrie setzen heute die vielen Holzläden und Möbelgeschäfte in Knysna fort, der Ort hat außerdem eine lebendige Künstlerszene.

Die schwulenfreundliche Atmosphäre, die gute Unterkünfte, Restaurants und Bars und das breit gefächerte Angebot an Sportmöglichkeiten machen Knysna zu einer beliebten Urlaubsdestination. Die Stadt ist aber nichts für Leute auf der Suche nach Ursprünglichkeit und Ruhe – vor allem in der Hauptsaison überrollen wahre Horden von Urlaubern den Ort.

Ende September/Anfang Oktober findet ein **Kunstfestival** statt; im Juli gibt es ein **Austernfest**, während im Mai das **Pink Loerie Festival** (www.pinkloerie.com) die Offenheit der Stadt für Schwule unterstreicht.

Orientierung & Praktische Informationen

Fast alles Wichtige findet man an der Main Street (die im Grunde eine Fortsetzung der N2 ist) und an der lebhaften Hafenanlage der Waterfront.

Adventure Café (Karte S. 236; ☎ 044-382 4959; 1 Gray St.; Std. 40 R; 🕒 9–19 Uhr) Internetzugang.

Knysna Tourism (Karte S. 236; ☎ 044-382 5510; www.tourismknysna.co.za; 40 Main St.; 🕒 ganzjährig Mo–Fr 8–17, Sa 8.30–13 Uhr, außerdem Dez.–Jan. & Juli 8.30–13 Uhr) Eine ausgezeichnete Touristeninformation mit gut informierten Angestellten. Vor dem Büro steht ein riesiges Elefantenskelett.

Sehenswertes & Aktivitäten

KNYSNA LAGOON

Obwohl von **SAN Parks** (Karte S. 241; ☎ 044-382 2095; www.sanparks.org; Long St., Thesen's Island) verwaltet, ist die 13 km² große Knysna Lagoon weder als Nationalpark noch als Wilderness Area geschützt. Große Teile des Geländes sind noch immer in Privatbesitz, die Lagune wird von der Industrie genutzt und ist ein wichtiges Erholungsgebiet. Das eigentliche Naturschutzgebiet beginnt direkt östlich von Buffalo Bay und folgt der Küstenlinie bis zur Mündung des Noetzie River. Die Bucht wird von zwei riesigen Sandsteinfelsen eingerahmt, den Knysna Heads. Die British Royal Navy bezeichnete die Fahrt zwischen den Felsen hindurch einmal als die gefährlichste Hafeneinfahrt der Welt. Von einem Aussichtspunkt auf der östlichen Klippe hat man einen besonders imposanten Blick; auf den westlichen Kynna Head führt ein privater Naturwanderweg.

Den schönsten Eindruck von der Lagune vermittelt eine Bootsfahrt. Die **MV John Benn** (Karte S. 236; ☎ 044-382 1697; www.featherbed.co.za; Waterfront; Erw./Kind 80/35 R, mit Mittagessen 250/110 R; 🕒 Abfahrt 10, 11.30 & 12.30 Uhr) bietet die sehr empfohlene Featherbed Cruise an: Die vierstündige Ausfahrt mit Mittagessen führt ins private **Featherbed Nature Reserve** (Karte S. 241). Die Firma hat aber auch kürzere und günstigere Ausflüge im Programm.

Für Romantiker gibt es eine zweistündige Bootsfahrt bei Sonnenuntergang mit Champagner und Austern. Kontaktadresse ist **Knysna Waterfront Ferries** (Karte S. 236; ☎ 044-382 5520; www.knysnaferries.co.za; Waterfront; Tickets 250 R; 🕒 Abfahrt 17 Uhr).

MITCHELL'S BREWERY

Einen Besuch lohnt auch die Privatbrauerei **Mitchell's** (Karte S. 241; ☎ 044-382 4685; Arend St.; Verkostungen 20 R, Führungen 30 R; 🕒 Führungen Mo–Fr 10.30 Uhr) östlich von Knysna. Die hier gebrauten Biere (u. a. ein Lager vom Fass, ein Halbdunkles, ein Dunkles und ein Ale)

werden in der gesamten Provinz Western Cape ausgeschenkt.

TOWNSHIP-TOUREN & HOMESTAYS

Folgt man der Gray Street bergan, verlässt man die Stadt und fährt in die dahinter liegenden bewaldeten Hügel. Dort liegt die Township Concordia, die man im Rahmen einer sehr guten Führung für 200 R mit **Eco Afrika Tours** (☎ 082-925 0716) oder für 250 R mit **The Heads Adventure Centre** (Karte S. 241; ☎ 044-384 0831; the Heads) besichtigen kann. Die Townships von Knysna sehen anders aus als die Townships anderswo in Südafrika, da die Häuser hier fast alle aus dem Holz der umliegenden Wälder gebaut wurden. Einheimische begleiten die Interessierten auf den zweistündigen Führungen und zeigen neben Schule, Wunderheiler und illegal betriebener Kneipe (*shebeen*) auch die in direkter Nachbarschaft liegende größte Rastafari-Gemeinde des Landes, Grass Routes.

Wer in der Rastafari-Gemeinde oder in einer Township übernachten will, sollte sich an Glendyrr in der Touristeninformation von Knysna wenden.

KNYSNA FOREST TRAILS

Es gibt wunderbare Wandermöglichkeiten in den Wäldern von Knysna. Die Permits für bestimmte Wanderwege und Karten der Umgebung verkauft das Regionalbüro von **SAN Parks** (Karte S. 241; ☎ 044-382 2095; www.sanparks.org; Long St., Thesen's Island). Wanderungen mit Übernachtung kosten 45 R pro Tag; die Benutzung der Hütten unterwegs ist im Preis eingeschlossen.

Das **Knysna Forestry Department** (Karte S. 236; ☎ 044-302 5606; Main St.; Mo–Fr 8–13, 13.45–16 Uhr) über dem Restaurant Wimpy verwaltet den **Harkerville Coastal Trail** (☎ 044-302 5606; Tag 80 R): Die zweitägige Wanderung führt zum berühmten Outeniqua Trail. Der Küstenweg ist über die N2 zu erreichen, die man bei Harkerville verlässt.

Der **Outeniqua Trail** ist ein einwöchiger Fernwanderweg, der aber auch in Abschnitten (2 oder 3 Tage) gelaufen werden kann. Die Gebühr für den Wanderweg (einschließlich Übernachtung in einer einfachen Hütte) liegt bei 45 R pro Tag (Schlafsack mitbringen).

Outeniqua Biking Trails (Karte S. 226-227; ☎ 044-532 7644) verleiht Räder (Tag 95 R) und hat eine Wanderkarte für die Umgebung. Wer will, kann sich einer geführten Tour anschließen. Die Firma ist über die N2, Abfahrt Harkerville, erreichbar.

Die vier **Elephant Trails** führen ebenfalls durch die umliegenden Wälder und kosten pro Tagestour 20 R. Im Waldgebiet leben drei Elefanten – die Wahrscheinlichkeit, einen von ihnen tatsächlich zu sehen, ist ziemlich gering, und der verinselte Bestand ist wohl zum Aussterben verurteilt.

WEITERE AKTIVITÄTEN

Wer wissen will, was man sonst noch alles unternehmen kann, sollte sich an **The Heads Adventure Centre** (Karte S. 241; ☎ 044-384 0831; The Heads) wenden. Sie bietet unter anderem Tauchausflüge (80–120 R) zu einigen der besten Tauchspots des Landes an. Schnorchelausrüstungen werden für 90 R verliehen. Die Guides kennen die besten Schnorchelreviere, manchmal kommen sie sogar mit ins Flachwasser.

Quad-Bike-Fahrten durch das Featherbed Nature Reserve organisiert **SEAL Adventures** (Karte S. 236; ☎ 044-382 5599; Shop 1, Protea Hotel Knysna Quays; 2½-Std.-Ausflug 280 R; ⏲ Abfahrt 11 & 15.30 Uhr). Der Anbieter hat auch den „Awesome Foursome adventure Trip" im Programm: Quad-Biken, Abseilen, Kanu fahren und Kliffspringen für 400 R!

In der Region gibt es viele Fahrradwege, genaue Infos hat Knysna Cycleworx (S. 239), das auch Räder und Kartenmaterial verleiht.

Schlafen

In der Nebensaison sorgt der Wettbewerb zwischen den Hostels und Guesthouses für niedrige Preise. In der Hauptsaison steigen die Übernachtungspreise rasant, einzige Ausnahme sind die Backpackers. Tipp: Rechtzeitig buchen!

BUDGETUNTERKÜNFTE

Knysna Backpackers (Karte S. 236; ☎ 044-382 2554; knybpack@netactive.co.za; 42 Queen St.; B 70 R, DZ mit Gemeinschaftsbad ab 180 R) Das große, gepflegte viktorianische Haus auf einem Hügel liegt ruhiger als die meisten Unterkünfte – und trotzdem nur wenige Blocks von der Hauptstraße entfernt. Es hat vor allem Schlafsaalbetten.

Highfield Backpackers (Karte S. 236; ☎ 044-382 6266; www.highfieldsbackpackers.co.za; 2 Graham St.; B 70 R, DZ ohne/mit Gemeinschaftsbad ab 300/200 R) Übernachtet wird in einem geräumigen alten Haus, das an ein B&B erinnert. Die Doppelzimmer haben Holzböden, Messingbetten und schöne Bettwäsche. Abends wird häufig ein *potjiekos*, ein traditionelles Eintopfgericht, gekocht.

Woodbourne Resort (Karte S. 241; ☎ 044-384 0316; w48@mweb.co.za; George Rex Dr.; Zeltplätze 120 R, Chalets ab 330 R) Die Stellplätze auf diesem ruhigen Zeltplatz etwas außerhalb der Stadt sind groß und schattig; die einfachen Chalets haben TV. In der Hauptsaison und während der Ferien steigen die Preise um 10 %. Um dorthin zu kommen, einfach den Hinweisschildern zu den Heads folgen.

Ashwill (Karte S. 241; ☎ 044-382 5920; knyacc@polka.co.za; 146 Old Cape Rd.; DZ ohne/mit Gemeinschaftsbad ab 250/200 R) Ein wirklich komfortables, ruhiges Hostel, von dem aus man rund 20 Minuten in den Ort läuft. In der direkten Umgebung liegen einige Restaurants und ein schöner, größtenteils privater Abschnitt der Lagune. Es gibt keine Schlafsäle.

MITTELKLASSEHOTELS

Wayside Inn (Karte S. 236; ☎ 044-382 6011; www.waysideinn.co.za; Pledge Sq.; EZ/DZ 265/420 R) Gut geführtes Haus mit hübsch eingerichteten Zimmern in einem zweckmäßigen Gebäude direkt an der Main Street (beim Kino).

Yellowwood Lodge (Karte S. 236; ☎ 044-382 5906; www.yellowwoodlodge.co.za; 18 Handel St.; EZ/DZ ab 400/800 R; ❄ 🏊) Ein traditionelles und opulent eingerichtetes Gästehaus, das in einem wunderschönen Garten liegt und eine schö-

WESTERN CAPE

nen Ausblick auf die Lagune bietet. Wenn eines frei ist, sollte man ein Zimmer mit Klimaanlage nehmen!

Inyathi Guest Lodges (Karte S. 236; ☎ 044-382 7768; www.inyathi-sa.com; 52 Main St.; EZ/DZ ab 435/570 R) Das am originellsten gestaltete Gästehaus von Knysna verströmt afrikanische Atmosphäre, ohne ins Kitschige abzugleiten. Die Gäste schlafen in individuell eingerichteten Holzhäusern – einige mit viktorianischer Badewanne, andere mit Buntglasfenstern. Das Preis-Leistungs-Verhältnis ist hier sehr gut im Lot.

Graywood Hotel (Karte S. 236; ☎ 044-382 5850; reservations@thegraywood.co.za; Ecke Gray St. & Trotter St.; EZ/DZ 475/630 R;) Das kürzlich renovierte Graywood (früher Caboose Hotel) hat immer noch Zimmer in der Größe von Schlafwagenabteilen. Ansonsten ist die Modernisierung aber sehr gelungen – die Ausstattung ist erstklassig. Achtung: In der Hauptsaison steigen die Preise!

SPITZENKLASSEHOTELS

Knysna Log Inn (Karte S. 236; ☎ 044-382 5835; www.kli.co.za; 16 Gray St.; EZ/DZ 855/1040 R;) Das Knysna Log Inn wirbt damit, das größte im Blockhausstil errichtete Gebäude der südlichen Halbkugel zu sein. Die Zimmer sind recht komfortabel, auch ein Pool gehört zum Hotel. Leider wirkt die gesamte Anlage etwas wie eine Disneyland-Filiale.

Protea Hotel Knysna Quays (Karte S. 236; ☎ 044-382 5005; www.proteahotels.com; Waterfront Dr.; EZ/DZ 1276/1600 R;) Die Zimmer des piekfeinen Hotels sind geschmackvoll eingerichtet, alle Zimmer mit Blick auf die Lagune sind etwas teurer. Durch seine Lage unweit der Geschäfte und Restaurants an der Waterfront und durch den einladenden Pool ist es empfehlenswerter als das zweite Protea Hotel auf der Main Street.

Under Milk Wood (Karte S. 241; ☎ 044-384 0745; www.proteahotels.com; Waterfront Dr.; Cottages ab 1820 R;) Die Anlage besteht aus einer Reihe sehr schöner Blockhütten für Selbstversorger, die sich an den Ufern der Knysna Lagoon verteilen. Wer nicht kochen möchte, kann das B&B-Angebot in Anspruch nehmen. Die Preise variieren je nach Hütte.

Phantom Forest Eco-Reserve (☎ 044-386 0046; www.phantomforest.com; EZ/DZ 2000/2400 R;) Das 137 ha große Privatreservat liegt 6 km westlich von Knysna an der Phantom Pass Road und hat 14 geschickt geplante und elegant eingerichtete Baumhäuser. Zum Freizeitangebot gehören u. a. geführte Naturwanderungen. Wer hier nicht übernachten will, sollte zumindest einen Tisch für das preisgekrönte sechsgängige Pan-Afrikan Dinner (225 R, tgl. 18.30–20.30 Uhr) reservieren!

Essen

Oystercatcher (Karte S. 236; ☎ 044-382 9995; Knysna Quays; Tapas 35 R; Mittag- & Abendessen) Im Austernfischer geht es locker zu; das Restaurant liegt wunderschön am Wasser. Die Zuchtaustern werden in vier Größen angeboten, außerdem weitere kleine Gerichte mit Meeresfrüchten und Fisch.

Knysna Oyster Company (Karte S. 241; ☎ 044-382 6941; www.mbendi.co.za/koyster; Thesen's Island; Hauptgerichte ab 40 R; Mittag- & Abendessen) Die 1949 gegründete Austernbank züchtet die Muscheln draußen in der Lagune. Eine Führung zeigt die Becken und Verarbeitungsanlagen, anschließend dürfen die Teilnehmer für 20 R eine gezüchtete und eine wilde Auster probieren. Das Ganze ist zwar eine sehr touristische, aber dennoch recht informative Veranstaltung!

Paquita's (Karte S. 241; ☎ 044-384 0408; The Heads; Hauptgerichte ab 40 R; Mittag- & Abendessen) Auf der Karte des Restaurants mit Bar stehen Meeresfrüchte, Fisch, Steaks und Pizzen. Das Restaurant liegt wunderschön am Wasser, direkt neben den Heads. Mit etwas Glück sieht man Wale nur wenige Meter entfernt. Sonntags wird zusätzlich ein Büfett angeboten.

East Head Caffé (Karte S. 241; ☎ 044-384 0933; The Heads; Hauptgerichte 40–50 R; Frühstück & Mittagessen) ist ein wunderschöner Ort für ein ausgiebiges Frühstück! Auf der Terrasse stehen Tische mit Blick über die Lagune und das Meer. Das Frühstück mit Räucherlachs, Eiern und Frischkäse (38 R) ist unwiderstehlich gut.

34° South (Karte S. 236; ☎ 044-382 7268; Waterfront; Hauptgerichte 40–90 R; Mittag- & Abendessen) Die Meinungen über das Restaurant gehen auseinander. Für das Restaurant sprechen die Tische im Freien mit Blick über die Lagune, die aufwändigen Salate, die kleinen Delikatessen und die Meeresfrüchte-Pâtés. Die Weinauswahl ist zweifellos die beste der ganzen Stadt.

De Oude Fabriek (Karte S. 236; ☎ 044-382 5723; Ecke Main St. & Gray St.; Hauptgerichte 45–80 R; Mittag-

& Abendessen) Trotz seiner Adresse in einem Einkaufszentrum ist dieses Restaurant ein guter Tipp, denn hier kommen einige interessante südafrikanische Gerichte auf den Tisch, u. a. Wild (etwa Fleisch von Antilopen, Gazellen, Gnus und Zebras), Krokodilen und Knysna-Austern.

Luvuyo (Karte S. 236; ☎ 044-382 1662; Cinema Complex, 50 Main St.; Hauptgerichte 60 R; 🕑 Mo–Sa Abendessen) Ein beliebter Schwulentreff, den aber auch viele Heteros besuchen, weil sie den guten Service, das leckere Essen und die regelmäßigen Kabarettvorführungen lieben. Außerdem gibt es hier die größte Auswahl an vegetarischen Gerichten in ganz Knysna.

La Loerie (Karte S. 236; ☎ 044-382 1616; 57 Main St.; Hauptgerichte 60–80 R; 🕑 Abendessen) Wer in diesem beliebten, aber kleinen Restaurant essen möchte, muss vorab reservieren. Von der Decke hängen Kupfertöpfe, auf den Tischen liegen Leinendecken und die Küche hat einen deutlich spürbaren französischen Einschlag.

An der Main Street gibt es viele gute Gelegenheiten, eine Kleinigkeit zu essen oder einen Kaffee zu trinken, eine ist die ausgezeichnete **Coffee Connection** (Karte S. 236; ☎ 044-382 2845; 🕑 Frühstück & Mittagessen) mit 36 Kaffeesorten auf der Karte. An der Waterfront ist das **Caffé Mario** (Karte S. 236; ☎ 044-382 7250; 🕑 Frühstück, Mittag- & Abendessen) die beste Adresse für den Hunger und die Gelüste zwischendurch.

Ausgehen

Einfach der Main Street folgen und die Bars links und rechts besichtigen. Viele haben allerdings nur in der Hauptsaison im Südsommer geöffnet.

Zanzibar (Karte S. 236; ☎ 382 0386; Main St.) Hier herrscht eine lockere Stimmung, es gibt einen Balkon zum Abhängen und ein Theater, in dem aber nur ab und zu eine Vorstellung stattfindet.

Harry B's (Karte S. 236; ☎ 382 5065; 42 Main St.; Hauptgerichte 70–90 R) Knysnas erstes Wohnhaus (1863) beherbergt heute ein beliebtes Restaurant mit Bar.

Unterhaltung

Knysna Movie House (Karte S. 236; ☎ 382 7813; 50 Main St.; Filme 20 R) Wer Lust auf einen Film hat, sollte schauen, was im Kino auf der Main Street läuft.

An- & Weiterreise

BUS

Die großen Busgesellschaften wie **Translux** (☎ 021-449 3333; www.translux.co.za), **Greyhound** (☎ 021-505 6363; www.greyhound.co.za) und **Intercape** (☎ 0861 287 287; www.intercape.co.za) halten alle an der **Engen-Tankstelle** (Karte S. 236; Main St.); der Baz Bus hält dort, wo es die Fahrgäste wünschen. Für eine Fahrt in die Nachbarorte an der Garden Route ist das Minibus-Taxi die beste Wahl. Die großen Gesellschaften sind auf kurzen Strecken oft zu teuer.

Intercape-Busse fahren nach George (95 R, 1 Std., 2-mal tgl.), Mossel Bay (110 R, 1¾ Std., 2-mal tgl.), Port Elizabeth (80 R, 3¾ Std., 2-mal tgl.), Kapstadt (150 R, 8 Std., 2-mal tgl.) und Johannesburg (385 R, 17 Std., tgl.).

MINIBUS-TAXI

Die zentrale Haltestelle für Minibus-Taxis (Karte S. 236) liegt an der Ecke der Hedge Street mit dem Waterfront Drive unweit der Knysna Quays. Die Taxis fahren nach Plettenberg Bay (20 R, 30 Min., tgl.) und Kapstadt (150 R, 7½ Std., tgl.). **Georgina Booi** (☎ 044-384 9717), die lokale Expertin für öffentliche Verkehrsmittel und gute Stadtkennerin, informiert gerne über Fahrtstrecken und die Beförderung von Haus zu Haus.

ZUG

Die historische Dampfeisenbahn *Outeniqua Choo-Tjoe* (sprich: tschu-tschu) fährt täglich außer samstags und an gesetzlichen Feiertagen zwischen Knysna und George. Nähere Informationen s. S. 232.

Unterwegs vor Ort

Einige Autovermietungen haben ihre Büros an der Main Road. Wer mit dem Mietwagen unterwegs ist, wird entsetzt feststellen, dass die Verkehrsstaus hier im Sommer auf der Main Street schlimmer als in Kapstadt sind und schnell auf Bus oder Taxi umsteigen.

Knysna Cycleworx (☎ 044-343 1710; 3A Church St.; Tag 115 R) ist einer der wenigen Läden, die Räder verleihen und verkaufen.

RUND UM KNYSNA

Prince Alfred's Pass

Die Knysna–Avontour Road führt über den schönen Prince Alfred's Pass (den manche für noch spektakulärer als den Swartberg

Pass halten) in die Bergwelt der Outeniqua Range. Die Bergstraße ist ziemlich rau, man kommt nur langsam voran.

Nach dem Verlassen der Stadt führt die Straße durch Pinien- und Eukalyptushaine und Urwälder, in denen die berühmten Knysna-Elefanten leben. Die Straße hat einige sehr steile Abschnitte, die Passhöhe liegt über 1000 m hoch. Von oben hat man traumhafte Ausblicke, anschließend geht es in vielen Kurven bergab ins klippenreiche Langkloof Valley.

Belvidere & Brenton-on-Sea

Belvidere liegt 10 km von Knysna entfernt und ist fast schon zu sauber und gepflegt. Größte Sehenswürdigkeit ist die **Kirche** (Karte S. 241) im normannischen Stil, die in den 1850er-Jahren von heimwehkranken englischen Auswanderern gebaut wurde.

Belvidere Manor (Karte S. 241; ☎ 044-387 1055; www.belvidere.co.za; Duthie Dr.; DZ mit Frühstück 1240 R) bietet eine beeindruckende Auswahl an luxuriösen Cottages in einem Garten, einige davon mit Blick auf die Lagune. Das hauseigene Restaurant (Hauptgerichte 90 R) serviert lokale Gerichte, darunter einheimischen Käse, Karoo-Lamm und Strauß.

Eine Übernachtung der besonderen Art bietet **Lightley's Holiday Houseboats** (Karte S. 241; ☎ 044-386 0007; www.houseboats.co.za; unweit der N2; Boote mit 4 Kojen ab 800 R) auf der Westseite der Brücke über den Knysna River: Dort werden voll ausgestattete Hausboote vermietet, mit denen man von den Heads bis zu 20 km flussaufwärts schippern kann (der Treibstoff wird extra berechnet). Die Grundpreise hängen stark vom Boot und von der Jahreszeit ab.

Tapas at Crab's Creek (Karte S. 241; ☎ 044-386-0011; an der N2; Hauptgerichte 40 R; ⏲ Mittag- & Abendessen) liegt direkt an der Lagune und wird gerne von den Einheimischen besucht. Nachmittags werden oft spezielle Drinks angeboten. Spezialität ist die kalte Vorspeisenplatte mit Meeresfrüchten für zwei Personen (89 R).

Nach weiteren 10 km senken sich die mit Fynbos bewachsenen Hügel zur Ortschaft Brenton-on-Sea ab. Der Ort liegt an einem 8 km langen schönen Strand, der sich vom westlichen Head der Knysna Lagoon bis Buffalo Bay zieht. Das berühmte **Brenton-on-Sea Hotel** (Karte S. 241; ☎ 044-381 0081) ist kürzlich abgebrannt. Es lohnt sich anzurufen, ob es wieder aufgebaut wurde – der Blick über das Wasser ist hier traumhaft. Etwas weiter weg beginnt das sehenswerte Featherbed Nature Reserve (S. 235).

Von Knysna nach Plettenberg Bay

Eine romantisch veranlagte englische Familie hat in **Noetzie** (Abfahrt von der N2 10 km östlich von Knysna) Feriendomizile in einem burgähnlichen Stil gebaut. Die Häuser sind immer noch in Privatbesitz und gar nicht so schlecht. Noetzie hat einen wunderschönen Surfstrand (weitläufig, aber gefährlich) und eine geschützte Lagune, die sich durch eine bewaldete Schlucht zieht. Ein steiler Weg führt vom Parkplatz zum Strand.

Knysna Castles (☎ 044-375 0100; www.knysnacastles.com; DZ ab 1300 R) vermietet vier Zimmer. Wer einen romantischen Erholungsort sucht, sollte eine der nett eingerichteten Noetzie-Burgen direkt am Strand mieten.

Es ist extrem unwahrscheinlich, dass man die letzten Elefanten zu Gesicht bekommt, die in Knysnas Wäldern leben. Ganz sicher trifft man auf Elefanten im **Elephant Sanctuary** (☎ 044-534 8145; www.elephantsanctuary.co.za; Touren 40 R; ⏲ 8–18 Uhr) 15 km östlich von Knysna und im **Knysna Elephant Park** (☎ 044-532 7732; www.knysnaelephantpark.co.za; Touren 50 R; ⏲ 8.30–16.30 Uhr), der 22 km östlich von Knysna an der N2 liegt. Dort machen kleine Besuchergruppen zu Fuß einen Spaziergang mit Elefanten. Die Wanderungen lassen sich nicht mit der Beobachtung von Elefanten in freier Wildbahn vergleichen, sind aber vor allem bei Kindern sehr beliebt.

In der Nähe des Elephant Sanctuary liegt das ebenfalls künstlich angelegte, aber sehr beliebte **Monkeyland** (☎ 044-534 8906; www.monkeyland.co.za; Erw./Kinder 70/35 R; ⏲ 8–18 Uhr). Auf dem 12 ha großen Areal leben 14 verschiedene Affenarten von der Meerkatze bis zum Pavian, insgesamt sind mehr als 200 Tiere zu sehen. Die zuvor in Zoos oder Privathäusern gehaltenen Affen werden hier auf ihre Auswilderung vorbereitet, sie werden dehumanisiert, also dem „Gebrauch" als Schmusetiere und Insassen, für die alles geregelt war, entwöhnt. Da die Affen frei herumlaufen, wird man schnell verstehen, warum sie als Störenfriede gelten. Die Fuß-Safaris durch dichten Wald und über eine 120 m lange Hängebrücke sind eine gute Gelegenheit, die Tiere besser kennen zu lernen.

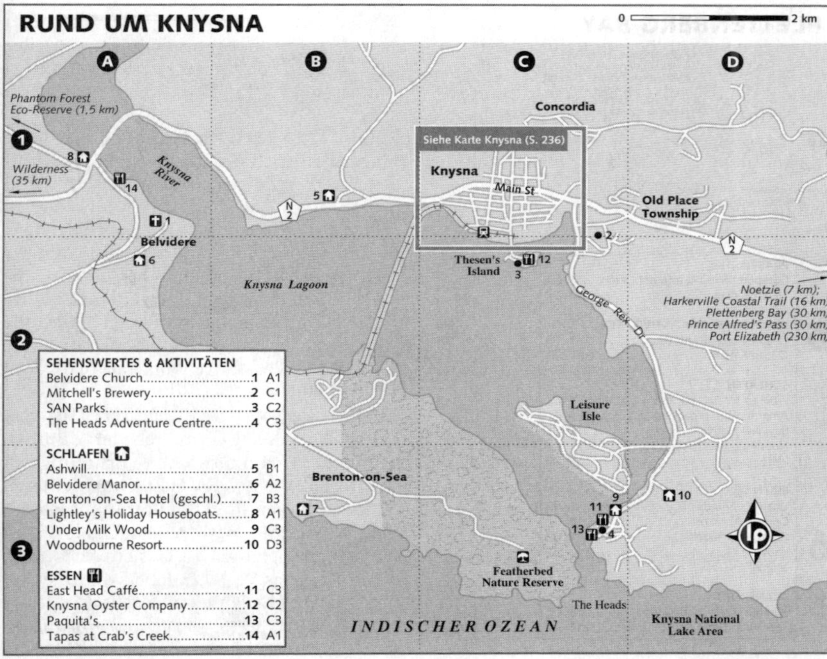

RUND UM KNYSNA

PLETTENBERG BAY

☎ 044 / 34 000 Ew.

Plettenberg Bay, oder „Plett", wie die Stadt von ihren Einwohnern abgekürzt wird, ist ein mondäner Badeort: Die Berge, die weißen Sandstrände und das kristallblaue Wasser haben Plettenberg Bay zu einer der begehrtesten Destinationen des Landes werden lassen. Inzwischen ist die Stadt oft überlaufen und teilweise auch oft überteuert. Doch noch immer verströmt sie die entspannte, freundliche Atmosphäre eines Badeortes und bietet auch immer noch bezahlbare gute Unterkünfte. Richtung Osten schließt sich eine grandiose Landschaft an, hier trifft man auf einen der schönsten Küstenabschnitte Südafrikas und viele uralte Wälder.

Orientierung & Praktische Informationen

Plettenberg Bay ist groß und weitläufig. Vom hoch gelegenen Stadtzentrum aus blickt man über die Keurbooms River Lagoon und das Hotel Beacon Island.

Computer Shop & Internet Café (☎ 044-533-6007; First National Bank Bldg., Main St.; Std. 30 R; ⌚ Mo–Fr 8.30–18.30, Sa 9–18, So 9–16 Uhr) Internetzugang.

Plett Tourism (☎ 044-533 4065; www.plettenbergbay.co.za; Mellville's Corner Shopping Centre, Main St.; ⌚ ganzjährig Mo–Fr 8.30–17 Uhr, außerdem April–Okt. Sa 9–13 Uhr) Die Touristeninformation hat viele nützliche Informationen – sei es zu Unterkünften, dem „Craft Trail" (auf dem man Kunsthandwerkern bei der Arbeit zuschauen kann) oder Wanderwegen durch die Hügel und Schutzgebiete der Umgebung.

Aktivitäten

Abgesehen von Strandtagen und Wanderungen über die Robberg Peninsula (S. 244) gibt es noch eine ganze Menge anderer Dinge in Plettenberg zu tun. Albergo for Backpackers kann viele Ausflüge und Aktivitäten organisieren – oft sogar zu ermäßigten Preisen.

Bootstouren zur Beobachtung von Delphinen und Walen veranstalten in der Saison **Ocean Blue Adventures** (☎ 044-533 5083; www.oceanadventures.co.za; Milkwood Centre, Hopewood St.) und **Ocean Safaris** (☎ 044-533 4963; Milkwood Centre, Hopewood St.). An den Ausflügen können jeweils zwölf Personen pro Schiff teilnehmen,

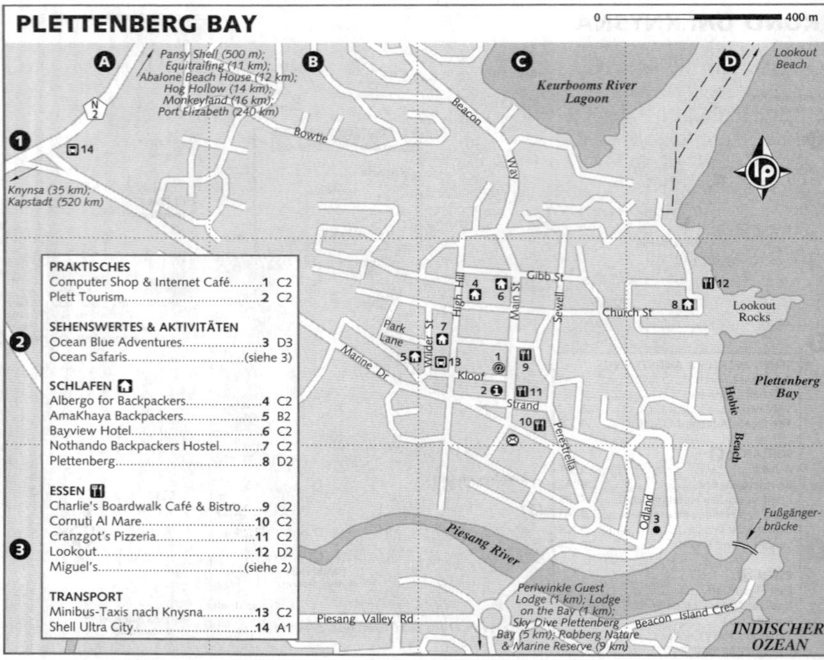

sie dauern 2½ Stunden und kosten über den Daumen gepeilt 290 R.

Equitrailing (☎ 044-533 0599) liegt 11 km östlich von Plettenberg Bay an der N2 und bietet Ausritte durch die Wälder für 110 R pro Stunde an. **Dolphin Adventures** (☎ 072-751 1798) organisiert Kayakfahrten auf dem Ozean (2½ Std. 250 R). Die Firma hat kein Büro in der Stadt, die Kanus müssen telefonisch gebucht werden.

Fallschirmspringer sollten sich an **Sky Dive Plettenberg Bay** (☎ 044-533 9048; Plettenberg Airport; Tandemsprünge 1250 R) wenden. Wer surfen möchte, kann – ob Anfänger oder Fortgeschrittener – bei der **International Surf School** (☎ 082-636 8431; 3½ Std. Unterricht 300 R) Unterricht nehmen. Es gibt kein Büro, also anrufen!

Schlafen

Die Stadt und ihre Umgebung bieten unzählige Ferienunterkünfte, die teilweise in der Nebensaison zu echten Schnäppchenpreisen zu bekommen sind. Die Touristeninformation hat eine ausführliche Liste und informiert über die vielen Campingplätze, die außerhalb der Stadt liegen.

BUDGETUNTERKÜNFTE

Albergo for Backpackers (☎ 044-533 4434; www.albergo.co.za; 8 Church St.; Zeltplätze pro Pers. 50 R, B 75 R, DZ mit Gemeinschaftsbad 220 R; 💻) Gut geführte, freundliche Einrichtung, die verschiedene Aktivitäten in der Stadt und der Umgebung anbietet und so gut wie alles organisieren kann. Besonders toll sind die oben liegenden Schlafsäle: Sie haben riesige Fenster und vom Balkon aus freien Blick auf den Ozean.

Nothando Backpackers Hostel (☎ 044-533 0220; info@nothando.co.za; 5 Wilder St.; B 75 R, DZ mit/ohne Gemeinschaftsbad 230/210 R) Die wohl beste unter den günstigen Unterkünften vor Ort – alles ist makellos sauber und geräumig. Das Hostel, das Mitglied der YHA ist und bereits ausgezeichnet wurde, wird von den Besitzern geführt. Es gibt einen viel frequentierten Barbereich mit Satelliten-TV, für Ruhesuchende gibt es viele nette Plätzchen auf dem weitläufigen Areal.

AmaKhaya Backpackers (☎ 044-533 4010; amakhayabackpackers.com; 1 Park Lane; B 80, EZ/DZ mit Gemeinschaftsbad 100/200 R) Der jüngste Neuzugang unter den Hostels. Ein zweistöckiges Familienhaus wurde in ein sauberes, wenn auch etwas charakterloses Hostel umgewandelt. Die etwas militärisch wirkenden Schlafsäle sind eng, die Gemeinschaftsräume aber groß und freundlich. Dazu kommt ein Doppelzimmer mit Bad (260 R).

Abalone Beach House (☎ 044-535 9602; beachhouse@global.co.za; 50 Ifafi Properties, Keurboomstrand; DZ mit Gemeinschaftsbad 180 R; 💻) Das Haus wird von netten Leuten geführt und liegt nur einen Katzensprung von einem schönen Strand entfernt. Dort kann man Surfbretter und Boogieboards leihen (10 R). Das Abalone Beach House findet man, wenn man von der N2 aus den Schildern zum Keurboomstrand folgt (ca. 6 km östlich von Plettenberg Bay) und dann bei El Remo/Ifafi abfährt.

MITTELKLASSEHOTELS

Bayview Hotel (☎ 044-533 1961; Fax 533 2059; Ecke Main St. & Gibb St.; DZ 760 R; ❄) Das direkt im Stadtzentrum gelegene kleine und moderne Drei-Sterne-Hotel hat eher schlichte Zimmer, aber schöne Balkone.

Periwinkle Guest Lodge (☎ 044-533 1345; www.periwinkle.co.za; 75 Beachy Head Dr.; DZ mit Frühstück ab 1150 R) Die helle, fröhlich-bunte Lodge am Strand hat individuell eingerichtete Zimmer – alle haben einen großartigen Ausblick. Mit Glück lassen sich sogar Wale und Delfine sehen.

SPITZENKLASSEHOTELS

In Plett gibt es einige wirklich luxuriöse Hotels. Da heißt es: hingehen, bezahlen und genießen!

Hog Hollow (☎ 044-534 8879; www.hog-hollow.com; EZ/DZ mit Frühstück 1320/1850 R) liegt 18 km östlich von Plettenberg Bay an der N2 und bietet mehrere schöne Unterkünfte. Die Häuser mit Blick über den Wald gruppieren sich rund um ein altes Farmhaus und sind mit afrikanischen Kunstgegenständen dekoriert. Jede Einheit hat eine eigene Holzterrasse und Hängematte. Monkeyland (S. 240) ist von hier aus zu Fuß erreichbar. Ein viergängiges Abendessen kostet 175 R.

Plettenberg (☎ 044-533 2030; www.plettenberg.com; 40 Church St.; EZ/DZ ab 1600/2650 R; ❄ 💻 🏊) Allein der (beheizte) Pool lohnt den Besuch – er scheint direkt ins Meer überzugehen! Der Fünf-Sterne-Palast erhebt sich auf einer felsigen Landspitze mit atemberaubender Aussicht: Hier wird Dekadenz in ihrer reinsten Form gelebt. Die Zimmer sind phantastisch, es gibt einen Spa-Bereich und ein Restaurant der Spitzenklasse. Wer es romantisch liebt, kann im Weinkeller zwischen edlen Flaschen dinieren.

Lodge on the Bay (☎ 044-533 4724; www.thelodge.co.za; 77 Beachy Head Dr.; DZ ab 3165 R; ❄ 🏊) Eine sehr gepflegte, ultramoderne Lodge mit gerade einmal sechs Zimmern und einem sehr persönlichen Service. Auf dem Gelände liegt ein japanisches Wellness-Center. Die Übernachtung ist ziemlich teuer, aber allemal lohnenswert!

Essen

Die meisten guten Hotels haben ein entsprechendes Restaurant. Doch auch sonst bietet die Stadt einige vortreffliche Lokale.

Charlie's Boardwalk Café & Bistro (☎ 044-533 1420; 6 Yellowwoods Bldg., Main St.; Hauptgerichte 15–50 R; 🕒 Frühstück, Mittag- & Abendessen) Ein nettes Café und Treffpunkt der einheimischen Surfer und auswärtigen Gäste. Auf der Karte stehen viele Snacks, aber auch größere Gerichte zu vernünftigen Preisen.

Miguel's (☎ 044-533 5056; Mellville Corner Shopping Centre, Main St.; Frühstück/Abendessen 30/80 R; 🕒 Frühstück, Mittag- & Abendessen) Ein modernes, helles und freundliches Plätzchen mit raumhohen Fenstern, Tischen im Innenhof und einer abwechslungsreichen Karte. Das Muguel's ist zu jeder Tageszeit eine gute Wahl!

Lookout (☎ 044-533 1379; Lookout Rocks; Hauptgerichte 40 R; 🕒 Frühstück, Mittag- & Abendessen) Von der Terrasse schauen die Gäste auf den Strand und entdecken vielleicht sogar einen Delphin. Auf der Karte des „Ausgucks" stehen einfache Gerichte.

Cranzgot's Pizzeria (☎ 044-533 1660; 9 Main St.; Hauptgerichte 40–60 R; 🕒 Frühstück, Mittag- & Abendessen) Die seit 1973 bestehende kinderfreundliche Pizzeria ist immer noch ein Favorit der Einheimischen. Abends muss man teilweise auf einen freien Tisch warten, die Zeit lässt sich aber gut an der Bar überbrücken.

Cornuti Al Mare (☎ 044-533 1277; 1 Perestrella St.; Hauptgerichte 50–70 R; 🕒 Mittag- & Abendessen) Eine schick herausgeputzte italienische Austernbar. Herzhafte Pizzen und erfrischende Cocktails werden auf der Sonnenterrasse serviert. Besonders zu empfehlen unter den Teigwarengerichten: die hausgemachten Spinat-Frischkäse-Ravioli (45 R).

Pansy Shell (☎ 044-533 6016; Old Nick Shopping Centre; Hauptgerichte 60 R; 🕒 Abendessen) Ein etwas offizielleres Restaurant, das wegen seiner Steaks, der Meeresfrüchte und der Atmosphäre sehr gelobt wird.

An- & Weiterreise

Alle großen Busgesellschaften halten bei Shell Ultra City an der N2; Baz Bus fährt auch in die Stadt hinein. **Intercape** (☎ 0861-287 287; www.intercape.co.za) fährt von hier aus nach George (R95, 1½ Std., 3-mal tgl.), Port Elizabeth (80 R, 3 Std., 2-mal tgl.), Kapstadt (160 R, 8 Std., 2-mal tgl.), Johannesburg (385 R, 18 Std., tgl.), Graaff-Reinet (195 R, 5½ Std., tgl.) und Bloemfontein (300 R, 12 Std., tgl.).

Wer nach Knysna (20 R, 30 Min.) weiterfahren will, steigt am besten in ein Minibus-Taxi – sie fahren an der Ecke Kloof Street und High Street ab. Die meisten anderen Langstrecken-Taxis halten bei Shell Ultra City an der Schnellstraße.

ROBBERG NATURE & MARINE RESERVE

Das **Robbeberg Nature & Marine Reserve** (☎ 044-533 2125; Eintritt 20 R; 🕑 Feb.–Nov. 7–17 Uhr, Dez.–Jan. 7–20 Uhr) liegt 9 km südöstlich der Plettenberg Bay. Es schützt eine 4 km lange Halbinsel mit rauer Klippen- und Felsküste. Ein lohnenswerter 11 km langer Rundweg führt am Meer entlang und durch die mit Fynbos bewachsenen Dünen. Er ist allerdings sehr felsig und nicht für ältere Leute oder Kniegeschädigte geeignet! Die Halbinsel samt Flachwasser ist eine Art natürliche Schutzzone für Tiere, die sich hier erholen, bevor sie ins offene Meer hinausschwimmen. Entsprechend viele Meeressäuger und Fische lassen sich vom Weg aus beobachten. Der Weg zum Reservat führt über die Robberg Road, bei der Abzweigung Piesang Valley Road folgt man den Hinweisschildern.

ZENTRALE KAROO

Die Karoo verströmt einen einzigartigen Zauber. Das weite Halbwüstenplateau verdankt seinen Name den Khoi, die es „Land des Durstes" nannten. Die Karoo ist eine unglaublich schöne Landschaft und begeistert mit überwältigenden Sonnenuntergängen und einem unglaublichen Sternenhimmel. Als Besucher fühlt man sich angesichts der Weite *winzig* – nur der Horizont bietet eine Orientierung in der endlosen Weite. Im Sommer klettert das Thermometer auf bis zu 45 °C.

Hier läuft das Leben in langsamen Bahnen, abseits der großen Hauptstraßen trifft man oft stundenlang kein anderes Auto. Wer also genug von der Garden Route und dem Rummel dort hat, braucht nur über den Swartberg Pass fahren und ist in einer anderen Welt.

Die Karoo bedeckt fast ein Drittel der südafrikanischen Staatsfläche. Im Süden und Westen wird sie von den Küstengebirgen begrenzt, im Osten und Norden durch den mächtigen Orange River (Senqu). Bei der Karoo unterscheidet man oft zwischen Great Karoo (Großer Karoo) im Norden und Little Karoo (Kleiner Karoo) im Süden. Die Natur folgt jedoch keinen politischen Grenzen und erstreckt sich über insgesamt drei Provinzen. Deshalb wird die Karoo in diesem Buch auch an drei Stellen beschrieben: die Zentrale Karoo in diesem Kapitel, die Östliche Karoo im Kapitel Eastern Cape und die Obere Karoo im Kapitel Northern Cape.

PRINCE ALBERT & UMGEBUNG

☎ 023 / 2500 Ew.

Für viele Südafrikaner aus den Städten steht Prince Albert für das idyllische (ländliche) Leben in der Karoo. Das malerische Dorf, das 1762 gegründet wurde, liegt am Fuß des Swartberg Pass. Mit einem eigenen Auto kann Prince Albert problemlos im Rahmen eines Tagesausflugs von Oudtshoorn oder sogar der Küste aus besucht werden. Alternativ bietet sich Prince Albert als Übernachtungsort an, um am nächsten Morgen über die spektakulären Pässe Swartberg und Meiringspoort nach Oudtshoorn zu fahren. Wenn es nicht zu heiß ist, sind von hier aus auch schöne Wanderungen machbar.

Rund um den Ort ist die Natur lebensfeindlich und rau, der Ort selbst ist aber grün und fruchtbar: hier wachsen Pfirsiche, Aprikosen, Trauben und Oliven. Grund dafür sind die Kanäle, die Prince Albert mit frischem Bergwasser aus den nahen Felsquellen versorgen. Viele Häuser haben kleine Schleusen, die die Bewohner jede Woche eine bestimmte Zeit lang öffnen müssen.

Das **Tourist Information Office** (☎ 023-541 1366; www.patourism.co.za; Church St.; 🕑 Mo–Fr 9–17, Sa 9–12 Uhr) hat weitere Informationen.

SWARTBERG PASS

Der Swartberg Pass wurde zwischen 1881 und 1888 von dem genialen Ingenieur Thomas Bain gebaut und ist wohl der spektakulärste Gebirgspass in Südafrika. Er ist 24 km lang und erreicht eine Scheitelhöhe von fast 1600 m.

Entlang der Strecke wächst Fynbos, u.a. verschiedene Protea- und Watsoniaarten. Vom Gipfel (Die Top) hat man auf der einen Seite unglaubliche Fernblicke über die kahle Great Karoo, auf der anderen Seite fällt der Blick auf die feuchtere und dadurch grünere Little Karoo. Auf der Weiterfahrt schlängelt sich die Straße bergab durch eine faszinierende Felslandschaft mit stark gebogenen Gesteinsschichten. Die besten Picknickplätze liegen auf der Nordseite; die Schlucht wird dann immer enger und ist im Frühling mit Pelargonien übersät. Einige ruhige Ecken laden zum Sonnen und Baden ein.

An beiden Endpunkten der Passstraße stehen Warnschildern, die einen aber nicht von der Fahrt über den Pass abhalten sollten: Die Strecke ist zwar schmal und nicht asphaltiert und hat auch viele nicht einsehbare Kurven, ist aber problemlos zu befahren, solange man nicht zu schnell wird.

Einige Hostels von Oudtshoorn transportieren ihre Gäste samt Fahrrad auf die Passhöhe und lassen sie dann mit dem Rad zurück nach Oudtshoorn fahren – was natürlich ein Riesenspaß ist (auf jeden Fall genug Wasser mitnehmen!). Am schönsten ist die Straße aber auf der anderen Seite in Richtung Prince Albert.

WESTERN CAPE

Sehenswertes & Aktivitäten

Die größten Attraktionen liegen außerhalb der Ortschaft, doch Prince Albert ist ein guter Standort für Fahrten in die Karoo und für Wanderungen auf den über 100 km langen Wanderwegen des Swartberg Nature Reserve. Wer im Schutzgebiet übernachten will, muss vorab bei **Cape Nature** (☎ 044-279 1739; Queen's Mall, Baron van Rheede St., Oudtshoorn) ein Bett reservieren. Die Prince Albert of Saxe-Coburg Lodge vermittelt Wanderführer.

Östlich von **Klaarstroom**, einem kleinen *dorp* (Dorf) am Fuß der Berge, verläuft eine malerische Straße durch das Tal parallel zur Groot Swartberg Range. Der Bergzug wird von dramatischen Schluchten und Felsspalten durchzogen, auch eine Reihe von Wasserfällen gibt es hier. Der **Remhoogte Hiking Trail** folgt der R407 zwischen Prince Albert (40 km) und Klaarstroom (10 km), für die Wanderung sollte man rund fünf Stunden einplanen, wer will, kann unterwegs auf einem Zeltplatz übernachten.

Meiringspoort liegt südlich von Klaarstroom an der N12 zwischen Beaufort West und Oudtshoorn. Er folgt dem Flusslauf des Groot River, der sich durch die Swartberg Range schneidet. Die Hauptstraße ist landschaftlich sehr schön, aber nicht ganz so spektakulär wie der tiefer eingeschnittene und viel schmalere Swartberg Pass.

Schon auf dem Weg hoch zur Prince Albert Road Station sollte man sich die Arbeiten von **Outa Lappies** („Alter Lappen") anschauen. Das Motto des siebzigjährigen Künstlers und Philosophen ist: „Ich habe meine Hände und mache etwas aus nichts." Der Mann lebte ohne Wasseranschluss und Strom in einem alten Haus an der R407, inzwischen ist er in ein ebenso einfaches Cottage gegenüber der Station umgezogen. Es ist nicht zu übersehen: Auf dem Zaun steht eine kleine Windmühle aus Blech und im Vorgarten sind viele seltsame Gebilde.

Schlafen & Essen

Prince Albert of Saxe-Coburg Lodge (☎ 023-541 1267; www.saxecoburg.co.za; 60 Church St.; EZ/DZ ab 180/360 R;) Die anspruchsvolle Lodge wird von sehr ortskundigen Besitzern geführt, die u. a. Wanderungen in die Umgebung anbieten. Dazu gehört der dreitägige Ausflug zu Die Hel, der für Gäste der Lodge umsonst ist. In den wunderschön eingerichteten Zimmern gibt es Satelliten-TV und Moskitonetze.

Karoo Lodge (☎ 023-541 1647; www.karoolodge.com; 66 Church St.; EZ/DZ ab 225/450 R;) Die Lodge liegt in einem großen Garten und ist mit schönen Antiquitäten ausgestattet. Die Besitzer George und Elsabe sind sehr nett und kennen sich ausgesprochen gut in der Umgebung aus.

Swartberg Hotel (☎ 023-541 1332; www.swartberg.co.za; 70 Church St.; EZ/DZ mit Frühstück 380/553 R;) Ein Drei-Sterne-Landhotel, bei dem man zwischen reetgedeckten Hütten und Zimmern im Haupthaus wählen kann. Die

Gebäude stehen in einem wunderschönen Garten, der zum Entspannen einlädt. Die Besitzer bieten ein interessantes Programm für ihre Gäste an. Der dazu gehörige Coffee Shop (Hauptgerichte 18–35 R) serviert sehr leckere Mittagessen und verführerische Desserts. Die Einheimischen treffen sich gerne bei einem Bier und einer Pizza oder Burgern im Swartberg Arms (Hauptgerichte 30 R), das ebenfalls auf dem Hotelgelände liegt. Für Kinder gibt es Extragerichte.

Sampie se Plaasstal (Church St.; ⌚ 9–17 Uhr) Hier werden Snacks aus einfachen, aber guten Farmprodukten verkauft. Sehr lecker ist auch das erfrischende, selbstgebraute Bier, das mit Ingwer gewürzt wird.

Karoo Kombuis (☎ 023-541 1110; Karoo Kitchen; 18 Deurdrift St.; Hauptgerichte 60 R; ⌚ Mo–Sa Abendessen) Das ausgezeichnete Restaurant ist allein schon ein guter Grund, nach Prince Albert zu fahren. Auf den Tisch kommen stilvoll servierte traditionelle Gerichte. Die Gäste haben die Wahl zwischen einem Drei-Gänge-Menü (95 R) oder einem Essen à la Carte, müssen aber ihre eigenen Getränke mitbringen!

An- & Weiterreise

Viele Besucher kommen über einen der Pässe von Oudtshoorn in die Stadt, andere über die N1, die Kapstadt und Johannesburg verbindet. Wer in erster Linie wandern möchte, sollte mit dem Zug anreisen, der billiger als die Busse ist. Weder die Züge noch die Überlandbusse halten direkt im Ort, sondern an der Bahnstation Prince Albert Road, rund 45 km nordwestlich von Prince Albert. Die Taxifahrt in den Ort kostet 50 R, viele Hotels holen ihre Gäste aber an der Bahnstation ab.

DIE HEL

In einem schmalen Tal der Swartberg Range liegt Gamskaskloof oder „Die Hel" (die Hölle). Die ersten Einwohner waren Trekboers, die ihren eigenen Dialekt entwickelten. Es gab bis 1960 keine Verbindungsstraße in den Ort – alles Lebensnotwendige transportierten die Einwohner auf Eseln von Prince Albert nach Die Hel. Vielleicht war es ein Zufall, vielleicht auch nicht: Nachdem Die Hel durch eine Straße an den Rest des Landes angeschlossen worden war, verließen innerhalb von 30 Jahren alle Einwohner den Ort!

Heute gehört das Gelände zu einem Naturreservat mit einigen **Unterkünften für Selbstversorger** (☎ 023-541 1107; www.diehel.com; Gamkaskloof; Wohnwagenstellplätze 60 R, Zeltplätze 70 R, Farmhaus 120 R). Der Campingplatz ist zwar schön, aber in den letzten Jahren ziemlich heruntergekommen. Zuletzt wimmelte es dort vor kleinen Kakerlaken – sie machten dem Namen Die Hel alle Ehre. Die Besitzer kennen die Probleme – vielleicht haben sie inzwischen endlich auch etwas dagegen unternommen.

Die einzige Verbindung des Geisterortes mit der Zivilisation ist eine kleine Nebenstraße der Swartberg-Passstraße, die 20 km hinter Prince Albert abzweigt. Die 50 km lange und ziemlich holprige Piste mündet in eine Sackgasse.

MATJIESFONTEIN

☎ 023

Matjiesfontein ist einer der seltsamsten und faszinierendsten Orte der Karoo. Es handelt sich um eine Gleisanlage, die fast komplett in Privatbesitz ist und sich um ein Grandhotel zieht. Im Hotel hat sich seit rund 100 Jahren fast nichts verändert, in seiner Blütezeit logierten hier Prominente wie Cecil John Rhodes, Lord Randolph Churchill oder der Sultan von Sansibar!

Das Hotel und der kleine Weiler wurden von James Douglas Logan, einem schottischen Immigranten, gegründet. Sein Aufstieg in der Kap-Gesellschaft verlief so rasant, dass er mit 35 Jahren nicht nur Mitglied des Parlaments war, sondern auch alle Getränke- und Proviantverkaufsstätten an den Bahnhöfen zwischen dem Kap und Bulawayo (Simbabwe) besaß. Er wohnte in Matjiesfontein, einer „Oase im Nichts". Sein Hotel und die weiteren Unterkünfte wurden auch dank des angenehmen (trockenen) Klimas schnell zu einem beliebten Erholungsort der wohlhabenden Gesellschaft des Landes.

Neben dem schönen alten Gebäudeensemble mit Kirche, Gerichtsgebäude, Postamt und Krämerladen gibt es ein faszinierendes **Museum** (Eintritt 3 R; ⌚ Di, Do, Sa & So 8–17 Uhr, Mo, Mi & Fr 8.30–17.30 Uhr) in der Bahnhofsstation. Es zeigt ein buntes Sammelsurium an Relikten aus vergangener Zeit, hierzu gehört eine Sammlung alter Kommoden und Trophäen.

Wer länger als einen Tag bleiben möchte, kann im **Lord Milner Hotel** (☎ 023-551 3011; www.

matjiesfontein.com; EZ/DZ ab 310/480 R; 🅿) übernachten, das noch immer den Charme des ehemaligen Luxushotels verströmt. Es gibt einige komfortable Zimmer und eine stilvolle Rezeption. Das Essen im Dining Room (Hauptgerichte 40 R) ist überraschend günstig. Abends sollte man sich noch unbedingt einen Drink in der Laird's Arms Bar genehmigen.

Matjiesfontein liegt an der N1, 240 km von Kapstadt und 198 km von Beaufort West entfernt. Es lohnt sich, hier die Fahrt mit dem *Trans Karoo* zwischen Johannesburg und Kapstadt zu unterbrechen und im Hotel zu übernachten (obwohl hier zugegebenermaßen 24 Stunden ohne ein gutes Buch lang werden können). Wem dazu die Muße fehlt, kann auch den Zug aus Kapstadt nehmen, der hier um 14.46 Uhr eintrifft, im Milner Hotel übernachten und am nächsten Morgen um 8.25 Uhr mit dem Zug zurück nach Kapstadt fahren. Die Bahnfahrt dauert 5½ Stunden. Der *Blue Train* hat in Matjiesfontein eine Stunde Aufenthalt, während dieser Zeit wird eine Stadtrundfahrt in einem typischen Londoner Doppeldeckerbus angeboten.

BEAUFORT WEST

☎ 023 / 35 400 Ew.

Die Stadt ist eine typische Transitstadt und nicht gerade der Traumort zum Verweilen. Doch auch hier gibt es ein paar reizvolle Ecken, die noch den alten Glanz der Stadt erahnen lassen. Beaufort wurde 1818 gegründet und ist damit die älteste und größte Stadt in der Karoo. Im Sommer wird sie zur Durchgangsstation für die unzähligen Südafrikaner, die an die Küste strömen – die Unterkünfte sind dann allesamt ausgebucht und die Preise auf Rekordhöhe. Die Stadt fungiert aber auch als Einfallstor zum nahe gelegenen Karoo National Park.

Die **Tourist Information** (☎ 023-415 1488; Ecke Donkin St. & Church St.; 🕑 Mo–Fr 8–16 Uhr) im alten Rathaus liegt an der Main Street gegenüber der Kirche mit dem hohen weißen Turm. Nebenan steht das **Museum** (☎ 023-415 2308; Donkin St.; Erw./Kind 5/1 R; 🕑 Mo–Fr 8.30–16.45, Sa 9–12 Uhr) mit einer eindrucksvollen Sammlung all der Ehrungen, die der südafrikanische Kardiologe Christiaan Barnard im Laufe seiner Karriere erhielt. International bekannt wurde er 1967 durch die erste Herztransplantation am Menschen.

Angesichts der zahllosen Unterkünfte, die vor allem für die vielen Durchreisenden geschaffen wurden (und die oft schnell wieder von der Bildfläche verschwinden), ist es unmöglich, irgendeine sinnvolle Empfehlung abzugeben.

Wer nähere Infos braucht, fragt am besten die Touristeninformation nach oder schaut im Internet auf der Homepage der Stadt (www.beaufortwestsa.co.za). Wer mit dem Zelt und eigenem Auto unterwegs ist, sollte gleich weiter bis zum Karoo National Park durchfahren.

An- & Weiterreise

Beaufort West ist eine wichtige Umsteigestation vieler Busgesellschaften. **Translux** (☎ 021-449 3333; www.translux.co.za), **Greyhound** (☎ 021-505 6363; www.greyhound.co.za) und **Intercape** (☎ 0861-287 287; www.intercape.co.za) halten an der **Total-Tankstelle** (Donkin St.) im Stadtzentrum. Minibusse fahren an der **BP-Tankstelle** (Donkin St.) ab. Sie fahren weiter nach Johannesburg (240 R, 12 Std., tgl.), Kapstadt (225, 7 Std., tgl.) und Bloemfontein (210 R, 6 Std., tgl.). Von diesen Städten aus gibt es wiederum Verbindungen in alle Landesteile.

Der *Trans Karoo* hält auf seiner täglichen Fahrt zwischen Kapstadt und Johannesburg am Bahnhof in der Church Street.

KAROO NATIONAL PARK

5 km nördlich von Beaufort West beginnt der 1979 gegründete **Karoo National Park** (☎ 023-415 2828/9; www.sanparks.org; Erw./Kind 60/30 R; 🕑 5–22 Uhr). Er wird von SAN Parks unterhalten und schützt einen 33 000 ha großen Teil der Halbwüste. In den Ebenen wachsen verschiedene niedrige Sträucher, während es in den höheren Lagen Baumbestände und ausgetrocknete Wasserläufe sowie Bergwiesen gibt.

Im Park leben 61 Säugetierarten, am häufigsten sieht man die Dassies (Afrikanische Klippschliefer) und die Löffelhunde. Der Antilopenbestand ist klein, aber einige Arten wurden wieder im Nationalpark angesiedelt und fangen nun an, sich zu vermehren. Dazu zählen Springbok (Springbock), Kudu, Gemsbok (Oryxantilope), Reedbuck (Großer Riedbock), Red Hartebeest (Kuhantilope) und Rehbok (Rehantilope). Auch Bergzebras wurden im Park ausgewildert, ebenso Spitzmaulnashörner. Zu sehen sind außerdem viele Reptilien und Vogelarten.

Im Nationalpark gibt es einen Laden und ein Restaurant, zwei kurze Naturlehrpfade und einen 11 km langen Wanderweg. Einige Wege dürfen mit dem Auto befahren werden, dazu kommen Wege, die ausschließlich geführten Tages- oder Mehrtagestouren vorbehalten sind.

Schlafen kann man entweder auf einem netten Campingplatz (100 R) oder in Cottages im kapholländischen Stil (410 R für 2 Pers.). Die Cottages sind mit Küche, Handtüchern und Bettwäsche ausgestattet; zwei davon sind sogar rollstuhlgeeignet.

Mit öffentlichen Verkehrsmitteln endet die Fahrt in Beaufort West (s. links), von dort kann man entweder in den Park wandern oder in ein Taxi umsteigen. Die Unterkünfte liegen 10 km entfernt innerhalb des Parks.

WESTKÜSTE & SWARTLAND

Nördlich von Kapstadt liegt die zerklüftete Atlantikküste mit rauen, einsamen Bergen und einer immer wieder von Stürmen heimgesuchten Hügellandschaft. Sowohl die Westküste als auch die Region Swartland sind kaum erschlossen und noch sehr ursprünglich. In dieser Ecke der Provinz Western Cape trifft der Reisende auf weiß gekalkte Fischerdörfer, wunderschöne Lagunen, versteckt liegende Campingplätze in wildromantischen Tälern und der Hauptstadt des südafrikanischen Kabaretts. Und das alles nur wenige Autostunden von der Kap-Halbinsel entfernt!

Richtung Westen liegt ein Paradies für Angler und Surfer – eine unberührte Küste mit von Dünen eingerahmten Stränden und felsigen Kaps, schönen Ferienorten und dem Westcoast National Park, der nicht nur Vogelliebhaber begeistert. Am eindrucksvollsten ist die Atlantikküste im späten Winter und beginnenden Frühling, wenn ein Teppich aus blühenden Wildblumen die Dünen bedeckt. Richtung Landesinnere wartet ein weiteres Highlight, das Wanderparadies Cederberg Wilderness Area. Zwischen Westküste und Swartland zieht sich entlang der N7 die spärlich besiedelte Region Sandveld: Das trockene, sandige Gebiet begeistert mit wunderschönen Mondaufgängen und farbenfrohen Sonnenuntergängen. Das angrenzende Swartland (Schwarzes Land) ist ein wichtiges Anbaugebiet des Landes: Der Boden ist hier so fruchtbar, dass die Farmer dort mehr als 20 % des gesamten südafrikanischen Weizens anbauen und einen hochwertigen Wein keltern. Zentrum ist Darling, Heimat des bekannten südafrikanischen Entertainers Pieter-Dirk Uys bzw. seinem Alter ego Tannie Evita Bezuidenhout.

Viele Busse fahren von Kapstadt aus Richtung Norden entlang der N7. Einige Linien enden in Springbok, andere Busse setzen ihre Fahrt nach Namibia fort oder verlassen die N7 und fahren über Calvinia nach Upington. Die Küstenorte westlich der N7 sind ohne eigenes Fahrzeug kaum erreichbar.

DARLING

☎ 022

Das ruhige Landstädtchen war lange Zeit lediglich für seine gute Milch bekannt. Das änderte sich, als der Schauspieler und Satiriker Pieter-Dirk Uys hier sein Theater eröffnete.

Eine gute Informationsquelle ist die **Tourist Information** (☎ 022-492 3361; Ecke Hill Rd. & Pastorie St.; ⏲ Mo–Do 9–13, 14–16, Fr 9–13, 14–15.30, Sa & So 10–15 Uhr). Viele Kapstädter fahren die 70 km Richtung Norden, um das einzigartige südafrikanische Kabarett im **Evita se Perron** (Evitas Bahnsteig; ☎ 022-492 2851; www.evita.co.za; Tickets 80 R; ⏲ Vorstellungen Sa 14 & 20, So 14 Uhr) zu sehen. Pieter-Dirk Uys Charaktere thematisieren in der Show alle wichtigen Stoffe von der südafrikanischen Politik über die Geschichte des Landes bis hin zur Ökologie. Es gibt keine Grenzen, auch die rassistische Vergangenheit des Landes ist hier kein Tabu. Obwohl in den Stücken meist Afrikaans gesprochen wird, ist viel für das englischsprachige Publikum dabei: brüllend Komisches, Bissiges und Nachdenkliches.

Das großartig kitschige **Restaurant** (Hauptgerichte 20–40 R; ⏲ Di–So Mittagessen) bietet traditionelle Afrikaaner-Küche, unter anderem den Hackfleischauflauf *bobotie*.

Ein lohnenswertes Ziel ist auch die **Darling Wine Experience,** ein viel zu wenig beachteter Zusammenschluss von vier Weingütern in der Nachbarschaft. Einfach in der Touristeninformation oder im Hotel danach fragen, wie die Sache läuft!

Schlafen & Essen

Darling liegt so nahe bei Kapstadt, dass man dort eigentlich nicht übernachten muss. Wer aber gerne bleiben oder am nächsten Tag von hier aus weiterreisen will, kann zwischen einigen netten Gästehäusern seine Wahl treffen.

Trinity (☎ 022-492 3430; 19 Long St.; EZ/DZ mit Frühstück ab 270/500 R;) Ein liebevoll renoviertes viktorianisches Haus mit gemütlichen Zimmern im Landhausstil. Im Bad steht eine Auswahl selbst gemachter Cremes und Pflegemittel zum Ausprobieren. Das Restaurant serviert ländliche Küche (Hauptgerichte 50 R) und wurde zu einem der besten 100 Restaurants des Landes gekürt.

Granary (☎ 022-492 3155; 5 Long St.; EZ/DZ mit Frühstück ab 300/440 R) Ein gepflegtes Gästehaus mit viel Licht und Fenstern, die die ohnehin großen Zimmer noch großzügiger wirken lassen. Das Frühstück sättigt für den ganzen Tag. Kinder sind willkommen, nach oben zu den Zimmern führen allerdings ziemlich steile Holztreppen.

Darling Guest Lodge (☎ 022-492 3062; 22 Pastorie St.; EZ/DZ mit Frühstück 360/540 R;) Das Haus ist elegant und phantasievoll eingerichtet und ist eine der ersten Adressen in der Region.

Marmalade Cat (☎ 022-492 2858; 19 Main Rd.; Frühstück 30 R) Das künstlerisch angehauchte Café mit Internetzugang (Std. 40 R) sollte man nicht verpassen, es ist ein nettes Plätzchen für einen Kaffe oder ein ausgiebiges Frühstück. Auf der Karte finden sich allerhand verschiedene Sandwiches, köstlicher Käse und hausgemachte süße Leckereien.

An- & Weiterreise

Tannie Evita zeigt ihre Show im ehemaligen Bahnhof; die Stadt ist daher am bequemsten mit dem eigenen Auto erreichbar. Von Kapstadt folgt man der Ausfallstraße R27 und folgt dann der Beschilderung. Eine malerische (und weniger befahrene) Strecke zurück nach Kapstadt ist die R27: Man verlässt Darling zunächst Richtung Osten und fährt dann auf der R307 nach Süden. Kurz vor Mamre biegt man wieder nach Westen (rechts) ab und kommt so auf die R27 zurück. Achtung: Nicht die R304 nach Atlantis nehmen!

WEST COAST NATIONAL PARK

Zum **West Coast National Park** (☎ 022-772 2144; Eintritt Aug.–Okt. 30 R, Nov.–Juli 20 R; April–Sept. 7–19.30, Okt.–März 6–20 Uhr) gehört auch die Langebaan Lagoon, deren klares, blaues Wasser viele durchziehende Watvögel anlockt. Der 18 000 ha große Park besteht aus verschiedenen Schutzgebieten, die teilweise nur von der Parkverwaltung gepachtet sind.

Die Feuchtgebiete sind international bedeutend, da hier große Kolonien von Seevögeln brüten. Arktische Watvögel versammeln sich hier im Sommer zu Tausenden. Zu den häufigsten Vertretern zählt der Sichelstrandläufer, der als Langstreckenzieher aus subarktischen Regionen, Nordsibirien und Alaska, in großen Schwärmen Richtung Süden zieht. Auf den vorgelagerten Inseln leben Kolonien von Brillenpinguinen.

Die Vegetation wird von verkrüppelten Büschen, Riedgräsern, vielen blühenden Einjahrespflanzen und Sukkulenten bestimmt; im Osten findet man noch kleine Bestände an Küsten-Fynbos. Unbestrittenes Highlight des Parks ist die Blütezeit der Wildblumen zwischen August und Oktober. In der Postberg-Zone, die nur von August bis September geöffnet wird, lassen sich neben den Wildblumen auch viele Tiere beobachten.

Der Nationalpark liegt nur 120 km von Kapstadt entfernt und 7 km südlich von Langebaan. Die Strecke von Langebaan zum nördlichen Ende der Postberg-Zone (und zurück) ist insgesamt 80 km lang. Regen fällt vor allem zwischen Mai und August.

LANGEBAAN

☎ 022

Durch seine ungewöhnliche, aber sehr schöne Lage mit Blick über die Langebaan Lagoon wurde Langebaan ein beliebter Ferienort der Einheimischen. Ruhesuchende werden hier nicht glücklich, alle anderen finden im Ort ein ausgezeichnetes Hotel, schöne Meeresfrüchte-Restaurants mit Tischen im Freien, schöne Orte zum Genießen des Sonnenuntergangs, geniale Möglichkeiten zum Segeln und Surfen in der Lagune und einige gute Strände vor. Der **Langebaan Beach** ist vor allem bei Schwimmern sehr beliebt. Langebaan ist ein guter Standort für den Besuch des West Coast National Park.

Das **Tourist Information Centre** (☎ 022-772 1515; www.langebaaninfo.com; Bree St.; Mo–Fr 9–17, Sa & So 9–13 Uhr) informiert über die Stadt und umliegende Gegend.

WESTERN CAPE

Sehenswertes & Aktivitäten

WEST COAST FOSSIL PARK

Der **Fossilienpark** (☎ 022-766 1606; www.museums.org.za/wcfp; Eintritt Erw./Kind/Sen./Fam. 60/12/18/25 R; ⏲ Mo–Fr 9–16, Sa & So 10–12 Uhr) an der R45 liegt rund 16 km außerhalb von Langebaan. Hier wurden Versteinerungen vom ersten Bären, den man südlich der Sahara entdeckte, von löwengroßen Katzen mit Säbelzähnen, dreizehigen Huftieren und von Kurzhalsgiraffen gefunden. Die Führungen starten täglich um 11.30 Uhr und bringen die Teilnehmer zu den wichtigen Ausgrabungsstätten. Kinder können in einem abgesteckten Areal selbst nach Versteinerungen suchen.

REITEN

Die **Oliphantskop Farm Inn** (☎ 022-772 2326; Std. 90 R) bietet Ausritte am Strand an. Die Farm liegt rund 3 km von Langebaan entfernt an der Hauptstraße. Einfach der Beschilderung folgen!

Schlafen & Essen

Viele Hotels haben neben Gästezimmern auch ein gutes Restaurant.

Farmhouse (☎ 022-772 2062; www.thefarmhouselangebaan.co.za; 5 Egret St.; EZ/DZ mit Frühstück 575/850 R; ✇) Das mit Abstand beste Hotel von Langebaan, liegt auf einem Hügel mit Blick über die Bucht und ist besonders bei Sonnenuntergang sehr romantisch. Die Zimmer im Landhausstil sind groß und haben jeweils einen eigenen Kamin. Das gemütliche Restaurant mit seiner kreativen Küche hat überraschend günstige Preise (Hauptgerichte 50–80 R).

Oliphantskop Farm Inn (☎/Fax 022-772 2326; Main Rd.; EZ/DZ 180/300 R; Ⓟ 🏊) Ein attraktives Plätzchen etwa 3 km außerhalb Stadt auf der anderen Straßenseite des Mykonos Resort. Das Restaurant hat einen guten Ruf und eine nette Atmosphäre: Die Räume mit einer Holzdecke und weißen Wänden sind angenehm kühl und dunkel. Auf der Karte finden sich viele Fleisch- und Meeresfrüchtegerichte (Hauptgerichte 50 R), aber nichts für Vegetarier.

Club Mykonos (☎ 0800 226 770; theretha@clubmykonos.co.za; Hütte für 4 Pers. 1550 R; Ⓟ ✇ 💻 🏊) Eine große, auf Familien ausgerichtete Ferienanlage mit einem guten Kinderprogramm. Die griechisch inspirierte, pseudo-mediterrane Architektur, das Gedränge und der ganze Trubel sind allerdings nicht jedermanns Sache. In der Anlage gibt es sage und schreibe sechs Pools, außerdem ein Casino, mehrere Restaurants und eine Arkade.

Die Strandloper (☎ 022-772 2490; Büfett 140 R; ⏲ Mittag- & Abendessen) So stellt man sich das Leben an der Westküste vor: mit einem Braai unter freiem Himmel direkt am Wasser. Insgesamt werden zehn Gänge serviert, selbstverständlich auch gegrillter Fisch und Meeresfrüchte. Alles schmeckt traumhaft gut, besonders lecker sind *snoek* (ein wandernder Fisch mit festem Fleisch) und die in Weißwein gekochten Muscheln. Zum Essen wird frisch gebackenes Brot gereicht, anschließend der frisch gemahlene *meerkoffie* gereicht. Ein Schnulzensänger kommt an die Tische und singt Westküsten-Balladen. Die Gäste können entweder ihre Getränke mitbringen oder sich etwas an der rustikalen Bar (mit einem spektakulären Ausblick) bestellen. Unbedingt reservieren und außerhalb der Saison nach den Öffnungszeiten fragen!

An- & Weiterreise

Langebaan liegt eine Autostunde nördlich von Kapstadt, ist aber nicht an das öffentliche Busnetz angeschlossen. Von Vredenburg fahren Minitaxis nach Langebaan (17 R, 30 Min.).

SALDANHA & HOEDJIES BAY

Saldanha liegt am nördlichen Ende der Langebaan Lagoon. Das Ortsbild bestimmen ein riesiger Anleger für Eisenerzschiffe, ein Marinelager und Fischfabriken. Trotzdem sind die Buchten von Saldanha sehr schön, durch die geschützte Lage ist das Wasser dort viel wärmer als im offenen Atlantik. Schwimmer fahren meistens zur **Hoedjies Bay** beim Stadtzentrum. Saldanha hat ein paar anständige Unterkünfte; das **Tourist Information Office** (☎ 022-714 2088; www.capewestcoast.org; Van Riebeeck St.; ⏲ Mo–Fr 8.30–16.30, Sa 9–12 Uhr) kann weiterhelfen.

Schaafsma Charters (☎ 022-714 4235; www.sailboats.co.za) bietet Hafenrundfahrten und Ausflüge zu den vorgelagerten Inseln an. Für Segler gibt es auch einen zweiwöchigen All-inclusive-Törn (6000 R).

PATERNOSTER

☎ 022

Bis vor kurzem war Paternoster das letzte traditionelle Fischerdorf der Westküste und bestand aus nicht viel mehr als einem Haufen weiß getünchter Häuser mit grünen Dächern vor der Kulisse des blauen Atlantiks. Dann entdeckten wohlhabende Kapstädter und Ausländer den Charme des kleinen Ortes und begannen, sich hier Grundstücke zu kaufen: Inzwischen stehen überall links und rechts der Straße Verkaufsschilder, täglich öffnen neue Gästehäuser, ihre Pforten.

Paternoster ist noch immer ein wunderschönes Dorf, das einen Besuch lohnt, das Gleiche gilt für seine Umgebung mit ihren Granitfelsen, die aus einer sanft gewellten Hügellandschaft herausragen. Weiter nördlich an der Küste liegt ein ähnlich hübscher Ort, **St. Helena Bay.** Zum Dorf gehört ein schöner geschützter Küstenstreifen, es fehlt aber ein echter Strand. Paternoster liegt 15 km westlich der unspektakulären Ortschaft Vredenburg im Landesinneren.

Schlafen & Essen

Paternoster hat kaum Straßenschilder, doch die privaten Gästehäuser haben alle ihre eigenen Hinweisschilder aufgestellt. Es gibt viele B&Bs, ein Vergleich lohnt sich. Während der Langustensaison (15. Nov.–Ende Dez.) sprießen die Verkaufsstände am Straßenrand wie Pilze aus dem Boden, sie verkaufen leckere Krebse, Krabben und Langusten für 50 bis 70 R.

Camping & Caravan Park (Tietiesbaai; ☎ 022-752 1718; Stellplätze 30 R) Der Zeltplatz hinter Cape Columbine liegt wunderschön, ist aber sehr windig.

Paternoster Hotel (☎ 022-752 2703; paternosterhotel@wol.co.za; EZ/DZ 220/440 R) Das lebhafte, etwas verschrobene Landhotel ist bei Anglern beliebt. Die mit Graffitis bedeckten Wände und die Fisch- und Langusten-Grillgelage sind legendär. Achtung: Die Bar ist ein Alptraum für Feministinnen.

Cape Columbine (☎ 021-449 2400; salato@npa.co.za; Cottages ab 525 R) 3 km hinter dem Ort stehen beim Leuchtturm einige nette Cottages im Cape Columbine Nature Reserve (Eintritt 12 R). Das Reservat schützt 263 ha Küsten-Fynbos.

Paternoster Lodge (☎ 022-752 2023; paterlodge@telkomsa.net; EZ/DZ 560/700 R) Ein etwas zu perfektes Haus mit sieben sauberen, minimalistisch eingerichteten Zimmern und einem rund um die Uhr geöffneten Restaurant (Hauptgerichte 50–70 R). Von der Sonnenterrasse aus können die Gäste den Fischern beim Anlanden ihres Fangs zuschauen.

Voorstrandt Restaurant (☎ 022-752 2038; Strandloperweg; Hauptgerichte 40–95 R; 🕑 Frühstück, Mittag- & Abendessen) Die schicke rot-grün gestrichene Strandhütte liegt direkt am Strand. Das Restaurant hat sich auf Meeresfrüchte spezialisiert, ist aber auch ein nettes Plätzchen für einen Drink bei Sonnenuntergang.

ELAND'S BAY & UMGEBUNG

☎ 022

Als Surferparadies und ländlicher Erholungsort wurde Eland's Bay schnell eine der beliebtesten Feriendestinationen der Westküste. Die Stadt hat ein eher langweiliges Ortsbild, aber eine spektakuläre Lage: Die Berge reichen bis zum Meer, an der großen, malerischen Lagune tummeln sich so viele Wasservögel wie sonst fast nirgendwo im Land – der Ort ist ein Traum für jeden Vogelliebhaber.

Das **Eland Hotel** (☎ 022-972 1640; Hunter St.; EZ/DZ mit Frühstück 250/460 R) ersetzt hier sozusagen das Rathaus: Es ist Treffpunkt, Unterkunft und Touristeninformation für Gäste und Einheimische.

Im Landesinneren liegt das immer mehr in Mode kommende Dorf **Redelinghuys**, weiter südlich sind die **Sandveld Country Cottages** (☎ 022-962 1609; cwykeham@mweb.co.za; R366; Cottages pro Pers. 100 R; Ⓟ) eine der besten Unterkünfte der Region. Die Gäste übernachten jeweils in Cottages mit eigenem Garten und Ausblick auf ein herrliches Tal. Zu den Cottages die Abzweigung 12 km südlich von Redelinghuys an der Aurora Road nehmen und der Straße für weitere 9 km folgen.

LAMBERT'S BAY

☎ 027

Die frische Brise über der Lambert's Bay bietet etwas Erholung von der sengenden Sonne an der Westküste – wenn man Pech hat, wird man allerdings durch den Geruch der vielen Fischfabriken vertrieben.

Das **Information Centre** (☎ 027-432 1000; Main Rd.; 🕑 Mo–Fr 9–13, 14–17, Sa 9–12.30 Uhr) informiert über die Sehenswürdigkeiten der Umgebung, das **Lambert's Bay Hotel** (☎ 027-432 1126; Voortrekker St.; EZ/DZ mit Frühstück ab 395/500 R;) ist aber wahrscheinlich die bessere Anlaufstelle, da die Angestellten auch andere Unterkünfte buchen und Ausflüge organisieren können.

Lambert's Bay ist bekannt für die Vogelinsel **Bird Island.** Der Felsen ist über einen Steindamm mit dem Festland verbunden. Zuletzt hatten die hier ebenfalls lebenden Robben die meisten Kaptölpel vertrieben. Wer sich ernsthaft für die Insel interessiert, sollte also vorher anrufen und fragen, ob die Kaptölpel zurückgekehrt sind.

Zwischen Juli und Januar lassen sich vor der Küste auch ein paar Buckelwale sehen; zudem ist Lambert's Bay Heimat des nur hier vorkommenden Heaviside-Delfins. Viele Ausflügler besuchen die Stadt nur, um einen Blick auf eines dieser seltenen Tiere zu erhaschen. Bootstouren organisiert **Lambert's Bay Boat Charter** (☎ 082-922 4334). Auch **Quad-biken** (☎ 083-306 6684; pro Pers. 180 R) ist hier sehr beliebt.

Beim **Crayfish Festival** (Langusten-Festival) im März gibt es günstigen Fisch und Meeresfrüchte sowie jede Menge Unterhaltung. Wer bis dahin nicht warten kann, sollte das Meeresfrüchte-Büfett in einem der beiden Open-air-Restaurants direkt außerhalb der Stadt testen: Das **Muisbosskerm** (☎ 027-432 1017; Gerichte 120 R, Langusten 150 R) und das **Bosduifklip** (☎ 027-432 2735; Gerichte 110 R) sind beide vergleichbar gut. In jedem Fall vorher anrufen, da die Öffnungszeiten wechseln und man reservieren muss.

OLIPHANS RIVER VALLEY

Bei der Fahrt über den Piekenierskloof Pass ändert sich die Landschaft abrupt: Wer von Norden über die N7 anreist, schaut plötzlich auf das fruchtbare Oliphans River Valley mit seinen unzähligen Obstplantagen. Die Elefanten, die der Forscher Jan Danckaert 1660 hier antraf und nach denen das Tal benannt wurde, sind inzwischen längst weitergezogen, sprich: weggeschossen worden.

Der Fluss ermöglicht die Bewässerung der gepflegten Weinberge und Orangenplantagen. Die schicken Bungalows der weißen Farmer liegen in grünen Gärten, die sie von den Wellblechhütten der Arbeiter abschirmen.

Am Talboden liegen einige namhafte Weingüter und Genossenschaften, die sich auf Weißwein spezialisiert haben. Die Touristeninformationen haben Informationsmaterial zu dieser Weinroute. Die Cederberg Range begrenzt das Tal im Osten und liegt zu einem großen Teil in der Cederberg Wilderness Area. Die beiden wichtigsten Städte der Region sind Citrusdal im Südwesten und Clanwilliam im Nordwesten der Wilderness Area.

Alternativ zur N7 führt eine sehr schöne, teilweise geteerte Straße (R303) zwischen Ceres und Citrusdal. Eine weitere Panoramastraße führt von Citrusdal durch die Cederberg Wilderness Area nach Clanwilliam. Ebenfalls lohnenswert ist auch die Verbindung von Clanwilliam nach Calvinia (R364) in der Provinz Northern Cape.

GOOFY-FOOTER

Eland's Bay ist ein Paradies für Goofy-footer (so nennt man das Surfen mit dem rechten Fuß vorne am Board). Hier gibt es ein paar extreme rechts brechende Pointbreaks, die bei ganz verschieden hoher Dünung auftreten. Ab und zu rollt eine ziemlich große Welle durch die Bucht. Den großen links brechenden Pointbreak findet man genau vor dem Hotel Richtung Langustenfabrik. Die Welle bricht entlang einem felsigen Schelfkant in dickem Kelp, vor allem nach Südwestwinden bei Ebbe und beginnender Flut. Beim Baboon Point gibt es einen rechten Beachbreak und weitere Lefts, man findet sie entlang der Schotterpiste hinter der Langustenfabrik.

CEDERBERG WILDERNESS AREA

Durch die faszinierenden verwitterten Sandsteinformationen, die Felszeichnungen der San, die zerklüfteten Berge und die grünen Täler ist die Cederberg Range fast schon ein Pflichtprogrammpunkt. Die 100 km lange Bergkette zieht sich von Norden nach Süden und verläuft grob gesprochen zwischen Citrusdal und Vanrhynsdorp. Ein Großteil der Bergkette steht in der 71 000 ha großen Cederberg Wilderness Area unter Schutz. Das Wildnisgebiet wird von **Cape Nature** (☎ 022-931 2088; www.capenature.org.za) in Porterville verwaltet. Die höchsten Erhebungen sind der Sneeuberg (2027 m) und der Tafelberg (1969 m). Viele eindrucksvolle Zeichnungen der San (s. S. 255) findet man auf Felsen und in einigen Höhlen.

Berühmt ist das Gebiet für seine Flora, vor allem für den Berg-Fynbos. Frühling ist die beste Jahreszeit, um die Wildblumen zu bewundern, aber auch im restlichen Jahr gibt es viel zu entdecken. Mit der Höhenlage verändert sich auch die Vegetation. Zu sehen sind Clanwilliam-Zedern (die der Region ihren Namen gaben) und die seltene Schneeball-Protea (*Protea cryophila*). Leider findet man nur noch wenige Clanwilliam-Zedern, sie wachsen ausschließlich in Höhenlagen zwischen 1000 m und 1500 m. Die Schneeball-Protea (inzwischen ebenfalls auf einzelne Stellen begrenzt) wächst nur über der Schneegrenze.

Es gibt kleine Populationen von Pavianen, Rehantilopen, Klippspringern und Greisböcken sowie Raubtiere, darunter Karakale, Steppenfüchse, Honigdachse und sogar ein paar scheue Leoparden.

Orientierung & Praktische Informationen

Die Cederberge bedecken eine Fläche von 24 000 ha und sind in drei hervorragende Wandergebiete unterteilt. Jedes Gebiet hat sein eigenes Netz an Wanderwegen, immer mit dem Anspruch, der Wildnis ihren Raum zu lassen, schließlich handelt es sich ja um eine Wilderness Area. Die Wanderer werden sogar explizit aufgefordert, die Wege zu verlassen. Zu den vorgeschlagenen Wanderrouten gibt es nur wenige Informationen – jeder muss schauen, wie er zurechtkommt! Auch die berühmten Felszeichnungen der San sind nicht ausgeschildert. Also einfach losgehen und überlegen, an welchen Stellen die Khoi Khoi wohl gelebt haben könnten.

Zwischen der Wilderness Area und dem Farmland gibt es eine Pufferzone, in der Freizeitaktivitäten wie das Mountainbikefahren erlaubt sind.

Für die Cederberge gibt es keine beste Wanderzeit, von Mai bis Ende September muss man aber mit Regen und eventuell sogar mit Schnee rechnen, während es zwischen Dezember und April mit großer Wahrscheinlichkeit trocken bleibt; dann blühen auch die Schneeball-Proteen.

Das Wandern ist nur mit einer Genehmigung (Erw./Kind 20/10 R) erlaubt, die Zahl der Wanderer pro Zone ist auf maximal 50 Personen beschränkt. Die maximale Gruppengröße liegt bei zwölf Personen, aus Sicherheitsgründen müssen mindestens zwei Erwachsene dabei sein. Die Wandergebiete sind sehr beliebt, eine frühzeitige Anfrage ist deshalb dringend empfohlen. Außerhalb der Schulferien und an Wochenenden reicht es, vor Ort die Erlaubnis zu beantragten, aber auch dann sollte man vorab anrufen, um sicher zu gehen, dass das Kontingent noch nicht ausgeschöpft ist.

Der Eingang zum Algeria-Campingplatz wird um 16.30 Uhr (Fr 21 Uhr) geschlossen, zu spät Gekommene werden nicht mehr eingelassen. Es gibt 48 Stellplätze. Die Genehmigung wird (sofern man sie nicht in Kapstadt organisiert oder sich vorher hat zuschicken lassen) nur während der Bürozeiten ausgestellt. Wer also erst am Freitagabend ankommt, muss dies mit dem Personal vorher absprechen.

Alle Besucher müssen ihren kompletten Proviant selbst mitbringen, es existiert kein Restaurant weit und breit.

WESTERN CAPE

ROOIBOS-TEE

Rooibos heißt wörtlich „roter Busch" und ist ein rötlicher Tee mit einem ganz eigenen Aroma. Er wird aus den Blättern der *Aspalathus linearis* gewonnen. Die Pflanze wächst in der Region der Cederberge in der Provinz Western Cape.

Malaiische Sklaven entdeckten als Erste, dass die Pflanze zur Herstellung eines Getränks genutzt werden konnte. Doch erst im 20. Jh. förderte der russische Immigrant Benjamin Ginsberg den Bekanntheitsgrad des Tees. Richtig Geld damit verdienen ließ sich jedoch erst ab den 1930er-Jahren. Trotzdem werben einige Teeproduzenten mit Ochsenwagen und anderen typischen Bildern des alten Südafrikas für den südafrikanischen Tee.

Das Getränk enthält kein Koffein und sehr viel weniger Tannin als die üblichen Teesorten. Das ist wohl der entscheidende gesundheitsfreundliche Aspekt. Dazu kommen winzige Mengen Mineralien wie Eisen, Kupfer und Magnesium, die ebenfalls gesundheitsfördernd sein sollen. Ein sehr guter Durstlöscher ist der Tee in jedem Fall – ob pur oder mit Milch oder Zitrone.

Die Firma, die den Großteil der Teeblätter verarbeitet, ist Rooibos Ltd. (☎ 027-482 2155, www.rooibosltd.co.za) mit Sitz am Stadtrand von Clanwilliam. Führungen werden montags bis freitags um 10, 11.30, 14 und15.30 Uhr angeboten.

Schlafen

Kleinkliphuis (☎ 027-482 2564; Zeltplätze 25 R, B 50 R, Cottages pro Pers. 100 R) Die nette Unterkunft liegt am Pakhuis Pass an der R364, rund 15 km nordöstlich von Clanwilliam. Das kleine Landhaus auf einem schönen Grundstück bietet tolle Hütten für Selbstversorger. Sie sind ein guter Standort für die Erkundung der Umgebung.

Algeria (☎ 027-482 2404; Zeltplatz für 6 Pers. 95 R, DZ-Cottages 380 R) Der wichtigste Campingplatz der Region ist eine tolle Anlage mit schönen, schattigen Stellplätzen am Rondegat River, dem Oberlauf des Olifants River. Es gibt abgesteckte Bereiche zum Schwimmen und wunderschöne Picknickplätze. Wer nicht zelten will, kann in voll ausgestatteten Steincottages übernachten. In den Übernachtungsgebühren ist der Eintritt in den Park nicht inbegriffen. Sollte der Platz belegt sein, kann man bei Cape Nature (☎ 022-931 2088) nach anderen Zeltmöglichkeiten fragen.

Unterkünfte außerhalb der Cederberg Wilderness Area werden in den Abschnitten Citrusdal und Clanwilliam genannt.

An- & Weiterreise

Die Cederberg Range liegt rund 200 km nördlich von Kapstadt, die Anfahrt erfolgt im Süden über Citrusdal, nordwestlich von Clanwilliam und die N7.

Mehrere Straßen führen zum Algeria-Campingplatz, alle bieten phantastische Ausblicke. Für die Strecke von Clanwilliam braucht man rund 45 Minuten, meist ist man aber länger unterwegs, weil man immer wieder spontan anhält, um die Bergwelt zu genießen. Algeria ist von Clanwilliam aus nicht ausgeschildert, ist aber trotzdem leicht zu finden: Die Straße oberhalb des Stausees Richtung Süden führt dorthin. Von der N7 aus ist der Campingplatz ausgeschildert, er liegt nur 20 Minuten von der Hauptstraße entfernt. Am Straßenrand wachsen unglaublich viele Pflanzen, darunter auch verschiedene Proteaarten.

Einige staubige, aber interessante Nebenstraßen verlaufen südöstlich durch den kleinen Weiler Cederberg an der R303 und dann weiter nach Ceres. Ein schöner, aber anstrengender Weg wurde vom Campingplatz zum Wolfsberg Crack (einer der bekanntesten Felsformationen der Cedarberge) angelegt. Für den Hin- und Rückweg sollte man mindestens sieben Stunden kalkulieren.

Leider gibt es keine öffentlichen Verkehrsmittel nach Algeria.

CITRUSDAL & UMGEBUNG

☎ 022 / 9000 Ew.

Das kleine Städtchen Citrusdal ist ein guter Ausgangspunkt für Ausflüge in die Cederberg Range. Zwischen August und September blühen hier die Wildblumen – ein einzigartiges Erlebnis! Der Spätwinter bzw. Vorfrühling ist auch die beste Wanderzeit. Der Ort selbst ist zwar recht altmodisch, doch von hier aus ist man schnell an einigen der interessantesten und schönsten Plätze der Cedarberge. Und die Naturkulisse rund um die Stadt ist grandios!

Das **Tourism Bureau** (☎ 022-921 3210; www.citrusdal.info; 39 Voortrekker St.; Mo–Fr 8.30–17, Sa 9–13 Uhr) hilft bei der Suche nach einer Unterkunft in der Gegend und informiert über Mountainbikestrecken und Wanderwege.

Schlafen

Beaverlac (☎ 022-931 2945; Beaverlac Nature Reserve; Zeltplätze 30 R) Schwer zu erreichen, aber unvergesslich ist dieser Campingplatz – sicher einer der besten im Land. Er liegt hinter Pinien in einem versteckten Tal, es gibt Felsbecken zum Schwimmen und eine faszinierende Landschaft rundum. Das Lebensnotwendige verkauft ein kleiner Laden. Der Anfahrtsweg: Der R44 südlich von Citrusdal bis zur Ausschilderung Richtung Dasklipspas 5 km nördlich von Porterville folgen. Von dort noch weitere 20 km auf der Straße bleiben, die über einen wunderschönen Pass führt. Dann geht es über eine kleine Piste bergab bis zu den Hinweisschildern zum Beaverlac Nature Reserve. Autoradio oder Partys sind hier nicht erlaubt!

Gekko Backpackers Lodge (☎ 022-921 3721; http://home.mweb.co.za/vi/vism; Zeltplätze pro Pers. 40 R, B 65 R, DZ mit Gemeinschaftsbad 170 R) Eine nette Lodge auf einer großen Zitrusfarm, die 17,5 km von Citrusdal entfernt an der N7 Richtung Clanwilliam liegt. Zu den angebotenen Aktivitäten gehören *tubing* auf dem nahen Fluss und Wanderungen durch die Berge und zu den Höhlen auf dem riesigen Gelände. Es hat sogar eigene Wege mit Felszeichnungen der San! Proviant muss man mitbringen, da die Lodge nur eine bescheidene Bar unterhält.

Baths (☎ 022-921 8026/7; www.thebaths.co.za; Zeltplätze pro Pers. 55 R, DZ ab 335 R;) Die Wellness-Einrichtung mit zwei familienfreundlichen Pools im Freien liegt wunderschön unter Bäumen, schroffe Gipfel bilden die eindrucksvolle Kulisse. Ein schöner Ort, um sich ein paar Tage zu erholen! Tagesbesucher sind willkommen (Erw./Kind 45/22,50 R). Am Wochenende ziehen die Preise an. Zur Anlage gehören außerdem ein schickes neues Restaurant und Chalets im viktorianischen Stil für jeweils vier Personen (550 R). Baths findet man rund 18 km von Citrusdal entfernt an der gleichen Straße wie das Elephant Leisure Resort. Der Weg dorthin ist gut ausgeschildert. Eine rechtzeitige Reservierung ist notwendig. Zur Warnung: im Sommer (Nov.–Feb.) kann es hier glühend heiß werden.

Staalwater (☎ 022-921 3337; Cottage pro Pers. 150 R) Eine kurvige Piste, die von der R303 nach Citrusdal abzweigt, führt zwischen Zitrusplantagen und blühenden Büschen hindurch zu den weiß getünchten Gebäuden von Staalwater. Im Cottage für Selbstversorger ist Platz für acht Personen. Das Areal ist groß und bietet einige nette Spazierwege. Staalwater liegt 12 km außerhalb der Stadt auf dem Weg Richtung Baths.

Tree Tops (☎ 022-921 3626; www.citrusdal.info/kardouw; Hütten 240 R) In einem beliebten Waldgebiet am Olifants River (12 km hinter Baths) stehen einige Holzhütten auf Pfählen mit Bohlenwegen dazwischen. Die Lage ist toll, aber man muss bis auf Bettzeug alles selbst mitbringen und rechtzeitig buchen. Am Wochenende gelten höhere Preise.

Cedarberg Lodge (☎ 022-921 2221; www.cedarberglodge.co.za; Voortrekker St.; EZ/DZ 250/340 R; Frühstück 40 R;) Ein freundliches Hotel mit großen Zimmern mit TV und einem angeschlossenen Restaurant (Hauptgerichte 50 R). Auf der Karte stehen viele Fleisch-, Fisch- sowie Meeresfrüchtegerichte, und es gibt Einrichtungen für ein *braai*.

Elephant Leisure Resort (☎ 022-921 2884; B 475 R) Der ruhiger Ort 9 km außerhalb von Citrusdal liegt zwischen Bäumen und Felsen. Es gibt Chalets für zwei oder vier Selbstversorger. Die Fußböden sind gefliest, die Wände fröhlich bunt bemalt, die Bäder makellos sauber. Jedes Chalet hat ein eigenes Jacuzzi auf der Terrasse. Der hinter dem Hauptgebäude liegende Pool wird mit heißem Quellwasser gespeist.

Essen

Uitspan Café (☎ 022-921 3273; 39 Voortrekker St.; Hauptgerichte ab 30 R; Frühstück & Mittagessen) Ein extrem freundliches, helles Café direkt bei der Touristeninformation. Serviert werden leckere Sandwiches, Salate und Kuchen.

Patrick's Restaurant (☎ 022-921 3062; 77 Voortrekker St.; Hauptgerichte ab 50 R; Di–Fr 12–14.30, Mo–Do 7–11, Fr & Sa 19–24 Uhr) Pattick's ist das beste und praktisch auch das einzige Restaurant der Stadt, in dem man abends essen gehen kann. Es gibt gute Steaks und Pizza mit Bananenbelag – höchst seltsam in einer Stadt, die für ihre Orangenbäume berühmt ist.

An- & Weiterreise

Busse von **Intercape** (☎ 0861-287 287; www.intercape.co.za) halten bei der Tankstelle an der N7 außerhalb der Stadt. Sie fahren von hier aus weiter nach Kapstadt (135 R, 3 Std.) und Springbok (145 R, 5 Std.).

FELSZEICHNUNGEN DER SAN

Die Ureinwohner Südafrikas, die San, zogen Jahrtausende lang als Nomaden durch das Gebiet nördlich von Clanwilliam. Als Volk wurden sie ausgerottet und/oder assimiliert, doch hinterließen sie hier in der Region einige der schönsten Beispiele ihrer Felszeichnungen im ganzen Land. Archäologen zufolge sind manche der hier entdeckten Stätten die besterhaltenen weltweit. In jüngster Zeit wurden die jahrtausendealten Kunstwerke als Attraktion für Touristen immer bekannter.

Wie zu erwarten nutzen einige Reiseveranstalter die Neugier auf diese Kunst – mit teilweise sehr teuren Angeboten. Wer mehr über die Kunst der San erfahren will und die Fundorte besichtigen möchte, sollte sich mit dem renommierten Living Landscape Project (☎ 027-482 1911; chap@lando.co.za; 18 Park St, Clanwilliam; Führungen 40 R) in Verbindung setzen. Die Mitarbeiter bieten Besichtigungen an und betreuen auch noch ein Entwicklungsprogramm. Das Clanwilliam Information Centre (s. S. 256) kennt weitere Reiseveranstalter, die ebenfalls Besichtigungen anbieten.

Einer der besten Orte, um nördlich von Clanwilliam zu übernachten und dabei einige der San-Felszeichnungen zu besichtigen, ist Oudrif (S. 256).

WESTERN CAPE

Es gibt eine wunderbare, Panoramastraße (R303) über den Middelburg Pass in das Koue (Kalte) Bokkeveld und ein schönes Tal auf der anderen Seite. Übertroffen wird die Aussicht nur noch vom Gydo Pass und dem Blick über das Ceres Valley. Auch die Nebenstrecke, die in die Wilderness Area hineinführt, ist landschaftlich wunderschön.

CLANWILLIAM & UMGEBUNG

☎ 027 / 37 000 Ew.

Der angrenzende Stausee und einige abenteuerliche Pisten in die Cederberge machen Clanwilliam zu einer beliebten südafrikanischen Wochenenddestination. Einige gut erhaltene Beispiele kapholländischer Architektur und schöne, von Bäumen gesäumte Straßenzüge tragen zum Charme des Ortes bei. Der Stausee ist vor allem bei Wasserskifahrern beliebt.

Das **Information Centre** (☎ 027-482 2024; Mo–Sa 8.30–17, So 8.30–12.30 Uhr) liegt am Ende der Hauptstraße gegenüber des alten *tronk* (Gefängnis auf Afrikaans), der 1808 gebaut wurde. Heute ist darin das Stadtmuseum untergebracht.

Wer ohnehin hier ist und etwas Zeit hat, sollte (über eine Schotterstraße) nach **Wuppertal** (☎ 027-492 3410) fahren. Die Herrenhuter Missionsstation liegt 74 km südöstlich von Clanwilliam und wurde 1830 gegründet. Sowohl die Originalkirche als auch die Werkstätten, in denen noch immer handgearbeitete Lederschuhe (*velskoene*) hergestellt werden, sind sehenswert.

Schlafen & Essen

Clanwilliam Dam Municipal Caravan Park & Chalets (☎ 027-482 8012; Zeltplätze mit/ohne Strom 85/62 R, Chalets für 6 Pers. 535 R) Vom Campingplatz aus kann man die Wasserskifahrer auf dem Stausee beobachten. Die Stellplätze sind grasbewachsen, das Wasser ist aber leider eine Dreckbrühe mit leichtem Dieselgestank. Die netten Chalets müssen in der Ferienzeit und am Wochenende reserviert werden.

Strassberger's Hotel (☎ 027-482 1101; strassberger@lando.co.za; Main St.; EZ/DZ 260/460 R) Das gemütliche und beliebte Drei-Sterne-Hotel ist eigentlich ein umgebauter Pub mit ganz akzeptablen Zimmern. Zur Zeit der Wildblumenblüte (Aug.–Sept.) steigen die Preise. Ein Abendessen kostet um die 100 R.

Saint du Barrys (☎ 027-482 1537; 13 Augsburg Dr.; EZ/DZ mit Frühstück 300/500 R) Eine 120 Jahre alte Bengalische Feige überragt das nette, schilfgedeckte Gästehaus mit schönem Garten und sechs großzügigen Zimmern mit Bad.

Bushman's Kloof (☎ 027-482 2627; www.bushmanskloof.co.za; EZ/DZ 3000/3900 R) Das private Wildreservat liegt 46 km östlich von Clanwilliam am Pakhuis Pass. Das Gelände ist berühmt für seine archäologischen Ausgrabungsstätten mit eindrucksvollen Felszeichnungen und die vielfältige Tier- und Vogelwelt. Wer genug Geld hat, kann eine Fly-in-Safari ab Kapstadt buchen.

Reinhold's (☎ 027-482 1101; Main St.; Hauptgerichte ab 50 R; Di–Sa Abendessen) Das Restaurant wird vom gegenüber liegenden Strassberger's Hotel geführt und hat sich auf Fisch und Gegrilltes spezialisiert. Es ist das beliebteste Restaurant der Region – also bitte vorher reservieren!

Oliphanshuis (☎ 027-482 2301; Ecke Augsburg Dr. & Main St.; Hauptgerichte ab 40 R; Abendessen) Das Pub-Restaurant in einem wunderschönen Garten mit Cherubim-Brunnen ist ein hübscher Ort für einen kühlenden Drink an einem heißen Abend. Das große Haus hat einige ganz anständige Zimmer.

Oudrif (☎ 027-482 2397, www.oudrif.co.za; moondance@49er.co.za; pro Pers. mit Vollpension Mo–Fr/Wochenende 375/495 R) Ein kleines Paradies am Doring River in den Vorbergen der Cederberge. Die stilvollen Cottages im Strohballenbau stehen rund 60 km von Clanwilliam entfernt. Oudrif ist ein idealer Ort zum genüsslichen Abschalten. Zu den angebotenen Outdoor-Aktivitäten zählen auch Kanufahrten auf dem Fluss. Einige Felszeichnungen der San, die zu besichtigen sind (S. 255), liegen in der Nähe.

An- & Weiterreise

Alle Busse, die durch Citrusdal fahren, kommen auch durch Clanwilliam, für die Strecke zwischen den beiden Orten brauchen sie rund 45 Minuten. Minibus-Taxis auf dem Weg nach Springbok (110 R, 5 Std.) und Kapstadt (90 R, 3 Std.) halten ebenfalls in Clanwilliam, und zwar an der Post.

Eastern Cape

Reisende erreichen die relativ kleine Provinz Eastern Cape meist über die N2 von Kapstadt aus. Hinter der Provinzgrenze führt die Straße am landschaftlich reizvollen Nationalpark Tsitsikamma vorbei, durchquert eine weite Ebene und erreicht Cape St. Francis und Jeffrey's Bay. Durch Port Elizabeth hindurch geht es weiter nach East London. Landeinwärts schließen sich die sanften Hügel von Grahamstown und das „Siedlerland" an. Dahinter beginnt bereits die eindrucksvolle Halbwüste Karoo, die mit hübschen Städten wie Graaff-Reinet aufwartet. Östlich von East London erstreckt sich die subtropische Wild Coast, die landeinwärts von den Bergketten der North-Eastern Highlands flankiert wird.

Die Provinz Eastern Cape blickt auf eine bewegte Geschichte zurück, die von Siedlern, Vertreibungen, Tragödien und Konflikten handelt. Im 19. Jh. lieferten sich Trekboer und Xhosa am Great Kei River heftige Gefechte. Praktisch überall wurde Guerillakrieg gegen die Briten geführt. Viele Helden des Widerstands stammen aus dieser Gegend, wie Thabo Mbeki, Nelson Mandela, Steve Biko, Robert Mangaliso Sobukwe, Chris Hani und Oliver Tambo.

Die ehemaligen „Homelands" Transkei (Wild Coast) und Ciskei, die der neu geschaffenen Provinz Eastern Cape eingegliedert wurden, sind stark von der Kultur der Xhosa geprägt. Nominell galten sie einst als unabhängige Republiken und waren doch nichts anderes als Ghettos für „Unerwünschte". Ihrem schweren Erbe tragen diese Regionen mit Einrichtungen wie dem Nelson-Mandela-Museum in Mthatha Rechnung.

HIGHLIGHTS

- Zu Fuß oder zu Pferd die spektakuläre **Wild Coast** (S. 303) erkunden, mit ihren tosenden Wellen, Schiffswracks, imposanten Schluchten und versteckten Wasserfällen
- Sich in der **Jeffrey's Bay** (S. 264), dem berühmten Surfzentrum, in die Wellen stürzen
- Dem Himmel nahe sein in **Rhodes** (S. 318), Südafrikas einzigem Skisportort
- In **Hogsback** (S. 295) das Rundumpanorama bewundern oder auf Waldlichtungen meditieren
- Beschauliche Stunden an einem Wasserloch mit den Elefanten vom **Addo Elephant National Park** (S. 274) verbringen
- Die gepflegten Straßen des herrlichen **Graaff-Reinet** (S. 286) entlangschlendern und das Künstlerdorf **Nieu Bethesda** (S. 292) besuchen
- Im eindrucksvollen **Tsitsikamma National Park** (S. 260) scheue Kapotter suchen
- Das **Nelson Mandela Museum** (S. 315) in Mthatha besichtigen, eine Gedenkstätte für den Kampf um die Freiheit

EINWOHNER: 7,3 MIO.	FLÄCHE: 169 580 km²

Klima

Das Klima am Eastern Cape spiegelt die vielfältige Geografie der Region. An der Küste ist es mild, in den Bergen sind heftige Regenfälle (im Winter Schnee) an der Tagesordnung, niederschlagsarm hingegen sind die Randzonen der Karoo. Die Durchschnittstemperaturen liegen in East London und Port Elizabeth zwischen 26 ° C im Sommer und 18 ° C in den Wintermonaten Juni und August. Im Landesinneren, in der Karoo, sind die Temperaturunterschiede größer: Im Winter fällt das Thermometer hier auf 6° C, im Sommer werden 40° C erreicht.

Nationalparks & Naturschutzgebiete

Das Eastern Cape ist reich an Nationalparks und privaten Naturschutzgebieten, die in Art und Ausstattung allerdings sehr unterschiedlich sind. Flora und Fauna bieten ein breites Spektrum: von den Dickhäutern im Addo-Elefanten-Nationalpark (S. 274) und den seltenen Kap-Bergzebras im Mountain Zebra National Park (S. 285) nahe Cradock bis hin zu ungewöhnlichen Pflanzen und wasserliebenden Wildtieren im abgelegenen Naturschutzgebiet Dwesa (S. 308).

Sprache

Es empfiehlt sich, das Zungenschnalzen zu üben, denn die am meisten verbreitete Sprache am Eastern Cape ist Xhosa, die für ihre Schnalzlaute bekannt ist. Die Weißen hier sprechen Englisch oder Afrikaans.

An- & Weiterreise

Im Westteil des Eastern Cape ist das Herumreisen unproblematisch. Zahlreiche Busse befahren die Route zwischen Kapstadt, Port Elizabeth und East London (alle mit internationalem Flughafen). Auf ihrem Weg Richtung Durban, Johannesburg (Jo'burg) und Pretoria halten sie in allen größeren Städten.

In abgelegeneren Gegenden, vor allem an der Wild Coast und in den Eastern Highlands, müssen Benutzer öffentlicher Verkehrsmittel auf Minibus-Taxis umsteigen. Manche Orte in den Highlands und an der Wild Coast sind nur zu Fuß oder mit dem Pferd erreichbar.

Wer mit dem eigenen Auto unterwegs ist, hat es nicht unbedingt leichter. In vielen Teilen der Wild Coast gibt es keine verlässlichen Karten oder Schilder, dafür Kühe und Schweine entlang oder mitten auf der Straße, wo zudem noch Kinder spielen.

WESTERN REGION

Zur Western Region gehört die „Sunshine Coast", der Küstenabschnitt zwischen Nature's Valley und Port Alfred. Im Landesinnern liegt die Stadt Grahamstown, die ursprüngliche Heimat der "Siedler" (s. S. 279), die sehr britisch anmutet. Ebenfalls in der Region befindet sich der erst kürzlich erweiterte Addo Elephant National Park und das sehenswerte, international berühmte Shamwari Game Reserve.

NATURE'S VALLEY

☎ 044

Nature's Valley ist ein kleines Dorf, umgeben von einem Outeniqua-Yellowwood-Wald (*outeniqua* – „die, die Honig tragen" – soll sich vom Namen einer Gruppe Khoi Khoi ableiten, die einst in diesem Wald lebte). Der Ort liegt an einem herrlichen Strand im Westen des Tsitsikamma National Park. Hier endet der Otter Trail und beginnt der Tsitsikamma Trail (s. S. 260). Wem diese Wege zu lang sind, der hat jede Menge kürzere Wanderrouten zur Auswahl.

Das Zentrum des Dorfes bildet das **Nature's Valley Trading Store & Information Centre** (☎/Fax 044-531 6835; Beach Rd.) mit einem Pub-Restaurant und einem kleinen Laden. Die Mitarbeiter halten Infomaterial über die Umgebung bereit.

Einer der beliebtesten Orte zum Übernachten ist das **Nature's Valley Rest Camp** (☎ 042-281 1607, Buchungen 012-428 9111; www.sanparks.org; Stellplatz für 1–2 Pers. 100 R, Waldhütten DZ 260 R). Der Campingplatz des Tsitsikamma National Park liegt östlich der Stadt, 2 km vom Strand entfernt – ein reizvolles Fleckchen Erde am Ufer eines Flusses mit sehr sauberen Sanitäranlagen, Koch- und Waschgelegenheiten. Lebensmittel unbedingt sorgfältig verstauen: Die lästigen Primaten sind hier überall.

Eine gute Alternative ist **Hikers Haven** (☎ 044-531 6805; patbond@mweb.co.za; 411 St. Patrick's Ave.; B 70 R, DZ mit Frühstück 250 R). Diese große und sehr komfortable Unterkunft nahe dem Strand verfügt über einen Schlafsaal für Backpacker und Wanderer. Sie ist zu Recht

EASTERN CAPE

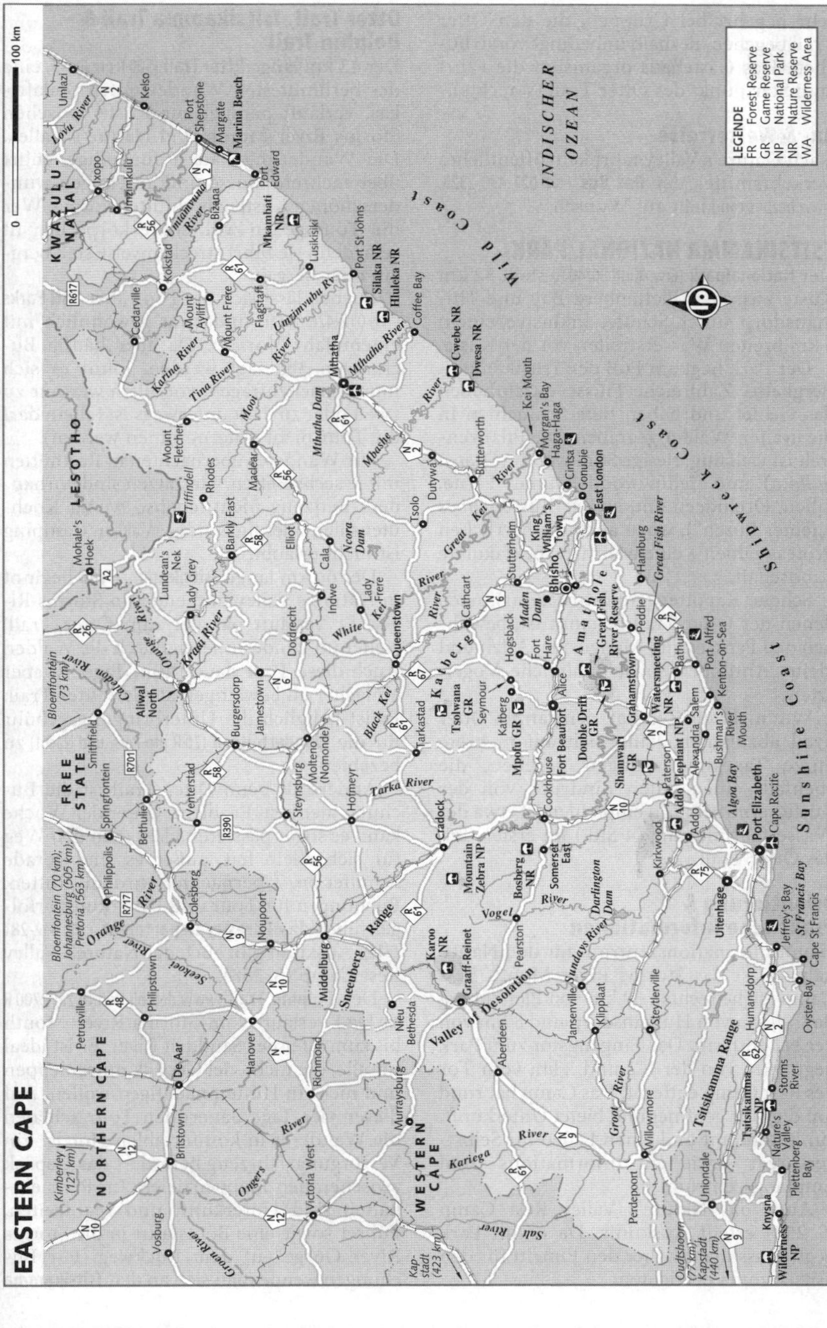
EASTERN CAPE
0
100 km
LEGENDE
FR Forest Reserve
GR Game Reserve
NP National Park
NR Nature Reserve
WA Wilderness Area
INDISCHER OZEAN
Wild Coast
Shipwreck Coast
Sunshine Coast
KWAZULU-NATAL
LESOTHO
FREE STATE
NORTHERN CAPE
WESTERN CAPE
Port Elizabeth
East London
Mthatha
Queenstown
Grahamstown
Graaff-Reinet
Cradock
Aliwal North
Uitenhage
Bhisho
King William's Town
Port Alfred
Jeffrey's Bay
Port St Johns
Coffee Bay
Addo Elephant NP
Mountain Zebra NP
Tsitsikamma NP
Valley of Desolation
Amathole
Katberg
Sneeuberg Range
Tsitsikamma Range
Algoa Bay
St Francis Bay

sehr begehrt bei Gruppen, die den Otter Trail begehen, deshalb unbedingt vorab buchen. Das Gästehaus organisiert die Fahrt zum Startpunkt des Otter Trail (s. rechts).

An- & Weiterreise

Nach Nature's Valley fährt kein öffentliches Verkehrsmittel, der **Baz Bus** (☎ 021-439 2323; www.bazbus.com) hält auf Wunsch.

TSITSIKAMMA NATIONAL PARK

Der **Nationalpark** (Erw./Kind 80/40 R) stellt 82 km Küste zwischen Plettenberg Bay und Humansdorp unter Schutz, inklusive einem 5 km breiten Wasserstreifen vor der Küste.

Der Park liegt am Fuß der Tsitsikamma-Bergkette. Zahlreiche Flüsse durchfließen das Gebiet und haben tiefe Schluchten in die uralten Wälder gegraben. Die Pflanzenwelt ist vielfältig: riesige Stinkwood- (*Ocotea bullata*) und Yellowwood-Bäume, Farne, Lilien, Orchideen und an der Küste *fynbos* („feiner Busch"), wozu auch die herrlichen Proteas zählen – eine wahrhaft spektakuläre Landschaft.

Scheue Kapotter (*Aonyx capensis*), nach denen der Otter Trail benannt ist, bewohnen den Park; es gibt Mangusten, Affen und kleine Antilopen sowie zahlreiche Vogelarten.

Wer nicht die Zeit hat, den ganzen Otter Trail abzulaufen, kann sich auf mehrere kurze Tageswanderungen begeben, die ebenfalls einen guten Eindruck von der Küste vermitteln. Zu empfehlen ist etwa der Wasserfallrundgang (4 Std.) im ersten Teil des Otter Trail.

Orientierung & Praktische Informationen

Hauptinformationszentrum für den Nationalpark ist das Storms River Mouth Rest Camp (siehe rechts), 68 km von Plettenberg Bay, 99 km von Humansdorp und 8 km von der N2 entfernt. Das Eingangstor zum Park liegt 6 km von der N2 und 2 km vom Tor des Rest Camp entfernt. Das Camp hat rund um die Uhr geöffnet und bietet Unterkunft, ein Restaurant und einen Laden für Selbstversorger sowie ein Informations- und Empfangszentrum.

Auch das Nature's Valley Rest Camp (S. 258) erteilt Auskunft. Da es im Park liegt, muss man vorher den Eintritt für den Tsitsikamma entrichten.

Otter Trail, Tsitsikamma Trail & Dolphin Trail

Der 42 km lange **Otter Trail** (500 R pro Pers.), eine der berühmtesten Wanderrouten Südafrikas, verläuft parallel zur Küste zwischen Storms River Mouth und Nature's Valley. Die Wanderung dauert fünf Tage, führt über mehrere Flüsse und an einigen wunderschönen Küstenabschnitten vorbei. Wer die Tour gehen will, sollte körperlich fit sein, denn sie führt streckenweise steil bergauf oder bergab.

Buchen lässt sich die Tour über **SAN Parks** (☎ 012-426 5111), und zwar gewöhnlich mit einem Jahr Vorlauf. Da aber häufig Buchungen abgesagt werden, lohnt es sich immer nachzufragen, vor allem wer nur zu zweit oder zu dritt unterwegs ist (allein darf die Tour nicht unternommen werden).

Die Wanderer übernachten in Rasthütten mit je sechs Betten. Matratzen sind vorhanden, Bettzeug nicht, ebenso wenig Kochutensilien oder fließendes Wasser. Camping ist nicht erlaubt.

Der 64 km lange **Tsitsikamma Trail** beginnt in Nature's Valley und endet in Storms River. Er verläuft parallel zum Otter Trail, weiter im Landesinneren durch die Wälder. Auch diese Tour dauert fünf Tage, ist aber einfacher zu bewältigen als der Otter Trail. Es ist lediglich die Unterbringungsgebühr für die **Wanderhütten** (70 R pro Pers. und Nacht) zu bezahlen.

Anders als beim Otter Trail ist die Buchung hier kein Problem. Unter der Woche kann es sogar passieren, dass man den Weg für sich allein hat, außer es sind gerade Schulferien. Übernachtet wird in Hütten. Buchungen für Tour und Unterkunft erfolgen über das **Forestry Department** (☎ 042-281 1712). Auskunft gibt auch das Nature's Valley Rest Camp (S. 258).

Der **Dolphin Trail** (www.dolphintrail.co.za; 2700 R pro Pers.) verläuft vom Storms River Mouth bis zum Ufer des Sanddrif River. Er ist ideal für alle, die nicht viel Gepäck mitschleppen und nicht in Hütten nächtigen wollen. Auf dieser vier Tage dauernden Tour schlafen die Wanderer in komfortablen Hotels. Ein Versorgungsfahrzeug befördert das Gepäck zwischen den Etappenzielen. Im Preis enthalten sind Unterkunft und Mahlzeiten, Führer sowie eine Bootsfahrt in die Storms River Gorge auf dem Rückweg. Für Buchungen wende man sich an den **Tsitsikamma**

National Park (☎ 042-281 1607) oder schaue auf die Website des Trails.

Eine der besten Übernachtungsmöglichkeiten in der Nähe des Otter Trail ist das Misty Mountain Reserve (s. rechts).

Bungeespringen von der Brücke am Bloukrans River

Mit 216 m ist dieser **Bungeesprung** (☎ 042-281 1458; www.faceadrenalin.com; 580 R pro Sprung), 21 km westlich von Storms River direkt unter der N2, der höchste der Welt. Gesprungen wird an sieben Tagen die Woche. Wer nicht sicher ist, ob er sich traut, kann für 50 R unter den Absprungpunkt am Fuß der Brücke spazieren. Oder für 150 R mit dem Flying Fox Foefieslide (einer Art Seilbahn) in Achterbahnmanier 200 m tief von der Brücke hinab in die Schlucht sausen. Buchungen sind nur für große Gruppen möglich. Für die Sprünge gilt: Wer zuerst kommt, springt zuerst. Der Andrang lässt sich telefonisch erfragen, oder man schaut einfach unangemeldet täglich zwischen 9 und 17 Uhr vorbei. Im **Tsitsikamma Khoesaan Village** sind Souvenirs aus der Gegend zu erstehen.

Schlafen & Essen

Bloukrans Backpackers Lodge (☎ 042-281 1450; www.tsitsikamma.org.za; B/DZ mit Gemeinschaftsbad 90/180 R) Zweckmäßige Backpackerunterkunft nahe dem Brückensprung und den Startpunkten mehrerer kürzerer Wanderrouten, mit einer richtig netten Bar. Übernachtsmöglichkeit auch in den angrenzenden Bloukrans Chalets (4/6 Pers. 480/680 R).

Storms River Mouth Rest Camp (☎ 012-428 9111; www.sanparks.org; Camping/Waldhütten/Familiencottages 140/230/730 R) Campingplatz mit Waldhütten, Chalets, Cottages und „Oceanettes"; alle Unterkünfte außer den Waldhütten sind mit Kochgelegenheit (samt Utensilien), Bettzeug und Bad ausgestattet. Bei der Buchung nach Winterangeboten fragen (Mai–August). Auf Anfrage der Autoren bei SAN Parks gab es zwar keine, Leser haben aber von Nachlässen auf Waldhütten (10 %) und Stellplätze (35 %) berichtet (Mai–November).

Tsitsikamma Falls Adventure Park (☎ 042-280 3770; www.tsitsikammaadventure.co.za; Witelsbos; EZ/DZ mit Frühstück ab 180/360 R) Gästehaus unter Familienleitung auf halbem Weg zwischen Nature's Valley und Jeffrey's Bay. Nahe gelegener Wasserfall, wo sich Besucher abseilen oder eine *foefie*-Fahrt (Seilrutsche) durch die Kaskaden machen können. Unterschiedliche Unterkunftsangebote für jeden Geldbeutel.

Misty Mountain Reserve (☎ 042-280 3699; www.misty-sa.co.za; Chalets pro Pers. 400 R, 4-Pers.-Cottage 1000 R). Super Adresse für alle, die den Dolphin Trail (S. 260) anpacken wollen. Die Holzcottages sind luxuriös ausgestattet und bieten herrliche Ausblicke und vollen Komfort. Wer keine Lust zum Selberkochen hat, kann ins Restaurant (Gerichte 50 R) gehen. Zum Nationalpark geht es über die N2: die Bluelilybush-Abzweigung 6 km östlich vom Storms River Village nehmen, dann weitere 6,5 km auf dieser Straße fahren.

Storms River Restaurant (☎ 042-281 1190; Gerichte 70 R; 🕒 Frühstück, Mittag- & Abendessen) Zu finden im Empfangsbereich des Tsitsikamma National Park. Bietet herrliche Blicke über die Küste und vernünftige Preise. Dazu gibt es einen kleinen Laden und eine Terrasse mit einem Steg über die Felsen bis zur Flussmündung.

Infos beim Nature's Valley Rest Camp, s. S. 258.

An- & Weiterreise

Öffentliche Verkehrsmittel nach Nature's Valley oder zum Storms River Mouth Rest Camp sind Fehlanzeige. Greyhound-, Intercape- und Transluxbusse befahren die N2 (s. S. 167 für Kontaktdaten in Kapstadt und S. 274 für Port Elizabeth); von dort aus sind es 8 km (zu Fuß) nach Storms River Mouth. Der **Baz Bus** (☎ 021-439 2323) hält auf Anfrage in Nature's Valley.

STORMS RIVER

☎ 042

Achtung Verwechslungsgefahr: Storms River und Storms River Mouth im Tsitsikamma National Park haben nichts miteinander zu tun. Auf der N2 weisen Schilder das Dorf Storms River aus, das außerhalb des Nationalparks liegt. Die Abzweigung befindet sich 4 km östlich von der Abzweigung zum Park, der als Storms River Mouth (oder Stormsriviermond in Afrikaans) ausgeschildert ist.

Storms River ist ein kleines Dorf mit baumbestandenen Straßen, ein paar Unterkünften und einem Outdoor Centre. Infos gibt's beim **Tsitsikamma Tourism Information Office** (☎ 042-280 3561; www.tsitsikamma.net) an der PetroPort-Tankstelle, 4 km östlich der N2.

Östlich vom Dorf an der N2 erhebt sich der **Big Tree**, ein 36 m hoher Yellowwood-Baum. Hier beginnt der 4,2 km lange **Ratel Trail** (4 R Gebühr) durch einen der letzten Urwälder Südafrikas mit zahlreichen schönen Exemplaren von Candlewood (*Pterocelastrus*), Stinkwood (*Ocotea bullata*) und immergrünen Assegaibäumen (*Curtisia dentata*) mit unterseits rötlich behaarten Blättern.

Aktivitäten

Die meisten Aktivitäten werden von **Storms River Adventures** (☎ 042-281 1836; www.stormsriver.com; Darnell St., Storms River) organisiert: z. B. „Baumkronengleiten" (395 R), „Holzfällerfahrten" mit dem Traktor (90 R) und Nachtausflüge in den Busch (Ausrüstung wird komplett gestellt) im Konga Bush Eco-Camp (350 R).

Schlafen & Essen

BUDGETUNTERKÜNFTE

Tube 'n Axe (☎ 042-281 1757; tube-n-axe@telkomsa.net; Ecke Darnell St. & Saffron St.; Stellplatz 50 R, B/DZ mit Gemeinschaftsbad 70/200 R; 💻) Wer Ruhe und Erholung nach dem Bungeesprung sucht, sollte das luxuriöse Zelt für zwei Personen (160 R) abseits vom Haupthaus wählen. Die Schlafräume dort sind so nahe an der Bar, dass man nicht umhin kann, den Adrenalinjunkys zu lauschen, die am Pooltisch bei einem Bierchen der hauseigenen Marke ihren Sprung nacherleben. Das Hostel vermietet Mountainbikes (80 R pro Tag) und organisiert *Foefie*-Slide-Partien (250 R) in den nahen Witelsbos Falls.

Storms River Rainbow Lodge (☎ 042-281 1530; rainbowl@lantic.net; 72 Darnell St.; B/DZ mit Gemeinschaftsbad 70/200 R; 💻) Komfortable, ruhige und schlichte Backpackerunterkunft mit herrlichem Garten. Ein Cottage mit Kochgelegenheit (250 R) für vier bis fünf Personen und ein paar Zimmer mit Bad. Solides Frühstück für 25 R.

MITTELKLASSEHOTELS

Ploughman's Rest (☎ 042-281 1726; www.ploughmansrest.co.za; 31 Formosa St.; EZ/DZ mit Frühstück 210/390 R) Nettes B&B östlich der Straße kurz vor Storms River mit Blockhüttenatmosphäre. Zwei tolle neue Selbstversorgerquartiere für Familien (200 R pro Pers.) mit genug Platz für alle Generationen. Nach speziellen Winterangeboten fragen.

Tsitsikamma Village Inn (☎ 042-281 1711; www.village-inn.co.za; B ab 295 R; ✕ 🏊 ♿) Sehr schönes Drei-Sterne-Hotel. Die individuell eingerichteten Zimmer (mit Himmelbetten) gruppieren sich um eine Rasenfläche. Restaurant und Bar sind beliebte Ziele von Gruppenreisen.

Armagh Country Guest House (☎ 042-281 1557; www.thearmagh.com; B 350 R; 🏊) Schlichtes Gästehaus mit entspannter Atmosphäre. Im Rafters-Restaurant (Gerichte 100 R) bekommt man herzhafte Fünf-Gänge-Menüs, frisch zubereitete einheimische Kost.

SPITZENKLASSEHOTELS

Tsitsikamma Lodge (☎ 042-250 3802; www.tsitsikamma.com; DZ NS-/HS 385/425 R, Suite NS/HS 405/445 R; 🏊) 8 km östlich von Storms River liegt diese Unterkunft, bestehend aus mehreren Blockhütten, die sich in einem kleinen Garten drängen. Die Deluxe-Zimmer verfügen über offene Kamine, Spa und CD-Spieler. Für ein echtes Wildnisgefühl liegt das Ganze aber viel zu nahe an der Straße. Die Nebensaison ist April bis Oktober, Hauptsaison von November bis März.

An- & Weiterreise

Der **Baz Bus** (☎ 021-439 2323) hält als einziges öffentliches Verkehrsmittel in Storms River. Busse und Minibus-Taxis, die auf der N2 verkehren, lassen Besucher an der Bloukrans River Bridge oder vor der Tsitsikamma Lodge aussteigen, jeweils gleich an der Straße gelegen. Von hier aus sind es dann noch 2 km zu Fuß.

CAPE ST. FRANCIS

☎ 042

Cape St. Francis, 22 km südlich von Humansdorp, ist eine kleine, bescheidene Stadt, die vor allem durch den Seal Point und die Bruce's Beauties, die sagenhaften Surfwellen, berühmt ist. Wenn kein Seegang herrscht oder man mehr Lust auf Aktivitäten an Land hat, kann man zum **Leuchtturm** (Eintritt 10 R) hinaufgehen. Der größte Steinturm der südafrikanischen Küste wurde 1888 errichtet. Nicht minder erbaulich ist ein Drink am Spätnachmittag auf den „Sunset Rocks". Zwischen Juli und November tummeln sich hier vor der Küste die Wale.

St. Francis Bay (☎ 042-294 0076) wächst und boomt unaufhörlich. Der 10 km nördlich

EASTERN CAPE

SURFEN AM EASTERN CAPE *Chester Mackley & David Malherbe*

Die Küste der Provinz Eastern Cape ist eine der schönsten und beständigsten Surfregionen der Welt. Ganz gleich, wo zwischen Jeffrey's Bay und Port Edward, überall gibt es hervorragende, nicht überfüllte Strände und die nettesten Einheimischen des ganzen Landes.

Jeffrey's Bay ist weltberühmt; jeder, der sich auch nur am Rande mit Wellen beschäftigt, hat schon mal von den Supertubes gehört. Im Juli findet hier die Billabong Pro Competition, im August die Pro Junior Competition statt – mit Party, Livebands und natürlich gewaltigem Hangover am Tag danach. Auf Tiefdruckgebiete achten – fällt das Barometer unter 970 mbar, fühlen sich die Surfer wie im Himmel.

Port Elizabeth weiter im Norden ist am schönsten bei Ostwind (selten), bei Süd- oder Südwestwind. Stimmen die Bedingungen, gibt es Wellen der Sonderklasse, vor allem am Fence, einer keilförmigen Hohlstelle an der Südseite des Hafendamms.

Weiter in **Port Alfred** warten am östlichen Pier des vor sich hindämmernden Fischernests geniale Righthander auf die Bretter.

East London, wo das legendäre Nahoon Reef liegt, birgt Weltklasse-Righthander, die als die beständigsten Wellen des Landes gelten. Die dicke, zähe Welle steigt aus tiefem Wasser auf und birst auf dem Felsenriff. Wer in diesem Kessel hängen bleibt, muss hinterher seine Knochen zählen. Nahoon Beach und The Corner sind so etwas wie ein Kindergarten für Surfer und ideal für Anfänger. Am besten spendiert man den Jungs im Buccaneers Pub ein Bier, dafür gibt es bestimmt eine „Wellen-Führung" durch die Graveyards, Yellow Sands und Igoda.

Weiter nördlich kommt **Wacky Point**, eine bei starkem Wind sensationelle rechtsbrechende Barrel (hohle Welle). Und schließlich ist da die **Wild Coast**, eine der spektakulärsten (und gefährlichsten) Küsten überhaupt, mit Pointbreaks, die sich mit den Supertubes messen können; manche davon sind mit Namen bekannt, andere warten noch auf ihre Surfertaufe.

von Cape St. Francis gelegene Ferienort ist von einem Netz aus Kanälen durchzogen. In der Nebensaison, wenn viele Ferienunterkünfte verwaist sind, mutet die Stadt in ihrer Leere fast surreal an. In der Hauptsaison aber tobt der Bär. Dann strömen sonnenhungrige Yuppies in Scharen hierher, um in Speedboats durch die Kanäle zu flitzen oder im Meer zu plantschen.

Es gibt Grund anzunehmen, dass St. Francis Bay und seine rasante Ausdehnung der Einrichtung für Touristen und Wochenendurlauber die Sandverwehungen an den Stränden der Gegend verstärkt und somit zur „Verwüstung" beiträgt.

Schlafen & Essen

Cape St. Francis Resort (☎ 042-298 0054; www.capestfrancis.co.za; Da Gama Way; Stellplatz/B 65/215 R, Weihnachtssaison 250/400 R;) Die Chalets und sonstigen Unterkünfte in diesem gut geführten Resort sind groß, sauber und schön, viele davon mit Fernseher und Kochgelegenheit im Freien. Außerdem auf dem Gelände vorhanden: Restaurant, Laden und eine Bar.

Seal Point Lodge & Backpackers (☎ 042-298 0284; www.seals.co.za; Da Gama Way; B/DZ 75/220 R;) Die schön gelegene Lodge ist nur 200 m vom legendären Seal Point entfernt. Die Schlafsäle sind sauber und die geräumigen Doppelzimmer im Selbstversorgerbereich ihr Geld wert.

Unten liegt das belebte Full Stop Pub (Gerichte 15–25 R). Boards und Taucheranzüge können hier geliehen werden und Wanderungen, Fischen sowie Kitesurfen werden organisiert.

Lyngenfjord House (☎ 042-298 0444; www.lyngenfjord.co.za; 7 Lyngenfjord Rd.; EZ/DZ mit Frühstück 470/720 R;) Nobles und nettes B&B, edel eingerichtet, mit herrlichen Panoramablicken. Abends kann man hier auch essen, auf der Karte stehen einheimische Spezialitäten wie Buschbock und Kalamari. Einige Zimmer verfügen über Balkon; am schönsten sind die Zimmer mit Meerblick. In der Hauptsaison steigen die Preise leicht an (Dezember bis April).

An- & Weiterreise

Öffentliche Verkehrsmittel fahren Cape St. Francis nicht an. Das Seal Point Lodge & Backpackers (s. links) holt seine Gäste an der Haltestelle des **Baz Bus** (☎ 021-439 2323) in Humansdorp ab.

JEFFREY'S BAY

☎ 042 / 25 000 Ew.

Weit entfernt von seinen Ursprüngen als verschlafenes Küstennest und beliebtes Ziel junger Familien hat sich „J-Bay": Heute ist es einer der weltbesten Surfplätze und sicherlich Südafrikas führendes Zentrum für Surfer und Surfkultur. Surfer aus aller Welt kommen hier zusammen, um Wellen wie die berühmten Supertubes zu reiten, einmal beschrieben als die „perfekteste Welle der Welt". Juni bis September ist die beste Zeit für erfahrene Boardies, Anfänger kommen das ganze Jahr über auf ihre Kosten.

Die Entwicklung hier ist atemberaubend: Das Shoppen in den Myriaden von Klamottenläden könnte dem Surfen als Freizeitspaß für Bequeme glatt den Rang ablaufen. Noch aber hält die Wellenreitereuphorie an. Die meisten Surfer kommen im Juli zur Billabong Pro Championship.

Praktische Informationen

Die meisten Geldautomaten befinden sich in der Da Gama Road, der Hauptdurchgangsstraße.

Atlantic Internet Café (☎ 042-293 2399; Da Gama Rd.; 0,40 R pro Min.; 🕒 Mo–Fr 8–19, Sa 8–17, So 10–15 Uhr) Brennt auch digitale Fotos auf CD; Tee und Kaffee kostenlos.

Jeffrey's Bay Tourism (☎ 042-293 2923; jbaytourism@telkomsa.net; Da Gama Rd.; 🕒 Mo–Fr 9–17, Sa 9–12 Uhr) Freundlich und hilfsbereit, bucht auch Unterkünfte.

Sehenswertes & Aktivitäten

Das **Shell Museum** (☎ 042-293 1111, Durchwahl 286; Drommedaris St.; Spende statt Eintrittspreis; 🕒 Mo–Sa 9–16, So 9–13 Uhr) nahe dem Informationsbüro stellt über 350 Tiefsee- und sonstige seltene Muscheln aus. Sie sind wunderschön, sehen aber irgendwie traurig aus in ihren Glaskästen so weit weg vom Meer.

Für Nichtsurfer gibt es zahlreiche alternative Beschäftigungsmöglichkeiten: **Windsurfing** und **Vögelbeobachten** am Kabeljous Beach (großartig), **Delphin- und Walbeobachtung** an zahlreichen Stränden der Gegend oder **Sandboarding** in den nahen Dünen. Letzteres ist mit Snowboarden vergleichbar – statt Schnee befindet sich eben Sand unter dem Brett. Bei **Aloe Afrika Sandboarding** (☎ 082-576 4259; aloe@agnet.co.za; Marina Martinique; 2 Std. 200 R) können Interessierte unter Anleitung ihr Glück auf den Hängen probieren. Dabei wird darauf geachtet, dass die Umwelt möglichst wenig Schaden nimmt.

Geführte Touren

Info Jeffrey's Bay (☎ 042-296 2563; www.infojeffreysbay.com; Spar Centre, Da Gama Rd.) ist ein privates Touristeninformationsbüro. Organisiert werden Ausflüge in die Region, auch zu Pferd oder mit dem Mountainbike, Sandboarding und Besuche von Townships mit ortsansässigen Führern.

Schlafen

Wie viele Orte in dieser Ecke des Eastern Cape ist J-Bay zwischen Mitte Dezember und Mitte Januar übervoll mit Touristen. Für diese Zeit muss man lange vorher buchen. Zur Auswahl steht ein breites Angebot an B&Bs und Backpackerunterkünften, aber praktisch keine Luxushotels.

BUDGETUNTERKÜNFTE

Peggy's Place (☎ 042-293 2160; pegjbay@yahoo.com; 8a Oribi St.; Stellplatz/B/DZ 35/50/200 R) Wunderbar ländliche, freundliche Unterkunft in einem komfortabel ausgestatteten alten Haus am Rande der Stadt, nahe dem Surfgebiet und zu Recht beliebt bei den Lesern. Die Selbstversorgerwohnung ist für 200/350 R (Neben-/Hauptsaison) zu haben.

Island Vibe (☎ 042-293 1625; ivibe@lantic.net; 10 Dageraad St.; Stellplatz/B/DZ 40/70/180 R) Angesagteste Backpackerunterkunft der Stadt, 500 m südlich vom Stadtzentrum gelegen; der beständige Zustrom von Surfern spricht für ihre gute Lage. Im Angebot: Surfunterricht (180 R), Trommeln, Reiten und Kitesurfen, außerdem natürlich jede Menge Partys und Stimmung. Wer es ruhiger mag, zieht in das neue wunderschön gestaltete Strandhaus mit Doppelzimmern (250 R) und Gemeinschaftsküche. Frühstück und Abendessen gibt's im Openair-Restaurant.

Cristal Cove (☎ 042-293 2101; www.cristalcove.co.za; 49 Flame Cres.; B 60 R, DZ ab 150 R; 💻) Zur Wahl stehen ordentliche Zimmer in Selbstversorgerapartments oder neue Zimmer mit Bad und Meerblick. Lässige Atmosphäre und individueller Touch. Nur einen Steinwurf von den Supertubes entfernt. Gäste werden auf Anfrage kostenlos vom Bus in Humansdorp abgeholt.

Jeffrey's Bay Backpackers (☎ 042-293 1379; backpac@netactive.co.za; 12 Jeffrey St.; B/DZ 60/150 R; 🅿) Farbenfrohes Haus, angenehm nah am Stadt-

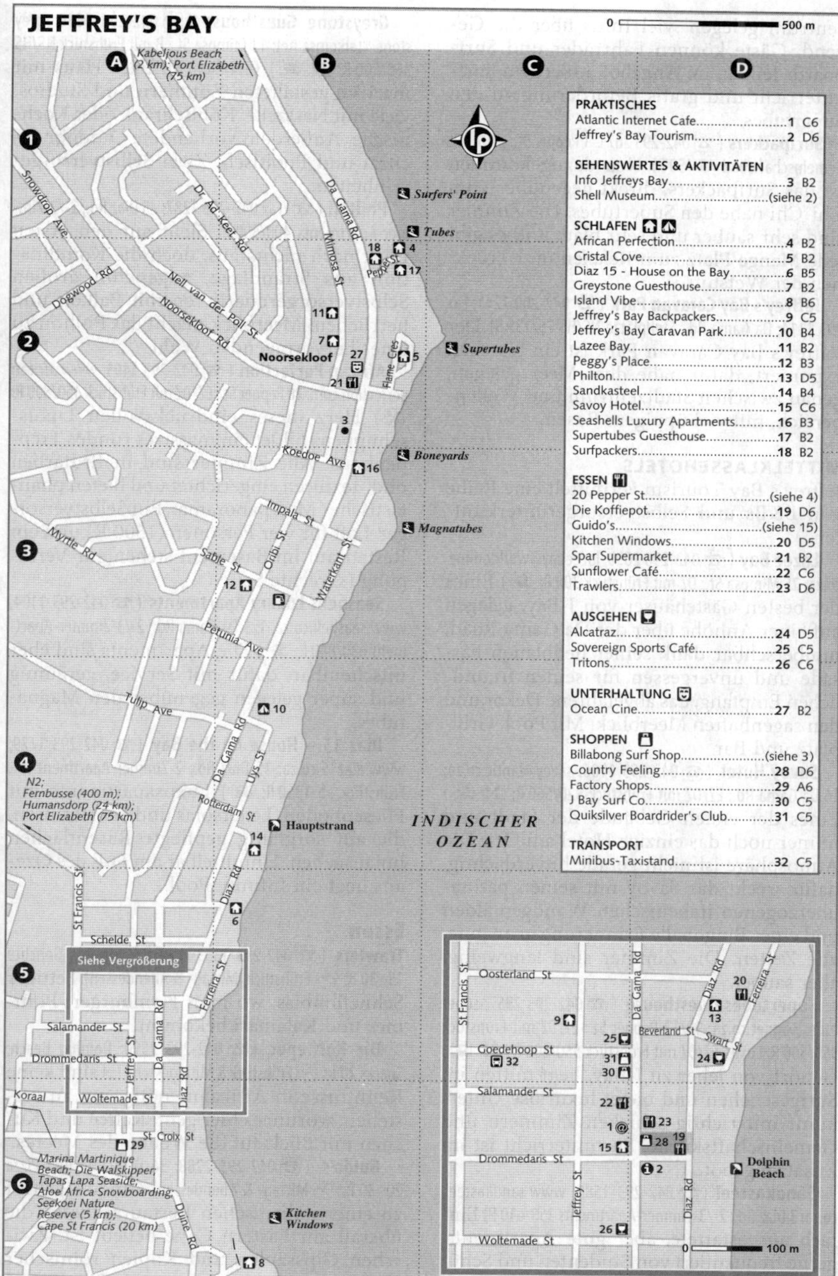

EASTERN CAPE

zentrum gelegen; viel Infos über die Gegend. Gäste können Fahrräder und Surfboards leihen, im Angebot außerdem Surfunterricht und gratis Beförderung zu den Supertubes.

Surfpackers (☎ 042-293 2671; 1 Pepper St.; B/DZ mit Gemeinschaftsbad 70/150 R) Neu dazugekommen ist das Surfpackers, direkt gegenüber vom Chi-Chi nahe den Supertubes. Die Zimmer sind sehr sauber und sehr blau, und es gibt jede Menge Platz zum Relaxen und Trocknen der Wetsuits.

Jeffrey's Bay Caravan Park (☎ 042-200 2241; Fax 293 1114; Da Gama Rd.; Stellplätze NS/HS 75/135 R) Der Jeffrey's Bay Caravan Park ist ein bisschen exponiert, dafür nahe dem Meer gelegen, genau zwischen Stadtzentrum und Wellenbereich, mit viel üppigem Rasen.

MITTELKLASSEHOTELS

Jeffrey's Bay Tourism vermittelt eine Reihe von B&Bs und Selbstversorgerunterkünften.

Lazee Bay (☎ 042-296 2090; lazeebay@worldonline.co.za; 25 Mimosa St.; DZ mit Frühstück 300 R;) Eines der besten Gästehäuser von J-Bay, gelegen auf einer Anhöhe über der Da Gama Road, unübersehbar dank seiner hellblauen Fassade und unvergessen für seinen freundlichen Empfang, das abgefahrene Dekor und den sagenhaften Meerblick. Mit Pool, Grillplatz und Bar.

Savoy Hotel (☎ 042-293 1106; savoy@lantic.co.za; 16 Da Gama Rd.; EZ/DZ mit Frühstück 320/560 R;) Eines der ersten Gebäude der Stadt und immer noch das einzige Hotel am Ort. Die Atmosphäre ist nicht gerade hitverdächtig, dafür weckt das Savoy mit seinen patinaüberzogenen italienischen Wandgemälden und einer Bingohalle Erinnerungen an gute, alte Zeiten. Die Zimmer sind langweilig, aber sauber.

Supertubes Guesthouse (☎ 042-293 2957; supertubes@agnet.co.za; 10/12 Pepper St.; EZ/DZ mit Frühstück 350/500 R, Luxus-EZ/DZ mit Frühstück 550/800 R;) Gehört von jeher zu J-Bay, liegt mitten im Surfgeschehen und bietet luxuriöse Unterkunft mit richtig schicken Zimmern und Gemeinschaftsküche. Surfunterricht ist im Zusatzangebot.

Sandkasteel (☎ 042-293 1585; www.sandkasteel.co.za; 3 Diaz Rd.; 2-/3-Zimmer-Apartments 350/610 R) Einfach ausgestattete, aber gute Apartments, gerne frequentiert von Studenten und Schülern der Surfschulen.

Greystone Guesthouse (☎ 042-296 0616; greystone@telkomsa.net; 11 Mimosa St.; B mit Frühstück NS/HS 360/500 R;) Großes, luftiges Haus mit maritim gestalteten Zimmern und Studios, viele mit Nasszelle, Kühlschrank oder Kochnische. Außerdem vorhanden: Outdoor-Jacuzzi und Pooltisch. Zwei Selbstversorgereinheiten.

Philton (☎/Fax 042-293 1287; 25 Diaz Rd.; 2-/3-Zimmer-Apartments 400/500 R) Sieht auf den ersten Blick nach nichts aus, doch die Kombination aus Strandlage, angenehm großen Selbstversorgerquartieren mit Balkon und herrlichem Meerblick macht das Philton zu einer hervorragenden Wahl.

African Perfection (☎ 042-293 1401; www.africanperfection.com; 20 Pepper St.; EZ/DZ mit Frühstück 450/800 R;) Herz dieses eindrucksvollen Luxusschuppens bildet ein massives rundes Treppenhaus. Alle Zimmer sind in Erdfarben und -texturen eingerichtet und bieten phantastisches Meerpanorama. Ein Selbstversorger-Loft für vier Personen (1500 R) und ein Restaurant im Basement stehen zur Verfügung (s. rechte Seite).

Seashells Luxury Apartments (☎ 042-293 1104; www.seashell.co.za; 125 Da Gama Rd.; 2-/3-Zimmer-Apartment 630/840 R;) Die Apartments sind eher unscheinbar, dafür mit Service, geräumig und super gelegen gegenüber den Magnatubes.

Diaz 15 – House on the Bay (☎ 042-293 1779; www.diaz15.co.za; 15 Diaz Rd.; 2-Zimmer-Apartment mit Frühstück ab 1350 R;) Luxusapartments mit Fliesenboden, Ledersofas und Fenstertüren, die auf sorgfältig gepflegte Rasenflächen hinausgehen. Unmittelbar am Fuß des Ozeans liegt ein Infinity Pool.

Essen

Trawlers (☎ 042-293 1353; 19 Da Gama Rd.; Gerichte 15–30 R; Frühstück, Mittag- & Abendessen) Fettiger Schnellimbiss, wo man Hamburger, Pommes und Kalamari bekommt.

Die Koffiepot (☎ 042-293 2590; Dolphin Beach; Snacks 20 R; Frühstück & Mittagessen) Es sind keine Kenntnisse in Afrikaans nötig, um zu verstehen, worum es hier geht: Kaffee und Kuchen mit Blick auf die Weiten des Meeres.

Guido's (☎ 042-293 2288; 36 Da Gama Rd.; Pizza 20–30 R; Mittag- & Abendessen) Guido's gehört zu einer italienischen Restaurantkette, die überall am Eastern Cape beliebt ist. Zwischen Gipssäulen und Kopien römischer Statuen kommen ganz passable Pizzen und eine Auswahl an Pastagerichten auf den Tisch.

Kitchen Windows (☎ 042-293 4230; Diaz Rd.; Gerichte 36–50 R; ⏲ Di–So Mittag- & Abendessen) Eines des besten Restaurants der Stadt, ohne Reservierung geht hier nichts. Herrlicher Meerblick bildet die perfekte Kulisse für köstlich zubereiteten frischen Fisch und eine schöne Salatauswahl zur Mittagszeit. Eingang in der Diaz Road.

Sunflower Café (☎ 042-293 1682; 20 Da Gama Rd.; Gerichte 40 R; ⏲ Di–Sa Frühstück, Mittag- & Abendessen, So & Mo Frühstück & Mittagessen) Dieses helle, fröhliche und nette Café hat ein paar gesunde und vegetarische Gerichte auf der Karte.

20 Pepper St. (☎ 042-293 1728; 20 Pepper St.; Gerichte 50–80 R; ⏲ Frühstück, Mittag- & Abendessen) Schickes Esslokal unterhalb vom African Perfection Guesthouse, mit Fliesen und Bambus ausgestaltet. Unbedingt probieren: Sushi, Sashimi und Kalamari auf Thai-Art. Ausgezeichnete Weinkarte.

Tapas Lapa Seaside (☎ 042-292 0119; Marina Martinique; Gerichte 50–85 R; ⏲ Abendessen) Das Tapas Lapa liegt direkt gegenüber dem Parkplatz am Strand – der Sand auf dem Boden lässt sich also nicht vermeiden! Auf der Karte stehen anständige Fisch- und Meeresfrüchtegerichte, nebenan gibt's eine Bar.

Die Walskipper (☎ 082-800 9478; Marina Martinique; Fischgerichte 120 R; ⏲ Di–Sa Mittag- & Abendessen, So Mittagessen) Dieses Outdoor-Restaurant trennen nur ein paar Meter von der Brandung des Marina-Martinique-Strands. Spezialität: Fisch und Meeresfrüchte, außerdem Krokodil und Straußensteaks. Am Wochenende kommen an den langen Klapptischen Scharen von Einheimischen zusammen, um riesige Portionen von Austern, Kalamari, Krebsen und Scampi zu verdrücken.

Für Selbstversorger bietet der **Spar-Supermarkt** (Da Gama Rd.) eine ganz anständiges Angebot an Lebensmitteln.

Ausgehen

Tritons (☎ 042-293 3893; 12 Da Gama Rd.) Beliebter traditioneller Pub mit Fernseher für Sportübertragungen. Auf der Karte stehen üppiges Frühstück und traditionelle südafrikanische *potjiekos* (Fleisch und Gemüse, im Eisentopf über offenem Feuer geschmort). Als die Autoren das letzte Mal vor Ort waren, stand der Umzug kurz bevor – also bei Interesse bitte vorher anrufen und neue Adresse erfragen.

Sovereign Sports Café (☎ 042-293 2311; Da Gama Rd.) Beliebte Kneipe mit Höhlencharakter und Großbildfernseher. Hot Dogs und Burger zum Aufsaugen der Unmengen Bier.

Alcatraz (☎ 042-293 1801; Time Out Bldg., Ferreira St.) Gleiche Kategorie wie die anderen beiden – nur mit Spielautomaten zum Daddeln und Pooltischen, außerdem gibt's überhaupt nichts zu essen.

Ocean Cine (☎ 042-296 2702; Wavecrest Centre, Da Gama Rd.; Eintritt 20 R) Unweit vom Spar-Supermarkt; zeigt aktuelle Filme.

Shoppen

Die Bekleidungsindustrie in J-Bay hat sich zu einem echten Wirtschaftsfaktor entwickelt. Vieles wird in der Stadt selbst entworfen und gefertigt.

Billabong Surf Shop (☎ 042-296 1797; Da Gama Rd.) Verleiht Boards für 15 R die Stunde, Wetsuits für 10 R die Stunde. Große Auswahl an neuen und gebrauchten Boards.

Quiksilver Boardrider's Club (☎ 042-293 2203; Da Gama Rd.) Gute Auswahl an Boards und coolen Klamotten, im Obergeschoss ein Café und ein nettes, kleines Surfmuseum.

Bekleidungshäuser im Stadtzentrum sind **Country Feeling** (☎ 042-200 2611; Da Gama Rd.) und **J-Bay Surf Co** (☎ 042-200 2617; Ecke Da Gama Rd. & Goedehoop St.), wo auch Surfboards für 2800 bis 3000 R erhältlich sind.

Einen Besuch lohnen die zahlreichen Factory-Outlets am unteren Ende der Jeffrey Street, ebenso wie die unabhängigen Läden im Umkreis der High Street.

An- & Weiterreise

Der **Baz Bus** (☎ 021-439 2323) hält täglich in beiden Richtungen vor den Hostels. Die Fahrt von Jeffrey's Bay nach Kapstadt kostet 380 R und dauert zwölf Stunden; Port Elizabeth/Jeffrey's Bay kostet 70 R und dauert zwei Stunden. Der **Sunshine Express** (☎ 293 2221) verbindet Port Elizabeth und Jeffrey's Bay (100 R, 1 Std.).

Minibus-Taxis starten am **Friendly Grocer** (Goedehoop St.); nach Humansdorp (30 Min.) kostet die Fahrt 12 R, nach Port Elizabeth (1 Std.) 35 R.

Überlandbusse (nur Greyhound), die zwischen den großen Städten Kapstadt, Port Elizabeth und Durban verkehren, halten und starten an der Bushaltestelle vor dem Pick 'n Pay Centre in der St. Francis Street (Karte S. 265).

PORT ELIZABETH

☎ 041 / 1,5 Mio. Ew.

Port Elizabeth an der Algoabai des Indischen Ozeans ist die größte Stadt am Eastern Cape und der wichtigste Verkehrsknotenpunkt der Region.

Zurzeit scheint sie in einer Art Identitätskrise zu stecken. Für die Südafrikaner ist sie „PE", für die Einheimischen die „freundliche Stadt", für Marketingleute Teil der „Sunshine Coast" und für die örtliche Regierung das Herz der „Nelson Mandela Bay" – ein Areal, welches das Stadtzentrum, das nahe gelegene Industriegebiet Uitenhage und die riesigen ausufernden Townships umfasst.

Die Bebauung ist ein Gewirr von Stilrichtungen, das einen gewissen maroden Charme ausstrahlt. Es illustriert die explosionsartige Wachstumsperiode der Stadt (1880er-Jahre) ebenso wie die Stagnation der Boykottphase (1970er-Jahre).

Für viele ist Port Elizabeth nur ein reizloses, aber nützliches Etappenziel, wo es sich verschnaufen lässt und die Vorräte aufgefüllt werden können. Dabei verfügt die Stadt über einige der besten Badestrände am Eastern Cape.

Wen es für ein paar Tage hierher verschlägt, der sollte sich das interessante South End und die Museen der Stadt ansehen oder die lebendige *shebeen*-(Kneipen-)Szene der umgebenden Townships erkunden.

EASTERN CAPE

Orientierung

Der Bahnhof liegt im Nordwesten der Stadt, der von einer schauderhaften Stadtautobahn eingekesselt ist. Der Strand verläuft zwischen Humewood und Summerstrand, ein paar Kilometer südöstlich vom Zentrum. Läden und Geschäfte konzentrieren sich auf die großen Einkaufszentren: das Boardwalk in Summerstrand und das Greenacres westlich der Stadt an der Route 102.

Praktische Informationen

GELD

Filialen aller größeren Banken befinden sich in der Govan Mbeki Avenue im Stadtzentrum.

Amex (☎ 041-583 2025; the Boardwalk, Marine Dr., Summerstrand; ⌚ Mo–Fr 8–22, Sa & So 10–14 Uhr)

Rennies Foreign Exchange (☎ 041-368 5890; Walmer Park Shopping Centre; ⌚ Mo–Fr 9–17, Sa 9–12 Uhr) Rund 3 km vom Zentrum entfernt.

INTERNETZUGANG

Boardwalk Internet Café (☎ 041-583 4725; the Boardwalk, Marine Dr., Summerstrand; 40 R pro Std.; ⌚ Mo–Sa 9.30–20.30, So 10–18 Uhr)

TOURISTENINFORMATION

Nelson Mandela Bay Tourism (☎ 041-585 8884, 041-583 2030; www.nmbt.co.za; Donkin Reserve; ⌚ Mo–Fr 8–16.30, Sa & So 9.30–15.30 Uhr) Super Info- und Kartenmaterial, auch über den Donkin Heritage Trail (18 R), ein zweistündiger Rundgang zu den historischen Gebäuden der Stadt (ohne Führer). Zu finden ist die Infostelle im Leuchtturm des Donkin Reserve. Hier erfahren Besucher auch alles über behindertenfreundliche Sehenswürdigkeiten und Unterkünfte.

Gefahren & Ärgernisse

Das Stadtzentrum kann nachts gefährlich sein – wer abends ausgeht, nimmt am besten ein Taxi. Der Hauptstrand dagegen gilt als einer der sichersten des Landes.

Sehenswertes

SOUTH END MUSEUM

Kleines, aber faszinierendes **Museum** (☎ 041-582 3325; admin@semuseum.co.za; Ecke Walmer Blvd. & Humewood Rd.; Eintritt frei; ⌚ Mo–Fr 9–16, Sa & So 10–15 Uhr), das den multikulturellen Aspekt Port Elizabeths illustriert und über einen pulsierenden Bezirk informiert, der früher South End hieß. Die Bulldozer des Apartheidregimes machten das Viertel zwischen 1965 und 1975 im Namen des berüchtigten Group Areas Act dem Erdboden gleich und vertrieben die Bewohner. Schwarze, Farbige, Asiaten und Weiße, die hier zusammen gelebt hatten, wurden in die „reinrassigen" Viertel umgesiedelt.

BAYWORLD

Eine der besten und größten Museumsanlagen des Landes ist **Bayworld** (☎ 041-584 0650; www.bayworld.co.za; Beach Rd.; Erw./Kind 31/15 R; ⌚ 9–12.45 & 13.45–16.30 Uhr). Dazu gehören das Port Elizabeth Museum, ein Ozeanarium und ein Schlangenpark. Neben den zahlreichen ausgestopften und eingelegten Meeressäugern zeigt das Museum einige wunderschöne Perlenarbeiten der Xhosa – auch aus modernen Materialien – sowie die Nachbildung eines Algoasaurus (Dinosaurier).

Im Ozeanarium finden täglich um 11 und 15 Uhr Vorführungen mit Delfinen und Seehunden statt. Das Ganze ist alles andere als zeitgemäße Tierhaltung, aber die Kids

PORT ELIZABETH

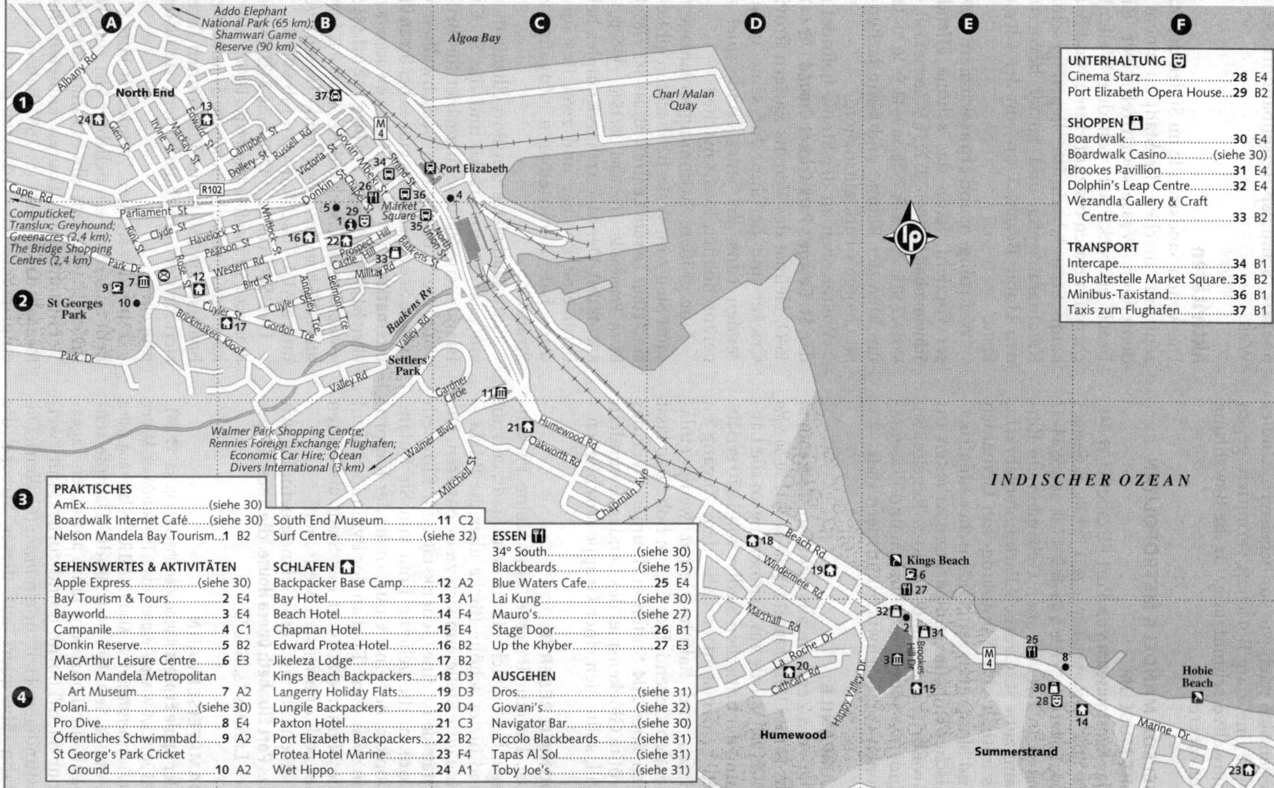

lassen sich nach wie vor begeistern. Und es wird eine klare Botschaft vermittelt: gegen Umweltverschmutzung, für die Bewahrung der Meere.

NELSON MANDELA METROPOLITAN ART MUSEUM

Das **Kunstmuseum** von Port Elizabeth (☎ 041-586 1030; www.artmuseum.co.za; 1 Park Dr., St. George's Park; Eintritt frei; ⌚ Mo & Mi–Fr 9–17, Di, Sa & So 14–17 Uhr) ist in zwei schönen Gebäuden am Eingang zum St. George's Park untergebracht. Es enthält eine Sammlung von Gemälden und Skulpturen zeitgenössischer südafrikanischer Künstler, einige ältere Arbeiten aus Großbritannien und Fernost. Regelmäßig finden Wanderausstellungen und Präsentationen von Nachwuchskünstlern statt.

CAMPANILE

Der vom Zentrum aus sichtbare **Glockenturm** (☎ 041-506 3293; Strand St.; ⌚ Di–Sa 9–12.30, So & Mo 14–16 Uhr) wurde zur Erinnerung an die Landung der britischen Siedler von 1820 errichtet. Leider steht er nahe dem Zugang zu Hafen und Bahnhof, einer wenig einladenden Gegend. Der 53,5 m hohe Bau lässt sich über 204 Stufen erklimmen. Wer das größte Glockenspiel des Landes bewundern will, sollte sich einer Gruppe anschließen.

DONKIN RESERVE

Das Donkin Reserve, eine kleine Parkanlage, liegt gleich hinter dem Stadtzentrum und bietet schöne Blicke über die Bucht – eine gute Stelle, um sich zu orientieren. Die **Pyramide** ist eine Gedenkstätte für Elizabeth Donkin, die geliebte Frau von Sir Rufane Donkin, der einst Gouverneur der Kapprovinz war. Eine Tafel an der Pyramide rühmt die Namenspatronin der Stadt als „einen der vollkommensten Menschen".

Ebenfalls auf dem Gelände befindet sich das **Port Elizabeth Opera House**, die älteste Oper des Landes (s. S. 273).

DAMPFEISENBAHN

Der **Apple Express** (Buchungen über Eas'capism ☎ 041-583 2030; www.apple-express.co.za; The Boardwalk, Marine Dr., Summerstrand; Erw./Kind 120/60 R; ⌚ Jan.–Aug. jeden zweiten Sa, Sept.–Dez. jeden Sa), die Dampfeisenbahn für Touristen, fährt auf einer Tagestour nach Thornhill und zurück, mit zweiostündigem Halt für ein *braai* (Grillen). Die Bahn überquert auf dieser Strecke die höchste Schmalspureisenbahnbrücke der Welt.

Aktivitäten

Die weiten Sandstrände im Süden des Stadtzentrums machen die Stadt zu einem bedeutenden Wassersportttreff. Der Kings Beach erstreckt sich von den Wellenbrechern im Hafen bis zum Humewood Beach; beide Strandabschnitte liegen geschützt. Katamaransegler und Surfer bevorzugen den Hobie Beach, 5 km von der City entfernt.

Wer ruhigere und etwas wärmere Gewässer vorzieht, kann das schöne **öffentliche Schwimmbad** (☎ 041-585 7751; St. George's Park; Erw./Kind 4/2,50 R; ⌚ Mo–Fr 7–18, Sa 9–18, So 10.30–18 Uhr) inmitten der Bäume und Grünflächen des St. George's Park aufsuchen.

Weiter oben an der Straße befindet sich der **St. George's Park Cricket Ground** (☎ 041-585 1646), Heimat des Vereins Eastern Province Cricket und berühmt für seine musizierenden Fans, die jedes Länderspiel zum geräuschhaften Event machen.

Eine größere Swimmingpoolanlage mitsamt Steg zum Wale-Beobachten gibt es im **MacArthur Leisure Centre** (☎ 041-582 2285; Kings Beach Promenade; Erw./Kind 30/15 R; ⌚ Sept.–April 8.30–18 Uhr). Der MacArthur-Komplex beherbergt eine Poolbar und zwei Restaurants und hat unmittelbaren Zugang zum Strand.

Gute **Tauchplätze** um Port Elizabeth sind ein paar Schiffswracks und die St. Croix Islands, ein Naturschutzgebiet für Brillenpinguine, Kormorane, Seeschwalben und andere Seevögel. Infos gibt es bei **Ocean Divers International** (☎ 041-581 5121; www.odipe.co.za; 10 Albert Rd., Walmer) oder **Pro Dive** (☎ 041-583 5316; www.prodive.co.za; Shark Rock Pier, Beach Rd., Summerstrand; 275 R pro Tauchgang); beide bieten PADI- und NAUI-Tauchkurse an (ab 900 R).

Das **Surf Centre** (☎ 083-656 8429; Marine Dr., Humewood; Surfboards/Bodyboards pro Tag 100/30 R) verkauft und verleiht Surfboards und Bodyboards. Für 150 R am Tag können Interessierte in der Surfschule lernen, wie sie damit umgehen.

Dank des stetigen Windes ist Port Elizabeth außerdem ein beliebter Ort zum **Windsurfen**. In der Stadt gibt es zahlreiche private Veranstalter, die Touren anbieten. **Nelson Mandela Bay Tourism** (S. 268) hält eine Liste empfehlenswerter Adressen bereit.

Geführte Touren

Bay Tourism & Tours (☎ 041-584 0622; www.baytours.co.za; Beach Rd.; 🕒 9–17 Uhr) organisiert Touren in die Umgebung, etwa Ausflüge zum Addo Elephant National Park (550 R) und in die City bzw. Townships (250 R).

Auf mehreren kulturübergreifenden Führungen durch die Townships bietet sich die Gelegenheit, Squattercamps, *shebeens* (Kneipen) und *abakhwetha* (Initiationscamps für junge Männer) zu besichtigen. Die Führer sind Einheimische, die stolz sind auf die Rolle, die die Townships von Port Elizabeth im Kampf gegen die Apartheid spielten. Sie weisen auf dem Weg immer wieder auf historisch oder politisch bedeutsame Orte hin. Eine Halbtagstour kostet pro Person 200 bis 250 R und beinhaltet ein kleines Mittag- oder Abendessen in einem *shebeen*. Kontakt über **Calabash Tours** (☎ 041-585 6162; calabash@iafrica.com), **Tanaqua Tours** (☎ 041-452 7692) oder **Molo Tours** (☎ 082-970 4037).

Raggy Charters (☎ 073-152 2277) bietet Exkursionen unter Führung eines Meeresbiologen zu den St. Croix, Jahleel und Benton Islands an. Zu sehen sind Pinguine, Südafrikanische Pelzrobben (*Arctocephalus pusillus*), Delfine und Wale. Die Halbtagestour startet täglich um 8 Uhr morgens (450 R).

Zum Yachttrip im Sonnenuntergang mit Fischbarbecue lädt **Polani** (☎ 041-583 2141; The Boardwalk, Marine Dr., Summerstrand). Die Boote fahren zum Cape Recife, und es besteht eine reelle Chance, auf dem Weg Delphine zu erspähen. Der Preis von 120 R versteht sich ohne Getränke.

Schlafen

Port Elizabeth hat eine große Auswahl an Unterkünften, die zumeist sehr guten Standard aufweisen. Das Touristeninformationsbüro im Donkin Reserve hat Listen mit B&B-Adressen. Die meisten Hotels von Port Elizabeth liegen am Strand.

BUDGETUNTERKÜNFTE

Lungile Backpackers (☎ 041-582 2042; lungile@netactive.co.za; 12 La Roche Dr., Humewood; Stellplatz/B/2BZ/DZ mit Gemeinschaftsbad 40/65/160/175 R; 💻 🏊) Port Elizabeths beliebteste und meist ausgebuchte Backpackerunterkunft im Schweizer Stil liegt nur ein paar Minuten vom Strand entfernt.

Im Gemeinschaftsbereich tobt fast jeden Abend der Bär. Die Schlafsäle und der kleine Campingplatz sind oft überfüllt, sobald der Baz Bus kommt, Vorab-Reservierung ist also erforderlich. Es gibt auch ein paar schöne Doppelzimmer mit Steinboden und eigenem Bad (195 R). Gäste werden vom Flughafen und den Bushaltestellen im Stadtzentrum abgeholt.

Jikeleza Lodge (☎ 041-586 3721; winteam@hinet.co.za; 44 Cuyler St.; Stellplatz/B/EZ/DZ mit Gemeinschaftsbad 55/70/135/170 R; 💻) Die Jikeleza Lodge ist klein und sauber. Es fehlt ihr an Charme, dafür verfügt sie über einen großen Garten und eine *braai*-(Grill-) Stelle. Guter Ausgangspunkt für Ausflüge in die Townships und zu anderen Zielen im Umland.

Backpackers Base Camp (☎ 041-582 3285; pebasecamp@yahoo.com; 58 Western Rd.; B/EZ/DZ mit Gemeinschaftsbad 60/120/160 R; 💻) Auch wenn der Eingang alles andere als einladend ist – dies ist eine klasse Backpackerunterkunft unweit vom St. George's Park. Die Zimmer sind mit Plüschfutons ausgestattet, und es gibt eine Bar mit Pooltisch sowie eine Lounge mit offenem Kamin, dazu eine innen liegende *braai*-Stelle.

Wet Hippo (☎ 041-533 6260; www.wethippo.com; 14 Glen St., Richmond Hill; B/DZ mit Gemeinschaftsbad 60/160 R; 🏊) Port Elizabeths neueste Backpackerunterkunft ist ziemlich schick, mit sonniger Küche, einem großen Swimmingpool und einem hübschen Garten – all das in einer grünen Vorstadtstraße weitab vom Trubel des Strandviertels.

Kings Beach Backpackers (☎ 041-585 8113; kingsb@agnet.co.za; 41 Windermere Rd., Humewood; B/DZ mit Gemeinschaftsbad 65/160 R; 💻) Ruhiger und intimer ist diese Unterkunft mit ein paar anständigen Cottagezimmern und komfortablen Doppelzimmern mit Bad (190 R). Schneller Internetzugang (30 R pro Std.) und Satellitenfernsehen verbinden mit der weiten Welt, und die Mitarbeiter helfen gerne beim Organisieren von Touren ins Umland.

Port Elizabeth Backpackers (☎ 041-586 0697; pebakpak@global.co.za; 7 Prospect Hill; B/DZ mit Gemeinschaftsbad 75/180 R; 💻) Nettes, entspanntes Hostel in einem 100 Jahre alten Haus; City sowie Restaurants und Kneipen oben auf der Landspitze sind zu Fuß erreichbar. Es geht hier ruhiger und weniger feudal zu als im Lungile, aber nicht minder komfortabel: *braai*-Stelle und Garten sind vorhanden. Frühstück gibt's für 20 R – unbedingt das selbstgebackene Brot probieren! Das Hostel organisiert den Transport zum Owl House Backpackers in Nieu Bethesda (s. S. 292).

MITTELKLASSEHOTELS

Bay Hotel (☎ 041-585 1558; info@bayberry.co.za; 7 Lutman St.; EZ/DZ mit Frühstück 250/375 R) Gehobenes Hotel, das aber mehr an ein B&B erinnert. Sehr vernünftige Preise für elegante Zimmer mit individueller Note. Dazu gehören ein schönes Restaurant (Gerichte 40 R) und eine Bar.

Edward Protea Hotel (☎ 041-586 2056; edward@pehotels.co.za; Belmont Tce.; EZ/DZ 410/550 R) Das elegante Haus in edwardianischem Stil liegt im Herzen der Stadt und überzeugt mit komfortablen Zimmern und charmantem Kolonialdekor. Gehobenes Mitglied der Protea-Hotelkette. Ein englisches Frühstück unter Palmen im Hofrestaurant kostet 68 R.

Chapman Hotel (☎ 041-584 0678; www.chapman.co.za; 1 Lady Bea Cres., Brookes Hill, Summerstrand; EZ/DZ mit Frühstück 460/550 R;) Das in Familienbesitz befindliche Chapman blickt südlich vom Stadtzentrum übers Meer. Gehobenes Haus mit Kaskadenpool. Moderne Zimmer mit Balkon und Meerblick.

Paxton Hotel (☎ 041-585 9655; www.paxton.co.za; Carnarvon Pl., Humerail; EZ/DZ 555/680 R;) Ziemlich charakterloser Betonkasten auf halbem Weg zwischen Strand und Zentrum. Zimmer für Rollstuhlfahrer vorhanden.

Außer den hier erwähnten Unterkünften gibt es auch noch Dutzende Selbstversorger-Apartments im Strandbereich. Wer ein sauberes Apartment mit einfacher Ausstattung sucht, wende sich an **Langerry Holiday Flats** (☎ 041-585 2654; langerry@icon.co.za; 31 Beach Rd.; 1-/2-Zimmer-Apt. 180/350 R). Alle Wohnungen verfügen über Fernseher, Telefon und Kochnische, die mit zwei Schlafzimmern haben sogar eine Mikrowelle. Langerry führt auch noch weitere Apartmentblocks in der näheren Umgebung.

SPITZENKLASSEHOTELS

Über die beiden Spitzenhotels von Port Elizabeth gibt es wenig zu sagen, außer dass sie schönen Meerblick bieten.

Beach Hotel (☎ 041-583 2161; resbeach@pehotels.co.za; Marine Dr., Summerstrand; EZ/DZ mit Meerblick 850/1060 R, ohne Mehrblick 695/860 R;) Das 4-Sterne-Hotel, Mitglied der Protea-Kette, liegt günstig gegenüber dem Hobie Beach, unweit vom Boardwalk. Die in Terrakotta und Mintgrün gehaltenen Zimmer sind nüchtern, aber mit allen Extras ausgestattet. Speisesaal, eine Terrasse mit Meerblick für kleinere Mahlzeiten, Bar und Café.

Protea Hotel Marine (☎ 041-583 2101; www.pehotels.co.za; Marine Dr., Summerstrand; EZ/DZ 770/970 R;) Enttäuschend für eines der teuersten Hotels von Port Elizabeth: der winzige Pool, der direkt neben der Straße liegt. Im Innern sieht es etwas besser aus: Da gibt's eine poppige Bar, ein Fitness-Studio und komfortable, wenn auch langweilige Zimmer mit Bad und Tresor.

Essen

Die meisten guten Cafés der Stadt liegen im Boardwalk Casino Complex in Summerstrand, am Ende der Beach Road. Die Atmosphäre ist ein wenig künstlich, doch kann man hier zumindest in aller Ruhe, abseits der Einweg-Fastfood-Stände am Strand, einen Cappuccino schlürfen. Die Empfehlung fürs Mittagessen: Dulce's Continental Diner oder Tarantino's.

Blue Waters Café (☎ 041-583 4110; Marine Dr., Summerstrand; Gerichte 30–90 R; Mo–Sa Mittag- & Abendessen, So Abendessen) Fröhliches, belebtes Café-Restaurant mit phantasiereicher Karte – Fisch und Meeresfrüchte, Salate, Pasta und ein leckeres vegetarisches Gericht mit schwarzen Pilzen. Der Laden ist beliebt, also reservieren.

Stage Door (☎ 041-586 3553; Phoenix Hotel, 5 Chapel St.; Gerichte 35 R; Mittag- & Abendessen) Das Stage Door hat schon Preise für sein hochwertiges Kneipenessen gewonnen, aber die Räumlichkeiten sind ein bisschen schmuddelig, und die Gegend ist abends nicht wirklich sicher. Beliebt bei Studenten, Out-of-Controllern und Altrockern.

Lai Kung (☎ 041-583 1123; The Boardwalk, Marine Dr., Summerstrand; Gerichte 40–60 R; Mittag- & Abendessen) Unter der Laternen-behangenen Brücke im Boardwalk-Einkaufszentrum könnten sich die Gäste glatt in einem Themenpark wähnen – in diesem chinesischen Restaurant essen auch viele Chinesen, deshalb muss es gut sein. Köstlich: die Sichuan-Ente (56 R).

34° South (☎ 041-583 1085; The Boardwalk, Marine Dr., Summerstrand; Abendessen 45–100 R; Mittag- & Abendessen) Sehr Gutes, aber auch sehr Schlechtes wird über diesen Laden berichtet. Positiv ist auf jeden Fall, dass sich die Gäste an der Theke selbst die Leckereien zusammenstellen oder Lebensmittel aus aller Welt im Shop kaufen können. Wer lieber bedient wird, kann aus der großen Bistrokarte und der umfangreichen Weinkarte wählen.

Up the Khyber (☎ 041-582 2200; Beach Rd.; Gerichte 46–64 R; ⏲ Mittag- & Abendessen) Eins von zwei einigermaßen schicken Strandlokalen im MacArthur Leisure Centre, neben dem Mauro's. Die indische Küche wird leider mehr und mehr von den üblichen Steaks und Burgers verdrängt. Es gibt aber noch ein paar vegetarische Curry-Gerichte (und ein veganes) auf der Karte.

Mauro's (☎ 041-582 2700; Beach Rd.; Gerichte 52–79 R; ⏲ Mo–Sa Mittag- & Abendessen, So Mittagessen) Das Mauro's wirkt wie ein Fremdkörper zwischen all dem Sandspielzeug, das entlang dem Strand verhökert wird – ein kalifornisches Bistro mit schickem Interieur und trendig schwarz gekleidetem Personal. Liegt im MacArthur Leisure Centre, ein paar Tische draußen bieten Strandpanorama.

Blackbeard's (☎ 041-584 0678; Chapman Hotel, 1 Lady Bea Cres., Brookes Hill, Summerstrand; Gerichte 70–90 R; ⏲ Frühstück & Abendessen) Das Blackbeard's hat sich – ebenso wie das dazugehörige Piccolo Blackbeard's (Brookes Pavilion in der Beach Road in Humewood) – auf Fisch und Meeresfrüchte spezialisiert. Die Gäste können sich ihren eigenen Teller zusammenstellen.

Ausgehen

Ausgehtag ist Mittwoch, wobei die Pubs und Klubs am Wochenende ebenfalls schwer frequentiert werden.

Toby Joe's (☎ 041-584 0082; Brookes Pavilion, Beach Rd., Humewood; ⏲ Di–So) Port Elizabeths angesagtester Treff fürs junge studentische Publikum ist dieser Kellerpub. Jeden Abend quillt der Laden über mit Surfern, Glamourgirls und den obligatorisch mürrischen Rausschmeißern. Am Wochenende legen DJs auf, am Donnerstag gibt's Karaoke, am Sonntag Deckparty auf der Holzbodenterrasse. Erwartet wird „lässiger Schick", d. h. Jungs und Mädels mit Flipflops müssen draußen bleiben.

Giovani's (☎ 041-586 3189; Dolphin's Leap Centre) Trendiger, immer brummender Bar-Diner mit ziemlich jungem Publikum. Etwas kultivierter als das Toby Joe's. Es gibt einen Großbildfernseher, eine umfassende Cocktailkarte, laute Musik und Sitznischen wie in Amerika. Am meisten los ist immer freitags ab 22 Uhr.

Dros (☎ 041-585 1021; Brookes Pavilion, Beach Rd., Humewood) Gehört zu der rasch expandierenden südafrikanischen Kette. Guter Platz, um bei einem Bierchen Rugby zu schauen. Es gibt solides Kneipenessen und eine recht gute Weinkarte.

Tapas Al Sol (☎ 041-586 2159; Brookes Pavilion, Beach Rd., Humewood) Tapas gibt's hier nicht, dafür spielen fast jeden Abend Livebands. Die Deckparty am Sonntagnachmittag ist legendär.

Navigator Bar (☎ 041-507 7777; The Boardwalk, Marine Dr., Summerstrand) Protzige Bar neben dem Casino, in der Khakihosen und Highheels das Bild beherrschen. Die Cocktails (ab 20 R) lohnen einen Versuch.

Boardwalk Casino (☎ 041-507 7777; The Boardwalk, Marine Dr., Summerstrand; ⏲ 24 Std.) Hier können die Gäste ihr Glück am Spielautomaten versuchen oder das zweifelhafte Cabaret testen, aber erst nachdem sie am Eingang in einer speziellen Waffengarderobe ihre Feuerwaffen abgeliefert haben.

Port Elizabeth Opera House (☎ 041-586 3177; White's Rd.) Das Opernhaus von Port Elizabeth mit seiner wunderbaren Innenausstattung aus dem 19. Jh. ist das älteste des Landes. Das Programm ist vielfältig: Konzerte, Ballett, Theater und Jazz – die aktuellen Termine sind an der Kasse zu erfahren.

Cinema Starz (☎ 041-583 2000; The Boardwalk, Marine Dr., Summerstrand; Eintritt 20 R) Fünf Leinwände für Blockbusterstreifen.

Shoppen

Wezandla Gallery & Craft Centre (☎ 041-585 1185; 27 Baakens St.) Das fröhlich-bunte Zentrum für Kunst und Kunsthandwerk bietet eine schöne Auswahl an Arbeiten einheimischer Künstler sowie eine kleine Caféteria. Die Mitarbeiter geben auch gerne Touristeninformationen.

Gut shoppen lässt es sich außerdem im Brookes Pavillion, im Dolphin's Leap Centre und in den Boardwalk Shopping Malls in Humewood.

An- & Weiterreise

AUTO

Alle großen Autoverleiher haben Büros in Port Elizabeth oder am Flughafen, darunter **Avis** (☎ 041-581 4291), **Budget** (☎ 041-581 4242) und **Imperial** (☎ 5041-81 1268). Alternative: **Economic Car Hire** (☎ 041-581 5826; 104 Heugh Rd., Walmer).

BUS

Greyhoundbusse (☎ 041-363 4555; www.greyhound.co.za) starten gegenüber Checkers am Greenacres Shopping Centre, rund 3 km von Humewood entfernt. Wer diese nutzen möchte, kann telefonisch ein privates Taxi rufen oder den Bus vom Zentrum aus nehmen (Einzelheiten dazu siehe rechts). Reservierungen für die Fahrten sind auch über **Computicket** (☎ 083-915 8000; Greenacres Shopping Centre) möglich. **Translux** (☎ 041-392 1333; www.translux.co.za; Ernst & Young Bldg., Greenacres Shopping Centre, Ring Rd.) operiert vom Greenacres Shopping Centre aus. **Intercape** (☎ 041-586 0055; www.intercape.co.za) akzeptiert nur telefonische Buchungen; die Busse starten an der **Bushaltestelle** (Ecke Fleming St. & North Union St.) hinter dem alten Postamt.

Nach Kapstadt

Translux fährt täglich über die Garden Route nach Kapstadt (180 R, 12½ Std.).

Intercape schickt zweimal täglich einen Bus über die Garden Route zwischen Kapstadt und Port Elizabeth (270 R, 12 Std.).

Der Greyhound hält täglich in Port Elizabeth auf seiner Route zwischen Durban (325 R, 15 Std.) und Kapstadt (270 R, 12 Std.).

Der **Baz Bus** (☎ 021-439 2323) verkehrt täglich zwischen Port Elizabeth und Kapstadt (Hop-on-hop-off-Ticket, einfache Fahrt 810 R).

Nach Johannesburg

Greyhound-Nachtbusse fahren von Port Elizabeth nach Jo'burg (335 R, 15 Std.) via East London. Translux hat tägliche Verbindungen von Port Elizabeth nach Jo'burg (350 R, 14½ Std.) via Bloemfontein (240 R, 10 Std.) und Graaff-Reinet (315 R, 11 Std.). Von Februar bis September fährt das Busunternehmen Intercape von Port Elizabeth nach Jo'burg (310 R, 15 Std.) via Graaff-Reinet (180 R, 4 Std.).

Nach Durban & East London

Translux verkehrt täglich mit Durban (280 R, 15 Std.) via Grahamstown (75 R, 2½ Std.), East London (125 R, 5 Std.), Mthatha (170 R, 9 Std.) und Port Shepstone (240 R, 13 Std.). Greyhound fährt täglich nach Durban (300 R, 15 Std.). Intercape verbindet täglich Port Elizabeth mit East London (120 R, 6 Std.).

Der **Baz Bus** (☎ 021-439 2323) fährt täglich außer Mittwoch und Samstag von Port Elizabeth nach Durban und täglich außer Dienstag und Freitag wieder zurück. Ein Hop-on-hop-off-Ticket für eine einfache Fahrt kostet 720 R.

FLUGZEUG

SAA (☎ 041-507 1111) fliegt täglich zwischen Jo'burg (1300 R hin und zurück), Durban (1100 R), Kapstadt (1200 R) und Port Elizabeth. **SA Airlink** (☎ 0861-359 722) bedient täglich die Strecke Port Elizabeth–East London (750 R), Durban (900 R) und Kapstadt (900 R). **Kulula** (☎ 0861-585 852; www.kulula.com) fliegt täglich nach Jo'burg. Die Preise für Hin- und Rückflüge beginnen bei 900 R.

MINIBUS-TAXI

Die Minibus-Taxis von **J-Bay Sunshine Express** (☎ 042-293 2221) verkehren zwischen Jeffrey's Bay, Port Elizabeth und anderen Küstenorten. Die meisten Minibus-Taxis starten in den großen Townships um Port Elizabeth herum und sind möglicherweise schwer zu verorten. Der **Minibus-Taxistand** (Strand St.), ein paar Häuserblocks nördlich vom Glockenturm, bedient die nähere Umgebung.

ZUG

Der **Shosholoza Meyl** (☎ 0860-008 888; www.spoornet.co.za) fährt nachts nach Jo'burg (1./2. Klasse 365/245 R, 18 Std.) via Bloemfontein.

Unterwegs vor Ort

Der **Flughafen** (Allister Miller Rd., Walmer) liegt 5 km vom Stadtzentrum entfernt. Um dort hinzugelangen, nimmt man das Minibus-Taxi (4 R) am Taxistand nahe dem Bahnhof von Port Elizabeth, steigt in der Third Street in Walmer aus und geht noch zehn Minuten zu Fuß. Am Flughafen stehen Taxis und Mietwagen zur Verfügung. Ein privates Taxi (rd. 65 R) lässt sich über **Hurter Cabs** (☎ 041-585 5500) rufen, ein Taxistand befindet sich in der Strand Street.

Infos über Busfahrpläne erteilt die **Algoa Bus Company** (☎ 041-404 1200), deren Stadtbuslinien an der Market Square Bus Station in der Strand Street abfahren.

ADDO ELEPHANT NATIONAL PARK

Der **Nationalpark** (☎ 042-223 0556; www.sanparks.org; Erw./Kind 80/40 R; ⌚ 7–19 Uhr) liegt 72 km nördlich von Port Elizabeth, am Fuße der Zuurberg Range im Sundays River Valley. Nachdem er kürzlich erweitert wurde, lädt Addo heute auf einem Gebiet von 120 000 ha zum Staunen und Beobachten, und das Ganze malaria-frei.

Der Park schützt die Reste der riesigen Elefantenherden, die einst am Eastern Cape lebten. Als die Farmer zu Beginn des 20. Jhs. anfingen, das Land zu bebauen, bereiteten ihnen die Tiere massive Probleme. Ein Mann namens Major Pretorius wurde beauftragt, die „Plage" zu bekämpfen. Und wahrscheinlich wäre ihm das nachhaltig gelungen, hätte ihn nicht öffentlicher Protest gestoppt. Als Addo 1931 zum Nationalpark erklärt wurde, gab es gerade noch elf Elefanten.

Heute leben über 300 Elefanten im Park, daher ist es sehr wahrscheinlich, einem zu begegnen. Ein oder zwei Tage in Addo – das ist ein echtes Highlight auf der Reise durch diesen Teil des Eastern Cape. Nicht nur wegen der Elefanten: Es gibt hier auch Zebras, Elenantilopen, Kudus, Warzenschweine, Myriaden von Vögeln und sogar Löwen und Hyänen, beide relativ neue Mitbewohner des Parks.

Praktische Informationen

Die unbefestigten Straßen im Park sind in nassem Zustand unpassierbar, deshalb ist der Park nach heftigen Regenfällen geschlossen – in Zweifelsfällen vorher anrufen. Im Park Headquarter, 7 km vom Dorf Addo entfernt, an der Route 335, gibt es einen gut sortierten **Laden** (8–19 Uhr). Hier können Parkbesucher Lebensmittel und Souvenirs erstehen und sich von der Hitze erholen, die im Hochsommer oft unerträglich ist.

Die Elefanten von Addo waren früher ganz scharf auf die Orangen und Grapefruits, mit denen sie während der Dürreperioden gefüttert wurden. Sie stürzten sich regelrecht auf Fahrzeuge, die Zitrusfrüchte an Bord hatten. Aus diesem Grund sind Zitrusfrüchte innerhalb des Parks generell nicht gestaltet. Aus dem Wagen aussteigen ist *ausschließlich* an den ausgewiesenen Stellen erlaubt. Wer das Glück hat, den Tieren wirklich nahe zu kommen, sollte ihnen mit der nötigen Vorsicht begegnen, auch wenn sie noch so zahm wirken.

Im Sommer ist es am besten, im Laufe des Vormittags zu kommen und sich an einem der Wasserlöcher zu postieren, wo sich die Elefanten während der Mittagshitze versammeln. Im Winter ist der frühe Morgen die beste Zeit, um die Tiere zu beobachten. Mehr sieht, wer sich am Eingang eine der **„Hop-on-Rangers"-Broschüren** (50 R) mitnimmt. Sie enthält zahlreiche Tipps über die besten Stellen und liefert interessante Hintergrundinfos. Zum Beobachten von Elefanten kann auch das **parkeigene Fahrzeug** (2 Std. pro Pers. 150 R) gemietet werden.

Ausritte (2 Std. pro Pers. 100 R) sind zweimal täglich möglich. Sie führen durch den Zuurberg-Bereich des Parks, in dem es keine Löwen gibt.

Schlafen & Essen

Die Unterkünfte des Park sind zu Stoßzeiten gerne ausgebucht, deshalb möglichst vorher reservieren.

Essen gibt es im Parkrestaurant (Gerichte 30 R), über das der ausgestopfte Kopf des legendären Bullen Hapoor wacht. Wer selbst Proviant mitbringt, kann ihn in dem schattigen Picknickbereich des Addo Rest Camp verzehren, der einen schönen Blick auf ein Wasserloch bietet.

In dem kleinen Städtchen Addo, wenige Kilometer vom Parkeingang entfernt, sind mehrere B&Bs neu entstanden.

Homestead B&B (☎ 042-233 0354; homestead@webmail.co.za; Stellplatz 25 R, Backpackers EZ/DZ 100/180 R, B&B EZ/DZ 250/500 R;) Homestead ist günstiger als andere B&Bs und bietet zusätzlich zu den normalen B&B-Unterkünften ein paar Backpacker-Zimmer und Selbstversorgerquartiere, aber auch Campingstellplätze.

Addo Rest Camp (Buchungen ☎ 042-223 0556; www.sanparks.org; Stellplatz/Safarizelt/Waldhütte mit Gemeinschaftsbad 105/260/350 R, 4-Pers.-Chalet 390 R) Addos größter Campingplatz – beim Park Headquarter – ist ein wunderschönes Gelände mit einem Picknickbereich. Es gibt verschiedene Arten der Unterbringung. Manche bieten Blicke auf ein Wasserloch, sodass mit etwas Glück Elefanten beim Trinken zu sehen sind. Einige Unterkünfte nehmen zwei bis sechs Personen auf, die meisten sind sehr schön eingerichtet und bieten gute Leistung fürs Geld. Addo verfügt auch über ein Buschcamp (für ein bis vier Personen 440 R) und Bungalows (für ein bis vier Personen 120 R) im nördlichen Teil des Parks, die als Ganzes gebucht werden müssen. Weitere Infos erhält man beim Park Headquarter.

Chrislin (☎ 042-233 0022; www.africanhuts-addo.co.za; EZ/DZ mit Frühstück 450/700 R;) Nette Inhaber und sehr hübsche Hütten in afrikanischem Stil auf einer Zitrusfarm. Großes *braai*-Abendessen gibt's bereits für 100 R pro Person.

Valley View (☎ 042-233 0349; www.valleyview.co.za; EZ/DZ mit Frühstück 400/500 R;) B&B mit großen, geräumigen Zwei-Bett- oder individuell gestalteten Doppelzimmern in einem 100 Jahre alten Farmhaus.

An- & Weiterreise

Der Park ist an der N2 ausgeschildert. Alternativ ist die Anreise auch auf der Route 75 über Uitenhage möglich; zwischen Uitenhage und Kirkwood gibt es am Ufer des Sundays River ein paar schöne Zitrusfarmen zu sehen.

SHAMWARI GAME RESERVE

Zweifellos das am engagiertesten betriebene private Tierreservat am Eastern Cape ist **Shamwari** (☎ 042-203 1111; www.shamwari.com; Mai–Sept. DZ all inclusive 5900 R, Okt.–April 9800 R;), 30 km östlich vom Addo Elephant National Park. In dem international bekannten Tierschutzgebiet wurden die Tiere wieder angesiedelt, die hier lebten, ehe Farmer und Großwildjäger kamen. Alle Vertreter der Big Five (Elefanten, Nashörner, Löwen, Leoparden und Büffel) sind wieder da, und dank gut organisierter Fahrten ist die Wahrscheinlichkeit hoch, bei einem Aufenthalt von ein paar Tagen mindestens vier davon zu sehen.

Der **Wilderness Trail** (pro Pers. und Nacht 950 R) führt durch die 3000 ha des Reservats, die als sogenannte „Wilderness Area" vom restlichen Park abgetrennt wurden. Zur Wahl stehen Campingausflüge mit zwei oder vier Übernachtungen, davon die erste und letzte im Basislager.

Die Zimmerpreise variieren von Logde zu Lodge. Im April, Mai und Juni gibt es oft Nachlässe von bis zu 50 %. Die Preise verstehen sich all inclusive. Es empfielt sich aber, telefonisch nachzufragen, denn manche Preisminderungen gelten nur für Südafrikaner.

Im Rahmen des Weiterbildungsprogramms von Shamwari, das die **African Global Academy** (☎ 046-624 5449; www.africanglobalacademy.co.za) initiiert, können Interessierte in den verschiedenen Tierreservaten am Eastern Cape selbst im Tierschutz aktiv werden.

Das Reserve ist nur mit dem eigenen Auto erreichbar (wer sich die Preise dort leisten kann, hat aber vermutlich eins). Von Port Elizabeth aus führt der Weg auf der N2 rund 65 km lang Richtung Grahamstown; dann nach Paterson abbiegen (Route 342), 7 km fahren, dann der Beschilderung Shamwari folgen.

GRAHAMSTOWN

☎ 046 / 100 000 Ew.

Grahamstown ist die Hauptstadt des Settler Country, des Siedlerlandes. Der vornehme Konservatismus und die englische Beschaulichkeit werden von der blutigen Vergangenheit Lügen gestraft. Im Stadtzentrum finden sich ein paar schöne Beispiele viktorianischer und früher edwardianischer Architektur, dazu hübsche puderblaue und zitronengelbe Ladenfronten.

Natürlich haben sich in Grahamstown nicht nur Briten niedergelassen. Die nahe gelegenen Townships gewähren einen Einblick in die Kultur der Xhosa. Sie beherrschten einst die Region, bis sie den Briten und Buren in einem blutigen Gemetzel unterlagen.

Auf den ersten Blick wird die Stadt von den Studenten der Rhodes University dominiert, die sich nach Kneipenschluss vor den Bars und Pubs drängen. Da es inzwischen aber auch etablierte Künstler und Arrivierte hierher zieht, wandelt sich Grahamstowns Gesicht allmählich. Es gibt immer mehr trendige Restaurants und schicke Bars, voll mit schönen Menschen.

Praktische Informationen

Go Sure Travel (☎ 046-622 2235; marianl.gbstravel@galileosa.co.za; Pepper Grove Mall, Ecke African St. & Allen St.) Bucht alle Reisen/Ausflüge vor Ort; Vertretung für die meisten Autoverleiher; löst Reiseschecks ein (gebührenfrei).

Makana Tourism (☎ 046-622 3241; www.grahamstown.co.za; 63 High St.; Mo–Fr 8.30–17, Sa 9–13 Uhr) Tüchtig und freundlich sind die Mitarbeiter in diesem Büro in einem kleinen Gebäude neben der Standard Bank. Vertretung für das Translux-Busunternehmen; Internetzugang (30 R pro Std.).

Pick 'n Pay Centre (African St.) Im Freien, nördlich vom Stadtzentrum; nette Anlaufstelle für Bankangelegenheiten, Telekommunikation, aber auch Lebensmittel.

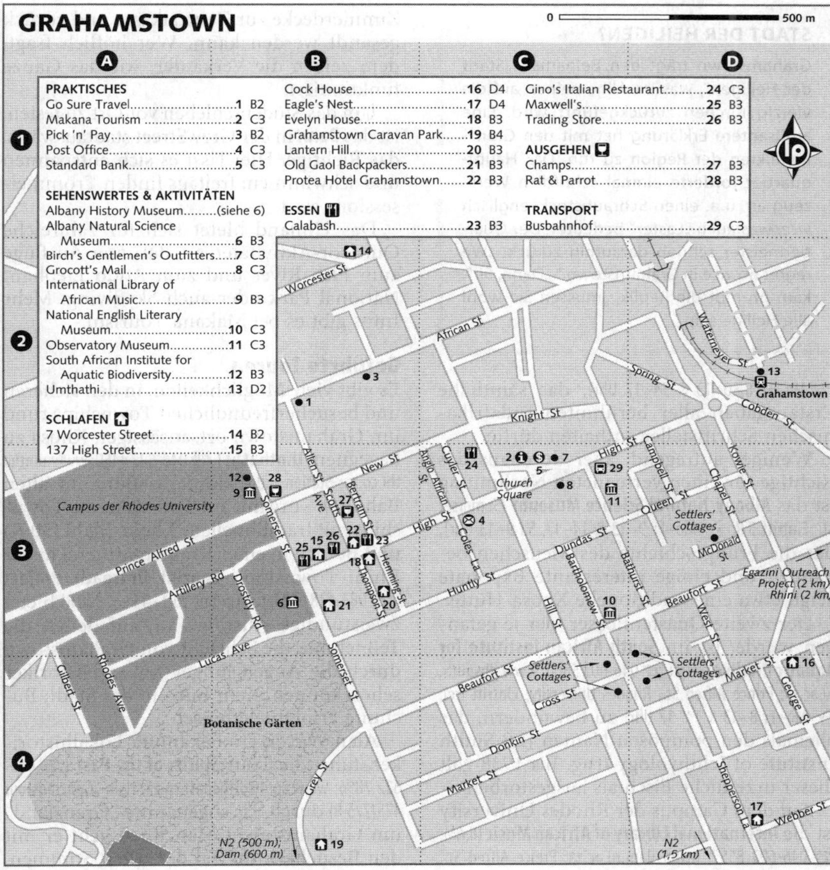

Post (High St.)
Standard Bank (Church Sq.)

Sehenswertes & Aktivitäten

Grahamstown ist zu Recht stolz auf seine Museen. Vier davon werden von der **Albany Museum Group** (☎ 046-622 4450; www.ru.ac.za/albany-museum) verwaltet. Am interessantesten ist das herrlich exzentrische **Observatory Museum** (Bathurst St.; Erw./Kind 8/5 R; ⌚ Mo–Fr 9–13 & 14–17, Sa 9–13 Uhr). In dem alten Haus verbergen sich viktorianische Memorabilien, der Meridianische Raum (der zeigt, dass Grahamstown der in Südafrika geltenden Zeit 14 Minuten hinterherhinkt!) und eine wahrhaft wundervolle *Camera obscura*. 1882 erbaut, ist sie das weltweit einzige Exemplar ihrer Art außerhalb Großbritanniens: Eine Reihe optischer Linsen, ähnlich einem Periskop, werfen ein perfektes Panoramabild der Stadt auf eine flache weiße Scheibe, die in einem Turm versteckt ist – es ist, als sehe man einen Film über die Stadt, ein Live-Video in hoher Auflösung.

Ebenfalls unter der Ägide von Albany steht das **Albany History Museum** (Somerset St.; Eintritt 5 R; ⌚ Mo–Fr 9–13 & 14–17, Sa 9–13 Uhr), das Besucher über Geschichte und Kunst am Eastern Cape informiert; auch die Xhosa und die Siedler von 1820 sind Thema. Die Kunstausstellung in der Galerie wechselt regelmäßig.

Außerdem gibt es noch das **National English Literary Museum** (Beaufort St.; Eintritt frei;

STADT DER HEILIGEN?

Grahamstown trägt den Beinamen „Stadt der Heiligen", was im Allgemeinen auf die vierzig Kirchen zurückgeführt wird. Eine amüsantere Erklärung hat mit den Grenzkonflikten der Region zu tun. Das Hauptquartier forderte einmal schriftlich Werkzeug an, u.a. einen Schraubstock, englisch *vice*, was auch „Laster" bedeutet. Der Quartiermeister schrieb daraufhin zurück: „We regret no vice in Grahamstown." „Dann, Sir", kam prompt die Replik, „müssen Sie wohl alle Heilige sein."

☎ Mo–Fr 8.30–13 & 14–17 Uhr), das sämtliche Erstausgaben aller berühmten südafrikanischen Schriftsteller enthalten dürfte.

Weniger aufregend, aber durchaus das Richtige für einen verregneten Nachmittag ist das **Albany Natural Science Museum** (Somerset St.; Eintritt 5 R; ⌚ Mo–Fr 9–13 & 14–17, Sa 9–13 Uhr), das die Frühgeschichte des Menschen behandelt und einige interessante Exponate zeigt, etwa eine traditionelle Xhosa-Hütte.

Der zweite Quastenflosser, der je gefangen wurde, ist im **South African Institute for Aquatic Biodiversity** (☎ 046-603 5800; www.jlbsmith.ru.ac.za; Prince Alfred St., Rhodes University; Eintritt frei; ⌚ Mo–Fr 8–13 & 14–17 Uhr) zu bewundern, das ehemals den pompösen Namen JLB Smith Institute of Ichthyology trug. Bis 1938 galt dieser urzeitliche Fisch als ausgestorben.

Auf dem Campus der Rhodes University ist die **International Library of African Music** (ILAM; ☎ 046-603 8557; http://ilam.ru.ac.za; Prince Alfred St., Rhodes University; ⌚ Mo–Fr 8.30–12.45 & 14–17 Uhr) untergebracht, eine Fundgrube für Instrumente und Aufnahmen. Vorher anrufen, um einen Termin zu vereinbaren. Angemeldete Besucher dürfen eines der 200 Instrumente ausprobieren, Feldaufnahmen anhören und dann versuchen, das Gehörte auf einer *nyanga*-Flöte aus Mozambique, einer *kora* (Saiteninstrument) aus Westafrika oder einem ugandischen *kalimba* (Daumenklavier) nachzuspielen.

Die schönsten Beispiele viktorianischer und edwardianischer Ladenfronten sind **Grocott's Mail** (Church Sq.), nach wie vor ein Zeitungsladen, und **Birch's Gentlemen's Outfitters** (Church Sq.). Hier gibt es noch eine herrlich altmodische „Rutsche", ein Rollensystem, mit dem Geld und Wechselgeld durch die Zimmerdecke zur Zentralkasse und zurück gesandt werden kann. Wer höflich fragt, dem zeigen die Verkäufer, wie das Ganze funktioniert.

Um das Studentenleben vor Ort zu testen, ist das **Dam**, in der Grey Street stadtauswärts, das Richtige. Hier lässt es sich entspannen und schwimmen; freitags finden Trommelsessions statt.

Das Umland bietet sich für zahlreiche Outdoor-Aktivitäten an, darunter Ausflüge zum Fish River und zum Addo Elephant National Park oder auch Skydiving. Mehr Infos gibt es bei Makana Tourism.

Geführte Touren

Es gibt viele Möglichkeiten, in den sicheren und besucherfreundlichen Townships rund um Grahamstown ortsansässigen Xhosa zu begegnen. **Umthathi** (☎ 046-622 4450; www.umthathi.co.za; Station Bldg., High St.) – Büro im alten Bahnhof – organisiert Touren in die Townships mit traditionellem Xhosa-Mahl (50 R) und Besuch in einer Kräutergärtnerei in der Rhini-Township. **Egazini Outreach Project** (☎ 083-428 9424; pro Gruppe zu 1–4 Pers. 300 R) bietet zweistündige Ausflüge an, auf denen die Teilnehmer die Schlacht von Grahamstown durch die Augen junger Xhosa-Historiker sehen können. Kein Büro in der Stadt; Buchung erfolgt telefonisch.

Alan Weyer, ein bekannter Lokalhistoriker, führt die Tour **Spirits of the Past** (☎ 046-622 7896; www.spiritsofthepast.co.za; Halb-/Ganztagstour 475/775 R) durch das sogenannte „Grenzland" um Grahamstown. Manchmal geht er mit den Besuchern ins Tal der Alten Stimmen, ein unberührtes Tal mit Felszeichnungen, Relikten und Funden aus der Steinzeit. Dazu gehört dann auch ein üppiges Picknick mit Bier und Wein. Auch hier gibt's kein Büro, aber Alan hat Telefon.

Festivals & Events

Grahamstown nennt sich selbst „Afrikas Festivalkapitale"; übers Jahr finden verschiedene Feste statt. Das größte ist das weithin beliebte **National Arts Festival** (☎ 046-603 1103; www.nafest.co.za) und das damit verbundene Fringe Festival, im Rahmen dessen über 200 Events stattfinden. Das Festival dauert zehn Tage und findet Anfang Juli statt. Zwei Dinge sind zu beachten: Unterkünfte in diesem Zeitraum sind oft schon ein Jahr im Voraus ausgebucht, deshalb frühzeitig nachfragen, und es kann abends ziemlich kühl werden, also was Warmes zum Überziehen mitnehmen.

Das **National Festival of Science, Engineering & Technology** (☎ 046-603 1106) im März will „auf fröhliche Weise Wissenschaftskultur" vermitteln – mit interaktiven Exponaten, Lasershows und Erfindern, die um Innovationspreise wetteifern.

Immer mehr an Popularität gewinnt das **Makana Freedom Festival** (☎ 082-932 1304) Ende April, ein Fest des Gesangs und des Tanzes, mit Livekonzerten überall in den Townships um Grahamstown.

Schlafen

Da es in der Gegend über 100 Unterkunftsmöglichkeiten gibt, darunter ein gutes Dutzend in den Townships, ist es empfehlenswert, bei Makana Tourism eine vollständige Liste anzufordern.

BUDGETUNTERKÜNFTE

Umso Township Homestays (☎ 046-637 1632, 083-245 0496) Mrs Thabisa Xonxa arrangiert Privatübernachtungen in guten Standardzimmern in den Townships um Grahamstown. Makana Tourism hat nähere Infos.

Grahamstown Caravan Park (☎ 046-603 6072; Grey St.; Stellplatz/4-Bett-Rondavel/5-Bett-Chalet 45/120/250 R) Bewaldetes, hügeliges Gelände an der N2; zum Stadtzentrum ist es ein gutes Stück zu gehen. Für die Rondavels muss Bettzeug mitgebracht werden.

Old Gaol Backpackers (☎ 046-636 1001; Somerset St.; B/EZ/DZ mit Gemeinschaftsbad 70/100/170 R) 1824 errichtet und bis 1976 in Betrieb, bietet dieses ehemalige Gefängnis – heute Nationalmonument – die Chance, sich mal wie ein Häftling zu fühlen: mit Fingerabdruck bei der Registrierung, Gittertüren und schaurigen Wandinschriften aus dem 19. Jh. Die Zellen sind heute eindeutig komfortabler als früher, aber die Gäste werden die meiste Zeit vermutlich sowieso in der atmosphärischen Bar verbringen.

MITTELKLASSEHOTELS

Eagle's Nest (☎ 046-622 7189, 082-657 0359; www.grahamstown.co.za/eaglesnest; Ecke Webber St. & Shepperson Lane; EZ/DZ mit Frühstück 175/340 R;) Preiswertes B&B mit zwei Studiowohnungen für zwei bis vier Personen, mit Kochnische und Terrasse.

Lantern Hill (☎ 046-622 8782; www.lanternhill.co.za; 2 Thompson St.; EZ/DZ 275/380 R; ♿) Erst kürzlich – und erstklassig – renoviert, bietet dieses nette B&B gemütliche Zimmer mit Holzboden, Fernseher und Tresor. Einige der Zimmer verfügen auch über Rampen für Rollstühle und Badewannengriffe. Die Inhaber Danny und Sterna Biermann sprechen deutsch.

137 High Street (☎ 046-622 3242; 137highstr@xsinet.co.za; 137 High St.; EZ/DZ mit Frühstück 295/470 R;) Gut gelegen – Museen und Läden sind zu Fuß erreichbar –, verfügt dieses reizende georgianische Cottage über einen Hof

(K)EINE FRIEDVOLLE BLÜHENDE LANDSCHAFT

1820 landeten britische Siedler in Algoa Bay, im festen Glauben, ein friedvolles Schlaraffenland vorzufinden, wie es ihnen ihre Regierung glauben gemacht hatte. In Wirklichkeit kamen sie in eine heftig umkämpfte Grenzregion. Buren kämpften auf der einen Seite des Great Fish River, Xhosa auf der anderen, es ging um das viehreiche Land namens Zuurveld.

Grahamstown war das Auge des Sturms. 1819, im fünften Grenzkrieg, griffen 9000 Xhosa unter der Führung von Makana an und hätten um ein Haar die Garnisonsstadt dem Erdboden gleichgemacht. Es heißt, Makana hätte gesiegt, wenn er sich nicht an das Kriegerethos der Xhosa gehalten und eine Frau durchgelassen hätte – die ein Fass Schießpulver schmuggelte.

Es dauerte nicht lange, da kapitulierten die eingewanderten Familien, alles Neulinge in der Landwirtschaft. Zu vieles sprach gegen sie: Unerfahrenheit, feindselige Nachbarn, Arbeitermangel, Überschwemmungen, Dürre und Pflanzenkrankheiten.

Schon 1823 hatte sich die Hälfte der Siedler in die Städte zurückgezogen, um den Geschäften nachzugehen, die sie auch in England betrieben hatten. Grahamstown entwickelte sich zu einem Handels- und Produktionszentrum, wo Äxte, Messer und Decken hergestellt und gegen Elfenbein und Felle getauscht wurden. Die Handwerker unter den Siedlern fertigten Metallgeräte, Wagen und Kleidung. Port Elizabeth und Port Alfred waren anfangs so etwas wie die Zulieferer des Ortes, der bald zur zweitgrößten Stadt der Kapkolonie anwuchs.

EASTERN CAPE

für Veranstaltungen und ein Restaurant, wo es Einheimischen zufolge den besten Cappuccino der Stadt gibt.

Cock House (☎ 046-636 1287; www.cockhouse.co.za; 10 Market St.; EZ/DZ mit Frühstück 390/660 R) Der Schriftsteller André Brink wohnte einst in diesem nach William Cock, einem Siedler von 1820, benannten Haus. Heute ist das nationale Denkmal ein sehr beliebtes Gästehaus mit farbenfrohen, komfortablen Zimmern in ausgebauten Ställen und einem hübschen Garten. Das rustikale Restaurant (3-Gänge-Menü 115 R) genießt einen guten Ruf und ist häufig ausgebucht.

SPITZENKLASSEHOTELS

Protea Hotel Grahamstown (☎ 046-622 2324; www.albanyhotels.co.za; 123 High St.; EZ/DZ mit Frühstück 470/590 R;) Dieses Hotel in einem langweiligen Gebäude im Stadtzentrum verfügt über geschmackvoll eingerichtete, luxuriöse, moderne Zimmer mit Fernseher. Es gibt Bar und Carvery (Fleischbüfett).

7 Worcester Street (☎ 046-622 2843; www.worcesterstreet.co.za; 7 Worcester St.; EZ/DZ mit Frühstück 550/1100 R;) Luxuriöses Gästehaus, ausgestattet mit Stilmöbeln und wertvollen Kunstwerken. Das Haus wurde 1888 erbaut und diente früher als Hostel für Studenten – heute wohnen hier betuchte Eltern, die anreisen, um ihre Sprösslinge in den privaten Internatsschulen von Grahamstown zu besuchen. 3-Gänge-Menü 120 R.

Evelyn House (☎ 046-622 2324; www.albanyhotels.co.za; High St.; EZ/DZ mit Frühstück 560/770 R;) Gehört zum Protea Hotel Grahamstown, dem es direkt gegenüber liegt. Ruhiger und gehobener Aufenthaltsort mit eigenem kleinem Swimmingpool.

Essen & Ausgehen

Grahamstowns Restaurant- und Nightlifeszene ist streng zweigeteilt: Da sind einerseits die Lokale für das betuchte und/oder trendige Publikum, andererseits gibt es eine Unmenge Pubs und Fastfoodrestaurants im Stadtzentrum für die Studenten, die viel trinken und billig essen, und protzige Esslokale für deren wohlhabende Eltern aus dem Ausland, die mal nach dem Rechten sehen.

Trading Store (☎ 046-622 9987; 131 High St.; Gerichte 35 R; Mo–So Frühstück & Mittagessen, Mi, Fr & Sa Abendessen) Wie sehr sich Grahamstown entwickelt hat, zeigt sich nirgends deutlicher als in diesem schicken Café im New Yorker Stil, das heftige Kontroversen in der Stadt ausgelöst hat: Manche Traditionalisten fühlen sich offenbar von seiner schieren Existenz bedroht. 1970er-Jahre-Dekor mit grellen Blumentapeten, Bistroessen (köstlich: der warme Birnen- und Kichererbsensalat, 30 R), Livejazz und eine Outdoor-Bar, das Ganze in einem historischen Gebäude – die Wirkung ist grandios.

Maxwell's (☎ 046-622 5119; Ecke Somerset St. & High St.; Gerichte 70–110 R; Di–So Mittag- & Abendessen) Mit ausgezeichnetem Service und herzhaften Gerichten (selbstkreierte „Kolonialküche") ist das Maxwell's besonders beliebt bei Berufstätigen, die hier am Freitag ihre Mittagspause weit in den Feierabend ausdehnen. Wochenends abends ist es ratsam, vorher zu reservieren.

Calabash (☎ 046-622 2366; 123 High St.; Gerichte 50–70 R; Frühstück, Mittag- & Abendessen) Im Calabash gibt's traditionelle südafrikanische Küche in einem heimeligen Raum mit Reetverkleidung an der Decke. Zu den Spezialitäten gehören Xhosa-Fleischeintöpfe und *pap en wors* (Maisbrei und Wurst), die würzigen Gemüsegerichte begeistern sogar notorische Fleischverzehrer. Es gibt aber auch die üblichen panierten Kalamari und T-Bone-Steaks.

Gino's Italian Restaurant (☎ 046-622 7208; 8 New St.; Gerichte 25–35; Mittag- & Abendessen) Das beliebteste Studentenrestaurant der Stadt ist eine eher durchschnittliche Pizzeria mit Bar. Warum das montägliche Dicke-Pizza-Special so angesagt ist, wird für Durchreisende wohl für immer ein Rätsel bleiben. Eingang in der Hill Street.

Rat & Parrot (☎ 046-622 5002; 59 New St.; Gerichte 20–30 R; Mittag- & Abendessen) Auf Britisch gemachte Studentenkneipe mit überraschend gutem Kneipenessen, lauter Musik, einem Großbildfernseher und Biergarten. Geschlossen an Sonntagen und in der vorlesungsfreien Zeit.

Champs (Scotts Ave.) Machomäßige Sportsbar mit Pooltischen und zu später Stunde lauter alkoholtrüben Glupschaugen.

An- & Weiterreise

Busse starten an der **Endhaltestelle** (Ecke High St. & Bathurst St.). Der **Bee Bus** (☎ 082-652 0798) fährt sonntags bis freitags nach Port Elizabeth und Port Alfred, **Mini Lux** (☎ 043-741 3107) sonntags bis freitags nach East London und

EASTERN CAPE

Port Elizabeth. Preise und Abfahrzeiten sind im Touristeninformationsbüro Makana Tourism zu erfragen.

Intercape (☎ 046-622 2235; www.intercape.co.za) hält in Grahamstown auf seiner täglichen Fahrt zwischen Kapstadt (240 R, 9 Std.) und East London (110 R, 2½ Std.).

Die Busse von **Translux** (☎ 046-622 3241; www.translux.co.za) halten an der Busendhaltestelle auf ihrer täglichen Fahrt zwischen Kapstadt (230 R, 15 Std.), Port Elizabeth (75 R, 2 Std.) und Durban (280 R, 12 Std.) via East London und Mthatha.

Die Busse von **Greyhound** (☎ 046-622 2235; www.greyhound.co.za) stoppen ebenfalls an der Busendhaltestelle auf ihrem Weg nach Durban (270 R, 13 Std.) und Port Elizabeth (70 R, 2 Std.).

In der Raglan Street stehen auch Minibus-Taxis, die meisten aber fahren von der Rhini-Township aus. Ziele sind u. a. Fort Beaufort (25 R, 2 Std.), King William's Town (35 R, 3 Std.), Port Elizabeth (35 R, 2½ Std.) und East London (35 R, 4 Std.).

BATHURST

☎ 046

In der dichten Vegetation entlang der Straße zwischen Port Alfred und Grahamstown taucht dieses reizvolle, aber zersiedelte Dorf mit seinen engen Gassen und getrimmten Hecken scheinbar aus dem Nichts auf. Der Ort ist ein beliebter Partytreff am Eastern Cape, vor allem im Dezember zum **Ox Braai**, einer Riesenfete, die alljährlich in der Zeit um Silvester herum stattfindet. Dann wird fröhlich im Freien gebechert, gegrillt, und riesige Berge von Fleisch werden verspeist.

Nahe der Abzweigung nach Bathurst (auf das Schild Protea Hotel achten) liegt die **Summerhill Farm** (☎ 046-625 0833; an der Rte. 67; Touren Erw./Kind 30/15 R; ⌚ Mo–Fr 9–17 Uhr). Ihr gebührt die zweifelhafte Ehre, die größte Ananas der Welt zu beherbergen – eine Kopie der Großen Ananas an der Sunshine Coast im australischen Queensland. Mit 16,7 m ist sie knappe 70 cm größer als das Original (und nein, sie ist nicht echt). In einem nachgebauten Xhosa-Dorf gibt's Kunsthandwerk zu kaufen; Essen bietet das Restaurant des Protea Hotel.

Traktorausflüge für Freunde der Mechanik finden täglich um 10, 12 und 15 Uhr statt und beinhalten eine Ananasprobe.

Das **Watersmeeting Nature Reserve** (☎ 046-425 0876; Eintritt pro Fahrzeug 10 R, plus pro Pers. 5 R; ⌚ 7–17 Uhr) direkt vor der Stadt stellt einen Teil des Kowie River unter Schutz, dort wo Süß- und Tidewasser ineinander fließen. Im Wald können die Besucher Vögel beobachten und haben einen schönen Blick auf die hufeisenförmige Biegung des Flusses. Die Straße zum Fluss ist steil und sollte nach Regenfällen nicht befahren werden.

Eine günstige Übernachtungsmöglichkeit in der Stadt bietet die kürzlich renovierte **Bathurst Arms 1820 Tavern** (☎ 046-625 0738; High St.; B 60 R) mit Kost und Logis zu vernünftigen Preisen. Sie befindet sich über einem englisch anmutenden Pub – die einzige Adresse der Stadt, wo nach 21 Uhr noch etwas zu essen serviert wird.

Das **Pig & Whistle Hotel** (☎ 6046-25 0673; Kowie Rd.; EZ/DZ 350/550 R; ⌚ Mittag- & Abendessen) könnte ebenso gut in England stehen. Überraschend ist das nicht, schließlich wurde es 1832 mitten im Siedlerland gebaut und beansprucht den Titel des ältesten Pubs des Landes. Mit seinen preiswerten Gerichten – freitags und samstags abends aus der Thai-Küche – ist es ein beliebtes Etappenziel auf der Strecke Port Alfred–Grahamstown. Hier sind auch Infos über Kanu- und Wanderrouten in der Gegend erhältlich. Möglichst ein Bett im Haupthaus ergattern – die Zimmer haben mehr Stil als die neueren im Garten.

PORT ALFRED

☎ 046 / 32 500 Ew.

Port Alfred ist ein sonderbares Städtchen, teils verwahrloste Küstenstadt, teils gehobener Ferienort – ein anschauliches Beispiel für die miserable Finanzlage der Provinz einerseits und die Zurschaustellung von Stil und Coolness andrerseits. Wie es sich präsentiert, hängt vor allem von der Saison ab: In ruhigen Zeiten ist es hier bieder und still, außer an den Wochenenden, wenn die Studenten aus Grahamstown Strand und Pubs bevölkern. Doch in der Hauptsaison (Mitte Dezember bis Januar) pulsiert hier das Leben: Dann kommen Leute von überall her aus der Provinz, um die Urlaubsatmosphäre zu genießen. Leider steigen dann auch die Preise.

Praktische Informationen

Palms Video (☎ 046-624 2182; Heritage Mall, Main St.; 0,50 R pro Min.; ⌚ 9–20 Uhr) Internetzugang.

Tourism Port Alfred (☎ 046-624 1235; www.portalfred.net; Causeway Rd.; Mo–Fr 8–16.30, Sa 8.30–12 Uhr) In diesem Büro nahe der Stadtverwaltung am Westufer des Kowie River gibt es Broschüren über Unterkunft, Rundgänge und Kanurouten.

Aktivitäten

Reiter kommen gern nach Port Alfred. Wer sich für Ausflüge zu Pferde interessiert, melde sich bei **Fish River Horse Safaris** (☎ 046-675 1271; www.fishriverhorsesafaris.co.za; Ausritt 2½ Std. 180 R, 5 Std. 500 R). Hier werden täglich Ausritte am Strand oder durch das Buschland angeboten. Erfahrene Reiter können auch länger im Sattel bleiben, um beide Gelände ausgiebig zu erkunden.

Surfer freuen sich über geniale rechts- und linksbrechende Wellen an der Flussmündung, Golfer über den herrlichen **Royal Port Alfred Golf Course** (☎ 046-624 4796; St. Andrews Rd.; 18 Loch rd. 200 R), einen von vier „Royals" in Südafrika. Dann gibt es noch einen 8 km langen **Wanderweg** durch das Kowie Nature Reserve – Karten (6,50 R) sind im Touristeninformationsbüro erhältlich. Besonders Aktive können mit **Rufanes River Trails** (☎ 041-624 1469) verschiedene Mountainbiketrails befahren.

Der zweitägige **Kowie Canoe Trail** (☎ 041-624 2230; pro Pers. 80 R) ist eine relativ einfache 18 km lange Kanuroute, von Port Alfred flussaufwärts, mit einer Übernachtung in einer Hütte im Horseshoe Bend Nature Reserve. Matratzen, Wasser und Holz sind vorhanden, Proviant und Bettzeug sind mitzubringen.

Keryn's Dive School & Maximum Exposure (☎ 046-624 4432; keryn@compushop.co.za; NAUI-Scubadivingkurs 1485 R, Fortgeschrittenenkurs 1100 R) bietet Tauchkurse und zahlreiche andere Aktivitäten an. Beste Zeit zum Tauchen ist von Mai bis August. Die Sicht ist nicht gerade überwältigend (5 bis 8 m), doch sind sehr viele Großfische, Weichkorallen und Sandtigerhaie zu entdecken. Derselbe Anbieter vermietet auch Sandboards (2 Std. 50 R) und Kanus mit einer Karte, die die Route auf dem Fluss verzeichnet (ein halber Tag 70 R). Wasserski kostet 320 R pro Stunde und pro Boot (drei Personen). Keryn's befindet sich in dem kleinen Bootshafen der Royal Alfred Marina.

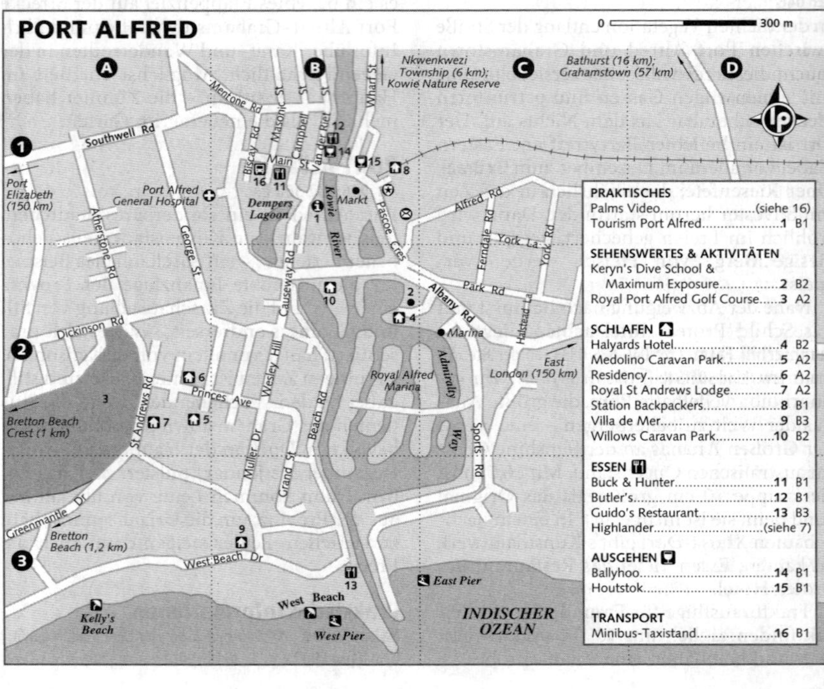

Schlafen

Tourism Port Alfred hält eine Liste der zahlreichen B&Bs in der Stadt bereit. Aufgrund der extrem schwankenden Auslastung steigen die Preise oft drastisch während der Touristensaison im Dezember und Januar sowie über Ostern.

BUDGETUNTERKÜNFTE

Willows Caravan Park (☎/Fax 046-624 5201; an der Albany Rd.; Stellplatz HS/NS 30/100 R) Direkt am Fluss gelegen, Stellplätze mit Strom, älteres Publikum.

Station Backpackers (☎ 046-624 5869; Pascoe Cres.; B/DZ 70/180 R) Auf die angrenzende Sportsbar wurde eindeutig mehr Mühe verwandt als auf das Hostel, das im alten Bahnhof untergebracht ist. Was dazu führt, dass die Gäste sich vermutlich mehr dort aufhalten als in den dunklen, muffigen Zimmern oder der verdreckten Küche des Hostels.

Medolino Caravan Park (☎ 046-624 1651; www.caravanparks.co.za/medolino; 23 Stewart Rd.; Stellplatz 100 R, 2-/4-Bett-Chalet 320/425 R) Das Gelände an der Princes Avenue mitten in der Stadt liegt zwischen Kowie River und Kelly's Beach. Die Chalets kosten in der Hauptsaison das Doppelte.

Bretton Beach Crest (☎ 046-624 1606; www.brettonbeach.co.za; Freshwater Rd.; Selbstversorger-Cottage ab 235 R) Reizvolle Ansammlung von einzeln stehenden Strandcottages, 3 km von der Mündung des Kowie River entfernt. Wunderschöner Meerblick und ordentliche Zimmer 100 m vom Strand. Starker Preisanstieg in der Hauptsaison.

MITTELKLASSEHOTELS

Residency (☎ 046-624 5382; www.theresidency.co.za; 11 Vroom Rd.; EZ/DZ mit Frühstück 260/460 R) Nettes B&B in einem prächtig restaurierten viktorianischen Haus von 1898. Die wunderschönen Zimmer sind mit frei stehenden Emaillebadewannen ausgestattet, die Wände holzverkleidet, über die Betten sind gemusterte Baumwolltagesdecken geworfen. Das üppige Frühstück wird auf der Veranda serviert. Achtung: hohe Preise in der Hauptsaison.

Villa de Mer (☎ 046-624 2315; www.villademer.co.za; 22 West Beach Dr.; EZ/DZ mit Frühstück ab 295/590 R; ❄ 🅿) Großes, helles, ultramodernes 4-Sterne-B&B direkt am Strand. Die schicken Zimmer sind alle mit einem Kühlschrank ausgestattet.

Royal St. Andrews Lodge (☎ 046-624 1379; www.compushop.co.za/standrew; 19 St. Andrews Rd.; EZ/DZ mit Frühstück 320/550 R; ❄ 🅿) Dieses altmodische pseudoschottische Pub-Gasthaus gegenüber dem Golfplatz beherbergt ein paar putzige Zimmer in viktorianischem Stil, im Garten gibt es moderne Selbstversorgerunterkünfte. Das Restaurant Highlander (s. unten) verdient eine Extraerwähnung.

Halyards Hotel (☎ 046-604 3300; www.riverhotels.co.za; Royal Alfred Marina, Albany Rd.; EZ/DZ mit Frühstück 515/655 R; ❄ 🅿 ♿) Gemütliches, hübsches Hotel direkt am Wasser im Cape-Cod-Stil. Große gut ausgestattete Zimmer mit Blick über den Hafen. Das Innere ist hell und luftig, mit viel Korb und schwarz-weißen Fliesenböden.

Essen & Ausgehen

Butler's (☎ 046-624 3464; 25 Van der Riet St.; Gerichte 45–95 R; 🕑 Mi–Mo Mittag- & Abendessen) Eines der besten Restaurants des Landes und somit das kulinarische Topereignis der Stadt. Die phantasievolle, häufig wechselnde Karte enthält immer eine hervorragende Auswahl an Fisch und Meeresfrüchten (z.B. den legendären Kowie African Dream, gegrillter Fisch in Fruchtsauce), aber die Gourmetköche zaubern praktisch alles auf den Teller, was das Herz begehrt.

Guido's Restaurant (☎ 046-624 5264; West Beach Dr.; Gerichte 20–45 R; 🕑 Mittag- & Abendessen) Trendiges Pizza-und-Pasta-Restaurant am Strand. Der Service ist etwas zäh, dafür ist die Atmosphäre lebhaft, vor allem samstags und sonntags, wenn die Studenten aus Grahamstown kommen.

Buck & Hunter (☎ 046-624 5960; Main St.; Gerichte 35–55 R; 🕑 Mittag- & Abendessen, Feb.–Nov. So geschl. außer Ostern) Bodenständiges Pub-Restaurant, wo gestandene Männer Wildgerichte wie Kudu und Strauß bestellen. Die Karte führt außerdem nicht weniger als 35 Pizzen auf, darunter sechs vegetarische.

Highlander (☎ 046-624 1379; 19 St. Andrews Rd.; Gerichte 40–65 R; 🕑 Mittag- & Abendessen) Das britisch anmutende Pub-Restaurant in der Royal St. Andrews Lodge ist gemütlich und bringt hochwertiges Essen auf den Tisch, darunter ausgezeichnete King Prawns. Donnerstags und samstags abends Livemusik.

Houtstok (☎ 073-143 7541; Ecke Wharf St. & Main St.) Houtstok ist Afrikaans für „Woodstock", trotzdem ist der Laden keine Hippiekneipe. Am Eingang steht zur Begrüßung ein einarmiger Bandit, eine Tafel listet offene Zechen auf, und die Preisliste macht Hoffnung auf einen langen Abend.

Ballyhoo (☎ 046-624 9062; 33 Van der Riet St.) Draußensitzen am Kowie River, Livemusik jeden Mittwoch, Freitag und Samstag – das „Marktgeschrei" ist einer der stimmungsvollsten Läden der Stadt.

An- & Weiterreise

Der **Baz Bus** (☎ 021-439 2323) hält Montag, Dienstag, Mittwoch, Freitag und Samstag vor dem Station Backpackers (S. 283) auf seinem Weg von Port Elizabeth (1½ Std.) nach Durban (12 Std.).

Der **Minibus-Taxistand** (Biscay Rd.) befindet sich vor der Heritage Mall. Es gibt tägliche Verbindungen nach Port Elizabeth (50 R), Grahamstown (22 R) und East London (R65). Die Fahrt nach Bathurst (9 R) gehört zum innerstädtischen Busverkehr.

ÖSTLICHE KAROO

Nur wer absolut keinen Sinn für die Natur hat oder unter übersteigerter Angst vor Durst leidet, wird von der östlichen Karoo unberührt bleiben.

Die riesige Halbwüste erstreckt sich als vegetionsarmes Gebiet von der Kapküste aus landeinwärts über das große südafrikanische Hochland.

Die südöstlichen Ausläufer der Karoo warten mit der wunderschönen Stadt Graaff-Reinet, mit der erstaunlichen Landschaft als vegetationsarmes Gebiet des Mountain Zebra National Park und der faszinierenden Künstlergemeinschaft Nieu Bethesda auf. Es ist eine der interessantesten Gegenden der Region. Das überwältigende Gefühl von Weite und Frieden steht in scharfem Kontrast zu der quirligen, manchmal fast überspannten Küste.

Von Dezember bis Februar erreichen die Temperaturen in den Städten der Karoo bis zu 45° C, im März/April kühlt es etwas ab. Im Juni/Juli fällt das Thermometer hingegen auf –5° C, mit Frost und Schnee in den Bergen. Wer gemäßigtes Klima bevorzugt, sollte seine Reise von September bis November planen.

Auf S. 244 finden sich weitere Infos über die zentrale Karoo, auf S. 567 mehr über die nördlichen Abschnitte der Halbwüste.

CRADOCK

☎ 048 / 40 000 Ew.

Das geschäftige Landwirtschafts- und Handelszentrum im Farmerbezirk am Great Fish River wurde 1813 als militärischer Außenposten errichtet und wirkt auf den ersten Blick ziemlich heruntergekommen. Bei näherem Hinsehen aber sind schöne alte Gebäude zu entdecken, etwa die *tuishuise* (Stadthäuser) und eine Kirche von 1867, die der Londoner Kirche St. Martin-in-the-Fields nachempfunden ist.

Die hilfreiche **Cradock Publicity Association** (☎ 048-881 2383; www.cradock.co.za; Stockenstroom St.) hat ihren Sitz im Rathaus gegenüber dem Spar-Supermarkt, der einen Geldautomaten der ABSA Bank aufweist. Weitere Banken und Automaten befinden sich in der Adderley Street. Bei Redaktionsschluss gab es kein einziges Internetcafé mehr im Ort; am besten im Touristeninformationsbüro nachfragen, ob inzwischen ein neues eröffnet wurde.

Sehenswertes

Das **Olive Schreiner House** (☎ 048-881 5251; 9 Cross St.; statt Eintritt Spende; ⌚ Mo–Fr 8.30–12.45 & 14–16.30 Uhr) ist ein gutes Beispiel für ein typisches Karoo-Haus. Schreiner wurde bekannt durch ihren provokativen Roman *Geschichte einer afrikanischen Farm,* der 1883 erschien, aber selbst für heutige Verhältnisse revolutionäre Ansichten vertritt.

Das **Great Fish River Museum** (☎ 048-881 4509; High St.; statt Eintritt Spende; ⌚ Mo–Fr 8–16 Uhr), 1825 erbaut, war ursprünglich das Pfarrhaus der Dutch Reformed Church. Heute erzählen Exponate vom Leben der burischen Pioniere im 19. Jh.

Schlafen

Aureyana B&B (☎ 048-881 3853; 59 Sprigg St.; EZ/DZ mit Frühstück 140/280 R) Cradocks günstigstes B&B bietet herzlichen Empfang und große saubere Zimmer, zum Teil mit Fernseher. Vielen Lesern hat es dort gut gefallen.

Victoria Manor (☎ 048-881 1650; Ecke Market St. & Voortrekker St.; EZ/DZ 220/400 R) Dieses elegante Gasthaus aus den 1840er-Jahren erinnert mit den massiven Möbeln und den holzgetäfelten Zimmern an ein viktorianisches Museum. Frühstück gibt's für 45 R. Im Anbau günstigere Zimmer (EZ/DZ 120/220 R).

Heritage House B&B (☎/Fax 048-881 3210; 45 Bree St.; EZ/DZ mit Frühstück 220/350 R; 🅟) Das schlichte

EASTERN CAPE

Heritage House überzeugt mit komfortablen, rustikal eingerichteten Zimmern und wunderbar altmodischer Gastfreundschaft. Möglichst das Cottage in dem wunderbaren Garten mieten, hier warten mehrere leicht verrückte Hunde und ein verspielter Springbock namens Bendy auf Gesellschaft.

Tuishuise Guesthouses (☎ 048-881 1322; www.tuishuise.co.za; 36 Market St.; Cottage mit Frühstück pro Pers. 300 R) In einer der alten Straßen von Cradock wurden achtzehn Cottages liebevoll restauriert. Die Cottages haben unterschiedlich viele Schlafzimmer, alle verfügen über Wohnzimmer mit Kamin, Küche und Garten. Zur Wahl stehen auch kleinere und einfachere Gartencottages mit einem Schlafzimmer (90 R pro Pers.). Frühstück gibt's im Victoria Manor.

Essen & Ausgehen

Cradock hat außer Fastfood kulinarisch nicht wirklich viel zu bieten – am besten in der Unterkunft essen. Im Folgenden ein paar Alternativvorschläge.

Buffalo Dan's (☎ 048-881 4321; Engen Petrol Station, Rte. 61; Gerichte 35 R; 🕑 Mo–Fr Abendessen, Sa Mittagessen) Der Standort ist ein wenig seltsam (gleich neben einer Tankstelle), doch die Einheimischen schwören, dass dies das beste Steakhouse der Stadt sei. Es ist stadtauswärts auf dem Weg zum Mountain Zebra National Park zu finden.

Kaffee en Kie (☎ 048-881 3779; Stockenstroom St.; 🕑 Mo–Sa Frühstück & Mittagessen) Hier gibt's köstliches Frühstück und vernünftigen Kaffee.

Schreiner Tea Room (☎ 072-381 3422; 49 Market St.; 🕑 Mo–Fr Frühstück & Mittagessen, Sa Frühstück) Reizendes Café unweit des *tuishuise*; ideal, um sich von der Hitze zu erholen, nachdem man die örtliche Architektur angemessen gewürdigt hat.

Sportsman's Bar (☎ 048-881 2431; Ecke Stockenstroom St. & Durban St.) Wer Spaß daran hat, zwischen einheimischen Exzentrikern Atmosphäre und Weltweisheit vom Tresen zu tanken, der ist hier richtig.

An- & Weiterreise

Translux (www.translux.co.za) fährt täglich nach Kapstadt (225 R, 10 Std.) via Graaff-Reinet (100 R, 2 Std.).

Die **Shosholoza-Meyl-Bahn** (☎ 0860-008 888) hält hier auf der Strecke zwischen Port Elizabeth (6-/4-Bett-Schlafwagen 90/115 R, 4½ Std.) und Jo'burg (6-/4-Bett-Schlafwagen 210/295 R, 16 Std.).

Die meisten **Minibus-Taxis** starten in den nahen Townships; Auskünfte lassen sich bei den Tankstellen in der Stadt einholen.

MOUNTAIN ZEBRA NATIONAL PARK

Der **Nationalpark** (☎ 048-881 2427; Erw./Kind 60/30 R; 🕑 Okt.–April 7–19, Mai–Sept. 7–18 Uhr), 26 km westlich von Cradock, erstreckt sich über die Nordhänge der Bankberg Range (2000 m) und bietet phantastische Ausblicke über die Karoo. Der Park schützt eines der seltensten Tiere der Welt: das Kap-Bergzebra *(Equus zebra zebra)*. Bergzebras unterscheiden sich von anderen Zebraunterarten

EASTERN CAPE

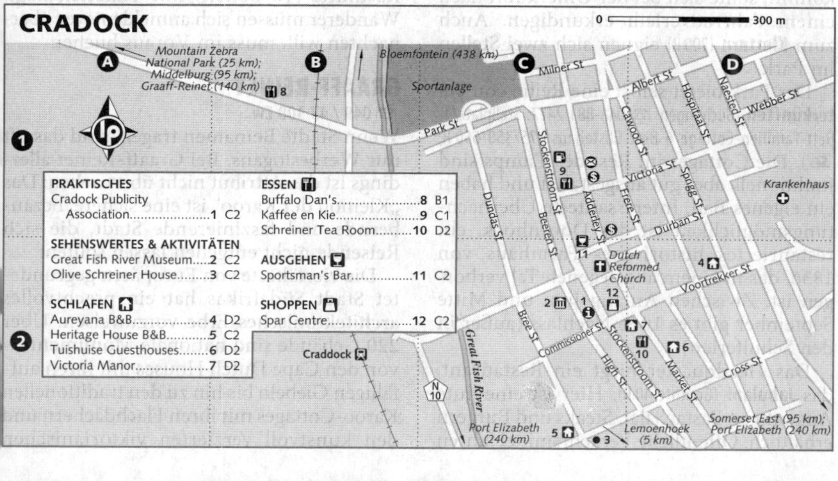

durch ihren kleinen Wuchs, ihre rötlichbraune Nase und ihre Wamme (Hautfalte, die vom Hals herabhängt).

Die friedlichen Weiten des Geländes sind mit Sweetthorn (*Acacia karoo*), wilden Oliven und Sukkulenten bewachsen und von hügeligem Grasland überzogen. Im Park leben zahlreiche Antilopenarten. Größtes Raubtier ist der Karakal, daneben gibt es weitere kleinere Katzenarten, Ginsterkatzen (*genetta*), Löffelhunde (*Otocyon megalotis*) und Schabrackenschakale (*Canis mesomelas*). 200 Vogelarten wurden bislang registriert. Der Parkeingang ist an der Route 61 gut ausgeschildert. Schon bei einem Halbtagsausflug von Cradock aus ist ein guter Eindruck vom Park zu gewinnen. Im Camp gibt es einen Laden und ein Restaurant. Immer montags und donnerstags starten geführte dreitägige **Wanderungen** durch den Park (nur mit mindestens vier Teilnehmern, Kinder erst ab zwölf). Angeboten wird außerdem eine geführte vierstündige Wanderung (50 R). Wandern auf eigene Faust ist ebenfalls möglich – am Empfang gibt es dazu weitere Informationen. Eine **Wildbeobachtungsfahrt** mit Führer kostet pro Erwachsenen 100 R.

Die Straßen durch den Park sind überwiegend unbefestigt, so eignet sich das Gelände auch wunderbar fürs **Mountainbiking**. Es gibt Wegstrecken mit Fahrzeiten von 15 Minuten bis zu fünf Stunden (37 km Schotter durch die Eastern Midlands Nama Karoo). Wer von Cradock oder Graaff-Reinet kommt, sollte sich bei der Unterkunft nach einem Fahrradverleih erkundigen. Auch zum **Klettern** (200 R) eignen sich zwei Stellen im Park.

Der Park bietet selbst eine Reihe von **Unterkünften** (Buchungen ☎ 048-881 2427; Stellplatz/4-Bett-Familien-Cottage/6-Bett-Gästehaus 75/350/650 R; ♿). Die Cottages im Rest des Camps sind funktionell, aber gut ausgestattet und haben ein eigenes Bad. Interessanteste Übernachtungsmöglichkeit ist das Doornhoek, ein restauriertes historisches Farmhaus von 1836, das in einem abgelegenen Tal verborgen ist. Zwischen Anfang Juni und Mitte September gibt es 10 % Nachlass (außer in den Schulferien).

Das Headquarter birgt ein Restaurant, das **Jabulani** (Gerichte 40 R). Hier ist eine gute Auswahl an Pasta, Salat, Steaks und Burgern erhältlich. Öffentliche Verkehrsmittel fahren nicht zum Park, Besucher müssen also mit dem eigenen Wagen anreisen. Bestimmt kann eine der Reiseagenturen in Graaff-Reinet (s. S. 288) einen Tagesausflug für Gruppen organisieren.

SOMERSET EAST

☎ 042 / 20 000 Ew.

Die hübsche alte Stadt am Fuße der Bosberg Range (1600 m) wird auch oft „Oase der Karoo" genannt. Aufgrund der umliegenden Berge fallen hier im Durchschnitt 600 mm Regen im Jahr. Wer das trockene Land im Norden und Süden durchquert hat, kann angesichts der üppigen Wälder auf den Berghängen seinen Augen kaum trauen. Öffentliche Verkehrsmittel fahren nicht nach Somerset East. Besucher, die mit dem eigenen Auto unterwegs sind, nutzen den Ort oft als Etappenziel.

Das **Somerset East Tourist Office** (☎ 042-243 1333; www.somerseteast.co.za; Nojoli St.; 🕓 Mo–Fr 7.45–13 & 13.45–16.30 Uhr) hält Infos über die Gegend bereit.

33 km von Somerset East entfernt liegt das **Bosberg Nature Reserve**, das sich über 2000 ha dicht bewaldete Schluchten und Grasland erstreckt. Die bekanntesten unter den großen hier heimischen Tierarten sind Kap-Bergzebra und Buschbock (*Tragelaphus scriptus*). 83 Vogelarten wurden nachgewiesen. Durch den Park führen mehrere Wanderrouten, darunter der 15 km lange **Bosberg Hiking Trail** (Buchungen ☎ 042-243 1333; pro Pers. 35 R), ein Rundwanderweg, an dem eine Rasthütte (10 Betten) mit Toiletten liegt. Wanderer müssen sich anmelden; wer übernachten will, muss im Voraus buchen.

GRAAFF-REINET

☎ 049 / 43 300 Ew.

Wenn Städte Beinamen tragen, sind das oft nur Werbeslogans. Bei Graaff-Reinet allerdings ist das Attribut nicht übertrieben: Das „Kleinod der Karoo" ist eine sichere, bezaubernde und faszinierende Stadt, die sich Reisende nicht entgehen lassen sollten.

Die viertälteste von Europäern gegründete Stadt Südafrikas hat ein prachtvolles architektonisches Erbe vorzuweisen: Über 220 Gebäude sind nationale Monumente – von den Cape Dutch Houses mit ihren auffälligen Giebeln bis hin zu den traditionellen Karoo-Cottages mit ihren Flachdächern und den kunstvoll verzierten viktorianischen

Villen. Hinzu kommen das charmant-schrullige Kleinstadtambiente, einige preiswerte Unterkünfte und zahlreiche schräge Vögel, die das Städtchen bevölkern.

Das wilde und schöne Karoo Nature Reserve ist von Graaff-Reinet in fußläufiger Entfernung erreichbar.

Geschichte

Im 18. Jh. war das Land hinter dem Cape eine wilde und gefährliche Gegend. Buren lieferten sich immer wieder Scharmützel mit den Khoi Khoi auf dem Sneeuberg und mit den Xhosa auf der Ostseite des Great Fish River. Die Siedlung, die ihren Namen dem ehemaligen Provinzgouverneur van der Graaff und seiner Frau Reinet verdankt, wurde zum Außenposten in einer unwirtlichen Landschaft. Als vierter Bezirk der Kapkolonie wurde der Ort zur *drostdy* ernannt, zum örtlichen Regierungssitz. Die Briten hofften, damit ein wenig Recht und Ordnung durchzusetzen – allerdings vergeblich. Die Bürger der Stadt warfen den Landverwalter bald hinaus und errichteten eine unabhängige Republik. Es dauerte nicht lange, da hatten die Briten die Kontrolle wieder an sich gerissen; freilich mussten sie sich von Stund an verstimmten Buren und einer Streitmacht aus Khoi Khoi- und Xhosa-Kriegern erwehren.

Anfang bis Mitte des 19. Jhs. begann der legendäre Große Treck von Buren, die der Staatsgewalt in Kapstadt zu entfliehen versuchten. Graaff-Reinet wurde eine bedeutende Etappe für die Voortrekker auf ihrem Weg nach Norden.

Orientierung & Praktische Informationen

Graaff-Reinet liegt am Fuße der prächtigen Sneeuberg Range an einer Schleife des Sundays River. Das Zentrum der Stadt ist kompakt und sicher – sie zu Fuß zu erkunden, ist nicht nur möglich, sondern ausdrücklich zu empfehlen.

ABSA Bank (Church St.) Unweit der Dutch Reformed Church.

Graaff-Reinet Publicity Association (☎ 049-892 4248; www.graaffreinet.co.za; Church St.; ⌚ Mo–Fr 8–17, Sa & So 9–12) Hat eine Fülle von Karten und Infos über Unterkünfte in der Gegend.

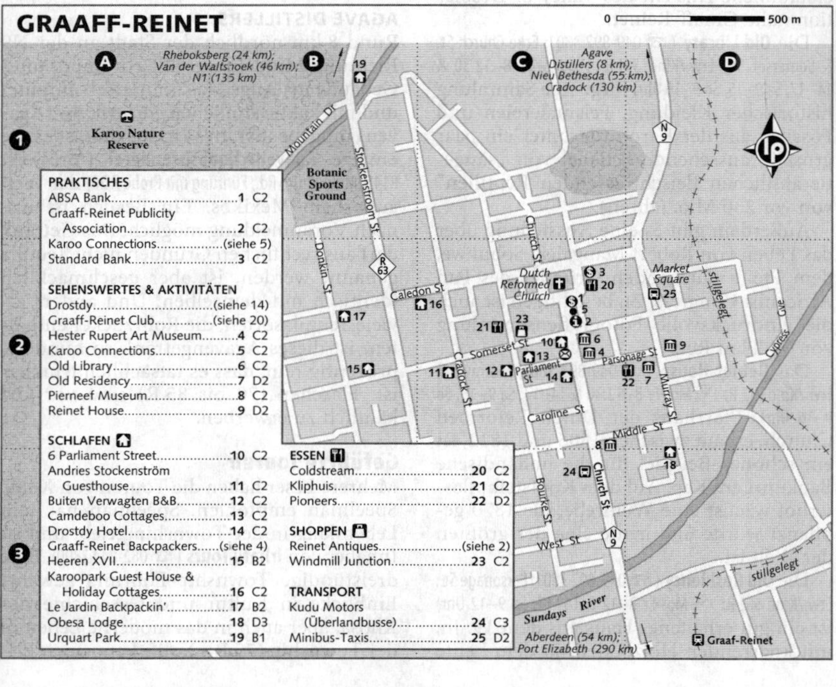

Karoo Connections (☎ 049-892 3978; www.karootours.co.za; Church St.) Internetzugang, neben der Publicity Association.
Standard Bank (Caledon St.)

Sehenswertes

MUSEEN

Ein **Museumspass** (☎ 049-892 3801; Pass 16 R) ermöglicht Zutritt zu allen vier Museen der Stadt. Dieser gilt nicht am Sonntag.

Das **Hester Rupert Art Museum** (☎ 049-892 2121; Church St.; Erw./Kind 5/3 R; ⌚ Mo–Fr 9–12.30 & 14–17, Sa & So 9–12 Uhr) war ursprünglich eine Kirche der Dutch Reformed Mission Church und wurde 1821 geweiht. Das wunderbare Innere und die Dauerausstellung mit Gemälden und Skulpturen ist erfrischend modern nach all dem viktorianischen Pomp in den anderen Museen der Stadt.

Pierneef Museum (☎ 049-892 6107; Middle St.; Eintritt frei; ⌚ Mo–Fr 9–12.30 & 14–17 Uhr) ist ein weiteres sehr interessantes Museum für zeitgenössische Kunst. Es beherbergt eine Reihe von Tafeln des südafrikanischen Künstlers Jacob Hendrik Pierneef. Unter seinen fast japanisch anmutenden Gemälden ist eine erstaunliche Ansicht des Valley of Desolation nahe Graaff-Reinet.

Die **Old Library** (☎ 049-892 3801; Ecke Church St. & Somerset St.; Erw./Kind 5/4 R; ⌚ Mo–Fr 8–12.30 & 14–17, Sa 9–15, So 9–16 Uhr) birgt eine Sammlung historischer Kleidung, Felsmalereien und Fossilen aus der Karoo (darunter ein paar gruselig aussehende Schädel von „säugetierähnlichen fleischfressenden Reptilien" von vor 230 Mio. Jahren).

Außerdem gibt es eine Ausstellung über das Leben von Robert Mangaliso Sobukwe, dem Pfeife rauchenden Gründer des Pan Africanist Congress. Zu besichtigen ist auch die eindrucksvolle Fotografiensammlung von William Roe.

Das **Reinet House** (☎ 049-892 3801; Murray St.; Erw./Kind 7/2 R; ⌚ Mo–Fr 8–12.30 & 14–17, Sa 9–15, So 9–16 Uhr), Pfarrhaus der Dutch Reformed Church, erbaut zwischen 1806 und 1812, ist ein schönes Beispiel für die holländische Baukunst am Kap. Auf dem Kopfsteinpflasterhof wächst eine Weinrebe, die 1870 gepflanzt wurde und heute eine der größten der Welt ist.

Die **Old Residency** (☎ 049-892 3801; Parsonage St.; Erw./Kind 5/2 R; ⌚ Mo–Fr 8–12 & 14–17, Sa 9–12 Uhr) ist ein gut erhaltenes Haus aus dem 19. Jh. mit knarrenden Holzböden, in dem heute eine große Schusswaffensammlung zu besichtigen ist.

DROSTDY

Die Residenz des Landdrostes wurde *drostdy* genannt. Sie umfasste Büro und Gerichtssaal sowie die Privatgemächer. Die **Drostdy** von Graaff-Reinet (Church St.) wurde 1806 erbaut. Einen Blick lohnt die alte Sklavenglocke. Sie wurde restauriert und in einem Akt grausamer Ironie von Apartheid-Premier B. J. Vorster enthüllt. Heute beherbergt die *drostdy* ein Hotel (s. S. 290).

GRAAFF-REINET CLUB

Eine etwas andere Attraktion ist der **Graaff-Reinet Club** (Church St.), einstmals einer jener Clubs, zu dem nur Männer Zutritt hatten, und der zweitälteste seiner Art in Südafrika. Wände und Flure sind mit zahlreichen Jagdtrophäen verziert, darunter auch ein paar gigantische Elefantenfüße, die jemand tatsächlich in Weinkühler umgewandelt hat! Terrence und Nita Gush vom Le Jardin Backpackin' (s. S. 289) können eine Einladung besorgen.

AGAVE DISTILLERS

Rund 8 km nördlich der Stadt an der N9 Richtung Middelburg fällt ein imposantes Gebäude ins Auge, das militärisch anmutet und mit kaktusähnlichen *garingbome* (Agaven) umgeben ist. In Wirklichkeit ist es die einzige **Agavenschnapsbrennerei** (☎ 049-891 8145; Middelburg Rd.; Führung mit Probe R 20) der Welt außerhalb Mexikos. Ein Besuch ist nur nach Voranmeldung möglich. Das Getränk darf aus rechtlichen Gründen nicht Tequila genannt werden, ist aber geschmacklich identisch mit demselben. Und anders als viele Tequilasorten, die Rohrzucker enthalten, ist dieses Agavengetränk so hundertprozentig rein, dass es tatsächlich trinkbar ist. Flaschen (70 bis 85 R) sind vor Ort käuflich zu erwerben.

Geführte Touren

Mehrere Leser haben die Touren von Xolile Speelman empfohlen. Speelman hat sein Leben lang in der Township gelebt und ist Inhaber von **Irhafu Tours** (☎ 082-844 2890). Eine dreistündige Township-Führung gewährt Einblicke in Kultur und Geschichte der Xhosa, aber auch in das moderne Leben in der Township (75 R). Xolile kann auch Privatunterkünfte (Homestays) und gemeinschaftliche Mahlzeiten organisieren.

Karoo Connections (☎ 049-892 3978; www.karootours.co.za; Church St.) bietet Ausflüge bei Sonnenuntergang ins Valley of Desolation (180 R; Sundowner gibt's auf Anfrage – am meisten gefragt ist Gin-Tonic), nach Nieu Bethesda, zum Owl House (225 R) und in das Karoo Nature Reserve (145 R) an. Der Veranstalter organisiert auch Rundgänge durch Townships, Exkursionen zur Wildbeobachtung, Rundflüge mit dem Ultraleichtflugzeug, Wanderungen und einfache Stadtführungen.

Schlafen

Graaff-Reinet kann mit einer breiten Palette an Unterkünften aufwarten. Die meisten sind im Vergleich zu anderen Städten am Eastern Cape richtig preiswert. Die Publicity Association ist bei der Buchung von Hotels behilflich.

BUDGETUNTERKÜNFTE

Graaff-Reinet Backpackers (☎ 049-892 5334; Ecke Church St. & Parsonage St.; B 85 R, DZ/3BZ/4BZ mit Gemeinschaftsbad 200/270/340 R; 💻) Diese ziemlich neue Unterkunft punktet mit ihrer Lage, muss aber in Sachen Erfahrung und Atmosphäre noch aufholen. Sie ist im historischen Gebäude der „Colonial Trust Corporation" untergebracht, die Zimmer sind angenehm luftig und hell.

Le Jardin Backpackin' (☎ 049-892 5890, 082-644 4938; Ecke Donkin St. & Caledon St.; EZ/DZ mit Gemeinschaftsbad R90/180; ❄) Beliebte Unterkunft für müde Ruchsacktouristen, die ein bisschen gehätschelt werden wollen; mit schlichten Zimmern und einem großen Garten zu sehr guten Preisen. Die Wirtsleute Terrence und Nita Gush geben alles, damit sich ihre Gäste wohlfühlen. Und sie wissen alles über die Attraktionen der Gegend. Unbedingt vorher buchen.

MITTELKLASSEHOTELS

Urquart Park (☎ /Fax 049-892 2136; Stockenstroom St.; Stellplatz/Rondavel/Bungalow/Chalet 50/100/120/300 R) Im Norden der Stadt nahe dem Van Ryneveld Dam liegt das Urquart mit schönem Blick auf den Karoo National Park. Die gut ausgestatteten Chalets verfügen über eine eigene Küche.

Obesa Lodge (☎ 082-588 5900; www.graaffreinet.co.za; 64 Murray St.; EZ/DZ ohne Frühstück 140/230 R, 2-Zimmer-Cottage 350 R; 🏊 ❄) Ganz anders als all die anderen traditionellen Unterkünfte von Graaff-Reinet ist die Obesa Lodge – eine ganze Straße ist mit psychedelisch bunten Cottages gesäumt, die altvertraute Namen wie „Moody Blues" oder „Bad Mama" tragen. Alle sind fröhlich eingerichtet und bieten Koch- und Grillgelegenheit. Gegenüber der Lodge liegt der Kaktusgarten des Inhabers, in dem Kakteen und Sukkulenten (Dickblattgewächse) aus aller Welt zu bestaunen sind. Manche davon sollen eine nicht mit Worten zu beschreibende halluzinierende Wirkung haben.

Karoopark Guest House & Holiday Cottages (☎ 049-892 2557; www.karoopark.co.za; 81 Caledon St.; EZ/DZ 180/250 R; 🏊) Das nette Karoopark bietet schöne Cottages sowie komfortable, wenn auch ziemlich plüschige Zimmer im Gästehaus. Im Restaurant gibt es abends frisch zubereitetes Essen à la carte, Frühstück kostet 40 R.

6 Parliament Street (☎ 049-892 6059; 6 Parliament St.; Zi. 250 R) Das nostalgisch gestaltete Cottage ist ideal für eine Gruppe von sechs Leuten – die drei Schlafzimmer teilen sich zwei Bäder. Holzböden und Antiquitäten schaffen eine Atmosphäre wie im Reinet House oder im Old Residency. Das altmodische Flair wird aber durch ein paar moderne Kleckse, wie Satellitenfernsehen und Stereoanlage, aufgelockert oder – je nach Auffassung – zerstört. Buchung (mit Frühstück, wenn gewünscht) erfolgt durch die Firma Pioneers in der Parsonage Street (s. S. 290).

Buiten Verwagten B&B (☎ 049-892 4504; www.buitenverwagten.co.za; 58 Bourke St.; EZ/DZ mit Frühstück ab 340/480 R; 💻 🏊) Das schöne Buiten Verwagten („wider Erwartens") inmitten eines reizenden Gartens bietet wunderbare Zimmer mit Kochgelegenheit, die alle individuell eingerichtet sind.

Camdeboo Cottages (☎ 049-892 3180; www.karoopark.co.za; 16 Parliament St.; 4-Bett-Cottage 420 R; 🏊) Die einfachen, aber charmanten Camdeboo Cottages für Selbstversorger sind restaurierte Karoo-Häuser. Manche davon haben noch Reetdeckenverkleidungen und Böden aus Yellowwood. Es gibt einen Swimmingpool und eine *braai*-Stelle zum gemeinschaftlichen Schmaus am Holzkohlegrill. Das Wort *Camdeboo* heißt in der Sprache der Khoi Khoi „grüne Täler" und bezeichnet die Vertiefungen in der Umgebung von Graaff-Reinet.

SPITZENKLASSEHOTELS

Heeren XVII (☎ 049-891 0404; www.heerenxvii.co.za; 104 Somerset St.; EZ/DZ mit Frühstück 325/650 R;) Herz der Anlage ist das 1817 von Thomas Perry, dem ersten Arzt im Bezirk, erbaute Haus. Außenherum verteilen sich in einem großen Garten eine Reihe von äußerst eleganten Cottages. Die luxuriösen Häuschen (für bis zu sechs Personen) haben keine Kochgelegenheit. Das im Freien servierte Frühstück aber ist so üppig, dass sich das Kochen erübrigt.

Drostdy Hotel (☎ 049-892 2161; www.drostdy.co.za; 30 Church St.; EZ/DZ 410/640 R;) Kernstück dieses schönen alten Hotels ist die restaurierte *drostdy* von Graaff-Reinet. Das Gerichtscafé, von Obstbäumen umgeben und vom Duft der Blumen aus dem herrlichen Garten durchweht, ist besonders bezaubernd. Rezeption und Hotelrestaurant befinden sich in der *drostdy*, die Gäste wohnen in restaurierten Cottages aus dem 19. Jh. am Stretch's Court, die ursprünglich für freigelassene Sklaven errichtet worden waren.

Andries Stockenström Guesthouse (☎ 049-892 4575; 100 Cradock St.; EZ/DZ mit Frühstück 730/960 R;) Sehr exklusives B&B mit allem Komfort und berühmt für sein hervorragendes Restaurant. Die Haute Cuisine mit Karoo-Touch ist den Gästen vorbehalten. Wer in den Genuss der preisgekrönten Kreationen kommen will, muss also buchen. Sonntags kein Abendessen.

Essen

Pioneers (☎ 049-892 6059; 3 Parsonage St.; kleine Gerichte 10–30 R, Hauptgerichte 60 R; Frühstück, Mittag- & Abendessen) In diesem Café-Restaurant werden mittelmäßige Sandwiches, aber köstliche Kuchen und üppiges Frühstück serviert. Zur Straßenseite hin gibt es Sitzplätze im Freien. Touristeninfo, Internetcafé und ein Souvenirladen sind angeschlossen.

Kliphuis (☎ 049-892 2345; 46 Bourke St.; Gerichte 40–65 R; Di–Sa Frühstück, Mittag- & Abendessen, So Mittag- & Abendessen) Das Kliphuis ist eines der beliebtesten Restaurants von Graaff-Reinet. Spezialität ist das Carvery-Fleischbüfett mit Karoolamm oder -hirsch. Die übrige Karte bietet angenehm fettarme Gerichte, darunter Moussaka und Quiche. Gute Weinkarte und ein paar Unterkunftsmöglichkeiten – wenn der Wein allzu süffig war.

Coldstream (☎ 049-891 1181; 3 Church St.; Gerichte 45–60 R; Mo–Sa Frühstück, Mittag- & Abendessen) Hervorragendes Restaurant in einem ausgebauten Privathaus nahe der Dutch Reformed Church. Die Küche setzt auf neue Varianten altbekannter Rezepte, etwa die Schimmelkäse-Biltong-Quiche und das wunderbare Trio von Rind, Strauß und Kudu oder Springbock.

Shoppen

In Graaff-Reinet gibt es schöne Läden, in denen praktisch alles zu bekommen ist, von Gebrauchsgegenständen und Karoo-Kunsthandwerk bis zu Designerklamotten.

Windmill Junction (☎ 049-892 4504; www.windmilljunction.co.za; Somerset St.) Gute Adresse für einheimische Produkte wie Kunsthandwerk, Feinkost oder handgemachte Seife.

Reinet Antiques (☎ 049-892 4221; Church St.) Riesige Auswahl an hochwertigen Antiquitäten aus der Vortrekker-Zeit.

An- & Weiterreise

BUS

Überlandbusse halten bei **Kudu Motors** (Church St.). Die Publicity Association dient auch als Translux-Büro. Translux legt hier einen Stopp ein auf dem Weg von Kapstadt (250 R, 8½ Std.) nach Queenstown (140 R, 3 Std.) via Cradock (120 R, 1½ Std.) und auf dem Weg in die nähere Metropole Port Elizabeth (200 R, 3 Std.).

Intercape (www.intercape.co.za) kommt täglich durch Graaff-Reinet auf dem Weg nach Jo'burg (310 R, 11 Std.).

MINIBUS-TAXIS

Minibus-Taxis starten am Market Square. Zu den wichtigsten Zielen gehören Port Elizabeth (100 R), Kapstadt (220 R) und Jo'burg (320 R).

RUND UM GRAAFF-REINET

Farm Trails

Mehrere Farmer der Camdebooregion bieten Rundgänge und Aktivitäten auf ihren herrlichen Besitzungen an.

Die **Rheboksberg-Farm** (☎ 049-891 8004; EZ/DZ mit Frühstück 110/220 R), 24 km nordwestlich von Graaff-Reinet, ist wärmstens zu empfehlen. Für 40 R extra gibt's auch Abendessen.

Rund 46 km nordwestlich von Graaff-Reinet liegt die historische **Van-Der-Waltshoek-Farm** (☎ 049-845 9007; EZ/DZ mit Frühstück 130/160 R) mit hervorragenden Wandermöglichkeiten. Abendessen kostet 50 R.

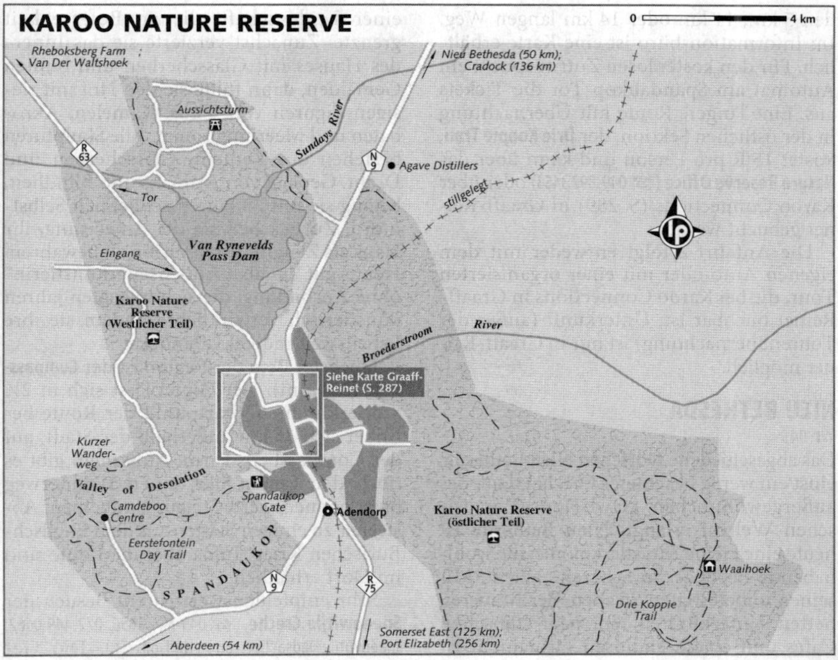

KAROO NATURE RESERVE

Dank einer Spende des World Wildlife Fund im Jahr 2005 wird das Karoo Nature Reserve bald ein Nationalpark unter der Schirmherrschaft der Nationalparkverwaltung SAN Parks sein. Das Naturschutzgebiet, das Graaff-Reinet umgibt und 16 000 ha Karoo-Bergsteppenland schützt, wird Teil des internationalen Marketingnetzwerkes von SAN Parks und in das Wild-Card-System (s. S. 89) integriert. Über den Namen herrscht noch keine Einigkeit– es soll natürlich die Verwechslungsgefahr mit dem Karoo National Park nahe Beaufort West vermieden werden.

Es gibt viele Tiere hier, doch der eigentliche Hingucker sind die spektakulären Felsformationen und phantastischen Ausblicke über die Stadt und die Ebene. Der Park ist in drei Hauptsektionen unterteilt: Das Gebiet für die Wildbeobachtung nördlich des Damms, die Sektion im Westen mit dem Valley of Desolation und die östliche Sektion mit den mehrtägigen Wanderrouten. Geplant ist, den Park mit dem Mountain Zebra National Park zusammenzulegen und so ein einzigartiges, umfassendes Karoo-Erlebnis zu schaffen.

In der **Wildlife-Viewing Area** (Eintritt frei; 🕑 7 Uhr–Sonnenuntergang) tummeln sich Büffel, Elenantilopen, Kudus, Kuhantilopen, Gnus, Springböcke, das seltene Kap-Bergzebra und viele weitere Säugetiere. Zur Vogelwelt gehören verschiedene Greife, Paradieskranich (*Tetrapteryx paradisea*) und Riesentrappe (*Ardeotis kori*). Besucher müssen im Fahrzeug bleiben.

Das **Valley of Desolation** (Eintritt frei; 🕑 24 Std.) ist die beliebteste Attraktion des Naturschutzgebietes: ein überwältigendes Tal mit phantastischen Ausblicken – die zerklüfteten Doloritgesteinsäulen erheben sich mächtig vor den endlosen Weiten der Karoo. Graaff-Reinet, das sich in die Flussschleife des Sundays River schmiegt, ist von hier aus ebenfalls zu sehen. Das Tal ist mit dem Auto über eine steile, aber befestigte Straße zu erreichen, der 1,5 km lange Rundweg ist beschildert. Die beste Zeit für einen Besuch ist Sonnenauf- oder -untergang.

Der **Eerstefontein Day Trail** führt durch die westliche Sektion und bietet drei Optionen:

den 5 km, 11 km oder 14 km langen Weg. Im Informationsbüro ist eine Karte erhältlich. Für den kostenlosen Zutritt spuckt ein Automat am Spandaukop-Tor die Tickets aus. Eine längere Route mit Übernachtung in der östlichen Sektion, der **Drie Koppie Trail**, kostet 15 R pro Person und kann über das **Nature Reserve Office** (☎ 049-892 3453) oder über Karoo Connections (S. 289) in Graaff-Reinet gebucht werden.

Die Anfahrt erfolgt entweder mit dem eigenen Auto oder mit einer organisierten Tour, die bei Karoo Connections in Graaff-Reinet buchbar ist. Unterkunft (außer der Tourenübernachtung) ist nur in Graaff-Reinet möglich.

NIEU BETHESDA

☎ 049

Das abgeschiedene Dörfchen Nieu Bethesda, einst ein wenig beachteter Ort, hat dank des außergewöhnlichen „Owl-House" inzwischen Weltruf erlangt. Nieu Bethesda ist heute eine kleine Künstlerkolonie, die wohlhabende Europäer in Scharen anzieht. Mit seinen unbefestigten Straßen, der Brauerei, netten Unterkünften, ein paar hübschen Cafés und einem endlosen Firmament ist das Dorf bestens geeignet, um sich mal für ein paar Tage zurückzuziehen und über das Leben zu sinnieren.

Nieu Bethesda liegt 55 km von Graaff-Reinet entfernt. Die Fahrt dorthin ist landschaftlich sehr reizvoll; im Hintergrund erhebt sich monumental die Sneeuberg Range. Zwischen Graaff-Reinet und Middelburg zweigen mehrere unbefestigte Straßen von der N9 ab. Bitte beachten: Tankstellen gibt es in Nieu Bethesda nicht.

Sehenswertes & Aktivitäten

Das **Owl House** (☎ 049-841 1603; Erw./Kind & Student 15/8 R; ⌚ Nov.–April 8–18 Uhr, Mai–Okt. 9–17 Uhr) hat Nieu Bethesda bekannt gemacht, und wie das kommt, ist leicht zu verstehen. Der faszinierende Bau war Wohnhaus, Atelier und Lebenswerk von Helen Martins (1898–1976) und ihrem langjährigen Assistenten Koos Malgas.

Als sie einmal krank im Bett lag, beschloss „Miss Helen" – von den Stadtbewohnern stets als Außenseiterin betrachtet – Licht und Farbe in ihr fades, isoliertes Leben zu bringen und ihre Umgebung umzugestalten. In den folgenden 30 Jahren arbeitete sie mit einer Leidenschaft, die an Besessenheit grenzte. Zunächst verzierte sie das Innere des Hauses mit Glasscherben und bunten Gemälden, dann füllte sie den Hof mit riesigen Figuren von Uhus, Kamelen, Akrobaten und Meerjungfrauen. Alle Skulpturen bestehen aus Zement, Glasscherben und Draht. Geplagt von Arthritis und Blindheit, beging sie mit 78 Jahren schließlich Selbstmord. Zurück ließ sie die Anweisung, ihr Haus als Zeugnis ihrer Vision zu bewahren. Heute gilt sie als „Außenseiterkünstlerin" ohne Ausbildung, die sich in späten Jahren künstlerisch verwirklichte, indem sie ihre Lebenswelt radikal veränderte.

Höchster Berg der Region ist der **Compassberg** (2502 m). Der Gipfel lässt sich in 2½ Std. erklimmen. Startpunkt der Route befindet sich 35 km außerhalb der Stadt, auf der Compassberg-Farm. Außerdem gibt es noch den **Canyon Hike**, einen Wanderweg ohne nennenswerte Steigung mit einem Abstecher zu einigen Stätten aus dem Englisch-Burischen Krieg. Infos über die Route sind im Dorf erhältlich.

Sehr empfehlenswert ist ein Besuch der **Sneeuwitjie Creche** (☎ 049-841 1656, 072-449 0662; sneeuwitjie@adsactive.com; Hudson St.). Die Gemeindeinitiative ermöglicht es, eine ganz andere Seite von Nieu Bethesda kennen zu lernen. Einheimische Frauen haben eine Einrichtung zur Unterstützung benachteiligter Kinder gegründet, mit Hilfe in Krisensituationen, Bildungsangeboten, Erziehungsberatung und Verpflegung. Die „Krippe" ist weitestgehend auf Unterstützung von außen angewiesen. Am einfachsten helfen Besucher, indem sie im **Restaurant** (Gerichte 55 R; ⌚ Abendessen) essen. Es ist das einzige Lokal der Stadt, wo es jeden Abend etwas zu essen gibt, und die Leiterin Dorah Oliphant sorgt dafür, dass niemand hungrig nach Hause geht. Karoo-Lamm mit selbstgebackenem Brot und Ingwerbier gehört zu den Standards, aber auch Vegetarier werden etwas finden. Dorah kann auch Kontakte zu Township-Bewohnern herstellen.

Schlafen

Die **Accommodation Booking Agency** (☎ 049-841 1623; Main Rd.) bucht Unterkünfte in Gästehäusern in und um Nieu Bethesda.

Owl House Backpackers (☎ 049-841 1642; backpackers@owlhouse.info; Martin St.; EZ/B/DZ 45/75/180 R) Makelloses, ruhiges, umweltbewusstes Haus

EASTERN CAPE

mit abgefahrenen Innenräumen und einem witzig bemalten Turmzimmer im Garten (250 R). Die netten Inhaber organisieren Trips nach Graaff-Reinet, Ausflüge zu den Felszeichnungen der Khoi Khoi und Fahrten mit der Eselskutsche. Außerdem vermieten sie Fahrräder (30/50 R pro halben/ganzen Tag). Verköstigung ist möglich.

Outsiders B&B (☎ 049-841 1642; accommodation@owlhouse.info; Martin St.; DZ mit Frühstück 300 R) Stilvolles B&B mit kühlen, geräumigen Zimmern, die in künstlerischem Touch eingerichtet sind. Mit Restaurant (Gerichte 45 bis 70 R) und Kunsthandwerkshop.

Ganora Guest Farm (☎ 049-841 1302; www.ganora.co.za; 3-Zimmer-Cottage 630 R, EZ/DZ mit Frühstück 220/440 R) Wer lieber außerhalb der Stadt unter dem weiten Himmel der Karoo nächtigt, der ist hier richtig: Die Schaffarm 7 km vor dem Ort verfügt über schön eingerichtete Selbstversorger-Cottages und Doppelzimmer mit Bad. Verköstigung ist möglich (Abendessen 50 R, Frühstück 35 R). Auch Tagestouren können organisiert werden (vorher buchen). Ein Besuch im Fossilienmuseum oder ein Ausflug zu den Felszeichnungen kostet 35 R pro Person, der Fossilienrundgang 55 R. Die Karoo hat eine eigene Formation mit vielen Ablagerungen.

Essen

Egbert's Place (☎ 049-841 1716; Main Rd.; ⌚ Frühstück & Mittagessen) Restaurant und Buchhandlung mit gleichermaßen guter Auswahl. Große Palette neuer und antiquarischer Bücher, dazu köstliche, gesunde Mahlzeiten. Die Karte listet keine Preise auf. Die Gäste stecken einfach so viel Geld in einen alten roten Wasserkessel, wie sie als Betrag für angemessen halten.

Village Inn Coffee Shop (☎ 049-841 1635; Gerichte 50 R; ⌚ Di–So Frühstück & Mittagessen) Kleine Cafeteria unterhalb vom Owl House, die kleine Gerichte, Sandwiches und Kuchen serviert. Ein kleiner Secondhand-Buchladen ist angeschlossen. Abendessen nach vorheriger Bestellung.

Two Goats Deli & Brewery (☎ 049-841 1602; Pienaar St.; ⌚ Mi–So Mittagessen) Durch eine Brücke vom Dorfzentrum getrennt ist dieses wunderbare Lokal, wo man Ziegenkäse kaufen, einen Wurstsnack verzehren oder einfach jede Menge hausgebrautes Two-Goats-Bier trinken kann! In der Hauptsaison wird auch Abendessen angeboten, die Öffnungszeiten sind unregelmäßig, deshalb besser vorher anrufen.

Immer gutes Abendessen gibt's in der „Schneewittchen-Krippe" (s. S. 292).

An- & Weiterreise

Es fahren keine öffentlichen Verkehrsmittel nach Nieu Bethesda. Owl House Backpackers (S. 292) schickt einen Mitarbeiter, der die Gäste von Graaff-Reinet abholt und sie wieder zurückfährt (einfach/hin und zurück 30/50 R). Auch Le Jardin Backpackin' (S. 289) in Graaff-Reinet organisiert die Beförderung.

AMATHOLE

Amathole (ausgesprochen „ama-tol-ie", in der Sprache der Xhosa „Lämmer") bezeichnet den Küstenstreifen und das Hinterland zwischen Great Fish River und Great Kei River, entlang der sogenannten Shipwreck Coast und landeinwärts bis Queenstown. Die Region umfasst die Küstenstadt East London, das bezaubernde Bergdorf Hogsback und die kaum besuchten staatlichen Naturschutzgebiete von Mpofu, Double Drift und Tsolwana. Große Teile dieses Gebietes gehörten früher zum überwiegend von Xhosa besiedelten Ciskei-Homeland.

KING WILLIAM'S TOWN

☎ 043

Gegründet 1826 von der London Missionary Society, war King William's Town (oder schlicht „King") Kolonialhauptstadt und bedeutende militärische Basis in dem endlosen Kampf mit den Xhosa. Die meisten Reisenden kommen in die Stadt, um das hervorragende **Amathole Museum** (☎ 043-642 4506; 3 Albert Rd.; Eintritt 5 R; ⌚ Mo–Fr 9–16.30, Sa 10–13 Uhr) zu besuchen, eines der besten der gesamten Gegend.

Die wunderbare **Xhosa Gallery** gewährt kenntnisreiche und tiefe Einblicke in Kultur, Mystik und Geschichte der Xhosa. Zu sehen sind einige schöne Beispiele für Perlenarbeiten und Drahtfahrzeuge, geschaffen von einheimischen Künstlern.

Ganzer Stolz der Abteilung für Naturgeschichte ist Huberta, ein ausgestopftes Flusspferd. Dieses erlangte zwischen 1928 und 1931 Berühmtheit, als es die Küste entlangwanderte: von St. Lucia in Natal in die

STEVE BIKO

Auf dem Ginsberg-Friedhof außerhalb von King William's Town liegt Steve Biko (1946–77) begraben. Sein Engagement hat maßgeblich zum Ende der Apartheid beigetragen. Nach seiner Überzeugung sollten die Schwarzen in Südafrika erst einmal ihre eigene Haltung ändern und ihren Minderwertigkeitskomplex ablegen – in einem Prozess, den er Black Consciousness, Schwarzes Bewusstsein, nannte

Der Medizinstudent der University of Natal ließ sich vom Apartheidsregime nicht zum Schweigen bringen, bis er schließlich unter Hausarrest gestellt wurde und nicht mehr öffentlich reden durfte. 1977 wurde er unter Berufung auf das Anti-Terror-Gesetz 26 Tage lang in Port Elizabeth inhaftiert. In Polizeigewahrsam fand er schließlich einen gewaltsamen Tod.

Um zu Bikos Grab zu gelangen, fährt man die Cathcart Street Richtung Süden und biegt dann links auf eine unbefestigte Straße ab; von dort ist der Friedhof ausgeschildert.

Nähe des über 1000 km entfernten King William's Town. Die Königin von England verfügte, das Tier in Ruhe zu lassen. Als Huberta dennoch von ansässigen Farmern erschossen wurde, ging ein Schrei der Empörung durchs ganze Land.

Es gibt in King nicht eben viele Übernachtungsmöglichkeiten, und die wenigen sind zumeist auch noch überteuert. Am besten übernachten Besucher in East London und kommen nur für einen Tagesausflug hierher. Die **Stadtbücherei** (☎ 043-642 3391; Ayliff St.; ⏲ Mo–Fr 9–17.30, Sa 9–13 Uhr) hält eine Liste mit Gästehäusern und B&Bs bereit.

Unweit von King liegt das **Grab von Steve Biko** (s. oben) und der Startpunkt des Amathole Trail (s. rechts).

An- & Weiterreise

Busse starten und enden an der Engen-Tankstelle in der Cathcart Street. Die Busse von **Intercape** (www.intercape.co.za) halten in King auf ihrer täglichen Fahrt von Kapstadt (220 R, 8 Std.) nach East London (90 R, 1 Std.), die Busse von **Translux** (www.translux.co.za) auf dem Weg nach Kapstadt (360 R, 18 Std.).

Greyhound (www.greyhound.co.za) legt hier ebenfalls ein Stopp ein auf der täglichen Strecke zwischen Jo'burg/Pretoria (300 R, 12 Std.) und East London (95 R, 1 Std.) via Bloemfontein (215 R, 6 Std.).

Minibus-Taxis verbinden King mit Bhisho (10 R, 20 Min.).

BHISHO

☎ 040 / 171 000 Ew.

Bhisho, ehemals Hauptstadt des Homeland Ciskei, ist heute das administrative Zentrum des Eastern Cape. Die Stadtmitte diente einst den Beamten und Politikern von Ciskei als Wirkstätte und präsentiert sich mit hässlich-bombastischen öffentlichen Gebäuden, die heute die neue Verwaltung der Provinz beherbergen.

Vom Bahnhof in King William's Town aus fahren Minibusse nach Bhisho.

AMATHOLE & KATBERG MOUNTAINS

Nördlich und westlich von King William's Town schließen sich flaches Weideland und zerklüftete Berge mit Urwäldern an. Es gibt ein paar gute Wanderrouten. Wenn sich der Nebel über die Amathole Mountains legt, versinken die Wälder in Dämmerlicht und schaurige Stille.

Am besten erreichen Reisende die Region über King William's Town oder Queenstown. Täglich halten **Überlandbusse** (☎ 011-773 2762) auf der Strecke Jo'burg – King William's Town in Katberg, Seymour und Alice. Es fahren auch Minibus-Taxis.

Amathole Trail

Der 121 km lange, sechstägige **Amathole Trail** (180 R pro Pers.) startet am Maden Dam, 23 km nördlich von King William's Town, und endet am Tyumie River unweit von Hogsback. Übernachtet wird in Hütten.

Der Trail gilt als eine der besten, aber auch anspruchsvollsten Bergwanderrouten Südafrikas und ist nur für erfahrene und konditionsstarke Wanderer geeignet. Belohnt werden die Mühen mit großartigen Panoramen, auch wenn ein Drittel des Weges durch dichten Wald und zahlreiche Wasserläufe führt. Kürzere Abschnitte der Route können auch außerhalb der Schulferien begangen werden. Auch Führungen sind möglich.

Gebucht wird der Trail über das **Department of Water Affairs & Forestry** (☎ 043-604 5433; www.dwaf.co.za; 9 Chamberlain St., King William's Town).

ALICE & UMGEBUNG

☎ 040 / 9800 Ew.

Alice ist eine geschäftige kleine Stadt, die für Touristen eigentlich nur eines zu bieten hat: die **University of Fort Hare**, die 1916 errichtet wurde und bei der Entwicklung des Landes eine bedeutende Rolle gespielt hat. Zu den Absolventen gehören Steve Biko, Nelson Mandela und, na ja, auch Robert Mugabe. Auf dem Unigelände sind Teile des ursprünglichen Fort Hare erhalten.

Auf dem Campus befindet sich die hervorragende **De Beers Centenary Art Gallery** (☎ 040-602 2277; Eintritt frei; Mo–Fr 7.30–16.30 Uhr) mit einigen bedeutenden Arbeiten zeitgenössischer südafrikanischer Künstler, außerdem Archivmaterial zu Steve Biko, Black Consciousness und über den African National Congress.

Von King William's Town aus fahren häufig Minibus-Taxis direkt vor das Tor der Universität und nach Alice (15 R). Die Fahrt von Alice nach Fort Beaufort kostet 5 R. Das Minibus-Taxi zurück nach Hogsback kostet 25 R, bisweilen muss man aber umsteigen.

Fort Beaufort

☎ 046 / 26 400 Ew.

1846 stahl ein Xhosa namens Tsili aus einem Laden in Fort Beaufort eine Axt. Daraufhin überfielen in einem Akt maßloser Überreaktion britische Soldaten die Xhosa-Siedlung Queen Adelaide. So begann der Seventh Frontier War, auch als Axt-Krieg (1846/47) bekannt. Der ruhigen, hübschen und bescheidenen kleinen Stadt ist nichts mehr anzumerken von dieser vergangenen Tragödie – wer sich aber darüber (und über aktuelle Attraktionen) informieren will, kann das im **historischen Museum** (☎ 046-645 1555; fbmuseum@procomp.co.za; 44 Durban St.; Erw./Kind 2/0,50 R; Mo–Fr 8.-30–17, Sa 8.30–12.45 Uhr) in der alten Offiziersmesse tun. Hier gibt es jede Menge Memorabilia zu bewundern, von Schusswaffen bis hin zu Fossilien; außerdem Tipps für Touristen.

Wer übernachten will, versuche das halbwegs akzeptable **Savoy Hotel** (☎ 046-645 1146; 53 Durban St.; EZ/DZ 215/350 R;) gegenüber dem Museum. Die Zimmer sind langweilig, aber sauber und mit Fernseher ausgestattet. Weitere Pluspunkte sind der hübsche Garten und das Restaurant (Gerichte 50 R). Im Eingangsbereich hängen alte Zeitungsartikel über eine UFO-Erscheinung, die in der Stadt 1972 zu beobachten war!

Einziges öffentliches Verkehrsmittel nach Fort Beaufort ist das Minibus-Taxi, das mehrmals am Tag von Alice aus fährt (7 R, 30 Min.).

Hogsback

☎ 045 / 1500 Ew.

Jahrelang Südafrikas bestgehütetes Geheimnis, ist das zauberhafte Hogsback anders als alle andere Orte des Landes. 1300 m hoch in den herrlichen Amathole Mountains und rund 100 km nordwestlich von Bhisho gelegen, ist das kleine Dörfchen auch als Rückzugsort bei Politikern und Promis beliebt. Ein dem europäischen vergleichbares Klima (vier unterscheidbare Jahreszeiten), Ruhe, Bio-Essen, umweltbewusste Einwohner und umwerfende Ausblicke auf Berge sowie bewaldete Täler in alle Richtungen) machen aus Hogsback *das* Öko-Ferienziel schlechthin. Selbst wer nur eine Nacht bleibt, fühlt sich in eine andere Zeit, einen anderen Raum versetzt – genau genommen an einen der Schauplätze aus *Der kleine Hobbit*. Im Ort wird allenthalben betont, dass J. R. R. Tolkien sich von Hogsback inspirieren ließ. Tatsächlich lebte er in Bloemfontein und kannte den Ort von Ferienaufenthalten in der Kindheit. Man kann sich jedenfalls gut vorstellen, wie sich Szenen seiner Bücher hier abspielen.

Die steilen Hänge um Hogsback herum sind mit herrlichem Regenwald bedeckt, der aus Yellowwood, Assegai und Baumfuchsie (*Fuchsia excorticata*) besteht. An manchen Stellen wurde der Urwald leider durch ausgedehnte Kiefernplantagen ersetzt. Die Gipfel der Berge sind hoch und kahl. Die „Borsten", die von ihnen abstehen, heißen im Geologenjargon „Schweinerücken", also „hog's back" – daher der Name der Stadt.

Die Lehmschweine, die an der Straße verkauft werden (10 R bis 15 R) sind nicht gebrannt; nur nicht nass werden lassen, sonst gibt's eine schlimme Sauerei!

PRAKTISCHE INFORMATIONEN

Einen Geldautomaten gibt es im Hogsback Inn an der Hauptstraße.

Community Tourism Info Centre (☎ 045-962 1026; www.hogsbackinfo.co.za; Mo–Fr 9–17 Uhr) In der Hauptstraße.

SEHENSWERTES & AKTIVITÄTEN

Im Ort befindet sich der rätselhafte **Ecoshrine** (Erw./Kind 10 R/frei; Mi, Sa & So 10–17.30 Uhr), eine Skulpturenanlage mit Garten, die den Kräften der Natur gewidmet ist. Dank des hiesigen Klimas und einiger englischer Siedler mit grünem Daumen ist die Stadt mit farbenprächtigen (wenn auch vergänglichen) Grünanlagen übersät. Blumenliebhaber sollten unbedingt Kontakt zum **Garden Club** (☎ 045-962 1259; Touren 15 R) aufnehmen, der Hogsback in ein „botanisches Paradies" verwandeln will.

Die Gegend eignet sich hervorragend zum Wandern, Rad fahren oder für Ausflüge mit dem Auto. Einige der reizvollsten Fahrstrecken sind unbefestigt; es empfiehlt sich also, die angepeilte Strecke vorab zu prüfen. Bei Schnee (der fast das ganze Jahr über fällt, wenn auch selten stark) am besten gar nicht fahren. Regnen kann es jederzeit, im südafrikanischen Winter fallen die Temperaturen bis auf –1 °C.

SCHLAFEN & ESSEN

Auf dem Weg in die Stadt protzen großspurige Schilder – diese besser links liegen lassen. Es gibt nur ein paar wenige gute Unterkünfte, die im folgenden aufgelistet sind. Am besten fragen Neuankömmlinge im Infozentrum nach möglichst alteingesessenen Häusern.

Away with the Fairies (☎ 045-962 1031; hogsback1@iafrica.com; Hydrangea Lane; Stellplatz/B/DZ mit Gemeinschaftsbad 40/70/170 R;) Super Unterkunft für Backpacker, die sich durch Sorgfalt und Liebe zum Detail (und Traum-Panorama) auszeichnet. Die Innenräume sind phantasievoll bemalt; an kalten Abenden knistert im Foyer heimelig ein Feuer im Kamin. Bester Ort für tiefschürfende Gespräche ist das Baumhaus, das zwischen Papageien und Affen im Dach des Waldes thront. In der Hog & Hobbit Bar trinken die Gäste am Abend gern ein paar Bierchen. Im Angebot: herzhafte Mahlzeiten (Abendessen 40 R), Vermietung von Mountainbikes (50 R pro Tag), Möglichkeiten zum Klettern und Ausflüge zu Pferd (3 Std. 150 R).

Edge (☎ 045-962 1159; info@theedge_hogsback.co.za; Bluff End; Selbstversorger-Cottages 350 R;) Ein Dutzend wunderbar gestalteter Cottages mit Kochgelegenheit, direkt am Fuß der Berge. Die Häuschen haben alle ein großes Schlafzimmer mit Kamin und Fernseher, Küche und Bad. Die teureren (bis zu 750 R) bieten dazu atemberaubende Blicke. Wer statt wilder Partys Ruhe, Frieden und Entspannung sucht, ist hier richtig: Das Edge ist der perfekte Ort für ein erholsames – oder ein romantisches – Wochendende. Highlight ist das dazugehörige Restaurant Tea Thyme (Gerichte 40–75 R), das an Popularität gewonnen hat, seit es von Edge geführt wird. Erst hier ein gesundes Frühstück zu sich nehmen, dann ab zu den geheimnisvollen Mustern der Kornkreise. Edge ist an der Hauptstraße ausgeschildert (dem rosa Dreieck folgen).

Granny Mouse House (☎ 045-962 1259; ingi@iafrica.com; 1 Nutwoods Dr.; EZ/DZ mit Frühstück 250/500 R;) Charmantes Gästehaus; die Zimmer sind in einem alten Lehmflechtwerkhaus untergebracht, im Garten gibt es ein Cottage mit Kochgelegenheit. Schon beim Frühstück lässt sich genussvoll der Unterschied zwischen Bio-Lebensmitteln und Massenproduktion kosten. Für 100 R extra gibt's für Gäste auch Abendessen. Die sehr netten Inhaber sprechen deutsch.

Arminel Hotel (☎ 045-962 1005; www.katleisure.co.za; Main Rd.; EZ/DZ mit Frühstück 475/1000 R;) Da wurde ganz schön zugepackt, um neuen Schwung in das historische alte Haus zu bringen – und es hat sich gelohnt. Das Arminel ist das einzige Hotel der Stadt (und es hat drei Sterne); mit seinem Strohdach, der hübschen Innenausstattung und der beschaulichen Lage wirkt es eher wie ein großes Gästehaus.

Nina's (☎ 045-962 1326; Main Rd.; Gerichte 25–40 R; Frühstück, Mittag- & Abendessen) Neben dem Infozentrum liegt dieses beliebte Restaurant/Deli in einem hübschen A-frame-Haus (mit weit heruntergezogenem Dach). Die Einheimischen lieben die Pizza (unbedingt die FBR probieren: Feige, Bacon und Roquefort!), Besucher die einheimischen Erzeugnisse, die hier zu kaufen sind.

AN- & WEITERREISE

Wenn möglich, sollten Reisende bei Tageslicht in Hogsback ankommen, denn immer wieder ist auf der Straße verirrtes Vieh anzutreffen. Wer kein Auto mit Allradantrieb hat, sollte über die Route 63 oder 67 anreisen. Nicht über Seymour oder Cathcart fahren! Es empfiehlt sich, den Straßenzustand vorher von Queenstown aus telefonisch zu erfragen. Ohne Auto ist Hogsback am einfachsten mit dem Shuttlebus vom Sugarshack Backpackers (S. 301) in East London aus zu erreichen; außerdem von Buccaneer's Backpackers (S. 305) in Cintsa (Chintsa) oder Old Gaol Backpackers (S. 279) in Grahamstown, und zwar montags, dienstags, donnerstags, freitags und sonntags (45 R einfach). Achtung: Wer nur eine Nacht in Hogsback bleiben will, wird es bereuen …

EASTERN CAPE WILDLIFE RESERVES

☎ 040

Die Naturschutzgebiete am Eastern Cape bieten über 1 Mio. ha Wildlife „zum Anfassen", und das malariafrei – das ist schon etwas Besonderes. Es gibt drei große Wildlife Reserves, die vom **Eastern Cape Tourism Board** (☎ 043-701 9600; www.ectourism.co.za; Ecke Longfellow Rd. & Aquarium Rd., Quigney, East London) verwaltet werden. Alle diese Naturschutzgebiete organisieren Führungen, viele haben auch mehrtägige Wandertouren im Programm. Für Proviant und Wasser müssen Besucher übrigens selber sorgen.

Das **Tsolwana Game Reserve** (☎ 040-635 2115; Erw./Kind 6/3 R, plus 20 R pro Auto; 8–18 Uhr) liegt 57 km südwestlich von Queenstown. Der Park wird in Zusammenarbeit mit den dort ansässigen Tsolwana geleitet. Diese profitieren unmittelbar von den Jobs und den Einnahmen durch den Park. Das Gebiet schützt den zerklüfteten Teil der Karoo südlich des spektakulären **Tafelberg** (1965 m) und den angrenzenden Swart Kei River. Die sanft geschwungene Ebene des Parks ist durchsetzt von Tälern, Felswänden, Wasserfällen, Höhlen und Rinnen. Eine bunte Vielfalt an Tieren lebt hier, darunter große Herden von Antilopen, Nashörnern, Giraffen und Bergzebras. Mit dem parkeigenen Fahrzeug (bis zu vier Leute 160 R) lassen sich die Wildtiere, die keine Scheu vor Automobilen haben, gut beobachten.

Das Double Drift Game Reserve, 42 km südlich von Fort Beaufort, wurde mit dem Sam Knott Nature Reserve und dem Andries Vosloo Kudu Reserve zum **Great Fish River Reserve** (☎ 040-653 8010; ectbdd@icon.co.za; Erw./Kind 6/3 R, plus 20 R pro Auto; 8–17 Uhr) vereint. Zu sehen gibt es in dieser dicht bewachsenen Bushveld-Region zwischen Great Fish River und Keiskamma River vor allem Großwild.

Im Norden von Fort Beaufort liegt das **Mpofu Game Reserve** (☎ 040-864 9450; Erw./Kind 6/3 R, plus 20 R pro Auto; 8–17 Uhr), wo die Besucher mit ein bisschen Glück die *mpofu* (Elenantilope), eine große Antilopenart, zu Gesicht bekommen. Das Bushveld-Grasland und -Tal sind ideal für die Beobachtung von Wildtieren. Der 60 km lange, dreitägige **Katberg Trail** beginnt hier und endet an der Katberg Forest Station, direkt unterhalb des Katbergpasses. Als die Autoren dort waren, war der Trail wegen Renovierung geschlossen; das **Department of Water Affairs & Forestry** (☎ 043-604 5433; www.dwaf.co.za; 9 Chamberlain St., King William's Town) gibt Auskunft über den gegenwärtigen Status.

Schlafen

Im Tsolwana Game Reserve gibt es drei komfortable **Farmhäuser** (bis zu 4 Leute 650 R, zusätzl. Pers. 170 R), außerdem zwei Hütten am Trail, Phumlani und Fundani. Double Drift Reserve und Mpofu Game Reserve bieten komfortable **Lodge-Unterkünfte** (Zi. für 4 Pers. 650 R).

An- & Weiterreise

Die Naturschutzgebiete lassen sich nur mit dem eigenen Wagen besuchen. Manche sind abgelegen und schwer zu finden – bei Eastern Cape Tourism oder den Unterkünften sind telefonisch Wegbeschreibungen erhältlich. Trotzdem genügend Zeit für die Anfahrt einplanen!

EAST LONDON

☎ 043 / 980 000 Ew.

Der einzige Flusshafen des Landes wartet mit schönem Surfstrand und einer spektakulären Bucht auf, die sich um riesige Sandhügel windet. Wenige Städte auf der Welt wirken so düster wie East London. Es ist, als laste ein seltsames Unbehagen auf der Stadt. Wenn man nicht gerade wellenhungriger Surfer ist (oder Hai), hält einen hier praktisch nichts. Es sei denn, Besucher nutzen den Ort als Basis für Ausflugsziele entlang der Sunshine Coast oder Wild Coast.

In der Sprache der Khoi Khoi heißt die Stadt „Ort der Büffel", und so wurde die ganze Gegend von der Tourismusbehörde unweigerlich zur „Buffalo City" erklärt.

EAST LONDON

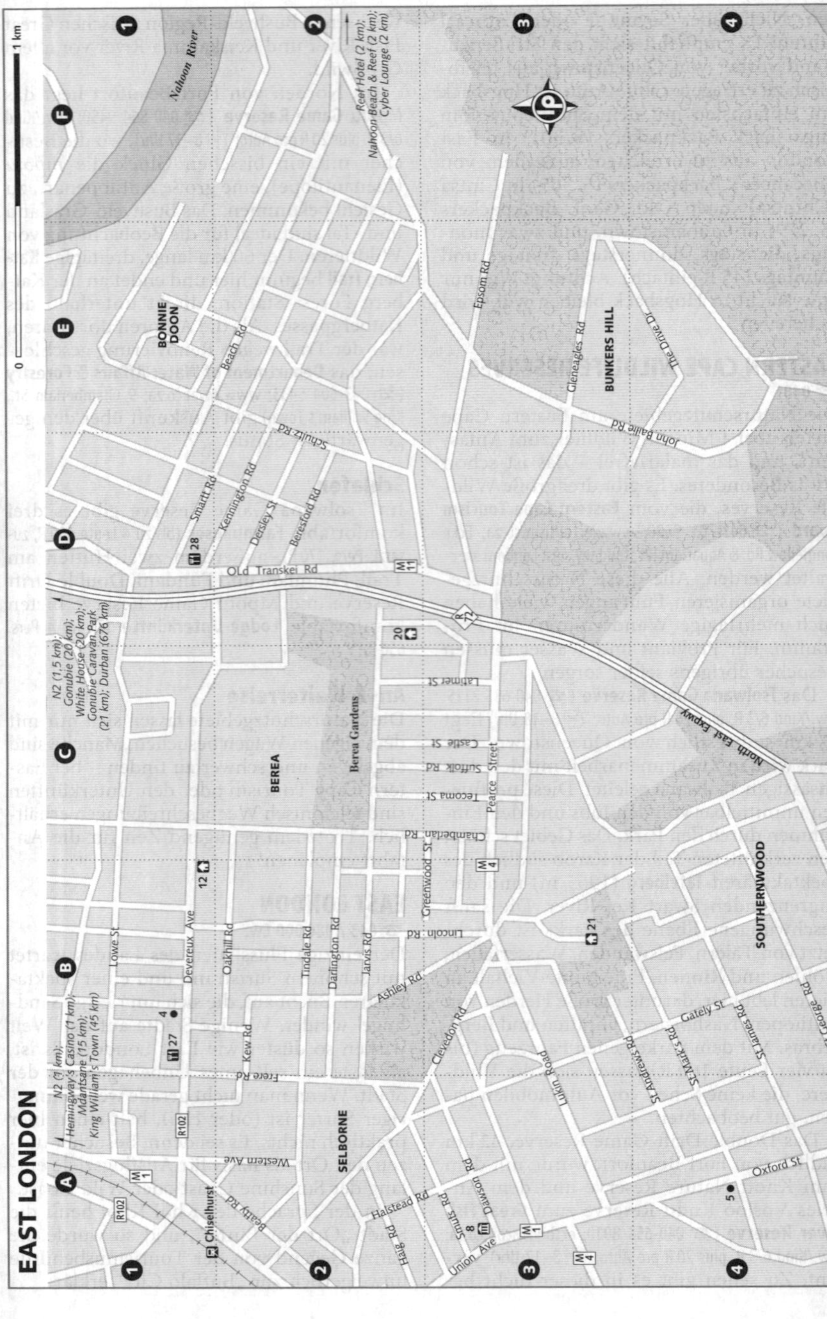
N2 (1 km); Hemingway's Casino (1 km); Mdantsane (15 km); King William's Town (45 km)
N2 (1,5 km); Gonubie (20 km); White House (20 km); Gonubie Caravan Park (21 km); Durban (676 km)
Reef Hotel (2 km); Nahoon Beach & Reef (2 km); Cyber Lounge (2 km)
Nahoon River
BONNIE DOON
BEREA
Berea Gardens
SELBORNE
BUNKERS HILL
SOUTHERNWOOD
Chiselhurst
Lowe St
Devereux Ave
Oakhill Rd
Tindale Rd
Darlington Rd
Jarvis Rd
Kew Rd
Frere Rd
Western Ave
Beatty Rd
Halstead Rd
Haig Rd
Smuts Rd
Dawson Rd
Union Ave
Clevedon Rd
Ashley Rd
Lincoln Rd
Greenwood St
Chamberlain Rd
Tecoma St
Suffolk Rd
Castle St
Latimer St
Pearce Street
Lukin Road
St Andrews Rd
St Mark's Rd
St James Rd
Gately St
St George Rd
Oxford St
Old Transkei Rd
Smartt Rd
Kennington Rd
Dersley St
Beresford Rd
Schultz Rd
Beach Rd
Epsom Rd
Gleneagles Rd
John Bailie Rd
The Drive Dr
North East Expwy
R102
R72
M1
M4
M11
0
1 km

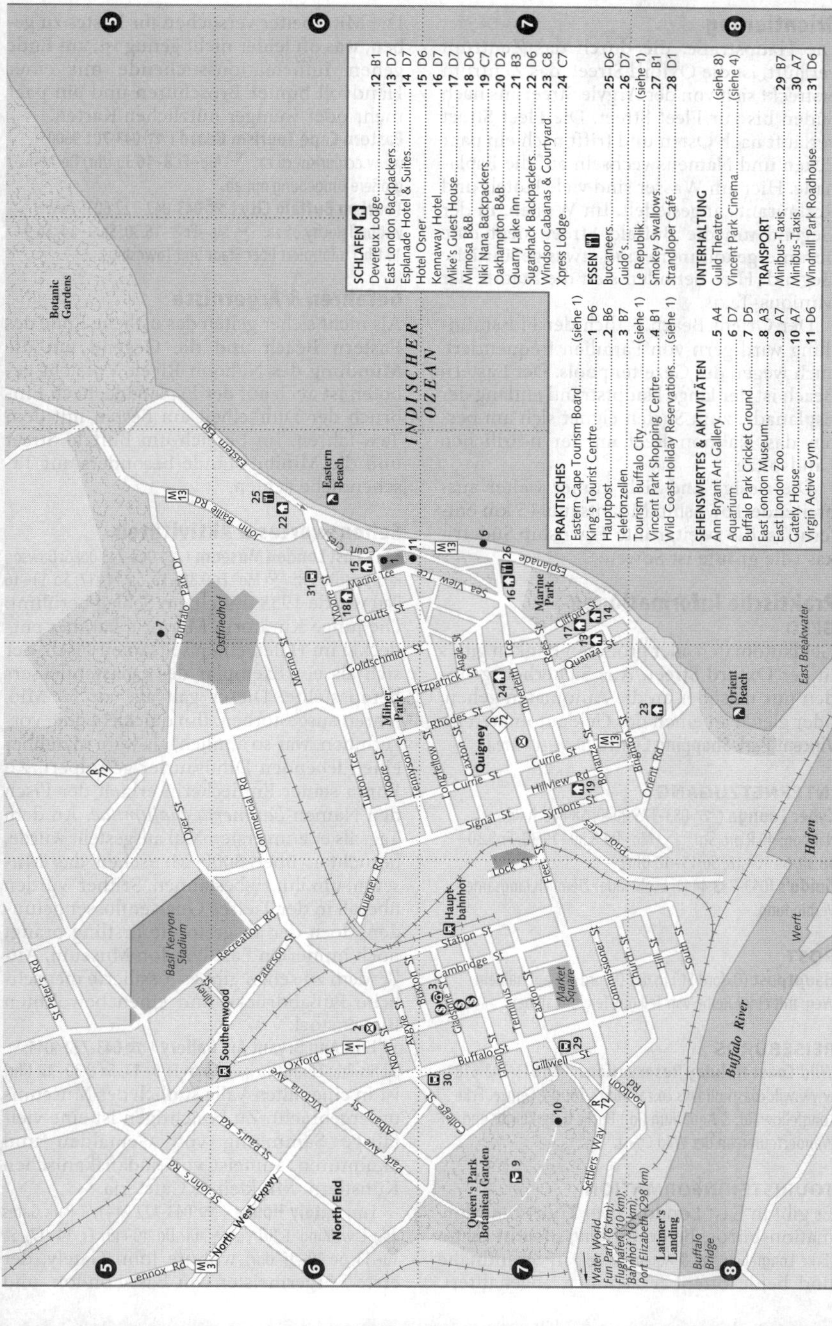

EASTERN CAPE

Orientierung

Die Hauptstraße, die durch das Zentrum verläuft, ist die Oxford Street; das Zentrum erstreckt sich von der Argyle Street aus nach Süden bis zur Fleet Street. Die Fleet Street verläuft nach Osten und trifft nach ein paar Ecken und Namenswechseln auf die Esplanade. Hier am Wasser sind viele Hotels und Restaurants angesiedelt. Im Westen, in der Gegend um die Buffalo Street, liegt eine heruntergekommene und etwas gefährliche Gegend. Hier befinden sich die Stände der Minibus-Taxis.

Der Orient Beach östlich der Flussmündung wird gern von Familien frequentiert, auch wegen des Gezeitenpools. Der Eastern Beach ist der lange Hauptstrand entlang der Esplanade; zum Surfen eignet sich am besten das Nahoon Reef an der nördlichen Landspitze.

Die riesige und sich immer weiter ausbreitende Township Mdantsane, 15 km entfernt, ist die zweitgrößte Township Südafrikas (die größte ist Soweto).

Praktische Informationen

GELD

Geldautomaten aller größeren Banken gibt's in der Oxford Street. Aus Sicherheitsgründen nur tagsüber an die Automaten gehen; oder gleich an einen der Geldautomaten im **Vincent Park Shopping Centre** (Devereux Ave.).

INTERNETZUGANG

Cyber Lounge (☎ 083-375 9040; 58 Beach Rd., Nahoon; 40 R pro Std.; ⌚ Mo–Do 8.30–19.30, Fr 8.30–18.30, Sa 10–18, So 15–18 Uhr)

Guido's (043-743 4441; Esplanade) Ziemlich langsame Verbindung.

POST

Hauptpost (Oxford St.) In der Oxford St., auf halbem Weg; mit einer Reihe von Telkom-Telefonkabinen.

REISEBÜROS

Wild Coast Holiday Reservations (☎ 043-743 6181; www.wildcoastholidays.co.za; King's Tourist Centre, Ecke Longfellow Rd. & Aquarium Rd.) Bucht Unterkünfte und Wandertouren an der Wild Coast.

TOURISTENINFORMATION

Es gibt in East London zwei Touristeninformationsbüros, beide im **King's Tourist Centre** (Ecke Longfellow Rd. & Aquarium Rd.) in Strandnähe und beide offenbar ziemlich abgehalftert. Die Mitarbeiter versuchen ihr Bestes zu geben, was oft leider nicht genug ist; am Ende gehen Informationssuchende mit einer Handvoll bunter Broschüren und ein paar mehr oder weniger nützlichen Karten.

Eastern Cape Tourism Board (☎ 043-701 9600; www.ectourism.co.za; ⌚ Mo–Fr 8–16.30 Uhr) Deckt die größere Umgebung mit ab.

Tourism Buffalo City (☎ 043-042-722 6015; www.visitbuffalocity.co.za; ⌚ Mo–Fr 8–16.30, Sa 9–14, So 9–13 Uhr) Informiert über Stadt und Townships.

Gefahren & Ärgernisse

Als nicht sicher gelten das östliche Ende des Eastern Beach und die Gegend um die Mündung des Nahoon River. Vorsicht geboten ist auch auf der Esplanade; nach Einbruch der Dunkelheit am besten mit dem Taxi fahren. Im Bereich um Buffalo Street und die Minibusstände besonders auf Taschendiebe achten.

Sehenswertes & Aktivitäten

Das **East London Museum** (☎ 043-743 0686; Dawson Rd.; Eintritt 5 R; ⌚ Mo–Fr 9.30–17, Sa 14–17, So 11–16 Uhr) wurde 1938 mit einem Schlag berühmt: Die junge Kuratorin Marjorie Latimer entdeckte im Hafen einen seltsamen Fisch, der sich als ein Exemplar des Quastenflossers herausstellte. Dieser galt als vor 50 Mio. Jahren ausgestorben. Ihn quicklebendig vorzufinden, war so ähnlich, als wäre man über einen lebenden Dinosaurier gestolpert. Zu Ehren seiner Entdeckerin erhielt der Fisch den Namen *Latimeria chalumnae*. An dem Tag, als er zum ersten Mal ausgestellt wurde, besuchten über 5000 Menschen das Museum, um ihn zu bestaunen. Seither wurden überall in der Tiefsee Quastenflosser gefunden, doch der ausgestopfte Erstling prangt noch immer im East London Museum. Außerdem zu sehen gibt es fossilierte menschliche Fußabdrücke und einen bewohnten Bienenstock.

Die **Ann Bryant Art Gallery** (☎ 043-722 4044; St. Marks Rd.; Eintritt frei; ⌚ Mo–Fr 9–17, Sa 9.30–12 Uhr) ist in einer alten Villa südlich des Museums untergebracht. Zu besichtigen ist eine vielfältige Sammlung von Gemälden und Skulpturen, zumeist von südafrikanischen Künstlern. Mit kleiner Cafeteria.

Im **Gately House** (☎ 043-722 2141; 1 Park Gates Rd.; Erw./Kind 1 R/frei; ⌚ Di–Do 10–13, Fr 14–17, Sa 10–13, So 10–17 Uhr) wohnte John Gately, der erste Bürgermeister von East London, und die Einrichtung blieb seither unverändert. Das Gately House liegt nahe dem Eingang zum Queen's Park, aber am besten ist es, sich vom Zoo aus zu nähern.

Für Kinder sind der kleine **East London Zoo** (☎ 043-722 1171; Erw./Kind 15/9 R; ⌚ Mo–So 9–16.30 Uhr) im Queen's Park und das kleine **Aquarium** (☎ 043-705 2637; Esplanade; Erw./Kind R15/9; ⌚ Mo–So 9–17 Uhr) in Strandnähe genau das Richtige. Für ungebremstes Vergnügen auf Supertubes und Riesenrutschen gibt es den **Water World Fun Park** (☎ 043-748 4265; Eintritt 20 R; ⌚ Sept.–Ostern 9–17 Uhr) in West Bank (nahe der Rennbahn).

Zum **Surfen** eignet sich am besten das Nahoon Reef am südlichen Ende des Nahoon Beach. Wer seine Bahnen ziehen oder die Muskeln aufbauen will, gehe ins **Virgin Active Gym** (☎ 043-743 3777; Esplanade; ⌚ Mo–Fr 5.30–20, Sa & So 7–12 & 16–19 Uhr). Nichtmitglieder zahlen 85 R pro Tag.

Geführte Touren

Zur Auswahl stehen verschiedene Halbtagestouren durch die Stadt und in der Umgebung; zuständig ist das Touristeninformationsbüro oder **Off Road Adventures** (☎ 082-783 1288; 4wd@mweb.co.za) – hier werden Sightseeingtouren, aber auch Ausflüge mit dem Allradfahrzeug oder Kanutrips angeboten. Die Kanufahrten konzentrieren sich auf Fish River oder Breda River und sind sowohl für Anfänger als auch für erfahrene Paddler geeignet. Mehrtagesausflüge in das Dwesa Nature Reserve oder gar nach Lesotho können ebenfalls organisiert werden.

Schlafen

East London hat Unmengen von Unterkünften in allen Preiskategorien zu bieten. Wer nicht surft, sollte sich eher bei den Hotels und B&Bs in der Stadt umsehen, statt in der ziemlich heruntergekommenen Strandgegend. Spitzenklassehotels gibt es in East London nicht.

BUDGETUNTERKÜNFTE

Sugarshack Backpackers (☎ 043-722 8240; www.sugarshack.co.za; Eastern Esplanade, Eastern Beach; Stellplatz/B/DZ mit Gemeinschaftsbad 35/65/160 R; 💻) Der Strand ist in unmittelbarer Nähe, deshalb schlagen in dieser quirligen Backpackerunterkunft die Wellen immer hoch. Zu den angebotenen Aktivitäten gehören Wasserskifahren (160 R) und Kliffspringen (25 R). Surfboards (50 R) werden vermietet und zweistündige Kurse (75) angeboten. Nach einem Tag auf dem Board lockt ein Drink in der Shack's Bar oder nebenan im Buccaneers Pub, wo bis zum Morgengrauen gefeiert wird. Hier steigt ab, wer auf den Putz hauen will, Schlafen ist nicht angesagt – die kleinen Schlafsäle liegen zu nahe an der Partyzone. Die Holzcottages im Garten sind etwas intimer. Wer gar nicht mehr nach Hause will, bekommt vom Hostel einen Visumsverlängerungsantrag.

Niki Nana Backpackers (☎ 043-722 8509; www.nikinana.co.za; 4 Hillview Rd.; Stellplatz/B/DZ mit Gemeinschaftsbad 45/65/160 R; 🏊) Diese Unterkunft ist mit ihrer Zebrastreifenfassade leicht erkennbar; klein, aber gemütlich, dazu ein Garten mit Swimmingpool und *braai*-Stelle. Mahlzeiten auf Anfrage.

East London Backpackers (☎ 043-781 1122, 084-782 7780; www.elbackpackers.co.za; 11 Quanza St.; B/EZ/DZ mit Gemeinschaftsbad 60/100/150 R, DZ mit eigenem Bad 180 R; 🏊) Die gut geführte Unterkunft ist viel ruhiger als das Sugarshack. Geräumige und saubere Aufenthaltsbereiche und Schlafsäle, eine *braai*-Stelle und ein Tauchbecken. Außerdem stehen schöne Doppelzimmer mit Bad zur Verfügung.

Mike's Guest House (☎ 043-743 3647; mikes@his.co.za; 22 Clifford St.; EZ/DZ mit Gemeinschaftsbad & Frühstück 120/180 R, EZ/DZ mit eigenem Bad 200/270 R) Leider an einer ziemlich obskuren Straße nahe dem Strand gelegen, bietet dieses blitzblanke, wenn auch etwas fade Gästehaus gute Leistung fürs Geld.

MITTELKLASSEHOTELS

Gonubie Caravan Park (☎ 043-705 9748; Fax 740 5937; Beachfront, Gonubie; Stellplatz/2-Zimmer-Chalet NS 65/320 R, HS 145/520 R) Schöne ruhige Unterkunft außerhalb der Stadt; die blockhüttenartigen Chalets liegen unmittelbar am Strand des ländlichen Vororts Gonubie, 2 km von der Stadt entfernt.

Oakhampton B&B (☎ 043-726 9963; www.oakhampton.co.za; 8 Okehampton Rd.; EZ/DZ mit Frühstück 250/380 R; 🏊) Nichts für Minimalisten ist dieses unglaublich plüschige, viktorianisch angehauchte B&B; rote Rosen, Chinapuppen und Spitzendeckchen zieren sämtliche verfügbaren Ecken und Winkel. Die Zimmer sind mit Messingbetten samt Himmel und Decken im Antikstil ausgestattet. Der üppige Garten beherbergt sogar zwei Schwimmbecken. Im Angebot sind auch

Unterkünfte mit Kochmöglichkeit; Frischvermählte bekommen Seidenlaken.

Esplanade Hotel & Suites (☎ 043-722 2518; esphotel@iafrica.com; Clifford St.; EZ/DZ 290/410 R) Sauberes komfortables Hotel nahe dem Strand. Einige Zimmer mit Meerblick.

White House (☎ 043-740 0344; www.thewhitehousebandb.co.za; 10 Whitthaus St., Gonubie; EZ/DZ mit Frühstück 295/395 R;) Schickes Gästehaus mit Panoramascheiben und Blick auf Steilküste und Meer, das bedeutet: Man kann beim Frühstück Wale und Delfine beobachten! Es gibt übrigens auch einen Hubschrauberlandeplatz – nur für den Fall, den sich niemand wünscht.

Devereux Lodge (☎ 043-726 9459; coastdev@iafrica.com; 7A Devereux Ave.; EZ/DZ mit Frühstück 400/550 R; P) Komfortables gehobenes Gästehaus, das vor allem Geschäftsleute bevorzugen. Es besteht die Wahl zwischen viktorianischen oder – welch hoher Anspruch – toskanischen Zimmern. Die Riesenzimmer sind mit Fernseher und Kühlschrank in Normalgröße ausgestattet.

Quarry Lake Inn (☎ 043-707 5400; www.quarrylakeinn.co.za; Quartzite Dr., Selbourne; EZ/DZ mit Frühstück 650/880 R;) Eines der besten Hotels von East London, an einem beschaulichen künstlichen See gelegen. Die Zimmer sind elegant und komfortabel und mit selbst zu bestückender Mikrowelle, Minibar und eigenem Balkon ausgestattet.

Kat Leisure (☎ 0800-422 433; www.katleisure.co.za) führt alle folgenden Hotels; die Organisation hat in East London ein regelrechtes Monopol auf Hotelzimmer und Apartments. Das Frühstück beschränkt sich auf ein Fertigpaket, ähnlich wie im Flugzeug.

Hotel Osner (Court Cres.; EZ/DZ/FZ 360/420/700 R) Frische Zimmer, ideal für Familien.

Kennaway Hotel (Esplanade; DZ 520 R) Die Zimmer sind ein bisschen überzogen kolonial, die Veloursmöbel ein wenig zu dominant, dafür ist es recht luxuriös.

Mimosa B&B (Marine Tce.; EZ/DZ mit Frühstück 270/380 R) Preiswerte Unterkunft mit Kochnische; häufig ausgebucht.

Reef Hotel (18 Harewood Dr., Nahoon; EZ/DZ mit Frühstück 270/330 R) Nahe dem Fluss in Nahoon gelegen, mit hellen, komfortablen Zimmern.

Windsor Cabanas & Courtyard (Marine Tce.; EZ/DZ mit Frühstück 550/730 R) Gehobenes Haus im mediterranem Stil; günstigere Zimmer (305/400 R) im Hof.

Xpress Lodge (Fitzpatrick St.; EZ/DZ 175/255 R) Die Zimmer sind mit Kochnische samt Kühlschrank und Mikrowelle ausgestattet.

EASTERN CAPE

Essen

Die meisten Hotels in Strandnähe verfügen auch über ein Restaurant. Einen Versuch wert sind folgende Vorschläge der mittleren Preisklasse.

Buccaneers (☎ 043-743 5171; Eastern Esplanade; Gerichte 15–40 R; Mittag- & Abendessen) Neben dem Sugarshack Backpackers liegt dieses bodenständige Pub, wo als gute Trinkgrundlage Steaks, getoastete Sandwiches und Pizza auf den Tisch kommen.

Guido's (☎ 043-743 4441; Esplanade; Gerichte 20–40 R; Mittag- & Abendessen) Italienische Kette, mit pseudogriechischen Säulen und ebensolchen Brunnen; gute Auswahlmöglichkeiten für Pizza und Pasta.

Le Republik (☎ 043-722 0076; King's Tourist Centre, Ecke Longfellow Rd. & Aquarium Rd.; Gerichte 40–60 R; Frühstück, Mittag- & Abendessen) Fröhlich-lauter Diner gleich über dem Touristeninformationsbüro, bietet gutes herzhaftes Essen und schönen Meerblick. An Winterabenden wärmt ein Ofen.

Strandloper Café (☎ 043-735 4570; 95 Old Transkei Rd.; Gerichte 60–90 R; Mo–Sa Abendessen) Das noble, schlicht-elegante Restaurant hat sich auf Meeresfrüchte spezialisiert: Chili- und Koriandergarnelen, Paella und fangfrischer Fisch nach Cajunart. Gute Weinkarte und einige vegetarische Gerichte.

Smokey Swallows (☎ 043-727 1349; Devereux Ave.; Gerichte 60–100 R; Mittag- & Abendessen) Grandioser Spiegel der East Londoner Bevölkerung und trendigster Laden der Stadt: Hier isst jeder, von der aufstrebenden schwarzen Mittelschicht bis hin zu Jazzfans, die sich mit Pfeifenrauch einnebeln. In diesem Loungebar-Restaurant (mit Bistrokarte, auf der sich Köstlichkeiten wie Pfeffer-Straußenfilet und handgewickelte Sushiröllchen finden) gibt es auch oft Liveacts.

Ausgehen

Tickets fürs Kino erhält man über **Ster-Kinekor** (Kartenreservierung ☎ 082-16789; www.sterkinekor.co.za); für Liveshows und Sportveranstaltungen ist **Computicket** (☎ 011-915 8000; www.computicket.com) zuständig.

Vincent Park Cinemas (☎ 043-726 8122; Vincent Park Shopping Centre, Devereux Ave.; Eintritt 15 R) Sechs Kinos, die die neuesten Streifen zeigen.

Guild Theatre (☎ 043-743 0704; Dawson Rd.) Größtes Theater von East London, präsentiert alles – vom Ballett bis hin zum Schönheitswettbewerb.

Hemingway's Casino (☎ 043-707 8000; Western Ave.) Spielhallen, Restaurants und Kino – der beste Ort, um Geld zu verjubeln.

An- & Weiterreise

BUS

Translux, Greyhound und SA Connection halten am **Windmill Park Roadhouse** (Moore St.), die Busse von Intercape am **Hauptbahnhof** (Station St.) und am Flughafen.

Translux (☎ 043-700 1999; www.translux.co.za) fährt täglich nach Mthatha (125 R, 4 Std.), Port Elizabeth (155 R, 4 Std.), Durban (195 R, 10 Std.), Kapstadt (300 R, 15 Std.) und Jo'burg/Pretoria (280 R, 14 Std.).

Greyhound (☎ 043-743 9284; www.greyhound.co.za) verbindet einmal täglich Durban (200 R, 10 Std.) mit Kapstadt (340 R, 16 Std.) via Port Elizabeth (145 R, 5½ Std.).

Intercape (☎ 043-743 9284; www.intercape.co.za) fährt täglich von East London nach Kapstadt (320 R, 7½ Std.) und Port Elizabeth (125 R, 5 Std.).

SA Connection (☎ 086-110 2426) verkehrt wöchentlich nach Jo'burg (325 R) und zweimal in der Woche nach Kapstadt (350 R).

Der **Baz Bus** (☎ 021-439 2323) fährt täglich außer Donnerstag und Sonntag von Port Elizabeth nach Durban via East London. Hostelgäste werden abgeholt.

FLUGZEUG

Der Flughafen liegt 10 km vom Zentrum entfernt. **South African Airways** (SAA; ☎ 043-706 0203) hat ein Büro am Flughafen und fliegt täglich von East London nach Port Elizabeth (700 R), Durban (1100 R) und Kapstadt (1650 R).

MINIBUS-TAXI

An der Ecke Buffalo Street und Argyle Street warten Überland-Minibus-Taxis, die Richtung Norden fahren. Unweit davon an der Ecke Caxton Street und Gillwell Street stehen Minibus-Taxis, die King William's Town, Bhisho und die nähere Umgebung abfahren. Einige ausgewählte Tarife: King William's Town (15 R, 1 Std.), Butterworth (35 R, 3 Std.), Mthatha (70 R, 5 Std.), Port Elizabeth (80 R, 6 Std.), Jo'burg (220 R, 15 Std.) und Kapstadt (240 R, 18 Std.).

ZUG

Der Nachtzug **Shosholoza Meyl Amathole** (☎ 0860-008 888) von East London nach Jo'burg (1./2. Klasse 335/235 R, 18 Std.) fährt täglich über Bloemfontein.

Unterwegs vor Ort

Die meisten Stadtbusse halten vor dem **Rathaus** (Oxford St.). Über Abfahrtzeiten und Strecken informiert **Buffalo City Municipal Buses** (☎ 043-705 2666).

Ein Anruf genügt, und **Border Taxis** (☎ 043-722 3946) schickt ein Privattaxi.

SHIPWRECK COAST

Der Küstenabschnitt zwischen dem Great Fish River und East London wird Shipwreck Coast genannt, weil hier viele Schiffe ihre letzte Ruhe gefunden haben. Der 64 km lange **Shipwreck Hiking Trail** (pro Pers. pro Nacht 40 R) führt vom Great Fish River zum Ncera River; wem die Gesamtstrecke zu lang ist, kann auch Teilstrecken gehen, da es mehrere Zu- und Abgänge gibt. Der Trail ist eine der wenigen Wanderrouten in Südafrika, auf der Wanderer ihr Tempo selbst bestimmen und (fast überall) campen dürfen, wo sie wollen. Belohnt wird die Anstregung mit wilden, unverfälschten Küsten, üppiger Ufervegetation und wunderschönen Flussmündungen. Der Trail wird über **Wild Coast Reservations** (☎ 043-743 6181) in East London gebucht.

WILD COAST

Zerklüftete Steilküsten, abgeschiedene Buchten und eine Vergangenheit, die von Schiffbruch und gestrandeten Seeleuten erzählt: Ihren Ruf als faszinierender Abenteuerschauplatz hat sich die Wild Coast redlich verdient.

Die „wilde Küste" erstreckt sich über 350 km von East London bis Port Edward. Ihr zivilisiertes Ufer säumen kleine Xhosa-Siedlungen sowie Ferienanlagen und Backpackerhostels.

Manche Leute nennen die Gegend immer noch „Transkei": So hieß zu Zeiten der Apartheid das Homeland in diesem Teil des Landes. Die „Transkei" trägt bis in die Gegenwart das Stigma hoher Kriminalität und äußerster Armut. Heutzutage bezeichnet „Wild Coast" nicht nur die Küste, sondern auch das angrenzende Hinterland.

Welcher Name auch immer – die Xhosa, die hier leben, gehören zu den freundlichsten Menschen in ganz Südafrika. Es kann leicht sein, dass Besucher in eines der fröhlich bemalten Häuser eingeladen werden, die hier die Landschaft wie bunte Sprenkel überziehen.

Die Zufahrt zur Küste erfolgt über die N2 (die East London und Port St. Johns verbindet), führt aber durch ziemlich unwegsames Gelände; wer sich hier umsehen will, landet unweigerlich auf schlechten, holprigen Straßen. Besser, sich zu Fuß aufzumachen, um die Wege zu erkunden, die die Küstenorte verbinden.

Der fünf Tage dauernde Trail von Port St. Johns nach Coffee Bay im Südwesten ist die beliebteste Route.

Wer von der Wild Coast aus ins Landesinnere wandern oder fahren und dort campen will, muss sich zuvor eine Genehmigung besorgen. Nach Einbruch der Dunkelheit ist es besser, nicht weiterzufahren; nicht vergessen, dass die Straßen hier auf keiner Karte verzeichnet und Wegweiser Mangelware sind. Ebenfalls achten müssen Autofahrer auf Tiere und Leute, die sich bisweilen mitten auf der Straße befinden. Unbefestigte Straßen können nach Regenfällen unpassierbar sein.

GEFÜHRTE TOUREN

Auch wer für geführte Touren normalerweise nichts übrig hat: Folgende Anbieter wissen unübertrefflich über die reiche und vielfältige Kultur der Xhosa und Mpondo zu informieren. Für Buchungen entlang der Küste genügt ein Klick auf www.wildcoastbookings.com.

African Heartland Journeys (☎ 043-734 3012, 082-327 3944; www.africanheartland.co.za) ist ein renommierter Tourenspezialist, der Abenteuertouren in kleinen Gruppen in die Gegend jenseits des Great Kei River unternimmt. Ausgangsbasis ist das Buccaneer's Backpackers (S. 305) in Cintsa (Chintsa). Zur Auswahl stehen Ausflüge mit dem Land Rover, im Kanu, zu Pferd oder im Sattel eines Mountainbikes. Zelte und Campingzubehör werden gestellt. Besucher können ihre einschlägigen Erfahrungen und Kenntnisse zur Verfügung stellen und sich für Freiwilligenprogramme anmelden; weitere Infos dazu auf der Website.

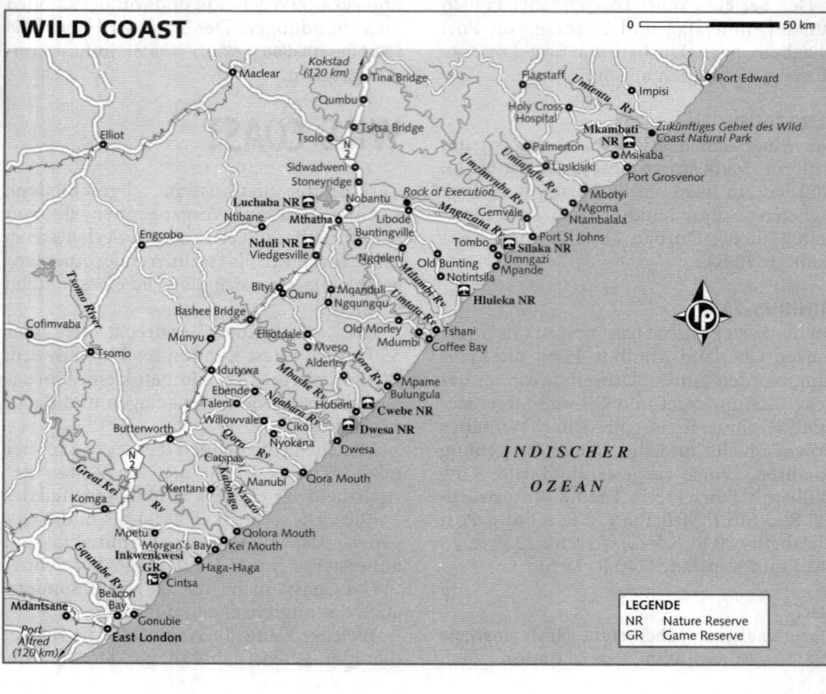

Wild Coast Trails (☎ 039-305 6455; www.wildcoast.org.za) bietet Ausritte, Radtouren, Wanderungen und Kanutrips unterschiedlicher Länge überall entlang der Küste. Die Führer und Veranstalter gehören einheimischen Mpondo- und Diba-Gemeinschaften an, die von ortsansässigen Hotels und privaten Unternehmen unterstützt werden. Genächtigt wird in Zeltcamps, Gästehäusern oder Privatunterkünften, die Routen führen durch Naturschutzgebiete, an Stränden entlang und durch Dörfer.

VON EAST LONDON NACH KEI MOUTH

Die Abzweigung, die von der N2 zu den East Coast Resorts führt, passiert die meisten Ferienorte nahe East London. Der schönste ist Cintsa (Chintsa). Die Strandloper Trails (s. S. 307) eignen sich am besten, um diesen Küstenabschnitt kennen zu lernen.

Cintsa (Chintsa)

☎ 043 / 2000 Ew.

Von East London aus erreichen Reisende auf der N2 nach 38 km einen herrlichen weißen Sandstrand, wo einem das Meer die Gischt ins Gesicht sprüht: Cintsa heißt dieses kleine Paradies, es besteht aus zwei hübschen Dörfern, Cintsa East und Cintsa West. Schöner als hier lässt sich der Urlaub an der Küste kaum verbringen – ob für ein paar Tage oder gleich mehrere Wochen. Ebenfalls in der Gegend liegt das exklusive private **Inkenkwesi Game Reserve** (☎ 043-734 3234; www.inkwenkwezi.com; Wildbeobachtungsfahrt vormittags/nachmittags 495/395 R; ⌚ 8–16 Uhr), das von vier der fünf großen Säugetierarten (Nashörner, Leoparden, Löwen, Büffel) bewohnt wird (nur die Elefanten fehlen). Bei einem Ausflug am Vormittag ist das Mittagessen inbegriffen. Beim Organisieren von Aktivitäten helfen alle unten aufgelisteten Unterkünfte.

Imonti Tours (☎ 043-745 3884; 26 Venice Rd., Morningside) organisiert Ausflüge zu den Townships Mdantsane und Zwelitsha sowie nach Bhisho und King William's Town. Ganztagestouren führen nach Qunu an der Wild Coast, wo Nelson Mandela seine Kindheit verbrachte.

SCHLAFEN & ESSEN

Cintsa bietet eine gute Auswahl an Unterkünften und mit dem Michaela's ein hervorragendes Restaurant.

Buccaneer's Backpackers (☎ 043-734 3012, 734 3749; www.cintsa.com; Cintsa West; Stellplatz/B/DZ mit Bad 45/75/180 R; 💻 🏊) Das „Bucks" ist eine echte Rarität – eine Art All-inclusive-Ferienanlage für Backpacker. Zu den vielen Aktivitäten im Angebot gehören kostenlose Kanus und Surfboards, eine Surfschule, Reiten, Schnapsfahrten und Schulbesuche (die nahe gelegene Belughaschule wird zum Teil durch Spenden der Gäste finanziert). Zur Verfügung stehen außerdem ein Volleyballfeld, eine Kletterwand und ein „Beautybungalow" (Massagen etc.). Verköstigung (Frühstück 15–40 R, Gerichte 30–65 R) ist möglich, sonntags veranstalten die Inhaber ein kostenloses Frühstück für ihre Gäste. Vom Buccaneer's aus operiert auch der hervorragende Anbieter African Heartland Tours (s. S. 304), der ein- und mehrtägige Ausflüge ins Hinterland organisiert. Übernachtet wird in komfortablen Schlafsälen oder Zimmern, aber auch in Safarizelten (160 R) und Cottages (280 R) mit Bad und eigener Sonnenterrasse. Die Anfahrt erfolgt über die Abzweigung nach Cintsa West; nach rund 200 m ist schon der Eingang erreicht; die Hauptgebäude liegen etwa 2 km weiter an der unbefestigten Straße.

Crawfords Lodge & Cabins (☎ 043-738 5000; www.crawfordscabins.co.za; Cintsa East; EZ/DZ mit Frühstück 300/550 R, Cottage mit Kochgelegenheit 450 R; ❄ 💻 🏊) Diese kleine Ferienanlage der mittleren Preisklasse verfügt über 23 Cottages und drei B&B-Apartments. Dazu gehört ein Swimmingpool, der Strand ist nebenan, und es gibt Tennisplätze.

Dolphin View (☎ 738 5432; dabeat@mweb.co.za; 18 Dolphin Dr., Cintsa East; EZ/DZ mit Frühstück 195/390 R; 💻) Wesentlich einfacher, dafür sehr charmant, hat dieses kleine B&B nur ein Gästezimmer mit Fernseher, Mikrowelle, Radio und CD-Spieler.

Michaela's of Cintsa (☎ 043-738 5139; Steenbras Dr., Cintsa East; Gerichte 49–69 R; ⌚ Mi–Mo Mittag- & Abendessen) Das Michaela's bietet Fusion-Küche mit südafrikanischen Zutaten. Für Sonntagmittag rechtzeitig reservieren. Zum Restaurant gelangen die Gäste über Holzstufen, die durch einen kleinen Regenwald führen; weniger Sportliche dürfen aber auch die klimatisierte Bergbahn nehmen.

Country Bumpkin Restaurant (☎ 043-738 5226; Heron Loop Dr., Cintsa East; Gerichte 30–40 R; ⌚ Di–Sa 16–24, So 12–17 Uhr) Auf den Hügeln über Cintsa East thronend, serviert das Country

DIE XHOSA

Entlang der südwestlichen Wild Coast lässt sich die Kultur der Xhosa bestens studieren. Der Name *red people* bezieht sich übrigens auf den roten Lehm und die rote Kleidung, die viele erwachsene Xhosa tragen.

Kleidung, Farben und Perlenschmuck bezeichnen die jeweilige Untergruppe des Stammes. Tembu und Bomvana färben ihre Kleidung rot und ocker-orange, Pondo und Mpondomise bevorzugen Hellblau. Auch Isi-dangas – lange türkisfarbene Halsketten, an denen die Vorfahren die Träger erkennen können – sind häufig zu sehen.

Die Xhosa glauben fest an Hexer und Hexen, und als bestes Gegenmittel gilt durchaus die Verbrennung. Zauberkraft wird fast immer als negativ betrachtet, vom bösen Geist besessen zu sein ist eine der zentralen Ängste. Wichtigste Quelle des Bösen sind die *tokoloshe*, menschenähnliche Kreaturen, die im Wasser leben, aber auch von Hexen gehalten werden. Dass die Xhosa etwas erhöht über dem Boden schlafen, liegt u. a. daran, dass sie fürchten, im Schlaf von den winzigen *tokoloshe* gepackt zu werden.

Der *igqirha* (spiritueller Heiler) hat die Macht, sowohl den Kräften der Natur als auch dem von Hexen verursachten Übel zu begegnen. Er spielt in dieser traditionellen Gesellschaft eine bedeutende Rolle. Der *ixhwele* (Kräuterheiler) kann auch ein wenig zaubern, kümmert sich aber vor allem um die Gesundheit. Beide Arten von Heilern werden oft auch als *sangomas* bezeichnet.

Vielen Xhosa wurde in der Kindheit die Kuppe des linken kleinen Fingers entfernt, um Unglück fernzuhalten. Pubertäts- und Heiratsrituale haben ebenfalls große Bedeutung. Jungen dürfen in der dreimonatigen Initiationsphase nach der Beschneidung nicht von Frauen gesehen werden; in dieser Zeit maskieren sich die Jungen mit weißem Lehm oder aufwendig gefertigten Kostümen aus trockenen Palmwedeln. Zum Ritual der weiblichen Initiation gehört es, dass das Mädchen in eine abgedunkelte Hütte gesperrt wird, während ihre Freundinnen durch die Gegend ziehen und für Geschenke singen. Unverheiratete Mädchen tragen kurze Röcke, die länger werden, je näher die Heirat rückt. Verheiratete Frauen tragen lange Röcke und bedecken ihre Brüste. Häufig bemalen sie sich im Gesicht mit weißem Lehm, tragen große turbanartige Kopfbedeckungen und rauchen langstielige Pfeifen.

EASTERN CAPE

Bumpkin Panini, Salate, Muscheln, Kalamari und Pasta und viele andere mehr oder weniger bekannte Köstlichkeiten.

AN- & WEITERREISE

Von East London über die N2 kommend, führt der Weg über die Ausfahrt 26 (East Coast Resorts) nach Cintsa. Nach der Überführung ist es noch 1 km bis zur Abbiegung nach Cintsa East. Nach Cintsa West geht es 16 km weiter.

Morgan's Bay & Kei Mouth

☎ 043 / 2200 Ew.

Unweit von Cintsa an der Küste liegt der kleine Ort Morgan's Bay (Anfahrt über N2 und Route 349), ein Hort der Ruhe und des Friedens, wunderbar geeignet zum Treibgutsammeln oder Surfen. Zwischen Mitte Dezember und Mitte Januar schießen die Preise in die Höhe, und viele Unterkünfte sind ausgebucht.

Gleich hinter Morgan's Bay liegt das etwas touristischere **Kei Mouth** (www.keimouth.co.za), der letzte Ferienort, bevor die Wild Coast beginnt. Die Anfahrt erfolgt mit der **Fähre** (45 R pro Auto; 7–18 Uhr) über den Great Kei River.

Der **Yellowwood Park** (☎ 043-841 1598, 043-841 1319; Stellplatz 45 R plus 10 R pro Pers.; Hütte EZ/DZ 55/90 R) liegt rund 1 km von Morgan's Bay entfernt. Der sehr ruhige und umweltfreundliche Campingplatz ist von Urwald umgeben und zählt oft die Vögel und Affen der Gegend zu seinen Gästen. Besucher werden auf Anfrage von East London oder Mooiplaas an der N2 abgeholt.

Mitford Lodge (☎ 043-841 1510; 14 Beach Rd., Morgan's Bay; B/DZ/3BZ 65/200/350 R) ist ein sauberes Budgethotel in ländlichem Stil, mit Restaurant. Eine Alternative ist das **Morgan Bay Hotel** (☎ 043-841 1062; www.morganbay.co.za; Beach Rd., Morgans Bay; Zi. mit Frühstück & Abendessen 315–365 R;), ein luftiges Familienhotel mit mediterranem Flair und einer Bar, die kleine Gerichte serviert. Für Ausflüge können Mountainbikes (pro halben Tag 150 R) und Kanus (25 R pro Stunde) gemietet werden.

Nebenan gibt es auch einen **Campingplatz** (Stellplatz 60–215 R).

Strandloper Trails

Der 60 km lange, fünftägige **Strandloper Hiking Trail** und der **Strandloper Canoe Trail** (Buchung ☎ 043-841 1046; www.strandlopertrails.org.za; Trail 220 R) mit nur einer Übernachtung verlaufen zwischen Kei Mouth und Gonubie, das direkt vor den Toren von East London liegt. Der Wanderweg ist nicht sehr anspruchsvoll, erfordert aber gute Fitness. Die Strandlopers („Strandläufer") waren ein Khoi-Khoi-Stamm, der diese Küste bewohnte – bis die weißen Siedler auftauchten. Eine Gezeitentabelle (wird im East Londoner *Daily Dispatch* veröffentlicht) ist hilfreich, da es mehrere Flussmündungen zu überqueren gilt.

Vier Hütten stehen zur Verfügung; die Übernachtung ist in der Buchungsgebühr inbegriffen. Camping am Strand ist verboten, doch die meisten Hotels an der Küste haben einen Campingplatz.

VON GREAT KEI RIVER NACH COFFEE BAY

Den Küstenstreifen zwischen Great Kei River und Coffee Bay säumen zahlreiche Hotels und Ferienanlagen. Die meisten können über **Wild Coast Holiday Reservations** (☎ 043-743 6181; www.wildcoastholidays.co.za; King's Tourist Centre, Ecke Longfellow Rd. & Aquarium Rd., East London) gebucht werden. Die Unterkünfte sind überwiegend in Familienbesitz oder gehören Fischern; um Weihnachten und Ostern ziehen die Preise gewaltig an. Die Einheimischen teilen sich Taxis, um mobil zu sein; Besucher bringen am besten ein eigenes Fahrzeug mit.

Im Folgenden eine kleine Auswahl an Übernachtungsmöglichkeiten, gelistet von Süden nach Norden.

Etwa 16 km nördlich der Fähre liegt das **Trennery's Hotel** (☎ 043-498 0004; www.trennerys.co.za; EZ/DZ mit Vollpension 350/700 R; 🏊) mit hübschen reetgedeckten Bungalows; im Innern ist es ein bisschen heruntergekommen, aber trotz allem komfortabel. Einfaches Restaurant, herrlicher Strand, Garten und Swimmingpool.

Die Holzterrasse des schönen **Wavecrest Resort Hotel** (☎ 047-498 0022; www.wavecrest.co.za; EZ/DZ mit Vollpension 390/780 R; 🏊) bietet phantastische Blicke über die Sanddünen an der Mündung des Nxaxo River. Langweilig kann es hier dank der vielen angebotenen Aktivitäten, wie Fischen, Bootsfahrten und Ausritte, nicht werden. Anfahrt von Butterworth aus über Kentani; bei Kentani links abbiegen.

Das familiengeführte **Kob Inn** (☎ 047-499 0011; www.kobinn.co.za; EZ/DZ mit Vollpension 360/720 R) ist mit dem Auto von Idutywa über Willowvale zu erreichen. Gute Wanderwege in der Umgebung.

Das **Haven** (☎ 047-576 8904/8906; Fax 047-576 8905; EZ/DZ mit Vollpension 265/530 R) ist eine gute Ausgangsbasis für Ausflüge in das Cwebe Nature Reserve nahe der Mündung des Mbashe River. Von Süden kommend, erfolgt die Anfahrt über Elliotdale; im Ort Qunu, 31 km südlich von Mthatha, abbiegen. Von Qunu aus sind es noch 70 km bis zum Hotel, die Straße ist ab Elliotdale nicht mehr befestigt. Wer von Norden kommt, biegt in Viedgesville, das 20 km südlich von Mthatha liegt, ab.

Bulungula Backpackers (☎ 047-577 8900, 083-391 5525; www.bulungula.com; Stellplatz pro Pers./B/DZ mit

EASTERN CAPE

DAS GROSSE VIEHSCHLACHTEN DER XHOSA

1856 ging ein junges Xhosamädchen namens Nongqawuse zum Ufer des Gxarha-Flusses, östlich vom Great Kei River. Sie wollte helfen, Vögel von den Feldern ihres Onkels zu vertreiben. Nach ihrer Rückkehr verkündete sie, dass sie die Geister der Ahnen getroffen habe. Sie hätten ihr erzählt, dass die Xhosa ihre riesigen Viehherden schlachten und ihre Felder brachliegen lassen sollten. Wenn sie das täten, würden die Ahnen zurückkehren, riesige Herden fetter, prächtiger Rinder mitbringen und die Weißen ins Meer jagen.

Für die Xhosa war das eine Vision der Hoffnung – ihr Vieh wurde von aus Europa eingeschleppten Krankheiten dezimiert, hinter ihnen lagen mehrere Grenzkriege mit den landhungrigen Buren. Der Prophezeiung folgend töteten über 100 000 Xhosa ihr Vieh – sie selbst erlagen dem Hunger. Der britische Gouverneur der Provinz, Sir George Grey, versklavte die Überlebenden und schenkte ihr Land weißen Siedlern.

Gemeinschaftsbad 30/60/150 R; 💻) gibt es erst seit ein paar Jahren, hat an der Wild Coast aber bereits einen Legendenstatus: wegen seiner Wahnsinnslage, den gemeinschaftlichen Aktivitäten und der umweltfreundlichen Philosophie. Es gehört zu 40 % der Xhosa-Gemeinschaft, die alle Touren, inklusive Ausritte, Wanderungen und Kanufahrten, organisiert. Die Gäste dürfen gerne bei den Gemeinschaftsaktivitäten helfen, etwa bei Farming- oder Unterrichtsprojekten. Zuweilen verschwimmt die Grenze zwischen Einheimischen und Besuchern – es gibt weder Zäune noch verschlossene Türen, sodass jederzeit Freunde und Nachbarn auf ein Schwätzchen hereinschneien können. Der Ort ist von einer heiteren Gelassenheit erfüllt, die zum wilden Tumult anschwillt, wenn am Strand gefeiert wird. (Weit genug entfernt vom Hauptcamp, sodass der Lärm nicht stört). Rondavels im Xhosa-Stil – mit kreativen, bunten, manchmal psychedelischen Mustern bemalt – dienen als Gästequartiere. Zu den sanitären Anlagen gehören ein umweltfreundlicher Komposthaufen und „Felsduschen".

Kopf des Ganzen ist Dave Martin, ein Südafrikaner, der jahrelang den ganzen Kontinent bereiste auf der Suche nach dem richtigen Platz für eine solche Anlage – und schließlich vor der eigenen Haustür fündig wurde.

Das kleine Paradies ist nicht ganz leicht zu erreichen. (Wer es schafft, mit öffentlichen Verkehrsmitteln anzureisen, muss die erste Nacht nicht bezahlen – ist das nicht eine Herausforderung?) Das Bulungula liegt 4 km nördlich von der Mündung des Xora River und rund zwei Autostunden von Coffee Bay entfernt. Diejenigen, die mit dem eigenen Auto anreisen, sollten vorher bei Bulungula anrufen und sich den Weg beschreiben lassen. Es gibt aber auch einen Abholservice.

EASTERN CAPE

Dwesa Nature Reserve & Cwebe Nature Reserve

Wer sich für Natur und ihre gefiederten Bewohner begeistern kann, wird die beiden kleinen Naturschutzgebiete lieben. Zusammen erstrecken sie sich über 6000 ha Küstenland und bieten Wald, schöne Strände und Wanderwege. Rund 290 Vogelarten wurden hier identifiziert. Die Gebiete sind durch den Mbashe River getrennt. Beide sind ausschließlich mit dem eigenen Wagen zu erreichen.

Das **Dwesa Nature Reserve** (Buchung ☎ 047-499 0073; Tagesbesucher 10 R; 🕑 6–18 Uhr) ist eines der abgelegensten und schönsten Naturschutzgebiete Südafrikas, im Norden begrenzt vom Mbashe River, im Süden vom Nqabara River. Am späten Nachmittag können die Besucher nahe der Kobolemündung beobachten, wie die Elenantilopen zum Strand ziehen. Außerdem gibt es Büffel und Breitmaulnashörner zu bestaunen. Wer wandern will, muss sich aber einem Ranger (kostet 40 R pro Tag) anschließen.

Der Weg nach Dwesa führt über Willowvale, wo man sich die Anfahrt beschreiben lässt. Die Straße hat viele Abzweigungen, und die wenigsten sind beschildert.

Im **Cwebe Nature Reserve** (Buchung ☎ 047-576 9443; Tagesbesucher 10 R; 🕑 6–18 Uhr) sind die Mbanyana-Fälle und -Lagune sehenswert. Am späten Nachmittag können Besucher mit ein bisschen Glück eine Kapotter (*Aonyx capensis*) sehen. Am südlichen Ende des Naturschutzgebietes nahe dem Mbashe River liegt ein Wäldchen weißer Mangroven, um deren Stämme sich Krabben und Schlammspringer (*Periophthalmodon schlosseri*), Fische, die an Land gehen, tummeln.

Nach Cwebe geht es über die N2; die Abzweigung nach Elliotdale (Xhora) nehmen (40 km südwestlich von Mthatha), dann der Beschilderung zum Haven Hotel folgen.

In Dwesa und Cwebe gibt es **Campingplätze** (Stellplatz 30 R), in Dwesa zusätzlich **Selbstversorgerunterkünfte** (2-Zi.-Bungalow 150 R).

COFFEE BAY

☎ 047 / 600 Ew.

Wie der Ort zu seinem Namen kam, weiß niemand ganz genau. Es gibt aber die Theorie, dass hier 1863 ein Schiff strandete, das mit Kaffeebohnen beladen war. Heute ist das abgeschiedene Dorf ein Mekka für Rucksacktouristen: Im Zentrum drängen sich zwei stets gut besuchte Hostels und mehrere exklusive Hotels. Dazwischen schleichen ein paar Einheimische herum und versuchen, *dagga* (Marihuana), Souvenirs und Tagesausflüge an den Mann/die Frau zu bringen.

Coffee Bay selbst ist ziemlich heruntergekommen, aber die Landschaft ringsherum ist atemberaubend: herrliche kilometerlange Strände vor schwindelerregend hohen Kliffs.

Die beiden Backpackerhostels, Bomvu Paradise und Coffee Shack, organisieren alle Arten von Tagesausflügen, darunter **Ausritte** (2 Std. 150 R), **geführte Wanderungen** (ab 50 R), **Sightseeing** (ab 60 R) und **Surftrips** (60 R) hinüber zum Indischen Ozean.

Schlafen & Essen

Es gibt zahlreiche Unterkünfte, die um die Gunst der Gäste buhlen. Wer also schon mal den weiten Weg hierher genommen hat, sollte sich erst ein paar Adressen anschauen, ehe er sich endgültig niederlässt.

Einheimische verkaufen Muscheln, Flusskrebse und andere Meeresfrüchte, außerdem gibt's für Selbstversorger einen gut sortierten Lebensmittelladen.

Bomvu Paradise (☎ 047-575 2073; www.bomvubackpackers.com; Stellplatz/B/DZ mit Gemeinschaftsbad 30/65/160 R) Von den beiden Backpackers in Coffee Bay ist Bomvu Paradise das mit dem Hippie-Touch. Ein Ort mit Feeling, samt Yoga, Bioessen und Trommelsessions – es gibt sogar ein Amphitheater, in dem spätabends Trommelwettbewerbe stattfinden. Keine eigene Trommel? Macht nichts, der Inhaber erklärt, wie man sich selbst eine baut. Schlafsäle und Zimmer sind rustikal, komfortabel und funky, das Personal tüchtig und freundlich.

Coffee Shack (☎ 047-575 2048; www.coffeeshack.co.za; Stellplatz/B/DZ mit Gemeinschaftsbad 40/70/200 R; 💻) Gegenüber vom Bomvu liegt das Coffee Shack, in dem es eher partymäßig zugeht – mit abendlicher Livemusik, die von Einheimischen gespielt wird. Hier können die Gäste super surfen lernen, denn der Inhaber David Malherbe war Meister im Wellenreiten. Es gibt Schlafsäle im Haupthaus, aber die Rondavels jenseits des Flusses bieten etwas mehr Privatsphäre. Das 3-Gänge-Abendessen kostet 35 R, Sonntagabend gibt's gratis *potjiekos* (Eintopf). Wer von einem anderen Ort an der Wild Coast anreist, kann sich sogar kostenlos abholen lassen.

Ocean View Hotel (☎ 047-575 2005; www.oceanview.co.za; EZ/DZ mit Halbpension 405/600 R, ohne Meerblick 351/520 R; ❄ 💻 🏊) Das Ocean View bietet stilvolle, bungalowartige Zimmer mit Terrasse zum Meer. Essen gibt es im Restaurant (80 R Menü zur Dämmerstunde) oder abends in der Bar, wo Snacks aus Meeresfrüchten serviert werden. Höhere Preise in der Hauptsaison.

An- & Weiterreise

Nach Coffee Bay führt eine asphaltierte Straße, die in Viedgesville von der N2 abzweigt. Am Ortseingang erscheint rechter Hand das Coffee Bay Hotel. Etwas weiter kommt das Revier der Backpacker. Ein Minibus-Taxi von Mthatha nach Coffee Bay kostet 22 R und braucht eine Stunde. Die Backpackerhostels holen ihre Logiergäste am **Baz Bus** (☎ 021-439 2323) ab, der an der Shell-Ultra-City-Tankstelle, 4 km südlich von Mthatha, hält.

RUND UM COFFEE BAY

Die Wanderrouten in der Umgebung von Coffee Bay sind spektakulär, zu den herausragendsten Zielen gehört das **Hole in the Wall**, ein Durchbruch in einer Felswand, die die Brandung in den Felsen gewaschen hat. Die beschilderte Abzweigung zum „Loch in der Wand" befindet sich rund 20 km vor Coffee Bay. Eine unbefestigte Straße führt direkt vom Ort hin (etwa 8 km).

Mdumbi Backpackers (☎ 047-575 0437, 073-810 7246; www.mdumbi.co.za; Stellplatz/B/DZ mit Gemeinschaftsbad 30/55/110 R) ist der optimale Ort, um für eine Weile alles hinter sich zu lassen: ein ländliches Haus auf dem Grundstück einer Mission, inmitten sanft geschwungener Hügel, nahe einem abgeschiedenen Strand. Ideal auch für alle, die gerne Wassersport treiben (die Brandung ist hier oft phänomenal), ebenso wie für diejenigen, die den Kontakt zu den einheimischen Xhosa in ihrer ursprünglichen Umgebung suchen. Um hierher zu gelangen, biegt man von der Straße zwischen Coffee Bay und Mdumbi ab und folgt der Beschilderung.

Rund 8 km südlich von Coffee Bay befindet sich das eingezäunte **Hole in the Wall Hotel** (☎ 047-575 0009; http://home.intekom.com/holeinthewall; EZ/DZ mit Halbpension 265/530 R; 💻 🏊) mit schlichten Zimmern und preiswerten, hübsch eingerichteten Cottages mit Kochgelegenheit (300 R für ein 2-Zimmer-Cottage). Die Attraktion, die dem Hotel den Namen gab, ist 2 km entfernt und zu Fuß erreichbar. In der Hauptsaison steigen die Preise drastisch an. Von Coffee Bay aus führt eine unbefestigte Straße zum Hotel.

Das nüchterne **Hole in the Wall Backpackers** (☎ 083-317 8786; holeitwh@iafrica.com; Stellplatz/B/DZ mit Gemeinschaftsbad 40/70/180 R; 🏊) ist in die Anlage des gleichnamigen Hotels integriert, und die Gäste dürfen alle Hoteleinrichtungen mit nutzen, etwa den Swimmingpool und das Volleyballfeld. Ausritte werden für 50 R pro Stunde angeboten. Wer möchte, kann im Hotel essen (Frühstück 30 R, Abendessen 60 R).

VON COFFEE BAY NACH PORT ST. JOHNS

Die Straße von Coffee Bay nach Port St. Johns führt an zwei Naturschutzgebieten, dem **Hluleka Nature Reserve** und dem **Silaka Nature Reserve** (☎ 043-742 4450; http://reserves.wildcoast.org.za/rs/10.xml) vorbei. Ebenfalls auf dem Weg liegt das Dorf Mpande; dort befindet sich das namhafte Kraal Backpackers (s. unten). Es ist eine wunderschöne Strecke, gerade wenn man sie zu Fuß zurücklegt. Leider gibt es Berichte über Hinterhalte und Straßenraub, deshalb ist es ratsam, sich einen einheimischen Führer zu nehmen. Mehr Infos dazu s. S. 304.

Das **Kraal Backpackers** (☎ 082-871 4964; www.thekraal-backpackers.co.za; Stellplatz/B mit Gemeinschaftsbad 50/80 R) ist eine bodenständige, umweltfreundliche Unterkunft, die von Reisenden begeistert gelobt wird. Es gibt hier weder Strom noch Fernsehen – dafür viel Ruhe, eine freundliche Atmosphäre und spektakuläre Landschaften nach allen Seiten. Die Leute aus dem Dorf betrachten das Kraal als eine Art Vorort und kommen, um Fisch und Gemüse zu verkaufen. Oft laden sie Besucher in ihre *shebeens* ein oder zum Besuch ihres *sangoma*. Wandern, Reiten, Surfen und Kajakfahren gehören zum Programm. Auch Essen (Abendessen 35 bis 60 R) wird angeboten.

Die Abzweigung zum Kraal befindet sich 70 km von Mthatha und 20 km von Port St. Johns entfernt an den Tombo Stores. Von dort aus ist es ausgeschildert. Von der Abzweigung aus verläuft die Fahrt 30 bis 40 Minuten auf einer holprigen Straße bis nach Mpande, wo das Kraal liegt. Wer mit öffentlichen Verkehrsmitteln anreisen will, gehe zur Shell-Ultra-City-Tankstelle in Mthatha und nehme dort ein Minibus-Taxi (30 R) – dem Fahrer das Kraal als Ziel nennen. Dort am besten vorher anrufen. Der **Back-2-Back-Shuttlebus** (☎ 082-400 3335; back2back@absamail.co.za) aus Port St. Johns (S. 311) fährt ebenfalls dorthin.

Umngazi River Bungalows (☎ 047-564 1115; www.umngazi.co.za; EZ/DZ mit Vollpension 530/1060 R;) Beliebte Anlage an der Mündung des Umngazi River, etwa 21 km südlich von Port St. Johns. Angeboten werden zahlreiche Aktivitäten, etwa Kanufahrten durch Mangrovenwälder, Fischen, Mountainbiking und Wandern. Öffentliche Verkehrsmittel fahren nicht nach Umngazi. Wer mit dem eigenen Auto von Port St. Johns kommt, nimmt die Straße nach Mthatha; nach 10 km folgt dann die Abzweigung nach Umngazi. Links abbiegen, dann weitere 11 km zum Hotel fahren.

In Mpande können Besucher auch in Privatunterkünften wohnen. Leser empfehlen die **Mpande-Hütten** (pro Pers. 60 R), rund 300 m hinter dem Kraal Backpackers (ohne Hinweisschild) mit Rondavels und einem extra Toiletten- und Duschtrakt.

Im Hluleka Nature Reserve wird in Holzchalets mit Kochgelegenheit übernachtet (230 R), die bis zu sechs Personen aufnehmen. In Silaka stehen strohgedeckte Bungalows (200 R) zur Verfügung. Für Buchungen genügt ein Anruf beim **Eastern Cape Tourism Board** (☎ 040-635 2115) in Bhisho. Vorräte müssen mitgebracht werden. Silaka bietet außerdem 15 komfortable Hütten an (316 R).

Hluleka Nature Reserve

Das Tosen des Meeres und das Rauschen des Windes, der durch den immergrünen Wald streicht – so klingt der gefühlvolle Soundtrack des **Hluleka Nature Reserve** (☎ 047-575 0410; Eintritt 10 R; 8–17 Uhr) zwischen Coffee Bay und Port St. Johns. Das Naturschutzgebiet vereint Felsenküste, Lagunen, Wald und spektakuläre Meerblicke. Steppenzebra (*Equus burchelli*), Blässbock (*Damaliscus albifrons*) und Streifengnu (*Connochaetes taurinus*) wurden hier angesiedelt.

Im Hluleka Nature Reserve können Besucher in Holzchalets mit Kochgelegenheit übernachten (230 R), die bis zu sechs Personen Platz bieten. Gebucht wird über **Eastern Cape Tourism Board** (☎ 040-635 2115) in Bhisho. Vorräte mitbringen.

Die Anfahrt erfolgt über die Straße von Mthatha nach Port St. Johns; etwa 30 km von Mthatha entfernt bei Libode rechts abbiegen. Nach weiteren 90 km ist das Naturschutzgebiet erreicht.

Silaka Nature Reserve

Silaka (☎ 047-564 1177; Eintritt 5 R; 6–18 Uhr) wartet mit Gezeitenbecken und imposanten Felsküsten auf. Das kleine Gebiet, 6,5 km

EASTERN CAPE

südlich von Port St. Johns reicht von Second Beach bis Sugarloaf Rock. Nahe der Flussmündung, wo der Gxwaleni ins Meer fließt, wachsen Aloen fast bis zum Wasser hinunter. Häufig sind Kapotter am Strand zu sehen oder auch Weißbrustkormorane (*Phalacrocorax carbo lucidus*), die nach dem Tauchen auf die vorgelagerte Bird Island klettern – ein magischer Ort.

Wohnen können Besucher in Silaka in strohgedeckten Bungalows (200 R) oder 15 komfortablen Hütten (316 R). Wie bei Mthatha gilt: Buchungen telefonisch beim **Eastern Cape Tourism Board** (☎ 040-635 2115) erledigen und Vorräte mitbringen.

PORT ST. JOHNS

☎ 047 / 2100 Ew.

Das herrlich entspannte Port St. Johns ist ein Magnet für junge und nicht mehr ganz junge Hippies. Die idyllische kleine Küstenstadt an der Mündung des Umzimvubu River glänzt mit tropischer Vegetation, eindrucksvollen Steilküsten, großartigen Stränden und der völligen Abwesenheit von Hektik und Stress. Manche Reisende lassen sich vom Gesäusel des Windes und der Wellen so einlullen, dass sie wie satte Säuglinge dem berühmten „Pondo-Fieber" erliegen und Monate bleiben.

Praktische Informationen

Island Backpackers Lodge (☎ 047-564 1958; www.theislandbackpackers.co.za; 4 Berea Rd.; 1 R pro Min.) Internetzugang.

Touristeninformationsbüro (☎ 047-564 1206; www.portstjohns.org.za/tourism.htm) Nach der Ortseinfahrt hinter dem Verkehrskreisel.

Sehenswertes

Für stimmungsvolle Sonnenuntergänge ist der **Mount Thesiger** zu empfehlen. Der Hügel bietet mit die spektakulärsten Panoramen der gesamten Wild Coast. Auf dem Gipfel gibt es eine alte Start-und-Lande-Bahn, heute das perfekte Plätzchen für einen romantischen Sundowner. Am Ufer des Umzimvubu River, westlich vom Stadtzentrum gelegen.

Schlafen

Port St. Johns hat sich vor allem auf Unterkünfte für Backpacker verlegt, es stehen aber auch ein paar exklusivere Alternativen zur Verfügung.

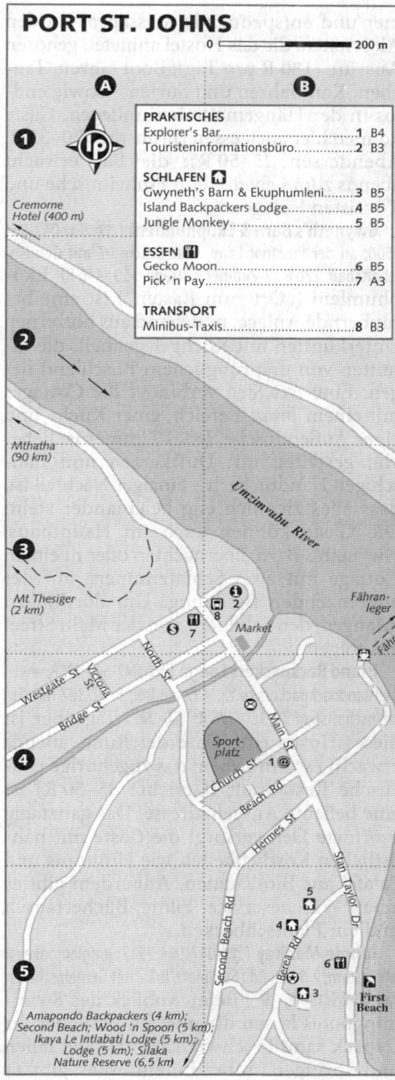

Amapondo Backpackers (☎ 047-564 1344, 083-315 3103; www.amapondo.co.za; Second Beach Rd.; Stellplatz/B/DZ mit Gemeinschaftsbad 45/75/180 R) 4 km von der Stadt entfernt liegt dieses schöne Hostel mit herrlichem Blick auf Port St. Johns' idyllischen Second Beach. Die beschauliche Atmosphäre wird vervollständigt durch wirklich hilfsbereites Personal, schöne Zimmer und entspannende Massagen. Zu den Aktivitäten, die das Hostel anbietet, gehören Ausritte (180 R pro Tag), Boot fahren, Tauchen, Kanufahren und Surfen – sowie endlos in der Hängematte herumliegen. Gäste können hier auch essen (Frühstück 20–35 R, Abendessen 25–50 R); die Bar erwacht abends zum Leben, wenn Einheimische und Touristen loslegen.

Gwyneth's Barn & Ekuphumleni (☎/Fax 047-564 1506; an der Pussfoot Lane, First Beach; DZ mit Gemeinschaftsbad 220 R, 2-Zimmer-Cottage 350–440 R) Ekuphumleni („Ort zum Rasten") ist eine bezaubernde Anlage, bestehend aus hölzernen Unterkünften mit Kochgelegenheit, die inmitten von ursprünglichem Buschland liegen. Eine Art Steg verbindet die Cottages mit einem *braai*-Bereich, einer Küche und einer Außendusche. Jedes Zimmer ist liebevoll gestaltet, mit Duftkerzen und flauschigen Handtüchern – einziger Nachteil ist, dass alles ziemlich eng beieinander steht. Die Gäste können auch im Haupthaus, Gwyneth's Barn, übernachten oder in einem Cottage mit zwei Schlafzimmern auf der angrenzenden Besitzung. Um dorthin zu gelangen, den Schildern von der Main Street aus folgen.

EASTERN CAPE

Island Backpackers Lodge (☎ 047-564 1958; www.theislandbackpackers.co.za; 4 Berea Rd.; B/DZ/3BZ mit Gemeinschaftsbad 70/180/225 R; 💻 🏊) Tagsüber ist dieses Hostel eine Oase der Ruhe, abends erwacht es zum Leben: das zugehörige israelische Restaurant (Gerichte 35–50 R) ist eine beliebte Ausgehadresse. Das ganztägig geöffnete Deli versorgt die Gäste mit nahöstlichen Köstlichkeiten wie Hummus und Falafel aus Bio-Zutaten. Außerdem gibt es einen Wäscheservice, Filme, Büchertausch und ein Plantschbecken.

Jungle Monkey (☎ 047-564 1517; junglemonkey@iafrica.com; 2 Berea Rd.; Stellplatz/B/DZ mit Gemeinschaftsbad 40/65/160 R; 🏊) Beim Anblick des Swimmingpools lassen die meisten Besucher ihr Gepäck samt beschwerlichen Hüllen fallen und springen sofort hinein. Was gibt es sonst noch? Hübsche Hippiemotive an den Wänden, einen Garten voller Hängematten und eine Bar mit Billardtisch, dazu Aktivitäten wie Wanderungen, Ausritte (150 R pro Tag) und Sondertarife für längere Aufenthalte. Auf dem Gelände befindet sich außerdem ein großer Campingplatz.

Ikaya Le Intlabati Lodge (☎ 047-569 1266; ikaya@telkomsa.net; Second Beach; EZ/DZ 140/180 R) Die Lodge ist in einem hübschen, wenn auch etwas verwahrlosten Haus gleich hinter dem Wood 'n Spoon am Second Beach untergebracht. Ruhiges Fleckchen, besonders schön für Tierfreunde – der Inhaber hat eine streitlustige Krähe namens Jane, zwei Boas und einen Leguan. Hier werden auch hochwertiges Kunsthandwerk und Bekleidung hergestellt.

Lodge (☎ 564 1171, 076-134 7232; thelodge@ananzi.co.za; Second Beach; Zi. mit Frühstück 400 R) Versteckt hinter dem Second Beach liegt diese Lodge, eine Alternative in der mittleren Preisklasse mit gut ausgestatteten Zimmern und sehr entspannter Atmosphäre. Die Gäste können hier Mahlzeiten bestellen oder im nahen Wood 'n Spoon essen.

Cremorne Hotel (☎ 047-564 1113; www.cremorne.co.za; Stellplatz 50 R, Hütten ohne Bettzeug pro Pers. 90 R, EZ/DZ mit Frühstück 480/720 R; 🏊) Saubere, komfortable Zimmer und rustikale Fischerhütten bietet dieses nette Familienhotel in spektakulärer Lage am Ufer des Umzimvubu River. Mit gemütlichem Pub und Restaurant. Ebenfalls erhältlich: Cottages mit vier Schlafzimmern und Kochgelegenheit (480 R).

Essen

Den Hostels und Hotels sind meist Restaurants angeschlossen. Für Selbstversorger gibt es **Pick 'n Pay** (Ecke Westgate St. & Main St.) mit einem kleinen Markt, wo frische Meeresfrüchte – Muscheln, Krabben, Krebse und Fisch – angeboten werden.

Gecko Moon (☎ 047-564 8354; Stan Taylor Dr.; Gerichte 35–65 R; Mittag- & Abendessen) In diesem superschicken beliebten Restaurant stehen rund 20 verschiedene Pizzen auf der Karte, außerdem gebratene Muscheln, Schrimps und Grillhühnchen. Es gibt auch ein paar Zimmer (EZ/DZ mit Frühstück 295/480 R), die witzig eingerichtet sind, aber im Sommer leider etwas zu heiß werden. Mit Künstlerwerkstatt.

Wood 'n Spoon (☎ 047-564 8202; Second Beach; Gerichte 35–80 R; 🕒 Do–Di Mittag- & Abendessen) Wunderbar ländliches Restaurant in herrlicher Lage direkt am Second Beach, etwa 5 km außerhalb der Stadt. Die Ausstattung ist genauso wunderbar wie der freundliche Service und die phantasievolle Karte, die sogar mit ein paar Schweizer Spezialitäten wie „Alpenmakkaroni" und Käsefondue sowie jeder Menge Gerichte mit frischen Meeresfrüchten aufwartet.

An- & Weiterreise

Die meisten Backpackerunterkünfte holen ihre Gäste für rund 45 R an der Shell Ultra City ab. Die Tankstelle liegt 4 km südlich von Mthatha (dort hält auch der Baz Bus). Es ist aber unerlässlich, vorher zu buchen (und dann auch zu erscheinen). Von der Tankstelle aus fahren auch regelmäßig Minibusse nach Port St. Johns (30 R, 2 Std.), die Passagiere am Verkehrskreisel aussteigen lassen.

Das **Back 2 Back Shuttle** (☎ 082-400 3335; thisandthat@telkomsa.net) ist ein privater Transportservice, vor allem für Wanderer. Ein praktisches Airport Shuttle fährt die Flughäfen von Mthatha und East London an. Back 2 Back organisiert auch Ausflüge in das Umland von Port St. Johns: Ausritte, Kanufahrten, Dörfertouren und Mahlzeiten mit einheimischen Familien.

Wer von Port Edward kommt, kann die gute asphaltierte Straße nach Lusikisiki benutzen; dann folgen 17 km Feldweg. Achtung vor wildgewordenen Fahrern vor und hinter unübersichtlichen Kurven. Die Straße von Mthatha bis Port St. Johns ist ebenfalls asphaltiert.

PONDOLAND

An dem 110 km langen Küstenstreifen zwischen Port St. Johns und dem Umtamvuna River liegt eine der ökologisch vielfältigsten Landschaften der gesamten Region – möglicherweise wird es bald als Wild Coast National Park unter Schutz gestellt, möglicherweise ist es aber auch zukünftiges Bergbaugebiet (s. unten).

Nördlich des Kokstadkorridors entstand durch die Landverteilungspolitik des Apart-

DIE SCHLACHT UM DAS LAND DER PONDO

Im September 2005 hat die Regierung Südafrikas nach langer Zeit endlich dem Plan zugestimmt, in Pondoland einen Nationalpark einzurichten. Sollte dieser Park tatsächlich eröffnet werden, wird er Regenwald, Tierhabitate und bedeutende archäologische Stätten schützen. Was heute das Mkambati Nature Reserve ist, wird dann das Herz des „Wild Coast National Park" sein. Der Beschluss aber ist nicht unumstritten.

Die Umweltschützer glauben, einen Sieg verbuchen zu können, viele Stimmen aber meinen, die Regierung wolle sie nur einlullen, während sie gleichzeitig Investoren auf das Gelände lasse, Mautstraßen anlege und Sanddünen abtrage. Als die Entscheidung, den Park zu eröffnen, bekannt gegeben wurde, konnten die Regierungssprecher nicht einmal sagen, wie seine Grenzen aussehen würden. Viele halten den „Wild Coast National Park" für eine Schimäre und glauben, dass die besten Teile des Pondolandes stückweise verkauft werden.

Größte Attraktion für Investoren ist die mineralienreiche Sanddünenmine von Xolobeni, auf die das australische Bergbauunternehmen Mineral Commodities (MRC) ein Auge geworfen hat. Natürlich bräuchte MRC auch eine Straße, um den Sand zu der angedachten Schmelzhütte in Coega zu transportieren.

Ob mit oder ohne Mine – die Regierung beabsichtigt auf jeden Fall eine Straße durch das Pondoland zu bauen. Der geplante Highway ist Teil umfassender Erneuerungs- und Umleitungsmaßnahmen der N2. Die neue mautpflichtige N2 soll die Strecke zwischen Durban und East London um 80 km verkürzen. Die Kosten von 6 Milliarden Rand sollen durch eine Maut von 150 Rand pro Fahrzeug wieder hereingeholt werden.

Die Zukunft der Straße wird von Versammlungen vor Ort und Interessensgruppen immer noch heiß diskutiert. Wenn sich die Regierung durchsetzt, wird die N2 das Gesicht der Wild Coast verändern. Am stärksten betroffen wäre das Pondoland, wo die neue Straße die jungfräuliche Landschaft durchschneidet. Drei riesige Hängebrücken über die atemberaubenden Schluchten sind geplant – die über die Mtetu-Schlucht wäre die längste der Welt.

Umweltschützer warnen davor, dass die neue Straße den Touristenstrom vervielfachen und somit der letzte Streifen unberührter Wildnis am Indischen Ozean zerstört würde. Stattdessen schlagen sie eine „Biosphäre" rund um den neuen Nationalpark vor, der für nicht-intensive Landwirtschaft genutzt würde.

Noch ist das Pondoland unberührt. Die tosenden Wasserfälle ergießen sich noch immer Richtung Meer, das Wild streift ungehindert umher. Aber wer vorhat, die Gegend zu besuchen, sollte das so bald wie möglich tun.

heidregimes ein isoliertes Stück Eastern Cape als Exsklave in der Nachbarprovinz KwaZulu-Natal, mit der Stadt Umzimkulu als wichtigstem Zentrum.

Das **Mkambati Nature Reserve** (☎ 039-306 9000; http://reserves.wildcoast.org.za/rs; Eintritt 10 R; 6–18 Uhr) umfasst weite Flächen Grasland, das mit Wäldern durchsetzt und von den Schluchten zweier Flüsse, des Msikaba und des Mtentu, flankiert ist. Umweltschützer wollen in diesem Gebiet das Herzstück des „Wild Coast National Park" sehen, allerdings steht noch nicht fest, ob das Projekt verwirklicht wird.

Die wirklich prächtige Landschaft von Mkambati bietet einer spektakulären Vielfalt an Vögeln beonderen Schutz und eine behagliche Heimat, wie etwa dem seltenen Trompeter-Hornvogel (*Ceratogymna bucinator*) und dem Schreiseeadler (*Haliaeetus vocifer*). Auch einige Säugetiere, etwa Elenantilopen und Lichtenstein-Kuhantilopen (*Alcelaphus lichtensteini*), sind hier beheimatet.

Besucher können Kanu fahren, wandern oder den offenen Wagen des Parks samt Führer mieten und sich auf Fahrt zur Wildbeobachtung begeben.

Selbstversorgerunterkünfte (☎ 039-727 3124; 10-Betten-Logde 550 R, Cottage pro Pers. 70 R) stehen zur Verfügung und ein Laden, der die wichtigsten Lebensmittel bereit hält.

Die Anfahrt erfolgt über Flagstaff, das 65 km südlich der N2 liegt. Im Norden von Flagstaff Richtung Holy Cross Hospital abbiegen. Von Port St. Johns aus fahren auch Busse nach Msikaba am südlichen Ende des Naturschutzgebietes.

Das einzige Hotel in der Gegend ist das glanzvoll-überkandidelte **Wild Coast So Casino & Country Club** (☎ 039-305 9111; www.casinocity.com/za/wildcoast/sawild; Zi. ab 1400 R;). Es ist von der Kokstadregion aus über Bizana auf der Route 61 zu erreichen. Von Durban kommend, biegen Autofahrer in Port Shepstone von der N2 ab und folgen der Route 61 (gut beschildert).

Wer jedoch Schlichteres bevorzugt, kann auch im Zeltcamp übernachten oder privat in einem Dorf im Rahmen eines Ausflugs mit Wild Coast Trails (s. S. 305) behaglich unterkommen.

EASTERN CAPE

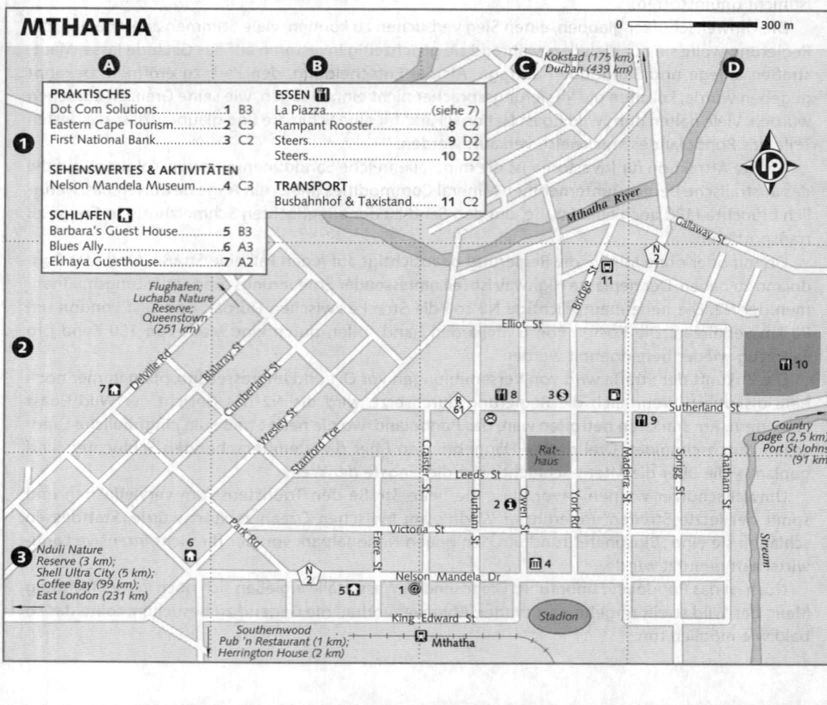

MANDELAS ERBE

Das Nelson-Mandela-Museum im Herzen der Transkei, wo Mandela seine Kindheit verbrachte, wurde im Februar 1990, zehn Jahre nach seiner Freilassung aus dem Gefängnis eröffnet. In seiner typischen Bescheidenheit bestand Mandela darauf, dass das Museum nicht nur seine Leistungen rühmen, sondern der Gemeinschaft gewidmet sein sollte. So kommt es, dass das Museum aus drei Komponenten besteht: dem Mandela-Museum in Mthatha, einem Kultur- und Jugendzentrum in Qunu, wo er aufwuchs, und einem Denkmal in der Nähe seines Vaterhauses in Mveso. Es ist das erste Museum, das für eine noch lebende Person eingerichtet wurde.

Das **Nelson-Mandela-Museum** (☎ 047-532 5110; www.mandelamuseum.org.za; Bunga Bldg., Owen St., Mthatha; Eintritt frei; 🕓 Mo–Fr 9–16, Sa 9–12.30 Uhr) stellt Ehrungen und Geschenke aus, die der ehemalige Präsident erhalten hat: Bastelwerke von Kindern, aber auch Präsente von Prominenten und Spitzenpolitikern aus aller Welt. Eine Multimediaausstellung erläutert Mandelas Rolle bei der Befreiung Südafrikas.

Das **Nelson Mandela Youth Heritage Centre** befindet sich in Qunu, 34 km entfernt, nahe dem Haus des Expräsidenten. Es ist dem Bungalow im Victor-Verster-Gefängnis nachempfunden, in dem er die letzten Wochen seiner Haft verbrachte. Besucher können hier an Workshops teilnehmen. Das Museum in Mthatha weiß über die neuesten Angebote Bescheid.

Das **Nelson-Mandela-Monument**, der dritte Teil des Museums, liegt abseits der ausgetretenen Pfade in dem kleinen Dorf Mveso. Es ist ein einfacher Betonklotz, mit Fotos von Mandela geschmückt. Zwischen East London und Mthatha zweigt eine beschilderte Straße von der N2 ab.

Mehr Information über Nelson Mandela und seinen Anteil an der Versöhnung der südafrikanischen Nation, s. S. 46.

MTHATHA

☎ 047 / 79 000 Ew.

Nach der Idylle an der Wild Coast kann das chaotische Mthatha wie ein Schock wirken. Die muntere Stadt ist etwas heruntergekommen und genießt einen furchterregenden, wenn auch vermutlich übertriebenen Ruf als Verbrechernest. Die Vorsichtsmaßnahmen sind klar: Wertgegenstände nicht offen herumtragen, bei Einbruch der Dunkelheit das Stadtzentrum verlassen.

Der Ort wurde 1871 gegründet; damals siedelten sich Europäer am Mthatha River an – auf Bitten des Thembu-Stammes, als Puffer gegen die Übergriffe der Pondo. Während der Zeit der Apartheid wurde Mthatha Hauptstadt der Transkei, des größten schwarzen „Homelands". Jeder Bantu musste einem der Sondergebiete angehören

Die Gegend um Mthatha erlangte Berühmtheit, weil Nelson Mandela hier seine frühe Kindheit verbrachte. Der erste Präsident des freien Südafrika wurde in dem Dorf **Mveso** am Mbashe River geboren, lebte dann aber einige Jahre in **Qunu**, 31 km südlich von Mthatha. Ein Museum wurde eingerichtet, um diesen Mann zu ehren, der zum Symbol der Freiheit und der Versöhnung des neuen Südafrika geworden ist (s. rechts).

Praktische Informationen

Dot Com Solutions (☎ 5047-32 2572; 45 Nelson Mandela Dr.; 25 R pro Std.; 🕓 Mo–Fr 7.30–18, Sa 8–13 Uhr) Internetzugang.

Eastern Cape Tourism (☎ 047-531 5290/2; www.ectourism.co.za; 64 Owen St.; 🕓 Mo–Fr 8–16.30 Uhr) Karten und Reiseinformationen.

First National Bank (Ecke Sutherland St. & York Rd.) Mit Geldautomat.

Sehenswertes

Highlight jedes Ausflugs nach Mthatha ist das **Nelson Mandela Museum** (☎ 047-532 5110; www.mandelamuseum.org.za; Bunga Bldg., Owen St.; Eintritt frei; 🕓 Mo–Fr 9–16, Sa 9–12.30 Uhr). Es dokumentiert das inspirierende Leben des ehemaligen südafrikanischen Präsidenten.

Das **Nduli Nature Reserve** (☎ 047-531 1191) liegt in einem Tal 3 km südlich von Mthatha, das **Luchaba Nature Reserve** (☎ 047-531 1191) am Mthatha Dam, neben dem Wassersportgelände. In beiden Reservaten sind Zebras, Gnus, Wasserböcke und andere Antilopenarten ebenso wie zahlreiche Sumpfvogelarten heimisch.

Schlafen

Budgetunterkünfte sind in Mthatha Fehlanzeige. Wer hier übernachten will, muss tiefer in die Tasche greifen.

Blues Ally (☎ 047-531 5047, 073-496 8496; stellah@telkomsa.net; 80 Stanford Terrace; Zi. pro Pers. 350 R;) Neu am Platz, mit makellosen Zimmern samt Fernseher und Bad; außerdem vorhanden: Swimmingpool und *braai*-Stelle. Nahe der Kreuzung Stanford Terrace und Nelson Mandela Drive.

Herrington House (☎ 047-532 5692; herrington@telkomsa.net; 46 Vukutu St.; EZ/DZ mit Halbpension 390/420 R) Das hübsche B&B mit großem Restaurant und Bar sowie Satellitenfernsehen in allen Zimmern liegt 2 km vom Zentrum entfernt. Wer rechtzeitig vorher anruft, wird an der Shell-Ultra-City-Tankstelle vom Bus abgeholt.

Ekhaya Guesthouse (☎ 072-432 7244; Fax 532 4007; 36 Delville Rd.; EZ/DZ mit Frühstück 475/627 R) Schönes neues Gästehaus am Rand des Golfplatzes. Netter Garten mit *braai*-Stelle und moderne Zimmer mit Fernseher.

Barbara's Guest House (☎ 047-531 1751; barbp@cybertrade.co.za; 55 Nelson Mandela Dr.; EZ/DZ mit Halbpension 400/570 R) Motel-artiges Haus, etwas verwahrlost und ziemlich deprimierend; dafür ist es leicht zu finden, und das Essen ist erstaunlich gut.

Country Lodge (☎ 047-532 5730, 047-501 2812; clodge@wildcoast.co.biz; Port St. Johns Rd.; EZ/DZ 332/504 R) Gerade mal 2,5 km von der Stadt entfernt an der Straße nach Port St. Johns gelegen, ist es ein Hort der Ruhe nach dem Gewimmel in Mthatha: Im schattigen Garten picken friedlich Hühner und Perlhühner. Es gibt auch Frühstück (40 R) und Abendessen (à la carte).

Essen

La Piazza (☎ 5047-31 0795; 36 Delville Rd.; Gerichte 22–32 R; ⏲ Mo–Sa Mittag- & Abendessen) Nüchternes Restaurant im Mthatha Country Club, mit einer anständigen Auswahl an Pizza, Pasta, Salat und Fleisch. Beliefert auch (als Zimmerservice) das Ekhaya Guesthouse.

Southernwood Pub 'n Restaurant (☎ 047-532 6336; Pick 'n Pay Complex, Southernwood; Gerichte 20–60 R; ⏲ Mo–Sa Mittag- & Abendessen) Eine weitere vernünftige Option ist dieses bodenständige Restaurant, das Pizza und Meeresfrüchte serviert. Direkt außerhalb vom Stadtzentrum gelegen.

Rampant Rooster (☎ 047-531 0311; 92 Sutherland St.; ⏲ Frühstück, Mittag- & Abendessen) Die Auswahl in der Innenstadt ist begrenzt – einen Versuch wert sind die Brathähnchen hier, am westlichen Ende der Sutherland Street.

Die Restaurantkette Steers hat zwei Filialen in der Sutherland Street.

An- & Weiterreise

BUS

Translux (www.translux.co.za) verkehrt täglich zwischen Kapstadt (350 R, 17 Std.) und Mthatha.

Greyhound (☎ 047-531 0603; www.greyhound.co.za) hält in Mthatha auf der täglichen Strecke von Durban (210 R, 6 Std.) nach Kapstadt (410 R, 20 Std.). Das örtliche Busunternehmen DMJ Transport ist angeblich viel schneller und billiger als die großen Ketten (Mthatha – Kapstadt 220 R, 13 Std.). An Bushaltestelle und Taxistand nachfragen.

Der **Baz Bus** (☎ 021-439 2323) kommt durch Mthatha auf der Strecke Port Elizabeth–Durban, und zwar täglich außer Donnerstag und Samstag; in die entgegengesetzte Richtung fährt er täglich außer Mittwoch und Samstag.

Translux, Greyhound und Baz Bus halten an der Shell-Ultra-City-Tankstelle, der Abholstelle für Backpackershuttles Richtung Küste.

FLUGZEUG

Mthathas Mantanzima Airport liegt 17 km von der Stadt entfernt. **SA Airlink** (☎ 047-536 0024) fliegt täglich nach Jo'burg (1600 R).

MINIBUS-TAXI

Minibus-Taxis in Mthatha starten an der Shell-Ultra-City-Tankstelle sowie am Busbahnhof und Taxistand in der Nähe der Bridge Street. Zu den Zielen gehören Port St. Johns, aber auch das Kraal Backpackers (35 R), Coffee Bay (30 R) und East London (80 R).

NORTH-EASTERN HIGHLANDS

Die North-Eastern Highlands, die sich von den üppigen Tälern der Wild Coast bis zu den steil aufragenden Gipfeln von Lesotho erstrecken, vereinen das Beste beider Regionen: umwerfende Landschaften und kaum Touristen. Im Sommer lässt es sich hervorragend wandern und angeln, im Winter Ski fahren (wenn auch fast nur auf künstlichen Pisten). Vorsicht geboten ist in den höheren

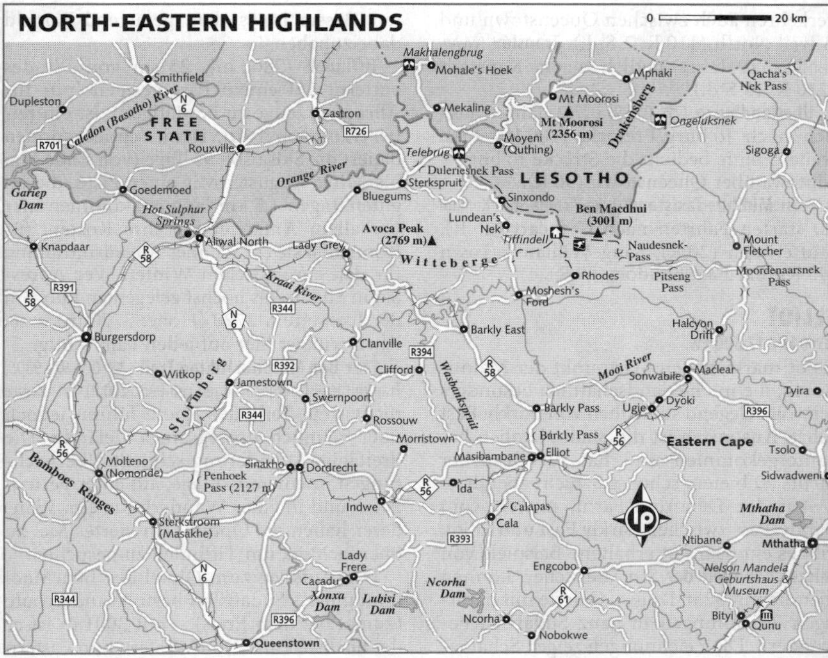

Passregionen, wo das Wetter das ganze Jahr über unwirtlich sein kann. In den abgelegenen Winkeln ist man ohne eigenes Auto verloren.

QUEENSTOWN

☎ 045 / 80 000 Ew.

Queenstown eignet sich zum Einkaufen und als Ausgangsbasis für Ausflüge ins Umland. Die unscheinbare, eher langweilige Stadt wurde 1847 gegründet und zu Verteidigungszwecken als Fünfeck konzipiert. Dank dieser Form konnten die Verteidiger von einem zentralen Punkt aus durch alle Straßen schießen.

Das **Touristeninformationsbüro der Chris Hani Area** (☎ 045-839 2265; sarto@eci.co.za; Shop 14, The Mall; Mo–Fr 9–16, Sa 9–12 Uhr) ist im Pick n' Pay untergebracht.

Schlafen & Essen

Alisa Cottage (☎/Fax 045-839 2761; 37 Haig Ave.; EZ/DZ mit Frühstück 140/220 R;) Bestes Quartier der Stadt und dazu sehr preiswert. Alle Zimmer haben einen extra Wohnbereich, eine kleine Küche und Fernsehen.

Conifer Place (☎ 082-926 6584; 42 Livingston Rd.; EZ/DZ mit Frühstück 220/310 R) Das relativ neue Gästehaus bietet fünf ordentliche Zimmer mit Bad, alle mit separatem Eingang.

De Oude Werf (☎ 045-838 5702; 65 Berry St.; EZ/DZ 265/350 R) Ruhiges und gemütliches Gästehaus im Stile eines Karoo-Cottages. Herzhaftes Country-Frühstück für 35 R.

Black Swan (☎ 045-839 7475; Ecke Grey St. & Ebden St.; Gerichte 30–50 R; Mo–Sa Mittag- & Abendessen) Immer noch eines der besten Restaurants der Stadt, mit hübsch dekoriertem Innern und einer guten Karte, auf der sich Fisch, Pasta und ein paar vegetarische Gerichte finden.

An- & Weiterreise

Queenstown ist Knotenpunkt für sämtliche öffentlichen Verkehrsverbindungen mit den Highlands.

Greyhound (www.greyhound.co.za) passiert auch Queenstown auf dem Weg von Jo'burg/Pretoria nach Port Elizabeth (Port Elizabeth 150 R, 5½ Std.; Jo'burg 260 R, 9½ Std.). Alle Busse halten an der Shell-Ultra-City-Tankstelle (Cathcart St.). Die Greyhoundbusse verkehren auch zwischen Queenstown und Aliwal North (110 R, 2 Std.). **Translux** (www.translux.co.za) fährt täglich nach Kapstadt (230 R, 13 Std.).

Überlandbusse (☎ 011-773 2762) fahren täglich nach Jo'burg/Pretoria (100 R). Eine weitere Linie bedient die Strecke Jo'burg – Idutywa über Queenstown (90 R).

Am **Minibus-Taxistand** (Ecke Victoria St. & Komani St.) starten Fahrten nach Cathcart (15 R), Stutterheim (20 R), King William's Town (40 R) und East London (80 R).

ELLIOT

☎ 045 / 17 500 Ew.

Elliot markiert den Startpunkt der Maloti-Route, die in eine landschaftlich besonders reizvolle Gegend südöstlich von Barkly East führt. Ansonsten ist die Stadt ziemlich heruntergekommen und hat für Besucher nichts zu bieten, schon gar nicht abends.

Auf der Denorbin-Farm, unweit vom Barkly-Pass zwischen Barkly East und Elliot, gibt es ein paar gut erhaltene Beispiele von **Felszeichnungen der San**. Besucher können hier die mit 32 m längste Galerie mit derartigen Zeichnungen in ganz Südafrika bewundern. Die Zeichnungen zeigen Schamanen, die sich in Trance tanzen. Sie können nach vorheriger Anmeldung bei **Gavin Small** (☎ 045-971 9052) besichtigt werden.

Wer spät ankommt und übernachten muss, kann im **Merino Hotel** (☎ 045-931 2987; greg@imaginet.co.za; Maclear Rd.; EZ/DZ mit Frühstück 200/320 R) absteigen.

Auch wenn es von außen übel aussieht, die Betreiber sind nett; wenn nichts frei ist, empfehlen sie Alternativen.

RHODES

☎ 045

Das prächtige, grüne Rhodes war ursprünglich eine *nagmaal-* (Abendmahl-) Stadt: Hier kamen die Bewohner aus dem Umland regelmäßig zum Gottesdienst zusammen – an einem wahrhaft paradiesischen Ort. Noch heute sind die ursprünglichen Häuser samt den alten Farmergerätschaften erhalten. Der „Mittelpunkt des Universums", wie die Einheimischen die Stadt scherzhaft bezeichnen, ist natürlich die Topattraktion der Highlands.

Es gibt einen Geldautomaten (nur für kleine Beträge) im Shop des Rhodes Hotel, und Walkerbouts Inn akzeptiert Kreditkarten. Besser ist es aber, genügend Bargeld dabeizuhaben.

Tiffindell (2800 m), 23 km von Rhodes entfernt auf einem Pass gelegen (nur für Allradfahrzeuge zu bewältigen), ist ein reiner Wintersportort. Dank Schneekanonen dauert die Skisaison 95 Tage (von Ende Mai bis Mitte August). Mit einer Piste, die an guten Tagen 1,5 km lang ist, kommen hier vor allem Anfänger auf ihre Kosten; für Könner ist sie ein schönes Aufwärmtraining für den europäischen Winter. Wer Après-Ski in Südafrikas höchst gelegenem Pub – in der Ice Station 2720 (Höhe: 2720 m) – erleben will, ist hier auf jeden Fall richtig.

Der **Ben Macdhui Hiking Trail** (☎ 045-974 9305; Trail mit drei Übernachtungen pro Pers. 200 R) ist zwar nicht steil, Teile der Route führen jedoch über ziemlich unwegsames Gelände. Die dreitägige Wanderung schließt Übernachtungen in einem Cottage, auf einer Ferien-Farm und in einer Wanderhütte ein. Wanderer haben die Option, ein viertes Mal zu übernachten, um Tiffindell zu besuchen.

Der Aufstieg zum Gipfel des Ben Macdhui gilt als Südafrikas beste Wanderroute (zumal bei dem Preis) – mit 3001 m ist er der höchste Punkt von Western und Eastern Cape. Im Rhodes Hotel gibt es mehr Information dazu. Mountainbiker kommen alljährlich im Oktober zur 84 km langen **Rhodes Mountain Bike Challenge** (☎ 045-974 9290), die Läufer treffen sich im Juli zum **Rhodes Ultra Marathon**, 52 km quälendes Auf und Ab auf dem Naude's Nek. Wer gerne angelt, sollte den **Linecasters Flyshop** (☎ 045-974 9298) aufsuchen; Fred Steynberg, Experte im Fliegenfischen, rüstet Besucher im Sommer zum Angeln mit dem Wurfgerät und im Winter für die Jagd aus.

Schlafen & Essen

Rhodes Campsite & Caravan Park (☎ 045-974 9290; Stellplatz 40 R) Der Campingplatz des Ortes liegt wunderschön unter schattigen Bäumen mitten im Ort. Den Schlüssel hat das Walkerbouts Inn.

Rhodes Hotel (☎ 045-974 9305; www.rhodesvillage.co.za; EZ/DZ mit Vollpension 330/660 R, Cottage mit Kochgelegenheit pro Pers. ab 105 R) Rhodes' einziges Hotel ist ein charmantes Haus, das heute noch genauso aussieht wie vor 100 Jahren. Die Zimmer sind gemütlich mit Holzböden und Antiquitäten ausgestattet. Zu dem in den 1880er-Jahren erbauten Hotel gehören ein paar Cottages mit Kochgelegenheit und ein Restaurant (Gerichte 50 R). Die Gäste können auch reiten, Tennis und Volleyball spielen.

Walkerbouts Inn (☎ 9045-74 9290; www.walkerbouts.co.za; pro Pers. mit Vollpension 350 R) Das Walkerbouts ist ein gemütliches Gästehaus mit einer netten Bar und herzhaftem Country-Frühstück. Unbedingt probieren: das leckere selbst gebraute Bier oder das berüchtigte „Fall About Stout", ein dunkles Starkbier. Gastwirt Dave Walker weiß alles über die Gegend. Abends wird auch Essen angeboten; wer nicht im Gasthaus wohnt, sollte vorher anrufen.

Tiffindell Ski Resort (☎ 011-787 9090, 045-974 9005/4/8; www.snow.co.za; 4-Bett-Chalet im Sommer 350 R, Skifahrerpauschalangebot mit drei Übernachtungen pro Pers. ab 2000 R) Zum Skifahrerpaket gehören auch Liftkarte, Ausrüstung, Inanspruchnahme medizinischer Notfalldienste und Mahlzeiten im Restaurant. Im Sommer können die Gäste Ausflüge mit dem Mountainbike unternehmen, reiten, Grasski fahren und klettern.

Im Ortszentrum gibt es zahlreiche **Cottages für Selbstversorger** (www.highlandsinfo.co.za; pro Pers. ohne/mit Strom 120/150 R), die über das Walkerbouts Inn vermietet werden. Interessenten sollten für die Hauptsaison früh buchen und sich im Winter auf jeden Fall warm einpacken – einige der Cottages haben nur Gasöfen. Der Ort erlebt drei kurze Besucheranstürme im Jahr: 1. Dezember bis 15. Januar, 15. März bis 30. April und 25. Mai bis 31. August.

An- & Weiterreise

Die Straße von Barkly East nach Rhodes, die durch die wunderschöne Furt von Mosheshes führt, ist holprig, aber auch für Fahrzeuge ohne Allradantrieb zu bewältigen (60 km, 1½ Std.). Die Piste von Maclear aus ist ohne Allradantrieb nicht zu schaffen; außerdem ist es ratsam, sich vorher telefonisch nach der Wetterlage zu erkundigen. Die Straße nach Tiffindell ist auch mit Zweiradantrieb machbar; das Walkerbouts Inn organisiert einen Shuttleservice (115 R hin und zurück) – mehr Infos telefonisch.

BARKLY EAST

☎ 045 / 7500 Ew.

Gelegen an der Route 58, preist sich die Stadt ob ihrer landschaftlich schönen Berglage selbst als „Schweiz Südafrikas". In Wirklichkeit ist sie weit weniger attraktiv als Rhodes, das 60 km entfernt liegt. Der Kunsthandwerkladen **Magic Moments** (☎ 082-499 2388; 5 Molteno St.; Mo–Sa 9–16.30 Uhr) gibt Touristen Auskunft und bietet gelegentlich auch Internetzugang. Mehr Infos über Aktivitäten in der Gegend erhält man unter www.wartrail.co.za.

In der Nähe von Barkly East lässt es sich so gut **Forellen angeln** wie nirgendwo sonst im Land. Angler informieren sich am besten bei der **Wild Trout Association** (☎ 045-974 9290; www.wildtrout.co.za).

Der **Barkly East Caravan Park** (☎ 045-971 0123/0299; Victoria Park; Stellplatz pro Zelt 40 R) verfügt über saubere Toiletten und schöne Stellplätze. Von der Cole Street, der Hauptstraße, aus den Schildern folgen.

Am Rande der Stadt unweit der Straße nach Lady Grey liegt das nostalgische **Old Mill Inn** (☎ 045-971 0277; Fax 045-971 0972; Ecke White St. & De Smidt St.; EZ/DZ 190/350 R) mit preiswerten Zimmern, reizvoll in viktorianischem Stil eingerichtet, und mit Bar und Restaurant (Gerichte 30–80 R). Es vermittelt auch Touristeninformationen.

LADY GREY

☎ 051

Eine mit Bäumen gesäumte Straße führt nach Lady Grey: Das verschlafene Städtchen ist eher unscheinbar, liegt aber vor einer spektakulären Kulisse – der Witteberge Mountain Range. Wer auf eine Waffel im **At Home Coffee Shop** (☎ 051-603 0176; Martin St.; Mo–Sa Frühstück, Mittag- & Abendessen) einkehrt, erfährt auch gleich, was der Ort zu bieten hat, denn hier ist die Touristeninformation zu Hause.

Die Gegend eignet sich hervorragend zum Angeln, Vögelbeobachten und Wandern; zu Ostern wird jedes Jahr von einheimischen Schauspielern ein dreitägiges **Passionspiel** aufgeführt – das größte seiner Art in ganz Afrika.

Ende November findet alljährlich der **Sky Run** statt, ein Extremlauf über die Berge bis Tiffendell. Der Lauf startet am **Mountain View Country Inn** (☎ 051-603 0421; mountainview@ladygrey.co.za; 36 Botha St.; EZ/DZ mit Frühstück 250/460 R); Teilnahmebedingungen telefonisch erfragen.

Das private Naturreservat **Lammergeier Adventure Trails** (☎ 051-603 1114; www.adventuretrails.co.za; Cottage pro Pers. 155 R, mit Vollpension 400 R),

EASTERN CAPE

auf halbem Weg zwischen Lady Grey und Barkly East, bietet spektakuläre Landschaften, die sich beim Quadfahren oder auf einer Safari erkunden lassen. Zur Auswahl stehen mehrtägige Rundwanderrouten.

Baggers & Packers (☎ 051-603 0346; johandp@telkomsa.net; 35 Heut St.; Stellplatz/B/DZ mit Gemeinschaftsbad und Aufenthaltsraum 45/60/140 R) ist ein Gästehaus für Wanderer, untergebracht in einer ehemaligen Missionskirche. Es ist auf reizvolle Weise verfallen und exzentrisch, mit kunterbunten Zimmern, die sich auf mehrere Häuschen im Garten verteilen.

Das gut geführte **Comfrey Cottage** (☎ 051-603 0407; www.comfreycottage.co.za; 51–59 Stephenson St.; EZ/DZ 195/380 R, mit Halbpension 320/640 R) besteht aus mehreren Cottages in einem parkähnlichen Garten am Fuße der Berge. Es lohnt sich, nach den geologischen und botanischen Führungen zu fragen, die der einheimische Experte George Freeme leitet.

Überlandbusse (☎ 011-773 2762) verbinden Jo'burg mit Lady Grey (80 R), Abfahrt: montags, mittwochs und freitags um 8 Uhr; freitags fährt noch ein Bus um 19 Uhr.

EASTERN CAPE

ALIWAL NORTH

☎ 051 / 28 500 Ew.

Aliwal North an der Grenze zwischen den Provinzen Free State und Eastern Cape, war zu Beginn des 20. Jhs. ein beliebter Ferienort. Damals kamen die Besucher in Scharen, um sich hier im Thermalwasser zu aalen. Doch diese Zeiten sind längst vorbei – heute ist Aliwal North eine düstere, etwas schäbige (wenn auch hinsichtlich der Kommunikation freundliche) Stadt. Die alte **Spa-Anlage** (Eintritt 15 R; 🕒 6–22 Uhr) ist auf ein paar schmuddelige Swimmingpools zusammengeschrumpft, das Umland jedoch ist nach wie vor überwältigend schön. Das **Eastern Cape Tourism Board** (☎ 051-633 3567; www.ectourism.co.za; 97 Somerset St.) gibt Auskunft.

Am südlichen Ende der Stadt befindet sich das **Boer Concentration Camp Memorial**. Es ist den über 700 Afrikanern gewidmet, die in diesem britischen Lager, einem Vorläufer der Konzentrationslager, zu Tode kamen.

Schlafen & Essen

In der Nähe des Heilbads gibt es zahlreiche Übernachtungsmöglichkeiten. Die besten Adressen aber finden sich außerhalb des (schlecht beschilderten) Stadtzentrums.

Conville (☎ 051-633 2203; www.conville-farm.com; EZ/DZ mit Frühstück 180/320 R) Das luxuriöse, stattliche Farmhaus von 1906 wurde von dem berühmten Architekten Sir Herbert Baker entworfen und ist ein lebendes Museum. Es liegt inmitten eines herrlichen Gartens an einem See; die Innenausstattung ist sehr nobel mit zahlreichen Antiquitäten.

Toll Inn (☎ 051-634 1541; tolherberg@xsinet.co.za; Rte. 58, an der Lady Grey St.; EZ/DZ mit Frühstück 305/480 R, Selbstversorgerunterkünfte EZ/DZ 260/390 R) Obwohl sehr nah an der Straße gelegen, ist diese ehemalige staatliche Mautstation ein nettes B&B. Die hübschen Zimmer in umgebauten Ställen sind mit Fernseher und Kochnische ausgestattet. Das Haus ist an der Route 58 ausgeschildert; der Eingang ist über die Brückenanlage Sauer Bridge zu erreichen.

Queen's Terrace (☎ 082-262 0131; nff@xsinet.co.za; Ecke Smith St. & Queen's Tce.; EZ/DZ mit Frühstück 300/400 R) Eines der besten B&Bs der Stadt, mit schicken Zimmern. Möglichst ein von der Hauptstraße abgewandtes Zimmer nehmen. Ein Familienzimmer für vier Personen steht ebenfalls zur Verfügung (600 R).

Riverside Pub 'n Grill (☎ 051-633 3282; 1 Aliwal St.; Gerichte 40–50 R; 🕒 Mittag- & Abendessen) Am Ufer des Senqu (Orange) River gelegen; die Terrasse des Restaurants lädt zum gemütlichen Verweilen ein.

Welgemoed Chalets (☎ 051-633 2692; Ecke Duncan St. & Dirkie Uys St.; 4-/6-Pers.-Chalet 220/260 R) Beste Alternative in der Nähe des Heilbads, mit Selbstversorgerchalets und *braai*-Stelle.

Pink Lady Steakhouse (☎ 051-684 2189; 14 Dan Pienaar Ave.; Gerichte 45–55 R; 🕒 Mo–Sa Abendessen) Bei den Einheimischen beliebt; Gerichte ohne Schnörkel.

An- & Weiterreise

Täglich hält ein **Überlandbus** (☎ 011-773 2762) auf der Strecke Jo'burg – Idutywa (via Queenstown).

Translux (www.translux.co.za), **Greyhound** (www.greyhound.co.za) und **Intercape** (www.intercape.co.za) stoppen vor Nobby's Restaurant (an der N6), nahe der Kreuzung mit der Route 58, Überlandbusse vor dem Balmoral Hotel.

Der **Minibus-Taxistand** (Grey St.) befindet sich an der Ecke der Somerset Street.

KwaZulu-Natal

Rau und unwirtlich, lieblich und kultiviert, ländlich und bodenständig – KwaZulu-Natal ist so vielfältig wie seine Kulturen, Menschen und Landschaften. Es ist eine Region, wo gläserne Shoppingpaläste an schäbige Vorstädte grenzen, wo Abenteurer neue Herausforderungen und Sonnenanbeter ihren Traumstrand finden. Bergige Landschaften kontrastieren mit weiten, trockenen Savannen, die Städte sind erfüllt von afrikanischer Lebensart, Märkten und Lärm und stehen in starkem Gegensatz zu den stillen Stammesdörfern auf dem Land. Hinzu kommen die einzigartige Tierwelt – von den „Big Five" bis zur Meeresfauna –, eine faszinierende Geschichte, geschrieben auf den alten Battlefields, und natürlich Sand, Meer, Sonne und schicke Küstenorte – und schon ist die verlockende Mischung aus lokalen Traditionen und spektakulären Highlights fertig. Kein Wunder also, dass diese Region zum touristischen Pflichtprogramm gehört.

Das urbane Herz KwaZulu-Natals schlägt in der Hafenstadt Durban und der historischen Hauptstadt Pietermaritzburg. Die sonnenheißen Strände an der Küste ziehen einheimische wie ausländische Touristen an. Im Norden schließen sich Zululand und Elephant Coast mit ihren bedeutenden traditionellen Siedlungen und Kulturstätten an, wo Zulukultur und -erbe stolz präsentiert werden. Daneben bietet die Region verlockende Nationalparks und abgelegene, wilde Küstenreservate. Nordwestlich von Durban wartet um die Städte Ladysmith und Dundee ein weiteres Reich: die *Battlefields*, das historische Herzland, wo sich in den Kriegen zwischen Briten und Zulu und Briten und Buren die Zukunft der Provinz entschied. Die Provinzgrenze im Westen, die als Kulturerbe geschützte Bergkette uKhahlamba-Drakensberg, bietet phantastische Gipfel, unvergessliche Aussichten und beste Wandermöglichkeiten. KwaZulu-Natal regt die Sinne an.

HIGHLIGHTS

- Im **Hluhluwe-Imfolozi Park**, dem Revier der *Big Five*, Wildtiere beobachten (S. 359) oder nahe einem Wasserloch im **Mkhuze Game Reserve** das Morgenrot erleben (S. 370)
- Im **Greater St. Lucia Wetland Park** fünf unterschiedliche Ökosysteme an einem Tag besuchen (S. 363)
- Im **Royal Natal National Park** die Gipfel des großartigen Amphitheaters der Drakensberge erklimmen (S. 373)
- Über den **Sani Pass**, das Dach Südafrikas, nach Lesotho fahren (S. 381)
- Den unvergessenen Kämpfen zwischen Briten und Zulu in **Isandlwana** und **Rorke's Drift** nachspüren (S. 397)
- Die Museen und Restaurants in der Hauptstadt **Durban** genießen (S. 324)

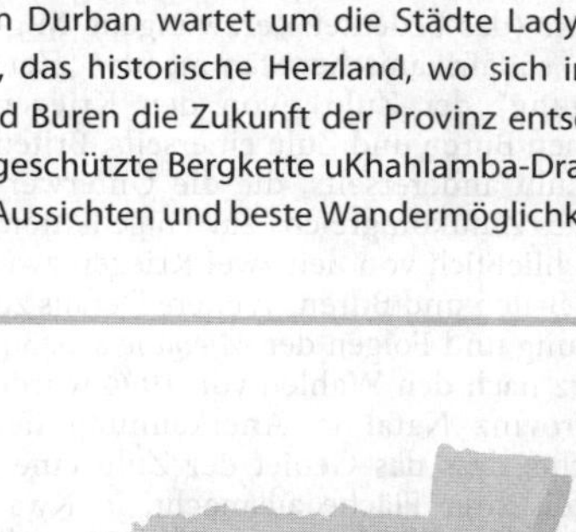

EINWOHNER: 9,3 MIO.	FLÄCHE: 92 100 km²

GESCHICHTE

Natal, umkämpft von Buren, Briten und Zulus, erhielt seinen Namen vom portugiesischen Entdecker Vasco da Gama, der Weihnachten 1497 die Küste sichtete und sie „Terra de Natal" (Weihnachtsland) taufte. 300 Jahre vergingen, bis sich das Britische Empire für die Region interessierte und sie schließlich 1843 zur Kolonie erklärte. Ab 1845 war Natal für kurze Zeit mit der Kapkolonie verknüpft, wurde aber 1856 wieder eine eigenständige Kolonie.

Der Zuzug indischer Vetragsarbeiter in den 1860er-Jahren – Teile der Provinz verströmen immer noch indisches Flair – und die Einführung kommerzialisierter Landwirtschaft (hauptsächlich Zuckeranbau) kurbelten die Entwicklung an. Ab 1895, als eine Eisenbahnstrecke den Hafen von Durban mit dem blühenden Witwatersrand verband, florierte die Kolonie.

Die Geschichte der Provinz bis zur Entstehung der Südafrikanischen Union ist eine Geschichte der Konflikte; sie ist geprägt von *mfeqane* (das bedeutet: „erzwungene Migration" südafrikanischer Stämme bzw. „Zerschlagung" der Zulu), von den Kriegen zwischen Buren und Zulu einerseits, Briten und Zulu andererseits, die die Unterwerfung des Zulukönigreichs zur Folge hatten; und schließlich von den zwei Kriegen zwischen Briten und Buren. Weitere Details zu Ursprung und Folgen der *Mfeqane* s. S. 36.

Kurz nach den Wahlen von 1994 wurde die Provinz Natal in Anerkennung der Tatsache, dass das Gebiet der Zulu einen Großteil ihrer Fläche ausmacht, in KwaZulu-Natal zurückbenannt. Bis 2005, als Pietermaritzburg zur offiziellen Provinzhauptstadt erklärt wurde, teilten sich Ulundi (die einstige Hauptstadt KwaZulus) und Pietermaritzburg (die einstige Hauptstadt des Natal-Homelands) den Status als Hauptstadt von KwaZulu.

KLIMA

Die Luft (und auch das Wasser, dank des Agulhas-Stroms) ist entlang der Küste ganzjährig warm. Durban nimmt mit 230 Sonnentagen im Jahr eine Spitzenposition ein. Im Sommer können Hitze und Luftfeuchtigkeit, mit Temperaturen meist um 35 °C, zusammen mit den Besuchermassen an der Küste ziemlich anstrengend werden. Das Landesinnere genießt ähnlich milde Bedingungen. Nachmittags können jedoch plötzliche und heftige Gewitter, besonders in den uKhahlamba-Drakensberg-Bergen und im nördlichen KwaZulu-Natal, aufkommen. Im Winter sind die Gipfel von einer pudrigen Schneeschicht überzogen.

NATIONALPARKS & SCHUTZGEBIETE

KwaZulu-Natal (KZN) Wildlife (Karte S. 384; ☎ 033-845 1000; www.kznwildlife.com; Queen Elizabeth Park, Duncan McKenzie Dr., Pietermaritzburg) ist die erste Anlaufstelle für jene, die in den großartigen Parks und Reservaten der Provinz herumreisen wollen. Die Unterkünfte in den Parks reichen von schlichten Campingplätzen bis zu luxuriösen Hotels; die kostenlose *Fees & Charges*-Broschüre nennt einige Unterkünfte samt Preisen und listet die Eintrittsgebühren für alle KZN-Wildreservate. Auch Karten sind hier erhältlich.

Alle Unterkünfte müssen, außer wenn es ausdrücklich erwähnt wird, im Voraus über das Büro in Pietermaritzburg oder das **KZN-Wildlife-Buchungsbüro** (Karte S. 328–329; ☎ in Durban 031-304 4934, in Pietermaritzburg 033-845 1000; Tourist Junction, 1. Stock, 160 Pine St. Ecke Soldiers Way, Durban) reserviert werden. Die Buchung ist persönlich, über Telefon oder E-Mail möglich. Last-Minute-Buchungen (innerhalb von 48 Stunden) müssen direkt mit dem Campingplatz ausgehandelt werden (sofern noch Platz ist).

Die offiziellen Öffnungszeiten aller Parks sind täglich von 5 bis 19 Uhr (1. Okt. bis 31. März: Sommer) und 6–18 Uhr (1. April bis 30. Sept.: Winter). Sie ändern sich manchmal, aber nicht wesentlich. Die hier genannten Zeiten gelten jeweils die Sommersaison.

Viele der Parks sind ein absolutes Muss für Tier- und Landschaftsfreunde. Die dortigen Campingplätze sind aber auch eine schöne Alternative für jene Reisende, die aufs Geld achten müssen.

Wer nur für ein oder zwei Reservate Zeit hat: Zu den Highlights gehören der Royal Natal National Park (S. 373) wegen der herrlichen Aussicht auf den uKhahlamba-Drakensberg, der Hluhluwe-Imfolozi (S. 358) wegen der vielfältigen Tierwelt, Ithala (S. 361) und Mkhuze (S. 370) wegen der überwältigenden afrikanischen Atmosphäre, die Kosi Bay (S. 368) sowie der Greater St. Lucia Wetland Park (S. 363) wegen der klassischen Küstenlandschaften.

KWAZULU-NATAL

SPRACHE

In Südafrika sind offiziell elf Sprachen in Gebrauch, in KwaZulu-Natal sind die häufigsten Sprachen Englisch, Zulu, Xhosa und Afrikaans. Siehe auch S. 707.

AN- & WEITERREISE

Durban, KwaZulu-Natals wichtigster Verkehrsknotenpunkt, hat zu allen Orten im Land gute Flug-, Bus- und Zugverbindungen. Dennoch ist für Individualreisende die Fortbewegung schwierig. Es fahren zwar Fernbusse in Richtung Süden nach Port Shepstone, Margate und Kokstad, gen Norden nach Richards Bay, Empangeni und Vryheid, und in ein paar Städte im Westen wie Estcourt, Ladysmith und Newcastle, aber mit öffentlichen Verkehrsmitteln in abgelegenere Orte zu kommen, ist ein mühsames Unterfangen. Reisende müssen auf Minibus-Taxis umsteigen, aber die Entfernungen sind groß, und sich auf Minibus-Taxis als einziges Transportmittel zu verlassen, bedeutet, stundenlang eingezwängt in einem Auto zu sitzen.

Für die Erkundung der Highlights der Region (Drakensberg, die Nationalparks, Reservate und die Battlefields) ist ein Mietwagen besser. In Durban gibt es eine recht gute Auswahl an Autoverleihern, auch wenn sie nicht so kostengünstig sind wie in den Schwesterstädten. Die meisten Straßen sind gut, aber für manche Orte – etwa den Sani Pass (bequem von Underberg aus zu erreichen), den Tembe Elephant Park und die Kosi Bay – ist Allradantrieb nötig.

Der Baz-Bus verbindet die meisten Hostels der Provinz untereinander.

Detaillierte Hinweise finden sich auf S. 341 und in den Abschnitten An- & Weiterreise.

DURBAN

☎ 031 / 3,5 Mio. Ew.

Durban ist wie ein halbstarker Jugendlicher: anspruchsvoll, ungestüm und wankelmütig. Südafrikas drittgrößte Stadt (auf Zulu eThekweni genannt) erstreckt sich entlang einem goldgelben Sandstreifen. Es war stets eines der bedeutendsten Ferienzentren des Landes, ein quirliger Badeort, wenn auch häufig Ziel von Billiganbietern. Das hat sich in den vergangenen Jahren jedoch geändert. Durban wird in jüngster Zeit auch wegen der schicken Cafés, guten Läden und zahlreichen Kulturangebote besucht.

Die Beachfront mit ihren sich über Kilometer hinziehenden Hotelburgen und Snackbars ist ein Markenzeichen der Stadt. Traditionell war Durban das Sommerrevier weißer Touristen aus Johannesburg (Jo'burg) und Pretoria, die das Strandleben und das großstädtische Flair genossen. Heute ist Durban auf ein eher kosmopolitisches Publikum ausgerichtet. Das Stadtzentrum mit seinen grandiosen Kolonialgebäuden und der faszinierenden Art-déco-Architektur präsentiert sich ausgesprochen afrikanisch. Dazu gesellt sich ein deutlich asiatischer Touch, da in Durban die landesweit meisten Menschen indischer Herkunft leben. Wer die Märkte und Straßen im indischen Viertel mit den typischen Lauten und Gerüchen durchstreift, wähnt sich fast auf dem Subkontinent.

Die Beachfront Durbans wirkt in weiten Teilen etwas heruntergekommen. Auch die Straßen der Innenstadt haben etwas an Glanz verloren, besonders nach Sonnenuntergang. Viele internationale Firmen sind in die Vorstädte gezogen, und Teile der Stadt sind trotz 2004 eingeführter Steueranreize für Investitionen im Zentrum und der Neubebauung rund um den Point wie Touristen am Ende des Urlaubs – ein bisschen müde.

Die Beachfront ist nach wie vor ein bei Besuchern beliebter Ort – das uShaka Marine World, das Casino und die Neugestaltung um den Point haben dafür gesorgt, dass einige Strandbereiche, die früher zu den „No-go-Zonen" zählten, nun bedenkenlos zu betreten sind. Aber viele Besucher, die wegen der steigenden Kriminalität in der Stadt beunruhigt sind, ziehen die ruhigeren Vororte wie Greyville, Morningside und Berea vor. Diese quellen geradezu über von Unterkünften, Shoppingzentren, abgefahrenen Bars, eleganten Lokalen und schicken Durbaniten. Auch gibt es dort exzellente Museen und Galerien.

GESCHICHTE

Die Gründung Durbans nahm einige Zeit in Anspruch. Die erste europäische Besiedlung der Natal Bay, in der die Stadt liegt, erfolgte 1685 durch Schiffbrüchige. 1497 ankerte hier vermutlich bereits Vasco da Gama. 1690 kauften die Holländer dem lo-

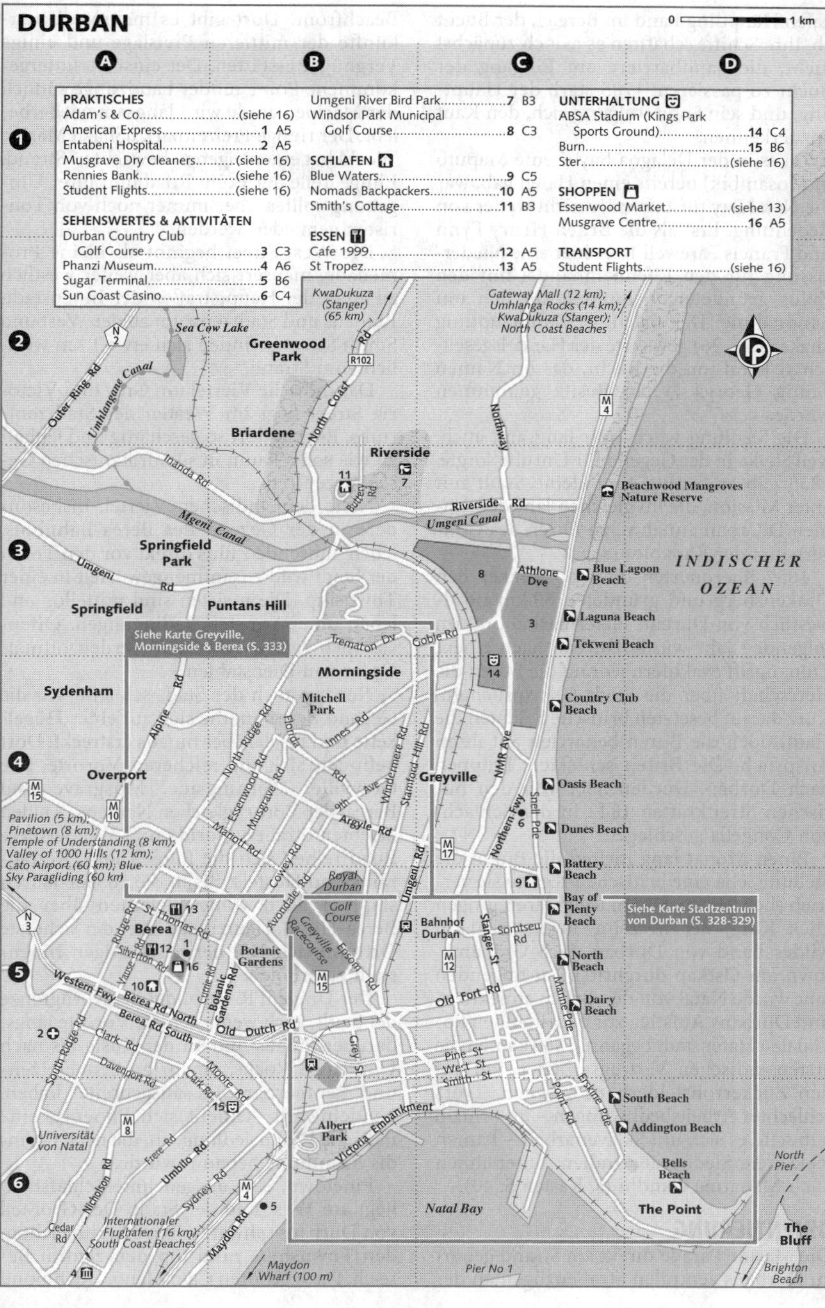
DURBAN
0 1 km
A
B
C
D
1
2
3
4
5
6
PRAKTISCHES
Adam's & Co. (siehe 16)
American Express 1 A5
Entabeni Hospital 2 A5
Musgrave Dry Cleaners (siehe 16)
Rennies Bank (siehe 16)
Student Flights (siehe 16)
SEHENSWERTES & AKTIVITÄTEN
Durban Country Club Golf Course 3 C3
Phanzi Museum 4 A6
Sugar Terminal 5 B6
Sun Coast Casino 6 C4
Umgeni River Bird Park 7 B3
Windsor Park Municipal Golf Course 8 C3
SCHLAFEN
Blue Waters 9 C5
Nomads Backpackers 10 A5
Smith's Cottage 11 B3
ESSEN
Cafe 1999 12 A5
St Tropez 13 A5
UNTERHALTUNG
ABSA Stadium (Kings Park Sports Ground) 14 C4
Burn 15 B6
Ster (siehe 16)
SHOPPEN
Essenwood Market (siehe 13)
Musgrave Centre 16 A5
TRANSPORT
Student Flights (siehe 16)
KwaDukuza (Stanger) (65 km)
Gateway Mall (12 km); Umhlanga Rocks (14 km); KwaDukuza (Stanger); North Coast Beaches
Sea Cow Lake
Greenwood Park
Umhlangane Canal
Outer Ring Rd
North Coast Rd
Briardene
Riverside
Northway
Inanda Rd
Buttery Rd
Beachwood Mangroves Nature Reserve
Riverside Rd
Mgeni Canal
Umgeni Canal
Springfield Park
Umgeni Rd
INDISCHER OZEAN
Athlone Dve
Blue Lagoon Beach
Laguna Beach
Tekweni Beach
Springfield
Puntans Hill
Siehe Karte Greyville, Morningside & Berea (S. 333)
Trematon Dv
Goble Rd
Morningside
Sydenham
Mitchell Park
Country Club Beach
Alpine Rd
North Ridge Rd
Innes Rd
Florida Rd
Windermere Rd
Stamford Hill Rd
NMR Ave
Greyville
Overport
Essenwood Rd
Musgrave Rd
9th Ave
Oasis Beach
Snell Pde
Northern Fwy
Dunes Beach
Pavilion (5 km); Pinetown (8 km); Temple of Understanding (8 km); Valley of 1000 Hills (12 km); Cato Airport (60 km); Blue Sky Paragliding (60 km)
Mariott Rd
Argyle Rd
Cowey Rd
Umgeni Rd
Battery Beach
Royal Durban Golf Course
Avondale Rd
Bay of Plenty Beach
Siehe Karte Stadtzentrum von Durban (S. 328-329)
Ridge Rd
St Thomas Rd
Berea
Silverton Rd
Greyville Racecourse
Epsom Rd
Bahnhof Durban
Stanger St
Somtseu Rd
Botanic Gardens
North Beach
Vause Rd
Currie Rd
Botanic Gardens Rd
Western Fwy
Berea Rd North
Berea Rd South
Old Dutch Rd
Old Fort Rd
Marine Pde
Dairy Beach
South Ridge Rd
Clark Rd
Grey St
Pine St
West St
Smith St
Davenport Rd
Moore Rd
Erskine Pde
Point Rd
South Beach
Addington Beach
Universität von Natal
Frere Rd
Albert Park
Victoria Embankment
Umbilo Rd
Nicholson Rd
Sydney Rd
North Pier
Bells Beach
Natal Bay
The Point
Cedar Rd
Internationaler Flughafen (16 km); South Coast Beaches
Maydon Rd
The Bluff
Maydon Wharf (100 m)
Pier No 1
Brighton Beach

kalen Häuptling Land im Bereich der Bucht ab. Ihre Schiffe schafften es jedoch zunächst nicht, die Sandbarriere am Eingang der Bucht zu passieren. 1705 starb der Häuptling, und sein Sohn weigerte sich, den Kauf anzuerkennen.

Da es in der Delagoa Bay (heute Maputo in Mosambik) bereits einen Hafen gab, war die Natal Bay für Europäer nicht weiter von Bedeutung, Erst als die Briten Henry Fynn und Francis Farewell 1824 hier eine Niederlassung für den Elfenbeinhandel mit den Zulus gründeten, bemühten sie sich um Landnahme. Der mächtige Zuluhäuptling Shaka (s. S. 36) gewährte der Handelsgesellschaft Land um die Bucht, das im Namen König Georgs IV. in Besitz genommen wurde.

Die Siedlung wuchs nur langsam, auch, weil Shaka in der Gegend für Unruhe sorgte. 1835 gab es bereits eine kleine Stadt mit einer Mission, die im gleichen Jahr den Namen D'Urban annahm, zu Ehren des Gouverneurs der Kapkolonie.

1837 überquerten die Voortrekker den Drakensberg und gründeten 80 km nordwestlich von Durban Pietermaritzburg. Im folgenden Jahr wurde Durban nach einem Zuluangriff evakuiert, worauf die Buren die Herrschaft über die Stadt beanspruchten. Kurz darauf besetzten britische Soldaten die Stadt, doch die Buren beharrten auf ihren Anspruch. Die Briten schickten Truppen nach Durban, wurden aber von den burischen Streitkräften 1842 in der Schlacht von Congella geschlagen.

Einen Monat lang hielten die Buren die Stellung, ehe eine britische Fregatte sie vertrieb (herbeigrufen vom legendären jungen Dick King, der in zehn Tagen 1000 km wildes Land von Durban nach Grahamstown am Ostkap durchritt). Im folgenden Jahr wurde Natal von den Briten annektiert, und Durbans Aufstieg zur bedeutenden kolonialen Hafenstadt begann. 1860 kamen die ersten indischen Vertragsarbeiter, um auf den Zuckerrohrfeldern zu arbeiten. Trotz schlechter Arbeitsbedingungen – im Prinzip handelte es sich um Sklavenarbeit – kamen viele freie Siedler aus Indien, unter ihnen auch Mahatma Gandhi (s. Kasten S. 40).

ORIENTIERUNG

Die Marine Parade direkt am Strand gehört zu Durbans zentralen Straßenzügen an der Beachfront. Dort gibt es mehrere Unterkünfte der mittleren Preislage und einige Vergnügungsstätten. Der einst heruntergekommene Point auf der Landzunge südlich der Marine Parade wird langsam wiederbelebt. Der riesige Freizeitpark uShaka Marine World hat einen eigenen bewachten Strand. Einige Teile der Point Road und ihrer Umgebung sollten aber immer noch von Touristen gemieden werden.

Die West Street beginnt als kleine Promenade, mausert sich aber weiter westlich zu einer der Hauptstraßen der Innenstadt. Rathaus und Stadtzentrum an der West und Smith Street befinden sich etwa 1 km westlich vom Strand.

Das indische Viertel um Grey und Victoria Street liegt im Westen des Stadtzentrums. Es geht dort so geschäftig und lebhaft zu wie sonst kaum in südafrikanischen Geschäftszentren.

Nahe dem indischen Viertel, insbesondere in der Gegend des Berea-Bahnhofs, leben Tausende Zulus direkt vor den Toren der Stadt wild zusammengewürfelt in einer Township. Die meisten sind mittellos und leben unter ärmsten Bedingungen. Offensichtlich reiche Touristen werden oftmals Opfer von Diebstählen.

Nordwestlich der Stadt schließt sich die Gegend Berea an, die sich auf einer Hügelkette und bis darüber hinaus erstreckt. Dort befinden sich die reicheren Vororte, wie Greyville, Morningside, Musgrave und Berea, der Vorort gleichen Namens. An den belebten Straßen Florida und Windermere Road reihen sich die Pubs, Clubs, Restaurants und Hostels. Bis in die 1850er-Jahren stapften noch wilde Elefanten über die Berea-Hügel. Heutzutage ist es der sicherste Ort, um sich von der geschäftigen Innenstadt zu erholen.

Der Umgeni River bildet die Nordgrenze der Stadt, auch wenn sich die Vororte längst darüber hinaus und an der Küste bis nach Umhlanga Rocks, einem großen Freizeit- und Rentnerparadies, ausgebreitet haben. Landeinwärts schließt sich Phoenix, eine indische Wohnsiedlung, an, die nach Ghandis Kommune benannt wurde.

Pinetown, eine ausgedehnte Schlafstadt, liegt am Westrand der Stadt. Der Großteil von Durbans schwarzer Bevölkerung lebt in den Townships rund um den zentral Bereich. Dazu gehören Cato Manor, Richmond

Farm, KwaMashu, Lindelani, Ntuzuma und Greater Inanda.

PRAKTISCHE INFORMATIONEN

Buchläden

Adam's & Co (Karte S. 328–329; ☎ 031-304 8571; 341 West St.) Guter Buchladen mit einer Filiale im Musgrave Centre in Berea.

Ike's Books & Collectables (Karte S. 333; ☎ 031-303 9214; 48a Florida Rd., Morningside; ⏲ Mo–Fr 10–17, Sa 9–14 Uhr) Eher Museum als Buchladen. Dieses wunderbare Antiquariat ist vollgestopft mit Erstausgaben und hat auch sonst alles, was ein Antiquariat haben sollte.

Steve & Toni's (Karte S. 328–329; ☎ 031-301 2801; 7 Mark Lane; ⏲ Mo–Fr 8–17, Sa 8–15.30 Uhr) Ein labyrinthischer Buchladen mit Secondhandbüchern und Wechselstube.

Geld

In der ganzen Stadt gibt es Banken mit Geldautomaten und der Möglichkeit zum Währungsumtausch, etwa die Standard Bank, die FNB und die Nedbank.

American Express Central Durban (Karte S. 328–329; ☎ 031-301 5541; 11. Stock, Nedbank Bldg., Durban Club Place; ⏲ Mo–Fr 8.30–16.30, Sa 9-11 Uhr); Musgrave Centre (Karte S. 325; ☎ 031-202 8733; FNB House, 151 Musgrave Rd., Musgrave) Die Hauptfiliale ist über die Gasse zwischen Smith St. und Durban Manor Hotel zugänglich.

Rennies Bank Central Durban (Karte S. 328–329; ☎ 031-305 5722; Erdgeschoss, 333 Smith St.); Musgrave Centre (Karte S. 325; ☎ 031-202 7833; Shop 311, Level 3, Musgrave Centre; ⏲ Mo–Fr 8.30–16.30, Sa 8.30–11.30 Uhr)

Internetzugang

Die meisten Hostels haben Internetzugang. Die Gebühren liegen bei 40 R pro Stunde. Weitere Möglichkeiten:

Internet Café (Karte S. 328–329; ☎ 031-305 6998; 1. Stock, Workshop, Aliwal St.; Std. 25 R; ⏲ Mo–Fr 8.30–19, Sa & So 8.30–18 Uhr) Im Stadtzentrum.

Internet Café (Karte S. 333; ☎ 031-202 7733; Musgrave Centre, Photoworld, Shop 323; Std. 34 R; ⏲ 9–18 Uhr)

Medizinische Versorgung

Entabeni Hospital (Karte S. 325; ☎ 031-204 1200, 24-Std.-Notfallstation 031-204 1377; 148 South Ridge Rd., Berea) Die Notfallstation verlangt pro Untersuchung 600 R. Wenn keine volle Behandlung beansprucht wird, wird die Differenz erstattet.

Travel Doctor (Karte S. 328–329; ☎ 031-360 1122; durban@traveldoctor.co.za; International Convention Centre, 45 Ordnance Rd.; ⏲ Mo–Fr 8–16, Sa 8–12 Uhr) Beratung bei Reisekrankheiten.

Notfall

Ambulanz (☎ 10177)

Allgemeiner Notfall (☎ 031-361 0000)

Hauptwache der Polizei (Karte S. 328–329; ☎ 10111; Stanger Rd.) Nördlich des Stadtzentrums.

Polizeistation (Karte S. 328–329; ☎ 031-368 3399; Marine Pde.) Am Strand nahe Funworld.

Post

Postfiliale (Karte S. 328–329; Sea View St.; ⏲ Mo–Fr 8–16.30, Mi 8.30–16.40, Sa 8–12 Uhr)

Hauptpostamt (Karte S. 328–329; West Ecke Gardiner Sts.; ⏲ Mo–Fr 8–16.30, Sa 8–12 Uhr) Mit Postlagerungsservice.

Reisebüros

Student Flights (Karte S. 325; ☎ 031-202 5995; www.studentflights.co.za; Shop 324, Musgrave Centre, Musgrave Rd.; ⏲ Mo– Fr 9–17.30, Sa 9–16 Uhr) Dieses Reisebüro ist besonders spezialisiert auf preiswerte Flüge für Studenten und Backpacker.

Touristeninformation

In der Tourist Junction gibt es das kostenlose, alle zwei Monate erscheinende Heft *What's On in Durban*. Das monatliche *Durban for All Seasons* liegt in den meisten Hotels aus.

Durban Africa Tourist Junction (Karte S. 328–329; ☎ 031-304 4934; www.durbanexperience.co.za; 1. Stock, Tourist Junction) Zuständig für Durban; Airport (☎ 031-408 1000; ⏲ 7-21 Uhr) In der Ankunftshalle; Marine Pde. (Karte S. 328–329; ☎ 031-332 2595; ⏲ Mo–Fr 8–17, Sa & So 8–16 Uhr) Neben Joe Kool's; uShaka Marine World (Karte S. 328–329; ☎ 031-337 8099; ⏲ 9–18 Uhr).

KwaZulu-Natal Tourism Authority Information Office (Karte S. 328–329; ☎ 031-366 7516/7; www.zulu.org.za; Erdgeschoss, Tourist Junction) Für die gesamte Provinz zuständig, hält ein Sammelsurium an Info- und Werbebroschüren bereit.

Tourist Junction (Karte S. 328–329; ☎ 031-304 4934; 160 Pine St. Ecke Soldiers Way; ⏲ Mo–Fr 8–16.30, Sa 9–14 Uhr) Die Haupttouristeninformation befindet sich im alten Bahnhof (1894 erbaut).

In der Tourist Junction gibt es verschiedene Agenturen, die Buchungen vornehmen:

KZN Wildlife (Karte S. 328–329; ☎ 031-304 4934; www.kznwildlife.com; 1. Stock, Tourist Junction) Buchung von Unterkünften in KZN Wildparks und -reservaten.

South African Parks Reservations (Karte S. 328–329; ☎ 031-304 4934; www.sanparks.org; 1. Stock, Tourist

STADTZENTRUM VON DURBAN

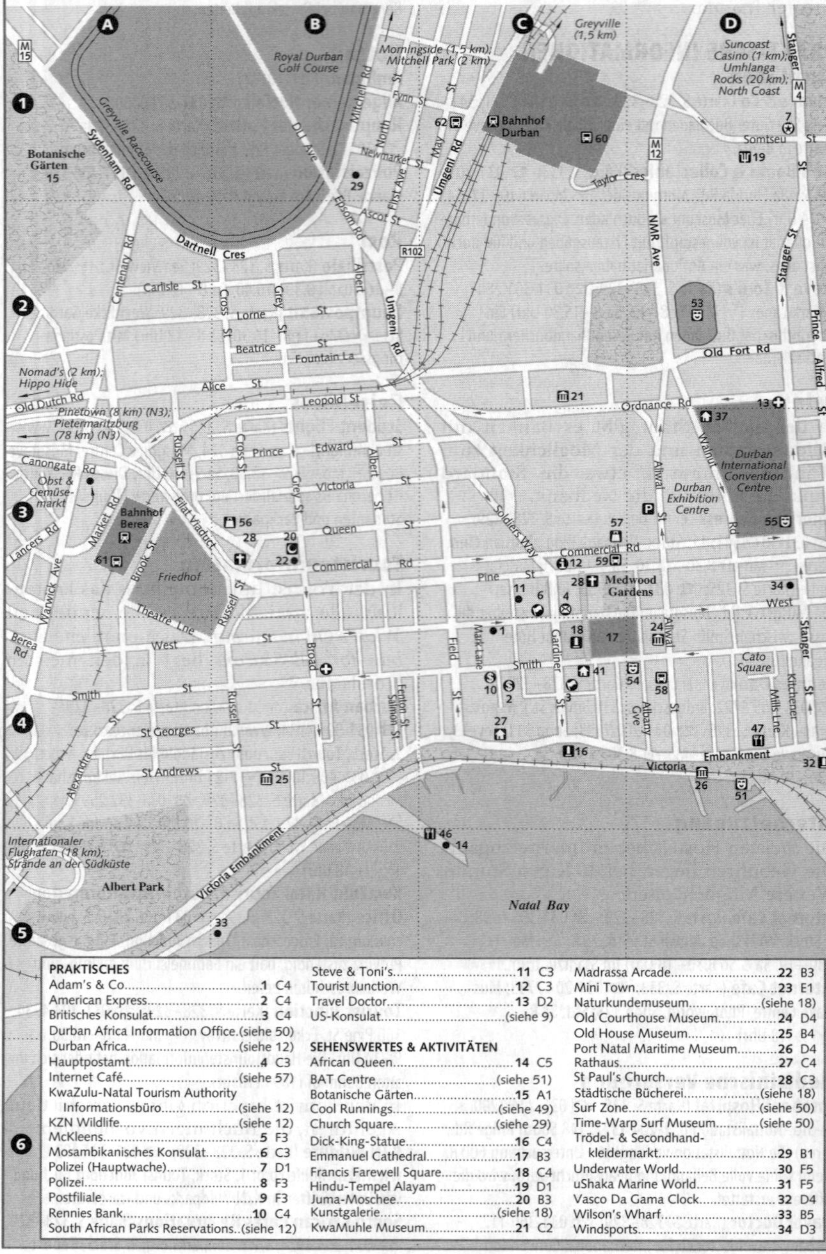

PRAKTISCHES

Adam's & Co. 1 C4
American Express 2 C4
Britisches Konsulat 3 C4
Durban Africa Information Office (siehe 50)
Durban Africa (siehe 12)
Hauptpostamt 4 C3
Internet Café (siehe 57)
KwaZulu-Natal Tourism Authority Informationsbüro (siehe 12)
KZN Wildlife (siehe 12)
McKleens 5 F3
Mosambikanisches Konsulat 6 C3
Polizei (Hauptwache) 7 D1
Polizei 8 F3
Postfiliale 9 F3
Rennies Bank 10 C4
South African Parks Reservations (siehe 12)
Steve & Toni's 11 C3
Tourist Junction 12 C3
Travel Doctor 13 D2
US-Konsulat (siehe 9)

SEHENSWERTES & AKTIVITÄTEN

African Queen 14 C5
BAT Centre (siehe 51)
Botanische Gärten 15 A1
Cool Runnings (siehe 49)
Church Square (siehe 29)
Dick-King-Statue 16 C4
Emmanuel Cathedral 17 B3
Francis Farewell Square 18 C4
Hindu-Tempel Alayam 19 D1
Juma-Moschee 20 B3
Kunstgalerie (siehe 18)
KwaMuhle Museum 21 C2
Madrassa Arcade 22 B3
Mini Town 23 E1
Naturkundemuseum (siehe 18)
Old Courthouse Museum 24 D4
Old House Museum 25 B4
Port Natal Maritime Museum 26 D4
Rathaus 27 C4
St Paul's Church 28 C3
Städtische Bücherei (siehe 18)
Surf Zone (siehe 50)
Time-Warp Surf Museum (siehe 50)
Trödel- & Secondhand-kleidermarkt 29 B1
Underwater World 30 F5
uShaka Marine World 31 F5
Vasco Da Gama Clock 32 D4
Wilson's Wharf 33 B5
Windsports 34 D3

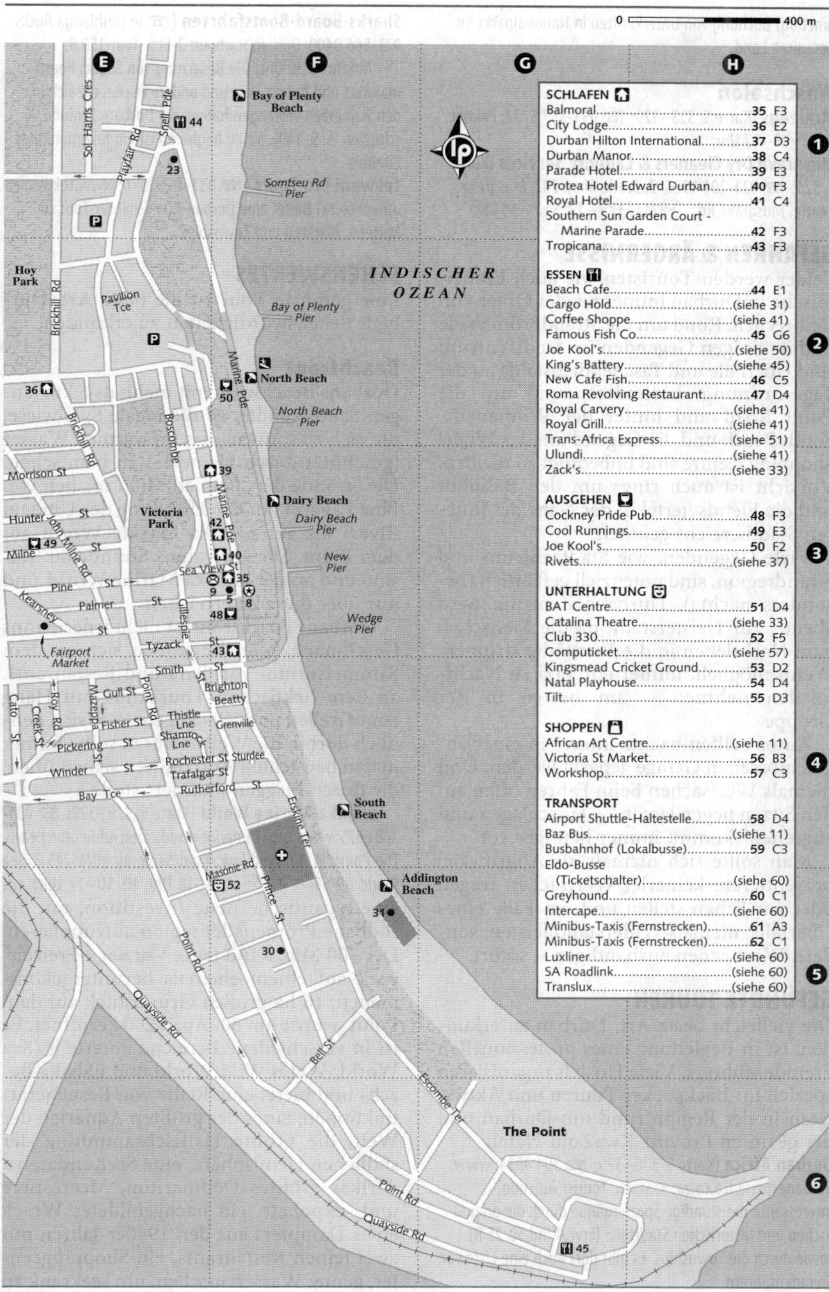

SCHLAFEN
- Balmoral 35 F3
- City Lodge 36 E2
- Durban Hilton International 37 D3
- Durban Manor 38 C4
- Parade Hotel 39 E3
- Protea Hotel Edward Durban 40 F3
- Royal Hotel 41 C4
- Southern Sun Garden Court - Marine Parade 42 F3
- Tropicana 43 F3

ESSEN
- Beach Cafe 44 E1
- Cargo Hold (siehe 31)
- Coffee Shoppe (siehe 41)
- Famous Fish Co. 45 G6
- Joe Kool's (siehe 50)
- King's Battery (siehe 45)
- New Cafe Fish 46 C5
- Roma Revolving Restaurant 47 D4
- Royal Carvery (siehe 41)
- Royal Grill (siehe 41)
- Trans-Africa Express (siehe 51)
- Ulundi (siehe 41)
- Zack's (siehe 33)

AUSGEHEN
- Cockney Pride Pub 48 F3
- Cool Runnings 49 E3
- Joe Kool's 50 F2
- Rivets (siehe 37)

UNTERHALTUNG
- BAT Centre 51 D4
- Catalina Theatre (siehe 33)
- Club 330 52 F5
- Computicket (siehe 57)
- Kingsmead Cricket Ground 53 D2
- Natal Playhouse 54 D4
- Tilt 55 D3

SHOPPEN
- African Art Centre (siehe 11)
- Victoria St Market 56 B3
- Workshop 57 C3

TRANSPORT
- Airport Shuttle-Haltestelle 58 D4
- Baz Bus (siehe 11)
- Busbahnhof (Lokalbusse) 59 C3
- Eldo-Busse (Ticketschalter) (siehe 60)
- Greyhound 60 C1
- Intercape (siehe 60)
- Minibus-Taxis (Fernstrecken) 61 A3
- Minibus-Taxis (Fernstrecken) 62 C1
- Luxliner (siehe 60)
- SA Roadlink (siehe 60)
- Translux (siehe 60)

Junction) Buchung von Unterkünften in Nationalparks im gesamten Land.

Waschsalon

McKleens (Karte S. 328–329; ☎ 031-337 5722; Palmer St.; 🕑 8–17 Uhr)
Musgrave Dry Cleaners & Laundry Services (Karte S. 325; ☎ 031-201 1936; 2. Stock, Shop 242, Musgrave Centre, Musgrave Rd.; 🕑 Mo–Fr 7–17, Sa 7–14 Uhr)

GEFAHREN & ÄRGERNISSE

Leider werden Touristen wie auch Einheimische in Durban immer wieder Opfer von Verbrechen. Rund um die Strandpromenade und in einigen Gegenden im Stadtzentrum sind Überfälle und Taschendiebstähle an der Tagesordnung, besonders rund um die Point Road und hinter der Promenade. South Beach und die Gegend um das Wheel Shopping Centre sind unbedingt zu meiden. Vorsicht ist auch rings um den Bahnhof und die Elendsviertel in der Nähe des inneren Stadtbereichs geboten.

Viele Gegenden, wie Stadtzentrum und Strandregion, sind potenziell gefährlich (besonders nachts). Durbans Zentrum wird abends zur Geisterstadt, da die Menschen zum Nachtleben in die Vorstädte strömen. Wenn möglich, immer ein Taxi zu Nachtlokalen nehmen – am besten in der Gruppe.

Autos sollten nachts immer in einer abgeschlossenen Garage geparkt werden. Und niemals Wertsachen beim Fahren offen auf den Sitzen liegen lassen – „einschlagen und zugreifen" kommt immer häufiger vor.

Man sollte sich niemals als Angriffsziel präsentieren: keinerlei Wertsachen tragen oder zur Schau stellen und, im Falle eines Überfalls, niemals Widerstand leisten, sondern Wertsachen aushändigen – sofort.

GEFÜHRTE TOUREN

Die vielleicht beste Art, Durban zu erkunden, ist in Begleitung eines professionellen Fremdenführers. Viele Hostels organisieren speziell für Backpacker Touren und Aktivitäten in der Region rund um Durban und der geamten Provinz KwaZulu-Natal.

Durban Africa (Karte S. 328–329; ☎ 304 4934; www.durbanexperience.co.za; 1. Stock, Tourist Junction) Interessante dreistündige Spaziergänge durch die orientalischen und historischen Stadtteile (Erw./Kind 50/25 R) sowie durch die Townships. Es gibt dort auch eine Liste von Fremdenführern.

Sharks-Board-Bootsfahrten (☎ in Umhlanga Rocks 031-566 0400; Durban Harbour; 2-Std.-Tour 150 R; 🕑 Abfahrt 6.30 Uhr) Die Besatzung von Sharks Board markiert und befreit Haie und andere Fische, die sich in den Hainetzen verfangen haben, die Durbans Strände schützen (s. S. 349). Sie zu begleiten ist ein faszinierendes Erlebnis.

Tekweni Eco-Tours (☎ 031-463 2576; www.tekweniecotours.co.za) Bietet eine Durban-City-Explorer-Tour zu Museen, Märkten und Townships.

SEHENSWERTES

Eine geführte Tour ist die beste Art, Durbans Sehenswürdigkeiten zu erkunden.

Beachfront

Durbans Beachfront mit mehr als 6 km langen Sandstränden ist die ideale Spielwiese, um sich zu sonnen oder im warmen Wasser (geschützt durch Hainetze) zu plantschen. Die Strände der „Golden Mile" reichen von Blue Lagoon (an der Mündung des Umgeni River) bis zur uShaka Marine World auf dem Point. Die „privaten" Strände am Kasino und an der uShaka Marine World sind nur über diese zu erreichen.

Durbans Beachfront ist nicht jedermanns Geschmack. Manche stoßen sich an dem Sammelsurium von Bars und Restaurants, an dem hektischen Tourismus mit Hang zum Grellen und Kitschigen. Wer sich dennoch dort in die Wellen stürzt, sollte immer in den bewachten Abschnitten schwimmen, die durch Flaggen markiert sind.

uShaka Marine World (Karte S. 328–329; ☎ 031-368 6675; www.ushakamarineworld.co.za; Addington Beach, The Point; Wet'n'Wild Erw./Kind/Senioren 60/45/45 R, Sea World 85/55/75 R; 🕑 HS 9–18 Uhr, NS 10–17 Uhr) ist eine gigantische neue Investition, um die südliche Promenadenregion aufzupolieren. Der 700 Mio. Rand teure Vorzeige-Freizeitpark auf einem ehemals heruntergekommenen, 16 ha großen Grundstück auf dem Point, wurde am 30. April 2004 eröffnet. Er ist in verschiedene Bereiche unterteilt (Sea World, Wet'n'Wild World und uShaka Beach) und bietet eine Reihe von Besucherattraktionen: eines der größten Aquarien der Welt, die größte Haifischsammlung der südlichen Hemisphäre, eine Seehundarena, Afrikas größtes Delfinarium, Meerestiere und -exponate, ein nachgebildetes Wrack eines Dampfers aus den 1940er-Jahren mit zwei feinen Restaurants, ein Shoppingcenter, genug Wasserrutschen, um seekrank zu werden und einen Strand mit einem Wassersportangebot, das von Surfen bis Kajak reicht.

Die **Promenade** ist eine „Fußgängerautobahn“, die an der Smith Street nördlich von uShaka beginnt und den Strand entlang führt. Auf der dem Meer abgewandten Straßenseite, besonders entlang der Marine Parade, befinden sich, untergebracht in Hochhäusern, Hotels, Bars, Restaurants und Nachtclubs, wie es typisch ist für Küstenstädte etwa in Florida oder Queensland.

Im Sommer bieten Rikschafahrer in exotischer Zulu-Aufmachung ihre Dienste an. 1904 gab es um die 2000 registrierte Rikschafahrer, damals war die Rikscha ein wichtiges Fortbewegungsmittel. Eine Fahrt von 15 Minuten kostet etwa 25 R (plus 10 R für das Urlaubsfoto).

Nach einem Besuch im uShaka sind alle weiteren Attraktionen entlang der Beachfront ein bisschen enttäuschend, für einen Nachmittag jedoch ganz amüsant.

Das glitzernde **Sun Coast Casino** (Karte S. 325; ☎ 031-328 3000; www.suncoastcasino.co.za; Snell Pde.) im Neo-Art-déco-Stil ist stets gut besucht. Es gibt dort Spielautomaten, Kinos und einige beliebte Restaurants. Der **Sun Coast Beach** des Casinos (Eintritt 5 R; 🕒 8.30–17 Uhr) ist mit Liegewiese, Liegestühlen und Sonnenschirmen sicher und angenehm für ein Bad in der Sonne.

Mini Town (Karte S. 328–329; ☎ 031-337 7892; 114 Snell Pde.; Erw./Kind 12/6 R; 🕒 9.30–16.30 Uhr) ist eine typisch kitschige Modellstadt mit Nachbauten von Durbans bekanntesten Gebäuden der 1970er-Jahre – ganz nett für die kindlich Gebliebenen.

Victoria Embankment

Der Maydon Wharf erstreckt sich entlang der Südwestseite des Hafens und südlich des Victoria Embankment. Dort befindet sich der **Sugar Terminal** (Karte S. 325; ☎ 031-365 8153; 51 Maydon Rd.; Erw./Zutritt 13/6 R; Touren Mo–Do 8.30, 10, 11.30 & 14, Fr 8.30, 10 & 11 Uhr), der die einstige Bedeutung des Handels mit Rohrzucker dokumentiert.

Der **Wilson's Wharf** (Karte S. 328–329; www.wilsonswharf.co.za), ein Stück weiter nördlich, ist eine angesagte Ufergegend mit ein paar anständigen Lokalen (S. 338), Anbietern von Bootscharter (S. 335), Läden und einem Theater. Die Einfahrt ist direkt gegenüber der Fenton Street.

Die **Dick-King-Statue** (Karte S. 328–329; Victoria Embankment) nahe der Gardiner Street erinnert an den legendären Ritt des jungen Mannes 1842. Dick King machte sich auf, um eine britische Fregatte zur Unterstützung gegen die Buren herbeizuholen, als diese Durban eingenommen hatten.

Das **Port Natal Maritime Museum** (Karte S. 328–329; ☎ 031-311 2230; Maritime Dr.; Erw./Kind 3/1,50 R; 🕒 Mo–Sa 8–15.45, So 11–15.45 Uhr) liegt an einer Zufahrtsstraße parallel zum Victoria Embankment. Zu besichtigen sind zwei ehemalige Dampfschleppboote und der große Weidenkorb, mit dem einst Passagiere auf die Ozeandampfer gehievt wurden.

Das **BAT Centre** (Karte S. 328–329; Maritime Pl.) ist ein schillerndes Kunstzentrum, das 1995 als Arbeitsbeschaffungs- und Ausbildungsprojekt gegründet wurde. Es gibt dort gehobene Kunst- und Kunsthandwerksläden, Künstlerstudios (nicht einfach zu finden), gelegentlich Livemusik und ein Bar-Restaurant (Trans-African Express). Geboten werden u. a. auch regelmäßige Trommelsessions, an denen teilgenommen werden kann.

Die **Vasco da Gama Clock** (Karte S. 328–329), ein überladenes viktorianisches Denkmal am Embankment östlich der Stanger Street, wurde vom portugiesischen Staat 1897 zum 400. Jahrestag der Entdeckung Natals durch Vasco da Gama gestiftet.

Durbans **Hafen** ist der wichtigste in Südafrika (und der neuntgrößte der Welt). Der Wilson's Wharf oder der Balkon im BAT Centre bieten schöne Blicke auf das geschäftige Treiben. Der Point, die Landzunge am südlichen Ende der Beachfront, begrenzt den Hafen nach Norden hin. Von den Restaurants am Ende des Point lassen sich wunderbar die durch die Landenge ankommenden Schiffe beobachten. Die Lokale werden in Zukunft umgesiedelt. Es gibt Pläne, die Einfahrt der Fahrrinne 2007 um 100 m zu erweitern. Die Point Road, die zum Point führt, verläuft durch eine berüchtigte zwielichtige Gegend und ist nachts gefährlich.

Stadtzentrum

Das überladene neobarocke **Rathaus** (Karte S. 328–329; ☎ 031-311 2137; Smith S.) von 1910 dominiert das Stadtzentrum. Vor dem Rathaus befindet sich der Francis Farewell Square, wo Fynn und Farewell 1824 ihre Handelsniederlassung errichteten.

Die **Kunstgalerie** (Karte S. 328–329; ☎ 031-311 2264; Rathaus; Eintritt frei; ⏲ Mo–Sa 8.30–16, So 11-16 Uhr) im Rathaus birgt eine hervorragende Sammlung zeitgenössischer südafrikanischer Werke, insbesondere Kunsthandwerk der Zulu. Sehr sehenswert ist die Korbsammlung aus Hlabisa. Die Körbe sind aus verschiedenen Grassorten fein geflochten und leuchten in den vielen Farben.

Das **Naturkundemuseum** (Karte S. 328–329; ☎ 031-311 2256; Rathaus; Eintritt frei; ⏲ Mo–Sa 8.30–16, So 11–16 Uhr), untergebracht im Rathaus, präsentiert eine eindrucksvolle Ausstellung präparierter Vögel und Insekten sowie anderer afrikanischer Tiere. Interessant sind die Schaukästen mit den Schaben (Kakerlaken), Skarabäen und Mistkäfern, der rekonstruierte Dodo (eine skurile Riesentaube) und ein lebensgroßes Dinosauriermodell.

Die **Stadtbücherei** (Karte S. 328–329; ☎ 031-311 2117; ⏲ Mo–Fr 8.3–17, Sa 8.30–13 Uhr) befindet sich ebenfalls im Rathaus.

Das **Old Courthouse Museum** (Karte S. 328–329; ☎ 031-311 2229; 77 Aliwal St.; Eintritt frei; ⏲ Mo–Sa 8.30–16, So 11–16 Uhr) ist in dem schönen Gerichtsgebäude von 1863 hinter dem Rathaus untergebracht. Es bietet erhellende Einblicke in die Höhen und Tiefen des Koloniallebens und besitzt eine interessante Zuckerausstellung.

Das hervorragende **KwaMuhle Museum** (Karte S. 328–329; ☎ 031-311 2237; 130 Ordinance Rd.; Eintritt frei; ⏲ Mo–Sa 8.30–16, So 11–16 Uhr) ist ein Muss für jene, die Südafrika in all seinen Facetten begreifen wollen. Hier befand sich früher das Hauptquartier der Bantu-Administration, und hier arbeitete die Kolonialverwaltung Durbans die Strukturen der städtischen Rassentrennung aus (das „Durban-System"), die Grundlage für Südafrikas Apartheidspolitik. Es gibt beeindruckende Schaustücke zum alten Durban, weitere zu Cato Manor, Durbans Elendsviertel und Ziel des ehrgeizigen Stadterneuerungsprogramms des neuen Südafrika.

Das Hauptpostamt in der West Street wird an seiner Ostseite vom **Church Square** (Karte S. 328–329) mit dem alten Pfarrhaus und der **St. Paul's Church** von 1909 flankiert.

Das **Old House Museum** (Karte S. 328–329; ☎ 031-311 2261; 31 St. Andrews St.; Eintritt frei; ⏲ Mo–Sa 8.30–16, So 11–16 Uhr) ist das restaurierte Wohnhaus von Natals erstem Ministerpräsidenten.

Indisches Viertel

Die große **Juma-Moschee** (Karte S. 328–329; ☎ 031-306 0026; Queen Ecke Grey Sts.; ⏲ Mo–Fr 9–16, Sa 9–11 Uhr) ist die größte Moschee der südlichen Hemisphäre. Besichtigungstouren gibt es auf Anfrage. Die **Madrassa Arcade** befindet sich neben der Moschee zwischen Grey Street und Cathedral Road, nahe der katholischen Emmanuel-Kathedrale.

Der **Hindu-Tempel Alayam** (Karte S. 328–329; Somtseu Rd.; ⏲ 7–18 Uhr) ist der älteste und größte Hindu-Tempel in Südafrika. Er liegt abseits des Zentrums des indischen Viertels, an der Somtseu Road zwischen Stanger Street und NMR Avenue.

Informationen zum Victoria-Street-Markt finden sich auf S. 341.

Greyville, Morningside & Berea

Die **Campbell-Sammlung** (Karte S. 333; ☎ 031-207 3432; 220 Marriott Rd. Ecke Essenwood Rd.; Eintritt 15 R; ⏲ nur mit Voranmeldung) lohnt einen Besuch. Sie ist in Muckleneuk, einem stattlichen, von Sir Herbert Baker entworfenen Haus, untergebracht und umfasst Dokumente und Artefakte, die von Dr. Killie Campbell und ihrem Vater Sir Marshall Campbell gesammelt wurden (die Township KwaMashu ist nach ihm benannt). Es handelt sich dabei um bedeutende Zeugnisse der frühen Natal- und Zulu-Kultur.

Killie Campbell sammelte bereits 60 Jahre, bevor die Durban-Galerie damit begann, Werke schwarzer Künstler. Sie war auch die erste Mäzenin von Barbara Tyrrell. Die Gemälde Tyrrells haben die traditionellen Trachten der eingeborenen Völker zum Thema. Tyrell gelingt es unübertrefflich, die Schönheit und Anmut der Menschen ins Bild zu bannen.

Das **Phanzi Museum** (Karte S. 325; ☎ 031-206 1591; 41 Cedar Rd., Glenwood, Ecke Frere Rd.; Eintritt 30 R; ⏲ mit Voranmeldung) birgt eine Sammlung südafrikanischer Stammesartefakte, die im Untergeschoss eines viktorianischen Hauses ausgestellt sind. Besitzer und Sammler Paul Mikula besitzt einige außerordentliche Beispiele zeitgenössischer Skulpturen, Perlenarbeiten aus KwaZulu-Natal, geschnitzte Statuen und sonstiges Kunsthandwerk von Pfeifen bis zu Fruchtbarkeitspuppen.

Der **Botanische Garten** (Karte S. 325; ☎ 031-309 1170; Sydenham Rd.; Eintritt frei; ⏲ 16. April–15. Sept. 7.30–17.15, 16. Sept.–15. April 7.30–17.45 Uhr) eignet sich wunderbar zum Herumstromern. Auf

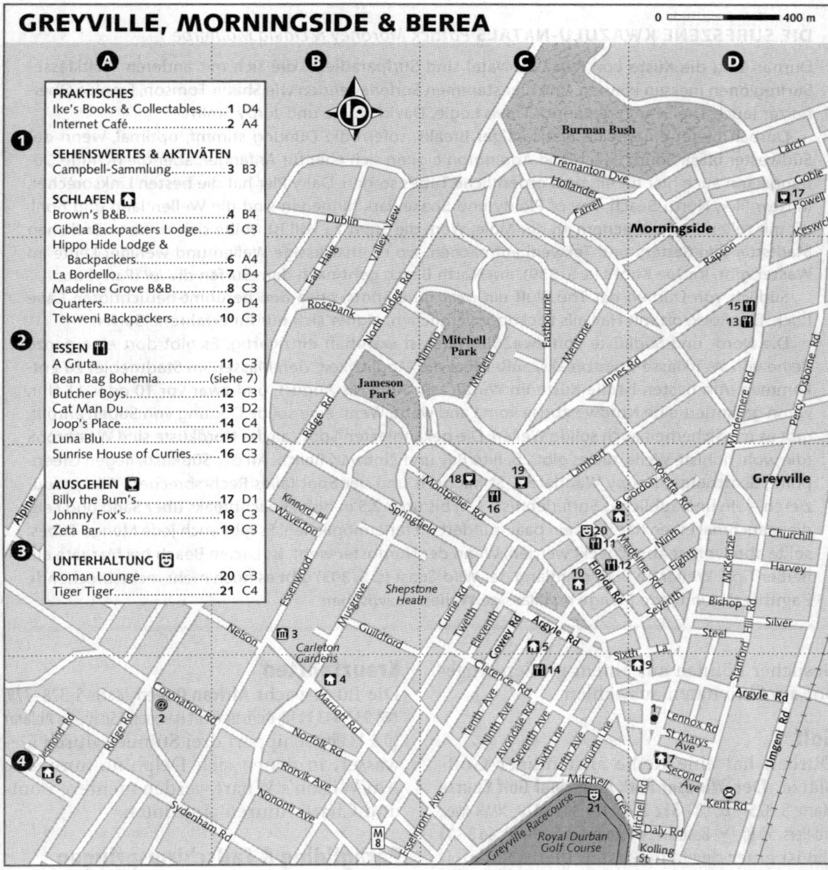

20 ha wächst einer der seltensten Palmfarne, *Encephalartos woodii*, außerdem viele Bromelienarten. An Wochenenden posieren hier massenhaft Hochzeitsgesellschaften für die Fotografen. Im Garten finden alljährlich Konzertreihen mit dem KZN Philharmonic Orchestra und anderen Musikern statt (Erw./Kinder/Studenten 35/frei/25 R).

Nord- & West-Durban

Der **Umgeni-River-Vogelpark** (Karte S. 325; ☎ 031-579 4600; Riverside Rd.; Erw./Kind 20/15 R; 🕙 9–17 Uhr) am Umgeni River ist eine Oase der Ruhe nach all dem Gewusel in der Stadt. Viele afrikanische Vogelarten lassen sich hier bewundern. Niedlich sind vor allem die Küken im „Babyraum".

Der **Temple of Understanding** (☎ 031-403 3328; Bhaktieedanta Sami Rd.; 🕙 10–13 & 16–20 Uhr) liegt 8 km westlich von Durban und ist der größte Hare-Krishna-Tempel der südlichen Halbkugel. In dem ungewöhnlichen Gebäude ist auch ein vegetarisches Restaurant untergebracht. Die Anfahrt zum Tempel erfolgt über die N3 Richtung Pietermaritzburg, dann geht es auf die N2 nach Süden; schließlich die Abzweigung nach Chatsworth nehmen und rechts Richtung Zentrum abbiegen.

AKTIVITÄTEN

Mit einem gemäßigten Klima und einer herrlichen Natur gesegnet, sind die Durbaniten leidenschaftliche Freiluftaktivisten.

DIE SURFSZENE KWAZULU-NATALS *Patrick Moroney & David Malherbe*

Durban und die Küste von KwaZulu-Natal sind Surfparadiese, die sich mit anderen Weltklasse-Surfregionen messen können. Von hier stammen Surferlegenden wie Shaun Tomson, Frankie Oberholzer (auch The Search genannt), Travis Logie, David Weare und Jordy Smith.

Durban bietet eine Reihe erstklassiger Breaks, sofern die Dünung stimmt, optimal, wenn der Südwester bläst. South Beach und Addington eignen sich eher für Anfänger, aber die richtige Dünung kann auch hier für ein paar ordentliche Tubes sorgen. Dairy Pier hat die besten Linksbrecher, in New Pier, North Beach, Bay of Plenty und Snake Park hingegen sind die Wellen lang und hohl, oft mit tollen Rechtsbrechern an der Mole. Wem die Stadt zu voll ist, sollte sich zu den nördlichen Stadtstränden Battery und Tekweni aufmachen, wo es erstklassige Wellen und weniger Leute im Wasser gibt. Im Joe Kool's (s. S. 339), am North Beach geht nach dem Surfen die *jol* (Party) ab.

Südlich von Durban hat The Bluff ein paar gute Spots, etwa den berühmt-berüchtigten Cave Rock. Der Rock, oft mit Hawaiis Backdoor verglichen, eignet sich nur für erfahrene Surfer.

Die Nord- und Südküste von KwaZulu-Natal ist wahrhaft einzigartig. Es gibt dort eine ganze Reihe von Weltklasse-Pointbreaks, außerdem die Möglichkeit, den Massen im Stadtgebiet zu entkommen. Am besten ist die Küste im Winter von April bis August, und zwar vor 10 oder 11 Uhr, wenn garantiert eine Nordwestbrise vom Land weht. Wenn eine solide Dünung von Süden anrollt, gibt es mit Sicherheit auch solide Wellen. Die bekanntesten Spots an der Nordküste sind Westbrook (die wohl hohlste Welle, die es gibt), Ballito Bay und Zinkwazi Beach. An der Südküste liegen Greenpoint, Scottburgh, Happy Wanderers, St Michaels und der Spot (alles Rechtsbrecher). Alle produzieren – ein unglaubliches Surferlebnis – 1 m bis über 2,5 m hohe Beachbreaks über Sand und Fels, die manchmal einen Ritt über ein paar hundert Meter ermöglichen. Es gibt auch jede Menge Tubes, sollte aber vorher abgecheckt werden. Wenn der Nordoster weht, ist Lucien Beach bei Margate ein heißer Tipp. Weiter im Süden entlang der Wild Coast (s. S. 303) gibt es noch mehr rechtsbrechende Pointbreaks und jede Menge erstklassige Wellen dazwischen.

Besucher können aus einem großen Angebot an Aktivitäten auswählen.

Golf

Durban hat eine Reihe anständiger Golfplätze. Der **Windsor Park Municipal Golf Course** (Karte S. 325; ☎ 031-312 2245; Fax 303 2479; NMR Ave.; pro Pers. 50 R; Besucher willkommen Sa 9–13, So 8–11 Uhr) ist einer der beliebtesten Plätze Südafrikas. Von ganz anderem Schlag ist der **Durban Country Club** (Karte S. 325; ☎ 031-313 1777; Walter Gilbert Rd.; pro Pers. ab 425 R), den manche für den besten Golfplatz des Landes halten.

Indoor-Extremsport

In der riesigen Gateway Mall gibt es tolle Möglichkeiten zum Üben: etwa ein Wellenhaus, das erste seiner Art in der Welt, und dem weltweit höchsten freistehenden Indoor-Kletterfelsen.

Kanu fahren

Trips auf den Flüssen können über **180° Adventures** (☎ 031-566 4955; www.180.co.za) gebucht werden. Die Paddler können ihr Glück bei einem der Kanuclubs am Blue Lagoon Beach am Umgeni River probieren.

Kreuzfahrten

Die Luxusyacht **African Queen** (Karte S. 328–329; ☎ 032-943 1118; Durban Yacht Harbour; 150 R; Abfahrt 10 & 13 Uhr) schippert drei Stunden durch Gewässer, in denen sich Delphine tummeln. Am Wilson's Wharf werden mehrere Boot- und Chartertouren angeboten.

Paragliding & Fallschirmspringen

Blue Sky Paragliding (☎ 031-765 1318; www.blusky.co.za) bietet Tandemflüge ab 350 R und Einführungskurse ab 950 R. Am Cato Airport, 60 km außerhalb Durbans. Mit **Skydive Durban** (☎ 072-214 6040; www.skydivedurban.co.za; Tandemspringen 1250 R) gibt es Durban aus der Vogelperspektive zu sehen.

Rad fahren

Der **Durban Mountain Bike Club** (☎ 031-312 9076) organisiert Samstag nachmittags Touren, an denen jeder teilnehmen kann. Treffpunkt telefonisch erfragen.

Surfen, Segeln & Kitesurfen

Durban hat für Surfer zahlreiche gute Strände mit jeder Menge Breaks (s. oben). **Surf Zone** (Karte S. 328–329; ☎ 031-368 5818; Ocean

Sports Centre, North Beach; ⌚ Mo–Fr 9–17, Sa & So 8–17 Uhr) verleiht Boards (halber/voller Tag 70/100 R) und bietet Unterricht (Std. 180 R). Die Treppe hinauf befindet sich das **Time-Warp Surf Museum** (☎ 031-368 5842; statt Eintritt Spende; ⌚ 10–16 Uhr), vollgestopft mit Surfmemorabilien.

In Durban lässt es sich auch prima Segeln lernen. Die **Ocean Sailing Academy** (☎ 031-301 5726; www.oceansailing.co.za) bietet fünftägige Anfängerkurse (nach ASA 101) für 2995 R.

Wer sich im Kitesurfing probieren möchte, kann sich an **Windsports** (Karte S. 328–329; ☎ 031-337 4069; www.windsports.co.za; 71 Pine St.) wenden. Ein Kurs (drei jeweils zweistündige Lehrstunden) kostet 900 R. Die Ausrüstung gibt es für 300 R pro Tag im Verleih.

Tauchen & Angeln

Underwater World (Karte S. 328–329; ☎ 031-332 5820; www.underwaterworld.co.za; 251 Point Rd.) bietet Tauchkurse im offenem Wasser ab 1850 R und organisiert übers Wochenende Tauchtrips rund um Durban (ab 140 R).

Es gibt in ganz Durban Dutzende Anbieter für Angelcharter. Bei den Folgenden sind Essen, Getränke und eine Tagestour (maximal vier bis sechs teilnehmende Personen) im Preis inbegriffen.

Cool Runnings (Karte S. 328–329; ☎ 084-701 6912; 49 Milne St.; pro Tag ab 3000 R) Kevin, an der Bar im Cool Runnings, bietet ein lockeres, nahezu jamaikanisches Erlebnis.

Lynski Fishing Charters (☎ 539 3338; www.lynski.com; Durban Harbour; pro Tag 1-6 Leute ab 3800 R) Interessant, woher das Boot seinen Namen hat ...

MARATHON-MÜHEN

Der Veranstaltungskalender von Durban wird von drei Sportereignissen dominiert.

Im Januar paddeln Kanuten im Rahmen des beliebten Dusi-Marathons um die Wette, eine dreitägige, 80 km lange Veranstaltung auf dem Dusi und dem Umgeni River von Pietermaritzburg nach Durban.

Der Comrades Marathon fand erstmals 1921 statt, als 34 Läufer im Gedenken an ihre im Ersten Weltkrieg gefallenen Kameraden von Pietermaritzburg nach Durban trabten. Heute nehmen jeden 16. Juni über 13 000 Läufer an dem Rennen teil. Es geht von Pietermaritzburg nach Durban („down run") oder umgekehrt („up run"), eine Entfernung von rund 89 km.

Jeden November strampeln Tausende Radfahrer beim Amashoshova Cycling Race von Pietermaritzburg nach Durban.

Vogelbeobachtung

Avian EcoTours (☎ 031-262 8984; www.avianeco.co.za; Aktivitäten ab 350 R) bietet Wanderungen und Exkursionen zur Beobachtung von Vögeln rund um Durban und darüber hinaus. Tourführer Terry Walls ist auch ein leidenschaftlicher Wildtierschützer.

Wildwasserfahrten

Der Umkomaas River und der mächtige Tugela River (uThukela in der Sprache der Zulu, bedeutet „der Erschreckende") sind *die* Wildwasserflüsse in KwaZulu-Natal. Der Umkomaas gehört zu den besten Wildwasserrevieren, besonders von November bis April, wenn die Stromschnellen Klasse II bis IV erreichen. **180° Adventures** (☎ 031-566 4955; www.180.co.za) organisiert Touren auf beiden Flüssen (ab 625 R für den Tugela und ab 350 R für den Umkomaas). **Umko Rafting** (☎ 083-2700 403; www.umkorafting.co.za) bietet einen aktionsreichen Trip von vier bis fünf Stunden, plus einer eher trägen Flussfahrt über 18 km mit großartiger Landschaft und einigen Schnellen, damit keiner einschläft (jeweils 495 R und 400 R).

FESTIVALS

Kavadi Festival Das wichtige Hindufestival findet zweimal jährlich (Januar/Februar und April/Mai) zu Ehren des Gottes Muruga statt, der heilt und Unglück abwehrt. Zur Zeremonie gehört es, sich als Zeichen der Ergebenheit selbst Schmerzen zuzufügen.

Draupadi Festival Ein 18-tägiges Festival im April/Mai zu Ehren der Göttin Draupadi. Höhepunkt ist der Feuerlauf.

Mariamman Zehn Tage lang wird im Juli/August Mariamman oder das Porridge-Festival gefeiert.

Diwali Das 3-tägige Diwali im Dezember wird auch Festival of Lights (Lichterfest) genannt.

Ratha Yatra Das farbenprächtige, 5-tägige Hare-Krishna-Festival Ratha Yatra im Dezember heißt auch Festival of Chariots (Festival der Triumphwagen).

SCHLAFEN

Eine nützliche Website ist www.bookabedahead.co.za mit einer großen Auswahl an Unterkünften und der Möglichkeit zur Online-Buchung. **Durban Africa** (Karte S. 328–329; ☎ 031-304 4934; www.durbanexperience.co.za; 1. Stock,

Tourist Junction) unterstützt die Hotelsuche vor Ort. Es ist aber nicht ratsam, dort gleich nach Ankunft mit dem ganzen Gepäck anzutreten, da überall Diebe lauern.

Abgesehen von den zahllosen Hotels an der Beachfront gibt es auch viele Unterkünfte in Durbans westlichen und nordwestlichen Vororten, hauptsächlich gehobene B&Bs und Hostels. Eine Unterkunft in einem der Vororte ist in der Regel auch preisgünstiger als an der Beachfront – also kein Grund, am Strand abzusteigen, außer man kommt nur der Sonne und des Sandes wegen nach Durban. Einige Hostels bieten einen Abholservie vom Flughafen, viele organisieren auch Fahrten zum Strand und Ausflüge in andere reizvolle Orte. Viele Spitzenklassehotels befinden sich in den Vororten und Richtung Umhlanga Rocks, ein paar auch im und um den Mittelpunkt der Stadt.

Beachfront

MITTELKLASSEHOTELS

Parade Hotel (Karte S. 328–329; ☎ 031-337 4565; www.paradehotel.co.za; 191 Marine Pde.; EZ/DZ inkl. Frühstück 323/435 R; ⊠) Das Hotel wirkt mit seinen leicht schäbigen Allerweltsmöbeln aus den 1970er-Jahren und den schlappen Matratzen ein bisschen heruntergekommen. Aber der bezaubernde Art-déco-Speiseraum erinnert an einen Ballsaal aus den 1950ern. Zimmer mit Seeblick verlangen!

Tropicana (Karte S. 328–329; ☎ 031-337 4222; www.goodersonleisure.com; 85 Marine Pde.; EZ/DZ 515/780 R; Ⓟ ⊠) Das helle, luftige Tropicana ist eine der Hotelburgen an der Beachfront mit 1980er-Flair. Die Zimmer sind geräumig und haben Klimaanlage und TV.

Blue Waters (Karte S. 325; ☎ 031-368 3877; www.bluewatershotel.co.za; 175 Snell Pde.; EZ/DZ inkl. Frühstück 650/720 R; Ⓟ ⊠) Das Blue Waters am Nordende der Beachfront und ab vom Gedränge an der Promenade ist ein klassisches Hotel. Die hübschen Zimmer, alle mit Balkon nach vorne raus, die gesteppten Bettüberwürfe und die mit Samt bezogenen Stühle sind ein bisschen altmodisch.

SPITZENKLASSEHOTELS

Die Spitzenklassehotels bieten manchmal Sondertarife.

Southern Sun Garden Court – Marine Parade (Karte S. 328–329; ☎ 031-337 3341; www.southernsun.com; 167 Marine Pde.; EZ/DZ inkl. Frühstück 704/850 R; Ⓟ ⊠ 🖳 ⛨) Southern Sun betreibt vier Beachfront-Hotels. Dieses hier ist die Stahl- und-Glas-Variante mit modernem Dekor und ordentlichen Zimmern.

Protea Hotel Edward Durban (Karte S. 328–329; ☎ 031-337 3681; www.proteahotels.com/edwarddurban; 149 Marine Pde.; EZ/DZ 792/922 R; Ⓟ ⊠ 🖳 ⛨) Der König der Beachfront-Hotels ist klassisch und behaglich, mit dem Geruch nach frischer Politur und üppigem Dekor samt passender Hintergrundmusik.

Balmoral (Karte S. 328–329; ☎ 031-368 5940; www.raya-hotels.com; 125 Marine Pde.; EZ/DZ inkl. Frühstück 940/1260 R; Ⓟ ⊠) Das Beachfront-Haus ist dezent stilvoll und hat elegante, bisweilen geradezu prunkvolleZimmer.

Victoria Embankment

Durban Manor (Karte S. 328–329; ☎ 031-366 0700; Fax 031-366 0701; 93-96 Victoria Embankment; EZ/DZ 385/570 R; Ⓟ ⊠) Das Hotel im einstigen Durban Club gehört mit seiner Mischung aus viktorianischen und edwardianischen Architekturelementen zu den schönsten und prunkvollsten kolonialen Sehenswürdigkeiten der Stadt. Es hat etwas von der einstigen Pracht des Clubs verloren (kein Billiardtisch mehr weit und breit), aber die großen, frisch renovierten Zimmer garantieren besten Komfort.

Stadtzentrum

City Lodge (Karte S. 328–329; ☎ 031-332 1447; www.citylodge.co.za; Brickhill Ecke Old Fort Rds.; EZ/DZ 555/690 R; Ⓟ ⊠) Das Haus mit Motel-Flair ist sicher und bietet flinken Service. Es ist ein bisschen unpersönlich, hat aber alles, was man für den Preis verlangen kann. Das „spouse-on-the-house"-Special ist wochenends ein Schnäppchen für Zwei (es zahlt nur einer).

Royal Hotel (Karte S. 328–329; ☎ 031-333 6000; www.theroyal.co.za; 267 Smith St.; EZ/DZ inkl. Frühstück 1620/2160 R; Ⓟ ⊠ 🖳) Das Royal, mit Blick aufs Rathaus, wirkt auf den ersten Blick nicht besonders einladend. Die Fünfsterne-Institution gehört jedoch zu den geschichtsträchtigsten und mondänsten Hotels der Stadt, zu seinen Gästen zählten Hoheiten und auch Nelson Mandela. Für Frauen gibt es eine eigene Etage.

Durban Hilton International (Karte S. 328–329; ☎ 031-336 8100; www.hilton.com; 12 Walnut St.; Zimmer inkl. Frühstück 1805 R; Ⓟ ⊠ 🖳 ⛨) Der moderne, glamouröse Koloss ist zweifellos Durbans exklusivstes Hotel – in der Bar drängen sich

Geschäftsreisende und lokale Größen. Einige klasse Angebote lassen den Zimmerpreis auf 1275 R sinken.

Greyville, Morningside & Berea

BUDGETUNTERKÜNFTE

Nomads Backpackers (Karte S. 325; ☎ 031-202 9709; www.durban.co.za/nomads; 70 Essenwood Rd., Berea; B 60 R, DZ mit/ohne Bad 200/160 R; P) Ein gut organisiertes und gepflegtes Haus mit lässiger Atmosphäre, Partys gibt es auch. Wenn am Pool oder in der Hostel-Bar „Bambooza" nichts los ist, dann ab um die Ecke ins Musgrave Centre mit Kinos und Cappuccino-Bars.

Hippo Hide Lodge & Backpackers (Karte S. 333; ☎ 031-207 4366; www.hippohide.co.za; 2 Jesmond Rd., Berea; B/EZ/DZ mit Gemeinschaftsbad 75/120/180 R; P) In diese gemütliche Unterkunft kommen die Gäste wegen der freundlichen und lockeren Atmosphäre und des hohen Standards. Es ist zwar ziemlich ab vom Schuss, aber das Personal hilft bei der Organisation von Ausflügen. Ansonsten gibt es noch den Pool mit künstlichen Felsen oder das TV-Zimmer zum Abhängen.

Tekweni Backpackers (Karte S. 333; ☎ 031-303 1433; www.tekwenibackpackers.co.za; 169 Ninth Ave., Morningside; B/EZ/DZ mit Gemeinschaftsbad 80/140–160/225–240 R; P) Das Haus sieht so verkatert aus wie die Gäste. Es hat den Ruf eines Partyhostels und ist sicherlich der richtige Ort für jene, die laute Geselligkeit lieben. Das nette Personal kennt sich ausgezeichnet mit dem Nachtleben aus, und es liegt gleich um die Ecke der Florida Road.

Gibela Backpackers Lodge (Karte S. 333; ☎ 031-303 6291; www.gibela.co.za; 119 Ninth Ave., Morningside; B/EZ/DZ mit Gemeinschaftsbad und Frühstück 90/175/240 R; P) Das Hostel aus den 1950er-Jahren ist in einem terracottafarbenen Haus mit toskanischem Flair untergebracht und ist einfach unschlagbar. Das Dekor ist geschmackvoll, die Duschköpfe tellergroß und vom Badezimmerboden könnte man essen. Es liegt in einer sicheren Gegend nahe der Florida Road und hat eine freundliche und persönliche Atmosphäre. Der Besitzer war früher Fremdenführer und ist sehr kenntnisreich. Und nicht zu vergessen das tolle Frühstück!

MITTELKLASSEHOTELS

Madeline Grove B&B (Karte S. 333; ☎ 031-303 5425; www.madeline.co.za; 116 Madeline Rd., Morningside; EZ/DZ inkl. Frühstück 295/450 R; P) Das große Herrenhaus mit zwei Stockwerken ist in mehrere komfortable Apartments aufgeteilt. Der Pool hat einen abgetrennten flachen Bereich für Kinder. Das B&B ist überhaupt sehr kinderfreundlich.

La Bordello (S. 333; ☎ 031-309 6019; www.beanbagbohemia.co.za; 47/49 Campbell Ave., Morningside; EZ/DZ 400/600 R;) Einst ein Freudenhaus gehört das Hotel heute dem Team des Bean-Bag-Bohemia (s. S. 339), das mit der Schickeria, die das noble marokkanische Ambiente, die Aromaöle und das Frühstück im kleinen Brunnenhof genießt, ein gutes Geschäft macht. Abseits der Windermere Road.

Brown's B&B (Karte S. 333; ☎ 031-208 7630; brownb@iafrica.com; 132 Marriott Rd., Essenwood; EZ/DZ 440/660 R; P) Ein stilvolles Etablissement mit gepflegten Aufenthaltsräumen und den entsprechend feinen Gästen. Gute Wahl fürs Geld.

SPITZENKLASSEHOTELS

Quarters (Karte S. 333; ☎ 031-303 5246; ceres@threecities.co.za; 101 Florida Rd.; EZ/DZ 825/1170 R; P) Das attraktive Hotel liegt mitten im pulsierenden Herzen von Durbans schickstem Amüsierviertel. Es ist eine Mischung aus kolonialer Pracht und heimeligem Komfort. Die gemütlichen Zimmer mit Balkon sind geschmackvoll eingerichtet. Das Restaurant gehört zu den besten der Region.

Umgeni Heights

Smith's Cottage (Karte S. 325; ☎ 031-564 6313; www.smithscottage.8m.com; 5 Mount Argus Rd., Umgeni Heights; B/DZ inkl. Frühstück 70/170 R, Ferienhaus 450 R; P) Reisende schwärmen häufig von diesem „zweiten Zuhause". Der super-hilfsbereite Besitzer Pat bietet verschieden große und unterschiedlich ausgestattete Unterkünfte je nach Bedarf in einer freundlich lockeren Atmosphäre. Das Hostel liegt ein bisschen außerhalb, aber nur einen Sprung vom Umgeni River Vogelpark entfernt. Der Shuttle-Service des Hostels sorgt dafür, dass keiner zu lange im Käfig bleibt.

ESSEN

In Durban ist es kaum ein Problem, etwas Anständiges zu essen zu finden. Die Zutaten sind frisch und die Portionen üppig. Nur Abwechslung sucht man bisweilen vergeblich. Das beste Essen gibt es zweifellos in den Vorstädten. Die folgenden Lokale verwandeln sich oft in Bars, sobald die Teller abgeräumt sind.

Beachfront & The Point

An der Beachfront gibt es jede Menge billiger und fröhlicher Lokale, aber mehr als die üblichen Burger, Pizzen und Zuckerwatte lässt sich auf der Speisekarte nicht finden. Einige Hotels haben ganz annehmbare Restaurants. Um den Point (King's Battery) sind ein paar anständige Fischlokale anzutreffen. Aus Sicherheitsgründen sollten Gäste mit dem Auto dorthin fahren. Den letzten Informationen zufolge sollen die Restaurants am Point wegen der Hafenerweiterung umgesiedelt werden.

Beach Cafe (Karte S. 328–329; ☎ 082-762 9223; Bay of Plenty Beach; Hauptgerichte 26-45 R; ⌚ Frühstück, Mittag- & Abendessen) Durbans neuer angesagter Strandtreff. Die Veranda lockt zum Sonnen im Liegestuhl (15/25 R Leihgebühr pro Tag) oder zum Relaxen mit Cocktail und Blick auf Strand und Rettungsschwimmer. Für die kommende Saison sind an Sonntagen Grillpartys mit Musik geplant.

Joe Kool's (Karte S. 328–329; ☎ 031-332 9697; Lower Marine Pde., North Beach; Hauptgerichte 30-48 R; ⌚ Frühstück, Mittag- & Abendessen) Das populäre Lokal rühmt sich selbst, das „schlechteste Restaurant der Welt" zu sein – was samstags gegen Mitternacht der Wahrheit ziemlich nahe kommt. Aber am Sonntag wird morgens und vormittags ein prima Frühstück mit Speck und Eiern serviert.

Cargo Hold (Karte S. 328–329; ☎ 031-328 8065; Hauptgerichte 45-190 R; ⌚ Mittag- & Abendessen) Eine Fischbegegnung der besonderen Art. Auf dem Phantomschiff in der uShaka-Marina sind die Tischgenossen Fische mit gefährlich großen Zähnen – eine der Wände ist die Glasfront zum Haiaquarium. Bekannt für hervorragende Fischgerichte.

Famous Fish Co (Karte S. 328–329; ☎ 031-368 1060; King's Battery, The Point; Hauptgerichte 75-190 R; ⌚ Mittag- & Abendessen; ⊡) Eine Art Instituition in Durban mit herrlichem Meerblick (die Frachter sind so nah, dass sie einem fast auf den Teller schwimmen). Das solide Fischrestaurant hat schon Berühmtheiten wie Danny Glover, Jimmy Carter und the Springboks zufriedengestellt.

Victoria Embankment

Am neuen Wilson's Wharf am Victoria Embankment gibt es ein paar gute Esslokale.

Zack's (Karte S. 328–329; ☎ 031-305 1677; Wilson's Wharf, Victoria Embankment; Hauptgerichte 27-75 R; ⌚ Frühstück, Mittag- & Abendessen; ⊡) Das stilvolle (Ketten-)lokal mit Café-Ambiente serviert gute Bistroküche, angereichert mit einer kräftigen Brise Seeluft.

Trans-Africa Express (Karte S. 328–329; ☎ 031-332 0804; BAT Centre, 1. Stock, Victoria Embankment; Hauptgerichte 28-95 R; ⌚ Mittag- & Abendessen) Das Restaurant im ersten Stock des BAT Centre mit Blick über die Hafenanlagen serviert verlockende Gerichte aus ganz Afrika, von Madagaskar bis Marokko; besonders empfehlenswert für Reptilienesser: das Congo-Crocodile-Curry (95 R).

New Cafe Fish (Karte S. 328–329; ☎ 031-305 5062; 31 Yacht Mole, Victoria Embankment; Hauptgerichte 45-200 R; ⌚ Mittag- & Abendessen) Das unverkennbare, grün-blaue Gebäude ist wie ein auf dem Kopf stehendes Schiff gestaltet. Die Meeresfrüchte dort sind ebenso ansprechend wie der Blick auf die Stadt und die Yachten an der Mole. Der beste Fang sind jedoch die preiswerten Menüs.

Stadtzentrum

An den Imbissbuden rund um den Victoria Street-Markt (S. 341) gibt es gute indische Snacks, etwa *bunny chow*, ein Stück Brot, das mit Bohnen oder auch mit Curryeintopf gefüllt ist. Für einen Imbiss zwischendurch folge man der Nase Richtung Hauptpostamt, wo meist Würstchen auf einem *braai* (traditioneller südafrikanischer Grill) brutzeln, oder man probiere einen der Fastfoodläden im Workshop (S. 341).

Roma Revolving Restaurant (Karte S. 328–329; ☎ 031-332 3337; John Ross House, 32. Stock, Victoria Embankment; Hauptgerichte 50-95 R; ⌚ Mittag- & Abendessen; ⊠ ⊡) Das italienische Lokal, untergebracht im 32. Stock des John Ross House, ist eines von weltweit nur 37 rotierenden Restaurants und eines der wenigen Lokale, die im Zentrum Durbans überlebt haben. Es bietet umwerfende Ausblicke über die ganze Stadt.

Im **Royal Hotel** (Karte S. 328–329; ☎ 031-333 6000; www.theroyal.co.za; 267 Smith St.) gibt es mehrere renommierte Restaurants (So geschl.): das **Coffee Shoppe** (Hauptgerichte 28-40 R) eignet sich für einen Mittagssnack oder ein Tässchen Kaffee; im **Ulundi** (Hauptgerichte 36-60 R) gibt es Bombay-Fischcurry oder Lammtopf; und das **Royal Carvery** (Büfett 125 R) bietet mittags und abends ein Büfett.

Greyville, Morningside & Berea

Durbans wohlhabendere Vororte warten mit einer Reihe von Restaurants auf. Die meisten haben die übliche Mischung aus Pasta, Steak und Pizza auf der Karte, oft mit ein paar indischen oder afrikanischen Spezialitäten aufgepeppt. Der Standard ist gut, und die Preise sind fair. Die besten Lokale befinden sich in den Hauptstraßen Florida Road und Windermere Road.

St Tropez (Karte S. 325; ☎ 031-201 9175; 199 Essenwood Rd.; 🕑 Frühstück, Mittag- & Abendessen) Das nette Straßencafé plus Bistro in einem ehemaligen Kraftwerk bereitet eine angenehme Überraschung: Es serviert guten Kaffee! Großartig für einen ausgedehnten Samstagsbrunch (liegt neben dem Essenwood-Markt am Berea Park). Sonntag nachmittags gibt es Jazz.

Sunrise House of Curries (Karte S. 333; ☎ 031-303 6076; 275 Florida Rd.; Hauptgerichte 12-45 R; 🕑 Mo–Do & Sa 10–21, Fr 10–22 Uhr) Wegen der Vinyltischdecken kommt sicherlich keiner, aber wegen des Essens – das kleine Lokal serviert die billigsten und leckersten *bunny chows*, Roti-Wraps und Currys. Die *chip chows* kurieren auch den schlimmsten Kater.

Luna Blu (Karte S. 333; ☎ 031-312 4665; 427 Windermere Rd.; Hauptgerichte 28-68 R; 🕑 Mittag- & Abendessen) Kleines Restaurant, großer Geschmack. Die Pizzen sind mit besonderen Köstlichkeiten (Thai-Huhn, Gorgonzola, Lammbraten) belegt, auch zum Mitnehmen oder Bestellen (Lieferung frei).

Cat Man Du (Karte S. 333; ☎ 031-312 7893; 411 Windermere Rd.; Hauptgerichte 30-100 R; 🕑 Mittag- & Abendessen) Das coole Lokal plus Cocktailbar serviert internationale Fusionküche (und kubanische Zigarren) inmitten einer Baratmosphäre. Wer Fleischgerichte bevorzugt, wird das Kudu-Filet in Rotwein mögen (85 R), aber auch Vegetarier haben eine große Auswahl.

Bean Bag Bohemia (Karte S. 333; ☎ 031-309 6019; 18 Windermere Rd.; Hauptgerichte 31-77 R; 🕑 Frühstück, Mittag- & Abendessen) Das Essen in dem angesagten Restaurant (oben) und der Café-Bar (unten) ist ebenso kreativ wie das Dekor. Es finden außerdem wechselnde Kunstausstellungen statt. Erstklassig zubereitet: das flambierte Schokoladeneis (20 R).

A Gruta (Karte S. 333; ☎ 031-312 8675; 200C Florida Rd.; Hauptgerichte 43-130 R; 🕑 Mittag- & Abendessen; ⊠) Wenn Mosambik nicht auf der Reiseroute liegt, bietet dieses Lokal wenigstens einen kulinarischen Ersatz. Gegend Abend wird es voll; fast authentisches mediterranes Flair.

Cafe 1999 (Karte S. 325; ☎ 031-202 3406; Silvervause Centre, Silverton Rd., Berea; Hauptgerichte 45-100 R; 🕑 Mittag- & Abendessen) *Das* Restaurant für trendy Durbaniten. Das beliebte Lokal bietet eine kreative Fusionküche, die als Häppchen und Happen serviert wird. Besonders lecker: der knusprige Entenbraten an Vanillerisotto (51/81 R).

Joop's Place (Karte S. 333; ☎ 031-312 9135; Avonmore Centre, Ninth Ave., Morningside; Hauptgerichtes 50-90 R; 🕑 Abendessen) Durbaniten strömen in diesen Laden hinter einem Shoppingcenter für ein erstklassiges Steak. Echt stark!

Butcher Boys (Karte S. 333; ☎ 031-312 8248; 170 Florida Rd.; Hauptgerichte 60-90 R; 🕑 Mittag- & Abendessen; ⊠) Der Slogan dieses stilvollen Lokals lautet „Grill by design" und bezieht sich sowohl auf die Kundschaft als auch auf die Speisekarte. Das „Steak wie es euch gefällt" ist ein Hit bei Geschäftsleuten und der In-Szene.

AUSGEHEN

Es gibt zwar entlang der Beachfront einige einfache Trink- und Tanzlokale (aufpassen, wo man reinmarschiert!), die beste Auswahl ist jedoch in den Vororten zu finden.

Zeta Bar (Karte S. 333; ☎ 031-312 9436; 258 Florida Rd.) Üppige, rot-plüschige Sitze und sanft geschwungene Linien bilden das Ambiente für diesen Traum aller Salonlöwen: beim Cocktailschlürfen kann man schöne Leute begucken – oder einfach ein kaltes Bier auf der Terrasse nehmen.

Billy the Bum's (Karte S. 333; ☎ 031-303 1988; 504 Windermere Rd., Morningside) In der Vorstadtbar, stets voller Durban-Yuppies (sogar das Schild über dem Tresen sagt „elegantly wasted" – stilvoll betrunken) ist immer viel Betrieb.

Cool Runnings (Karte S. 328–329; ☎ 031-368 5604; 49 Milne St.) Auch nach zehn Jahren (das Jubiläum war neulich) bleibt sich das berühmt-berüchtigte Lokal treu – unkonventionell und bis morgens um sechs geöffnet. Es wird erst nach 23 Uhr voll, aber Anfahrt bitte mit dem Taxi, das ist *keine* Gegend zum sorglosen Herumlaufen.

Joe Kool's (Karte S. 328–329; ☎ 031-332 9697; Lower Marine Pde., North Beach) Der gute alte Nachtschuppen, unvermeidlicher Schlusspunkt nach einem Tag am Strand, bietet kaltes

Bier, Großbildschirm-TV, gute Musik und quirlige Leute. Sonntag nachts ist immer Partynacht.

Johnny Fox's (Karte S. 333; ☎ 031-303 5404; 295 Florida Rd.) Das schlichte irische Pub in einer kolonialen Nobelvilla serviert ein ganz passables Guinness, hat einen riesigen Bildschirm mit Sport-TV und bietet eine ordentliche Dosis *craic* (Spaß).

Rivets (Karte S. 328–329; ☎ 031-336 8100; Durban Hilton, 12 Walnut St.) Rivets ist genauso schick wie es von einer Bar im Hilton zu erwarten ist. Hier sind die Schönen und Reichen zu Hause, es gibt teure Cocktails und jeden Donnerstag Jazz Night.

Cockney Pride Pub (Karte S. 328–329; ☎ 031-337 5511; Marine Pde. Ecke West St.) Das kleine Stück East London hat all das authentische Zubehör eines echten englischen Pubs: Kneipenessen, Karikaturen der Stammgäste an den Wänden, Rauchschwaden und einen schmuddeligen Teppich.

UNTERHALTUNG

Durban ist eine lebhafte Stadt mit einer ausgeprägten Kulturszene. Viele Veranstaltungen, von den Natal-Sharks-Spielen bis zu Shakespeare-Aufführungen, können über **Computicket** gebucht werden (Karte S. 328–329; ☎ 083-915 8000; 1. Stock, Workshop, Commercial Rd.; ⏲ Mo–Fr 9–17, Sa 9–13 Uhr).

Kinos

Kinos gibt es in allen größeren Shoppingzentren:

Imax (☎ 031-566 4415; Gateway Mall, Umhlanga Ridge) Action auf der Großleinwand in der Gateway Mall.

Ster Gateway Mall (☎ 031-566 3222; Gateway Mall, Umhlanga Ridge); Musgrave Centre (Karte S. 325; ☎ 0860-300 222; www.sterkinekor.com; Musgrave Centre, Musgrave Rd.)

Livemusik

KwaZulu-Natal Philharmonic Orchestra (☎ 031-369 9438; www.kznpo.co.za) Das Orchester präsentiert ein interessantes Frühlingskonzertprogramm mit wöchentlichen Aufführungen im alten Rathaus (s. S. 331). Es spielt auch während der Konzertreihe „Botanic Gardens Music at the Lake".

BAT Centre (Karte S. 328–329; ☎ 031-332 0451; www.batcentre.co.za; 45 Maritime Pl., Victoria Embankment) Das Zentrum ist eine der interessanteren Lokalitäten Durbans. Es gibt dort jede Menge Entertainment: Freitag- und Sonntagabend DJs, regelmäßige Trommelsessions, Auftritte wirklich hervorragender Jazzmusiker und vieles mehr.

Rainbow Restaurant & Jazz Club (☎ 031-702 9161; 23 Stanfield Lane) Das Lokal in Pinetown, 8 km westlich vom Zentrum, war das erste in Natal, das in den 1980er-Jahren in einer sogenannten „weißen Gegend" seine Tore auch Schwarzen öffnete. Es gilt als *der* Treffpunkt der lokalen Jazzszene. Am ersten oder letzten Sonntag im Monat kommen Konzerte zur Aufführung.

Nachtclubs

Tilt (Karte S. 328–329; ☎ 031-306 9356; 11 Walnut Rd.) Hier legen die gleichen DJs wie in Hiltons Rivets-Bar auf. Freitag ist der Toptag: Es gibt super Musik von Deep House bis Chunky Bass.

Club 330 (Karte S. 328–329; www.330.co.za; 330 Point Rd.) Angesagtester Treff für die Raverszene. Die Gegend um den Club ist nicht ungefährlich – Taxi ist ein Muss.

Weitere Empfehlungen:

Burn (Karte S. 325; ☎ 082-325 9746; 112 Umbilo Rd.) Heftiger Rock zum Abschwitzen auf dem Dancefloor.

Tiger Tiger (Karte S. 333; ☎ 031-303 7681; 15 Mitchell Cres., Greyville) Eine reifere, trendy Diskoszene.

Schwulen- & Lesbentreffs

Durban hat nicht gerade viele Schwulen- und Lesbentreffs. **Bent** (www.bent.co.za) ist neu in der Szene und organisiert monatlich Partys an jeweils verschiedenen Locations in den Vororten. Auf den Partys tummeln sich bis zu 600 Gäste – Mädels und Jungs –, obwohl die Events bei den Frauen beliebter sind. Internationale Gäste, die hierher finden, sind stets willkommen.

Roman Lounge (Karte S. 333; ☎ 031-303 9023; 202 Florida Rd., Morningside) Die Bar mitten im Amüsierviertel dient Frauen und Männern gleichermaßen als Treff.

Sport

In KwaZulu-Natal werden Fußball und Rugby gespielt. Profimannschaften wie AmaZulu und Manning Rangers treten hier ebenso an wie internationale Gastmannschaften.

ABSA Stadium (King's Park Sports Ground) (Karte S. 325; ☎ 031-312 5022; Jackson Dr.) Mit 60 000 Plätzen ist King's Park das Heimstadion der Rugbymannschaft Natal Sharks (www.sharksrugby.co.za).

Sahara Stadium (Kingsmead Cricket Ground; Karte S.328–329; ☎ 031-335 4200; 2 Kingsmead Close) Für alle, die vom Cricket-Fieber befallen sind: hier finden internationale Turniere statt.

Theater

Natal Playhouse (Karte S. 328–329; ☎ 031-369 9444; www.playhousecompany.com; Smith St.) Durbans zentrales Theater gegenüber dem Rathaus bietet fast jeden Abend Tanz, Drama oder Musik.

Andere Bühnen:

Barnyard Theatre (☎ 031-566 3945; www.barnyardtheatre.co.za; Gateway Mall, Umhlanga Ridge)

Catalina Theatre (Karte S. 328–329; ☎ 031-305 6889; Wilson's Wharf, Victoria Embankment)

SHOPPEN

Victoria Street Market (Karte S. 328–329; ☎ 031-306 4021, Victoria St.; Mo–Sa 6–18, So 6–16 Uhr) Der Markt am westlichen Ende der Victoria Street ist das Zentrum der indischen Gemeinde; mit über 160 Ständen bietet er ein überwältigendes, indo-afrikanisches Einkaufserlebnis. Er ist die Hauptattraktion des Viertels, aber Achtung vor Taschendieben! Die Grey Street zwischen Victoria und West Street ist die Haupteinkaufsstraße. Die Preise sind niedrig, und Handeln ist möglich. Die meisten der moslemischen Läden schließen freitags von 12 bis 14 Uhr.

Essenwood Market (Karte S. 325; ☎ 031-306 7744; Berea Park, Essenwood; Sa 9–14 Uhr) Eine breite Auswahl an Kunsthandwerk, selbstgemachten Erzeugnissen und Kleidung.

African Art Centre (Karte S. 328–329; ☎ 031-301 2717; www.afriart.org.za; 160 Pine St.; Mo–Fr 8.30–17, Sa 9–13 Uhr) Die nicht gewinnorientierte Galerie im gleichen Gebäude wie die Tourist Junction bietet hervorragende Werke ländlicher Kunsthandwerker und Künstler.

Trödel- & Secondhandkleiderflohmarkt (Karte S. 328–329; So 7–12 Uhr) Auf dem sonntäglichen Markt hinter der Greyville-Rennbahn und gegenüber der Standard Bank kaufen und verkaufen Durbaniten regelmäßig außergewöhnlichen und bisweilen kuriosen Trödel.

Gateway Mall (☎ 031-566 2332; www.gatewayworld.co.za; 1 Palm Blvd., Umhlanga Ridge; Mo–Do 9–19, Fr & Sa 9–21, So 9–18 Uhr) Die Mutter aller Einkaufszentren liegt nördlich des Stadtzentrums und ist sehr beliebt.

Musgrave Centre (Karte S. 325; ☎ 031-201 5129; Musgrave St., Musgrave) ist ein weiteres Einkaufszentrum, wo alles Notwendige erhältlich ist. Das **Pavilion** (☎ 031-265 0558; Mo–Fr 9–18, Sa 9-17, So 10–17 Uhr) gleicht dem Musgrave Centre und liegt am Stadtrand in Westville, nur eine kurze Fahrt vom Zentrum auf der N3 Richtung Pietermaritzburg.

Das Einkaufszentrum in der Stadtmitte, **Workshop** (Karte S. 328–329; ☎ 031-304 9894; 99 Aliwal St; Mo–Fr 8.30–17i, Sa 9–17, So 10–17 Uhr) ist in einem ehemaligen Eisenbahndepot untergebracht.

AN- & WEITERREISE

Auto

Eine Auto zu mieten kostet seinen Preis, ist aber die beste Art, herumzukommen. Darauf achten, dass nur wenige Vermieter Reifen und Fahrgestell versichern.

Around-about Cars (☎ 021-422 4022; www.aroundaboutcars.com) Eine Niederlassung von National Alamo mit Sitz in Kapstadt. Die Preise sind hier günstiger als anderswo, als Option gibt es unbegrenzte Kilometerzahl und Vollkasko. Allerdings kann es bei Problemen kompliziert werden, mit zwei Gesellschaften zu verhandeln.

Comet Car Rental (☎ 031-903 4994; www.cometcar.co.za) Hat ein paar günstige Angebote.

Die meisten großen Autovermieter haben auch Büros am Flughafen:

Avis (☎ 031-304 1741, 086-102 111)

Budget (☎ 086-101 6622)

Imperial (☎ 031-337 3731)

Bus

Der beliebte **Baz Bus** (Karte S. 328–329; ☎ 031-304 9099; www.bazbus.com; 1. Stock, Tourist Junction; Mo–Fr 8.30–16.30, Sa 8.30–12 Uhr) hat ein Büro neben Durban Africa. Die Busse bieten beliebiges Ein- und Aussteigen entlang der Baz-Busstrecke zu einem festen Preis sowie Shuttleservice von und zu bestimmten Hostels. Der Buspass für sieben oder 14 Tage (850/1600 R) gilt für beliebig viele Fahrten in alle Richtungen innerhalb des bezahlten Zeitraums.

Fernbusse starten am Busbahnhof in der Nähe des Bahnhofs (Karte S. 328–329). Der Eingang an der NMR Avenue ist sicherer als der an der Umgeni Road. Dort haben die folgenden Busgesellschaften ihre Büros.

Eldo Coaches (Karte S. 328–329; ☎ 031-307 3363) Drei Busse täglich nach Jo'burg (130–170 R, 8 Std.).

Greyhound (Karte S. 328–329; ☎ 083-915 9000; www.greyhound.co.za) Täglich Busse nach Richards Bay (100 R, 2½ Std.), Jo'burg

KWAZULU-NATAL

(195–220 R, 8 Std.), Kapstadt (465 R, 22–27 Std.), Port Elizabeth (330 R, 15 Std.) und Port Shepstone (120 R, 1¾ Std.).

Greyhound-Busse fahren auch täglich nach Pietermaritzburg (80–100 R, eine Stunde), Estcourt (95–100 R, 2½ Std.), Ladysmith (160 R, 4 Std.) und Newcastle (170 R, 5½ Std.) wie auch nach Vryheid (100–200 R, 6 Std.) und Paulpietersburg (190 R, 6½ Std.).

Intercape (Karte S. 328–329; ☎ 0861-287 287; www.intercape.co.za) Mehrere Busse täglich nach Jo'burg (195–220 R, 8 Std.), Kapstadt (490 R, 23 Std.), Gaborone (via Jo'burg; 345 R, 15½ Std.) und Maputo (via Jo'burg; 230 R, 15 Std.).

Luxliner (Karte S. 328–329; ☎ 031-305 9090; www.intercity.co.za) Tägliche Fahrten von Durban nach Margate (85 R, 2½ Std.), Jo'burg International Airport und Park Station (180–190 R, 8½ Std.) sowie nach Pretoria (180–190 R, 9 Std.).

SA Roadlink (Karte S. 328–329; ☎ 031-307 5424; www.saroadlink.co.za) Doppeldeckerbusse nach Kapstadt (via Bloemfontein; 449 R, 23 Std.), Jo'burg (195 R, 6½ Std.) und Port Elizabeth (via Mthatha und East London; 299 R, 15 Std.).

Translux (Karte S. 328–329; ☎ 031-308 8111; www.translux.co.za) Täglich Busse nach Jo'burg (200–210 R, 8 Std.) und Kapstadt (465 R, 27 Std.). Intercitybusse von Translux verkehren in verschiedene Städte im ganzen Land.

Buchungen für den **Margate Mini Coach** (☎ 039-312 1406), der Durban und Margate dreimal täglich verbindet (80 R, 2½ Std.), sind auch im Greyhound-Büro möglich.

Flugzeug

Durban International Airport (☎ 031-451 6666) liegt nahe der N2, 16 km südlich der Stadt.

Student Flights (Karte S. 325; ☎ 031-202 5995; www.studentflights.co.za; Shop 324, Musgrave Centre, Musgrave Rd.; ⌚ Mo–Fr 9–17.30, Sa 9–16 Uhr) ist eine gute Adresse, um günstige Flüge zu kaufen.

Mehrere Fluggesellschaften verbinden Durban mit anderen südafrikanischen Städten. Die angegebenen Preise gelten für die billigsten Flüge (einfache Strecke) und sind unter Umständen niedriger als in den Reisebüros.

1time (☎ 0861-345 345; www.1time.co.za) Anbieter von Billigflügen mit einigen guten Angeboten nach Johannesburg (299 R).

Kulula (☎ 0861-585 852; www.kulula.com) Noch ein Billigflug-Anbieter mit Flügen von Durban nach Jo'burg (499 R), Kapstadt (569 R) und Port Elizabeth (429 R).

Nationwide Air (☎ 0861-737 737; www.nationwideair.co.za) Fliegt mindestens einmal täglich nach Jo'burg (450 R), Kapstadt (600 R) und Port Elizabeth (429 R).

South African Airlink (SAAirlink; ☎ 011-978 1111; www.saairlink.co.za) Fliegt täglich nach Port Elizabeth (421 R), Bloemfontein (1490 R) und Nelspruit (1930 R).

South African Airways (SAA; ☎ 031-978 1111; www.flysaa.com) Fliegt mindestens einmal täglich nach Jo'burg (763 R), Port Elizabeth (888 R), East London (888 R), Kapstadt (968 R), George (1500 R) und Nelspruit (1420 R).

Minibus-Taxi

Einige Minibus-Taxis, die Fernstrecken bedienen, halten gegenüber dem Bahnhofseingang in der Umgeni Road (Karte S. 328–329). Jene zur Südküste und zur Wild Coast am Eastern Cape fahren vom Berea-Bahnhof ab (Karte S. 328–329). Minibus-Taxis nach Swaziland gehen an der Fynn Ecke Mary Street ab. Nach Jo'burg kostet die Fahrt 130 R und nach Swaziland Manzini etwa 120 R. Die Gegenden um die Haltestellen sind sehr unsicher, und es ist dort größte Vorsicht geboten. Reisende tun vermutlich gut daran, ein bisschen mehr zu zahlen und stattdessen die Busse zu nehmen.

Trampen

Autostopp ist zwar *auf gar keinen Fall* empfehlenswert, wer aber unbedingt will, kann, in Richtung Süden an den Ampeln am Victoria Embankment oder am Flughafen an der Parkplatzausfahrt sein Glück versuchen.

Zug

Der **Bahnhof Durban** (Karte S. 328–329; ☎ 0860-008 888) ist riesig. Unbedingt den Eingang NMR Avenue, 1. Ebene, benutzen. Die innerstädtischen Züge und die Vorortbahnen sind für Reisende nicht zu empfehlen; selbst abgebrühte Touristen fühlen sich unsicher.

Fernzüge sind jedoch eine andere Sache – sie sind effizient und haben nach Geschlechtern getrennte Schlafwagenabteile (mit je zwei, vier oder sechs Betten). Reservierung wird dringend empfohlen. Der *Trans Natal* fährt täglich (außer Di und Sa) von Durban nach Jo'burg (1./2. Klasse 250/165 R, 12½ Std.) und der *Trans Oranje* einmal wöchentlich (genauen Abfahrtstag im Bahnhof erfragen) nach Kapstadt (645/435 R, 38 Std.).

Rovos (www.rovosrail.co.za) ist ein dampfbetriebener Luxuszug mit gesalzenen Preisen. Bei 8500 R beginnen die Preise für eine dreitägige Luxusdampffahrt im alten Stil von Durban nach Pretoria via Swasiland und Kruger-Nationalpark.

UNTERWEGS VOR ORT

Bus

Der Busbahnhof und das Informationszentrum für die Stadtbusse befinden sich in der Commercial Road gegenüber dem Workshop (Karte S. 328–329).

Durban Transport (☎ 031-309 5942) betreibt die Busgesellschaften Mynah und Aqualine. Mynah deckt den größten Teil der Beachfront und der zentralen Wohngebiete ab. Fahrten kosten 3 R. Wer zehn Tickets auf einmal kauft, erhält Rabatt. Folgende Strecken werden befahren: North Beach, South Beach, Musgrave Road/Mitchell Park Circle, Ridge/Vause, Botanic Gardens, Kensington/Mathias Road. Die größeren Aqualine-Busse bedienen die Außenbezirke Durbans. Fahrpläne gibt es auch in der **Tourist Junction** (Karte S. 328–329; 160 Pine St. Ecke Soldiers Way).

Vom/Zum Flughafen

Einige Hostels holen ihre Gäste mit einem eigenen Taxi zu günstigen Preisen ab. Die reguläre Fahrt mit dem Taxi zum Flughafen kostet um die 150 R. Der **Airport Shuttle Bus** (☎ 031-465 1660) fährt vom Flughafen regelmäßig zum Strand und zu den größeren Hotels im Stadtzentrum (30 R). Busse verkehren zwischen 5 und 22 Uhr zu jeder vollen Stunde an der Aliwal Ecke Smith Street zum Flughafen (Karte S. 328–329).

Taxi

Ein Taxi zwischen Strand und Florida Road in Morningside kostet normalerweise etwa 30 R. **Mozzie Cabs** (☎ 0860-669 943) bietet einen zuverlässigen 24-Stunden-Service.

WESTLICH VON DURBAN

VALLEY OF 1000 HILLS

☎ 031

Das „Tal der 1000 Hügel" ist ein nettes (aber leicht kitschiges) Ausflugsziel außerhalb der staubigen Straßen Durbans. Es erstreckt sich von den westlichen Randgebieten der Stadt bis nach Nagle Dam östlich von Pietermaritzburg. Ein bisschen störend sind die zahlreichen touristischena Kunsthandwerksläden und Restaurants, aber die sanften Hügel, verschlafenen Dörfer und traditionellen Zulugemeinden lohnen einen Besuch. Der Weg dorthin führt über die Route 103, die bei Hillcrest von der M13 abzweigt, oder über die N3 (Durban–Pietermaritzburg) und weiter Richtung Hillcrest. Von dieser Straße aus sieht man mehr vom Tal.

Praktische Informationen

Thousand Hills Tourism (☎ 031-777 1874; www.1000hills.kzn.org.za; Old Main Rd., Botha's Hill; Mo–Fr 7.45–16.15, Sa & So 10.30–13.30 Uhr) ist direkt am 1000-Hills-Trail gelegen. Es gibt dort die nützliche Broschüre *1000 Hills Experience*, die sechs Routen durch die Region beschreibt und zahlreiche Unterkünfte und Restaurants auflistet.

Sehenswertes & Aktivitäten

Shongweni Resource Reserve (☎ 031-769 1283; Fax 769 1175; Erw./Kind 20/10 R; Okt.–März 5–19, April–Sept. 6–18 Uhr) befindet sich auf halber Strecke zwischen Durban und Pietermaritzburg abseits der N3. Dort verlaufen die Routen 5 & 6 der Broschüre „1000 Hills Experience".

Das Reservat umfasst ein wunderschönes Flusstal und üppiges Grasland mit vielen Tieren und Vögeln. Der Fluss eignet sich für Kanufahrten (65/85 R halber/ganzer Tag). Unterkunft finden die Besucher in **Safarizelten** (pro Pers. 110–160 R), komplett mit Grill und Moskitonetz ausgestattet; diese sind auf Holzplattformen errichtet, die über das Seeufer ragen.

Die Route 2 „1000 Hills Experience" ist eines der bestgehüteten Geheimnisse der Region. Sie führt durch das 600 ha große **Krantzkloof Nature Reserve** (Erw./Kind 10/5 R; ganzjährig 6–18 Uhr) und bietet eine Vielzahl an Wanderwegen durch Schlucht, Feuchtgebiet und Grasland (samt Picknickplätzen), die zwischen einer und sechs Stunden dauern. Wer mit einem Führer unterwegs ist, kann sich die beste Aussicht auf die Schlucht zeigen lassen. Wer sich keiner geführten Tour anschließen möchte, kann beim Wachpersonal für 5 R Karten für individuelle Touren erwerben.

Der **PheZulu Safari Park** (☎ 031-777 1000; www.phezulusafaripark.co.za; Old Main Rd., Botha's Hill; Erw./Kind 60/30 R; ⌚ Vorführungen um 10, 11.30, 14 & 15.30 Uhr) umfasst einen Reptilienpark und ein kleines auf Touristen ausgerichtetes Zuludorf mit einer Ausstellung.

Die **Umgeni-Dampfeisenbahn** (☎ 031-764 6706; Erw./Kind 70/40 R) verkehrt ab dem Kloof-Bahnhof (heute ist dort die Stoker's Arms Tavern untergebracht). Die Bahn startet an jedem ersten und letzten Sonntag im Monat um 8.45 und 12.30 Uhr und schnauft und pustet eine Stunde lang durch die Landschaft.

Tekweni Eco-Tours (☎ in Durban 031-463 2576; www.tekweniecotours.co.za) organisiert Ausflüge (380 R) zu einem Zuludorf mit traditionellen Heilern. Für 150 R ist eine Übernachtung in einem der Häuser inbegriffen.

Schlafen & Essen

Valley Trust (☎ 031-716 6800; www.thevalleytrust.org.za; EZ/DZ mit Gemeinschaftsbad 80/160 R) Hier ist das Simunye Handicraft Project untergebracht, das traditionelles Kunsthandwerk fördert, um Geld für lokale Entwicklungsprojekte zu sammeln. Es bietet auch billige und saubere Betten in einfachen Zimmern. Abseits der Old Main Road in Nyuswa.

Longacre B&B (☎ 031-777 1335; www.longacre1000hills.co.za; 160 Old Main Rd., Botha's Hill; EZ/DZ Selbstversorger 150/300 R, mit Frühstück 200/400 R; P) Die Aussicht von Pool und Garten über das Tal ist das Schönste an dem freundlich ausgestatteten B&B. Das strohgedeckte Cottage im vorderen Teil ist besonders hübsch.

Chantecler (☎ 031-765 2613; chantecler@mweb.co.za; 27 Clement Stott Rd., Botha's Hill; EZ/DZ inkl. Frühstück 350/600 R;) Das strohgedeckte Gebäude im Landhausstil hat einen herrlichen Garten mit Wasserspielen. Es ist nach einem toten Hahn aus Chaucers „Canterbury Tales" benannt, hat aber durchaus lebendiges Federvieh im Garten.

Pot & Kettle (☎ 031-777 1312; 168 Old Main Rd., Botha's Hill; Hauptgerichte 38-68 R) Nettes Restaurant mit Andenkenladen (leider nur Kitsch) am Eingang. Herrliche Terrasse mit Blick auf das Tal.

Das Chantecler hat, ebenso wie das Rob Roy (an der Hauptstraße ausgeschildert), ein Restaurant, prima für Tee und Kuchen. Mehrere Bahnhöfe in der Gegend, wie in Botha's Hill und Kloof, wurden in Pubs und Teehäuser umgewandelt.

SOUTH COAST

An der 160 km langen South Coast liegen wie an einer Kette aufgefädelt Seebäder und Vorstädte, die sich von Durban bis Port Edward nahe der Grenze zu Eastern Cape erstrecken. Die Ferienorte an der N2 und Route 102, die mehr oder weniger ineinander übergehen, wirken ein bisschen altmodisch, wenn auch auf charmante Art. Die Sandstrände der Küste sind immer wieder unterbrochen von hübschen Gärten und Weideland. Die Region ist auch eine Freude für Surfer und Taucher (für letztere wegen der Aliwal-Untiefe), und daher im Sommer teils sehr überlaufen. Das Landesinnere bietet mit den Zuckerrohr-, Bananen- und Palmstauden einen angenehm grünen Kontrast zum Strandleben. Im Oribi Gorge Nature Reserve nahe Port Shepstone gibt es herrliche Waldwege, außerdem eine große Auswahl an Unterkünften und Restaurants.

Die einzige Stadt an der Südküste, die diesen Namen auch verdient, ist Amanzimtoti, ein weitläufiger Ferien- und Wohnort, 10 km vom Durban International Airport entfernt. Größere Zentren weiter südlich sind Umkomaas, Scottburgh, Park Rynie und Hibberdene. Die Gegend zwischen Hibberdene und Trafalgar wird Hibiskusküste genannt. Informationsmaterial hält **Hibiscus Coast Tourism** (☎ 039-312 2322; www.hibiscuscoast.kzn.org.za; Panorama Pde., Main Beach, Margate; ⌚ Mo–Fr 8–17, Sa 8–13, So 9–13 Uhr) bereit. Deren Broschüre *Southern Explorer* ist für Touristen unentbehrlich.

Port Shepstone ist das Gewerbezentrum der Südküste, hat aber eine hübsche Umgebung. Das 10 km südlich gelegene hektische Margate ist hingegen ein stets überlaufender Touristenort. Port Edward bildet den urbanen Schlusspunkt der Region.

AMANZIMTOTI & KINGSBURGH

☎ 031

Amanzimtoti (süßes Gewässer), kurz „Toti" genannt, ist ein Hochhausdschungel. Warner Beach im Süden von Amanzimtoti ist weniger zugebaut und etwas entspannter. Von dort geht Amanzimtoti in Kingsburgh über, an das sich weiter südlich ein paar Strände anschließen. Als Standort ist es hier netter als in Durban.

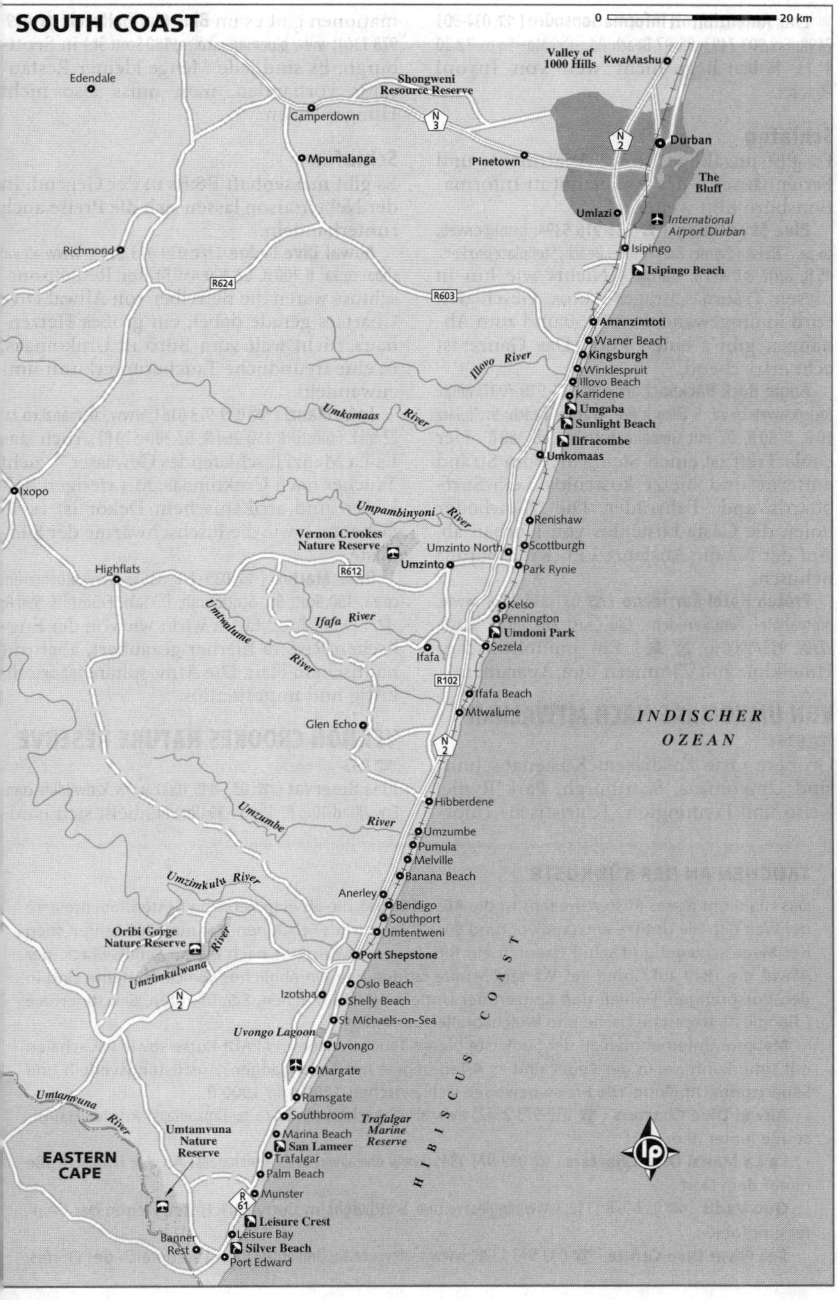

KWAZULU-NATAL

Das **Amanzimtoti Informationsbüro** (☎ 031-903 7498; Fax 903 7493; 95-97 Beach Rd.; ⌚ Mo–Sa 8–12.30 & 13–16 Uhr) liegt nicht weit von Inyoni Rocks.

Schlafen

Es gibt unzählige B&Bs, Apartments und Ferienhäuser – das Amanzimtoti Informationsbüro hilft weiter.

Blue Sky Mining (☎ 031-916 5394; bsml@mweb.co.za; 5 Nelson Palmer Rd., Warner Beach; Stellplatz pro Pers. 45 R, B/DZ 80/200 R; 🖳 🏊) Nichts wie hin in diesen Traum schräger Autos. Geschlafen wird in umgewandelten F250 und zum Abhängen gibt´s einen Pool. Das Ganze ist echt erfrischend.

Angle Rock Backpackers (☎ 031-916 7007; anglerock@mweb.co.za; 5 Ellcock Rd., Warner Beach; Stellplatz 50 R, B 80 R, DZ mit Gemeinschaftsbad ab 180 R) Der coole Treff ist einen Steinwurf vom Strand entfernt und bietet kostenlos Leih-Surfboards und -Fahrräder. Die Mitarbeiter holen die Gäste kostenlos von Durban ab. Auf der N2 die Ausfahrt 133 (Kingsburgh) nehmen.

Protea Hotel Karridene (☎ 031-916 7228; www.proteahotels.com/karridene; Old Coast Rd., Illovo Beach; EZ/DZ 935/1000 R; ❄ 🏊) Ein monolithischer Hotelklotz mit Zimmern und Apartments.

VON UMKOMAAS NACH MTWALUME

☎ 039

Größere Orte an diesem Küstenabschnitt sind Umkomaas, Scottburgh, Park Rynie, Kelso und Pennington. Touristische Informationen gibt es im **Blue Marlin Hotel** (☎ 039-978 3361; www.bluemarlin.co.za; 180 Scott St.) in Scottburgh. Es sind jede Menge kleiner Restaurants vorhanden, man muss also nicht Hunger leiden.

Schlafen

Es gibt massenhaft B&Bs in der Gegend. In der Nebensaison lassen sich die Preise auch runterhandeln.

Aliwal Dive Lodge (☎ 039-973 2233; www.aliwalshoal.co.za; B 100 R, DZ 400-450 R) Bei Redaktionsschluss waren die Betreiber von Aliwal Dive Charters gerade dabei, ein großes Herrenhaus, nicht weit vom Büro in Umkomaas, in eine freundliche Taucherunterkunft umzuwandeln.

La La Manzi (☎ 039-973 0161; www.lalamanzi.co.za, EZ inkl. Frühstück 150-260 R, DZ 300-520 R) Auch das La La Manzi („schlafendes Gewässer"), zieht Taucher nach Umkomaas. Mit riesigen Balkonen und afrikanischem Dekor ist es so farbenfroh wie die Fischschwärme der Südküste.

Blue Marlin (☎ 039-978 3361; www.bluemarlin.co.za, 180 Scott St., Scottburgh; DZ inkl. Frühstück 590 R, 🏊) Das Blue Marlin wirkt wie von der Englischen Riviera hierher gezaubert, aber mit nautischem Flair. Die Atmosphäre ist frisch, luftig und unprätentiös.

VERNON CROOKES NATURE RESERVE

☎ 033

Das **Reservat** (☎ 033-845 1000; www.kznwildlife.com; Erw./Kind 10/5 R; ⌚ 5–19 Uhr) schließt sich land-

KWAZULU-NATAL

TAUCHEN AN DER SÜDKÜSTE

Das Highlight dieses Küstenstreifens ist die **Aliwal Shoal**, die als eine der zehn besten Tauchreviere der Welt gilt. Die Untiefe entstand vor rund 80 000 Jahren aus Felsdünen. Vor nur 6500 Jahren stieg der Meeresspiegel und schuf dadurch ein Riff. Benannt wurde es nach einem Schiffswrack, der *Aliwal*, die 1849 auf Grund lief. Weitere Schiffe fanden hier ein ähnliches Schicksal. Heute sind in den Vorsprüngen, Höhlen und Spitzen der Untiefe Wracks, Rochen, Schildkröten, Sandtigerhaie („Raggies"), tropische Fische und Weichkorallen zu finden.

Mehrere Unternehmen an der Südküste bieten Tauchcharter und PADI-Kurse sowie Pauschalen mit Unterkunft an. In der Regel sind es 4-Tageskurse mit Tauchgängen, Ausrüstungsverleih und Sauerstoffnachfüllung. Die Preise bewegen sich zwischen 1700 und 1900 R.

Aliwal Dive Charters (☎ 039-973 2542; www.aliwalshoalscubadiving.co.za; Umkomaas) An der Hauptstraße hinter dem Dorf.

La La Manzi Dive Charters (☎ 039-973 1345; www.divealiwal.co.za; Umkomaas) An der Hauptstraße hinter dem Dorf.

Quo Vadis (☎ 039-978 1112; www.raggiecave.com; Scottburgh) Im Cutty Sark Hotel, wegen der Charter empfohlen.

Sea Fever Dive Centre (☎ 039-973 1328; www.seafever.co.za; Umkomaas) Am Uferbereich des Dorfes.

einwärts an die Ortschaft Park Rynie an (nach Umzinto von der Route 612 abbiegen) und empfängt die Besucher mit einer vielfältigen Tier- und Vogelwelt sowie herrlichen Wäldern. Vorsicht: In den Wäldern herrscht Zeckengefahr!

Das KZN Wildlife bietet Unterkünfte an (☎ 033-845 1000; 2-Bett-Hütten pro Pers. 95 R).

PORT SHEPSTONE & UMGEBUNG

☎ 039 / 29 000 Ew.

Die Industriestadt Port Shepstone ist für Touristen eher uninteressant. Die einzige Attraktion ist der **Banana Express** (☎ 039-682 4821), eine Dampfeisenbahn, die in der Hochsaison täglich (60 R; außerhalb der Saison Do und Sa) nach Izotsha und der dortigen Handwerksschule dampft. Der Zug fährt um 10 Uhr vom Bahnhof direkt neben dem Sharks Den Family Restaurant am Strand ab.

Schlafen & Essen

In Port Shepstone gibt es jede Menge Hotels; zwei Hostels an der Küste nördlich von Shepstone sind unbedingt empfehlenswert.

Mantis & Moon Backpacker Lodge (☎ 039-684 6256; travelsa@saol.com; 7/178 Station Rd., Umzumbe; Stellplatz 50 R, B 70 R, DZ 180–220 R; 🅿) Top-Atmosphäre. Der neue Besitzer hat wirklich etwas aus dieser Dschungeloase gemacht und bietet erstklassige Unterkünfte. Die Gäste können im Whirlpool sprudeln, sich im Felsenpool suhlen oder in einer Freiluftwanne unter den Sternen relaxen.

Spot Backpackers (☎ 039-695 1318; spotbackpackers@netactive.co.za; Ambleside Rd., Umtentweni; Stellplatz 50 R, B/DZ mit Gemeinschaftsbad 70/180 R) Das ebenso geschätzte Hostel ist näher an Port Shepstone und goldrichtig gelegen (nämlich direkt am Strand). Sauber, einfach und ideal für Sonne, Sand und Meer.

Saffron on 3rd Avenue (☎ 039-695 1295; Third Ave., Umtentweni; 🕑 8.30–spät) Das neue Lokal nahe dem Spot Backpackers hat eine recht unkonventionelle Einrichtung und Marmortische drinnen wie draußen. Die kreativen Hauptgerichte kosten 34 bis 70 R.

An- & Weiterreise

Greyhound (☎ 083-915 9000; www.greyhound.co.za) Die Busse verkehren täglich zwischen Port Shepstone und Durban (120 R, 1¾ Std.). Wer eines der Hostels ansteuert, kann den Fahrer bitten, in Umzumbe oder Umtentweni zu halten.

ORIBI GORGE NATURE RESERVE

☎ 039

Das **Naturreservat** (☎ 039-679 1644; www.kznwildlife.com; Eintritt 10 R, Stellplatz 30 R, 2-Bett-Hütten 108 R; 🕑 6–18 Uhr) liegt landeinwärts von Port Shepstone, abseits der N2. Die atemberaubende Schlucht am Umzimkulwana River gehört mit der herrlichen Landschaft, den Tieren und Vögeln zu den Highlights der Südküste. Zum Empfangsbüro geht es über die N2.

Das Oribi Gorge Hotel (☎ 039-687 0253; www.oribigorge.co.za; EZ/DZ inkl. Frühstück 430/660 R; 🅿) ist ein großes holzverkleidetes Haus (mit einem Jacarandabaum im Foyer). Auf die Gäste warten freundliche, saubere Zimmer und vor allem die nahegelegene Schlucht (10 R für die Aussichtsplattform).

Wild 5 Extreme Adventures (☎ 082-566 7424) gehört zum Oribi Gorge Hotel. Es bietet „Gorge Swing“, einen Sprung vom Lehr's-Wasserfall 100 m tief in die Schlucht (300 R), Abseilen (200 R) und Wildwasserfahrten (350 R). Liegt 11 km ab von der N2 an der Oribi Flats Road.

MARGATE & UMGEBUNG

☎ 039 / 34 000 Ew.

Das Touristenmekka der Südküste ist laut und lebhaft; es gibt zahlreiche Bars und Clubs, die den Lärmpegel hochdrehen, und eine Menge Hotels. Die Kettenrestaurants und -läden dieses überfüllten Betondschungels machen den Ort nicht gerade glamourös; aber wem es nichts ausmacht, wie eine Ölsardine am Strand zu liegen, wird hier seinen Spaß haben. Ramsgate nebenan ist eine ruhigere Version von Margate, mit einem hübschen kleinen Strand.

Ocean Safaris (☎ 082-960 7682; www.oceansafaris.co.za; Shelly Beach; Erw./Kind 200/160 R) organisiert Fahrten zu den Walen (am besten zwischen Juni und November) und zum Zug der Sardinen, die man besten vom Ski Boat Club am Shelly Beach nördlich von Margate beobachten kann.

Schlafen & Essen

Eine ungestörte Nachtruhe kann in Margate in der Hochsaison teuer werden.

Wailana Beach Lodge (☎ 039-314 4606; www.wailana.co.za; 436 Ashmead Dr., Ramsgate; EZ inkl. Frühstück

KWAZULU-NATAL

ab 430 R, DZ inkl. Frühstück pro Pers. ab 350 R;) Die kleine Pension in Ramsgate, 200 m vom Meer, hat fünf moderne, individuell gestylte „Designer"-Zimmer mit eigener Veranda, schattigem Garten und einer Bar.

Sunlawns Hotel (/Fax 039-312 1078; Uplands Rd., Margate; Zi. pro Pers. inkl. Frühstück 210 R;) Das alteingesessene Hotel besitzt einen entzückenden altenglischen Charme. Es gibt eine „Ladies Lounge", ein Pub und einen recht großen Pool.

Margate Hotel (039-312 1410; info@margatehotel.co.za; Marine Dr., Margate; EZ inkl. Frühstück 495 R, DZ inkl. Frühstück pro Pers. ab 325 R;) Das Haus ist zwar ein bisschen schlicht, aber in einer Spitzenlage (wer das mag) an der Hauptkommerzmeile.

Keg & Galleon (039-312 2575; Marine Dr., Margate; Hauptgerichte 20–55 R; Frühstück, Mittag- & Abendessen) Die belebte Kneipe ist typisch für Margates Ess- und Trinkszene. Eiskaltes Bier und magenfüllende Gerichte – besonders die Pasteten – ziehen Touristen an, die hier abgefüttert und abgefüllt werden.

La Capannina (039-317 1078; Marine Dr., Ramsgate North; Hauotgerichte 45–90 R; Di–Sa Mittag- & Abendessen) Einheimische schätzen das authentische italienische Restaurant. Es gibt Pasta, Meeresfrüchte und Fleischgerichte, zubereitet wie von der Mama. Besonders zu empfehlen: Lammhaxe mit Rosmarin und Rotwein.

An- & Weiterreise

SA Airlink (031-250 1111; www.saairlink.co.za) fliegt täglich zwischen Margate und Jo'burg (1020 R).

Der **Margate Mini Coach** (031-312 1406; www.margate.co.za/minicoach) verbindet Durban und Margate zweimal täglich (80 R einfach, 110 R für Rückflug am gleichen Tag). Buchungen über **Hibiscus Coast Tourism** (039-312 2322; www.hibiscuscoast.kzn.org.za; Panorama Pde., Main Beach, Margate; Mo–Fr 8–17, Sa 8–13, So 9–13 Uhr).

Luxliner (039-317 4628; www.luxliner.co.za) hat ein Büro im Hibiscus Coast Tourism. Regelmäßiger Busverkehr zwischen Margate und Jo'burg (250 R, 10 Std.).

PORT EDWARD & UMGEBUNG

039

Das kleine Dorf Port Edward ist ebenso ruhig wie seine hübsche Umgebung – eine angenehme Erholung vom Betondschungel und dem Gegröle in den Spaßzentren.

Die **Touristeninformation** (039-311 1211; Mo–Fr 9–16.30 Uhr) befindet sich im Ilva's Craft Shop, 2,5 km nördlich von Port Edward an der Route 61.

Das **Umtamvuna Nature Reserve** (039-311 2383; Eintritt 10 R; 6–18 Uhr) liegt an einer Schlucht am Umtamvuna River (der teilweise die Grenze zur Provinz Eastern Cape bildet). In dem wunderbar dichten Wald gibt es tolle Wanderwege, im Frühling gedeihen Wildblumen, und zahlreiche Tiere kreuzen den Weg. Von Port Edward aus geht es über die Route 61 Richtung Izingolweni (ausgeschildert) und dann noch ein paar Kilometer weiter.

Der **Umtamvuna Mountain Bike Trail** (039-311 1130; www.clearwatertrails.co.za; pro Strecke/geführte Tour 30/190 R) wird von Clearwater Trails Chalets aus organisiert und vermietet Räder für das Wegenetz oberhalb der Schlucht.

Es gibt ein paar kleine Restaurants und einen Supermarkt in Port Edward. Wer in den Hostels übernachtet, bringt am besten sein eigenes Essen mit.

Schlafen

Clearwater Trails Chalets (039-311 1130; clearwater@venturenet.co.za; EZ/DZ mit Gemeinschaftsbad 135/190 R) Die Chalets für zwei Leute samt separater (eigener) Miniküche und Bad befinden sich in einer umwerfenden Lage oberhalb der Schlucht. Von Port Edward weisen Schilder an der Route 61 zur Izingolweni Road und dann 5,5 km weiter (an der Old Pont Road und dem Beaver Creek Coffee Estate vorbei). An der T-Kreuzung sind die Clearwater Trails ausgeschildert.

Ku-Boboyi River Lodge Backpackers (039-319 1371; www.kuboboyi.co.za; Old Main Rd., Leisure Bay; Camping pro Pers. 60 R, EZ/DZ mit Gemeinschaftsbad 170/250 R, DZ mit eig. Bad 350 R; P) Das Hostel auf einem Hügel verströmt afrikanisches Flair mit einem Hauch Frankreich (die Crêpes zum Frühstück sind *délicieux*); die Aussicht auf Meer und Land ist einfach hinreißend. Es liegt 4 km nördlich von Port Edward und ist über die Route 61 erreichbar; dann die Abzweigung nach Leisure Bay South nehmen, ab da ist es ausgeschildert.

NORTH COAST

Der Küstenstreifen, der sich von Umhlanga Rocks nordwärts zum Tugela River erstreckt, besteht aus einer Fülle exklusiver Ferienanlagen und Rentnerdörfern mit einigen hübschen Stränden. Der Abschnitt ab Zimbali, direkt nördlich von Umhlanga, bis zum Tugela wird Dolphin Coast (Delphinküste) genannt. Und tatsächlich gibt es zahlreiche Tümmler, die sich hier, angelockt vom Festlandssockel und dem warmen Wasser, gerne aufhalten.

Dolphin Coast Publicity (☎ 032-946 1997; www.dolphincoast.co.za; Ballito Dr.; ⌚ Mo–Fr 8.30–16.30, Sa 8.30–12 Uhr) befindet sich nahe der BP-Tankstelle an der Ausfahrt von der N2 Richtung Ballito. Die Mitarbeiter buchen B&Bs und haben ein Unterkunftsverzeichnis.

An der Nordküste lebt eine faszinierende Mischung von Völkern: Nachkommen der einstigen Kolonisten, Nachfahren der französisch-mauritischen Zuckerrohrpflanzer und indischer Vertragsarbeiter sowie ein buntes Gemisch von Zulustämmen.

König Shaka soll einst hier an der Küste ein Militärcamp errichtet haben; königliche Dienstmägde klaubten Salz aus den Tidetümpeln, was sich im Namen Salt Rock verewigt findet. In KwaDukuza (Stanger), etwas landeinwärts, steht ein Denkmal für König Shaka.

Zwischen Durban und Umhlanga Rocks verkehren Stadtbusse. Minibus-Taxis und Busse befahren die Strecke zwischen Durban und KwaDukuza (Stanger) sowie anderen Orten weiter landeinwärts. KwaDukuza ist häufig ziemlich überfüllt, ist also ein Paradies für Taschendiebe.

UMHLANGA ROCKS

☎ 031

Umhlanga ist das Juwel unter Durbans Vorstädten, ein kosmopolitischer Mix aus exklusivem Badeort und wohlhabendem Vorort mit kleinen Einkaufspassagen. Umhlanga (das „h" spricht sich wie „sch") bedeutet „Ort des Schilfs".

Bei Redaktionsschluss befand sich das **Umhlanga Tourism Information Centre** (☎ 031-561 4257; www.umhlanga-rocks.com) vorübergehend im 1. Stock der Lighthouse Mall im Chartwell Drive.

Sehenswertes & Aktivitäten

NATAL SHARKS BOARD

Das Forschungsinstitut **Natal Sharks Board** (☎ 031-566 0400; www.shark.co.za; 1A Herrwood Dr.; audiovisuelle Vorführung & Haisezierung Erw./Kind 20/12 R; ⌚ Mo–Fr 8–16, So 12–18 Uhr) widmet sich der Haiforschung, im Mittelpunkt steht die Gefahr für den Menschen. Da der weiße Hai – ein großer Hai mit dem weitgehend unverdienten Ruf als Menschenfresser – an der KwaZulu-Natal-Küste vorkommt, geht die Forschertätigkeit über das rein akademische Interesse hinaus. Audiovisuelle Vorführungen und Haisezierungen finden Dienstag bis Donnerstag um 9 und um 14 Uhr statt. Interessierte können an den Bootstrips zur Haibeobachtung von Sharks Board teilnehmen (s. S. 330).

Das Natal Sharks Board ist ausgeschildert; es befindet sich 2 km außerhalb der Stadt, den steilen Umhlanga Rocks Dr. hinauf (die M12 Richtung N3).

UMHLANGA LAGOON NATURE RESERVE

Das **Reservat** (Eintritt frei; ⌚ 6–18 Uhr) liegt an einer Flussmündung nördlich der Stadt. Es ist zwar klein (26 ha), dafür ist die Vielfalt an hier vorkommenden Vogelarten umso größer. Die Wege führen durch einen herrlichen niedrigen Dünenwald, über die Lagune und zum Strand.

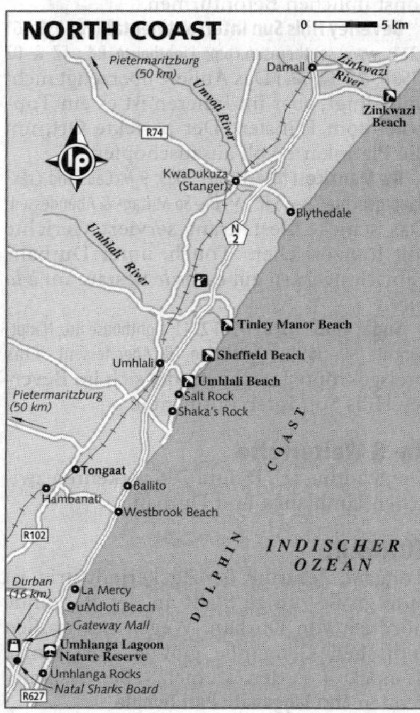

Schlafen & Essen

Umhlanga verfügt über zahlreiche Ferienapartments, die meisten dicht am Strand. Ein Apartment mit zwei Schlafzimmern kostet in der Neben-/Hochsaison ab etwa 400/600 R pro Nacht (eine Mindestanzahl von Nächten wird oft verlangt); Auskunft über **Umhlanga Accommodation** (☎ 031-561 2012; www.umhlangaaccommodation.co.za; Protea Mall, Chartwell Dr.; 🕑 Mo–Fr 8.30–16.30, Sa 8.30–11.30 Uhr). In der Gegend gibt es auch jede Menge B&Bs. Die Hotelpreise sind saisonal abhängig und variieren enorm; zu erwarten ist eine Schwankung von 10 % in beide Richtungen.

Für Frühstück, Mittag- oder Abendessen gibt es eine riesige Auswahl an Lokalen, darunter auch viele hübsche Straßencafés an den Flaniermeilen.

Oyster Box (☎ 031-561 2233; www.oysterbox.co.za; 2 Lighthouse Rd.; EZ inkl. Frühstück 530–795 R, DZ pro Pers. 430-625 R;) Das Haus im Schatten von Umhlangas Leuchtturm strahlt einen kolonialen Charme aus (ist das nicht ein Tropenhelm auf dem Kopf des Pförtners?), ein angenehmer Gegensatz zu Umhlangas sonst üblichen Betontürmen.

Beverley Hills Sun Intercontinental (☎ 031-561 2211; www.southernsun.com; Lighthouse Rd.; EZ & DZ 2750 R;) Das Äußere überzeugt nicht unbedingt, aber im Inneren ist es ein Tophotel vom Feinsten. Der perfekte Ort, um die Platinkarte voll auszuschöpfen.

Ile Maurice (☎ 031-561 7609; 9 McCausland Cres.; Hauptgerichte 79–95 R; 🕑 Di–So Mittag- & Abendessen) Das schicke Restaurant serviert Gerichte mit französischem Touch; unter Durbans Feinschmeckern gilt es als *le* Restaurant à *la mer*.

Sugar Club (☎ 031-561 2211; Lighthouse Rd.; Hauptgerichte 90–365 R; 🕑 Mittag- & Abendessen) Das preisgekrönte Lokal befindet sich im Beverley Hills Sun Intercontinental.

An- & Weiterreise

Die Stadtbusse 716 und 706 verkehren zwischen Umhlanga und Durban.

TONGAAT

Tongaat, Zentrum der Zuckerindustrie, ist eine große ruhige Stadt an der Bahnlinie nördlich von Durban. Wegen der großen indischen Gemeinde gibt es dort einige Tempel, u. a. den kleinen, aber faszinierenden **Shri Jagganath Puri Temple**.

BALLITO BIS SHEFFIELD BEACH

☎ 032

Den Ortschaften Ballito, Shaka's Rock, Salt Rock, Umhlali und Sheffield Beach fehlt weitgehend das afrinkanische Flair; sie bilden ein durchgehendes Band von Küstenorten mit Luxuspensionen und Wohnblocks, oftmals mit schönen Stränden direkt vor der Haustür. Sie sind durch die alte Küstenstraße miteinander verbunden, daher ist für ihren Besuch das An- und Abfahren von der N2 nicht nötig.

Die **Dolphin Coast Publicity Association** (☎ 946 1997; www.thedolphincoast.co.za; Link Rd. Ecke Ballito Dr.; 🕑 Mo–Fr 8.30–17, Sa & So 9–13 Uhr) befindet sich nahe der BP-Tankstelle.

Ein Großteil der Unterkünfte besteht aus Apartments, die in der Hochsaison nur wochenweise vermietet werden. Eine gute Agentur für die vorübergehende Nutzung in Ballito ist **Realty 1** (☎ 031-946 2140; www.realty1parsons.co.za; Ballito Business Centre, Ballito Dr.).

Secret Spot (☎ 082-495 9811; www.secretspot.co.za; Main Rd., Shaka's Rock; B 75 R, DZ mit Gemeinschaftsbad 180 R) Das Surferparadies liegt oberhalb des Strandes von Shaka's Rock und bietet Surfunterricht. Echte Surfer können hier ihr eigenes Board fräsen. Die erstklassigen Hütten und die Schlafsäle sind ideal zum Füßehochlegen. Für die Wegbeschreibung am besten vorher anrufen. Es gibt auch Surferpauschalen.

Dolphin Holiday Resort (☎ 031-946 2187; www.dolphinholidayresort.co.za; Dolphin Cres., Ballito; Stellplatz 300 R, Zi. 660 R) Stellplätze in üppigem Grün und einige hübsche Hütten. Die Preise sind außerhalb der Saison viel niedriger.

KWADUKUZA (STANGER)

☎ 032 / 36 700 Ew.

Im Juli 1825 gründete der Zulukönig Shaka KwaDukuza als Hauptstadt und königliche Residenz. 1828 wurde er hier von seinen Halbbrüdern Mhlangane und Dingaan getötet, letzterer übernahm die Macht (s. Kasten S. 358). KwaDukuza, auch Stanger genannt, ist eine geschäftige Stadt mit einer großen indischen Gemeinde und afrikanischem Flair. Es gibt dort keine Unterkunft, aber die Stadt ist ein wichtiges Ziel für jene, die auf den Spuren Shakas wandeln oder an Zulukultur interessiert sind.

Ein Besuch im **Dukuza Interpretive Centre** (☎ 032-552 7210; 5 King Shaka Rd.; Eintritt mit Spende; 🕑 Mo–Fr 8–16, Sa & So 9–16 Uhr) lohnt sich wegen

KWAZULU-NATAL

der zwar beschränkten, aber klaren historischen Informationen über Shaka und sein Königreich. Es gibt dort auch eine Broschüre über andere Orte, die mit Shaka und den Kolonisten in Verbindung stehen.

Das **Dukuza Museum** (☎ 032-437 5075; King Shaka Rd.; Eintritt mit Spende; ⏲ Mo–Fr 8.30–16 Uhr), gegenüber dem Dukuza Interpretive Centre, zeigt historische Exponate.

In der Cooper Street befindet sich der **Shaka Memorial Gardens**, wo 1932 ein Gedenkstein über Shakas Grabkammer, ursprünglich eine Kornkammer, errichtet wurde. Auf dem Gelände gibt es einen Felsen mit tiefen Rillen, an dem Shaka seine Speere geschärft haben soll. Jedes Jahr versammeln sich hier Zulus in traditioneller Aufmachung, um den Shaka Day (auch Tag des Kulturerbes genannt) zu feiern (s. S. 356).

Minibus-Taxis verkehren zwischen KwaDukuza und Durban (25 R, eine Stunde) sowie anderen Küstenorten.

BLYTHEDALE

☎ 032

Blythedale ist ein ruhiges Küstendorf mit Sandstränden (durch Hainetze gesichert) und tosender Brandung.

Mini Villas (☎ 032-551 1277; www.minivillas.co.za; Umvoti Dr.; Zi. 229 R) bietet Ferienhäuschen mit Meerblick zu besten Preisen. Der **La Mouette Caravan Park** (☎ 032-551 2547; www.caravanparks.co.za/lamouette; 1 Umvoti Dr.; Stellplatz 60 R) ist sauber und gediegen, hat Grillplätze und geteerte Straßen und liegt direkt am Strand. Die Preise schießen im Sommer in die Höhe. Im Ort gibt es ein paar schlichte Restaurants.

Gelegentlich pendeln Minibus-Taxis zwischen Blythedale und KwaDukuza (10 R, 7 km, 15 Min.).

ZULULAND

Diese faszinierende Ecke KwaZulu-Natals beschwört Bilder von ungezähmten Landschaften und Stammesrhythmen herauf – ein völlig anderes Gesicht Südafrikas mit herrlicher Küste, dunstigen Hügeln und traditionellen Siedlungen, so ganz verschieden von der urbanen Geschäftigkeit Durbans und seiner Umgebung. Die von den Zulustämmen dominierte Region bietet faszinierende Einblicke in eine der rätselhaftesten – und doch wohlbekannten – Kulturen des Landes. Der Name Zulu (was „Himmel" bedeutet) beschreibt zwar passend die hügeligen Weiten dieser Landschaft, erzählt aber nicht die ganze Geschichte. Unglaubliche Armut und all die damit verbundenen sozialen Probleme sind hier allgegenwärtig. Ein Großteil der Bevölkerung lebt von der Hand in den Mund. Abseits der Hauptstraßen ist das schwer zu übersehen.

Zululand erstreckt sich in etwa von der Mündung des Tugela River bis hoch nach St. Lucia und von der N2 landeinwärts bis Vryheid. Die meisten Besucher kommen wegen des spektakulären Hluhluwe-Imfolozi-Parks und der zahlreichen traditionellen Zuludörfer. Hier werden die Geschichte der Zulu und der legendäre König Shaka (s. S. 358) lebendig.

TUGELA MOUTH

☎ 032

Die zersiedelte Nordküste endet in Blythedale und geht an der Mündung des mächtigen Tugela River in eine wildere Landschaft über. Die kleine Stadt Tugela Mouth mit den nahezu unberührten Sandstränden (Achtung, es gibt hier jede Menge Haie, also keinesfalls schwimmen!) liegt am Nordufer der Tugela-Mündung und genau auf der Grenze zum Zululand. Sie ist eine verschlafene und noch wenig entwickelte Alternative zum Glanz und Glitzer der altbekannten Ferienzentren. Tolle Angelmöglichkeiten und die Abgeschiedenheit tragen zur Attraktivität bei.

Emolweni (☎ 032-458 4133; w2wog@lantic.net; EZ/DZ 100/200 R; 🍳) ist eine Ansammlung mehrerer rustikaler und eher schlichter Ferienhäuschen für Selbstversorger mit lockerer Atmosphäre.

Baz Bus (☎ in Durban 031-304 9099; www.bazbus.com) fährt nach Eshowe. Wer abgeholt werden möchte, muss vorher anrufen.

GINGINDLOVU

☎ 035

Menschenmassen und Staub sind die Kennzeichen Gingindlovus. Am Ort gibt es jedoch zwei empfehlenswerte Unterkünfte, weswegen Gingingdlovu trotz seiner abweisenden Ausstrahlung eine gute Zwischenstation Richtung Norden darstellt. Einst eine Festung von König Cetshwayo wurden in der Nähe 1879 zwei Schlachten im Krieg zwischen Briten und Zulu geschlagen.

Mine Own Country House (☎ 035-337 1262; Fax 337 1025; EZ/DZ inkl. Frühstück 500/700 R), ist eine prächtige Villa umgeben von Zuckerplantagen, die reichlich koloniale Nostalgie bietet. Sie liegt 4 km nördlich von Gingindlovu, abseits der Route 102.

Das rustikale **Inyezane** (☎ 082-704 4766; inyezane@ethniczulu.com; Stellplatz 50 R, B/DZ mit Gemeinschaftsbad 80/200 R), ein schräges und alternatives Haus im Herzen des Zuckeranbaugebietes, braucht eine Rundumerneuerung, die die neuen Besitzer hoffentlich vornehmen werden. Es liegt 1,5 km nördlich von Gingindlovu an der Route 66 (nach Eshowe); am großen Schulhaus links auf eine Schotterstraße abbiegen und dann der Ausschilderung folgen.

MTUNZINI

☎ 035

Mtunzini, eine kleine Oase mit getrimmten Rasenflächen, umgeben von den wilden Hügeln Zululands, kommt mitten in Afrika ganz europäisch daher. Aber das hübsche Dorf hat mehr zu bieten als Staudenrabatten. Oberhalb einer üppigen Pflanzung mit seltenen Raffiapalmen und am Rande des Umlalazi Nature Reserve gelegen, ist es ein hervorragender Standort, um dieses wunderbare Stück Zululand zu erkunden.

Der Ort hat eine schillernde Vergangenheit. John Dunn, der erste Europäer, der sich hier niederließ, erhielt von König Cetshwayo Land. Dunn wurde selbst zu einer Art Häuptling, nahm sich 49 Frauen

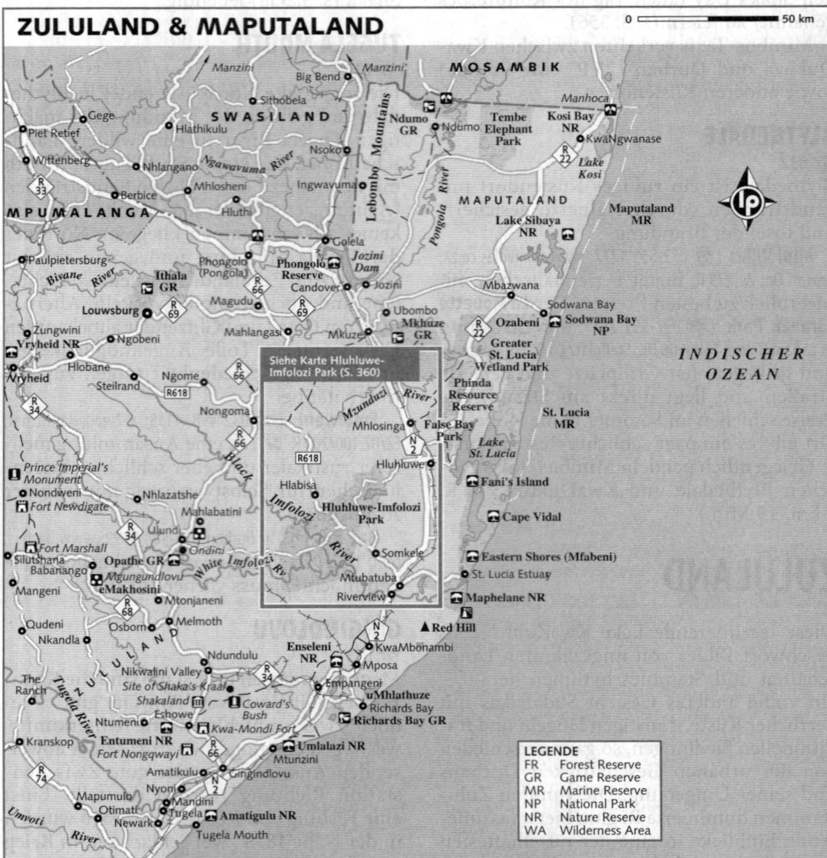

und zeugte 117 Kinder. Für gewöhnlich hielt er unter einem Baum Hof, daher der Ortsname (*mtunzini* ist das Zuluwort für „ein Platz im Schatten"). Nachdem die Briten Cetshwayo besiegt hatten und das Königreich aufteilten, war Dunn einer der Häuptlinge, denen Macht zugesprochen wurde.

Der Ort wurde 1995 unter Denkmalschutz gestellt. Wanderwege und eine artenreiche Tierwelt, darunter Antilopen und zahlreiche Vögel, locken Touristen an.

Praktische Informationen

ABSA (Hely Hutchinson Rd.) Hat einen Geldautomaten.

Fat Cat Coffee Shop (☎ 035-340 2897; 2 Station Rd.; ⌚ Mo–Fr 8–16.30, Sa 8–13 Uhr) Im Andenkenladen ist eine Touristeninformation.

Sehenswertes & Aktivitäten

Nahe der Mündung des Mlalazi erstreckt sich ein üppig tropischer Wald, in dem sich das **Raffia Palm Monument** (Eintritt frei; ⌚ 24 Std.) befindet. *Raphia australis* (Raffia-Palme) wurde hier erstmals 1916 aus Samen gezogen, die der Gefängnisleiter in Pretoria dem hiesigen Richter geschickt hatte. Der Plan war, aus den Palmfasern Besen für die Gefängnisse herzustellen. Da die Fasern aber zu kurz waren, fand das Unternehmen ein rasches Ende. Die Palmen jedoch gediehen und wurden 1942 zum Nationaldenkmal erklärt. In den Bäumen nistet der Palmgeier *(Gypohierax angolensis)*, Südafrikas seltenster Greifvogel.

Der Eingang zum **Umlalazi Nature Reserve** (☎ 035-340 1836; www.kznwildlife.com; Eintritt 10 R; ⌚ 5–22 Uhr) befindet sich 1,5 km östlich der Stadt an der Küste. Auf den Besucher warten herrliche Wanderwege durch Dünen und Wälder sowie eine reiche Vogelwelt. Im Reservat ist auch der Indaba-Baum zu besichtigen, unter dem John Dunn einst Hof hielt, außerdem die Überreste eines Pools, den er für seine Frauen bauen hatte lassen, sodass sie unbehelligt von Flusspferden und Krokodilen schwimmen konnten.

Schlafen & Essen

Nature's Way Backpackers (☎ 082-936 2370; nway@zini.co.za; 1 Nature's Way, Mtunzini; B 70 R, EZ/DZ 80/150 R) Das Hostel am Rande der Küstenschutzgebiete ist mit Dünenwald, Feuchtbiotopen, Lagunen und Strandzugang ganz auf Natur eingestimmt. Die Open-Air-Duschen, einfachen Zeltunterkünfte und die relaxte Bar sind alles, was die Gäste brauchen – die Natur drumherum sorgt für den Rest. Selbst ein Zebra hat sich in dieser Idylle häuslich niedergelassen.

Trade Winds Country Inn (☎ 035-340 2533; tradewinds@microweb.co.za; Hely Hutchinson Rd.; EZ/DZ inkl. Frühstück 305/465 R) Das motelartige Hotel ist solide, wenn auch etwas schmuddelig und überteuert.

Mtunzini Forest Lodge (☎ 035-340 1953; Fax 035-340 1955; 4-/5-Bett-Chalets 720/750 R; 🏊) Die reizenden und geräumigen Chalets – mit Pool, einer Bar und privatem Strandzugang – befinden sich in einem dicht bewaldeten Schutzgebiet am Meer.

Clay Oven (☎ 035-340 1262; 32 Hely Hutchinson Rd.; Hauptgerichte 34–45 R; ⌚ Di–So Mittag- & Abendessen) Das freundliche Lokal serviert köstliche Pizza (im Lehmofen gebacken) auf der Holzterrasse oder im edlen Innenraum.

Gutes Essen gibt es auch im **Tides Inn Restaurant** (Hauptgerichte 30–70 R; ⌚ Frühstück, Mittag- & Abendessen), das zum Trade Winds Country Inn gehört.

UMHLATHUZE (RICHARDS BAY & EMPANGENI)

☎ 035 / 115 000 Ew.

Das Stadtgebiet von uMhlathuze umfasst den Industriehafen Richards Bay und die angrenzende Stadt Empangeni. Der Ort ist eine Anhäufung aus modernen Wohnsiedlungen und Aluminiumwerken mit einem Straßennetz, das kaum etwas verbindet. Vogelfreunde werden durch die über 350 Vogelarten belohnt, die in den umliegenden Seen, Sümpfen und im Gestrüpp nisten. Aber für die meisten Besucher (selbst für jene, die von hier in die nördlichen Gebiete reisen wollen), gibt es bessere Orte für einen Aufenthalt.

In Empangeni und Richards Bay befindet sich je eine Filiale der **uMhlathuze Tourism Association** (☎ 035-907 5018; www.tourismassociation.org.za; 5 Mark Strasse St., Richards Bay; ⌚ Mo–Fr 8–16, jeden 2. Sa 10–14 Uhr).

BirdLife South Africa (☎ 035-753 5644; www.birdlife.org.za; Imvubu Log Cabins, Hibberd Ecke Davidson Lane, Meerensee; ⌚ Mo–Fr 7.30–16, Sa & So 7.30–12 Uhr) ist zwar von einem größeren Industrieunternehmen gesponsort, die hervorragende Organsisation bietet aber begeisterten Vogelfreunden gute geführte Touren rund um KZN (KwaZulu-Natal). An der Ampel vor der Meerensee Mall geht es rechts in die

Krewekring Road und dann an der nächsten Stoppstraße (500 m) links.

Ins **Empangeni Arts & Crafts Centre** (☎ 035-907 5405; cmi@richemp.org.za; Turnbull St.; ⌚ Mo–Fr 8–16, Sa 9–12 Uhr) sollten Besucher, die an Kunsthandwerk interessiert sind, unbedingt einen Blick werfen.

Schlafen

Woodpecker Inn (☎ 035-786 1230; Fax 786 1243; Pelican Pde., Richards Bay; EZ/DZ 280/340 R;) Das beliebte Hotel im behaglichen Landhausstil hat eine Bar und coole Zimmer mit eigenem Bad. Liegt in Flughafennähe.

Harbour Lights (☎ 035-796 6239; www.harbourlights.co.za; pro Stellplatz 120 R, plus pro Pers. 5 R, EZ/DZ 190/290 R) bietet eine anständige Auswahl an bezahlbaren Unterkünften für schmale Geldbeutel. Die ehemalige Zuckerrohrplantage erstreckt sich an einer Abzweigung von der N3 zwischen den Orten Richards Bay und Empangeni.

An- & Weiterreise

Die Greyhoundbusse halten in Empangeni an der uMhlathuze Tourism Association, wo es auch Fahrkarten und Infomaterial gibt, und in Richards Bay am McDonald's neben dem Bay Hospital. Sie fahren täglich nach Durban (100 R, 2½ Std.) und nach Jo'burg (220 R, 8 Std.). Die meisten Orte der Umgebung sind ohne Mühe mit Minibus-Taxis zu erreichen.

ESHOWE

☎ 035 / 14 700 Ew.

An einem herrlichen Wald gelegen und umgeben von grünen, sanft geschwungenen Hügeln liegt Eshowe mitten im Herzen des Zululands. Das Ortszentrum wirkt ländlich und etwas baufällig, aber die Vororte sind grün und still. Zum Erkunden der weiteren Umgebung ist es ideal gelegen. Auch gibt es ein paar Besucherattraktionen und anständige Unterkünfte.

Eshowe war der Sitz von vier Zulu-Königen (Shaka, Mpande, Cetshwayo und Dinizulu) und diente Cetshwayo als Festung, bevor er weiter nach Ondini zog. Es wurde ebenso wie Ondini im Krieg zwischen Briten und Zulu zerstört.

Die Briten bauten 1883 an der Stelle der einstigen Festung das Fort Nongqayi und gründeten Eshowe als Verwaltungszentrum ihres neuen Territoriums.

Praktische Informationen

ABSA (Miku Bldg., Osborne Rd.) Wechselt Geld und hat einen Geldautomaten.

Eshowe Computers (☎ 035-474 5441; Osborne Rd.; Std. 40 R; ⌚ Mo–Fr 8–16.30, Sa 8–10 Uhr) Internetcafé.

Umlalazi Municipality Publicity & Tourism Office (☎ 035-474 1141; www.umlalazi.org.za; Hutchinson Ecke Osborne Rds.; ⌚ Mo–Do 7.15–16, Fr 7.30–15 Uhr) Informationen zur Region.

Sehenswertes & Aktivitäten

Das **Fort-Nongqayi-Museumsdorf** (☎ 035-474 1141; zhm@umlalazi.org.za; Nongqayi Rd.; Erw./Kind 20/4 R; ⌚ Mo–Fr 7.30–16, Sa & So 9–16 Uhr) erstreckt sich rund um das dreitürmige, aus Lehm und Ziegel gebaute Fort Nongqayi. Im Eintritt ist das Zululand Historical Museum mit seinen Artefakten und viktorianischen Memorabilia enthalten sowie die exzellente Vukani Zulu-Korbwarensammlung, das Zululand-Missionarsmuseum und der Kunsthandwerksmarkt des Museums, wo lokales Kunsthandwerk verkauft wird.

Vom Museum führt ein Weg zum **Mpushini Fall** (40 Min. hin und zurück). Vor einem Sprung ins kühle Nass sollten Besucher bedenken, dass hier schon Bilharziose gemeldet wurde. Die kleinen Saugwürmer (Bilharzien) dringen beim Aufenthalt im Wasser in die Haut ein und verursachen Entzündungen der Eingeweide.

Als der Krieg mit den Briten drohte, soll König Shaka seine Frauen in den dichten Wäldern versteckt haben, die heute das 200 ha große **Waldreservat Dlinza** (☎ 035-474 4029; www.zbr.co.za/boardwalk; Eintritt frei; ⌚ Sept.–April 6–18, Mai-Aug. 8–17 Uhr) bilden. Zahlreiche Vögel sind hier heimisch – u. a. auch Kronenadler *(Stephanoaetus coronatus)* –, und es gibt viele Wanderwege, von denen einige vermutlich von britischen Soldaten angelegt wurden, die hier nach dem Krieg mit den Briten stationiert waren.

Der 100 m lange **Dlinza Forest Aerial Boardwalk** (www.zbr.co.za/boardwalk; Erw./Kind 25/5 R) bietet einige großartige Aussichten auf das Blätterdach und die Vogelwelt. Hier startet auch der Prince Dabulamanzi Trail, ein dreitägiger Rundweg durch diverse Naturschutzgebiete. Das **Entumeni Nature Reserve** (☎ 035-474 5084; Eintritt frei; ⌚ 6–18 Uhr) ist größer als Dlinza und schützt Nebelwälder in einem Zuckerrohranbaugebiet. Es befindet sich 16 km westlich der Stadt, abseits der Straße nach Entumeni und Nkandla.

Schlafen & Essen

Amble Inn (☎ 035-474 1300; ambleinn@corpdial.co.za; 116 Main St.; EZ/DZ inkl. Frühstück 225/315 R) Das ehemalige britische Armeebordell bietet leicht schäbigen Backpackercharme mit geräumigen Zimmern und einem gigantischen Wasserspeier.

George Hotel & Zululand Backpackers (☎ 035-474 4919; www.eshowe.com; 38 Main St.; EZ/DZ inkl. Frühstück 245/345 R; 💻 🏊) Die Zimmer in dem attraktiven, weiß getünchten Gebäude verströmen koloniales Flair. Freitagnacht findet hier Eshowes Party der Woche statt. Das separate Hostel (Stellplatz 55 R, B/EZ/DZ mit Gemeinschaftsbad 75/130/180 R) in dieser Zululandinstitution wirkt etwas schäbig, aber die Minibrauerei in George Hotel überzeugt die meisten zum Bleiben.

Adam's Outpost (☎ 035-474 1787; Hauptgerichte 25–60 R; 🕑 Mittagessen) Erholung finden die Gäste im Gartencafé und im gemütlichen Wellblechrestaurant mit Kamin und Kerzen. Das kleine Juwel ist der Sieger in Eshowes kulinarischem Aufgebot.

An- & Weiterreise

Minibus-Taxis starten am Bus- und Taxistand (vom KFC nahe der Kreuzung Osborne/Main Street bergab, dann über die Brücke und rechts) in Richtung Empangeni (30 R, eine Stunde), Gingindlovu (7 R) und Melmoth (20 R, 45 Min.); dort kann man in Taxis umsteigen, um weiter ins Zululand vorzudringen.

Washesha Buses (☎ 035-477 4504) bedienen die regionale Strecken, darunter eine landschaftlich schöne, aber holprige Fahrt auf Pistenstraßen und durch Waldgebiete nach Nkandla (30 R, zwei Std.), wo Taxis weiter nach Melmoth fahren.

NIKWALINI VALLEY

Shakas Kraal (befestigtes Dorf) KwaBulawayo wachte einst über dieses wunderschöne Tal. Heute sind hier statt Zulukriegern zahlreiche Zitrusfruchtplantagen und Zuckerrohrfelder anzutreffen. Von Eshowe geht es 6 km auf der Route 66 nordwärts, dann rechts auf die Route 230 (eine Pistenstraße, die zur Route 34 führt).

Gegenüber vom Schild, das auf KwaBulawayo hinweist, befand sich vormals **Coward's Bush**, heute nur ein weiters Hinweisschild; dort wurden einst Krieger, die ohne ihre Speere aus der Schlacht zurückkehrten oder am Rücken verwundet waren, wegen Feigheit vor dem Feind hingerichtet.

Weiter westlich, ein paar Kilometer bevor die Route 230 auf die Route 66 trifft, wurde in den 1930er-Jahren gegen den Willen der Zulus das **Mandwe Cross** errichtet. Vom Hügel bietet sich eine schöne Aussicht.

Shakaland & Simunye

☎ 035

Die Gegend ist bekannt für ihre Zulushows, die hier allenthalben stattfinden. Das von Protea betriebene **Shakaland** (☎ 035-460 0912; www.shakaland.com; Nandi Experience 195 R; 🕑 Vorstellung um 11 Uhr), einst als Kulisse für den Fernsehfilm *Shaka Zulu* gebaut, stellt eine touristische, aber unterhaltsame Mischung aus Folkloredarbietung und informativer Authentizität zusammen. Eine der Shows (einschließlich Mittagessen) ist „Nandi Experience" (Nandi war Shakas Mutter), die Zulukultur und -bräuche anschaulich vor Augen führt; die Zulutanzvorstellung soll zu den besten des Landes gehören. Übernachtung ist auf dem Gelände im **4-Sterne-Hotel** möglich (EZ/DZ mit Nandi Experience & Vollpension 1150/980 R).

Shakaland liegt auf der Norman Hurst Farm, 3 km abseits der Route 66 und 14 km nördlich von Eshowe.

Die **Simunye Zulu Lodge** (☎ 035-450 3111; EZ/DZ mit Vollpension 1365/2050 R) gehört dem bekannten „weißen Zulu" Barry Leitch. Hier bietet die sich die Chance, einen Einblick in das Leben der Zulu zu gewinnen. Die Simunye Lodge mit Häuschen, Bienenkorb- und Rundhütten liegt zwischen Melmoth und Eshowe, zu Füßen der Klippen am Ufer des Mfuli. Erreichbar ist sie mit Pferd, Esel- oder Ochsenkarren (es fahren auch Fahrzeuge mit Vierradantrieb für jene, die es komfortabler wollen) je nach Absprache. Die Gäste begegnen lokalen Zulus und kommen hautnah mit ihrer Kultur in Berührung. Diese authentische Erfahrung ist nicht billig, aber sehr bereichernd.

MELMOTH

☎ 035 / 3800 Ew.

Melmoth, benannt nach dem ersten Resident Commissioner von Zululand, ist ein kleiner, hübscher Ort in den Hügeln.

Golf View Lodge B&B (☎ 035-450 2476; 33 AF Leitch Dr.; EZ/DZ inkl. Frühstück 260/520 R) Die behaglichen Zimmer hinter einem alten Gehöft werden ihrem Werbespruch gerecht, der lautet: „Your leisure – our pleasure" (Ihre Muße – uns ein Vergnügen).

Von hier fahren Minibus-Taxis nach Eshowe (20 R, 45 Min.) und Ulundi (20 R, 30 Min.).

ULUNDI

☎ 035 / 15.200 Ew.

Ulundi, einst Zentrum des mächtigen Zulureichs und bis vor kurzem im Verein mit Pietermaritzburg (jetzt ist es nur noch Pietermaritzburg) Hauptstadt von KwaZulu-Natal, hat viel von seinem einstigen Flair verloren.

Bunte Kastenhäuser haben die traditionellen Hütten mit ihren Flechtdächern ersetzt, und das kleine Zentrum (samt Einkaufspassage) wirkt provisorisch. Es ist ein rein zweckmäßiger Ort, der sich über die Hügel ausbreitet. Wer sich für die Kultur der Zulu begeistert, für den ist Ulundi aber ein günstiger Ausgangspunkt für Ausflüge zu den historische Stätten in der Umgebung.

Praktische Informationen

In der Stadt gibt es jede Menge Banken mit Geldautomaten.

Ulundi Tourism (☎ 035-870 0034; Princess Magogo St.; 🕑 Mo–Do 7.30–16.30, Fr 7.30–15 Uhr) Das Büro befindet sich in der Stadtverwaltung.

Zululand Tourism (☎ 035-870 0812; www.zululand.org.za; Princess Magogo St.; 🕑 Mo–Fr 7.30–17 Uhr) Ist ebenfalls in der Stadtverwaltung beheimatet und bietet Infos zum gesamten Zululand.

Sehenswertes

ONDINI

Ondini (High Place; ☎ 035-870 2050; Eintritt 15 R; 🕑 Mo–Fr 8–16, Sa & So 9–16 Uhr), 1873 als Hauptstadt des Zulukönigs Cetshwayo gegründet, wurde von britischen Truppen nach der Schlacht von Ulundi (Juli 1879), dem letzten Gefecht des Anglo-Zulu-Krieges, zerstört.

Die Briten brauchten fast sechs Monate, um die Zuluarmee zu besiegen. Die Schlacht von Ulundi verlief nicht anders als auch die anderen kriegerischen Auseinandersetzungen: zehn- bis 15-mal mehr Zulus als Briten wurden getötet. Der Grund für den

ZULUFESTIVALS

Es gibt während des ganzen Jahres ein paar größere Festivals, welche die reichhaltige Kultur der Zulus zelebrieren. Zu den friedlichen und fröhlichen Festen gehören eindrucksvolle Vorstellungen traditioneller Gesänge und Tänze, die unbedingt sehenswert sind. Die Website www.kzn.org.za vermittelt einen ersten Eindruck. Weitere Informationen hält Graham Chennells von Zululand Eco-Adventures im **George Hotel & Zululand Backpackers** (☎ 035-474 4919; www.eshowe.com) in Eshowe bereit.

King Shaka Day Celebration

Jeden letzten Samstag im September kommen Tausende Zulus nach KwaDukuza (ehemals Stanger), um den König-Shaka-Tag zu feiern. Das Ereignis, an dem auch der derzeitige Zulukönig teilnimmt, ist eine Huldigung des Zuluhelden.

Schilftanz

Jedes Jahr versammeln sich Tausende barbrüstiger Zulu-„Jungfrauen" vor ihrem König, um die alte Tradition des Schilftanzes fortzusetzen. In längst vergangenen Zeiten wählte der König aus der Masse schöner junger Mädchen eine neue Braut aus. Der Tanz findet um das zweite Wochenende im September vor dem König-Shaka-Tag statt. Schauplatz ist King Nyonkeni's Palace zwischen Nongoma und Ulundi.

Shembe-Festival

Jeden Oktober kommen über 30 000 Zulus zum Shembe-Festival nach Judea, 15 km östlich von Eshowe. Das Festival zelebriert Shembe, die Church of the Holy Nazareth Baptists – eine inoffizielle Religion, die Zulutraditionen mit dem Christentum vermengt. Den Vorsitz über das Festival führt der Erlöser der Kirche, Prophet Mbusi Vimbeni Shembe. Der Schwerpunkt des Festivals gilt dem Feiern, mit viel Tanz und Gesang und dem Blasen der Trompeten von Jericho.

britischen Sieg lag teilweise an der von den Buren übernommenen *Laager*-Taktik; bei dieser bildeten die Soldaten ein Quadrat, um die Kavallerie zu schützen, die erst dann angriff, nachdem die Zuluarmee vom Versuch, den Wall zu durchbrechen, erschöpft war und von der Reiterei aufgerieben wurde.

Der königliche Kraal von Ondini ist inzwischen von Archäologen wiederaufgebaut. Auch freigelegte Fußböden von einstigen Gebäuden sind zu sehen. Die Böden aus Lehm und Kuhmist wurden durch die Hitze des Feuers, das die Hütten selbst zerstörte, konserviert. Das weitläufige Areal ist von einer wehrhaften Palisade aus knorrigen Ästen umgeben.

Zu Ondinis Sehenswürdigkeiten gehört auch das **KwaZulu Cultural-Historical Museum** (im Ondini-Eintritt enthalten; Mo–Fr 8–16, Sa & So 9 –16 Uhr), mit Exponaten zur Geschichte und Kultur der Zulu sowie einer hervorragenden audiovisuellen Darbietung. Die Ausstellung umfasst auch die landesweit beste Sammlung von Perlenarbeiten. Eine exzellente Auswahl an Büchern steht zum Verkauf.

Nach Ondini gelangen Reisende, indem sie die Hauptstraße an der Abzweigung zum „Cultural Museum" südlich vom Zentrum Ulundis verlassen und dann weitere 5 km auf dieser Straße zurücklegen. Manchmal fahren Minibus-Taxis hierher. Die Straße führt weiter zum Hluhluwe-Imfolozi-Park (30 km geteert).

Auf dem Weg nach Ondini befindet sich auch das **Ulundi Battlefield** (Eintritt frei; 24 Std.) mit einem kleinen Denkmal.

STADTZENTRUM

Die ehemalige **KwaZulu Legislative Assembly**, der Landtag der Provinz, liegt nördlich der Bahnlinie. Es gibt dort einzigartige Wandteppiche, welche die Geschichte der Zulus darstellen. Die Torwachen lassen Interessierte auf Anfrage eintreten; bei Redaktionsschluss gab es keinen offiziellen Führer mehr.

Gegenüber dem Landtag befand sich einst **kwaNodwengu**, König Mpandes *iKhanda* (Palast). Mpande löste Dingaan nach dem Desaster am Blood River (s. S. 398) als Herrscher ab und übernahm mit Hilfe der Buren die Macht. Während seiner Herrschaft verfiel Zululand. Sein Grab befindet sich noch an Ort und Stelle, aber sonst gibt es kaum etwas zu sehen.

RUND UM ULUNDI

Der **Emakhosini Ophathe Heritage Park** (Valley of the Kings; Eintritt frei; 8–16 Uhr) ist für die Zulus von großer Bedeutung. Die großen *makhosi* (Häuptlinge) Nkhosinkulu, Senzangakhona (Vater von Shaka, Dingaan und Mpande) und Dinizulu sind hier bestattet. Auf einem Hügel befindet sich das Denkmal **Spirit of eMakhosni** (3 km die Route 34 hinauf, hinter der Kreuzung mit der Route 66 Richtung Ulundi). Es besteht aus einem riesigen bronzenen Zulu-Biertopf, umgeben von sieben großen Hörnern, welche die sieben im Tal begrabenen Könige symbolisieren. Die Parkverwaltung hält eine sehr gute Broschüre bereit, in der viele historische Stätten erläutert werden.

Das **Opathe Wildreservat** (☎ 870 5000; www.kznwildlife.com; Erw./Kind 10/5 R; 7–18 Uhr), 10 km von Ulundi auf der Route 66 Richtung Melmoth, bietet eine ganze Menagerie, darunter auch Spitz- und Breitmaulnashörner.

Schlafen

uMuzi Bushcamp (☎ 035-450 2531; DZ inkl. Frühstück 395 R) Die privat geführten traditionellen Bienenkorbhütten liegen innerhalb des Ondini-Komlexes. Die Besitzer haben aus der Lage offenbar Kapital geschlagen; der Preis tut echt weh für das, was geboten wird.

Holiday Inn Garden Court (☎ 035-870 1012; Fax 035-870 1220; Princess Magogo St.; EZ/DZ 699/750 R) Würdenträger und Bürokraten übernachten hier im Vertrauen auf den stets zuverlässigen Komfort eines Kettenhotels. Am Wochenende gibt es oft Sondertarife.

An- & Weiterreise

Die Sammelstelle der Minibus-Taxis ist gegenüber dem Holiday Inn. Die Minibus-Taxis fahren u. a. nach Vryheid (45 R, 1½ Std.) und Eshowe (45 R, 1½ Std.).

MGUNGUNDLOVU

Mgungungdlovu war von 1829 bis 1838 Hauptstadt des Zulukönigs Dingaan, hier wurden 1838 Pieter Retief und die anderen Voortrekker von ihrem Gastgeber getötet, was schließlich den Krieg zwischen Buren und Zulu auslöste. (Es gibt mehrere Schreibweisen von Mgungundlovu, u. a. Ungungundhlovu.) Im Ort befinden sich ein kleines **Museum** (Eintritt 15 R; 8–16 Uhr), wo die Lebensgeschichte von Dingaan erläutert wird und ein paar Artefakte ausgestellt sind

DER LEGENDÄRE KÖNIG SHAKA

Trotz allem, was über ihn geschrieben wurde, bleibt König Shaka eine rätselhafte und kontroverse Figur. Ob Fakt oder Mythos – Shaka wird meist entweder als böser und blutrünstiger Tyrann oder als Militärgenie porträtiert.

Shaka war der uneheliche Sohn von Nandi, der er sehr nahe stand. In den 1820er Jahren hatte er eines der mächtigsten Königreiche Afrikas geschaffen. Er wendete Gewalt sowohl gegen seine Feinde als auch gegen seine eigenen Krieger an. (Es heißt, dass er nach dem Tod seiner Mutter viele Zulus tötete, weil sie seiner Meinung nach nicht genug trauerten.)

Sein Ruhm begründet sich überwiegend auf seine Kampftaktiken: Er erfand die geniale „Stierformation", bei der ein Teil der Kriegertruppen – „Kopf und Brust" – den Feind frontal angriffen, während der andere Tei – die „Hörner" – den Feind von hinten umzingelten. Er kürzte den Wurfspeer zu einem kurzschaftigen Nahkampfspeer und verlängerte den Schild.

1828 fand Shaka ein unschönes Ende – er wurde von seinen Halbbrüdern Dingaan und Mhlangane (der später von Dingaan gestürzt wurde) ermordet. Die heutigen Zulus sind auf ihren Kriegerkönig unglaublich stolz. Der Shaka-Tag wird jährlich am 24. September in den Shaka Memorial Gardens in KwaDukuza (s. S. 351) gefeiert. Tausende Zulus in traditioneller Kleidung samt Schild, Speer und Tanzstöcken kommen in der Anlage zusammen. Der derzeitige König und Ministerpräsident Dr. Buthelezi führt die Feiern an.

(beachtenswert ist der Schweißkratzer, wie ihn die britischen Soldaten benutzten), sowie ein Denkmal für die Voortrekker. Ausgrabungen von 1990 legten die Stelle frei, an der Dingaans *indlu* (große Hütte) stand. Scherbenhaufen deuten auf die Werkstätte eines Kupferschmieds hin.

Die Ausgrabungsstätte liegt 5 km abseits der Route 34 zwischen Melmoth und Vryheid. Etwa 5 km nordöstlich der Kreuzung mit der Route 66 , die nach Ulundi führt, geht es links ab (Richtung Westen).

KWAMBONAMBI

☎ 035

KwaMbonambi (oder kurz Kwambo) ist ein winziger Ort abseits der N2 zwischen Empangeni und Mtubatuba.

Manche glauben, dass KwaMbonambi „Versammlungsort der Könige" bedeutet, andere meinen, es heiße „Ort der Schmiede", da hier die Spitzen für Shakas Speere gefertigt wurden. Heute ist es ein Ort, wo herzlich wenig passiert, der aber dicht an den Wildparks liegt. Das Schutzgebiet von St. Lucia ist nur eine halbe Stunde Fahrt weg.

Cuckoos Nest (☎ 035-580 1001; www.cuck-nest.com; 28 Albizia St.; B/DZ mit Gemeinschaftsbad 70/170 R;) Das Baumhaus (160 R) hat zwar etwas von seinem Reiz verloren, seit die früheren Besitzer weggezogen sind, doch sind die übrigen Zimmer geräumig und freundlich eingerichtet. Ganz okay, wenn sonst nichts zu haben ist.

MTUBATUBA & UMGEBUNG

☎ 035

Der Name Mtubatuba stammt von einem lokalen Häuptling namens Mthubuthubu, was soviel heißt wie „der, der rausgeboxt wurde", wohl ein Hinweis auf seine schwierige Geburt. Nach einem Bummel durch das chaotische Ortszentrum fühlt man sich genau so.

Der Hauptgrund, hierher zu kommen, sind die Minibus-Taxis, die von hier Richtung Süden nach Durban (70 R, 2 Std.), Richtung Norden nach Phongolo (80–100 R, 2 Std.; via Hluhluwe und Mkuze) und nach Westen ins Zululand fahren. Von Mtubatuba geht es auch weiter nach St. Lucia (die St. Lucia-Trichtermündung liegt 25 km östlich und mit dem Minibus-Taxi über die Route 8 erreichbar).

Im Süden von Mtubatuba befindet sich Riverview, eine adrette Stadt mit einer Zuckerfabrik. **Wendy's B&B Country Lodge** (☎ 035-550 0407; www.wendybnb.co.za; 3 Riverview Rd., Riverview; Zi. inkl. Frühstück 560 R;) mit Kuschelausstattung und altmodisch-heimeligem Charme bietet dort ein herzliches Willkommen, ein Restaurant und ein Pub.

HLUHLUWE & UMGEBUNG

☎ 035 / 3200 Ew.

Hluhluwe (ungefähr schlu-schlu-ui ausgesprochen) liegt nordöstlich des Hluhluwe-Imfolozi-Parks. Die **Hluhluwe Tourism Association** (☎ 035-562 0353; www.hluhluwe.net; Bush Rd.;

KWAZULU-NATAL

(Mo–Fr 8–17, Sa & So 9–16 Uhr) befindet sich in der Hauptstraße neben der Engen-Tankstelle. Sie berät in Sachen Unterkunft und Fortbewegung in der Region.

Lustvolles Shoppen bietet **Ilala Weavers** (035-562 0630; www.ilala.co.za; Mo–Fr 8–17, Sa & So 9–16 Uhr), mit einem erstklassigen Angebot an Zulukunsthandwerk. Der Laden will dazu beitragen, einheimische Frauen unabhängiger zu machen. Über 2000 Zulus verkaufen hier bereits ihre Waren.

Dumazulu heißt „donnernder Zulu", allerdings sind es meist die Touristen, die hier den Lärm verursachen, wenn sie das „lebende Museum" **Dumazulu Cultural Village** (035-562 2260; www.goodersonleisure.com; Eintritt 95 R; Vorstellung 8.15, 11 & 15.15 Uhr) besuchen. Die Zulushow bietet Speerwerfen, Korbflechten und Tanz. Das Museum liegt 14 km südlich von Hluhluwe und östlich der N2.

Schlafen

Isinkwe Backpackers Lodge (035-562 2258; www.isinkwe.co.za; Stellplatz pro Pers. 65 R; B/DZ mit Gemeinschaftsbad 85/200 R, DZ 280 R;) Das gut geführte Hostel 14 km südlich von Hluhluwe, ist umgeben von dichtem Buschwerk und kommt einem echten Buschhostel ziemlich nah. Die Liste der angebotenen Aktivitäten ist so lang wie ein Giraffenhals, und auf der Barveranda am Pool lassen sich prima Nilpferdabenteuer austauschen. Für die Wegbeschreibung anrufen.

Hluhluwe Hotel (035-562 0251; www.hluhluwehotel.co.za; 104 Bush Rd.; EZ/DZ inkl. Frühstück 570/840 R;) Das etwas steril wirkende Hotel zieht den Massentourismus an.

Zululand Tree Lodge (035-562 1020; EZ/DZ mit Vollpension 2100/2800 R;) Das romantische Haus, 7 km außerhalb von Hluhluwe, liegt im Ubizane-Reservat inmitten von Eukalyptusbäumen, bietet verträumte strohgedeckte Baumhäuser und ein paar 4-Bett-Safarihäuschen für Selbstversorger (690 R). Ausflüge sind im Preis inbegriffen; es gibt Spezialangebote.

HLUHLUWE-IMFOLOZI PARK

035

Der **Hluhluwe-Imfolozi Park** (035-550 8476; www.kznwildlife.com; Erw./Kind 70/35 R; Nov.–Feb. 5–19, März–Okt. 6–18 Uhr) ist mit seinen 96 000 ha einer der bekanntesten und faszinierendsten Parks Südafrikas. Ideal ist ein Besuch im Winter, wenn sich die Tiere nicht nur an den Wasserstellen sammeln, sondern über das gesamte Gelände verstreuen. Allerdings macht die üppige Vegetation die Beobachtung manchmal schwierig. Aber auch im Sommer ist der Besuch lohnenswert, besonders in Imfolozi mit der überwiegend offenen Savanne.

> **WARNUNG**
>
> In den Küstenniederungen Zululands und in Teilen der Elephant Coast (besonders in Maputaland) gibt es Malaria. Sie kommt auch im Norden der Provinz KwaZulu-Natal vor, besonders nahe den Grenzen nach Mosambik und des östlichen Swasiland. In einigen Flüssen und Stauseen, besonders in jenen unter 1200 m ü. M., besteht das Risiko von Bilharziose. Siehe S. 699 für weitere Informationen.

Im Park gibt es Löwen, Elefanten, Nashörner (Breit- und Spitzmaulrhinos), Leoparden, Giraffen und Hyänenhunde. Das hügelige Land ist von mehreren Flüssen durchzogen: Der White Imfolozi River fließt durch Imfolozi, und der Black Imfolozi bildet die nördliche Grenze des Parks; der Hluhluwe River, auf dessen Damm sich gerne Wildtiere tummeln, fließt mitten durch Hluhluwe.

Das **Centenary Centre** (8–16 Uhr) mit Gehege für Wildtiere, Museum und Informationszentrum, befindet sich im östlichen Bereich von Imfolozi. Es gibt dort Nashorngehege und Antilopenpferche (9–15 Uhr). Besucher können hier Tiere, die in ein neues Zuhause übersiedelt werden, aus nächster Nähe bestaunen.

Fahrten durch den Park sind sehr beliebt. Das **Hilltop Camp** (035-562 0848) bietet Touren am frühen Morgen und in der Nacht an, während das Mpila Camp nur Nachtfahrten organisiert. An den Fahrten können nur Gäste des Camps teilnehmen, sie kosten 150 R pro Person.

Die Reservate liegen in einem (risikoarmen) Malariagebiet, dort gibt es massenhaft Moskitos – also sollte man unbedingt Vorsorge treffen!

Wildnistouren

Die Wanderwege in einem vom Gesamtgelände abgetrennten, 24 000 ha großen Gebiet (nur saisonal begehbar) gehören zu den

Hauptattraktionen Imfolozis. Der **Base Trail** (3 Nächte/4 Tage, 2700 R) findet, wie der Name schon sagt, rund um ein Basiscamp statt. Die Teilnehmer tragen nur ihr Tagesgepäck auf den Tagesausflügen.

Auf dem **Short Wilderness Trail** (2 Nächte/3 Tage, 1500 R) wird in Camps ohne Komfort (Eimerdusche), aber mit Vollverpflegung genächtigt. Der **Extended Wilderness Trail** (3 Nächte/4 Tage, 2250 R) ist ähnlich, aber die Gäste müssen ihr Gepäck selbst ins 7 km entfernte Camp schleppen. Auf dem **Primitive Trail** (4 Nächte/5 Tage, 1800 R) muss die Ausrüstung geschleppt und selbst gekocht werden (für Lebensmittel ist gesorgt); die Gäste schlafen unter freiem Himmel. Manche halten diesen Trail für viel aufregender, da man selbst mit anpacken muss (z. B. nachts je 1½ Std. Wache halten).

Der **Bushveld Trail** (2 Nächte/3 Tage, R 1600) ist etwas für weniger Hartgesottene; das Basiscamp, wo auch übernachtet wird, ist komfortabel ausgestattet (dazu gehört auch ein Kühlschrank), und die Gäste haben neben den Wanderungen auch genügend Zeit, um Mittagsruhe zu halten.

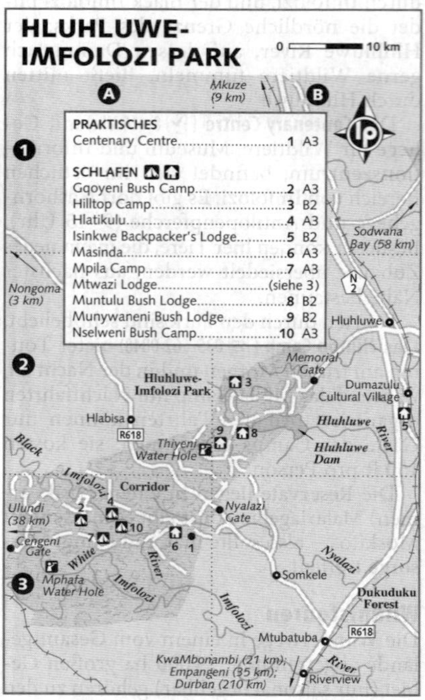

Geführte Touren

Die meisten Unterkünfte in der Umgebung, einschließlich der Hostels, bieten Tagestouren nach Hluhluwe-Imfolozi an. Wer viel Zeit hat, kann ein Auto mieten und selber ganz nach Lust und Laune den Park fahrend erkunden.

Tekweni Eco-Tours (☎ in Durban 031-463 2576; www.tekweniecotours.co.za) bietet Touren von Durban aus.

Schlafen & Essen

Die Unterkünfte müssen über **KZN Wildlife** (☎ 033-845 1000; www.kznwildlife.com) in Pietermaritzburg oder im **Tourist Junction** in Durban (☎ 035-304 4934; 160 Pine St., Ecke Soldiers Way; Mo–Fr 8–16.30, Sa 9–14 Uhr) im Voraus gebucht werden. Last-Minute-Buchungen – 48 Stunden zuvor – sollten direkt mit dem Camp abgemacht werden.

Hilltop Camp (☎ 035-562 0848; Rasthütten/Chalets pro Pers. 230/466 R, 2-Bett-Einheiten mit Vollpension pro Pers. 466 R) ist ein Feriendomizil auf der Hluhluwe-Seite. Es gibt dort umwerfende Aussichten, ein Restaurant und eine dringend benötigte Bar (es wird meist ziemlich heiß). Die Kehrseite sind die vielen Bustouristen, die hier bevorzugt einkehren. Wer Ruhe sucht, ist mit den Unterkünften in Imfolozi besser bedient.

Die **Muntulu Bush Lodge** (8-Bett-Buschhütten pro Pers. 515 R) thront hoch über dem Hluhluwe River; die **Munywaneni Bush Lodge** (8-Bett-Buschhütten 468 R, minimum 3090 R) liegt abgeschieden und ist für Selbstversorger geeignet. Es gibt aber auch eine 9-Bett-Hütte mit vollem Service und Verpflegung bei der **Mtwazi Lodge** (pro Pers. inkl. Buschfahrten & -wanderungen, Preis auf Anfrage).

Die Hauptunterkunft auf der Imfolozi-Seite ist das spektakuläre **Mpila Camp** (4-Bett-Rasthütte pro Pers. 213 R, 2-Bett-Safaricamp pro Pers. 242 R) im Zentrum des Reservats. Das **Masinda** (9-Bett-Hütte pro Pers. inkl. Buschfahrten & -wanderungen 1800 R) nahe dem Centenary Centre, bietet vollen Service und Verpflegung. Unterkünfte gibt es auch im **Nselweni Bush Camp** (8-Bett-Buschcamp pro Pers. 319 R), im **Gqoyeni Bush Camp** (8-Bett-Buschcamp pro Pers. 515 R) und in **Hlatikulu** (8-Bett-Buschcamps pro Pers. 515 R).

Achtung: Die Preise aller Unterkünfte gelten zwar pro Person, unterliegen aber einem Mindestpreis. Selbstversorger sollten nicht vergessen, sich ausreichend mit Lebensmittel einzudecken!

An- & Weiterreise

Es gibt drei Eingänge zum Park. Der Haupteingang, das Memorial Gate, liegt 15 km westlich der N2, etwa 50 km nördlich von Mtubatuba. Den zweiten Zugang, das Nyalazi Gate, erreichen Besucher, wenn sie gleich hinter Mtubatuba links von der N2 auf die Route 618 Richtung Nongoma abbiegen. Zum dritten, dem Cengeni Gate auf der Westseite Imfolozis, geht es über die Straße (30 km geteert) von Ulundi.

Benzin gibt es im Mpila Camp in Imfolozi und im Hilltop Camp in Hluhluwe; dort gibt es auch Diesel.

PHONGOLO (PONGOLA)

☎ 034

Phongolo (oder Pongola) ist eine kleine Stadt an der N2 in einem Zuckerrohranbaugebiet nahe den Grenzen zu Mpumalanga und Swaziland. Dort findet man einen Geldautomaten und eine rund um die Uhr geöffnete Tankstelle. Viel gibt es hier nicht, außer dem **Phongolo Reserve** (☎ 034-435 1012; www.kznwildlife.com; Erw./Kind/Auto 18/9/20 R; 🕑 6–18 Uhr), einem landschaftlich reizvollen Gebiet südöstlich von Phongolo. Mit der Lebombo-Bergkette im Hintergrund und einem großen See zum Bootfahren zieht das Reservat viele Besucher an.

Das **KZN Wildlife** (☎ 034-033-845 1000; www.kznwildlife.com; Stellplatz pro Pers. 45 R) unterhält (nicht eingezäunte) Campingplätze im Phongolo Reservat. Es gelten Mindestpreise.

Pongola Country Lodge (☎ 034-413 1352; Fax 413 1353; 14 Jan Mielie St.; EZ/DZ 350/400 R) Modern, komfortabel und zentral – diese Luxushütte ist ein guter Tipp für eine Übernachtung in Phongolo.

ITHALA GAME RESERVE

Das **Ithala Game Reserve** (☎ 033-845 1000, 034-983 2540; www.kznwildlife.com; Erw./Kind/Auto 35/18/30 R; 🕑 5–19 Uhr) hat alles, was zu einem Wildreservat gehört, verlangt aber viel niedrigere Preise. Auch ist es kein Massenziel wie Hluhluwe-Imfolozi, da es etwas abseits der Hauptstraßen liegt. Doch ist es mindestens ebenso spannend.

Ein Großteil der 30 000 ha werden von sechs tiefen Flusstälern eingenommen (Nebenflüsse des Phongolo), auf den Höhen erstrecken sich Grasland, unterbrochen von schroffen Felsabhängen, und Bushveld. Es gibt hier einige der ältesten Felsformationen der Welt, außerdem Funde steinzeitlicher Axtschneiden und Speerspitzen.

Breit- und Spitzmaulnashörner, Elefanten, Leierantilopen, Büffel, Giraffen (das Emblem des Parks, da sie ursprünglich aus dieser Gegend stammen und sich von hier aus verbreitet haben sollen) und seltene Vogelarten bevölkern die Landschaft.

Für Interessierte werden geführte Touren (65 R pro Pers.) sowie Busch- und Nachtfahrten (86 R pro Pers.) angeboten.

Schlafen

Campingplätze gibt es in **Mhlangeni** (☎ 033-845 1000; www.kznwildlife.com; Stellplatz pro Pers. 40 R) und Buschcamps in **Thalu** (275 R) und **Mbizo** (275 R). Es gelten Mindestpreise.

Ntshondwe (☎ 033-845 1000; www.kznwildlife.com; 2-Bett-Chalets für Selbstversorger pro Pers. 352 R, 2-Bett-Einheiten mit Service pro Pers. 319 R; 🍴) Dies ist die Hauptunterkunft, mit tollen Aussichten auf das Reservat. Zum Komplex gehören ein Restaurant, ein Laden und ein Swimming-Pool. Auf Anfrage gibt es auch Vollpension (440 R).

An- & Weiterreise

Ithala ist über Louwsburg, 55 km nordöstlich von Vryheid, auf der Route 69 zu erreichen. Die gleiche Entferung muss man zurücklegen, wenn man südwestlich von Phongolo über die Rtes. 66 und 69 anreist. Louwsburg ist viel kleiner als auf den Karten vermerkt.

VRYHEID

☎ 034 / 63 600 Ew.

Vryheid (Freiheit) ist die größte Stadt im nördlichen Zululand. Heute ist es ein Zentrum für Land- und Holzwirtschaft sowie Bergbau. 1884 jedoch war es die Hauptstadt der Nieuwe Republiek, die vier Jahre später der Zuid-Afrikaanschen Republiek (Südafrikanische Republik) eingegliedert wurde. Nach dem Krieg zwischen Briten und Buren wurde die Region an Natal abgetreten. Doch die Zeit der Unabhängigkeit ist hier noch immer spürbar.

Die hilfreiche **Vryheid Touristeninformation** (☎ 034-982 2133; www.vryheid.co.za; Market Ecke High Sts.) informiert über die Umgebung und über Ausflüge zu den Battlefields.

Das interessante **Nieuwe Republiek Museum** (☎ 034-982 2133; 119 Landdrost St.; Eintritt frei; 🕑 Mo–Fr 7.30–16 Uhr, Sa & So nach Vereinbarung) im

VERWISCHTE GRENZEN

Zululand erstreckte sich historisch und traditionell vom Tugela River bis hoch nach Mosambik und im Westen bis nach Vryheid. Der nordöstliche Teil der Region ist gemeinhin als Maputaland bekannt. Der zunehmende Tourismus in dieser Gegend führte jedoch zu sprunghaften Anstieg von Werbemaßnahmen. Eine Marketingkampagne der Tourismusbehörden hat kurzerhand neue Grenzen geschaffen (oder die alten verschoben) und die Ostküste in Elephant Coast umbenannt. Hinweise auf „Maputaland" verschwinden allmählich, die Bezeichnung ist aber noch auf vielen Karten zu finden – auch in diesem Buch.

ehemaligen Parlamentsgebäude widmet sich der kurzlebigen Nieuwe Republiek. Das **Lucas Meijer Museum** (☎ 034-982 2133; Landdrost Ecke Mark Sts.; ⏲ Mo–Fr 7.30–16 Uhr, Sa & So nach Vereinbarung) ist ein kleines Heimatmuseum, untergebracht im alten Lucas Meijer House (Meijer war der einzige Präsident der Nieuwe Republiek).

Schlafen

Unterkünfte in Vryheid sind mit Ausnahme von Mountain View ziemlich überteuert.

Vryheid Lodge (☎ 034-981 5201; Fax 034-981 5467; 200 Kerk St.; EZ/DZ 130/190 R) Die bescheidenen Zimmer erinnern an Studentenbuden der 1950er-Jahre. Sie befinden sich über einer Kneipe – alleinreisende Frauen könnten sich hier etwas unbehaglich fühlen.

Mountain View (☎ 034-980 1199; mountainview@vryheid.co.za; 90 Smal St.; EZ/DZ 250/350 R; Ⓟ) Eine willkommene Ergänzung des lokalen B&B-Markts. Die Zimmer, so freundlich und großzügig wie der Besitzer, sind geschmackvoll eingerichtet.

Villa Prince Imperial (☎ 034-983 2610; www.princeimperial.com; 136 Bree St.; EZ/DZ inkl. Frühstück 410/620 R; Ⓟ) Vryheids exklusivste Unterkunft mit klassisch-eleganter Ausstattung, aber auch mit einem Hauch von abgestandenem Rauch (trotz des No-Smoking-Schilds).

An- & Weiterreise

Greyhound (☎ in Durban 031-334 9700; www.greyhound.co.za) fährt täglich zwischen Durban und Vryheid (190 R, 6 Std.) und Jo'burg und Vryheid (200 R, 6½ Std.).

Die gut organisierte Minibus-Taxi-Haltestelle liegt nahe dem ehemaligen Bahnhof. Vryheid ist in diesem Teil der Provinz Knotenpunkt für Minibus-Taxis. Zu den Strecken, die die Minibus-Taxis bedienen, gehören die nach Ulundi (45 R, 1½ Std.), Dundee (25 R, 1¼ Std.), Phongolo (45 R, 2 Std.), Durban (100 R, 4 Std.; via Melmoth) und Jo'burg (100 R, 5 Std.).

ELEPHANT COAST

An der Spitze der großartigsten Ziele des Ökotourismus und fast oben auf der Liste „Was man in Südafrika gesehen haben muss" steht die von der Tourismusbehörde mit dem Namen Elephant Coast (einschließlich Maputaland im Norden) versehene Region. Dieses Stückchen Land voller umwerfender Naturschönheiten bietet eine großartige Vielfalt an Fauna und Flora. Es wird im Süden vom Flusslauf des Umfolozi River unterhalb des St.-Lucia-Mündungsgebiets und im Nordwesten vom Lebombo-Gebirge begenzt.

Vorsicht, manche Tourismusbroschüren können verwirrend sein, da dort einige Parks, wie der Hluhluwe-Imfolozi, sowohl der Elephant Coast als auch dem Zululand zugeschrieben werden.

An diesem langen Küstenstreifen sind einige der echten Highlights des Landes zu finden, etwa der wunderbar vielfältige und stets fotogene Greater St. Lucia Wetland Park und das Postkartenidyll im Kosi Bay Naturreservat.

Die Region, dünn besiedelt, völlig ungezähmt und weit entfernt von den Ferienorten, erlaubt einen Blick in das wilde Herz Afrikas. Je weiter es nach Norden geht, desto heißer wird das Klima, und aufgrund des warmen Indischen Ozeans sind die Sommer dampfend und fast tropisch.

Die feuchte Küstenluft verursacht häufig dichten Nebel, der sich über die Hügel im Landesinneren legt und die Sichtweite auf wenige Meter reduziert. Beim Autofahren ist auf plötzlich auftauchende Fußgänger und Tiere zu achten.

Die Region verfügt über ein gutes Netz von Minibus-Taxis und Regionalbussen. Auch der **Baz Bus** (☎ in Durban 031-304 9099; www.bazbus.com) passiert die Küste auf der Strecke Durban-Jo'burg via Swaziland.

GREATER ST. LUCIA WETLAND PARK

☎ 035

Der Greater St. Lucia Wetland Park, von der Unesco in die Liste der Weltkulturerbe aufgenommen, erstreckt sich über 280 einzigartige Kilometer und reicht von der mosambikanischen Grenze nahe Kosi Bay im Norden des Maputalands bis Maphelana am Südende des Lake St. Lucia. Das 328 000 ha große Areal, flankiert vom Indischen Ozean an der einen und einer Reihe von Seen (darunter der Lake St. Lucia) auf der anderen Seite, besteht gleichsam aus Puzzlestückchen verschiedener Reservate (mit jeweils eigenem Zugang). Es schützt fünf Ökosysteme, die Korallenbänke, Strände, Seen, Feuchtbiotope, Waldgebiete und Küstenwälder umfassen. An den Küsten legen Karett- und Lederschildkröten Eier ab. In der Ferienzeit strömen die Menschen zuhauf an die Ozeanstrände.

Der St.-Lucia-See ist Afrikas größte Trichtermündung. Derzeit ist der in der Vergangenheit stets konstante Wasserpegel wegen einer schweren Dürre auf dem niedrigsten Stand seit 50 Jahren. Eine langfristige Lösung im Umgang mit dem See wird kontrovers diskutiert. Sowohl Tier- als auch Pflanzenarten sind von den veränderten ökologischen Einflüssen betroffen (s. Kasten S. 365).

Bei Redaktionsschluss war der Greater St. Lucia Wetland Park gerade dabei, sein Image als Ökodestination wieder aufzupolieren. Dazu gehören Zutrittsgenehmigungen ausschließlich für „verantwortungsbewusste" Ökotourveranstalter, aber auch die Umbenennung des Parks, die den Zusammenschluss der verstreuten Reservate und Parks vor einigen Jahren besser reflektieren soll.

In jedem Fall ist es sinnvoll, eine Nacht im St. Lucia Estuary zu verbringen, um sich dort im Büro des KZN Wildlife über Parks und Reservate zu informieren und über die angebotenen Aktivitäten und Zielorte schlau zu machen.

Wichtig: Nicht vergessen, dass alle Unterkünfte des KZN Wildlife, wenn nicht anders angegeben, beim **KZN Wildlife** (☎ in Pietermaritzburg 033-845 1000, in Durban 031-304 4934) mindestens 48 Stunden im Voraus gebucht werden müssen. Kurzfristige Buchungen sind mit etwas Glück bei den Unterkünften selbst möglich.

WARNUNG

Der St. Lucia Estuary wurde zwar nach einer heftigen Sprayaktion als malariafrei erklärt, die Region außerhalb des Greater St. Lucia Wetland Park, besonders Richtung Kosi Bay, ist jedoch Malariagebiet mit Unmengen von Moskitos. Auch Zecken und Blutegel können zum Problem werden. Vorsicht ist auch vor Krokodilen und Flusspferden geboten: Eine Begegnung mit ihnen kann tödlich enden. Für gewöhnlich wandern Flusspferde nachts umher, also achtgeben. In entlegeneren Gebieten sind die Flusspferde auch tagsüber zu Lande unterwegs – Abstand halten und ruhig den Rückzug antreten! Unweit des St. Lucia Estuary können manchmal Haie auftauchen.

Aktivitäten & Geführte Touren

Es werden zahlreiche faszinierende Tages- und Nachttouren angeboten. Die meisten Hostels bieten selbst Touren an oder vermitteln einen Reiseveranstalter. Diese haben eine „Konzession", die sie als ökologisch verantwortliche Veranstalter ausweist. Viele von ihnen haben Büros in St. Lucia Estuary und sind nützliche Quellen für erste Informationen.

BOOTSFAHRTEN

Advantage Tours (☎ 035-590 1259)
Born Free and Fannas (☎ 035-590 1047)
Santa Lucia (☎ 035-590 1340)

KANUFAHRTEN

Muzi Pan Adventures (☎ 073-161 8189)
St Lucia Kayak Safaris (☎ 035-590 1233)

REITEN

Bhangazi Horse Safaris (☎ 035-550 4898)
Exodus Adventures (☎ 083-349 8575)

SAFARIFAHRTEN

Leisure EcoTours (☎ 035-590 4059)
Shaka Barker Tours (☎ 035-590 1162)

SCHILDKRÖTENTOUREN

David Ngubane (☎ 072-847 7057) & **Richard Mathenjwa** (☎ 082-968 3766) Beide sind lokale Führer.
EuroZulu Safaris (☎ 035-590 2173)
Rocktail Bay Lodge (☎ 011 807 1800)
Shaka Barker Tours (☎ 035-590 1162)

Sodwana Bay Lodge (☎ 035-571 0117)
Thonga Beach Lodge (☎ 035-474 1473)

TAUCHEN & SCHNORCHELN

Amoray (☎ 083-252 9448)
Coral Divers (☎ 033-345 6531)
Rocktail Bay Lodge (☎ 011 807 1800)

VOGELBEOBACHTUNG

Zululand Birding Route (☎ 033-753 5644)

WALBEOBACHTUNG

Advantage Tours (☎ 035-590 1259)
Thonga Beach Lodge (☎ 035-474 1473)

WANDERN

Wandern in dieser Region ist einfach toll. Die Hauptwege befinden sich alle im Küstengebiet (Mfabeni), es finden geführte Wanderungen statt. Weitere Informationen s. S. 366. Auch Tageswanderungen sind möglich, die in den knappen Broschüren von KZN Wildlife im Büro in St. Lucia Estuary beschrieben sind.

St. Lucia Estuary

St. Lucia Estuary ist das Tor zur Region und der Haupttouristenort des Parks, gut geeignet, um sich erst einmal zurechtzufinden. In der Hochsaison, wenn die Bevölkerungszahl von 600 auf Tausende anschwillt, ist in dem hübschen Dorf die Hölle los. Aber außerhalb der Ferienzeit sind ein bequemes Bett, ein kaltes Bier und ein gutes Essen garantiert. Die Hauptstraße MacKenzie Street (einst ein Nilpferdpfad) wird von zahlreichen Restaurants, lebhaften Hostels und Bars gesäumt. Die Straßen dahinter bieten jedoch mehr Ruhe und einige gute Mittelklasse-B&Bs. In den ruhigeren Straßen stapfen manchmal tatsächlich Flusspferde entlang (Achtung: gefährlich!).

KWAZULU-NATAL

PRAKTISCHE INFORMATIONEN

First National Bank (MacKenzie St.) hat einen Geldautomaten zu bieten.
Internet café (☎ 035-590 1056; 310 MacKenzie St.; Std. 30 R; 🕑 7–22 Uhr) Im BiB's International Backpackers untergebracht.
KZN Wildlife (☎ 035-590 1340; Fax 035-590 1343; Pelican Rd.; 🕑 8–12.30 & 14–16.30 Uhr) Informationen zu den Reservaten.
St Lucia Tours & Charters (☎ 035-590 1259; www.advantagetours.co.za; MacKenzie St. Ecke Katonkel Rd.; 🕑 6.30–18 Uhr) Massenhaft Informationen und Tourbuchungen. Ein weiteres Büro befindet sich an der MacKenzie St. Ecke Route 618.
Standard Bank (MacKenzie St.) hat ebenfalls einen Geldautomaten.

SEHENSWERTES

Im KZN **Crocodile Centre** (☎ 035-590 1386; croccentre@kznwildlife.com; Erw./Kind 30/25 R; 🕑 Mo–Fr 8.30–16.30, Sa 8.30–17, So 9–16 Uhr) etwa 1 km nördlich von St. Lucia (an der Straße nach Cape Vidal) können Besucher Krokodile gefahrlos aus der Nähe betrachten.

SCHLAFEN

Es gibt zwar mehr als genug Unterkünfte, im Sommer ist dennoch eine Reservierung sinnvoll.

In St Lucia Estuary selbst gibt es drei Campingplätze des **KZN Wildlife** (☎ 033-845 1000, 590 1340; www.kznwildlife.com; Pelican St.). Der hübsche **Sugarloaf** (pro Pers. 52 R) liegt am Mündungsgebiet wie auch der **Eden Park** (pro Pers. 65 R) nahe dem Büro des KZN Wildlife. Der dritte Campingplatz **Iphiva** (pro Pers. 52 R) befindet sich abseits der MacKenzie St.

BiB's International Backpackers (☎ 035-590 1056; www.bibs.co.za; 310 MacKenzie St.; Camping 45 R, B/DZ mit Gemeinschaftsbad 70/150 R, DZ 200 R; P 💻 🏊) Die Schlafräume und Zimmer, untergebracht in lang gestreckten Gebäuden, wirken nüchtern und ein bisschen lieblos. Aber die Atmosphäre gleicht das aus: BiB's bietet alles, was sich Backpacker wünschen – eine umtriebige Bar, eine große Küche (mit Personal) und organisierte Kurzweil.

Hornbill House (☎ 035-590 1071; 43 Hornbill St.; E//DZ inkl. Frühstück 245/390 R; ❄ 🏊) Ein angenehmer Rückzugsort mit heimeligem B&B-Komfort, plus Pool und Veranda – jedenfalls, wenn man nicht auf einem der vielen Ökotrips oder Aktivitäten herumflattert, die der kenntnisreiche Besitzer, nebenbei Tourveranstalter, anbietet.

Santa Lucia Guest House (☎ 035-590 1151; www.santalucia.co.za; 30 Pelican St.; EZ/DZ inkl. Frühstück 290/580 R; ❄ 🏊) Das hochgelobte B&B fügt zum üblichen Standard noch etwas altmodischen Luxus hinzu. Die netten, gastfreundlichen Besitzer garantieren einen angenehmen, nilpferdfreien Aufenthalt.

Hippo Hideaway (☎ 035-590 1025; www.hippohideaway.co.za; 70 MacKenzie St.; EZ/DZ 500/560 R; ❄ 🏊) Die neue und elegante Unterkunft spricht die betuchteren Reisenden an: Der kleine Apartmentkomplex für Selbstversor-

ST. LUCIA ESTUARY – BRISANTE PROBLEME

Lake St. Lucia, Afrikas größtes Mündungsgebiet, ist Teil des Greater St. Lucia Wetland Park, der 320 000 ha und fünf Ökosysteme umfasst; er wurde 1999 zum Weltkulturerbe erklärt.

Aber nicht alles ist in Butter. Der See – und das Mündungsgebiet von 35 000 ha – stehen im Zentrum einer ökologischen Streitfrage. Wissenschaftler und Politiker streiten sich über die beste Methode, wie mit den Problemen Dürre, einer früheren Flussumleitung und vermehrtem Wasserverbrauch (durch Bevölkerungszuwachs, Feldbewässerung, Dämme und Nutzholzpflanzungen) umzugehen ist. All diese Faktoren hatten zu einer dramatischen Senkung des Wasserspiegels im See geführt – derzeit liegt er 80 cm unter dem Meeresspiegel. Die Auswirkungen sind nicht nur ökologischer Natur, sondern führen wegen der verminderten Fischpopulation und einem Verbot von Strandfahrten zu einem Rückgang des lokalen Tourismus. (In Wahrheit ist lediglich die Zahl der Angler zugunsten der „Ökotouristen" zurückgegangen, deren Zahl jedoch ansteigt.)

Teil des komplexen Problems ist der Umfolozi River, der 1951 aus dem Mündungsgebiet umgeleitet wurde und seitdem durch künstliche Sandbarrieren daran gehindert wird, wieder in das Mündungsgebiet einzubrechen. Die Umfolozimündung bewegt sich allerdings wegen Erosion und Strömung permanent nordwärts in Richtung Mündungstrichter. (In den See münden zwar fünf weitere Flüsse, der Umfolozi hat aber einen Gesamtabfluss, der den der fünf anderen Flüsse zusammen übersteigt.)

Der Hauptstreitpunkt dreht sich um die Frage, ob zur Anhebung des Wasserstands der Mündungstrichter geöffnet werden oder geschlossen bleiben soll. Die Öffnungsgegner sind der Ansicht, dass der geschlossene Trichtermund aufbrechen könnte, wenn der Umfolozi in das Gebiet fließt. Das würde dazu führen, dass Millionen Tonnen Meerwasser in die Mündung eindringen, die gewaltige Salzablagerungen aus dem Meer und Sedimente aus Meer und Fluss mit sich führen – was einen dauerhaften ökologischen Schaden anrichten würde. Sie sind der Meinung, dass hier wegen des reichhaltigen Futterangebots eine gesunde Fauna zu Hause ist – Flusspferde, Krokodile, Pelikane und Watvögel.

Die Befürworter einer Öffnung behaupten, dass die derzeitige Trockenheit eine Gefahr für die Zukunft des Sees darstelle. Sie befürchten, dass der St. Lucia Gefahr läuft, sich in einen Süßwassersee zu verwandeln, und Süßwasserspezies in ein traditionelles Mündungsgebiet eindringen. Der See ist ein Brut- und Futterplatz für zahlreiche Fischarten, Garnelen und Krabben, die im See nicht laichen können und nun vom Niedergang bedroht sind.

Die Wetland Authority hat bei der Global Environment Facility, die Entwicklungsländern bei der Lösung von Umweltproblemen behilflich ist, Forschungsgelder beantragt. Diese hat einen ganzheitlichen Ansatz für das Wassermanagement im Einzugsbereich im Blick. Ein Vorschlag sieht vor, einige der umgebenden Zuckerrohrplantagen den Sümpfen zu überlassen, die als Sedimentfilter für in den See einfließendes Wasser dienen könnten.

ger ist funkelnagelneu, blitzsauber und komplett mit dem unvermeidlichen (Nilpferd-) Dekor geschmückt.

ESSEN

St. Pizza (☎ 035-590 1048; MacKenzie St.; Hauptgerichte 18–62 R; ⏲ Mittag- & Abendessen) Pizza nach südafrikanischer Art (als Belag bekommt man sogar *biltong* – in der Sonne getrocknete und gepökelte Fleischstreifen) gibt es in diesem Lokal mit Biergartenatmosphäre.

Quarterdeck (☎ 035-590 1116; MacKenzie St.; Hauptgerichte 25-75 R; ⏲ Frühstück, Mittag- & Abendessen) Das lebhafte Lokal mit einem leicht billig wirkenden maritimen Dekor serviert gewaltige Portionen und viel Atmosphäre. Die teuersten Gerichte sind Steaks und Meeresfrüchte. Auf der Terrasse herrscht am Abend eine lebhafte Barstimmung.

Alfredo's Italian Restaurant (☎ 035-590 1150; MacKenzie St.; Hauptgerichte 40–58 R; ⏲ Mittag- & Abendessen) Die Tischdecken im Schottenkaro sind irreführend – Pizza, Pasta und Salate kommen in diesem pfiffigen Lokal auf den Tisch und bringen Klein-Italien in die Stadt.

AN- & WEITERREISE

Der **Baz Bus** (☎ in Durban 031-304 9099; www.bazbus.com) spuckt mehrmals die Woche Backpacker aus. Wer keine organisierte Touren in die Umgebung von St. Lucia Estuary bucht, ist natürlich besser mit einem eigenen Auto bedient.

Eastern Shores (Mfabeni)-Reserve

☎ 035

Auf der Ostseite des Sees befindet sich 2 km nördlich des St Lucia Estuary der Schlagbaum zum Eingang des **Eastern Shores (Mfabeni)-Reserve** (☎ 035-590 9002; www.kznwildlife.com; Erw./Kind/Auto 20/15/35 R; 🕒 5–19 Uhr). Das Reservat, kleiner Bestandteil des großen St. Lucia Wetland Parks, bietet eine wunderbare Vielfalt an Tieren und verschiedenen Ökosystemen, mit Felsküsten, Sumpf und offenem Grasland.

14 km nördlich des Eingangs befinden sich die **Mission Rocks** mit **Rangerstation** (☎ 035-590 9002) und Wanderwegen. Bei Ebbe bilden sich auf den Mission Rocks Tidetümpel voll mit spannendem Meeresgetier.

WANDERWEGE

Besucher können das Reservat mit dem Auto durchqueren. Aber die schönste Art, diesen Teil des Parks zu erleben, ist auf einer der von KZN Wildlife angebotenen Wanderungen.

Der **Mziki Trail** (☎ 035-90 9002; pro Pers. und Nacht 70 R) ist eine dreitägiger Marsch von 40 km Länge. Eigentlich besteht die Wanderung aus drei Tagestouren, die jeweils vom Mount Tabor Base Camp, mit Unterkunft in schlichten 8-Bett-Hütten, ausgehen. Reservierungen sollten telefonisch vorgenommen werden. Eingecheckt wird am ersten Tag zwischen 14 und 16 Uhr in der Mission Rocks Rangerstation, für Verpflegug muss jeder selbst sorgen.

Der **Emoyeni Trail** (☎ 035-590 9002; pro Pers. 55 R) ist eine fünftägige Exkursion. Der Weg ist 65 km lang, und jede der vier Nächte wird in einem anderen Camp verbracht. Die Tour vermittelt einen gründlichen Einblick in die Ökosysteme und Geschichte der Gegend – es gab hier auf dem Mt. Tabor während des Zweiten Weltkriegs einen britischen Radarposten. Reservierungen sind telefonisch vorzunehmen, und die Teilnehmer sollen am ersten Tag vor 12 Uhr in der Rangerstation einchecken. Mitzubringen sind:Verpflegung, Kochgeschirr, Schlafsack und Zelt.

Siehe KZN Wildlife für aktuelle Informationen zu individuellen Wanderungen.

Cape Vidal

☎ 035

Der wunderschöne **Küstenpark** (☎ 033-845 1000, 590 9024; www.kznwildlife.com; Erw./Kind/Auto 20/15/35 R; 🕒 6–18 Uhr) umfasst das Land zwischen See und Ozean nördlich von Cape Vidal. Die bewaldeten Dünen sind bis zu 150 m hoch, und die Strände eignen sich bestens zum Schwimmen.

Besucher können in der Unterkunft des KZN Wildlife im **Bhangazi-Komplex** (☎ 033-845 1000; www.kznwildlife.com; Stellplatz 72 R, 5–8-Bett-Holzhütten pro Pers. 222 R, 8-Bett-Buschhaus 350 R) nahe dem Bhangazi-See unterkommen (hier wird eine Mindestgebühr verlangt)

Cape Vidal befindet sich nördlich des St. Lucia Estuary, am Crocodile Centre vorbei und noch 35 km weiter.

Fani's Island & False Bay Park

Fani's Island und False Bay Park bräuchten dringend einen Regenmacher; es ist seit Jahren kein Tropfen gefallen. Wegen der Dürre ist kein Wasser im See, und die Region ist seit mehreren Jahren für Besucher gesperrt.

MEERESSCHILDKRÖTEN

Vor der südafrikanischen Küste leben fünf Schildkrötenarten, aber nur zwei gehen zur Eiablage: die Lederschildkröte *(Dermochelys coriacea)* und die Karettschildkröte *(Caretta caretta)*. Das Legegebiet der Lederschildkröte erstreckt sich von der St.-Lucia-Mündung bis nach Mosambik. Die Karettschildkröte legt nur im Maputaland-Meeresreservat.

Bei beiden Arten erfolgt die Eiablage im Sommer und nachts. Die Weibchen kriechen über die Flutgrenze hinaus, suchen eine passende Stelle im Sand und legen ihre Eier. Die Vermehrungsplätze der Lederschildkröte sind vielfältiger, da sie über Felsen in die Strandzone klettern; sie nisten nur an Sandstränden.

Etwa 70 Tage später schlüpfen die Jungen nachts aus und beeilen sich, ins Meer zu kommen. Nur ein oder zwei von tausend überleben bis zur Geschlechtsreife. Die Weibchen kehren zwölf bis 15 Jahre später an den gleichen Strand zur Eiablage zurück.

SCHNORCHELN & TAUCHEN

Die Küste um Sodwana Bay gilt als Taucherparadies, liegt doch hier das südlichste Korallenriff Afrikas. Fischschwärme gleiten durch die wunderschönen Korallen, Schildkröten schwimmen vorüber, und Muränen gucken neugierig aus Felsspalten. Das Riff mit mehr Weich- als Hartkorallen hat die weltgrößte Anzahl tropischer Fischarten. Die ganze Pracht kann beim Tauchen oder Schnorcheln bewundert werden. Die hervorragende Sichtweite und das winterwarme Wasser erlauben ganzjähriges Tauchen.

Beliebte Schnorchelstellen sind Cape Vidal, Two-Mile Reef vor der Sodwana Bay, Mabibi und Kosi Mouth mit dem berühmten „Aquarium", so genannt wegen der Vielfalt der Fische. Taucher sollten sich zum Tenedos Shoal zwischen Mlalazi River und Port Durnford sowie zu den Five-Mile-, Seven-Mile- und Nine-Mile-Riffen aufmachen. Am Two-Mile-Riff werden Kurse angeboten.

Sobald genügend Regen fällt, wird der Park wieder geöffnet. Das KZN Wildlife gibt darüber Auskunft – es gibt dort zwei sehr gute Camps.

Sodwana Bay

☎ 035

Die eindrucksvolle Sodwana Bay, ein Küsteneinschnitt am Nordzipfel des Greater St. Lucia Wetland Parks, besteht aus nicht mehr als Sand, Meer und Stille. Und genau darin besteht ihr Reiz. Das kleine zersiedelte Dorf Sodwana Bay befindet sich ebenfalls hier, die schönsten Highlights bieten jedoch die beiden Parks –Sodwana-Bay-Nationalpark und Ozabeni.

Das einsame und (außerhalb der Ferien) friedvolle Fleckchen wartet mit einer hinreißenden Küstenlandschaft, Wanderwegen und Möglichkeiten zum Hochseeangeln auf (Achtung: Wanderungen ohne Führer sind wegen der sich häufenden Überfälle auf Touristen nicht mehr möglich). Besucher kennen es überwiegend als Tauchparadies mit einer vielfältigen Unterwasserlandschaft und artenreicher Fauna und Flora.

Gute Informationen gibt es im Büro des KZN Wildlife in der Camprezeption. (Die Blockhütte mit dem Schild „tourist office" liegt zwar näher, bietet aber extrem wenig Infos.)

Der **Sodwana Bay National Park** (☎ 035-571 0051; www.kznwildlife.com; Erw./Kind 20/15 R; ⏲ 6–18 Uhr) befindet sich östlich von Mkuze an der Küste. Mit seiner Tierwelt, den Dünen, Sümpfen und Korallenriffs ist er sehr sehenswert. Allerdings kann die Gegend während der Ferien ziemlich überfüllt sein. Zwischen November und Februar gibt es interessante Touren zu den Meeresschildkröten (150 R pro Pers.).

Für Übernachtungen auf dem riesigen Campinggelände des Parks (auch einige der Hütten befinden sich hier) sind an der Rezeption einmalig 45 R Eintritt zu zahlen; Tagesbesucher zahlen 5 R.

Der im Süden angrenzende **Ozabeni** (☎ 035-571 0268; www.kznwildlife.com; Erw./Kind/Auto 20/10/15 R; ⏲ 6–18 Uhr), der sich bis zum St.-Lucia-See erstreckt, bietet einen geruhsameren Besuch mit einem ähnlichen Ökosystem. Vogelfreunde dürfen sich freuen, da hier über 330 Arten der gefiederten Bewohner verzeichnet sind. Besucher können sich frei im Reservat bewegen.

Orca Launches (☎ 035-571 5000, 083-654 7204; www.orcasafaris.co.za; ⏲ Mo–Fr 8.30–16.30, Sa 8.30–12 Uhr), untergebracht in einem Laden an der Dorfhauptstraße, organisiert viele Aktivitäten, von Schnorcheln bis zu Schildkrötentouren (ab 150 R pro Pers.). Das **Off Road Fun** (☎ 082-785 7704) nahebei bietet Quad-Bike-Touren (180 R).

Der nächste Geldautomat ist in Mbazwana 14 km westlich.

SCHLAFEN & ESSEN

KZN Wildlife (☎ 033-845 1000; www.kznwildlife.com; Ozabeni: Stellplatz pro Pers. 30 R, Sodwana-Bay-Nationalpark: Stellplatz/5-Bett-Hütten pro Pers. 140/220 R) bietet Camping in Ozabeni und Hunderte Zeltstellplätze und Hütten im Sodwana-Bay-Nationalpark. Für die Hütten wird eine Mindestgebühr verlangt.

Coral Divers (☎ 033-345 6531; www.coraldivers.co.za; Sodwana Bay Nationalpark; EZ/DZ mit Gemeinschaftsbad ab 165/300 R; 💻 🍽) Einige Leser berichteten, dass sie sich in dem Ferienzentrum der „Professional Association of Diving Instructors" (PADI) wie Kaulquappen in einem großen Teich fühlten (andere wie Haie). Die Unterkunft wirkt zwar wie ein Fließbandbetrieb, es gibt aber schön gelegene Hütten, Satelliten-TV, einen Pool und eine Bar und jede Menge Aktivitäten. Tauchpauschalen mit drei Übernachtungen und fünf Tauchgängen kosten ab 1300 R. Für 150 R werden die Gäste in Hluhluwe abgeholt.

Sodwana Bay Lodge (☎ 035-571 0095; www.sodwanadiving.co.za; EZ/DZ mit Halbpension 738/1210 R) Die elegante Feriensiedlung mit strohgedeckten Häusern und umgeben von Bananenstauden spricht die Betuchteren unter den Tauchern an. Es gibt verschiedene Tauchpauschalen (ab 1410 R pro Pers.). An der Hauptstraße im Dorf gelegen.

Mseni Lodge (☎ 035-571 0284; www.mseni.co.za; Sodwana-Bay-Nationalpark; EZ/DZ mit Halbpension 905/1190 R) Die Luxushütten inmitten eines üppigen Dünenwalds sind einen tiefen Griff in die Brieftasche wert. Es werden auch Tauchkurse bei **Amoray Diving** (☎ 083-252 9448; www.amoraydiving.com) vermittelt, die zwischen 750 und 2500 R kosten.

Weitere Empfehlungen für Unterkunft mit Tauch- und Tourenangebot sowie anderen Aktivitäten:

Da Blu Juice (☎ 082-924 7757, 082-681 5459; www.dabluejuice.co.za; B pro Pers. 120 R, Hütten ab 200 R)

Natural Moments Bush Lodge & Diving (☎ 035-571 0167; naturalmoments@planetblue.co.za; Bungalows pro Pers. ab 100 R)

AN- & WEITERREISE

Zwei Wege führen von der N2 zum Park. Die Nordroute zweigt 8 km nördlich von Mkuze von der N2 ab und führt weiter in die Lebombo-Berge zum kleinen Ort Jozini. Dort beginnt eine Pistenstraße durch flaches Land. Die Südroute ist durchgehend asphaltiert und geht nördlich der Abzweigung nach Hluhluwe von der N2 ab. Beide Strecken vereinigen sich in Mbazwana. Von dort sind es noch 20 km bis zum Park.

Minibus-Taxis fahren von der N2 bis nach Jozini. Von dort bis nach Sodwana Bay sollte es nicht schwer sein, ein Transportmittel zu finden (Taxis), da die Region relativ dicht bevölkert ist. An der Südroute gibt es weitaus weniger Taxis. Da die Strecke von vielen Touristen befahren wird, sollte Trampen kein Problem sein.

LAKE SIBAYA NATURE RESERVE

Das **Lake Sibaya Nature Reserve** (www.kznwildlife.com; Erw./Kind/Auto 20/10/35 R; ⌚ 6–18 Uhr) schützt den größten Süßwassersee Südafrikas und erstreckt sich über 60 bis 70 km², je nach Wasserstand. Es liegt sehr dicht an der Küste, und zwischen Ostufer und Meer befinden sich bis zu 165 m hohe Sanddünden. Flusspferde, einige Krokodile und zahlreiche Vögel (über 280 Arten wurden gezählt) tummeln sich hier. Der See ist bei Anglern sehr beliebt; Boote (komplett mit Skipper) werden für Angeltrips vermietet.

Im Reservat steht derzeit keine Unterkunft zur Verfügung. Die Hauptroute dorthin führt über Mbazwana südlich des Sees, entweder von Mkuze oder von Mhlosinga abseits der Route 22.

KOSI BAY NATURE RESERVE

☎ 033

Das Juwel der Elephant Coast, das **Kosi Bay Nature Reserve** (☎ 033-845 1000, 035-592 0234; www.kznwildlife.com; Erw./Kind/Auto 20/10/15 R; ⌚ 6–18 Uhr), birgt eine Kette von vier Seen – Nhlange, Mpungwini, Sifungwe, Amanzimnyama –, die sich in ein Mündungsbecken ergießen, das von den schönsten (und ruhigsten) Stränden Südafrikas gesäumt ist. Wälder mit Feigen, Mangroven und Raffiapalmen sorgen für eine grüne Kulisse, während die Korallenriffe zum Schnorcheln einladen.

In den trockeneren Gebieten weiden Antilopen, in der Seenkette tummeln sich Flusspferde, Zambesi-Haie und ein paar Krokodile. Über 250 Vogelarten, einschließlich des seltenen Palmgeiers, verzücken die Vogelfreunde.

Der 44 km lange **Kosi Bay Trail** (4 Tage pro Pers. für Gruppen von zehn 350 R, Minimum 3500 R) ist eine geführte Wanderung um die Seenkette mit Übernachtungen in abgelegenen Camps (Selbstversorger), die jeweils einen anderen Aspekt des Reservats präsentieren. Zum Programm gehört eine Wanderung zum Mündungsbecken am Kosi Mouth.

Im Reservat gibt es Campingplätze und schlichte Hütten. **KwaNgwanase** ist das nächste Versorgungszentrum 10 km westlich des Reservats, es bietet Läden und einen Geldautomaten. Das Reservat hat zwei Eingänge – Kosi Bay Camp (7 km nördlich von KwaNgwanase) und Kosi Bay Mouth (19 km nördlich von KwaNgwanase). Die beiden Zufahrtsstraßen sind in einem schlechten Zustand, Vierradantrieb ist ratsam. In der Total-Tankstelle an der Hauptstraße in KwaNgwanase ist die Straßenlage zu erfahren (Besitzerin Jan weiß Bescheid), und dort sind auch die besten Möglichkeiten per Anhalter weieterzukommen.

Schlafen & Essen

Zahlreiche Selbstversorgerhütten liegen über die Sanddünen verstreut, mehrere Kilometer von KwaNgwanase entfernt und oft nicht direkt am Wasser. In vielen Fällen ist ein Vierradantrieb für die sandigen Pisten nötig.

Utshwayelo Campsite (☎ 033-592 9626, 073-134 3318; Stellplatz pro Pers. 60 R) Der ruhige Campinglatz direkt am Büro der Parkverwaltung (an der Zugangsstraße zum Kosi Bay Mouth) wird von Einheimischen betrieben. Von hier geht es in 20 Minuten Fußmarsch zu einem der schönsten Strände des Landes.

KZN Wildlife (☎ 033-845 1000; www.kznwildlife.com; Stellplatz pro Pers. 65 R, 2- & 4-Bett-Hütten pro Pers. 236 R) Campingplatz und Hütten liegen am Westufer des Nhlange – es wird eine Mindestgebühr verlangt.

I Gwala Gwala Lodge (☎ 084-588 0564; Stellplatz 50 R, EZ/DZ 150/300 R) Die erstklassige Unterkunft befindet sich etwa 1 km vom Büro der Parkverwaltung entfernt, an der Zugangsstraße zum Kosi Bay Camp. Die Lodge organisiert den Transport zu allen Stränden, Abholung von Mkuze und diverse Freizeitaktivitäten wie Schnorcheln, Bootsausflüge und Tauchen. Die Unterkunft besteht aus einfachen Hütten.

Maputaland (☎ 033-592 0654; maputaland@polka.co.za; Posbus 757, KwaNgwanase; EZ/DZ inkl. Frühstück 345/590 R) Die zehn modernen Hütten in KwaNgwanase bieten allen modernen Komfort wie Digital-TV, Bar und Restaurant – und das Allerbeste: ein dichtes Moskitonetz. Genial für alle, die in einer mückenfreien Zone, aber doch dicht genug am Reservat unterkommen wollen.

An- & Weiterreise

Nach Kosi Bay gelangen Besucher nur mit einem eigenen Auto. Der Anfahrtsweg führt über die Abzweigung von der N2 nach Jozini und Richtung Tembe-Wildreservat. Von Sodwana Bay aus geht es auf der Route 22 nordwärts. Zu beachten ist, dass Kosi Bay Mouth und Kosi Bay Camp zwei unterschiedliche Orte im Reservat sind, jeder mit eigener Zugangsstraße nördlich von KwaNgwanase. Die erste Straße (7 km nordwärts) führt nach Kosi Bay Camp und die zweite (19 km nordwärts) nach Kosi Bay Mouth. Für beide ist ein Vierradantrieb ratsam.

TEMBE ELEPHANT PARK

☎ 035

Von Kosi Bay zurück auf die N2 steht ein Abstecher zu den *sandveld*-Wäldern (trockener Sandgürtel) des **Tembe Elephant Park** (☎ 035-592 0001; www.tembe.co.za; Erw./Kind/Auto 30/15/35 R; ⌚ 6–18 Uhr) an der Grenze zu Mosambik auf dem Programm. Dort sind Südafrikas letzte frei lebende Elefanten unter Schutz gestellt. Derzeit leben etwa 160 Dickhäuter in dem Areal. Viele stammen aus den Herden des Maputo-Elefantenreservats und konnten während des mosambikischen Bürgerkriegs gerettet werden. Der Park ist auch Lebensraum der *Big Five* (Löwe, Leopard, Büffel, Elefant und Nashorn).

Es ist zwar ein Park des KZN Wildlife, die Unterkünfte werden jedoch von Privatleuten betrieben.

Tembe Lodge (☎ 035-592 0545; www.tembe.co.za; Zi mit Vollpension & Aktivitäten ab 1600 R; 🏊) bietet spektakuläre Unterkünfte in abgeschiedenen, über das Gelände verteilten Safarizelten. Im Zentrum des Camps gibt es ein großes Speiseareal, einen schattigen Pool und Grillmöglichkeiten.

Eine Asphaltstraße führt zum Parkeingang, durch den Park selbst dürfen nur Geländewagen fahren.

NDUMO GAME RESERVE

☎ 033

Etwas weiter westlich und 100 km nördlich von Mkuze liegt an der Grenze zu Mosambik und nahe der Grenze zu Swasiland das **Ndumo Game Reserve** (☎ 033-845 1000, 035-591 0004; www.kznwildlife.com; Erw./Kind/Auto 35/18/35 R; ⌚ 5–19 Uhr). Auf den über 10 000 ha tummeln sich Spitz- und Breitmaulnashörner, Flusspferde, Krokodile und diverse Antilopenarten. Hauptattraktion ist aber die einzigartige Vogelwelt in den Feuchtgebieten des Phongolo und des Usutu River. Von den Einheimischen wird das Reservat auch „Mini-Okavango" genannt.

Zur Beobachtung der Wildtiere und Vögel können Besucher sich einer geführten Wanderung (45 R) anschließen oder eine Rundfahrt mit dem Auto (100 R) unternehmen. Für zahlreiche Vogelarten stellt das Reservat die südlichste Grenze dar. Mit über

400 Arten ist es ein absoluter Favorit unter Vogelfreunden.

Benzin und Verpflegung sind 2 km außerhalb des Parkeingangs erhältlich. Camping und Rasthütten lassen sich über **KZN Wildlife Accommodation** (☎ 033-845 1000; www.kznwildlife.com; Camping pro Pers. 55 R, 2-Bett-Rasthütten pro Pers. 200 R) buchen – es wird eine Mindestgebühr verlangt.

MKHUZE GAME RESERVE & UMGEBUNG

☎ 035

Das **Mkhuze Game Reserve** (☎ 031-845 1000, 573 9001; www.kznwildlife.com; Erw./Kind/Auto 35/18/35 R; 6–18 Uhr) gehört zu den Highlights auf einer Reise durch KwaZulu Natal. Das 1912 gegründete eindrucksvolle Reservat umfasst 36 000 ha und ist noch weitgehend vom Touristenrummel verschont. Abgesehen von Löwen leben zahlreiche Tiere über das Reservat verstreut, besonders vielfältig ist die Vogelwelt mit über 400 Vogelarten, darunter die seltene Bindenscheule *(Scotopelia peli)*.

Das Reservat hat sogar Unterstände an den Wasserlöchern, von denen aus sich die Tiere beobachten lassen; der frühe Morgen ist die beste Zeit. Es befindet sich 15 km von Mkuze entfernt (18 km von Bayla, wenn man von Süden kommt). Möglich sind auch Safarifahrten (90 R).

KZN Wildlife (☎ 033-845 1000; www.kznwildlife.com; Nhlonhlela Buschhaus 199 R, Mantuma Rasthütten/2- & 4-Bett-Safaricamps & -chalets pro Pers. 99/244 R) bietet ein Buschhaus in Nhlonhlela sowie verschiedene Unterkünfte in Mantuma. (Es wird eine Mindestgebühr verlangt.)

Wer von Norden kommt, nimmt am besten die Strecke über Mkuze; wer von Süden anreist, fährt 35 km nördlich von Hluhluwe von der N2 ab (es ist allerdings nur eine Pistenstraße).

Der kleine Ort Mkuze liegt westlich der Lebombo-Höhen an der N2. **Ghost Mountain**, ein bedeutender Bestattungsort des Ndwandwe-Stammes, befindet sich südlich des Ortes. Dort soll es unheimliche Erscheinungen geben, meistens in Form merkwürdiger Lichter und Geräusche. Gelegentlich werden nahe dem Ghost Mountain menschliche Knochen gefunden, die von der großen Schlacht zwischen rivalisierenden Zulus von 1884 stammen.

Das **Ghost Mountain Inn** (☎ 035-573 1025; www.ghostmountaininn.co.za; EZ/DZ inkl. Frühstück 515/930 R;) ist ein Kolonialhotel im alten Stil mit einem modernen (und luxuriösen) Anstrich. Eine riesige offene Lobby mit einem Hauch *Jenseits von Afrika*, blühende Gärten und die Nähe zum Mkhuze-Wildreservat (es werden Touren organisiert) ziehen die Gäste an.

PHINDA RESOURCE RESERVE

Das 17 500 ha große Reservat im Nordwesten des Lake St. Lucia ist ein Paradestück des „Ökotourismus"", für das Conservation Corporation, eine private Reservatskette, verantwortlich zeichnet.

Im Park gibt es sieben verschiedene Biotope mit Sandwäldern, Flussauen, Wasserlöchern und Savannen, idealer Lebensraum für über 380 Vogelarten und Nährboden für ein vielfältiges Pflanzenleben. Zu den Tieren gehören auch die *Big Five*, und gelegentlich sind Löwen und Geparden beim Reißen zu beobachten (selbst Leoparden sind manchmal zu sehen). Auf geführten Touren, Kanu- und Bootsfahrten über den Fluss können Besucher das Paradies aus nächster Nähe erleben.

„Ökoluxus"-Abenteuer sind jedoch nicht billig: Doppelzimmer mit Vollpension und Aktivitäten kosten ab 2605 R. Gebucht werden kann über **Conservation Corporation Africa** (☎ 011-809 4300; www.ccafrica.com).

Zum Reservat von der N2 Richtung Phinda/Southern Maputaland abzweigen, danach der Beschilderung folgen.

UKHAHLAMBA-DRAKENSBERG

Die Plateaugipfel der uKhahlamba-Drakensberge, welche die Grenze zwischen Südafrika und dem Königreich Lesotho bilden, gehören zu den beeindruckendsten Naturerlebnissen des Landes. Sie bildeten die Kulisse für die Filme *Zulu* (1964) und *Yesterday* (2004), für Alan Patons Roman *Denn sie sollen getröstet werden* und zieren Millionen von Postkarten.

Das weitläufige, 243 000 ha große Areal, überragt von Basaltgipfeln und -säulen, wurde im November 2000 zum Weltkulturerbe erklärt und in uKhahlamba-Drakensberg-Park umbenannt. Heute sind einige der Ansichten, besonders der grandiose Bogen des Amphitheaters im Royal-Natal-Nationalpark, so typisch südafrikanisch, dass sie zum touristischen Werbeklischee wurden – was sie aber nicht weniger großartig macht. Wenn irgendeine Landschaft ihrem hochglanzpolierten Werbeimage gerecht wird, dann sind es die zerklüfteten grünen Höhen der Drakensberge.

Drakensberg heißt „Drachenberge"; die Zulus nannten das imposante Gebirge Quathlamba, was „Festungswall der Speere" bedeutet. Das Zuluwort ist eine treffendere Beschreibung der fast senkrechten Steilhänge, aber der Afrikaansname erfasst etwas von der märchenhaften, fast überirdischen Atmosphäre dieser Region, die seit Mensch-

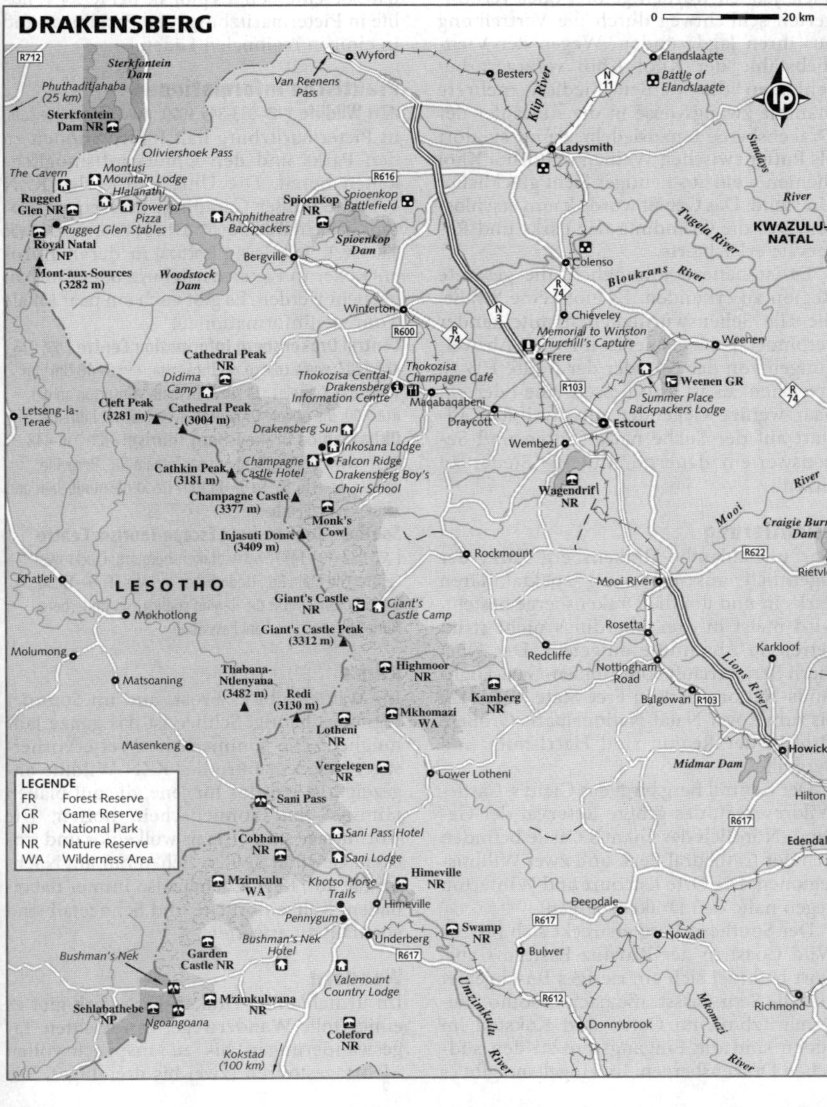

gedenken besiedelt ist, wie die vielen San-Felszeichnungen belegen.

Die San wurden bereits von Stämmen, die in die Ausläufer der Drakensberge vorgedrungen waren, bedrängt, aber erst durch die Ankunft weißer Siedler endgültig vertrieben. Einige zogen nach Lesotho, wo sie in der Basotho-Bevölkerung aufgingen. Viele jedoch wurden getötet oder verhungerten schlichtweg durch die Vertreibung aus ihren Jagdgründen. Wegen der Viehdiebstähle der Khoi Khoi verärgert beschlossen die weißen Siedler, mehrere Stämme zwangsweise in die Ausläufer der Drakensberge umzusiedeln, damit sie dort als Puffer zwischen Weißen und Khoi Khoi dienten – ein aus heutiger Sicht glücklicher Umstand: Das Gebiet wurde kaum erschlossen, was die Gründung der Parks und Reservate erleichterte.

Es ist nahezu unmöglich, die gesamte Region zu erkunden. Es gibt keine Straße, die alle Sehenswürdigkeiten miteinander verbindet. Jedes Gebiet ist nur über Abzweigungen von der N3 oder der Route 103 zu erreichen. Es ist also besser, eine oder ein paar wenige Gegenden auszuwählen, anstatt auf der Suche nach Stätten und Sehenswertem dauernd hinterm Steuer zu sitzen.

Orientierung

Der uKhahlamba-Drakensberg Park, der eigentlich aus mehreren spektakulären Parks in und um die Drakensberge besteht, wird meist in drei, allerdings nicht strikt getrennte Abschnitte aufgeteilt. Der Northern Berg verläuft vom Golden-Gate-Highlands-Nationalpark in Free State (s. S. 412) bis zum Royal-Natal-Nationalpark. Größere Orte in der Region sind Harrismith und Bergville.

Der Central Berg birgt das Giant's-Castle-Wildreservat, das größte Reservat der Gegend. Nördlich des Giant's Castle befinden sich der Cathedral Peak und zwei Wildnisregionen. Die Orte Estcourt und Winterton liegen nahe den Drakensbergen.

Der Southern Berg erstreckt sich bis zur Wild Coast in der Provinz Eastern Cape. Dort befindet sich ein riesiges Buschgebiet und die Sani-Passstraße nach Lesotho. Pietermaritzburg im Osten und Kokstad im Süden sind die Eingangstore zu den südlichen Drakensbergen. Im Hügelland gibt es ein paar hübsche Orte wie Underberg und Himeville.

Die Bücher von David Bristow, *Guide to the Drakensberg* und *Best Walks of the Drakensberg*, bieten gute Hinweise für eine Erkundung der Region. KZN Wildlife verkauft sechs topografische Karten im Maßstab 1:50 000 zu je 40 R, die Wanderwege, Camps usw. beschreiben. Es gibt sie bei KZN Wildlife in Pietermaritzburg, den Parkbüros und in einigen regionalen Läden.

Praktische Informationen

KZN Wildlife (☎ 033-845 1000; www.kznwildlife.com) in Pietermaritzburg hält Informationen zu den Parks und den Unterkunftsmöglichkeiten bereit. Die Unterkünfte des KZN Wildlife (außer Camping) müssen im Voraus bei **KZN Wildlife** (☎ 031-304 4934; www.kznwildlife.com; 1. Stock, Tourist Junction) in deren Büros entweder in Pietermaritzburg oder Durban gebucht werden. Es gibt auch ein paar lokale Touristeninformationen:

Central Drakensberg Information Centre (☎ 036-488 1207; www.cdic.co.za; Thokozisa; ⌚ 9–18 Uhr) Im Thokozisa-Komplex, 13 km außerhalb Winterton an der Rte. 600. Die private Organisation ist äußerst hilfreich.

Okhahlamba Drakensberg Tourism (☎ 036-448 1557; www.drakensberg.org.za; Tatham Rd., Bergville; ⌚ Mo-Fr 9-16.30, Sa 9–13 Uhr) Deckt die nördlichen und zentralen Drakensberge ab.

Southern Drakensberg Escape Tourism Centre (☎ 033-701 1471; www.drakensberg.org; Clocktower Centre, Old Main Rd., Underberg; ⌚ Mo–Fr 9–16.30, Sa 9–12.30 Uhr) Deckt die Region südlich von Underberg, Himeville und dem Sani Pass ab.

Klima

Im Winter gibt es Frost, und im Sommer regnet es häufig. Schnee ist das ganze Jahr möglich. Die sommerliche Wettervorhersage, in jedem Büro des KZN Wildlife angezeigt, ist trostlos für jene, die auf blauen Himmel und Sonnenschein hoffen. Die Vormittage sind oftmals wolkenlos und trocken. Gewitterwolken ziehen nur am Nachmittag auf, Regensachen also immer dabeihaben. Kälteeinbrüche und Schneefall sind ebenfalls zu erwarten.

Wandern

Im uKhahlamba-Drakensberg Park gibt es einige tolle Wanderwege, von leichten Tageswanderungen bis zu anspruchsvollen Mehrtagestouren (zwei bis drei Tage). Die

Wege in der Gegend von Mkhomazi und Mzimkulu sowie im Mzimkulwana Nature Reserve in den südlichen Drakensbergen gehören zu den einsamsten und wildesten Südafrikas. Für weniger Erfahrene gibt es den fünftägigen Giant's Cup Trail, der vom Sani Pass Hotel bis zum Bushman's Nek (s. S. 379) führt.

Im Sommer können über die Ufer tretende Flüsse die Wanderung ziemlich nervig und manchmal sogar gefährlich werden lassen; im Winter sind Frost und Schnee das Hauptrisiko. April und Mai sind die sichersten Monate.

Wichtig für ein sicheres und ungetrübtes Wandererlebnis sind die entsprechenden Karten (s. S. 371) mit den eingezeichneten Wegen.

Für die meisten Wanderungen sind Genehmigungen erforderlich, sie sind in allen Büros des KZN Wildlife erhältlich. Unterkunft finden die Wanderer meist in Hütten (also kein Zelt notwendig). Vorausbuchung ist empfehlenswert.

Wegen der recht häufigen Überfälle auf allein wandernde Touristen ermahnt das KZN Wildlife die Besucher, *niemals* allein loszumarschieren (noch nicht einmal auf Tagestouren) und sich registrieren zu lassen. Tourführer können angeheuert werden.

Schlafen

Die perfekte Art, den uKhahlamba-Drakensberg-Park zu erleben, ist ein Aufenthalt in einer der hervorragenden Unterkünfte des KZN Wildlife. Das größte und beliebteste ist das Royal Natal und das Giant's Castle. Weitere Unterkünfte und Camps gibt es aber auch in den anderen Reservaten der Drakensberge.

Die privaten Quartiere in den Ausläufern nahe dem Royal Natal und Giant's Castle sind meist teurer als die von der Parkverwaltung angebotenen.

An- & Weiterreise

In den nördlichen und zentralen Drakensbergen sind kaum öffentliche Transportmittel, aber viele Touristen in ihren Autos unterwegs. Darüber hinaus gibt es einige Minibus-Taxis. An oder nahe der N3 finden sich die meisten Haltestellen; für weitere Information s. Estcourt, Mooi River, Winterton und Bergville. Der **Baz Bus** (☎ in Durban 031-304 9099; www.bazbus.com) fährt ein paar Hostels der Region an. Die Hostels in Durban arrangieren Mitfahrgelegenheiten zu Hostels nahe dem Sani Pass und Himeville.

Der Sani Pass ist die bekannteste Drakensberg-Route nach Lesotho. Es gibt weitere Passstraßen, aber die meisten enden in Lesotho in Feldwegen (wenn überhaupt).

Viele Nebenstraßen in den Drakensbergen sind nicht asphaltiert und nach Regenfällen unpassierbar – die Hauptstraßen sind gut befahrbar.

NORTHERN BERG

Northern Berg ist mit dem herrlichen Royal-Natal-Nationalpark und einigen weiteren einsamen Flecken ein idealer Stopp zwischen Durban und Jo'burg.

Royal Natal National Park

☎ 036

Der 8000 ha große **Royal Natal National Park** (☎ 036-438 6310; www.kznwildlife.com; Erw./Kind 25/15 R; ⏲ 5–19 Uhr), der sich über die erhabensten Gipfel der Bergkette erstreckt, die teilweise so hoch sind wie der Park weit ist, zeigt sich grandioser als die relativ kleine Fläche vermuten lässt. Der Park mit der dramatischsten Szenerie der Drakensberge wird von dem erhabenen Amphitheater gekrönt, einer 8 km langen Felswand aus Klip-

ZUM SCHUTZ DER SAN-BILDER

In den Höhlen und Felslandschaften KwaZulu-Natals gibt es Tausende San-Felszeichnungen, und stets werden mehr entdeckt. Leider haben viele bereits unter ignoranten Besuchern gelitten: Etliche Felszeichnungen wurden durch Graffiti verschandelt, und manche Besucher haben sie sogar mit Wasser bespritzt, damit die Farben heller erscheinen. Einige Kunstwerke wurden völlig zerstört. Nur wenn sich die Touristen angemessen verhalten, ist es möglich, das Fortbestehen dieser wertvollen Kulturschätze sicherzustellen.

Derzeit hat KZN mit Amafa, der Provinzbehörde zur Wahrung des Kulturerbes, vereinbart, in ihrem Managementplan Erhaltungsmaßnahmen vorzusehen. Dazu gehört, dass Führer die Besucher zu den Stätten begleiten und sie dazu anhalten, die Bilder nicht zu berühren oder auf andere Weise zu gefährden.

pen und Schluchten, die von unten und mehr noch von oben einfach umwerfend ist. Der Tugela-Wasserfall stürzt über fünf Stufen (die erste gefriert oft im Winter) 850 m in die Tiefe. Dahinter schließt sich der Mont-aux-Sources (Quellenberg; 3282 m) an, so genannt, weil dort die Flüsse Tugela, Elands und Western Khubedu River entspringen; letzterer wird zum Senqu (Orange) River und fließt bis in den Atlantik.

Weitere bedeutende Gipfel sind der Devil's Tooth, der Eastern Buttress und der Sentinel. An der Nordostseite des Parks befindet sich das zerklüftete Rugged Glen Nature Reserve.

Das **Besucherzentrum** (🕑 8–12.30 & 14–16.30 Uhr) liegt in 1 km Entfernung vom Haupteingang. Dort befindet sich ein Laden, der Proviant verkauft. Auch Benzin gibt es im Park, wie auch die neueste Ausgabe des *Royal Natal Walks & Climbs*.

TIERE & PFLANZEN

Mit reichlich Wasser, Höhenunterschieden von über 1500 m und so unterschiedlichen Gegenden wie Plateaus, Klippen und Tälern, ist die große Vielfalt der Flora nicht überraschend. Ein Großteil des Parks besteht aus üppig grünem Grasland, das in tieferen Lagen von Zuckerbüschen bewachsen ist. Damit die Landschaft sich nicht in Buschland verwandelt, wird regelmäßig Feuer gelegt, um störende Vegetation abzubrennen. In den Tälern gedeihen kleine Yellowwood-Wälder. In höheren Lagen geht das Gras in Heidekraut und Büsche über.

Die Tierwelt ist in Royal Natal nicht so artenreich wie in Giant's Castle und anderen Regionen der Drakensberge, aber es bleibt immer noch genug zu sehen. Es gibt sechs Antilopenarten, die häufigste ist der Bergriedbock. Überall anzutreffen sind Buschschliefer, ebenso wie Hasen. Zahlreich sind auch die Paviane. Da Touristen sie gerne füttern, treiben sie sich mittlerweile immer häufiger in der Nähe der Camps herum und entwenden Essen, was zum wachsenden Problem wird.

Wer seine Ausrüstung dabei hat, kann Forellen angeln. Angelscheine sind im Besucherzentrum erhältlich.

FELSZEICHNUNGEN

An mehreren Stellen des Royal Natal sind San-Felszeichnungen zu bewundern, im Vergleich zu Giant's Castle, wo es mehr Felshöhlen und weniger Vandalismus gibt, sind es wenige, und sie befinden sich in einem schlechteren Erhaltungszustand. Zu den bemerkenswerten Stätten gehören das Sigubudu Shelter, nördlich der Straße hinter dem Haupteingang, und die Cannibal Caves beim Surprise Ridge außerhalb der Nordgrenze des Parks.

WANDERWEGE

Die meisten der über 25 Wanderwege im Royal Natal sind recht gut an einem Tag zu bewältigen, mit Ausnahme des **Amphitheatre-to-Cathedral Trail** (62 km, 4–5 Tage) und des **Mont-aux-Sources Trail** (20 km, 10 Std.). Für den Mont-aux-Sources Trail ist die Zahl der Besucher und Übernachtungen pro Tag auf 50 beschränkt. Die Wanderung zum Gipfel startet im Mahai-Camp und führt hoch zum Basotho Gate. Das Nek ist übrigens gesperrt, man muss zum Sentinel-Parkplatz wandern oder über die Straße von Phuthaditjhaba in QwaQwa (s. S. 413) fahren.

Wer auf dem Berg campen will, sollte einen Stellplatz im **QwaQwa Tourist Office** (☎ 058-713 4415) buchen. Ansonsten gibt es eine schlichte Hütte an der Steilwand nahe dem Tugela-Wasserfall. Für diese Unterkunft des KZN Wildlife ist keine Reservierung nötig (nur eine Registrierung am Eingang). Die Hütte selbst ist kostenlos, aber eine Übernachtwandergebühr von 30 R wird verlangt.

Im Besucherzentrum kann man Führer zu den San-Felszeichnungen buchen.

REITEN

Die **Rugged Glen Stables** (☎ 036-438 6422) vor dem Parkeingang organisieren Ausritte, u. a. auch einen Zweitagestreck.

KLETTERN

Einige der Gipfel und Felswände wurden erst vor gut 50 Jahren erstmals bestiegen. Der Park entwickelte sich seither zum Mekka für Bergsteiger. Zum Klettern ist eine Genehmigung nötig, die bei KZN Wildlife erhältlich ist. Sie wird jedoch nur erfahrenen Bergsteigern erteilt. Wer nach Lesotho will, sollte seinen Pass mitnehmen.

SCHLAFEN & ESSEN

Thendele (☎ 033-845 1000; Chalets pro Pers. 320–350 R) Das Hauptcamp des Parks bietet unter-

NATURSCHUTZGEBIETE

Die Verwendung der Bezeichnung „Naturreservat" und „Wildreservat" wird in der uKhahlamba-Drakensberg-Region allmählich gestrichen, um deren Verschmelzung als eine einzige große geschützte Wildnisregion zu verdeutlichen. Die Begriffe tauchen auf immer weniger Schildern, Karten und Texten auf.

schiedliche Unterkünfte, u. a. auch annehmbare 2-Bett-Chalets – Mindestgebühr wird verlangt.

Campen können die Besucher auch im **Mahai** (☎ 033-845 1000, 438 6303; Fax 033-438 6231; Stellplatz pro Pers. 60 R) innerhalb des Parks, oder in der Nähe im **Rugged Glen Nature Reserve** (☎ 033-845 1000, 438 6303; Fax 438 6231; Stellplatz pro Pers. 60 R).

Die folgenden Unterkünfte befinden sich außerhalb des Parks:

Amphitheatre Backpackers (☎ 036-438 6675; www.amphibackpackers.co.za; Stellplatz 45 R; B/DZ 75/200 R) Mit Blick auf das Amphitheater ist das jüngst umgesiedelte Hostel ein dramatisches Erlebnis. Hier werden Touren nach Lesotho (265 R) organisiert und massenhaft Aktivitäten angeboten (es gibt aber keine Schlösser in den Schlafsaaltüren). Eine Kletterwand wurde errichtet, und eine Bar sorgt dafür, dass die schmerzenden Glieder Linderung finden. Das Backpackers liegt 21 km nördlich von Bergville an der 74 R.

Hlalanathi (☎ 036-438 6308; www.hlalanathi.za.net; Stellplatz pro Person 50 R, 2-/4-Bett-Chalets 390/690 R;) Das hübsche Feriendomizil in faszinierender Lage (fast zu schön, um wahr zu sein) bietet Camping und großartige Unterkünfte auf einer Felsnase mit Blick auf den Tugela River. Unbedingt einen Platz mit Blick auf Fluss und Berge aussuchen!

Cavern (☎ 036-438 6270; www.cavernberg.co.za; EZ/DZ mit Vollpension 690/920 R) Das preisgekrönte, von üppigen Wäldern umgebene Hotel nördlich von Royal Natal bietet familienfreundlichen Service. Es können sogar Babysitter angeheuert werden.

Montusi Mountain Lodge (☎ 036-438 6243; www.montusi.za.net; EZ/DZ mit Halbpension 1030/1560 R;) Das elegante Haus mit Buschhotelexklusivität verbindet Strohdach-und-Kamin-Gemütlichkeit mit 5-Sterne-Komfort. Es gibt Geländewagentouren, Forellenangeln und einige sehr coole Chalets. Die Abzweigung befindet sich gleich hinter dem Tower of Pizza, dann ist der weitere Weg ausgeschildert.

Tower of Pizza (☎ 036-438 6480; http://towerofpizza.co.za; Hauptgerichte 27–50 R; Mittag- & Abendessen;) Es ist wirklich ein Turm, und es kommt sehr gute Pizza aus dem Holzofen auf den Tisch. Komfortable Hütten (DZ pro Pers. inkl. Frühstück 370 R) und Internetzugang gibt es auch.

AN- & WEITERREISE

Die Straße zum Royal Natal zweigt 30 km nordwestlich von Bergville und 5 km vom Oliviershoek Pass von der Route 74 ab.

Bergville

☎ 036

Bergville ist klein und ein bisschen spröde, aber trotzdem ganz nützlich zum Aufstocken der Vorräte und als Etappenziel auf dem Weg in die traumhafte Welt der nördlichen Drakensberge.

ABSA (Tatham Rd.) Hat einen Geldautomaten

Okhahlamba Drakensberg Tourism (☎ 036-448 1557; www.drakensberg.org.za; Tatham Rd.; Mo–Fr 9–16.30, Sa 9-13 Uhr)

SCHLAFEN & ESSEN

Bergville Caravan Park (☎ 036-448 1273; bergcarav@xsinet.co.za; Stellplatz 60 R, Rondavels 80 R, Wohnwagen 120 R, 2-Bett-Chalets 280 R;) Der Caravan Park ist ein bisschen wie Bergville selbst– nett, aber ein bisschen derb. Er verfügt aber über annehmbare Unterkünfte und hat ein paar hübsche Fleckchen am Wasser. Bei der Anfahrt südlich des Orts an der Route 74, 500 m vor der Brücke über den Tugela River abbiegen.

Drakensberg Inn (☎ 036-448 2946; www.drakensberginn.com; 3 Tatham Rd.; EZ/DZ inkl. Frühstück 230/420 R) Terrasse, Kamine und ein behagliches Foyer tragen dazu bei, das eher schlichte Kleinstadtgästehaus aufzupeppen.

Sanford Park Resort (☎ 036-448 1001; sanfordparklodge@mweb.co.za; EZ/DZ mit Halbpension 520/830 R; P) Das Sanford ist eine von Bergvilles feineren Bleiben; es bietet gemütliche Zimmer in strohgedeckten Rundhütten oder im knarzenden Gebälk des 150 Jahre alten Farmhaus mit einer Bar voller Memorabilia. Die Lodge-Anlage befindet sich ein paar Kilometer außerhalb Bergvilles an der Straße nach Ladysmith (Route 616).

AN- & WEITERREISE

Fernbusse fahren nicht nach Bergville, aber nach Ladysmith. Von dort kann die Fahrt nach Bergville mit Minibus-Taxis (20 R, 45 Min.) fortgesetzt werden. Ein Greyhoundbus hält täglich an der Station Estcourt und in Ladysmith.

Der Minibus-Taxistand befindet sich hinter der Touristeninformation. Taxis fahren für 10 R in die Nähe des Royal Natal Nationalparks, aber aus unbekannten Gründen nur selten bis zum Parkeingang.

CENTRAL BERG

Central Berg wird von einigen der großartigsten Gipfel der Drakensberge – Giant's Castle (3312 m), Monk's Cowl (3234 m) und Champagne Castle (3377 m) – gekrönt und ist unter Kletterern ein Renner. Die dramatische Landschaft zieht auch aber jene an, die Berge lieber aus sicherer Entfernung bewundern wollen.

Nahe der Dragon Peaks Road haben die „singenden Botschafter" Süfafrikas, die **Drakensberg Boys' Choir School** (☎ 036-468 1012; www.dbchoir.co.za) ihr Domizil. Während der Schulzeit findet jeden Mittwoch um 15.30 Uhr ein Konzert statt. 7 km von der Abzweigung nach Drakensberg entfernt liegt **Falcon Ridge** (☎ 082-774 6398; Erw./Kind 30/10 R; Vorträge 10.30 Uhr), wo Falken, Milane und Adler in einer Vogelschau ihre Flugkünste eindrucksvoll präsentieren.

Thokozisa (☎ 036-488 1273; thokozisa@futurest.co.za), 13 km außerhalb der Ortschaft Wintertons an der Route 600 gelegen, ist in jeder Hinsicht ein kreatives Dorf. Es gibt dort das **Central Drakensberg Information Centre** (☎ 036-488 1207; www.cdic.co.za; 9–18 Uhr) ausgestattet mit Internetzugang, einem Haufen Kunsthandwerksläden und sogar einem hervorragenden Restaurant.

Winterton

☎ 036

Die geruhsame, idyllische kleine Stadt ist das Eingangstor zu Central Drakensberg und ein netter Zwischenstopp. Das **Winterton Museum** (☎ 036-488 1885; Kerk St.; Eintritt mit Spende; Mo–Fr 9–15, Sa 9–12 Uhr) bietet einen wunderbaren Einblick in die Kunst der San und dokumentiert die Geschichte der Zulu und die Schlacht von Spioenkop (s. Kasten S. 392). In der Hauptstraße gibt es den lange gesuchten Geldautomaten.

SCHLAFEN & ESSEN

Bridge Lodge (☎ 036-488 1554; thebridge@futurenet.co.za; Main Rd.; EZ/DZ 160/260 R) Das Haus hat etwas öde Zimmer, aber ein hübsches strohgedecktes Restaurant. Hier findet auch das lokale Nachtleben statt (freitags geht es rund).

Lilac Lodge (☎ 036-488 1025; www.wheretostay.co.za/lilaclodge; Springfield Rd.; EZ/DZ inkl. Frühstück 180/360 R) Die Unterkunft besteht aus einer Reihe von Hütten und Apartments, die über einen weitläufigen Rasen samt Grillplätzen und Trampolin verteilt liegen. Die Besitzer sind etwas unpersönlich und deutlich an Gruppen gewöhnt.

Thokozisa Restaurant (☎ 036-488 1827; Hauptgerichte 36–70 R; Mittag- & Abendessen) Das lebhafte kleine Lokal im Thokozisa-Kunsthandwerksdorf serviert eine köstliche Auswahl an Steaks, Wraps und Salaten (auch vegetarische Gerichte). Die Gäste sitzen in einem Innenhof. Als Gaumenfreude erweist sich der Drakensburger (33 R).

AN- & WEITERREISE

Es gibt Minibus-Taxis zum Cathedral Peak (8 R, 30 Min.), nach Bergville (6 R, 15 Min.) und Estcourt (12 R, 45 Min.).

Cathedral Peak Nature Reserve

☎ 036

Im Schatten des gewaltigen Cathedral Peak und vor dem Hintergrund kolossaler Steilhänge erstreckt sich westlich von Winterton das **Cathedral Peak Nature Reserve** (☎ 036-488 8000; www.kznwildlife.com; Erw./Kind 25/13 R; 6–18 Uhr). Mit dem Bell (2930 m), dem Horns (3005 m) und dem Cleft Peak (3281 m) am Horizont ist das Gebiet zwischen dem Royal Natal Nationalpark und dem Giant's Castle ein sehr fotogener Park. Der Aufstieg zum Cathedral Peak braucht eine Weile (10 km, 7 Std. hin und zurück). Aber außer Fitness sind keine besonderen Fähigkeiten oder Ausrüstung erforderlich (das Parkbüro gibt Auskunft).

Das **Didima San Art Centre** (☎ 036-488 1332; Erw./Kind 40/20 R; 8–16 Uhr), 1 km in den Park rein, bietet in einer Multimediashow hervorragende Einblicke in die Felskunst der San.

Das **Parkbüro** (☎ 036-488 8000; www.kznwildlife.com) im Didima Camp verkauft Genehmigungen für die herrliche Fahrt (nur mit Vierradantrieb) auf den Mike's Pass (15/35 R pro Pers./Auto) und vermittelt Führer.

SCHLAFEN & ESSEN

Didima Camp (☎ 033-845 1000; www.kznwildlife.com; Stellplatz pro Pers. 45 R, Chalets pro Pers. 330–360 R;) Der exklusive Komplex ist eines der feineren Quartiere von KZN Wildlife. Das stilvolle Camp bietet unvergleichliche Ausblicke, ein Restaurant, Tennisplätze und eine Reihe erstklassiger 2- und 4-Bett-Chalets (Vollpension auf Anfrage). Es wird eine Mindestgebühr verlangt.

Nahe dem Haupttor gibt es auch Zeltstellplätze.

Monk's Cowl

☎ 036

Monk's Cowl (☎ 036-468 1103; www.kznwildlife.com; Erw./Kind 20/10 R; 6–18 Uhr) ist ein weiterer Park in den Drakensbergen, der umwerfende landschaftliche Reize und großartige Wander- und Klettermöglichkeiten bietet. Monk's Cowl und Champagne Castle sind die zwei Gipfel im Park.

Das **Parkbüro** (☎ 036-468 1103; Camping pro Pers. 70 R) liegt 3 km hinter dem Champagne Castle Hotel, das sich am südwestlichen Ende der Route 600 befindet. Das Büro bucht Camping und Wanderungen (30 R pro Pers.).

SCHLAFEN & ESSEN

Neben dem Campingplatz im Reservat gibt es weitere Quartiere in der Gegend.

Inkosana Lodge (☎ 036-468 1202; www.inkosana.co.za; B/DZ mit Gemeinschaftsbad 85/250 R, strohgedeckte Rondavels mit/ohne Bad 165/125 R;) Perfekt organisiert, mit einem herrlichen Garten, Pool mit Aussicht und sauberen Zimmern ist diese Lodge ein wahres Juwel und eines der besten Hostels in KwaZulu Natal. Erstklassige Küche (vorher reservieren) und jede Menge Aktivitäten gibt es auch. Die Lodge liegt an der Route 600 Richtung Champagne Castle.

Champagne Castle Hotel (☎ 036-468 1063; www.champagnecastle.co.za; EZ/DZ mit Vollpension 680/1160 R;) Das Champagne Castle gehört zu den bekanntesten Hotels der Gegend. Es befindet sich am Ende der Straße, die zum Champagne Castle Peak führt, etwas abseits der Route 600. Gäste werden aus Estcourt (120 R) und Durban (400 R) abgeholt.

Drakensberg Sun (☎ 036-468 1000; www.southernsun.com; DZ mit Halbpension 1149 R;) Das Haus im Stil eines Kettenhotels und mit Skihüttenflair liegt kurz vor dem Champagne Castle Hotel. Es bietet hohen Standard. Buchbar sind auch Familienzimmer, was bedeutet, dass bis zu zwei Kinder umsonst im Zimmer der Eltern unterkommen können und so ein Bett für die Nacht finden.

Giant's Castle Game Reserve

☎ 036

Das **Wildreservat Giant's Castle** (☎ 033-845 1000, 353 3718; www.kznwildlife.com; Erw./Kind 25/13 R; 5–19 Uhr) breitet sich an den Hängen des Injisuthi Dome (3409 m) aus, Südafrikas höchstem Gipfel. Es ist das höchst gelegene Reservat der Drakensberge – der niedrigste Punkt liegt auf 1300 m ü. M. 1904 hauptsächlich zum Schutz der Elenantilope gegründet, umfasst es eine wilde, einsame Region. Im Norden und Süden erstrecken sich riesige Wälder und im Westen das kahle Plateau Lesothos.

Im Giant's Castle Camp (S. 378) gibt es Benzin sowie einen Lebensmittelkiosk.

TIERE & PFLANZEN

Das Reservat besteht überwiegend aus Grasland, bewaldeten Schluchten und hohen Basaltklippen mit kleinen Wäldern in den Tälern. An manchen Stellen wechseln Zuckerbuschsavannen das Grasland ab, und im Frühling gedeihen jede Menge Wildblumen in vielen Arten.

Mehrere Antilopenarten leben hier, darunter viele Elenantilopen, Bergriedböcke, Rehantilopen und Oribis. Die seltenste Antilope ist der Klippspringer, der manchmal in höheren Lagen zu sehen ist, wo er wie schwebend auf den Hufspitzen steht und Schildwache zu halten scheint.

Eine Besonderheit ist auch die so genannte Eisratte, ein kleines, kurzschwänziges Nagetier, die im Geröll in Gipfelnähe lebt. Insgesamt gibt es ungefähr 60 Säugetierarten.

Der seltene Bartgeier *(Gypaetus barbatus)*, der in Südafrika nur in den Drakensbergen zu finden ist, nistet hier im Reservat. Das Personal gibt den Gästen manchmal Knochen mit, die im Reservat ausgelegt werden, um die majestätischen Vögel anzulocken. Der **Lammergeier Hide** (☎ 036-353 3718; giants@kznwildlife.com; pro Pers. 150 R, Minimum 480 R; Mai–Sept.) ist ideal, um die Geier mit dem altdeutschen Namen zu beobachten. Der Unterstand ist sehr begehrt, eine Buchung im Voraus ist daher ratsam.

KWAZULU-NATAL

FELSZEICHNUNGEN

Im Wildreservat Giant's Castle gibt es mindestens 50 Stätten mit Felszeichnungen der San. Forscher vermuten, dass die letzten San hier zu Beginn des 20. Jhs. lebten.

Interessierte sollten die Felszeichnungen in der **Main Cave** (Erw./Kind 25/5 R; ⌚ 9–16 Uhr) 2 km südlich des Giant's Camp (30 Min. zu Fuß) nicht verpassen. Diese können aber nur als Teil einer Tour besichtigt werden, die zu jeder vollen Stunde am Giant's Camp startet.

Die **Battle Cave** (Eintritt 25 R) liegt nahe Injisuthi und kann auch auf eigene Faust aufgesucht werden. Auf dem 8 km langen Weg zur Höhle lassen sich häufig Wildtiere blicken. Der Name Schlachthöhle bezieht such auf die Felszeichnungen, die eine Kampfhandlung zwischen verfeindeten San-Gruppen darstellen.

WANDERN

Es gibt mehrere Wanderwege, die alle am Giant's Camp starten: eine zweistündige Wanderung (5,5 km) führt bis zur Meander Hut auf einer Klippe oberhalb des Meander Valley, ein vierstündiger Marsch zur Giant's Hut (10,5 km) unterhalb des Giant's Castle, und in 4½ Stunden gelangt man schließlich zur Bannerman's Hut (11 km) dicht an der Felswand nahe dem Bannerman's Pass.

Wanderer können in Berghütten übernachten (30 R), für die Schlafsack und Kochgeschirr mitzubringen sind. Bezahlt wird lediglich eine einmalige „Wandergebühr". Wer von Hütte zu Hütte wandern will, ohne zwischendurch zum Giant's Camp zurückzukehren, muss sich vorher die Schlüssel besorgen. Die Hütten stehen auch anderen Wanderern offen, es sei denn, man hat die ganze Hütte gebucht.

Es gibt noch weitere Wanderrouten. Die Broschüre *Giant's Castle Day Walks* (5 R), im Giant's Castle Camp erhältlich, beinhaltet auch eine grobe Wegekarte (Entfernungen sind nicht angegeben). Vor dem Abmarsch müssen sich Wanderer registrieren lassen.

Die Wege hier sind nicht mit dem Giant's Cup Trail (s. S. 381) in den südlichen Drakensbergen zu verwechseln.

SCHLAFEN

Innerhalb des Reservats gibt es mehrere Camps sowie Wanderhütten und Höhlen. Ein offenes Feuer darf auf keinen Fall entzündet werden, also einen Kocher mitnehmen. In der Rezeption gibt es einen kleinen Laden, um das Notwendigste zu kaufen.

Giant's Castle Camp (☎ 033-845 1000; www.kznwildlife.com; Berghütten pro Pers. 30 R, Chalet pro Pers. 315–346 R) Das Hauptcamp stellt 2-, 4- und 6-Bett-Chalets und 4- und 8-Bett-Berghütten zur Verfügung. Buchungen über KZN Wildlife in Pietermaritzburg oder Durban.

Injisuthi Hutted Camp (☎ 033-845 1000, 036-431 7849; Stellplatz pro Pers. 48 R) Einsamer und angenehmer Ort an der Nordseite des Reservats mit Zeltstellplätzen. Erreichbar ist er von Loskop aus, nordwestlich von Estcourt. 4 km westlich von Loskop oder 6 km östlich der Route 600 nach Süden abbiegen; die Straße ist ausgeschildert. Es wird eine Mindestgebühr verlangt.

Es gibt mehrere Unterkünfte außerhalb des Reservats an oder um die Route 600, die von Winterton südwärts Richtung Cathkin Peak und Champagne Castle verläuft.

AN- & WEITERREISE

Die Straßen, die von Mooi River und Estcourt ins Reservat führen, sind asphaltiert. Auf keinen Fall die unasphaltierten Nebenstraßen nehmen, da sie in keinem guten Zustand sind und dort auch schon Überfälle gemeldet wurden.

Minibus-Taxis fahren nur unregelmäßig von Estcourt in die Dörfer nahe dem Haupteingang (KwaDlamini, Mahlutshini und KwaMankonjane). Diese sind aber immer noch ein paar Kilometer vom Giant's Camp entfernt.

SOUTHERN BERG

Southern Berg, bequem über die hübschen Orte Himeville und Underberg zu erreichen, bietet eines der Highlights der Region: einen Ausflug nach Lesotho über den Sani Pass. Die Gegend wartet mit jeder Menge wilder und ungezähmter Natur auf und ist unter Kennern für ihre herrlichen Wanderrouten bekannt, etwa den großartigen Giant's Cup Trail.

Southern Drakensberg Wilderness Areas

Die vier Reservate Highmoor, Mkhomazi, Cobham und Garden Castle, die unter der Bezeichnung Southern Drakensberg Wilderness Areas firmieren, schließen im Süden an den Giant's Castle an und reichen bis zum Bushman's Nek, wo sie an den in Lesotho liegenden Sehlabathebe-Nationalpark grenzen.

Im Osten werden die Wilderness Areas von den Naturreservaten Kamberg, Lotheni, Vergelegen und Mzimkulwana flankiert.

Die Wildnisgebiete werden vom KZN Wildlife verwaltet. Die Gebühr für Wandergenehmigungen mit Übernachtung hängt vom jeweiligen Vorhaben ab. Die Wanderer müssen sich im Wanderregister eintragen.

COBHAM NATURE RESERVE

Die Mzimkulu Wilderness Area und das Mzimkulwana Nature Reserve gehören zum **Cobham Nature Reserve** (☎ 033-702 0831; www.kznwildlife.com; Erw./Kind 20/10 R; 🕑 6–18 Uhr). Das Parkbüro befindet sich 15 km von Himeville entfernt an der D7. Es gibt dort Informationen über die zahlreichen Wanderwege, davon einige mit Wanderhütten (60 R pro Pers.). Einfache Campingplätze (40 R pro Pers.) sind vorhanden.

GARDEN CASTLE & BUSHMAN'S NEK

Das Parkbüro des **Garden Castle** (☎ 033-701 1823; www.kznwildlife.com; Erw./Kind 20/10 R; Camping pro Pers. 40 R, Hütten pro Pers. 60 R; 🕑 6–18 Uhr) liegt 30 km westlich von Underberg – hinter den Khotso Horse Trails (s. S. 380) immer schön die Straße lang.

Zum Reservat gehört das großartige **Bushman's Nek Valley**, überragt vom 3051 m hohen Rhino Peak. In der Gegend gibt es zahlreiche Sandsteinsäulen, Felszeichnungen und ordentlich lange Fußmärsche.

Für Quartier sorgen Wanderhütten, Campingplätze und sogar Höhlen.

HIGHMOOR NATURE RESERVE

Das Parkbüro des **Highmoor Nature Reserve** (☎ 033-845 1000, 033-263 7240; www.kznwildlife.com; Erw./Kind 20/10 R; Camping pro Pers. 40 R; 🕑 6–18 Uhr) liegt abseits der Straße, die von Rosetta zum Giant's Castle und nach Kamberg führt. 31 km nach Rosetta geht es gleich hinter dem Schild nach Kamberg Richtung Süden ab. Hier wird eines der seltenen Hochmoore geschützt. Campingplätze sind vorhanden.

KAMBERG NATURE RESERVE

Im **Kamberg Nature Reserve** (☎ 033-267 7251; www.kznwildlife.com; Erw./Kind 20/10 R; 2-Bett-Hütten 200 R; 🕑 6–18 Uhr), ein wenig abseits der Steilhänge und südöstlich des Giant's Castle gelegen, grasen einige Antilopenarten. Es gibt geführte Touren zu den Felszeichnungen.

Zu erreichen ist das Naturidyll ab Rosetta, einer abseits der N3 und südlich des Mooi River gelegenen Ortschaft, und weiter über Nottingham Road oder Redcliffe,.

Zu den Unterkunftsmöglichkeiten gehört das **Spotted Horse Country Inn** (☎ 033-267 7194; karene@mjvn.co.za; B/FZ mit Gemeinschaftsbad pro Pers. 95/150 R, DZ 195 R) 32 km westlich von Rosetta an der Route 103. Es ist das neueste Pferd im Stall. Es gibt eine Auswahl an „Stallboxen" und „Geschirrkammern" mit Badezimmern für „Hengste" und „Stuten". Futter gibt es für 35 R. Alles dreht sich hier ums Pferd, sollte das noch nicht klar sein.

LOTHENI NATURE RESERVE

Lotheni (☎ 033-702 0540; www.kznwildlife.com; Erw./Kind 20/10 R; 🕑 6-18 Uhr) wartet mit einem Siedlermuseum und einigen sehr schönen Wandermöglichkeiten auf.

KZN Wildlife (☎ 033-845 1000; Camping 5 R, 3-Bett-Chalets pro Pers. 164 R) bietet Zeltplätze und Hütten, ähnlich Sennhäusche.

Die Zufahrt erfolgt ab Lower Lotheni, 30 km nordöstlich von Himeville oder 65 km südwestlich von Nottingham Road (jenseits des Mooi River). Die Straßen sind in keinem guten Zustand, bei heftigem Regen werden sie gesperrt. Sie gehören aber mit den majestätischen Drakensbergen im Hintergrund und den malerischen Zuludörfern hier und da zu den reizvollsten Strecken Südafrikas.

MKHOMAZI WILDERNESS AREA & VERGELEGEN NATURE RESERVE

Das **Mkhomazi Wilderness Area** (033-266 6444; www.kznwildlife.com; Erw./Kind 20/10 R; 🕑 6–18 Uhr) ist einer der wenige Orte, wo Wanderer tagelang keiner Menschenseele begegnen. Das **Vergelegen Natur Reserve** (☎ 033-702 0712; www.kznwildlife.com; Erw./Kind 15/10 R; 🕑 6–18 Uhr) zieht viele Angler an, die hier auf reichen Forellenfang hoffen. In der Gegend gibt es keine festen Campingplätze, Wanderer dürfen jedoch wild campen (30 R). Besucher erreichen das Reservat, indem sie 44 km nach Nottingham Road von der Straße, die von Lower Lotheni zum Sani Pass führt, abzweigen (am Mzinga River). Von dort sind es weitere 2 km.

Underberg

☎ 033 / 1500 Ew.

Im Sommer, wenn die Durbaniten zum Frischlufttanken in die Berge strömen, platzt das kleine Bauerndorf in den Ausläufern der südlichen Drakensberge aus allen Nähten.

Es gibt eine gute Infrastruktur, Besucher können Geld abheben, einkaufen und Touren buchen. Das stillere Himeville ganz in der Nähe ist ebenfalls ein freundlicher Ort (siehe rechts).

PRAKTISCHE INFORMATIONEN

First National Bank (Old Main Rd.) Mit Geldautomat. Nahe dem NUD Entertainment.

NUD Entertainment (☎ 033-701 1317; Old Main Rd.; Std. 60 R; ⌚ 10–18 Uhr) Internetzugang, liegt neben dem Spar.

Sani Pass Tours (☎ 033-701 1064; www.sanipasstours.com; Clocktower Centre, Old Main Rd.; Tagestouren pro Pers. 280 R; ⌚ Mo–Fr 9–17, Sa & So 9–14 Uhr) Bietet Tagestouren zum Sani Pass, sowie Pauschalpakete für speziellere Interessen. Auch werden Buchungen für das Sani Top Chalet in Lesotho (s. S. 613) getätigt. Ein paar andere Agenturen im Ort haben ein ähnliches Angebot von Touren.

Southern Drakensberg Escape Information Office (☎ 033-701 1471; www.drakensberg.org; Clocktower Centre, Old Main Rd.; ⌚ Mo–Fr 9–16.30, Sa & So 9–13 Uhr) Bringt die *Sani Saunter-Karte* und -Broschüre heraus (kostenlos), mit Adressen von Hotels, Hostels, Restaurants und Reiseleitern.

WC Books (☎ 033-701 2059; Clocktower Centre, Old Main Rd.; ⌚ Mo–Fr 9–17, Sa & So 9–14 Uhr) Verkauft gute lokale Karten.

AKTIVITÄTEN

Khotso Horse Trails (☎ 033-701 1502; www.khotsotrails.co.za) organisiert Ausritte und Trecks. (Besitzer Steve wird von Lesern – was eigentlich nichts zur Sache tut – als „Südafrikas Crocodile Dundee" bezeichnet.) Der Reitstall befindet sich 7 km nordwestlich von Underberg. Im nahe gelegenen **Pennygum** (☎ 033-701 1023) gibt es Flöße für gemütliche Flussfahrten zu mieten.

FESTIVALS

An jedem Osterwochenende findet das **Splashy Fen Festival** statt, ein Musikfestival mit sanften, alternativen Klängen. Der Schauplatz für die Auftritte der Barden ist 20 km von Underberg entfernt, an der Straße nach Drakensberg Gardens.

SCHLAFEN & ESSEN

Underberg Hotel (☎ 033-701 1412; Old Main Rd.; B/EZ/DZ inkl. Frühstück 70/190/320 R) Das Gasthaus hat schon bessere Tage gesehen, aber die Bar ist prima für ein Gläschen oder zwei, und die Zimmer sind nach einem Schlaftrunk auch ganz in Ordnung.

Valemount Country Lodge (☎ 033-701 1686; www.valemountafrica.com; EZ/DZ inkl. Frühstück 385/680 R) Das gemütliche, strohgedeckte Farmhaus-B&B mit liebenswertem Charme hat prasselnde Kaminfeuer im Winter und 48 ha Land für Erkundungen an wärmeren Tagen. Es liegt 8 km von Underberg an der Straße nach Kokstad.

Lemon Tree Bistro (☎ 033-701 1589; Clocktower Centre, Main Rd.; ⌚ Frühstück & mittags) Das freundliche Lokal serviert pikante Nudelgerichte, Burger und Pfannkuchen sowie auch Filterkaffee (7 R).

AN- & WEITERREISE

Sani Pass Carriers (☎ 033-701 1017; spc@y.co.za) betreibt montags und donnerstags Minibusse von Kokstadt nach Underberg (125 R, 1½ Std.) und täglich außer Sonntag nach Pietermaritzburg (115 R, 2 Std.); von dort fahren Busse weiter nach Durban. Die Fahrten müssen reserviert werden. Rückfahrkarten sind etwas billiger als zwei einfache Fahrten.

Es gibt einen neuen Shuttle von Durban nach Underberg und zurück (200 R einfach, 3 Std.), organisiert von **Gibela Backpackers** (☎ 031-303 6291). Der Shuttle fährt je nach Bedarf (Minimum zwei Leute) von zentralen Hostels in Berea und Durban bis zum Underberg Inn; von dort können sich die Gäste von ihren jeweiligen Unterkünften abholen lassen.

Minibus-Taxis bedienen die Strecken nach Himeville (5 R, 10 Min.) und Pietermaritzburg (30 R, 1½ Std.) und manchmal auch zum Sani Pass Hotel (s. S.381).

Himeville

☎ 033

Himeville, ein Katzensprung von Underberg entfernt, ist ein hübscher und ruhiger Ausgangspunkt für Abstecher in die südlichen Drakensberge.

Das **Himeville Museum** (☎ 033-702 1184; Eintritt mit Spende; ⌚ 9–12.30 Uhr) zählt zu den besten Heimatmuseen des Landes. Es befindet sich im letzten *laager* (feste Wagenburg), das in Südafrika gebaut wurde (1896). Das Museum enthält eine unglaubliche Ansammlung von Krimskrams, vom Union Jack, der bei der Belagerung von Ladysmith gehisst wurde, bis zu einer Karte von El Alamein, von Montgomery signiert. Mike, der Mann am Schalter, weiß über alles Bescheid.

SCHLAFEN & ESSEN

Für Informationen zu ein paar Hostels, die nahe Himeville an der Straße zum Sani Pass liegen, s. unten.

Himeville Arms (☎ 033-702 1305; www.himevillehotel.co.za; Main Rd.; B 95 R, EZ 270–290 R, DZ 480–520 R) Idyllisches Middle England trifft in diesem heimeligen Gasthaus auf (fast) modernes Himeville. Es gibt eine gemütliche Bar, bequeme Zimmer und jede Menge rustikale Atmosphäre.

Robin's Nest (☎ 702 1039; 11 Thomas St.; EZ/DZ inkl. Frühstück 190/380 R) Englischer geht's nicht: ein B&B mit Eichenmöbeln, Blümchendekor, und umwerfenden Gartenausblicken.

Moorcroft Manor (☎ 033-702 1967; info@moorcroft.co.za; EZ/DZ inkl. Frühstück 660/1100 R) Designer-Afrika trifft Himeville. Wer sich diesen Luxus nicht leisten kann, bürste seine Kleidung aus und genieße ein Mahl an formvollendet gedeckten Tischen. Sonntags gibt es ein Mittagessen für 75 R. Reservierung ist obligatorisch (keine Kinder unter zwölf Jahren).

AN- & WEITERREISE

Das einzige Verkehrsmittel von Himeville aus sind die Minibus-Taxis nach Underberg (5 R, 10 Min.).

Siehe Sani Pass (s. unten) für Informationen zur Anreise nach Lesotho.

Sehr empfehlenswert ist eine Fahrt von Himeville nach Nottingham Road. Die Entfernung zwischen den beiden Orten beträgt 92 km; davon sind 60 km auf einer etwas staubigen Pistenstraße zurückzulegen, die sich durch spektakuläre Landschaften windet. Der Abschnitt zwischen Himeville und Lower Lotheni ist eine Schotterstraße, deren Zustand vorher erfragt werden sollte. Für die Strecke zwischen Lower Lotheni und der Asphaltstraße, die nach Nottingham Road weiterführt, ist nach heftigem Regen ein Vierradantrieb ratsam.

Sani Pass

☎ 033

Die Fahrt hinauf zum Sani Pass ist ein Trip auf das Dach Südafrikas: eine spektakuläre Tour, die sich um Haarnadelkurven windet und ins Königreich Lesotho führt. Der Sani ist mit 2865 m der höchste Pass des Landes und die Aussichten (an klaren Tagen!) über den Umkhomazana River im Norden und die Klippen im Süden sind einfach traumhaft. Wanderwege gibt es in fast alle Richtungen, die Gegend ist auch ideal für Reitausflüge. Bemerkenswerterweise ist der Pass die einzige Straßenverbindung zwischen Lesotho und KwaZulu-Natal.

Auf dem Gipfel des Passes, gleich hinter dem Grenzübergang, liegt das Sani Top Chalet (s. S. 613). Verschiedene Anbieter organisieren Geländewagentouren zum Chalet.

Täglich verkehren Minibus-Taxis zwischen Mokhotlong (Lesotho) und Underberg (65 R), die Bewohner aus Mokhotlong nach Südafrika zum Einkaufen und wieder zurück bringen. Dies ist die billigste Möglichkeit, nach Lesotho zu reisen. In Himeville ist mehr über den Fahrplan der Minibus-Taxis zu erfahren.

Für Lesotho ist ein Reisepass nötig. Die Grenze ist auf der südafrikanischen Seite täglich von 8 bis 16 Uhr geöffnet (bis 17 Uhr auf der Seite Lesothos).

SCHLAFEN

Die folgenden Unterkünfte liegen alle an der Basis des Passes.

Sani Lodge (☎ 033-702 0330; www.sani-lodge.co.za; Camping 45 R, B/DZ mit Gemeinschaftsbad 65/80 R, 2-Bett-Rondavels 220 R) Die Lodge gehört Russell Suchet, dem Autor von *A Backpacker's Guide to Lesotho*, der seinen Gästen bei allen Fragen kenntnisreich zur Seite stehen kann. Es gibt dort über das hauseigene Unternehmen *Drakensberg Adventures* eine tolle Auswahl an Touren und Aktivitäten und natürlich jede Menge Insidertipps zur Region. Die Lodge befindet sich 10 km von Himeville entfernt an der Straße zum Sani Pass.

Sani Pass Hotel (☎ 033-702 1320; www.sanipasshotel.co.za; Zi mit Halbpension 1100 R) Das saubere 3-Sternehotel samt Wachen und Stacheldrahtzaun liegt an der Straße zum Sani Pass 14 km von Himeville entfernt. Vom Essen dort wird nichts Gutes berichtet.

Giant's Cup Trail

Wer vorhat, irgendwo in Südafrika seine Beine richtig zum Einsatz zu bringen, sollte das hier tun. Der Giant's Cup Trail (68 km, fünf Tage und Nächte) führt vom Sani Pass zum Bushman's Nek und ist zweifellos einer der großen Wanderwege des Landes. Da ihn jeder halbwegs fitte Wanderer begehen kann, ist er sehr beliebt. Frühzeitige Buchung (bis zu neun Monate im Voraus) über **KZN Wildlife** (☎ in Pietermaritzburg 033-845 1000) ist ratsam.

Was das Wetter angeht, gelten die für Drakensberg üblichen Vorsichtsmaßnahmen: Kälteeinbrüche sind jederzeit auch im Südsommer möglich.

Die Preise hängen von der Gruppenzusammensetzung ab.

Die Etappen sehen folgendermaßen aus: am ersten Tag werden 14 km, am zweiten 9 km, am dritten 12 km, am vierten 13 km und am fünften Tag 12 km zurückgelegt (es ist kein Rundweg!). Zu den Highlights entlang der Wanderstrecke gehören die **Bathplug Cave** mit San-Felszeichnungen und die atemberaubende Berglandschaft des Giant's Cup am vierten Tag. Geübte Geher können die Wanderung auch anspruchsvoller gestalten, indem sie zwei Etappen an einem Tag zurücklegen. Wenn das Wetter gut ist, sind auch Abstecher von den Hütten aus ins Gelände möglich. Gute Karten für den Weg und die Höhle kann man in der Sani Lodge für 45 R kaufen.

Camping ist nicht erlaubt. Die Quartiere beschränken sich auf die **Gemeinschaftshütten** (Erw./Kind 65/50 R), daher auch die Vorausbuchung. Feuerholz gibt es nicht, Kocher und Gas sind mitzubringen. Sani Lodge (s. S. 381), die sich fast am Startpunkt des Weges befindet, holt Gäste auf Anfrage in Himeville oder Underberg ab.

KWAZULU-NATAL

Bushman's Nek

☎ 033

Dies ist der Grenzposten zwischen Südafrika und Lesotho, den keine Fahrzeuge passieren dürfen. Von hier führen Wanderwege ins Felsmassiv und in Lesothos Sehlabathebe-Nationalpark. Zu Pferd ist es aber möglich, die Grenze nach Lesotho zu überschreiten (s. Khotso Horse Trails S. 380).

Quartier können Besucher im **Bushman's Nek Hotel** (☎ in Pinetown 031-701 9999; Zi mit Halbpension 300 R), 2 km östlich des Grenzpostens, beziehen und im **Silverstreams Caravan Park** (☎ 033-701 1249; www.silverstreams.co.za; Camping pro Pers. 90 R) mit Zeltstellplätzen direkt an der Grenze.

EAST GRIQUALAND

Die Region von East Griqualand, heute Southern Drakensberg, hat eine faszinierende Geschichte. Seit den 1820er-Jahren waren die Voortrekker in das Griquagebiet, das Land zwischen dem Vaal und dem Senqu (Oranje/Orange) River rund um Philippolis, vorgedrungen. Im Bewusstsein, dass das Land nicht für alle ausreichen würde, bestärkte der Griquahäuptling Adam Kok III. seinen Stamm, den Rest des Landes zu verkaufen und fortzuziehen.

1861 nahm Koks gesamte Gefolgschaft von 2000 Leuten mit 20 000 Stück Vieh ihre zwei Jahre währende, abenteuerliche Reise über die schroffen Berge von Lesotho nach Nomansland jenseits der Drakensberge auf. An den südlichen Hängen des Mt. Currie schlugen sie schließlich ihr Lager auf. 1869 zogen sie ins heutige Kokstad. Nomansland wurde nach der Annexion durch das Kap 1874 in East Griqualand umbenannt. Kok starb im folgenden Jahr, als er von seinem Karren geschleudert wurde.

Kokstad & Umgebung

☎ 039 / 25 100 Ew.

Kokstad wurde nach dem Griquahäuptling Adam Kok III benannt. Es liegt auf 1280 m Höhe im Tal des Umzimhlava River, zwischen Mt. Currie und den Ngele Mountains. Heute ist es eine lebhafte kleine Stadt mit gediegenen Gebäuden und hervorragenden Verkehrsverbindungen.

Das Avisbüro neben dem Mount Currie Inn dient auch als **Touristeninformation** (☎ 039-727 2178; exploreeg@futurenet.co.za; ⌚ 8–16.30 Uhr).

Das **East Griqualand Museum** (Main St.; Eintritt mit Spende; ⌚ Mo–Fr 9–16, Sa 9–12 Uhr) bietet neben den üblichen heimatkundlichen Exponaten ein paar interessante Informationen zur Geschichte der Griquas.

Ein paar Kilometer nördlich von Kokstad, abseits der Route 626 Richtung Franklin, befindet sich das **Mount Currie Nature Reserve** (☎ 039-727 3844; www.kznwildlife.com; Erw./Kind Mo–Fr 10/5 R, Sa & So 9 R; ⌚ 6–18 Uhr). In dem 1800 ha großen Schutzgebiet können Besucher wandern, angeln und Vögel beobachten. Ein Denkmal markiert die Stelle von Adam Koks erstem *laager*. Es gibt Zeltstellplätze (45 R pro Pers.) und 2-Bett-Hütten (95 R pro Pers.) – letztere müssen direkt vor Ort gebucht werden.

SCHLAFEN & ESSEN

Mount Currie Inn (☎ 039-727 2178; Fax 039-727 2196; EZ/DZ 440/580 R) Das Hotel liegt am Stadtrand, an der Hauptstraße zur N2, und ist Kokstads beste Unterkunft. Gäste dürfen sich nicht von den benachbarten Tankstellen und Fastfoodläden abhalten lassen: Es ist wirklich ein nettes Hotel mit einer prima Bar und dem Restaurant Cassandra's (Hauptgerichte 35–70 R).

AN- & WEITERREISE

„Shoprite's Money Market" verkauft Karten für die Translux- und Citylinerbusse, die am Wimpy (nahe dem Mount Currie Inn), ein bisschen außerhalb der Stadt an der Durban–Mthatha-Straße, halten. Die Busse fahren täglich u. a. nach Durban (120 R, 4 Std.), Port Elizabeth (230 R, 11 Std.), Kapstadt (420 R, 23 Std.) und Johannesburg (230 R, 9 Std.).

Minibus-Taxis haben ihre Haltestelle an der Groom Ecke Main Street. Reguläre Taxis oder Überlandbusse fahren nach Pietermaritzburg (45 R, 4½ Std.) und Durban (45 R, 4½ Std.).

DIE MIDLANDS

Die Midlands erstrecken sich nordwestlich von Durban bis Estcourt und streifen im Nordosten das Zululand. Das Agrarland mit der Hauptstadt Pietermaritzburg ist kaum von touristischem Interesse.

Westlich von Pietermaritzburg dehnt sich malerisches Hügelland mit vielen Gestüten und zahlreichen europäischen Baumarten aus. Englische Farmer waren hier die ersten Siedler.

Die Region entlang der Route 103, westlich der N3 und nordwestlich von Pietermaritzburg, wird heute heftigst als *Midlands Meander* („eingetragenes Warenzeichen") von Werbeleuten ins öffentliche Bewusstsein gebracht – ein leicht bemühtes Gebräu aus Kunsthandwerksläden, künstlerischen Ambitionen, Teestuben und B&Bs. Das „Mäandern" hinter Pietermaritzburg ist zwar ein gemütlicher Ausflug, aber kein echter Ersatz für interessantere Naturregionen. Die informative Broschüre *Midlands Meander* ist in den Touristeninformationen erhältlich und enthält eine farblich aufgeschlüsselte Karte der Gegend.

PIETERMARITZBURG

☎ 033 / 457 000 Ew.

Pietermaritzburg, KZN's Verwaltungs- und Regierungshauptstadt (bis kürzlich zusammen mit Ulundi), bezeichnet sich selbstbewusst als Kulturerbestadt. Die prachtvollen historischen Gebäude stammen noch aus einer Zeit, als man hier Tropenhelme trug und vor dem Mittagessen einen Martini schlürfte. Heute präsentieren sie sich stolz als museale Häuser und Hotels. Die Stadt ist tagsüber sehr lebhaft. Die große Zulugemeinde setzt malerische Akzente, und die indische Gemeinde bringt einen Hauch ihrer Heimat in die geschäftigen Straßen. Auch die vielen Studenten tragen zur Munterkeit der Stadt bei. Das Zentrum ist liebenswert gammelig, die Vororte jedoch grün und ruhig. Bedauerlicherweise leidet Pietermaritzburg dank seiner ungünstigen Lage in einer Senke unter Smog.

Geschichte

Nach der entscheidenden Schlacht am Blood River (s. S. 398) gründeten die Voortrekker die Republik Natal. Pietermaritzburg (gemeinhin als PMB bekannt) wurde 1838 als Hauptstadt gegründet und nach ihrem Führer Pieter Mauritz Retief benannt (das „u" fiel später weg, und bisweilen wird behauptet, dass mit dem Namen der Voortrekker Gert Maritz gewürdigt wird). 1841 bauten die Buren hier die Church of the Vow (Gelöbniskirche), um ihr am Blood River gegebenes Versprechen zu halten. Die Briten annektierten 1843 Natal, behielten aber Pietermaritzburg als Hauptstadt – da günstig gelegen und weniger feucht als Durban und zudem schon eine propere kleine Stadt.

Orientierung

Die touristisch interessantesten Plätze, etwa die Museen, sind im Zentrum von Pietermaritzburg zu finden, das auch bequem zu Fuß zu erkunden ist. Südöstlich des Zentrums befindet sich die Universität von Natal, im Westen der Botanische Garten und im Norden die relativ neue Liberty Midlands Mall.

Der nordöstliche Teil der Stadt, jenseits der Retief Street, ist ein weitgehend indisches Geschäftsviertel. Wie im Zentrum wird auch dort abends dicht gemacht, und die Gegend gilt dann als unsicherster Teil der Stadt. Nördlich davon liegt das indische Wohngebiet Northdale (mit Vororten namens Bombay Heights und Mysore Ridge, die an die Heimat erinnern).

Die Pine und die West Street im Südwesten der Stadt sind besonders für nächtliche Spaziergänge auf keinen Fall geeignet. Weiter in dieser Richtung befindet sich die überwiegend von Schwarzen bewohnte Schlafstadt Edendale.

Im Nordwesten, hinter dem Queen Elizabeth Park, schließen sich die grünen und exklusiven Wohnviertel an, etwa Hilton rund 10 km außerhalb. Bei Regen (oder Smog) liegt Hilton meist in den dunstigen Wolken.

PRAKTISCHES
- ABSA 1 B3
- Adams 2 B3
- American Express .... (siehe 4)
- First National Bank 3 B3
- Hauptpostamt 4 B3
- IDS Computers 5 A2
- Pietermaritzburg Tourism 6 C3
- Polizei 7 B3
- St Anne's Hospital 8 C3
- Wash Tub 9 B2

SEHENSWERTES & AKTIVITÄTEN
- Alte Kolonialgebäude 10 B3
- Gandhistatue 11 B3
- Hindutempel 12 D2
- Hindutempel 13 D2
- Macrorie House Museum 14 A4
- Modern Memorial Church 15 C2
- Moschee 16 D1
- Natal Museum 17 C3
- Rathaus 18 B3
- Standard Bank 19 B3
- Tatham Art Gallery (Old Supreme Court) 20 B3
- Voortrekker Museum 21 C2

SCHLAFEN
- Imperial Protea Hotel 22 C3
- Prince Alfred Street Backpackers 23 D3
- Smith Grove 24 A1
- Umphiti Backpackers 25 D3

ESSEN
- Afro Cafe 94 .... 26 C3
- Artist's Palate .... (siehe 20)
- Els Amics 27 D2
- Paddy's 28 B3

AUSGEHEN
- Crowded House 29 B2

TRANSPORT
- Budget .... (siehe 22)
- Fernbusse 30 C3
- Greyhound & Intercape Bus Offices 31 C3
- Minibus-Taxis nach Ladysmith 32 A4
- Minibus-Taxis nach Underberg 33 A3
- SA Roadlink & Translux-Busse 34 C3
- Stadtbusse .... (siehe 30)

KWAZULU-NATAL

Praktische Informationen

BUCHLÄDEN

Adams (☎ 033-394 6830; 230 Church St.; Mo–Fr 8.30–16.30, Sa 8–13 Uhr) Bietet eine breite Auswahl an Büchern und Karten.

GELD

Es gibt mehrere Banken in der Stadt.

ABSA (Longmarket Ecke Buchanan Sts.) Mit Geldautomat und Wechselstube.

American Express Bureau de Change (Victoria Centre, 157 Victoria Rd.)

First National Bank (Church St.)

INTERNETZUGANG

IDS Computers (☎ 342 7135; Victoria Centre, 157 Victoria Rd.; Std. 20 R)

MEDIZINISCHE VERSORGUNG

St. Anne's Hospital (☎ 033-897 5000; Loop St.)

NOTFALL

Polizeistation (☎ 845 2421, 10111; Loop St.)

POST

Hauptpostamt (Longmarket St.)

TOURISTENINFORMATION

KZN Wildlife Headquarters (☎ 033-845 1000; www.kznwildlife.com; Queen Elizabeth Park, Duncan McKenzie Dr.; Mo 8–17, Sa 8–12 Uhr) Informationen und Unterkunftsbuchungen für alle Parks und Reservate des KZN Wildlife. Das Büro liegt von der Commercial Rd. aus Richtung Howick Rd. Nach ein paar Kilometern kommt eine Kreuzung, dort rechts abbiegen (nicht geradeaus nach Hilton). Es gibt dort ein sehr kleines Schild, das auf „QE Park" hinweist (liegt 2 km entfernt). Einige Minibus-Taxis Richtung Hilton kommen an der Kreuzung vorbei.

Pietermaritzburg Tourism (☎ 033-345 1348; www.pmbtourism.co.za; 117 Commercial Rd.; Mo–Fr 8–17, Sa 8–13 Uhr) Hat hervorragende Informationen zur Stadt und zur Umgebung. Die Broschüre „Mini-Guide" beschreibt eine schöne Stadttour zu Fuß.

WASCHSALON

Wash Tub (☎ 033-345 7458; Shop 2, Park Lane Centre, Greyling Ecke Commercial Rd.; pro 5 kg 27 R; Mo–Fr 7–17.30, Sa 7–16, So 8–14 Uhr)

Sehenswertes & Aktivitäten

Die **Tatham Art Gallery** (☎ 033-342 1804; Fax 394 9831; Commercial Rd.; Eintritt frei; Di–So 10–18 Uhr) gehört zu den schönsten Sehenswürdigkeiten der selbst ernannten „Kulturerbestadt". Die Galerie im Old Supreme Court, dem ehemaligen Landgericht, wurde 1903 von Mrs. Ada Tatham gegründet und birgt eine wunderbare Sammlung französischer und englischer Gemälde aus dem 19. und frühen 20. Jh. Alle 15 Minuten erscheinen aus der goldbronzenen Uhr des Gebäudes kleine Figurinen, um die Uhrzeit zu bimmeln. Das koloniale **Rathaus** (Church St. Ecke Commercial Rd.) gilt als größter Backsteinbau der südlichen Hemisphäre.

Im **Macrorie House Museum** (☎ 033-394 2161; 11 Loop St.; Erw./Kind 5/2 R; Mo 11–16, Di–Fr 9–13 Uhr) sind Möbel und Gegenstände der frühen britischen Siedler ausgestellt. Das **Voortrekker Museum** (☎ 033-394 6834; Longmarket Ecke Boshoff Sts.; Erw./Kind/Studenten 3/1.50/1 R; Mo–Fr 8–16.30, Sa–13 Uhr) widmet sich der Geschichte der Trekker. Zu den Exponaten gehören Retiefs Gebetbuch und Wasserflasche sowie eine Nachbildung eines Treckkarrens. Auf dem Museumsareal befindet sich auch die Church of the Vow. Sie wurde 1841 errichtet, um das Gottesgelöbnis der Vortrekker während der Schlacht am Blood River zu erfüllen. Der Wortlaut des Gelöbnisses ist in der **Modern Memorial Church** neben der Tür zu lesen.

Das **Natal Museum** (☎ 033-345 1404; 237 Loop St.; Erw./Kind 5/2 R; Mo–Fr 9–16.30, Sa 10–16, So 11–15 Uhr) präsentiert eine recht große Auswahl an Ausstellungsstücken, die die Vielfalt der verschiedenen Kulturen spiegelt, darunter Erinnerungsstücke der Siedler, Kriegsaufzeichnungen und afrikanische Tiere.

Das **Comrades House Museum** (☎ 033-897 8650; Connaught Rd.; Eintritt frei; Mo–Fr 8.30–13 Uhr) gedenkt des Comrades Marathon (s. Kasten S. 335). Die Connaught Road, in der sich das Museum befindet, zweigt von der Durban Road ab, einer Verlängerung der Commercial Road.

In den **Natal Botanical Gardens** (☎ 033-344 3585; 5 Swartskop Rd.; Erw./Kind 8/3 R; Sommer 8–18, Winter 8–17.30 Uhr), 2 km westlich des Bahnhofs, an der Verlängerung der Berg Street, gedeihen exotische Pflanzen und einheimische Nebelwaldflora.

Auf einem Spaziergang durch das Zentrum stößt man am Nordende der Longmarket Street auf zwei **Hindutempel**. Ganz in der Nähe, in der East Street, befindet sich die **Moschee**. Gegenüber dem Gebäude der alten **Kolonialverwaltung** in der Church St. erhebt sich trotzig eine **Gandhistatue.** Ghandi wurde hier seinerzeit aus einem Eisenbahnwaggon der 1. Klasse geworfen.

Die Standard Bank (Church St. Mall) wurde vom Architekten Phillip Dudgeon nach dem Vorbild der Bank of Ireland in Belfast entworfen.

Ein wenig profan ist der 14 m hohe **Peggy the Pegasus**, der für sich beansprucht, die größte Pferdefigur der Welt zu sein. Sie befindet sich am Eingang des **Golden Horse Casino** (☎ 033-395 8136; 45 New England Rd.).

Geführte Touren

Pietermaritzburg Tourism (☎ 033-345 1348; www.pmbtourism.co.za; 117 Commercial Rd.; ⌚ Mo–Fr 8–17, Sa 8–13 Uhr) organisiert Stadtführungen zu Fuß (80 R pro Pers.) und per Auto (150 R pro Pers.).

Festivals & Events

Dusi Kanumarathon Findet jeden Januar statt (s. Kasten S. 335).

Midmar Mile Im Februar findet das größte Wettschwimmen der Welt in einem Stausee statt.

Fire walking ceremony Ein jährliches Hindufest im April.

Art in the Park Im Mai findet Südafrikas größte Freiluftverkaufsausstellung für Kunst statt.

Comrades Marathon Findet im Juni statt; s. Kasten S. 335.

Garden & Leisure Show Südafrikas große Gartenausstellung im Oktober.

Amashoshova Cycling Race Im November; s. Kasten S. 335.

Echo Craft Bazaar In der Tatham Art Gallery wird im November lokales Kunsthandwerk verkauft.

Schlafen

BUDGETUNTERKÜNFTE

Umphiti Backpackers (☎ 033-394 3490; umphiti@mweb.co.za; 317 Bulwer St.; B mit Gemeinschaftsbad 75 R, DZ ab 170 R; 🅿) Freundliches, wenn auch leicht heruntergekommenes Hostel. Das viktorianische Haus wird wohl kaum als Paradebeispiel in einer Putzmittelreklame auftauchen, aber die Hilfsbereitschaft und die Fülle an Infos und angebotenen Aktivitäten machen das wett.

Prince Alfred Street Backpackers (☎ 033-345 7045, www.chauncey.co.za; 312 Prince Alfred St.; EZ/DZ 85/170 R) Das fröhliche Hostel mit bunten Moskitonetzen vor den Fenstern und ebensolchen Ethno-Ornamenten ist unschlagbar. Es ist das schickste „Backpackers" überhaupt und günstig zum Zentrum gelegen. Die Besitzer sind schwulenfreundlich, aber alle werden willkommen geheißen.

MITTEL- & SPITZENKLASSEHOTELS

In der Gegend gibt es viele B&Bs; Pietermaritzburg Tourism hilft bei der Buchung. Während größerer Sportveranstaltungen (siehe links) ist eine rechtzeitige Reservierung erforderlich.

Duvet & Crumpets (☎ 033-394 4133; www.duvetandcrumpets.co.za; 1 Freelands Pl.; EZ/DZ 200/300 R; 🅿) Das Haus liegt in einer ruhigen grünen Gegend und bietet eine Mischung aus einfachen, sauberen Zimmern und Selbstversorgerapartments. Es gibt auch einen Pool. Frühstück kostet extra.

Smith Grove (☎ 033-345 3963; www.smithgrove.co.za; 37 Howick Rd.; EZ/DZ 250/400 R) Das renovierte viktorianische Haus bietet B&B-Komfort im englischen Stil mit individuell gestalteten Zimmern in jeweils unterschiedlich gehaltenen Farben.

Torwood Lodge (☎ 033-390 1072; www.torwood.co.za; 3-Bett-Chalets 420 R; 🅿) Der wunderbare Komplex in malerischer Umgebung ist super für Stadt am Tag und Land in der Nacht. Er liegt 10 km außerhalb der Stadt (für die Wegbeschreibung anrufen oder auf der Webseite nachschauen). Die Besitzer holen auch gerne ab.

Redlands Hotel & Lodge (☎ 033-394 3333; www.guestnet.co.za; Howick Rd. Ecke George McFarlane Lane; EZ 545–770 R, DZ 675–880 R; ❄ 🅿) Das herrschaftliche Hotel bietet ein geschmackvolles Ambiente in imitiertem Kolonialstil und sehr persönlichen Service. Das große Grundstück trägt zum Gefühl der absoluten Ruhe bei. Es befindet sich nördlich des Zentrums, man geht an den Royal Agricultural Showgrounds vorbei.

Imperial Protea Hotel (☎ 033-342 6551; www.proteahotels.com/imperial; 224 Loop St.; EZ/DZ inkl. Frühstück 825/930 R; ❄) Von diesem geschichtsträchtigen Hotel aus ritt 1879 der französische Prince Imperial hinaus, um den Tod im Krieg zwischen Briten und Zulu zu erleiden. Einiges vom alten Inventar hat noch überlebt, und die vornehmen Zimmer sind ihr Geld wert, falls es gerade einen Sondertarif gibt (500 R!).

Essen & Ausgehen

Paddy's (☎ 033-345 4835; 22 Timber St.; Hauptgerichte 10–30 R; ⌚ Mittag- & Abendessen) Imbissbude trifft Tudorteestube mit so ziemlich dem billigsten Essen der Gegend.

Artist's Palate (☎ 033-342 8327; Commercial Rd.; Mittagessen 25–35 R; ⌚ Frühstück & mittags) Das kunstbeflissene kleine Café oben in der Tatham Gallery bringt kreative und gesunde Mahlzeiten auf den Tisch. Geöffnet während der Galeriezeiten.

TAPs (☎ 033-342 9658; Chatterton Rd.; Hauptgerichte 17.50–35 R; Mittag- & Abendessen;) Mehrere trinkbare Biere vom Fass, eine riesige Veranda und ein enormer Bildschirm für Sportübertragungen garantieren einen guten Kneipenabend. Ein Grill sorgt für herzhafte Mahlzeiten.

Afro Cafe 94 (☎ 033-345 0773; 266 Prince Alfred St.; Hauptgerichte 25–80 R; Mittag- & Abendessen) Hier gibt es „World-African-Cuisine": von Hluhluwe-Impala-Salat bis zu Springbocklende oder kubanischem Ochsenschwanz. Das freundliche Lokal liegt ganz in der Nähe mehrerer Unterkünfte.

Els Amics (☎ 033-345 6524; 380 Longmarket St.; Hauptgerichte 40–95 R; Di–Fr Mittag- & Abendessen, Sa abends) Das feine Lokal ist in einem gemütlichen viktorianischen Haus untergebracht und bietet noble, spanisch beeinflußte Speisen. Reservierung ist notwendig.

Butchery (☎ 033-342 5239; www.thebutchery.co.za; 101 Roberts Rd.; Hauptgerichte 46–70 R; 12–spät) Keine Frage, was auf der Speisekarte steht: Steaks und *biltong* (luftgetrocknetes Wildbret). Die Weinregale und die Veranda vollbesetzt mit Gästen schaffen eine gemütliche Atmosphäre. Auch Vegetarier kommen nicht zu kurz. Reservierung ist notwendig.

Eine weitere Empfehlung ist das **Lizard's Rock** (☎ 033-345 7745; Durban Rd.; Hauptgerichte 25–50 R; Mittag- & Abendessen;) Cocktailbar und Fischrestaurant südöstlich des Zentrums.

Unterhaltung

Crowded House (☎ 033-345 5977; 99 Commercial Rd.; Di–Sa 20 Uhr – open end) Eine Absackerbar, die „Pigs Night" anbietet: jeder kann innerhalb von zwei Stunden für nur 30 R soviel trinkt, wie er schafft.

Es gibt mehrere Theater, u. a. das **Hexagon** (☎ 033-260 5537; Golf Rd.), das zur Natal-Universität gehört. Es liegt 3 km südlich des Zentrums nahe der Durban Road. Karten für Veranstaltungen sind über **Computicket** (☎ 083-915 8000) telefonisch buchbar.

An- & Weiterreise

AUTO

Die meisten der großen Autovermieter haben vor Ort Vertretungen. **Budget** (☎ 033-342 8433; 224 Loop S.t; Mo–Fr 8–17, Sa 8–12 Uhr) befindet sich im Imperial Protea Hotel.

BUS

Die Büros der meisten Busgesellschaften befinden sich in der Berger Street oder direkt gegenüber im McDonalds Plaza. **Greyhound/Cityliner** (☎ 083-915 9000; www.greyhound.co.za), **Translux** (☎ 031-308 8111; www.translux.co.za), **SA Roadlink** (☎ 345 6890; www.saroadlink.co), **Luxliner** (☎ 011-914 4321; www.luxliner.co.za) und **Intercape** (☎ 0861 287 287; www.intercape.co.za) verlangen ähnliche Preise je nach Buskomfort. City to City (s. Translux) und Cityliner (s. Greyhound) haben die billigsten Angebote. Die Schalter sind generell von 7 oder 8 Uhr bis 23 Uhr geöffnet. Checkers/Shoprite verkauft ebenfalls Fahrkarten für einige Busstrecken.

Die Busse fahren u. a. nach Jo'burg (125–200 R, 6-7 Std.), Pretoria (195 R, 7–8 Std.), Kapstadt (400–480 R, 22 Std.), Port Elizabeth (310 R, 15 Std.) und Durban (50–180 R, 1½ Std.).

Cheetah Coaches (☎ 033-342 4444) pendelt täglich zwischen Durban und Pietermaritzburg und Durban International Airport. Die Fahrt nach Durban kostet 60 R.

Sani Pass Carriers (☎ 033-701 1017; spc@y.co.za) betreibt Busse zu den Southern Drakensberg Wilderness Areas. S. S. 380 für weitere Informationen.

Baz Bus (☎ in Durban 031-304 9099; www.bazbus.com) befährt zweimal wöchentlich die Strecke zwischen Durban und Pietermaritzburg.

Reiseveranstalter bieten Fahrten nach Estcourt (100 R), Ladysmith (140 R), Johannesburg (200 R), Pretoria (200 R) und Durban (100 R) an. **African Link Travel** (☎ 033-345 3175) erteilt telefonisch Auskunft.

FLUGZEUG

SAAirlink (☎ 033-386 92861), mit Büro am Flughafen, fliegt täglich nach Jo'burg (845 R Hochsaison).

MINIBUS-TAXI

Minibus-Taxis sind in der Church Street vor dem Bahnhof zu finden. Sie fahren nach Durban (30 R, 1 Stunde), Estcourt (40 R, 1¾ Std.), Ladysmith (55 R, 2½ Std.), Underberg (40 R, 2½ Std.), Newcastle (80 R, 3½ Std.) und Jo'burg (120 R, 8 Std.). Andere Taxis fahren ab Market Square (hinter Pietermaritzburg Tourism).

TRAMPEN
Trampen wird von Lonely Planet nicht empfohlen. Wer sich dennoch an der N3 mitnehmen lassen will, findet den aussichtsreichsten Platz am Exit 82 (Sanctuary/Armitage Road) von Durban kommend oder Exit 83 (Chatterton Road) aus Richtung Jo'burg.

ZUG
Pietermaritzburg wird vom *Trans Natal* bedient, der täglich (außer Di und Sa) die Strecke nach Jo'burg (1./2. Klasse 215/145 R, 10 Std.) und Durban (50/35 R, 2½ Std.) zurücklegt. Der *Trans Oranje* fährt mittwochs nach Kapstadt (1./2. Klasse 610/415 R, 36 Std.) und kehrt montags zurück. **Zugauskunft:** ☎ 0860-008 888.

Unterwegs vor Ort

Der zentrale Abfahrtsort für Stadtbusse befindet sich an der Straße hinter Pietermaritzburg Tourism.

Wer ein Taxi braucht, wende sich an **Yellow Cabs** (☎ 033-397 1910).

HOWICK & UMGEBUNG

☎ 033

In Howick, 25 km nordwestlich von Pietermaritzburg an der N3 gelegen, befindet sich der 95 m hohe **Howick-Wasserfall**, von dem sich Wagemutige abseilen können – organisiert von **Over The Top Adventures** (☎ 082-736 3651; www.overthetop.co.za). Weniger Couragierte können das **Howick Museum** (Eintritt frei; 🕓 Di–Fr 9–12 & 14–15.30, Sa 10–13, So 10–15 Uhr) aufsuchen, das vor dem Wasserfall liegt.

Auf eine reiche Artenvielfalt mit Giraffen, Zebras, Antilopen und um die 260 Vogelarten treffen Besucher im nahe gelegenen **Umgeni Valley Nature Reserve** (☎ 033-330 3931; www.wildlifesociety.org.za/umgeni.htm; 1 Karkloof Rd.; Erw./Kind 10/6 R; 🕓 8–16.30 Uhr) Auf sechs Wanderwegen lässt sich die Natur im Flusstal hautnah erleben.

Ein weiteres Touristenziel ist das **Midmar Nature Reserve** (☎ 033-330 2067; www.kznwildlife.com; Eintritt 15 R; 🕓 6–18 Uhr), das 7 km von Howick entfernt, abseits der Greytown Road liegt. Nicht die Tiere im Reservat ziehen die Besucher an, sondern das Wassersportangebot auf dem Stausee.

Ein unvergessliches Erlebnis organisiert **Karkloof Canopy Tours** (☎ 033-330 3415; www.karkloofcanopytour.co.za; Gruppen bis zu 6 Pers. 395 R; 🕓 8–15 Uhr) in Karkloof, 14 km nördlich von Howick. Auf dreistündigen Seiltouren geht es über die Baumkronen des Karkloof-Walds. Wer nicht schwindelfrei ist, sollte es lassen. Buchung ist erforderlich.

Schlafen

Midmar Nature Reserve (☎ 033-845 1000; www.kznwildlife.com; Munro Bay; Camping 45 R, Chalets 190 R) Hier kann man zelten oder in einem der kleinen Holzhäuser in der Munro Bay unterkommen.

Windermere Guest House (☎ 033-330 8284; windermeregh@yebo.co.za; 11 Windermere Pl.; EZ/DZ inkl. Frühstück 280/500 R; 🅿) Das Haus im kapholländischen Stil ist für diese Kategorie recht preiswert. Es hat luxuriöse Zimmer mit europäischem Flair und Designerdekor. Der weit gereiste und enthusiastische Besitzer ist Experte für lokale Kriegsgeschichte.

MOOI RIVER

☎ 033 / 10 000 Ew.

Die ersten Voortrekker hatten sich wohl einiges von Mooi River erwartet, da *mooi* „schön" bedeutet. Der Zuluname Mpofana („Ort der Elenantilope") kommt den Tatsachen schon näher. Heute ist Mooi River eine ziemlich heruntergekommene Stadt. Die Umgebung im Westen besteht allerdings aus einer schönen Hügellandschaft mit zahlreichen Gestüten und europäischen Baumarten.

Mooi River bietet sich als Ausgangspunkt für einen Abstecher zum Giant's Castle an. Es ist der Ortschaft Estcourt vorzuziehen, weil es näher am Park und direkt an der N3 liegt; das vereinfacht das Trampen, zumal

ENDE DER FREIHEIT

KwaZulu-Natals Midlands waren Schauplatz eines der bedeutendsten Ereignisse in der südafrikanischen Apartheidsgeschichte.

Im August 1962 endeten bei Howick Nelson Mandelas Tage der Freiheit, und seine lange Gefangenschaft nahm ihren Anfang.

Mandela fuhr mit Cecil Williams, Mitglied der MK (Umkhonto we Sizwe – Speer der Nation) auf der Old Horwick Road, als ihr Auto von der Polizei gestoppt wurde. Der Ort seiner Verhaftung an der Route 103 ist heute mit einem Denkmal markiert, das Mandela 1996 selbst enthüllte.

> **ZULUZAUBER**
>
> Eine erschwingliche Kulturerfahrung nach Zuluart bietet die **Ecabazini Zulu Homestead** (☎ 033-342 1928; ecabazini@futurenet.co.za; Halbpension 345 R, 2 Leute minimum), eine Farm an den Ufern des Albert Falls Dam, 22 km von Pietermaritzburg entfernt. Die Gäste werden mit allen Aspekten des traditionellen Zululebens, wie Düngen, Weben, Kochen und Tanzen, vertraut gemacht. Sie können die modernen Zuluhäuser auf dem Farmgelände aufsuchen und die lokale Küche probieren. Ankunftszeit ist um 14 Uhr und Abfahrt um 11 Uhr des folgenden Tages.

es wenig Minibus-Taxis gibt. Wer in Mooi River landet, ist für eine Übernachtung gut mit dem **Gleneagles Guest House** (☎ 033-263 2883; www.gleneagles.co.za; Claughton Tce.; EZ/DZ inkl. Frühstück 250/500 R) bedient. Das restaurierte und kinderfreundliche Herrenhaus nahe der Giant's Castle Road bietet geräumige Zimmer mit 1950er-Blümchendekor.

Es gibt einige hervorragende Landgasthäuser in der Umgebung – Einzelheiten siehe unten.

Die Greyhoundbusse zwischen Durban (100 R, 2 Std.) und Jo'burg/Pretoria (175 R, 8–9 Std.) halten an der Engen-Tankstelle an der Straße nach Rosetta nahe der N3 und 1 km vom Zentrum.

Minibus-Taxis fahren nicht so häufig und hauptsächlich in die umliegenden Dörfer.

NOTTINGHAM ROAD & UMGEBUNG

☎ 033

Der idyllische Ort Nottingham Road, benannt nach dem Nottinghamshire Regiment der britischen Armee, das hier stationiert war, ist nach den Cape Winelands vermutlich die mondänste ländliche Region des Landes (sie gehört zum Midlands Meander); es gibt ein paar erstklassige Gasthäuser mit großen Gärten.

Stillwaters Guest House (☎ 033-267 7280; stillwaters@futurenet.co.za; EZ/DZ 190/380 R) Die Besitzerin ist so bodenständig und freundlich wie ihr gemütliches Häuschen mit dem reizenden Bauerngarten. Es gibt Pläne, auf dem Grundstück mit Blick auf einen kleinen See zusätzlich ein Hostel zu bauen. Ab Rosetta sind es 500 m entlang der Kamberg Road bis zum Gästehaus.

Granny Mouse Country House (☎ 033-234 4071; www.grannymouse.co.za; Old Main Rd.; EZ/DZ inkl. Frühstück ab 395/790 R) Die preisgekrönte Unterkunft nahe dem Dorf Balgowan südlich von Mooi River ist nicht ein einziges Haus, wie der Name vermuten lässt, sondern eine Reihe adretter, strohgedeckter Luxushäuschen samt einer Kapelle. Es liegt abseits der Route 103, einer malerischen Straße zwischen Howick und Mooi River, die parallel zur N3 verläuft. Für Buchungen in der Wochenmitte gibt es Sondertarife.

Hartford House (☎ 033-263 2713; www.hartford.co.za; EZ inkl. Frühstück 610–1120 R, DZ pro Pers. 470–1015 R;) Das vornehme Haus, Würdenträgern angemessen, gehörte einst dem früheren Premierminister von Natal. Heute ist es eines der besten Luxushotels, was auch die Preise deutlich machen: südafrikanische Innengestaltung vom Feinsten.

BATTLEFIELDS

Grandiose Natur, spektakuläre Berge und großartige Wellen mögen ganz oben auf der Liste vieler Besucher der Provinz stehen. Aber die Geschichte von KwaZulu-Natal ist zutiefst mit den Schlachtfeldern, den Battlefields, verbunden, wo viele der blutigsten Kapitel des Landes geschrieben wurden. In KwaZulu-Natal wurde das britische Empire von einer Zuluarmee bei Isandlwana in die Knie gezwungen. Hier fand anschließend die heroische Verteidigung von Rorke's Drift statt und bekämpften sich Buren und Briten bei Ladysmith und Spioenkop. Hier rächten knapp 600 Voortrekker den Mord an ihrem Anführer Piet Retief, indem sie am Blood River eine Streitkraft von 12 000 Zulus vernichteten.

Die Battlefields sind ohne Auto nur unter Mühen zu erreichen. Sie sind so abgelegen, dass es selbst mit dem Auto schwierig sein kann, sie zu finden. Sie erstrecken sich in etwa entlang der Straßen N11 und Route 33 und umfassen das Gebiet nördlich von Escourt bis zu den Grenzen von Free State und Mpumalanga. Einen Führer zu haben ist sicherlich sinnvoll, um die Gegend zu erkunden – andernfalls meint man, ewig über leere Äcker zu marschieren. Mit einer kenntnisreichen Person an der Seite und ein bisschen Vorbereitung kann die sogenannte Battlefields-Route äußerst lohnend sein.

Weniger ansprechend sind die Orte Mooi River, Estcourt und Colenso – sie sehen aus, als wären sie erst jüngst in einen Krieg verwickelt gewesen, was auch irgendwie stimmt. Mit dem Bau der N3 (in den 1980er- und 1990er-Jahren), die diese Orte umging, und der folgenden Schließung lokaler Fabriken, haben sich viele Einwohner in die größeren Städte aufgemacht; die einst blühenden Orte scheinen vergessen worden zu sein.

Für ein bisschen Vorwissen sorgt die Website www.battlefields.kzn.org.za oder die Broschüre *Battlefields Route* von KZN Tourism – erhältlich in der **Tourist Junction** (☎ in Durban 031-304 4934) in Durban oder in allen anderen Touristeninformationsstellen der Region.

ESTCOURT & UMGEBUNG

☎ 036

Die einst blühende Stadt Estcourt wirkt heute still und ein wenig heruntergekommen, ist jedoch von hübschen Bauerndörfern umgeben. Sie liegt an der Busroute von Durban nach Jo'burg/Pretoria. Es gibt auch ein erstklassiges Wildreservat und ein interessantes Museum in der Nähe.

Bushman's River Tourism Association (☎ 036-352 6253; Old Civic Bldg., Upper Harding St.; Mo–Fr 8–16 Uhr) hilft bei der Unterkunft. **Makarios Reservations** (☎ 036-352 5187; makariosres@absamail.co.za; Mo–Fr 8–16 Uhr) ist im gleichen Gebäude und organisiert auch Battlefields-Touren einschließlich Transport.

Fort Durnford (☎ 036-352 3000; Eintritt mit Spende; 9–12 & 13–16 Uhr), heute ein Museum, wurde 1874 gebaut, um Estcourt vor Zuluangriffen zu schützen. 1914 war es eine Erziehungsanstalt für 20 „böse Mädchen". Es gibt interessante Exponate und ein nachgebautes Zuludorf am Eingang.

25 km nordöstlich von Estcourt befindet sich die 5000 ha große sanft hügelige Dornsavanne (Thornveld) des **Weenen Wildreservats** (☎ 036-354 7013; www.kznwildlife.com; Erw./Kind/Auto 12/12/15 R; 6–18 Uhr) mit Spitz- und Breitmaulnashörnern, Giraffen und mehrere Antilopenarten, darunter auch die seltene Pferdeantilope. Auf die Besucher warten ein Unterstand, ein Wasserloch und Picknickplätze. Wer will, kann an einer geführten Wanderung teilnehmen. Die Wege iMpofu (2 km) und Beacon View (3 km) sind für Wanderungen ohne Führung vorgesehen. Im Reservat gibt es **Campingplätze** (pro Pers. 45 R) und eine **5-Bett-Hütte** (pro Pers. 108 R) – es wird eine Mindestgebühr verlangt.

16 km nördlich von Estcourt und fast an der Stelle, wo die Route 103 auf die Route 74 trifft, wurde der junge Winston Churchill 1899 von den Buren gefangen genommen. Sie ließen den gepanzerten Zug, in dem er reiste, entgleisen; es gibt einen Steinhaufen und eine **Plakette** gleich neben der Straße. Vorsicht: Es ist sehr einsam hier.

Schlafen

Summer Place Backpackers Lodge (☎ 083-561 8996; B mit/ohne Frühstück 150/175 R, mit Halbpension 220 R) Der Name der Backpackerhütte lautet „Ekhumphumuleni" oder „ein Ort zum Relaxen", und wirklich, die 9-Bett-Hütte ist wirklich nett zum Längerbleiben. Sie liegt dicht am New Formosa Nature Reserve in der Ortschaft New Formosa nahe Estcourt. Am Schild zum Reservat an der Route 103 geht es links ab.

Ashtonville Terraces (☎ 036-352 7770; dlsa@telkomsa.net; 76 Albert St.; EZ/DZ inkl. Frühstück 260/390 R;) Das heimelige Haus gehört dem Vorsitzenden des lokalen Tourismusvereins – sehr praktisch für Informationen. Die hübsche Kolonialvilla inmitten eines tropischen Gartens bietet viele erwähnenswerte Extras wie viktorianische Bäder und ein gigantisches Frühstück.

An- & Weiterreise

BUS

Greyhound (☎ 031-334 9720; www.greyhound.co.za) Die Busse halten vor der Bushman's River Tourism Association in der Upper Harding Street, wo auch Fahrkarten verkauft werden. Sie fahren täglich nach Durban (100 R, 2½ Std.) und Jo'burg (175 R, 7½ Std.).

MINIBUS-TAXI

Der Stand der Minibus-Taxis befindet sich im Ortszentrum am Ende der Phillips Street vom Postamt aus. Ziele sind Winterton (12 R, 40 Min.), Ladysmith (18 R, eine Stunde), Pietermaritzburg (45 R, 1¾ Std.), Durban (55 R, 2½ Std.) und Jo'burg (95 R, 8 Std.).

COLENSO

☎ 036

Manche behaupten, das Beste an Colenso sei der Blick zurück über die Schulter beim

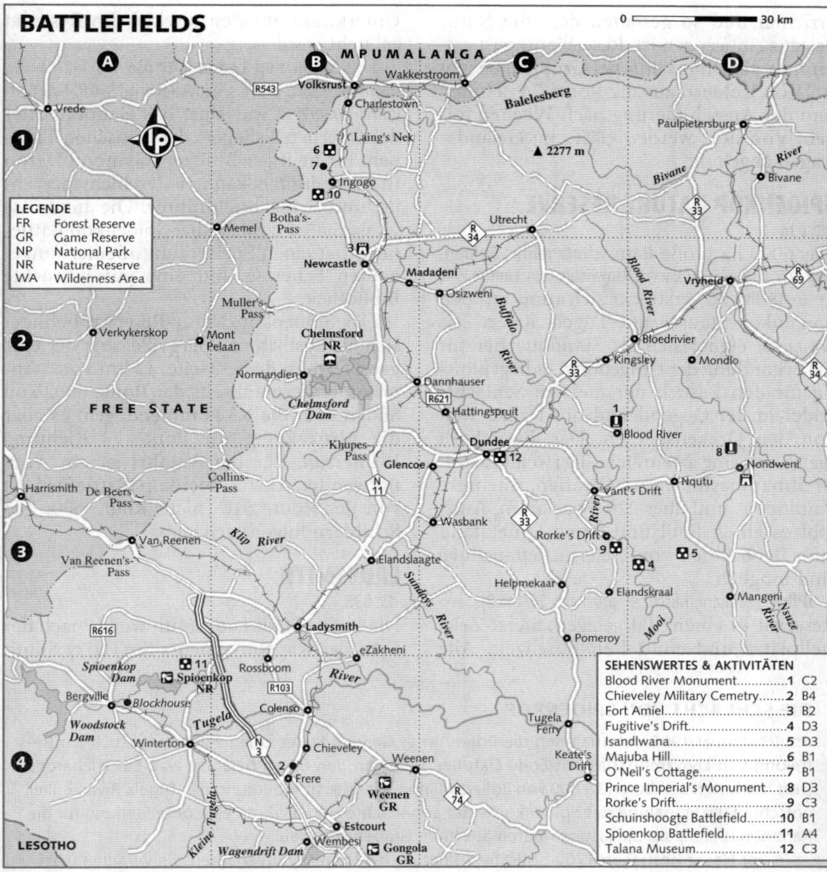

Verlassen des Ortes. Der trübselige und etwas gammelige Ort diente einst während der Befreiung von Ladysmith als britischer Stützpunkt. Wer hier herumschlendert, ist sehr wahrscheinlich ein unverwüstlicher Battlefield-Fan. Neben Spioenkop gibt es hier in der Nähe weitere Schlachtfelder, auf denen Briten gegen Buren kämpften, die meisten davon Zeugnisse des Triumphs burischer Guerillataktik über britisch-imperiale Disziplin.

Im Ort wurden ein kleines Museum und einige Gedenkstätten für die Schlacht von Colenso (Dezember 1899) errichtet – ein weiteres Disaster für den unglückseligen General Buller, eingehandelt von seinem Gegenspieler Louis Botha. Der Schlüssel zum **Museum** (Eintritt frei) liegt entweder bei Mrs. Louw im **Battlefields Hotel** (☎ 036-422 2242), in der Polizeistation (neben dem Museum) oder beim Kurator.

Lord Roberts' einziger Sohn Freddy wurde hier ebenfalls abgeschlachtet (mit etwa 1100 weiteren Briten); er ist auf dem **Chieveley Military Cemetry** südlich der Stadt Colenso begraben.

Zingela Safaris (☎ 036-354 7005; www.zingelasafaris.co.za; Vollpension pro Pers. 550 R). Das Buschcamp in herrlicher Umgebung bietet Entspannung oder jede Menge sportliche Aktivitäten, wie etwa Abseiling, Angeln oder Wildwasserfahrten (das Aktivitätenpaket kostet 150 R extra). Die geschmackvollen Hütten sind aus Stein und Zeltleinwand errichtet und so gestaltet, dass die Natur bestens einbezogen ist. Reservierung ist ratsam, da die Unterkunft bei Gruppen beliebt ist. Von Colenso aus die Route 74 nehmen und der Ausschilderung nach Weenen folgen. Von dort werden Gäste im Geländewagen abgeholt.

SPIOENKOP NATURE RESERVE

☎ 036

Das 6000 ha große **Naturschutzgebiet Spioenkop** (☎ 036-488 1578; www.kznwildlife.com; Eintritt 15 R; 6–18 Uhr;) erstreckt sich rund um den Spioenkop-Stausee am Tugela River. Das Reservat eignet sich als Standquartier für die Erkundung der Umgebung. Es liegt günstig für den Besuch der meisten Schlachtfelder in der Gegend und nicht allzu weit von den Drakensbergen. Den Besuchern bietet sich eine artenreiche Tierwelt u. a. mit Breitmaulnashörnern, Giraffen, mehrere Antilopen- und über 270 Vogelarten. Auch gibt es einen Pool und einen Unterstand zum Beobachten von Geiern. Reitausflüge sind möglich

iPika (Camping/Buschzelt pro Pers. 50/146 R), im Reservat in einem Tal gelegen, bietet Zeltstellplätze und ein 4-Bett-Buschzelt. Alle Unterkünfte müssen direkt beim Reservat gebucht werden.

Die **Spion Kop Lodge** (☎ 036-488 1404; www.spionkop.co.za; Zi pro Pers. mit Vollpension 890 R, 4-/6-Bett-Hütten 890/990 R) war einst das Hauptquartier des Oberbefehlshabers der britischen Truppen. Ihr heutiger Besitzer Raymond Heron ist ein weithin bekannter Geschichtenerzähler und Schlachtfeldführer. Die luxuriöse „Kaserne" mit Blick über Spioenkop Battlefield, hat einen Speiseraum in einer umgebauten Scheune und eine gut bestückte Bibliothek.

Das Spioenkop-Natur-Reservat befindet sich nordöstlich von Bergville, aber der Eingang liegt an der Ostseite, 13 km von Winterton entfernt, abseits der Route 600. Von Süden über die N3 kommend, geht es über die Abzweigung zur Route 74 Richtung Winterton. Für die Anfahrt ist ein Auto notwendig. Das Spioenkop Battlefield ist von der Route 616 (nicht Route 600; den Schildern folgen) erreichbar.

LADYSMITH

☎ 036

Die kleine Stadt Ladysmith wurde nach der Frau des Kapgouverneurs Sir Harry Smith

DIE SCHLACHT VON SPIOENKOP

Am 23. Januar 1900 unternahmen die Briten unter General Buller einen zweiten Versuch zur Befreiung von Ladysmith, das seit Ende Oktober 1899 von den Buren belagert war. Bei Trichardt's Drift hinderten 500 Buren 15 000 von Bullers Männern an der Überquerung des Tugela River. Buller entschied die Einnahme des Spioenkop – der abgeflachte Hügel würde eine gute Stellung für die Kanonen bieten, um die lästigen Buren aus ihren Gräben zu jagen.

In der Nacht bestiegen 1700 britische Soldaten den Hügel und verjagten die wenigen wachhabenden Buren. Sie hoben einen Graben aus und warteten auf den Morgen. Der Burenkommandant Louis Botha hatte inzwischen von dem Überfall gehört. Er befahl, seine Feldgeschütze auf den Spioenkop zu richten und postierte einige seiner Männer auf umliegenden Hügeln. Als ein nebliger Morgen anbrach, machten sich weitere 400 Soldaten der Buren an den Aufstieg auf die Kuppe des Spioenkop.

Die Briten hätten die 400 Mann leicht abwehren können, aber als sich der Nebel lichtete, setzte sofort ein Kugel- und Granatenhagel ein. Die Briten verzogen sich in ihre Gräben und viele ergaben sich am Nachmittag nach ununterbrochenem Beschuss. Mittlerweile war auf der Seite der Briten Verstärkung angerückt, und die Buren konnten die Gräben nicht einnehmen. Eine blutige Pattsituation entwickelte sich.

Nach Sonnenuntergang verließen die Briten den Hügel, die Buren ebenfalls. Beide Rückzüge wurden so geschickt getätigt, dass keine der Seiten den Abzug der anderen bemerkte. In dieser Nacht wurde der Spioenkop von den Toten gehalten.

Erst am nächsten Morgen erklommen die Buren wieder den Spioenkop, um festzustellen, dass er ihnen gehörte. Die Buren hatten 1340 Briten getötet oder verwundet – Ghandis Sanitätseinheit leistete gute Arbeit in dieser Schlacht. Buller befreite die Stadt Ladysmith einen Monat später am 28. Februar.

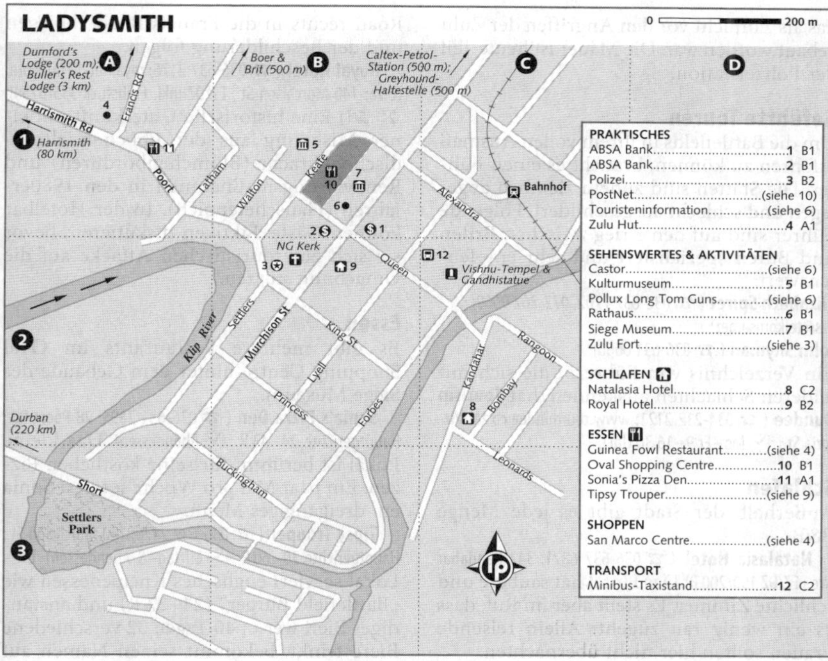

benannt, aber der Name hätte auch prachtvoller ausfallen können: ihr tatsächlicher Name lautete nämlich Lady Juana Maria de los Dolores de Leon Smith.

Die Stadt erlangte im Krieg zwischen Buren und Briten 1899–1902 Bekanntheit, als sie von den Buren 118 Tage lang belagert wurde. Vor nicht allzu langer Zeit machte sie Schlagzeilen als Heimat der Gesangsgruppe *Ladysmith Black Mambazo*. Von der kriegerischen Vergangenheit abgesehen – einige Gebäude stammen noch aus der Belagerungszeit – ist Ladysmith eine recht nette Stadt.

Praktische Informationen

ABSA (Queen Ecke Murchison St.) Hat zwei Filialen an dieser Ecke, eine mit Geldautomat.

Polizei (☎ 036-638 3309; King St.) An der NG Kerk.

Touristeninformation (☎ 036-637 2992; www.ladysmith.co.za; Murchison St.; Mo–Fr 9–16, Sa 9–13 Uhr) Im Siege Museum. Auch Informationen zu geführten Touren zu den Battlefields.

Zulu Hut (☎ 036-631 4413; San Marco Centre, 3 Francis Rd.; Std. 40 R; Mo–Sa 8–17, So 8–13 Uhr) Bietet einen Internetzugang.

Sehenswertes & Aktivitäten

Das hervorragende **Siege Museum** (☎ 036-637 2231; Erw./Kind 2/1 R; Mo–Fr 9–16, Sa 9–13 Uhr), im Market House (erbaut 1884) neben dem Rathaus, wurde während der Belagerung als Proviantspeicher genutzt und dokumentiert das Leben während dieser Zeit. Es gibt hier auch Stadtführer.

Im kleinen **Kulturmuseum** (☎ 036-637 2231; 25 Keate St.; Erw./Kind 2/1 R; Mo–Fr 9–16 Uhr) gibt es ein paar verstaubte Exponate und einen Raum, der *Ladysmith Black Mambazo* gewidmet ist.

Vor dem **Rathaus** stehen zwei Kanonen, **Castor** und **Pollux**, die von den Briten zur Verteidigung von Ladysmith benutzt wurden. In der Nähe findet sich auch eine Replik von **Long Tom**, einer Kanone der Buren mit einer Schussweite von 10 km. Long Tom wurde von einem britischen Stoßtrupp während der Belagerung außer Gefecht gesetzt, aber erst, nachdem er schon ordentlich Schaden angerichtet hatte.

In der King Street (gegenüber Settlers Dr.) befindet sich ein Stück Mauer mit Schießscharten. Sie gehörte zum **Zulu Fort**, das als Zuflucht vor den Angriffen der Zulu gebaut worden war. Die Mauer ist heute Teil der Polizeistation.

Geführte Touren

Um die Battlefields in ihrem vollen Ausmaß erfahren zu können, braucht es einen Führer. Die Stätten sind zudem ziemlich abgelegen und schlecht ausgeschildert. Folgende Führer sind auf den Krieg zwischen Briten und Buren spezialisiert und sehr empfehlenswert:

Elizabeth Spiret (☎ 036-637 7702, 072-262 9669; lizs@telkomsa.net)

John Snyman (☎ 036-631 0660)

Ein Verzeichnis von Führern, die sich mit anderen Schlachten auskennen, hat **Tourism Dundee** (☎ 034-212 2121; www.tourdundee.co.za; Victoria St.; Mo–Fr 9–16.30 Uhr).

Schlafen

Außerhalb der Stadt gibt es jede Menge B&Bs.

Natalasia Hotel (☎ 036-637 6821; 342 Kandahar Ave.; EZ/DZ 150/200 R) Das Hotel hat saubere und schlichte Zimmer. Es steht aber im Ruf, dass es ein wenig rau zugeht. Allein reisende Frauen sollten hier nicht übernachten.

Boer & Brit (☎ 036-631 2184; Fax 036-637 3957; 47-49 Convent Rd.; EZ/DZ 170/220 R) Seinem Namen getreu („Buren & Briten") begrüßt das freundliche B&B (und seine Hunde) alle Reisende unabhängig von ihrer Nationalität. Der Garten ist ein Stück Dschungel und hat einen Grillplatz. Wer sparen will, kann auch zelten. Es liegt nördlich des Zentrums, abseits der Berea Road.

Durnford's Lodge (☎ 036-637 2828; www.durnfordslodge.co.za; 28 Francis Rd.; EZ/DZ inkl. Frühstück 260/360 R) Die Zimmer in dieser belagerungssicheren Unterkunft mögen zwar klein wie Zellen sein, sind aber recht angenehm. Freiheit erscheint in Form der großen offenen Lobby, dem Garten und dem Pool.

Buller's Rest Lodge (☎ 036-637 6154; www.bullersrestlodge.co.za; 61 Cove Cres.; EZ/DZ inkl. Frühstück 325/440 R) In diesem schnieken strohgedeckten Haus möchte mancher länger bleiben. Es gibt eine lauschige „Burenkrieg"-Kneipe mit Battlefields-Gegenständen, leckeres Essen und von der Veranda einen Blick auf die Drakensberge. Besonders am Wochenende strömt die lokale Geschäftswelt hierher. Von der Harrismith (Port) Road rechts in die Francis Road abbiegen und der Beschilderung folgen.

Royal Hotel (☎ 036-637 2176; royalhotel@intekom.co.za; 140 Murchison St.; EZ/DZ inkl. Frühstück 335/575 R) Eine historische Unterkunft mit einer Mischung aus der üblichen altmodischen Pracht (Blümchenbordüren) und Renovierungsmaßnahmen in den 1980er-Jahren (Flauscheteppich). In der Hotelbar können Gäste Taktiken diskutieren, bevor sie sich zur touristischen Attacke auf die Umgebung stürzen.

Essen

Es gibt mehrere Restaurants im Oval Shopping Centre hinter dem Gebäude des Siege Museum.

Sonia's Pizza Den (☎ 036-631 2895; 28 Poort Rd.; Hauptgerichte 24–43 R; Abendessen) Das kleine Lokal ist berühmt für seine köstlichen Pizzen. Ein paar Mal pro Woche serviert Sonia ein dreigängiges Menü.

Tipsy Trouper (☎ 036-637 2176; 140 Murchison St.; Hauptgerichte 30–60 R; Mittag- & Abendessen) Das Lokal serviert englisches Kneipenessen wie „Battlefield Burger" (24–27 R) und anständiges Bier; wer in 40 Tagen 32 verschiedene Biere trinkt, bekommt seinen Namen auf eine Messingplakette graviert. Es befindet sich im Royal Hotel.

Guinea Fowl Restaurant (☎ 036-637 8163; Hauptgerichte 40–70 R; Mittag- & Abendessen) Das Lokal ist eines der feineren Restaurants in Ladysmith und erlaubt eine weitere Schlachtfeldanalogie: „Mal gewinnt man, mal verliert man". Das Personal ist freundlich, aber Reisende berichten von wechselnder Qualität der Fleischgerichte.

An- & Weiterreise

BUS

Busfahrkarten gibt es bei Shoprite/Checkers im Oval Shopping Centre. Die Busse fahren an der Caltex-Tankstelle in der Murchison Road ab, und zwar täglch nach Durban (160 R, 4 Std.), Jo'burg (195 R, 6 Std.), Pretoria (195 R, 7 Std.) und Kapstadt (390 R, 19 Std.).

MINIBUS-TAXI

Der Stand der Minibus-Taxis befindet sich östlich vom Stadtzentrum nahe der Queen Ecke Lyell Street. Taxis nach Jo'burg stehen an der Alexandra Street ganz in der Nähe. Sie fahren u. a. nach Newcastle (35 R, eine

Stunde), Durban (75 R, 2½ Std.) und Jo'burg (110 R, 5 Std.).

ZUG

Der *Trans Oranje* (von Durban nach Kapstadt) und der täglich verkehrende *Trans Natal* (von Durban nach Jo'burg/Pretoria) halten hier, aber jeweils zu ungünstigen Zeiten. Weitere Informationen zu Zugfahrplänen s. S. 697.

NEWCASTLE & UMGEBUNG

☎ 034

Newcastle (309 000 Ew.), in Städtepartnerschaft mit dem Namensvetter in England, fehlt ein bisschen das Großstadtflair der Partnerstadt. Als Zentrum des Kohlebergbaus und der Stahlindustrie hat es jedoch die gleiche nüchterne Atmosphäre.

Die **Touristeninformation** (☎ 034-315 3318; www.tourismnewcastle.co.za; Scott St.; Mo–Fr 9–16, Sa 9.30–10.30 Uhr) befindet sich im Rathaus, das aus der Kolonialzeit stammt.

Es gibt ein Museum, das den Krieg zwischen Buren und Briten dokumentiert, untergebracht im **Fort Amiel** (☎ 034-328 7621; Eintritt 5 R; Di–Do 9–13, Fr 11–16, Sa–13 Uhr). Die Festung wurde 1876 erbaut, als der Konflikt mit den Zulus absehbar war.

Um zum **Chelmsford Nature Reserve** (☎ 034-351 1753; www.kznwildlife.com; Eintritt 10 R; 6–19 Uhr) zu gelangen, zweigt man 25 km südlich von Newcastle von der N11 ab (von dort 7 km bis zum Eingang). Das wunderschöne Wildreservat bietet außer Angelplätzen und Frühlingsblumen die größte Population der gefährdeten Oribi-Zwergantilopen in Südafrika. Unterkunft ist vorhanden.

Schlafen & Essen

KZN Wildlife (☎ 033-845 1000; www.kznwildlife.com; Camping/5-Bett-Chalets pro Pers. 55/117 R) Bietet Zeltstellplätze und Chalets mit Betten in guter Ausstattung im schönen Chelmsford Nature Reserve.

Cannon Lodge (☎ 034-315 2307; Fax 315 2308; 96 Allen S.t; EZ/DZ inkl. Frühstück 260/350 R) Das motelartige B&B haust in einem Ziegelhaus im Kolonialstil. Es hat saubere Zimmer und ein lebhaftes englisches Pub, wo Mittag- und Abendessen serviert wird (Hauptgerichte 30–68 R).

Newcastle Inn (☎ 034-312 8151; Fax 034-312 4142; Hunter Ecke Victoria Rds.; EZ/DZ 325/395 R) Annehmbare und eher nüchterne Unterkunft. Ein Auto ist aber notwendig, da sie etwas außerhalb des Zentrums liegt.

An- & Weiterreise

Shoprite und Checkers (im Zentrum und in der Amajuba Mall, gegenüber dem Newcastle Inn) verkaufen auch die Fahrkarten für die Greyhoundbusse. Diese fahren täglich von der Shell-Tankstelle in der Allen Street ab und bedienen die Strecke nach Johannesburg (175 R, 5 Std.) und Durban (170 R, 5½ Std.).

Es gibt etliche Autovermieter in Newcastle, darunter **Imperial** (☎ 034-312 2806) an der Engen-Tankstelle in der Murchison Street (östlich der Allen Street).

MAJUBA HILL

Der erste Krieg zwischen Buren und Briten endete Anfang 1881 abrupt mit der britischen Niederlage am Majuba Hill 40 km nördlich von Newcastle. Die **Gedenkstätte** (Erw./Auto 3.50/10 R; 7–17 Uhr) befindet sich abseits der N11. Das abgelegenere Schlachtfeld Laing's Nek ist ausgeschildert. Das Schuinshoogte-Schlachtfeld liegt ebenfalls in der Nähe.

Die Friedensverhandlungen fanden im **O'Neill's Cottage** nahe Majuba statt. Das Haus diente während der Schlacht als Lazarett und birgt heute eine Fotoausstellung.

UTRECHT

☎ 034 / 3500 Ew.

Utrecht war einst Hauptstadt einer der frühen Voortrekker-Republiken, die nicht größer als 30 mal 65 km war. Während des Kriegs zwischen Buren und Briten diente es als britisches Hauptquartier. Nach der Schließung der Minen in den 1960er- und 1970er-Jahren folgte der Niedergang, und Utrecht entwickelte sich fast zur Geisterstadt. Um den Tourismus anzukurbeln, kamen die Einwohner auf die Idee, Utrecht ein neues Image als „Stadt im Wildpark" zu verschaffen. Über 3500 ha Land – die Stadt eingeschlossen – wurden umzäunt und Wildtiere angesiedelt. Die Tiere lassen sich auf den Straßen zwar kaum blicken, dafür gibt es in dem kompakten Ort interessante Monumente und Gebäude.

Das **Utrecht Information Bureau** (☎ 034-331 3613; www.utrecht.co.za; 1 Voor St.; Mo–Fr 7.30–16 Uhr) liegt nahe dem Eingang zum *lapa* (ein rundes, strohgedecktes Haus, das einst zum

Kochen und für Zusammenkünfte genutzt wurde). Das **Old Parsonage Museum** (Loop St.; Eintritt 5 R; Mo–Fr 9–16 Uhr) präsentiert Lokalgeschichte.

Garantiert lassen sich Wildtiere im **Balele Community Game Park** (Fußgänger/Auto inkl. Passagiere 11/50 R; Camping/4-Bett-Hütten/4-Bett-Rondavels/4-Bett-Safarizelte 90/179/221/400 R) am anderen Ende der Stadt sichten. Der Park liegt an einem Stausee und wartet mit einem großen Angebot an Quartieren auf.

Mangosuthu Art & Craft Village & Backpackers (upuba@worldonline.co.za; 1 Voor St.; Zi mit Gemeinschaftsbad 90 R) bietet preiswerte Unterkunft in Rundhütten.

DUNDEE

☎ 034 / 29 000 Ew.

Dundee, eine auf dem Reißbrett geplante kleine Stadt, liegt in der Nachbarschaft zahlreicher Kohlebergwerke. Es gibt dort nicht viel zu unternehmen, aber die Stadt ist ein günstiger Stützpunkt für die Erkundung der regionalen Geschichte.

Tourism Dundee (☎ 034-212 2121; www.tourdundee.co.za; Victoria St.; Mo–Fr 9–16.30 Uhr), bei der Grünanlage im Zentrum, vermittelt Fremdenführer zu den Battlefields, die zwischen 300 und 500 R pro Tagestour verlangen. Sie führen zu den Kampfhandlungsstätten Rorke's Drift und Isandlwana .

An der Straße nach Vryheid, 1,5 km außerhalb der Stadt, befindet sich das faszinierende **Talana Museum** (☎ 034-212 2654; www.talana.co.za; Erw./Kind 15/2 R; Mo–Fr 8–16.30, Sa & So 10–16.30 Uhr). Talana bedeutet „das Regal, auf das wertvolle Sachen gelegt werden", ein bemerkenswert passender Name für dieses exzellente Museum und seine Umgebung mit Denkmälern, Marksteinen und historischen Gebäuden, die im Zusammenhang mit der Schlacht von Talana zwischen Briten und Buren 1899 stehen.

Das Museum präsentiert eine umfassende Ausstellung zu den Kriegen zwischen Briten und Zulu sowie Briten und Buren (darunter auch ein Foto von Mahatma Gandhi aus seiner Zeit als Bahrenträger bei den Sanitätern); es gibt Exponate zur Lokalgeschichte, außerdem erlesene Perlenarbeiten der Zulus sowie eine Ausstellung zu Glashütten und Kohlebergwerken. Kuratorin Pam McFadden ist ein wandelndes Lexion für alles Wissenwerte über Talana. Also viel Zeit mitbringen!

52 km östlich von Dundee (über die Routen R 33 und R 66) erreichen Reisende den Marktflecken Nqutu, ein wichtiger Handelsplatz für die Zulus der Umgebung. Weitere 30 km nördlich von Nqutu erhebt sich nahe Nondweni das Denkmal des Prince Imperial Louis Napoleon, des letzten Abkömmlings der Bonaparte-Dynastie. Er wurde hier am 1. Juni 1879 getötet. Beide Orte sind sehr abgelegen und schlecht ausgeschildert; es ist nicht empfehlenswert, sich ohne Führer dorthin aufzumachen.

Schlafen

Royal Country Inn (☎ 034-212 2147; www.royalcountryinn.com; Victoria St.; Hostel EZ & DZ 175 R, EZ/DZ inkl. Frühstück 335/460 R) Eine erstklassige Unterkunft für Touren zu den Battlefields. Die Gäste erwartet viktorianischer Charme, ein „englisches" Pub, ein großer Innenhof und gemütliche Zimmer, die nach den Helden der Schlacht von Rorke's Drift benannt sind.

Penny Farthing Country House (☎ 034-642 1925; www.pennyf.co.za; EZ/DZ mit Halbpension 440/1050 R;) Das heimelige Haus voller viktorianischem Kram und inmitten einer 3000 ha großen Rinder- und Wildtierfarm bietet gemütliche Zimmer, viel Platz und eine gesellige Atmosphäre. Es liegt 30 km südlich von Dundee an der Route 33 Richtung Greytown. Der Besitzer Foy Vermaak ist auch Fremdenführer (600 R für vier Personen mit dem eigenem Auto).

Kwa Rie (☎ 034-212 2333; www.caravanparks.co.za; Tandy Rd.; Camping 55 R, EZ/DZ 100/200 R;) Der erholsame Platz mit den Stein-Chalets à la *Familie Feuerstein*, einem See, Garten und Pool, ist eine hervorragende Wahl für schmale Geldbeutel. Er liegt 1,5 km südwestlich des Zentrums, erreichbar über die Victoria Street.

Empfehlenswert ist auch das **Battlefields Backpackers** (☎ 034-212 4040; battlepackers@telkomsa.net; B ab 80 R, DZ 200 R), das vom geprüften Battlefields-Führer Evan Jones und seiner Frau geführt wird. Das nette Haus bietet Willkommensdrinks und Touren zu den Battlefields, um nur einiges aus dem reichhaltigen Angebot zu nennen.

An- & Weiterreise

Nach Dundee gibt es kaum Verkehrsverbindungen. **PMB Heritage Tours** (☎ 034-212 4040) holt auf Anfrage von der Greyhound-Bushaltestelle am Fort Mistake (80 R einfach,

DIE SCHLACHT VON ISANDLWANA

Man mag es sich gar nicht vorstellen: Als ein Soldat aus einer der fünf britischen Armeen, die zur Invasion von Zululand angerückt waren, am 22. Januar 1879 über einen Grat blickte, sah er nicht eine leere Savanne, sondern 25 000 Zulukrieger, die kaum einen Kilometer entfernt im Gras kauerten. Diese wollten eigentlich erst am folgenden Tag, dem Tag nach Vollmond, angreifen. Aber nach ihrer Entdeckung gingen sie in Schlachtformation – zwei umschließende Hörner an den Flanken und die Hauptstreitkraft in der Mitte – und stürzten sich auf die Briten, die völlig überrascht und unvorbereitet waren. Am Ende des Tages war die britische Kolonne vernichtet, und der Krieg zwischen Briten und Zulu begann für die Invasoren mit einer Niederlage.

In der Zwischenzeit hörte das kleine britische Kontingent, das in Rorke's Drift (wo die Armee in Zululand einmarschiert war) zur Bewachung des Nachschubs verblieben war, von dem Disaster und befestigte ihr Lager. Sie wurden von über 4000 Zulus angegriffen, doch die Verteidiger, weniger als 100 kampffähige Soldaten, hielten bis zum Eintreffen einer Entlastungskolonne am Abend durch. Die Verteidiger wurden mit Viktoriakreuzen überhäuft – insgesamt elf – und weitere gingen an die beiden Offiziere, die in Fugitive's Drift 10 km südlich von Rorke's Drift bei der Verteidigung der Fahne der Königin starben.

70 km) ab, ebenso vom **Baz Bus** (☎ in Durban 031-304 9099; www.bazbus.com) in Winterton (180 R, 250 km).

ISANDLWANA & RORKE'S DRIFT

☎ 034

Wer *Zulu* gesehen hat, den Film, der Michael Caine zum Star machte, wird zweifellos auch von Rorke's Drift gehört haben. Dort verteidigten am 22./23. Januar 1879 139 britische Soldaten erfolgreich eine kleine Missionsstation gegen sage und schreibe 4000 Zulukrieger. Queen Victoria überhäufte die Überlebenden mit elf Viktoriakreuzen, und die Schlacht erhielt einen Ehrenplatz in der britischen Militärgeschichte.

Doch das ist nur ein Teil der Geschichte, wie Besucher auf der 15 km langen Fahrt über die Ebene nach Isandlwana erfahren können. Dort hatten nur wenige Stunden vor der Episode bei Rorke's Drift die Zulus dem Empire eine der größten Niederlagen zugefügt, als sie die Hauptmacht der britischen Streitkräfte vernichtend schlugen. Bezeichnenderweise wurde der Film über Isandlwana, *Die letzte Offensive* (1979), nie zum Kultfilm wie *Zulu* (1964). Siege verkaufen sich besser als Niederlagen.

Die beiden Schlachtfelder sollten am besten zusammen besucht werden. Das kleine Museum im **Besucherzentrum Isandlwana** (☎ 034-271 8165; Erw./Kind 15/5 R; 🕑 8–16 Uhr) ist ein guter Auftakt. Das Schlachtfeld zu Füßen des Isandlwana Hill ist sehr eindringlich. Weiße Steinhaufen und Denkmäler markieren jeden Punkt, wo ein britischer Soldat fiel – die gesamte Gegend ist übersät mit ihnen.

Zulu wurde in den Drakensbergen gefilmt, weswegen die Landschaft um Rorke's Drift ein bisschen enttäuschen kann. Das **Rorke's Drift Orientation Centre** (☎ 034-642 1687; Erw./Kind 15/5 R; 🕑 Mo–Fr 8–16, Sa & So 9–16 Uhr) an der Stelle der originalen Missionsstation ist hervorragend und unbedingt einen Besuch wert. Die Zulus nennen die Stätte Shiyane, der Name für den Hügel hinter dem Dorf. Die Broschüre *Rorke's Drift-Shiyane Self-Guided Trail* (3 R) ist hilfreich, um die genauen Umstände der Kämpfe zu verstehen.

Neben dem Museum befindet sich das **Evangelical Lutheran Church Art & Craft Centre** (☎ 034-642 1627; Eintritt mit Spende; 🕑 Mo–Fr 8–16.30, Sa & So 10–15 Uhr), eine der wenigen Einrichtungen, die während der Apartheid schwarzen Künstlern Kunstunterricht erteilten. Es gibt dort noch eine Werkstatt. Das Centre hält sich nicht immer an die angegebenen Öffnungszeiten.

Etwa 10 km von Rorke's Drift entfernt liegt das **Fugitive's Drift**. Dort wurden zwei britische Soldaten bei dem Versuch getötet, die Fahne der Queen zu retten.

Schlafen

Rorke's Drift Lodge (☎ 034-642 1805; www.rorkesdriftlodge.co.za; Rorke's Drift; EZ/DZ mit Halbpension 285/570 R;) Das gastliche Haus mit wunderbarem Blick auf die Battlefields vertritt das Prinzip „gut essen, gut schlafen". Es liegt 5 km über einen holprigen Feldweg vom

Rorke's Drift Orientation Centre entfernt – am Museumsausgang nach links, dort ist rechts ein Schild. Sinnvoll ist es, sich vorher telefonisch über die Straßenzustände und Abholmöglichkeiten von Ladysmith und Dundee zu erkundigen. Die Lodge organisiert Touren zu den Schlachtfeldern.

Fugitives' Drift Lodge (☎ 034-642 1843; www.fugitives-drift-lodge.com; Fugitives' Drift; EZ/DZ mit Halbpension 2880/4360 R;) Das großzügige Haus mit kolonialer Eleganz und voller Militärmemorabilia liegt in einem privaten Wildreservat und wird vom Battlefields-Experten David Rattray geführt (Touren 700 R). In einem etwas weniger glamourösen Gästehaus gibt es ebenfalls Zimmer (EZ/DZ 1550/2200R). In der Nebensaison sind die Preise reduziert. Die Lodge befindet sich 10 km von Rorke's Drift.

An- & Weiterreise

Die Schlachtfelder liegen südöstlich von Dundee: Isandlwana 70 km entfernt und über die Route 66 erreichbar, Rorke's Drift 42 km und über die Route 66 oder Route 33 erreichbar (die Abzweigung zur Route 33 befindet sich 13 km südlich von Dundee). Die Straßen zu beiden Stätten sind staubig und holprig. Eine Pistenstraße verbindet Isandlwana mit Rorke's Drift.

BLOOD RIVER MONUMENT

☎ 034

Am 16. Dezember 1838 traf eine kleine Voortrekkertruppe auf 12 000 Zulukrieger und rächte das Massaker an Piet Retief und seinen diplomatischen Begleitern. Über 3000 Zulus starben – der Fluss färbte sich rot von ihrem Blut –, während die Voortrekker kaum Verluste erlitten.

Die Schlacht wurde zum maßgeblichen Ereignis für die Geschichte der Buren. Der Sieg wurde später als göttliche Fügung und als Beweis dafür angesehen, dass die Buren einen göttlichen Auftrag hatten, Südafrika zu erobern und zu „zivilisieren" – und dass sie tatsächlich ein auserwähltes Volk seien.

Die Vorkommnisse am Blood River führten zu einer Erstarkung des weißafrikanischen Nationalismus. Es wurde jedoch stets bestritten (von Leach in *The Afrikaners – Their Last Great Trek* und anderen), dass die Bedeutung des Blood River mit Absicht überhöht und für politische Zwecke manipuliert worden sei.

Die Standardinterpretation des Sieges verzahnte sich mit der Weltsicht des einstigen Apartheidregimes: Horden von hinterhältigen schwarzen Wilden wurden von Buren in einer alttestamentarischen Gottesmission geschlagen. Noch immer kommen zahlreiche Besucher an jedem 16. Dezember zum Schlachtfeld. Aber der einstige „Tag des Schwurs" ist heute der „Tag der Versöhnung".

Das Schlachtfeld ist mit einer Bronzenachbildung des *laagers* und 64 Wagen in Originalgröße markiert. Der Steinhaufen wurde von Buren nach der Schlacht errichtet, um das Zentrum ihres *laagers* zu markieren. Das Monument und das **Blood River Museum** (☎ 034-632 1695; Erw./Kind 15/5 R; 8–16.30 Uhr) liegen 20 km südöstlich der Route 33; die Abzweigung befindet sich 27 km von Dundee und 45 km von Vryheid entfernt.

Das **Ncome Museum** (☎ 034-271 8121; Eintritt mit Spende; 8–16.30 Uhr), auf der anderen Seite des Flusses dokumentiert die Ereignisse aus der Perspektive der Zulu.

Free State

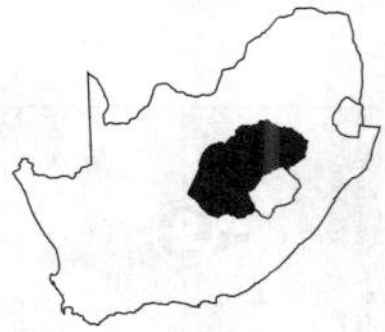

Nelson Mandela sagte einmal bei einem Besuch in Free State, er empfände ein unbeschreibliches Gefühl von Freiheit, seine Gedanken könnten sich hier ungehindert entfalten. Wer lange genug in dieser Provinz mit ihrem berühmten goldenen Licht und den pistaziengrünen Savannen umhergereist ist, kann Mandelas Gefühle gut nachvollziehen. Hier rumpeln Farmer mit Schlapphut und Overall in robusten, mit Schafen beladenen *baackies* über holprige Pisten, hier liegen rund um bunt bemalte Sotho-Häuser endlose Sonnenblumenfelder. In goldenes Licht getaucht, verzaubert der Golden Gate Highlands National Park am späten Nachmittag. Der Künstlerort Clarens wiederum wirkt erstaunlich aufgeschlossen für ein Städtchen mitten im Nirgendwo – und begeistert mit anspruchsvollen Galerien und charmanten Gästehäusern.

Zwar hat Free State keine Top-Sehenswürdigkeiten zu bieten. Doch wer beim Reisen hinter die Kulissen schauen will und offen für die Ideologien und Eigenarten des Landes ist, sollte ein paar Tage in Free State verbringen. Eine Reise durch die Provinz eröffnet völlig neue Sichtweisen. Die Region ist fest in der Hand der Buren, seit Anfang der 1990er-Jahre scheint sich hier nicht mehr viel geändert zu haben. Die Grenzen zwischen den Hautfarben sind nach wie vor starr, manch einer träumt immer noch heimlich von einem Burenstaat. Das ist manchmal nicht leicht zu ertragen, doch eine nicht zu leugnende Facette des neuen Südafrika. Keine Frage: Free State hat die Apartheid noch lange nicht hinter sich gelassen und noch zu keiner echten Toleranz gefunden, doch es gibt durchaus Fortschritte. Selbst in den kleinsten Dörfern beginnt ganz langsam die trennende Barriere zwischen Schwarz und Weiß zu fallen.

HIGHLIGHTS

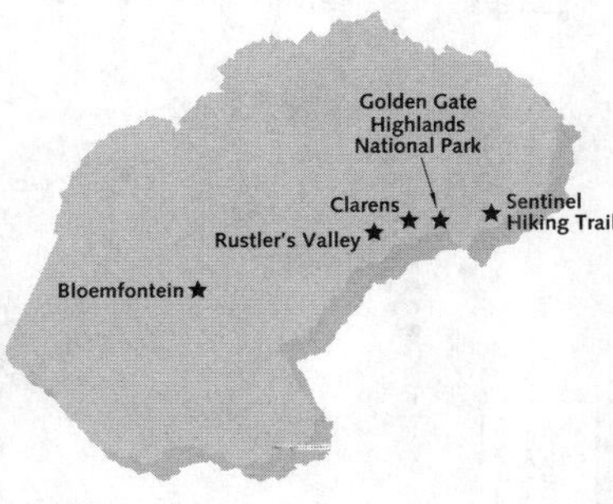

- In der überraschend schicken Kleinstadt **Clarens** nach Kunstwerken stöbern (S. 414)
- Den Sonnenuntergang im **Golden Gate Highlands National Park** (S. 412) genießen: Dann leuchten das pistaziengrüne Grasland und der Sandstein in goldenem Licht!
- Auf dem **Sentinel Hiking Trail** (S. 413) auf das Drakensberg Plateau hinaufklettern
- Auf Tolkiens Spuren **Bloemfontein** (S. 402) besichtigen – eine Stadt voller Studenten, Top-Juristen und uriger, alter Kneipen
- In einem der beiden supercoolen Guesthouses im idyllischen **Rustlers Valley** (S. 417) übernachten – umgeben von einem atemberaubenden Panorama

■ EINWOHNER: 2,7 MIO.	■ FLÄCHE: 129 480 km²

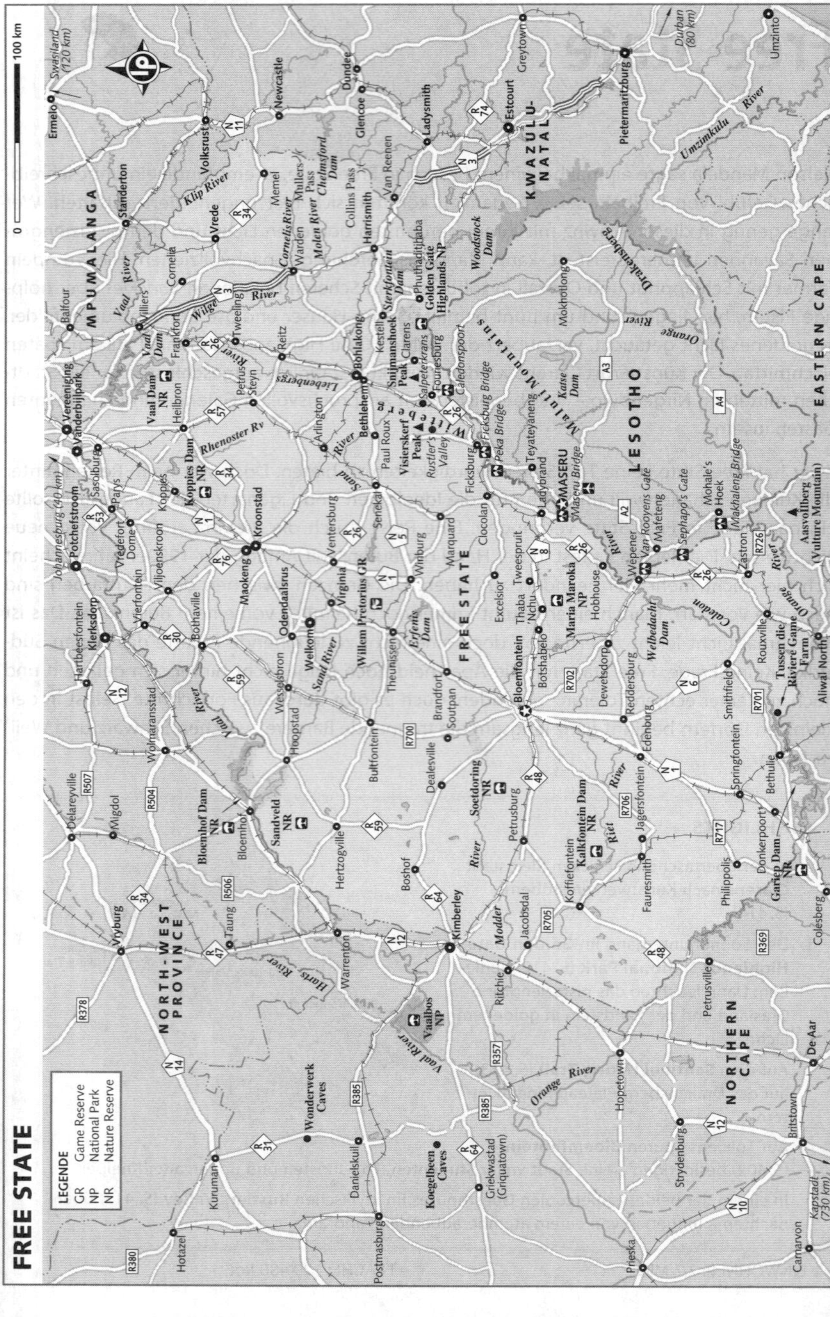
FREE STATE
LEGENDE
GR Game Reserve
NP National Park
NR Nature Reserve
0 100 km
MPUMALANGA
KWAZULU-NATAL
LESOTHO
EASTERN CAPE
NORTHERN CAPE
NORTH-WEST PROVINCE
FREE STATE
Bloemfontein
Kimberley
Welkom
Kroonstad
Bethlehem
Harrismith
Sasolburg
Vereeniging
Vanderbijlpark
Potchefstroom
Klerksdorp
Parys
Heilbron
Frankfort
Villiers
Vrede
Volksrust
Newcastle
Ladysmith
Estcourt
Pietermaritzburg
Durban (80 km)
Umzinto
Greytown
Dundee
Glencoe
Van Reenen
Warden
Memel
Reitz
Petrus Steyn
Lindley
Arlington
Kestell
Clarens
Fouriesburg
Ficksburg
Ladybrand
MASERU
Thaba 'Nchu
Botshabelo
Excelsior
Clocolan
Marquard
Senekal
Paul Roux
Winburg
Ventersburg
Virginia
Theunissen
Brandfort
Soutpan
Dealesville
Boshof
Hertzogville
Hoopstad
Bultfontein
Wesselsbron
Odendaalsrus
Bothaville
Viljoenskroon
Vierfontein
Koppies
Bloemhof
Wolmaransstad
Hartbeesfontein
Vryburg
Taung
Warrenton
Jacobsdal
Koffiefontein
Petrusburg
Fauresmith
Jagersfontein
Edenburg
Reddersburg
Dewetsdorp
Wepener
Hobhouse
Smithfield
Rouxville
Zastron
Aliwal North
Springfontein
Bethulie
Philippolis
Colesberg
Petrusville
De Aar
Hopetown
Strydenburg
Britstown
Prieska
Carnarvon
Kapstadt (730 km)
Griekwastad (Griquatown)
Postmasburg
Danielskuil
Kuruman
Hotazel
Ritchie
Delareyville
Ermelo
Swasiland (120 km)
Johannesburg (40 km)
Vaal River
Orange River
Modder River
Riet River
Caledon River
Sand River
Wilge River
Klip River
Vaal Dam
Erfenis Dam
Welbedacht Dam
Woodstock Dam
Sterkfontein Dam
Katse Dam
Koppies Dam NR
Vaal Dam NR
Bloemhof Dam NR
Sandveld NR
Soetdoring NR
Kalkfontein Dam NR
Willem Pretorius GR
Maria Moroka NP
Golden Gate Highlands NP
Vaalbos NP
Gariep Dam NR
Tussen die Riviere Game Farm
Wonderwerk Caves
Koegelbeen Caves
Drakensberg
Maluti Mountains
Witteberge
Visierskerf Peak
Snijmanshoek Peak
Aasvollberg (Vulture Mountain)
Ficksburg Bridge
Peka Bridge
Maseru Bridge
Van Rooyens Gate
Sephapo's Gate
Makhaleng Bridge

GESCHICHTE

Die Grenzen von Free State spiegeln seine herausragende Rolle in den Machtkämpfen der südafrikanischen Geschichte. Im Osten (jenseits des Caledon River) liegt Lesotho: Hier stoppten die unüberwindbaren Berge und die Kriegsstrategie des Sotho-Königs Moshoeshoe des Großen die Expansion der Buren. Im Südosten hingegen reicht Free State weit über den Caledon River hinaus in das flache Grasland, in dem die Maluti Mountains immer niedriger werden: Hier hatte Moshoeshoe Probleme, sein Land zu verteidigen.

Die Voortrekker gründeten ihre erste Siedlung in der Nähe des heutigen Thaba 'Nchu. Verschiedene Republiken kamen und gingen, und die Briten besetzten die Region nach dem Burenkrieg 1899–1902.

Der Oranje Free State wurde 1854 ausgerufen und Bloemfontein zur Hauptstadt erklärt. Der Zusatz Oranje wurde 1994 nach den ersten demokratischen Wahlen in Südafrika fallen gelassen.

KLIMA

Zwischen Juni und August ist es trocken und sonnig, mit Regen, Gewitter und Hagel ist dagegen zwischen Oktober und April zu rechnen. Im Winter fallen am Fuß der Maluti Mountains (unweit des Golden Gate Highlands National Park im östlichen Hochland) ergiebige Schneefälle.

SPRACHE

Die wichtigste Sprache ist Sotho, gefolgt von Afrikaans, Xhosa, Tswana, Zulu und Englisch. Nur 2 % der Bewohner von Free State sprechen Englisch als Muttersprache.

AN- & WEITERREISE

Bloemfontein ist sehr gut ans öffentliche Verkehrsnetz angebunden. Züge und Busse halten hier auf der Fahrt von Johannesburg und Pretoria in die südlichen Landesteile. Ebenso einfach ist es, nach Lesotho weiterzureisen: Taxis und Busse fahren täglich von Thaba 'Nchu und Bloemfontein Richtung Grenze.

Auf dem Land braucht man ein eigenes Fahrzeug, ansonsten ist man auf die selten fahrenden Minibus-Taxis angewiesen.

BLOEMFONTEIN

☎ 051 / 480 499 Ew.

Ganz gleich, ob man von Jo'burg oder Kapstadt, Kimberly oder Lesotho kommt: Bloemfontein bietet sich dank seiner Lage im Zentrum des Landes und an der Kreuzung mehrerer größerer Straßen als idealer Zwischenstopp an. Die Stadt ist übersichtlich und sicher, es gibt gehobene Restaurants und eine Reihe guter Kneipen, in denen man die Reisestrapazen mit eisgekühltem Lager herunterspülen kann.

Bloem, wie die Einheimischen die Stadt nennen, ist Provinzhauptstadt von Free State und zugleich Südafrikas juristische Kapitale. Der Tourismus ist deshalb stark auf Geschäftsreisende ausgerichtet. Bloem (sprich: bluhm) ist aber auch eine Universitätsstadt, hat eine lockere Atmosphäre und –zumindest während des Semesters – ein attraktives Nachtleben. Es gibt aber keinen Grund, extra von der Reiseroute abzuweichen, um Bloemfontein zu besichtigen. Wer aber in der Gegend ist, sollte sich die wenigen interessanten Sehenswürdigkeiten ruhig anschauen, u. a. eine der eindrucksvollsten Galerien innerhalb Südafrikas.

GESCHICHTE

Ursprünglich nannten die hier lebenden Tswana den Ort Manguang – Platz der Geparde. Der heutige Name stammt aus dem Afrikaans und bedeutet übersetzt Blumenquelle. Bloemfontein wurde 1854 Hauptstadt des neu gegründeten Oranje Free State. Damals war es eine kämpferische Grenzsiedlung und in ständiger Gefahr, von Soldaten des Sotho-Königs Moshoeshoe überrannt zu werden. Am Ende der 25-jährigen Regierungszeit von Präsident Johannes Brand war Bloem schließlich zu einer wohlhabenden Stadt mit imposanten Bauwerken und Bahnverbindungen zur Küste herangewachsen.

ORIENTIERUNG

Bloemfontein ist von scheinbar endlos vielen Vorstädten umgeben, doch das Stadtzentrum selbst ist übersichtlich und konzentriert sich rund um den Hoffman Square. Die Straßen verlaufen gitterförmig. Thaba 'Nchu an der Straße nach Botshabelo ist eine der größten Townships des Landes.

LORD OF BLOEMFONTEIN

JRR Tolkien, der Autor von *Herr der Ringe*, wurde 1892 in Bloemfontein geboren. Obwohl er im Alter von fünf Jahren nach England zog, glauben viele Einwohner von Bloem, dass die hier verbrachten Jahre Tolkien zum legendären Königreich Mordor inspiriert haben. Immerhin beschrieb er die Gegend seiner Kindheit einmal als „heiß, trocken und karg". Ein Graffiti in einer Kapstädter Kneipe drückte es anders aus: „Tolkien war nur einer von vielen Bloemfontein-Jungs auf Acid" ...

Wie auch immer – wer mehr über die örtliche Tolkien-Szene erfahren will, sollte das **Hobbit Boutique Hotel** (S. 405) aufsuchen, in dem die Tolkien Literary Society ihren Sitz hat. Die Leute zeigen Tolkeins Geburthaus, die Kathedrale, in der er getauft wurde, und das Grab seines Vaters. Obwohl sich die Stadt große Hoffnungen machte, aus der Begeisterung rund um die *Herr-der-Ringe*-Filme vor ein paar Jahren Profit schlagen zu können, wurde ihr „Tolkien Trail" nicht wirklich der Hit, den die PR-Leute versprochen hatten. Ein örtlicher Tourismus-Vertreter soll sogar einmal gesagt haben, Tolkien sei Bloomfonteins bestgehütetes Geheimnis. Dennoch: echte Tolkien-Fans sollten unbedingt im Hobbit vorbeischauen und ein gemütliches Kamingespräch mit Manager Jake Uys führen!

PRAKTISCHE INFORMATIONEN

Geld

Banken mit Geldautomaten liegen im Stadtzentrum, Automaten gibt es außerdem bei der Touristeninformation und an der Waterfront.

ABSA Im Pick 'n' Pay Centre gegenüber der Westfassade der Mimosa Mall (auch Wechselstube).

Amex (Mimosa Mall)

Internetzugang

Connix Internet (☎ 051-448 5648, Loch Logan Waterfront; Std. 30 R) Ein schicker Ort im Waterfront Shopping Centre, mit schneller Verbindung und fairen Preisen.

Post

Hauptpostamt (Groenendal St.) beim Hoffman Sq.

Touristeninformation

Free State Department of Environmental Affairs & Tourism (☎ 051-405 4062, Fax 051-403 3778, PO Box 264, Bloemfontein 9300) Ist nur schriftlich oder telefonisch erreichbar, gibt Auskünfte über Nationalparks und Reservate in der Region.

Information Centre (☎ 051-405 8489, www.bloemfontein.co.za, 60 Park Rd.; Mo–Fr 8–16.15, Sa 8–12 Uhr) Verteilt einen Stadtplan mit Rundgängen und die Broschüre *Bloemfontein Art Route* mit Adressen von Galerien, Museen und Kunsthandwerksverkaufsstätten.

Tourist Centre (Park Rd.) Haltepunkt der Fernbusse, Verkauf von Fahrkarten für alle großen Transportgesellschaften.

SEHENSWERTES & AKTIVITÄTEN

Überraschenderweise hat Bloem eine ganze Reihe lohnenswerter Sehenswürdigkeiten.

Oliewenhuis Art Museum

Das **Oliewenhuis Art Museum** (☎ 051-447 9609, oliewen@nasmus.co.za, 16 Harry Smith St.; Spende; Mo–Fr 8–17, Sa 10–17, So 13–17 Uhr) zählt zu den besten Kunstsammlungen Südafrikas und residiert in einem eleganten Herrenhaus von 1935. Ihren Namen verdankt die Galerie den wilden Olivenbäumen, die im wunderschönen umliegenden Garten wachsen. Die Ausstellung zeigt Werke südafrikanischer Künstler, darunter auch einige von Thomas Baines. Sehr eindrucksvoll ist auch die Sammlung zeitgenössischer Kunst.

Das Museumscafé Terrace at Oliewenhuis ist so gemütlich, dass man gar nicht mehr aufstehen mag. Es gibt Frühstück und Mittagsgerichte (Hauptgericht 20–35 R, Mo geschl.).

National Women's Memorial & Anglo-Boer War Museum

Das vom bekannten südafrikanischen Bildhauer Anton von Wouw geschaffene National Women's Memorial erinnert an die 26 000 Frauen und Kinder, die während des Burenkriegs 1899–1902 (s. S. 404) in britischen Internierungslagern starben. Auf dem Sandsteinobelisken sieht man einen bärtigen Buren, der sein Pony besteigt, um gegen die Briten zu kämpfen. Dabei winkt er seiner Frau und seinem Baby, die in einem der Camps zugrunde gehen werden ein letztes Lebewohl. Das Bild ist sehr ausdrucksstark und hat sich tief ins Gedächtnis vieler Buren gebrannt.

Das Denkmal steht vor dem **Anglo-Boer War Museum** (☎ 051-447 3447, Monument Rd., Eintritt

BLOEMFONTEIN

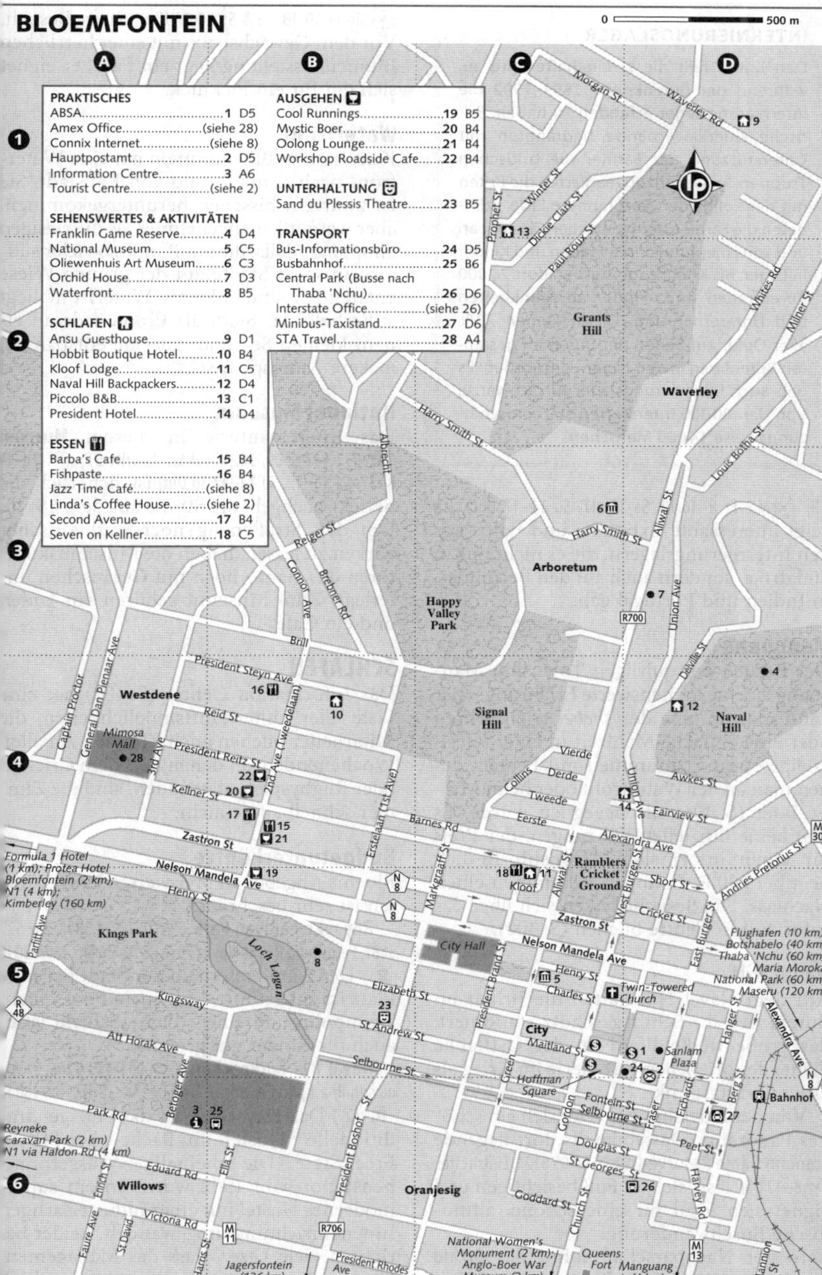

INTERNIERUNGSLAGER

Den Briten fällt die zweifelhafte Ehre zu, während der Burenkriege 1899–1902 die Internierungslager erfunden zu haben. Burische Guerillaverbände bedrängten mit Unterstützung der Farmer die britischen Truppen. Im Gegenzug reagierten die Briten mit der Politik der „verbrannten Erde", zündeten die Farmen vermeintlicher Kämpfer an und verschleppten deren Frauen und Kinder in Lager. Bis Kriegsende starben dort 26 000 Burenfrauen und -kinder an Krankheiten und Unterernährung. Damit kamen 70 % aller Opfer auf Seiten der Buren im gesamten Burenkrieg in den Lagern ums Leben! Es gab auch Internierungslager für Schwarze: Von den 80 000 Internierten starben schätzungsweise 14 000 Menschen.

5 R; Mo–Fr 8–16.30, Sa 10–17, So 14–17 Uhr). Es zeigt interessante Exponate und Fotos aus den Internierungslagern, die es nicht nur in Südafrika, sondern auch auf den Bermudas, in Indien und Portugal gab.

Manguang

Der Besuch der quirligen Township Manguang ist eine lohnenswerte Erfahrung: Hier kann man in eine der *shebeens* einkehren oder eine einfache Mahlzeit in einer Ortskneipe essen – zusammen mit Leuten, denen man an der Waterfront oder beim Mystic Boer (S. 406) nie begegnen würde. Es gibt keine offiziellen Führungen, der Preis für einen informellen Township-Besuch liegt bei 200 R, Gruppen bekommen einen Nachlass. Die Besuche lassen sich über das Information Centre buchen (S. 402).

Naval Hill

Auf dem Navel Hill hatten die Briten im Burenkrieg ihr Schiffsgeschütz stationiert; das große weiße Pferd an der Ostflanke diente der britischen Kavallerie im Krieg als Orientierungspunkt.

Von der Hügelkuppe bietet sich ein schönes Panorama. Das ebenfalls dort liegende **Franklin Game Reserve** (☎ 051-405 8124, Eintritt frei; 8–17 Uhr) lässt sich zu Fuß besichtigen und eignet sich ideal für eine schöne, altmodische Buschwanderung!

In der Nachbarschaft lohnt das **Orchid House** (☎ 051-405 8488, Eintritt frei, Union Ave., Mo-Fr 10-18, Sa & So 10-17 Uhr) einen Besuch. Vor dem Gewächshaus mit einer herrlichen Blumenausstellung liegt ein Park, er eignet sich gut für ein Picknick.

Waterfront

Kein Irrtum: Bloemfontein hat eine Waterfront nach dem Vorbild von Kapstadt. Sie ist zwar ein bisschen heruntergekommen, aber wesentlich angenehmer als die riesigen Shopping Malls, die am Rande so vieler südafrikanischer Städte auf der grünen Wiese entstanden sind. Bloems Waterfront liegt außerhalb der Stadt als Promenade an einem kleinen See und hat eine entspannte, lockere Atmosphäre.

National Museum

Das Interessanteste in diesem **Museum** (☎ 051-447 9609, 36 Aliwal St.; Eintritt 5 R; Mo–Fr 8–17, Sa 10–17, So 12–17.30 Uhr) ist sicherlich die perfekt nachgebaute Straße aus dem 19. Jh. Um den Straßenzug noch authentischer wirken zu lassen, haben die Museumskuratoren das Ganze noch mit Geräuschen unterlegt. Zum Museum gehören ein Laden und ein Café.

SCHLAFEN

Das Information Centre (S. 402) hat eine Liste aller Unterkunftsmöglichkeiten, die Mitarbeiter buchen auch Zimmer. An allen Wochenenden, an denen in Bloem Cricket- oder Rugbyspiele stattfinden, sind die Zimmer schnell ausgebucht.

Budgetunterkünfte

Bloems Angebot an preiswerten Unterkünften ist sehr beschränkt

Reyneke Caravan Park (☎ 051-523 3888, Fax 523 3887, Petrusburg Rd.; Stellplatz 70 R, EZ/DZ Chalets 180/220 R) Der 2 km außerhalb der Stadt liegende Platz ist gut geführt. Mit einem Pool, einem Trampolin und einem Basketballfeld ist er auch für Kinder gut geeignet.

Naval Hill Backpackers (☎ 051-430 7266, www.navalhillbackpackers.co.za, Delville St.; B/DZ 80/180 R) Das Naval Hill ist das einzige „traditionelle" Hostel im Backpacker-Stil im Free State. Die ehemalige Wasserpumpenstation von 1902 wurde in ein supermodernes Hostel mit einer industrieartigen Inneneinrichtung umgewandelt. Leider berichten viele Leser, dass das Management Übernachtungsgäste sehr unfreundlich empfängt. Da aber Besitzer oft schneller wechseln als Reiseführer publiziert werden, kann man ja auf bessere Zeiten hoffen. Das Haus hätte auf jeden Fall Potenzial, eine Top-Backpacker-Destination zu werden!

Mittelklassehotels

In Bloem gibt es viele kleine Guesthouses.

Ansu Guesthouse (☎ 051-436 4654, www.ansuguesthouse.com, 80 Waverley Rd.; EZ/DZ 220/260 R; Ⓟ) Die drei modernen Zimmer sind hell, luftig und in Erdtönen eingerichtet. Sie liegen an einem üppig bewachsenen Garten mit Pool und Pavillon.

Piccolo B&B (☎ 051-436 1483, kay@imaginet.co.za, 4 Prophet St.; ab 250 R; Ⓟ) Die perfekte Wahl für Familien oder Leute, die in Kleingruppen reisen: Es gibt eine afrikanisch eingerichtete Unterkunft für vier Personen, eine Wohnung für Selbstversorger mit drei Betten sowie ein geräumiges Chalet mit separatem Wohnzimmer. Auch ein normales Doppelzimmer wird vermietet. Der Garten ist ein Vogelparadies.

Formula 1 Hotel (☎ 051-444 3523, Ecke Nelson Mandela Ave. & Kriega St.; Zi. 299 R; Ⓟ) Das preiswerte Hotel westlich des King Park ist ein bisschen beengt, aber billig und sauber. In den Zimmern können drei Personen übernachten (Doppelbett und Liege).

Kloof Lodge (☎ 051-447 7603, kloof@global.co.za, 7 Kellner St.; EZ/DZ 300/400 R; Ⓟ) Das verschachtelte Gebäude ist nichts Besonderes, aber ideal für eine Nacht. Es gibt eine nette Bar und Lounge; das ausgezeichnete Restaurant Seven on Kellner (s. rechts) liegt gleich nebenan. Ein üppiges Frühstück (Eier, Würstchen etc.) ist im Übernachtungspreis bereits inbegriffen. Das „Luxuszimmer" ist riesengroß, besser eingerichtet und kostet trotzdem nicht mehr.

Spitzenklassehotels

Bloemfontein rühmt sich einiger Luxusunterkünfte.

President Hotel (☎ 051-430 1111, 1 Union Ave.; EZ/DZ 485/560 R; Ⓟ) Das moderne, mit viel Glanz herausgeputzte Haus bietet alle Annehmlichkeiten eines gut geführten Hotels für Geschäftsleute: Die etwas unpersönlich wirkenden Zimmer sind bequem und mit duftiger Bettwäsche, kuscheligen Handtüchern und TV (mit mehr als einem Kanal) ausgestattet, außerdem gibt es ein Pub und ein Restaurant.

Hobbit Boutique Hotel (☎ 051-447 0663, www.hobbit.co.za, 19 President Steyn Ave.; EZ/DZ mit Frühstück 600/800 R; Ⓟ) Das charmante, nostalgische Hotel besteht aus zwei 1921 erbauten Häusern und hat zahllose Preise für Service und Einrichtung gewonnen. Die im Landhausstil eingerichteten Zimmer haben Tagesdecken mit Blumenmuster, bemalte Badewannen und zwei Teddybären. Vom Hof hat man eine phantastische Aussicht. In der Bibliothek mit Schachtisch trifft sich die örtliche Tolkien-Gesellschaft, um sich über den „Herrn der Ringe" auszutauschen. Das Hotel ist daher ideal für literarische und romantische Naturen.

Protea Hotel Bloemfontein (☎ 051-444 4321, bloemf@iafrica.com, 202 Nelson Mandela Ave., Brandweg; EZ/DZ 645/960 R; Ⓟ) Das elegante und raffinierte Hotel gehört zur Hotelkette Protea Luxury Collection. Die gehobenen, ganz in weiß gehaltenen Zimmer sind minimalistisch-asiatisch eingerichtet und lassen jeden garantiert gut schlafen. Drinks werden im Sommer auf der Terrasse an dem langen, schmalen Pool serviert. Für die Gäste gibt es ein Gourmet-Restaurant und eine Cocktail-Bar mit offenem Kamin.

ESSEN

Viele Hotels und Guesthouses servieren ihren Gästen ein Abendessen. Doch es gibt in Bloem auch eine Reihe guter Restaurants sowie die üblichen Fastfood-Läden in den beiden Einkaufszentren Waterfront und Mimosa Mall.

Fishpaste (☎ 051-430 2662, 31 President Steyn Ave.; Hauptgerichte 30–50 R; Mo–Fr Mittag- & Abendessen, Sa Abendessen) Fishpaste ist etwas Besonderes in Free State: ein Restaurant mit trendiger Einrichtung und einer spannenden, modernen Fusion-Küche. Das Angebot reicht vom geräucherten kanadischen Lachs mit Grüne-Bohnen-Salat über vietnamesische Frühlingsrollen mit Garnelen bis hin zu Rouladen. Das sehr modisch schwarz gekleidete Personal ist extrem freundlich, die Bar brummt und die Preise sind moderat.

Seven on Kellner (☎ 051-447 7928, 7 Kellner St.; Hauptgerichte 50–80 R; Mittag- & Abendessen) Das vielseitige Restaurant mit Lounge-Flair serviert alles – Holzofenpizza, aber auch Spezialitäten der nahöstlichen und indischen Küche. Und alles schmeckt hervorragend. Danach können sich die Gäste auf einem der ultra-coolen Liegestühle im Hof bei einer Flasche Champagner von der umfangreichen Weinkarte entspannen.

Barba's Café (☎ 051-430 2542, 16 2nd Ave.; 🕑 Frühstück, Mo–Sa Mittag- & Abendessen) Barba's ist ein Geheimtipp und wird von den Einheimischen sehr empfohlen. Die griechischen Spezialitäten sind hervorragend! Es gibt Mezze (140 R für zwei Personen), eine große Cocktail-Karte und mittwochs Livemusik.

Jazz Time Café (☎ 051-430 5727, Waterfront; Hauptgerichte 20–50 R; 🕑 Mittag- & Abendessen) Das angesagte Lokal hat eine interessante Speisekarte. Hier werden z. B. scharfe *zivas* angeboten: Die jemenitischen Blätterteigtaschen werden mit unterschiedlichem Inhalt (z. B. Cajun-Chicken, Feta und Avocado) gefüllt und dann gebacken. Abends wird bei Cocktails und Jazzkonzerten gefeiert – eine Rarität in Bloems rock-lastiger Musikszene.

Second Avenue (☎ 051-448 3088, 2nd Ave.; Hauptgerichte 20–40 R; 🕑 Mittag- & Abendessen) Die Studentenkneipe sieht mit ihren schiefergrauen Fliesen etwas schäbig aus, ist aber bei den Studenten absolut angesagt. Hier trifft man sich mit Freunden und entert gemeinsam den „Bierturm".

Linda's Coffee House (☎ 051-430 6436, Park Rd.; Hauptgerichte 17–32 R; 🕑 24 Std.) Linda's Coffee House liegt unweit des Schalters der Touristeninformation und serviert ein gutes Frühstück. Das Café ist eine gute Adresse für alle, die hier frühmorgens mit dem Bus ankommen.

AUSGEHEN

Als Universitätsstadt hat Bloemfontein eine ordentliche Auswahl an Kneipen, in denen getrunken, gefeiert und immer häufiger auch Livemusik gespielt wird. Nachtschwärmer sind abends an der Ecke 2nd Avenue und Kellner Street sowie Zastron Street und Nelson Mandela Avenue unterwegs. Auch die Szene an der Waterfront ist nicht schlecht.

Mystic Boer (☎ 051-430 2206, 84 Kellner St.) Die beliebteste Kneipe mit Livemusik wirft einen schrägen Blick auf die Kultur der Buren, denn hier schmücken psychedelische Bilder von bärtigen Buren die Wände. Jeden Monat tritt eine berühmte Band auf, ansonsten unterhalten unbekannte Rock- und gelegentlich auch Hip-Hop-Formationen. Spezialität der Bar ist Tequila, Pizzen und Hamburger bilden die Unterlage.

Oolong Lounge (☎ 051-448 7244, 16a 2nd Ave.; 🕑 Di–Sa) Die ultra-hippe Lounge ist Bloems neuester Hot Spot und Treffpunkt junger Trendsetter. Topmodern eingerichtet und auf Hochglanz poliert, lockt sie mit schwarzen Ledersesseln, einer Tanzfläche und leichten Gerichten.

Cool Runnings (☎ 051-430 7364, 163 Nelson Mandela Ave.; Eintritt 5–10 R) Das Lokal gehört zu einer landesweiten Kette von Bar-Restaurants, die alle unter einem karibischen Motto stehen. Am Wochenende wird Musik von DJs und Bands gespielt, am Sonntag ist Karaoke angesagt. Auf Reggae sollte keiner hoffen – hier wird wie überall Rock und Rhythm & Blues gespielt.

Workshop Roadside Cafe (☎ 051-447 2761, Ecke 2nd Ave. & President Reitz St.) Die große, rustikale Kneipe mit lauter Musik und einem großen TV-Schirm ist ein bekannter „Hangout" der Motorradfahrer und kein schlechter Ort, um ein paar Biere zu kippen.

Sand du Plessis Theatre (☎ 051-552 4071, Ecke Markgraaff St. & St Andrews St.) Der auffällige moderne Bau im Stadtzentrum ist Veranstaltungsort für Musik-, Ballett-, Schauspiel- und Opernabende (das aktuelle Programm steht in der Zeitung).

Kinos findet man in der Mimosa Mall und an der Waterfront.

AN- & WEITERREISE

Bus

Langstreckenbusse starten am Tourist Centre in der Park Road. **Translux** (☎ 051-408 4888, www.translux.co.za) bietet tägliche Verbindungen nach Durban (150 R, 9 Std.), Jo'burg/Pretoria (150 R, 5 Std.), Port Elizabeth (200 R, 9 Std.), East London (180 R, 7 Std.), Knysna (270 R, 12 Std.) und Kapstadt (320 R, 10 Std.).

Greyhound (☎ 051-447 1558, www.greyhound.co.za) fährt täglich nach Durban (230 R, 9½ Std.), Pretoria (200 R, 7 Std.), Kapstadt (360 R, 12 Std.) und Port Elizabeth (230 R, 10 Std.).

Der **Interstate-Bus** (☎ 051-448 4951) fährt stündlich vom Information Centre in Bloem nach Thaba 'Nchu (10 R). Täglich außer Dienstag und Donnerstag fährt außerdem ein von den Hotels in Thaba 'Nchu organisierter Shuttlebus nach Bloem und zurück. Im Preis von 50 R sind Gutscheine für Getränke, Essen und ein Spiel im Kasino inbegriffen. Buchungen für Übernachtungen übernimmt die Touristeninformation.

Busse von **Big Sky** (www.bigskycoaches.co.za) fahren Montag bis Freitag um 6.10 und 14.10 Uhr vom Einkaufszentrum Central Park in der St Georges Street nach Maseru in Lesotho (35 R, 3 Std.).

Flugzeug

Bloemfonteins Flughafen liegt 10 km außerhalb vom Stadtzentrum und hat keine Busverbindung ins Zentrum. Das einzige Verkehrsmittel ist also das Taxi.

SAAirlink (☎ 051-433 3225) und **Nationwide Airlines** (☎ 011 344 7200, www.flynationwide.co.za) fliegen u. a. von Bloemfontein nach Kapstadt (1200 R) und Jo'burg (1000 R).

STA Travel (☎ 051-444 6062, laudep@statravel.co.za, Mimosa Mall) bucht Flüge.

Minibus-Taxi

Die meisten Minibus-Taxis starten gegenüber dem Bahnhof nach Maseru (45 R, 3 Std.), Kimberley (50 R, 4 Std.) und Jo'burg (80 R, 6 Std.). Es gibt mindestens einen Bus täglich, aber mit unterschiedlichen Abfahrtszeiten.

Zug

Der **Shosholoza Meyl** (☎ 0860-008 888, www.spoornet.co.za) *Trans Oranje* hält wöchentlich auf seiner Fahrt von Kapstadt (1./2./Economy 390/265/155 R) nach Durban (270/185/110 R) in Bloemfontein. Der *Algoa* kommt fünfmal wöchentlich auf der Fahrt zwischen Jo'burg (1./2./Economy 145/100/55 R, etwa 7 Std.) und Port Elizabeth (235/160/95 R) durch Bloemfontein. Der *Amatola* hält fünfmal pro Woche in Bloemfontein auf der Fahrt von Jo'burg (1./2./Economy 145/100/55 R) nach East London (210/145/85 R). Der *Diamond Express* verkehrt dreimal wöchentlich zwischen Bloemfontein und Jo'burg (1./2./Economy 145/100/90 R).

UNTERWEGS VOR ORT

Die Busse von Bloemfonteins städtischem Verkehrsbetrieb Interstate fahren selten und stellen frühabends schon den Linienverkehr ein.

Fahrpläne und Informationen hat das **Interstate Office** (☎ 051-448 4951) im Central Park Shopping Centre in der St Georges Street. Am Hoffman Square gibt es außerdem ein **Bus-Informationsbüro**.

Zuverlässigen Taxiservice bietet **President Taxis** (☎ 051-522 3399).

RUND UM BLOEMFONTEIN

Thaba 'Nchu

☎ 051 / 38 693 Ew.

Thaba 'Nchu (ta-*baan*-chu, Schwarzer Berg) ist eine kleine Tswana-Stadt im Osten von Bloemfontein. Die Umgebung war früher Teil des zersplitterten Homelands Bophuthatswana und hieß ebenfalls Thaba 'Nchu. Wie in den meisten Homelands wurde auch hier ein Kasino der Sun-Kette errichtet.

Wer nicht gerade ein passionierter Glücksspieler ist, wird hier kaum anhalten. Wer aber doch sein Glück versuchen will, fährt auf der N8 bis zum **Protea Thaba 'Nchu** (☎ 051-871 4200, Fax 051-873 2161, www.proteahotels.com; Zi. 800 R; ⛝ 🅿). Das etwa 10 km außerhalb von Thaba 'Nchu gelegene Hotel lockt mit gut ausgestatteten Zimmern, Restaurants, Aufenthaltsräumen und dem Kasino. Es lohnt sich, nach einem Preisnachlass zu fragen.

Ein kostenloser Shuttlebus pendelt zwischen der Stadt und dem Protea Thaba 'Nchu – das Hotel informiert über die Abfahrtszeiten.

Maria Moroka National Park

Der kleine **Nationalpark** (☎ 051-873 2427) in hübscher, hügeliger Lage außerhalb von Thaba 'Nchu schützt u. a. Zebras, Elenantilopen und Kuhantilopen. Durch den Park führen verschiedene Wanderwege; für Übernachtungen stehen Selbstversorger-Chalets zur Verfügung (90 R/Pers.). Die Ranger organisieren auf Wunsch auch Pirschfahrten. Für die Fahrt in den Park ist ein eigenes Fahrzeug notwendig, am Eingang bekommt man die nötigen Infos, wie man die Übernachtungen buchen kann.

DER NORDEN

Die in einer Maisanbauregion verstreut liegenden Städtchen sind völlig untouristisch und kaum mehr als kleine, ländliche Enklaven im Nirgendwo. Wer sich nicht explizit für den Bergbau interessiert oder ein paar Tage auf einer Farm verbringen möchte, wird den Norden eher langweilig finden.

Im April 1938 wurden hier Goldvorkommen entdeckt, die umgehend einen wahren Goldrausch auslösten. Heute liefern die Goldminen von Free State ein Drittel der südafrikanischen Produktion.

WINBURG & UMGEBUNG

Es ist schwer vorstellbar, dass das 1842 gegründete kleine, eher verschlafene Winburg früher die erste Hauptstadt einer Burenrepublik im heutigen Free State war. Im Esszimmer des Ford's Hotel (heute ein großes Geschäft auf dem Stadtplatz) einigten sich die Anführer von fünf Voortrekker-Gruppen darauf, eine Regierung unter der Führung von Piet Retief zu bilden. Auch hier gilt: Wer sich nicht explizit für südafrikanische Geschichte interessiert, kann ruhig auf den Besuch in Winburg verzichten.

Abseits der N1, etwa 20 km nördlich von Winburg und 70 km südlich von Kroonstad, liegt das **Willem Pretorius Game Reserve** (☎ 057-651 4003; Eintritt 20 R; 🕑 7–18.30 Uhr). Sand River und Allemanskraal Dam teilen das Schutzgebiet in zwei Parkhälften mit ganz unterschiedlichen Ökosystemen: In den mit Gras bestandenen Ebenen weiden große Herden von Elenantilopen, Blessböckchen, Springböcken, Weißschwanzgnus und Zebras. Weiter im Norden leben in einer Gebirgsregion Paviane, Bergriedböcke und Kronenducker. Breitmaulnashörner und Büffel sind im gesamten Wildreservat heimisch.

Die verschiedenen Unterkünfte des **Aldam Resort** (☎ 057-652 2200, Fax 057-652 0014; Zeltplatz ab 60 R, 2-Betten-Chalets 380 R, 4-Betten-Unterkunft 500 R) haben fast alle herrliche Aussicht auf den Allemanskraal Dam. An Wochenenden und in der Hochsaison steigen die Preise. Das Resort liegt beim Stausee und ist gut ausgeschildert. Viele kommen zum Angeln hierher (der Angelschein für Free State wird im Resort verkauft), es gibt auch einige Wanderwege.

WELKOM

☎ 057 / 457 612 Ew.

Ein Besuch in Welkom ist nur interessant, wenn man sich für Vögel (hier leben 200 Arten) oder für Südafrikas Goldgewinnung interessiert. Die Stadt selbst ist gesichtslos und modern und wurde komplett auf dem Reißbrett entworfen. Die Tatsache, dass es keine Ampeln gibt, wird als Meisterwerk der Stadtplaner verkauft.

Orientierung

Welkoms Hauptstraße ist der Stateway. Nicht weit entfernt liegt an der hufeisenförmigen Biegung der Mooi Street die zentrale Einkaufszone.

Praktische Informationen

First National Bank (Elizabeth St.)
Hauptpostamt (Bok St.)
Welkom Information Centre (☎ 057-352 9244; 🕑 Mo–Fr 8–16.30 Uhr) Im Uhrturm beim Civic Centre auf dem Stateway.

Sehenswertes & Aktivitäten

Besichtigungstouren der **Minen** von Welkom können vorab vom Information Centre arrangiert werden – sie finden allerdings nur dann statt, wenn genügend Interessenten zusammenkommen. Die Preise variieren. Die riesigen Seen, in die das Wasser aus den Minen gepumpt wird, sind inzwischen ein attraktiver Lebensraum für eine vielfältige **Vogelwelt:** Hier lassen sich Rosa- und Zwergflamingos und Graukopfmöwen beobachten. Rund um die Stadt wurden mehr als 200 Vogelarten gesichtet, 90 % aller in Südafrika vorkommenden Wasservogelarten wurden hier gesichtet! Zwei interessante Vogelbeobachtungsstellen sind der Flamingo Pan (abseits der R30 westlich der Stadt) und der Witpan am Oppenheimer Park (4 km südöstlich des Stadtzentrums an der Verlängerung des Stateway). Zwei weitere Beobachtungsstellen sind Theronia Lake und Flamingo Lake.

Schlafen & Essen

Stanville Inn (☎ 057-353 2452, 180 Tempest Rd.; EZ/DZ 175/220 R) Die schmucken und preiswerten Zimmer sind mit TV und Telefon ausgestattet. Das Hotel liegt gegenüber der Dagbreek Primary School.

Welkom Inn (☎ 057-357 3361, w-inn@global.co.za, Ecke Stateway & Tempest Rd.; EZ/DZ 300/345 R) Das Drei-Sterne-Hotel liegt ein paar Blocks östlich des Zentrums. Die gepflegten Zimmer haben TV und Telefon. Zum Haus gehören die O'Hagan's Bar und ein Restaurant. Die Küche ist bodenständig, in der Bar kann es ziemlich lebhaft zugehen.

Saddles Steak Ranch (☎ 057-353 4248, Stateway; Hauptgerichte 40–50 R) Das Steak-Restaurant gegenüber dem Sanlam Plaza gehört zu einer südafrikanischen Kette. In kitschiger Westernatmosphäre werden hier gute Steaks und andere herzhafte Gerichte zubereitet.

An- & Weiterreise

Mehrere Busse von **Intercape** (☎ 0861-287 287, www.intercape.co.za) halten hier auf ihrer Wegstrecke nach Kapstadt (380 R, 15 Std.),

Bloemfontein (120 R, 2 Std.) und Jo'burg (185 R, 4 Std.).

Die Minibus-Taxis auf dem Parkplatz des Supermarktes in der Stadt fahren vor allem in die nähere Umgebung. Einige Langstreckentaxis starten am frühen Morgen Richtung Jo'burg (55 R, 4 Std.) oder Kapstadt (130 R, 14 Std.).

KROONSTAD

☎ 056 / 106 064 Ew.

Kroonstad an der N1 ist eine große Landstadt und eignet sich gut als Ausgangspunkt für Touren in das nahe gelegene Anglerparadies Koppies Dam Nature Reserve. Die Stadt wurde 1855 gegründet, einer der ersten Siedler war der Voortrekker Sarel Celliers. Seinem Pferd Kroon verdankt Kroonstad angeblich seinen Namen.

Einen Internetzugang hat **Compuwise** (☎ 056-213 4368, Ecke Orange & President St.; Std. 20 R; ⌚ Mo–Fr 7.30–17, Sa 7.30–13 Uhr), es liegt im Stadtzentrum.

Sehenswertes & Aktivitäten

Das **alte Marktgebäude** (Ecke Mark & Murray St.) gegenüber vom hübschen Rathaus wurde zum National Monument erklärt. Die **Celliers Statue wurde auf dem Gelände der eindrucksvollen NG Moederkerk** (Hauptkirche, Cross St.) errichtet: Celliers steht dabei auf einer Lafette und legt den Blood-River-Schwur ab.

Der **Kroon Park** (Eintritt 20 R) ist eine gute Adresse für Wasserratten.

Jährlich findet in Kroonstad die **National Tournament of Jukskei** statt. Jukskei ist eine bei Buren beliebte Sportart, bei der Holzkeulen vergleichbar dem Boule möglichst nahe an einen Pflock geworfen werden.

Das 4000 ha große **Koppies Dam Nature Reserve** (☎ 056-72 2521; ⌚ 7-21 Uhr) liegt etwa 70 km nordöstlich von Kroonstad am Rhenoster River und ist vor allem bei Anglern beliebt. Welse, Barben, Afrikanischer Lungenfisch und Karpfen gibt es hier im Überfluss. Windsurfen, Segeln und Wasserski sind beliebte Sportarten, die hier möglich sind. Für Anfahrt und Ausrüstung muss man selbst sorgen.

Schlafen & Essen

Kroon Park (☎ 056-213 1942, Fax 213 1941; Stellplätze 50 R, 2-/4-Personen-Chalets 200/250 R; 🏊) Durch seine Pools, den Möglichkeiten zum River Tubing und Boot fahren gleicht der Campingplatz am Flussufer fast schon einer Ferienanlage. Der städtische Campingplatz hat einige herrliche Stellplätze unweit des Wassers – in der Ferienzeit ist er entsprechend ausgebucht! Der Weg ist gut ausgeschildert.

Arcadia Guesthouse (☎ 056-212 8280, arcadia@gcs.co.za; EZ/DZ mit Frühstück 280/350 R) Ein großer Garten voller (unechter) griechischer Statuen umgibt dieses hübsche Guesthouse mit seinen klassisch eingerichteten Zimmern. Ein Abendessen wird auf Anfrage (60 R) gekocht, der Weg zum Haus ist in der Stadt gut ausgeschildert.

Angelo's Trattoria (☎ 056-213 2833, 38 Reitz St.; Hauptgerichte 30–65 R; ⌚ Mittag- & Abendessen) Pizza mit Biltong (Dörrfleisch), Fettuccini mit Steak – bei Angelo wird italienische mit südafrikanischer Küche gemixt. Der Speiseraum ist gemütlich eingerichtet, das Lokal liegt gegenüber der Moschee.

An- & Weiterreise

Täglich fahren Busse von **Translux** (☎ 408 4888, www.translux.co.za) nach Jo'burg/Pretoria (150 R, 4 Std.), East London (220 R, 10 Std.) und Paarl (240 R, 14 Std.). **Intercape** (☎ 0861-287 287, www.intercape.co.za) und **Greyhound** (☎ 477 1558, www.greyhound.co.za) fahren auf den gleichen Strecken. Alle Busse halten am Highway bei der Shell Ultra City.

Die Minibus-Taxis wartet gegenüber vom Bahnhof. Gelegentlich fahren auch welche nach Jo'burg (45 R, 4 Std.), die Fahrer an den Taxiständen wissen Bescheid. Die Mehrzahl der Minibus-Taxis fährt aber nur in die nähere Umgebung.

PARYS & VREDEFORT DOME

☎ 056 / 75 464 Ew.

Parys an der Grenze zur North-West Province ist ein guter Ausgangspunkt für Besuche im Vredefort Dome. Das Hügelland entstand durch den Einschlag eines gigantischen Meteoriten vor 2 Mrd. Jahren. Mit 200 km Durchmesser ist Vredefort die älteste und größte Einschlagszone eines Meteoriten weltweit. 2005 wurde der Dome zum Unesco-Weltnaturerbe erklärt. Südafrikas sechste Unesco-Welterbestätte ist für die kleine Stadt natürlich eine gute Werbung.

Die Umgebung von Parys ist sehr hübsch: Täler, Schluchten und Klippen sind üppig bewachsen und bieten einer Vielzahl verschiedener Pflanzen, Tiere und Vögel einen Lebensraum. Wer will, kann hier an einer Abseilingtour teilnehmen oder zum Wildwasserraften gehen. Noch steckt der Tourismus in den Kinderschuhen, fragt sich nur, wie lange noch.

Das **Parys Info Centre** (☎ 056-817 2986, www.parysinfo.co.za, 62b Bree St.; Mo–Fr 8–17, Sa 8–13 Uhr) übernimmt die Reservierung für die vielen Wildniswanderungen und Campingplätze im Dome-Gebiet.

Die landschaftlich hübsche Region ist am besten mit dem eigenen Fahrzeug – Auto oder Fahrrad – zu erreichen.

Schlafen & Essen

Suikerbos (☎ 018-294 3857, www.suikerbos.co.za; Stellplatz 60 R, B 60 R, Hütte ab 120 R, Chalet ab 400 R) Wer in diesem beliebten Farm-Reservat übernachten möchte, in dem Herden von Impalas friedlich zwischen den Hütten grasen, sollte rechtzeitig reservieren. Die Chalets sind luftig und modern eingerichtet, haben riesige Badewannen und viel Licht. Die Hütten sind einfacher und preiswerter gestaltet, im Haupthaus gibt es zusätzlich noch Schlafsäle. Ein Badeteich und zahllose Wander- und Mountainbikewege lassen keine Langeweile aufkommen.

Waterfront Guesthouse (☎ 083-452 6504, devills@global.co.za, 22 Grewar Ave.; EZ/DZ mit Frühstück 400/600 R) Gastfreundschaft wird in diesem anspruchsvollen Guesthouse groß geschrieben, auch der Hinweis auf die schwulenfreundliche Einstellung der Besitzer sollte nicht fehlen. Das Waterfront Guesthouse liegt am Ufer des Vaal River, die Zimmer sind hell eingerichtet und haben alle Moskitonetze. Neben Angeln und Rafting organisiert der hauseigene Infoschalter auch viele weitere Freizeitaktivitäten. Mittag- und Abendessen werden auf Anfrage serviert.

Mirro's (☎ 056-817 7191, 62 Bree St.; Hauptgerichte 20–50 R; Di–So Mittag- & Abendessen) Das kleine Restaurant serviert ganz gute Pizzen, Steaks und Burger.

ÖSTLICHES HOCHLAND

Das östliche Hochland grenzt an die wild zerklüfteten Berge Lesothos und ist sicherlich einer der schönsten Winkel von Free State. Lange Zeit war die Region ein Geheimtipp unter den Wochenendausflüglern aus der näheren Umgebung. Die Provinzregierung arbeitet hart daran, das Bergland auch international bekannt zu machen.

Das Gebiet reicht grob gesagt von der R26 und der R49 östlich von Bethlehem bis nach Harrismith. Sandsteinmonolithe erheben sich über sanft gewellten, goldfarbenen Feldern, es gibt trendige Edel-Lodges, phantastische Landgüter und Clarens, Südafrikas jüngstes Kunst-Mekka.

HARRISMITH

☎ 058 / 35 178 Ew.

Das ruhige Landstädtchen lockt mit malerischen alten Häusern und einem begrünten Hauptplatz. Der Ort ist ein guter Ausgangspunkt für Ausflüge in die nördlichen Drakensberge. Außerdem stehen sehr untouristische Township-Führungen auf dem Programm.

Das **Harrismith Marketing Bureau** (☎ 058-622 3525, Pretoria St.; Mo–Fr 9–17 Uhr) hinter dem Rathaus hilft mit Informationen weiter.

Einen Internetzugang bietet der **Koppie Shop** (Stuart St.; Min. 0,60 R; Mo–Fr 9–17 Uhr).

Sehenswertes & Aktivitäten

Das Marketingbüro arrangiert Touren (25 R) nach Intabazwe, einer Township auf einem Hügel außerhalb der Stadt. Wer will, kann dort auch übernachten (150 R mit Halbpension). Da die friedliche Township relativ klein ist, bekommen Besucher auch einen ganz guten Eindruck vom Township-Alltag. Anders als sonst in Free State üblich leben hier Sotho und Zulu zusammen.

Die weitläufigen **Botanic Gardens** (☎ 058-623 1078; Eintritt 5 R; Sept.–Mai 7–19 Uhr, Juni/Aug. 7.30–19 Uhr) liegen 5 km südlich der Stadt am Fuß des Platberg. Hier wachsen viele Pflanzenarten aus den Drakensbergen. Bei einem Spaziergang an den Hängen des Platberg lassen sich Antilopenarten beobachten, das Gebiet war früher ein Naturschutzgebiet.

Schlafen & Essen

Harrismith International Backpackers (☎ 058-623 0007, jmantz@oldmutualpfa.com, 44 Piet Retief St.; Stellplatz/B 30/55 R) Die angenehme B&B-Backpakers-Unterkunft hat einen Garten und Grillplätze. Das Personal organisiert die Abholung an den größeren Bushaltestellen der Region.

Sahara Lodge (☎ 058-622 2151, Fax 058-622 2152, 100 McKechnie St.; EZ/DZ ab 225/320 R) Das Haus steht unter neuem Management und wurde kürzlich renoviert. Innen ist es sehr viel charmanter als es von außen wirkt. Die Zimmer liegen allen samt in abgeschlossenen Häuschen. Die Suiten sind elegant und afrikanisch eingerichtet. Die Lodge liegt nicht gerade romantisch hinter der BP-Tankstelle an der Kreuzung der N5.

Pringles Country Inn & Restaurant (☎ 058-623 0255, louise@pringles-wimpy.co.za, Warden St.; EZ/DZ 240/360 R;) Das „country" ist irgendwo verloren gegangen, aber für eine Nacht ist das relativ neue Motel gleich neben dem Highway schon in Ordnung. Abgesehen von ganz hübschen Zimmern bietet es auch ein Restaurant (Hauptgerichte 25–50 R), das sicherlich das beste in der Stadt ist. Auf der Karte stehen altmodische Kalorienbomben wie Würstchen mit Kartoffelbrei und Lammeintopf. Pringles liegt unweit der Bergview-1-Stop-Tankstelle.

Harrismith Inn (☎ 058-622 1011, harrismithinn@dorea.co.za, McKechnie St.; EZ/DZ 320/420 R;) Die sauberen und modernen Zimmer haben ein gefliestes Bad, TV und zwei Doppelbetten. Das hoteleigene Restaurant serviert ein Frühstücksbuffet für 45 R und ein À-la-Carte-Abendessen (20–40 R). Mittags ist es jedoch geschlossen. Das Hotel liegt hinter dem Spur.

An- & Weiterreise

Translux (☎ 058-408 4888, www.translux.co.za) lässt tägliche Busse nach Durban (150 R, 4 Std.), Bloemfontein (145 R, 5 Std.), Jo'burg (150 R, 4 Std.) und Kapstadt (370 R, 17 Std.) fahren. Die Busse fahren an der Harrismith Country Lodge in der McKechnie Street ab.

Der Zug *Trans Oranje* hält täglich in Harrismith auf der Fahrt zwischen Durban (1./2./Economy 135/95/55 R, 8 Std.) und Kapstadt (525/355/210 R, über 24 Std.). Näheres auf S. 406.

RUND UM HARRISMITH

Das kleine **Sterkfontein Dam Nature Reserve** (☎ 058-622 3520; Eintritt pro Fahrzeug 25 R; 7.30–22 Uhr) liegt in einer herrlichen Landschaft am Fuße der Drakensberge. Man erreicht das Schutzgebiet 23 km südlich von Harrismith auf der Oliviershoek-Passstraße, die nach KwaZulu-Natal führt. Von oben betrachtet

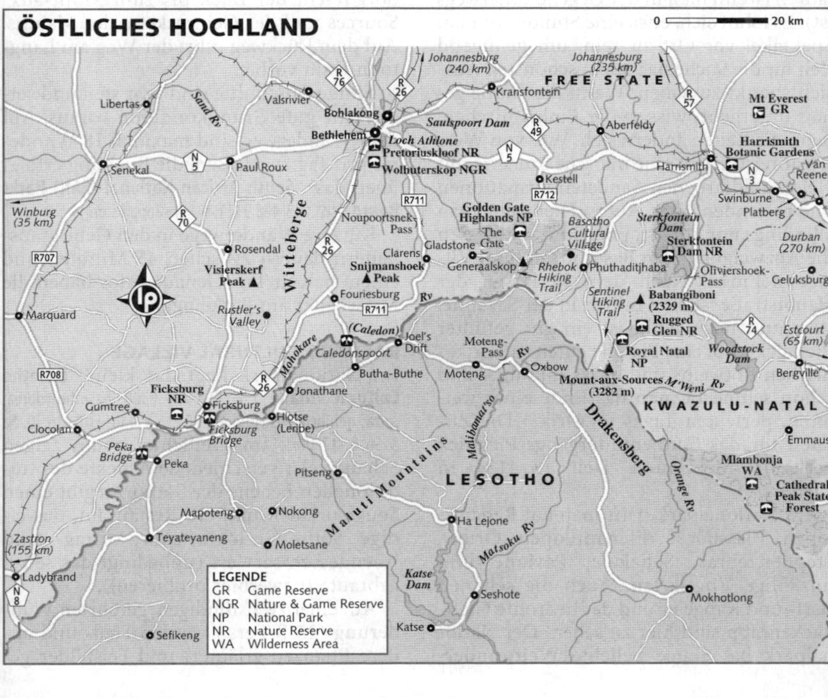

wirkt der riesige Stausee vor einer Kulisse zerklüfteter Gipfel wie ein Binnenmeer. An einem der vielen Aussichtspunkte gibt es ein „Geier-Restaurant", die Tage und Zeiten der Fütterung der Greifvögel variieren. Ganz reizvoll ist auch eine Bootsfahrt bei Sonnenuntergang auf dem See.

Es gibt sowohl Zeltplätze (40 R) als auch rustikale Vier-Betten-Hütten (200 R).

GOLDEN GATE HIGHLANDS NATIONAL PARK

Kurz bevor die Dunkelheit die letzten Farbtupfer am Himmel verschluckt, passiert etwas Magisches im **Golden Gate Highlands National Park** (☎ 058-255 0012, Fax 058-255 0022; Eintritt 60 R pro Fahrzeug): Die zerklüfteten Sandsteinklippen an den Ausläufern der kastanienfarbenen Maluti Mountains leuchten noch einmal golden im schwächer werdenden Licht auf, bevor der Himmel in einem Feuerwerk aus Purpur, Orange und Rot explodiert.

Die Big Five sind in diesem Nationalpark nicht vertreten, doch der Sonnenuntergang alleine ist schon Grund genug, dorthin zu fahren (wenn man in der Gegend unterwegs ist). Es lohnt sich, etwa eine Stunde vor dem Spektakel vor Ort zu sein, um genügend Zeit für die Suche nach dem schönsten Aussichtspunkt zu haben. Wann die Sonne genau untergeht, wissen die Einheimischen, denn die Zeiten ändern sich. Wer von Westen anreist, erlebt eine hübsche Szenerie mit vielen goldfarbenen Sandsteinformationen und rostenden, alten Autos. Hier sollte man allerdings nur kurz stoppen und stattdessen die Abzweigung zum Basotho Cultural Village nehmen. Nach dem Verlassen der Hauptstraße ist man mitten in der Savanne. Was nun noch fehlt, ist ein gut gefüllter Picknickkorb, eine Flasche guten südafrikanischen Rotweins und etwas Biltong – und schon schmeckt man das Ende eines weiteren, perfekten Tages in Afrika! Die Zutaten für das Sonnenuntergangs-Picknick verkauft Mezzlauna Deli (S. 415) in Clarens.

Im Nationalpark trifft man auf Rehantilopen, Blässböcke, Elenantilopen, Oribis, Steppenzebras, Schakale, Paviane und unzählige Vogelarten. Auch die seltenen Bart- und Kapgeier und der bedrohte Glattnackenrapp sind hier zu sehen. Der Nationalpark hat einige beliebte Weitwanderwege, aber auch kürzere Trails. Die Wintermonate Juni und August können sehr kalt werden, dann muss jederzeit mit Frost und Schnee gerechnet werden. Der Sommer von Januar bis März ist mild, häufig fällt Regen und ab und zu ist mit Kälteeinbrüchen zu rechnen: Als Wanderer sollte also warme Kleidung auf keinen Fall im Gepäck fehlen! Der Eintritt für den Nationalpark wird am Eingang des Parks bezahlt.

Sehenswertes & Aktivitäten

RHEBOK HIKING TRAIL

Der gut gepflegte, 33 km lange Rundwanderweg (70 R/Pers.) dauert zwei Tage und ist eine ideale Möglichkeit, den Park genauer kennen zu lernen. Der Weg ist nach der Rehantilope benannt, die bevorzugt auf der Witterung ausgesetzten Gebirgsplateaus lebt. Beim Wandern wird man ihr mit Sicherheit begegnen. Ausgangspunkt ist das Glen Reenen Rest Camp neben dem Parkeingang. Am zweiten Tag steht der Aufstieg zum Aussichtspunkt an der Flanke des Generaalskop (2732 m; höchster Gipfel im Nationalpark) auf dem Programm. Von dort reicht der Blick bis zum Mont-aux-Sources und der Gebirgskette der Malutis. Auf dem Rückweg führt der Weg am Langtoon Dam vorbei.

Einige Abschnitte sind sehr steil und setzen eine gute Grundkondition voraus. Auf dem Wanderweg sind maximal 18 Wanderer pro Tag zugelassen, die Buchung erfolgt über das **South African National (SAN) Parks Board** (☎ 012-428 9111, www.sanparks.org).

Kürzere Wanderwege in den Gebirgsausläufern dauern zwischen 45 Minuten und einem halben Tag. Genaue Infos haben die Mitarbeiter am Parkeingang.

BASOTHO CULTURAL VILLAGE

Im Nationalpark liegt das kleine **Basotho Cultural Village** (☎ 058-721 0300, basotho@dorea.co.za; geführte Besichtigung 20 R; ⌚ Mo–Fr 8–16.30, Sa & So 8–17 Uhr). Im Freilichtmuseum zeigen Schauspieler verschiedene Aspekte des traditionellen Lebens der Sotho. Es gibt einen Souvenirladen und ein Restaurant, das einige Sotho-Gerichte zum Mittag- und Abendessen serviert (unbedingt das selbst gebraute Ingwerbier probieren!).

Auf einer zweistündigen, geführten Wanderung (25 R/Pers.) werden Heil- und andere Pflanzen erläutert und Felsbilder gezeigt. Besucher können in Zwei-Personen-Rondavels (Rundhütten) übernachten (400 R), müssen aber selbst für ihre Verpflegung sorgen.

Das Dorf ist zwar eine gute Gelegenheit, etwas über traditionelles Brauchtum und Kultur der Sotho zu erfahren, leidet aber unter der Idealisierung und seiner Künstlichkeit. Ein Besuch im Township bei Harrismith (S. 410) oder eine Fahrt nach Lesotho (S. 595) zeigen dagegen das wirkliche Leben der Mehrzahl der Sotho.

Schlafen

Glen Reenen Rest Camp (☎ 011-428 9111; Stellplatz für 2 Pers. 95 R, DZ-Chalets 380 R) Campingplatz und Chalets am Fluss sind gut gepflegt und in den südafrikanischen Ferien mit südafrikanischen Urlaubern belegt. Ein Laden verkauft Grundnahrungsmittel.

Protea Hotel Golden Gate (☎ 058-255 1000, www.proteahotels.com/goldengate; EZ/DZ 360/500 R, DZ-Chalets 470 R, Abend-Büffet 80 R, 💻) Das einzige „richtige" Hotel des Nationalparks steht in phantastischer Lage vor roten Sandsteinklippen, sieht von außen allerdings ein bisschen heruntergekommen aus. Das machen aber das herrliche Panorama von der Terrasse und das gemütliche Café wieder wett.

In Clarens (S. 414) gibt es weitere Übernachtungsmöglichkeiten, die Stadt liegt nur 17 km entfernt.

An- & Weiterreise

Von Clarens führt die asphaltierte R712 in den Park. Minibus-Taxis fahren zwischen Bethlehem und Harrismith via Clarens und Phuthaditjhaba und durchqueren dabei den Nationalpark. Mit dem eigenen Fahrzeug erreicht man das Gebiet von Harrismith aus über die R74 und die R712.

PHUTHADITJHABA & UMGEBUNG

☎ 058 / 88 906 Ew.

Phuthaditjhaba liegt 50 km südwestlich von Harrismith und war Hauptstadt des Apartheid-Homeland QwaQwa (wer den Klicklaut in der Aussprache hinbekommt, macht sich neue Freunde). QwaQwa bedeutet übersetzt „weißer als weiß" und verdankt seinen Namen dem Sandsteinplateau, das die Region beherrscht. In den frühen 1980er-Jahren wurde es als Homeland für die im Süden lebenden Sotho eingerichtet. Über 200 000 Menschen mussten auf einem kleinen Areal mit weitgehend unfruchtbarem Boden überleben – Arbeitsplätze lagen meilenweit entfernt. Die Umsiedlung war eine der zynischsten Aktionen des Apartheidregimes. Heute oder nach wie vor sind die Berge um Phuthaditjhaba ein phantastisches Wandergebiet.

Das **QwaQwa Information Centre** (☎ 058-713 0012, Fax 713 4342; ⏲ Mo–Fr 8–16.30, Sa & So 8–21 Uhr) an der Hauptdurchgangsstraße informiert über Wanderwege.

Der bekannteste Wanderweg ist der 10 km lange **Sentinel Hiking Trail**, der in Free State beginnt und in KwaZulu-Natal endet. Ausgangspunkt ist der Sentinel-Parkplatz (auf dem Weg hinauf zum Witieshoek Mountain Resort Hotel) auf 2540 m Höhe. Von dort führt der Weg 4 km weiter hinauf auf das Drakensberg-Plateau, das durchschnittlich 3000 m hoch liegt. Einigermaßen Trainierte brauchen für den Aufstieg etwa zwei Stunden. An einer Stelle wurde eine Kletterleiter angebracht, die eine Felspassage überbrückt. Wer sich vor der Leiter fürchtet, kann die Alternativroute durch The Gully nehmen, der Weg kommt bei Beacon Buttress heraus. Es gibt aber auch Wanderer, die diesen Weg für noch haarsträubender als den anderen halten ... Lohn für den steilen Aufstieg sind eine majestätische Bergkulisse der Drakensberge, das Amphitheatre und die Möglichkeit, den Mont-aux-Sources (3282 m) zu besteigen.

In Phuthaditjhaba gibt es mehrere einfache Cafés und Hotels. Da die Qualität wechselt, sollte man sich in der Touristeninformation erkundigen, welche Häuser gerade empfehlenswert sind.

Witsieshoek Mountain Resort Hotel (☎ 058-713 6361, Fax 058 713 5274; EZ/DZ 200/300 R, Abendessen 65 R), 15 km südlich von Phuthaditjhaba liegt Südafrikas angeblich höchstgelegenes Hotel. Die Angestellten können kompetent über Wanderwege informieren, die Unterkunft ist allerdings recht einfach.

Minibus-Taxis fahren normalerweise täglich über Clarens von Phuthaditjhaba nach Harrismith (10 R) und Bethlehem (35 R).

Von Norden kommend liegt linkerhand die Touristeninformation von Phuthaditjhaba (nach ein paar kleinen, strohgedeckten Häusern schauen), vorher geht es durch das stark zersiedelte Stadtgebiet. Wer Richtung Witsieshoek Mountain Resort Hotel oder zum Sentinel Hiking Trail fahren will, biegt an der Ampel bei der Touristeninformation links ab.

CLARENS

☎ 058

Clarens ist das Highlight im Free State – und einer der Orte, über die man ohne große Erwartung stolpert und über die man noch lange nach der Abreise spricht. Umgeben von zerklüfteten Kalkfelsen, tiefgrünen Hügeln, goldfarbenen Feldern und den phantastischen Maluti Mountains wirkt die Stadt mit ihren weißen Häusern und zahlreichen schattigen Straßen wie das perfekte, ländliche Idyll.

Clarens ist aber auch erstaunlich mondän und ein Ziel für Kunstinteressierte, denn hier zeigen insgesamt 18 Galerien qualitativ hochwertige Arbeiten bekannter südafrikanischer Künstler. Charmante Guesthouses in allen Preisklassen bis hin zum Super-Luxushotel, Gourmet-Restaurants, schöne Cafés und unendlich viele Möglichkeiten, sich sportlich zu betätigen, haben schon so manchen Prominenten wie Prinz Harry oder Brad Pitt begeistert.

Orientierung & Praktische Informationen

Clarens liegt an der Kreuzung der R712 und der R711, einer Nebenstraße von Bethlehem und Fouriesburg – rund 17 km westlich des Golden Gate Highlands National Park. Durch die Stadt führt die Main Street, die meisten Geschäfte liegen rund um den großen, mit Gras bewachsenen Stadtplatz. Angenehm ist, dass alles in fußläufiger Entfernung liegt.

Das **Clarens Tourism Centre** (☎ 058-256 1542, www.clarenstourism.co.za; 🕓 Mo–Do 8–17, Fr 8–18, Sa & So 8–16 Uhr) hat Infomaterial über die Region des Östlichen Hochlands.

Mountain Odyssey Tourism (☎ 058-256 1173, www.infoclarens.com, Main St.; Min. 1,50 R) bietet einen preiswerten Internetzugang.

Sehenswertes & Aktivitäten

Mit seinen schmucken, baumbestandenen Straßen und den zahllosen Boutiquen und Galerien ist Clarens wie geschaffen für einen gemütlichen Bummel. Die Qualität der ausgestellten Kunst schwankt von Galerie zu Galerie, aber die Auswahl ist groß, sodass jeder das Richtige finden sollte. Sehenswert sind z. B. die Werke von Pieter van der Westhuizen oder Hannetjie de Clerq, beides sind hoch angesehene Künstler im Land. Ganz empfehlenswert ist die **Art & Wine Gallery on Main** (☎ 058-256 1298, 279 Main St.; 🕓 9–17 Uhr) mit einer phantastischen Auswahl regionaler Weine und Gemälde sowie **Bibliophile** (☎ 058-256 1692, 313 Church St.; 🕓 9–16.30 Uhr).

Die recht originelle Buchhandlung hat ein riesengroßes Sortiment, darunter auch Jazz-CDs.

Genug gestöbert? Bei **Mountain Odyssey Tourism** (☎ 058-256 1173, www.infoclarens.com, Main St.; 🕓 8–18 Uhr) dreht sich alles um Outdoor-Abenteuer. Beliebte Exkursionen sind z. B. Quadbike-Fahrten im Golden Gate Highlands National Park (Std. 250 R) oder Rafting auf dem Ash River, dessen Stromschnellen die Klasse IV erreichen (380 R, 3 Std.). Attraktiv sind auch die Ausritte im Gebirge (175 R, 2 Std.).

Außerdem laden die Stauseen und Flüsse der Umgebung zum Fliegenfischen ein: die am häufigsten geangelten Fische sind Regenbogenforellen und Bachsaiblinge. **Paul Ellis** (☎ 072-174 4380) ist ein empfehlenswerter lokaler Führer und kennt die Region sehr gut. Über ihn lässt sich telefonisch ein Angelausflug buchen, er hilft auch mit Auskünften über Angelscheine und den Verleih von Ausrüstung weiter. Die Preise variieren je nach Saison.

Schlafen

In Clarens gibt es nicht weniger als 120 Guesthouses. Ist unter den Folgenden kein passendes dabei, dann hilft die Touristeninformation mit einer kompletten Liste weiter.

Clarens Inn (☎ 058-256 1119, schwim@netactive.co.za, 93 Van Reenan St.; Zi. 100 R/Pers.) Das Haus gehört den freundlichen Leuten von Mountain Odyssey Tourism und ist die beste preiswerte Unterkunft in der Stadt. Schön sind auch die offenen Feuerstellen und der ruhige Hof mit Bergblick. Clarens Inn liegt am Ende der Van Reenen Street, sie kommt nach der Abzweigung der Le Roux Street.

Bokpoort Holiday Farm & Game Ranch (☎ 058-256 1181, www.bokpoort.co.za; EZ/DZ mit Frühstück 190/380 R) Die Backpacker-freundliche Farm ist ebenfalls empfehlenswert und liegt zwischen Clarens und dem Golden Gate National Park. Man kann reiten oder die Mountainbikestrecken testen, sofern man ein Fahrrad dabei hat. Die Abzweigung zur

Farm liegt 5 km hinter Clarens an der Straße zum Nationalpark; am großen Hinweisschild geht's dann auf einer Piste 3 km weiter bis zur Farm.

Lake Clarens Guesthouse (☎ 058-256 1436, weyer@intercom.co.za; Zi. mit Frühstück ab 220 R/Pers.) Das Guesthouse wird vom geheimnisvollen „Big, Bad Bruce" geführt, der ein hervorragender Stadtkenner ist. Das Gästehaus ist tadellos in Schuss und verzaubert mit seinem gemütlichen ländlichen Charme. Frische Blumen, riesige Badewannen, Fußbodenheizung und seidenweiche Bettwäsche sorgen für Luxus in den Zimmern. Auf der Terrasse genießen die Gäste beim herzhaften Frühstück oder beim Nachmittagstee eine phantastische Aussicht. Nett ist auch das Jane Seymour's Cottage.

Patcham Place (☎ 058-256 1017, patcham@netactive.co.za, 262 Church St.; Zi. mit Frühstück 225 R/Pers.) Das B&B mit geräumigen Zimmern, großen Fenstern und herrlichem Blick vom Balkon ist das beste Haus im Zentrum. Die Bäder sind tadellos in Ordnung, es gibt feste Matratzen und sogar eine kleine Küche. Die Gastgeber sind sehr nett und begrüßen ihre Gäste mit einem Glas Port.

Castle in Clarens (☎ 082-468 0642, www.castleinclarens.com; Zi. ab 350 R/Pers.) Ein Haus für Romantiker, denn hier übernachtet man in einer alten Burg, die aus einem Bilderbuch stammen könnte. Selbstversorger bekommen die Turmzimmer mit Wandmalereien und dicken Vorhängen. Zur Burg nimmt man von Clarens kommend die Straße zum National Park, zweigt dann auf die Straße nach Bokpoort ab und folgt den Hinweisschildern.

Essen

Clarens hat eine Reihe netter Lokale.

Clementines Restaurant (☎ 058-256 1616, 315 Church St.; Hauptgerichte 45–60 R; 🕑 Di–Sa Mittag- & Abendessen) Das Essen in der Landkneipe schmeckt so gut, wie es die internationale Gourmet-Speisekarte verspricht. Das großzügige Angebot reicht von Pasta mit Sahnesoße bis hin zum zarten Straußenfilet. Der Service ist professionell, die Atmosphäre gemütlich und die Weinkarte umfangreich. Es gibt vegetarische Gerichte und interessante Tagesspezialitäten, die auf der Wandtafel stehen!

Café Moulin (☎ 082-690 1382, Main St.; Hauptgerichte 15–45 R; 🕑 Frühstück & Mittagessen) Gemütlicher Szenetreff mit hübscher, rustikaler Terrasse und Blick über den Platz. Die kreative, gesundheitsbewusste Speisekarte führt z. B. Crêpes mit zartem Steak und Spargel sowie saisonale lokale Spezialitäten.

Mezzaluna Deli (☎ 058-256 1692, 313 Church St.; Gerichte ab 5 R; 🕑 Frühstück & Mittagessen) Das winzige Take Away neben dem Buchladen Bibliophile (S. 414) verkauft köstliche Käsesorten und Oliven, einen guten Kaffee und Nudelsalate.

An- & Weiterreise

Clarens erreicht man am besten mit dem eigenen Fahrzeug. Es gibt einige wenige Minibus-Taxis nach Bethlehem und Harrismith, sie fahren allerdings unregelmäßig, zu nicht durchschaubaren Preisen und von keiner festgelegten Abfahrtsstelle. Die Leute in den Vorstädten am Stadtrand wissen noch am ehesten Bescheid.

BETHLEHEM

☎ 058 / 86 905 Ew.

Obwohl es das Wirtschaftszentrum des östlichen Free State ist, hat Bethlehem nicht viel mehr als ein paar Übernachtungsmöglichkeiten zu bieten. Die Voortrekker gründeten die Stadt 1864 auf dem Gelände einer Farm namens Pretoriuskloof. Die Neuankömmlinge nannten die neue Siedlung Bethlehem und tauften den Fluss gleich noch auf den Namen Jordaan.

Das **Tourist Information Office** (☎ 058-303 5732, info@bethlehem.org.za, Ecke Muller St. & Roux St.; 🕑 Mo–Fr 7.30–13, 14–16 Uhr) befindet sich im Gemeindezentrum.

Im **Wolhuterskop Game & Nature Reserve** (☎ 058-303 5732) außerhalb der Stadt leben verschiedene Antilopenarten. Es gibt Reitwege und die Möglichkeiten einer Nachtwanderung. Reservierungen beim Tourist Information Office.

Das viel gelobte **Fisant & Bokmakierie Guesthouse** (☎ 058-303 7144, fisant@isat.co.za, 8–10 Thoi Oosthuyse St.; EZ/DZ mit Frühstück 290/370 R; 💻) ist die beste Übernachtungsmöglichkeit in der Stadt. Die Besitzer sind aufmerksam, alle Zimmer sind geschmackvoll eingerichtet. Abendessen (70 R) auf Anfrage.

Die Zimmer im **Park Hotel** (☎ 058-303 5191, 23 Muller St.; Zi. ab 240 R; ❄) sind nicht gerade der Hit, aber sie sind sauber und haben geräumige Bäder. In der altmodischen, holzgetäfelten Bar kann man sich mit den Einheimischen Rugby-Spiele anschauen. Das

Hotelrestaurant zählt zu den günstigsten in Bethlehem. Das Drei-Gänge-Menü kostet lediglich65 R.

Afrikanische Themen dominieren im noblen **La Croché** (☎ 058-303 9229, www.lacroche.co.za, Ecke Kerk St. & Theron St.; EZ/DZ 290/380 R). Die Zimmer sind in einem eleganten Stilmix aus modernen Möbeln und traditionellen Holzskulpturen eingerichtet. Besonders empfehlenswert sind die Zimmer mit Jacuzzi. Neben dem Hotel liegt das O'Hagans, ein nettes Plätzchen für ein Frühstück oder einen abendlichen Absacker.

Das **Nix Pub** (☎ 058-303 0722, Kerk St.), ist ein altmodischer Laden mit Country-Atmosphäre. Zu ein paar Pints werden herzhafte Gerichte wie Hühnerleber und Würstchen mit Kartoffelbrei oder Lasagne serviert.

An- & Weiterreise

Translux (☎ 058-408 4888, www.translux.co.za) fährt täglich nach Durban (160 R, 5 Std.) und Kapstadt (360 R, 16 Std.). Die gleichen Ziele fährt auch **Greyhound** (☎ 058-477 1558, www.greyhound.co.za) an. Busse von Translux halten am Top Grill in der Church Street; die Greyhound-Busse stehen bei Wimpy an der Ecke Muller Street und Hospital Street.

Die Standplätze der Minibus-Taxis liegen alle in der Umgebung der Kreuzung von Cambridge Street und Gholf Street nördlich des Stadtzentrums (Richtung Bahnhof). Minibus-Taxen fahren u. a. über Clarens nach Harrismith. Die Preise bewegen sich um die 20 R, doch Tarife wie Abfahrtszeiten ändern sich so schnell wie das Wetter. Am besten fragt man die Einheimischen nach dem aktuellen Stand.

Der *Trans Oranje* hält am Bahnhof Bethlehem auf seiner wöchentlichen Fahrt zwischen Durban (1./2./Economy 180/120/70 R, 10 Std.) und Kapstadt (500/340/210 R). Genauere Infos s. S. 407.

FOURIESBURG

☎ 058

Fouriesburg hat eine traumhafte Lage: Die Ortschaft 12 km nördlich des Grenzübergangs Caledonspoort nach Lesotho wird von wild zerklüfteten Bergen eingerahmt. Die beiden nah gelegenen Berge Snijmanshoek und Visierskerf sind die höchsten Gipfel in der Provinz Free State. Berühmt ist auch der **Salpeterkrans:** er ist der größte Sandstein-Überhang auf der Südhalbkugel (Hinweisschilder stehen an der R26). Die bizarre Felsformation ist durch Winderosion entstanden und ein heiliger Ort. Stämme aus der Region opfern hier ihren Ahnen.

Fouriesburg war im Burenkrieg ein Bollwerk der Buren und wurde nach der britischen Eroberung von Bethlehem Hauptstadt von Free State. In der Stadt sind zahlreiche historische **Sandsteinhäuser** erhalten geblieben, darunter das Haus von Präsident Steyn.

Etwa 11 km außerhalb von Fouriesburg und nur 800 m von der Grenze zu Lesotho entfernt erreicht man die **Camelroc Guest Farm** (☎ 058-223 0368, www.camelroc.co.za; Bett 60 R, Zi. 190 R/Pers., Chalets ab 390 R). Die Unterkunft liegt spektakulär vor einer kamelförmigen Sandsteinklippe und bietet tolle Panoramablicke auf die Maluti Mountains. Die rustikale Farm bietet verschiedene Übernachtungsmöglichkeiten an: Die Schlafsäle sind in einer einfachen Berghütte untergebracht; die unterschiedlich großen Chalets individuell eingerichtet und komplett mit allem Notwendigen ausgestattet. Wanderwege und Rundtouren für Geländewagen liegen in der Nähe.

RUSTLER'S VALLEY

☎ 051

Wer mitten ins herb-schöne Nirgendwo reisen möchte, muss den Asphalt verlassen und über staubig-braune Pisten zu Oasen fahren, die verstreut in der rauen Berglandschaft liegen. Das entlegene Tal abseits der R26 zwischen Fouriesburg und Ficksburg ist der Vorposten der „dare to be different"-Bewegung im jungen Südafrika.

Das als Treffpunkt der südafrikanischen Hippies berühmte **Rustler's Valley Retreat** (☎ 051-933 3939, www.rustlers.co.za; Bett 65 R, Zi. Ab 250 R;) war vorübergehend geschlossen und ziemlich heruntergekommen. Es zieht ganz unterschiedliche Gruppen an: Yuppies aus Jo'burg, die verbliebenen Hippies des afrikanischen Kontinents und Esoteriker aus der ganzen Welt.

Schilder weisen darauf hin, dass Rustler's ein Experimentierfeld ist und dass man hier Leuten in verschiedensten mentalen Zuständen begegnen kann. Ein Bewohner von Clarens beschrieb es einmal als einen „Ort, den man aufsucht, um ein besonderes Pilzomelett zu essen" – alles klar?

Alternativ bieten sich die vielen Stauseen zum Schwimmen und Fischen an. Wer will, kann auf den Steilabbruch wandern oder auf den eindrucksvollen Nyakalesoba (Auge des Schamanen) klettern oder zu Pferd durch das Labyrinth der *dongas* (s. S. 617) reiten. Es gibt ein Restaurant und Unterkünfte in Schlafsälen und individuell gestalteten Hütten mit eigenem Bad. Außerdem locken einige kleinere Veranstaltungen wie das **One World Festival** an Ostern. Verschiedene Workshops beschäftigen sich mit Themen wie Trommeln, Permakultur und Kreativität. Kinder sind sehr willkommen.

Rustler's Valley Retreat organisiert den Transfer von Ficksburg (20 R). Mit dem eigenen Fahrzeug biegt man etwa 25 km südlich von Fouriesburg von der R26 nach Ficksburg ab und folgt den Hinweisschildern auf einer Piste, die unterwegs eine Bahnlinie quert. Von der Abzweigung sind es 12 km bis Rustler's und 13 km nach Franshoek.

Nur wenige Kilometer in der Gegenrichtung bietet die **Franshoek Mountain Lodge** (☎ 051-933 2828, www.franshoek.co.za; Zi. 255 R/Pers.; 💻 🚗) eine völlig andere Erfahrung: Die bewirtschaftete Farm verströmt mit ihren komfortablen Sandsteinhäuschen im Garten, dem phantastischen, runden Swimmingpool, den Zulu-Schwitzhütten und dem herrlichen Talblick einen liebenswert-ländlichen Charme. Geführt wird die Lodge von einer Thailänderin, die auch Massagen anbietet und häufig Thai-Gerichte zum Abendessen serviert. Gäste können einen Thai-Kochkurs belegen oder eine traditionelle Massage genießen. Die schönste Unterkunft ist die Honeymoon Suite mit offenem Kamin. Sie ist riesig (vier Betten in zwei getrennten Zimmern) und kostet keinen Aufschlag. Das Polo-Paket mit Vollpension, Vollblut-Ponys und Unterricht bei einem Profi kostet 1500 R pro Tag.

FICKSBURG

☎ 051

Ficksburg liegt vor der majestätischen, dunkelvioletten Kulisse der Maluti Mountains am Ufer des Caledon River. Besonders schön präsentiert es sich im Winter, wenn die Berge weiße Schneekappen tragen. Das Dorf ist stolz auf einige hübsche **Sandsteinhäuser** wie das Rathaus und das Postamt. Die milden Sommer und die kalten Winter bieten ideale Bedingungen für Steinobstkulturen. Ficksburg ist deshalb das Zentrum des Kirschanbaus und der -verarbeitung. Im November wird ein **Cherry Festival** (www.cherryfestival.co.za) gefeiert, doch von seiner schönsten Seite zeigt sich der Ort während der Kirschblüte im September und Oktober. Der **Cherry Trail** führt als touristische Rundfahrt zu Plantagen, Kunst- und Souvenirläden und Gästefarmen. Eine Karte verteilt das **Tourist Office** (☎ 051-933 2130; 🕒 Mo–Fr 9–16.30 Uhr) im Caltex-Büro an der Hauptstraße; Infos finden sich auch auf der Internetseite des Cherry Festivals.

Die afrikanisch eingerichteten Zimmer des **Highlands Hotel Hoogland** (☎ 051-933 2214, Fax 051-933 2750, 37 Voortrekker St.; EZ/DZ 180/300 R) bieten alles fürs leibliche Wohl und einen Filmkanal. Es gibt ein Restaurant und einen bewachten Parkplatz. Das Hotel liegt in der Nähe des Rathauses.

Das **Bella Rosa Guesthouse** (☎ 051-933 2623, bellarosa@telkomsa.net, 21 Bloem St.; Zi. 250 R/Pers.; 💻) belegt ein charmantes, viktorianisches Sandhaus, alle Zimmer sind mit Antiquitäten und moderner Kunst eingerichtet. Auf Anfrage kann auch ein Abendessen serviert werden. Der Weinkeller des gemütlichen Pubs ist gut bestückt.

Bottling Co Pub & Restaurant (☎ 051-933 2404, 57 Piet Retief St.; Hauptgerichte 35–50 R; 🕒 Mo–Sa Mittag- & Abendessen) hat auf seiner phantasievollen Speisekarte einige Gerichte für Vegetarier stehen und ist ein nettes Plätzchen für ein abendliches Bier.

DER SÜDEN

Der Süden hat das Bild der gesamten Provinz am nachhaltigsten geprägt: Hier ist es staubig, rau und trocken und verführt nicht gerade zum Bleiben. Doch einige der historischen Städtchen wie Philippolis lohnen durchaus einen Besuch.

LADYBRAND

☎ 051 / 17 263 Ew.

Ladybrand ist vor allem für archäologisch und anthropologisch Interessierte ein lohnenswertes Ziel. Die kleine Stadt an der R26 liegt rund 16 km nördlich von Maseru und wirbt mit seinen **historischen Sandsteinhäusern**, darunter dem Rathaus und dem Amtsgericht. Das kleine, spannende **Catharina Brand**

Museum (☎ 051-924 5131, malotiinfo@xsinet.co.za, 17 Church St.; ⌚ Mo–Fr 8–17 Uhr) zeigt archäologische Exponate (u.a. Felsbilder aus der Umgebung) und steinzeitliche Waffen und Werkzeuge. Außerdem hat hier die Touristeninformation ihren Sitz. Im Museum erfahren Besucher, wie mit Hilfe der Asche einer Feuerstelle in der **Rose Cottage Cave** unweit von Ladybrand bewiesen werden kann, dass die ersten Menschen vor mehr als 55 000 Jahren in der Region aufgetaucht sind.

Die netten Leute in der Touristeninformation geben Auskunft, wie man am besten zu den Felsbildern im Umkreis der Stadt kommt. Von den San existieren über 300 Stätten mit Felszeichnungen, auf Wunsch kann ein Führer organisiert werden. Im Museum wird auch die Erlaubnis für den Besuch einer der bizarrsten Kirchen weltweit ausgestellt: Die **Modderpoort Cave Church** wurde 1869 unter einem mächtigen Felsüberhang in malerischer Landschaft errichtet. Sie liegt 12 km außerhalb von Ladybrand und lohnt den kurzen Abstecher.

Schlafen & Essen

Fort Amity (☎ 051-924 3131, 18 van Riebeeck St.; EZ/DZ mit Frühstück ab 300/450 R; 💻 🏊) Das hübsche B&B hat verschiedene Zimmer, diejenigen mit eigenem Balkon sind besonders zu empfehlen. Der gepflegte Garten lädt zum Entspannen ein, dazu kommt ein hauseigener Tennisplatz.

Casa Romana B&B (☎ 051-924 1627, casaromana@xsinet.co.za, 34 Piet Retief St.; EZ/DZ mit Frühstück 300/510 R; 💻) Alle Zimmer dieses eleganten B&B haben TV, Minibar und einen Safe.

Cranberry Cottage (☎ 051-924 2290, www.cranberrycottage.co.za, 37 Beeton St.; EZ/DZ ab 310/500 R; 💻 🏊) Das B&B ist eine der interessantesten Herbergen in der Stadt: Luxuriöse Zimmer liegen im Haupthaus, preiswertere Räume für Selbstversorger in einem 800 m entfernt liegenden, ehemaligen Bahnhof. Empfehlenswert ist das Drei-Gänge-Menü (95 R), die Köche haben sich auf Fusion-Küche spezialisiert. Im Sommer wird der Nachmittagstee in einem von Wein belaubten Innenhof serviert, im Winter vor dem Kamin im gemütlichen Speisezimmer.

Impero Romana Restaurant (11 Church St.; Hauptgerichte 20–60 R; ⌚ Mo–Sa Mittag- & Abendessen) Das Restaurant gehört zur Casa Romana und bietet edles Essen und einen guten Service.

An- & Weiterreise

Minibus-Taxis warten unweit der Kirche an der Piet Retief Street. Die meisten fahren in die nähere Umgebung, u. a. nach Ficksburg (20 R, 1 Std.). Eine größere Auswahl an Destinationen bieten die Überlandtaxis am großen Minibus-Taxistandplatz bei der Maseru Bridge an der Grenze zu Lesotho (ein Taxi dorthin kostet 5 R).

ZASTRON

☎ 051 / 12 464 Ew.

Das an der R726 gelegene Zastron ist ein ruhiges Bergstädtchen. Der Aasvoëlberg (Geierberg) und die Maluti Mountains bilden eine malerische Kulisse rund um die Stadt. Mit Lesotho, das wie ein Bogen diesen Teil von Free State umschließt, unterhält Zastron traditionell gute Handelsbeziehungen. In der Region gibt es **Felsmalereien der San**, die schönsten liegen in der Seekoei Cave und der Hoffman Cave.

Neben dem Drei-Sterne-Hotel **Maluti Hotel** (☎ 051-673 2112, 22 Hoofe St.; EZ/DZ mit Frühstück 185/320 R) liegt das Horse & Hound-Pub. Mohale's Hoek, die nächstgelegene Stadt in Lesotho, ist über eine 55 km lange Piste erreichbar.

TUSSEN DIE RIVIERE GAME FARM

☎ 051

Im 23 000 ha großen **Wildreservat** (☎ 051-754 0026; Eintritt 20 R/Fahrzeug; ⌚ Sept.–April Sonnenaufgang bis Sonnenuntergang) leben mehr Tiere als in allen anderen Reservaten von Free State. In erster Linie sind es kleine Säugetiere und verschiedene Antilopenarten, aber mit etwas Glück lassen sich auch Breitmaulnashörner und Flusspferde beobachten. Die Landschaft mit Ebenen und Felsabbrüchen ist abwechslungsreich; auf einem längeren Abschnitt grenzt das Reservat an den Senqu (Orange River). Wer gerne wandert, hat die Wahl zwischen dem 7 km langen Middelpunt Trail, dem 12 km langen Klipstapel Trail und dem 16 km langen Senqu Trail (Orange River Trail). Bei den Wanderungen immer an eine ausreichende Menge Wasser denken!

Es gibt im Reservat Zeltplätze (50 R) und preiswerte Zwei-Personen-Hütten mit Gemeinschaftsbad, sie werden am Eingangstor zum Schutzgebiet bezahlt. Ein Restaurant ist nicht vorhanden, Selbstversorger können die großzügigen Gemeinschaftsanlagen benutzen und dort essen, kochen und grillen. Das Eingangstor liegt 15 km von Bethulie entfernt an der Straße nach Smithfield (R701) bzw. 65 km östlich der N1. Öffentliche Verkehrsmittel nach Tussen die Riviere gibt es nicht.

GARIEP DAM NATURE RESERVE

☎ 051

Westlich von Tussen Die Riviere liegt am Senqu ein 13 000 ha großes **Reservat** (☎ 051-754 0026, Eintritt 20 R/Fahrzeug), das einen der größten Stauseen Südafrikas umschließt. Der früher unter dem Namen Hendrik Verwoerd Dam bekannte Stausee wird in vielen Broschüren auch als „Mekka für Motorbootfahrer" beschrieben. Jedes Jahr im Februar wird hier auch das längste **Inland Rubber-Duck Race** veranstaltet. Die 500 km lange Strecke wird in einem Tag zurückgelegt.

Unterkunft findet man in drei Chalets (250 R) oder auf verschiedenen Campingplätzen (45 R/Stellplatz) im Reservat sowie in der Stadt Gariep Dam in der Nähe der am Westende liegenden Staumauer. **Gariep Aventura** (☎ 051-754 0045, www.aventura.co.za/gariep/gariep.htm; Stellplätze/2-Pers.-Chalets 100/550 R) liegt hübsch und bietet eine interessantes Angebot an Wassersportaktivitäten. Das **Gariep Dam Hotel** (☎ 051-754 0060, Zi. 400 R) hat bequeme, aber recht einfache Zimmer im Motelstil.

PHILIPPOLIS

☎ 051

Das 1823 als Missionsstation gegründete Philippolis an der R717 ist die älteste Stadt in Free State und ein zauberhafter Ort. Alleine 75 historische Stadthäuser, darunter auch die Bibliothek, wurden zu National Monuments erklärt. Zu den denkmalgeschützten Häusern gehören auch viele Gebäude im Karoostil. Typisch für diesen Stil sind die dicken Mauern, die vor der sommerlichen Hitze schützen.

Wer schon immer mal in einem Gefängnis übernachten wollte, findet im **Old Jail** (☎ 082-550 4421, EZ/DZ 120/220 R) ein Dach über dem Kopf. Das ehemalige Gefängnis wurde zu einfachen, aber angenehmen Unterkünften für Selbstversorger umgebaut. Es gibt sogar eine Hochzeits-Suite!

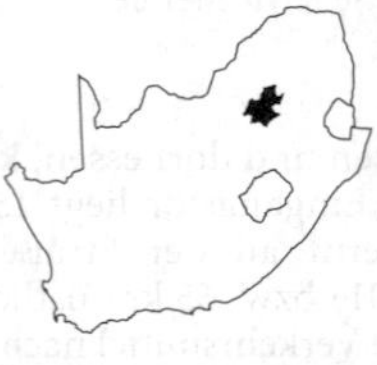

Gauteng

Die Provinz Gauteng verdankt ihren Ursprung vor allem der Leidenschaft der westlichen Welt für ein edles Metall – Gold. Gauteng nimmt nur 1,5 % der südafrikanischen Landfläche ein, erwirtschaftet aber 34 % des südafrikanischen Bruttosozialproduktes und – vielleicht noch wichtiger – rund 10 % Prozent des Bruttosozialproduktes des ganzen Kontinents.

Gauteng wirkt hektisch, unruhig, und es ist ein Panoptikum der Gegensätze. Da ist zunächst die südafrikanische Verwaltungshauptstadt Pretoria, deren freundlich-legeres Flair heute über die wechselvolle Geschichte hinwegtäuscht. Die 1855 gegründete Stadt war der Sitz von vier Regierungen; heute überblicken die pompösen Union Buildings eine Stadt im Zentrum der weltweit jüngsten Demokratie. Rund 50 km entfernt liegt Johannesburg, kurz Jo'burg oder je nach Stimmungslage auch Egoli bzw. Jozi genannt. Die Provinzhauptstadt ist die drittgrößte Metropole Afrikas überhaupt: ein weitläufiger, sich ständig ausdehnender Moloch, ein bizarres Ballungszentrum mit wohlhabenden Vororten, Firmensitzen, sechsspurigen Autobahnen und toskanisch angehauchten Einkaufszentren direkt neben der schlimmsten Armut, die man in Südafrikas Städten zu sehen bekommt. Zwar verwandeln sich Teile von Soweto in atemberaubendem Tempo zum Besseren (vor allem hinsichtlich des Tourismus), doch andere Straßenzüge der berühmten Township sind so bitterarm wie früher. Das Dauerproblem Kriminalität in der Provinz ist vielleicht nur ein Ausdruck der spürbaren Gegensätze. Doch nicht alle Landstriche in Gauteng wurden vom Wachstumsfieber erfasst.

In der Provinz liegt auch ein Ort von größter historischer Bedeutung – nichts Geringeres als die Wiege der Menschheit. Die Unesco-Welterbestätte befindet sich nur eine Autostunde von Johannesburg und Pretoria entfernt und gilt als eine der weltweit wichtigsten paläontologischen Stätten.

HIGHLIGHTS

- Das Johannesburg Revival im **Newtown Cultural Precinct** (S. 430)
- Die Geparden des **De Wildt Cheetah Research Centre** (S. 476)
- Pretorias Partyszene in **Hatfield** (S. 472)
- **Soweto** (S. 450), die berühmteste Township weltweit. Die Orlando Pirates und Kaizer Chiefs sind die Gegner im heimischen **Fußballderby** (S. 444)
- Die Straßencafés von **Old Melville** (S. 439) und **Norwood** (S. 440)
- Die **Cradle of Humankind** (Wiege der Menschheit; S. 456) – hier ist man auf den Spuren der ersten Menschen unterwegs

EINWOHNER: 10, 5 MIO.	FLÄCHE: 17 010 km²

GESCHICHTE

Die Geschichte von Gauteng reicht bis in die Frühzeit der Menschheit zurück – deshalb wird der Nordwesten von Gauteng (ausgesprochen wie „hau-teng") auch „Wiege der Menschheit" genannt (s. S. 456). Die Region hat in der menschlichen Evolution eine Schlüsselrolle gespielt: über 850 hominide Überreste wurden hier gefunden. 1947 machte Dr. Robert Broom in den Sterkfontein Caves eine der berühmtesten Entdeckungen der Menschheitsgeschichte, als er den 2,5 Mio. Jahre alten Schädel einer frühzeitlichen Dame fand, die man später liebevoll Mrs. Ples taufte.

Trotz der zerstörerischen Unruhen der Zulu-Kriege, die sehr viele einheimische Schwarze zur Flucht zwangen, blieb Gauteng bis Ende des 19. Jhs. ruhig und ländlich geprägt. Die Region wurde von verschiedenen Stämmen bevölkert, schon in der Eisenzeit betrieb man hier Bergbau. Doch erst 1886 fand man Gold – Gautengs Eintrittskarte in die Moderne.

Buren hatten sich hier seit Mitte des 19. Jhs. angesiedelt, um der britischen Herrschaft in der Kap-Kolonie zu entkommen. Sie gründeten die unabhängige Zuid-Afrikaansche Republiek (ZAR) mit der Hauptstadt im damaligen Dorf Pretoria. Allerdings weckte die gewaltigen Gewinne aus den Goldminen der Region bald die Gier der Briten, es war nur eine Frage der Zeit, bis sie losschlagen würden – am Ende hol-

ten sie sich das Gebiet im Burenkrieg (1899–1902).

Die Buren erlitten dabei entsetzliche Verluste, wurden in britischen Lagern interniert, kapitulierten schließlich im Vertrag von Vereeniging und schlossen sich 1910 Südafrika an. Die Stadt Johannesburg entwickelte sich rasant, doch das Leben der schwarzen Minenarbeiter blieb so trostlos wie zuvor. Diese Situation sollte sich auch im nächsten Jahrhundert nicht ändern: Das Apartheidsystem wurde von Pretoria aus gesteuert, die Townships rund um Jo'burg – darunter nicht zuletzt Soweto – entwickelten sich zu den südafrikanischen Städten mit den schlimmsten Verbrechen des Landes, aber auch zu einem Ort, in dem die schärfsten Gegner der Regierung heranwuchsen. Gauteng, das damalige Transvaal, spielte auch deshalb im Kampf gegen die südafrikanische Apartheid eine prominente Rolle.

Doch seit dem Fall des Apartheidregimes verändert sich ganz Südafrika: Transvaal heißt heute Gauteng, in Pretoria regiert ein schwarzer Präsident (die Stadt selbst wird vielleicht umbenannt; s. Kasten S. 463) und das neue Verfassungsgericht Südafrikas wurde am Standort des berüchtigsten Gefängnisses der Apartheid, dem Old Fort, errichtet. Allerdings bleibt abzuwarten, ob das 21. Jh. den Armen von Gauteng endlich eine Verbesserung ihrer Lebensumstände beschert.

KLIMA

Die überwiegend auf dem Highveld gelegenen größeren Städte von Gauteng profitieren sehr von der kühlen Höhenlage. Im Sommer können sich Jo'burg und Pretoria dennoch zu Backöfen entwickeln, meist vertreibt aber eine frische Brise zumindest in Jo'burg die stehende Hitze des Januars. Zu dieser Jahreszeit bleibt der Himmel überwiegend wolkenlos, die Sonne scheint den ganzen Tag, und nur am Nachmittag donnern die berüchtigten Gewitter des Highveld am Himmel – Jo'burg gilt als die Stadt mit den meisten Gewitterblitzen weltweit.

Die Winter können durchaus kühl ausfallen, morgens und abends kann es sogar frieren. Die Reisezeiten mit dem angenehmsten Wetter sind der Frühsommer (Sept. und Okt.) sowie der Herbst (März und April).

NATIONALPARKS & SCHUTZGEBIETE

Das heute überwiegend städtische geprägte Gauteng wird von Asphaltstraßen und weniger von landschaftlicher Weite geprägt, gleichwohl sind auch hier einige sehenswerte Tagesausflüge in die Natur möglich. Das Suikerbosrand Nature Reserve (S. 458), das Krugersdorp Game Reserve (S. 457) sowie das Rhino & Lion Nature Reserve (S. 457) bieten alle ein interessantes Tierleben und vermitteln einen Hauch Wildnis. Das De Wildt Cheetah Research Centre (S. 476) in der Nähe von Pretoria ist einer der größten Besuchermagneten der Provinz überhaupt.

SPRACHE

In Gauteng ist Englisch weit verbreitet, wobei in Pretoria vor allem Afrikaans gesprochen wird. Schwarze sprechen Sotho, Pedi, Tswana und Zulu, viele verwenden aber auch Mundarten und Slang wie *tsotsitaal* (gangsterartiger Slang) oder *isicamtho,* eine künstliche Mischung verschiedener südafrikanischer Sprachen aus den Townships.

GEFAHREN & ÄRGERNISSE

Auch in Gauteng ist Kriminalität an der Tagesordnung, vor allem in Jo'burg – aber man sollte das Problem realistisch betrachten: Die schlimmsten Vorfälle konzentrieren sich auf einige wenige Vororte, es besteht also kein Grund, sich im Hotelzimmer zu verbarrikadieren. Wer die Großstädte sicher und trotzdem mit viel Spaß erleben möchte, sollte unbedingt auf den Rat der Einheimischen achten. Ihnen sollte man genau zuhören und erst dann losmarschieren. Weitere Informationen s. S. 660.

ANREISE & UNTERWEGS VOR ORT

Der **Johannesburg International Airport** (JIA; ☎ 011-921 6262; www.acsa.co.za) ist Südafrikas wichtigstes nationales und internationales Verkehrsdrehkreuz – von Johannesburg und Pretoria aus erreicht man so ziemlich alle Orte der Welt. Der Flughafen ist von beiden Städten aus unkompliziert erreichbar, Flugzeuge fliegen von hier aus Regionalflughäfen und kleine Städte in allen Landesteilen an. Durban, Kapstadt und Port Elizabeth sind mit Jo'burg durch einige kleinere Billigfluglinien verbunden, sie sind das beste Reisemittel zwischen den vier Großstädten.

Die südafrikanischen großen Busgesellschaften, **Translux** (☎ 0861-589 282; www.translux.co.za), **SA Roadlink** (☎ 011-333 2223; www.saroadlink.co.za), **Greyhound** (☎ 012-323 1154; www.greyhound.co.za) und **Intercape Mainliner** (☎ 0861-287 287; www.intercape.co.za), verbinden Jo'burg und Pretoria mit eigentlich allen nur denkbaren Zielen.

Beide Städte werden oft von ein und demselben Bus angefahren, d. h. Busse nach Norden starten an der Park Station in Jo'burg und halten dann in Pretoria, Buslinien nach Süden beginnen in Pretoria und halten dann in Jo'burg. Die Preise sind bezahlbar, selbst Tickets bis nach Kapstadt kosten selten mehr als 400 R. Backpacker können auch mit **Baz Bus** (☎ 021-439 2323; www.bazbus.com) fahren, die Gesellschaft fährt zu fast allen Hostels in der Provinz Gauteng (Details s. S. 690).

Eine Alternative sind die (allerdings langsameren) Züge; viele halten auf ihrer Fahrt nach Musina an der Grenze zu Simbabwe, nach Kapstadt, Bloemfontein, Durban oder Kimberley in Pretoria und Jo'burg. Wer mit einem Mietwagen unterwegs ist, kann dabei den Wagen auf den Autozug verladen und ihn bequem bis nach Kapstadt transportieren lassen.

In beiden Städten lassen sich problemlos Autos (zu fairen Preisen) anmieten; wer in Gauteng übernachtet, erreicht aber fast alle Sehenswürdigkeiten genau so gut im Rahmen einer geführten Tour oder mit dem Bus. Jo'burg selbst ist eine Autofahrerstadt, ein Mietwagen erleichtert hier das Sightseeing. Trotz der Größe der Stadt sind die Ausfallstraßen und Autobahnen in die Region und in andere Landesteile leicht zu finden.

Wer knapp bei Kasse ist, kann auch per Minibus-Taxi von Jo'burg zu Zielen im ganzen Land fahren – die Fahrpreise liegen deutlich unter denen der größeren Busgesellschaften. Allerdings sollte man sich den Fahrer und das Fahrzeug genau anschauen – manche sind für längere Fahrten völlig ungeeignet, manche Fahrer außerdem ziemlich risikofreudig unterwegs.

Die jeweiligen Abschnitte zur An- & Weitereise enthalten weitere Details zu diesem Thema. Im Kapitel Verkehrsmittel & -wege werden Verbindungen zwischen den größeren Städten in Gauteng und den Nachbarländern genannt.

JOHANNESBURG

☎ 011 / 5,7 Mio. Ew.

In der Kolonialgeschichte gab es nur wenige so schicksalsträchtige Augenblicke wie 1886, als der australische Goldsucher George Harrison auf der Langlaagte Farm (dem heutigen Fordsburg) einen Goldklumpen fand: Der Fund war nicht viel mehr als ein kleines historisches Ereignis, das aber einen Goldrausch und einen Krieg auslöste, für eine üble imperialistische und nationalistische Politik verantwortlich war und schließlich ganz wesentlich zur Entwicklung der wohl internationalsten Stadt Südafrikas beigetragen hat.

Johannesburg, das hier einfach Jo'burg oder Jozi genannt wird, ist zweifellos das große pulsierende Herz des Landes, hat aber im internationalen Bewusstsein immer eine Doppelrolle eingenommen: Über Jahrzehnte verband man die Stadt unweigerlich mit allen Dramen, die sich in Südafrika abspielten. Heute dagegen ist das riesige Jo'burg eine faszinierende Stadt mit Ecken und Kanten, eine Großstadt, in der man das Auf und Ab des modernen Südafrika live und hautnah erleben kann.

Historisch betrachtet hat sich Johannesburg allerdings vor allem düster gezeigt: In den Nachrichten tauchte die Stadt als Moloch auf, beherrscht von Angst und Hass, mit einer Gesellschaft, die durch unkontrollierbare Schießereien und Armut geprägt war – eine Stadt, in der die Hälfte der Bevölkerung in ihren überholten Ansichten verharrte, während die andere Hälfte von jenseits der Stacheldrahtzäune zum Zuschauen verdammt war.

Wie fast immer enthalten diese Klischees natürlich einen Funken Wahrheit: In Jo'burg sind die Wunden der dramatischen Geschichte Südafrikas im 20. Jh. unübersehbar – und es wird noch lange dauern, bis sie endgültig geheilt sind. Die krassen Gegensätze bestehen bis heute: Wohlhabende Vororte wie Sandton und Melville bieten schicke Einkaufsviertel, elegante Restaurants und elektrische Zäune, während die elendsten Slums in den Townships gleich nebenan liegen. Hier prallen Welten auf kleinstem Raum aufeinander.

JOHANNESBURG

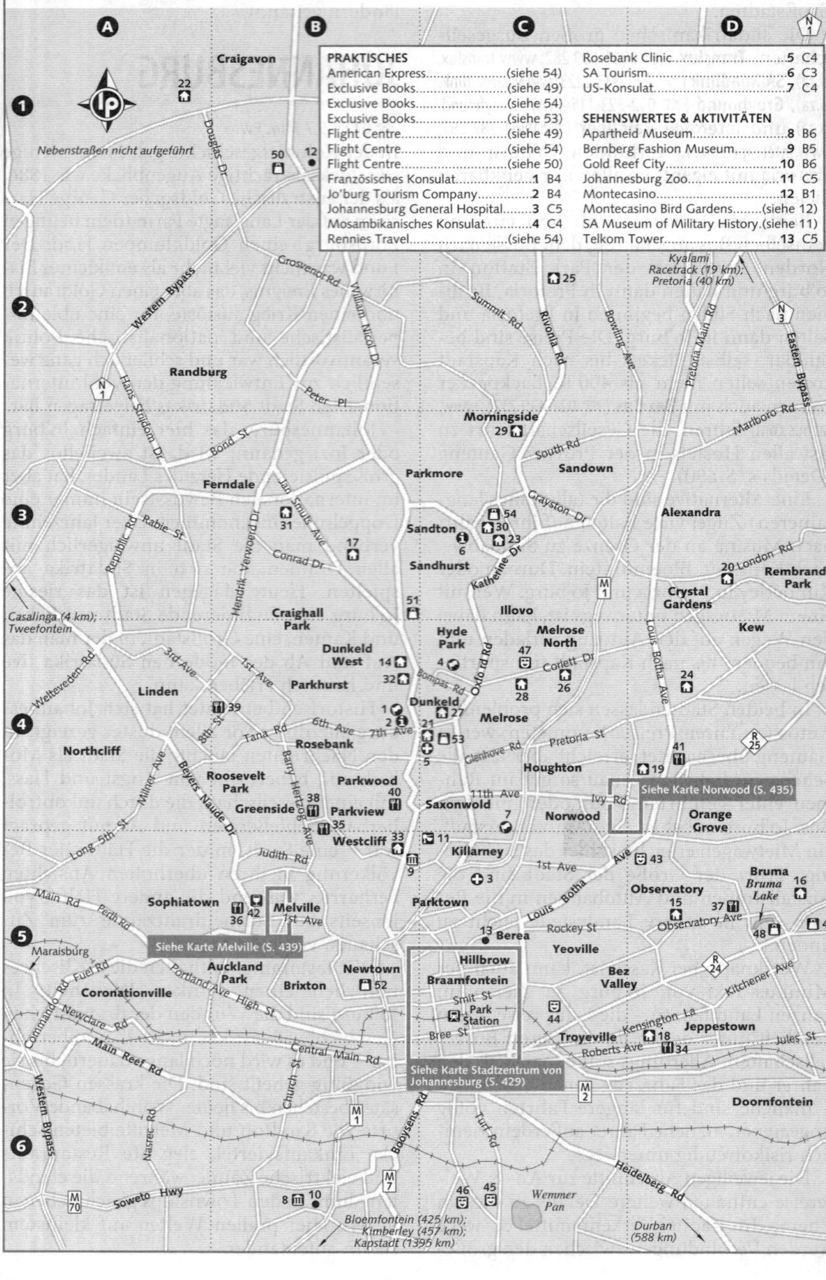

Aber die Stadt – eine der großen Drehscheiben Afrikas – hat ein neues Selbstbewusstsein gewonnen, ironischerweise fällt das in der berüchtigten Township Soweto am stärksten auf. Die Stadt unterzieht sich gerade einem rasanten Facelifting, setzt auf Stadterneuerung und gesellschaftliche Regeneration. Allmählich entwickelt sich eine schwarze Mittelschicht, Touristen und Investoren strömen nach Soweto, und das zentral gelegene Viertel Newton ist dank der Entwicklungsmaßnahmen inzwischen ein gesellschaftliches Forum, in dem sich die vielen Facetten der Stadt zu einem neuen Gesicht vereinen können. Die Bauwerke des 21. Jhs. beschwören eine neue, optimistische Ära – dafür stehen die kürzlich gebaute Mandela Bridge, die symbolisch zwei ehemals getrennte Stadtteile miteinander verbindet, aber auch das neue Verfassungsgericht, das am Standort eines der schlimmsten Gefängnisse des Apartheidregimes gebaut wurde.

Verstärkt noch als in jeder anderen Großstadt (und Jo'burg ist mit einer Fläche von 2500 km² wirklich riesig), sollte man hier wachsam sein: Der Kampf gegen die Kriminalität zeigt erste Erfolge, ist aber noch nicht gewonnen, deshalb sollte man stets vor Ort auf den Rat der Einheimischen hören, um nicht in einen Überfall zu geraten. Jo'burg ist sich seiner Schwächen bewusst, scheint aber entschlossen, es in Zukunft besser zu machen. Die Stadt ist heute überwiegend eine sehr freundliche und relaxte Stadt, in der sich niemand mehr verstecken muss. Also hinfahren und in das Stadtleben eintauchen!

GESCHICHTE

Nur wenige Monate nach Harrisons Fund stürmten Tausende zu der kleinen Farmersiedlung am Witwatersrand. Da das Gold sehr tief lag (und im Gestein eingeschlossen war), konzentrierte sich das Minengeschäft rasch in den Händen weniger Männer, die über ausreichend Geldmittel verfügten, um größere unterirdische Goldminen überhaupt finanzieren zu können. Bergbau-Magnaten, die ihr Geld in den Diamantenfeldern von Kimberley gemacht hatten, kauften die kleinen Grubenfelder auf und waren bald als „Randlords" berüchtigt.

Schon 1889 war Jo'burg die größte Stadt Südafrikas – ein ziemliches raues Fleckchen voller Bars und Bordelle. Die Abenteurer – Schwarze wie Weiße – wurden von den Buren, der Regierung des Transvaals und vor allem dem Präsidenten Paul Kruger eher misstrauisch betrachtet. Kruger führte Wahlgesetze ein, die das Wahlrecht im Grunde auf Buren beschränkte – und er ließ Gesetze beschließen, die die Bewegungsfreiheit der Schwarzen kontrollierten. Die Spannungen zwischen den Randlords und den *uitlanders* (Ausländern) auf der einen und der Regierung des Transvaal auf der anderen Seite erwiesen sich als entscheidende Faktoren für den Ausbruch des Burenkrieges 1899–1902. Jo'burg, in dessen Stadtgrenzen damals schon über 100 000 Menschen lebten, wurde in den Kriegsjahren zu einer Geisterstadt, entwickelte sich aber rasch, als die Briten die Macht übernahmen und im Osten und Westen riesige neue Minen errichteten.

Zwar blieb der Goldabbau das Rückgrat der Wirtschaft von Jo'burg, dennoch entstand zunehmend eine verarbeitende Industrie, die dank des Zweiten Weltkriegs gut florierte. Tausende von Schwarzen strömten in die Stadt und suchten hier einen Job; in den Jahren zwischen den beiden Weltkriegen hatte sich die Apartheid fest etabliert. In den 1930er-Jahren entstanden riesige, wilde Städte rund um Johannesburg.

Diese Lager entwickelten sich unter einer schwarzen Führung bald in gut organisierte Städte – trotz der katastrophalen Überbevölkerung und den kaum existierenden kommunalen Einrichtungen. Doch Ende der 1940er-Jahre ließen die Behörden viele dieser Siedlungen dem Boden gleich machen, die Bewohner wurden in neue Vororte umgesiedelt, die als South-Western Townships (abgekürzt Soweto) weltberühmt wurden.

Die offizielle Ausweitung der Apartheid in den 1960er-Jahren verlangsamte weder die Ausdehnung der Stadt noch den Zustrom immer neuer schwarzer Siedler: 1976 versanken die Townships in Gewalt und Chaos, als der Students' Representative Council Widerstand gegen die Einführung von Afrikaans (der Sprache der Unterdrücker) in den schwarzen Schulen organisierte. Die Polizei eröffnete bei einer Demonstration das Feuer; in den folgenden zwölf Monaten starben über 1000 Menschen im Kampf gegen die Rassentrennung.

Das Apartheidsystem wurde schließlich im Februar 1990 aufgegeben, seit den Wahlen von 1994 gibt es – zumindest theoretisch – keine Diskriminierungsgesetze mehr. Die schwarzen Townships wurden in die Stadtverwaltung integriert, im Stadtzentrum wimmelt es nur so von schwarzen Straßenverkäufern und Imbissbudenbesitzern, die städtischen Vororte sind heute multiethnisch bewohnt.

Im Stadtgebiet selbst wird gegnwärtig kein Gold mehr abgebaut, doch die alten, blassgelben Minengruben beherrschen nach wie vor die Landschaft am Stadtrand. Die Minen erleben derzeit eine Renaissance: Dank moderner Grabungstechnologie können die Minengesellschaften heute noch einmal so viel Gold aus dem Aushub ziehen, wie man vor 100 Jahren aus dem Ursprungsmaterial gewonnen hatte. Auch das klassische Bild der Stadt mit verlassenen Goldminen im Vordergrund und der Skyline mit ihren Wolkenkratzern dahinter bleibt erhalten: Einige der alten Minen wurden zu historischen Monumenten erklärt.

ORIENTIERUNG

Jo'burg ist recht groß, dennoch findet man sich leicht zurecht: Die Stadt ist auf Autos ausgerichtet, sodass man per Mietwagen problemlos herumfahren kann. Ohne Auto wird die Besichtigung schnell zu einer äußerst zeitraubenden Angelegenheit. Der Johannesburg International Airport (JIA) liegt 25 km nordöstlich der Stadt und ist leicht erreichbar (die R24 verläuft von der City stadtauswärts und wird dann zum Freeway N12). Wer jedoch während der werktäglichen Rushhour (17–19 Uhr) zum Flughafen muss, sollte eine Extrastunde einkalkulieren. Zwischen Flughafen und dem Hauptbahnhof (Park Station) am nördlichen Rand der Innenstadt verkehren regelmäßig Busse (s. S. 449).

Das weitläufige Stadtzentrum erstreckt sich entlang eines übersichtlich angeordneten Straßengitters und wird von Bürokomplexen wie dem 50-stöckigen Carlton Centre an der Commissioner Street geprägt. Nach Geschäftsschluss bleibt niemand in der Innenstadt – sie wird allabendlich zur Geisterstadt. Die Stadtväter bemühen sich derzeit um eine Wiederbelebung, im Zentrum der Bemühungen steht der Kulturbezirk Newton am Nordwestrand der Stadt.

Nördlich des Stadtzentrums zieht sich von Braamfontein nach dem (gefährlichen) Vorort Hillbrow eine steile Hügelkette in westöstlicher Richtung. Nordöstlich der Innenstadt liegt das ebenfalls recht gefährliche Yeoville.

Die nördlichen Vororte werden überwiegend von einer weißen Mittel- und Oberschicht bewohnt, sie liegen in einem Bogen, den die N1 und N3 bilden: Hier wird das Stadtbild von protzigen Häusern, riesigen Bäumen und hohen Zäunen bestimmt – hier übernachten auch die meisten auswärtigen Besucher. Das öffentliche Leben spielt sich vor allem in den eher steril wirkenden Einkaufszentren ab, doch es gibt auch einige interessante Alternativen: Etwas dichter zum Stadtzentrum hin liegen die Restaurantenklaven von Melville, Greenside, Parkhurst und Norwood – sie bieten eine willkommene Abwechslung zu den Malls.

Die schwarzen Townships (spezielle Siedlungen) legen sich wie ein Kranz um die Stadt und stehen im krassen Gegensatz zu den Vororten im Norden. Die Lebensbedingungen in den Townships sind ganz unterschiedlich, manche wirken wie ein normaler Vorort, andere erschreckend ärmlich. Die bedeutendste Township ist Soweto, allerdings gibt es auch große Townships in Alexandra (innerhalb der N3 nordöstlich des Stadtzentrums) und weiter draußen in Thokoza (südlich von Alberton), Kwa-Thema und Tsakane (südöstlich bzw. südlich von Brakpan), Daveyton (östlich von Benoni) sowie Tembisa (im Nordosten).

Karten & Stadtpläne

Stadtpläne und Landkarten vertreibt das **Map Office** (Karte S. 429; ☎ 011-339 4941; Erdgeschoss, Standard House, 40 De Korte St., Braamfontein; 🕑 Mo–Fr 8–16 Uhr). Die Behörde verkauft regierungsamtliche Landkarten von allen südafrikanischen Provinzen für 40 R je Karte.

PRAKTISCHE INFORMATIONEN

Buchläden

Book Dealers of Melville (Karte S. 439; ☎ 011-726 4054; 12 7th St., Melville; 🕑 10–21 Uhr) Ein Buchladen mit guter Auswahl an antiquarischen Büchern; Ankauf von gebrauchten Büchern (Di und Do 14.30–17.30 Uhr).

Exclusive Books Eastgate Mall (Karte S. 424–425; ☎ 011-622 4870; obere Etage; 🕑 9–22 Uhr); Rosebank Mall (Karte S. 424–425; ☎ 011-447 3028; Ebene 3, The Zone; 🕑 9–21 Uhr); Sandton City Mall (Karte S. 424–425; ☎ 011-883 1010; Untergeschoss; 🕑 Mo–Sa 9–21, So 9–19 Uhr) Die Kette ist sicher die beste in der Stadt, mit einer großen Auswahl an lokalen Zeitungen, Reiseführern und internationaler Presse. Für internationale (zumeist importierte) Bestseller muss man allerdings tief in die Tasche greifen.

Geld

In jedem Geschäftsviertel findet man Banken mit Bankautomaten und Geldwechsel. American Express und Rennies Travel (Agentur von Thomas Cook) unterhalten Filialen im Flughafen und in den größeren Shoppingzentren.

American Express Jo'burg International Airport (☎ 011-390 1233; 🕑 5–21 Uhr); Sandton City Mall (Karte S. 424–425; ☎ 011-883 9009; Shop B36c, Ebene 5; 🕑 Mo–Sa 9–18, So 10–17 Uhr)

Rennies Travel Jo'burg International Airport (☎ 011-390 1040; 🕑 5.30–21 Uhr); Sandton City Mall (Karte S. 424–425; ☎ 011-884 4035; 🕑 Mo–Fr 9–18, Sa 9–15, So 10–13 Uhr)

Internetzugang

Die meisten Hostels und Hotels bieten für 20 bis 60 R pro Stunde einen Internetzugang. Eine Alternative sind die Internetcafés und Wireless-LAN-Hotspots, die man mittlerweile in den meisten Einkaufszentren in Jo'burg und den Vororten findet. **Out of Print Books** (Karte S. 439; ☎ 011-482 6026; 78 4th Ave., Melville; Min. 1 R; 🕑 10–21 Uhr) im Zentrum von Melville ist zwar teuer, aber dafür länger als viele andere geöffnet.

Medizinische Versorgung

Die medizinische Versorgung ist grundsätzlich auf einem hohen Standard, allerdings auch teuer – daher unbedingt eine Reisekrankenversicherung abschließen!

Johannesburg General Hospital (Karte S. 424–425; ☎ 011-488 4911; M1/Jubilee Rd., Parktown) Jo'burg größtes öffentliches Krankenhaus.

Rosebank Clinic (Karte S. 424–425; ☎ 011-328 0500; 14 Sturdee Ave., Rosebank; 🕑 7–22 Uhr) Ein Privatkrankenhaus in einem nördlich gelegenen Vorort mit Unfallzentrum und Fachabteilungen.

Notfälle

Aids-Hotline (☎ 0800-012 322)

Mobiltelefon Notruf(☎ MTN 112; Vodacom 147)

Feuerwehr (☎ 10111)

Lifeline (☎ 011-728 1347)

Metro Emergency Rescue Service (☎ 10177)
Polizei (Karte S. 429; ☎ 10111; Hauptwache Main Rd.)
Rape Crisis Line (☎ 011-806 1888)

Post

Postlagernde Briefe kann man im **Hauptpostamt** (Karte S. 429; ☎ 0800 110 226; Jeppe St.; Mo–Fr 8.30–16.30, Sa 8.30–12 Uhr) abholen – allerdings sollte man sich nicht unbedingt Wertsachen dorthin schicken lassen.

Reisebüros

In Jo'burg gibt es zahllose Reisebüros, auch viele Hotels und Hostels nehmen Buchungen vor. Die billigsten Flugangebote stehen oft in der Reisebeilage der Zeitung *Saturday Star*.

Flight Centre (☎ Zentrale Buchungsstelle 0860 400 747); Eastgate Mall (Karte S. 424–425; ☎ 011-616 7008; Shop L3; Mo–Fr 9–17.30, Sa 9–15 Uhr); Fourways Mall (Karte S. 424–425; ☎ 011-467 0050; Shop G43; Mo–Fr 9–17.30, Sa 9–14.30 Uhr); Sandton City Mall (Karte S. 424–425; ☎ 011-784 1571; Shop L80; Mo–Fr 9–17.30, Sa 9–15 Uhr) Spezialisiert auf Billigflüge, Büros in den meisten größeren Malls. Die Firma wirbt damit, den Preis anderer Reisebüros zu unterbieten.

Touristeninformation

Es gibt verschiedene Touristeninformationen – je nachdem, ob man sich für Jo'burg, Gauteng oder Südafrika als Ganzes interessiert. Die folgenden Organisationen bieten die besten Informationen.

Gauteng Tourism Authority (Karte S. 429; ☎ 011-639 1600; www.gauteng.net; 1 Central Pl., Ecke Jepp St. & Henry Nxumalo St., Newtown; Mo–Fr 8–17 Uhr) Die neue Zentrale der Touristeninformation liegt im Herzen des Newtown Cultural Precinct und bietet ausreichend Parkplätze. Die Mitarbeiter bemühen sich redlich, sind aber nicht besonders gut ausgebildet. Evt. sind Einheimische und Hotelangestellte die besseren Informationsquellen.

Jo'burg Tourism Company (Karte S. 424–425; ☎ 011-214 0700; deon@joburgtourism.com; Erdgeschoss, Ecke Grosvenor St. & 195 Jan Smuts Ave., Parktown North; Mo–Fr 8–17 Uhr) Ein privates Unternehmen, das über die Stadt informiert.

SA Tourism (Karte S. 424–425; ☎ 011-895 3000; Fax 895 3001; 90 Protea Rd., Sandton; Mo–Fr 8–17 Uhr) Die Touristeninformation hilft mit Infos über Südafrika im Allgemeinen weiter.

GEFAHREN & ÄRGERNISSE

Die Kriminalität ist in Jo'burg noch immer ein großes Problem – dennoch sollte man diesen unangenehmen Aspekt der Stadt nüchtern betrachten: Die meisten Urlauber kommen und gehen, ohne dass etwas passiert. Viele Überfälle finden in Vororten statt, in denen sich Urlauber sowieso nicht aufhalten sollten. Am besten hört man auf den Rat der Einheimischen, hält sich an ihre warnende Tipps und läuft aufmerksam durch die Stadt.

Es ist ziemlich unwahrscheinlich, wirklich einmal Opfer eines gewalttätigen Überfalls zu werden (denn selbst Kriminelle kapieren, dass schwere Körperverletzung und Mord von der Polizei viel schärfer verfolgt werden als ein bloßer Raubüberfall). Dafür ist aber z.B. das Geldabheben an einem Bankautomaten ein gefundenes Fressen für alle Kleinkriminellen. Auf S. 662 stehen weitere Tipps zum Thema Sicherheit und Gefahren an Geldautomaten.

SEHENSWERTES & AKTIVITÄTEN

Stadtzentrum & Newtown

STADTZENTRUM

Das Stadtzentrum war Mitte der 1990er-Jahre ziemlich am Ende und wirkte wie leergefegt, da viele weiße Geschäftsleute in die nördlichen Vororte zogen – zurück blieb ein Stadtviertel mit einer ziemlich trostlosen Kriminalitätsrate und verfallenen und verlassenen Gebäuden. Noch heute wirkt die Gegend unruhig, aber die Stadtentwicklungsprojekte in Newton südlich der Innenstadt und das von der Uni geprägte Braamfontein im Norden tragen dazu bei, die City neu zu beleben.

Jo'burg war früher ein regelrechtes Art-déco-Schmuckstück – aus dieser Zeit sind aber nur noch einige wenige hübsche Gebäude erhalten geblieben. Sehenswert sind die zahlreichen Kolonialbauten. Zu den schönsten zählen das ehemalige **Rissik Street Post Office** (Karte S. 429; Rissik St.) und die **City Hall** (Karte S. 429; Ecke Rissik St. & Market St.), die heute auch als Konzerthalle genutzt wird. Abgesehen von den Sehenswürdigkeiten verströmt die Innenstadt dank Tausenden von Straßenhändlern und dem Duft von Mais und Rindfleisch, das an den Straßenständen gebrutzelt wird, ein Großstadtflair, das man in den nördlichen Vororten vergeblich sucht. Allein das macht die Innenstadt schon sehenswert.

Einen Besuch wert ist auch das Gebäude, in dem die früheren **Mandela & Tambo Law Offices** (Karte S. 429; Chancellor House, 25 Fox St.) in

STADTZENTRUM VON JOHANNESBURG

PRAKTISCHES

Department of Home Affairs......1 B5
Gauteng Tourism Authority......2 A6
Hauptpostamt......3 C5
Konsulat von Botsuana......4 B4
Konsulat von Simbabwe......5 B6
Konsulat von Swasiland......6 A4
Map Office......7 A4
SA Police Headquarters......8 A6

SEHENSWERTES & AKTIVITÄTEN

Bus Factory......9 A6
City Hall......10 C6
Constitution Hill......11 C3
Drum Café......(siehe 9)
Getrude Posel Gallery......12 A4
Jan Smuts House......(siehe 12)
Johannesburg Art Gallery......13 D4
Mandela & Tambo Law Offices......14 C6
Mary Fitzgerald Sq......15 A5
Museum Africa......16 A5
Nelson Mandela Bridge......17 B5
Planetarium......(siehe 12)
Rissik St Post Office (geschl.)......18 C6
SAB Centenary Centre......19 A6
St Mary's Anglican Cathedral......20 C5
Sci-Bono Discovery Centre......21 A6
Soweto Art Gallery......22 B6
Standard Bank Foundation Collection of African Tribal Art......(siehe 12)
Top of Africa......23 D6
Turbine Hall......24 A5
University of the Witwatersrand......25 A3
Workers' Museum......26 A6

SCHLAFEN

Formule 1 Hotel Park Station......27 C4
Orion Devonshire Hotel......28 B4
Protea Hotel Parktonian......29 B4

ESSEN

Gramadoela's......(siehe 37)
Guildhall Bar & Restaurant......30 B6
Kapitan's......31 B6
Moyo's......(siehe 37)

AUSGEHEN

Horror Café......32 A6

UNTERHALTUNG

Civic Theatre......33 B3
Kaizer Chiefs Store......34 C6
Kippie's Jazz International......35 A5
Laboratory......36 A5
Market Theatre......37 A5
Windybrow Centre for the Arts......38 D4
Wits Theatre Complex......(siehe 12)

SHOPPEN

Beautiful Things......(siehe 9)
Kohinoor......39 B6
Square Market......40 A5

TRANSPORT

Metrobus-Bahnhof......41 C6
Minibus-Taxis nach Bulawayo, Simbabwe......42 C4
Minibus-Taxis nach Durban......43 C5
Minibus-Taxis nach Lesotho, Bloemfontein, Kroonstad & Ficksburg......44 D5
Minibus-Taxis nach Pretoria......45 C5
Minibus-Taxis nach Soweto......46 D5
Minibus-Taxis nach Upington, Kimberley & Kapstadt......47 C4
Taxis nach Rosebank & Sandton......48 C5
Ticketschalter für Fernbusse......49 C4

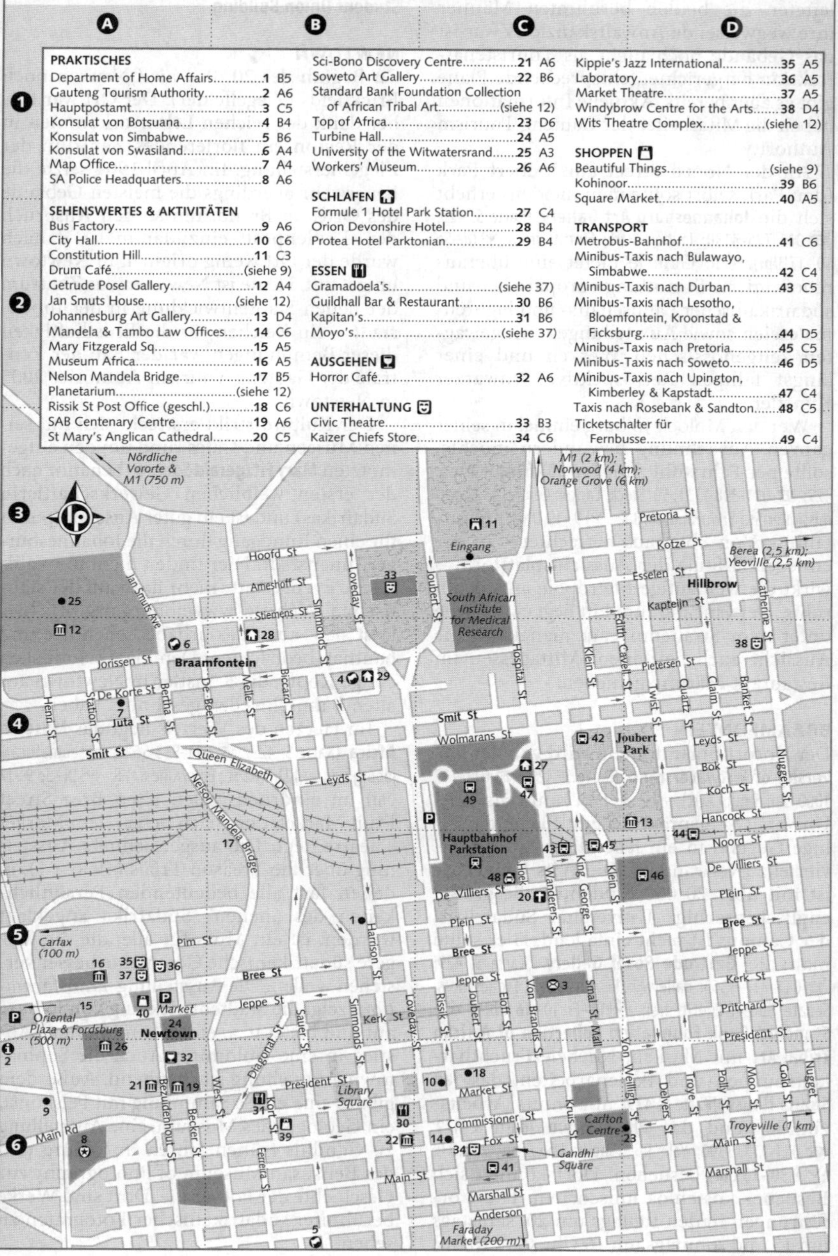

den 1950er-Jahren ihre Büros hatten. Hier leiteten die beiden berühmten Männer ihre wegweisende Anwaltskanzlei. Zwar ist das Gebäude noch nicht als Touristenattraktion hergerichtet, entsprechende Pläne gibt es aber bereits. Aktuelle Informationen haben die Mitarbeiter der Gauteng Tourism Authority.

An der Noord Street am Joubert Park (den Park selbst sollte man meiden) erhebt sich die **Johannesburg Art Gallery** (Karte S. 429; ☎ 011-725 3130; Joubert Park; Eintritt frei; ⏲ Di–So 10–17 Uhr). Die Galerie bietet eine überaus renommierte Sammlung europäischer und südafrikanischer Landschafts- und Figurenmalereien sowie Ausstellungen mit gewagten zeitgenössischen Werken und einer längst fälligen Retrospektive schwarzer Künstler.

Wer den Moloch Jo'burg einmal in seiner ganzen Ausdehnung bewundern möchte, sollte per Fahrstuhl zum **Top of Africa** (Karte S. 429; ☎ 011-308 1331; 50. Stock, Carlton Centre, 152 Commissioner St.; Erw./Kind 10/8 R; ⏲ 9–19 Uhr) hinauffahren: Von oben aus betrachtet – in der entlegenen Stille der Aussichtsplattform – wirkt die weitläufige Metropole angenehm ruhig. Der Eingang zum Lift liegt eine Ebene unter dem Straßenniveau; man kann die Aussicht auch bei einem Mittagessen im Restaurant Marung genießen.

BRAAMFONTEIN

Der Vorort Braamfontein wird von der **University of Witwatersrand** (Karte S. 429; ☎ 011-717 1000; Jan Smuts Ave.) – besser bekannt als Wits University – geprägt. Es gibt Pläne, die ruhige Gegend in ein lebendiges Studentenviertel zu verwandeln. Die Wits University ist mit über 20 000 Studenten die größte englischsprachige Universität Südafrikas; der Campus ist recht einladend. Hier sollte man die **Gertrude Posel Gallery** (Karte S. 429; ☎ 011-717 1365; gallery@atlas.wits.ac.za; Erdgeschoss, Senate House; Eintritt frei; ⏲ Di–Fr 10–16 Uhr), die **Standard Bank Foundation Collection of African Tribal Art** mit Masken, Ndebele-Fruchtbarkeitspuppen und Perlenarbeiten, das **Jan Smuts House** (Karte S. 429) mit Smuts Arbeitszimmer und das **Planetarium** (Karte S. 429; ☎ 011-717 1390; Yale Rd.; Shows Erw./erm. 25/10 R; ⏲ 8.30–16 Uhr) besuchen. Dort können sich Besucher kostenlos umschauen. Die Vorführungen finden freitags um 20, samstags um 15 und sonntags um 16 Uhr statt. Kaffee und Snacks bekommt man preiswert im **Student Union Building**.

NEWTOWN

Zu Beginn des 20. Jhs. hieß Newton noch Brickfields (Ziegelfelder): Der Ort war früher dank der reichen Lehmvorkommen in der Region ein florierendes Zentrum der Ziegelherstellung. Im April 1904 setzte die Feuerwehr allerdings die meisten Gebäude des Ortes in Brand, um so den Ausbruch der Beulenpest einzudämmen, danach wurde der Ort wenig originell in Newtown umgetauft. Heute ist Newtown das Zentrum der neuen Stadtentwicklung in der Innenstadt – ein Zeichen für die Ernsthaftigkeit dieser Bemühungen war der Bau der Zentrale der Gauteng Tourism Authority 2005 in Newtown.

Der Kulturdistrikt erstreckt sich mit seinen Museen und Cafés rund um den aufgemotzten **Mary Fitzgerald Square** (benannt nach der ersten weiblichen Gewerkschaftlerin Südafrikas) und ist ein guter Ausgangspunkt für einen Rundgang durch die Johannesburger Innenstadt. Hier finden nicht nur zahlreiche Events statt (mehr dazu auf der städtischen Website www.joburg.org.za), hier lässt sich auch das urbane Leben live und hautnah beobachten. Den Platz schmücken einige Köpfe, die Künstler in Newtown aus alten Bahnschwellen geschnitzt haben.

Im Herzen des Viertels liegt das **Museum Africa** (Karte S. 429; ☎ 011-833 5624; museumafrica@joburg.org.za; 121 Bree St.; Erw./Kind 8/4 R; ⏲ Di–So 9–17 Uhr) im eindrucksvollen alten Bree Street Fruit Market, der gleich neben dem Market Theatre liegt. Die ausgezeichnete Ausstellung über die Treason Trials (1956–61), in denen fast alle bedeutenden Persönlichkeiten des „neuen" Südafrika angeklagt wurden, ist ein Muss für alle, die die jüngere südafrikanische Geschichte besser verstehen wollen. Die Ausstellung *Transformations* zeigt die Stadtentwicklung von Jo'burg auf und bietet u. a. einen (simulierten) Abstieg in eine Goldmine. Auch die Sophiatown-Ausstellung ist spannend. Außerdem gibt es eine große Sammlung mit Felskunst, ein Geologisches Museum, eine Ausstellung zu Gandhis frühen Jahren in Jo'burg und das Bensusan Museum of Photography zur Geschichte der Fotografie. Dort sind Werke berühmter südafrikanischer Fotografen zu sehen.

Der nahe gelegene Komplex **Market Theatre** (S. 445) bietet mit seinen Shows, Restaurants und Bars zwischen den Museumsbesuchen Erholung und Unterhaltung.

Hoch über Newtown erhebt sich die **Nelson Mandela Bridge** (Karte S. 429; www.blueiq.co.za). Mandela eröffnete sie am 20. Juli 2003 zwei Tage nach seinem 85. Geburtstag. Die 295 m lange, an Stahlseilen hängende Brücke ist die längste dieser Art in ganz Südafrika. Zwar ist sie nicht das beeindruckendste Baudenkmal der Stadt, aber ein eindrückliches Symbol für den in die Tat umgesetzten Versuch, zwei lange in Vergessenheit geratene Stadtteile zu verbinden.

Das **SAB Centenary Centre** (Karte S. 429; ☎ 011-836 4900; 15 President St.; Eintritt 10 R; ⌚ Di–Sa 10–18 Uhr) beschäftigt sich mit einem anderen großen südafrikanischen Zeitvertreib – dem Biergenuss. Das Zentrum führt in die Geheimnisse südafrikanischer Bierbrauerkunst ein, dazu gehört auch die Nachbildung einer *shebeen* (illegale Bar) in Soweto von 1965 – kurz: ein spannender Besuch für alle, die gerne flüssiges Brot zu sich nehmen.

Die kleine, aber bedeutende **Soweto Art Gallery** (Karte S. 429; ☎ 011-492 1109; Suite 34, 2. Stock, Victory House, Ecke Commissioner St. & Harrison St.; Eintritt frei; ⌚ Mo–Fr 8–18, Sa 8–13 Uhr) wird vom bekannten Sowetokünstler Peter Sibeko geführt und ist eine der wenigen Galerien, in denen zeitgenössische schwarze Künstler aus den Townships ihre Gemälde und Skulpturen ausstellen können. Alle Arbeiten stehen zum Verkauf und geben einen guten Einblick in den Alltag der Townships.

Ein Großteil der Gegend rund um den Mary Fitzgerald Square wurde früher von einem riesigen Kraftwerk eingenommen, noch heute stößt man bei Bauarbeiten auf die Fundamente der riesigen Kühltürme. Die gewaltige **Turbine Hall** (Karte S. 429; Ecke Jeppe St. & Bezuidenhout St.) gleich neben der SAB World of Beer ist eines der imposantesten Gebäude der Stadt. Zwar ist das Kraftwerk inzwischen aufgelassen, wird aber gerne für größere Veranstaltungen (wie z.B. die Einführung des neuen Mini) gebucht. Inzwischen gibt es Überlegungen, das Bauwerk noch intensiver zu nutzen. Wer in der Stadt ist und von einem Event in der Turbine Hall hört, sollte sich unbedingt umgehend ein Ticket kaufen!

Im Electric Workshop Bau ist das **Sci-Bono Discovery Centre** (Karte S. 429; ☎ 082-575 6688; www.sci-bono.co.za; Bezuidenhout St.; ⌚ Mo–Fr 9–17 Uhr) untergebracht. Zum Zentrum gehören ein Wissenschaftsmuseum und eine interaktive, lehrreiche Ausstellung, in der man Kinder über Stunden hinweg beschäftigen kann.

Im restaurierten Gebäude des Electricity Department lohnt der Besuch des **Workers' Museum** (Karte S. 429; ☎ 011-832 2447; 52 Jeppe St.; Eintritt frei; ⌚ Mo–Sa 9–17 Uhr). Es entstand 1910 für über 300 städtische Arbeiter und ist heute ein nationales Denkmal – wenn auch kein besonders spannendes. Zu sehen sind die Workers' Library, ein Rohstoffzentrum und eine Ausstellung über die Lebensbedingungen von eingewanderten Arbeitern.

Südlich des Kulturviertels liegt die umgebaute **Bus Factory** (Karte S. 429; 2 President St.) mit der phantasiereichen Ausstellung *Beautiful Things* (S. 445), in der auch Kunsthandwerk aus ganz Südafrika verkauft wird, sowie dem **Drum Café** (Karte S. 429; ☎ 011-834 4464; www.drumcafé.com; ⌚ 9–16 Uhr) mit einem (kostenlosen) Trommelmuseum und regelmäßigen Trommelshows.

HILLBROW & CONSTITUTION HILL

Das vom 269 m hohen **Telkom Tower** (Karte S. 424–425; Goldreich St.) überragte Hillbrow war früher die lebendigste und interessanteste Vorstadt – hier konnte man auch erste Risse im Apartheidsystem in Jo'burg beobachten, als die Gegend zur ersten „Grey Area" (Grauzone) erklärt wurde, in der Schwarze und Weiße Seite an Seite leben durften. Heute hat es dagegen eher den Ruf eines äußerst kriminellen Viertels – wer dorthin will, sollte das wirklich nur in ortskundiger Begleitung tun (s. S. 433)!

Angesichts zahlreicher in ehemals heruntergekommenen Vierteln gebauten Vorzeigebauwerken ist es wohl kein Zufall, dass die moderne, egalitäre Regenbogennation heute das neue Verfassungsgericht des Landes ausgerechnet hier, am Rand von Hillbrow, errichten ließ. Mit etwas Glück wird das Prestigeobjekt und der gleichfalls geplante Ausbau des Constitutional Hill Investitionen nach sich ziehen und den Vorort entsprechend aufwerten.

Der **Constitution Hill** (Karte S. 429; ☎ 011-381 3100; www.constitutionhill.co.za; Kotze St.; Erw./Kind 20/10 R; ⌚ Mi–Mo 9–17 Uhr) wirkt ebenso imposant wie interessant und mausert sich langsam zu einer der wichtigsten Sehenswürdigkeiten der Stadt, wenn nicht sogar des ganzen Landes. Es wurde auf den Ruinen des **Old Fort** von 1892 – einem berüchtigten Gefängnis – errichtet. Im Mittelpunkt des Projektes steht der neue **Constitutional Court**. Das Gericht urteilt über Verfassungs- und Grundrechtsfragen und ist heute ein sehr reales Symbol für das sich verändernde Südafrika: Ein *lekgotla* (Versammlungsort), der sich auf den Trümmern eines der schlimmsten Monumente des Apartheidsystems erhebt. Hier werden die Prozesse in allen elf offiziellen Landessprachen abgehalten. In das moderne Bauwerk wurden einige der alten Gefängnismauern einbezogen, Besucher können die Gerichtsprozesse durch große Fensterscheiben beobachten: Der von Sir Norman Foster errichtete Bau erinnert in seinem Symbolismus an die Reichstagskuppel in Berlin – er betont die Transparenz des Baus im Zentrum des politischen Ethos' Südafrikas.

Besucher können nicht nur das Gericht besichtigen, sondern auch an Führungen durch die verschiedenen Bereiche des Old Fort teilnehmen: Im „Awaiting Trial Block" wurden 1956 die 156 des Landesverrates angeklagten Männer – angeführt von Nelson Mandela – festgehalten. Zu sehen ist auch die berüchtigte Abteilung „Number Four" für die schwarzen, männlichen Häftlinge und das „Women's Gaol", in dem weibliche Gefangene inhaftiert waren (wobei ihr „Verbrechen" oft nur darin bestanden hatte, ohne Ausweis auf der Straße unterwegs gewesen zu sein).

Nördliche Vororte

Montecasino (Karte S. 424–425; ☎ 011-510 7777; www.montecasino.co.za; William Nicol Dr., Fourways) zieht mehr Besucher an als vielleicht jede andere Sehenswürdigkeit in Jo'burg. Das künstliche Vergnügungsviertel ist schrill und kitschig und erstreckt sich rund um ein riesiges Kasino. Zur Anlage gehört sogar eine Art „toskanisches Dorf unter einem Dach" – komplett mit Betontauben, Restaurants, Geschäften, Bars, dem **Pieter Toerien Theatre** (s. 445) und den ganz hübschen **Montecasino Bird Gardens** (Karte S. 424–425; ☎ 011-511 1864; Erw./Kind 10/5 R; 🕑 9–17 Uhr). Sie bieten mitten in der Stadt die Möglichkeit, ein wenig frische Luft zu schnuppern. Wer immer das „toskanische" Dorf auch gebaut haben mag – auf Realitätstreue kam es hier nicht an (selbst die Mauerrisse sind nur aufgepinselt). Die Attraktion ist aber eine nette Abwechslung zu den glitzernden Böden und der ewigen dudelnden Fahrstuhlmusik der Einkaufszentren.

Die Faszination des Landes für Waffen und vielleicht auch die blutige Geschichte Südafrikas sorgen dafür, dass das **South African National Museum of Military History** (Karte S. 424–425; ☎ 011-646 5513; www.militarymuseum.co.za; 22 Erlswold Way, Saxonwold; Erw./Kind 10/5 R; 🕑 9–16.30 Uhr) alljährlich zu den beliebtesten Museen in Jo'burg gewählt wird. Wer sich für Kriege interessiert, wird hier kaum enttäuscht werden, u. a. sind Exponate und Waffen aus der Zeit des Burenkriegs 1899–1902 bis hin zum Zweiten Weltkrieg ausgestellt. Das Museum liegt am östlichen Rand des Tiergartens Johannesburg Zoo.

Der **Johannesburg Zoo** (Karte S. 424–425; ☎ 011-646 2000; www.jhbzoo.org.za; Jan Smuts Ave., Westcliff; Erw./Kind 24/16 R; 🕑 8.30–17.30 Uhr) bietet eine Vielfalt an Tieren. Manche werden es abgedreht finden, ausgerechnet in Afrika einen Zoo zu besuchen, aber der Zoo hat ein sehr interessantes Gehege mit Hyänenhunden und ist vor allem bei Kindern sehr beliebt. Dreimal die Woche gibt es auch Nachtführungen (keine Kinder) für 60 Rand, sie können über den Zoo gebucht werden.

Einen Abstecher wert ist auch das **Bernberg Fashion Museum** (Karte S. 424–425; ☎ 011-646 0716; Ecke Duncombe Rd. & Jan Smuts Ave., Forest Town; Eintritt frei; 🕑 Di–Sa 9–17 Uhr), in dem historische Mode verschiedener Epochen präsentiert wird, sowie das **AECI Dynamite Factory Museum** (☎ 011-309 4700; 2 Main St., Modderfontein; 🕑 Mo & Fr 10–14, Mi 14–16.30 Uhr): Es liegt in einem Gebäude von 1895, etwa 16 km nordöstlich des Stadtzentrums. Hier wird die Entwicklung der Sprengstoffindustrie Südafrikas nachgezeichnet – sie war für den Aufstieg von Jo'burg als Minenzentrum natürlich sehr wichtig.

Südliche Vororte

Einen krassen Gegensatz zum nahe gelegenen Freizeitpark Gold Reef City bildet das **Apartheid Museum** (Karte S. 424–425; ☎ 011-309 4700; www.apartheidmuseum.org; Ecke Gold Reef Rd. & Northern Parkway; Erw./Kind 25/12 R; 🕑 Di–So 10–17 Uhr). Es setzt sich mit der Apartheidgeschichte Südafrikas auseinander, und zwar mit ziemlich direkter und ernüchternder Genauigkeit – die unmenschliche Idee der

Rassentrennung wird schonungslos gebrandmarkt. Besucher erhalten bei Ankunft eine Karte mit ihrer „Rassenbestimmung“ und betreten das Museum entsprechend durch zwei getrennte Eingänge – sicher eines der eindrucksvollsten Südafrikas. Die Ausstellung zeichnet das Leben verschiedener Südafrikaner während der Apartheid nach und erläutert dabei mit Filmen, Texten, Tonaufnahmen und Erzählungen Betroffener sehr lebendig die Struktur, die Umsetzung und schließlich den Zusammenbruch des Systems. Das Museum ist sehr berührend, umso willkommener ist der Garten am Ende der Ausstellung, der etwas Befreiendes hat. Wer auf dem Weg nach Soweto ist, wo das ausgezeichnete Hector Pieterson Museum das Apartheid Museum ergänzt, sollte vorher hier Station machen. Das Museum liegt am Freeway M1, rund 8 km südlich des Stadtzentrums.

Gleich in der Nähe erinnert auch die **Gold Reef City** (Karte S. 424–425; ☎ 011-248 6800; www.goldreefcity.co.za; Gold Reef Rd.; Eintritt 70 R, Kinder unter 120 cm frei; ⌚ Di–So 9.30–17 Uhr) an die Vergangenheit, allerdings auf eine ganz andere Art: Der Themenpark lässt das historische Jo'burg der Goldrauschära wieder auferstehen: Zu 90 % ist es aber nichts anderes als Disneyland – ein Freizeitpark mit einem Hauch historischer Wirklichkeit. Wer mit Kindern unterwegs ist, kann hier aber einen vergnüglichen Nachmittag verbringen.

Zum Park gehören Fahrgeschäfte, ein viktorianischer Jahrmarkt und verschiedene nachgebaute Häuser wie eine Bank, eine Brauerei, ein Pub und ein Zeitungsbüro. Die Besucher können 220 m tief in den Schacht einer Goldmine hinabfahren (50 R extra), beim Gießen von Gold zusehen und eine Show mit einem „Gumboot“-Tanz erleben: Dabei tanzen die Themenpark-Minenarbeiter in Gummistiefeln.

Natürlich gibt es überall etwas zu essen und zu trinken, außerdem das Gold Reef City Arts & Crafts Centre und einen teueren Kunsthandwerks- und Souvenirshop. An Wochenenden werden besondere Programme angeboten, z. B. Livekonzerte in einem offenen Amphitheater oder ein Feuerwerk. Weitere Infos findet man in der Unterhaltungsbeilage des *Star*.

Übrigens kann man hier auch im Protea Hotel Gold Reef City übernachten und im **Casino** (☎ 011-248 5000; ⌚ 24 Std.) spielen. Auch das angeschlossene Gold Reef City Casino Hotel bietet sich als Unterkunft an.

GEFÜHRTE TOUREN

Alle günstigen Hostels in Jo'burg haben Infos zu preiswerten Package-Touren in den Kruger National Park und kennen die besten (und billigsten) Reiseverbindungen nach Kapstadt, Durban, Swasiland, Lesotho, Namibia, Botsuana, Simbabwe und Mosambik. Fast alle buchen auch Führungen nach Soweto. Wer vorher telefonisch bucht, wird von den nachfolgend genannten Veranstaltern am Hotel oder einem vereinbarten Treffpunkt abgeholt.

Imbizo Tours (☎ 011-838 2667) Spezialisiert auf Führungen durch die Townships, dazu gehört auch eine Halbtagestour nach Alexandra (300 R pro Pers.), der wahrscheinlich härtesten Township von allen, und Soweto (310 R pro Pers.). Interessant sind auch die abendlichen *Shebeen*-Touren (600 R pro Pers.) durch Soweto, bei der man gemeinsam mit Einheimischen isst und trinkt.

KDR Sports & Adventure Travel (☎ 011-326 1700; www.soweto.co.za) Ein Touranbieter mit guten Beziehungen, der auch Unterkünfte in Soweto bucht.

Parktown and Westcliff Heritage Trust (☎ 011-482 3349; pro Pers. ab 150 R) Bietet mehrere Touren durch die eher angenehmen Stadtviertel an.

Queer Johannesburg Tours (☎ Buchungen 011-717 1963; anthonym@library.wits.ac.za) Die Führungen werden am jeweils ersten Sonntag eines Monats von den Gay & Lesbian Archives of South Africa (☎ 011-717 4239; www.gala.wits.ac.za) der Wits University angeboten. Ob nun schwul oder hetero – die Touren bieten für alle faszinierende Einsichten in das schwule Jo'burg und führen tief hinein nach Hillbrow und Soweto. Dabei lernt man viel Hintergründiges über die Rolle der Homosexualität in den Goldminen und im Kampf gegen die Rassentrennung. Die Führungen starten um 9 Uhr, dauern vier Stunden und kosten 300 R pro Pers.

Take-A-Tour (☎ 011-624 1676; www.takeatour.info) Touren durch Soweto (280 R pro Pers.) und Ausflüge ins Stadtzentrum von Johannesburg und zu südafrikanischen Denkmälern (280 R pro Pers.).

Taste of Africa (☎ 082-565 2520) Der Anbieter organisiert billige Shuttlebusfahrten (60 R) von Melville nach Soweto. Wer will, kann in Soweto einen Führer anheuern (50 R) oder einfach in den Minibussen umherfahren. Taste of Africa organisiert auch Führungen, in denen man Einheimische trifft, in einer *shebeen* trinkt, ein Hinterhoftheater besucht, Kühe melkt, Jazz hört und sogar einen örtlichen Heiler besucht. Der Anbieter organisiert auch Hüttenunterkünfte (100 R pro Nacht).

Walks Tours (☎ 011-444 1639; www.walktours.co.za; pro Pers. ab120 R) Veranstaltet am Wochenende regelmäßige Führungen zu Fuß durch die verschiedensten Stadtviertel – durch die Innenstadt ebenso wie durch Sandton, Troyeville, Parktown und die Township Alexandra. Die Rundgänge dauern zwischen drei und sechs Stunden und werden von gut informierten Reiseführern begleitet. Der einzige Nachteil: Wenn nicht genügend Leute für eine bestimmte Privattour zusammenkommen, fällt sie aus.

FESTIVALS & EVENTS

Chinese New Year In der Grünanlage Wemmer Pan, südlich des Stadtzentrums.

Rand Easter Show April, National Exhibition Centre.

Joy of Jazz Festival (☎ 011-832 1641; www.joyofjazz.co.za) Findet Ende August an verschiedenen Orten überall in Newtown statt.

Arts Alive Festival (☎ 011-549 2315; www.artsalive.co.za) Festival im September mit vielen Workshops. Dabei geht es um die vielen Kulturen Afrikas, die so lange durch das rein weiß orientierte Apartheidregime unterdrückt wurden. Das Festival ist eine besonders gute Gelegenheit, hervorragende Musik zu hören – im Programm selbst, aber auch im Umfeld. Die meisten Events finden im Vorort Newtown statt.

Gay Pride March (☎ 082-547 2486; www.sapride.org) Letzter Sonntag m September.

SCHLAFEN

Hotels und Hostels liegen über ganz Jo'burg verstreut, allerdings mit einer deutlichen Häufung Richtung Norden. Die Qualität ist ziemlich unterschiedlich – es gibt Hostels mit einfachster Einrichtung und Fünf-Sterne-Häuser mit viel Pomp. Einige Hostels erlauben sogar das Zelten, allerdings sollte man vorher anrufen und nachfragen. Oft sind die Caravanparks im Süden der Provinz die bessere Alternative zu einer schlaflosen Übernachtung in einem städtischen Hinterhof …

Die Agentur **Portfolio** (☎ 011-880 3414; www.portfoliocollection.com) vermittelt einige der besten B&Bs. Sie liegen meist in den nördlichen Vororten, sind etwas anspruchsvoller, aber trotzdem bezahlbar. Einzelzimmer kosten zwischen 250 und 450 R, Doppelzimmer zwischen 400 R und 1000 R.

Wer abends lieber Party machen möchte, sollte sich in Melville oder Norwood umschauen – die Zimmer sind aber schnell vergeben. Ansonsten bieten Rosebank und zunehmend auch Fourways ein ganz attraktives Nachtleben. Die Hotels in den nördlichen Vororten liegen weit verstreut, hier gibt es kein ersichtliches Hotelviertel, oft hat jeder Vorort nur ein Hotel in der jeweiligen Preiskategorie (sie eignen sich deshalb eigentlich nur für Besucher mit Mietwagen).

Im Stadtzentrum gibt es nur wenige Unterkünfte, dafür sind die Preise aber sehr bezahlbar. Nachteile sind der niedrige Standard und die unsicheren Straßen.

Yeoville war jahrelang eine beliebte Destination der Rucksackreisenden – das ist inzwischen Geschichte: Alle Hostels wurden geschlossen oder sind in sicherere Gegenden umgezogen.

Für ankommende Reisende bieten die meisten Hostels einen kostenlosen Abholservice am Flughafen oder der Park Station an. Falls ein Shuttle nicht auftaucht, ruft man das Hostel einfach an oder nimmt ein Taxi. Fast alle Hostels liegen auf der Route der Baz-Busse (s. S. 690). Internet und Satelliten-TV sind heute Standard, viele Hotels organisieren auch Ausflüge nach Soweto, in den Kruger National Park und zu anderen Zielen.

Stadtzentrum & Newtown

Was die Übernachtungsmöglichkeiten angeht, kann das Stadtzentrum mit den gehobenen Vororten nicht mithalten. Wer allerdings viel in Newtown und dem Market Theatre unterwegs sein will, spart natürlich Taxifahrten, wenn er gleich in der Gegend übernachtet.

Viele preiswerte Hotels in der Innenstadt, in Berea und Hillbrow sind heruntergekommen und wirken ziemlich deprimierend, außerdem kann man dort abends nicht gut ausgehen. Eine Backpacker-Unterkunft in einer sicheren Gegend kostet genau so viel wie ein Doppelzimmer in der Innenstadt. So gesehen spricht eigentlich nur wenig dafür, dort zu übernachten. Einige der besseren Hotels der Gegend bieten ein gutes Preis-Leistungs-Verhältnis, da die Kriminalität viele Kunden abschreckt.

Formule 1 Hotel Park Station (Karte S. 429; ☎ 011-720 2111; Park Station, Berea; Zi. 189 R) Das Hotel bietet erholsame Zimmer zu Standardpreisen. Es liegt an der nordöstlichen Ecke des riesigen Hauptbahnhofs und ist ganz angenehm bei einer späten Ankunft. Auch zur Hauptankunftshalle der Züge bzw. der Fernbusse ist es nicht weit. Bis zu drei Personen können in einem Zimmer schlafen und zahlen nur den Zimmerpreis.

Orion Hotel Devonshire (Karte S. 429; ☎ 011-339 5611; www.oriongroup.co.za; Ecke Melle St. & Jorissen St.,

Braamfontein; EZ/DZ inkl. Frühstück 360/545 R; P) Liegt unweit der Wits University (S. 430) in einem früheren Bürogebäude. Das Mittelklassehotel bietet alle Annehmlichkeiten eines modernen Hotels und saubere Zimmer.

Protea Hotel Parktonian (Karte S. 429; ☎ 011-403 5741; www.proteahotels.com; 120 De Korte St., Braamfontein; EZ/DZ inkl. Frühstück 750/910 R; P) Das Parktonian ist das beste Hotel in der Innenstadt; hier steigen vor allem Geschäftsleute auf Durchreise ab.

Melville

Pension Idube (Karte S. 439; ☎ 011-482 4055; idube@mail.com; 11 Walton Ave., Auckland Park; DZ mit/ohne Bad, inkl. Frühstück 330/270 R; P) Das Hotel ist mit unzähligen Zebramotiven verziert – darauf spielt auch der Hotelname an. Dank seines Komforts, der Zimmerpreise und der Lage ist es unschlagbar gut: Melville liegt in fußläufiger Entfernung, ins Stadtzentrum sind es nur 5 km. Das Haus serviert auch Mahlzeiten und hat eine Veranda, auf der man wunderbar grillen kann.

Thulani Lodge (Karte S. 439; ☎ 011-482 1106; www.thulanilodge.co.za; 85 3rd Ave.; EZ/DZ inkl. Frühstück 400/500 R; P) Trotz seiner tollen Lage nur wenige Schritte vom Nachtleben in Melville entfernt, hält das Thulani, was sein übersetzter Name verspricht: „Ruhe und Frieden" in einer Ansammlung kleiner, sauberer Zimmer rund um einen gemütlichen Swimmingpool.

Die Agterplaas (Karte S. 439; ☎ 011-726 8452; agterplaas@icon.co.za; 66 Sixth Ave.; EZ/DZ inkl. Frühstück 420/530 R;) Die Kolonialvilla verströmt das elegante Flair des „alten" Melville – auch dank des Komforts und des Stils des Hauses: Der Parkettfußboden ist aus Oregon-Kiefern gefertigt, es gibt ein gemütliches Sonnendeck und überall viele geschmackvolle Accessoires.

Norwood

Garden Place (Karte S. 424–425; ☎ 011-485 3800; 53 Garden Rd., Orchards; EZ/DZ inkl. Frühstück 445/750 R; P) Das Hotel liegt etwas abseits von der Grant Avenue und bietet saubere und bequeme Zimmer. Der Service ist gut, dazu kommen viele Annehmlichkeiten. Das Hotel ist sowohl für Urlauber als auch Geschäftsleute und Hochzeitsreisende interessant: ein außerordentlich vielseitiges und relaxtes Hotel.

Nördliche Vororte

BUDGETUNTERKÜNFTE

Inchanga Ranch Resort (Karte S. 424–425; ☎ 011-708 2505; www.inchangaresort.co.za; 51 Inchanga Rd., Craigavon; Zeltplatz 40 R, B/EZ/DZ 75/200/250 R, Hütten ab 160 R; P) Ein wunderschönes Landhotel nur wenige Minuten von den Geschäften und dem Kasino von Montecasino entfernt. Die Zimmer liegen in hübschen, geschützten zeltförmigen Häusern. Dank der vielen Freizeitangebote und der Rückzugsorte ist es sowohl für Rucksackreisende als auch für Familien interessant.

Gemini Backpackers (Karte S. 424–425; ☎ 011-882 6845; www.geminibackpackers.com; 1 Van Gelder Rd., Crystal Gardens; Zeltplatz 50 R, B/EZ/DZ mit Gemeinschaftsbad 65/150/190 R; P) Die Meinungen der

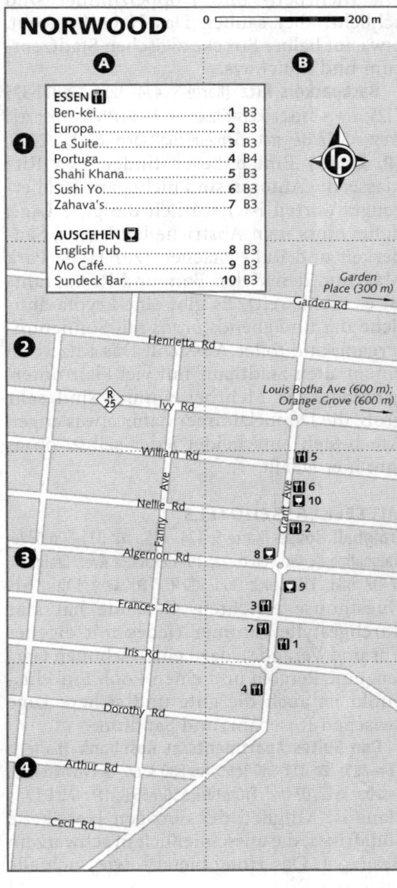

Leser über das Hostel gehen auseinander. Es gibt Annehmlichkeiten wie einen Pizzaofen, einen Reisebüroschalter, Volleyball- und Tennisplätze, einen Fitnessraum und für Filmfreaks sogar eine Videobibliothek. Ein Nachteil ist die Lage, doch die Mitarbeiter holen ihre Gäste am Flughafen ab, ein täglicher Busshuttle zu den Geschäften ist auch eingerichtet. Unbedingt nach den Touren in das nahe gelegene Township Alexandra fragen!

Sleek Backpackers (Karte S. 424–425; 011-787 8070; www.sleekhostel.150m.com; 477 Jan Smuts Ave., Randburg; B/EZ/DZ mit Gemeinschaftsbad 85/100/200 R;) Hier wurde ein Wohnhaus zu einem kleinen Hostel umgebaut – das merkt man noch an der persönlichen Atmosphäre. Die Mehrbett- und Doppelzimmer sind schlicht, aber sauber. Das Haus liegt gut, etwa auf halber Strecke zwischen Stadtzentrum und Fourways.

Backpackers Ritz (Karte S. 424–425; 011-325 7125; www.backpackers-ritz.co.za; 1A North Rd., Dunkeld West; B/EZ/DZ mit Gemeinschaftsbad 85/175/260 R;) Einige Leser finden das Ritz klasse, die Autoren sind nicht ganz so überzeugt: Vorteil ist natürlich die gute Lage, dafür muss man Abstriche bei Luxus, Sauberkeit und Ruhe machen (zur Hyde Park Mall und den vielen Bars und Restaurants ist es nicht weit). Es gibt eine krypta-ähnliche Bar und abends *braiis* mit Sonnenuntergang und toller Aussicht. Das Ritz ist in einem alten Stadthaus mit viel Flair untergebracht, die Mehrbettzimmer sind sehr groß, die Doppelzimmer dafür etwas enger. Am besten entscheidet jeder selbst, ob es ihm hier gefällt.

MITTELKLASSEHOTELS

Craighall House (Karte S. 424–425; 011-326 0326; craighallhouse@mweb.co.za; 10 Alexandra Ave., Craighall; EZ/DZ inkl. Frühstück 300/500 R;) Das als Guesthouse errichtete Gebäude hat klar durchgestylte Zimmer (jedes mit eigener Tür und Veranda), dazu einen schönen Garten, eine Pergola und einen Pool. Ein Pluspunkt ist auch die gute und sichere Lage zwischen Rosebank und Sandton.

Don Suites Apartments at Rosebank (Karte S. 424–425; 011-880 1666; Fax 880 3366; 10 Tyrwhitt Ave., Rosebank; EZ/DZ inkl. Frühstück 530/655 R;) Das Haus ist Mitglied der einzigen Hotelkette Südafrikas, die ausschließlich in schwarzem Besitz ist. Das Hotel bietet – wie auch alle anderen Hotels der Kette – sehr gute Zimmer.

Kosher B&B (Karte S. 424–425; 011-485 5006; www.kosherbandb.co.za; 124 3rd Ave., Fairmount; EZ/DZ inkl. Frühstück ab 550/750 R;) Das einzige B&B unter der Obhut der Johannesburg Beth Din bietet saubere, ausreichend große, wenn auch etwas langweilige Zimmer und ein Restaurant, das für alle geöffnet ist (Sa geschl.). Ungewöhnlich sind die koscheren Sushis!

Quatermain Hotel (Karte S. 424–425; 011-290 0900; www.quatermain.co.za; 137 West Rd. South, Morningside; EZ/DZ inkl. Frühstück 765/1055 R;) Das Quatermain ist eines der besten Mittelklassehotels von Johannesburg. Es bietet eine stilvolle Ausstattung, einen tollen Service und eine Superlage unweit der Glitzerwelt von Sandton (ohne aber von ihr eingenommen zu werden). Das Hotelrestaurant The Courier hat schon Preise gewonnen.

Protea Hotel Wanderers (Karte S. 424–425; 011-770 5500; www.proteahotels.com; Ecke Rudd Rd. & Corlett Dr., Melrose; EZ/DZ inkl. Frühstück 915/1050 R;) Das Hotel liegt in der Nähe des Wanderers Stadium und ist die ideale Absteige für Cricketfans. Viel zum Spitzenklassehotel fehlt nicht!

SPITZENKLASSEHOTELS

Liliesleaf (Karte S. 424–425; 011-803 3787; lilies leaf@llt.co.za; 8 Winston Ave., Rivonia; EZ/DZ inkl. Frühstück 600/1200 R;) Das stilvolle Guesthouse liegt zwar etwas abseits und ist daher etwas zu teuer – aber die Geschichte des Hauses macht es eigentlich unbezahlbar: Hier traf sich Nelson Mandela mit dem African National Congress, um den Sturz der Regierung vorzubereiten. Eine Polizeirazzia machte dies zunichte und führte ab 1963 zu seiner langjährigen Inhaftierung.

Park Hyatt (Karte S. 424–425; 011-280 1234; www.johannesburg.hyatt.com; 191 Oxford Rd., Rosebank; EZ/DZ 1250/1450 R;) Das Hotel hat ein phantastische Lage in den nördlichen Vororten und garantiert den verlässlichen Fünf-Sterne-Luxus einer gehobenen Hotelkette. Das Hotel ist vor allem bei Geschäftsreisenden beliebt und hat einen exzellenten Weinkeller.

Palazzo Inter-Continental Montecasino (Karte S. 424–425; 011-510 3000; www.southernsun.com; Montecasino Blvd., Fourways; Zi. inkl. Frühstück 1600 R;) Auch hier wurde einmal mehr der in Johannesburg beliebte Toskanastil bemüht: Das auf Hochglanz polierte Hotel mischt pseudomediterranen Charme mit einem aalglatten Service und allen klassischen Fünf-Sterne-Leistungen. Im gegenüberliegenden Montecasino kann man sich die Zeit vertreiben, ohne zuvor ins Auto steigen zu müssen.

Melrose Arch Hotel (Karte S. 424–425; ☎ 011-214 6666; 1 Melrose Sq., Melrose Arch; EZ/DZ inkl. Frühstück ab 1750/2900 R; P ⁙ 💻 🏊) Den altmodischen, für Jo'burg so typischen Charme der Vorort-B&Bs und auch den schlichten städtisch-afrikanischen Chic der Gästehäuser in Soweto sucht man hier vergebens. Doch das zurückhaltend eingerichtete, ultramoderne Hotel ist ein wirklich eindrucksvolles Symbol für die neue Aufbruchsstimmung in der Stadt. Besonders reizvoll ist das Restaurant, das so geplant wurde, dass man mit den anderen Gästen plaudern kann. Ein schalldichter Raum ist mit der neuesten HiFi-Technik ausgestattet, im beheizten Pool kann man sogar essen. Das geschmackvolle, unkonventionelle Design, das gemischte Personal und die interessanten Gäste stehen für das neue Südafrika – ein Land der Integration und des Wohlstands. Hier darf man getrost davon träumen …

Intercontinental Sandton Sun & Towers (Karte S. 424–425; ☎ 011-780 5000; www.southernsun.com; Ecke Fifth St. & Alice St., Sandton; Zi. inkl. Frühstück ab 2200 R; P ⁙ 💻 🏊) Das Hotel ist der ganze Stolz der Southern Sun Group und liegt gleich vis-à-vis der Malls von Sandton City und dem Nelson Mandela Square. Im Sandton Sun steigt die Gesellschaft der Wohlhabenden ab, in den Towers werden die Superreichen verwöhnt.

Michelangelo (Karte S. 424–425; ☎ 011-282 7000; www.michelangelo.co.za; Nelson Mandela Sq., 135 West St.; EZ/DZ inkl. Frühstück ab 2200/2450 R; P ⁙ 💻 🏊) Das sechsstöckige Hotel bietet jede erdenkliche Annehmlichkeit, darunter ein Spa und einen Fitnessclub. Alle 242 geschmackvoll eingerichteten Zimmer haben Blick zum riesigen Atrium. Die Farben orientierten sich an den aufgemalten Fensterläden und den rosafarbenen Säulenportalen der umliegenden Gebäude.

Grace in Rosebank (Karte S. 424–425; ☎ 011-280 7200; www.thegrace.co.za; 54 Bath Ave., Rosebank; DZ inkl. Frühstück ab 2400 R; P ⁙ 💻 🏊) Das stilvolle Privathotel bietet einen sehr persönlichen und guten Service, gepaart mit städtischem Flair. Entsprechend groß ist die Stammkundschaft: Stars, Hochzeitsreisende und betuchte Geschäftsleute steigen hier ab.

Ten Bompas (Karte S. 424–425; ☎ 011-341 0282; www.tenbompas.com; 10 Bompas Rd., Dunkeld West; Zi. inkl. Frühstück 2400 R; P ⁙ 🏊) Das Hotel ist ein echtes Original und bietet zehn individuell gestaltete Fünf-Sterne-Suiten, ein Restaurant mit ausgezeichneter Weinkarte sowie Fernsehgeräte in den (nicht nach Geschlechtern getrennten) Toiletten der Lobby.

Westcliff (Karte S. 424–425; ☎ 011-481 6000; www.orient-expresshotels.com; 67 Jan Smuts Ave., Westcliff; DZ ab 2470 R; P ⁙ 💻 🏊) Das Hotel ist bei durchreisenden Promis sehr beliebt. Das weitläufige, stilvolle und sehr rosafarbene Hotel bietet eine Privatsphäre, die man sonst nur in Apartmentanlagen erwartet. Die Superlage über dem Zoo von Johannesburg gibt es gratis samt Geräuschkulisse dazu. Der Service ist tadellos.

Saxon (Karte S. 424–425; ☎ 011-292 6000; www.thesaxon.com; 36 Saxon Rd., Sandhurst; Zi. inkl. Frühstück ab 4250 R; P ⁙ 💻 🏊) Das Nonplusultra des eleganten Jo'burg: Ein prächtiges Suitenprivathotel, in dem der Luxus keine Grenzen kennt. In den 1990er-Jahren zog sich Nelson Mandela sechs Monate in das Hotel zurück, um in Ruhe und Komfort seine Autobiografie zu vollenden. Heute schmückt sein Konterfei – gemalt in realen und erdachten Umgebungen – die Flurwände.

Östliche Vororte

BUDGETUNTERKÜNFTE

Brown Sugar Backpackers (Karte S. 424–425; ☎ 011-648 7397; www.brownsugar.web.za; 75 Observatory Ave., Observatory East; Zeltplatz 45 R, B/DZ mit Gemeinschaftsbad 70/170 R; P 💻 🏊) Das lebendige Backpacker-Hostel liegt in einem alten, etwas heruntergekommenen Stadthaus, hat aber ein sehr engagiertes Team und eine tolle Aussicht von der sonnigen Dachterrasse, deren Grillanlage sich ideal für ein traditionelles *braai* eignet.

Airport Backpackers (☎ 011-394 0485; airportbackpacker@hotmail.com; 3 Mohawk St., Rhodesfield; Zeltplatz 60 R, B/EZ/DZ mit Gemeinschaftsbad 80/190/240 R; P 💻 🏊) Das Hotel ist für einen Kurzaufenthalt ganz in Ordnung und liegt nur 2 km vom Flughafen entfernt (Abholung und Rücktransport sind umsonst). Für längere Aufenthalte ist es eher ungeeignet, auch wenn eine *lapa*-Bar (ein Bau mit niedriger Mauer und Strohdach) und ein guter Pool zum Haus gehören.

Bruma Backpackers (Karte S. 424–425; 011-616 2741; egatebp@netactive.co.za; 41 Hans Pirow Rd., Bruma; B 60 R, EZ/DZ mit Gemeinschaftsbad 140/160 R; P) Das Hostel liegt nahe Chinatown und Bruma Lake Market World (S. 445). Das zweistöckige Gebäude wirkt aber eher wie ein günstiges B&B und hat kaum etwas von einem typischen Hostel: Es gibt wenig Atmosphäre, dafür aber recht viel Komfort.

Diamond Digger's Lodge (Karte S. 424–425; 011-624 1676; www.oneandonly.co.za; 36 Doris St., Kensington; B/DZ mit Gemeinschaftsbad 70/180 R; P) Das ausgezeichnete Backpacker-Hostel bietet alle erdenklichen Einrichtungen, u. a. einen Whirlpool, eine Sauna, ein Heimkino mit großer Leinwand und ein Pub zum Ausruhen. Die Digger's Lodge zieht sich über eine ganze Reihe von Gebäuden, sodass man auch ein bisschen Privatsphäre findet. Dazu kommen einige Doppelzimmer mit eigenem Bad und WC (250 R).

Purple Palms (011-393 4393; info@purplepalms.co.za; 1 Boompeiper Ave., Kempton Park; DZ mit/ohne Gemeinschaftsbad 260/220 R, 3B 330 R; P) Das freundliche, gut geführte Backpackers gehört zum North South Backpackers in Pretoria. Es liegt in einem ruhigen Vorort 2 km vom Flughafen entfernt und damit ideal für alle, die Gauteng bereisen wollen.

MITTELKLASSEHOTELS

Emerald Guest House (011-394 1198; 19 Halifax St., Rhodesfield, Kempton Park; EZ/DZ 275/400 R; P) Von diesem Guesthouse hört man viel Positives: Es liegt gut erreichbar unweit vom Flughafen und bietet viele Annehmlichkeiten eines Wohnhauses und hübsche Zimmer. Eine gute Adresse für alle, die frühmorgens abfliegen: Das Hotel bietet einen Flughafenshuttle an.

Duneden Hotel (/Fax 011-453 2002; 46 Van Riebeeck Ave., Edenvale; EZ/DZ 340/450 R; P) Auch das Duneden ist eine solide Mittelklasse-Hoteladresse in der Nähe des Flughafens und bietet eine Bar, Tennisplätze und einen Fitnessraum.

Südliche Vororte

Gold Reef City Casino Hotel (Karte S. 424–425; 011-248 5025; www.threecities.co.za; Ecke Northern Parkway & Data Cres, Ormonde; EZ/DZ 780/1050 R; P) Die Zimmer bieten dank der opulenten Ausstattung ein gutes Preis-Leistungs-Verhältnis. Das Hotel liegt 8 km südlich der Innenstadt in Gold Reef City.

Protea Hotel Gold Reef City (Karte S. 424–425; 011-248 5700; www.proteahotels.com; Northern Parkway, Ormonde; EZ/DZ inkl. Frühstück 900/1010 R; P) Das ausgezeichnete Hotel ist geschickt mit Memorabilien des alten Jo'burg eingerichtet und bietet hübsche Zimmer und viel (eleganten) Wildwest-Charme. Es liegt 8 km südlich des Stadtzentrums und hinter den Toren des Themenparks – und ist damit wahrscheinlich das sicherste Hotel in ganz Johannesburg!

ESSEN

Jo'burg bietet eine riesige Restaurantauswahl, die jeden Geschmack trifft, jeden Heißhunger stillt und für jede Gelegenheit passt. Einziger Nachteil für Besucher – vor allem für diejenigen ohne Auto – ist die verstreute Lage: Fast alle sehr guten Restaurants haben in den nördlichen Vororten aufgemacht und sind manchmal nur schwer zu finden. Die großen Hotels unterhalten eigene Restaurants, auch in Shopping Malls haben Ketten-Steakhäuser wie Spur Ranch und Italiener wie Panarotti's Filialen.

Selbstversorger können in den blitzblanken Supermärkten der Einkaufszentren aus einem riesigen Angebot von Lebensmitteln auswählen.

Stadtzentrum & Newtown

Viele ausgezeichnete Restaurants liegen verstreut im Kulturviertel von Newtown; eine Alternative sind die Stände an und rund um die Diagonal Street, dort bekommt man preiswerte Gerichte wie *mealie pap* (Maisbrei) und gegrilltes Fleisch – einfach immer dem Duft folgen.

Kapitan's (Karte S. 429; 011-834 8048; 11A Kort St.; Hauptgerichte 30–60 R; Mittag- & Abendessen) Jo'burg hat preisgekrönte Restaurants, die fast die gesamte Weltküche abdecken. Wer so etwas wie den Geschmack der neuen Stadt in einer historischen Umgebung erleben möchte, muss bei Kapitan's vorbeischauen. Von der schmutzigen Treppe sollte man sich nicht abschrecken lassen, das Restaurant ist eine Johannesburger Institution und bietet authentische indische Gerichte. Die ausgefallene Einrichtung zieht seit Jahrzehnten Prominente an – Nelson Mandela und Oliver Tambo aßen hier regelmäßig in den 1950er-Jahren. Das Lokal ist angenehm unaufdringlich und gehört zu den Restaurants der Stadt, in denen sich junge schwarze und weiße Aufsteiger neben Jazzfans und knorrigen Stammgästen aus der City (die darüber jammern, dass früher alles besser gewesen sei) gemeinsam einen Drink genehmigen.

Guildhall Bar & Restaurant (Karte S. 429; ☎ 011-833 1770; 88 Market St., Marshalltown; Hauptgerichte 35–50 R; 🕑 Mittag- & Abendessen) In der 1888 eröffneten Bar – einer der ersten in Jo'burg – wünscht man sich, dass die rauchgeschwärzten, holzgetäfelten Wände mehr von ihrer Geschichten erzählen würden. In dem englischen Pub unten könnte man den ganzen Tag verbringen. Die Alternative ist ein Tisch oben auf dem Balkon: Von dort lässt sich bei einem Auflauf oder Pommes das Treiben in der City of Gold gemütlich beobachten.

Gramadoela's (Karte S. 429; ☎ 011-838 6960; Bree St., Newtown; Hauptgerichte 40–90 R; 🕑 Mittag- & Abendessen; ⊠) Der schwulenfreundliche Klassiker in Newton (im Market Theatre) zieht allerlei merkwürdige Gäste an. Serviert wird eine Mischung afrikanischer und asiatischer Gerichte, die verschiedene Rezepte zwischen Kap und Kairo kombinieren und dem Ganzen noch einen starken Touch malaiischer Würze verleihen. Hier aßen schon Hillary Clinton, Denzel Washington und Nelson Mandela.

Moyo's (www.moyo.co.za; Hauptgerichte 50–100 R; ⊠) Newtown (Karte S. 429; ☎ 011-838 1715; Bree St.; 🕑 Mittag- & Abendessen); Melrose Arch (Karte S. 424–425; ☎ 011-684 1477; 5 Melrose Sq; 🕑 Mittag- & Abendessen); Parkview (Karte S. 424–425; ☎ 011-646 0058; Zoo Lake; 🕑 Frühstück & Mittagessen) Die beliebte Kette verströmt schicken afrikanischen Charme und serviert eine Reihe moderner afrikanischer Spezialitäten. Jedes Restaurant hat eine stilvolle Zigarrenlounge und bietet frische, gut gewürzte und innovative Gerichte. Weinliebhaber wissen die erstklassige Weinkarte zu schätzen. Dank ihrer Lage am Wasser ist die Filiale am Zoo besonders schön, sie hat aber leider abends geschlossen.

Melville

Das nordwestlich von Braamfontein gelegene Melville hat sich zum In-Restaurantviertel von Johannesburg entwickelt. Restaurants und Cafés drängen sich heute rund um die 7th Street (oder Old Melville) und entlang der belebten Main Road (New Melville), die etwa 1 km weiter westlich verläuft.

Die besten Gerichte findet man in Old Melville, die Straße verströmt eine bohèmeartige, jugendliche Atmosphäre. Viele Cafés stellen Tische auf ihre Terrassen (in Jo'burg eine echte Seltenheit), sodass die 7th Street in den wärmeren Monaten an einen Pariser Straßenzug erinnert: Dann sitzen die Leute entspannt an den Straßentischen, trinken ein Gläschen und genießen den Augenblick der Muße.

RESTAURANTS

Ant Café (Karte S. 439; ☎ 011-726 2614; 11 7th St.; Hauptgerichte 30–45 R; 🕑 Frühstück, Mittag- & Abendessen) Das winzige, aber gemütliche italienische Künstlerlokal backt sehr leckere Pizzen. Achtung: Hier wird nur Bargeld akzeptiert.

Soulsa (Karte S. 439; ☎ 011-482 5572; 16 7th St.; Hauptgerichte 35–90 R; 🕑 Mittag- & Abendessen; ⊠) Eine ausgeflippte Einrichtung, eine attraktive Tages- und Abendkarte mit südafrikanischen Fusion-Gerichten und die Sofas draußen vor der Tür haben das Soulsa zum Treffpunkt der Medienschaffenden von

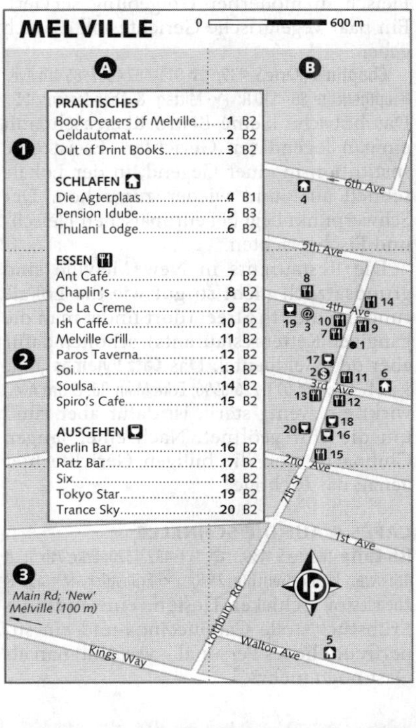

Melville gemacht. Am Wochenende kann man hier auch frühstücken.

Paros Taverna (Karte S. 439; ☎ 011-482 4781; Ecke 7th St & 3rd Ave.; Hauptgerichte 40–75 R; Mittag- & Abendessen;) Das Paros ist dank seiner typisch griechischen, weiß-blauen Tavernenausstattung und den leckeren griechischen Gerichten eine kleine mediterrane Oase – und am Wochenende knüppelvoll. Sonntagmorgens fegt man hier noch die Porzellanscherben der Feier vom vorherigen Abend zusammen.

Soi (Karte S. 439; ☎ 011-726 5775; Ecke 7th St & 3rd Ave.; Hauptgerichte 45–90 R; Mittag- & Abendessen;) Die schicke und momentan sehr trendige asiatische Inneneinrichtung macht aus dem Soi ein gefragtes und elegantes Lokal. Auf den Tisch kommen sehr frische, würzige thailändische und vietnamesische Gerichte. Die Bar mit lauter Thekenschönheiten ist auch nicht zu verachten …

Melville Grill (Karte S. 439; ☎ 011-727 2890; Ecke 7th St. & 3rd Ave.; Hauptgerichte 50–120 R; Mittag- & Abendessen;) Das gehobene Steakhouse ist die Adresse für ein Mega-Grillabendessen: Hier wird wunderbar abgehangenes Fleisch in moderner Umgebung serviert. Ein paar vegetarische Gerichte soll es auch geben.

Chaplin's (Karte S. 439; ☎ 011-482 4657; 85 4th Ave.; Hauptgerichte 80–110 R; Mittag- & Abendessen;) Das hübsche kleine Bistro überrascht mit einigen legendären Gerichten. Es ist eine Institution in einer Gegend, in der Lokale schnell auf- und wieder zumachen. Der Schwerpunkt liegt bei europäischen Fleisch- und Fischgerichten.

Die Restaurants in New Melville sind grundsätzlich nicht so gut wie die Lokale rund um die 7th Street (dort findet man die gängigen Kettenrestaurants), schonen dafür aber den Geldbeutel. Das **Catz Pyjamas** (Karte S. 424–425; ☎ 011-726 8596; Ecke Main Rd. & 3rd Ave.) wirkt ein wenig steril, ist dafür aber rund um die Uhr geöffnet. Nach einer langen Clubnacht sind die billigen Gerichte hier genau das Richtige.

CAFÉS & AUF DIE SCHNELLE

Ish Caffé (Karte S. 439; ☎ 011-482 4320; Ecke 7th St. & 4th Ave.; kleine Gerichte 25 R; Frühstück, Mittag- & Abendessen) Schickes Design, einwandfreies Frühstück, tolle Cappuccinos und ein superfreundliches Personal – was will man als Gast noch mehr?

De La Creme (Karte S. 439; ☎ 011-726 7716; Ecke 7th St & 4th Ave.; Hauptgerichte 40–55 R; Frühstück, Mittag- & Abendessen; Mo geschl.) Eine der besten Konditoreien der Stadt, in der eine täglich frisch gebackene Auswahl an süßen Leckereien angeboten wird. Zur Auswahl stehen hausgemachte Cremetorten, aber auch eine komplette Speisekarte.

Spiro's Cafe (Karte S. 439; ☎ 011-482 1162; Ecke 7th St. & 2nd Ave.; Hauptgerichte 40–70 R; Frühstück, Mittag- & Abendessen) Das Spiro erwacht schon am frühen Morgen zum Leben: Dann füllen sich die Tische draußen auf der Terrasse, auch die großen und gemütlichen Sofas in den Innenräumen sind schnell belegt. Abends stehen einige leckere Gerichte auf der Karte, anschließend verwandelt sich das Spiro in eine Bar.

Norwood

Die hiesige Restaurantszene hat sich ziemlich gemausert und wirkt jetzt wie eine östliche Johannesburg-Version der 8th Street in Melville. An der Grant Avenue liegen über 20 Bars, Lokale und Cafés, die meisten sind täglich geöffnet.

RESTAURANTS

Portuga (Karte S. 435; ☎ 011-728 0451; 37 Grant Ave.; Hauptgerichte 25–45 R Mittag- & Abendessen) Das Lokal vereint in seinen Fisch- und Meeresfrüchtegerichten alle Aromen Mosambiks. Die Einrichtung ist eher schlicht, das Essen preiswert.

Shahi Khana (Karte S. 435; ☎ 011-728 8157; 80 Grant Ave.; Hauptgerichte 30–60 R; Mittag- & Abendessen;) Das Shahi Khana verspricht die „40 besten Curries Indiens". In jedem Fall sollte man hier eines der scharfen Gerichte probieren, die einem die Tränen in die Augen treiben. Das Gegenrezept: einfach am Naan-Brot knabbern und auf die Erlösung durch süßes Lassi warten.

Sushi Yo (Karte S. 435; ☎ 011-483 0293; 74 Grant Ave.; Hauptgerichte 35–55 R; Mittag- & Abendessen) Der kleine japanische Imbiss bietet einen Sushi-Counter mit Laufband und unterhält auch einen Lieferservice.

Ben-kei (Karte S. 435; ☎ 011-483 3296; 48 Grant Ave.; Hauptgerichte 40–70 R; Mittag- & Abendessen;) Das jazzige japanische Lokal ist vor allem bei den jungen Trendsettern aus Norwood beliebt, die das schicke Interieur und die authentische Küche lieben. Wer das viele Grillfleisch nicht mehr sehen kann, wird hier mit Sushis ein wenig Abwechslung finden – in der Preisklasse sind sie die besten der Stadt. Unbedingt probieren: Die All-you-can-eat-Sushiplatte (110 R).

La Suite (Karte S. 435; ☎ 011-728 9262; Ecke Grant Ave. & Francis Rd.; Hauptgerichte 40–80 R; Mittag- & Abendessen;) Das La Suite ist eines der eleganteren Restaurants in Norwood: Korbmöbel draußen, drinnen eine gediegene Einrichtung in Creme- und Brauntönen. Serviert wird eine breite Auswahl an südafrikanischen und europäischen Gerichten, mittags steht ein Büfett bereit.

CAFÉS & AUF DIE SCHNELLE

Zahava's (Karte S. 435; ☎ 011-728 6511; 47A Grant Ave.; kleine Gerichte 15–30 R; Frühstück & Mittagessen;) Ein netter Coffee Shop mit Wasserpfeifenbar, dazu werden orientalische Köstlichkeiten wie *zivas* (jemenitisches Fladenbrot) und *latkes* (jüdische Kartoffelpuffer) auf den Tisch gebracht.

Europa (Karte S. 435; ☎ 011-483 0799; 66 Grant Ave.; Hauptgerichte 20–50 R; Frühstück & Mittagessen) Das zur Straße hin offene Café ist am Wochenende gerammelt voll. Dann trifft man sich hier zum sonntäglichen Omelette.

Nördliche Vororte

Die Mehrzahl der Restaurants in den wohlhabenden Vororten wurden in den riesigen Einkaufszentren eröffnet, in denen sich auch ein Großteil des gesellschaftlichen Lebens der nördlichen Vororte abspielt. Sie haben aber einen großen Nachteil: Nach Geschäftsschluss fehlt es in den riesigen Gebäudekomplexen an Atmosphäre.

Nicht weit von Melville entfernt hat sich im Vorort Greenside ein weiteres Restaurantviertel entwickelt. Die Gäste hier sind im Durchschnitt um die 40 bis 50 Jahre alt – Partys werden also ziemlich sicher woanders gefeiert. Trotzdem kommen auch Gäste aus anderen Stadtvierteln in diese Lokale. Die meisten Restaurants liegen an der Gleneagles Road und in Greenway unweit der Barry Hertzog Avenue.

Vida e Caffé (Karte S. 424–425; ☎ 011-646 1340; 24 Gleneagles Rd., Greenside; kleine Gerichte 15–25 R; Frühstück & Mittagessen;) Das Vida e Caffé ist für viele das beste Café in ganz Johannesburg, sehr zu empfehlen sind auch die kleinen Snacks – und natürlich die schönen Menschen, die hier ein- und ausgehen. Ein Geheimtipp für Sparsame – nach Ladenschluss (17 Uhr) werden alle übrig gebliebenen Muffins verschenkt.

Cranks (Karte S. 424–425; ☎ 011-880 3442; Shop 52, Rosebank Mall; Hauptgerichte 35–55 R; Mittag- & Abendessen;) Das Cranks war eines der ersten thailändisch-vietnamesischen Lokale der Stadt und floriert auch noch nach 20 Jahren. Sehr zu empfehlen ist der Klassiker Fischfilet mit Zitronengras (45 R).

Gaia (Karte S. 424–425; ☎ 011-912 7879; Ecke 4th Ave. & 7th St., Linden; Hauptgerichte 35–70 R; Mittag- & Abendessen;) Im Untergeschoss des früheren Linden Hotels wird afro-mediterrane Küche gekocht. Das Gaia ist in Erdtönen gehalten, dazu passt die gesunde Speisekarte. Es liegt zugegebenermaßen etwas abseits, der Umweg lohnt sich aber.

Ove Flo (Karte S. 424–425; ☎ 011-486 4576; 116 Greenway, Greenside; Hauptgerichte 40–60 R; Mittag- & Abendessen;) Das europäisch angehauchte Bistro eignet sich ideal für ein romantisches Abendessen: Der gemütliche Raum ist in Rottönen gehalten, dazu kommen viele Spiegel mit Goldrahmen und eine interessante Karte, die z. B. eine Schneckenpizza anbietet.

Karma (Karte S. 424–425; ☎ 011-646 8555; Ecke Barry Hertzog Ave. & Gleneagles Rd., Greenside; Hauptgerichte 40–70 R; Mittag- & Abendessen) Das elegante Lokal interpretiert traditionelle indische Küche neu und modern – altbekannte Klassiker bekommen hier eine frische Note. Eine gute Abwechslung von den riesigen Fleischportionen bietet die Vegetarierplatte.

Yum (Karte S. 424–425; ☎ 011-486 1645; www.yum.co.za; 26 Gleneagles Rd., Greenside; Hauptgerichte 40–200 R; Mittag- & Abendessen;) Ein kleines Restaurant mit einem großen Ruf: Das Yum zählt zu den renommiertesten Restaurants der Stadt und veröffentlicht sogar eigene Kochbücher. Serviert wird hier innovative Fusion-Küche, dabei legen die Köche großen Wert auf beste Zutaten. Im Januar ist es mehrere Wochen geschlossen.

Bite (Karte S. 424–425; ☎ 011-486 0449; 137 Greenway, Greenside; Hauptgerichte 50–80 R; Mittag- & Abendessen;) Im stilvollen Bite schlemmt man asiatische Gerichte in einer Umgebung, deren klare Linien und gedeckten Farben an einen japanischen Zengarten erinnern. Sehr empfehlenswert ist der frische Fisch, der in Bananenblättern gedünstet wird.

Circle (Karte S. 424–425; ☎ 011-646 3744; 141 Greenway, Greenside; Hauptgerichte 90–120 R; Mittag- & Abendessen;) Das legere, populäre Restaurant kocht mit ausgesucht frischen Produkten und ist zu jeder Jahreszeit einen Besuch wert.

Östliche Vororte

Restaurants gibt es an der Derrick Avenue in der Nähe des Bruma Lake, außerdem in Cyrildene unweit der Observatory Road, darüber hinaus lockt hier eine gut etablierte Chinatown (Karte S. 424–425) mit etlichen preiswerten Lokalen. Dort kann man meist in typisch asiatischen, etwas sterilen Lokalen (mit Resopaltischen und Plastikstühlen) gut essen, u. a. taiwanesisch, koreanisch, aber auch die regionalen chinesischen Gerichte aus Szechuan, Schanghai und Hongkong. In Chinatown schließen die meisten Lokale gegen 21.30 Uhr.

Radium Beerhall (Karte S. 424–425; ☎ 011-728 3866; 282 Louis Botha Ave., Orange Grove; Hauptgerichte 40–60 R; 🕑 Mittag- & Abendessen) Das Lokal wirkt etwas abgerissen, auch das Essen (ziemlich sättigende portugiesische Küche) ist nichts Besonderes. Dafür ist aber das Bier vom Fass immer schön kalt, die Gäste in Partylaune und die Atmosphäre vergleichbar mit der Stimmung zur Zeit des Goldrausches. Kein Wunder: Die Beerhall war die erste Gastwirtschaft mit Alkoholausschank im alten Johannesburg!

Adega do Monge (Karte S. 424–425; ☎ 011-614 3041; 32 Roberts Ave., Kensington; Hauptgerichte 60–80 R; 🕑 Mittag- & Abendessen) Ein lautes, aber geschmackvolles portugiesisch-südafrikanisches Lokal in der Nähe der Diamond Digger's Lodge. Das Lokal ist so beliebt, dass man unbedingt reservieren sollte. Die Portionen sind riesig, die Bedienung spricht noch Portugiesisch.

AUSGEHEN

In Jo'burg wird gerne gefeiert. Die Stadt hat eine lebendige Szene, die sich immer wieder verändert und abwechslungsreiche Bars, Pubs und Clubs bietet: Manche sind ausgefallen, andere ziemlich konservativ.

Ein Großteil des Nachtlebens spielt sich in den nördlichen Vororten ab, vor allem rund um Melville, Norwood und Rosebank – die besten Tipps haben die Mitternachtssteuer unter den Einheimischen. Die Gegend um das Kulturviertel in Newtown hat ebenfalls einiges zu bieten.

Eine Übersicht an Livemusik-Clubs und Diskotheken findet sich auf S. 443.

Stadtzentrum & Newtown

Horror Café (Karte S. 429; ☎ 011-838 6735; 5 Becker St., Newtown) Die neongrüne Einrichtung ist ein echter Horror, aber dank der unzähligen Gäste und der Nähe zur SAB World of Beer ist hier immer viel los. Donnerstags wird Reggae gespielt, samstags steigt eine Schwulen-und-Lesben-Party.

Guildhall Bar & Restaurant (Karte S. 429; ☎ 011-833 1770; 88 Market St.) Eine gute Adresse, um ein wenig Geschichte zu erleben und dabei ein oder mehrere Pints Lagerbier zu trinken. Die oben gelegene Terrasse eignet sich gut zum Leutebeobachten.

Melville

Berlin Bar (Karte S. 439; ☎ 011-482 9345; 6 7th St.) Die Berlin Bar erinnert mit ihrer Einrichtung eher an den Schwarzwald – doch dank der Künstler, die sich hier auf den Retromöbeln lümmeln, war die Bar zuletzt die absolut angesagteste Adresse in Melville.

Six (Karte S. 439; ☎ 011-482 8306; 7th St.) Keiner hat sich hier groß Gedanken um die Einrichtung gemacht – freundliche Menschen würden sie vielleicht als „Industrieschick" bezeichnen. Dafür ist das Six wochentags länger geöffnet als viele andere Clubs, außerdem mixt man hier gute Cocktails. Und die Gäste mögen die lebendige, geradlinige Atmosphäre.

Ratz Bar (Karte S. 439; ☎ 011-726 2019; 9B 7th St.) In der gemütlichen Bar flitzen die Ratten nicht mehr über den Fußboden, sondern hängen an den Wänden. Vielleicht hat man hier deshalb erst ab 24 Jahren Zutritt. Lecker sind die guten (und nicht zu teuren) Cocktails (18 R).

Trance Sky (Karte S. 439; ☎ 011-726 2241; 7 7th St.) Das Trance Sky ist ein beliebter und lebendiger Treffpunkt der Nachtschwärmer. Dank der Einrichtung und der psychedelischen Musik fühlt man sich auch ohne Gras schnell in Trance versetzt.

Tokyo Star (Karte S. 439; ☎ 011-834 9187; 78 4th Ave.) Den Schick japanischer Comicfilme und ganze Wagenladungen an Plastikfiguren prägen diese hippe, laute Bar im Tokiostil. Hier üben überwiegend junge Gäste allabendlich das Anbaggern und verstoßen dabei gegen alle Regeln des Ab- und Anstandes. Dazu gibt's asiatische Snacks wie Tempura (22 R).

Cool Runnings (Karte S. 424–425; ☎ 011-482 4786, 27A 4th Ave.) Reggae ist in Jo'burg ein populärer Dauerbrenner, da verwundert es kaum, dass auch diese Franchise-Bar im jamaikanischen Stil ziemlich angesagt ist: eine entspannte Atmosphäre, dumpfe Bässe und viel Action spätnachts sind garantiert.

Norwood

Sundeck Bar (Karte S. 435; ☎ 011-728 2279; 72 Grant Ave.) Die Bar im 1. Stock ist beliebt bei Leuten, die recht ausgiebig und gerne Leute beobachten, also erteilen Sie Anschauungsunterricht.

Mo Café (Karte S. 435; ☎ 011-728 8256; Grant Ave.) Die etwas kitschige Retro-Bar zieht vor allem die Schönen der Nacht an, man nimmt sich hier dennoch nicht allzu ernst. Ach ja: gestylte Bärtchen sind Pflicht. Wer spätabends noch Hunger hat, kann von der Nachtkarte wählen.

English Pub (Karte S. 435; ☎ 011-483 1101; Ecke Algernon Rd. & Grant Ave.) Die Kneipe bietet eine ziemlich raue, typisch englische Pubatmosphäre, vor allem am Wochenende ist sie gut für einen Drink und einen Plausch mit dem Nachbarn.

UNTERHALTUNG

Die beste Übersicht über das Veranstaltungsprogramm bietet der freitags erscheinende *Mail & Guardian*. Die Beilage *Tonight* der Tageszeitung *Star* ist ebenfalls sehr nützlich. Wer etwas per Kreditkarte buchen möchte, kann dies über **Computicket** (☎ 011-915 8000; www.computicket.com) tun, die Agentur verkauft Sitzplätze für praktisch jedes Theater, Kino und Stadion. Partys und andere Events findet man auch online unter www.jhblive.co.za oder www.joburg.org.za.

Kinos

Überall in Jo'burg sind inzwischen riesige Kinocenter entstanden, fast jede Mall hat ihre Kinosäle: **Ster-Kinekor** (☎ Tickets über 082 16789; www.sterkinekor.co.za) unterhält die meisten Multiplexe, u. a. in den Einkaufzentren in Fourways, Westgate, Eastgate, Sandton und Rosebank.

Wer eine wirklich große Leinwand sucht, sollte im **Imax Theatre** (Karte S. 424–425; ☎ 011-325 6182; Hyde Park Mall, Jan Smuts Ave., Hyde Park) vorbeischauen, es ist die neueste Errungenschaft in der Kino-Unterhaltungsszene von Jo'burg.

Livemusik & Nachtclubs

Jo'burg bietet eine sehr lebendige Musikszene, allabendlich kann man Rock, Pop, Kwaito, Jungle, Jazz und Hip-Hop und natürlich alle Arten von House und Techno hören (s. S. 65 für weitere Infos über Kwaito und andere südafrikanische Musikstile). An den Wochenenden vergnügt sich das Partyvolk von Jo'burg und trifft sich u. a. zu riesigen Raves. Entsprechende Veranstaltungsorte liegen verstreut über die Stadt: je weiter man nach Norden kommt, desto gesitteter geht es dort zu.

Wer selbst erleben möchte, was die Innenstadt zu bieten hat, sollte die Gegend rund um das Kulturviertel in Newtown aufsuchen (Karte S. 429) – die Bars, Lokale, Theater und Musikclubs sind ideal, um den Abend in der Stadt zu beginnen.

KLASSISCHE MUSIK

Johannesburg Philharmonic Orchestra (☎ 011-789 2733; www.jpo.co.za) Das junge, städtische Or-

SCHWULEN- & LESBENSZENE IN GAUTENG

Gauteng hat seit der Verfassungsliberalisierung 1994 eine lebendige Schwulen- und Lesbenszene. Wenn man so will, haben sich die Zwillingsmetropolen zu einem Zentrum für Schwule und Lesben aus ganz Afrika entwickelt. Die Schwulen-Community ist hier ziemlich gut organisiert und wird zunehmend akzeptiert – ein langer Weg von der puritanischen Prüderie vergangener Zeiten bis heute!

Der alljährliche **Gay Pride March** (☎ 011-717 4239; www.gala.wits.ac.za) findet am letzten Septemberwochenende in Johannesburg statt und ist für die Schwulenszene der Höhepunkt des Jahres, aber bei weitem nicht das einzige organisierte Event. Ein absolutes Muss ist übrigens auch die Queer Johannesburg Tour (S. 433).

Verschiedene Websites informieren ausführlich über die Schwulenszene in der Provinz: www.togs.co.za, www.mask.org.za und www.heavensgate. Eine gute Informationsquelle ist auch das monatlich erscheinende *Gay Times* Magazin.

Weitere Infos gibt es telefonisch bei **Out in Pretoria** (☎ 012-344 5108).

chester veranstaltet regelmäßige Konzertserien, die in verschiedenen Konzerthallen (u. a. in der Wits University und in der City Hall) stattfinden. Das aktuelle Programm erfährt man telefonisch und/oder über die Website.

MODERNE MUSIK

Die Clubs in den Vororten besuchen meist wohlhabende Gäste, deshalb liegen die Preise hier auch tendenziell höher – oft wird sogar ein bestimmter Dresscode verlangt.

Carfax (Karte S. 429; ☎ 011-834 9187; 39 Pim St., Newtown; Eintritt 70 R) Der Club in einem Industriegebäude symbolisiert das zusammenwachsende Jo'burg und ist heute einer der angesagtesten Läden der Stadt. Am Wochenende legen hier DJs auf und spielen vor allem viel House. Das Carfax ist laut, riesig und macht enorm viel Spaß – allerdings sollte man auf Taschendiebe achten.

Kippie's Jazz International (Karte S. 429; ☎ 011-833 3316; www.kippies.co.za; Bree St., Newtown; Eintritt 50 R) Das Kippie's ist nach dem großen Kippie „Morolong" Moeketsi benannt und in Jo'burg ein echtes Muss. Kippie's ist einer der besten Clubs, um südafrikanische Jazzmusiker zu sehen und zu hören. Die recht beliebten Liveauftritte verschiedener Musiker und andere Events beginnen freitags und samstags gegen 21.30 Uhr.

Mix (Karte S. 424–425; ☎ 011-214 4300; 17 High St., Melrose Arch, Melrose; Eintritt 80 R) Das extrem schicke und geleckte Mix zieht vor allem das schöne Partyvolk an (die Türsteher fordern konsequent einen „Smart-casual"-Stil ein, d. h. Jeans und Jackett für die Herren). Der schicke Vorortclub spielt alle möglichen Musikstile – das Spektrum reicht von afrikanischen Stammesrhythmen bis hin zu hartem Techno. Die Gäste trinken vorwiegend Cocktails (ab 26 R).

206 Live (Karte S. 424–425; ☎ 011-728 5333; 206 Louis Botha Ave., Orange Grove) Garage, Reggae, Drum 'n' Bass und Rock lassen die Tanzwütigen kaum zur Ruhe kommen. Gleich nebenan, zwei Ziffern weiter, feiert die Hip-Hop-Partymeute im 208.

Sport

Südafrikaner sind sportbegeistert. Jahrelang durften sie sich aufgrund des internationalen Boykotts, das wegen der Apartheidspolitik verhängt wurde, nicht mit ausländischen Mannschaften messen.

CRICKET

Der wichtigste Cricketplatz ist der beeindruckende **Wanderers Cricket Ground** (Karte S. 424–425; ☎ 011-788 1008; Corlett Dr., Illovo), gleich am Freeway M1 nach Pretoria. Die Spiele können auf der Tribüne oder von den Rasenflächen nebenan verfolgt werden. Dort kann man beim Grillen den einheimischen Teams oder der Nationalmannschaft Südafrikas bei Spielen gegen internationale Gegner zujubeln.

FUSSBALL

Die wichtigsten Fußballstadien in Johannesburg sind gegenwärtig das Rand Stadium (Karte S. 424–425) bei Turffontein, das FNB Stadium (Karte S. 451; auch Soccer City genannt) weiter östlich an der Baragwanath Road bei Soweto und der Ellis Park (S. 424–425).

Nicht Rugby (s. Kasten S. 455), sondern Fußball ist Südafrikas Nationalsport Nummer eins. Die beliebtesten Mannschaften sind Erzrivalen: Aus Soweto kommen die Orlando Pirates („Bucs"), die gegen die „mighty, all conquering" Kaizer Chiefs („Amakhosi") spielen.

Das jährliche Ligaspiel zwischen beiden Lokalmannschaft ist das Highlight der Saison und vereint und trennt ganze Stadtviertel in Johannesburg. Die genauen Spieldaten ändern sich jährlich.

In Anlehnung an die marketingtüchtigen Supervereine in Europa gibt es jetzt auch hier einen **Kaizer Chiefs Store** (Karte S. 429; ☎ 011-838 6477; Gandhi Sq.; 🕑 Mo–Fr 8.30–16.30 Uhr) mit dem Schickschnack für die Fans.

RUGBY

Die geistige Heimat des Rugby in Jo'burg – manche würden sogar sagen ganz Südafrikas – ist der **Ellis Park** (Karte S. 424–425; ☎ 011-402 8644; www.sarugby.net; Doornfontein). Er liegt etwas östlich vom Stadtzentrum. Das Heimatstadion des SA Rugby war Schauplatz einer der stolzesten Momente in der Geschichte der neuen Nation – dem Gewinn der Weltmeisterschaft 1995.

Rugbyfans sind ein begeisterungsfähiges Völkchen. Im Ellis Park finden 70 000 Besucher Platz: Ein Rugbyspiel am Sonntagnachmittag erinnert schon fast an einen blasphemischen Gottesdienst. Während der Wintermonate finden hier einige der beliebten Super-14-Spiele statt.

WEITERE SPORTARTEN

Kyalami (☎ 011-466 2800), an der M1 zwischen Jo'burg und Pretoria, ist das Zentrum des Automotorsports.

Jo'burg hat mehrere Pferderennbahnen, am bekanntesten ist der **Turffontein Race Course** (Karte S. 424–425; ☎ 011-681 1500) 3 km südlich der Stadt. Rennen werden fast wöchentlich veranstaltet.

Theater

Market Theatre (Karte S. 429; ☎ 011-832 1641; www.markettheatre.co.za; Bree St.) Das Market Theatre ist das bedeutendste Zentrum für Sprechtheater und bietet gleich drei Bühnen (Main Theatre, Laager Theatre und Barney Simon Theatre), außerdem Galerien, ein Café und das hervorragende Kippie's Jazz International. Irgendeine interessante Inszenierung findet hier immer statt, egal ob es sich nun um beißend kritische, zeitgenössische Stücke, Musicals oder Stand-up Comedy handelt. Das genaue Programm ist auf den Kulturseiten des *Mail & Guardian* abgedruckt. Weitere Theater und Darbietungshäuser in der Stadt sind das

Civic Theatre (Karte S. 429; ☎ 011-877 6800; www.showbusiness.co.za; Loveday St., Braamfontein)

Laboratory (Karte S. 429; ☎ 011-836 0516; Bezuidenhout St.) Ein Ableger des Market Theatre, in dem lokale Talente auftreten. Sonntags um 13 Uhr gibt es freie Theateraufführungen von Gruppen aus der Umgebung.

Pieter Toerien Theatre (Karte S. 424–425; ☎ 011-511 1818; Montecasino, William Nicol Dr., Fourways)

Windybrow Centre for the Arts (Karte S. 429; ☎ 011-720 7009; Ecke Nugget St. & Pietersen St., Hillbrow) Eine gute Adresse für junge schwarze Dramatiker und Autoren.

Wits Theatre Complex (Karte S. 429; ☎ 011-717 1381; Jorissen St., Braamfontein)

SHOPPEN

Einkaufszentren

Jo'burg ist stolz auf seine Einkaufsmöglichkeiten – die Einkaufszentren der Stadt bieten einige der besten Geschäfte. Vollgestopft mit allen denkbaren westlichen Konsumgütern wirken sie nicht nur wie Einkaufsparadiese, sondern zugleich auch wie reiche, weiße Biotope.

Nur einen kurzen Fußmarsch entfernt von Newtown liegt die **Oriental Plaza** (Karte S. 424–425; ☎ 011-838 6752; Bree St., Fordsburg; ⏰ Mo–Fr 9–17, Sa 8.30–15 Uhr). Das Einkaufszentrum spiegelt das wahre Jo'burg in all seinen Facetten. Im Einkaufszentrum ist eine gute Adresse für preiswerte Schuhe, meterweise Kurz- und Stoffwaren und frische Samosas. Fordsburg selbst ist historisch und kulturell interessant.

Weitere Einkaufszentren sind

Eastgate (Karte S. 424–425; ☎ 011-616 2209) An der N12 etwas östlich vom Bruma Lake – Eastgate wirbt damit, Afrikas größte Mall zu sein.

Fourways Mall (Karte S. 424–425; ☎ 011-465 6095; William Nicol Dr.)

Hyde Park Mall (Karte S. 424–425; William Nicol Dr.)

Nelson Mandela Square (Karte S. 424–425; ☎ 011-784 2750; Rivonia Rd.) Liegt gleich neben der vergleichbaren Sandton City Mall und ist wie eine italienische Piazza gestaltet. Im Zentrum steht eine große (und nicht sehr schöne) Statue von Nelson Mandela.

Rosebank Mall (Karte S. 424–425; ☎ 011-788 5530; Cradock Ave.) Wer nicht ohne Shoppen leben kann, sollte sich in diese Aneinanderreihung von Malls stürzen. Der zentrale Parkplatz liegt an der Ecke Cradock Ave. und Baker St.

Sandton City Mall (Karte S. 424–425; ☎ 011-883 2011; Rivonia Rd.) Sehr edel.

Kunst & Kultur

Wer afrikanische Kuriositäten in ordentlicher Qualität sucht, sollte einfach über die Grenze in die North-West Province zum Welwitischia Country Market am Hartbeespoort Dam fahren. Weitere Infos finden sich im Kasten S. 514.

Rosebank Rooftop Market (Karte S. 424–425; ☎ 011-788 5530) Eine der bequemsten Einkaufsmöglichkeiten für traditionelle Schnitzereien, Perlenarbeiten, Bücher und Fruchtbarkeitspuppen. Der Markt wird jeden Sonntag in der mehrstöckigen Garage der Rosebank Mall abgehalten.

Beautiful Things (Karte S. 429; ☎ 011-492 3696; Bus Factory, 2 President St., Newtown; ⏰ 10–16 Uhr) Eine von der Nachbarschaft im näheren Umkreis organisierte Bürgerinitiative, die Kunst und Kunsthandwerk aus allen Landesteilen verkauft.

Bruma Lake Market World (Karte S. 424–425; ☎ 011-622 9648; Observatory Rd.) Das Geschäft am Bruma Lake verkauft eine breite Palette an Kunsthandwerk, darunter auch ziemlich viel Kitsch.

Faraday Market (Karte S. 429; Ecke Eloff St. & N2) Der Markt eignet sich ideal zum Bummeln, auffallend sind die vielen Stände, an denen traditionelle Medizin (*muti*) mit all ihren Komponenten verkauft wird.

Square Market (Karte S. 429; Bree St.) Der Markt findet jeden Sonntagmorgen auf dem Parkplatz gegenüber dem Market Theatre statt und bietet nicht zuletzt dank der Straßenkünstler eine lebendige, fröhliche Atmosphäre. Einige der Stände verkaufen eher Flohmarktkrempel, dazwischen versteckt sich immer mal wieder recht gutes Kunsthandwerk.

Musik

Die meisten CD-Titel werden in den Kettenläden der großen Malls verkauft. **Kohinoor** (Karte S. 429; ☎ 011-834 1361; 54 Market St.) ist eine der besten Adressen für ethnische und afrikanische Musik und verkauft alle möglichen Stile von Kwaito bis hin zu Jazz.

AN- & WEITERREISE

Auto

Alle größeren Autovermieter unterhalten Schalter im JIA und an verschiedenen Standorten in der Stadt. Bevor man allerdings einen Wagen mietet, sollte man sich die Reisedauer der geplanten Route genau überlegen, denn viele größere Autovermieter bieten nur eine begrenzte Anzahl an Freikilometern an. Angesichts der Entfernungen in Südafrika kommen da schnell viele zusammen, sodass am Ende der Reise eine ziemlich hohe Rechnung wartet.

Wer mit einer internationalen Kreditkarte zahlt, muss ggf. den Reisepass und/oder Fluginformationen vorlegen. Außerdem wird ein gültiger Führerschein (der EU-Führerschein reicht in aller Regel) oder ein internationaler Führerschein verlangt (dieser ist aber nur in Verbindung mit dem Heimatführerschein gültig). Auch in Südafrika ist man gesetzlich dazu verpflichtet, den Führerschein beim Autofahren immer dabei zu haben. Weitere Infos über die Autovermietungen und Anbieter s. S. 693

Bus

Verschiedene internationale Buslinien fahren vom Hauptbahnhof Park Station (Karte S. 429) in Jo'burg nach Mosambik (S. 683), Lesotho (S. 683), Botsuana (S. 682), Namibia (S. 683), Swasiland (S. 684) und Simbabwe (S. 683).

Die wichtigen Fernbuslinien (nationale wie internationale) starten ebenfalls im Transit Centre der Park Station (in der nordwestlichen Ecke des Gebäudekomplexes), dort haben die Busgesellschaften auch ihre Reservierungsbüros. Die Mitarbeiter vom **Jo'burg Information Desk** (☎ 011-337 6650) helfen mit Auskünften.

BAZ BUS

Backpackers können jetzt ab Jo'burg zu den beliebtesten Zielen der Region (Swasiland, Durban, Garden Route und Kapstadt) fahren: **Baz Bus** (☎ 021-439 2323; www.bazbus.com) macht's möglich. Der Busfahrer holt die Fahrgäste in den Hostels von Jo'burg und Pretoria ab, sodass sie sich den lästigen Umweg über die Innenstadt sparen. Alle Hostels haben Fahrpläne und Tabellen mit Preisübersichten (s. S. 690).

WEITERE BUSGESELLSCHAFTEN

Die umfassendsten Busverbindungen von und nach Jo'burg bieten die staatlichen Busgesellschaften **Translux** (☎ 0861-589 282; www.translux.co.za) und **City to City** (☎ 0861-589 282). Weitere Informationen über beide Anbieter und andere wichtige Busgesellschaften wie **Greyhound** (☎ 012-323 1154; www.greyhound.co.za), **SA Roadlink** (☎ 011-333 2223; www.saroadlink.co.za) und **Intercape** (☎ 0861- 287 287; www.intercape.co.za) stehen auf S. 690.

Mit Ausnahme der Busse von City to City, die in Johannesburg losfahren, starten alle anderen Buslinien (außer denen, die Richtung Norden unterwegs sind) in Pretoria an der Pretoria Station.

NACH DURBAN & KWAZULU-NATAL

Greyhound bietet viermal täglich eine Busverbindung nach Durban (205 R, 8 Std.) an, inklusive einer langsameren Verbindung über Newcastle (195 R, 5 Std.), Ladysmith (R175, 6½ Std.), Estcourt (R180, 7½ Std.) und Richard's Bay (220 R, 8 Std.). Translux-Busse fahren mindestens einmal am Tag nach Durban (170 R, 8 Std.), ebenso Intercape (125 R, 8 Std.).

NACH KAPSTADT

Translux bietet täglich mindestens einen Bus nach Kapstadt (380 R, 19 Std.) über Bloemfontein (180 R, 5 Std.) an. Daneben sind auch weniger häufig fahrende Busse über Kimberley (185 R, 7 Std.) unterwegs.

Greyhound unterhält eine eigene tägliche Buslinie nach Kapstadt (470 R, 18½ Std.), die Strecke führt über Bloemfontein (200 R, 6 Std.) und Kimberley (210 R, 7 Std.).

Intercape fährt ebenfalls Kapstadt an (440 R, 19 Std.), und zwar über Upington (260 R, 10 Std.). In Upington besteht die Möglichkeit, in den Intercape-Bus nach Windhoek in Namibia (250 R, 12 Std.) umzusteigen (eine Direktverbindung gibt es indes nicht).

SA Roadlink, die jüngste unter den Busgesellschaften, bietet sehr preiswerte Fahrten von Jo'burg nach Kapstadt an (250 R, 19 Std.). Die Busse sind täglich unterwegs.

NACH MPUMALANGA & KRUGER NATIONAL PARK

Die nächstgelegene größere Stadt beim Kruger National Park ist Nelspruit. Greyhound fährt täglich dorthin (185 R, 5 Std.). Die Busse starten in Jo'burg und halten eine Stunde später in Pretoria. Translux fährt täglich über Nelspruit (100 R, 5 Std.) nach Maputo in Mosambik (160 R, 9 Std.).

City to City unterhält einige langsame, aber preiswerte Busverbindungen von Jo'burg nach Nelspruit (80 R, 7 Std.) und Hazyview (75 R, 8 Std.). Hazyview liegt dichter am Kruger National Park als Nelspruit und bietet einige Hostels, die Ausflüge in den Park organisieren können.

Translux fährt mehrmals täglich nach Phalaborwa (150 R, 7½ Std.) – eine interessante Alternative für alle, die eher in die nördlichen Camps des Kruger National Park wie etwa Olifants fahren wollen.

RICHTUNG NORDEN

Verschiedene Buslinien fahren auf der N1 Richtung Norden, zuletzt gab es jedoch keine Verbindungen nach Simbabwe (das lag vor allem an der dortigen Benzinknappheit). Am besten ruft man vorher an, um sich über den aktuellen Stand zu erkunden. Die meisten Busse fahren nur bis Polokwane (Pietersburg), dort müssen die Fahrgäste in einen örtlichen Bus oder ein Minibus Taxi umsteigen, die sie zur Grenze fahren.

Translux-Busse fahren täglich bis Makhado (Louis Trichardt; 130 R, 6½ Std.), erreichen den Ort aber erst morgens um 2 Uhr! Der Bus fährt über Mokopane (Potgietersrus; 125 R, 4 Std.) und Polokwane (Pietersburg; 130 R, 4½ Std.). Das Busunternehmen unterhält auch Buslinien durch Limpopo mit Stopps in Tzaneen (125 R, 6½ Std.) und Phalaborwa (150 R, 7½ Std.).

Greyhound fährt täglich nach Polokwane (Pietersburg; 145 R, 5 Std.). Auch Intercape schickt Busse nach Norden, sie fahren bis Gaborone in Botswana (150 R, 7 Std.).

Täglich fahren Busse von City to City nach Sibasa in der Region Venda in Limpopo (100 R, 8½ Std.). Die Busse fahren durch Townships und frühere Homelands nach Norden und halten in den größeren Städten entlang der N1.

North Link Tours (☎ 015-291 1867) bietet Busverbindungen zwischen Johannesburg und Polokwane (Pietersburg; 120 R, 4½ Std.) über Pretoria und die kleineren Orte entlang der Strecke an. In Polokwane bestehen Umsteigemöglichkeiten nach Tzaneen und Phalaborwa.

RICHTUNG SÜDEN

Translux fährt täglich via Bloemfontein (150 R, 7 Std.) nach East London (320 R, 15 Std.). Das Unternehmen fährt außerdem fünfmal wöchentlich (nicht So und Di) von Jo'burg nach Port Elizabeth (350 R, 14½ Std.), die Strecke führt über Bloemfontein (220 R, 10 Std.) und Graaff-Reinet (295 R, 14½ Std.). Dienstags und sonntags fährt ein Bus über Cradock (300 R, 14½ Std.) nach Port Elizabeth.

Intercape fährt über Cradock täglich nach Port Elizabeth (300 R, 15 Std.) und dann weiter nach Plettenberg Bay (385 R, 18 Std.).

Nachtbusse von Greyhound fahren täglich von Jo'burg nach Port Elizabeth (310 R, 15 Std.) und East London (270 R, 13 Std.).

Translux fährt dreimal wöchentlich via Kimberley oder viermal wöchentlich über Bloemfontein (4-mal wöchentlich) nach Knysna (270 R). Von dort fahren die Busse weiter nach Oudtshoorn, Mossel Bay und George (alle 285 R, ab Jo'burg). Für die gesamte Fahrstrecke sollte man mit 17 Stunden rechnen. Intercape fährt zum selben Preis nach Knysna.

City to City fährt täglich um 19 Uhr nach Mthatha (115 R), die nächstgelegene große Stadt bei Port St Johns und Coffee Bay; daneben gibt es Linien über Pietermaritzburg (110 R) nach Lusikisiki und über Queenstown (95 R) nach Dutywa. Die jeweiligen Abfahrtszeiten muss man telefonisch erfragen, sie ändern sich häufig. Translux und Greyhound fahren beide nach Mthatha (200 R, 12½ Std.): Translux jeweils am

Sonntag, Dienstag, Donnerstag und Freitag; Greyhound täglich außer Samstag.

Flugzeug

Südafrikas wichtigster Flughafen für internationale und Inlandsflüge ist der **Johannesburg International Airport** (JIA; ☎ 011-921 6262; www.acsa.co.za). Weitere Informationen, u. a. auch zu internationalen Flugverbindungen, finden sich auf S. 677.

Wer einreist und die Zollkontrolle hinter sich gelassen hat, sollte darauf vorbereitet sein, gleich mit allen möglichen Angeboten – von Reisen über Hotels bis hin zur Hilfe an Bankautomaten – bombardiert zu werden. Wenn sich der jeweilige Anbieter nicht eindeutig als Angestellter des Flughafens ausweisen kann, stehen die Chancen gut, dass es sich um einen Anwerber, einen nur bedingt vertrauenswürdigen Gepäckträger oder einen Betrüger handelt. Ein höfliches „Nein danke" reicht in der Regel, um die Leute abzuwimmeln.

Die Entfernungen in Südafrika sind ziemlich groß, wer also nur wenig Zeit hat, sollte den einen oder anderen Inlandsflug einplanen. Linienflüge zu südafrikanischen und internationalen Zielen bieten **South African Airways** (SAA; ☎ 0861 359 722; www.flysaa.com), **South African Airlink** (SAAirlink; ☎ 011-961 1700; www.saairlink.co.za) und **South African Express** (☎ 011-978 5577; www.saexpress.co.za). Alle Flüge lassen sich über SAA buchen, das auch Büros in den Inlands- und internationalen Terminals des JIA unterhält.

Außerdem lohnt es sich, die Flugpreise online zu checken und gegebenenfalls auch so zu buchen – die Preise unterscheiden sich allerdings nicht sonderlich stark.

Einige der vielen Flugziele stehen in der folgenden Tabelle (die Ticketpreise sind Durchschnittswerte je Strecke bei einwöchiger Vorausbuchung). Ein wichtiger Hinweis: Die Preise richten sich eher nach der Auslastung einer Strecke als nach den tatsächlich zu fliegenden Kilometern: Manchmal ist es also billiger und einfacher, den Bus zu nehmen.

Ziel	Ticketpreis (je Strecke) inkl. Flughafensteuer (R)
Kapstadt	790
Durban	650
East London	710
Kimberley	550
Manzini (Swasiland)	820
Maseru (Lesotho)	765
Nelspruit	750
Polokwane (Pietersburg)	805
Port Elizabeth	740
Upington	1300

Kleinere Billig-Airlines wie Comair, Kulula, 1time und Nationwide fliegen von Jo'burg zu anderen wichtigen Zielen und bieten oft deutlich günstigere Tarife. Weitere Informationen und Kontaktadressen anderer Fluggesellschaften in Jo'burg, s. S. 694.

Minibus-Taxis

Die meisten Minibus-Taxis fahren an der Park Station oberhalb der Bahngleise zwischen dem Metro Concourse und der Wanderers Street los, doch noch haben die Taxistände keinen endgültigen Standort. Am besten geht man zunächst zur Bahnhofshalle, dort helfen Taxiordner bei der Orien-

DER GAUTRAIN

Wer auf der M1 zwischen Johannesburg und Pretoria fährt, wird sich rasch über das langsame Tempo ärgern. Das unglaubliche Wachstum der Provinz und die große Liebe der Südafrikaner zum Auto haben dazu geführt, dass man eine alternative Transportmöglichkeit finden musste: Eine Lösung im ganz großen Stil ist nun der Nahverkehrszug Gautrain. Die Fertigstellung des 120 Mrd. R teuren Prestigeprojekts ist für 2010, das Jahr der Fußballweltmeisterschaft, geplant. Die Strecke wird vom Johannesburg International Airport zur Park Station verlaufen und über Rosebank und Sandton weiter nach Pretoria führen und schließlich in Hatfield enden. Die etwa 99 km lange Fahrt soll das flotte Hightechwunder in weniger als einer Stunde zurücklegen. Zum Zeitpunkt der Recherchen wurde mit dem Bau der Linie begonnen. Doch aufgrund juristischer Quengeleien und erbitterter Auseinandersetzungen zwischen den beteiligten Konsortien wird die Weltmeisterschaft möglicherweise verkehrstechnisch nicht wie geplant auf dem neuesten Stand der Technik veranstaltet werden können.

tierung. Diebstähle sind hier an der Tagesordnung, wenn möglich sollte man ohne Gepäck nach einem Taxi suchen. Am besten einfach hinuntergehen, sich erkunden und dann mit dem Taxi zu demjenigen fahren, der auf das Gepäck aufgepasst hat.

Minibus-Taxis nach Kimberley, Kapstadt und Upington stehen an der Wanderers Street in der Nähe der Leyds Street; Bulawayo Taxis halten am nördlichen Ende der King George Street, Taxis nach Pretoria an der Noord Street, Taxis nach Lesotho, Bloemfontein (und andere Ziele in der Provinz Free State) starten ebenfalls an der Noord Street (östlich vom Joubert Park). Taxis nach Durban halten an der Ecke von Wanderers und Noord Street. Die Fahrpreise schwanken je nach Benzinpreis. Die folgenden Preise sind Richtwerte für Fahrten ab Johannesburg:

Ziel	Fahrpreis (R)
Bulawayo (Simbabwe)	280
Kapstadt	350
Durban	190
Gaborone (Botsuana)	140
Harrismith	95
Kimberley	170
Komatipoort	160
Manzini (Swasiland)	135
Karteuto (Mosambik)	220
Nelspruit	170
Polokwane (Pietersburg)	105
Pretoria	30
Thohoyandou (Venda)	130
Tzaneen	130

Neben diesen Taxis, die erst abfahren, wenn das Fahrzeug voll ist, gibt es auch einige gute, individuelle Taxianbieter, die man in Hostels buchen kann – sie fahren einen direkt von Tür zu Tür.

Trampen

Wir empfehlen ausdrücklich, nicht zu trampen! Das gilt weltweit, aber hier ganz besonders. Leider halten sich nur wenige an die Warnung. Eine mögliche Alternative sind Mitfahrgelegenheiten, die Angebote stehen in der Wochenzeitung *Junk Mail* oder sind an den Schwarzen Brettern vieler Hotels angeschlagen.

Mit etwas Glück muss man nicht einmal für das Benzin zahlen. Die Hostels übernehmen keine Verantwortung für die Zuverlässigkeit der Fahrer – jeder muss eigenverantwortlich entscheiden, ob er in ein Auto einsteigt oder nicht.

Zug

Weitere Informationen über Zugverbindungen von und nach Johannesburg und andere Ziele in Südafrika s. S. 697. Fahrkarten kann man am Fahrkartenschalter von **Spoornet** (☎ 0860-008 888) auf der Hauptebene des Bahnhofs Park Station in Johannesburg kaufen.

UNTERWEGS VOR ORT

Bus

Metropolitan Bus Services (Metrobus; Karte S. 429; ☎ 011-375 5555; www.mbus.co.za; Gandhi Sq.) unterhält insgesamt 108 Linien im Großraum von Johannesburg, wobei die Warterei auf einen Bus in den nördlichen Vororten ein wenig ans Warten auf Godot erinnert. Der Hauptbusbahnhof liegt am Gandhi Square (zwei Blocks westlich des Carlton Centre), die Preise richten sich nach einem Zonensystem zwischen Zone 1 (3,60 R) bis Zone 8 (10 R). Metrobus empfiehlt seinen Fahrgästen, aufladbare Buskarten zu kaufen (Startticket 42 R): Sie werden direkt am Busbahnhof oder über **Computicket** (☎ 011-915 8000; www.computicket.com) vertrieben. Die jeweiligen Fahrtkosten werden dann wie bei einer aufladbaren Telefonkarte abgebucht. Im Regelfall sind Buskarten für Erwachsene grün und werden in Form von 52 bzw. 44 Fahrten je Monat und 14 bzw. 10 Fahrten pro Woche ausgegeben. Die Monatskarten muss man innerhalb von 35 Tagen aufbrauchen, alle anderen Karten sind zehn Tage lang gültig.

Die Fahrten können bar bezahlt werden, Metrobus gibt sich aber viel Mühe, die Fahrgäste davon abzuhalten.

Die in der folgenden Tabelle genannten Linien sind ganz praktisch.

Auf der Website von Metrobus (www.mbus.co.za) ist ein nützlicher, interaktiver Linienplan zu finden.

Linie	Ziele
5	Parktown, Houghton, Rosebank & Illovo
22	Yeoville & Bruma Lake
75	Braamfontein, Auckland Park & Melville
80	Rosebank & Dunkeld via Jan Smuts Ave

Vom/Zum Flughafen

Der Johannesburg International Airport (JIA) liegt rund 25 km östlich der Innenstadt in Kempton Park. Busse verbinden den Flughafen und die Park Station (30 Min., 5–22 Uhr, 80 R, 45 Min.); weitere Infos haben die Mitarbeiter der **Metropolitan Bus Services** (Metrobus; ☎ 011-375 5555; www.mbus.co.za). Die unmittelbaren Straßenzüge rund um die Park Station sind recht unübersichtlich und für Überfälle bekannt, deshalb sollte man dort ohne Gepäck rumlaufen.

Der **Airport Link** (☎ 011-884 3957) ist ein renommierter Flughafenshuttledienst.

Taxis sind mit etwa 320 R je Fahrt in die nördlichen Vororte recht teuer. Generell wird dabei das Taxameter eingeschaltet, allerdings kann man auch vorher mit dem Fahrer einen Festpreis aushandeln. Die meisten Hotels bieten einen Abholservice an, einige werben sogar direkt am Flughafen Gäste an.

Minibus-Taxi

Je nach Fahrstrecke variieren die Fahrpreise, die Linie 5 führt durch die zur Innenstadt gelegenen Vororte und das Stadtzentrum, Linie 9 bringt einen fast überall hin. Immer daran denken, kleine Beträge an Wechselgeld einzustecken.

Ein Minibus-Taxi in Richtung Stadt zu bekommen, ist ziemlich einfach. Selbst wer an einer Bushaltestelle wartet, hat gute Chancen, dass ein Taxi noch vor dem Bus vorbeifährt. Wer mit dem Minibus-Taxi in die Innenstadt von Johannesburg fährt, sollte unbedingt vor der Endstation aussteigen und ja nicht zum Taxistand selbst gehen: die Gegend ist für ihre Überfälle bekannt. Ein Minibus-Taxi von der Stadt zurück zu bekommen, ist etwas schwieriger, denn die Minibus-Taxis fahren in aller Regel nicht nachts. Und selbst wenn eines nach Einbruch der Dunkelheit unterwegs ist: lieber nicht einsteigen!

Minibus-Taxis funktionieren nach einem ziemlich komplizierten System aus Hand- und Fingersignalen, mit denen die Fahrgäste einem vorbeifahrenden Taxi genau mitteilen können, wohin sie fahren möchten. Ausländer sollten immer vermeiden, als Ausländer erkannt zu werden: Am besten einfach den Zeigefinger heben (Fahrer stoppen, wenn sie in die entsprechende Richtung fahren). Im Bus quetscht man sich auf seinen (unglaublich kleinen) Platz, das Geld wird von Reihe zu Reihe weiter nach vorne gegeben (umgekehrt wird Wechselgeld vom Fahrer nach hinten durchgereicht). Beim Einsteigen sagt man schon die gewünschte Haltestelle an oder sagt einfach „Short left" oder „Short right", wenn man kurz vor dem gewünschten Fahrziel ist. Generell bedankt man sich beim Aussteigen beim Fahrer.

Taxi

Taxis sind in den Städten ein teures, aber nicht vermeidbares Vergnügen. Taxis fahren auch hier mit Taxametern – unglücklicherweise mit scheinbar höchst unterschiedlichen Grundeinstellungen (wenn sie denn überhaupt funktionieren). Ganz hilfreich ist es, vorab Einheimische nach dem ungefähren Preis zu fragen und gleich bei Fahrtbeginn einen Fixpreis zu vereinbaren. Die Taxifahrt von der Park Station nach Rosebank sollte z. B. etwa 75 R kosten, eine Fahrt nach Sandton ist deutlich teurer. **International Taxi** (☎ 011-390 1502), **Maxi Taxi Cabs** (☎ 011-648 1212) und **Rose's Radio Taxis** (☎ 011-403 9625) sind drei ganz empfehlenswerte Taxiunternehmen.

Zug

Informationen über die Angebote der **Metro** (☎ 011-773 5878) erhält man telefonisch oder persönlich beim (sehr hilfsbereiten) Personal am Infoschalter in der Bahnhofshalle der Park Station. In den Metrozügen kam es in der Vergangenheit immer wieder zu Gewaltanwendungen, zumeist auf den Strecken in die schwarzen Townships. Auch die Metrolinie zwischen Jo'burg und Pretoria sollte man unbedingt meiden.

SOWETO

☎ 011 / 2,3 Mio. Ew.

Keine andere Township Südafrikas hat eine so große politische und historische Bedeutung wie Soweto. Der Name ist die Abkürzung von South-Western Townships. Das riesige Ballungsgebiet der Wanderarbeiter und ihrer Nachfahren ist die größte, politisch bedeutendste und von Probleme und Unruhen am stärksten heimgesuchte Township von allen – aber auch die dynamischste. Seit einiger Zeit durchläuft Soweto einen Prozess der Selbstfindung und beschäftigt sich intensiv mit seiner Vergangenheit, Gegenwart und Zukunft.

Heute strömen viele Besucher in die Gegend und besichtigen einige der bekanntesten Monumente südafrikanischer Staatswerdung. Auch die einheimischen Schwarzen kehren heute – nach einem anfänglichen Exodus – zurück und wollen ihrer Township eine neue Identität geben.

Und so verändert Soweto sein Gesicht – und mit ihm seine 2,3 Mio. (die offizielle Zahl) bis 4 Mio. (so die Schätzung in Soweto selbst) Einwohner. Weite Teil der Township sind bis heute durch bittere Armut geprägt, während andere, wie etwa die Diepkloof Extension und Orlando West, für den Aufstieg einer neuen, wohlhabenden Schicht stehen. Ganz im Gegensatz zu dem im Westen liebgewonnenen Bild von Soweto als einer durch Kriminalität verwüsteten Ödnis verweisen diese Mittelklassevororte mit ihren gepflegten Vorgärten alle Klischees auf den Müllhaufen der Geschichte.

Eine Tour durch Soweto sollte in der Vilakazi Street beginnen – die einzige Straße der Welt, in der gleich zwei Friedensnobelpreisträger wohnen (Nelson Mandela und Desmond Tutu). Nach dem Sturz der Apartheid gibt es aber auch viele neue Helden, die sich dem Kampf gegen Armut, HIV/Aids und Kriminalität verschrieben haben. Eine Lösung für alle gesellschaftlichen Probleme wird noch lange auf sich warten lassen: Soweto bleibt ein faszinierendes und lebendiges Beispiel für alle guten und schlechten Dinge in Südafrika. Soweto ist eine Town-

SOWETO

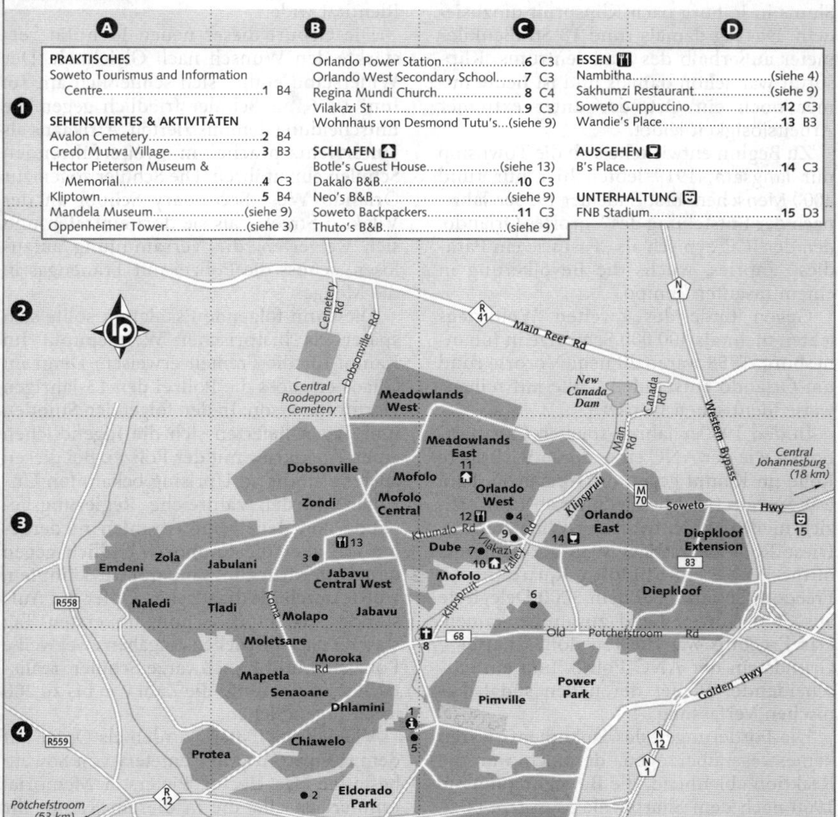

ship, die bis heute unter den zerstörerischen gesellschaftlichen Problemen des Landes leidet, aber auch von der eigenen Willenskraft vorangetrieben wird, eben diese Probleme anzupacken und zu lösen.

Geschichte

Die historische Bedeutung Sowetos für die jüngere südafrikanische Geschichte ist einzigartig: Die Township war die Hochburg des African National Congress (ANC). Die Geschichte des Landes ist ohne die Geschichte Sowetos kaum zu begreifen, wie der langjährige Soweto-Einwohner Walter Sisulu einmal treffend formulierte.

Der Stadtrat von Johannesburg, der Jo'burg City Council (JCC), nutzte den Ausbruch der Beulenpest 1904 als Vorwand, um 1358 Inder und 600 Afrikaner aus den Slums in Jo'burg nach Klipspruit umzusiedeln. Das lag damals rund 18 Straßenkilometer außerhalb des Stadtzentrums. Klipspruit war schon damals und ist heute immer noch ein Ort, der unter extremer Arbeitslosigkeit leidet.

Zu Beginn entwickelte sich die Township nur langsam, 1919 lebten hier nur rund 4000 Menschen. Erst Ende der 1930er-Jahre, nach der Entstehung des Vorortes Orlando, den der JCC zynisch als „Fast wie ein Paradies" anpries, wuchs die Bevölkerung in einem rasanten Tempo.

Gegen Ende des Zweiten Weltkriegs lebten mehr als 400 000 Schwarze in Johannesburg, 1958 waren 20 neue Vororte rund um Orlando entstanden – alle mit reihenweise identischen Häusern.

In den 1950er-Jahren spielten Organisationen wie der ANC eine immer wichtigere Rolle im Kampf gegen die Apartheid, bald war Soweto (wie die Siedlung ab 1961 offiziell hieß) das Zentrum des Widerstandes. Diese Rolle bekräftigte 1955 der Congress of the People am Kliptown Square (heute: Freedom Square), bei dem 3000 Delegierte aus dem ganzen Land zusammenkamen. Das Ergebnis war die Freedom Charter – Grundstein der ANC-Politik und ein entscheidender Pfeiler der neuen südafrikanischen Verfassung.

Die Forderungen des Dokuments waren keineswegs überzogen, dennoch war die Reaktion ablehnend, die Bewegung musste 1960 nach dem Sharpeville Massacre (s. S. 41) in den Untergrund gehen. Die Bewohner von Soweto lebten die folgenden 15 Jahre lang in einer Art sicherer Unsicherheit: Sicher war, dass sie den Wandel wollten, völlig unsicher blieb dagegen, wie und wann er kommen würde.

Der Kampf wurde – wenn auch weniger intensiv – fortgesetzt. Auch die Bevölkerungsstruktur der Townships änderte sich –mit dem Älterwerden der zweiten Generation der Townshipbewohner entwickelte sich auch ein eigener Stil in Soweto. Neue Musikstile (s. S. 62) entstanden, die Jugendlichen schufen sich eine eigene junge, urbane Kultur. Auch der Fußball bot einen Ausweg; die ungeheure Unterstützung für Mannschaften wie die Moroka Swallows, Orlando Pirates und die Kaizer Chiefs (nach ihrer Abspaltung von den Pirates) spiegelte die Entstehung einer städtischen, schwarzen Identität wider.

Die Geburt dieser neuen Identität verstärkte den Wunsch nach Gleichheit. Der Widerstand entlud sich schließlich am 16. Juni 1976, als Schüler friedlich gegen die Entscheidung demonstrierten, Afrikaans als Unterrichtssprache in weiterführenden Schulen einzuführen: Die Schüler zogen zur Orlando West Secondary School an der Vilakazi Street – als sie dort eintrafen und sich weigerten, die Versammlung aufzulösen, schoss die Polizei mit Tränengas in die Menge.

Die dann folgende Eskalation sollte sich später als historischer Wendepunkt im Kampf für die Freiheit erweisen: Denn im Chaos erschoss die Polizei den 13-jährigen Hector Pieterson. In den folgenden Stunden und Tagen lieferten sich die Jugendlichen einen Kleinkrieg mit der Polizei. Bei diesen später als Soweto Uprising bekannten Unruhen wurden zahlreiche Regierungsgebäude von den Demonstranten niedergebrannt, aber die Euphorie, endlich gegen den Unterdrückungsapparat zu kämpfen, wurde durch die drastischen Opfer des Aufstandes gedämpft: Schon am ersten Tag starben nach offiziellen Angaben zwei weiße Polizisten und 23 schwarze Schüler; realistischer ist allerdings die Zahl von bis zu 200 toten Jugendlichen.

Viele dieser Toten wurden als Opfer auf dem riesigen Avalon Cemetery von Soweto bestattet; das Hector Pieterson Memorial erinnert an alle, die in diesem Kampf ihr Leben ließen.

In nur wenigen Tagen geriet die Regierung in die Defensive, das Apartheidregime hatte ein für allemal jede Unterstützung verloren – Soweto wurde zum wichtigsten Symbol des Widerstandes gegen das rassistische Südafrika.

Die Bilder von abgebrannten Autos, Menschen mit brennenden Autoreifen um den Hals und die Massenbestattungen beherrschten den Alltag in Soweto bis weit in die 1980er-Jahre. Allmählich war der Anfang vom Ende der Apartheid spürbar. Nelson Mandela wurde 1990 freigelassen und kehrte in die Vilakazi Street zurück, nur 200 m weiter lebte Erzbischof Desmond Tutu. Der Friedensnobelpreisträger und Martin-Luther-King-Preisträger Tutu wohnt auch heute noch dort, Mandelas altes Haus ist in ein Museum umgewandelt worden.

Allerdings konnte auch Mandelas Freilassung keine Wunder vollbringen: Im Vorfeld der ersten freien Wahlen 1994 brachten sich Anhänger der rivalisierenden politischen Parteien hundertfach gegenseitig um.

Erst seit kurzem hat sich das Leben hier stabilisiert; seit 1994 genießen die Einwohner von Soweto auch ihre eigenen Grundstücke und Häuser.

Die (relative) Ruhe hat sich dank einiger Entwicklungsprojekte stabilisiert, dazu gehört u. a. die Umgestaltung des Hector Pieterson Square in ein Denkmal und damit eine Touristenattraktion, die immer mehr Besucher anlockt, und die Rückkehr vieler schwarzer Mittelklassefamilien. Der Gedanke an die Chancengleichheit setzt sich allmählich durch.

Im Grunde sind viele Stadtteile von Soweto heute sicherer als die reichen und schwer geschützten Vororte im Norden.

Eine sehr gute Einführung in die Geschichte Sowetos bietet übrigens der Fotoband *Soweto* von Peter Magubane.

Praktische Informationen

Das neue, ziemlich imposante **Soweto Tourism and Information Centre** (☎ 011-945 3111; Walter Sisulu Sq., Kliptown; ⌚ Mo–Fr 8–17 Uhr) ist ein Symbol für den wachsenden Tourismus und übrigens das erste einer Township überhaupt. Es bietet Informationen sowie einen Buchungsservice für Unterkünfte und Führungen, außerdem gibt es vor Ort ein Internetcafé (Std. 40 R), das kleine Mahlzeiten (25 R) serviert.

Sehenswertes & Aktivitäten

Soweto ist die mit Abstand meistbesuchte Township Südafrikas, wer also hierher kommt, muss sich weder unsicher fühlen noch sich wegen des Sightseeings schämen. Viele kommen immer noch im Rahmen einer organisierten Reise oder einer Führung nach Soweto. Inzwischen bemühen sich die Verantwortlichen, die Ausschilderung (ein Dauerproblem) schrittweise zu verbessern, auch die Infrastruktur ist mittlerweile so gut, dass jeder auch auf eigene Faust losziehen kann. Aber immer noch gilt der Rat, die Empfehlungen der Einheimischen sehr ernst zu nehmen.

Wer Soweto auf eigene Faust besichtigen will, sollte sich auf die Gegend rund um die Vilakazi Street und den Hector Pieterson Square beschränken.

Wer lieber ohne Gruppe unterwegs sein möchte, kann sich bis zur Vilakazi Street einer Führung anschließen – das größte Risiko in Soweto besteht nämlich darin, sich auf dem Weg zur Vilakazi Street zu verirren. Die Guesthouse-Besitzer sind meistens bereit, ihre Gäste sicher von einer zur nächsten Sehenswürdigkeit zu bringen. Eine weitere Alternative ist Taste of Africa (S. 433). Wie immer man sich entscheidet: Die folgenden Sehenswürdigkeiten werden bei den meisten Führungen gezeigt und können auch individuell besucht werden.

Viele Touren halten zuerst am **Mandela Museum** (☎ 083-530 1521; 8115 Ngakane St.; Erw./Kind 20/10 R; ⌚ 9.30–17 Uhr) gleich an der Vilakazi Street. Nelson Mandela lebte in dem winzigen Haus mit seiner ersten Frau Evelyn; das Haus ist voller faszinierender Fotos und ein Sammelsurium verschiedenster zum Teil kurioser Erinnerungsstücke.

Ausgestellt ist u. a. ein Brief des US-Bundesstaates Michigan an den (ersten) US-Präsidenten und früheren CIA-Direktor George Bush mit der Aufforderung, sich für die Rolle der CIA bei der Verhaftung Mandelas 1962 zu entschuldigen. Überflüssig zu sagen, dass Bush Senior das nie getan hat. Etwas weiter in der Vilakazi Street steht neben dem Sakhumzi Restaurant das Wohnhaus von **Erzbischof Desmond Tutu**.

Nördlich der Vilakazi Street liegt das Schmuckstück Sowetos, der Hector Pieterson Square. Der Platz ist nach dem 13-jährigen Jungen benannt, der im Gefolge des Soweto-Aufstands (s. S. 452) erschossen wurde. Heute erhebt sich hier das beeindruckende **Hector Pieterson Memorial** sowie das ausgezeichnete **Hector Pieterson Museum** (☎ 011-536 0611; Ecke Khumalo St. & Pela St.; Erw./Kind 10/5 R; ⏲ 10–17 Uhr), das einen Einblick in das Leben in Soweto und die Geschichte des Anti-Apartheidkampfes bietet. Vom Platz führt eine kleine Hecke hinauf zur Moema Street zu eben jener Stelle, an der Pieterson vor seiner Schule erschossen wurde.

Südlich von hier liegt an der Klipspruit Valley Road die **Regina Mundi Church** (Mkhize St.; Eintritt Spende), die als Versammlungsort der christlichen Gemeinde eine wichtige Rolle im Kampf gegen die Apartheid gespielt hat: Die Polizei schlug bei den Unruhen oft brutal zurück, Einschusslöcher kann man heute noch an der Decke rechts vom Hauptaltar sehen. Auch das Geländer des Gemeindealtars rechts ist an einer Stelle durch den Schlag eines Gewehrkolbens der Polizei abgesplittert. In Anerkennung ihrer historischen Rolle hielt das Truth & Reconciliation Committee in der Kirche mehrere Anhörungen ab.

Zu den weiteren Sehenswürdigkeiten zählt das **Credo Mutwa Village** (Bolani Rd.; Eintritt frei), das allerdings weitgehend zerstört wurde, nachdem der Künstler, dem Soweto das Dorf zu verdanken hat, sich kontrovers über den Aufstand von 1976 geäußert hatte. Der **Oppenheimer Tower** (Bolani Rd.; Eintritt frei) wurde hier zum Zeichen des Dankes an den Vorsitzenden der Anglo-American Corporation, Sir Ernest Oppenheimer, errichtet. Er hatte 1956 einen Kredit der Chamber of Mines organisiert, um 14 000 Häuser zu bauen – ein ganz entscheidender Beitrag zur Verbesserung des Lebensumstände von Tausenden in Soweto. Ein weiteres Ziel ist der **Avalon Cemetery** mit den Gräbern von Hector Pieterson (Grab EC462) und Joe Slovo (Grab B35311), dem früheren Chef der südafrikanischen kommunistischen Partei.

Kliptown liegt südwestlich von Orlando West und entstand 1904. Es ist die älteste Siedlung in Johannesburg, die allen Rassen offen stand. Hier wurde am 26. Juni 1955 auch die Freedom Charter beschlossen.

Geführte Touren

Zahlreiche Unternehmen organisieren Touren durch Soweto (Details s. S. 433); fast alle Hotels und Hostels helfen bei der Vermittlung eines Anbieters oder veranstalten selbst Führungen.

Schlafen

Eine Übernachtung in Soweto ist sicher die beste Art, um die gigantische Siedlung zu erleben. Aktuell gibt es über 30 B&Bs in der Township, die meisten in direkter Nachbarschaft zur Vilakazi Street. Eine Unterkunft bucht man entweder über die Tourveranstalter oder aber bei der **Soweto Accommodation Association** (☎ 011-936 8123; nrwaxa@hotmail.com). Die kommunale Einrichtung hat ihr Büro in Thuto's B&B und vermittelt Zimmer an Besucher und gibt Tipps für die persönliche Sicherheit.

Die meisten der im Folgenden genannten B&Bs bieten bequeme Zimmer mit eigenem Bad in kleinen, für die Mittelschicht typischen Wohnhäusern. Grundsätzlich sind die Unterkünfte in Soweto nicht billig – man muss sich darüber im Klaren sein, dass der Tourismus heute für die dortigen Bewohner eine wichtige Einnahmequelle ist. Viele Besucher, die an sozialen Modellen interessiert sind, kommen hierher.

Soweto Backpackers (☎ 011-326 1700; www.sowetobackpackers.co.za; 10823 A Powe St., Meadowlands East; B/EZ/DZ mit Gemeinschaftsbad 70/85/170 R) Das erste Backpacker-Hostel Sowetos wird von Lesern sehr empfohlen, wenn auch der Standard eher einfach ist und die Lage nicht unbedingt ideal. Dafür sind die Betten billig und der freundliche Besitzer kann viel über die Township erzählen.

Neo's B&B (☎ 011-536 0413, 082-629 2284; www.sowetobedandFrühstück.com; 8041 Bocela St., Orlando West; EZ/DZ inkl. Frühstück 190/380 R) Das kleine B&B in einem alten Soweto-Haus bietet einen gemütlichen Komfort unweit der wichtigsten Sehenswürdigkeiten. Abends kann man hier auf einer Terrasse essen.

Botle's Guest House (☎ 011-982 1872, 082-838 1886; 648 Monyane St.; B mit/ohne Bad 350/250 R; ⊠) Das Botle's ist ein gutes Beispiel für den wachsenden Wohlstand Sowetos: Die Eigentümer ließen die Beton-Bungalows abreißen und errichteten stattdessen ein Guesthouse. Das Haus ist typisch für Soweto – eingerichtet in einem nachgeahmten Versacestil, fehlt weder die Selbstbedienungsbar noch der kleine Frühstücksraum noch der Fernseher auf allen Zimmern. Das Botle's liegt in der Nähe des Hauptlokals von Wandie's Place.

IBOLA LETHU: UNSER SPIEL

2004 erhielt Südafrika den Zuschlag für die Austragung der Fußballweltmeisteraschaft 2010. Das hat nicht nur den gesamten Kontinent Afrika mit Stolz erfüllt, sondern gilt auch als ein Sieg der afrikanischen Fußballfreunde, die jahrzehntelang gegen unzählige Widerstände ankämpfen mussten. Fußball steht mehr als jeder andere Sport für die Perversion der Apartheid.

1892 wurde die Football Association of South Africa (FASA) ausschließlich für Weiße gegründet. Ähnliche Vereinigungen für „Inder", „Bantus" und „Farbige" folgten. Einige Spiele fanden in den 1940er-Jahren unter der Ägide des Inter Race Soccer Board statt, dessen fröhliche Namensgebung der trostlosen Apartheid Platz machen musste. Weiße hielten ihre Vereinsmeisterschaften ab, während Nichtweiße in unterfinanzierten Ligen zu spielen hatten.

Nachdem die FIFA Südafrika 1962 suspendiert hatte, erlaubte die FASA ein wegweisendes „gemischtes" Spiel zwischen den „weißen" Germiston Callies und den „schwarzen" African Pirates, um die FIFA gnädig zu stimmen. Der Trick gelang, der Bann gegen die FASA wurde aufgehoben, aber das Ganze geriet zur Groteske, als Pläne ruchbar wurden, nach denen eine weiße Mannschaft 1966 zur Weltmeisterschaft nach England und eine schwarze Mannschaft 1970 zur Weltmeisterschaft nach Mexiko geschickt werden sollte!

Nachdem der Innenminister angedroht hatte, jedem die Pässe zu verweigern, der an einem „gemischten" Spiel teilnehmen wollte, wurde Südafrika schließlich von der FIFA ausgeschlossen. Die Spielfreude der weißen Mannschaften schlief bald ein, doch der „schwarze" Fußball in den Townships wurde immer wichtiger: Die Fans strömten in Stadion wie das Orlando Stadium in Soweto, um Ballzauberer wie Jomo Sono und Kaizer Motaung (heute noch lebende Fußballlegenden) zu erleben. Fußball wurde für die Massen (wie auf so vielen Kontinenten) zur wöchentlichen Flucht aus dem Elend des Alltags.

Als Mandela aus dem Gefängnis entlassen wurde, änderte sich alles. Am 8. Dezember 1991 bildeten alle „getrennten" Fußballvereinigungen gemeinsam die South African Football Association, die auf nichtrassistischen, demokratischen Prinzipien beruhte. Die neu gegründete südafrikanische Fußballunion wurde 1992 von den afrikanischen und allen weltweit bedeutenden Fußballinstitutionen mit offenen Armen aufgenommen. Südafrika war 1996 Gastgeber des African Cup of Nations, die mit einem Sieg der südafrikanischen Nationalmannschaft endete.

Fußball ist immer noch die Sportart Nr.1 in Südafrika – mit der höchsten Anzahl registrierter Spieler (1,8 Mio.) und der größten Zuschauerzahl in den Stadien und vor den Fernsehbildschirmen. Obwohl es in erster Linie immer noch ein „schwarzer Sport" ist (Vertreter anderer Hautfarben neigen dazu, Mannschaften anderer Länder zu favorisieren, vor allem die britische English Premier League), nimmt das Interesse mit Blick auf 2010 in ganz Südafrika zu. Wer während des weltberühmten **Soweto Derby** (S. 444) zwischen den lokalen Rivalen Kaizer Chiefs (schwarz/goldene Streifen) und den Orlando Pirates (schwarz/weiße Streifen) in der Stadt sein sollte, wird ein zweigeteiltes Land erleben. Dann erschallen Rufe wie „Up the Bucs!" (Pirates) oder „Amakhosi for life" (Chiefs) – südafrikanische Fußballrevolution live!

Kleines Glossar südafrikanischer Fußballfachtermini

- Vuvuzela – langes, trompetenähnliches Plastikhorn, das bei den Spielen ertönt.
- Shibobo – das Überwältigen eines Gegners durch Ballschuss zwischen seine Beine (in Großbritannien als *nutmeg* (Muskatnuss) bekannt).
- Bafana Bafana – das Nationalteam, bedeutet: „die Jungs".
- Amaglug-glug – das Team der unter 23-Jährigen, benannt nach der Erdölgesellschaft, die als Sponsor auftritt.
- Laduuuuuuuma! – bedeutet nichts weniger als „er ist drin". Der Kampfruf ertönt, wenn eine Mannschaft ein Tor geschossen hat. Der Ruf geht auf einen Ausspruch des legendären Kommentators Zebulon „Zama" Masondo zurück.

Dakalo B&B (☎ 011-936 9328; www.sowetobedand-Frühstück.com; 6963 Inhlathi St., Orlando West; EZ/DZ 350/500 R) Perserteppiche, kitschige Steinwände, dazu alle möglichen Rokokomöbel machen aus diesem ausgefallenen Familienwohnhaus ein supergutes Beispiel für afrikanischen Großstadtgeschmack. Das Frühstück ist eine Mischung aus englischen Speisen à la Soweto: Mango atchar (eingelegte Mango), Snoek (Fisch) und weiches Porridge, dazu Eier und Toast.

Thuto's B&B (☎ 011-936 8123, 072-376 9205; www.sowetobedandbreakfast.com; 8123 Ngakane St., Orlando West; EZ/DZ inkl. Frühstück 350/500 R) Das Thuto's liegt in der Nähe des Mandela Museum und ist das zweitälteste B&B in Soweto: Es ist wunderbar kitschig (nett sind die riesigen Porzellantiger) und hat eine tolle Gastgeberin: Anastacia ist eine Expertin für lokale Unterkünfte und Sehenswürdigkeiten.

Essen & Ausgehen

In Soweto kann man regelrecht von Kneipe zu Kneipe taumeln, meist sind es sehr legere *shebeens* (Kneipen ohne Ausschankerlaubnis). Aufgrund der zunehmenden Zahl an Touristen und nicht zuletzt dank der wohlhabenden Einheimischen, die nach etwas gehobenen Kneipen und Restaurants Ausschau halten, sind überall in der Township schickere Lokale entstanden – manche davon genießen einen Ruf, der bis in die nördlichen Vororte von Jo'burg reicht.

Wandie's Place (☎ 011-982 2796; www.wandiesplace.co.za; 618 Makhalemele St., Dube; Büfett 45 R; 🕑 Mittag- & Abendessen) Sowetos erste und berühmteste Ausgehadresse ist bis heute führend hinsichtlich Essen und Drinks. Kein Wunder, dass Wandie's rasch expandiert und heute verschiedene Lokale anbietet, die gegen 21 Uhr alle knüppeldickevoll sind. Weingüter vom Kap haben hier schon Weinproben veranstaltet. Das Büfett ist einfach phantastisch.

Sakhumzi Restaurant (☎ 011-939 4427; www.sakhumzi.co.za; 6980 Vilakazi St., Orlando West; Hauptgerichte 40 R; 🕑 Mittag- & Abendessen) Das hervorragende kleine Lokale liegt im Herzen von Soweto an der Vilakazi Street und zieht Auswärtige und Einheimische an. Das Essen ist sehr lecker, manchmal spielen abends auch Jazzbands; sogar Führungen kann man hier buchen.

Nambitha (☎ 082-785 7190; 6877 Vilakazi St., Orlando West; Hauptgerichte 40–55 R; 🕑 Frühstück, Mittag- & Abendessen) Nambitha heißt in Zulu „Probieren – teuer". Das Restaurant symbolisiert das neue Gesicht der Township: Das stilvolle und nach vorne offene Lokal serviert eine leckere Mischung aus zeitgenössischen und traditionellen afrikanischen Gerichten und hat eine gute Weinauswahl.

Soweto Cuppuccino (☎ 011-936 1998; 11787 Mtipa St., Orlando West Ext.; Hauptgerichte 30 R; 🕑 Frühstück & Mittagessen) Irgendwann musste es ja soweit sein – jetzt hat auch Soweto seinen Kaffeeröster, ganz in der Nähe des Hauses von Winnie Madikizela Mandela. Das Frühstück hat sich mittlerweile in der ganzen Nachbarschaft herumgesprochen.

B's Place (☎ 011-935 4015; 5541 Shuenane St., Orlando East; Hauptgerichte 40 R; 🕑 Mittag- & Abendessen) In dieser Bar (mit Schankerlaubnis) und *shebeen* trifft sich die Nachbarschaft und kocht zusammen. Das B's Place erfreut sich mittlerweile auch bei ausländischen Gästen großer Beliebtheit. Angeboten werden auch west- und südafrikanische Gerichte, dazu gibt es eine Auswahl an selbst hergestelltem Gebäck.

An- & Weiterreise

Soweto erreicht man am besten mit dem Auto, meist mit einem Minibus-Taxi (12 R je Fahrt). Die Taxis starten am Taxistand (s. S. 429) in der Nähe des Joubert Parks im Zentrum von Jo'burg und kommen in Soweto in den östlichen Diepkloof oder Orlando an.

RUND UM JOHANNESBURG

DER WESTEN VON GAUTENG

Man würde es beim ersten Blick kaum glauben, aber die sanft gewellte Landschaft des Highveld gilt als eine der bedeutendsten paläontologischen Gebiete weltweit und wurde von der Unesco zur Weltkulturerbestätte erklärt. Im Herzen der Region liegen die hominiden Fossiliengebiete von Sterkfontein. Die gesamte Gegend ist Teil der **Cradle of Humankind** (www.cradleofhumankind.co.za), der „Wiege der Menschheit". Durch die schiere Größe (47 000 ha) und die zahlreichen Angebote (u. a. 280 Geschäfte, Tendenz steigend) fällt die Orientierung im Gelände nicht immer leicht.

Am besten beginnt man die Tour in **Maropeng** (Karte S. 421; 014-577 9000; www.discoveryourself.co.za; an der R563 nach Hekpoort; Erw./Kind 65/35 R; 9–17 Uhr). Das Informationszentrum wurde architektonisch so geplant, dass es die menschliche Entwicklung nachvollzieht: Die Fassade ist mit Gras bedeckt, die Rückseite eine moderne Stahl- und Glaskonstruktion. Das Gebäude an sich ist schon eine Touristenattraktion, dazu kommen verschiedene Unterhaltungsangebote und ein **Boutique-Hotel** (EZ/DZ inkl. Frühstück 900/1370 R;). Das Besucherzentrum nennt sich „Tswana", was übersetzt „an deinen Ursprung zurückkehren" bedeutet. Damit wird das große Thema der Ausstellung, die Evolution des Menschen seit den ersten Anfängen, ganz treffend umschrieben. Daneben gibt es Marktstände, Fossilienstätten (an denen bis heute Ausgrabungen stattfinden), einen Kuriositätenladen sowie ein Open-air-Amphitheater für 5000 Zuschauer. Kinder sind begeistert über die etwas kitschige, aber zweifellos beeindruckende Bootsfahrt durch die vier Elemente und lieben die interaktiven Ausstellungsexponate ganz besonders.

Den nächsten Stopp sollte man am neuen Besucherzentrum an den **Sterkfontein Caves** (Karte S. 421; 011-668 3200; Sterkfontein Caves Rd.; Erw./Kind 35/20 R; 9–16 Uhr) einlegen; es zeigt eine Dauerausstellung über die ersten Menschen, außerdem kann hier eine Führung zu einer der weltweit bedeutendsten archäologischen Stätten (s. Kasten S. 459) gebucht werden. Durch den Bergbau in den Kalksteinhöhlen sind die Höhlen selbst eher unspektakulär. Im **Restaurant** (Hauptgerichte 18–70 R; Frühstück & Mittagessen) des Zentrums werden leichte Gerichte serviert.

Ganz in der Nähe liegt die **Old Kromdraai Gold Mine** (Karte S. 421; 011-957 0211; Ibis Ridge Farm, Kromdraai Rd.; Erw./Kind 25/10 R; Sa & So 9–17 Uhr, Di–Fr nach Vereinbarung), sie war die erste Goldmine am Witwatersrand. Führungen starten zu jeder vollen Stunde im umgebauten Minenschuppen.

Unweit der Swartkop Mountains lohnt ein Abstecher in das **Rhino & Lion Nature Reserve** (Karte S. 421; 011-957 0106; Kromdraai Rd.; Erw./Kind 70/40 R; Mo–Fr 8–17, Sa & So 8–18 Uhr). Zwar reicht das Schutzgebiet nicht an den Kruger National Park heran, bleibt aber eine gute Alternative für alle, die schlichtweg keine Zeit haben, bis zum Kruger zu fahren. Im Park sieht man Geparden, Hyänenhunde, Büffel, sibirische Tiger (!), Löwen und Nashörner live und hautnah. Daneben gibt es einen Geier-Hochsitz für interessierte Vogelbeobachter sowie einen riesigen Tierbabyzoo und ein Reptilienzentrum für die Kleinen. Innerhalb des Parks steht ein komfortables **Chalet** (4 Pers., 570 R), außerdem werden **Pirschfahrten** (180 R) angeboten. Im Park liegt auch die **Wonder Cave** (Erw./Kind 45/25 R), sie inzwischen eine kommerziell ausgeschlachtete Touristenattraktion, entschädigt aber auf der anderen Seite alle, die in Sterkfontein tolle Tropfsteinhöhlen erwartet haben und enttäuscht wurden. Zu jeder vollen Stunde beginnen Führungen. Wer das Schutzgebiet und die Höhlen sehen möchte, sollte das Kombiticket kaufen – dadurch lassen sich 20 % sparen.

Das **Krugersdorp Game Reserve** (Karte S. 421; 011-665 1735; Erw./Kind 20/10 R; 8–18 Uhr) ist ein kleines Savannen-Schutzgebiet, dass 7 km westlich von Krugersdorp an der R24 in Richtung Magaliesberg liegt. Hier leben immerhin vier Vertreter der Big Five – nur die Elefanten fehlen. Eine Auswahl verschiedener Unterkünfte bietet die im Park gelegene **Ngonyama Lion Lodge** (011-665 4342; Rustenberg Rd.; B 350 R) – sie ist eine gute Alternative für alle, die nicht in der Stadt übernachten wollen.

In der Nähe des Flughafens Lanseria liegt der **Lion Park** (Karte S. 421; 011-460 1814; Old Pretoria Rd./R55; Eintritt 75 R; 8.30–17 Uhr), er ist für seine auf Bäume kletternden Löwen bekannt und wegen seiner schrecklichen Imbissbuden und der vielen trinkfreudigen Besucher berühmt-berüchtigt. Sonntags stürmen regelrechte Besucherhorden den ins Negative verkehrten Park.

Nicht weit entfernt bietet das **Lesedi Cultural Village** (Karte S. 421; 012-205 1394; www.lesedi.com; bei R512; Führungen 11.30 & 16.30 Uhr) ein wenig Kultur. Das Dorf ist *sehr* touristisch, vielen Lesern hat es allerdings trotzdem gefallen. Lesedi heißt „Ort des Lichts", hier wird viel Tanz und Gesang geboten, vor allem während der traditionellen afrikanischen Feste. Vertreten sind hier die Xhosa, Ndebele, Pedi, Zulu und Sotho. Die komplette „African Experience" kostet 230 R, wahlweise kann man auch nur ein Mittag- oder Abendessen (120 R) buchen oder sich lediglich die Show (155 R) anschauen. Kinder unter zwölf Jahren bekommen Essen und Show zum halben Preis. Wer sich für ein komplettes Essen und die Show entscheidet, sollte reservieren.

Etwa auf halbem Wege zwischen Pretoria und Johannesburg liegt das **Cradle Nature Reserve** (Karte S. 421; ☎ 011-659 1622; Kromdraai Rd.; Eintritt frei; ⌚ 8–22 Uhr), ein etwas gehobenes Wildlife-Erlebnis mit Fuß- und Auto-Safaris und paläontologischen Führungen. Das Zentrum des Geschehens ist hier das **Cradle Restaurant** (Hauptgerichte 50–80 R; ⌚ Frühstück, Mittag- & Abendessen) mit internationaler Küche, einer Cocktailbar, im Winter auch einem Lagerfeuer und einer der schönsten Restaurantaussichten, die Südafrika überhaupt bietet kann. Unterkünfte findet man in den hübschen, strohgedeckten Hütten im **Forest Camp** (Hütten pro Pers. 220 R; Ⓟ).

Gleich außerhalb des Parks liegen die **Tweefontein Stables & Horse Trails** (☎ 011-957 0263; www.tweefontein.co.za; Zi. 350 R; Ⓟ 🏊) mit tollen Angeboten für Pferdliebhaber und guten Unterkünften für Selbstversorger.

DER SÜDEN VON GAUTENG

Die geschichtsträchtige Region mit ihren Städten Vereeniging, Sebokeng and Vanderbijlpark wird durch den Vaal River geteilt. Der Fluss ist eine natürliche, aber auch historische Grenze, die den Transvaal vom Rest des Südens getrennt hat. Der Fluss trägt übrigens von verschiedenen Adjektiven abgeleitete Namen: *Gij!garib* (gelbbraun) in der Sprache der San, *lekoa* (launisch) bei den Sotho und *vaal* (schmutzig) bei den weißen Südafrikanern.

Der Vertrag von Vereeniging wurde in der Nähe des Flusses ausgehandelt und beendete faktisch den Burenkrieg von 1899–1902. In der jüngeren Geschichte entwickelte sich das südliche Gauteng zu einem wichtigen Schauplatz des Freiheitskampfes: Am 21. März 1960 protestierten schwarze Bürger in Sharpeville und Evaton gegen die Passgesetze, indem sie ihre Pässe öffentlich verbrannten. Die Polizei feuerte daraufhin in Sharpeville in die Menge, tötete 69 Menschen und verletzte mindestens weitere 180 – die meisten wurden in den Rücken getroffen … Heute wird der 21. März in Südafrika als Human Rights Day, als Tag der Menschenrechte, begangen, und ist ein offizieller Feiertag.

Ansonsten können Besucher in der Township nichts Besonderes ansehen.

1984 reagierte der Sicherheitsapparat in Sebokeng mit Gewalt auf einen schwarzen Boykott des Miet- und Lohntarife und nahm die Townships auf der Suche nach Aktivisten ziemlich auseinander. Rund 95 Menschen wurden getötet. Die Aktion hatte aber nicht den gewünschten Erfolg: Die schwarze Bevölkerung wurde dadurch in ihrer Auflehnung gegen den Staat noch enger zusammengeschweißt, die Ereignisse beschleunigten den Zusammenbruch des Apartheidregimes.

Das nach dem Zuckerbusch *Protea caffra* benannte **Suikerbosrand Nature Reserve** (Karte S. 421; ☎ 011-904 3930; Klip River Rd.; Erw./Kind 20/10 R, Auto 10 R; ⌚ Mo–Fr 7.15–18, Sa & So 7–18 Uhr) liegt zwischen dem N3 Freeway und der R59 und ist über beide Straßen erreichbar. Insgesamt erschließen ein 66 km langes Wegenetz und verschiedene Autorouten das Schutzgebiet, in dem auch das historische **Diepkloof Farm Museum** (☎ 011-904 3964; Eintritt 5 R) liegt. Es wurde 1850 von dem Voortrekker Gabriel Marais errichtet, aber im Burenkrieg niedergebrannt. In den 1970er-Jahren wurde es renoviert. Das Museum hat dieselben Öffnungszeiten wie der Park.

Die beste Unterkunft der Region ist das **Protea Hotel Suikerbosrand** (☎ 016-365 5334; www.proteahotels.com/suikerbosrand; Zeltplatz nur 95 R, pro Pers. 35 R, 4-/6-/8-Pers.-Hütte 840/1150/1400 R; Ⓟ 🏊), es liegt 15 km von Meyerton entfernt auf einem weitläufigen Areal. Das Hotel ist sehr familienfreundlich, für die Kinder gibt es eine Minigolfanlage, einen Spielplatz und Pferde (Reiten 30 R). Ab Meyerton ist das Hotel ausgeschildert; man kann auch anrufen und sich den Weg beschreiben lassen.

PRETORIA

☎ 012 / 1,65 Mio. Ew.

Die Verwaltungshauptstadt des Landes war das „Jerusalem der Buren", das geistig-kulturelle Zentrum der weißen Südafrikaner, das Herz des Apartheidregimes und später der Schauplatz der Amtseinführung von Nelson Mandela als Präsident: Trotz ihres geringen Alters hat die „Universität von Südafrika" damit schon viel erlebt.

Pretoria ist eine geplante Stadt und liegt auf vulkanischem Boden im Apies River Valley. Es wurde als burische Hauptstadt gebaut und war damals eine Stadt außer

STERKFONTEIN CAVES

Die Sterkfontein Caves sind Karsthöhlen, die vor 2,5 Mrd. Jahren entstanden. Doch wirklich interessant sind sie als Fundstätte von 3,5 Mio. Jahre alten Knochen.

Im August 1936 besuchte Dr. Robert Broom die Höhlen, da er erfahren hatte, dass man die Fossilien längst ausgestorbener Pavianarten in den Gruben gefunden hatte, die nach dem Abbau von Ätzkalk zurück geblieben waren. Eine Woche nach seiner Ankunft fand er den ersten Erwachsenenschädel eines „Affenmenschen", der schätzungsweise 2,6 bis 3 Mio. Jahre alt ist, und nannte ihn *Australopithecus africanus*. 1947 wurde der Schädel von „Mrs. Ples" aus dem Geröll gesprengt, und fast zehn Jahre später fand Dr. C. K. Brain 1956 wesentlich jüngere Steinwerkzeuge. 1997 wurde die Bedeutung der zusammengefügten Fußknochen von „Little Foot" deutlich – die Verwandtschaft mit unserem Fußknöchel bewies, dass dieser „Affenmensch" (unser Vorfahr) aufrecht ging. Insgesamt fand man in Sterkfontein über 600 menschliche Fossilien, sie machten aus den Höhlen eine der wichtigsten urzeitlichen Ausgrabungsstätten weltweit.

Die Funde von Sterkfontein konnten belegen, dass aufrecht gehende Lebewesen (Hominiden) bereits vor über 3 Mio. Jahren hier umherstreiften und jagten – neben anderen heute ausgestorbenen Spezies (wie z. B. riesigen, blätterfressenden Affen, jagenden Hyänen und reichlich tigergroßen Säbelzahnkatzen).

Reichweite der britischen Herrschaft und weit weg von den ständigen Auseinandersetzungen mit den afrikanischen Stämmen. Heute lebt hier eine ständig wachsende Zahl schwarzer Beamter, die in der Stadt für die Multikulti-Gesellschaft sorgen, die einst per Gesetz verhindert werden sollte. Pretoria ist inzwischen auch der lebende Beweis dafür, dass Wohlstand in Südafrika nicht mehr ausschließlich ein Privileg der Weißen ist.

Pretoria liegt nur 50 km von Johannesburg entfernt und wird in rund 15 Jahren mit Jo'burg ein riesiges Ballungszentrum mit 20 Mio. Einwohnern bilden. Gleichwohl hat die Stadt einen ganz eigenen Charakter, ein anderes Lebensgefühl als Johannesburg und ein völlig unterschiedliches Stadtbild.

Kulturell ist Pretoria eine Stadt der weißen Südafrikaner geblieben, alles ist hier ein wenig langsamer und zurückhaltender, eine eher raue, heruntergekommene Innenstadt wie in Jo'burg sucht man hier vergeblich. Jacarandas bringen im Oktober und November Farbe in die Stadt, es gibt weniger Wolkenkratzer und nicht so viele moderne Gebäude – kurz: Pretoria gibt sich vornehm-altmodisch.

Mit der Demokratisierung Südafrikas sind auch viele Botschaften in die schattigen Vororte Arcadia und Hatfield zurückgekehrt. Freilich hat sich nicht alles verändert: Die Militär- und Bildungseinrichtungen residieren wie eh und je in Pretoria. Die Universitäten sind riesig – entsprechend lebendig ist das von zehntausenden Studenten geprägte Nachtleben der Stadt.

Pretoria bietet einige Sehenswürdigkeiten, die man unbedingt gesehen haben muss: Das hoch aufragende Voortrekker Monument sowie die von Herbert Baker gestalteten Union Buildings sind sehr beeindruckend; den Charme des Church Square genießt man am besten, wenn man sich auf den Bänken am Café Riche ausruht. Der Burgers Park, ein englischer Garten, ist eine grüne Oase mitten in der Stadt und ideal für ein entspanntes Mittagessen. Abends erwacht die Stadt mit der Musik und den Restaurantvierteln in Hatfield und Brooklyn zum Leben, Jazz wird in den *shebeens* der Townships gespielt.

Pretoria ist also viel relaxter als Jo'burg – allerdings hat es in den vergangenen Jahren einen drastischen Kriminalitätsanstieg erlebt, vor allem im Stadtzentrum und in Sunnyside. Der Großteil der Stadt ist tagsüber sicher, doch die Dinge ändern sich hier schnell, deshalb sollte man wie überall vorsichtig sein und sich vorab bei den Einheimischen erkundigen.

GESCHICHTE

Die Gegend rund um den Apies River war sehr gut mit Wasser versorgt und daher fruchtbar, sodass es Jahrhundert lange große Bevölkerungsgruppen, zumeist Rinderzüchter, ernähren konnte. Die hier siedelnden Völker sprachen Nguni (dieselbe Ur-

PRETORIA

PRAKTISCHES

ABSA ... 1 G4
Australische Botschaft ... 2 F4
Botsuanisches Hochkommissariat ... 3 H3
Botschaft von Lesotho ... 4 B4
Botschaft von Swasiland ... 5 E3
Britisches Hochkommissariat ... 6 H3
Deutsche Botschaft ... 7 E3
First National Bank ... 8 G4
First National Bank ... 9 B4
Französische Botschaft ... 10 F3
Hatfield Postamt ... 11 H4
Hauptpostamt ... 12 A4
Innenministerium ... 13 B4
Irische Botschaft ... 14 H3
Kanadisches Hochkommissariat ... 15 G4
Kodak Express ... (siehe 47)
Laundromat ... (siehe 20)
Mosambik. Hochkommissariat ... 16 D3
Namibische Botschaft ... 17 E3
Nedbank ... (siehe 47)
Niederländische Botschaft ... 18 F4
Neuseeländische Botschaft ... 19 G4
Odyssey Internet Cafe ... 20 G4
Polizei ... 21 D5
Polizei ... 22 B6
Polnische Botschaft ... 23 H3
Pretoria Academic Hospital ... 24 C2
Protea Book House ... 25 G4
Simbabwisches Hoch-Kommissariat ... 26 E3
South African National Parks (Zentrale) ... 27 C6
STA Travel ... 28 G4
Tourist Information Centre ... 29 A4
US-Botschaft ... 30 F4

SEHENSWERTES & AKTIVITÄTEN

African Window ... 31 A5
Backpacker Student Travel ... (siehe 48)
Church Square ... 32 B4
City Hall ... 33 A5
Dutch Reformed Church (Paul Kruger's Church) ... 34 A4
Footprints in Africa ... (siehe 50)
Melrose House ... 35 B5
Museum of Anthropology ... 36 B5
Pass Office ... (siehe 37)
Paul Kruger House Museum ... 37 A4
Pretoria Art Museum ... 38 E4
Pretoria National Zoological Gardens ... 39 B3
SA Police Museum ... 40 A4
Union Buildings ... 41 E3

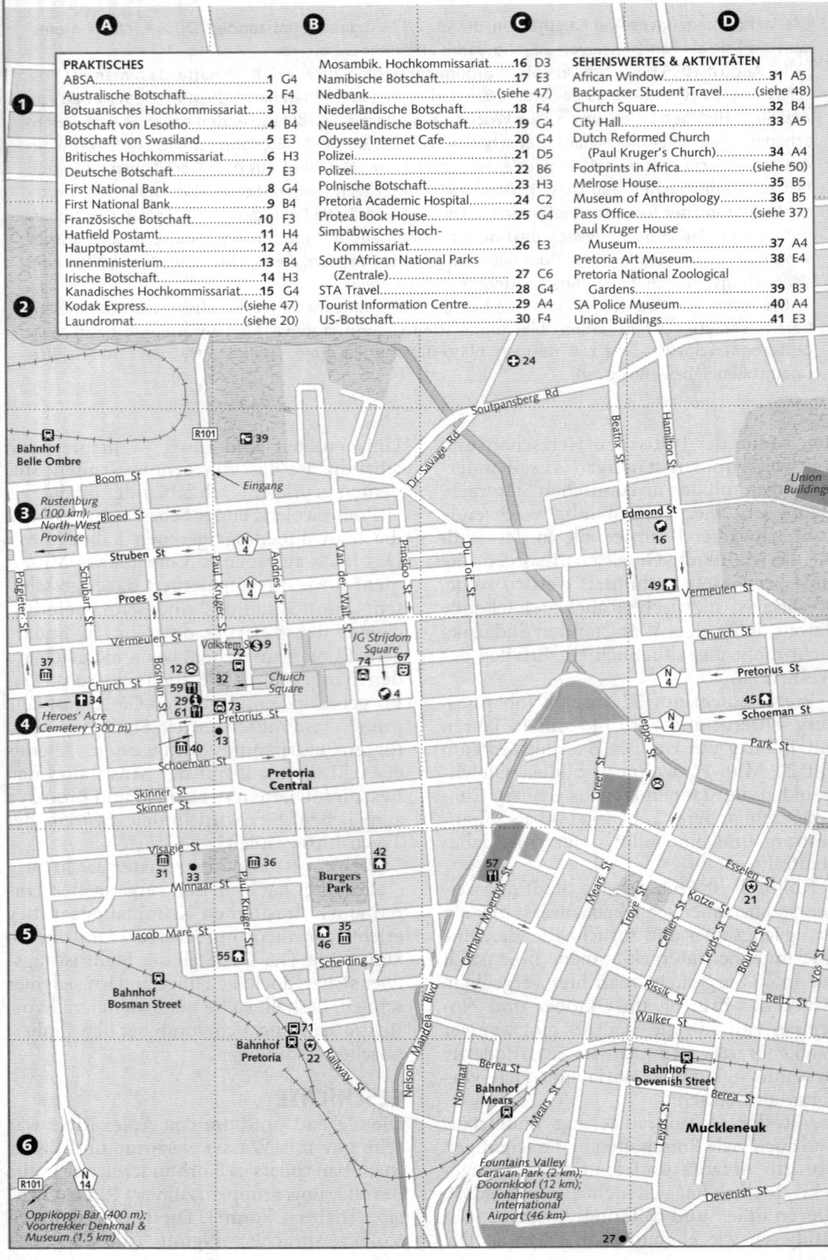

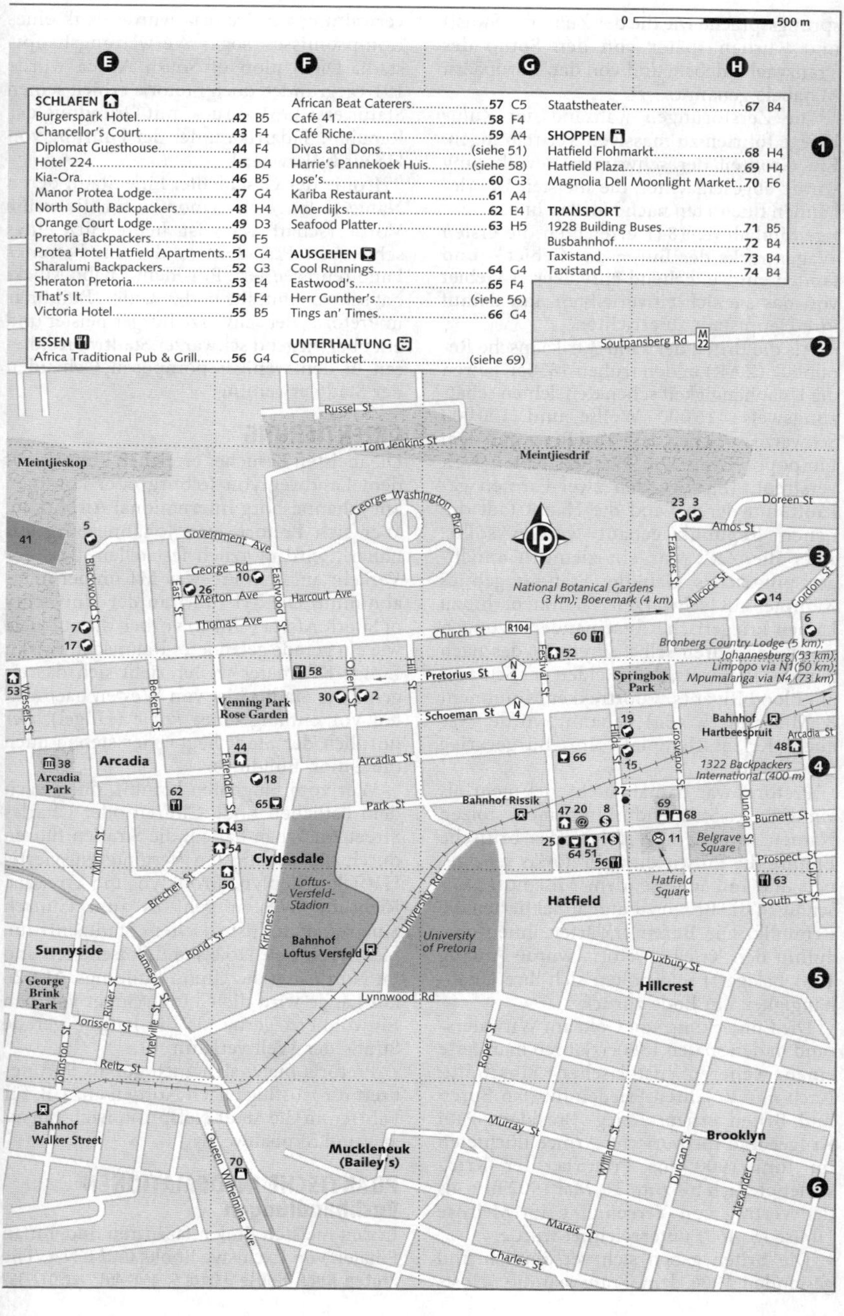
0 500 m
E
F
G
H
SCHLAFEN
Burgerspark Hotel 42 B5
Chancellor's Court 43 F4
Diplomat Guesthouse 44 F4
Hotel 224 45 D4
Kia-Ora 46 B5
Manor Protea Lodge 47 G4
North South Backpackers 48 H4
Orange Court Lodge 49 D3
Pretoria Backpackers 50 F5
Protea Hotel Hatfield Apartments 51 G4
Sharalumi Backpackers 52 G3
Sheraton Pretoria 53 E4
That's It 54 F4
Victoria Hotel 55 B5
ESSEN
Africa Traditional Pub & Grill 56 G4
African Beat Caterers 57 C5
Café 41 58 F4
Café Riche 59 A4
Divas and Dons (siehe 51)
Harrie's Pannekoek Huis (siehe 58)
Jose's 60 G3
Kariba Restaurant 61 A4
Moerdijks 62 E4
Seafood Platter 63 H5
AUSGEHEN
Cool Runnings 64 G4
Eastwood's 65 F4
Herr Gunther's (siehe 56)
Tings an' Times 66 G4
UNTERHALTUNG
Computicket (siehe 69)
Staatstheater 67 B4
SHOPPEN
Hatfield Flohmarkt 68 H4
Hatfield Plaza 69 H4
Magnolia Dell Moonlight Market 70 F6
TRANSPORT
1928 Building Buses 71 B5
Busbahnhof 72 B4
Taxistand 73 B4
Taxistand 74 B4
1
2
3
4
5
6
Soutpansberg Rd
M 22
Russel St
Tom Jenkins St
Meintjieskop
Meintjiesdrif
George Washington Blvd
Government Ave
George Rd
Merton Ave
Harcourt Ave
Thomas Ave
Blackwood St
East St
Eastwood St
Doreen St
Amos St
Frances St
Allcock St
Gordon St
National Botanical Gardens (3 km); Boeremark (4 km)
Church St
R104
Bronberg Country Lodge (5 km); Johannesburg (53 km); Limpopo via N1 (50 km); Mpumalanga via N4 (73 km)
Pretorius St
Schoeman St
Festival St
Hill St
Orient St
Springbok Park
Venning Park Rose Garden
Wessels St
Beckett St
Arcadia
Arcadia Park
Arcadia St
Farenden St
Hilda St
Grosvenor St
Bahnhof Hartbeespruit
1322 Backpackers International (400 m)
Park St
Bahnhof Rissik
Duncan St
Burnett St
Belgrave Square
Prospect St
Hatfield Square
Glyn St
South St
Minni St
Clydesdale
Brecher St
Loftus-Versfeld-Stadion
Kirkness St
University Rd
University of Pretoria
Hatfield
Sunnyside
Bond St
Jameson St
Bahnhof Loftus Versfeld
Duxbury St
Hillcrest
George Brink Park
Rivier St
Lynnwood Rd
Jorissen St
Melville St
Roper St
Johnston St
Reitz St
Bahnhof Walker Street
Queen Wilhelmina Ave
Murray St
William St
Duncan St
Brooklyn
Alexander St
Muckleneuk (Bailey's)
Marais St
Charles St

sprungssprache wie die der Zulu und Swasi) und wurden später von den Sotho des Transvaal Ndebele und von den Europäern Matabele genannt.

Die Zerstörungen während der Zulu-Kriege führten zu massiven Vertreibungen: Ein Großteil der schwarzen Bevölkerung wurde abgeschlachtet, die meisten Überlebenden flüchteten nach Norden in das heutige Simbabwe. 1841 erreichten die ersten Wagentrecks der Buren das Gebiet – und fanden ein weitgehend entvölkertes Gebiet vor, das sie sich einverleibten, um darauf ihre Hauptstadt zu errichten.

Als die Briten der Zuid-Afrikaansche Republiek (ZAR) in den frühen 1850er-Jahren die Unabhängigkeit schenkten, lebten schätzungsweise 15 000 Weiße und 100 000 Schwarze zwischen dem Vaal River und dem Limpopo River. Die Weißen lebten weit verstreut, 1853 wurden zwei Farmen gekauft, auf deren Land die Hauptstadt der neuen Republik gebaut werden sollte. Aber die ZAR war ein ziemlich anfälliges politisches Gebilde: Ständig gab es Kämpfe mit schwarzen Stämmen, hinzu kamen kriegerische Auseinandersetzungen unter den Buren selbst. Pretoria, das nach Andries Pretorius, dem Helden der Schlacht am Blood River (s. Voortrekker Monument & Museum, S. 464) benannt wurde, war auch Kriegsschauplatz im Bürgerkrieg (1863–69).

Pretoria war damals nicht viel mehr als ein winziges Steppendorf mit einem stolzen Namen, trotzdem verfolgte das britische Empire die Entwicklung Pretorias sehr genau und mit wachsendem Missmut. 1877 schlugen die Briten zu und annektierten die Republik. Die Buren erklärten ihnen daraufhin den Krieg (Pretoria wurde Anfang 1881 belagert) und holten sich ihre Unabhängigkeit am Ende zurück.

Die Entdeckung von Gold am Witwatersrand in den späten 1880er-Jahren markierte einen weiteren historischen Einschnitt: Nach nur 20 Jahren Frieden führten Buren und Briten erneut Krieg. Präsident Paul Kruger und die burische Armee flüchteten im Juni 1900 aus Pretoria, der Krieg schleppte sich bis zum 31. Mai 1902 hin, als der Vertrag von Vereeniging im Melrose House (S. 465) unterzeichnet wurde.

Die Briten gaben sich versöhnlich und gestanden 1906 dem Transvaal die Selbstverwaltung zu; Pretoria wurde dank eines Kompromisses sogar Verwaltungshauptstadt. Die Union of South Africa wurde 1910 gegründet, doch Pretoria erhielt seinen Status erst 1961 zurück, mit Gründung der Republik Südafrika unter der Führung von Hendrik Verwoerd.

Ironie der Geschichte: Eine Stadt, deren Name so lange ein Synonym für die weiße Vorherrschaft war, ist heute Sitz eines schwarzen Präsidenten, der ein befreites Land repräsentiert. Präsident Thabo Mbeki hat seinen Amtssitz in den Union Buildings in Pretoria, der schwarze Bürgermeister und ein überwiegend schwarzer Stadtrat residieren in den weniger pompösen Gebäuden der Stadtverwaltung.

ORIENTIERUNG

Die meisten Besucher erreichen Pretoria auf dem Landweg von Jo'burg oder kommen am Johannesburg International Airport an. Wer sich Pretoria von Johannesburg aus nähert, wird plötzlich feststellen, dass der Verkehr auf dem Freeway M1 immer mehr abnimmt. Die M1 führt an der University of South Africa (Unisa) vorbei, die auf viele wie ein gerade gelandetes Raumschiff wirkt. Einige Kilometer weiter zieht sich das eigentliche Stadtgebiet von Westen nach Osten vor entlang eines *kopje* (Hügel), der nördlich der Stadt liegt. Hier stehen auch die Union Buildings.

Wer vom Flughafen kommt, muss nach dem östlichen Ende Church oder Charles Street Ausschau halten, die Straßen führen durch die wichtigsten Vergnügungsviertel Hatfield, Menlyn, Brooklyn und Arcadia. Richtung Westen geht es zum Church Square, dem historischen Stadtzentrum, hier liegen viele Hotels und Botschaften und im Nordosten die Union Buildings. Mit 26 km Länge wird die Church Street von den Einwohnern gerne als die längste gerade Straße der Welt verkauft.

Pretoria bietet sich auch gut als Sprungbrett für Ausflüge nach Norden an, z. B. für Fahrten in die Stadt Nelspruit, nach Botsuana und Simbabwe.

PRAKTISCHE INFORMATIONEN

Buchhandlungen

In den meisten Einkaufszentren findet man Filialen von Exclusive Books und CNA. The **Protea Book House** (Karte S. 460–461; ☎ 012-362

5683; 1067 Burnett St.; ⌚ Mo–Fr 9–16.30, Sa 9–12 Uhr) verkauft auch gebrauchte Bücher.

Fotos

Kodak Express (Karte S. 460–461; ☎ 012-362 0678; Ecke Burnett St. & Festival St.; ⌚ Mo–Fr 8–18, Sa 8–13 Uhr) Der Laden bietet Filmentwicklung (1 Std.) und ein komplett eingerichtete, digitales Fotostudio.

Geld

Banken mit Geldautomaten und Wechselschaltern findet man überall in der Stadt.

ABSA (Karte S. 460-461; Hilda St.)

American Express (Karte S. 470; ☎ 012-346 2599; Brooklyn Mall; ⌚ 9–17 Uhr)

First National Bank Church Square (Karte S. 460–461); Burnett Street (Karte S. 460–461)

Nedbank (Karte S. 460-461; Ecke Burnett St. & Festival St.) In der Nähe der Hatfield Galleries.

Internetzugang

Die meisten Hostels und Hotels in Pretoria bieten heute einen Internetzugang; daneben gibt es auch preiswertere Läden. **Odyssey Internet Cafe** (Karte S. 460-461; ☎ 012-362 2467; Hatfield Galleries, Burnett St.; 30 Min. 15 R; ⌚ 9–23 Uhr) ist eine gute Adresse.

Medizinische Versorgung

Hatfield Clinic (Karte S. 460-461; ☎ 012-362 7180; 454 Hilda St.) Eine bekannte Klinik in den Vororten.

Pretoria Academic Hospital (Karte S. 460–461; ☎ 011-354 1000; Dr Savage Rd.) Bei medizinischen Notfällen, die überraschend während der Reise auftreten, sollte man dieses Krankenhaus aufsuchen.

Notfall

Feuerwehr (☎ 10111)

Metro Emergency Rescue Service (☎ 10177)

Polizei (☎ 10111) Polizeistationen gibt es an der Railway St. (Karte S. 460-461) und an der Kreuzung von Leyds St. und Esselen St. (Karte S. 460-461).

Post

Hatfield Postamt (Karte S. 460-461; Hatfield Sq.; ⌚ Mo–Fr 8–16.30, Sa 8–12 Uhr) Das von Backpackern am häufigsten besuchte Postamt.

Main Post Office (Karte S. 460–461; Ecke Church St. & Church Sq.; ⌚ Mo–Fr 8–16.30, Sa 8–12 Uhr) Das Hauptpostamt liegt in einem historischen Gebäude am Hauptplatz.

Reisebüros

STA Travel (Karte S. 460–461; ☎ 012-342 5292; Hilda St.; ⌚ Mo–Fr 9–17, Sa 9–12 Uhr)

Student Flights (Karte S. 470; ☎ 012-460 9889; Brooklyn Mall; ⌚ Mo–Fr 9–17, Sa 9–12 Uhr)

Touristeninformation

Das **Tourist Information Centre** (Karte S. 460–461; ☎ 012-358 1430; www.tshwane.gov.za; Old Nederlandsche Bank Bldg., Church Sq.; ⌚ Mo–Fr 7.30–16 Uhr) ist ziemlich nutzlos und am Wochenende auch noch geschlossen – ziemlich erstaunlich für eine Stadt dieser Größe. Stadtpläne und Infobroschüren bekommt man auch außerhalb der Öffnungszeiten, aber unmittelbar interessante Tipps erfragt man besser im Hotel oder bei Einheimischen.

In Pretoria hat auch die nationale Zentrale der **South African National Parks** (Karte S.

WAS ALLES IN EINEM NAMEN STECKT: PRETORIA

Wer sich in Pretoria aufhält, wird über die vielen unterschiedlichen Namen für ein- und dieselbe Gegend überrascht sein. Oft stimmen selbst Straßenschilder nicht mit den Bezeichnungen in den (Straßen)karten überein. Des Rätsels Lösung: Eine von oben verordnete Namensänderung, die die Einheimischen schon seit Jahren verwirrt. Das Ganze geht auf eine Initiative der Regierung zurück, die alle Namen entfernen wollte, die in irgendeiner Weise verletzend oder rassistisch sein könnten. Heute gibt es eine klare Politik der Namensänderung, die zwei Ziele verfolgt: Die Zusammenlegung von Stadtverwaltungen aus wirtschaftlichen Gründen sowie die „Afrikanisierung" der Städtenamen. Diese politische Maßnahme stößt allerdings bei allen Schichten und Hautfarben auf heftige Kritik, weil sie ziemliche Kosten verursacht. Viele sind der Meinung, dass man das Geld besser zur Beseitigung wichtigerer Probleme des Landes verwenden sollte. Politisch bedeutend, aber sehr umstritten, war die Umbenennung von Pretoria in Tshwane. „Pretoria" existiert aber noch, wenn auch nur als Innenstadtbereich des Ballungsraumes Tshwane (Tswah-neh ausgesprochen; der Name geht auf den Sohn des Häuptlings Mushi, der sich im frühen 19. Jh. hier niedergelassen hatte, zurück). Immer noch verwirrt? Nicht aufregen, denn die meisten Leute kennen zumindest noch ungefähr die alten Namen und helfen Auswärtigen, auch mit der nicht-offiziellen Bezeichnung den Weg zum Ziel zu finden.

460–461; ☎ 012-428 9111; www.sanparks.org; 643 Leyds St., New Muckleneuk; Bürozeiten Mo–Fr 8–16, Sa 8–12 Uhr, Call Center Mo–Fr 7.30–17, Sa 8–14 Uhr) ihren Sitz. Sie nimmt Buchungen für die Naturschutzgebiete und Reservate entgegen und verkauft die Wild Card (s. S. 89).

Wäscherei

Wer in einem Hostel schläft, kann seine Wäsche im **Laundromat** (Karte S. 460-461; ☎ 072-329 8222; Hatfield Galleries, Burnett St.; 🕒 7–21 Uhr) für sehr faire Preise waschen lassen.

GEFAHREN & ÄRGERNISSE

Einer aktuellen Umfrage zufolge ist Pretoria Südafrikas „freundlichste Stadt" mit der höchsten Lebensqualität im Land. Sicher ist Pretoria entspannter und sicherer als Jo'burg – aber auch hier bleibt die Kriminalität ein Problem, vor allem im Stadtzentrum und im Stadtteil Sunnyside. Immer mehr Restaurants und Geschäfte ziehen in das sichere Hatfield und Brooklyn. Dagegen hat das Viereck, das ungefähr von den Straßen Vermeulen, Du Toit, Boom und Schubart eingerahmt wird, einen eher schlechten Ruf.

Andererseits sollte man sich immer klar machen, dass die Bewohner von Pretoria im täglichen Leben auch mit dieser Problematik klarkommen. Es gibt also keinen Grund, nicht das Hotel oder das Hostel zu verlassen! Da sich aber vieles in Südafrika ständig wieder verändert – Pretoria ist da keine Ausnahme –, sollte man am besten die Einheimischen fragen und sich nach ihren Empfehlungen richten. Weitere Informationen s. S. 661.

SEHENSWERTES & AKTIVITÄTEN

Freedom Park

Eines der spannendsten Projekte in Gauteng ist der **Freedom Park** (Karte S. 475; ☎ 012-470 7400, 012-361 0021; Koch St., Salvokop; Eintritt frei; 🕒 Führungen Mo–Fr 8–16.30 Uhr). Das Mammutprojekt wurde auf einem *kopje* (Hügel) gegenüber dem Vootrekker Monument errichtet und sorgte bei allen, in deren Augen die Standortwahl politisch motiviert war, für einen Aufschrei. Bei vielen war die Entrüstung jedoch nichts als ein wichtigtuerisches, nationalistisches Gehabe. Der Freedom Park ist ein nüchternes Mahnmal für alle Menschen (in Südafrika und der Welt), die sich für die Freiheit geopfert haben. Das Denkmal wird erst 2009 endgültig fertig gestellt sein, aber man kann Hlapho (wo die Namen der Helden eingraviert sind) und den friedlichen Isivivane Garden of Remembrance mit einem kleinen Verkaufsstand und toller Aussicht bereits besichtigen. Die Zahl der Besucher ist streng reglementiert, deshalb sollte man vorher anrufen, um sicherzustellen, dass noch Plätze frei sind.

Voortrekker Monument & Museum

Das hoch aufragende **Voortrekker Monument & Museum** (Karte S. 475; ☎ 012-323 0682; Eeufees Rd.; Erw./Kind 25/10 R, Auto 10 R; 🕒 8–18 Uhr) ist für viele weiße Südafrikaner eine Art Heiligenschrein. Es entstand zwischen 1938 und 1949 in Gedenken an die Leistungen der Voortrekkers, die über die Küstengebirge des Kaps in das Zentrum des afrikanischen Veld vorstießen. Das Denkmal ist bis heute ein Symbol für den unabhängigen Pioniergeist der Buren. Es erinnert insbesondere an die Schlacht am Blood River am 16. Dezember 1838, in der rund 470 Buren unter dem Befehl von Andries Pretorius etwa 12 000 Zulu-Krieger besiegten.

Die Trekkers gründeten später unabhängige Republiken, die in vielerlei Hinsicht die Entstehungsgeschichte des modernen Südafrikas prägten. Ganz sicher waren ihre Geschichte, ihre Willenkraft, der Mut, die Vision, aber auch ihre Tragödie stärker als die entsprechende Geschichte europäischer Kolonisten. Einige weiße Südafrikaner gehen sogar noch weiter: Sie sind der festen Überzeugung, der Treck sei eine Art biblischer Exodus gewesen und die Schlacht am Blood River dank göttlicher Fügung entschieden worden – und ein Zeichen dafür, dass die Trekkers ein auserwähltes Volk seien.

Das Denkmal entstand in einer Epoche starken afrikanischen Nationalismus', in der die Wunden aus der Niederlage im Burenkrieg noch ziemlich frisch waren. Bei der Einweihung der Anlage 1949 schauten 250 000 Menschen zu – bis heute ist es ein kraftvolles Symbol für den „weißen Stamm Afrika" und seine historische Bedeutung für Südafrika.

Das Denkmal wird von einer Steinmauer umgeben, in der 64 Wagen wie in einem traditionellen *laager* (Verteidigungsring) eingemeißelt sind. Das Gebäude selbst ist ein riesiger Steinkubus, der in Anlehnung an die Ruinen von Great Zimbabwe gestaltet wurde. Innen erzählt ein beeindruckendes Basrelief die Geschichte des Trecks (allerdings nicht die ganze Geschichte – alle Menschen in der Darstellung sind weiß) und der Schlacht am Blood River. Am 16. Dezember fällt ein Lichtstrahl auf die Worte *Ons vir jou, Suid Afrika* (Wir für Dich, Südafrika). Eine Treppe und ein Fahrstuhl bringen Besucher auf das Dach, von dem aus man einen tollen Panoramablick über Pretoria und das Highveld genießt.

Das kleine Museum im Keller illustriert die Lebensgeschichten der Trekkers, daneben wird ein wunderschöner Wandteppich mit naiver Malerei und einem ziemlich schwülstigen Chauvinismus präsentiert.

Das Monument liegt 3 km südlich der Stadt und ist am Freeway N1 deutlich ausgeschildert. Die Busse nach Voortrekkerhoogte bzw. nach Valhalla (sie fahren beide an der Kruger Street in der Nähe des Church Square los) sind die Alternative für alle ohne Auto. Die Fahrer lassen ihre Fahrgäste auf Wunsch am Eingang der Straße zum Denkmal aussteigen. Von dort läuft man zehn Minuten bergauf zum Steinwürfel.

Church Square

Im Zentrum von Pretoria liegt der Church Square (Karte S. 460–461), der von imposanten Gebäuden eingerahmt wird, u. a. vom **Ou Raadsaal (Old Government Building)** an der Südseite, vom **Old Capitol Theatre** in der Nordwestecke und von der **First National Bank** im Nordosten. An der Nordseite steht der **Palace of Justice:** Dort wurde der Rivonia Trial abgehalten, der mit einer lebenslangen Haftstrafe für Nelson Mandela endete. Das **Old Nederlandsche Bank Building** mit der Touristeninformation, das Café Riche gleich daneben und das **Hauptpostamt** befinden sich an der Westseite. Hier fällt vor allem die **Uhr** über dem Eingang Church Square des Postamtes auf: Sie wird von unbekleideten Figuren von Anton van Wouw umringt.

Im Zentrum schaut der **„Old Lion"** Paul Kruger scheinbar missbilligend auf die Büroangestellten, die sich auf dem Rasen eine Pause gönnen. Die Bronzefiguren von Kruger und seinen Wachposten wurden ebenfalls von Van Wouw geschaffen und zur Jahrhundertwende in Italien gegossen, waren aber bis 1954 eingelagert. In den Anfangszeiten kamen Buren aus der Umgebung hierher, um alle drei Monate ein *nagmaal* (Abendmahl) zu feiern.

Paul Kruger House Museum

Nur einen kurzen Fußweg westlich des Church Square steht das frühere Wohnhaus von Paul Kruger, das heutige **Paul Kruger House Museum** (Karte S. 460–461; ☎ 012-326 9172; 60 Church St.; Erw./Kind 10/5 R; ⌚ Mo–Fr 8–16.30 Uhr). Das Museum an sich ist durchaus interessant, doch leider liegt das Gebäude an einer sehr belebten Straße. So kommt kein rechtes Gefühl für den zweifellos außergewöhnlichen Menschen Kruger auf. Ganz anders ist dagegen die Stimmung im Smuts' House Museum, s. S. 474. Das Haus selbst wirkt heute sehr bescheiden, obwohl es in seiner Bauzeit 1883 sicher eines der elegantesten Häuser der Stadt war. In den Museumsräumen werden verschiedenste Exponate gezeigt. Zu den Ausstellungsstücken zählt auch das Messer, mit dem er sich nach einem Schießunfall den Daumen selbst amputierte. Die **Dutch Reformed Church**, in der er betete und auch predigte, liegt auf der anderen Straßenseite.

Gleich links neben dem Haus steht das neo-georgianische **Pass Office** von 1932. Die Behörde wurde von den Schwarzen gehasst, weil sie ein Symbol für die wirtschaftliche und rassische Trennung war. Trotzdem nennen sie das Gebäude GaMothle – schöner Ort –, weil Friese und Reliefs die schwarzafrikanischen Völker zeigen. Leider verfällt der Bau heute und steht Besuchern nicht mehr offen. Vor dem Haus stehen interessante Erläuterungen zur Geschichte des Hauses.

Melrose House

Gegenüber vom Burgers Park erhebt sich **Melrose House** (Karte S. 460–461; ☎ 012-322 2805; 275 Jacob Maré St.; Erw./Kind 5/3 R; ⌚ Di–So 10–17 Uhr). Die denkmalgeschützte neobarocke Stadtvilla entstand 1886 für George Heys und ist eine bizarre Mischung aus englisch-viktorianischem und kapholländischem Stil.

Während des Burenkriegs von 1899–1902 lebten hier die Lords Roberts und Kitchener beide britische Befehlshaber; Letzterer beendete erfolgreich den Burenkrieg.

Am 31. Mai 1902 wurde im Melrose House der Vertrag von Vereeniging im Speisezimmer unterzeichnet. Er markierte das Ende des Krieges.

DIE BERÜHMTEN BAKER-GEBÄUDE

Als eine Meute Zugpendler im Februar 2001 ihren Frust durch das Anzünden und Abbrennen des Hauptbahnhofs von Pretoria abreagierte, schien die ausgebrannte Hülle reif für den Abbruch. Weil die Südafrikaner jedoch dem Architekten Sir Herbert Baker großen Respekt zollten, stand schon am nächsten Tag das Geld für den Wiederaufbau bereit.

Der in Kent geborene Baker kam 1891 nach Südafrika und freundete sich mit Cecil John Rhodes an, dem reichsten und mächtigsten Mann der Kolonie. Rhodes gab Baker den Auftrag, sein Wohnhaus umzubauen. Der ehrgeizige junge Architekt wagte es, den einheimischen Kapgiebel auf das zweigeschossige Gebäude zu setzen. Das Ergebnis war das zeitlos schöne Groote Schuur in Kapstadt (siehe S. 141) – der Bauherr Rhodes war begeistert.

Baker profilierte sich durch die Planung und den Bau von Privathäusern und öffentlichen Gebäuden für die reichsten Bürger der Kolonie (viele von ihnen hatten ihre Vermögen in den Goldminen von Witwatersrand gemacht). Zu seinen Prestigeobjekten gehören einige Anwesen in Johannesburgs Viertel Parktown, das South African Institute for Medical Research in Braamfontein, St. George's Cathedral in Kapstadt, die Sunnyside und die Arcadia Cathedrals in Pretoria. Sein wohl bekanntestes Bauwerk aber sind die in klassischer Linienform gestalteten eindrucksvollen Union Buildings (S. 467).

Baker ging 1913 nach Indien, um schließlich von dort nach England zurückzukehren. In London errichtete er am Trafalgar Square das South Africa House. Er starb 1946 und liegt in der Westminster Cathedral begraben.

Museum of Anthropology

Das gegenüber dem Rathaus gelegene **Museum** (Karte S. 460–461; ☎ 012-322 7632; Paul Kruger St.; Erw./Kind 10/6 R; 🕒 Mo–Sa 9–17, So 11–17 Uhr) zeigt Dioramen mit verschiedenen einheimischen Tieren und Vögeln. Kein Vergleich zum Besuch des Kruger, aber dafür besteht auch keine Gefahr, sich mit Malaria zu infizieren. Am beeindruckendsten ist das gewaltige Walskelett vor dem Gebäude.

South African Police Museum

Das **Police Museum** (Karte S. 460–461; 021-321 1678; Ecke Pretorius St. & Volkstem St.; Erw./Kind 10/6 R; 🕒 Mo–Sa 9–17, So 11–17 Uhr) ist eines der besseren Museen der Stadt. Unzählige Ausstellungsstücke erklären die wechselhafte Geschichte der südafrikanischen Polizei. Viele Stücke stammen aus der Epoche des Apartheidregimes, als Südafrika de facto ein von der Polizei beherrschter Staat war.

African Window

Das **African Window** (Karte S. 460–461; ☎ 012-324 6082; 102 Visagie St.; Erw./Kind 8/5 R; 🕒 8–16 Uhr) beschäftigt sich mit den archäologischen und anthropologischen Funden Südafrikas. Den Schwerpunkt bildet die ethnische Vielfalt Gautengs. Ausgestellt sind einige San-Felszeichnungen, daneben gibt es ein traditionelles Restaurant sowie regelmäßige Tanzvorführungen und Kunstausstellungen.

Pretoria Art Museum

Das an der Schoeman Street gelegene **Kunstmuseum** (Karte S. 460–461; ☎ 012-344 1807; Arcadia Park; Erw./Kind 5/3 R; 🕒 Di & Do–Sa 10–17, Mi 10–20, So 12–17 Uhr) präsentiert südafrikanische Kunst aus verschiedenen historischen Epochen des Landes. Es bietet eine gute Gelegenheit, die widersprüchlichen Wurzeln des modernen Südafrikas besser verstehen zu lernen.

Pretoria National Zoological Gardens

Etwa 1 km nördlich des Stadtzentrums liegen die **Zoological Gardens** (Karte S. 460–461; ☎ 012-328 3265; Ecke Paul Kruger St. & Boom St; Erw./Kind 35/22 R; 🕒 8–18 Uhr). Der beeindruckende Nationalzoo ist so schön, dass man hier gut einen gemütlichen Nachmittag verbringen kann. Es gibt ein Aquarium, eine gute Cafeteria und einige Rasenflächen. Das abschließende Highlight ist die Fahrt auf einen der Stadthügel mit Aussicht auf Pretoria. Regelmäßig werden Abendführungen angeboten (30 R pro Pers.).

Heroes' Acre Cemetery

Der **Friedhof** (Karte S. 475; Church St.; 🕒 8–18 Uhr) liegt rund 1,5 km westlich des Church Square und ist die letzte Ruhestätte für verschiedene historische Persönlichkeiten des Landes, unter ihnen Andries Pretorius, Paul Kruger und Hendrik Verwoerd. Henry H. „Breaker" Morant, der australische Antiheld des Burenkrieges, wurde von den Briten wegen Kriegsverbrechen hinrichteten und liegt hier ebenfalls begraben (einfach nach der niedrigen Hinweistafel Ausschau halten, die an einem der Nord-Süd-Wege auf den Grabstein verweist).

Den Friedhof erreicht man mit dem Bus Nr. 2 nach West Park oder dem Bus nach Danville ab dem Church Square.

Union Buildings

Das Gebäudeensemble (Karte S. 460–461) ist heute der offizielle Regierungssitz: Die beeindruckenden roten Sandsteinbauten mit einer ziemlich selbstbewussten, imperialen Grandezza werden von weitläufigen Gärten umgeben und sind auch der Amtssitz des Präsidenten.

Die von Sir Herbert Baker (s. Kasten S. 466) gestalteten Gebäude liegen zu Fuß relativ weit vom Stadtzentrum entfernt. Alle Busse Richtung Osten, die an der Church Street losfahren, kommen aber auf ihrer Fahrt dort vorbei. Durch die Gärten ist es dann nicht mehr weit zu den eigentlichen Gebäuden. Es gibt keine Führungen, dafür ist der Eintritt in die öffentlichen Bereiche der Union Buildings und der Spaziergang durch den Park frei.

GEFÜHRTE TOUREN

Backpacker Student Travel (Karte S. 460–461; ☎ 012-362 0989; info@northsouthbackpackers.com) im North South Backpackers Hostel veranstaltet verschiedene Führungen zu Zielen wie einer nahe gelegenen Diamantenmine (250 R pro Pers.), Pretoria City (200 R), Soweto (350 R) und zum sehenswerten Apartheid Museum (330 R) in Johannesburg.

Footprints in Africa (Karte S. 460–461; ☎ 083-302 1976; info@footprintsinafrica.com) hat seine Räume im Pretoria Backpackers und organisiert verschiedene Angebote, darunter einen Flughafenshuttle und Führungen in Townships. Sehr empfehlenswert ist der (günstige) Ausflug zu den Wasserfällen Victoria Falls in Simbabwe (zweitägige Flugtour ab 2900 R pro Pers.).

FESTIVALS & EVENTS

Oppikoppi Music Festival (www.oppikoppi.co.za) Eine Woodstock-ähnliche Party mit lokalen und internationalen Rockbands, die für Frieden, Liebe und Musik zusammenkommen. Das Ganze findet ein- oder zweimal im Jahr statt, aktuelle Infos stehen auf der Website.

Pretoria Show Der beliebte Event wird in der dritten Augustwoche auf den Showgrounds gefeiert.

SCHLAFEN

Pretoria hat eine riesige Auswahl an Hostels und Hotels jeder Art: Hatfield hat sich mit seinen Bars und Restaurants in eine Art Backpackermekka verwandelt, hier lassen sich einige der billigsten Unterkünfte findet. Mittelteuere B&B-Angebote konzentrieren sich in den etwas schickeren Straßen von Hatfield, Brooklyn und New Muckleneuk.

Daneben gibt es natürlich auch gehobene Business- und feine Privathotels; diese liegen eher östlich vom Standzentrum in Richtung der eleganteren Vororte.

Wer gerne im Stadtzentrum wohnen möchte, sollte das lieber hier als z. B. in Johannesburg tun (das größer und gefährlicher ist). Allerdings ist auch Pretoria Central nicht harmlos – vor allem nicht nach Einbruch der Dunkelheit. Die Stadt bietet dennoch (vor allem in der Nähe der zentral gelegenen Museen) gute Unterkunftsmöglichkeiten. Wer sich also für diesen Standort entscheidet, sollte sich vorab beim Hotelpersonal über die aktuelle Sicherheitslage informieren.

Budgetunterkünfte

Sharalumi Backpackers (Karte S. 460–461; ☎ 012-342 8196; www.sharalumi.com; 1064 Pretorius St., Hatfield; Zeltplatz/B 40/60 R, EZ/DZ mit Gemeinschaftsbad 120/140 R; P 💻 🏊) Das Sharalumi liegt an einer belebten Straße. Das ist nicht weiter schlimm, denn der große Garten und der Pool des kleinen, aber feinen Backpacker-Hostels sorgen für ausreichend Entspannung. Das Sharalumi ist mit seinen Preisen unschlagbar gut.

1322 Backpackers International (Karte S. 475; ☎ 012-362 3905; www.1322backpackers.com; 1322 Arcadia St., Hatfield; Zeltplatz/B/EZ/DZ 45/65/95/150 R; P 🏊) Ein sehr gastfreundliches Hostel, das geschickt im Stil afrikanischer Holzhütten gebaut wurde – und das mitten in der Stadt. In den Mehrbettzimmern sind die Betten wie Minischiffe aus groben Holzplanken gezimmert. Die Zimmer in den hübschen, strohgedeckten Nebengebäuden sind ebenfalls preiswert.

North South Backpackers (Karte S. 460–461; ☎ 012-362 0989; info@northsouthbackpackers.com; 355 Glyn St., Hatfield; Zeltplatz/B 45/80 R, EZ/DZ Gemeinschaftsbad 135/180 R; P 💻 🏊) Das Hostel liegt nur wenige Gehminuten von der quirligen Burnett Street entfernt. Für das Hostel sprechen das leckere Abendessen und ein pfiffiges Reisebüro. Im Sommer kann man im Garten ausspannen, für die Wintertage gibt es ein gemütliches Wohnzimmer mit echtem Kaminfeuer. Wer mehr Privatsphäre sucht, kann eine der Gästehütten mit eigenem Bad im Garten mieten (2 Pers. 260 R).

Fountains Valley Caravan Park (Karte S. 475; ☎ 012-440 7131; Zeltplatz mit/ohne Strom 58/48 R; P) Das Fountains Valley liegt an der M18 südlich von Pretoria und ist eine gute Anlage mit vielen Stell- und Zeltplätzen, einem Pool, Restaurant und einem Court zum Tennisspielen.

Bronberg Country Lodge (Karte S. 475; ☎ 012-811 0496; www.bronbergbackpackers.co.za; Plot 207, Lynwood Rd., Tiegerpoort; Zeltplatz/B/DZ 55/70/210 R; P) Das Bronberg (am östlichen Stadtrand Pretorias) bietet ländliches Flair: Nach einem anstrengenden Tag Sightseeing ist es der ideale Ausgangspunkt für einen Ausflug in den Busch oder für ein erfrischendes Fußbad im Whirlpool.

Kia-Ora (Karte S. 460–461; ☎ 012-322 4803; kiaora@vakaneo.co.za; 257 Jacob Maré St., Pretoria Central; B 65 R, EZ/DZ Gemeinschaftsbad 170/180 R) Das Hostel verkommt immer mehr, ist aber immer noch die beste Wahl, wenn man unbedingt im Stadtzentrum wohnen will.

Pretoria Backpackers (Karte S. 460–461; ☎ 012-343 9754; www.pretoriabackpackers.net; 425 Farenden St., Clydesdale; B 80 R, EZ/DZ Gemeinschaftsbad 150/220 R; P) Das Hostel in einem großen, umgebauten Wohnhaus hat einen hübschen Garten, einen Fischteich, eine Ecke zum Entspannen und großzügige Zimmer mit Holzfußböden. Von hier aus ist es nicht weit zum Nachtleben in Hatfield, auch das Rugby Stadium liegt in der Nähe. Das Hostel bietet außerdem Massagen, Aromatherapien mit Duftessenzen und andere Wellnessanwendungen an.

Mittelklassehotels

Gemütliche B&B-Unterkünfte findet man am besten über die **Bed & Breakfast Association of Pretoria** (☎ 083-212 1989; www.accommodationinpretoria.co.za).

Hotel 224 (Karte S. 460–461; ☎ 012-440 5281; www.hotel224.com; Ecke Schoeman St. & Leyds St., Arcadia; EZ/DZ 295/380 R; P) Das Hochhaushotel vermarktet sich als Pretorias beste Budgetunterkunft, ist aber eigentlich das Relikt eines gediegenen Hotels. Dank seiner vielen Zusatzangebote fällt es in die Kategorie Mittelklassehotels. Auch wenn vieles etwas abgenutzt wirkt, bekommt man hier doch viel für sein Geld.

That's It (Karte S. 460–461; ☎ 012-344 3404; www.thatsit.co.za; 5 Brecher St., Clydesdale; EZ/DZ inkl. Frühstück 310/410 R; P) Das Gästehaus liegt ganz in der Nähe der Ecke Farenden Street in einem schattigen Vorort unweit des Loftus Versfeld Stadium. Das hübsche Haus bietet ausreichend große Zimmer, allerdings keinen besondere Atmosphäre.

Chancellor's Court (Karte S. 460–461; ☎ 012-344 1404; www.chancellorscourt.co.za; 797 Park St., Clydesdale; EZ/DZ 350/400 R; P) Das von Lesern empfohlene Chancellor's Court liegt sehr günstig und hat große (wenn auch etwas altmodische) Zimmer. Familien und Gruppen können im Vierbettzimmer für Selbstversorger (150 R) übernachten.

Crane's Nest Guesthouse (Karte S. 470; ☎ 012-460 7223; cranesnest@absamail.co.za; 212 Boshoff St., New Muckleneuk; EZ/DZ 400/650 R; P) Das angenehme Vorort-B&B residiert in der Schickimicki-Gegend von New Muckleneuk gleich neben dem Vogelschutzgebiet – das allein ist schon ein großer Pluspunkt. Zwar ist das danach benannte Crane's Nest etwas zu teuer, aber die Zimmer mit Blick auf den reizvollen Garten (einschließlich Häschen) dafür sehr bequem.

Orange Court Lodge (Karte S. 460–461; ☎ 012-326 6346; orangecourt@absamail.co.za; 540 Vermeulen St., Arcadia; Apartments mit 1/2/3 Schlafräumen 400/800/1200 R; P) Die idyllische Oase inmitten der Betonklötze an der Ecke zur Hamilton Street unweit der Union Buildings ist dank der Apartments mit Telefon, TV, Küche und Bettzeug (und Hotelservice) eine interessante Adresse.

Spitzenklassehotels

Victoria Hotel (Karte S. 460–461; ☎ 012-323 6054; Fax 012-324 2426; 200 Scheiding St., Pretoria Central; EZ/DZ inkl. Frühstück 450/615 R; P) Das 1894 erbaute, altehrwürdige Haus bietet zehn viktorianische Zimmer mit jedem erdenklichen Komfort. Wer einen Hauch des guten alten Pretoria genießen möchte und dazu einen individuellen Luxus sucht, liegt hier genau richtig.

Burgerspark Hotel (Karte S. 460–461; ☎ 012-322 7500; hotel@burgerspark.co.za; Ecke Van der Walt St. & Minnaar St.; EZ/DZ 480/550 R; P) Das riesige

Hotel ist sehr gut organisiert und liegt zentral gegenüber der hübschen Grüninsel Burgers Park.

Manor Protea Hotel (Karte S. 460–461; ☎ 012-362 7077; mphotel@satis.co.za; Ecke Burnett St. & Festival St., Hatfield; EZ/DZ 557/616 R; P ❄) Das eher einfache Hotel ist von der Burnett Street über eine Rolltreppe erreichbar und liegt zentraler als das Sheraton. Für das, was es bietet, ist es eigentlich zu teuer.

Diplomat Guesthouse (Karte S. 460–461; ☎ 012-344 3131; www.thediplomat.co.za; 822 Arcadia St., Arcadia; EZ/DZ inkl. Frühstück 580/760 R; P ❄ 💻 🏊) Das Haus aus dem frühen 20. Jh. liegt in einem wunderschönen Garten und ist ein perfekt eingerichtetes Vier-Sterne-Guesthouse mit wuchtigem Mobiliar. Dank kabellosem Internet und anderen technischen Spielereien ist es aber trotzdem ein modernes Hotel.

Protea Hotel Hatfield Apartments (Karte S. 460–461; ☎ 012-362 6105; www.proteahotels.com/hatfieldapartments; 1080 Prospect St., Hatfield; Zi. 662/736 R; P ❄ 🏊) Eines der wenigen Angebote für Selbstversorger in den östlichen Vororten und etwas überteuert, dafür aber sicher, sauber und sehr gut in Schuss. Wer nicht selbst kochen möchte, kann nur wenige Gehminuten entfernt unter einem Dutzend Restaurants wählen.

Sheraton Pretoria (Karte S. 460–461; ☎ 012-429 9999; www.sheraton.com; Ecke Church St. & Wessels St., Arcadia; Zi. 759 R; P ❄ 💻 🏊) Die englische Queen übernachtete lieber in Pretorias schickstem Hotel als in der offiziellen britischen Gästeresidenz: Es bietet das für ein Sheraton typische Ambiente mit allen Schikanen und zusätzlich einen Superservice.

ESSEN

In den Restaurants von Pretoria wird grundsätzlich auf einem recht hohen Niveau gekocht und gegessen – die Preise sind dabei niedriger als in Jo'burg. Es gibt einige Lokale im Stadtzentrum, doch die beliebtesten konzentrieren sich in Hatfield, Brooklyn und New Muckleneuk in einigen wenigen Straßen. Wer an einer Ecke nichts Passendes findet, schaut sich einfach in der Nachbarschaft um. In der Innenstadt sind mit Blick auf die Sicherheit nur einige wenige Restaurants empfehlenswert.

Stadtzentrum

Kariba Restaurant (Karte S. 460–461; ☎ 012-326 5654; 1 Parliament St.; Hauptgerichte 20–40 R; 🕑 Frühstück & Mittagessen Mo–Sa) Das Kariba liegt (etwas unpassend) im wunderschönen ehemaligen Capitol Theatre direkt neben dem Tshwane Cultural Centre. Das preiswerte Lokal ist mittags dank der herzhaften west- und südafrikanischen Speisenauswahl bei Geschäftsleuten sehr beliebt.

Café Riche (Karte S. 460–461; ☎ 012-328 3173; 2 Church St.; Hauptgerichte 30–60 R; 🕑 Mittag- & Abendessen) Das Café Riche ist eines der historischen Restaurants in Pretoria und residiert direkt am Church Square. Die Außenterrassen bieten sich für ein gemütliches Bier an, von hier aus lässt sich das Leben auf dem Platz beobachten – für viele der Hauptanziehungspunkt des Cafés (das Essen ist aber auch nicht schlecht).

Hatfield & Arcadia

Hatfield und Arcadia sind voller Lokale, Cafés und Bars – und außerdem rund um die Uhr sicher. Wer etwas trinken und essen möchte, sollte mit seiner Suche am besten am Hatfield Square an der Burnett Street beginnen – dort ist immer etwas los.

Seafood Platter (☎ 012-362 1144; Duncan Walk, Duncan St.; Hauptgerichte 25–80 R; 🕑 Mittagessen Mo–Fr, Abendessen Mo–Sa; ❄) Richtig getippt: Hier werden bergeweise Fisch und Meeresfrüchte serviert – da vergisst man schnell, dass Pretoria mitten im Landesinnern liegt. Am Freitag- und Samstagabend wird Livemusik gespielt.

Harrie's Pannekoek Huis (Harrys Pfannkuchenhaus; Karte S. 460–461; ☎ 012-342 3613; Eastwood Sq., Eastwood Rd.; Hauptgerichte 30–40 R; 🕑 Frühstück, Mittag- & Abendessen) Ein schickes Lokal mit etwas ausgefallenen Gerichten. Die scharfen oder süßen Pfannkuchen haben alle probaten Füllungen, z. B. eingelegten Fisch und Sultana Chutney. Die Pfannkuchen können auch mitgenommen werden. Gegenüber liegt einer der besten Kuriositätenläden Pretorias.

Divas and Dons (Karte S. 460–461; ☎ 012-362 1674; Hatfield Sq., Burnett St.; Hauptgerichte 30–50 R; 🕑 Mittag- & Abendessen; ❄) Das gemütliche Lokal mit dunkler Holzvertäfelung und Ledersofas entlang der Wand wirkt wie eine gediegene Hotellounge und serviert eine ordentliche Küche.

Café 41 (Karte S. 460–461; ☎ 012-342 8914; Eastwood Sq., Eastwood St.; Hauptgerichte 35–95 R; 🕑 Frühstück, Mittag- & Abendessen) Ein wunderschön eingerichtetes, bistroähnliches Restaurant, das Geschäftsmännern ebenso wie relaxten Szeneleuten gefällt. Zu den Pluspunkten zählen der schnelle Service, die große Terrasse und der abgeschirmte Essbereich – da vergisst man schnell, dass das Café 41 mitten im Einkaufszentrum liegt.

Africa Traditional Pub & Grill (Karte S. 460–461; ☎ 012-362 1604; Ecke Prospect St. & Hilda St.; Hauptgerichte 40 R; Mittag- & Abendessen) Eine Dachterrasse, die heitere Stimmung und traditionelle afrikanische Rhythmen machen dieses Lokal zu einem der lebendigsten, aber trotzdem auch gemütlichsten Lokale im bürgerlichen Hatfield. Das Essen wird als ziemlich gut gepriesen.

Jose's (Karte S. 460–461; ☎ 012-430 7778; 235 Hilda St.; Hauptgerichte 60 R; Mittag- & Abendessen) Wer hier eines der leckeren mediterranen Gerichte probiert hat, versteht, warum das Restaurant so beliebt bei den Einwohnern Pretorias ist. Und wer einmal am Freitag- oder Samstagabend hier war, kann nachvollziehen, warum die Terrasse draußen so groß ist ... Ein nettes Plätzchen.

Brooklyn & New Muckleneuk

Als sich die Restaurantszene und das Nachtleben nach Osten verlagerten, entwickelte sich die Gegend um die Middle Street und Fehrsen Street zu einem guten Restaurantviertel. Das Essen hier ist grundsätzlich besser und teurer als in Hatfield. Neben den hier aufgeführten Adressen findet man verschiedene günstige und nette Imbisse und Take-aways in den benachbarten Einkaufszentren.

Crawdaddy's (Karte S. 470; ☎ 012-460 0589; Shop 3, Brooklyn Piazza, Ecke Middle St. & Dey St.; Hauptgerichte 40–60 R; Mittag- & Abendessen;) Das Crawdaddy's ist ein im Louisianastil eingerichtetes Restaurant mit Surf-und-Turf-Gerichten (Kombination aus Steak und Meeresfrüchten) und einer lauten, barähnlichen Atmosphäre.

Blue Crane (Karte S. 470; ☎ 012-460 7615; Melk St.; Hauptgerichte 40–80 R; Mittag- & Abendessen;) Das Blue Crane gehört zum Austin Roberts Bird Sanctuary (ja genau: dem Mr. Roberts des berühmten Vogelbuches). Vom Restaurant fällt der Blick auf den See, an dem der vom Aussterben bedrohte Paradieskranich (der offizielle Staatsvogel Südafrikas) nistet. Das Blue Crane kocht *potjiekos* (Fleisch- und Gemüseeintopf in einem dreibeinigen Eisentopf). Das Pub ist vor allem bei Sonnenuntergang sehr beliebt. Der Restauranteingang liegt an der Melk Street, die nach Westen fahrend rechts von der Middle Street abzweigt.

Taste Emporium (Karte S. 470; ☎ 012-460 7181; 279 Dey St.; Hauptgerichte 40–220 R; Mittag- & Abendessen;) Die Besitzer legen auf gute Zutaten und einfaches Kochen großen Wert. Die Karte ist thematisch sortiert – u. a. gibt es Gerichte „aus dem Garten", „aus dem Meer" und „von der Farm". Das Taste Emporium ist mit viel Holz eingerichtet, ist nach vorne offen konzipiert. Kein Wunder, dass viele Leser gerne hier essen gehen …

Wangthai (Karte S. 470; ☎ 012-346 6230; 281 Middle St.; Hauptgerichte 50–100 R; Mittag- & Abendessen;) Das gehobene Restaurant serviert u. a.

BROOKLYN & NEW MUCKLENEUK

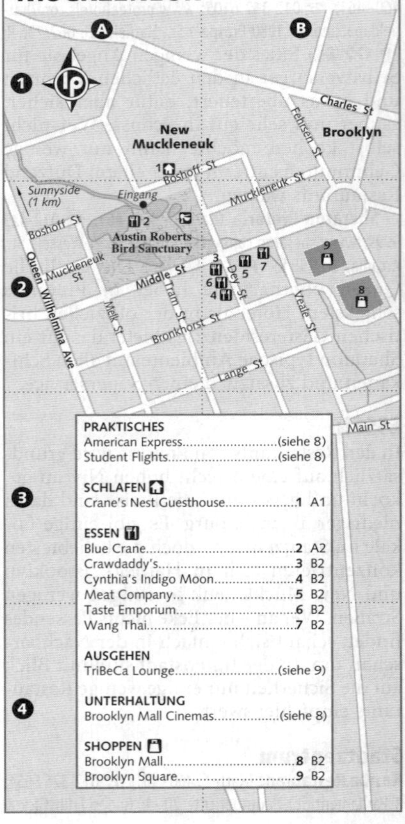

„Royal Thai Cuisine" und ist mit viel schicken Objekten eingerichtet, die sicher aus irgendeinem teuren Souvenirshop in Bangkok stammen. Die Köche kochen sehr gut, das Essen ist lecker. Der thailändische Botschafter ist hier Stammgast, alleine das spricht schon für die Küche.

Cynthia's Indigo Moon (Karte S. 470; ☎ 012-346 8926; 283 Dey St.; Hauptgerichte 50–150 R; ⌚ Mittag- & Abendessen; ⌘) Lobeshymnen und viele begeisterte Zeitungskritiken dekorieren den Eingangsbereich des Restaurants, das von einem riesigen Weinkeller eingerahmt wird. Für die Speisekarte mussten ziemlich viele Rinder dran glauben, aber das Steak ist phantastisch, die Fisch- und Meeresfruchtespeisen einzigartig und die Atmosphäre stilvoll und gemütlich.

Meat Company (Karte S. 470; ☎ 012-460 2515; 273 Middle St.; Hauptgerichte 65–120 R; ⌚ Mittag- & Abendessen; ⌘) Der Restaurantname verspricht nicht zuviel: Das höhlenähnliche, verwinkelte Restaurant ist ein Paradies für Fleischliebhaber, für die jedes erdenkliche Stück vom Vieh in der gewünschten Temperatur zubereitet wird. Der House Burger (42 R) hat schon einen legendären Ruf! Vegetarier müssen trotzdem nicht ins Gras beißen: Für sie wird ein ziemlich leckerer Gemüseteller (50 R) zubereitet.

Sunnyside

Die Esselen Street in Sunnyside ist heute nicht mehr die gute Restaurantadresse, die es früher einmal war: Heute prägen deprimierende Imbissstände zwischen den Pfandhäusern und Pornoläden eher das Bild, manchmal findet man noch ein Café oder Restaurant dazwischen. Dennoch gibt es auch in Sunnyside und den Vorortstraßen in Arcadia östlich davon einige lohnenswerte Adressen.

Africa Beat Caterers (Karte S. 460–461; ☎ 072-276 7357; 115 Gerhard Moerdyk St.; Hauptgerichte 15–30 R; ⌚ Mittag- & Abendessen) Die Gegend ist für ihre hübschen, historischen Villen bekannt, in einem von ihnen hat sich das bei *amakwêre-kwêre* (ausländischen Afrikanern) beliebte Restaurant niedergelassen. Vor dem Haus lädt eine sonnige Terrasse zum Verweilen ein. Serviert wird eine Mischung aus preiswerten und leckeren Speisen, untermalt mit Livemusik.

Moerdijks (Karte S. 460–461; ☎ 012-344 4856; Ecke Park St. & Beckett St.; Hauptgerichte 45–100 R; ⌚ Mittag- & Abendessen; ⌘) Das gehobene Restaurant liegt in einer eleganten holländischen Villa mit alteuropäischer Einrichtung, hübschem Garten und serviert ein hervorragendes Essen: Ganz klar die Nummer eins in Pretorias Sunnyside.

AUSGEHEN

Im trendigen Hatfield gibt es zahlreiche Bars und Clubs für jeden Geschmack. Der Hatfield Square ist ein guter Ausgangspunkt – aber immer daran denken, dass „Waffen, Feuerwerk und Motorräder" hier strikt verboten sind ... Die für Südafrika ungewöhnlich dicht mit Bars, Lokalen und Clubs bestückte Burnett Street zieht Backpacker ebenso an wie Studenten (oder solche, die sich noch dafür halten). Hier kann man getrost von Kneipe zu Kneipe ziehen und sich endlich einmal die endlosen Taxifahrten (die anderswo typisch für eine Partynacht in Südafrika sind) sparen: Die Burnett Street bietet sicher die einfachste Kneipentour in Südafrika!

Cool Runnings (Karte S. 460–461; ☎ 012-362 0100; 1075 Burnett St.) „Reggae rules!" ist das Motto dieser seit langem beliebten Kneipe. Aber auch alle, die keine eingefleischten Reggae-Fans sind, sollten hier einmal reinschauen. Tagsüber lässt man es hier ruhig angehen, abends wird es heiß, wild und ab 22 Uhr auch ziemlich betrunken ...

Herr Gunther's (Karte S. 460–461; ☎ 012-362 6975; Hatfield Sq., Burnett St.) Die deutsche und ziemlich ausgelassen feiernde Antwort auf irische Bars, in der Zweiliter-Bierkrüge und dazu Würstchen auf den Tisch kommen.

Maloney's (Karte S. 460–461; ☎ 012-362 2883; Duncan Walk, Duncan St.) Ganz nach dem alten Sprichwort angelsächsischer Geschäftsleute, dass es nie genug irische Pubs geben könne, stößt man hier auf einen weiteren.

Tings an' Times (Karte S. 460–461; ☎ 012-430 3176; 1065 Arcadia St.) Das Tings nennt sich selbst „Pita Bar", aber eigentlich dreht sich hier alles ums Trinken. Die Atmosphäre ist ideal für ein nächtelanges Philosophieren über Gott und die Welt oder einfach einen netten Abend. Wer nach einer langen Kneipentour mit viel Alkohol den unausbleiblichen Heißhunger entwickelt, bekommt auch spätnachts noch eine Pizza.

TriBeCa Lounge (Karte S. 470; ☎ 012-460 3068; Brooklyn Sq., Veale St.) Kaffee und Cocktails prägen die Stimmung in dieser trendigen Bar mit Café, die nach dem berühmten In-Viertel in New York benannt wurde. An den Wochenenden treffen sich hier die Schönen der Nacht auf einen Drink nach einem langen, harten Shoppingnachmittag in den Malls.

Eastwood's (Karte S. 460–461; ☎ 012-344 0243; Ecke Eastwood St. & Park St.) Die Arcadia-Institution ist vor, während und nach jedem Rugbyspiel gerammelt voll. Die Kneipe hat schon dreimal in Folge den Preis „bestes Pub von Pretoria" gewonnen – allerdings nicht in Sachen Integration. Unbedingt probieren sollte man hier Steaks, u. a. das T-Bone mit *pap en sous* (Maismehl und Sauce) – für nur 36 R ein Superangebot. Im Sommer wird im Biergarten bei zu großer Hitze Wasser versprüht – damit auch ja nicht einer der Trinker umkippt.

Oppikoppi Bar (Karte S. 475; ☎ 082-499 7668) Das Pub am Magasyn Hill (gegenüber dem Voortrekker Monument) ist eine der am besten gelegenen Kneipen Pretorias: Die Aussicht über die Stadt ist vor allem bei Sonnenuntergang phantastisch. In der Bar dürfen die Gäste sogar selbst grillen.

UNTERHALTUNG

Kinos

In Pretoria gibt es einige größere Kino-Multiplexe, deren Tagesprogramm in den *Pretoria News* abgedruckt wird.

Die **Brooklyn Mall Cinemas** (Karte S. 470; ☎ 0860 300 222; Tickets 38 R; Brooklyn Mall, Fehrson St., Brooklyn) sind eines der beliebtesten Kinos der Stadt. Wer Zeit sparen möchte, sollte besser **Ster-Kinekor** (Zentrale Ticketreservierung ☎ 082 16789; www.sterkinekor.co.za) anrufen und nach Programmen und Tickets fragen. Für alle Mietwagenbesitzer ist das **Menlyn Park Drive-In** (Karte S. 475; ☎ 012-348 8766; Menlyn Park Shopping Centre) interessant. Liebhaber vom 3D-Filmen sollten ins **Imax Theatre** (Karte S. 475; ☎ 012-368 1168; Menlyn Park Shopping Centre) mit seiner Riesenleinwand gehen.

Livemusik & Nachtclubs

Trotz der vielen Studenten ist die Livemusikszene in Pretoria manchmal etwas langweilig und unzuverlässig: Viele Clubs schließen so schnell wie neue aufmachen. Die aktuellen Konzertprogramme werden in der *Pretoria News* abgedruckt. Wer da nichts Anregendes findet, kann auch im Hostel nachfragen oder in die Burnett Street in Hatfield fahren und sich einfach in die nächste Schlange einreihen.

Die umliegenden Townships (vor allem Mamelodi und Atteridgeville) bieten zahlreiche *shebeens.* Aus Sicherheitsgründen sollte man sie aber nur mit schwarzen Freunden oder im Rahmen von Gruppenführung besuchen. In ganz Gauteng werden schätzungsweise 36 000 überwiegend lizenzlose shebeens betrieben.

Theater

Karten für die meisten Theater werden über **Computicket** (☎ 011-915 8000; www.computicket.com; Hatfield Plaza, Burnett St.; ⏲ Mo–Sa 8.30–16.30 Uhr) vertrieben.

State Theatre (Karte S. 460–461; ☎ 012-392 4000; www.statetheatre.co.za; Ecke Prinsloo St. & Church St.) Der riesige, von Hans und Roelf Botha entworfene Theaterkomplex zeigt verschiedenste Produktionen, darunter Opern, Klassik, Ballett und Theater. Es gibt fünf Theater: Arena, Studio, Opera, Drama und Momentum. Das Gebäude kann besichtigt werden (20 R).

Barnyard Theatre (Karte S. 475; ☎ 012-368 1555; Obergeschoss, Menlyn Park Shopping Centre) Das Theater liegt außerhalb der Stadt im Menlyn Park Shopping Centre und inszeniert auch Shows.

SHOPPEN

Abgesehen von der riesigen Brooklyn Mall (Karte S. 470), dem Brooklyn Square (Karte S. 470) und den Einkaufszentren im Menlyn Park (Karte S. 460–461) mit ihren vielen klimatisierten Kettengeschäften ist Pretoria vor allem für seine Märkte bekannt.

Boeremark (Karte S. 475; ☎ 082-416 3900; Meiring Naude Rd.; ⏲ Sa 6–9 Uhr) Der Markt der Transvaal Agricultural Union liegt östlich des Stadtzentrums und gegenüber vom CSIR-Komplex: Er eignet sich ideal zum Einkaufen frischer Produkte, es gibt traditionelle Gerichte und Musik und dazwischen ein paar Buren alten Schlages.

Hatfield Flea Market (Karte S. 460–461; ☎ 012-362 5941; Parkplatz Hatfield Plaza, Burnett St., Hatfield; ⏲ So 9.30–17.30 Uhr) Auf dem Markt wird der übliche Flohmarktkram verkauft, interessanter sind unter all dem Trödel die afrikanischen Sachen, die man nicht aus China importieren kann.

Magnolia Dell Moonlight Market (Karte S. 460–461; ☎ 012-308 8820; Magnolia Dell, Queen Wilhelmina

Ave., New Muckleneuk; ⌚ Fr 5.30–21.30 Uhr) Der Markt findet am letzten Freitagabend eines Monats statt und ist ein echtes Erlebnis. Eine gute Adresse als Fundgrube für einheimisches Kunsthandwerk!

Wer afrikanische Kuriositäten kaufen möchte, sollte über die Grenze in die North-West Province fahren und dort am Hartbeespoort Dam den Welwitischia Country Market besuchen. Für weitere Einzelheiten s. Kasten S. 554.

AN- & WEITERREISE

Auto

Ein eigener Mietwagen erhöht die Mobilität ganz entscheidend, die örtlichen Autovermieter haben recht interessante Angebote. Viele größere südafrikanische und internationale Autovermieter unterhalten Büros in Pretoria (Details s. S. 688).

Wer sich längere Zeit in der Region aufhält, sollte die Wochenzeitung *Junk Mail* oder das Monatsmagazin *Auto Trader* kaufen und dort nach kostengünstigen Gebrauchtwagen suchen.

Bus

Mit Ausnahme der Buslinien in Richtung Norden starten die meisten inländischen und internationalen Buslinien in Pretoria und steuern dann zunächst Johannesburg an. Viele Fernbusse fahren am **1928 Building** (Karte S. 424–425; Railway St.) am Vorplatz des Bahnhofs von Pretoria ab. Dort liegen auch die Ticket- und Informationsschalter der Buslinien.

Die Mehrzahl der Buslinien von **Translux** (☎ 0861-589 282; www.translux.co.za), **City to City** (☎ 0861-589 282; www.translux.co.za), **Intercape** (☎ 0861 287 287; www.intercape.co.za), **Greyhound** (☎ 012-323 1154; www.greyhound.co.za) und **SA Roadlink** (☎ 012-323 5105; www.saroadlink.co.za), die von Jo'burg nach Durban, zur Südküste und nach Kapstadt fahren, starten in Pretoria. Auch Busse, die auf der N1 Richtung Norden aufbrechen, halten hier (s. S. 446 mit weiteren Details zu diesen Buslinien).

Die Fahrpreise von Translux, Greyhound und Intercape ab Pretoria sind genauso hoch wie die Preise ab Johannesburg – trotz der einstündigen Fahrt zwischen beiden Städten. Für die einfache Fahrt von Pretoria nach Johannesburg zahlt man etwa 45 R.

Baz Bus (Kapstadt ☎ 021-439 2323; www.bazbus.com) holt seine Fahrgäste an den meisten Hostels in Pretoria ab und setzt sie dort auch ab.

Die Busse von **North Link Tours** (☎ 012-323 0379) fahren ebenfalls am 1928 Building ab, ihre Ziele und Endstationen im Norden sind Polokwane (Pietersburg; 100 R, 3½ Std.), Tzaneen (160 R, 5 Std.) sowie Phalaborwa (195 R, 6½ Std.).

Flugzeug

Der JIA ist das internationale Luftverkehrsdrehkreuz Südafrikas, auf dem Flugzeuge aus aller Welt landen. Details zu Airlines und Flügen s. S. 677; Informationen über An- und Abfahrt zum Flughafen von Johannesburg s. S. 474.

Minibus-Taxi

Minibus-Taxis fahren vom Hauptterminal am Bahnhof ab und fahren eine ganze Reihe von Zielen an, darunter auch Jo'burg (30 R). Auch hier gilt: Nach Einbruch der Dunkelheit und mit viel Gepäck sollte man sich hier nicht mehr aufhalten! Viele Einheimische empfehlen sogar, als Ausländer überhaupt kein Minibus-Taxi zu nehmen (deshalb unbedingt vorher die aktuelle Situation erfragen!). Weitere Informationen zum Reisen mit Minibus-Taxis stehen auf S. 695.

Zug

Der historische Bahnhof von Pretoria wurde für 35 Mio. R wieder aufgebaut, nachdem ihn wütende Pendler im Februar 2001 niedergebrannt hatten. Mittlerweile herrscht hier wieder Normalbetrieb. Zwar sind viele Pendler noch immer frustriert, aber die meisten Fernzüge fahren pünktlich, wenn auch extrem langsam.

Die Züge von **Spoornet** (☎ 0860-008 888; www.spoornet.co.za), die in Pretoria halten, sind der *Trans Karoo* (tgl. von Pretoria nach Kapstadt) und der *Komati* (tgl. von Jo'burg über Nelspruit nach Komatipoort). Der *Bosvelder* fährt über Polokwane (Pietersburg) Richtung Norden nach Musina an der Grenze zu Simbabwe. Der luxuriöse *Blue Train*, der Pretoria, Jo'burg und Kapstadt miteinander verbindet, fährt ebenfalls hier ab (Details über die Zugstrecken mit eigenen Namen, s. S. 696).

Der Bahnhof von Pretoria (Karte S. 460–461) liegt etwa 20 Minuten zu Fuß vom Stadtzentrum entfernt. Die Busse fahren entlang der Paul Kruger Street zum Church

Square, dem wichtigsten Bahnhof für die Lokalbusse.

METRO-ZUG

Aufgrund der hohen Kriminalitätsrate sollte auf Fahrten mit Metro-Zügen zwischen Pretoria und Jo'burg verzichtet werden. Weitere Infos über den geplanten Gautrain, s. Kasten S. 448.

UNTERWEGS VOR ORT

Bus & Minibus-Taxi

Es gibt ein weit verzweigtes örtliches Busnetz. Eine Broschüre mit Fahrplänen und -routen erhält man am Infoschalter im **Hauptbusbahnhof** (Karte S. 460–461; ☎ 012-308 0839; Church Sq.) oder in den Apotheken. Die Preise liegen je nach Fahrstrecke zwischen 5 und 7 R. Einige Linien, darunter die Buslinie 3 nach Sunnyside, fahren bis etwa 22.30 Uhr – für Südafrika ungewöhnlich spät. Andere praktische Buslinien sind die Linien 5 und 8, die zwischen Church Square und Brooklyn (über die Burnett Street in Hatfield) fahren.

Minibus-Taxis fahren ihre Gäste praktisch überall hin; der Fahrpreise beträgt rund 4 R. In diesen Bussen fahren nur selten Weiße, deshalb sind sie aber noch lange nicht unsicher. Wie immer gilt: vor der Fahrt die Einheimischen um Rat fragen.

Vom/Zum Flughafen

Die meisten Hostels und viele Hotels bieten einen kostenlosen Abholservice an (vorher anrufen).

Get You There (☎ 012-346 3175) betreibt Shuttlebusse zwischen JIA und Pretoria. Die Busse fahren allerdings nicht nach einem festen Zeitplan, sondern Tag und Nacht etwa einmal die Stunde. Der Fahrpreise liegt bei 95 R von bzw. zu den meisten Hotels und Hostels der Stadt.

Taxi

Taxistände findet man an der Ecke von Church Street und Van der Walt Street sowie an der Ecke von Pretorius Street und Paul Kruger Street. Ein Taxi kann bei **Rixi Taxis** (☎ 0800 325 807; km 8,50 R) telefonisch bestellt werden.

RUND UM PRETORIA

Gauteng ist wohl eher für seine Städte als für seine Landschaften bekannt, doch auch hier finden Stadtmüde in der nahen Umgebung verschiedene Sehenswürdigkeiten. Das De Wildt Cheetah Research Centre ist besonders interessant.

SMUTS' HOUSE MUSEUM

General JC Smuts war ein brillanter Wissenschaftler, ein Buren-General, Politiker und internationaler Staatsmann. Er gilt als Vordenker der Union of South Africa und war von 1919 bis 1924 und noch einmal von 1939 bis 1948 Präsident des Landes.

Smuts' Wohnhaus hieß früher Doornkloof und wurde später in ein ausgezeichnetes **Museum** (Karte S. 475; ☎ 012-667 1941; smutshouse@worldonline.co.za; Nelmapius Rd., Irene; Erw./Kind 5/3 R, Picknick im Garten je Auto 5 R; 🕑 Mo–Fr 9.30–16.30, Sa & So 9.30–17 Uhr) umgewandelt. Der Besuch lohnt sich, wenn man per Mietwagen nach Pretoria unterwegs ist oder aus der Stadt herausfährt. Das Haus ist eine Holz- und Eisenkonstruktion und diente früher als britisches Offizierskasino in Middelburg. Smuts kaufte es, baute es ab und ließ es anschließend auf seinem 1600 ha großen Besitz in Irene (16 km südlich von Pretoria) wieder aufbauen. Das Haus hat eine großzügige Veranda und liegt zwischen schattigen Bäumen, es wirkt sehr familiär und vermittelt einen Eindruck von Smuts aufregendem Leben.

Leider ist das Museum nicht mit öffentlichen Verkehrsmitteln erreichbar. Das Haus ist ab dem Freeway N14 (R28) und der R21 ausgeschildert. Der direkteste Weg von Pretoria nach Irene im Süden ist die Louis Botha Avenue.

FORT KLAPPERKOP MILITARY MUSEUM

Das **Fort** (Karte S. 475; ☎ 082-807 5278; Johann Rissik Dr.; Erw./Kind 10/5 R; 🕑 10–15.30 Uhr) ist eines der besterhaltenen in ganz Südafrika. Es liegt etwa 6 km südlich der Stadt und dokumentiert die südafrikanische Militärgeschichte von 1852 bis zum Ende des Burenkriegs von 1899–1902 – obwohl hier nie ein Schuss abgefeuert wurde. Das Fort bietet einen schönen Panoramablick über die Stadt und die Umgebung.

NATIONAL BOTANICAL GARDENS

Rund 9 km östlich des Stadtzentrum wachsen in den 77 ha großen **Botanischen Gärten** (Karte S. 475; ☎ 012-804 3200; Cussonia Ave, Brummeria; Erw./Kind 10/5 R; 🕑 6-18 Uhr) einheimische Pflanzen aus ganz Südafrika. Die rund 20 000 verschiedenen Pflanzenarten sind beschriftet und jeweils nach Herkunftsregion angeordnet – ein Muss für Gartenfreunde und eingefleischte Botaniker.

Mit dem Wagen fährt man 8 km auf der Church Street (R104) Richtung Osten und biegt dann rechts in die Cussonia Road ab; die Gärten liegen dann linkerhand. Die Buslinien nach Meyerspark oder Murrayfield fahren am Church Square ab und halten in der Nähe.

SAMMY MARKS' MUSEUM

Das **Museum** (Karte S. 421; ☎ 012-803 6158; R104, Old Bronkhorstspruit Rd.; Erw./Kind 20/10 R; 🕑 Di–Fr 9–16 Uhr, Sa & So 10–16 Uhr) liegt in einer der schönsten viktorianischen Villen Südafrikas (1884). Sammy Marks war ein englischer Großindustrieller, der seine Finger in allen möglichen Geschäften hatte: in der Industrie, im Minengeschäft und in der Landwirtschaft. Das Museum ist ein Paradebeispiel für ein Haus, das man sich hinstellt, wenn man plötzlich reich geworden ist (und eine Demonstration all der teuren Sachen, die man sich dafür noch so anschaffen könnte). Die R104 führt zum Museum, das 20 km östlich von Pretoria liegt – einfach der Ausschilderung folgen.

RUND UM PRETORIA

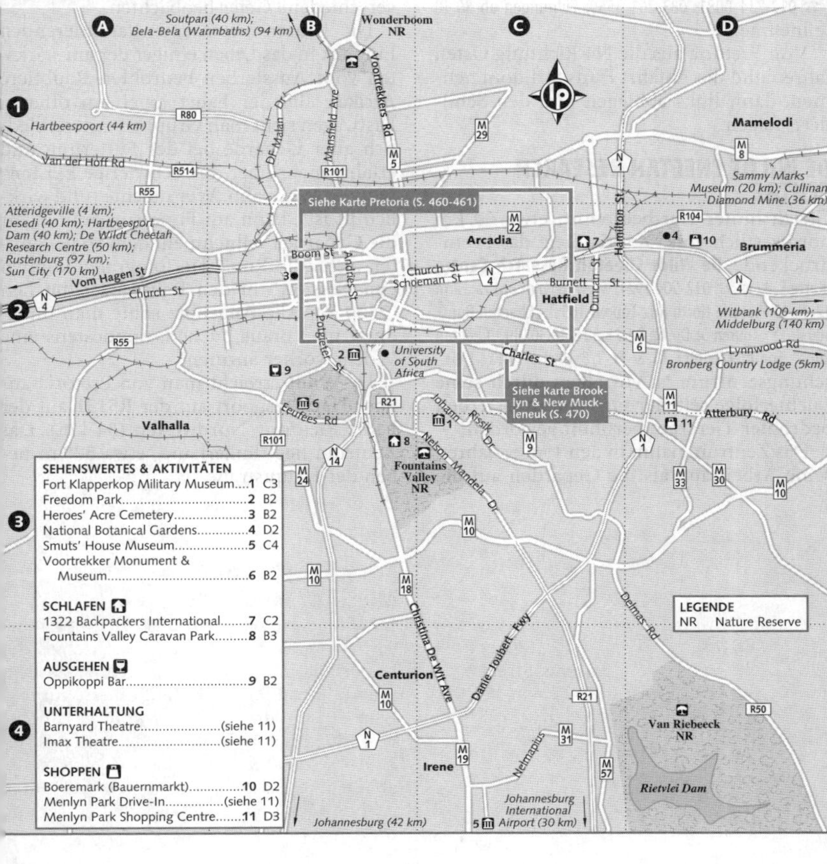

CULLINAN DIAMOND MINE

Nach einem Besuch im Sammy Marks' Museum bietet sich die Weiterfahrt nach Norden ins historische Cullinan (Karte S. 421) an. In dem hübschen, 100 Jahre alten Dorf stehen noch einige Gebäude von Herbert Baker, sie lassen sich gut an einem Sonntagnachmittag besichtigen. Zum Dorf gehört auch die Cullinan Diamond Mine, eine der größten und produktivsten Minen mit Diamanten führenden Klimberlitvorkommen der Welt. Drei der größten, jemals gefundenen Diamanten stammen aus dieser Mine: Der Cullinan – mit 3106 Karat der größte – war als Rohling 11 x 6 cm groß und wurde König Edward VII. als Geschenk überreicht. Wer Lust hat, kann sich einen Blechhelm aufsetzen und an einer organisierten Minenführung von **Premier Diamond Tours** (☎ 012-734 0081, 083-261 3550; Führungen ab 30 R) teilnehmen.

Von Pretoria aus die N4 Richtung Osten fahren und die Abfahrt Hans Strijdom nehmen, dann links abbiegen und den Schildern folgen.

DE WILDT CHEETAH RESEARCH CENTRE

Gleich hinter Hartbeespoort, etwa 50 km nordwestlich von Pretoria, liegt das beeindruckende **De Wildt Cheetah Research Centre** (Karte S. 421; ☎ 012-504 1921; www.dewildt.org.za; Farm 22, R513 Pretoria North Rd.; Touren 165 R, „Cheetah Runs" 100 R; 🕓 Touren Di, Do, Sa & So 8.30 & 13.30 Uhr, „Cheetah Runs" Sommer/Winter Di & Fr 7/8 Uhr). Das Forschungszentrum ist vor allem durch seine Zuchterfolge seltener und vom Aussterben bedrohter Tierarten berühmt geworden.

Das Zentrum nahm in den 1960er-Jahren seine Arbeit auf, als die Geparden auf die Liste der stark vom Aussterben bedrohten Tierarten gesetzt wurde. Sieben junge Wildkatzen wurden hier erfolgreich in Gefangenschaft aufgezogen. Dass Geparden heute von der roten Liste gestrichen werden konnten, ist weitgehend diesem Zentrum zu verdanken!

Der Königsgepard (ein Gepard mit einem auffallenden, schwarzen Fellmuster) wurde 1981 erfolgreich im De Wildt Zentrum gezüchtet – bis dahin galt die Unterart als ausgestorben. Die wunderschönen Wildkatzen sind extrem selten und außerhalb dieses Schutzgebietes wohl kaum zu sehen, jedenfalls nicht aus nächster Nähe.

Neben Geparden lassen sich hier Hyänenhunde, Schabrackenhyänen, Servals (Buschkatzen), Wüstenluchse, Honigdachse, Erdmännchen, einige Antilopenarten sowie verschiedene Geier beobachten.

Die Touren bieten einen faszinierenden Einblick in das Leben einiger der am stärksten vom Aussterben bedrohten Raubtiere Afrikas: Bei der Fahrt in einem offenen Lastwagen sieht man Gruppen unterschiedlich alter Geparde bei der Fütterung und erfährt mehr über ihre schwierige Existenz in freier Wildbahn. Wer möchte (und wirklich fit ist), kann am Fitnessprogramm für die Geparden teilnehmen, dem so genannten „Cheetah Run". Tierfotografen können eine Session mit den Raubkatzen buchen (2500 R). Alle Angebote sollte man unbedingt im Voraus buchen, mindestens eine Woche vorher anrufen!

De Wildt erreicht man von Pretoria aus über Hartbeespoort auf der R5131 auf der Fahrt Richtung Nordwesten (34 km). Das Zentrum liegt linkerhand, etwa 500 m neben der Hauptstraße.

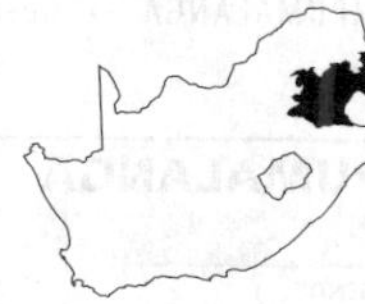

Mpumalanga

Der träge Crocodile River, das entspannte Flair der alten Minenstädte und die friedliche Stille in den Naturreservaten stehen für das eher ruhige Leben in der bescheidenen Provinz Mpumalanga (Ort der aufgehenden Sonne).

Mpumalanga ist die kleinste Provinz Südafrikas und liegt im Landesinneren, wo das Highveld (Hochland) an einem spektakulären Steilhang, dem Drakensberg Escarpment, auf das Lowveld (Tiefland) abfällt. In diesem Steilhang liegen alte Dörfer, tosende Wasserfälle und einige der besten Wanderpfade Südafrikas verborgen. Viele Reisende kommen auf ihrem Weg zum Kruger-Nationalpark auf einen Abstecher hier vorbei. Es ist jedoch durchaus lohnenswert, sich mehrere Tage Zeit zu nehmen, um den Blyde River Canyon zu erkunden.

Auf ihrem Weg Richtung Swasiland, Kruger-Nationalpark und Mosambik teilt die N4 Mpumalanga. Die bewirtschafteten Flächen im Westen können vernachlässigt werden, da die Umgebung erst ab Dullstroom interessant wird. Das nahe gelegene Waterval Boven wird seinem Anspruch gerecht, Südafrikas Klettermetropole zu sein.

Die Provinzhauptstadt Nelspruit liegt inmitten hübscher Hügel und in der Nachbarschaft freundlicher Dörfer wie White River und Barberton. Weiter im Norden hat sich Sabie zu einem attraktiven Ziel für Abenteuerbegeisterte entwickelt, während das ruhige Graskop ebenso wie Pilgrim's Rest einen einmaligen, ländlichen Charme versprüht.

Von Nelspruit ist es nicht mehr weit bis zu den beiden Eingängen des Kruger-Nationalparks, Numbi und Malelane, sowie zur Grenze nach Mosambik in Komatipoort. Oder man fährt in das südlich gelegene, bezaubernde Goldminenstädtchen Barberton und weiter nach Swasiland. Tief im Süden von Mpumalanga befindet sich Piet Retief, ein günstiger Verkehrsknotenpunkt auf dem Weg nach Swasiland oder KwaZulu-Natal.

HIGHLIGHTS

- Wandern, Radfahren oder Rafting bei **Sabie** (S. 483), in kühler Bergluft und mit wunderschöner Aussicht
- Pancakes essen in **Graskop** (S. 486) oder **Pilgrim's Rest** (S. 485)
- Den **Blyde River Canyon** (S. 487) zu Fuß erkunden
- Das Leben der Shangaan im **Shangana Cultural Village** (S. 489) bei Hazyview kennenlernen
- Entspannen im historischen **Barberton** (S. 496) und Besichtigung der nahe gelegenen Atlas-Goldmine und des verwirrenden Labyrinths bei **Boondocks** (S. 499)

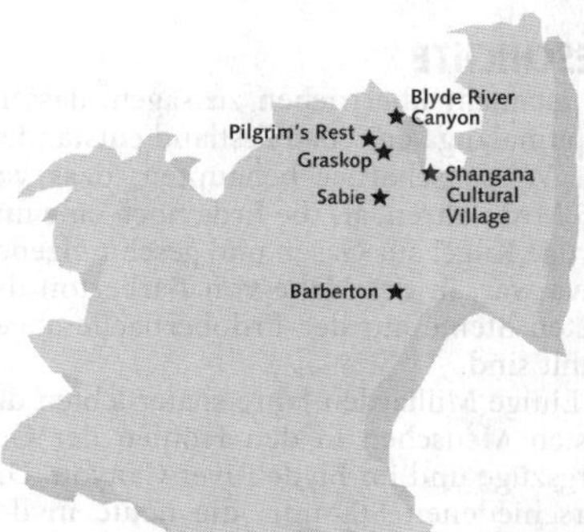

- EINWOHNER: 3,1 MIO.
- FLÄCHE: 79 490 km²

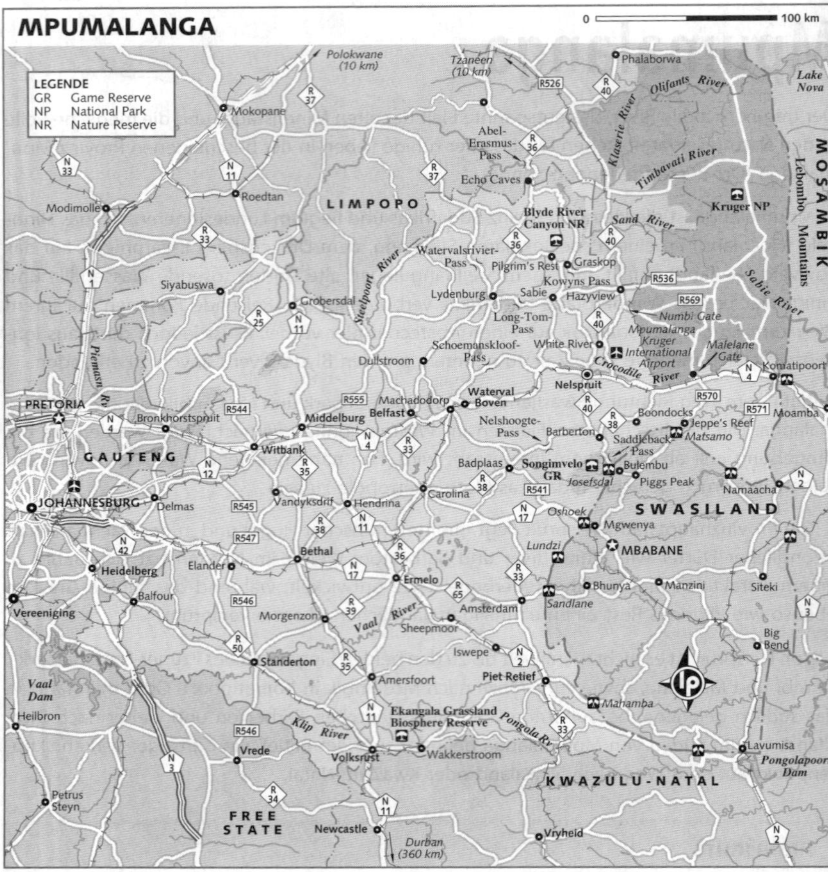

GESCHICHTE

Es ist nicht übertrieben zu sagen, dass in Mpumalanga das erste Festland entstanden ist. Wissenschaftler behaupten, dass vor 4,5 Mrd. Jahren, als die Erde noch eine unfertige Kugel aus Gasen und geschmolzener Lava war, in der Nähe von Barberton die ersten Steine auf der Erdoberfläche abgekühlt sind.

Einige Milliarden Jahre später lebten die ersten Menschen in den Höhlen der Gebirgszüge und im Blyde River Canyon. Die verschiedenen Stämme, die heute in der Provinz leben, stammen von den Völkern der Venda und der Pedi ab. Sie hatten die Hauptwanderroute verlassen, die südlich von Simbabwe verlief.

Während der *difaqane* (Vertreibung) kamen Völkergruppen der Shangaan, Swasi und Ndebele infolge der Unruhen in Zululand in dieses Gebiet. Die Ndebele machten ihren Einfluss geltend, indem sie feindliche Stämme angriffen und junge Männer und Frauen als Geiseln nahmen.

Die ersten Voortrekker erschienen gegen 1840 auf der Bildfläche und gründeten innerhalb von zehn Jahren die Republik Transvaal. Nachdem in der Gegend von Sabie Gold gefunden wurde, annektierten die Engländer 1877 das gesamte Transvaalgebiet.

Der Goldrausch zog Goldgräber aus aller Welt an. Doch sie erzielten nicht den erhofften Erfolg, und bald brachen die Männer in den Goldgräbercamps bei Sabie und Pilgrim's Rest ihre Zelte ab und zogen weiter auf der Suche nach dem Edelmetall.

In Transvaal entzündete sich der erste Krieg zwischen Engländern und Buren. Die Buren waren zunächst siegreich, eroberten sich das Gebiet zurück und machten Paul Kruger zu ihrem ersten Präsidenten. Diese Unabhängigkeit dauerte jedoch nur wenige Jahre bis zum Ende des Krieges, als das Gebiet Transvaal und der Oranje-Freistaat zurück in britische Hände fielen.

Als der Goldrausch vorüber war, wurden in Transvaal aus wirtschaftlichen Gründen bescheidene Baum- und Obstplantagen angelegt. Heutzutage wird die Wirtschaft durch die Touristen, die den nahen Kruger-Nationalpark besuchen, angekurbelt. Zu Beginn des 21. Jhs. änderte die Provinz den alten Afrikaaner-Namen „Transvaal" in den fortschrittlicheren Namen „Mpumalanga" um.

KLIMA

In den Bergen können die Temperaturen in Mpumalanga im Winter auf bis zu 0 °C sinken, und es kann sogar frieren. Im heißen Lowveld dagegen kann die Jacke zu Hause bleiben, stattdessen sind Moskitonetz und Mückenspray nötig. Im Sommer steigen die Temperaturen hier oftmals auf über 35 °C, verbunden mit heftigem Regen.

NATIONALPARKS & SCHUTZGEBIETE

Der südliche Teil des Kruger-Nationalparks liegt in Mpumalanga und ist mit Abstand die Hauptattraktion der Provinz. Es gibt noch weitere private Naturschutzgebiete südwestlich des Kruger-Parks (S. 522) sowie das Blyde River Canyon Nature Reserve (S. 487), in dem Kloofing möglich ist.

SPRACHE

Swati, Zulu und Ndebele sind zwar die am häufigsten gesprochenen Sprachen in Mpumalanga, aber mit Englisch ist auch viel zu erreichen. In und um Nelspruit wird viel Afrikaans verwendet.

AN- & WEITERREISE

Mpumalanga ist von einem weit reichenden Netzwerk an asphaltierten Straßen durchzogen. Es gibt zwar viele Bus- und Minibusverbindungen nach und von Nelspruit, aber abseits der Hauptstrecken sind öffentliche Verkehrsmittel eher selten. Ein Mietwagen ist definitiv die beste Möglichkeit, die Gegend zu erkunden.

Es führt auch eine Zugstrecke über Nelspruit durch die Provinz, die Johannesburg (Jo'burg) mit Komatipoort und Maputo (Mosambik) verbindet.

Es gibt gute inländische und regionale Flugverbindungen über den Mpumalanga Kruger International Airport (MKIA), der etwa 28 km nordöstlich von Nelspruit liegt, und den man über die Route 40 erreicht. Für genaue Informationen über Bus-, Flug- und Zugverbindungen nach und von Johannesburg s. S. 494. Informationen über Verbindungen zwischen Nelspruit und dem Kruger-Nationalpark gibt es auf S. 520. Für Informationen über die Grenzüberquerung von Nelspruit nach Swasiland und Mosambik s. S. 684 bzw. S. 683.

DRAKENSBERG ESCARPMENT

Der Gebirgszug des Drakensberg Escarpment, auch Klein-Drakensberge oder Transvaal-Drakensberge genannt, markiert die Stelle, an der ein Steilhang vom Highveld über 1000 m auf das östliche Lowveld ab-

MPUMALANGA ...

- hat den drittgrößten Canyon der Welt (den Blyde River Canyon);
- produziert 80 % der südafrikanischen Kohle;
- ist das zweitgrößte Anbaugebiet für Zitrusfrüchte des Landes;
- umfasst alle oder zumindest Teile der früheren Heimatländer der KaNgwane, KwaNdebele, Gazankulu, Lebowa und Bophuthatswana;
- besitzt die größten angepflanzten Wälder der Welt;
- hat Südafrikas zweitgrößte Analphabetenrate unter Erwachsenen (75,5 %);
- ist die Provinz mit der fünftgrößten Bevölkerungsdichte (38 Ew. pro km²), stellt von der Gesamtbevölkerung Südafrikas 7 %, davon sind etwa 89 % afrikanischer Herkunft und 9 % Weiße.

fällt. Es ist eine der landschaftlich schönsten Gegenden in Südafrika, mit überwältigenden Ausblicken und einer Fülle an abenteuerlichen Freizeitaktivitäten. Es ist aber auch ein Hauptferienziel, was bedeutet, dass die Unterkünfte teurer sind als in anderen Teilen des Landes. Außerdem kann es während der Hochsaison sehr voll sein. Obwohl es möglich ist, mit dem Minibus-Taxi zu fahren, kommt man damit nur langsam voran. Es empfiehlt sich also, ein Auto zu mieten, um die Gegend zu erkunden.

DULLSTROOM

☎ 013 / 6000 Ew.

Dullstroom ist ein idealer Ort zum Forellenfischen und liegt auf dem Weg zum Kruger-Nationalpark, 260 km westlich von Johannesburg. Die Stadt selbst besteht nur aus einigen ruhigen Straßen, die von Pinienbäumen und anderen Baumbeständen gesäumt sind. Aber in der Umgebung, in der Angeln die Hauptbeschäftigung ist, gibt es mehr als 40 Lodges und B&Bs. Es ist auch ein wunderbarer Ort, um an den Seen und in den Wäldern spazieren zu gehen oder zu reiten. Da Dullstroom auf einer Höhe von 2053 m liegt, ist das Klima im Sommer eher kühl. Im Winter kann es Frost geben oder sogar schneien.

Wer sich während des südafrikanischen Winters dort aufhält, kann Anfang Juli das **Dullstroom Derby**, ein jährliches Hundeschlittenrennen, besuchen. Mitte Dezember sollte man sich das **Dullstroom Arts Festival** nicht entgehen lassen.

Praktische Informationen

First National Bank an der Hauptkreuzung, mit Geldautomat

Touristeninformation (☎ 013-254 0020; www.dullstroom.co.za; Hugenote St.; 🕑 Mo–Fr 8.30–17, Sa 9–15 Uhr) entlang der Hauptstraße (Rte. 540) am südlichen Ende der Stadt, in der Nähe mehrerer Geschäfte für Angelausrüstung

Video Shop & Internet Café (☎ 013-254 0454; Dullstroom Centre; Min. 1 R; 🕑 11–18.30 Uhr) Bietet einen Internetzugang

Schlafen & Essen

Caravan Park (☎ 083-528 5596; Stellplatz 25 R/Pers., Wohnmobil 60 R) Camper können in diesem Park am Stadtrand beim Groot Suikerbos Dam, 1,2 km nördlich der Route 540 ihre Zelte aufschlagen.

Old Transvaal Inn (☎ 013-254 0222; Hugenote St.; EZ/DZ mit Bad 125/200 R) Wer ein Dach über dem Kopf bevorzugt, sollte es in diesem preisgünstigen Inn mit 18 schönen Zimmern versuchen. Es liegt an der Hauptstraße hinter einem Süßwarenladen. Naschkatzen aufgepasst!

Dullstroom Inn (☎ 013-254 0071; dullstroominn@dullstroom.net; Teding van Berkhout St.; EZ/DZ mit Frühstück 375/675 R) Dies ist ein bescheidener Platz mit gemütlichen Zimmern und dem Old English Pub Restaurant (Hauptgerichte ab 40 R), das zu jeder Zeit Mittag- oder Abendessen anbietet. Es befindet sich am nordwestlichen Stadtrand.

Critchley Hackle (☎ 013-253 7000; www.critchleyhackle.co.za; Teding van Berkhout St.; EZ/DZ mit Frühstück ab 690/1380 R; 💻 🍽) Ein elegantes Herrenhaus mit eigenem Forellenteich und wunderschönem Garten mit Rosenbüschen; es liegt am nordöstlichen Stadtrand und ist an der Hauptstraße ausgeschrieben.

Pickles & Things (☎ 013-254 0115; Hugenote St.; Gerichte ab 30 R; 🕑 So–Do 7–17, Fr & Sa 7–17 & 18.30–23 Uhr) Dieses pastellfarbene Haus ist bekannt für sein gehaltvolles Essen, wie z. B. Forelle und kontinentale Gerichte.

Casa Portuguesa (☎ 013-254 0977; 84 Hugenote St.; Hauptgerichte 35-55 R; 🕑 Frühstück, Mittag- & Abendessen) In diesem Restaurant gibt es exotische und gute portugiesische Gerichte.

Scones (brötchenartiges Gebäck, mit Sahne und Marmelade gegessen), Pancakes und Tee sind Dullstrooms kulinarische Spezialitäten. Angeboten werden sie z. B. im **Rose Cottage** (☎ 013-254 0218; 60 Hugenote St.; kleine Mahlzeiten ab 25 R; 🕑 7–17 Uhr), wo es auch Cappuccino und kleine Mahlzeiten gibt, und im **Country Corner** (☎ 013-254 0812; Critchley Corner Complex, Hugenote St.; kleine Mahlzeiten ab 25 R; 🕑 8–17 Uhr), beide an der Route 540, zwei Blöcke östlich der Touristeninformation.

An- & Weiterreise

Minibus-Taxis fahren auf der Strecke nach und von Belfast durch Dullstroom und halten entlang der Hauptstraße. Ein eigenes Fahrzeug ist jedoch am günstigsten, um das Ziel zu erreichen.

WATERVAL BOVEN

☎ 013 / 2500 Ew.

Diese kleine Stadt ist abseits der N4 landschaftlich sehr schön gelegen und eignet sich vor allem als Ausgangspunkt für Klet-

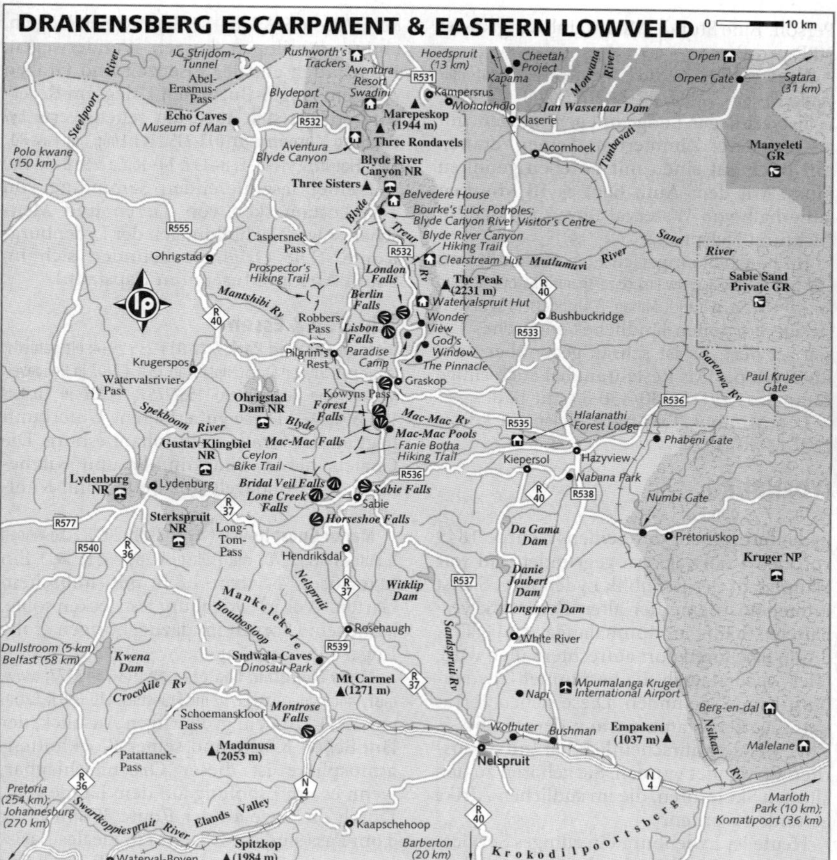

tertouren und Mountainbiking. Weitere Informationen sind bei Roc 'n Rope über das **Climbers Lodge** (☎ 013-257 0363, 082-753 3695; www.rocrope.com) erhältlich. Es besteht auch die Möglichkeit, sich am Elands River Waterfall (von dem der Ort seinen Namen hat) abzuseilen. Aufgepasst: Trotz dieser wunderbaren Lage ist Vorsicht geboten. In der Gegend wurden schon mehrere Kletterer ausgeraubt. Wer hier campen möchte, sollte zuerst die Touristeninformation oder Roc 'n Rope kontaktieren.

Info Works (☎ 013-257 0444; www.linx.co.za/waterval-boven; 🕐 Mo–Fr 8–16, Sa 8–13 Uhr) ist eine Touristeninformation, die sich, über die N4 in die Stadt kommend, auf der linken Seite der Straße befindet.

Bei **Blaaubosch Kraal Horse Trails** (☎ 013-257 0247, 082-853 3993; www.bbktrails.co.za) werden zweistündige Ausritte für 120 R angeboten. Es befindet sich 8 km außerhalb der Stadt in Richtung Lydenburg.

Das **Climbers' Lodge** (☎ 013-257 0363, 082-753 3695; www.rocrope.com; B/DZ 70/160 R) beherbergt fast ausschließlich Kletterer und Mountainbiker. Es ist ein geräumiges, sauberes und gemütliches Haus mit mehreren Schlafräumen, einer Selbstverpflegungsküche, Aufenthaltsraum und Sonnenterasse. Der Besitzer des Guesthouse, Gustav Janse van Rensburg, betreibt auch das Roc 'n Rope und organisiert alle möglichen Outdooraktivitäten. Ein halber Tag Klettern inklusive Ausrüstung und Führung kostet 300 R pro

Person. Eine Stunde Mountainbiking kostet 30 R pro Person.

Aloes (☎ 013-257 7037; www.sa-venues.com/mpl/thealoesbp.htm; DZ/3BZ/4BZ 300/375/400 R) ist eine Selbstverpfleger-Lodge mit geräumigen, gut ausgestatteten Zimmern und einer Veranda mit Blick auf einen mit Forellen gefüllten Fluss. Mit dem Auto liegt es 10 Minuten außerhalb von Waterval Boven auf der N4 Richtung Nelspruit.

Im häuslich eingerichteten **Shamrock Arms** (☎ 013-257 0888; www.linx.co.za/shamrockarms; 68 Third Ave.; Di–So Frühstück, Mittag- & Abendessen) werden riesige Portionen ländliches englisches Essen serviert. Es ist schräg gegenüber vom Roc 'n Rope. Das Restaurant hat auch einige Zimmer (EZ/DZ 230/430 R) mit Bad.

Das Minibus-Taxi nach Nelspruit kostet 25 R (2 Std.).

LYDENBURG

☎ 013 / 25 000 Ew.

Lydenburg (Stadt des Leidens) wurde 1849 von den Voortrekkern gegründet und war Hauptstadt der Republik Lydenburg. Sie ist immer noch eine der alten Zeit stark verhafteten Städte in Mpumalanga, da die Tradition der Buren dort aufrechterhalten wird. Hier wurden auch die berühmten „Lydenburg-Köpfe" gefunden. Diese sieben Terrakottamasken stammen aus dem 6. Jh. n. Chr., wo sie wahrscheinlich bei Initiationsriten verwendet wurden. Sie gehören zu den ältesten Skulpturen, die im südlichen Afrika gefunden wurden.

Heute ist Lydenburg ein ruhiges Servicezentrum für den landwirtschaftlichen Bereich und eine von Mpumalangas bescheidensten Touristenstädten, außer man interessiert sich für Geschichte. Östlich der Stadt führt entlang der Route 37 der schöne **Long Tom Pass** (2150 m), eine der malerischsten Routen in Mpumalanga.

Bankautomaten befinden sich an der **First National Bank** (Voortrekker St.) und an der **ABSA** (Voortrekker St.), die sich in der Nähe der Kantoor Street gegenüberliegen. **4U Computers** (☎ 013-235 1486; 55 Kantoor St.; Std. 30 Std.; Mo–Fr 8–17, Sa 8–13 Uhr), ein Block nördlich der Voortrekker Street, hat Internetzugang.

Sehenswertes

Ungefähr 3 km östlich der Stadt, entlang der Route 37, erstreckt sich das **Gustav Klingbiel Nature Reserve** (☎ 013-235 2213; Eintritt 10 R; Mo–Fr 7.30–16, Sa & So 8–17 Uhr) mit vielen Vögeln, einigen Antilopen, kurzen Wanderwegen, Fundstätten aus der Eisenzeit und Gräben aus dem Anglo-Burischen Krieg. Im Reservat befindet sich auch das sehenswerte **Lydenburg Museum** (☎ 013-235 2213; Long Tom Pass Rd.; freier Eintritt; Mo–Fr 8–13 & 14–16, Sa & So 8–17 Uhr) mit einer faszinierenden Sammlung von Terrakottamasken von Tieren und Menschen sowie Nachbildungen der Lydenburg-Köpfe. (Die Originale befinden sich im South African Museum in Kapstadt.)

Schlafen & Essen

Uitspan Caravan Park (☎ 013-235 2914; uitspanlyd@lantic.net; Viljoen St.; Stellplatz ab 75 R, EZ/DZ in Rondavels (afrikanische Rundhütten) 155/275 R, EZ/DZ in Chalets 195/330 R;) Diese gut erhaltene Unterkunft liegt an der Straße nach Johannesburg. Die Chalets haben Badezimmer und Kitchenette, die Rondavels nur Betten und Kühlschrank.

Manor Guest House (☎ 013-235 2099; Ecke Viljoen & Potgier Sts.; EZ/DZ mit Frühstück 280/460 R;) Ein luxuriöses 4-Sterne-B&B mit hübschem Garten. Wer in Lydenburg feststecken sollte, kann seine Sorgen im dazugehörigen „Jolly Roger"-Pub ertränken.

Misty Mountain Chalets (☎ 013-764 3377; www.mistymountain.co.za; EZ/DZ mit Frühstück 410/680 R, Extrapers. 250 R) Mit dem großartigen Ausblick, der ländlichen Küche und seiner Blockhüttenatmosphäre ist dieser Ort unschlagbar, wenn es um Erholung auf dem Lande geht. Durch die Lage an der Route 37 am Long Tom Pass sind die Chalets ein ideales Basislager zum Mountainbiking (50 R der halbe Tag), Vogelbeobachten oder einfach zum Entspannen. Die Gäste werden in voll ausgestatteten, Selbstversorger-Cottages für zwei, vier oder sechs Personen untergebracht. Feuerstellen sind vorhanden, es gibt aber auch ein Restaurant, in dem Frühstück, Mittag- und Abendessen serviert wird (Gerichte zwischen 40–65 R).

Im **Lemon Tree Cafe & Take Away** (☎ 013-235 3383; 31 Voortrekker St.; Mo–Fr 7.45–17, Sa 7.45–13 Uhr) schräg gegenüber der Post und im gemütlichen **Vroutjies Coffee Shop** (☎ 013-235 3016; 13 Voortrekker St.; Mo–Fr 8.30–16.30, Sa 8–14 Uhr) gibt es kleine Mahlzeiten.

An- & Weiterreise

Das Minibus-Taxi fährt im Stadtzentrum von der Voortrekker Street aus täglich nach

Sabie (Std. 25 R) und nach Belfast (1½ Std. 35 R).

SABIE

☎ 013 / 12 000 Ew. / 1100 m

Sabie ist wahrscheinlich die einladendste Stadt im Drakensberg Escarpment. Das Angebot an Unterkünften und Aktivitäten, um den Pioniergeist für einige Tage auszuleben, ist groß. Zu Sabies Attraktionen zählen das kühle Klima, Forellenfischen, ausgedehnte Pinien- und Eukalyptusplantagen in der Umgebung, unbegrenzte Möglichkeiten an Outdoor-Aktivitäten und die Nähe zum Kruger-Nationalpark.

Praktische Informationen

Bookcase (☎ 013-764 2014; Ecke Main St. & Mac-Mac St.; 🕓 8–17 Uhr) Verkauf von Secondhand-Büchern

First National Bank (Market Sq.) mit Geldautomat

Mobile Gateway (☎ 013-764 2400; Std. 35 R; Market Sq.; 🕓 Mo–Fr 8–17, Sa 8–13 Uhr) Internetzugang

Touristeninformation (☎ 013-764 1125; www.panoramainfo.co.za; Market Sq.; 🕓 Mo–Fr 8–17, Sa 8–13 Uhr)

Trips SA (☎ 764 1177; www.sabie.co.za; Main St.) Auskunft und Buchungen von Touren und Unterkünften

Sehenswertes & Aktivitäten

In der Umgebung von Sabie gibt es einige wunderschöne **Wasserfälle** (Eintritt pro Wasserfall 5–10 R). Darunter die **Sabie Falls** nördlich der Stadt an der Route 532 nach Graskop, die 70 m hohen **Bridal Veil Falls** nordwestlich von Sabie auf der Old Lydenburg Road, die 68 m hohen **Lone Creek Falls**, ebenfalls an der Old Lydenburg Road und mit Rollstuhlzugang an der rechten Seite, und die nahen **Horseshoe Falls**, ungefähr 5 km südwestlich der Lone Creek Falls. Die berühmten **Mac-Mac Falls**, die etwa 12 km nördlich der Stadt an der Route 532 nach Graskop liegen, sind nach den vielen schottischen Namen im städtischen Minenregister benannt. Ungefähr 3 km südöstlich der Wasserfälle befinden sich die **Mac-Mac Pools**, die sich für einen Badespaß anbieten.

Im **Komatiland Forestry Museum** (☎ 013-764 1058; Ecke Ford St. & Tenth Lane; Erw./Kind 5/2 R; 🕓 Mo–Fr 8–16.30, Sa 8.30–12 Uhr) gibt es Schaukästen über die einheimischen Wälder und die Holzindustrie. Die Gebiete mit angelegten Wäldern in diesen Teilen des Landes sind die größten auf der Welt. Das Museum ist behindertengerecht.

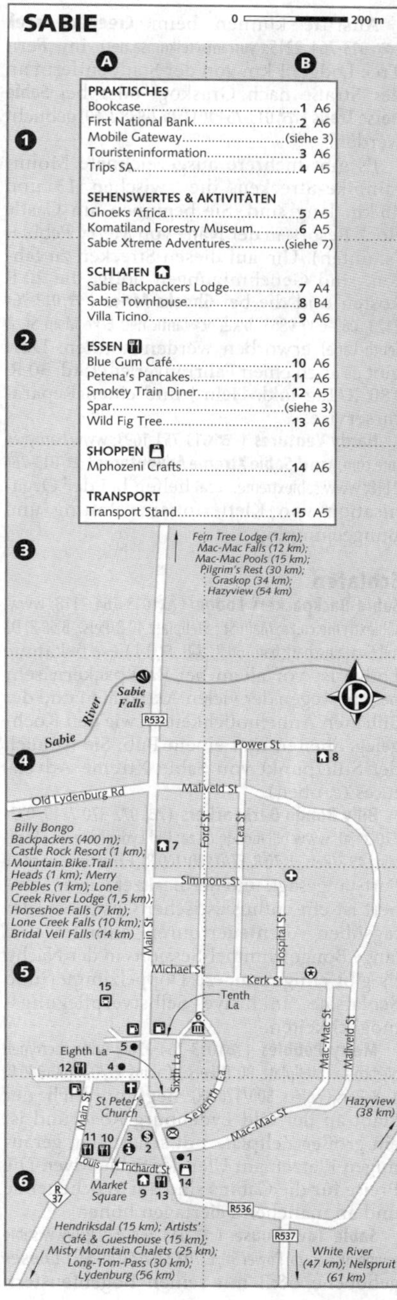

Ausritte können beim **Creepers Creek** (☎ 013-764 2215; yurram@telkomsa.net) im Fern Tree Lodge, 1 km von der Stadt entfernt an der Straße nach Graskop, oder bei **Sabie Horse Trails** (☎ 013-764 1011, 082-938 2060) gebucht werden.

Es gibt mehrere ausgezeichnete Mountainbike-Strecken, die zwischen 13 und 45 km lang sind. Sie beginnen am Castle Rock Resort, in der Nähe von Merry Pebbles (s. unten). Um auf diesen Strecken zu fahren, sind Genehmigungen nötig, die 20 R kosten und die bei **Ghoeks Africa** (☎ 013-764 2123, 083-600 9863; bikedoc@lantic.net; Ecke Main St. & Tenth Lane) erworben werden können. Dort gibt es auch einen Fahrradverleih (Std. 30 R; 180 R/Tag inkl. Helm) und einen Reparaturservice.

Hardy Ventures (☎ 013-751 1693; www.hardyventure.com) und **Sabie Xtreme Adventures** (☎ 013-764 2118; www.sabiextreme.co.za) helfen bei der Organisation von Klettertouren, Rafting und Bungeejumping.

Schlafen

Sabie Backpackers Lodge (☎ 013-764 2118; www.sabiextreme.co.za; Main St.; Stellplatz 40 R/Pers., B 65 R, DZ mit Gemeinschaftsbad 160 R; 💻 🏊) Diese bekannte Lodge ist vor allem bei Backpackern sehr beliebt wegen der vielen Aktivitäten und der üblichen Annehmlichkeiten, wie den Kochgelegenheiten und einem Pub. Sie ist auch der Stützpunkt von Sabie Xtreme Adventures (s. oben).

Billy Bongo Backpackers (☎ 072-370 7219, 072-720 2130; www.billybongo.co.za; Old Lydenburg Rd.; Stellplatz 45 R/Pers., B 70 R, EZ/DZ 80/160 R) Hier ist immer Party angesagt, und der Besitzer Garth Lambert ist ein enthusiastischer Gastgeber, der tagsüber Abenteuertouren anbietet und lange Bongotrommel-Sessions in der Nacht. Es gibt einige saubere Doppelzimmer und Schlafsäle, inklusive Selbstverpflegungsmöglichkeiten.

Merry Pebbles (☎ 013-764 2266; www.merrypebbles.co.za; Stellplatz 80 R/Pers., Cabins EZ/DZ 160/380 R, 4–8 Pers.Chalets 800/1200 R) liegt nördlich der Stadt an der Old Lydenburg Road und ist ein großer Zeltplatz mit schattigen, geräumigen Plätzen am Ufer des Sabie River. Die Preise für die Cabins sind am Wochenende und an manchen Feiertagen höher.

Sabie Townhouse (☎ 013-764 2292; www.sabietownhouse.co.za; Power St.; EZ/DZ 325/650 R; 🏊) Dieses gehobene B&B mit seinen Bogenfenstern und den exklusiven Zimmern mit privaten Eingängen bietet Erholung pur in ruhiger Umgebung.

Artists' Café & Guest House (☎ 013-764 2309; www.wheretostay.co.za/artistscafe; EZ/DZ mit Frühstück 330/620 R) Das bezaubernde Gebäude liegt in Hendriksdal, ungefähr 15 km südlich von Sabie an der Route 37 entlang. Die Unterkünfte sind alte Bahnhofsgebäude, die in Zimmer umgewandelt wurden. Außerdem gibt es ein sehr gutes italienisches Restaurant (Gerichte 50 R), in dem Mittag- und Abendessen serviert wird.

Villa Ticino (☎ 013-764 2598; www.villaticino.co.za; Ecke Louis Trichardt & Second Lane; EZ/DZ mit Frühstück 395/500 R; 🏊) Die Villa Ticino, ein komfortables, von Schweizern geführtes B&B im Stadtzentrum mit historischer Atmosphäre und gutem Frühstück, wurde von den Lesern sehr empfohlen.

Lone Creek River Lodge (☎ 013-764 2611; www.lonecreek.co.za; Old Lydenburg Rd.; EZ/DZ 900/1300 R, Cabins ab 700/920 R; 💻 🏊) Hier verbirgt sich Sabies gehobenste Unterkunft mit exklusiven Zimmern im Hauptgebäude, an dessen Rückseite der Sabie River fließt, und komfortablen, zweistöckigen Selbstverpfleger-Cabins auf der anderen Straßenseite. Die Lodge liegt ungefähr 1,5 km südwestlich der Stadt.

Essen

In Sabie gibt es eine hervorragende Auswahl an Restaurants, von denen hier nur wenige aufgezählt sind.

Petena's Pancakes (☎ 013-764 1541; Main St.; Pancakes 20 R; 🕑 9–17.30 Uhr) Ob süß oder salzig, in diesem gemütlichen Ambiente ist die Auswahl groß.

Wild Fig Tree (☎ 013-764 3098, 013-764 2239; markuren@soft.co.za; 6 Third Lane; Gerichte 35–90 R; 🕑 Frühstück, Mittag- und Abendessen) Hier werden lokale Spezialitäten wie Biltong-Pastete, Straußenfilet, gegrilltes Krokodil, Warzenschweineintopf und hausgemachte Apfelkuchen serviert. Also alles, was satt macht und außergewöhnlich ist. Es gibt auch Internetzugang und Gästezimmer (EZ/DZ mit Frühstück 200/370 R).

Smokey Train Diner (☎ 013-764 3445; Main St.; Hauptgerichte ca. 40 R; 🕑 Mittag- & Abendessen) Ein afrikanisches Diner mit Sitzgelegenheiten in einem renovierten Zugwagon und in einem großen Innenhof; auf der Speisekarte stehen *potjiekos* (Eintopf, gekocht in einem dreibeinigen Kessel) und anderes südafrikanisches Essen, sowie Burger und weitere satt machende Standardgerichte.

Blue Gum Café (☎ 013-764 2209; 65a Main Rd.; Frühstück ab 25 R, Mittagessen 35 R; ⏰ Di–Fr 8–17, Sa 9–13 Uhr) Dieses angenehme Café im Zentrum der Stadt bietet Kaffee, Kuchen, Salate und kleinere Mahlzeiten an.

Es gibt einen Spar-Supermarkt (Main Street) nördlich vom Market Square.

Shoppen

Im Stadtzentrum befinden sich einige Kunsthandwerkläden, z. B. **Mphozeni Crafts** (☎ 013-764 1541; thewoodsman.co.za; 94 Main St.; ⏰ 9–17 Uhr) neben dem Woodsman Restaurant. Am Market Square im Zentrum sind auch ein paar Geschäfte.

An- & Weiterreise

Es fahren täglich Busse von Johannesburg nach Nelspruit. Von dort aus kann man das Minibus-Taxi nach Sabie nehmen (Std. 20 R). Minibus-Taxis fahren auch oft nach und von Hazyview (Std. 20 R). Die Haltestelle (Main Street) befindet sich hinter dem Spar-Supermarkt. Dort ist auch ein Schalter, an dem es Fahrplaninformationen gibt.

PILGRIM'S REST

☎ 013 / 600 Ew.

Touristenshops, Kunsthandwerkstände und historische Gebäude bilden das Herz von Pilgrim's Rest, das an einer Abzweigung von der Hauptstraße zwischen Sabie und Graskop liegt.

Pilgrim's Rest existiert nur deshalb, weil 1873 in der Nähe Gold entdeckt wurde. Zehn Jahre lang wimmelte es in der Gegend nur so von Goldgräbern. Als in den 1980er-Jahren die großen Gesellschaften ankamen, wurde Pilgrim's Rest eine Arbeiterstadt. 1972 gab es schließlich kein Gold mehr, und die Stadt wurde als historische Sehenswürdigkeit an die Regierung verkauft. (Sie ist jetzt ein Nationaldenkmal.)

Der Tourismus hat das Gold als lokale Einnahmequelle ersetzt, und an den Wochenenden kann es ganz schön voll werden. Besucherzentren für diverse Aktivitäten findet man in Uptown. Downtown, ungefähr 1,2 km die Straße runter, ist ruhiger, mit ein paar Restaurants und Handwerksläden.

Es gibt eine **Touristeninformation** (☎ 013-768 1060; Main St., Uptown; ⏰ 9–12.45 & 13.15–16.30 Uhr) am Museum und einen Bankautomaten die Straße runter. Gleich beim Royal Hotel ist ein Stand, an dem bunte Batikartikel verkauft werden.

Sehenswertes & Aktivitäten

In den drei Hauptmuseen der Stadt (☎ 013-768 1060; Gesamteintritt 10 R) gibt es eine Druckerei, ein restauriertes Haus und ein Geschäft zu sehen. Interessanter ist jedoch das historische **Alanglade** (☎ 013-768 1060; Eintritt 20 R; ⏰ Führungen Mo–Sa 11 & 14 Uhr), das ehemalige Haus eines Minenvorarbeiters im Norden der Stadt, ausgestattet mit Möbeln von 1920. Führungen müssen 30 Minuten im Voraus gebucht werden. Östlich der Stadt entlang der Straße nach Graskop liegt das Open-Air-**Diggings Museum** (Führungen Erw./Kind 10/5 R), dass z. B. präsentiert, wie Gold gewaschen wurde. Besucher müssen an einer Führung teilnehmen, die von der Touristeninformation arrangiert wird.

Schlafen & Essen

Pilgrims Rest Caravan Park (☎ 013-768 1427; pilgrimscamp@mweb.co.za; Stellplatz 40 R/Pers., 2-Pers. Zelte 140 R, DZ mit Gemeinschaftsbad 145 R; 🏊) Der Park ist der günstigste Platz in der Stadt mit festen Zelten, einfachen Zimmern und großen Stellplätzen. Er befindet sich gleich hinter Downtown am Blyde River.

Royal Hotel (☎ 013-768 1100; EZ/DZ mit Frühstück 280/460 R; ❄) Dies ist das historische Zentrum von Uptown und ein schönes Beispiel für hölzerne, viktorianische Architektur. Die Zimmer sind elegant eingerichtet mit Himmelbetten aus Messing, was der damaligen Zeit entsprach. Die angrenzende Church Bar ist ein guter Ort für ein Glas im Stehen.

Scott's Cafe (☎ 013-768 1061; Uptown; Gerichte ab 25 R) Das gut besuchte Lokal bietet eine große Auswahl an Speisen und einen Kunsthandwerkladen.

The Stables Deli & Café (☎ 083-454 4763; Gerichte für 22–40 R; ⏰ 8.30–17 Uhr) In diesem netten Café werden kleinere Mahlzeiten, Sandwiches, Kuchen und selbstgemachte, einheimische Marmeladen, Chutneys und Saucen zum Imbiss serviert.

An- & Weiterreise

Ab und zu verkehren Minibus-Taxis zwischen Pilgrim's Rest und Graskop (10 R, 30 Min.), aber den meisten Verkehr auf dieser Straße machen Privatfahrzeuge aus.

GRASKOP

☎ 013 / 2000 Ew. / 1450 m

Graskop ist ein guter Ausgangspunkt, um den imposanten Blyde River Canyon zu erkunden. Der ruhige Ort wird reger und entwickelt sich langsam zu einem beliebten Ziel für Touristen.

Die Umgebung hier ist zwar nicht so bewaldet wie Sabie oder Pilgrim's Rest, aber der Blick über den Rand des Drakensberg Escarpment ist unschlagbar. Ein Wanderweg, der an Plätzen vorbeiführt, die in dem berühmten, südafrikanischen Klassiker „*Jock of the Bushveld*" beschrieben werden, beginnt am Graskop Municipal Holiday Resort. Dort gibt es auch Karten. Die umliegende Gegend eignet sich sehr gut zum Mountainbiking.

Die besten Auskünfte erteilen die **Touristeninformation** (☎ 013-767 1833; www.wildadventures.co.za; Pilgrim St.; ⏲ Mo–Sa 8.30–17 Uhr) im Spar-Supermarkt und im Graskop Valley View Backpackers (s. unten). Ein Bankautomat befindet sich an der **First National Bank** (Kerk St.) nördlich der Louis Trichardt Street, und Internetzugang gibt es bei **Mobile Gateway** (☎ 072-333 3252; Pilgrim St.; Std. 35 R; ⏲ Mo–Fr 8–17, Sa 8–13 Uhr).

Schlafen

Koka Moya (☎ 013-767 1761; www.krugertours.co.za; 63 Eeufees St.; Stellplatz 40 R/Pers., B 60 R, EZ/DZ mit Gemeinschaftsbad 120/160 R, mit Badezimmer 150/200 R) Das Koka Moya ist ein altes Haus mit viel Ausstrahlung und liegt westlich des Zentrums auf der anderen Seite der Schienen. Die Atmosphäre ist sehr gesellig und ideal für Backpacker. Andre, der Besitzer, ist Meister im Geschichtenerzählen und im *potjiekos*-Kochen. Außerdem organisiert er hervorragende Tagesausflüge in die Umgebung und sehr günstige Safariwanderungen im Kruger-Nationalpark.

Graskop Valley View Backpackers (☎ 013-767 1112; www.yebo-afrika.nl; 47 de Lange St.; Stellplatz 45 R, B 70 R, EZ/DZ ab 155/190 R, Selbstversorger-Rondavels 275 R; ❄ 🅿) Dieses von Holländern geführte Backpackerhotel hat viele Zimmer, Rondavels, Zeltplätze und eine Selbstversorgerwohnung. Die Besitzer organisieren Abenteuertouren und verleihen Mountainbikes. Das Hotel ist über die Straße nach Sabie zu erreichen: an der ersten großen Kreuzung links und dann noch mal links in die de Lange Street.

Autumn Breath (☎ 013-767 1866, 082-877 2811; autumnbreath@cfmail.co.za; Louis Trichardt St.; EZ/DZ mit Frühstück ab 210/360 R) In diesem reizenden B&B gibt es drei moderne Zimmer und ein öffentliches Restaurant im Erdgeschoss. (Also nicht im Bademantel nach unten gehen!)

Log Cabin Village (☎ 013-767 1974; www.logcabin.co.za; Louis Trichardt St.; EZ/DZ Chalets 250/330 R; ❄ 🅿) Das eingezäunte Gelände liegt in zentraler Lage nahe den Pancake-Lokalen. Es bietet u. a. separate Chalets mit TV und Kamin.

Graskop Hotel (☎ 013-767 1244; www.graskophotel.co.za; Ecke Main & Louis Trichardt Sts.; EZ/DZ mit Frühstück 280/500 R) Dies ist ein überraschend nettes Hotel mit fähigem Personal und 34 großzügigen Zimmern. Die Räume zur Straße hin sind allerdings nicht zu empfehlen, weil die ganze Nacht über Holzlaster vorbeifahren. Es gibt eine gemütliche Bar, ein Restaurant und einen Aufenthaltsraum mit vielen geschmackvollen Modern-Art-Skulpturen und -Gemälden.

Essen & Ausgehen

Graskop ist ein Paradies für Feinschmecker, und die Pancakes sind ein Highlight.

Harrie's Pancake Bar (☎ 013-767 1273; Louis Trichardt St.; Pancakes 12–30 R; ⏲ 8–17.30 Uhr) Ein klassisches Pancake-Lokal in gemütlicher Atmosphäre. Buttermilch-Pancakes mit Butter und Ahornsirup gibt es hier allerdings nicht. Die meisten Pancakes sind nach Gourmetart zubereitet – gefüllt mit köstlichem Fleisch oder Gemüse.

Southern Breeze (☎ 082-890 2587; Gerichte 30–50 R; ⏲ Abendessen) Dieses Lieblingslokal der Einheimischen befindet sich in der Magodi Lodge, ungefähr 1 km außerhalb der Stadt an der Straße nach Hazyview. Serviert werden traditionelle, südafrikanische Gerichte mit malaiischem Einfluss.

Boat House (☎ 013-767 1980; 7 Main St.; Gerichte 40–60 R; ⏲ Di–So 8–21 Uhr) Das neue Lokal in Form eines Schiffes bietet English Breakfast und hervorragende Meeresfrüchte an.

Notty Pine Restaurant & Bar (☎ 013-767 1030 Pilgrim St.; Gerichte 35–50 R; ⏲ Sa–Do Mittag- & Abendessen, Fr Abend) Forellenspezialitäten.

An- & Weiterreise

Die Haltestelle des Minibus-Taxis liegt im Süden der Stadt (Main Street). Jeden Morgen fahren Busse nach Pilgrim's Rest (10 R 30 Min.), Sabie (15 R, 40 Min.) und Hazyview (Std. 18 R).

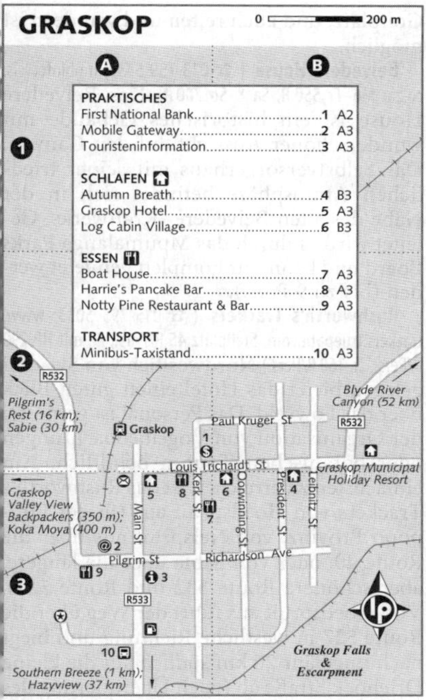

BLYDE RIVER CANYON

Der spektakuläre Blyde River Canyon ist fast 30 km lang und eines der beeindruckendsten Naturschauspiele Südafrikas. Die meiste Fläche nimmt das 26 000 ha große **Blyde River Canyon Nature Reserve** (Eintritt 20 R/Pers.) ein, das sich nördlich von Graskop am Escarpment entlangzieht und dort auf den Blyde River trifft, wo dieser sich seinen Weg ins Lowveld bahnt. Die meisten Besucher fahren am Rand des Canyons entlang und werden mit vielen wunderschönen Aussichtspunkten belohnt. Diejenigen, die genug Zeit haben, sollten ihn jedoch unbedingt zu Fuß erkunden.

Wer von Graskop aus in nördliche Richtung fährt, sollte zuerst nach dem **Pinnacle**, einer beeindruckenden Felsformation, Ausschau halten, die aus dem Steilhang herausragt. (Da hier schon wiederholt Autos geknackt wurden, sollten Fahrzeuge alarmgesichert werden.) Nördlich entlang der Route 534 (eine Abzweigung von der Route 532) tauchen **God's Window** und **Wonder View** auf – zwei Aussichtspunkte mit atemberaubendem Blick und Massen an Souvenirverkäufern. Bei God's Window führt ein kurzer Weg (300 Stufen) hinauf in den Regenwald, wo seltene Vögel wie z. B. der scheue „Loerie" zu sehen sind.

Wieder auf der Route 532 geht es ein 2 km langes Stück zurück zu den beeindruckenden **Lisbon Falls**. (Als Alternative bietet sich an, die Wasserfälle auf dem Rückweg nach Graskop zu besuchen.)

Der Blyde River Canyon beginnt nördlich von hier, in der Nähe der **Bourke's Luck Potholes**. Diese bizarren, zylinderförmigen Löcher wurden durch Wasserströmungen nahe dem Zusammenfluss des Blyde und Treuer River in den Fels gewaschen. Es gibt dort ein **Besucherzentrum** (☎ 013-769 6019), das Tickets für den Parkeintritt verkauft und Informationen über die Geologie, Flora und Fauna des Canyons bereithält.

Vorbei an den Bourke's Luck Potholes, hinein in das Herz des Reservats, präsentiert ein Aussichtspunkt einen tollen Blick auf die **Three Rondavels**. Das sind riesige Felszylinder, die mit ihren hutförmigen Spitzen weit aus dem Canyon herausragen. Es gibt mehrere kurze Spazierwege durch die Umgebung. Von vielen Stellen aus ist der Blydepoort Dam, weit im Norden des Reservats, zu sehen.

Wer außerhalb des Reservats in westliche Richtung fährt, kommt auf der Route 36 zu den **Echo Caves** (Eintritt 25 R), wo Relikte aus der Steinzeit gefunden wurden. Ihren Namen erhielten die Höhlen von den Tropfsteinformationen. Fasst man sie an, werfen sie ein Echo zurück. Vorsicht vor den selbsternannten Führern, die sich den Besuchern aufdrängen. 5 R als Entgelt für die Führung sind genug, auch wenn sie 50 R verlangen (sie zeigen ein gefälschtes Dokument vor, das belegen soll, dass andere Leute 50 R gezahlt haben). Das nahe gelegene Open-Air **Museum of Man** (Erw./Kind 10/5 R; 8–17 Uhr), eine archäologische Fundstätte mit Felsmalereien und anderen Funden, ist das Geld oder die Zeit kaum wert.

Wanderungen

Die Hauptroute ist der bekannte und landschaftlich sehr reizvolle **Blyde River Canyon Hiking Trail** (60 R; 2 ½ Tage), der am Paradise Camp anfängt und an den Bourke's Luck Potholes endet. Die erste Nacht verbringt man in der Watervalspruit Hut, die zweite in der Clearstream Hut. Buchungen sollten über das **Mpumalanga Parks Board** (☎ 013-759 5432; mpbinfo@cis.co.za) oder das Büro an den Bourke's Luck Potholes vorgenommen werden. Da dies eine Oneway-Tour ist, empfiehlt es sich, Vorkehrungen für den Weitertransport am Ende der Wanderung zu treffen.

Der kurze, aber einigermaßen anstrengende **Belevedere Day Walk** (Eintritt 5 R; 5 Std.) führt in einem Rundweg zu dem Wasserkraftwerk an den Bourke's Luck Potholes. Das Kraftwerk wurde 1911 gebaut und war eines der größten seiner Art in der südlichen Hemisphäre. Reservierungen können an den Potholes vorgenommen werden. Bei einem Spaziergang ist es schöner, nicht ans Flussufer hinunterzugehen, sondern am Guesthouse links abzubiegen und einem Pfad zu einigen wunderschönen Wasserfällen und Steinbecken zu folgen.

Noch mehr Wanderrouten gibt es im Aventura Resort Blyde Canyon. Hier ist es möglich, sechs Routen miteinander zu verbinden oder willkürlich zu vermischen. Der Eintritt kostet 40 R, aber er kann mit einem Besuch im Restaurant als Gutschein verrechnet werden.

Schlafen

Von Graskop, Sabie oder Pilgrim's Rest lässt sich der Canyon leicht während eines Tagesausflugs mit dem Auto erkunden. Bei der Weiterfahrt in Richtung Norden, empfiehlt es sich, im Reservat selber oder in der Nähe, so wie auch in Hoedspruit (S. 548) zu übernachten. Sich nach den Preisen in der Nebensaison (Mai bis September) und unter der Woche zu erkundigen, ist auf jeden Fall ein guter Tipp.

Aventura Resort Swadini (☎ 015-795 5141; www.aventura.co.za; Stellplatz 60 R, zzgl. 30 R/Pers., 6-Pers.-Selbstversorger-Chalets 550 R;) Der Aufenthalt hier ist durch die besondere Lage und die beeindruckende Aussicht sehr reizvoll. Außer Wanderungen organisiert das Resort auch Wildwasser-Rafting, Klettern und mehr. Es liegt am nördlichen Ende des Reservats am Blyde River, ungefähr 5 km vom Blydepoort Dam entfernt.

Aventura Blyde Canyon (☎ 013-769 8005; www.aventura.co.za; Stellplatz 110 R, zzgl. 22 R/Pers.; 2-4-Pers.-Selbstversorger-Chalets 505/685 R;) Dieses bekannte Resort liegt an der Route 532 und bietet Gelegenheit, die umliegende Gegend zu erkunden. Zu dem Resort gehört ein Golfplatz, und auch reiten und wandern ist möglich.

Belvedere House (☎ 013-759 5432; mpbinfo@cis.co.za; Mo–Fr 550 R, Sa & So 700 R) Das Belvedere House ist ein historisches Gebäude mit wunderschöner Aussicht auf den Canyon. Das Selbstversorgerhaus mit seiner friedlichen Atmosphäre befindet sich in der Nähe des alten Belvedere- Kraftwerks. Geleitet wird es durch das Mpumalanga Parks Board und kann nur komplett gemietet werden (bis zu 9 Pers.).

Rushworth's Trackers (☎ 015-795 5033; www.trackers.truepath.com; Stellplatz 45 R/Pers., Zi. mit HP 290 R/Pers., Zi. 160 R/Pers.) Nordwestlich von Swadini gelegen bietet das Hotel einen guten Blick über das Lowveld. Das Personal ist gerne bei der Organisation von Vogelbeobachtungen oder botanischen Touren behilflich. Am einfachsten zu erreichen ist das Rushworth's Trackers von Hoedspruit aus (in der Limpopo Provinz, von Nelspruit aus über die Route 40, oder von Sabie über die längere, aber schönere Route 532 und Route 527). Von Hoedspruit aus führt der Weg über die Route 527 in westliche Richtung und biegt nach ungefähr 20 km südlich auf die kleine Driehoek Straße ab (nach Überquerung des Blyde River). Nach 6,5 km ist das Hotel ausgeschildert.

EASTERN LOWVELD

Mpumalangas heißes und trockenes Eastern Lowveld lässt erahnen, wie die Vorfahren der Tiere, die heute im Kruger-Nationalpark leben, auf diesen riesigen bewachsenen Flächen ihre Daseinsbestimmug ausgelebt haben müssen. Obwohl dieser Gegend die dramatische Schönheit des Drakensberg Escarpment fehlt, gibt es trotzdem zahlreiche Sehenswürdigkeiten. Dazu gehört die direkte Lage am Kruger-Nationalpark und eine gelassene Ruhe und Einsamkeit, weit weg von den großen Städten.

HAZYVIEW

☎ 013 / 20 000 Ew.

Von der Route 40 abzweigend fungiert Hazyview als Sercivezentrum und Tor zum nahen Kruger-Nationalpark. Die Stadt bietet viele günstige Übernachtungsmöglichkeiten, bevor man sich frühmorgens zu den Phabeni- (12 km), Numbi- (15 km) oder

HOLLYWOOD IN MPUMALANGA

Mpumalanga könnte einer der berühmten Plätze sein, von denen man noch nie gehört hat. Obwohl die meisten Touristen Probleme hätten, es auf der Karte zu finden, hat die Provinz schon viele Filmstars, Ikonen des öffentlichen Kulturlebens, Königsfamilien und milliardenschwere Geschäftsmänner aus aller Welt angelockt.

Sie alle interessierten sich für die wilden Tiere und die Luxusunterkünfte im Kruger National Park am östlichen Rand Mpumalangas. Michael Jackson, Brad Pitt, Wesley Snipes, Ex-Bundeskanzler Helmut Kohl und andere gaben sich hier schon die Ehre.

Die Hauptattraktion ist die Ulusaba Safari Lodge, ein Luxuserholungsort im Besitz von Sir Richard Branson. Ulusaba (eigentlich in der Limpopo Provinz gelegen, aber von Mpumalanga aus zugänglich) ist so exklusiv, dass es hier sogar eine eigene Landebahn für steinreiche Jetsetter gibt. Die Lodge selber ist eine Art Hollywood in Afrika, mit Hängebrücken, die die auf Pfählen errichteten Holzhütten miteinander verbinden. Das Highlight ist die Rock Lodge, die in die Felswand einer Klippe gemeißelt wurde. Sie bietet einen großartigen Blick über das Sabi-Sand-Wildreservat – sogar Bill Gates soll sprachlos gewesen sein.

Dieser neu erlangte Ruhm war gut für den Tourismus, hilft der Provinz aber auch finanziell beim Kampf gegen Aids und Armut. Richard Branson übernahm eine führende Rolle bei Wohltätigkeitsveranstaltungen, bei der Gründung von einheimischen Geschäftsunternehmen, bei der Unterstützung gesundheitlicher Initiativen und bei der Vergabe von Stipendien an unterprivilegierte Kinder.

den weiter entfernten Paul Kruger-Eingängen (47 km) aufmacht.

Praktische Informationen

Im Simunye Shopping Centre gibt es unter anderem einen Bankautomaten und einen Checkers Supermarkt.

Big 5 Country Tourist Office (☎ 013-737 7414; Perry's Bridge ☎ 013-737 8191; www.big5country.com; ⌚ Mo–Sa 8–17, So 9–13 Uhr) Dieses nützliche Büro befindet sich im Rendezvous Tourism Centre. Big 5 Country hat auch eine zweite Filiale an der Perry's Bridge, von Norden aus kommend auf der rechten Seite.

Fx Africa (Perry's Bridge; ⌚ Mo–Fr 9–12 & 13–17, Sa 9–13 Uhr) Geldwechsel

Paper Chain (☎ 013-737 6537; Perry's Bridge; ⌚ Mo–Fr 8–17, Sa 9–13 Uhr) Internetzugang

Rendezvous Tourism Centre (www.rendez.co.za) von Süden aus nach Hazyview hieneinkommend, liegt das Zentrum auf der Hauptstraße

Sehenswertes

Ungefähr 5 km nördlich der Stadt an der Route 535 liegt das **Shangana Cultural Village** (☎ 013-737 7000; www.shangana.co.za; ⌚ 9–17 Uhr), eine traditionelle Shangana-Gemeinde, die speziell für Touristen errichtet wurde. Zu unterschiedlichen Tageszeiten gibt es verschiedene Darbietungen: Markt, landwirtschaftliche Aktivitäten, Häuserbauen, Ausstellungen von Uniformen und Waffen der *Masocho* (Krieger), die Verbindung zwischen Tradition und Geschichte durch einen *Sangoma* (Hexendoktor oder Kräuterheiler), Kochen, Tanzen und Biertrinken (das traditionelle *Byala*-Bier). Tagestouren kosten 60 R, mit traditionellem Mittagessen ab 120 R, und das Abendprogramm mit gutem Essen gibt es für 190 R. Der Marula Crafts Market befindet sich ebenfalls hier.

Schlafen & Essen

Kruger Park Backpackers (☎ 013-737 7224; www.krugerparkbackpackers.com; Stellplatz 40 R/Pers., B 75 R, DZ-Hütten mit Gemeinschaftsbad 130 R; 🚌) Hier findet sich ein weiteres geräumiges, etwas rustikales Hostel mit Touren in den Kruger-Park und Unterkünften in Schlafsälen oder Zulu-Hütten. Es liegt etwa 2 km südlich der großen Kreuzung und ungefähr 500 m vom Numbi-Eingang des Parks entfernt.

Gecko Bushpackers & Campsite (☎ 013-737 8140; www.gecko-bushpackers.co.za; B 70 R, DZ mit/ohne Bad 190/170 R; 🚌) Dieses Backpackerhotel ist wahrscheinlich das netteste und gemütlichste in der Gegend. Das Personal ist freundlich und die Atmosphäre locker. Es liegt etwa 2,5 km von Hazyview entfernt an der Route 536 nach Sabie. Angeboten werden helle Schlafsäle, einige Doppelzimmer, schattige Zeltplätze, ein Selbstversorgerbereich und ein Billardtisch. Mahlzeiten können arrangiert werden.

Big 5 Backpackers (☎ 013-737 7534, 083-524 6615; www.big5backpackers.co.za; B/DZ 75/180 R; 🚌 💻) Die beliebte Unterkunft liegt in einem Waldgebiet mit einer „Besinnungszone", Kochgelegenheiten und Safaris in den Nationalpark. Es ist 3 km von der Kreuzung der Route 40 und Route 538 entfernt und durch ein großes, lilafarbenes Schild gekennzeichnet.

Hotel Numbi (☎ 013-737 7301; www.hotelnumbi.co.za; EZ/DZ mit Frühstück 460/720 R;) Hotel Numbi, südlich der Hauptkreuzung, bietet ein koloniales Ambiente, geräumige Flächen, den hervorragenden Pioneer-Grill (Hauptgerichte ab 40 R) mit Blick auf den Garten und ein etwas preisgünstigeres Pub im Inneren.

Thulamela (☎ 013-737 7171; www.thulamela.co.za; EZ/DZ-Hütten 500/840 R) Eine gehobene, aber gemütliche Unterkunft, die ca. 13 km vom Kruger-Nationalpark entfernt im Busch liegt. Die Umgebung bietet majestätische Ausblicke und wildlebende Tiere. Kinder unter 16 Jahren sind nicht erlaubt. Das Hotel ist über die Umbhaba-Ausfahrt von der Route 40 aus zu erreichen.

Hippo Hollow (☎ 013-737 7752; www.hippohollow.co.za; EZ/DZ-Chalet 570/850 R;) Dieser große, ausgedehnte Komplex am Sabie River liegt ungefähr 2,5 km von Hazyview entfernt. Die Gäste werden in 2- und 4-Bett-Chalets, mit einer Barbecue-Ecke *(braai)* und einer kleinen Kitchenette, oder in Hotelzimmern mit Blick auf den Fluss untergebracht. Wie der Name schon sagt, waten am Restaurant auch manchmal Nilpferde aus dem Wasser.

Rissington Inn (☎ 013-737 7700; www.rissington.co.za; DZ ab 680 R;) Mit den weißen, strohbedeckten Hütten, den bequemen Zimmern und dem Blick auf den Kruger-Park in der Ferne ist das Inn ein Zufluchtsort der gehobenen Preisklasse. Es liegt ein paar Kilometer südlich von Hazyview und 1 km nördlich der Kreuzung der Route 40 und Route 538. Einfach der Ausschilderung folgen!

Wer etwas zum Essen sucht, fährt am Besten zur Perry's Bridge. Hier gibt es mehrere Restaurants, wie z. B. die italienische **Pappas Pizzeria** (☎ 013-737 7428; Frühstück, Mittag- & Abendessen) und das etwas gehobenere, afrikanische **Digby's Restaurant** (☎ 013-737 6957; Gerichte 50–70 R; Mo–Sa Mittag- & Abendessen, So Mittag). Eine etwas persönliche Athmosphäre bietet das **Tree Tops Restaurant** (☎ 013-737 8294; Gerichte 60–80 R; Mo–Sa Abendessen), in dem es eine Mischung aus kontinentaler und einheimischer Küche gibt. Es liegt etwa 10 km auf der Route 36 von Hazyview nach Sabie entfernt.

An- & Weiterreise

Der Bus, der täglich zwischen Johannesburg und Acornhoek verkehrt, hält an der Shell Tankstelle in Hazyview (95 R ab Johannesburg). Die Backpackerhotels bieten ab 15 R einen Abholservice aus Nelspruit an (wird gleichzeitig eine Kruger-Safari gebucht, ist der Service manchmal umsonst).

Minibus-Taxis fahren täglich nach Nelspruit (Std. 20 R) und Sabie (Std. 20 R).

WHITE RIVER

☎ 013 / 10 000 Ew. / 950 m

White River (Witrivier) ist ein netter, kleiner Ort im Grünen und stammt noch aus der Zeit der Anglo-Burischen Kriege. Er liegt ein bisschen höher als das benachbarte Nelspruit, und das Klima ist nicht ganz so feucht. Ein Besuch lohnt sich allemal. Die Stadt ist die sogenannte „Nusshauptstadt" Südafrikas, und südlich von White River an der Route 40 sind einige Nussplantagen zu besichtigen.

Die **Touristenformation** (☎ 013-750 1073; info@lowveld.info; 9–16.30 Uhr) befindet sich im Casterbridge Centre ca. 2 km nördlich der Stadt an der Route 40. Es gibt einen Bankautomat bei der **First National Bank** (Tom Lawrence St.) und Internetzugang bei **Post Net** (☎ 013-750 0225; Std. 30 R; Mo–Fr 8–16, Sa 8–15, So 10–14 Uhr) im White River Shopping Centre.

Hardy Ventures (☎ 013-751 1693; www.hardyventure.com) organisiert verschiedene Abenteueraktivitäten in der Umgebung, wie z. B. Raftingtrips auf dem Sabie, Olifants und Blyde River, sowie Wanderungen.

Schlafen

Gypsies Traveller's Inn (☎ 013-750 0075; gypseytours@iafrica.com; B 70 R, EZ/DZ mit Gemeinschaftsbad 85/160 R;) Das Gypsies ist recht neu und liegt 5 km vom Flughafen und 7 km von White River entfernt. Die Gäste sind in kleinen Holzhütten mit separaten Waschräumen untergebracht. Es gibt einen netten Essplatz und einen ausrangierten Campervan, in dem bis zu vier Personen schlafen können. Die Unterkunft liegt 5 km in östlicher Richtung auf der Route 538, dann 2 km die Jatinga Road hinunter.

Karula Hotel (☎ 013-751 2277; www.karulahotel.co.za; Old Plaston Rd.; EZ 255–280 R, DZ 380–420 R;) Dieses Hotel im Kolonialstil ist die beste Wahl unter den Mittelklassehotels. Die preisgekrönten Zimmer sind sehr hübsch, vor allem die im „Luxusflügel", und das Gelände – eingerahmt von Jakaranda und Bougainvillea – bietet viel Entspannung. Es liegt an einem ruhigen, kurvenreichen Abschnitt der Route 538.

Außerhalb der Stadt gibt es einige gemütliche Plätze, an denen es sich ebenfalls wunderbar entspannen lässt, wenn ein paar Tage auf dem Land gewünscht sind.

Igwala Gwala Country Lodge (☎ 013-750 1723; www.igwalagwala.co.za; DZ mit Frühstück ab 550 R;) Die Lodge liegt ca. 3 km südlich von White River an der Route 40 (ausgeschildert), mit schönen Gärten und Unterkünften in exklusiven Suiten (keine Kinder erlaubt).

Hulala Lakeside Lodge (☎ 013-764 1893; www.hulala.co.za; EZ/DZ mit HP ab 750/1100 R;) Das große Resort, direkt am Wasser gelegen, bietet Kanus, Ruderboote und Zimmer mit Kamin an. Es liegt nördlich von White River und ist auf der Route 40 angeschrieben.

Greenway Woods Resort (☎ 013-751 1094; www.greenway.co.za; 6-Pers.-Chalets 1075 R;) Dieses Resort liegt ca. 6 km von White River entfernt in der Nähe des Golfplatzes. Die Selbstversorger-Chalets sind mit Kamin ausgestattet, und es gibt ein Restaurant.

Essen

Fez at Baghdad (☎ 013-750 1250; Gerichte ab 30 R, Menüs 85 R; Di–Sa 9–24 Uhr) Das charmante Lokal mit Bar gehört zu einem Kunstgewerbeladen. Es liegt ca. 2 km außerhalb des Zentrums an der Route 40 nach Hazyview und gegenüber dem Casterbridge Centre.

Green Bottles (☎ 013-750 1097; Gerichte 25–50 R; Mo–Do 9–21, Fr & Sa 9–22, So 9– 16 Uhr) Dieses schicke und kunstvolle Restaurant im Casterbridge Centre serviert gute Fleischgerichte und Meeresfrüchte. Die Gäste können sich hier auch wunderbar bei einem Fruchtshake oder einem Glas Wein entspannen.

An- & Weiterreise

Minibus-Taxis fahren den ganzen Tag über nach und von Nelspruit (5 R, 20 Min.) und Hazyview (15 R, 1 Std.).

NELSPRUIT

☎ 013 / 235 000 Ew.

Nelspruit, Mpumalangas größte Stadt und zugleich die Provinzhauptstadt, liegt im Crocodile River Valley im feuchten, subtropischen Lowveld. Hier gibt es viele gute und preiswerte Unterkünfte sowie etliche Restaurants, die sich als Standort für die Reiseplanung der nächsten Tage anbieten.

Orientierung

Das Promenade Centre ist der Mittelpunkt der Stadt – oder versucht es zumindest zu sein. Es gibt dort eine bescheidene Auswahl an Geschäften und Restaurants. Gegenüber befinden sich die Ticketschalter für Translux und andere Langstreckenbusse. Ungefähr 5 km nördlich der Stadt an der White River Road befindet sich die riesige Riverside Mall, die größtenteils das Promenade Centre ersetzt und der beste Platz zum Shoppen ist.

Praktische Informationen

GELD

ABSA (Brown St.) mit Bankautomat.

First National Bank (Bester St.) Geldwechsel.

Nelspruit Crossing Mall (Ecke General Dan Pienaar & Louis Trichardt Sts.) mit Geldautomat.

INTERNETZUGANG

Alpha Internet (☎ 013-755 5015; Crossing Centre; Std. 25 R; Mo–Sa 8–20, So 9–16 Uhr) Internetzugang.

Mugg & Bean (☎ 013-757 1036; Riverside Mall; Std. 50 R) Hier gibt es einen WLAN-Hotspot, aber die Gebühren sind unverschämt hoch.

Nexus Internet Café (☎ 013-741 2303; Sonpark Centre; Std. 30 R; Mo–Fr 8–19, Sa 9–20, So 11–17 Uhr) Internetzugang, gegenüber der Town Lodge.

MEDIZINISCHE VERSORGUNG

Nelmed Forum (☎ 013-755 1541; Ecke Nel & Rothery Sts.) bietet rund um die Uhr medizinische Versorgung.

NOTFALL

Polizeistation (☎ 013-759 1000; 15 Bester St.) gegenüber dem Nelspruit Plaza.

TOURISTENINFORMATION

Dana Travel (☎ 013-753 3571; www.danaagency.co.za; Shop 12, Crossings Centre) Dieses etablierte Büro kann bei Fragen zu Flugtickets und anderen Reiseformalien behilflich sein.

Lowveld Tourism (☎ 013-755 1988/9; www.lowveld.info; Ecke General Dan Pienaar & Louis Trichardt Sts.; Mo–Fr 8–17, Sa 8–13 Uhr) In diesem Büro in der Nelspruit Crossing Mall können Buchungen für alle Nationalparks, einschließlich des Kruger-Parks, vorgenommen werden. Unterkünfte und Touren können ebenfalls gebucht werden.

Mozambique Konsulat (☎ 013-752 7396; mozconns@mweb.co.za; 32 Bell St.; Mo–Fr 8–14 Uhr) Hier sind noch am selben Tag Visa für 80 R zu bekommen, die Hälfte von dem, was es an der Grenze kostet.

Sehenswertes & Aktivitäten

Auf Nelspruits quirligem **Lebensmittelmarkt** (Ecke Brown & Currie Sts.) werden u. a. frische Äpfel, Mangos und Melonen angeboten. Etwas ruhiger geht es in den 150 ha großen **National Lowveld Botanic Gardens** (☎ 013-752 5531; Erw./Kind 10/4 R; ⌚ 8–18 Uhr) zu, wo gepflegte Blumenstände, knorrige Affenbrotbäume und Flecken mit einheimischen Wäldern zum Spazierengehen einladen. Sie liegen an der Route 40 ungefähr 2 km nördlich der Kreuzung mit der N4.

In dem kleinen **Sonheuwel Nature Reserve** (☎ 013-759 9111; Eintritt frei) gibt es verschiedene Antilopenarten, Grünemeerkatzen und etliche Felsmalereien zu sehen. Es liegt am südlichen Rand von Nelspruit an der Van Wijk Street.

Nordwestlich von Nelspruit und an der Route 40 ausgeschildert befindet sich der **Croc River Reptile Park** (☎ 013-752 5511; Erw./Kind 30/15 R; ⌚ 8–17 Uhr), wo die wirklichen Bewohner des Crocodile River Valley anzutreffen sind.

Die Gegend um Nelspruit eignet sich hervorragend zum Vogelbeobachten. Auskünfte gibt es bei **Lawson's Bird Safaris** (☎ 013-741 2458; www.lawsons.co.za). Hier lassen sich auch einige anspruchsvolle Wanderwege finden, vor allem entlang des **Kaapschehoop trail** (57 R/Nacht; 2, 3 oder 4 Tage) und des **Uitsoek trail** (57 R/Nacht; 1 oder 2 Tage). Für Reservierungen ist **Komatiland**

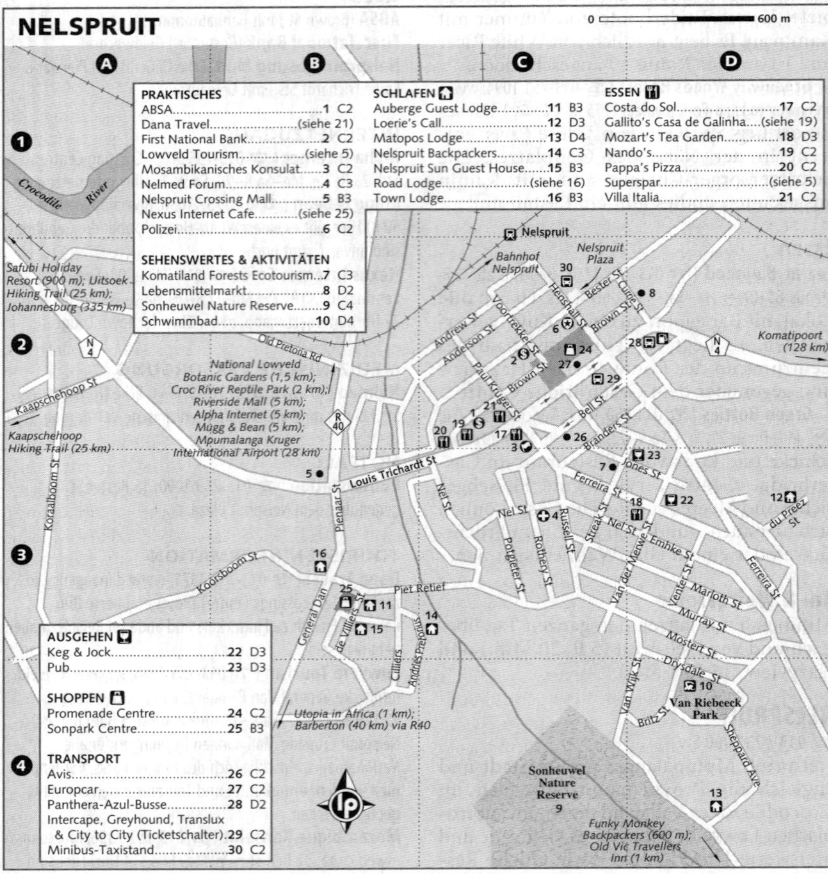

Forests Ecotourism (☎ 013-754 2724; www.komatiecotourism.co.za; 10 Streak St.) zuständig.

Auf dem Sportgelände des Van Riebeeck Park gibt es ein sehr gutes **Schwimmbad** (☎ 013-759 9411; Drysdale St.; Erw./Kind 6/5 R; Di–Sa 10–17.30, So & gesetzliche Feiertage 13–17.30 Uhr) mit 50-m-Bahnen.

Feste & Events

In den Sommermonaten (entweder Juni oder Juli) findet **InniBos** (www.innibos.co.za), Nelspruits größtes Fest, statt. Als Jahrmarkt der Kulturen bringt InniBos Künstler, Musiker und Theatergruppen bei verschiedenen Events für fünf Tage zusammen. Der Eintritt beträgt etwa 20 R pro Tag.

Wer im August in der Gegend ist, sollte das **Nelspruit Jazz Festival** besuchen, das im Rugbystadion hinter der Crossing Mall stattfindet.

Schlafen

BUDGETUNTERKÜNFTE

Nelspruit Backpackers (☎ 013-741 2237; nelback@hotmail.com; 9 Andries Pretorius St.; Stellplatz 40 R/Pers., B 70 R, EZ/DZ mit Gemeinschaftsbad 130/180 R) Unter allen Backpackerhotels in Nelspruit vereint dieses Service, Komfort und Lage am besten. Die Zimmer wurden erst kürzlich renoviert. Hier hält auch der Baz Bus, und der Reiseservice des Hotels, Mbombela Safaris, organisiert Reiserouten in der Gegend. An seinen roten, gelben und grünen Eingängen ist es leicht zu erkennen.

Funky Monkey Backpackers (☎ 083-310 4755; www.funkymonkeys.co.za; 102 Van Wijk St.; Stellplatz 40 R/Pers., B 70 R, EZ/DZ mit Gemeinschaftsbad 130/180 R) Das beliebte, gut geführte und geräumige Haus mit einem Billardtisch, und einer Braai-Ecke punktet auch mit freundlichem Personal. Zwar liegt es etwas außerhalb der Stadt, aber auch hier hält der Baz Bus, und ein Abholservice vom Busbahnhof kann arrangiert werden.

Nelspruit Sun Guest House (☎ 013-741 2253; sunlodge@absamail.co.za; 7 De Villiers St.; B 65 R, DZ mit/ohne Bad 200/180 R) Dieses etwas schrullige Haus bietet Unterkünfte in geschmackvollen Holzgebäuden an, die sich in einem üppigen Garten befinden. Es ist nicht so einladend und backpackerfreundlich wie die zwei oben genannten, aber auch hier gibt es eine Baz-Bus-Haltestelle.

Old Vic Travellers Inn (☎ 013-744 0993; www.krugerandmore.co.za; 12 Impala St.; B 90 R, DZ mit/ohne Bad 300/250 R, 4-Pers.-Selbstversorgerhütten 420 R) Das freundliche und etwas gehobenere Backpackerhotel bietet Selbstversorgereinrichtungen oder Mahlzeiten auf Anfrage, Mietzelte und viele Informationen über die Gegend. Es befindet sich etwa 3 km südlich des Zentrums in der Nähe eines Ausläufers des Sonheuwel Nature Reservats und einer Baz-Bus-Haltestelle.

Safubi Holiday Resort (☎ 013-741 3253; 45 Graniet St.; Stellplatz 120 R; 2,4,6B-Chalets 395/495/595 R) Safubi ist ein gut erhaltenes Selbstversorger-Resort mit schönen Plätzen, ca. 2,5 km vom Stadtzentrum entfernt. Es schließt direkt an ein Naturreservat an, besitzt ein Café und einen großen Swimmingpool. Es liegt an der N4 in westlicher Richtung, dann links in die Graniet Street (an der Caltex Tankstelle) einbiegen und noch 1 km weiterfahren.

MPUMALANGA

MITTEL- & SPITZENKLASSEHOTELS

Road Lodge (☎ 013-741 1805; www.citylodge.co.za; 3BZ 285 R) Die Unterkunft befindet sich im selben Gebäude wie das Town Lodge, mit einfachen Zimmern.

Auberge Guest Lodge (☎ 013-741 2866; www.auberge guestlodge.com; 3 de Villiers St.; EZ/DZ mit Frühstück 285/385 R) Ein ruhiges, gut erhaltenes Guesthouse mit gemütlichen Zimmern im Haupthaus und einem kleinen Hof. Es liegt gleich beim Town Lodge.

Matopos Lodge (☎ 013-753 3549; www.matopos.co.za; 14 Sheppard Ave.; EZ/DZ mit Frühstück 350/450 R) Die Zimmer in dieser gemütlichen Lodge sind mit Ventilator, einige sogar mit Balkon, ausgestattet. Sie ist ruhig gelegen, etwa 15 Gehminuten vom Zentrum entfernt, in der Nähe des Van Riebeeck Park.

Town Lodge (☎ 013-741 1444; www.citylodge.co.za; Ecke General Dan Pienaar & Koorsboom Sts.; EZ/DZ 415/500 R) Das Town Lodge ist weniger anspruchsvoll als seine Schwestergesellschaft City Lodge, aber dafür preiswert.

Utopia in Africa (☎ 013-745 7714; www.utopiainafrica.com; 6 Daleen St.; EZ/DZ mit Frühstück 425/720 R) Eine exquisite Gästevilla mit sorgfältig ausgewähltem Dekor und freundlichem Personal. Von hier aus ist das Sonheuwel Nature Reserve zu überschauen. Der Weg zur Villa führt die General Dan Pienaar Street in südlicher Richtung entlang, links in die John Vorster Street, rechts auf die Halssnoer Street (die zur Augusta wird) und dann rechts auf die Daleen.

Loerie's Call (☎ 013-744 1251; www.loeriescall.co.za; 2 du Preez St.; EZ/DZ mit Frühstück ab 450/590 R;) Diese Adresse gehört zu den klassischsten Gästehäuser in Nelspruit. Die Zimmer sind vom Haupthaus getrennt und haben separate Eingänge.

Essen & Ausgehen

Villa Italia (☎ 013-752 5780; Ecke Louis Trichardt & Paul Kruger Sts.; Hauptgerichte 35–60 R; Mittag- & Abendessen) Dieses Lokal ist schon lange der Favorit bei den Einheimischen und serviert gute Nudelgerichte, Pizzas und andere italienische Spezialitäten.

Costa do Sol (☎ 013-752 6382; Ecke Louis Trichardt & Paul Kruger Sts.; Gerichte 40–50 R; Mo–Sa Mittag- & Abendessen) Das reizende, kleine portugiesische Restaurant, in dem Meeresfrüchte, gute Suppen und traditionelle portugiesische Küche serviert werden, liegt gegenüber der Villa Italia.

Keg & Jock (☎ 013-755 4969; Ferriera St.; Hauptgerichte ab 30 R; Mittag- & Abendessen) Für Nachtschwärmer ist das lebhafte Keg & Jock mit gutem Pub-Essen und einem Straßencafé besonders geeignet. Mittwoch- und Freitagnacht gibt es dort Live-Musik.

Pub (☎ 755 4861; 10 Jones St.; Hauptgerichte ab 30 R; Mo–Sa 10–24 Uhr) Dieses Pub hat sich auf große Fleischplatten und große Gläser mit Grog spezialisiert. Es ist nur einen Katzensprung vom Keg & Jock entfernt.

Mozart's Tea Garden (☎ 013-755 2287; Ecke Ferreira & Van der Merwe; kleine Gerichte 25–35 R; Mo–Sa Frühstück & Mittagessen) Wer etwas mehr auf seine Linie achten muss, ist im Mozart's mit seinem gesunden Essen genau richtig. Daneben gibt es natürlich auch gehaltvollere Gerichte. Das Restaurant liegt abseits der Straße hinter einem Kinderspielplatz und ist von der Van der Merwe aus zu erreichen.

Weisenhof Coffees (☎ 013-755 2853; Ecke Louis Trichardt & Paul Kruger Sts.; kleine Gerichte ab 20 R; Frühstück & Mittagessen) Dieses zentral gelegene Café ist ein guter Platz für einen kleinen Snack oder Kaffee. Es befindet sich neben dem Costa do Sol.

Superspar (Ecke General Dan Pienaar & Louis Trichardt Sts.) Für Selbstversorger unter den Touristen gibt es einen großen Supermarkt in der Nelspruit Crossing Mall.

Fastfood wird in der Brown Street bei **Nando's** (Brown St.) und **Gallito's Casa de Galinha** (☎ 013-52 5371; Brown St.; Frühstück, Mittag- & Abendessen) angeboten. Gegenüber befindet sich **Pappa's Pizza** (☎ 013-755 1660; Frühstück, Mittag- & Abendessen), das mit seinen leckeren Pizzas und dem offenen Vorhof immer eine Menge Leute anzieht.

Shoppen

Die größten Einkaufszentren sind die schillernde Riverside Mall (ca. 5 km nördlich der Stadt an der Route 40) und die **Nelspruit Crossing Mall** (Ecke General Dan Pienaar & Louis Trichardt Sts.) mit einigen Läden und Bankautomaten. Im Promenade Centre gibt es mehrere Esslokale und Geschäfte. Das **Sonpark Centre** (Piet Retief St., zwischen General Dan and de Villiers Sts.) beherbergt ein Internetcafé und ein paar Restaurants.

An- & Weiterreise

AUTOVERMIETUNG

Avis Flughafen (☎ 013-741 1029); downtown (☎ 013-755 1567; 29 Bell St.)
Budget (☎ 013-750 1774) am Flughafen.
Europcar (☎ 013-750 0965) am Flughafen.
Imperial (Flughafen; ☎ 013-750 2871) ist auch im Hotel Promenade vertreten.

BUS

Der **Baz Bus** (☎ 021-439 2323; www.bazbus.com) verbindet Nelspruit mit Johannesburg/Pretoria und Manzini (Swasiland). Er hält an allen Backpackerhotels in der Stadt.

Intercape (☎ 086-1287 287; www.intercape.co.za), **Greyhound** (☎ 013-753 2100; www.greyhound.co.za) und **Translux** (☎ 013-755 1453; www.translux.co.za) verkehren täglich zwischen Johannesburg (und Pretoria) und Maputo (Mosambik) über Nelspruit. Der Greyhound bietet von allen den besten Service und verlangt nach Johannesburg 160–175 R und 140 R nach Maputo. Außerdem gibt es eine 10 % Ermäßigung für ausländische Touristen. Die **Ticketschalter** (Louis Trichardt St.) für alle Buslinien befinden sich gegenüber der Promenade Mall von der Henshall Street kommend. Der **Panthera Azul** (☎ 011-618 8811) hält auf seinem Weg von Johannesburg nach Maputo auch in Nelspruit – an der Excel Tankstelle (Ecke Bell und Louis Trichardt Sts.).

FLUGZEUG

Mpumalanga Kruger International Airport (MKIA; code MQP; ☎ 013-753 7500; www.kmiairport.co.za) ist der nächste öffentliche Flughafen. Hier starten täglich Flüge der **South African Airways** (SAA; ☎ 013-750 2531; www.flysaa.com) und der **SAAirlink**

MPUMALANGA

(☎ 013-750 2531; www.saairlink.co.za) nach Johannesburg (1200 R; 1 Std.), Kapstadt (2040 R; 2¼ Std.) und Durban (1540 R; 1½ Std.). Bei Online-Buchungen kann eine Menge Geld gespart werden.

Nationwide Airlines (☎ 086-173 7737; www.nationwideair.co.za) Verschiedene Flüge verbinden Nelspruit mehrmals wöchentlich mit Johannesburg und Kapstadt.

MINIBUS-TAXI

Das Bus- und Minibus-Taxiterminal ist hinter dem Nelspruit Plaza in der Nähe der Ecke Bester und Henshall Sts. Minibus-Taxis fahren nach White River (6,50 R, 20 Min.), Barberton (14 R, 40 Min.), Sabie (15 R, 1 Std.), Hazyview (17 R, 1 Std.), Graskop (25 R, 1½ Std.), Komatipoort (45 R, 2 Std.) und Johannesburg (100 R, 5 Std.).

City Bug (☎ 013-741 4114; www.citybug.co.za) betreibt einen praktischen Shuttleservice in der Stadt, der für 20 R/Pers. von Haustür zu Haustür fährt. Geboten wird auch ein Chauffeurservice zum und vom Kruger Mpumalanga International Airport, ein wöchentlicher Shuttle nach Durban (380 R/Pers. einfach) und ein Shuttle, der dreimal am Tag zwischen Nelspruit und dem Johannesburg International Airport (180 R/Pers.) hin- und herfährt.

ZUG

Der *Komati* (s. S. 683) verkehrt täglich zwischen Johannesburg und Komatipoort über Nelspruit.

MALELANE

☎ 013 / 6500 Ew.

Eine der Gästelodges in Malelane eignet sich gut als Übernachtungsmöglichkeit, bevor es in den Kruger-Nationalpark geht. Die meisten der Lodges liegen am Crocodile River, wo viele Nilpferde, Krokodile und andere wilde Tiere zu sehen sind. Die Stadt selber ist ein kleines, unattraktives Servicezentrum gleich an der N4.

Ein **Informationsschalter** (☎ 013-790 1193; Mo–Fr 8–16, Sa & So 8–12 Uhr) im Spar-Supermarkt organisiert Touren.

Wer sich auf dem Weg nach Swasiland befindet, sollte auf keinen Fall das **Matsamo Cultural Village** (☎ 013-781 0578, 082-457 8964, www.matsamo.com; 7–18 Uhr) auslassen, das im Niemandsland zwischen Südafrika und Swasiland am Jeppe's Reef Grenzübergang liegt. Matsamo ist eine Art lebendiges Museum. Hier ist es z. B. möglich, in komfortablen Hütten (Zimmer mit Halbpension 655 R, inklusive Show) zu schlafen, die mit Tierfellen und Holzmöbeln eingerichtet sind. Besucher, die nur einen Tag hier sind, können eine geführte Tour durch das Dorf mit einer fröhlichen Gesangs- und Tanzdarbietung für 100 R mitmachen. Frühstücksbüfett (65 R) und Mittagessen (85 R) sind ebenfalls erhältlich. Es ist alles ziemlich inszeniert und für große Gruppen ausgerichtet, aber trotzdem eine lustige Einführung in die Swasikultur und sicher nicht das, was man sonst an einem formellen Grenzübergang erlebt.

Schlafen & Essen

River House Lodge (☎ 013-790 1333; www.icon.co.za/~gardner; 22 Visarend St.; Stellplatz 45 R; Hütte 300 R/Pers.) Das elegante, strohbedeckte 5-Sterne-Gebäude bietet Unterkünfte im B&B-Stil. Alle Zimmer haben ihre eigene, kleine Terrasse, und es gibt schöne, am Fluss gelegene Gärten. Das Hotel befindet sich westlich vom River Cottage und ist an der Hauptstraße angeschrieben.

Lino's Lodge & Deck Restaurant (☎ 013-790 0793; EZ/DZ mit Frühstück 285/455 R; Restaurant Di–So Frühstück & Mittag, Di–Sa Abend) Auf einer schönen, offenen Terrasse wird hier sehr empfehlenswertes Essen serviert, vor allem Meeresfrüchte. Es gibt auch nette Unterkünfte in weißgrünen Hütten, die sich am Flussufer befinden. Das Haus liegt westlich vom River Cottage und ist über eine lange, mit Frangipanibäumen gesäumte Auffahrtsallee zu erreichen.

River Cottage (☎ 013-790 0825; EZ/DZ mit Frühstück 300/500 R, 6-Pers.-Cottage 1200 R) Diese gut geführte Einrichtung liegt westlich der Stadt am Crocodile River. Die kleineren Hütten stehen etwas weiter hinten auf einem gestutzten Rasen, während das 6-Personen-Cottage am Fluss liegt. Alle Hütten sind für Selbstversorger gedacht und haben eigene Braai-Ecken.

Casa Portuguesa (☎ 013-790 3314; Gerichte 45–70 R; Mo–Sa 12–21 Uhr, So 12–14 Uhr) Das einzigartige Restaurant liegt etwa 2 km südlich vom Malelane-Eingang des Kruger-Nationalparks entfernt. Umgeben von einer recht großen Lagune, die von Krokodilen bewohnt wird, hat es eine angenehm ruhige

Lage und serviert köstliche portugiesische Gerichte.

KOMATIPOORT

☎ 013 / 4700 Ew.

Diese Grenzstadt liegt am Fuße der Lebombo Mountains, in der Nähe des Zusammenflusses des Komati und Crocodile Rivers, und ist nur 10 km vom Crocodile-Bridge-Eingang des Kruger-Parks entfernt. Der Ort eignet sich sehr gut als Zwischenstopp auf dem Weg von oder nach Mosambik und Swasiland.

Beim Schreiben dieses Buches gab es Pläne für einen Informationsschalter im Spar-Supermarkt. In der Nähe des Spar befindet sich eine Tankstelle und eine ABSA Bank mit Wechselstube.

Ende Juni findet in Komatipoort das **Prawn Festival** statt, auf dem diese einfache Krabbe rühmlich gefeiert wird.

Schlafen & Essen

Spice of Life (☎ 013-793 7373; www.spiceoflife.co.za; Camping 40 R, B 65 R, EZ/DZ 100/150 R; 💻) Dieses ziemlich heruntergekommene Backpackerhotel liegt an der N4 nahe der Grenze zu Mosambik. Es bietet Koch- und Waschmöglichkeiten und ist einer der wenigen Plätze in der Gegend mit Internetzugang. Es liegt ungefähr 300 m östlich der Komati River Chalets.

Komati River Chalets (☎ 013-793 7623, 082-347 4669; www.komatiriverchalets.co.za; EZ/DZ mit Frühstück 260/460 R, 5–7-Pers.-Selbstversorger-Chalets 900/1050 R; ❄ 🏊) In dieser preiswerten Unterkunft werden die Gäste in mit Stuck verzierten und mit Stroh gedeckten Chalets untergebracht, die sich auf großen, gestutzten Rasenflächen befinden. Dazu gehört ein beliebtes und meist sehr gut besuchtes Pub und die Möglichkeit zum Tigerfischen in der Saison. Das Haus ist an der N4 angeschrieben und liegt auf der anderen Seite der Schienen. Ein zweiter Zugang ist in der Stadt ausgeschildert.

Trees Too (☎ 013-793 8262; www.treestoo.com; EZ/DZ mit Frühstück 290/380 R, 4-Pers.-FZ 675 R; 🏊) Das nette, kleine Privathaus bietet B&B-Unterkünfte, die um einen kleinen Garten herum liegen. Die Betreiber planen außerdem, Schlafräume für 65 R/Pers. zu errichten. Das Gebäude liegt an einer bewachsenen Seitenstraße, etwa 500 m einwärts von der Rissik Street und ist angeschrieben.

Hippo's Restaurant & Lodge (☎ 013-793 8155; hipposrestaurant@telkomsa.net; 80 Rissik St.; 🕐 Mo–Sa Frühstück, Mittag- & Abendessen) Hippo's serviert eine große Auswahl an sättigenden Fleisch- und Fischgerichten. Nebenan ist die **Pioneers Guest Lodge** (☎ 013-793 8028; EZ/DZ 220/280 R).

Restaurante Tambarina (☎ 013-790 7057; Rissik St.; Hauptgerichte 40–55 R; 🕐 Mittag- & Abendessen) Tambarina ist ein guter Platz, um Garnelen und portugiesische Spezialitäten zu essen, bevor es über die Grenze nach Mosambik geht. Es liegt gegenüber von Hippo's Restaurant & Lodge.

An- & Weiterreise

Minibus-Taxis, die regelmäßig zwischen Komatipoort und Maputo (Mosambik; 65 R, 1½ bis 2 Std.) verkehren, halten an der Rissik Street in der Nähe des großen Score-Supermarkts.

Wer selbst fährt, kommt an der N4 in Mosambik an zwei Mautstellen vorbei. Der Ausreisevorgang ist ziemlich schnell erledigt, und in Mosambik kann man sich für 180 R ein Visum kaufen (im mosambikanischen Konsulat in Nelspruit ist es zum halben Preis erhältlich; s. S. 491).

BARBERTON

☎ 013 / 29 500 Ew.

Diese herrliche Stadt geht auf den Goldrausch im späten 19. Jh. zurück, als Barberton eine aufstrebende Stadt und der Sitz der südafrikanischen Börse war. Die meisten Goldgräber zogen jedoch bald weiter in die neu entdeckten Randgebiete von Johannesburg, und Barbertons Beliebtheit schwand. Alle Goldminen in der Gegend, die noch in Betrieb sind, haben bereits über 100 Jahre auf dem Buckel, und die Stadt selber entwickelt sich nur langsam, auf relaxte, ländliche Weise weiter.

Die **Touristeninformation** (☎ 013-712 2121; www.barberton.co.za; Market Sq., Crown St.; 🕐 Mo–Fr 7.30–16.30, Sa & So 9–16 Uhr) im Stadtzentrum kann bei Fragen zu Unterkünften, Ausflügen zu historischen Stätten und Tageswanderungen in der Umgebung behilflich sein. Bei telefonischer Nachfrage einfach um Auskunft für Touristen bitten. Bankautomaten lassen sich in der **First National Bank** (Crown St.) und im **Shoprite** (Crown St.) finden. Internetzugang gibt es bei **NJR Computer Services** (☎ 013-712 4739; Shop 2, Eureka Centre; 30 Min. 10 R; 🕐 Mo–Fr 8.30–17, Sa 8.30–13 Uhr).

Sehenswertes & Aktivitäten

Barberton schmückt sich mit einigen restaurierten Häusern, die noch aus dem späten 19. und dem frühen 20. Jh. stammen. Sie können alle besichtigt werden (genauere Auskunft gibt es im Barberton Museum) und vermitteln einen Einblick in die alte Geschichte der Stadt. Dazu gehören das **Belhaven House** (Lee St.; Erw./Kind 10/5 R; ⌚ Mo–Fr 8.30–16 Uhr), das **Stopforth House** (Bowness St.; ⌚ Mo–Fr 8.30–16 Uhr) und das **Fernlea House** (Lee St.; ⌚ Mo–Fr 8.30–16 Uhr). Der Eintritt für die letzten zwei Häuser ist im Belhaven-Ticket enthalten.

Das **Barberton Museum** (☎ 013-712 4208; 36 Pilgrim St.; freier Eintritt; ⌚ 10–16 Uhr) ist ebenfalls einen Besuch wert.

Nebenan befindet sich die **Umjindi Gallery** (☎ 013-712 5807; Pilgrim St.; ⌚ Mo–Fr 8–17, Sa 9–16 Uhr) mit verschiedenen Kunstgegenständen und einer Schmuckwerkstatt. Dort ist es möglich, den Künstlern bei der Arbeit zuzusehen.

Am östlichen Ende der Judge Street steht ein **Blockhouse** aus Eisen und Holz aus dem Anglo-Burischen Krieg. Ein Teil der Kette wurde von den Engländern gefertigt, als der Krieg in seine Guerillaphase überging. Am südwestlichen Ende der Stadt liegt eine 20,3 km lange, verlassene Seilbahnstrecke. Zu ihren aktiven Zeiten war sie die längste Industrieseilbahn der Welt. Sie beförderte Asbest aus einer Mine in Swasiland. In die andere Richtung wurde Kohle transportiert, um das Gegengewicht zu halten.

Origins (☎ 013-712 5055, 083-266 9329; www.origins.co.za; 20 Sheba Rd.) bietet viele Touren an, z. B. eine nette Eureka-City-Ghost-Town-Tour in die alten Goldminen von Barberton.

Schlafen

Barberton Chalets & Caravan Park (☎ 013-712 3323; www.barbertonchalets.co.za; General St.; Stellplatz 60 R/Pers., Wohnwagenplatz 80 R, EZ/DZ/3BZ-Hütten 170/250/320 R;) Dieser Wohnwagenpark liegt in unmittelbarer Nähe des Stadtzentrums und hat viele schattige und grasbewachsene Flächen, Campingplätze und Selbstversorger-Chalets zu bieten.

Cockney Liz (De Villiers St.; EZ/DZ 150/200 R) Die Betreiber des Chill Inn führen auch das gegenüberliegende Cockney Liz mit einfachen

MPUMALANGA

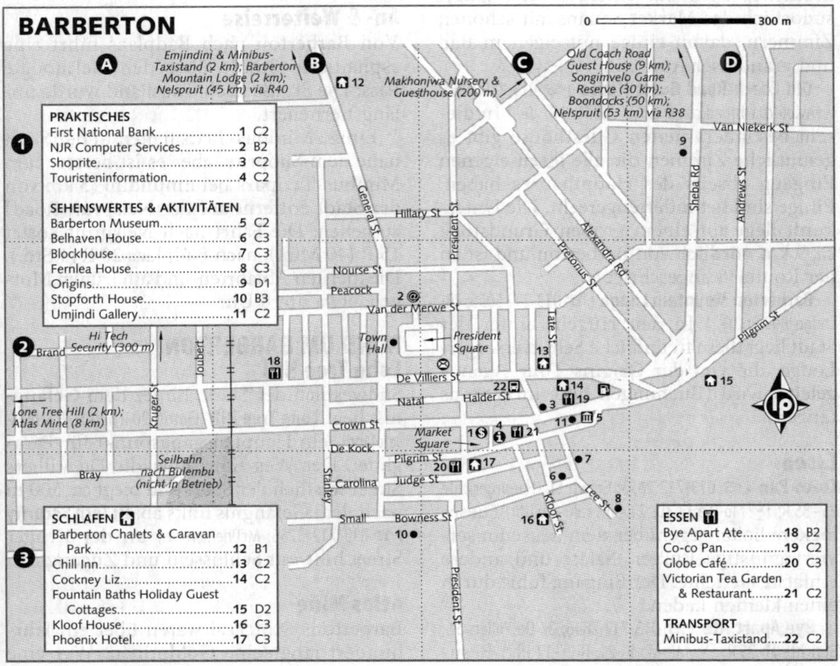

Zimmern, die mit TV und eigenem Bad ausgestattet sind.

Makhonjwa Nursery & Guest House (☎ 013-712 2584; 10 Duncan St.; 150 R/Pers.;) Hier findet sich ein weiteres, preiswertes Selbstversorger-Gästehaus, das von den Besitzern des Co-co Pan Restaurants geleitet wird.

Chill Inn (☎ 013-712 3477, 082-733 6755; Ecke De Villiers & Tate Sts.; DZ 160–250 R) Dieses freundliche Hotel hat eine Braai-Ecke und Doppelzimmer mit TV.

Phoenix Hotel (☎ 013-712 4211; phoenix@soft.co.za; 20 Pilgrim St.; EZ/DZ 180/320 R;) Das Landhotel mit altmodischem Flair bietet einen gesetzten Pub, einen Teesalon und bequeme, saubere Zimmer.

Fountain Baths Holiday Guest Cottages (☎ 013-712 2707; www.fountainbaths.co.za; 48 Pilgrim St.; Hütten 200 R/Pers.) Diese nette Unterkunft mit Selbstversorgerhütten liegt am südlichen Ende der Straße, hinter der Zusammenführung mit der Sheba Road (Crown Street). Das Gebäude wurde 1885 errichtet und war einst Barbertons Schwimmbad.

Kloof House (☎ 013-712 4268; www.kloofhuis.co.za; 1 Kloof St.; EZ/DZ mit Frühstück 200/360 R;) Ein gemütliches B&B auf einem steilen Hügel südöstlich des Market Square mit schönen Zimmern, davon einige mit eigenem Bad und grandioser Aussicht.

Old Coach Road Guest House (☎ 013-719 9755; www.oldcoachroad.co.za; EZ/DZ 265/490 R;) In diesem besonders netten Guesthouse gibt es gemütliche Zimmer, die alle ihren eigenen Eingang abseits des Haupthauses haben. Einige sind behindertengerecht. Die Unterkunft liegt auf einem großen Grundstück ca. 9 km nördlich von Barberton und ist an der Route 38 angeschrieben.

Barberton Mountain Lodge (☎ 013-712 5055; 4B-Lodge 800 R;) In den Hügeln hinter der Stadt liegt diese freundliche Selbstversorger-Lodge, die von der Origins Tour Agency geleitet wird (Buchungen bitte im Voraus tätigen).

Essen

Co-co Pan (☎ 013-712 2653; Crown St.; Hauptgerichte 25–35 R; Mo–Sa 17.30–21, So 17.30–20 Uhr) Dieses lockere Lokal gegenüber dem Museum serviert günstige Burger, Salate und andere einfache Gerichte. Der Eingang führt durch einen kleinen Laden.

Bye Apart Ate (☎ 013-712 2846; 27 De Villiers St.; Gerichte ab 25 R; Mi–Mo 9–21, Di 9–17 Uhr) Besucher des Restaurants sollten sich nicht von den Bildern der Premierminister aus der Apartheidära abschrecken lassen. Die Restaurantbesitzer nehmen die Rassentrennung nicht sonderlich ernst. Wie der Name schon sagt, wird hier das alte System in einer sehr entspannten, gastfreundlichen Atmosphäre ironisch verabschiedet. Die Gerichte hier sind einfach, aber das Essen ist frisch und schmeckt. Auf der Speisekarte stehen Pasta, Steak oder Lammkoteletts.

Victorian Tea Garden & Restaurant (☎ 013-712 4985; kleine Gerichte ab 25 R; Mo–Fr 8–17, Sa 8–14 Uhr) Die Gartenlaube eignet sich hervorragend zum Entspannen und zum Passantenbeobachten. Sie liegt zwischen Pilgrim und Crown Sts., neben der Touristeninformation. Angeboten werden Sandwiches und Fastfood.

Globe Café (☎ 082-883 3105; 18 Pilgrim St.; Hauptgerichte 50–60 R; Mo–Fr 12–20, Sa 17–20 Uhr) Das Globe befindet sich in einem historischen Gebäude mit einem angenehmen Ambiente. Es werden hervorragende Speisen, wie z. B. Lammhaxen und Thai Chicken, auf den Tisch gebracht.

An- & Weiterreise

Von Barberton nach Badplaas führt eine asphaltierte Straße über den Nelshoogte Pass. Die Straße nach Swasiland wurde unlängst erneuert.

Einige Minibus-Taxis halten in der Stadt nahe dem Shoprite, aber es ist besser, zum Minibus-Taxipark bei Emjindini (3 km von der Stadt entfernt auf der Nelspruit Road) zu gehen. Die Fahrt nach Nelspruit kostet 15 R (40 Min.), nach Badplaas 20 R (1 Std.). Die meisten Abfahrten sind am frühen Morgen, etwa um 8 Uhr.

RUND UM BARBERTON

Lone Tree Hill

Südwestlich der Stadt, hinter dem Gefängnis, liegt **Lone Tree Hill** (Eintritt 20 R plus 50 R Schlüsselpfand), ein Hauptausgangspunkt für Paraglider. Der Weg führt über die De Villiers Street westlich der Stadt und biegt ca. 500 m nach dem Gefängnis links ab. **Hi Tech Security** (☎ 013-712 3256; McPherson St.) an der Kruger Street hilft mit Schlüsseln und Zugang.

Atlas Mine

Barbertons Schicksal waren über ein Jahrhundert lang seine Goldminen. Wer eine davon in Aktion sehen möchte, muss 8 km westlich von Barberton zur **Atlas Mine** (☎ 013-712 8026, 072-128 0604; andreab@soft.co.za; 2 ½-Std.-Tour 150 R) fahren, wo die Besucher mit Helmen, Lampen, Gummistiefeln und Overalls ausgestattet in die Höhlen kriechen können. Leute mit Klaustrophobie können aber auch draußen bleiben und nach dem, was die Mine das älteste Gold der Welt nennt, graben. Das ist nicht nur Angeberei, denn Wissenschaftler haben bewiesen, dass die Steine und Mineralien in der Gegend tatsächlich mit die ältesten der Welt sind.

Songimvelo Game Reserve

Dieses schöne, 56 000 ha große **Reservat** (☎ 017-883 0964; mpbinfo@cis.co.za; Eintritt Erw./Kind 15/7 R) liegt im Lowveld südlich von Barberton, mit hohen Graslandschaften im Osten entlang der bergigen Grenze zu Swasiland. Hier gibt es zwar keine Löwen, aber dafür zahlreiche andere Tiere, wie Elefanten, Zebras, Giraffen und verschiedene Antilopenarten. Diese Gegend ist auch sehr beliebt zum Spazierengehen und Reiten. (Spazierengehen ist jedoch nur in begrenzten Gebieten erlaubt, und Fußgänger müssen von einem Führer begleitet werden.) In Songimvelo finden sich auch einige der ältesten Steine der Erde und interessante, archäologische Fundstätten. Übernachtungsmöglichkeiten bietet das **Kromdraai Camp** (Hütte 250 R) mit einfachen Selbstversorgerhütten aus Holz für sechs Personen.

Boondocks

Erholung pur bietet das **Boondocks** (☎ 013-726 0140, 082-808 2733; www.boondocks.co.za; Tagesbesuch 50 R; Selbstversorgerhütte 250–350 R, 6-Pers.-Haus 1000–1500 R), ein einzigartiger Ort, um allem zu entfliehen. In den landschaftlich wunderschönen Gärten gibt es Wasserbecken, Quellen und ein Labyrinth. Ein 890 ha großes Wildreservat mit einer Vielzahl an Giraffen, Zebras und Gnus bietet sich außerdem für Streifzüge an. Besucher, die länger hier verweilen möchten, können Vereinbarungen treffen. Boondocks liegt an der Route 38, 45 km von Barberton entfernt auf der Straße nach Kaapmuiden.

BADPLAAS

☎ 017 / 8000 Ew.

Wer sich in **Thermalquellen** (☎ 017-844 1000; Eintritt Pers./Auto pro Tag 50/30 R) zwischendurch ein bisschen entspannen möchte, hält am besten in Badplaas. Am Horizont erheben sich die majestätischen Silhouetten der Hlumuhlumu Mountains.

Aventura Badplaas (☎ 017-844 1000; www.aventura.co.za; Stellplatz 75 R, plus 30 R pro Pers., EZ/DZ 265/530 R, 2-4B-Selbstversorger-Chalets 420/750 R; ⛶ 💻 ♿) ist der beste Platz für eine Resortatmosphäre mit Wellness-Behandlungen und einer großen Auswahl an Chalets und Doppelzimmern. Es gibt dort auch einen Wohnwagenpark. Für Gäste kosten die heißen Quellen 10 R. Das Aventura ist gut ausgeschrieben und nicht zu übersehen.

Baluli Lodge (☎ 017-844 1040; www.baluli.com; DZ/3BZ 300/330 R; ♿) ist kleiner, einfacher und ruhiger als das Aventura nebenan. Zusätzlich zu den netten Zimmern gibt es eine Bar, ein Restaurant und einen Fernsehraum.

Minibus-Taxis fahren zwischen Badplaas und Machadodorp über die N4 (18 R, 1 Std.) und Barberton (20 R, 1 Std.).

PIET RETIEF

☎ 017 / 32 000 Ew.

Obwohl es dort nicht viel zu sehen gibt, ist die Bauernstadt Piet Retief die größte im südlichen Mpumalanga und eignet sich gut als Zwischenstopp auf der Strecke nach Swaziland oder KwaZulu-Natal. Ungefähr 80 km südwestlich von Piet Retief, in der Nähe von Wakkerstroom, liegt das **Ekangala Grassland Biosphere Reserve** – ein Paradies für Vogelliebhaber. Die Gegend südlich von Piet Retief ist auch für ihre vielen Schlachtfelder, Relikte aus dem Anglo-Burischen Krieg, bekannt.

Bankautomaten gibt es bei der **First National Bank** (Church St.) und bei **ABSA** (Church St.), beide im Stadtzentrum. Internetzugang bietet das Böhmers Restaurant gegenüber.

Schlafen & Essen

Lala's Lodge (☎ 017-826 1838, 083-302 2466; Stellplatz 35 R/Pers., B 70 R, Zi. mit Frühstück 200 R/Pers.) Lala's Lodge erinnert mit seinen Schlafsälen, Doppelzimmern und dem Gemeinschaftsraum an alte Zeiten. Es liegt etwa 1,5 km nördlich der Stadt und ist auf der N2 Richtung Ermelo angeschrieben.

LA Guest House (☎ 017-826 2837, 082-292 2163; laguesthouse@telkomsa.net; 3 Market St.; EZ/DZ mit Frühstück 240/340 R; 💻) Dieses gemütliche B&B hat gepflegte und geräumige Zimmer, davon zwei mit kleiner Kochecke und Terrasse. Es

MPUMALANGA

ist ruhig gelegen, nur ein paar Straßen vom Stadtzentrum entfernt.

Weaver's Nest Country Village (☎ 017-730 0115; www.weavers.co.za; EZ/DZ mit HP 575/850 R, 4-Pers.-Selbstversorgerhütten 600 R) In der Nähe von Wakkerstroom liegt dieses größere Gelände, an der Route 543 ausgeschildert, mit Zimmern und Selbstversorgerhütten.

Wetlands Lodge (☎ 017-730 0101; DZ mit HP 600 R) Ebenfalls in der Nähe von Wakkerstroom (ca. 90 km südwestlich von Piet Retief) befindet sich diese Unterkunft mit Kamin und gut ausgestatteter Bibliothek.

Böhmers Restaurant (☎ 017-826 4178; 15A Church St.; Mo–Sa Mittag- & Abendessen) In diesem unauffälligen Lokal an der Hauptstraße der Stadt gibt es zahlreiche Steakvariationen und Hühnchengerichte.

Böhmers coffee shop (☎ 017-826 2236; Mo–Sa 7–21, So 10–17 Uhr) Gleich nebenan befindet sich dieses Café, das kleine Mahlzeiten und Snacks serviert. Hier wird auch Internetzugang (30 Min. 20 R) angeboten.

An- & Weiterreise

Der **Greyhound** Bus (www.greyhound.co.za) hält an der Waterside Lodge am südlichen Ende der Church Street auf seiner täglichen Pretoria–Durban Strecke. Der Fahrpreis von Piet Retief nach Pretoria beträgt 140 R, nach Durban 180 R.

Die Minibus-Taxihaltestelle liegt auf der Rückseite des SuperMac (Ecke Kerk & Brand Sts.). Die Fahrt von hier zur Grenze nach Swasiland in Mahamba kostet 15 R (30 Min.).

Kruger National Park

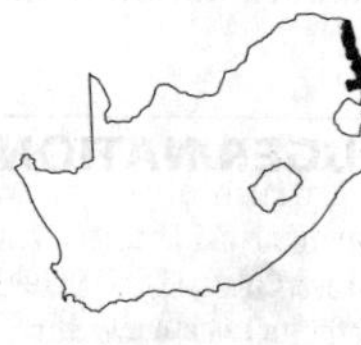

Dichte Wälder aus Akazien, Sykomoren (Eselsfeigen) und Buschweiden, dazwischen offene Savannen, mäandrierende Flüsse und bizarre Felskuppen – so präsentiert sich der berühmte Kruger National Park, der etwa halb so groß wie die Schweiz ist. Löwen, Leoparden, Elefanten, Kaffernbüffel und Spitzmaulnashörner, die berühmten *Big Five,* durchstreifen die Wildnis. Zu ihnen gesellen sich Geparde, Giraffen, Flusspferde und viele kleinere Wildtiere.

Seine immense Größe, der vorbildlich umgesetzte Naturschutzgedanke, die Vielfalt seiner Tierwelt und die leichte Zugänglichkeit machen den Kruger zu einem der berühmtesten Nationalparks Afrikas und weltweit. Täglich zeigt die Natur hier das Drama vom Leben und Sterben: An einem Morgen beobachten Besucher ein Rudel Löwen über dem gerade gerissenen Wild. Am nächsten Tag erleben sie die ersten Gehversuche eines eben gesetzten Impalakalbs.

Ein weitverzweigtes Netz befestigter Straßen und komfortabler Camps erschließt den Park. Eine größere Herausforderung sind da schon die Pisten für Geländewagen, die Mountainbikestrecken und die Wanderwege. Doch selbst auf den asphaltierten Straßen sind Stimmen und Gerüche der Wildnis nur wenige Meter entfernt. Wer die Wochenenden und Schulferien meidet, sich in der Region nördlich des Phalaborwa Gate aufhält und auf Schotterpisten unterwegs ist, wird oft länger als eine Stunde keinem anderen Fahrzeug begegnen und keinen Motorlärm hören.

Wegen der großen Wildherden und dem gut ausgebauten Straßennetz ist der südliche Teil des Nationalparks besonders beliebt. Weiter nördlich zu prägt Mopanesavanne das Landschaftsbild. Mopanebäume sind die Lieblingskost der Elefanten, deshalb sind die grauen Riesen in dieser Region besonders zahlreich vertreten. Am schönsten ist der Kruger National Park um Punda Maria und Pafuri ganz im Norden. Auch wenn es hier weniger Wild gibt, sind die Buschlandschaft und die Atmosphäre der afrikanischen Wildnis in ihrer Ursprünglichkeit einfach atemberaubend.

HIGHLIGHTS

- Die verborgenen Winkel des Kruger National Park auf einem der aufregenden **Wilderness Trails** erkunden (S. 515)
- In einem abgelegenen **Bushveld Camp** (S. 519) übernachten und beim Grunzen der Flusspferde einschlafen
- Auf eine **nächtliche Pirschfahrt** (S. 515) gehen und in der Finsternis die gelb leuchtenden Augen einer Raubkatze entdecken.
- Bei Sonnenaufgang am **Wasserloch** (S. 513) den Beginn eines neuen Tages erleben.
- Sich ein paar Nächte in einem der luxuriösen **Private Wildlife Reserves** (S. 521) an der Nationalparkgrenze verwöhnen lassen

- FLÄCHE: 20 000 km²

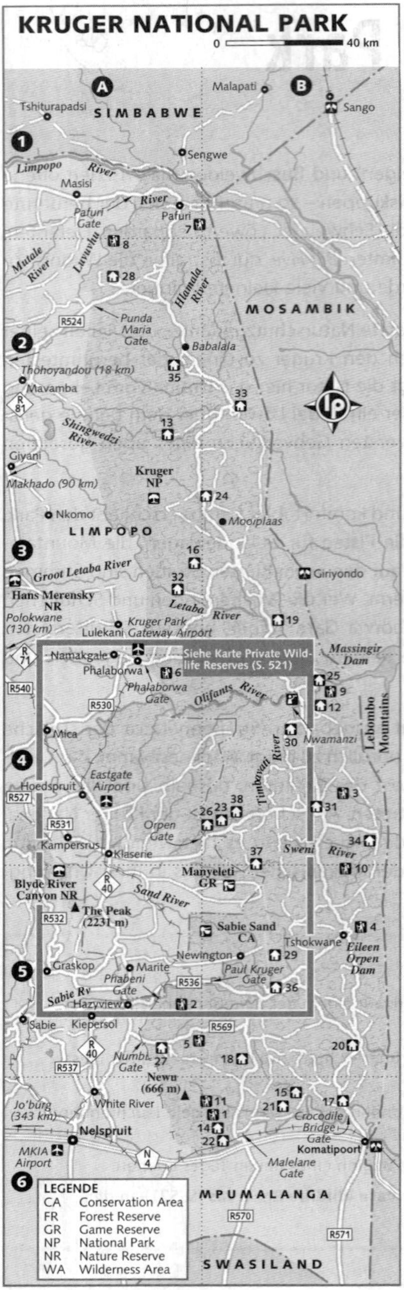

GESCHICHTE

Die San waren die ersten Menschen, die die Wildherden des Kruger (gesprochen: Krüger) beobachteten. An zahlreichen Stellen im Nationalpark haben sie ihre Felsmalereien hinterlassen. Davor durchstreiften verschiedene Hominiden das Lowveld – die ältesten Spuren sind 500 000 Jahre alt. Um das 6. Jh. ließen sich Nguni in der Region nieder.

Der heutige Nationalpark wurde 1898 unter Naturschutz gestellt: Paul Kruger, Präsident der Republik Transvaal und gleichzeitig ein leidenschaftlicher Großwildjäger, ließ das Sabie Game Reserve zwischen Sabie River und Crocodile River zu einer Fläche für kontrollierte Jagden erklären. Nach dem zweiten Burenkrieg wurde James Stevenson Hamilton 1902 zum ersten Wild-

WANDERWEGE

Bushman Trail ... **1** B6
Madlabantu Adventure Trail ... **2** A5
Mananga Adventure Trail ... **3** B4
Metsimetsi Trail ... **4** B5
Napi Trail ... **5** A5
Nonokani Adventure Trail ... **6** A4
Northern Plains Adventure Trail ... **7** A1
Nyalaland Trail ... **8** A2
Olifants Trail ... **9** B4
Sweni Trail ... **10** B5
Wolhuter Trail ... **11** B6

SCHLAFEN

Balule Satellite Camp ... **12** B4
Bateleur Bushveld Camp ... **13** A2
Berg-en-dal Rest Camp ... **14** B6
Biyamiti Bushveld Camp ... **15** B6
Boulders Bush Lodge ... **16** A3
Crocodile Bridge Rest Camp ... **17** B6
Jock Safari Lodge ... **18** B5
Letaba Rest Camp ... **19** B3
Lower Sabie Rest Camp ... **20** B5
Lukimbi Safari Lodge ... **21** B6
Malelane Satellite Camp ... **22** B6
Maroela Satellite Camp ... **23** B4
Mopani Rest Camp ... **24** B3
Olifants Rest Camp ... **25** B4
Orpen Rest Camp ... **26** B4
Pretoriuskop Rest Camp ... **27** A5
Punda Maria Rest Camp ... **28** A2
Rhino Post Camp ... **29** B5
Roodewal Bush Lodge ... **30** B4
Satara Rest Camp ... **31** B4
Shimuwini Bushveld Camp ... **32** A3
Shingwedzi Rest Camp ... **33** B2
Singita Lebombo Lodge ... **34** B4
Sirheni Bushveld Camp ... **35** A2
Skukuza Rest Camp ... **36** B5
Talamati Bushveld Camp ... **37** B4
Tamboti Satellite Camp ... **38** B4

TRANSPORT

Avis ... (siehe 36)

wart ernannt. Hamilton erkannte schnell das touristische Potenzial des Wildreichtums und entwickelte Leitlinien eines nachhaltigen Tierschutzes. 1926 wurde das Sabie Game Reserve mit dem angrenzenden Shingwedzi Game Reserve und mehreren privaten Farmen zum Kruger National Park vereinigt. 1927 wurde der Park für die Öffentlichkeit zugänglich gemacht.

Der Kruger National Park hat sich zu einem bedeutenden Zentrum für Forschung und Naturschutz entwickelt und ist eine der beliebtesten afrikanischen Destinationen, um Tiere in freier Wildbahn zu beobachten. Anfang der 1990er-Jahre wurden die meisten Zäune zwischen Kruger und den westlich angrenzenden, privaten Wildlife Reserves abgebaut. 2002 wurde der Park zusammen mit dem Gonarezhou National Park in Simbabwe und dem Limpopo National Park in Mosambik Teil des gigantischen **Great Limpopo Transfrontier Park** (www.greatlimpopopark.com). Das Projekt steckt noch in den Kinderschuhen, bislang gibt es auch nur einen Grenzübergang bei Giriyondo. Zukünftig soll das Wild ungehindert durch ein 35 000 km² großes Areal streifen können.

ORIENTIERUNG

Der lange, schmale und nahezu keilförmige Kruger National Park grenzt im Osten an Mosambik, im Westen an die Provinz Limpopo und im Westen und Süden an Mpumalanga. Im Durchschnitt ist er 65 km breit und etwa 350 km lang. Eine Reihe privater Wildschutzgebiete säumt den Park entlang seiner offenen Westgrenze.

Ein Großteil des Parks besteht aus flacher oder leicht hügeliger Landschaft. Im Osten erheben sich die Lebombo Mountains entlang der Grenze zu Mosambik. Zu den größeren Flüssen, die den Nationalpark von Westen nach Osten durchfließen, zählen Limpopo, Luvuvhu, Shingwedzi, Letaba, Olifants, Timbavati und Sabie.

Es gibt zehn Zugangstore (*heks* auf Afrikaans). Ganz im Süden liegen **Malelane** (☎ 013-735 6152) und **Crocodile Bridge** (☎ 013-735 6012). Beide sind bequem über die N4 von Johannesburg aus zu erreichen. Wenn es geregnet hat, sollte man sich vorab über den Straßenzustand informieren, denn Crocodile Bridge wird gelegentlich überflutet und dann geschlossen. Die Tore **Numbi** (☎ 013-735 5133), **Phabeni** (☎ 013-735 5890) und **Paul Kruger** (☎ 013-735 5107) erreicht man über Hazyview (Abzweigung von der N4 bei Nelspruit). Das Paul Kruger Gate ist der nächstgelegene Zugang zum Skukuza Rest Camp (S. 518), dem wichtigsten Camp des Nationalparks. **Orpen** (☎ 013-735 6355) im Westen ist ideal für Reisende, die aus der Region des Blyde River anreisen. **Phalaborwa** (☎ 013-735 6509) liegt bei Polokwane, **Punda Maria** (☎ 013-735 6870) erreicht man über Makhado (Louis Trichardt). **Pafuri** (☎ 013-735 6888) im äußersten Norden wird über Thohoyandou im ehemaligen Venda Homeland angefahren.

Außerdem ist der Kruger nun auch von Mosambik aus zugänglich. Das Giriyondo Gate fungiert als internationaler Grenzübergang (Visa gibt es auf beiden Seiten). Allerdings kann man Giriyondo nur mit einem Geländewagen anfahren, weil die Pisten in Mosambik in sehr schlechtem Zustand sind. Vom Phalaborwa Gate nach Giriyondo sind es 95 km und weitere 75 km von Giriyondo nach Massingir in Mosambik. Der Eintritt in den mosambikanischen Limpopo National Park liegt bei 50 R pro Fahrzeug, 50 R pro Erwachsenem und 25 R pro Kind.

Etwa 700 km befestigte Straßen erschließen den Park; eine durchquert ihn auf seiner gesamten Länge. Zusammen mit den seltener befahrenen Nebenpisten bilden sie ein rund 1900 km langes Straßennetz.

PRAKTISCHE INFORMATIONEN

Reservierung

Die Reservierung der Unterkunft übernimmt das **South African National (SAN) Parks Central Reservations Office** (Karte S. 460-461; ☎ 012-428 9111; www.parks-sa.co.za; 643 Leyds St., Muckleneuk, Pretoria). Auch Lowveld Tourism (S. 491) in Nelspruit, Cape Town Tourism (S. 113) und Tourist Junction (S. 327) in Durban können Buchungen vornehmen. Karten und Bücher über den Kruger verkaufen die Touristeninformationen und die Läden in den größeren Rest Camps des Parks.

Für telefonische Reservierungen benötigt man eine Kreditkarte, schriftliche Anmeldungen für Rest Camps oder Wilderness Trails werden bis zu 13 Monate im Voraus angenommen.

Abgesehen von der Hochsaison (Schulferien, Weihnachten, Ostern) und an den Wochenenden ist eine vorherige Reservierung empfehlenswert, aber nicht zwingend notwendig.

JOCK OF THE BUSHVELD

Wer eine Zeitlang durch das östliche Südafrika reist, fragt sich unweigerlich, wer wohl Jock of the Bushveld gewesen sein mag. Sein Name taucht häufig im Zusammenhang mit Hotels, Restaurants, aber auch in Reiseführern und auf Landkarten auf. Nun, Jock ist Südafrikas beliebtester Hund. Percy Fitzpatrick machte ihn mit seinem 1907 erschienenen Buch *Jock of the Bushveld* unsterblich. Bis heute ist der Hund ein beliebter Werbeträger. Das Kinderbuch zeichnet ein lebhaftes Bild des Bushveld und gehört unbedingt ins Gepäck, wenn man den Kruger mit seinen Sprösslingen bereist. Im Park ist der berühmte Hund vielerorts präsent: Die Jock Safari Lodge ist nach ihm benannt, es gibt ein Denkmal, das an Jocks legendären Kampf mit einer Rappenantilope erinnert, und seine Pfotenspuren führen Wanderer auf einem 8 km langen Trail in der Nähe von Graskop (s. S. 486). Jocks letzte Ruhestätte ist allerdings ein Geheimnis. Die Safari-Guides erzählen gerne, er sei auf Krugers Hundefriedhof beigesetzt – aber das stimmt sicher nicht.

Zugangsbestimmungen

Tages- und Übernachtungsbesucher zahlen 120 R Eintritt pro Erwachsenem und 60 R pro Kind. Südafrikaner und in Südafrika lebende Ausländer sowie Staatsangehörige der South African Development Community (SADC) erhalten einen Preisnachlass. Die SAN Parks Wild Card (S. 89) gilt auch im Kruger National Park.

Fahrräder und Motorräder sind im Park nicht zugelassen. Die maximale Aufenthaltsdauer liegt in den Schulferien bei zehn Tagen. Pro Rest Camp darf man fünf Tage bleiben (10 Tage wenn man zeltet). Die Parkverwaltung beschränkt die Gesamtzahl der Besucher – in der Hochsaison empfiehlt es sich deshalb, ohne Reservierung möglichst früh anzureisen.

Die Öffnung der Gates hängen von der Jahreszeit ab. Im Augenblick gilt:

Monat	Gates/Camps öffnen um	Gates/Camps schließen um
Jan.	4.30/5 Uhr	18.30 Uhr
Feb.	5.30 Uhr	18.30 Uhr
März	5.30 Uhr	18.00 Uhr
April	6 Uhr	18.00 Uhr
Mai–Aug.	6.30 Uhr	17.30 Uhr
Sept.	6 Uhr	18.00 Uhr
Okt.	6/5.30 Uhr	18.00 Uhr
Nov./Dez.	5.30/4.30 Uhr	18.30 Uhr

Die Ankunft nach Schließung der Tore des Camps ist ein Regelverstoß und kann bestraft werden (die Camps sind alle eingezäunt!). Da die Höchstgeschwindigkeit auf Asphaltstraßen auf 50 km/h und auf den Pisten auf 40 km/h beschränkt ist, kann die Fahrt von Camp zu Camp relativ lange dauern. Unkalkulierbar ist aber vor allem die Zeit, die man durch einen „Stau" an einer interessanten Wildsichtung verliert.

PFLANZEN- & TIERWELT

Der Nationalpark umschließt ganz unterschiedliche Landschaften und Ökosysteme – jedes dieser Systeme zieht besondere Tierarten an. Die meisten Säugetiere sind in allen Teilen des Nationalparks zu finden, doch zeigen einige eindeutige Vorlieben. Die ausgezeichnete Broschüre *Find It* beschreibt die besten Beobachtungspunkte, an denen man Großwild mit Fernglas oder bloßem Auge sichten kann. Sie ist in den Läden der größeren Camps und im Büro des Nationalparks in Pretoria erhältlich.

Impalas, Büffel, Steppenzebras, Streifengnus, Kudus, Wasserböcke, Paviane, Grüne Meerkatzen, Geparde, Leoparden und andere, kleinere Raubtiere kommen überall vor. Vielfältig ist auch die Vogelwelt, besonders entlang der Flussläufe und nördlich des Luvuvhu River.

Die südwestliche Ecke zwischen Olifants und Crocodile River bekommt mit 700 mm die ergiebigsten Niederschläge. Die Region ist dicht bewaldet: Akazien, Buschweiden und Sykomoren (Eselsfeigen) sind die am häufigsten vorkommenden Baumarten, in der Blütezeit setzt der rot-orange leuchtende Korallenbaum farbige Akzente. Hier fühlen sich Breitmaulnashörner und Büffel wohl. Antilopen und die in ihrem Gefolge ziehenden Raubkatzen zeigen sich seltener.

Das östliche Parkareal südlich des Olifants River, die Ebenen um das Satara Rest Camp und die Region südlich des Crocodile

(Fortsetzung auf S. 513)

ADRIAN BAILEY

Graufischer im Flug, Kruger National Park

Blauböckchen, Kruger National Park

CAROL POLICH

ANDREW PARKINSON

Nilkrokodil, Kruger National Park

Afrikanischer Sonnenuntergang, Kruger National Park

CAROL POLICH

CAROL POLICH

Buschfeuer, Kruger National Park

ADRIAN BAILEY

Waldnektarvogel-Männchen, Kruger National Park

Löwe, Kruger National Park

CAROL POLICH

Blässbok, Kruger National Park

ARIADNE VAN ZANDBERGEN

CAROL POLICH

Witsand Nature Reserve (S. 580), Northern Cape

San-Frau in der Kalahari, Northern Cape (S. 564)

ARIADNE VAN ZANDBERGEN

CAROL POLICH

Geparde, Kgalagadi Transfrontier Park (S. 580), Northern Cape

Kgalagadi Transfrontier Park (S. 580), Northern Cape

LUKE HUNTER

ARIADNE VAN ZANDBERGEN

Felsmalerei (S. 373)

Kinder vor einer Nama-Hütte, Riemvasmaak (S. 567), Northern Cape

ARIADNE VAN ZANDBERGEN

ARIADNE VAN ZANDBERGEN

Schafzüchter, Kalahari (S. 576), Northern Cape

Surikate, Kgalagadi Transfrontier Park (S. 580), Northern Cape

DENNIS JONES

DI JONES

Pony-Trekking (S. 616), Lesotho

Frau in traditioneller Kleidung, Malealea (S. 616), Lesotho

DI JONES

DI JONES

Basotho-Junge, Lesotho (S. 596)

Sonnenuntergang am Katse Dam (S. 614), Lesotho

DI JONES

DI JONES

Cosmeenfeld, Malealea (S. 616), Lesotho

Basotho-Jungs, Lesotho (S. 596)

DI JONES

DI JONES

Dorfbewohner aus Malealea (S. 616), Lesotho

Hirten beim Schafehüten, Lesotho (S. 596)

DI JONES

ARIADNE VAN ZANDBERGEN

Swasi-Frau

Traditionell gekleideter Tänzer im Swazi Cultural Village (S. 634), Swasiland

CRAIG PERSHOUSE

ARIADNE VAN ZANDBERGEN

Braunkopfliest, Mlilwane Wildlife Sanctuary (S. 637), Swasiland

Holzmasken, Manzini (S. 639), Swasiland

CRAIG PERSHOUSE

RICHARD I'ANSON

Sonnenuntergang im Mkhaya Game Reserve (S. 646), Swasiland

Frau beim Kochen, Swasiland (S. 623)

ARIADNE VAN ZANDE

ARIADNE VAN ZANDBERGEN

Sangoma (traditioneller Heiler), Swazi Cultural Village (S. 634), Swasiland

Elenantilope, Mkhaya Game Reserve (S. 646), Swasiland

ARIADNE VAN ZAND

(Fortsetzung von S. 504)

River bekommen ergiebigen Regen (600 mm) und haben sehr fruchtbare Böden. Weite, mit Büffel- und Rotem Gras bestandene Landstriche sind hervorragendes Weideland. Dazwischen breiten Akazien, vor allem Süßdorn, Ahnen- und Marulabäume ihre Kronen aus. Hier leben große Herden von Impalas, Zebras, Kuhantilopen, Giraffen und Spitzmaulnashörner. Ihnen folgen Raubkatzen und besonders Löwen, zu deren bevorzugter Beute Impalas, Zebras und Streifengnus zählen.

Nördlich des Olifants River sinkt die Niederschlagsmenge unter 500 mm, die vorherrschende Baumart ist hier der Mopanebaum. Im Westen findet er zwischen den roten Buschweiden beste Wachstumsbedingungen; die Basaltflächen im Nordosten hingegen sind rauer, die Bäume neigen hier zu Krüppelwuchs. Mopanebäume sind die Lieblingsnahrung der Elefanten, die nördlich des Olifants River in großer Zahl anzutreffen sind. Südafrikanische Leierantilopen, Elenantilopen, Pferde- und Rappenantilopen teilen die Vorliebe für die schmetterlingsförmigen Blätter des Mopanebaums.

Die vielleicht spannendste Region ist das Gebiet um Punda Maria und Pafuri im äußersten Norden. Hier fällt mit 700 mm deutlich mehr Regen als im Mopaneland. Dies begünstigt das Wachstum unterschiedlichster Pflanzen und bietet großen Wildherden ausreichend Nahrung. Die Landschaft zeigt sich mit Wäldern, Bushveld (so wird in Südafrika die Kombination aus Grasland, Büschen und Bäumen genannt), Grassavannen und tropischen Galeriewäldern zwischen Luvuvhu und Limpopo sehr abwechslungsreich:

Galeriewälder, teilweise mit riesigen Sykomoren bestanden, säumen alle Flüsse im Kruger National Park. In ihrem Schutz äsen Buschböckchen und Nyalas.

Wildtiere leben auch außerhalb des Nationalparks. Besonders groß ist der Wildbestand entlang des Crocodile River an der Südgrenze.

An seinen Ufern kann man in Malelane und Komatipoort Flusspferde, Elefanten und natürlich Krokodile wie auf dem Präsentierteller beobachten.

AKTIVITÄTEN

Das Angebot an Aktivitäten rund um das Thema Wildbeobachtung ist riesengroß, der Nationalpark ist in dieser Hinsicht sehr gut organisiert. Doch bei der Tourplanung sollte ein Aspekt im Vordergrund stehen: Je unmittelbarer man in der Natur unterwegs ist und je mehr Zeit man investiert, sich mit ihren Stimmen, Gerüchen und ihrem Rhythmus vertraut zu machen, desto intensiver wird das Erlebnis sein. Zwar genügt schon ein einziger Tag, um den Zauber des Nationalparks zu spüren, doch Kruger ist so vielfältig, dass man auf jeden Fall vier oder fünf Tage, wenn möglich sogar eine Woche bleiben sollte. Wen die afrikanische Wildnis einmal gepackt hat, der wird ein Leben lang zurückkommen und immer wieder Neues entdecken.

Zwischen all den Aktivitäten sollte viel Zeit für die ruhige Beobachtung bleiben, am besten an einem Wasserloch, einem Fluss oder See. Es dauert nicht lange, und Kruger

IN ZAHLEN

Im Kruger National Park findet man

- 34 Amphibienarten
- 49 Fischarten
- 116 Reptilienarten
- 147 Säugetierarten
- 380 einheimische Baumarten
- 507 Vogelarten
- 1 Mio. Besucher pro Jahr

Laut Zählung lebten 2003 im Kruger:

- 200 Geparde
- 1000 Leoparden
- 1500 Löwen
- 3800 Warzenschweine
- 5000 Kudus
- 5000 Breitmaulnashörner
- 9000 Giraffen
- 10 500 Elefanten
- 25 150 Büffel
- 32 000 Zebras
- 150 000 Impalas

erwacht: die Stille weicht der Symphonie der Natur. Auch wenn sich kein einziges Tier zeigt, gibt es kein vergleichbares Erlebnis: Wer von einer Anhöhe über die weiten Ebenen schaut, spürt die urzeitliche Majestät dieser unbeschreiblichen Savannenlandschaft. Mit ihrem Schutz wird auch der natürliche Reichtum der Erde bewahrt.

Wildniswanderungen und Pirschfahrten können an allen Gates und in den Camps gebucht werden.

4WD Trails

Die längste und bekannteste Geländewagenstrecke durch den Kruger National Park ist der raue, 500 km lange **Lebombo Motorised Eco Trail**, er führt von Crocodile Bridge entlang der Ostgrenze des Parks bis Pafuri. Die Gebühr für die fünf Tage dauernde Fahrt beträgt 4940 R pro Geländewagen mit maximal vier Insassen. Jede Reisegruppe benötigt ein eigenes Auto und muss ausreichend Nahrung und Wasser mitnehmen, es gibt keine Verpflegungsmöglichkeit unterwegs. Nur fünf Fahrzeuge dürfen in Begleitung eines Rangers auf der Strecke unterwegs sein. Es empfiehlt sich also, diese Tour lange im Voraus bei der zentralen Reservierungsstelle (S. 503) zu buchen.

Vier weitere kürzere Trails dauern jeweils vier Stunden und kosten 460 R/Fahrzeug, zuzüglich einer Kaution von 100 R. Neben dem **Northern Plains Adventure Trail** (Reservierung im Shingwedzi Camp, S. 519) gibt es den **Nonokani Adventure Trail** (Reservierung am Phalaborwa Gate), den **Mananga Adventure Trail** (Reservierung im Satara Camp, S. 518) und den **Madlabantu Adventure Trail** (Reservierung im Pretoriuskop Camp, S. 518). Nach Regenfällen sind die Strecken gesperrt. Reservierungen sind nur am jeweiligen Morgen möglich, an dem man startet; pro Tag werden maximal sechs Fahrzeuge auf einer Strecke zugelassen. Es gibt weder Versorgungsmöglichkeiten noch Toiletten – alles was man benötigt, muss mitgeführt werden. Ein GPS-Navigationssystem ist sehr zu empfehlen.

Vogelbeobachtung

Kruger eignet sich hervorragend zur Vogelbeobachtung, wobei der äußerste Norden vom Punda Maria Gate bis über das Pafuri Gate hinaus definitiv zu den besten Beobachtungsgebieten des ganzen Kontinents zählt. Im Park verstreut findet sich eine Handvoll interessanter Beobachtungsposten. Ihre genaue Lage ist auf den Vogelbeobachtungsseiten der Homepage von **SAN Parks** (www.parks-sa.co.za) beschrieben. Einige der Bushveld Camps (S. 519) haben ebenfalls Vogelbeobachtungsstellen eingerichtet, mehrere der größeren Camps veranstalten auf Anfrage entsprechende Ausflüge. Alljährlich im Januar findet ein 24-stündiger **Birding Big Day** statt. Infos darüber und über andere Aktivitäten im Zusammenhang mit der ornithologischen Beobachtung im Nationalpark bieten **SAN Parks Honorary Rangers** (☎ 012-426 5026).

Bush Walks

Ein intensiveres Erlebnis als Pirschfahrten bieten geführte **Wildniswanderungen** (morgens/nachmittags pro Pers. 220/175 R), die von allen größeren Camps wie Satara, Skukuza, Lower Sabie und Pretoriuskop angeboten werden. Sie sind überaus beliebt und ideal, um den Nationalpark aus nächster Nähe zu erleben. Bewaffnete Ranger begleiten die Wandergruppen. Besonders empfehlenswert sind die Morgenwanderungen, da dann die Chancen, Wild zu sehen, am aussichtsreichsten sind.

Golf

In Skukuza gibt es einen **9-Loch-Golfplatz** (☎ 013-735 5611; skukuzagolf@parks-sa.co.za; 75 R); Golfschläger müssen mitgebracht werden. Gestartet wird Sonntag bis Freitag zwischen 7 und 9.30 Uhr, eine Reservierung für den Platz ist erforderlich.

Mountainbiken

Derzeit gibt es drei **Mountainbike Trails** (morgens/nachmittags 315 R/175 R) im Kruger National Park. Sie sind zwischen 12 und 24 km lang. Ganztagestouren sind ebenfalls möglich und kosten 650 R. Alle Strecken starten bei **Olifants** (☎ 013-735 6606) im zentralen Teil und sollten mehrere Tage im Voraus beim Camp oder über die zentrale Reservierungsstelle (S. 503) gebucht werden.

Geführte Touren

Preiswerte Touren durch den Nationalpark organisieren die Backpacker-Lodges in Hazyview (S. 489), Nelspruit (S. 493) und Graskop (S. 486), die Kosten betragen etwa 450 R/Tag zuzüglich Eintritt und Essen.

Günstig sind auch die Rundreisen von **African Routes** (S. 695; ☎ 031-563 5080; www.africanrou tes.co.za), die ihre Kruger-Touren mit Abstechern in die Drakensberge und nach Swasiland verbinden.

Reisende, die einen engen Zeitplan haben und den Kruger direkt im Anschluss an Johannesburg oder Kapstadt besuchen möchten, können bei **SA Airlink Tours** (www.airlinktours.com) eine Fly-In-Safari von Jo'burg in den zentralen Teil des Kruger National Parks buchen.

Weitere Veranstalter sind z. B. **Wildlife Safaris** (www.wildlifesaf.co.za): Ihre viertägige Panorama-Tour durch den Kruger und zum Blyde River Canyon kostet 4214 R pro Person mit Halbpension. Die **Bundu Safari Company** (☎ 011-675 0767; www.bundusafaris.co.za) bietet vier Tage in Kruger ab 2900 R/Person (s. S. 695) an. Auch die meisten anderen Veranstalter, die namentlich im Kapitel Verkehrsmittel &-wege (S. 695) aufgeführt sind, haben Touren durch den Nationalpark in ihren Programmen.

Wilderness Trails

Die Wildniswanderungen durch den Nationalpark gehören sicherlich zu den Highlights des Besuchs und zu den reizvollsten Safarierlebnissen im südlichen Afrika. Die Gruppen sind klein (max. acht Teilnehmer) und werden von erfahrenen, bewaffneten Guides geführt. Die Wanderungen bieten eine einzigartige Möglichkeit, sich so intensiv mit der Wildnis vertraut zu machen, wie es mit dem Fahrzeug nie möglich wäre. Die Etappen sind nicht besonders anstrengend und selten länger als 20 km, die in moderatem Tempo zurückgelegt werden. Jeder, der fit ist, kann daran teilnehmen. Die Interessen der Gruppe, die Jahreszeit und die Wanderungen der Wildherden bestimmen den Routenverlauf.

Die meisten Wildniswanderungen dauern zwei Tage und drei Nächte. Start ist jeweils Mittwoch- und Sonntagnachmittag, die Kosten belaufen sich auf 2240 R pro Person. Die Übernachtung in rustikalen, bequemen Hütten, das Essen und die Ausrüstung sind im Preis eingeschlossen. Alkoholika wie Wein und Bier muss jeder selbst mitbringen. Da die Wanderungen extrem beliebt sind, sollte man sie unbedingt lange im Voraus reservieren. Kinder unter zwölf Jahren dürfen nicht daran teilnehmen. Buchungen nimmt das zentrale Reservierungsbüro (S. 503) entgegen.

Im Folgenden werden die sieben Wilderness Trails im Kruger National Park in einer Kurzbeschreibung vorgestellt:

Bushman Trail In der Umgebung des Berg-en-dal Rest Camps in der Südwestecke des Parks. Die Wanderung führt zu Felsmalereien der San, Sichtungen von Breitmaulnashörnern, Löwen und großen Antilopenherden sind möglich.

Metsimetsi Trail Die Region auf halbem Weg zwischen Lower Sabie und dem Satara Rest Camp an der Ostgrenze des Parks besteht aus sanft gewellter Savanne, Schluchten und dem Canyon des N'waswitsontso River. Er führt ganzjährig Wasser und lockt zahlreiche Wildtiere an, u. a. Elefanten und Spitzmaulnashörner.

Napi Trail Die Wanderung auf halbem Weg zwischen Skukuza und Pretoriuskop Rest Camp führt durch Bushveld. Hier leben Spitz- und Breitmaulnashörner, Löwen, Leoparden, Geparde, Hyänenhunde, Büffel und Elefanten. Die Sichtung der Big Five ist fast garantiert, außerdem lassen sich zahlreiche Vögel beobachten.

Nyalaland Trail Der Trail führt im äußersten Norden unweit des Luvuvhu River durch eine Region mit ganz verschiedenen Ökosystemen. Hier steht die Schönheit der Wildnis im Vordergrund, nicht die Big Five. Aber die Vogelwelt ist sehr abwechslungsreich und die Wanderung deshalb besonders für Vogelliebhaber interessant.

Olifants Trail Er verläuft im Ostteil des Parks entlang des Olifants River und bietet die Gelegenheit, in der herrlichen Flusslandschaft ganz nahe an Elefanten, Flusspferde, Krokodile und andere Tiere heranzukommen. Vogelbeobachter können u. a. Fischadler und die seltene Afrikanische Fischeule sehen.

Sweni Trail Die Tour beim Satara Rest Camp ist sehr lohnenswert: Große Herden von Gnus, Zebras und Büffeln locken zahlreichen Löwen an, das Ganze vor dem eindrucksvollen Hintergrund schier endloser Grassavanne.

Wolhuter Trail Der Trail im Süden des Parks verläuft nicht weit vom Bushman Trail durch eine Region, die Löwen und Breitmaulnashörner bevorzugen. Sein Name erinnert an den legendären Ranger Harry Wolhuter und dessen Sohn Henry. Weitere Details zu Harrys Abenteuern, u. a. seinen Kampf mit einem Löwen, liefert das Stevenson-Hamilton-Museum im Skukuza Rest Camp.

Wildlife Drives

Pirschfahrten organisieren die meisten Rest Camps frühmorgens (2 Std.), zum Sonnenuntergang (3 Std.) und nachts (2 Std.). Sie sind eine schöne Ergänzung der eigenen Wildbeobachtungen. Ein erfahrener Ranger leitet die Ausfahrt und weist auf alles Interessante hin. Die Pirschfahrten orientieren sich am Lebensrhythmus des Wildes, denn die meisten Tiere, darunter auch Löwen,

KRUGER NATIONAL PARK

WILDBEOBACHTUNG

Wildbeobachtung ist immer ein Glücksspiel. Doch dank der Vielfalt und der immensen Zahl an Tieren ist die Chance, im Kruger Wild zu sehen, auf jeden Fall größer als anderswo in Südafrika. Die beste Reisezeit sind die kühlen und trockenen Wintermonate: Die Bäume verlieren ihre Blätter, der Pflanzenwuchs wird spärlicher und die Sichtverhältnisse entsprechend besser. Die Tiere halten sich in der Nähe der wenigen Wasserstellen auf, auch die Zahl der Moskitos sinkt dramatisch. Landschaftlich reizvoller ist es allerdings im Sommer, wenn das frische Grün sprießt und die Tiere ihre Junge bekommen haben.

Unabhängig von der Reisezeit sind Geduld und Ausdauer die Grundvoraussetzungen für eine erfolgreiche Wildbeobachtung. Man sollte langsam fahren, häufig stehen bleiben und den Motor ausstellen. Erstaunlich oft fällt einem zunächst nur ein Tier auf, nach dem Anhalten sind weitere Tiere in der Nähe des ersten zu sehen. Sogar Elefanten können sich perfekt tarnen, wenn sie sich nicht bewegen. Sich ruhig an einem Wasserloch niederzulassen, lohnt sich immer. In den Rest Camps sind Karten mit einem farbigen Markierungssystem erhältlich, das anzeigt, wo am jeweiligen und am vorherigen Tag Wild in der Umgebung gesichtet wurde. Diese Stellen sind ein günstiger Anlaufpunkt.

Das Straßennetz ist gut unterhalten. Auch die meisten Schotterpisten sind mit einem PKW befahrbar. Nach heftigen Regenfällen informieren die Ranger der Rest Camps die Gäste, welche Strecken nicht befahrbar sind. Eine Sonnenbrille und ein starkes Fernrohr mit Stativ sind unverzichtbare Hilfsmittel.

Die verschiedenen Tierarten zeigen zu unterschiedlichen Tageszeiten ganz individuelle Verhaltensweisen – sie folgen keinen Regeln, sodass es immer etwas zu sehen gibt. Als Faustregel gilt, dass fast alle am frühen Morgen und am späteren Nachmittag und Abend ihre aktivsten Zeiten haben. Je mehr man über eine Tierart, ihr Vorkommen und Verhalten weiß, desto größer ist die Chance, die Tiere zu finden. Lohnenswert ist der Kauf eines Bestimmungsbuches, das es in den Läden der Rest Camps gibt. Hier einige Tipps:

- Große Raubkatzen genießen die kühle Brise auf Felskuppen; Leoparden ruhen häufig hoch oben in einer Baumkrone.
- Kreisende Geier und parkende Autos sind deutliche Anzeichen, das es etwas Interessantes zu sehen gibt. Oft versuchen auch aufgeregte Fahrer, andere anzuhalten.
- Warzenschweine, Paviane, Zebras, Giraffen und viele Antilopenarten grasen friedlich nebeneinander. Wenn man eine Art sichtet, sind die anderen meist nicht weit entfernt.
- Ruhig weidende Huftiere bedeuten nicht, dass kein Raubtier in der Nähe ist. Man muss genau die Umgebung beobachten: Raubkatzen sind perfekt getarnt und deshalb kaum zu erkennen. Es scheint, als wüssten viele Tiere, ob der Räuber gerade auf Beutezug ist. Jagt er nicht, zeigen sie sich trotz seiner Anwesenheit erstaunlich entspannt.
- Antilopen benehmen sich nervös und wachsam, wenn sie ein jagendes Raubtier wahrnehmen, aber sie ergreifen nicht sofort die Flucht. Sie wissen, dass sie einem Raubtier mit ausreichendem Vorsprung fast immer entkommen können. Deshalb wahren sie eine sichere Fluchtdistanz zur Gefahrenquelle. Wenn sich der Jäger nähert, bewegt sich die Antilope von ihm fort, behält dabei aber ständig den Feind im Auge. Greift er an, flieht sie, aber meist nicht sehr weit.
- Immer ausreichend Distanz zu den Tieren wahren, um sie so wenig wie möglich im natürlichen Verhalten zu stören. Wenn man sich dennoch nähert, dann langsam und gleichmäßig und ohne ruckartige Bewegungen.
- Häufiges Ausstellen und Anlassen des Motors sollte vermieden werden. Wer stehen bleibt, sollte eine Zeitlang ruhig bleiben. Allerdings kann sich die Vibration des Motors auf die Kamera übertragen. Nur an wenigen ausgewiesenen Stellen ist es erlaubt, das Fahrzeug zu verlassen.

Leoparden und Nashörner, sind zwischen Sonnenaufgang und 10 Uhr sowie ab dem späten Nachmittag aktiv. Pirschfahrten werden in Fahrzeugen für zehn bis zwanzig Personen durchgeführt und kosten abhängig von Tageszeit und Autogröße zwischen 100 und 200 R pro Teilnehmer.

SCHLAFEN & ESSEN

Der Kruger National Park bietet eine Vielzahl komfortabler Unterkunftsmöglichkeiten. Buchungen nimmt die zentrale Reservierungsstelle oder eine der lokalen Touristeninformationen, die alle häufig mit der Nationalparkverwaltung zusammenarbeiten, entgegen (Adressen S. 503).

Die meisten Besucher übernachten in einem der zwölf Rest Camps. Ein solches Camp besteht aus einem Campingplatz, verschiedenen Arten von Hütten, Bungalows und Ferienhäusern sowie anderen Unterkünften, Läden und Restaurants. Einige Rest Camps haben noch zusätzlich (kleinere) Satellitencamps. Sie liegen ein Stück entfernt, sind sehr rustikal und haben weder Sanitäranlagen oder Wasser noch sonstige Infrastruktur.

Es gibt außerdem fünf abgelegene Bushveld Camps mit kleinen Hütten für Selbstversorger (aber ohne Laden oder Restaurant). Auch die beiden Bush Lodges liegen mitten in der Wildnis und können nur komplett von einer Gruppe gemietet werden. Zu guter Letzt bieten mehrere private Konzessionsgebiete innerhalb des Nationalparks ihren Gästen Fünf-Sterne-Komfort.

Eine Alternative ist die Übernachtung außerhalb des Parks. Reisende mit weniger Geld finden die preiswertesten Unterkünfte in Hazyview (S. 488), Nelspruit (S. 491) und Phalaborwa (S. 546). Am anderen Ende der Preisskala rangieren die luxuriösen, privaten Game Reserves an der Westgrenze des Nationalparks (S. 522).

Rest Camps

Die großen Rest Camps gleichen Kleinstädten mitten im Busch, wirken aber trotz ihres Angebots und der Besuchermengen, die hier unterkommen, erstaunlich unauffällig. Alle Rest Camps sind eingezäunt, schön angelegt, tadellos unterhalten und haben Strom. In den meisten Camps können Besucher preiswert in netten Restaurants essen (Gerichte 40–50 R). Es gibt Gemeinschaftsküchen mit Spülen, Kochplatten und *braais*, Telefonzellen und Tankstellen (Benzin und Diesel). Einen Swimmingpool findet man in Berg-en-dal, Pretoriuskop (ein umgebauter Felspool), Lower Sabie, Skukuza, Mopani und Shingwedzi; eine Bank haben die Camps Letaba und Skukuza, wo sich auch ein Geldautomat befindet. Pirschfahrten und Wildniswanderungen werden in allen Rest Camps organisiert.

Je nach Camp stehen verschiedene Unterkunftsmöglichkeiten zur Verfügung, meistens Hütten, Bungalows und Ferienhäuser. Bettwäsche und Handtücher gehören zur Grundausstattung; einige Hütten haben auch eine Klimaanlage oder einen Ventilator. Wenn es in der Unterkunft keine separate, sondern nur eine Gemeinschaftsküche gibt, müssen die Gäste ihre eigenen Kochutensilien und ihr eigenes Geschirr mitbringen.

Die Hütten (2 Pers. 240–285 R) sind rustikal und die preiswerteste Übernachtungsmöglichkeit. Sie haben keine eigenen Sanitäranlagen, gekocht wird in der Gemeinschaftsküche. Je nach Camp ist Platz für zwei bis sechs Personen; einige Hütten sind mit Kühlschrank ausgestattet.

Bungalows (2 Pers. 475–535 R) haben fast alle Dusche/WC; je nach Standard ist eine Küchenzeile vorhanden oder man nutzt die Gemeinschaftsküche.

Cottages (max. 4 Pers., um 895 R) bilden die nächsthöhere Stufe hinsichtlich Komfort und Preis. Sie haben meist ein Wohnzimmer, Küche und Bad. Es gibt sie in verschiedenen Größen bis hin zu Familien-Cottages mit mehreren Schlafräumen.

In einigen Camps kann man in Safarizelten übernachten (2 Pers. 240 R). Alle sind möbliert, haben Kühlschrank und Ventilator und bieten zwei bis vier Personen Platz. Küche und Sanitäranlagen werden mit anderen Gästen geteilt. In einigen Camps wie Lower Sabie und im Satelliten-Camp Tamboti (bei Orpen) sind die Safarizelte auch mit Bad und Kochmöglichkeiten ausgestattet (395–425 R für 2 Pers.).

Reisende mit Zelt oder Wohnwagen finden in vielen Rest Camps Campingplätze (Stellplatz 1–2 Pers. 105 R), die Ausnahmen sind in der Übersicht aufgeführt. Jede weitere Person – höchstens sechs weitere sind zugelassen – schlägt mit 36 R zu Buche. Eine Reservierung ist nicht unbedingt nötig.

Nicht alle Zeltplätze verfügen über einen Stromanschluss.

Behindertengerechte Einrichtungen bieten Berg-en-dal, Crocodile Bridge, Pretoriuskop, Lower Sabie, Skukuza, Satara, Olifants, Letaba, Mopani, Shingwedzi und Tamboti. Die Homepage von **SAN Parks** (www.parks-sa.co.za) informiert auf anschauliche Weise über die Bedingungen in jedem einzelnen Rest Camp, sie ist eine gute Hilfe bei der Reiseplanung.

Die Buchung der Unterkünfte in den Rest Camps übernimmt die zentrale Reservierungsstelle oder eine der lokalen Touristeninformationen, die mit der Nationalparkverwaltung zusammenarbeiten (s. S. 503). Die im Folgenden genannten Telefonnummern sind für Informationsanfragen im jeweiligen Camp und mehr noch für Notfälle gedacht. Die Camps sind von Süden nach Norden, der vorherrschenden Reiserichtung, aufgelistet.

Berg-en-dal (☎ 013-735 6106) Das mittelgroße Camp liegt 12 km vom Malelane Gate entfernt und zählt zu den modernsten im Park. Die Bungalows und Familien-Cottages können jeweils bis zu sechs Gäste beherbergen. Das Camp liegt landschaftlich schön am Matjulu River. Ein bei Nashörnern beliebtes Wasserloch ist nur 5 km entfernt. Das Camp bietet ein Besucherzentrum und Nature Trails. Rund 9 km sind es zum kleinen (aber nicht besonders schönen) **Malelane Satellite Camp** an der Südgrenze des Nationalparks. Außer Zeltplätzen und einigen Bungalows bietet es keine weitere Infrastruktur. Wer hier im Nebenlager übernachten möchte, muss sich am Malelane Gate anmelden.

Crocodile Bridge (☎ 013-735 6012) Das kleine Camp beim Crocodile River liegt unmittelbar hinter dem Crocodile Bridge Gate und ist deshalb ein guter Anlaufpunkt für alle, die erst kurz vor Toresschluss im Park ankommen. Wenige Kilometer weiter lassen sich Flusspferde und Krokodile in ihren Tümpeln beobachten, im Akaziendickicht versammeln sich Zebras, Gnus und Büffel. Als Unterkünfte stehen Bungalows und ein Safarizelt bereit. Das Camp hat kein Restaurant und keine Dieseltankmöglichkeit.

Pretoriuskop (☎ 013-735 5128) Krugers ältestes und eines der größten Rest Camps liegt unweit des Numbi Gate. Durch seine erhöhte Lage ist es hier im Sommer ein bisschen kühler als in den anderen Camps. Zur Auswahl stehen Hütten, Bungalows und Ferienhäuser für sechs bis neun Personen. Die Umgebung mit ihren hübschen Granitkuppen wird gerne von Breitmaulnashörnern aufgesucht. Flusspferde lassen sich am nahen Mestel Dam beobachten. Für Kinder und Badefreunde ist der in einem natürlichen Felsbassin angelegte Swimmingpool ein weiteres Highlight.

Lower Sabie (☎ 013-735 6056) Das mittelgroße Camp liegt etwa eine Fahrstunde (35 km) vom Crocodile Bridge Gate entfernt an einem Stausee des Sabie River. Der Fluss zieht an seinen Ufern viele Tiere an. Übernachtungsgäste können zwischen Hütten, Safarizelten, Bungalows und Ferienhäusern wählen. Jeder Stellplatz hat seinen eigenen Wasseranschluss.

Skukuza (☎ 013-735 4152) Skukuza am Sabie River ist Krugers Hauptcamp, die hier vorhandene Infrastruktur entspricht schon fast der einer Kleinstadt. Es gibt eine Bank mit Geldautomaten, eine Werkstatt und eine Tankstelle des Automobilclubs (AA), außerdem einen Arzt, eine Bibliothek, eine Polizeistation, ein Postamt, ein kleines Museum und ein nützliches Informationszentrum. Die Auswahl an Unterkünften ist riesig, die Gäste können zwischen Luxus-Bungalows und verschiedensten Ferienhäusern wählen. Zu den Schwachpunkten des Skukuza zählen seine Größe, die etwas sterile Atmosphäre und der ausgesprochen durchschnittliche Campingplatz.

Orpen (☎ 013-735 6355) Das Wasserloch des kleinen und attraktiven Camps unweit des Orpen Gate zieht viel Wild an. Es gibt kein Restaurant und nur eine Gemeinschaftsküche; das Kochgeschirr muss sich jeder selbst mitbringen. Da nicht alle Unterkünfte Strom haben, ist eine Taschenlampe unbedingt notwendig. Orpen hat zwei Satellitencamps: **Maroela** (4 km nordöstlich) besteht aus einfachen Stellplätzen mit Stromanschluss. Schöner ist **Tamboti** (4 km östlich) mit seinen komfortablen Safarizelten. Die Umgebung ist sehr tierreich. Einige Zelte haben eigene Sanitäranlagen und eine Küche, zwei sind mittels Rampen auch für Rollstuhlfahrer zugänglich. Der Check-In für beide Camps ist in Orpen.

Satara (☎ 013-735 6306) Östlich des Orpen Gate liegt Satara zwischen weiten, fruchtbaren Ebenen, in denen große Herden weiden. Flach und ohne jegliche Anhöhe ist die landschaftliche Kulisse nicht unbedingt anziehend, aber diesen Mangel macht die größte Löwenpopulation des Nationalparks wett. 45 km nördlich von Satara und unweit des Olifants River bietet das **Balule Satellite Camp** einen Campingplatz und einige rustikale Drei-Personen-Hütten. Anstelle von Strom werden Kerosin-Laternen ausgeteilt, eine Taschenlampe sollte aber jeder selbst mitbringen. Ein großer Kühlschrank und ein Herd sind vorhanden, alles andere muss mitgebracht werden. Obwohl Balule nur 11 km südlich des Olifants Camp liegt, müssen sich Besucher im weiter entfernten Satara registrieren lassen.

Olifants (☎ 013-735 6606) Dank der phantastischen Lage am Steilufer hoch über dem Olifants River hat man von diesem Camp einen spektakulären Blick auf Elefanten, Flusspferde und viele andere Tiere, die an den 100 m tiefer strömenden Fluss zum Trinken kommen. Olifants hat keinen Campingplatz; Zelten kann man im 11 km entfernten Balule Satellite Camp.

Letaba (☎ 013-735 6636) 20 km weiter nördlich eröffnet sich von Letaba aus ein herrlicher Blick über eine weite Schleife des Letaba River. Das Camp ist hübsch und sehr schattig gelegen, gezeltet wird auf einer Wiese. Auch ein Restaurant ist vorhanden. Im Camp informiert das Elephant Hall Museum über die grauen Riesen; die einzelnen Abteilungen widmen sich der Wilderei, dem illegalen Handel mit Elfenbein, der Geomorphologie und Biologie der Region und den Lebensräumen der Elefanten. Zu den Ausstellungsstücken zählen die Stoßzähne der großen Bullen Mafunyane, Dzombo, Shingwedzi und Shawu, die im Park verendet sind.

Mopani (☎ 013-735 6536) Das moderne Rest Camp am Ufer des Pioneer Dam liegt 45 km nördlich von Letaba. Alle Gebäude wurden aus Naturmaterialien und Schilf gebaut, was dem Camp einen sehr ästhetischen Anstrich gibt. Ein Zeltplatz ist nicht vorhanden. Das rund 3 km entfernte **Shipandani** bietet bis zu sechs Personen eine Übernachtungsmöglichkeit. Matratzen, Bettwäsche, einige Gerätschaften zum Kochen und eine Toilette sind vorhanden.

Shingwedzi (☎ 013-735 6806) Das große Shingwedzi Camp im nördlichen Teil des Parks gehört zu den betagten Anlagen des Nationalparks: Hütten und Ferienhäuser stehen im Rund unter hohen Mopanebäumen und Palmen. Vom Restaurant blickt man über den Shingwedzi River, auch ein Swimmingpool ist vorhanden. In der näheren Umgebung lassen sich gute Pirschfahrten unternehmen.

Punda Maria (☎ 013-735 6873) Das nördlichste Rest Camp liegt im Sandveld, einem trockenen Sandgürtel an den Dimbo Mountain. Das alte Camp unterscheidet sich vor allem durch seine unberührte Natur von den anderen Camps. Neben der faszinierenden Ökologie des Sandveld lassen sich hier viele verschiedene Tierarten, darunter Löwen und Elefanten, beobachten.

Bushveld Camps

Bushveld Camps bieten Selbstversorgern ein noch intensiveres Wildniserlebnis. Ein Rest Camp, in dem man die Vorräte ergänzen kann, liegt meist in der Nähe. Alle Camps erzeugen Solarenergie für Ventilatoren, Kühlschränke und Licht – alle anderen Geräte können nicht angeschlossen werden. Eine Reservierung ist Pflicht und kann über die zentrale Reservierungsstelle und die lokalen Touristeninformationen, die mit dem Nationalpark kooperieren (s. S. 503), erfolgen. In den meisten Bushveld Camps werden auf Wunsch nächtliche Pirschfahrten und Wildniswanderungen organisiert. Übernachtet wird in Häusern mit Bad, in denen bis zu sechs Personen unterkommen. Die Preise variieren zwischen 785 und 855 R für vier Personen; jede weitere kostet 185 R. Alleinreisende bezahlen den Grundpreis für das Haus, also 785 bis 855 R.

BIYAMITI

Biyamiti liegt an der Südgrenze des Nationalparks zwischen dem Malelane und dem Crocodile Bridge Gate in einer Region, die berühmt für ihre Löwenpopulation ist. Auch andere Vertreter der Big Five lassen sich hier blicken. Bis zu 70 Personen finden in den reetgedeckten Häusern Unterkunft.

TALAMATI

Das Camp am N'waswitsontso River (30 km südöstlich des Orpen Gate) liegt in einer wildreichen Grassavanne. Die Zwei- und Vier-Personen-Häuser haben einfache Küchenausstattung, außerdem gibt es ein luxuriöses Vier-Personen-Cottage und mehrere Unterstände am nahen Wasserloch.

SHIMUWINI
Das Camp am Letaba River liegt 50 km nordöstlich des Phalaborwa Gate und ist wegen seiner Lage am Fluss besonders bei Ornithologen beliebt. Es gibt Cottages für zwei bis sechs Personen und außerdem eine Vogel-Beobachtungsstelle.

BATELEUR
Wer durch den Nordteil des Kruger reist, sollte hier im kleinsten und schönsten Bushveld Camp ein paar Nächte verbringen. Es ist rustikal, aber bequem, und hat eine herrliche Lage in einer weitgehend unberührten Wildnis. Vögel lassen sich gut an der kleinen Tonpfanne am Rande des Camps sowie an den beiden Stauseen in der Nähe beobachten. Das Camp liegt im Nordteil des Nationalparks, etwa 35 km südwestlich von Shingwedzi.

SIRHENI
Ebenfalls im äußersten Norden verbirgt sich dieses Bushveld Camp in einem lichtem Wald – 40 km nordwestlich von Shingwedzi. Es liegt ebenfalls an einem Stausee und bietet wie Shimuwini hervorragende Beobachtungsmöglichkeiten für verschiedene Vogelarten.

Bush Lodges
Die beiden Bush Lodges des Nationalparks stehen ganz isoliert und werden nur komplett vermietet. Sie wurden mit dem Ziel errichtet, Gästen die Möglichkeit zu geben, die afrikanische Savanne so intensiv wie möglich zusammen mit Freunden oder der Familie zu erleben. Außer einer eingerichteten Küche, einem *braai* (einer Möglichkeit zum Grillen) und Betten gibt es keinerlei Ausstattung. Für Verpflegung sind die Gäste zuständig.

Beide Lodges müssen vorab bei der zentralen Reservierungsstelle (S. 503), an den Zugangstoren oder in den Rest Camps reserviert werden. Strom ist nicht vorhanden, Licht und Ventilatoren werden mit Solarenergie betrieben.

Boulders (bis zu 4 Personen 1665 R, jeder weitere 310 R) Auf der 23 km südwestlich von Mopani gelegenen Lodge können bis zu zwölf Gäste in sechs Zimmern schlafen.

Roodewal (bis zu 4 Pers. 1575 R, jeder weitere 310 R) Bis zu 19 Gäste finden in einem Cottage und mehreren Bungalows 28 km nordöstlich des Orpen Gate eine Unterkunft.

Private Konzessionsgebiete
Die privaten Konzessionen liegen alle in wildreichen Regionen. Hier lassen sich Safariabenteuer und größtmöglicher Komfort miteinander verbinden. Der Aufenthalt in Luxuszelten oder -lodges wird direkt bei dem Reiseveranstalter gebucht, dem die Konzession gehört. Weiterführende Links findet man auf der Website des Kruger National Park. Die Preise starten bei 4500 R pro Person. Folgende behördlich genehmigte Konzessionen gibt es:

Jock Safari Lodge (☎ 013-735 5200; www.jocksafarilodge.com) Im südlichen Nationalpark auf halber Strecke zwischen dem Berg-en-dal Camp und dem Skukuza Rest Camp gelegen.

Lukimbi Safari Lodge (☎ 011-888 3713; www.lukimbi.com) Unweit der südlichen Parkgrenze, südwestlich des Biyamit Bushveld Camps.

Rhino Post Camp (☎ 011-467 1886; www.zulunet.co.za) Am Ufer des Mutlumuvi River beim Skukuza Rest Camp.

Singita Lebombo Lodge (☎ 021-683 3424; www.singita.co.za) Gehört zu einer weltbekannten Safari-Resort-Gruppe, s. S. 522.

ANREISE & UNTERWEGS VOR ORT
Auto
Von Jo'burg fährt man 500 km (6 Std.) nach Skukuza, nach Punda Maria sind es 620 km (8 Std.). **Avis** (☎ 013-735 5651; www.avis.co.za) hat eine Niederlassung in Skukuza. Auch an den Flughäfen von Nelspruit, Hoedspruit und Phalaborwa kann man Autos mieten.

Die schönste Art, den Park zu besuchen, ist die Fahrt mit dem Auto. Man kann sich auch einen Mietwagen mit zwei oder drei anderen Besuchern teilen (s. S. 688).

Das Fahren auf den Asphaltstraßen ist im Prinzip unproblematisch: es sind nicht viele Autos unterwegs und das Tempo ist gering. Größte Gefahr sind die plötzlich stoppenden Autos und die abgelenkten Fahrer. Alle großen Rest Camps haben Tankstellen, das Tanken ist außerhalb des Nationalparks aber billiger.

Bus & Minibus-Taxi
Für die meisten Besucher ist Nelspruit die nächstgelegene größere Stadt in der Nähe

des Nationalparks. Es gibt gute Bus- und Minibus-Taxi-Verbindungen von und nach Jo'burg (s. S. 494).

Numbi Gate liegt 50 km, Malelane Gate etwa 65 km entfernt. Phalaborwa bei Polokwane am Nordrand des Kruger wird als Ausgangspunkt für Touren in den Nordteil zunehmend bedeutend.

Busverbindungen zum Rest Camp bestehen von und nach Jo'burg und zu anderen südafrikanischen Städten (s. S. 548).

Auch Hoedspruit ist ein Anlaufpunkt mit guter Busanbindung in verschiedene Regionen Südafrikas (s. S. 549). Zudem bietet es Zugang zu den privaten Wildschutzgebieten an der Grenze des Nationalparks und liegt nur 70 km vom Orpen Gate entfernt.

Aus dem ehemaligen Venda Homeland in der Provinz Limpopo fahren Minibus-Taxis bis in die Nähe des Rest Camp Punda Maria Gate.

Flugzeug

SAAirlink (☎ 011-978 1111; www.saairlink.co.za) fliegt täglich von Jo'burg bzw. Kapstadt zum Mpumalanga Kruger International Airport (MKIA) in der Nähe von Nelspruit (Zugang zum Numbi, Malelane und Crocodile Bridge Gate) sowie zum Kruger Park Gateway Airport in Phalaborwa (2 km vom Phalaborwa Gate entfernt).

Hier einige One-Way-Tarifbeispiele und die Flugzeiten: Jo'burg nach Phalaborwa (1300 R, 1 Std.), Jo'burg nach MKIA (1200 R, 1 Std.) und Kapstadt nach MKIA (2200 R, 2¼ Std.). SAAirlink fliegt täglich von Kapstadt nach Hoedspruit (Orpen Gate, 2400 R, 3¼ Std.).

South African Airways (☎ 086-035 9722, 011-978 1111; www.flysaa.com) verbindet Durban sechsmal die Woche mit MKIA (1400 R, 1½ Std.). **South African Express** (☎ 011-978 5577; www.saexpress.co.za) hat eine tägliche Flugverbindung zwischen Jo'burg und Hoedspruit Eastgate Airport (1300 R, 1½ Std.) eingerichtet.

Auch **Nationwide Airlines** (☎ 086-173 7737, 011-327 3000; www.nationwideair.co.za) fliegt mehrmals pro Woche zwischen Kapstadt bzw. Jo'burg und MKIA.

Zug

Der *Komati* (S. 683) fährt von Jo'burg über Nelspruit nach Komatipoort (1./2. Klasse/Economy 185/130/70 R).

Von dort sind es etwa 12 km zum Crocodile Bridge Gate.

PRIVATE WILDLIFE RESERVES

In den weiten Ebenen des Lowveld westlich des Krügerparks reihen sich zahlreiche private Wildschutzgebiete aneinander. Die

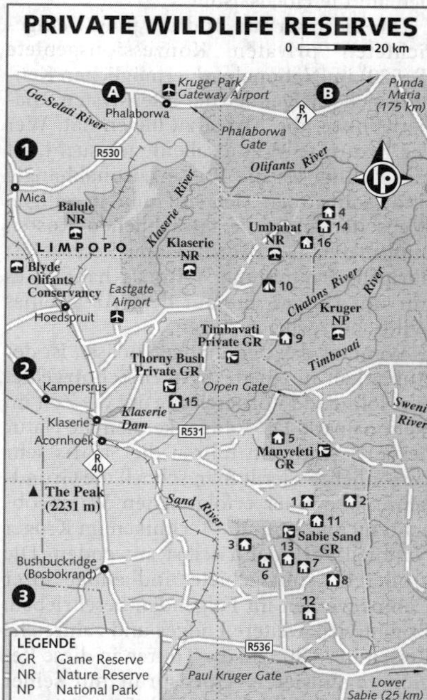

SCHLAFEN

Chitwa Chitwa Private Game Lodges	1	B3
Djuma Game Reserve	2	B3
Exeter Private Game Lodges	3	B3
Gomo Gomo	4	B1
Honeyguide	5	B2
Idube Private Game Reserve	6	B3
Londolozi Private Game Reserve	7	B3
Mala Mala Game Reserve	8	B3
Ngala Lodge	9	B2
Ngala Tent Camp	10	B2
Nkorho Bush Lodge	11	B3
Sabi Sabi Private Game Reserve	12	B3
Singita Private Game Reserve	13	B3
Tanda Tula	14	B1
Tangala	15	A2
Umlani Bushcamp	16	B1

Möglichkeiten der Wildbeobachtung sind ähnlich gut wie im Nationalpark. Die drei wichtigsten Game Reserves – Sabie Sand, Manyeleti und Timbavati – grenzen direkt an den Kruger. Da trennende Zäune fehlen, sind die Big Five hier wie dort unterwegs.

In den privaten Schutzgebieten gibt es rund 200 zumeist teure Lodges und Camps. Die All-inclusive-Preise reichen von 2000 bis über 6000 R pro Person im Doppelzimmer. Die unten angegebenen Tarife beziehen sich auf die Hochsaison.

Die Tierreservate und die jüngst eingerichteten privaten Konzessionsgebiete (S. 520) im Nationalpark ermöglichen Kennern sicherlich einige der intensivsten Safarierlebnisse, die Afrika zu bieten hat. Wer das luxuriöse Wildnisabenteuer sucht, ist hier richtig. Da die Preise saisonabhängig sind, sollte man sich auf den jeweiligen Webseiten über die tatsächlichen Kosten informieren. Der Begriff „Game Reserve" ist übrigens irreführend: Oftmals handelt es nur um Lodges, die auf dem Areal eines Wildschutzgebietes liegen.

Wenn es das Reisebudget zulässt, ist der Aufenthalt in einem privaten Schutzgebiet eine lohnende Vorbereitung auf die Zeit im Nationalpark. Die Ranger kennen die Natur hervorragend und führen die Safaris sehr persönlich. So lernt man schnell die Grundkenntnisse einer erfolgreichen Wildbeobachtung und kann die Techniken im Kruger National Park dann selbst anwenden. Die größeren Schutzgebiete und einige ihrer Camps werden im Folgenden beschrieben. Es gibt viele weitere Lodges und zahlreiche Reiseunternehmen, die Touren in diese Region organisieren. Hoedspruit mit seiner guten Anbindung hat sich als Einfallstor zu den privaten Lodges etabliert.

Auch wenn man die Game Reserves mit dem Fahrzeug anfahren darf: Pirschfahrten auf eigene Faust sind generell verboten. Viele Lodges lassen sich ohnehin nur mit vorheriger Reservierung besuchen. Zusätzlich zu den hier beschriebenen Game Reserves gibt es zahllose weitere im Norden und Westen. Zu den bekannten zählen Klaserie, Makalali und Balule, die alle drei nicht an den Nationalpark grenzen.

SABIE SAND GAME RESERVE

Auf dem Gebiet der weitläufigen **Sabie Sand Game Reserve** (http://sabi.krugerpark.co.za) wurden einige der luxuriösesten Safari-Lodges Südafrikas gebaut. Sie bieten einige der besten Wildbeobachtungsmöglichkeiten ganz Afrikas. Echte Safarikenner kommen regelmäßig hierher.

Das Gelände zwischen den einzelnen Lodges innerhalb von Sabie Sand ist nicht eingezäunt, überall lässt sich der gleiche faszinierende Wild- und Vogelreichtum erleben. Die Eintrittsgebühr für Sabie Sand beträgt 50 R.

Nkorho Bush Lodge (☎ 013-735 5367; www.nkorho.com; All-inclusive, EZ/DZ 2075/3200 R;) Die Lodge im Nordteil von Sabie Sand hat eine schöne Atmosphäre und gehört zu den preiswerteren Unterkünften. Die Gäste übernachten in komfortablen, mit Schilf gedeckten Chalets auf gepflegtem Rasen.

Chitwa Chitwa Private Game Lodges (☎ 011-883 1354; www.chitwa.co.za; All-inclusive, EZ/DZ 2400/3900 R;) Chitwa Chitwa steht etwas im Schatten von Londolozi und Singita, kann es aber dank der herrlich am Wasser gelegenen Game Lodge durchaus mit der Konkurrenz aufnehmen.

Djuma Game Reserve (☎ 013-735 5118; www.djuma.co.za; All-inclusive, Zi. ab 4200 R;) Djuma steht für eine einfache Unterkunft zu angemessenen Preisen. Besonders reizvoll ist die Vuyatela Lodge, bei deren Bauweise auf die lokale Kultur Bezug genommen wurde. Wer sich sowohl für die hier lebenden Menschen als auch für den Wildbestand interessiert, ist in Djuma genau richtig.

Mala Mala Game Reserve (☎ 011-442 2267; www.malamala.com; All-inclusive, Zi. ab 6000 R;) Mala Mala wetteifert mit Londolozi und Singita um die Anerkennung als eine der luxuriösesten Anlagen der Region, ist aber nicht ganz so herausgeputzt wie die beiden Nachbar-Lodges. Die hervorragenden Bedingungen für die Wildbeobachtung versöhnen mit dem Preis. Und das Personal tut alles, um seinen Gästen die Big Five (Elefanten, Nashörner, Flusspferde, Büffel und Löwen) vor die Kamera zu bringen.

Singita Private Game Reserve (☎ 021-683 3424 www.singita.co.za; All-inclusive, Zi. ab 7140 R;) Singita wird von exklusiven Reiseveranstaltern als eines der besten Resorts Afrikas und eines der Top-Reiseziele weltweit gehandelt. Spektakulär ist die am Fluss gelegene Lebombo Lodge, die ihre Gäste mit allem nur denkbarem Komfort und tadellosem Service verwöhnt. Singita hat den Status einer privaten Konzession innerhalb des National Parks und liegt an seinem Westrand, südöstlich des Satara Rest Camp.

Londolozi Private Game Reserve (☎ 011-809 4300; www.londolozi.com; All-inclusive, Zi. ab 8000 R;) Die exklusive Privat-Lodge wird von CC Africa geführt und ist berühmt für ihren Luxus und ihre Leoparden. Mehrere Camps, darunter das kleine Tree Camp, und eine ebenso komfortable Lodge bieten Übernachtungsmöglichkeiten – alle in unvergleichlicher Lage am Sand River. Londolozi beschreibt sich selbst als „schamlos exklusiv". Wer Fünf-Sterne-Komfort im afrikanischen Busch und exzellente Wildbeobachtung sucht, sollte hier buchen!

Weitere Übernachtungsmöglichkeiten:

Idube Private Game Reserve (☎ 011-888 3713; www.idube.com; EZ/DZ 3980/5900 R;) Angenehm und komfortabel. Die Raffinessen einiger anderer Lodges fehlen, dafür ist die Preispolitik gemäßigter.

Exeter Private Game Lodges (☎ 013-735 5140; www.exeter-lodges.com; All-inclusive, Zi. ab 5600 R;) Das im oberen Preissegment angesiedelte Unternehmen managt mehrere Lodges im westlichen und südlichen Sabie Sand, darunter die exklusiven Lodges Leadwood und Dulini.

Sabi Sabi Private Game Reserve (☎ 011-483 3939; www.sabisabi.com; All-inclusive, Zi. ab 8800 R;) Highlights sind die Löwen und die unterirdische und ultraluxuriöse Earth Lodge.

MANYELETI GAME RESERVE

In der Ära der Apartheid war das 23 000 ha große **Manyeleti** (http://manyeleti.krugerpark.co.za) das einzige Wildschutzgebiet, zu dem Schwarze Zutritt hatten.

Heute gehört es zu den einsamsten unter den privaten Game Reserves mit nur wenigen Camps. Auch hier lassen sich die Big Five beobachten, allerdings nicht ganz so einfach wie im südlich anschließenden Sabie Sands. Dafür sind die Unterkünfte deutlich preiswerter.

Honeyguide (Khoka Moya; ☎ 015-793 1729; www.honeyguidecamp.com; All-inclusive, 2300 R/Pers.;) Das kleine Camp kann insgesamt 16 Gäste aufnehmen. Es besteht aus rustikalen Pfahlhütten und zählt zu den günstigeren Unterkünften.

TIMBAVATI PRIVATE GAME RESERVE

Timbavati (http://timbavati.krugerpark.co.za) war ursprünglich berühmt für seine weißen Löwen. Heute lassen sich allerdings nur noch die ockerfarbenen Artgenossen blicken. Das Wildschutzgebiet wird seltener als Sabie Sand besucht, die Unterkünfte sind deutlich preiswerter, ohne dass es an Komfort fehlen würde.

Allerdings ist die Lage meist nicht so spektakulär. Bei der Einfahrt in das Game Reserve sind pro Person 90 R Beitrag für den Naturschutz und 75 R Eintritt pro Fahrzeug zu entrichten.

Gomo Gomo (☎ 012-752 3954; www.gomogomo.co.za; EZ/DZ 1290/2580 R) Eines der günstigeren Camps mit rustikalen Chalets und Zelten.

Umlani Bushcamp (☎ 012-346 4028; www.umlani.co.za; EZ/DZ 2950/4500 R;) Ideal, wenn man in den Busch eintauchen möchte. Übernachtet wird in einfachen, aber gemütlichen Strohhütten, es gibt keinen Strom.

Tanda Tula (☎ 021-794 6500; www.tandatula.co.za; All-inclusive, EZ/DZ ab 4200/7800 R;) Timbavatis luxuriösestes Camp ist mit bequemen Safarizelten ausgestattet; das Wasserloch liegt quasi vor der Haustür. Kinder unter zwölf Jahren werden nicht aufgenommen.

Ngala (☎ 011-809 4300; www.ccafrica.com; All-inclusive, 4800 R/Pers. im Zwei-Personen-Zelt, Lodge 2600-6800 R/Pers. im DZ;) Die dezent-luxuriöse Anlage am Rande des Kruger wird von CC Africa gemanagt und liegt in einzigartiger Landschaft.

Die Gäste können zwischen Unterkunft in Safarizelten und in der Lodge wählen, die beide allen denkbaren Komfort bieten. Die Preise der Lodge sind abhängig von der jeweiligen Saison.

THORNYBUSH PRIVATE GAME RESERVE

Thornybush (http://thornybush.krugerpark.co.za) wurde 1977 auf einem 1600 ha großen Stück Land gegründet und ist inzwischen auf eine Fläche von 10 000 ha angewachsen. Es ist eines der letzten Game Reserves in dieser Region, die immer noch eingezäunt sind. Auf dem Gelände gibt es elf Lodges, ein Eintritt wird nicht erhoben.

Tangala (☎ 015-793 0488; www.tangala.co.za; All-inclusive, EZ/DZ ab 1495/2990 R;) Das Camp ist sehr schön gestaltet, gut unterhalten und hat keinen Strom. Unter Kostengesichtspunkten ist es die beste Option in der Region.

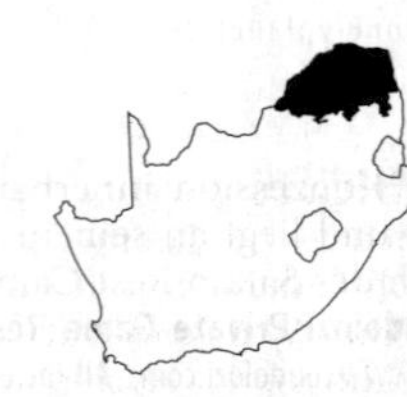

Limpopo

Um Limpopo ranken sich unzählige Geschichten und Legenden. In dieser Provinz liegt Crook's Corner, der berüchtigte Gaunerwinkel, wo sich Elfenbeinhändler und Waffenschmuggler lange dem Arm des Gesetzes entziehen konnten. Und hier erstreckt sich das Valley of the Olifants – darin lebten früher angeblich riesige Elefantenherden. Außerdem gilt diese Gegend als Zentrum des legendären untergegangenen Königreichs von Mapungubwe.

An das heutige Limpopo (auch Nordprovinz genannt) grenzen Botsuana, Simbabwe, der Kruger National Park und Gauteng. Viele Besucher betrachten diese Provinz deshalb lediglich als Durchgangsstation zu exotischeren Zielen. Doch allein schon die Durchfahrt auf der verkehrsreichen N1 (Great North Road), der Schnellstraße und Hauptverkehrsader, lässt erahnen, dass es hier jenseits der Touristenpfade viel Verborgenes zu entdecken gibt.

Nördlich von Johannesburg erstreckt sich der Südwesten von Limpopo, das Bushveld, mit seiner Hügellandschaft. Hier finden sich einige Wildparks, Lodges und Resorts, darunter die heißen Mineralquellen von Bela-Bela. Großwildliebhaber fahren weiter hinauf in den Norden zum spektakulären Mapungubwe National Park – eine Stätte des Unesco-Weltnaturerbes.

Östlich der N1 weicht die trockene Landschaft den Obstfarmen des Letaba Valley und den Palmfarnwäldern, die das Reich der geheimnisvollen Regenkönigin und das faszinierende Homeland der Venda durchziehen.

Südlich davon liegt das Valley of the Olifants, die wohl meistbesuchte Attraktion der ganzen Region. Ihre Plantagen, die betulich-ländlichen Städte und die hübschen Winkel mit Wasserfällen sind wie maßgeschneidert für Erkundungstouren, vor allem für Individualreisende, die sich mit dem Fahrrad oder Auto auf den Weg machen. Weiter östlich, in Phalaborwa, ist es nicht mehr weit bis zum ruhmreichen Kruger National Park.

HIGHLIGHTS

- Im **Mapungubwe National Park** in die Frühgeschichte der Menschheit eintauchen (S. 538)
- Durch die üppig grüne Berglandschaft der **Soutpansberg-Region** wandern (S. 535)
- Die Pferde satteln und über die Hügel rund um **Haenertsburg** traben (S. 542)
- Frische Mangos im Obstanbaugebiet rund um **Tzaneen** probieren (S. 543)
- Die heiligen Stätten der mysteriösen **Venda-Region** (S. 538) besuchen
- Sich in **GaModjadji** vom Regen der Regenkönigin durchnässen lassen (S. 545)

EINWOHNER: 5,5 MIO.	FLÄCHE: 123 910 km^2

GESCHICHTE

Verglichen mit den Kämpfen auf den Schlachtfeldern von KwaZulu-Natal und dem Anti-Apartheid-Aufstand von Soweto weist Limpopos Geschichte wenig Spektakuläres auf. Trotzdem blickt diese Provinz auf eine Millionen Jahre alte Vergangenheit zurück. In den Kalksteinhöhlen, den Makapan's Caves in der Nähe von Mokopane, kamen paläontologische Funde zum Vorschein, die bis in die Zeit des Frühmenschen zurückreichen, darunter 500 000 Jahre alte Werkzeuge.

Auf dem Gebiet des heutigen Mapungubwe National Park stand einst die Wiege einer der am weitesten entwickelten Kulturen in Afrika, die über einen Landstrich von mehr als 30 000 km² herrschte. Ihre Blütezeit erlebte sie im 8. und 9. Jh. in einem sagenumwobenen Königreich.

Die Voortrekker zogen Mitte des 19. Jhs. hierher und machten das 1886 gegründete Pietersburg (heute Polokwane) zu ihrem Hauptstützpunkt. Immer wieder kam es dabei zu Konflikten mit den einheimischen Ndebele. Um die Wende zum 20. Jh. geriet das östliche Limpopo an der Grenze zu Mosambik und Rhodesien in einen zweifelhaften Ruf als Schlupfwinkel für Elfenbeinjäger, Waffenschmuggler und andere Gesetzlose. Den Machenschaften dieser Leute verdankt das Dreiländereck den Namen Crook's Corner (Gaunerviertel).

Im Zuge der Rückbesinnung auf die afrikanischen Ursprünge erhielten viele Ortschaften der Region inzwischen wieder ihren früheren Namen zurück. Und um die Wende zum 21. Jh. erhielt sogar die ganze Provinz nach dem Grenzfluss die Bezeichnung Limpopo.

Limpopos Wirtschaft basiert vor allem auf Bergbau und Landwirtschaft, wobei der Tourismus langsam rund um Hoedspruit aufblüht. Im Gegensatz zu anderen südafrikanischen Provinzen hat Limpopo mit einer besonders großen Herausforderung zu kämpfen, da über seine durchlässigen Grenzen zu Botsuana, Simbabwe und Mosambik ständig illegale Einwanderer nach Südafrika kommen.

Limpopo, eine der ärmsten Provinzen des Landes, ist auch ein Brennpunkt der Rassenunruhen. Allein im Jahr 2005 erfolgten Angriffe auf 35 Farmen, bei denen 13 weiße Farmer den Tod fanden.

KLIMA

Im Allgemeinen ist es in Limpopo heiß und trocken, wobei die Hitze nach Norden hin kontinuierlich zunimmt. Die hohen Gipfel der Soutpansberg-Gebirgskette sorgen für ein etwas kühleres und feuchteres Klima, und auch an den Hängen des Letaba Valley und in der Venda-Region gibt es reichlich Nebel und Nieselregen.

NATIONALPARKS & SCHUTZGEBIETE

Im Informationszentrum **Limpopo Tourism and Parks Board** (☎ 015-290 7300; www.limpopotourism.org.za; Ecke Kerk & Grobler St.; ⏰ Mo–Fr 8–16.30 Uhr) in Polokwane gibt's Auskünfte und Materialien über fast alle Parks und Reservate der Region. Das Highlight ist der Mapungubwe National Park (S. 538) an der Grenze zu Simbabwe. Limpopo beherbergt aber noch eine ganze Reihe privater Wildschutzgebiete, von denen die besten in der Nachbarschaft des Kruger National Park liegen (weitere Informationen dazu im Kapitel über den Nationalpark, s. S. 522).

SPRACHE

Englisch und Afrikaans sind weit verbreitet, wobei Afrikaans in den meisten Gegenden dominiert.

ANREISE & UNTERWEGS VOR ORT

In Nord-Süd-Richtung teilt die N1 Limpopo in zwei Hälften. Die ausgezeichnete Schnellstraße, die bis Polokwane gebührenpflichtig ist, verläuft von Jo'burg über Pretoria bis nach Beitbridge an der Grenze zu Simbabwe (und dann weiter in den Norden). An dieser Verkehrsader liegen viele der größeren Provinzorte, von denen die meisten durch die Busse von **Translux** (www.translux.co.za) und **Greyhound** (www.greyhound.co.za) mit Pretoria und Johannesburg verbunden sind (Bulawayo-Harare-Route). Auf fast der gleichen Strecke verkehrt auch der *Bosevelder*-Zug, allerdings im Schneckentempo. Fernbusverbindungen bestehen zwischen der Provinzhauptstadt Polokwane und den Orten entlang der Route 71, wie z. B. Tzaneen und Phalaborwa am Rand des Kruger National Park. Andere Reiseziele sind ohne Auto mitunter nur schwer zu erreichen, allerdings steuern die Minibus-Taxis fast alle Teile der Provinz an.

Am besten lässt sich Limpopo aber trotzdem mit dem Auto erkunden, zumal die

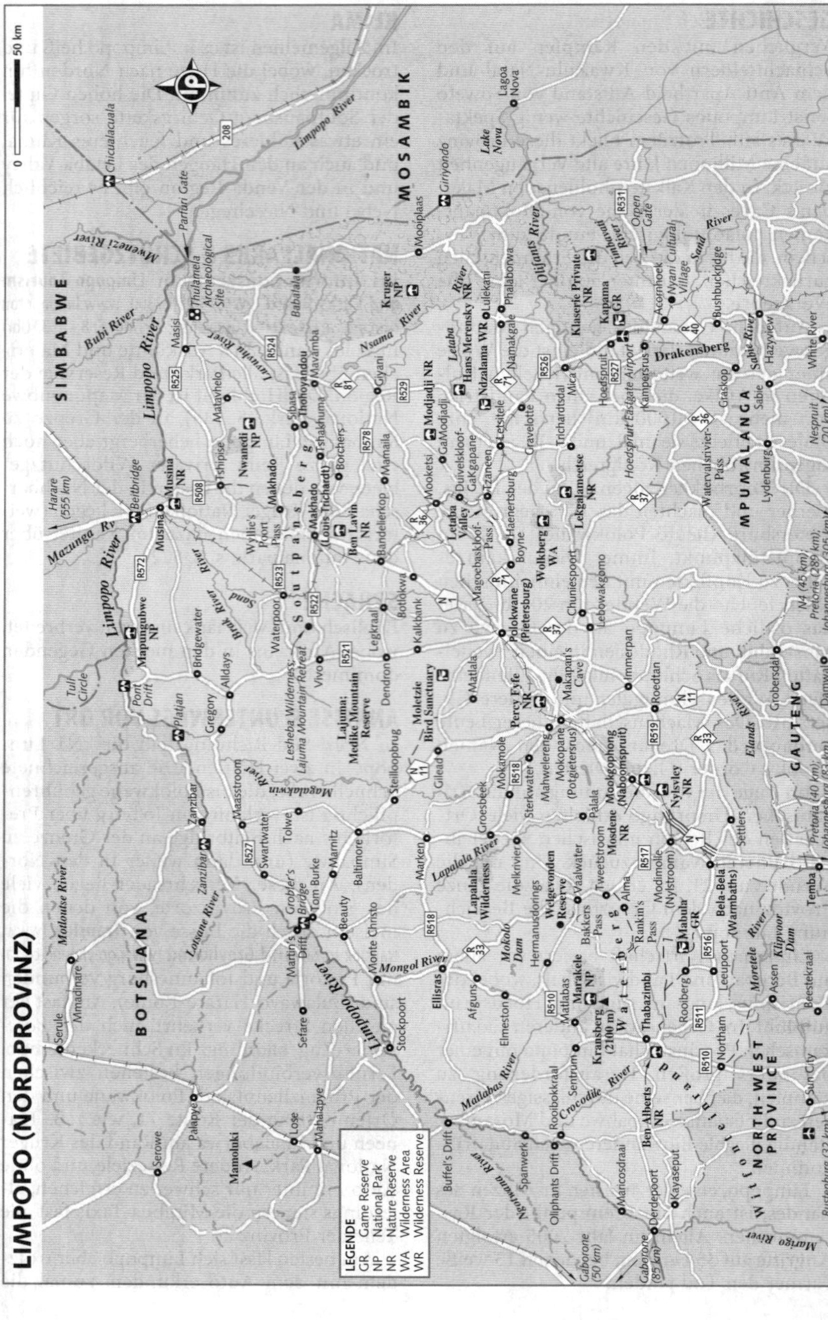
LIMPOPO (NORDPROVINZ)
LEGENDE
GR Game Reserve
NP National Park
NR Nature Reserve
WA Wilderness Area
WR Wilderness Reserve
0 50 km
SIMBABWE
MOSAMBIK
BOTSUANA
MPUMALANGA
GAUTENG
NORTH-WEST PROVINCE
Soutpansberg
Waterberg
Witfontein
Drakensberg
Limpopo River
Mwenezi River
Bubi River
Mazunga Rv
Sand River
Brak River
Luvuvhu River
Nsama River
Letaba River
Olifants River
Timbavati River
Sabie River
Mogalakwena River
Lapalala River
Mokolo Dam
Matlabas River
Crocodile River
Mongol River
Lotsane River
Motloutse River
Elands River
Moretele River
Klipvoor Dam
Marigo River
Ngotwane River
Lake Nova
Tuli Circle
Harare (555 km)
Beitbridge
Musina
Musina NR
Chicualacuala
Pafuri Gate
Thulamela Archaeological Site
Masisi
Matavhelo
Tshipise
Nwanedi NP
Wyllie's Poort Pass
Makhado
Makhado (Louis Trichardt)
Sibasa
Thohoyandou
Tshakhuma
Mavamba
Babalala
Kruger NP
Mooiplaas
Giriyondo
Lagoa Nova
Giyani
Borchers
Mamaila
Ben Lavin NR
Bandelierkop
Modjadji NR
GaModjadji
Mooketsi
Duiwelskloof-GaKgapane
Hans Merensky NR
Ndzalama WR
Lulekani
Phalaborwa
Namakgale
Letsitele
Gravelotte
Tzaneen
Haenertsburg
Letaba Valley
Magoebaskloof-Pass
Boyne
Wolkberg WA
Lekgalameetse NR
Trichardtsdal
Mica
Klaserie Private NR
Kapama GR
Hoedspruit
Hoedspruit Eastgate Airport
Kampersrus
Acornhoek
Nyani Cultural Village
Orpen Gate
Bushbuckridge
Graskop
Sabie
Hazyview
White River
Abel Erasmus Pass
Waterval-srivier-Pass
Lydenburg
Nelspruit (20 km)
N4 (45 km); Pretoria (289 km); Johannesburg (305 km)
Chuniespoort
Lebowakgomo
Polokwane (Pietersburg)
Mapungubwe NP
Pont Drift
Platjan
Bridgewater
Gregory
Alldays
Waterpoort
Vivo
Lesheba Wilderness; Lajuma Mountain Retreat
Lajuma; Medike Mountain Reserve
Dendron
Legkraal
Botlokwa
Kalkbank
Moletzie Bird Sanctuary
Matlala
Percy Fyfe NR
Makapan's Cave
Immerpan
Roedtan
Zanzibar
Maasstroom
Swartwater
Tolwe
Marnitz
Baltimore
Steilloopbrug
Gilead
Mokamole
Groesbeek
Marken
Mahwelereng
Mokopane (Potgietersrus)
Sterkwater
Palala
Mookgophong (Naboomspruit)
Nylsvley NR
Mosdene NR
Tweetstroom
Melkrivier
Vaalwater
Welgevonden Reserve
Lapalala Wilderness
Hermanusdorings
Bakkers Pass
Alma
Rankin's Pass
Modimolle (Nylstroom)
Mabula GR
Bela-Bela (Warmbaths)
Settlers
Grobersdal
Damwal
Pretoria (40 km); Johannesburg (83 km)
Temba
Martin's Drift
Grobler's Bridge
Tom Burke
Beauty
Monte Christo
Ellisras
Afguns
Elmeston
Matlabas
Marakele NP
Kransberg (2100 m)
Thabazimbi
Rooiberg
Leeupoort
Northam
Assen
Beestekraal
Sun City
Rustenburg (32 km)
Ben Alberts NR
Sentrum
Rooibokkraal
Buffel's Drift
Stockpoort
Sefare
Mmadinare
Serule
Serowe
Palapye
Lose
Mahalapye
Mamoluki
Spanwerk
Oliphants Drift
Marincosdraai
Derdepoort
Kayaseput
Gaborone (50 km)
Gaborone (85 km)
N1
N11
R33
R36
R37
R40
R71
R81
R208
R508
R510
R511
R516
R517
R518
R519
R521
R522
R523
R524
R525
R526
R527
R529
R531
R572
R578

meisten Straßen in gutem Zustand sind. Wer die Fahrerei beschränken möchte, fliegt von Jo'burg nach Polokwane, Phalaborwa oder Hoedspruit (nahe Kruger's Orpen Gate) und mietet sich dort ein Auto.

Für detaillierte Informationen s. S. 685 und unter den ortsbezogenen Abschnitten An- & Weiterreise.

CAPRICORN

Die Capricorn-Region reicht nur wenige Kilometer über die Provinzhauptstadt Polokwane (Pietersburg) hinaus. Der Tropic of Capricorn (südlicher Wendekreis; „Wendekreis des Steinbocks") kreuzt die N1 auf halben Weg zwischen Polokwane and Makhado (Louis Trichardt), wobei die Markierung des Wendekreises an dieser Stelle ziemlich ärmlich ausfällt.

POLOKWANE (PIETERSBURG)

☎ 015 / 140 000 Ew.

Um das dynamische Geschäftszentrum von Polokwane herum formieren sich gitterförmig ruhige Vorstadtstraßen. Voortrekker gründeten die Stadt 1886, um sich vor den „feindseligen Eingeborenen" zu schützen. Die Konflikte sind heute weitgehend beigelegt, denn die größte Gefahr, die einem beim Spaziergang durch Südafrikas sicherste Provinzstadt droht, besteht in einer überraschenden Dusche durch einen zu kräftig eingestellten Rasensprenger.

Praktische Informationen

GELD

In der Stadt gibt's jede Menge Banken.

ABSA (☎ 015-290 2166; 70 Hans van Rensburg St.) Geldautomat und Geldumtausch.

INTERNET

Atlantic Internet (☎ 015-295 9203; Shop 13, Standard Bank Bldg., Hans van Rensburg St.; Std. 35 R; ⌚ Mo–Fr 8.30–18, Sa 8.30–14 Uhr)

> **WARNUNG**
>
> In Limpopo sind Malaria und Bilharziose weit verbreitet, insbesondere im Osten in der Nähe des Kruger National Park. Weitere Informationen s. S. 703.

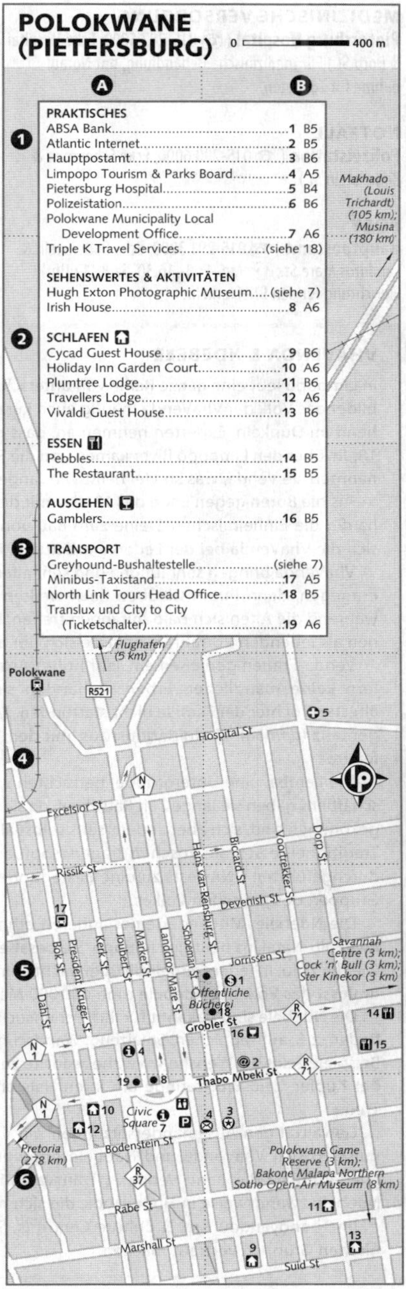

MEDIZINISCHE VERSORGUNG

Pietersburg Hospital (☎ 015-287 5000; Ecke Hospital & Dorp St.) Für medizinische Behandlung, mit Notaufnahme für Touristen.

NOTFALL

Polizeistation (☎ 015-290 6000; Ecke Schoeman & Bodenstein St.)

POST

Hauptpostamt (☎ 015-291 3200; Ecke Bodenstein & Landdros Mare St.; Mo–Fr 8–16.30, Sa 8–12 Uhr). Einrichtung für den Briefverkehr.

REISEBÜROS

Triple K Travel Services (☎ 015-291 5748; info@triplektravel.co.za; Shop 7, Library Gardens, Ecke Grobler & Schoeman St.; Mo–Sa 8–17 Uhr) bietet Flugbuchungen und Bustickets.

TOURISTENINFORMATION

Limpopo Tourism & Parks Board (☎ 015-290 7300; www.golimpopo.com; Ecke Kerk & Grobler St.; Mo–Fr 8–16.30 Uhr) Informationen über die ganze Provinz; außerdem gibt's hier die sehr nützliche *Limpopo-Explorer*-Karte und den *Know Limpopo Guide* (beide nur in Englisch).

VHAVENDA & NDEBELE

In Limpopo lebt eine ganze Reihe von unterschiedlichen Völkern. Die wichtigste ethnische Gruppe bildet das Volk der VhaVenda (häufig auch kurz „die Venda" genannt). Sein Ursprung liegt weitgehend im Dunkeln. Experten nehmen an, dass die Vorfahren dieses Volkes irgendwann im frühen 18. Jh. über den Limpopo River kamen und die Soutpansberg-Region besiedelten. Ihre neue Heimat nannten sie Venda, was so viel heißt wie „angenehmes, freundliches Land".

Als die Buren gegen Ende des 18. Jhs. mit den VhaVenda in Berührung kamen, staunten sie, wie häufig die Einheimischen Steine zum Bau von Mauerwerk nutzten. Besonders geschickt zeigten sich die VhaVenda bei der Lederverarbeitung, Perlenstickerei und Töpferei.

VhaVenda bringen sehr jungen und sehr alten Menschen ihrer Volkes besonders großen Respekt entgegen, denn ihrem Glauben nach weilten die Jungen noch vor kurzem bei den Vorfahren, während die Alten sich bald mit ihnen treffen. Den Venda-König (*kgosi*) betrachten seine Untertanen als lebenden Vorfahren, dem sie sich nur auf allen Vieren nähern dürfen.

Venda-Frauen genießen ein sehr hohes Ansehen und erben den Grundbesitz ihres Vaters, sofern keine männlichen Erben vorhanden sind. Rituale können ohne die Anwesenheit der ältesten Tochter der Familie nicht stattfinden. Zu den wichtigsten Venda-Ritualen zählt der Schlangentanz (*domba*), ein Initiationsritus, mit dem die Mädchen ihren Eintritt ins Erwachsenenleben feiern.

Die Lemba, eine Untergruppe, betrachten sich als die Aristokratie der VhaVenda. Den Wissenschaftlern gaben sie lange Zeit Rätsel auf, da sie einerseits anscheinend mit dem Islam in Berührung gekommen sind, sich aber andererseits selbst als „verlorenen Stamm des Volkes Israel" bezeichnen. Traditionell essen sie koscher, tragen Kopfbedeckungen und halten den Sabbath ein. Kürzlich durchgeführten DNA-Tests zufolge besteht offenbar tatsächlich eine genetische Nähe zu anderen Gruppen des jüdischen Volkes.

Die Ndebele, Mitglieder einer anderen ethnischen Gruppe, zogen rund 100 Jahre früher von KwaZulu-Natal ins heutige Limpopo. Sie besaßen eine ähnliche hierarchische Gesellschaftsstruktur wie die Zulu. In jeder Gemeinde überwachte ein Oberhaupt *(ikozi)* das Gemeinschaftsleben. Heute umfasst das Volk der Ndebele rund 600 000 Menschen.

Die Ndebele sind bekannt für ihre Perlenstickereien, die sich auf allen möglichen Gegenständen finden, z. B. auf Teppichen, Spielzeug, Wandschmuck, Körben, Taschen und Kleidung. Einige schöne Beispiele zeigt die Website www.thebeadsite.com/ub-nbart.htm. Ndebele-Frauen tragen von alters her Kupfer- und Bronzeringe um ihren Hals und an ihren Armen – als Symbol für ihre eheliche Treue.

Gewalttätigen Auseinandersetzungen mit ihren Nachbarn – Buren, Swasis, Pedi und Tonga – mussten sich VhaVenda und Ndebele notgedrungen stellen. Als die Buren schließlich siegten, gliederten sie das Land Venda in Transvaal ein. Während der Apartheid lebten VhaVenda und Ndebele zwangsweise in Homelands, die sich nominell selbst verwalteten.

Im Thohoyandou Arts & Culture Centre (s. S. 539) kann sich jeder bestens mit Limpopos ethnischen Gruppen vertraut machen.

Polokwane Municipality Local Development Office (☎ 015-290 2010; www.polokwane.org.za; Civic Sq., Landdros Mare St.; ⌚ Mo–Fr 8–16 Uhr) Begrenzte Informationen über die Stadt.

Sehenswertes & Aktivitäten

Das **Polokwane Game Reserve** (☎ 015-290 2331; Erw./Kind/Fahrzeug 12/8/20 R; ⌚ 7–16.30 Uhr) liegt südlich der Stadt im Union Park. Mit 21 Tierarten, darunter Zebra, Giraffe und Breitmaulnashorn (im Volksmund auch Weißes Nashorn genannt) sowie 20 km Wanderwege ist es einer der größten städtischen Wildparks des Landes.

Das **Bakone Malapa Northern Sotho Open-Air Museum** (☎ 015-295 2432; Erw./Kind 3/1,50 R; ⌚ 8.30–12.30 & 13.30–15.30 Uhr) – 9 km südöstlich von Polokwane an der Route 37 in Richtung Chuniespoort – widmet sich der Kultur der Nord-Sotho. Dazu gehört ein Museumsdorf, ein „lebensechtes" Sotho-Dorf, wo die Bewohner das traditionelle Kunsthandwerk ausüben. Neben archäologischen Funden und Malereien aus der Zeit um 1000 v. Chr. existieren auch Belege für die Eisen- und Kupferverarbeitung bei den Ndebele.

Das **Hugh Exton Photographic Museum** (☎ 015-290 2186; Civic Sq.; Eintritt frei; ⌚ Mo–Fr 9–15.30 Uhr) dokumentiert anhand von 23 000 Dias die ersten 50 Jahre der Stadtgeschichte. In der Nähe des Museums steht das bezaubernde, im viktorianischen Stil gebaute **Irish House** (Ecke Thabo Mbeki & Market St.).

Schlafen

Wie so häufig in Limpopo konzentrieren sich Unterkünfte in Polokwane auf den Mittelklasse-Bereich. Wer etwas Luxuriöseres möchte, entscheidet sich am besten für eines der teureren Gästehäuser. Budget-Reisende tun sich ziemlich schwer, etwas Passendes zu finden.

Travellers Lodge (☎ 015-291 5511; incatrav@worldonline.co.za; 43 Bok St.; EZ/DZ 275/295 R; ❄) Auch wenn der Name es suggerieren mag, liegen die Preise dieser Lodge mit Selbstversorgung recht weit über der Budget-Kategorie. Wer aber gern sein Essen selber brutzelt und einen gut gefüllten Geldbeutel mitbringt, kommt an diesem friedlichen Plätzchen auf seine Kosten.

Vivaldi Guest House (☎ 015-295 6162; vivaldi1@mweb.co.za; 2 Voortrekker St.; EZ/DZ mit Frühstück 300/390 R; ❄) Jede Menge Komfort und Gastfreundlichkeit erwarten die Besucher dieser erstklassigen Unterkunft. Hübsch sind auch der Garten voller seltener Palmfarne und schwatzender Papageien.

Cycad Guest House (☎ 015-291 2181; www.bbgroup.co.za/cycad/index.html; Ecke Schoeman & Suid St.; EZ/DZ mit Frühstück 330/420 R; ❄ 💻) Bei diesem motelähnlichen modernen Anwesen gehen Komfort und Zweckmäßigkeit eine gelungene Verbindung ein. Seine für Sauberkeit und guten Service erworbenen Sterne stehen diesem Gästehaus wirklich zu.

Plumtree Lodge (☎ 015-295 6153; www.plumtree.co.za; 138 Marshall St.; EZ/DZ mit Frühstück 425/535 R; ❄ 💻 🏊) Auf der Beliebtheitsskala ganz oben steht diese quirlige kleine Lodge, wo die Gäste in putzigen Bungalows logieren. Das Ausmaß an Komfort, das hier als Standard gilt, lässt sicherlich selbst bei eingefleischten Couch-Potatoes keine Wünsche offen. Laptop-Besitzer können den freien Wireless-Zugang nutzen.

Polokwane Game Reserve (☎ 015-290 2331) Das Wildschutzgebiet südlich der Stadt (weitere Informationen s. links) verfügt über einen Campingplatz (100 R) und Zweibett-Chalets (220 R).

Holiday Inn Garden Court (☎ 015-291 2030; hicpolokwane@southernsun.com; Thabo Mbeki St.; EZ/DZ mit Frühstück 500/760 R; ❄ 💻 🏊) Die fescheste Business-Style-Unterkunft der Stadt.

Essen & Ausgehen

Library Gardens bietet alle üblichen Takeaways; die größte Auswahl an Steak- und Grillgerichten gibt's im Savannah Centre auf der Grobler Street.

ALTE UND NEUE NAMEN

Die Provinz Limpopo trägt seit einigen Jahren einen neuen Namen, und unzählige Ortsnamen haben sich ebenfalls geändert. In diesem Kapitel werden die neuen Namen verwendet, wobei die alten in Klammern dahinter stehen. Während in allen amtlichen Unterlagen die neuen Bezeichnungen zum Tragen kommen, hat der Namenswechsel viele Bewohner der Provinz noch gar nicht erreicht, und man sieht noch immer viele alte Straßenschilder. Sprich: Reisende stolpern immer wieder über die alten Namen, was die Orientierung mitunter recht schwierig macht.

The Restaurant (☎ 015-291 1918; 50 Dorp St.; Hauptgerichte 40–60 R; ⌚ Mo–Sa Mittag- & Abendessen) Trotz des wenig phantasievollen Namens weist die Speisekarte eine variantenreiche Auswahl an Gerichten auf, darunter Hühnchen-Currys, Salate, Fisch und Meeresfrüchte. Afrikanische Kunst bringt Farbe in das historische Haus.

Pebbles (☎ 015-295 6999; 39 Grobler St.; Hauptgerichte 40–60 R; ⌚ Mo--Sa 8–22, So 8–14.15 Uhr) Ein bezauberndes historisches Gebäude beherbergt dieses Restaurant mit angeschlossenem Pub. In dem hübschen Innenhof können die Gäste Salate, Steaks oder vegetarische Gerichte genießen.

Cock 'n' Bull (☎ 015-296 0961; Savannah Centre, R71; Hauptgerichte 30–70 R; ⌚ Mittag- & Abendessen;) In diesem pubähnlichen Lokal mit Sitzplätzen im Freien liegen knüppeldicke Steaks auf dem Teller, dazu gibt's eiskaltes Bier.

Gamblers (☎ 015-291 1890; 1. Stock, Palm Centre, Grobler St.) In der Kaschemme im Saloon-Stil fließt das Bier, bis auch der letzte Gast abwinkt. Am Wochenende geht die Post ab mit Sauferei, Gesang und derben Späßen.

Unterhaltung

Ster Kinekor (☎ 086-300 222; Savannah Centre, R71) In diesem Kino laufen alle aktuellen Hollywood-Streifen.

An- & Weiterreise

BUS

Translux (☎ 015-295 5548; www.translux.co.za; Ecke Joubert & Thabo Mbeki St.) bedient die Strecke nach Pretoria (140 R, 3½ Std.), nach Jo'burg (140 R, 4½ Std.) und Lusaka (350 R, 24 Std.). Die preiswerteren City-to-City-Busse, die auf Umwegen auch eine Reihe kleinerer Ortschaften anfahren, verkehren auf denselben Routen.

Greyhound (☎ 011-276 8500; www.greyhound.co.za) verbindet Polokwane mit Jo'burg (165 R, 5 Std.) und Harare (280 R, 12 Std.). Dieses Busunternehmen betreibt kein eigenes Büro in der Stadt, die Bustickets verkauft Triple K Travel Services (s. S. 528). Die Greyhound-Busse halten am Civic Square.

North Link Tours (☎ 015-291 1867; 13 Library Gardens, Hans Van Rensburg St.) bedient täglich die Route Polokwane–Jo'burg (Abfahrt 10 Uhr vor den Library Gardens). Die Busse halten in Mokopane (45 R, 40 Min.), Mookgophong (40 R, 1¼ Std.), Pretoria (100 R, 3½ Std.) und Jo'burg (120 R, 4½ Std.).

FLUGZEUG

SAAirlink (☎ 015-288 0166; www.saairlink.co.za) betreibt ein eigenes Büro im Flughafen Polokwane und fliegt täglich von/nach Jo'burg (820 bis 1160 R einfach) Der **Polokwane Airport** (☎ 015-288 0122) liegt 5 km nördlich der Stadt.

MINIBUS-TAXI

Der Haupthalteplatz der Minibus-Taxis befindet sich an der Ecke President Kruger/Devenish Street. Zu den Fahrtzielen ab Polokwane zählen Thohoyandou (30 R, 2½ Std.), Makhado (20 R, 1¼ Std.) und Jo'burg (105 R, 5 Std.).

ZUG

Der **Bosvelder** (☎ 086-000 8888) verkehrt auf der Strecke Jo'burg–Musina und hält täglich außer samstags in Polokwane. Zu den Haltebahnhöfen dieses Zuges gehören Jo'burg (1./2. Klasse 110/75 R, 8 Std.), Makhado (1./2. Klasse 70/40 R, 4 Std.) und Musina (1./2. Klasse 100/70 R, 7¼ Std.).

BUSHVELD

Das Bushveld – die typischste Form der Savannen Südafrikas – nimmt den Südwesten der Provinz Limpopo ein. Durch diese trockene, flache Landschaft verläuft die N1, an der sich die Städte reihen, darunter Mokopane (Potgietersrus), Mookgophong (Naboomspruit), Modimolle (Nylstroom) und das Resort Bela-Bela (Warmbaths) mit seinem attraktiven Freizeitanlagen. Westlich der N1 geht das Bushveld in die Gebirgsausläufer und die malerischen Täler der Waterberg-Region über.

MOKOPANE (POTGIETERSRUS) & UMGEBUNG

☎ 015 / 120 000 Ew.

In dieser Stadt 227 km nördlich von Pretoria wirkt alles konservativ – vom Ambiente bis zu den Menschen. Gegen den Widerstand der Ureinwohner siedelten sich Voortrekker hier schon recht früh an. Inzwischen läuft der Alltag ruhiger ab. Diamant- und Platinabbau machen die Stadt zu einem wichtigen Industrie- und Handelszentrum für diese Branchen. Das zweite wirtschaftliche Standbein bilden die Obstplantagen – in der Nähe liegt Zedebiela

Citrus Estate, die größte Zitrusfruchtfarm der südlichen Hemisphäre.

Mokopane Tourism Association (☎ 015-491 8458; www.mogalakwena.org.za; 97 Thabo Mbeki Dr.; ⌚ Mo–Fr 7.30–16.30, Sa 9–12 Uhr) an der Route 101 bietet eine Menge Information über die Stadt und ihr Umland.

Über Internetzugang für jedermann verfügt das **Post Net** (☎ 015-491 1317; Crossing Mall, Thabo Mbeki Dr.; 15 Min. 10 R; ⌚ Mo–Fr 8.30–17, Sa 8–13 Uhr).

Sehenswertes

Das **Arend Dieperink Museum** (☎ 015-491 9735; Erw./Stud./Kind 3/1/1 R; ⌚ Mo–Fr 7.30–16.30 Uhr) an der Rückseite der Publicity Association erzählt vom Widerstand der Ureinwohner gegen die Voortrekker.

Makapan's Caves (☎ 015-491 8458; Erw./Stud. 25/15 R), 23 km nordöstlich der Stadt, sind eine paläontologische Fundstätte von internationaler Bedeutung. Hier kamen die Knochen des *Australopithecus africanus*, einer Frühform des Menschen, zum Vorschein, die nach der Radiocarbon-Analyse etwa drei Millionen Jahre alt sind. In der „Cave of Hearths" spiegelt sich die Entwicklung des Menschen von der Steinzeit bis zur Eisenzeit wider. 1854 spielten die Höhlen während des Widerstands der Ndebele gegen die vorrückenden Voortrekker eine wichtige Rolle. Wer an einer Höhlenführung teilnehmen will, muss sie im Voraus bei der Mokopane Tourism Association buchen.

Das **Game Breeding Centre** (☎ 015-491 4314; Thabo Mbeki Dr.; Erw./Kind 15/8 R; ⌚ Mo–Fr 8–16, Sa & So 8– 18 Uhr) an der Route 101 ist eine Nachzuchtstation des National Zoo in Pretoria. Durch das Reservat, in dem zahlreiche einheimische und exotische Tieren leben, können die Besucher mit dem Auto fahren.

Schlafen & Essen

Thabaphaswa (☎ 015-491 4882, 012-346 3550; thabaphaswa@absamail.co.za; Zelt-/Stellplatz pro Pers. 40 R; Hütte pro Pers. unmöbliert/möbliert 85/110 R; ❄ 🅿) Wem es nichts ausmacht, selbst ein wenig Hand anzulegen, kommt auf diesem einzigartigen Anwesen gut zurecht. Es bietet Unterkunft in kleinen, kargen Berghütten mit Duschen im Freien, wobei die nahe gelegenen *braais* jede Menge Grillspaß versprechen – eine kleine Entschädigung für die sonstige Schlichtheit. Mehr Bequemlichkeit als die Mini-Hütten weist das möblierte Chalet für zwei Personen auf (300 R). Die Gegend lockt mit tollen Kletterrouten, doch muss jeder seine Ausrüstung selber mitbringen. Der Weg dorthin: Von Mokopane aus geht's 12 km auf der Percy Fyfe Road entlang; am Schild „Thabaphaswa Hiking and Mountains Bike Trail" abbiegen; dann sind es noch 2,1 km bis zum Tor und von dort aus weitere 1,3 km bis zu den Berghütten.

Game Breeding Centre (☎ 015-491 4314; Thabo Mbeki Dr.; pro Pers. 120 R; ❄) Die vielleicht beste Unterkunft vor Ort ist das Gästehaus des Game Breeding Centre. Dort gibt's vier große Zimmer, alle mit eigenem Bad. Hinzu kommt das Vergnügen, Affen mit ihren Jungen zu beobachten.

Koos Se Tonteldoos (☎ 015-491 4317, 082-979 0833; kobusmeyer@hotmail.com; 31 Thabo Mbeki Dr.; EZ/DZ 180/250 R; ❄) Eine ziemlich ungewöhnliche Unterkunft, denn der Besitzer hat seine Gästezimmer hinter einen Antiquitätenladen geklemmt. Die Gäste müssen ihre Zimmertür gut verschlossen halten, sonst marschieren Kunden hinein und kaufen die ganze Ausstattung. Auf der Pro-Seite stehen die Küche für Selbstversorger und der *braai* im Hinterhof.

Protea Hotel – The Park (☎ 015-491 3101; www.proteahotels.com; Thabo Mbeki Dr.; EZ/DZ mit Frühstück 400/550 R; ❄ 💻 🅿) Das Hotel im Business-Style gehört zu einer im ganzen Land verbreiteten Hotelkette. The Park ist das vornehmste Haus am Platze.

Oaks Pub & Grill (☎ 015-491 4355; Hooge St.; Hauptgerichte 25–65 R; ⌚ Mittag- & Abendessen) Diese an das Lonely Oak Hotel grenzende dunkle Kneipe beglückt ihre Gäste bis Mitternacht mit Steaks, Fisch und Meeresfrüchten.

An- & Weiterreise

Translux (☎ 015-491 8457; www.translux.co.za; Thabo Mbeki Dr.) befindet sich neben dem Wimpy-Restaurant; die Translux-Busse fahren nach Polokwane (45 R, 1 Std.) und Jo'burg (125 R, 3 Std.).

Northern Link (☎ 015-491 4124; Thabo Mbeki Dr.). Die Busse dieses Unternehmens fahren ebenfalls nach Polokwane (45 R, 1 Std.) und Jo'burg (105 R, 3 Std.). Tickets gibt's z. B. im Oasis Lodge Hotel an der Hauptstraße, wo auch die Busse halten.

Mit dem Minibus-Taxi kostet die Fahrt von Polokwane nach Mokopane je nach Laune des Fahrers um die 20 R.

MOOKGOPHONG (NABOOMSPRUIT) & UMGEBUNG

☎ 014 / 12 000 Ew.

Die unscheinbare kleine Stadt – von ihren weißen Bewohnern immer noch schlicht „Naboom" genannt – liegt inmitten einer fruchtbaren Agrarlandschaft. Selbstgebrannter Brandy *(mampoer)* flößt dem kleinstädtischen Flair des konservativen Ortes am Wochenende ein wenig Lebhaftigkeit ein.

Das 3000 ha große **Nylsvley Nature Reserve** (☎ 014-743 1074; Erw./Kind/Fahrzeug 10/5/20 R; ⌚ 6–18 Uhr) liegt 20 km südlich von „Naboom". Mit 426 nachgewiesenen Vogelarten gehört es zu den besten Vogelbeobachtungsplätzen des Landes. Auf dem Gelände gibt es einen einfachen **Campingplatz** (☎ 014-743 1074; Zelt-/Stellplatz 50 R). Der Weg zum Naturschutzgebiet führt: in südlicher Richtung 13 km auf der N1, dann auf die östlich abzweigende Straße nach Boekenhout einbiegen und 8 km weiterfahren.

Giraffen, Kudus und Zebras streifen über das Gelände der **Inyathi Game Lodge** (☎ 014-743 2762; www.inyathigamelodge.co.za; Zelt-/Stellplatz pro Pers. 120/150 R;). Die gut ausgestattete, 10 km von Mookgophong entfernte Lodge bietet Vierbett-Cottages und Zeltlager (ohne Bettwäsche) – und ein Pub.

Im tropischen Garten oder auf der großen Terrasse von **Die Frei Gastehuis** (☎ 014-743 2981; guesthouse@mjvn.co.za; 80 Vierde St.; Zi. pro Pers. mit Frühstück 200 R) lässt sich entspannt ein Cocktail schlürfen. Die Straße, die am Postamt an der Louis Trichardt Street rechts abgeht, führt zu dem Gästehaus (auf der linken Seite).

An- & Weiterreise

Die Busse von **Translux** (☎ 015-491 8457; www.translux.co.za) und **North Link Tours** (☎ 015-291 1867) halten in der Stadt; die Fahrt nach Polokwane kostet 80 R bzw. 40 R(1¼ Std.). Minibus-Taxis fahren nach Mokopane (15 R, 30 Min.).

MODIMOLLE (NYLSTROOM)

☎ 014 / 20 000 Ew.

Viehweiden umgeben die Kleinstadt Modimolle („Platz der Geister"), zu Zeiten der Burgen Nylstroom genannt. Die Voortrekker entschieden sich für diesen Namen, da sie glaubten, sie hätten hier die Quelle des Nils gefunden. Der Fluss vor Ort schien der biblischen Beschreibung zu entsprechen – zum einem lag er in Afrika und zum anderen säumten dichte Schilfgürtel seine Ufer.

Modimolle Info & Tourism (☎ 014-717 1818; www.modimolletourism.net; 31 Nelson Mandela Dr.; ⌚ Mo–Fr 8–16 Uhr) bietet nützliche Auskünfte und organisiert Touren (die Nelson Mandela Drive liegt 1,3 km östlich der Route 101).

Avuxeni Motel & Caravan Park (☎ 014-717 4005; www.avuxeni.com; Zelt-/Stellplatz 80 R, EZ/DZ 420/620 R;) liegt 3 km nördlich von Modimolle an Route 101 nach Mookgophong. Hier campen die Gäste oder logieren in dem dazugehörigen Motel. Das Fleckchen bietet alles, was die erschöpften Voortrekker zum Bleiben veranlasste. Szenen der Vergangenheit drängen sich auf: Leute tränken die Pferde, ölen Wagenräder ...

Shangri-La (☎ 014-718 1600; www.shangri-la.co.za; EZ/DZ 450/620 R;) liegt 10 km vom Kranskop-Mautschlagbaum entfernt in der Nähe der Route 33 an der Eersbewoond Road. Die von Buschland umgebene exquisite Hotelanlage eignet sich perfekt, um der Hektik des Alltags eine Weile zu entfliehen.

BELA-BELA (WARMBATHS)

☎ 014 / 37 200 Ew.

Die kleine, einst recht verschlafenen Ortschaft Bela-Bela (Warmbaths) verdankt ihre heutige Existenz als beliebtes Resort den heißen Quellen, die Mitglieder des Volkes der Tswana im frühen 19. Jh. entdeckten. Gut 22 000 l warmes Wasser sprudeln hier stündlich aus der Erde in Becken und ziehen die Leute aus den großen Städten gleich scharenweise an.

Bela-Bela Community Tourism Association (☎ 014-736 3694; www.belabelatourism.co.za; Waterfront, Old Pretoria Rd.; ⌚ Mo–Fr 8–17, Sa 9–14 Uhr) Die Old Pretoria Road ist die Hauptstraße, die an der Waterfront in die Stadt führt.

Das **Hydro Spa** (☎ 014-736 2200; www.aventura.co.za; Voortrekker St.; Erw./Kind 60/50 R, 17–22 Uhr Erw. & Kinder nur 40 R; ⌚ 7–16 & 17–22 Uhr) im Aventura Resort soll weltweit das zweitgrößte Spa seiner Art sein. Es prangt im Zentrum des „Bela-Bela-Universums". Am Abend kostet der Eintritt weniger.

Auf der **Thaba Kwena Crocodile Farm** (☎ 014-736 5059; tkwena@lantic.net; ⌚ Mo–Sa 9–16 Uhr) 8 km nördlich von Bela-Bela leben mehr als 10 000 Krokodile. Die Biester werden hier wegen ihres Fleisches gezüchtet, das weltweit in Restaurants auf den Tisch kommt.

Schlafen & Essen

Aventura Spa Warmbaths (☎ 014-736 2200; www.aventura.co.za; Voortrekker St.; Zeltplatz pro Pers. 50 R, pro Zelt zusätzlich 80 R, Zi. mit Frühstück 800 R, 2-/4-Bett-Chalet 590/900 R;) Der Swimmingpool-Geruch durchdringt jeden Winkel der Anlage. Doch das führende Resort der Stadt bietet komfortable Zimmer, Campingplatz und Selbstversorger-Chalets und jede Menge Wassersport-Aktivitäten.

De Draai Gastehuis (☎ 014-736 4379, 082-820 0673; Zi. pro Pers. mit Frühstück 200 R) – 10 km nördlich der Stadt – reißt nicht gerade vom Hocker, aber die Zimmer sind komfortabel, und in der Preisklasse gibt es sonst wenig Auswahl in der Gegend um Bela-Bela. Wer von Süden kommt, biegt an der ersten Ampel nach der Brücke (gegenüber vom Kino) rechts ab und zuckelt dann geradeaus weiter bis zum Gästehaus.

Elephant Springs Hotel (☎ 014-736 2101; www.avuxeni.com; 31 Sutter Rd.; EZ/DZ mit Frühstück 455/670 R;) liegt nur einen Katzensprung vom Spa entfernt. Die typische Resort-Anlage spart nicht mit Farben, dennoch strahlt sie keine nennenswerte Atmosphäre aus.

O'Hagans (☎ 014-736 5068; Old Pretoria Rd.; Hauptgerichte 30–60 R; 10–22 Uhr);) an der Waterfront nahe der Tourism Association verbreitet irisches Flair – mit „Irischgrün" und einer Atmosphäre, die an den Dubliner Flohmarkt erinnert, wo die Leute ihren Krimskrams aus dem Kofferraum ihrer Autos heraus verkaufen. Das Essen in dem Pub schmeckt ebenso lecker wie das Bier.

Dros (☎ 014-736 5223; Ecke Marx & Potgieter St.; Hauptgerichte 40–70 R; Frühstück, Mittag- & Abendessen;) – eines der beliebtesten Restaurants der Stadt – offeriert die üblichen Steak- und Fischgerichte in einem von Stein und Schmiedeeisen geprägten Ambiente. Im Sommer lädt der kühle Innenhof zum Relaxen ein.

An- & Weiterreise

Die Busse von **Translux** (☎ 015-295 5548; www.translux.co.za) halten auf ihrer Fahrt zwischen Jo'burg (100 R, 2 Std.) und Polokwane (95 R, 2½ Std.) in Bela-Bela.

Minibus-Taxis starten hinter dem Kino Ecke Marx/Potgieter Street und steuern die Ortschaften der Umgebung an, darunter auch Modimolle (15 R, 20 Min.).

WATERBERG

Der 150 km lange Gebirgszug Waterberg überzieht einen Teil der Bushveld-Region und erstreckt sich von Thabazimbi in Limpopos Südwesten bis hinauf zum Lapalala River. In der wilden, eindrucksvollen Landschaft des Waterberg mit ihren vielen Flüssen wechseln sich *sourveld* (ein Graslandtyp) und Bushveld ab.

Reiten

Die Hügellandschaft der Waterberg-Region eignet sich bestens für Erkundungstouren hoch zu Ross. Mehrere Reitställe und Lodges vermieten Pferde; ein Zwei- bis Dreistunden-Ausritt kostet 180 bis 250 R pro Person. Alle nachfolgend genannten Reitställe bzw. Veranstalter liegen in der Nähe von Vaalwater:

Equus Horse Safaris (☎ 014-721 0063; www.equus.co.za) Bietet nur Tagestouren zu Pferd, keine Unterkunft. Akzeptiert nur Barzahlung.

Horizon Horseback Adventures (☎ 014-755 4003; www.ridinginafrica.com) Hat das vielfältigste Angebot für Reiter, darunter eine achttägige Reitsafari durch das Dinaka Wildlife Reserve.

M'Solosolo (☎ 014-755 4106; msolosolo@telkomsa.net) Eine Jagd-Lodge mit Reitmöglichkeiten.

Thabazimbi

☎ 014 / 10 300 Ew.

Thabazimbi („Berg aus Eisen") liegt 129 km nördlich von Rustenburg an der Route 510. In der Nähe ragt der höchste Gipfel des Gebirgszuges Waterberg auf, der imposante Kransberg (2100 m).

Ben Alberts Nature Reserve (☎ 014-777 1670; Eintritt 15 R; 6–18 Uhr) etwa 7 km südlich der Stadt beherbergt eine facettenreiche Tierwelt. An mehreren günstigen Aussichtspunkten lassen sich die Tiere ausgezeichnet beobachten. Besucher können innerhalb des Naturschutzgebietes in Hütten übernachten (170 R für zwei Personen).

Marakele National Park

Der **Marakele National Park** (☎ 014-777 1745; www.sanparks.org/parks/marakele; Erw./Kind 60/30 R; 7.30–18 Uhr) liegt ziemlich isoliert im Herzen der spektakulären Höhenzüge der Waterberg-Region. Elefanten, Nashörner und viele andere Großtiere (mit Ausnahme von

Löwen) bevölkern das weitläufige Gelände. Auf spannende Beobachtungen können sich auch die Vogelfreunde freuen: Hier befindet sich u. a. eine Kapgeier-Kolonie, die mit 800 Brutpaaren den weltweit größten Bestand dieser vom Aussterben Vogelart bildet. Sie kommen nur im südlichen Afrika vor.

Von Thabazimbi führt eine befestigte Straße zum Park, doch auf den größtenteils ausgesprochen schlechten Wegen im Park selbst benötigt man für viele wichtige Strecken einen Allradantrieb. Im Norden, 6 km hinter Vaalwater, verläuft eine holprige Zufahrtsstraße, die sich über den eindrucksvollen Bakkers Pass windet.

Das **Booking Office** (⌚ ab 8 Uhr) befindet sich an der Straße von Thabazimbi nach Alma, und zwar (nach 3 km) an der Kreuzung mit der Straße, die Matlabas mit Rooiberg verbindet. Der beschilderte Eingang ist auf der linken Seite.

Rund 17 km weiter liegt das **Tlopi Tent Camp** (pro 2 Pers. 565 R, Nebenkosten pro Pers. 104 R). Seine voll ausgestatteten Vierbett-Zelte stehen am Ufer vom Matlabas River und verfügen über ein Bad sowie eine Küche mit Kühlschrank und Herd. Außerdem gibt's einen Grillplatz.

Der Bontle-Campingplatz im Park bietet einige **Zeltplätze** (pro 2 Pers. 110 R, Nebenkosten pro Pers. 38 R).

Vaalwater

☎ 014 / 1100 Ew.

Das kleine Vaalvater, rund 60 km nördlich von Modimolle an Route 33 gelegen, eignet sich gut als Ausgangbasis, um diese Ecke der Waterberg-Region zu erkunden.

Im Black Momba Centre befinden sich ein Spar-Supermarkt und das **Waterberg Tourism Office** (☎ 014-755 3535; ⌚ Mo–Fr 9–17, Sa 9–13 Uhr), das Touren organisiert und über einen Internetzugang (Std. 40 R) verfügt.

Die einzige Budget-Unterkunft in dieser Gegend bietet das freundliche **Zeederberg Cottage & Backpackers** (☎ 082-332 7088; www.zeederbergs.co.za; Zelt-/Stellplatz 30 R, B/EZ/DZ 60/200/300 R; 🅿) hinter dem Spar-Supermarkt an der Route 33, rund 2 km hinter Vaalvater (von Modimolle aus). Das Anwesen liegt günstig auf halbem Weg zwischen Lapalala Wilderness und Marakele.

Das **Big Five Restaurant** (☎ 014-755 3567; ⌚ Frühstück, Mittag- & Abendessen) an der Schnellstraße in Vaalwater versorgt seine Gäste mit guten Pizzas, Pasta und Burgers. Abends gibt's nur Essen an gedeckten Tischen.

Ein frischer, freundlicher Wind weht im **Bush Stop Café** (☎ 014-755 3508; Black Momba Centre; ⌚ Frühstück & Mittagessen), wo die Köche Produkte aus biologischem Anbau verarbeiten und wo vegetarische Gerichte, darunter leckere Salate, und Sandwiches auf den Tisch kommen. Hier gibt es sogar einen kleinen Secondhand-Buchladen.

Lapalala Wilderness

Grunzende Flusspferde, grasende Gnus und tonnenschwere Nashörner können die Besucher im Schutzgebiet **Lapalala Wilderness** (☎ 014-755 4395; lapalala@parksgroup.co.za; ⌚ 7–18 Uhr) ohne Weiteres tagelang fesseln. Auf dem 25 600 ha großen Gelände tummeln sich auch jede Menge Zebras und 20 Antilopenarten, ganz zu schweigen von den 270 Vogelarten. Leider dürfen die gemaßregelten Bewunderer immer nur einen Tag lang bleiben, wenn sie nicht direkt im Reservat ein Quartier beziehen.

Die Ranger erklären den Besuchern, wo die ungewöhnlichen Termitenhügel im Sandstein zu bestaunen sind. Sie sehen so aus, als hätten die Tiere hier den Sandstein plattenweise angehoben, um ihre Behausung darunter anzulegen – das hat ihnen den Spitznamen „Arnold-Schwarzenegger-Termiten" eingetragen. Die Lapalala Wilderness ist bekannt für ihr Naturschutzprogramm und führt u. a. eine erfolgreiche Bildungsarbeit durch.

Kleine Selbstversorger-Buschcamps liegen in dem Schutzgebiet verstreut; die Unterkünfte kosten 180 bis 220 R pro Person (am preiswertesten ist es mitten in der Woche). Es gibt Kochgelegenheiten, doch muss jeder das Zubehör, vom Kochtopf bis zu den Lebensmitteln, selber mitbringen. Wer auf Nummer sicher gehen will, sollte vorausbuchen, denn das Schutzgebiet zieht eine Menge Leute an.

Das **Rhino Cultural Museum** (☎ 014-755 4428; Erw./Kind 5/2 R; ⌚ Di–So 9–17 Uhr) neben der Melkrivier-Schule vermittelt alles, was es über Nashörner zu wissen gibt. Besucher können um 16 Uhr bei der täglichen Fütterung des einsamen Spitzmaulnashorns (fälschlich auch Schwarzes Nashorn genannt) zuschauen (Eintritt Erw./Kind 20/10 R).

Lapalala Wilderness liegt nördlich von Modimolle im Herzen des Gebirgszuges

Waterberg. Von Modimolle aus die Route 33 nach Vaalwater fahren, dort Richtung Melkrivier abbiegen, dann nach 40 km die Ausfahrt zur Melkrivier School nehmen; nach weiteren 25 km ist man in Lapalala.

SOUTPANSBERG

Die Soutpansberg-Region nimmt den größten Teil des Nordens von Limpopo ein und reicht bis in den Süden von Simbabwe. Der Regenwald dieses Gebirgszuges bildet einen auffälligen Gegensatz zu dem heißen, trockenen Lowveld im Norden. An der N1 liegen hier die Städte Makhado (Louis Trichardt) und Musina, während sich östlich der Straße die historische Venda-Region erstreckt.

MAKHADO (LOUIS TRICHARDT)

☎ 015 / 90 000 Ew.

Das schmuddelig-graue Makhado passt nicht so recht zur grünen Landschaft der Umgebung. Als Standort für Ausflüge zu einigen lohnenswerten Lodges und Naturschutzgebieten und zu den Wanderwegen der nahe gelegenen Berge leistet die Stadt aber gute Dienste.

Praktische Informationen

ABSA (Ecke Songozwi Rd. & Krogh St.) Geldautomat und Geldumtausch.

PCS Computers (☎ 015-516 4122; 84 Krogh St.; 30 Min. 12 R; ⏲ Mo–Fr 8–17, Sa 9–14 Uhr) Bietet Zugang zum Internet.

Polizeistation (☎ 015-519 4300; Krogh St.)

Soutpansberg Tourist Office (☎ 015-516 0040; www.tourismsoutpansberg.co.za; Songozwi Rd. ⏲ Mo–Fr 8–16.30, Sa 8–12 Uhr).

Aktivitäten

Highlights der Gegend sind die spektakulären Berge und die außergewöhnlich vielfältige Fauna, darunter 615 der 900 in Südafrika vorkommenden Vogelarten. Auch die Pflanzenwelt mit den endemischen Proteen ist sehenswert. Touren organisieren zuverlässig **Face Africa** (☎ 015-516 2076; faceafrika@mweb.co.za; Tag 1200 R, maximal 4 Pers.) oder **Travel Africa Trails** (☎ 082-959 0102; africa@lantic.net; Tag 1400 R, maximal 4 Pers.).

MAKHADO (LOUIS TRICHARDT)

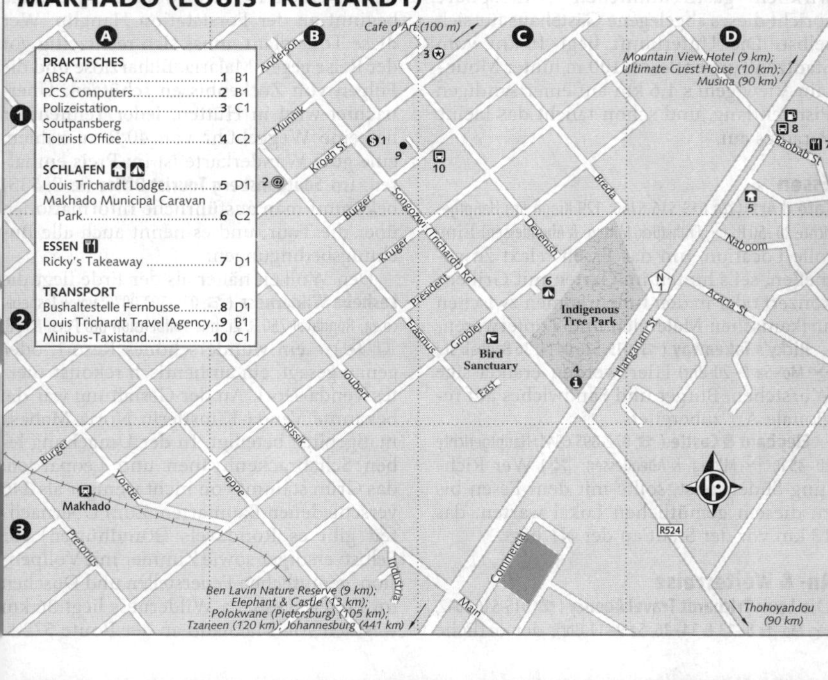

Schlafen

Wer die Soutpansberg-Region erkunden will, kann in Makhado übernachten. Günstiger gelegen sind allerdings die Unterkünfte an den Berghängen oberhalb der Stadt. Im Soutpansberg Tourist Office gibt's eine entsprechende Karte.

Makhado Municipal Caravan Park (☎ 015-519 3025; www.caravanparks.co.za/makhado; Grobler St.; Platz pro Pers. 45 R) Zentral gelegener Campingplatz.

Louis Trichardt Lodge (☎ 015-516 2222; www.lttlodge.co.za; Hlanganani St.; EZ/DZ 200/270 R; 💻 🏊) In dieser einladenden Lodge an der Hauptstraße finden sich einfache Zimmer mit Mini-Küche und ein *braai* (Grillplatz).

Mountain View Hotel (☎ 015-517 7031; EZ/DZ mit Frühstück 275/385 R) Das resortähnliche Hotel inmitten einer gut gepflegten Gartenanlage an der Straße nach Musina besticht durch sein liebenswürdiges Personal. Die Zimmer wirken jedoch ein bisschen schäbig.

Ultimate Guest House (☎ 015-517 7005; www.sleeping-out.co.za/member_details-MemberID-610.html; EZ/DZ mit Frühstück 310/410 R; 🏊) Mit seinem urigen Charakter, den farbenfrohen, individuell ausgestatteten Zimmern und seiner wirklich gastfreundlichen Atmosphäre spricht dieses abgelegene Gästehaus für sich selbst. Die Unterkunft liegt 10 km vom Stadtzentrum entfernt: 100 m hinter Mountain View geht's 1,6 km auf einer sandigen Piste entlang, und schon taucht das kleine Paradies auf.

Essen

Cafe d'Art (☎ 015-516 5760; 129 Krogh St.; Hauptgerichte 20–50 R; 🕑 Frühstück, Mittag- & Abendessen) Eine tolle Location, um das Essen relaxt zu genießen, sei's hinten im Garten mit Grillenkonzert oder in den Innenräumen zwischen afrikanischen Malereien und Töpferwaren.

Ricky's Takeaway (☎ 015-516 0414; 36 Baobab St.; 🕑 Mo–Sa 8–20 Uhr) Hier werden erstklassige Würstchen, Burger und Sandwiches auf regionale Art zubereitet.

Elephant & Castle (☎ 072-895 6541; Hauptgerichte 20–35 R; 🕑 Mittag- & Abendessen; 👪) Wer Richtung Süden reist, sollte mit dem Essen bis zu diesem gemütlichen Lokal warten, das 13 km vor der Stadt an der N1 liegt.

An- & Weiterreise

Die **Louis Trichardt Travel Agency** (☎ 015-516 5042; 🕑 Mo–Fr 8–13 & 14–16, Sa 9–11 Uhr), der örtliche Repräsentant der Greyhound- und Translux-Busse, liegt am Ende eines Gartenweges, der schräg gegenüber vom Taxistand von der Burger Street abzweigt. Die meisten Busse verkehren zwischen Makhado und Jo'burg (180 R, 5½ Std.) sowie Harare (375 R, 11 Std.); Abfahrt und Ankunft an der Caltex-Tankstelle Ecke N1 und Baobab Street.

Am Bahnhof, der am südwestlichen Ende der Kruger Street liegt, hält der **Bosvelder** (☎ 086-000 8888). Dieser Zug verbindet Makhado mit Jo'burg (1./2. Klasse 150/105 R, 11 Std.) und Musina (1./2. Klasse 70/40 R, 3½ Std.).

Der Minibus-Taxistand befindet sich auf dem Parkplatz des Shoprite-Supermarkts an der Burger Street, einen Block nördlich der Songozwi Road. Die Taxis fahren von Makhado z. B. nach Thohoyandou (20 R, 1½ Std.), Polokwane (20 R, 1¼ Std.) und Musina (30 R, 1½ Std.).

RUND UM MAKHADO

Wanderwege in Soutpansberg

Die zweitägige Wanderung auf dem 20,5 km langen **Hanglip Trail** schließt eine Kletterpartie auf einen 1719 m hohen Berg ein; sie beginnt an der Forststation Hanglip. Wer diese Tour plant, muss sich rechtzeitig vor der Reise gegen Malaria, Bilharziose und die Folgen von Zeckenbissen schützen. Übernachtet wird in Hütten. Jeder Teilnehmer hat eine Weggebühr von 40 R zu zahlen, eine gute Wanderkarte ist im Preis enthalten. Im **Soutpansberg Tourist Office** (s. S. 535) bekommt man ausführliche Informationen über die Tour, und es nennt auch alle Buchungsbedingungen.

Den Wolken näher als der Erde liegt die **Lesheba Wilderness** (☎ 015-593 0076; www.lesheba.co.za; Rondavel 250 R, Zi. mit Vollpension pro Pers. 850 R; 💻 🏊) – ein wunderschönes Resort, oder genau gesagt: ein authentisch rekonstruiertes Venda-Dorf. An der Gestaltung war die bekannte Venda-Künstlerin Noria Mabasa maßgeblich beteiligt. In der Umgebung leben Schabrackenhyänen und Leoparden, das Grün stammt von nicht weniger als 340 verschiedenen Baumarten. Zum Übernachten gibt es Rondavels (Rundhütten) für Selbstversorger sowie Zimmer mit Vollpension, gemütlichen Feuerstellen und Duschen im Freien. Leshaba Wilderness liegt 36 km westlich von Makhado an der Route 522.

Lajuma Mountain Retreat (☎ 015-593 0352; www.lajuma.com; Bungalow/Lodge pro Pers. 130/150 R) schmiegt sich 7 km abseits der Route 522 zwischen Makhado und Vivo an die Flanke des Letjuma (des höchsten Soutpansberg-Gipfels). Die zauberhafte Umgebung beeindruckt nicht nur als Wanderparadies, sondern wartet auch mit archäologischen Fundstätten und seltenen Tieren auf – von der Fülle der Möglichkeiten für Outdoor-Sportler gar nicht zu reden. Die Quartiere reichen vom einfachen Bungalow bis zur opulenten Lodge. Ein Anruf vor der Anreise, um sich nach den aktuellen Straßenverhältnissen zu erkundigen, lohnt sich!

Ben Lavin Nature Reserve

Obwohl dieses **Naturschutzgebiet** (☎ 015-516 4534; www.satis.co.za/benlavin; Erw./Kind 30/10 R; 🕒 6–18 Uhr) einen reichlich vernachlässigten Eindruck macht, lohnt sich der Besuch wegen der Wander- und Mountainbike-Routen. Zudem können Naturfreunde neben den Giraffen, Zebras und Schakalen erstaunliche 240 Vogelarten erspähen. Und eine passable **Unterkunft** gibt es auch (Zeltplatz pro Pers. 40 R; B in einer Hütte 215 R, plus Nebenkosten pro Pers. 68 R; B in Lodge 265 R, plus Nebenkosten pro Pers. 80 R).

Der Weg: Die N1 südlich von Makhado etwa 10 km fahren, dann die Abfahrt Fort Edward (linkerhand) nehmen; nach 3 km taucht schließlich auf der linken Seite das Eingangstor auf.

MUSINA

☎ **015 / 20 000 Ew.**

Musina liegt der Grenze zu Simbabwe am nächsten. Der heiße, staubige Ort mit seinem typischen Grenzstadtcharakter wuchs rund um die Kupferminen, die von 1905 bis in die frühen 1990er-Jahre in Betrieb waren. Große Bedeutung besitzt heute die immer noch aktive Diamantenmine DeBeers Venetia (die zweitgrößte auf der Südhalbkugel). Das Stadtzentrum wirkt noch reichlich verschlafen, aber die Behörde plant, Musina als Mittelzentrum in Reichweite des Mapungubwe National Park stärker als bisher zu fördern.

Praktische Informationen

ABSA (☎ 015-534 0746; 6 National Rd.) Geldautomat und die Möglichkeit zum Geldumtausch; befindet sich an der N1 (in dem Teil, der durch das Stadtzentrum verläuft).

Computer Shop Internet Café (☎ 015-534 1206; Palm Centre; Std. 20 R; 🕒 Mo–Fr 8.15–17.30, Sa 9–13 Uhr) Internetzugang.

Limpopo Travel (☎ 015-534 2220; limpopotrav@lantic.net; National Rd.; 🕒 Mo–Fr 8.30–16.30 Uhr) Nützlich für alle Reisebuchungen; am KfC.

Musina Tourism (☎ 015-534 3500; www.golimpopo.com; National Rd.; 🕒 Mo–Fr 8.30–16 Uhr) Befindet sich in einer strohgedeckten Hütte an der N1 (aus Richtung Polokwane kommend auf dem Weg in die Stadt).

Sehenswertes

Der Giant Baobab *(Adansonia digitata)* – der Afrikanische Affenbrotbaum –, gehört zu den charakteristischsten Gewächsen der Region. Südlich von Musina säumen einige der größten Exemplare die Straße, z. B. steht in der Nähe von Segole der dickstämmigste Affenbrotbaum des Landes – 3000 Jahre alt! Eine der vielen Legenden erzählt, dass Götter die Bäume, die einst gern ungehindert umherstreiften, kopfüber in den Boden steckten, sodass die Wurzeln nun himmelwärts ragen – und so sehen sie auch aus!

Das **Musina Nature Reserve** (☎ 015-534 3235; Erw./Fahrzeug 5/7 R; 🕒 Mo–Fr 8.30–16 Uhr) – 5 km südlich der Stadt abseits der N1 – entstand zum Schutz der Baobabs. Nyalas und Kudus leben ebenfalls dort. An Unterkünften für Besucher stehen feste Zelte mit einem schilfumzäunten Bereich *(lapa;* pro Pers. 40 R) oder Hütten (pro Pers. 120 R) zur Verfügung.

Schlafen & Essen

Limpopo River Lodge (☎ 015-534 0204; riverlodge@limpopo.co.za; 6 National Rd.; EZ 125–160 R, DZ 200–280 R; ❄) Besonders inspiriert waren die Planer dieser Lodge wohl nicht. An den Zimmern lässt sich aber überhaupt nicht herummäkeln, ebenso wenig an den Preisen, die für Limpopo-Verhältnisse in einem dankenswert niedrigen Bereich liegen.

Ilala Country Lodge (☎ 015-534 3220; www.places.co.za/html/2175.html; Rte. 572; EZ/DZ 315/415 R; 🏊) Sehr hübsche Selbstversorger-Unterkünfte, umgeben von Buschland und großen offenen Flächen. Die Anlage liegt 8 km von Musina entfernt an der Route 572 auf dem Weg nach Mapungubwe.

Dongola Ranch (☎ 015-533 1948; www.dongola.co.za; EZ/DZ 315/415 R; 🏊) Die Ranch, die zu Limpopos besten privaten Wildschutzgebieten zählt, fasziniert mit ihrer Vielfalt an Tierarten, darunter Breitmaulnashörner (Weiße Nashörner), Giraffen, Leoparden und Hyänen. Sie befindet sich 45 km von Musina entfernt an der Straße nach Mapungubwe.

Buffalo Ridge Spur (☎ 015-534 1127; National Rd.; Hauptgerichte 30–60 R; ⏰ Frühstück, Mittag- & Abendessen; ⊠) Cowboy-Flair und tellergroße Steaks oder Rippenbraten kennzeichnen dieses Kettenrestaurant in der Nähe des Büros von Musina Tourism.

An- & Weiterreise

Der Grenzübergang nach Simbabwe befindet sich bei Beitbridge, 14 km nördlich von Musina; er ist rund um die Uhr geöffnet. Auf der südafrikanischen Seite liegt etwa 1 km vom Grenzübergang entfernt ein großer Minibus-Taxistand (s. unten). Weitere Informationen zum Grenzübertritt nach Simbabwe s. S. 681.

BUS

Die Busse von **Translux** (☎ 015-295 5548; www.translux.co.za) halten auf ihrer Route Jo'burg–Harare an der Limpopo River Lodge (S. 537). Die Fahrt nach Jo'burg kostet 190 R (7½ Std.), nach Harare 250 R (10 Std.).

MINIBUS-TAXI

Wer von Simbabwe kommt und über Musina hinaus weiter südlich reisen möchte, sollte den Taxistand in Grenznähe nutzen; hier stehen wesentlich mehr Mini-Busse als in Musina. Die Fahrt von der Grenze nach Musina kostet 15 R (20 Min.), nach Makhado 30 R (1½ Std.), Polokwane 40 R (2½ Std.) und Jo'burg 100 R (7½ Std.).

ZUG

Der **Bosvelder** (☎ 086-000 8888) verkehrt täglich außer Samstag ab Musina (Endstation) nach Jo'burg (1./2. Klasse 185/125 R, 14 Std.) via Makhado und Polokwane Der Zug fährt extrem langsam!

MAPUNGUBWE NATIONAL PARK

Wahrscheinlich vermittelt keine Einrichtung im Umland das Gefühl von Wildnis so intensiv wie Limpopos neueste Attraktion: der **Mapungubwe National Park** (☎ 015-534 2014; www.sanparks.org/parks/mapungubwe; Erw./Kind 60/30 R; ⏰ 6–18 Uhr). Der im September 2004 für das Publikum geöffnete Park dehnt sich über 28 000 ha aus. Den vielen archäologischen Funden aus der Stein- und Eisenzeit – sie gelten als die bedeutendsten in ganz Südafrika – verdankt Mapungubwe die Aufnahme in die Unesco-Liste des Weltkulturerbes. Außerdem bietet der Park einmalige Möglichkeiten, Wildtiere zu beobachten, zumal die *Big Five* hier noch in großer Zahl vorkommen. Die Attraktivität wird sicher noch weiter zunehmen, wenn die Pläne für einen 800 000 ha großen – und bis nach Botsuana und Simbabwe reichenden – Trans-Frontier-Park tatsächlich realisiert werden sollten.

Auch für die Beschäftigung mit der Geschichte der Ureinwohner ist der Park von Bedeutung: Im April 1933 entdeckten Forscher am Mapungubwe Hill eine Begräbnisstätte aus der Eisenzeit, in der sich Haarschmuck, Geschmeide, Amulette und Schalen fanden, vieles davon vergoldet. Zu den spektakulärsten Gegenständen zählt ein kleines vergoldetes Nashorn. Während der Apartheid hielt die Regierung diese Entdeckung jedoch unter Verschluss, da kein Interesse an Belegen für eine hoch entwickelte Kultur der Ureinwohner bestand.

Der Hügel liefert auf jeden Fall einen ausgezeichneten Einblick in eine frühe Zivilisation. Viele der Artefakte befinden sich in dem Museum vor Ort.

Zu den wichtigsten Stätten des Parks finden kurze Führungen (30 R) statt, aber auch Dreitagestouren mit Übernachtung und Verpflegung (1800 R sind möglich.

Im Leokwe Rest Camp können Besucher campen (70 R) oder in opulenten **Chalets** (400 R; ⊠ ⊡) mit jeweils zwei Betten darin übernachten.

Der Park liegt am Zusammenfluss von Shashe und Limpopo River, nördlich der Straße, die von Musina nach Pontdrift führt. Von Musina aus sind es 60 km auf der Route 572.

VENDA-REGION

Die angestammte Heimat des Volkes der Venda gibt in der Soutpansberg-Region vielleicht die meisten Rätsel auf. Die Venda zogen zu Beginn des 18. Jhs. aus dem heutigen Simbabwe in diesen Landstrich. Zwischen der während der Apartheid lange vernachlässigten Venda-Region und dem Südafrika, wie es sich in Jo'burg widerspiegelt, liegen Welten. Nicht weit von der Schnellstraße entfernt, zeigt sich ein Afrika mit nebelumhüllten Berggipfeln, staubigen Straßen und Lehmhütten – eingebettet in eine Landschaft, in der Mythen und Legenden heute noch im Alltag der Menschen eine wichtige Rolle spielen. Das Land ist übersät mit Seen und Wäldern, die eine große religiöse Bedeutung besitzen. Und die Bewohner hegen und pflegen nach wie vor ihr kulturelles Erbe.

Thohoyandou & Sibasa

☎ 015 / 50 000 Ew.

Thohoyandou (Elefantenkopf) entstand zur Zeit der Apartheid als Hauptstadt des Venda-Homelands. In dieser Stadt gehen eine funktionale Stadtplanung und eine gesunde Dosis an afrikanischem Chaos eine gelungene Verbindung ein. Friedlich vereint findet man hier ein aufblühendes Shopping Center, ein edles Casino-Resort und die üblichen geschäftigen Nebenstraßen.

Die benachbarte Stadt Sibasa liegt wenige Kilometer nördlich. Dort befinden sich auch die meisten Haltestellen der öffentlichen Verkehrmittel.

Kruger's Punda Maria Gate liegt 65 km von Thohoyandou entfernt. Die Straße dorthin lässt sich gut befahren, deshalb ist die Stadt ein guter Stützpunkt für alle diejenigen, die den nördlichsten Teil des Nationalparks kennenlernen möchten.

Die **Standard Bank** (Mphephu St.) auf der Hauptstraße von Thohoyandou verfügt über Geldautomaten.

Touren zu Sehenswertem in der Umgebung, darunter zum Lake Fundudzi, organisieren der ortsansässige Fremdenführer **Beth Mashawana** (☎ 072-401 1832; Tagestour/4 Pers. ab 350 R) oder das **Thohoyandou Arts & Culture Centre** (☎ 082-401 9756; Punda Maria Rd., Thohoyandou; 🕓 6–18 Uhr). Dessen Manager, Mashudu Dima, verkauft nicht nur traditionelles regionales Kunstgewerbe (gutes und weniger gutes), sondern veranstaltet auch Tagestouren (350 R, mindestens drei Pers.; inklusive Transport der Teilnehmer). Dorfbesuche und ein Abstecher zum Lake Fundudzi gehören zum Programm der Tour. Wer sich für Kunst interessiert, sollte einen Termin bei Noria Mabasa vereinbaren; sie ist eine der bekanntesten Künstlerinnen der Region, die traditionelle Skulpturen in Ton und Holz modelliert.

SCHLAFEN & ESSEN

Bougainvillea Lodge (☎ 015-962 4064; www.bougainvillealodge.com; Mphephu St.; EZ/DZ mit Frühstück 250/330 R) Wie der Name verspricht, blühen auf dem Gelände dieser freundlich-fröhlichen Lodge die Bougainvilleen in Hülle und Fülle.

Vevisa Lodge (☎ 015-962 5252; vevisa@iafrica.com; 758 Mphephu St.; EZ/DZ mit Frühstück 295/330 R) Die Lodge setzt mit getürkten Lehmwänden und Strohdächern auf pseudo-folkloristisches Ambiente. Die Zimmer sind einwandfrei.

Tusk Venda (☎ 015-962 4600; www.tusk-resorts.co.za; Mphephu St.; EZ/DZ mit Frühstück 515/710 R; ❄ 🏊) Einen Hauch von Las Vegas verbreitet das Resort mit seinem pompösen Casino mitten im Herzen der Venda-Region. Eigentlich passt es gar nicht in diese Umgebung, hat aber reichlich Abwechslung und Komfort zu

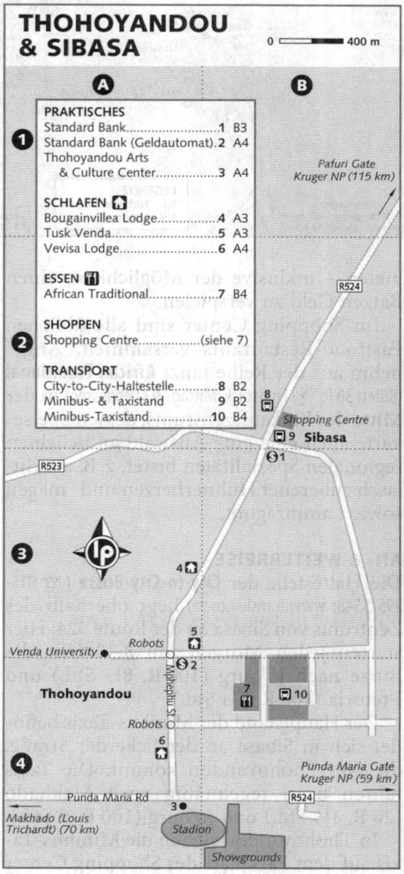

LIMPOPO

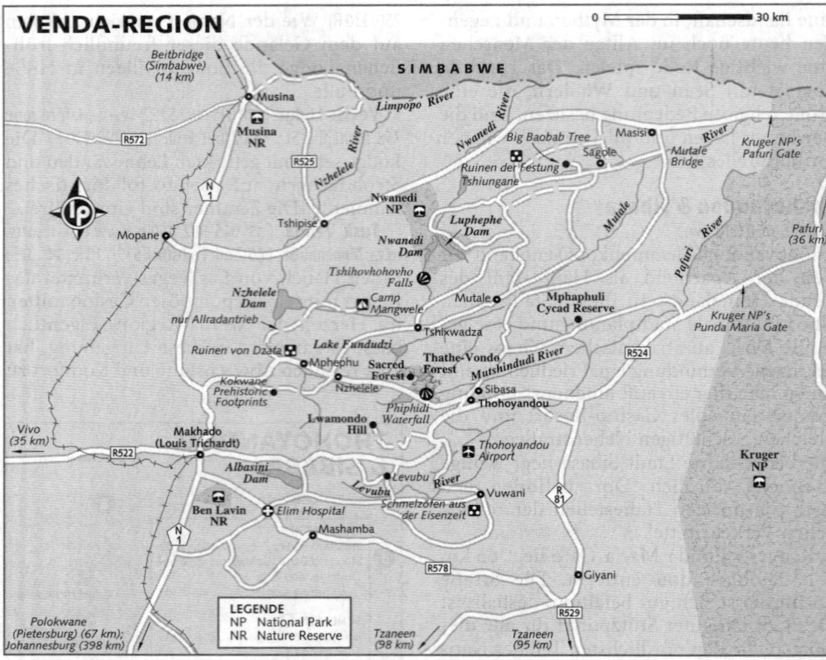

bieten – inklusive der Möglichkeit, einen Batzen Geld zu verspielen.

Im Shopping Center sind alle üblichen Fastfood-Restaurants versammelt. Angenehm aus der Reihe tanzt **African Traditional** (Büfett 30 R; Frühstück, Mittag- & Abendessen) in der Mitte des Einkaufszentrums, dessen Speisekarte auch eine gute Auswahl an beliebten regionalen Spezialitäten bietet, z. B. als Gulasch zubereitet Hühnerherzen und -mägen sowie Lammragout.

AN- & WEITERREISE

Die Haltestelle der **City-to-City-Busse** (☎ 015-295 5548; www.translux.co.za) liegt oberhalb des Zentrums von Sibasa an der Route 524. Hier starten jeden Morgen um 8.30 Uhr die Busse nach Jo'burg (100 R, 8½ Std.) und Pretoria (100 R, 7½ Std.).

Der Hauptstand der Minibus-Taxis befindet sich in Sibasa an der Ecke der Straße, die von Thohoyandou kommt. Die Taxis fahren u. a. regelmäßig nach Makhado (20 R, 1½ Std.) und Jo'burg (100 R, 9 Std.).

In Thohoyandou stehen die Minibus-Taxis auf dem Parkplatz des Shopping Center in der Nähe vom Tusk Venda. Die Fahrt nach Sibasa kostet 3,50 R.

Nwanedi National Park

Die trockene Soutpansberg-Nordseite bildet eine dramatisch-malerische Kulisse für den **Nwanedi National Park** (☎ 015-539 0723; Erw./Fahrzeug 10/1 R 5; 6–18 Uhr) und einen faszinierenden Kontrast zur üppigen Landschaft der Venda-Region. Mopanibäume und artenreicher Laubwald dominieren. Der landschaftlich schönste Weg im Park führt zu den **Tshihovhohovho Falls**. Besucher können hier ein Kanu für 50 R mieten.

Im Park gibt's **Campingplätze** (pro Pers. 20 R, plus pro Zelt 50 R) und **Rondavels** (R350) für vier Personen. Es fehlt an nichts Wichtigem, und ein Restaurant mit allem Drum und Dran ist vorhanden.

Von Thohoyandou aus führt eine Straße zum Nwanedi Gate. Die Panoramablicke von der Straße aus sind großartig, doch das Risiko, sich zu verfahren, sollte man nicht unterschätzen; außerdem muss das Auto auf dieser Strecke kilometerweit über eine holprige Sandpiste rumpeln. Einfacher gestaltet sich die Route über Tshipise, die zum westlichen Parkzugang führt. Die dem Park am nächsten gelegene Tankstelle befindet sich ebenfalls in Tshipise.

Der Nwanedi National Park lässt sich gut mit dem nördlichen Teil des Kruger National Park kombinieren. Eine mögliche Reiseroute: von Thohoyandou zum Kruger's Punda Maria Gate fahren, später den Park durch das am nordöstlichsten liegende Kruger Pafuri Gate verlassen und dann Nwanedi sowie Tshipise besuchen.

Lake Fundudzi & Umgebung

Dieser See gilt als heilige Stätte. Die Legende erzählt, sein Wasser stamme von dem Meer, das die Erde bedeckte, bevor das feste Land zutage trat. Außerdem lebt hier der pythongestaltige Gott, der für die Riten der matriarchalischen Venda-Kultur eine große Bedeutung besitzt.

Der See liegt 35 km nordwestlich von Thohoyandou, doch um ihn anzuschauen, bedarf es einer Genehmigung der Hüter des Sees: das ist das Volk der Netshiavha. Am einfachsten gelangen die Besucher im Rahmen einer organisierten Tour dorthin, die sich sowohl in Thohoyandou als auch in Makhado buchen lässt. Besucher sollten dem See bei der Ankunft ihren Respekt erweisen, das bedeutet: Jeder dreht sich mit dem Rücken zum See, beugt sich nach vorne und blickt zwischen den Beinen aufs Wasser. Und das Ganze unbedingt möglichst würdevoll ausführen!

In dem nahe gelegenen **Thathe-Vondo Forest** (Eintritt frei; ⌚ Mo–Fr 8–16, Sa & So 8– 17 Uhr) führt eine (meist) befahrbare Sandpiste zum Holy Forest (Entfernung 13 km), ebenfalls ein heiliger Platz. Dort gewährt ein Aussichtspunkt (17 km) einen tollen Blick über den Lake Fundudzi.

SCHLAFEN

Camp Mangwele (☎ 072-631 6670; Zeltplatz pro Pers. 40 R) liegt nördlich vom Lake Fundudzi inmitten der felsigen Soutpansberg-Landschaft. Dieser Campingplatz lässt sich nur in einem Fahrzeug mit Allradantrieb und großer Bodenfreiheit erreichen. Für die etwas mühsame Fahrt entschädigen im Camp heiße Duschen, *braai* (Grillplatz) und viele Outdoor-Aktivitäten, darunter Rock Climbing und Mountainbiking. Vor Ort gibt's einen **Führer** (☎ 082-768 8801).

Der Weg zum Camp Mangwele: erst nach Makhado fahren (nicht in das frühere Louis Trichardt, sondern in den kleineren Ort im

SCHÜTZT DEN LAKE FUNDUDZI!

Die Bedeutung des Lake Fundudzi ist größer, als es auf den ersten Blick erscheint. Die traditionellen Hüter de Sees, die Netshiavha („die Leute vom See"), betrachten ihn als heilige Stätte, an der ihre Toten die letzte Ruhe finden.

Auch für Wissenschaftler ist der See etwas Besonderes, da er zu den wenigen natürlichen Süßwasserseen Südafrikas zählt. Sie vermuten, dass er vor etwa 20 000 Jahren entstand, als ein Felsbrocken in einem Flussbett das Wasser staute, sodass es über die Ufer trat und in einer Vertiefung den See bildete.

Ende der 1990er-Jahre begannen jedoch die Zerstörungen der Natur. Fast die Hälfte des Wassereinzugsgebiets rund um den See – Urwald und Grasland – fiel der Motorsäge zum Opfer, um Nutzflächen, z. B. für Obstplantagen, zu gewinnen. Dies führte zu Erosion, einer Verschlechterung der Wasserqualität und zum Rückgang vieler Pflanzen- und Tierarten.

Die Netshiavha besaßen lange Zeit das Privileg, den Zugang zum See zu kontrollieren. Doch Mitte der 1990er-Jahre entstand eine Straße, die es jedem ermöglicht, direkt bis zum Seeufer zu fahren – die Hüter des Sees hatten die Kontrolle verloren. Bald kamen die Leute scharenweise zum Picknicken und hinterließen am Seeufer bergeweise Abfälle. Das derzeitige Oberhaupt der Netshiavha vermutet, dass die Entweihung des Sees zum Niedergang der traditionellen Werte seines Volkes beigetragen hat.

In den letzten Jahren startete der Häuptling der Netshiavha eine Kampagne zum Schutz des Sees. Sowohl die Netshiavha als auch die benachbarten Volksgruppen erließen Gesetze, um die Nutzung des Landes rund um den See zu begrenzen und die Begleiterscheinungen des Tourismus zu lindern. An dem langfristig angelegten Konzept sind staatliche Stellen, das Mondi Wetlands Project (www.wetland.org.za) und der World Wide Fund for Nature (WWF) beteiligt.

Norden); 2 km nordöstlich von Makhado nordwärts nach Musekwa abbiegen und der Straße 21,7 km weit folgen; dann rechts (ostwärts) auf die Straße Richtung Tshixwadza abbiegen. Nach 9 km kommt eine beschilderte Abzweigung nach Mangwele Pothole (das Schild verwirrt ein bisschen) – und nach 1 km in südlicher Richtung ist das Camp erreicht.

VALLEY OF THE OLIFANTS

Auch wenn sich heute im „Tal der Elefanten" kein einziger Dickhäuter mehr blicken lässt, besitzt es seine besonderen Reize, vor allem in Hinblick auf die Kultur der Ureinwohner. Die Region ist die traditionelle Heimat des Volkes der Tsonga-Shangaan und der Lobedu. Außerdem bildet das Tal eine beliebte Passage durch den Kruger National Park und führt zu den vielen privaten Wildschutzgebieten in der Umgebung von Hoedspruit (s. S. 522). Tzaneen und das hübsche Dorf Haenertsburg im Letaba Valley sind angenehme Ausgangspunkte für Touren durch die malerischen Gegenden von Modjadji und Magoebaskloof.

LETABA VALLEY

Das Letaba Valley liegt östlich von Polokwane zwischen zwei Flächen des ehemaligen Homelands Lebowa. Im subtropischen Klima des Tals gedeihen tropische Früchte und Tee auf Plantagen, sattgrüne Wälder bedecken die Hänge.

Bei Haenertsburg gabelt sich die Straße; die Route 71 verläuft über den Magoebaskloof Pass weiter nach Tzaneen, während die Route 528 durch das sanfte George's Valley zum selben Ziel führt. Die Route 71 ist sicher die interessantere Strecke, weil unterwegs zahlreiche kurze Wanderungen auf markierten Wegen möglich sind (s. Magoebaskloof Pass, S. 543).

Haenertsburg

☎ 015 / 300 Ew.

Eingebettet in eine grüne Berglandschaft, die ans schottische Hochland erinnert, bildet das beschauliche kleine Haenertsburg ein Refugium für alle, die der Hektik des Alltags entfliehen wollen. Das 1887 während des Goldrausches gegründete Dorf hat sich etwas vom „Glamour" jener Tage bewahrt, denn es wirkt wie ein wohlhabendes Vorstadtviertel.

PRAKTISCHE INFORMATIONEN

Magoebaskloof Tourist Association (☎ 015-276 4972; www.magoebaskloof.com; Rissik St.; ⌚ Mo–Fr 8–17, Sa & So 9–12 Uhr) bietet eine Menge Informationen und verfügt über einen **Internetzugang** (pro Min. 1 R). Zum Zeitpunkt der Recherche für dieses Buch gab es keinen einzigen Geldautomaten in dem Ort. Das dürfte sich zwar bald ändern, doch vorsichtshalber sollte man als Besucher mit genügend Bargeld ausgestattet sein.

AKTIVITÄTEN

Rund um Haenertsburg verlaufen einige ausgezeichnete Wanderrouten, darunter der 11 km lange **Louis Changuion Trail**, der spektakuläre Ausblicke bietet.

Mit Organisatoren von Outdoor-Aktivitäten ist der Ort bestens bestückt:

Filly's Way (☎ 082-294 8349) 2 km westlich der Ortschaft an der Route 71 organisiert einstündige (110 R), halbtägige (380 R) und zweitägige (1950 R) Ausflüge zu Pferd.

Thaba-Metsi (☎ 083-866 1546; thabmetsi@mweb.co.za) veranstaltet Abenteuertrips, darunter Quadbiking, Kloofing (die südafrikanische Version des Canyoning), Rafting und Mountainbiking.

Das **Growth Centre** (☎ 015-276 2712, 072-277 4809), 6 km östlich der Stadt an der Route 71 gelegen, bietet ganzheitliche Heilbehandlungen, Reflexzonenmassage und Meditationskurse. Es ist unter der Bezeichnung „Stanford Lake Lodge" ausgeschildert.

SCHLAFEN & ESSEN

Bali Will Will (☎ 015-276 2212; glmccomb@absamail.co.za; Zelt-/Stellplatz pro Pers. 40 R, EZ/DZ mit Frühstück 200/370 R; 💻 🅿) Die Gästezimmer in dem freundlichen Farmerhaus sind zauberhaft möbliert. Weitere Zimmer befinden sich in einem daneben liegenden Cottage (pro Pers. 130 R). Das Anwesen liegt 2,4 km vor der Stadt (auf der Route 71 ausgeschildert); nach Telefonanruf holt jemand vom Personal die Gäste mit dem Auto aus der Stadt ab.

Livingstone Place (☎ 015-276 5020, 082-892 5326 www.livingstoneplace.co.za; pro Pers. 150 R) Dieses märchenhafte, niedliche Chalet im Schweizer Stil liegt 1 km vor der Stadt an der Route

LIMPOPO

71 und eignet sich bestens für eingeschworene Selbstversorger.

Magoebaskloof Hotel (☎ 015-276 5400; www.magoebaskloof.co.za; R71; EZ/DZ mit Frühstück 495/690 R;) Dieses Hotel bietet Business-Standard mit allem Drum und Dran, Affen vor der Haustür, eine wunderbare Aussicht, außerdem ein Pub im niederländischen Stil zum Ausgleichen des Wasserverlusts nach den hier angebotenen sportlichen Aktivitäten. Das Hotel liegt 10 km vor der Stadt Richtung Tzaneen an der Route 71.

Red Plate (☎ 083-305 2852; kleine Gerichte 20–50 R; Frühstück, Mittag- & Abendessen) Das Café (neben der Tourist Association) besticht mit einer Art Zen-Atmosphäre, serviert jedoch nur Allerwelts-Sandwiches und stinknormale Pasta.

AN- & WEITERREISE

Beyer's Bus Service (☎ 015-307 5959, 082-434 3449) bedient die Route Pretoria–Tzaneen. Die Busse halten freitags sowie samstags am Picasso's Restaurant an der Route 71. Sie verbinden Haenertsburg mit Tzaneen (80 R, 30 Min.), Polokwane (80 R, 40 Min.) und Pretoria (180 R, 5½ Std.).

Magoebaskloof-Pass

Der Magoebaskloof ist ein Steilhang am Rand des Highveld. Die nach Tzaneen und ins Lowveld führende Passstraße durchquert bei ihrem rasanten „Abstieg" Plantagen und dichte, ursprüngliche Wälder.

Aufgrund der starken sommerlichen Regenfälle gibt es in der Gegend jede Menge Wasserfälle, darunter die **Debengeni Falls** im De Hoek State Forest. Um dorthin zu gelangen, bei Bruphy Sawmills von der Route 71 in westlicher Richtung abbiegen.

Die zweitägige Wandertour auf dem 21 km langen **Debengeni Falls Trail** lohnt sich genauso wie die Dreitagestour (40 km) auf dem **Dokolewa Waterfall Trail**, wo die Übernachtungshütten an Wasserfällen und Bächen liegen. Buchung der Hütten/Schlafplätze bei **Komatiland Forestry Association** (☎ 012-481 3615; ecotour@safcol.co.za).

The Wheelbarrow (☎ 015-305-3039; www.tzaneen.com/thewheelbarrow; Gerichte 30–60 R; 9–16.30 Uhr) eignet sich ausgezeichnet, um zwischen Haenertsburg und Tzaneen eine Pause einzulegen. Es gibt dort z. B. ein deftiges Landfrühstück mit hausgemachter Marmelade und frischen Säften. Im Juli findet hier ein Avocado-Festival statt. Das Restaurant liegt an der unteren Strecke der Route 71 bei der Kreuzung mit der Route 36.

TZANEEN & UMGEBUNG

☎ **015 / 81 000 Ew.**

Tzaneen, die größte Stadt in der Nähe vom Letaba Valley und die zweitgrößte von Limpopo liegt im Zentrum eines fruchtbaren Obstanbaugebiets. Die Avocados und Mangos der Region machten die Stadt bekannt. Besucher sollten nicht versäumen, die Köstlichkeiten vor Ort zu probieren. Umgeben von grünen Hügeln mit subtropischem Pflanzenwuchs, ist Tzaneen nicht nur ein angenehmer Aufenthaltsort mit vielen schönen, ruhigen Ecken, sondern auch ein zentraler, bequemer Ausgangspunkt für Erkundungstouren durchs Valley of the Olifants.

Praktische Informationen

ABSA (Danie Joubert St.) Geldautomat und Möglichkeit zum Geldumtausch.

First National Bank (Danie Joubert St.) Geldautomat und Möglichkeit zum Geldumtausch.

Limpopo Parks & Tourism Board (☎ 015-307 3582; www.tzaneeninfo.com; Rte. 71; Mo–Fr 8–16.30 Uhr) Befindet sich an der Rte. 71 (Richtung Phalaborwa) und bietet eine Menge nützlicher Informationen über die Region; enthält auch ein Zentrum für Kunsthandwerk.

Post Net (☎ 083-639 9685; Erdgeschoss, Tzaneen Crossing Mall; Mo–Fr 8–17, Sa 8.30–12.30 Uhr; Std. 20 R) Internetzugang.

Postamt (Lannie Lane) Hinter der Danie Joubert St.

Tzaneen Hospital (☎ 015-307 4475; Hospital St.) Südöstlich vom Stadtzentrum.

Sehenswertes & Aktivitäten

Das **Tzaneen Museum** (☎ 015-307 5258; Agatha St.; Spenden erwünscht; Mo–Fr 9–16, Sa 9–12 Uhr) fasziniert mit einer spannenden Sammlung von Tsonga-Kunstwerken, darunter eine beim Zeremoniell der Regenkönigin genutzte Trommel. Besucher erhalten außerdem einen Überblick über 2000 Jahre Töpferkunst der Ureinwohner.

In den umliegenden Bergen gibt es jede Menge Möglichkeiten zum Radfahren, Wandern und Klettern. Abenteuertrips organisiert Thaba-Metsi (s. S. 542).

Schlafen

Satvik Backpackers Village (☎ 015-307 3920; satvik@pixie.co.za; George's Valley Rd.; Zelt-/Stellplatz 40 R, B/DZ 70/180 R) Im Gegensatz zu den vielen anderen knallbunt und kitschig aufgemachten Backpacker-Camps geht's hier bodenständig-ländlich zu. Auf dem Gelände einer Farm logieren die Gäste in den umgebauten alten Arbeiterhütten.

Half Human Backpackers (☎ 015-304 3230; www.hostelz.com/l/de/hostel/42956-half-human-backpackers; halfhumanback@telkomsa.co.za; George's Valley Rd.; Zelt-/Stellplatz 40 R, B/EZ/DZ 70/120/180 R) In dem Buschcamp – 20 km östlich von Tzaneen an der Straße nach Phalaborwa – gruppieren sich Rondavels (afrikanische Rundhütten) mit Gemeinschaftsküche und -bad um einen *braai* (Grillplatz mit Holzgrill). Alle Unterkünfte sind im afrikanischen Stil gehalten. Auf Wunsch holen die Betreiber ihre Gäste von Tzaneen mit dem Auto ab.

Arborpark Lodge (☎ 015-307 1831; arborpark@mweb.co.za; Ecke Soetdoring & Geelhout St.; EZ/DZ mit Frühstück 220/250 R;) Die einem Motel ähnliche Lodge verfügt über einen Waschsalon, ein Pub, ein gutes Restaurant und zweckmäßig ausgestattete Zimmer. Zwar liegt sie etwas weit weg vom Zentrum, doch ein Anruf genügt, und jemand vom Personal holt die Gäste mit dem Auto ab.

Fairview River Lodge (☎ 015-307 2679; www.fairviewlodge.co.za; EZ/DZ mit Frühstück 350/510 R;) Diese 4-Sterne-Lodge – die wohl eleganteste Unterkunft vor Ort – liegt inmitten eines üppigen tropischen Gartens. Neben den luxuriösen strohgedeckten Hütten (mit Selbstversorgung) bietet sie auch einige einfache Zimmer für 200 R.

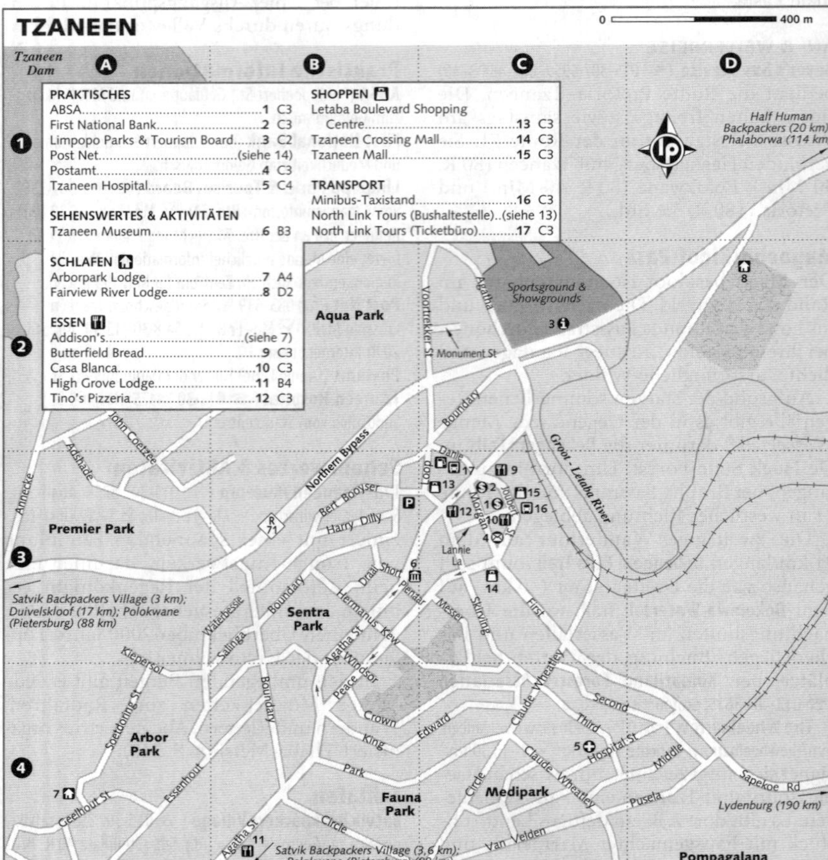

Essen

Die Restaurantszene von Tzaneen bewegt sich auf einem sehr einfachen Level.

Casa Blanca (☎ 015-307 2792; 9 Danie Joubert St.; Hauptgerichte 30–60 R; ⏰ Mittag- & Abendessen; ☒) Ein beliebtes Restaurant mit einem Mischmasch aus italienischen Gerichten, Fisch, Meeresfrüchten, Grillgerichten und etwas Vegetarischem.

High Grove Lodge (☎ 015-307 7242; highgrove@tzaneen.co.za; Agatha Rd.; Hauptgerichte 40–60 R; ⏰ Frühstück, Mittag- & Abendessen) In der wohl edelsten Location vor Ort gibt's anständige Steaks, Salate und ein sogenanntes Kontinentalfrühstück. Es ist zugleich ein exklusives Hotel (EZ/DZ 370/450 R) mit 18 Zimmern und einem Pub.

Butterfield Bread (Danie Joubert St.; ⏰ Frühstück & Mittagessen) Dieser Laden einer soliden Bäckereikette bietet frisches Brot und allerlei Leckereien.

Tino's Pizzeria (☎ 015-307 1893; Agatha St.; Hauptgerichte 25–45 R; ⏰ Mittag- & Abendessen; ☒) Nicht der Hit, aber die Pizzas sind gut.

Addison's (☎ 015-307 6261; Ecke Soetdoring & Geelhout St.; Hauptgerichte 25–60 R; ⏰ Mittag- & Abendessen; ☒) ist ein kleines, quirliges Speiselokal auf dem Gelände der Arborpark Lodge – mit einem Pub, wo man sich nach dem Essen noch das eine oder andere Glas genehmigen kann.

An- & Weiterreise

Die Busse von North Link Tours, die an der Rückseite des Letaba Boulevard Shopping Centre halten, fahren an vier Tagen der Woche nach Jo'burg (160 R, 6 Std.). Bustickets gibt's an der **Caltex Petrol Station** (☎ 015-305 2424; Danie Joubert St.).

Translux-Busse fahren nach Pretoria (140 R, 4½ Std.), Jo'burg (140 R, 5½ Std.) und Phalaborwa (100 R, 1 Std.). Die Tickets verkauft Limpopo Parks & Tourism Board (S. 543).

Die meisten Minibus-Taxis starten von einem Halteplatz hinter der Tzaneen Mall. Zur ihren Fahrtzielen gehören die Orte Duivelskloof (7 R, 15 Min.) und Haenertsburg (20 R, 30 Min.).

Duivelskloof

☎ 015 / 25 000 Ew.

Die kleine Stadt liegt in den bewaldeten Bergen nördlich von Tzaneen. Ihr Name „Teufelsschlucht" bezieht sich auf die teuflisch harte Zeit, als die europäischen Siedler mit ihren Planwagen bergauf und bergab zogen. An der Straße zur Nachbargemeinde

MODJADJI, DIE REGENKÖNIGIN

Stammesfürstinnen gehören in Afrika zu den eher ungewöhnlichen Erscheinungen. Die Regenkönigin macht da eine Ausnahme. Sie residiert in dem Dorf GaModjadji, das im Gebiet der Bolebodu nahe Duivelskloof liegt. Jedes Jahr um den November herum führt die Regenkönigin den Vorsitz bei einem großen Fest, das die Ankunft des Regens feiert. Die *indunas* (Dorfältesten) wählen die Leute aus, die tanzen, um Regen bitten und traditionelle Rituale ausführen (darunter Initiationsriten für Männer und Frauen). Nach Ablauf der gesamten Zeremonie setzt der Regen ein. Bleibt er aus, tragen bestimmte Ereignisse die Schuld, z. B. die Zerstörung einer heiligen Stätte – dann helfen nur weitere Rituale.

Henry Rider Haggards Abenteueroman „Sie" basiert auf der Geschichte der ersten Modjadji, einer Prinzessin, die im 16. Jh. mit einem Teil ihres Stammes geflüchtet war.

In Juni 2001 starb die Regenkönigin Modjadji V. in Polokwane (Pietersburg). Zu allem Unglück war die designierte Thronerbin, Prinzessin Makheala, drei Tage zuvor ebenfalls gestorben. Erst im April 2005 wurde Modjadji VI. – die damals 25-jährige Prinzessin Mmakobo – gekrönt. Am Tag der Krönung regnete es, was alle als gutes Omen betrachteten. Die neue Regenkönigin führt nun das gleiche zurückgezogene Leben wie ihre Vorgängerinnen, während ihr ältester Bruder die Amtsgeschäfte übernommen hat. Gemäß der Sitte darf die Regenkönigin nicht heiraten, sollte aber Kinder, und zwar von Mitgliedern der königlichen Familie, zur Welt bringen.

Auch wer die Fahrt über die sehr holprige Straße nach Modjadji geduldig auf sich nimmt, wird die Regenkönigin nicht zu Gesicht bekommen. Sie lebt eingesperrt im königlichen Kraal und hat nur Kontakt zu ihrem Gefolge. Doch schön ist auch der – erlaubte – Spaziergang durchs Dorf und ein Streifzug durch den Modjadji Cycad Forest (einen Palmfarn-Wald), wo es einen *braai* und einen Picknickplatz gibt.

GaKgapane steht der **Giant Baobab Tree** (☎ 015-309-9030; Sunland Nursery), ein Affenbrotbaum und wohl der einzige Baum auf der Welt, der eine Kneipe in seinem Stamm beherbergt. In der „Baumkneipe" finden maximal 15 Personen Platz, die hier Tee, Scones (ein Teegebäck) oder Bier genießen können.

Auskünfte an Besucher erteilt die **Municipality** (☎ 015-309 9246; Botha St.; Mo–Fr 8.30–16.30 Uhr), also die Stadtverwaltung.

Hotel Imp Inn (☎ 015-309 9253; Botha St.; EZ/DZ 240/390 R) residiert in einer Kolonial-Villa mit ziemlich spartanischem Ambiente. Die zentrale Lage mag ein Vorteil sein, doch in Tzaneen finden sich bessere Unterkünfte.

Der Minibus-Taxistand ist in der Nähe des Spar-Supermarktes an der Botha Street; die Fahrt hinüber nach Tzaneen kostet 6 R (15 Min.).

Ndzalama Wildlife Reserve

Das nach der spektakulären, steil aufragenden Felsformation Ndzalama benannte **Wildschutzgebiet** (☎ 015-307 3065; ndzalama@pixie.co.za; 8.30–18 Uhr) liegt in der Nähe von Letsitele. Außer Büffeln findet sich hier so ziemlich alles, was Südafrikas Tierwelt zu bieten hat, darunter vier der *Big Five*, der fünf Großwildarten Afrikas. Tagesbesuche sind nicht möglich, Besucher müssen mindestens einmal übernachten. **Unterkünfte** (2-Bett-Hütten ab 400 R) mit Selbstversorgung sind vorhanden und müssen im Voraus gebucht werden.

Von Tzaneen oder Phalaborwa aus führt die Route 71 zum Reservat. Die südliche Abfahrt liegt 9 km nördlich von Gravelotte: rechts abbiegen und 12 km weit der Schotterpiste folgen. Die nördliche Abfahrt ist 12 km östlich von Tzaneen: links abbiegen, nach 16 km rechts abbiegen und dann noch 4 km weiterfahren.

Modjadji Nature Reserve

Das nur 305 ha große **Modjadji Nature Reserve** (☎ 082-393 5551; Erw./Fahrzeug 10/20 R; 7.30–18 Uhr) dient dem Schutz der urtümlichen Modjadji-Palmfarn-Wälder. Die sommerlichen Dunstschleier verleihen der Waldlandschaft mit den umliegenden Vulovedu Mountains eine ätherische Atmosphäre. Besucher können in **Rondavels** (pro Pers. 125 R) logieren.

Zu dem Naturschutzgebiet gelangt man über die Route 36: die Abzweigung Gakgapane etwa 10 km nördlich von Duivelskloof nehmen; nach 18 km kommt dann die Abfahrt zum Reservat.

PHALABORWA

☎ 015 / 109 000 Ew.

Phalaborwa, einer gepflegten Gartenstadt, mangelt es nicht an Wasser. Von daher gesehen, wirken die vielen Schilder mit der Aufschrift „Beware Hippos" irgendwie fehl am Platz. An der dem Kruger National Park zugewandten Seite der Stadt gruppieren sich Gästehäuser und Hotels. Phalaborwa heißt übersetzt „Besser als der Süden"; diesen Namen bekam es, weil der Stamm der Nguni nach einem Raubzug in den Süden hierher zurückkehrte.

Phalaborwa bildet eine ausgezeichnete Ausgangsbasis für Streifzüge durch den mittleren und nördlichen Bereich vom Kruger National Park. Leute mit wenig Zeit können von Jo'burg nach Phalaborwa fliegen, ein Auto mieten, durch den Park touren und den Wagen vor dem Rückflug am Flughafen abgeben.

Reisende können heute quer durch den Kruger National Park fahren, um am **Giriyondo Border Gate** (S. 680; ☎ 013-735 8919) nach Mosambik einzureisen. Daher avancierte Phalaborwa zum neuen Einfallstor in dieses Land. Die Strecke lässt sich nur mit einem Allradfahrzeug bewerkstelligen.

Praktische Informationen

Bollanoto Tourism Centre (☎ 015-781 5987; www.phalaborwa.co.za; Ecke Hendrick van Eck & Pres Steyn St.; Mo–Fr 7–16 Uhr) Verkauft in einem Shop Ethno-Kunst und gibt Besuchern bereitwillig Auskunft.

Net-o-Mania (☎ 015-781 7812; Shop 2, Phalaborwa Mall, Nelson Mandela St.; Stunde 25 R; Mo–Fr 8.50–17, Sa 9–13 Uhr) Internetzugang.

Sehenswertes & Aktivitäten

Die nahegelegene **Kupfermine** (☎ 015-780 2911; Eintritt frei) ist stolz auf das größte von Menschenhand gegrabenen Loch Südafrikas. Bestaunen lässt es sich freitags um 9 Uhr, nur nach telefonischer Voranmeldung.

Die **LekaGape Organisation** (☎ 015-783 0770; www.lekagape.de), eine NGO (Non-governmental Organisation), unterhält in Lulekani, einer Township 13 km nördlich von Phalaborwa, ein umfassendes Gemeindeförderungsprojekt. Eine von der Basambilu Lodge (s. S. 547) organisierte Tour durch den Ort schließt den Besuch kunsthandwerklicher Werkstätten ein.

Das **Hans Merensky Estate** (☎ 015-781 3931; www.hansmerensky.com; Club Rd.; 9/18-Loch-Runde 150/250 R) südlich von Phalaborwa verfügt über einen 18-Loch-Championship-Golfplatz. Im Unterschied zu anderen Golfplätzen müssen hier die Golfer ab und zu mal im Schlag innehalten, weil wilde Tiere, darunter Elefanten, den Fairway kreuzen. Vorsicht, die Tiere sind wirklich wild – in jeder Hinsicht!

Mad Safari Tours (☎ 072-536 0667; www.madsafari.com; Airport) organisiert Touren durch den Kruger National Park, Limpopo und Mpumalanga.

Schlafen

An Unterkünften mangelt es nicht in Phalaborwa; die besten befinden sich meist außerhalb der Stadt im Busch.

BUDGETUNTERKÜNFTE

Daan & Zena's (☎ 015-781 6049; www.daanzena.co.za; 15 Birkenhead St.; Zelt-/Stellplatz pro Pers. 45 R, B/EZ/DZ ab 80/125/200 R;) Farbenfrohe Anstriche und eine freundliche Atmosphäre beleben diese B&B-Unterkunft, in der Backpacker genauso wie Familien mit Kindern hochwillkommen sind. Wer auf ein bequemes Bett und jugendliche Gleichgesinnte mehr Wert legt als auf absolute Perfektion, liegt hier genau richtig.

Elephant Walk (☎ 015-781 5860; www.elewalk.com; 30 Anna Scheepers Ave.; Zelt-/Stellplatz 50 R, B/EZ/DZ mit Gemeinschaftsbad 75/140/200 R, DZ mit eigenem Bad 300 R) Das Anwesen liegt so nahe am Kruger National Park, dass die Besucher nicht nur das Gebrüll der Löwen hören, sondern auch den eigenen Streifzug durch den Park bestens planen können. Die Besitzer holen ihre Gäste vom Stadtzentrum ab und bieten ihnen ein ausgezeichnetes, variantenreiches Aktivitätenprogramm zu vernünftigen Preisen. Am schönsten sind die Doppelzimmer mit Bad.

Basambilu Lodge (☎ 015-783 0467; www.basambilu.com; 348 Akanani St., Lulekani; B/DZ ab 70/250 R;) Diese für Backpacker ideale Lodge in der Township Lulekani (13 km nördlich von Phalaborwa) glänzt mit Swimmingpool, Rondavels (Rundhütten) und einer Küche im Freien. In der Lapa treffen sich Einheimische und Touristen beim Bier. Die Lodge-Betreiber organisieren Touren in die Umgebung und durch Lulekani.

DER MÄCHTIGE MARULA

Die Silhouette des Marulabaums in der Abenddämmerung gehört zu den unvergesslichen Eindrücken im afrikanischen Savannengebiet. Doch der messbare Wert des Baumes liegt in dem, was er hervorbringt.

Im Sommer biegen sich die Zweige der Marulabäume unter der Last der hellgelben Früchte. Von der Straße aus lässt sich beobachten, wie die Bärenpaviane (auch Tschakmas genannt) im Geäst sitzen und eifrig Marulafrüchte verspeisen. Sie lieben diese vitaminreiche Delikatesse über alles – genauso wie die Elefanten, die den ganzen Tag über nichts Besseres im Sinn haben, als einen Baumstamm nach dem anderen zu rammen, damit die Früchte in Rüsselgreifweite zu Boden fallen. Das geradezu obsessive Verhalten der Dickhäuter hat dem Marulabaum den Spitznamen „Elefantenbaum" eingetragen.

Nach örtlichem Brauch mixen die Einheimischen aus den Marulafrüchten ein Aphrodisiakum. Seit einiger Zeit werden die Früchte auch für ein alkoholisches Getränk verwendet: 1989 feierte der Likör „Amarula Cream" sein Debüt; inzwischen ist er in 70 Ländern zu haben.

Der Hersteller des „Amarula" fermentiert die Früchte und lässt das köstliche Tröpfchen nach dem Destillieren zwei Jahre in Eichenfässern reifen. Vor dem Abfüllen kommt noch die Sahne hinzu. Die Ernte der Früchte erfolgt zwischen Januar und März. Während des restlichen Jahres fördert der Hersteller von Amarula Cream gemeindebezogene Arbeitsprojekte, z. B. die Herstellung von Ziegeln oder die Instandhaltung von Zäunen. So können die Erntehelfer ihren Lebensunterhalt das ganze Jahr über verdienen.

Ganz hervorragend schmeckt Amarula Cream ganz sicher direkt vor Ort in der Lapa der Amarula Company, neben der Produktionsstätte. Reservierung der Lapa über ☎ 015-781-7766; ausführlichere Informationen finden sich auf der Website der Firma (www.amarula.com). Lapa und Betrieb liegen 10 km südlich von Phalaborwa an der Straße nach Hoedspruit.

LIMPOPO

MITTEL- & SPITZENKLASSEHOTELS

African Lily Lodge (☎ 015-781 3805; www.africanlily.co.za; 35 Palm Ave.; EZ/DZ/4BZ/3BZ pro Z ab 250/350/460/500 R;) Die Lodge im Stadtzentrum gehört denselben Besitzern wie Daan & Zena's und eignet sich bestens für Familien. Weiter draußen gibt es noch billigere, supereinfache Unterkünfte, in denen die Sommerhitze die Gäste aber regelrecht schmort oder durchbrät und die eigentlich zu keiner Jahreszeit einen angenehmen Aufenthalt versprechen.

Masorini Lodge (☎ 015-781 3579; www.masorini.co.za; EZ/DZ 295/450 R) Wo sich Löwe und Gazelle Gute Nacht sagen, bietet diese Lodge viel Atmosphäre und Selbstversorger-Unterkünfte in strohgedeckten sogenannten A-Frames (Hütten mit einem bis zum Boden reichenden Giebeldach). Wer von Tzaneen in die Stadt kommt, biegt links (Richtung Norden) auf die Spekboom Street und fährt dann noch 8 km weiter.

Sefapane Lodge (☎ 015-780 6700; www.sefapane.co.za; Ecke Koper & Essenhout St.; EZ/DZ mit Frühstück 400/700 R;) Echte Safaripark-Atmosphäre vereint sich mit einem Hauch wahrer Exklusivität auf dieser Lodge, wo die Gäste u. a. in Rondavels (afrikanischen Rundhütten) logieren. Auf der Speisekarte des Restaurants – einem der besten vor Ort – steht eine gute Auswahl an Ethnic Food, darunter auch einige marokkanische Gerichte und *potjiekos*-Eintopf.

Phuza Moya (☎ 015-793 1971; www.phuzamoya.co.za; EZ/DZ mit Vollpension & Wildparktouren 1825/2500 R;) Auf dieser echt abgefahrenen Edel-Lodge finden nur 24 Gäste gleichzeitig Platz – und die verschluckt tagsüber das 2800 ha große private Wildschutzgebiet. Die Lodge liegt etwa eine Autostunde von der Stadt entfernt an der S30 zwischen Mica und der Route 36 (südlich von Phalaborwa auf der Route nach Lydenburg fahren).

Essen

Im Phalaborwa Mall an der Nelson Mandela Street mangelt es nicht an den üblichen Kettenrestaurants. Wer auf feines Essen Wert legt, frequentiert am besten das exzellente Restaurant der Sefapane Lodge.

La Grotto (☎ 015-781 7241; 38 Palm Ave.; Hauptgerichte 25–50 R; Mo–Sa, Frühstück, Mittag- & Abendessen;) Vor allem Einheimische genießen die preiswerten Gerichte, darunter jede Menge Salate, Fisch, Burger und Bier, in dem familiären Lokal in der Nähe der African Lily Lodge.

Buffalo Pub & Grill (☎ 015-781 0829; 1 Lekkerbreek St.; Hauptgerichte 30–70 R; Mittag- & Abendessen;) Mit seiner hübschen Terrasse fürs Essen im Freien und seinem betont afrikanischen Ambiente zielt das Buffalo stärker auf Touristen ab als La Grotto.

An- & Weiterreise

AUTO

Für eine Tour durch den Kruger National Park belastet ein Mietwagen das Reisebudget normalerweise am wenigsten. **Avis** (☎ 015-781 3169; Mo–Fr 8–18, Sa 10.30–13, So 16–18 Uhr), **Imperial** (☎ 015-781 0376; Mo–Fr 8–18, Sa 10.30–13, So 16–18 Uhr) und **Budget** (☎ 015-781 5404; Mo–Fr 8–18, Sa 10.30–13, So 16–18 Uhr) unterhalten Mietwagen-Stationen am Flughafen von Phalaborwa.

BUS

Sure Turn Key Travel (☎ 015-781 7761; Shop 42, Phalaborwa Mall, Nelson Mandela St.; Mo–Fr 8.30–16.30, Sa 9–12 Uhr) vertritt vor Ort die Busunternehmen Translux und City to City. Die Translux-Busse fahren über Polokwane und verbinden Phalaborwa mit Tzaneen (100 R, 1 Std.), Polokwane (100 R, 2½ Std.), Makhado (170 R, 4 Std.), Pretoria (165 R, 6 Std.) und Jo'burg (170 R, 7 Std.). Billiger, aber langsamer sind die Busse von City to City, die über Middleburg nach Jo'burg (135 R, 9½ Std.) fahren. Sure Turn Key hat auch eine Filiale im Flughafen (☎ 015-781 2498).

FLUGZEUG

SAAirlink (☎ 015-781 5823; www.saairlink.co.za), mit Büro im Flughafen, fliegt täglich nach Jo'burg (1300 R). Der **Flughafen** (☎ 015-781 5823) liegt 2 km nördlich der Stadt.

MINIBUS-TAXI

Von den wenigen Minibus-Taxi-Halteplätzen befinden sich die meisten in der Township Namakgale, wo es auch Anschlüsse nach Tzaneen (35 R, 1½ Std.) gibt.

HOEDSPRUIT & UMGEBUNG

☎ 015 / 11 000 Ew.

Außer 250 adretten Häusern und einem großen, im Abbau begriffenen Air-Force-Stützpunkt hat Hoedspruit wenig zu bieten. Doch da der Ort nicht weit vom Kruger's Orpen Gate (67 km) entfernt liegt, bildet er einen bequemen Ausgangspunkt für Ausflüge in den mittleren und nördlichen Bereich des Kruger-Nationalparks (s. S. 522). Auch für Touren nach Timbavati und zu den privaten Wildschutzgebieten an der Westgrenze des Nationalparks ist die Lage des Ortes sehr günstig. Zumal hier gute Flugverbindungen von und nach Johannesburg bestehen.

Praktische Informationen & Geführte Touren

Das **Tourist Information Centre** (☎ 015-793 1110; www.1africasafaris.com; Kamogelo Centre, Main Rd.; ⏲ Mo–Fr 8–17 Uhr) befindet sich an der Route 527, gleich neben dem Eingang zu dem Fastfood-Restaurant Wimpy. In der Nähe ist ein Geldautomat der **ABSA** (Main Rd.), und bei **MJ's Photographic** (☎ 015-793 3700; Std. 40 R; ⏲ Mo–Fr 8–16.30, Sa 8–12 Uhr) gibt's einen Internetzugang.

McFarlane Safaris (☎ 015-793 3000; www.mcfarlanesafaris.co.za; ⏲ Mo–Fr 8–17, Sa 8–12 Uhr) bei der Total-Tankstelle an der Route 40 organisiert erstklassige Safaris im und rund um den Kruger National Park.

Off Beat Safaris (☎ 015-793 2422; www.offbeatsafaris.co.za) veranstaltet u. a. kleine Reitsafaris (150 R, 2 Std.), die auf einer nahe gelegen Farm losgehen.

Schlafen & Essen

Loerie Guesthouse (☎ 015-793 3990; www.loerieguesthouse.com; 85 Jakkals St.; EZ/DZ 265/395 R; 💻 🏊) Eine herzliche Begrüßung und Hausmannskost (Frühstück 45 R, Abendessen 70 R) zeichnen dieses Gästehaus aus (den Schildern an der Main Road folgen).

Otters Den (☎ 015-795 5488; www.ottersden.co.za; Vollpension pro Pers. 570 R; 🏊) Rund 20 km westlich von Hoedspruit bietet dieses kleine, rustikale Camp vier Pfahlbau-Hütten mit Aussicht auf den Blyde River. Die Betreiber des „Fischotterlagers" organisieren alle möglichen Aktivitäten, darunter Fahrten mit dem Heißluftballon und Wildwasserfloßfahrten.

Ngena Deli (☎ 015-793 0452; Kamogelo Tourist Centre; ⏲ Mo–Mi 8–17, Do–Fr 8–18, Sa 8–14.30 Uhr) Selbstgebackenes Brot, dazu regionale Marmeladensorten, sowie heiße und kalte Sandwiches gehören zum ähnlich einer Bäckerei ausgerichteten Sortiment dieses Feinkostladens, der neben dem Touristeninformationszentrum liegt.

An- & Weiterreise

SA Express (☎ 015-793 3681) fliegt täglich vom **Hoedspruit Eastgate Airport** (☎ 015-793 3681) nach Jo'burg (1200 R, einfach). Der Flughafen liegt 7 km von Hoedspruit entfernt.

Avis (☎ 015-793 2014) besitzt am Flughafen eine Mietwagen-Station.

Die Minibus-Taxis am Bahnhof fahren nach Phalaborwa (25 R, 1½ Std.). **Translux** (www.translux.com) bedient täglich die Route nach Jo'burg (160 R).

Acornhoek

Ein Abstecher zur Township Acornhoek – in der Nähe vom Kruger National Park's Orpen Gate – lohnt sich, um die erfolgreiche **Mapusha Weavers Cooperative** (☎ 072-469-7060; www.mapusha.org) zu besuchen.

Die 1972 gegründete Genossenschaft produziert in den Werkstätten neben einer Katholischen Missionsstation hochwertige Teppiche und Tapisserie. Besucher können den Frauen bei ihrer kunstvollen Arbeit zuschauen, die Produkte kaufen oder in Begleitung eines Mitglieds der Genossenschaft einen Rundgang durch die Township machen. Die Standardführung (100 R) umfasst einen Besuch in einem *shebeen*, einer Art Wohnzimmer-Kneipe, wo die Gäste lokales Gebräu kosten können, außerdem einen Besuch beim *sangoma*, dem traditionellen Heilkundigen des Dorfes.

Von Hoedspruit aus führt der Weg über die Route 40: 26 km in südlicher Richtung fahren, dann die linke Abzweigung nach Acornhoek nehmen; nach 4,3 km rechts in die mit „Dingleydale" gekennzeichnete Schotterstraße einbiegen und weiterfahren, bis nach 1,8 km rechter Hand die Katholische Mission ins Blickfeld rückt.

Nyani Cultural Village

Im **Nyani Cultural Village** (☎ 083-512 4865; Guernsey Rd.; Eintritt 50 R; ⏲ Mo–Fr 10–17 Uhr) leben die Nachkommen des früheren Stammesoberhauptes Kapama. Das im Baustil der Shangaan errichtete Dorf gibt einen informativen Einblick in das traditionelle Leben dieser Volksgruppe. Es spiegelt alle Facetten seiner althergebrachten Kultur wider, und Häuptling Axon Khosa tut nichts lieber, als Besuchern die traditionelle Medizin und die Traditionen der Tsonga (so werden die Shangaan häufig in Südafrika genannt) zu erklären.

Das Eintrittsgeld schließt eine Sechzig-Minuten-Führung ein. Es gibt Mittagessen (35 R), außerdem eine abendliche Führung (150 R, inklusive Abendessen und Tanzveranstaltung) – für beide Mahlzeiten ist eine Vorausbuchung nötig.

Zum Dorf gelangen die Besucher von Hoedspruit aus über die Route 40: nach 28 km in südlicher Richtung auf die Route 531, die zum Kruger Park's Orpen Gate führt, abbiegen. Nach 12 km erblickt man die ausgeschilderte Abfahrt zum Dorf.

North-West Province

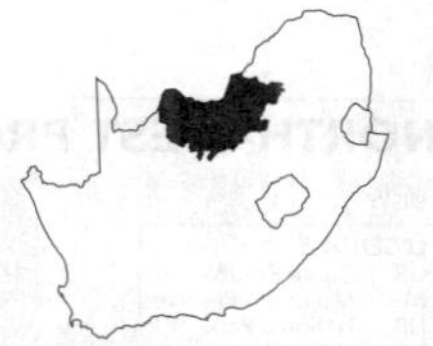

Einige der größten Attraktionen der nordwestlichen Provinz liegen nur zwei Stunden von Johannesburg (Jo'burg) entfernt und sind das perfekte Pendant zum Wirrwarr der Großstadt. Hier halten sich einige der bestgehüteten Geheimnisse des Landes versteckt, und die Region hat garantiert etwas zu bieten – vom Musikliebhaber über den abenteuerlustigen Safarifreak bis hin zum Glücksspieler kommt hier jeder auf seine Kosten.

Das disneyartige Resort Sun City mit seinem Casino Lost City zählt zu den opulentesten Themenparks Südafrikas. Während der Apartheid war der Vergnügungspark allein der weißen Elite vorbehalten, heute ist er multikulturell geprägt. Der Freizeitpark ist bei Südafrikanern jeglicher Hautfarbe (und natürlich auch bei ausländischen Besuchern) beliebt und bietet alle nur vorstellbaren Unterhaltungsmöglichkeiten, vom Jetskifahren über mehrere Wellenbäder bis hin zu Spielautomaten. Sun City ist quietschbunt und fast schon lachhaft kitschig, aber immer noch verlockend genug.

Keine Lust mehr auf künstlich angelegte Strände? Dann ab in die Wildnis! Im nahegelegenen Pilanesberg National Park kann man zwischendurch kurz mal auf Safari gehen. Egal, ob man selbst fährt oder sich einer Gruppe anschließt, in der weiten Savannenlandschaft um einen erloschenen Vulkan herum gibt es viele versteckte Wasserlöcher, und die Chancen stehen gut, hier einen der „Großen Fünf" zu erblicken.

Weiter draußen liegt das Madikwe Game Reserve, ein echter Geheimtipp. Obwohl das Wildreservat näher an Jo'burg liegt als der Kruger National Park und sich hier die gleichen Tiere tummeln, kommen weitaus weniger Besucher hierher.

HIGHLIGHTS

- In einer sternenklaren Nacht den Geräuschen des Buschs im wunderbar wilden **Madikwe Game Reserve** (S. 559) lauschen
- Eine Safari durch den leicht zugänglichen **Pilanesberg National Park** (S. 556) machen und zwischen felsigen Tälern und erloschenen Vulkanen nach Löwen, Nashörnern und Leoparden Ausschau halten
- Wellenreiten, sich am Strand sonnen oder tapfer ein künstliches Erdbeben überstehen – in **Sun City** (S. 554), das früher eine glanzvolle Ikone der Apartheid war und heute ein Vergnügungspark für alle Südafrikaner ist
- Im **Revel Inn** (S. 554) zu Livemusik tanzen. Hier lautet das Motto: entspannen!
- Beim **Hartbeespoort Dam** (S. 554) Kunsthandwerk kaufen und die blau schimmernde Aussicht genießen

EINWOHNER: 4 MIO.	FLÄCHE: 116 320 km²

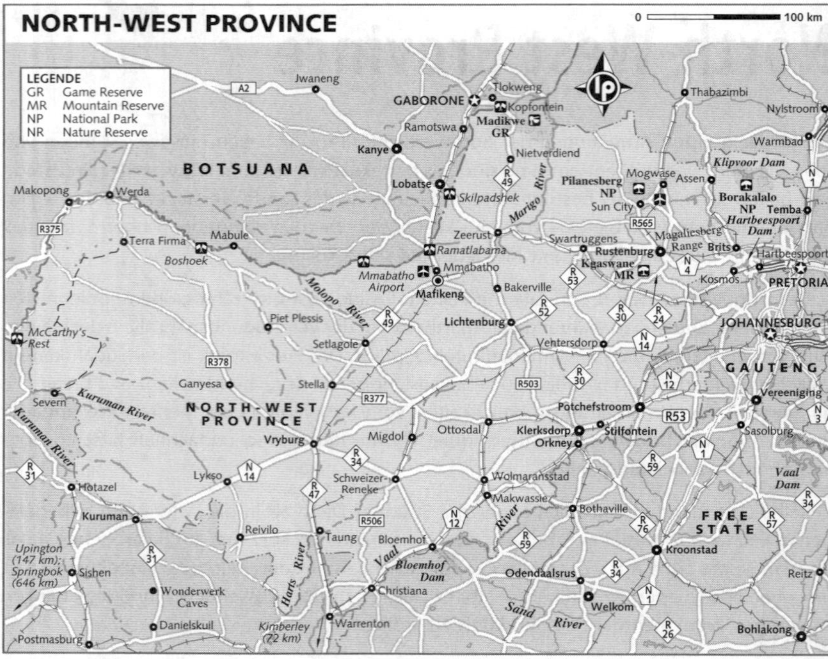

GESCHICHTE

Die nordwestliche Provinz nimmt viel von dem Gebiet ein, in dem früher die sechs isolierten Enklaven des ehemaligen Homelands Bophuthatswana (oft mit „Bop" abgekürzt) lagen, wo Tausende „umgesiedelter" Tswana lebten. Das offiziell autonome Homeland wurde durch die Exzesse weißer Südafrikaner bekannt, die in den Kasinos und Vergnügungsparks dem Glücksspiel frönten oder sich mit schwarzen Prostituierten amüsierten, was im übrigen Südafrika verboten war.

In der nordwestlichen Provinz befand sich eine Siedlung aus der Eisenzeit mit einer komplexen und gebildeten Zivilisation um die „verlorene Stadt" Kaditshwene herum, etwa 30 km nördlich des heutigen Zeerust. Die Wirtschaft der dortigen Bewohner war hoch entwickelt, und mit ihren Kupferwaren und Schmuckstücken aus Eisen unterhielten sie sogar Handelsbeziehungen nach China. Als europäische Missionare die Stadt 1820 zum ersten Mal besuchten, war diese größer als Kapstadt. Die friedliebende Bevölkerung von Kaditshwene erwies sich letztlich als einfacher Gegner für den Angriff der Sotho, die durch feindliche Übergriffe der Zulu in den Freistaat verdrängt worden waren. 40 000 Menschen fielen in die Stadt ein und und hinterließen nichts als Trümmer.

In den 1870er-Jahren wurden in der Provinz Diamanten entdeckt, woraufhin Scharen von Glücksrittern in die Felder um Lichtenburg strömten, um dort nach den wertvollen Stücken zu suchen. Der Bergbau ist hier auch heute noch von Bedeutung, und nahe Rustenburg gibt es eine riesige Platinmine.

KLIMA

Im Sommer bewegen sich die Temperaturen zwischen 22 und 34 °C, im Winter sind die Tage trocken und sonnig, die Nächte kühl. Im Winter (Mai–Juli) beträgt die durchschnittliche Temperatur 15,5 °C, wobei die Durchschnittstemperaturen an einem einzigen Tag zwischen 2 und 20 °C schwanken können. In den Sommermonaten (Aug.–März) gibt es häufig kurze Nachmittagsgewitter, die für Abkühlung sorgen.

SPRACHE

Die Hauptsprache ist Setswana; die meisten Weißen sprechen Afrikaans, für eine Minderheit ist Englisch Muttersprache.

ANREISE & UNTERWEGS VOR ORT

Von den beiden wichtigsten Städten der Provinz, Mafikeng und Rustenburg, bestehen gute Busverbindungen nach Jo'burg und Pretoria. Auch Potchefstroom ist ein wichtiger Verkehrsknotenpunkt. Von dort aus fahren regelmäßig Busse nach Gaborone in Botswana über Zeerust. Die wichtigste Grenzstation ist Ramatlabama nördlich von Mafikeng.

In anderen Teilen der Provinz, besonders im dünn besiedelten Westen, findet der öffentliche Personenverkehr eher sporadisch statt. Ein eigenes Fahrzeug ist also empfehlenswert. Einen Leihwagen bekommt man bei **Avis** (www.avis.co.za) Flughafen Pilanesberg (☎ 014-552 1501); Mafikeng (☎ 018-385 1114); Potchefstroom (☎ 018-290 8535) oder **Imperial Car Hire** (www.imperialcarrental.co.za) Flughafen Pilanesberg (☎ 014-552 1767); Mafikeng (☎ 018-381 7447).

RUSTENBURG

☎ 014 / 123 000 Ew.

Rustenburg liegt am Rande der Magaliesberge und ist eine große und wohlhabende Minenstadt etwa 115 km nordwestlich von Jo'burg. Die Stadt selbst ist kein lohnenswertes Ausflugsziel, bietet sich aber als Ausgangspunkt für Besuche ins nahe gelegene Sun City oder zum Pilanesberg National Park an (der Aufenthalt in Rustenburg empfiehlt sich besonders für Reisende, die auf ihr Budget achten müssen).

Auf dem Weg in die Stadt liegt zwischen der Plein und der Van Staden Street die **Touristeninformation** (☎ 014-597 0904; Main Rd.; Mo–Fr 7.30-17, Sa 8–13 Uhr). Außerdem gibt es hier eine Kunstgalerie und ein Geschäft mit Handwerksarbeiten und Kunstgegenständen. Der **Copy Express** (☎ 014-592 1970; Biblio Plaza; Std. 30 R) bietet Internetnutzung an.

Schlafen

Sollten folgende Unterkünfte belegt sein, kann die Touristeninformation noch weitere Adressen nennen.

Bushwillows B&B (☎ 014-537 2333; wjmcgill@lantic.net; EZ/DZ 150/300 R) Eine schöne Unterkunft etwa 12 km außerhalb der Stadt abseits der Route 24. Das ruhige B&B liegt in einem natürlichen Buschland, und der freundliche Besitzer (er ist Künstler) kennt sich bestens mit der Tier- und Pflanzenwelt Südafrikas aus.

Joan's B&B (☎ 014-533 3086; joan@joansbnb.co.za; Wildevy Ave. 61, Protea Park; EZ/DZ mit Frühstück 150/250 R) Joan's ist ein gutes, altmodisches B&B mit einfachen, aber sauberen Zimmern. Die Besitzer servieren lächelnd das herzhafte Frühstück; nur über Politik sollte man besser nicht mit ihnen sprechen …

Cashane Hotel (☎ 014-592 8541; Fax 592 3016; Steen St. 66; EZ/DZ 250/370 R; ❄) Wer in einem richtigen Hotel unterkommen möchte, für den ist das zentral gelegene Cashane eine gute und günstige Wahl. Die Zimmer sind sauber; am besten fragt man aber nach einem, das nach hinten rausgeht, denn in den Zimmern auf der Vorderseite kann es schon mal lauter werden.

Traveller's Inn (☎ 014-592 7658; travinn@mweb.co.za; Leyds St. 99; EZ/DZ mit Halbpension 300/550 R) Dieses Gästehaus ist recht günstig, denn im Preis sind Frühstück und Abendessen bereits inbegriffen. Die beste Unterkunft in der Stadt, denn die Zimmer sind gemütlich und gut ausgestattet, das Personal ist freundlich, und an der Bar geht es lebhaft zu.

Essen

In der Waterfall Mall, abseits der Route 30 etwa 3 km südlich der Stadt, liegen die meisten Fastfoodrestaurants und ein paar nette Cafés.

Royal Dutchman (☎ 014-537 3626; 58 Nelson Mandela; Hauptgerichte 60–80 R; Mo–Fr Mittag- & Abendessen, Sa Abendessen) In dem kuschelig-dunklen Restaurant gibt es gemütliche Essecken und eine große Auswahl an Meeresfrüchten.

Karl's Bauernstube (☎ 014-537 2128; Rte 24; Hauptgerichte 20–50 R; Di–Fr Mittag- & Abendessen, Sa Abendessen, So Mittagessen) Ein österreichisches Restaurant, das besondere südaustrianische Gaumenfreuden bietet, z. B. Geschnetzeltes vom Warzenschwein mit Sauerkraut (40 R) und Krokodilgeschnezeltes (35 R).

An- & Weiterreise

Der **Intercape-Bus** (☎ 0861-287 287; www.intercape.co.za) macht auf seiner Fahrt zwischen Pretoria (110 R, 4 Std.) und Gaborone in Botswana (150 R, 5 Std.) täglich Zwischenstopp in Rustenburg. Er hält an der **BP-Tankstelle** (Ecke Van Staden St. & Smit St.). Von dort aus kann man mit einem Minibustaxi in die Stadt fahren (ca. 5 R).

Der Haupttaxistand für die Minibusse liegt westlich der Ecke Van Staden Street/Malan Street auf der Seite der Stadt, die Sun City zugewandt ist.

RUND UM RUSTENBURG

Etwa 50 km außerhalb von Rustenberg, in Bokfontein an der N4 Richtung Swartruggens, liegt eins der bestgehüteten Geheimnisse der Provinz. Versteckt in einem grünen Tal an einem kleinen Fluss liegt mitten im ländlichen Herzen der nordwestlichen Provinz das **Revel Inn** (☎ 072-225 7182; www.revelin.co.za; Campingplatz 40 R, B/DZ 50/130 R, Bungalows 240 R, Abendessen 45 R; 🅿), eine liberale Bastion in der sonst eher konservativ geprägten Wildnis, ein absoluter Old-School-Hippie-Backpacker-Treff. Das Credo lautet hier: ausspannen! Psychedelische Wandgemälde (und eventuell auch ein spezielles Pilzomelett) versetzen einen in die richtige Stimmung, um gemeinsam mit den exzentrischen Stammgästen ausschweifende Partys zu feiern – und das am besten durchgehend. Gelegentlich finden im Revel Inn auch Mini-Musikfestivals statt, bei denen live getrommelt wird oder DJs auflegen. Außerdem gibt es hier solch esoterische Veranstaltungen wie den sogenannten Magic Carpet Carnival und die Spring Love Party. Wenn gerade keine Party steigt, herrscht hier oft gähnende Leere. Dann kann man es sich in einer Hängematte gemütlich machen, in einem Baumhaus relaxen oder im kreisförmigen Pool herumtreiben und dabei in den Himmel gucken.

MAGALIESBERGE

Die 120 km lange Kette der Magaliesberge nördlich der N4 liegt halbmondförmig zwischen Rustenburg und dem Hartbeespoort Dam (unten). In dieser Region erwarten einen attraktive Berglandschaften und gute Wandermöglichkeiten. Für die Anreise braucht man ein eigenes Auto.

Südlich von Rustenburg, am westlichen Ende des Gebirges, liegt das **Kgaswane Mountain Reserve** (☎ 014-533 2050; Eintritt 20 R; 🕓 8–16 Uhr). Hier sieht man Hyänen, Schabrackenschakale und kleine Antilopen in wilder Natur, die von Bergen und bewaldeten Schluchten geprägt wird.

Das **Hunter's Rest Hotel** (☎ 014-537 2140; www.huntersrest.co.za; EZ/DZ mit Halbpension 530/900 R; 🅿) ist eine schöne Anlage mit großem Pool und Golfplatz in den Magaliesbergen, 14 km südlich von Rustenburg. Das Hotel ist mit Wegweisern ausgeschildert.

SUN CITY

☎ 014

Willkommen in Sin City – in südafrikanischer Aufmachung. **Sun City** (☎ 014-557 1000; www.suncity.co.za; Eintritt 60 R) ist die legendäre Schöpfung des Unternehmers Sol Kerzer – hier treffen Disneyland und das alte Ägyp-

KURZ VOR DER ABREISE? SCHNELL NOCH EIN AFRIKANISCHES MITBRINGSEL KAUFEN? AUF ZU HARTBEESPOORT

Der Hartbeespoort Dam ist ein beliebter Rückzugsort für Südafrikaner, die in der Gegend von Jo'burg und Pretoria wohnen. Aber auch für Reisende, die dem Gewühl der Großstadt für ein Weilchen entfliehen wollen, ist dies ein lohnenswerter Tagesausflug. Der Stausee liegt weniger als eine Autostunde von beiden Städten entfernt. Trotzdem fühlt man sich hier wie in einer anderen Welt. Vergessen ist die Hektik, stattdessen sieht man sanft geschwungene Hügel, gewundene Bergstraßen und das grünblaue Wasser des Staudamms. Die umliegende Landschaft ist zweifellos idyllisch, auf der Tour durchs Hinterland sollte man aber auf keinen Fall einen Besuch auf dem **Welwitischia Country Market** (🕓 Di–So 9–17 Uhr) auslassen. Hier gibt es mehr als 40 Stände mit afrikanischen Kuriositäten unter freiem Himmel. Dies ist also die beste Gelegenheit, vor dem Abflug noch schnell die Geschenke zu kaufen, die man bisher noch nicht besorgt hat. Die Preise sind vernünftig, die Qualität der Waren reicht von passabel bis hervorragend (hier kann man ein paar wirklich schöne Stücke finden), und die Verkäufer lassen mit sich handeln.

Wer vom ganzen Shoppen Hunger bekommen hat, überquert die Straße und geht ins **Upperdeck Restaurant** (Hauptgerichte ab 15 R). Die Speisekarte ist vielfältig, es werden auch vegetarische Gerichte angeboten, und am Wochenende gibt's hier Livemusik.

Um zum Stausee zu kommen, braucht man ein eigenes Fahrzeug.

SUN CITY FÜR KINDER

Wenn die lieben Kleinen genug davon haben, was die Großen unter „Abenteuer Afrika" verstehen, muntert man sie am besten mit einem Tag in Sun City wieder auf. Der kinderfreundliche Vergnügungspark ist sicher, und es gibt zahlreiche Möglichkeiten, sich auszutoben. **Adventure Mountain** (Eintritt im Preis inbegriffen) im Valley of the Waves ist das Kinderparadies schlechthin, mit Pools und Wasserrutschen in kindgerechter Größe. Ältere Kids fahren vielleicht lieber über den Lazy River oder sausen durch die kurvenreichen Wasserrutschen im Hauptpark.

Ein weiteres Highlight ist das **Kwena Gardens Crocodile Sanctuary** (Eintritt 40 R) beim Vordereingang. Hier sieht man die weltweit größten, nicht frei lebenden Krokodile. Um 16.30 Uhr werden die lieben Tierchen gefüttert.

Weiter drinnen im Hauptvergnügungspark gibt es eine Spielhalle extra für Kinder. Wenn Mama und Papa ein bisschen Zeit für sich alleine brauchen: Hier werden die unterschiedlichsten Formen von Babysitting angeboten. Am Wochenende findet z. B. der Kindertreff **Kamp Kwena** statt, wo die Kleinen sich beim Gesichterbemalen, Limbotanzen und Hüpfburgspringen vergnügen können. Am Empfang kann man sich nach den Preisen und verfügbaren Plätzen erkundigen.

ten aufeinander, und das mit dem größenwahnsinnigen Anspruch, wie Las Vegas auszusehen. In dem Freizeitpark wimmelt es nur so von vergoldeten Löwen- und Affenstatuen, es gibt etliche Quadratkilometer künstlich angelegter Strände, ausbrechende Vulkane, Aberhunderte klingelnder Spielautomaten, und das Ganze dient nur einem einzigen Zweck: Entertainment. Auch wenn das Spielerparadies fast schon grotesk-kitschig ist, kann man hier einen Mordsspaß erleben.

Der Komplex wird von der spektakulären Lost City dominiert, einem märchenhaft kitschigen Prachtbau, der das afrikanische Kulturerbe symbolisieren soll. In Wahrheit hat der Spaßtempel ebenso wenig mit dem afrikanischen Kulturerbe gemein wie Disneyland Paris mit der französischen Kultur. Trotzdem ist es dort ganz unterhaltsam. Der herausgeputzte Riesenvergnügungspark strotzt nur so vor Attraktionen, angefangen beim Wellenbad über Wasserrutschbahnen bis hin zu Erdbebensimulationen.

Während der Apartheid war Sun City besonders den wohlhabenden Weißen vorbehalten, heute wird der Park von einer bunten Mischung schwarzer, weißer und vor allem asiatischer Menschen bevölkert, die sich hier am Wochenende amüsieren. Wer Pech beim Spiel hatte, kann sich mit dem Gedanken trösten, dass er seinen Teil zu den über 3500 Angestelltengehältern beigetragen hat.

Wer mit Kindern unterwegs ist (hier gibt's unzählige Unterhaltungsmöglichkeiten) oder mit seiner Reisekasse sparsam umgehen muss, aber trotzdem mal aus seinem Domizil herauskommen möchte – Sun City ist ziemlich günstig. Im Eintrittspreis ist die Benutzung der wichtigsten Attraktionen enthalten. Außerdem bekommt man „Sunbucks" im Wert von 30 R, mit denen man in verschiedenen Restaurants und Geschäften zahlen oder den Spielautomaten füttern kann. Reisende, denen das Geld locker in der Tasche sitzt, können natürlich auch vor Ort in einem der luxuriösesten Hotels der Welt absteigen – einem wahren Mekka für alle Glitzer- und Goldliebhaber.

Orientierung & Praktische Informationen

Der Parkplatz für Tagesbesucher liegt am Eingang, etwa 2 km vom Freizeitpark entfernt. Der „Sky Train", eine Hochbahn, bringt die Gäste vom Parkplatz zum Cascades-Hotel und zum Vergnügungspark.

Das **Welcome Centre** (☎ 014-557 1544; ⌚ So–Do 9–20, Fr & Sa 8–1 Uhr) am Eingang des Parks hält Karten und alle erdenklichen Informationen bereit.

Sehenswertes & Aktivitäten

Der beste Teil von Sun City ist zweifellos **Lost City**. Man betritt die Stadt über eine Brücke, die von lebensgroßen Elefanten flankiert wird. Den größten Teil von Lost City bildet das **Valley of the Waves**, ein Pool mit großen Wellen, einem Sandstrand, diversen Wasserrutschen und anderen Attraktionen. Etwa einmal pro Stunde ertönt aus einem versteckten Lautsprecher eine Stimme, die irgendwelchen Unsinn über verlorene Zivilisationen und Erdbeben verkündet. Dazu wackelt die Brücke, und auf beiden Seiten wabert Trockennebel herab. Ziemlich geschmacklos, aber ganz witzig.

Das **Entertainment Centre** ist ganz auf Dschungel getrimmt, das Kuppeldach zieren Tiergemälde. Hier gibt es getrennte Raucher- und Nichtraucherkasinos sowie Imbisse und Restaurants, Geschäfte, Kinos und Theater.

Das Herz von Lost City bildet der **Palace of the Lost City**, ein Hotel, das Halluzinationen hervorrufen kann. Der Eintritt ist aber einzig und allein den glücklichen – und gut betuchten – Hotelgästen vorbehalten.

Die 18-Loch-Golfplätze im großartigen **Gary Player Country Club** oder dem **Lost City Golf Course** kosten 500 R Eintritt (nur 350 R für Hotelgäste).

In der Nähe des Haupteingangs, am Ufer eines künstlichen Sees, liegt **Waterworld** mit verschiedenen Einrichtungen zum Fallschirmsegeln (375 R), Jetskiing (235 R) und Wasserskifahren (240 R).

Schlafen

Wem die Hotels in Sun City zu teuer sind (und wer motorisiert ist), kann auch im Pilanesberg National Park (S. 556) vor den Toren der Sonnenstadt unterkommen und einfach einen Tagesausflug zum Vergnügungspark machen. Aber auch Rustenburg (S. 553) ist nicht weit davon entfernt und bietet sich als Ausgangspunkt an.

Die nachfolgenden Hotels können alle über **Sun City** (☎ 014-557 1000; www.suncity.co.za) oder die **Sun-International-Reservierungszentrale** (☎ 011-780 7800; www.suninternational.com) gebucht werden. Über einen Hotelreservierungsservice im Internet wie **Orbitz** (www.orbitz.com) bekommt man in den genannten Hotels oft günstigere Preise.

Sun City Cabanas (Zi. ab 1200 R; ❄ 🏊) Das günstigste Hotel im Freizeitpark ist ruhig gelegen und vor allem für Familien geeignet. Die modernen Zimmer sind mit allen in der gehobenen Preisklasse üblichen Annehmlichkeiten ausgestattet.

Sun City Hotel (Zi. ab 2000 R; ❄ 🏊) Das lebhafteste Hotel; im Gebäude stehen und hängen verschiedene Spielautomaten, es gibt einige Restaurants, einen Nachtclub und ein Vergnügungszentrum.

Cascades (Zi. ab 2400 R; ❄ 🏊) Seinen Rang als luxuriösestes Hotel des Freizeitparks hat das Cascades zwar an den Palace of the Lost City verloren, trotzdem sind die Zimmer auch hier palastartig.

Palace of the Lost City (Zi. ab 3500 R; ❄ 🏊) Kein Wunder, dass der *Condé Nast Traveller* das Hotel 2006 zu den besten der Welt erwählt hat, denn dieses Mega-Anwesen definiert die Vorstellung von Luxus ganz neu. Die Zimmer sind mit Teppichen und Bettbezügen in kräftigen Farben dekoriert, die Zimmerdecken sind handbemalt, verglichen mit den atemberaubenden Gemeinschaftsbereichen wirken sie aber ein wenig einfallslos. Der Hotelkomplex liegt in einem 25 ha großen botanischen Garten und wartet mit diversen Wasserfällen, Pools und kurvenreichen Wasserrutschen auf, deren Anblick allein schon den Adrenalinspiegel höher schnellen lässt.

Essen

In allen Hotels gibt es eine Auswahl an Restaurants, und im Vergnügungszentrum finden sich jede Menge Fastfoodbuden. Die 30 Sunbucks reichen z. B. für einen Burger und ein alkoholfreies Getränk.

An- & Weiterreise

Der recht winzige Flughafen von Pilanesberg hieß früher stolz „Pilanesberg International Airport", als dort die Bop Air, die Fluglinie des früheren „autonomen" Homelands Bophuthatswana, ihren Standort hatte. Der Flughafen befindet sich 9 km östlich vom Sun-City-Komplex. **SAAirlink** (☎ 011- 978 1111; www.saairlink.co.za) bietet sechsmal pro Woche Flüge von Jo'burg (500 R) und dreimal pro Woche von Kapstadt (1000 R) an. Vom Flughafen nimmt man entweder einen Mietwagen oder bestellt vorher bei seinem Hotel einen Abholservice.

Der Vergnügungspark Sun City ist erstaunlicherweise sehr schlecht ausgeschildert. Um nicht einfach am Park vorbeizufahren, muss man sich also ganz schön konzentrieren. Von Jo'burg sind es zwei Stunden Fahrt bis dorthin. Die schnellste Strecke führt über Rustenburg und Boshoek auf der Route 565.

PILANESBERG NATIONAL PARK

Nur weil dieser **Nationalpark** (☎ 014-555 5356; Erw./Kind 20/10 R, pro Fahrzeug 15 R; 🕐 Sonnenaufgang bis Sonnenuntergang) fast direkt bei Sun City liegt, sollte man ihn nicht einfach als künst-

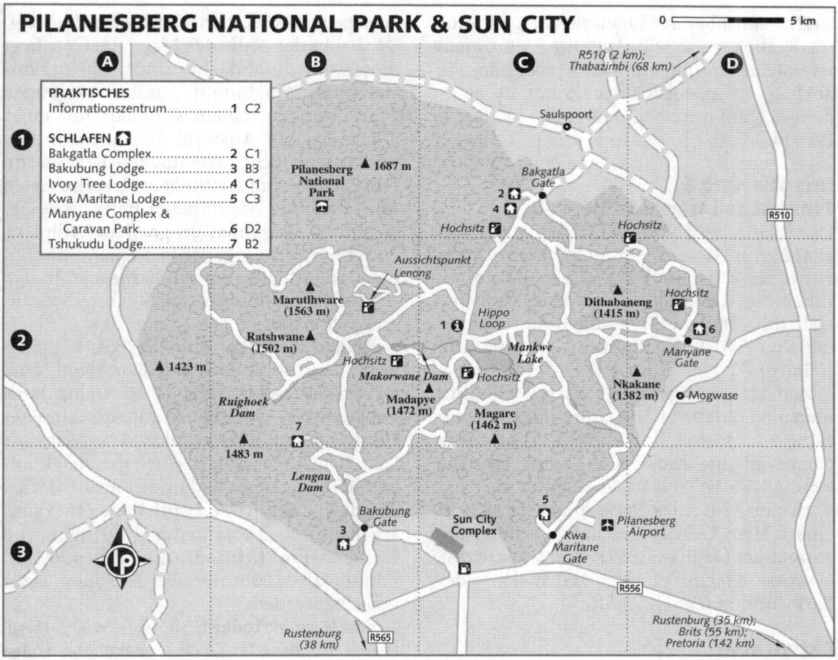

lichen Überzoo abstempeln. In Wahrheit schützt der viertgrößte Nationalpark Südafrikas auf mehr als 500 km² eine ungewöhnliche (erloschene) Vulkanlandschaft. In der Mitte des beeindruckenden Parks erheben sich mächtige Felsformationen, besonders um den Mankwe-See herum, den Krater eines 1,2 Milliarden Jahre alten erloschenen Vulkans.

Durch die Nähe zu Sun City ist es möglich, beide Attraktionen an einem Tag zu besuchen (wie es viele Reiseveranstalter in Jo'burg auch anbieten). Außerdem liegt der Park nahe genug bei der Stadt, um vor der Abreise noch schnell auf eine kurze Safari zu gehen.

1979 wurden mit der sogenannten Operation Genesis Dutzende Tierarten in den Park umgesiedelt. Seitdem leben im Pilanesberg viele der beeindruckendsten Tierarten Afrikas. Hier sind alle großen Raubkatzen vertreten.

Neben den Löwen, Leoparden und Geparden gibt es Schakale, Hyänen, Spitz- und Breitmaulnashörner), Elefanten, Giraffen, Nilpferde, Büffel, Zebras und eine große Vielfalt an Antilopen - darunter Rappenantilopen, Elenantilopen, Kudus und Riedböcke. Anfang 2000 kamen noch afrikanische Wildhunde hinzu. Außerdem sind in dieser Region verschiedene Vögel beheimatet – mehr als 300 Vogelarten wurden bisher gezählt.

Durch den Park führt ein gut ausgebautes, 100 km langes Straßennetz (Schotterstraßen). Es gibt jede Menge versteckte Hochsitze und Picknickstellen sowie einige preiswerte Hotels. Von einem Ende des Parks bis zum anderen sind es nur 25 km. Man kann also sozusagen im Schnelldurchlauf die unterschiedlichen Landschaften und die vielfältige Tierwelt bewundern. Eigentlich ist der Park aber zu schade dafür, und man sollte lieber einen ganzen Tag dort verbringen. Auf keinen Fall verpassen: die sagenhafte Aussicht auf den Krater vom Aussichtspunkt Lenong.

Wer über kein eigenes Fahrzeug verfügt, sollte sich einer Reisegruppe ab Jo'burg (S. 433) oder Pretoria (S. 467) anschließen. Ein Tipp der Redaktion: **Footprints in Africa** (☎ 083-302 1976; www.footprintsinafrica.com; Farenden

St. 425, Pretoria) bei der Jugendherberge Pretoria Backpackers. Die Agentur bietet auch zweitägige Touren zum Pilanesberg an, die auch einen Abstecher nach Sun City beinhalten. Die Preise beginnen bei 1200 R pro Person.

Orientierung & Praktische Informationen

Der Pilanesberg National Park hat vier Zugänge. Aus Richtung Sun City nimmt man entweder das Bakubung Gate im Westen (über die Route 556) oder das Manyane Gate im Nordosten (über die Route 556 und die Route 510 aus Richtung Pretoria und Jo'burg).

Am Haupteingang des Parks bekommt man eine nützliche Broschüre mit Informationen und eine Karte (10 R). Wer über Nacht bleibt, muss sich beim **Empfang** (☎ 014-555 5355; 🕑 24 Std.) melden.

In der Mitte des Parks befindet sich in einem alten Gerichtsgebäude ein **Informationszentrum** (☎ 014-555 7931; www.parksnorthwest.co.za/pilanesberg) mit einer Übersichtskarte des Parks und einem Geschäft.

Aktivitäten

Gametrackers Outdoor Adventures (☎ 014-552 5020; www.gametrac.co.za) veranstaltet eine Schwindel erregende Vielzahl von Aktivitäten im Park. Anmelden kann man sich in den Büros im Manyane- oder Bakgatla-Komplex (unten) oder im Welcome Centre (S. 555) von Sun City. Es werden Autosafaris am frühen Morgen, am späten Nachmittag und in der Nacht angeboten (2½ Std., 250 R).

Wem der Sinn nach etwas Aufregenderem steht, kann mit einem Führer (300 R) zu Fuß den Spuren der Nashörner folgen oder eine Safari auf dem Rücken eines Elefanten erleben (400 R).

Mankwe Safaris (☎ 014-555 7056; www.mankwesafaris.co.za) bietet ebenfalls viele Aktivitäten an. Das Büro liegt neben dem Empfangsgebäude beim Manyane Gate. Autosafaris mit *bush braai* (Barbecue) kosten 350 R, geführte Wanderungen 250 R. Außerdem organisiert die Agentur Ausflüge zu Museen und andere kulturelle Exkursionen.

Schlafen & Essen

Manyane Complex & Caravan Park (☎ 014-555 5351; www.goldenleopard.co.za; Zeltplatz 145 R, Safarizelt für 2 Personen 350 R, DZ/3BZ Chalet mit Frühstück ab 730/1125 R; ❄ 🏊) In der Nähe des Manyane Gate liegt dieser gut durchdachte und wohl organisierte Campingkomplex mit erstklassigen Einrichtungen, einem Geschäft mit einer angemessenen Auswahl an Lebensmitteln und einem recht ordentlichen Restaurant. Die Chalets sind ziemlich schick, die festen Matratzen mit ordentlicher Bettwäsche bezogen, es gibt einen umgrasten Grillplatz, eine komplett eingerichtete Küche und einen Aufenthaltsraum mit Fernseher. In den Preisen ist ein üppiges Frühstücksbuffet miteingeschlossen.

Bakgatla Complex (☎ 014-555 5351; www.goldenleopard.co.za; Zeltplatz 165, Doppel-Safarizelt 880 R, DZ/3BZ Chalet mit Frühstück 920/975 R; ❄ 🏊) Bakgatla ist ein kleinerer, aber ebenso gut ausgestatteter Campingplatz nordwestlich vom Manyane Gate. Die Luxus-Safarizelte haben ein komplett eingerichtetes Bad und eine überdachte Terrasse. Die Preise beinhalten ein Frühstücksbuffet. Verschiedene Formen von Halbpension (Mittag- und Abendessen) können ab 1100 R für zwei Personen dazugebucht werden.

Kwa Maritane Lodge (EZ/DZ mit Frühstück & Abendessen 1600/2200 R; ❄ 💻 🏊), **Bakubung Lodge** (EZ/DZ mit Frühstück & Abendessen 1600/2200 R; ❄ 💻 🏊) und **Tshukudu Lodge** (EZ/DZ mit Vollpension 3500/5000 R; ❄ 🏊) stehen alle unter der Leitung von **Legacy Hotels** (☎ 011-806 6806; www.legacyhotels.co.za) und sind die drei wichtigsten Luxushotels des Parks. Kwa Maritane und Bakubong sind ziemlich ähnlich – sie bieten Unterkünfte auf hohem Niveau. Beide Hotels konnten sich noch einen Rest von Charakter bewahren, aber haben kaum mehr etwas mit einer Übernachtung im Busch zu tun. Tshukudu ist exklusiver, es gibt nur sechs Luxus-Cottages, alle mit eingelassener Badewanne mit Blick auf die umliegenden Berge. In den Preisen sind auch verschiedene Aktivitäten inbegriffen.

Ivory Tree Lodge (☎ 011-706 8781; www.africananthology.co.za; EZ/DZ mit Vollpension 2800/3800 R; ❄ 💻 🏊) Die Luxus-Lodge liegt in einem ruhigen Waldgebiet im nordöstlichen Teil des Parks in der Nähe vom Bakgatla Gate; Aktivitäten sind im Preis mit eingeschlossen. Das Hotelresort heißt Kinder zwar offiziell willkommen, gleichzeitig aber werden Sprösslinge unter zwölf von manchen Safaritrips ausgeschlossen – es ist also eher für anhangslose Pärchen geeignet.

BORAKALALO NATIONAL PARK

In der nordwestlichen Ecke der Provinz, beim Moratele River und dem Klipvoor Dam, liegt dieser **Nationalpark** (☎ 012-729 3337; Eintritt 15 R, Aufschlag pro Auto 10 R; Dez.–April 5–20 Uhr, Mai–Nov. 6–19 Uhr), dessen Name Programm ist: Ort der Entspannung. Die meisten Tiere, die hier ursprünglich beheimatet waren, wurden ohne Rücksicht auf Verluste verjagt – nun werden sie allmählich, Bäumchen wechsel dich, wieder angesiedelt.

Zurzeit leben hier 350 verschiedene Vogelarten, z. B. die in den Wipfel lärmenden Turakos; sie sind nicht ganz farbecht, ihr *Turacin* löst sich im Wasser. Außerdem gibt es Leoparden, Fingerotter, Zebras und auch Schakale.

Eine Unterkunft kann über **Golden Leopard Resorts** (☎ 014-555 6135; goldres@iafrica.com) gebucht werden. In dem Resort gibt es mehrere Campingplätze, z. B. das **Pitjane Fishing Camp** (Zeltplatz pro Pers. 60 R), **Phuduphudu** (Safarizelte für 4 Personen 425 R) und **Moretele** (Zeltplatz 60 R, Safarizelt für 4 Personen 325 R).

Von Pretoria und Jo'burg aus fährt man nach Brits, nimmt dort die Route 511 nach Assen und folgt den Schildern zum Klipvoor Dam und dem Park. Es verkehren keine öffentlichen Verkehrsmittel.

ZEERUST

☎ 018 / 17 600 Ew.

Da die meisten Reisenden auf ihrem Weg nach Gaborone (Botswana) hier umsteigen müssen, herrscht in Zeerust ein beständiger Wechsel von ankommenden und abfahrenden Bussen, was der Stadt eine lebhafte Stimmung verleiht. Zeerust ist relativ groß. Entlang der Church Street gibt es viele Geschäfte, Banken und einige Tankstellen, die rund um die Uhr geöffnet sind. An der Hauptstraße liegen auch ein paar sehr einfache Hotels.

Die **Touristeninformation** (☎ 018-642 1081; Church St.; Mo–Fr 7.30–16 Uhr) befindet sich im Gemeindehaus und hält Informationen über Sehenswertes in der Region bereit.

Der **Intercape-Bus** (☎ 0861-287 287; www.intercape.co.za) macht auf seiner täglichen Fahrt zwischen Pretoria (130 R, 2 Std.) und Gaborone (75 R, 3 Std.) Zwischenhalt in Zeerust. Er hält beim **Chicken Licken** (Church St.).

Der **Taxistand für Minibusse** (Church St.) liegt auf der Seite der Stadt, die Mafikeng zugewandt ist.

MADIKWE GAME RESERVE

Das **Madikwe Game Reserve** (☎ 083-629 8282) am Rande der Kalahari-Wüste ist eins der größten Wildreservate Südafrikas und umfasst 760 km² Buschland, Savanne und bewaldete Flusslandschaft. Das Reservat entstand 1991 in der Absicht, ein Schutzgebiet für gefährdete Tierarten anzulegen. Darüber hinaus diente die Einrichtung des Wildparks der Schaffung von Arbeitsplätzen und damit einer zukunftsfähigeren Infrastruktur für die einheimische Bevölkerung. In einer groß angelegten Umsiedlungsaktion namens „Operation Phoenix" wurden mehr als 10 000 Tiere in das Gebiet gebracht. All diese Tiere kamen ursprünglich aus der Region, waren aber durch Jagd und Landwirtschaft fast vollständig ausgerottet worden. Die Umsiedlungsaktion dauerte gut sieben Jahre – dabei wurden die Tiere (darunter ganze Elefantenherden) aus verschiedenen anderen Reservaten Südafrikas in das neue Reservat eingeflogen oder sonst wie gebracht. Heute leben hier neben den „Großen Fünf" die vom Aussterben bedrohten Wildhunde und über 350 veschiedene Vogelarten. Das Madikwe Game Reserve zählt zu den bestgehüteten Geheimnissen Südafrikas: Es liegt näher bei Jo'burg als der Kruger-Nationalpark, wird aber weitaus weniger besucht. Das Gebiet ist malariafrei und deshalb auch gut für Kinder geeignet.

Schlafen & Essen

Madikwe ist nicht für Tagesausflügler geöffnet. Wer das Reservat besuchen möchte, muss daher eine Übernachtung buchen und hat dabei die Wahl zwischen 24 verschiedenen Lodges und Campingplätzen im Park. Alle Unterkünfte bieten geführte Safaritouren in offenen Geländewagen an.

Mosethla Bush Camp (☎ 011-444 9345; www.thebushcamp.com; EZ/DZ mit Vollpension & Gemeinschaftsbad 1600/2500 R) Dieses rustikale, kleine Buschcamp ist definitiv etwas für Puristen: Das Gebiet um die offenen Blockhütten ist nicht umzäunt, das Motto des Camps lautet: „zurück zur Natur", und die Eigentümer sind stolz darauf, dass es weder Elektrizität noch fließendes Wasser gibt. Es sind aber Duschzelte vorhanden, und das Wasser wird im Heizkessel erwärmt, sodass es hier trotzdem ganz gemütlich ist. In den Preisen sind Ausflüge ins Buschland, Autosafaris und alle Mahlzeiten inbegriffen.

Jaci's Lodges (☎ 083-00 2071; www.madikwe.com; EZ/DZ mit Vollpension etwa 6500/8000 R, Kind 1500 R;) Jaci's zwei Lodges – die Safari Lodge und die Tree Lodge – bieten das perfekte Maß an Luxus, Buschgefühl und ästhetischem Design und stehen damit anderen hochwertigen Unterkünften in Afrika in nichts nach. Die Aktivitäten sind im Preis mit eingeschlossen, und die geführten Touren sind wirklich erstklassig. Hier wird großer Wert darauf gelegt, dass die Gäste während ihres Aufenthalts so viel wie möglich von der großartigen Flora und Fauna des Landes zu sehen bekommen. In Jaci's sind übrigens auch Kinder gern gesehen – was in Unterkünften der gehobenen Klasse eher selten ist –, und es werden verschiedene Unterhaltungsmöglichkeiten für die Kids angeboten. Und falls die Eltern mal eine Pause brauchen: Es stehen sogar Babysitter zur Verfügung.

An- & Weiterreise

Von Gauteng aus braucht man etwa vier Stunden bis zum Eingang des Reservats. Man fährt zunächst über die N4 und nimmt dann ab Rustenburg die Route 510 oder ab Zeerust die Route 49. Busse ab Gaborone halten auf Anfrage beim Reservat. Wer etwas exklusiver reisen möchte: Es gibt auch einen regulären Linienflug vom Flughafen Jo'burg nach Madikwe. Beim Buchen der Unterkunft erkundigt man sich am besten auch gleich nach der jeweiligen Anreisemöglichkeit.

MAFIKENG

☎ 018 / 50 900 Ew.

Mafikeng und Mmabatho waren ursprünglich Partnerstädte und lagen etwa 3 km voneinander entfernt. Mittlerweile sind sie miteinander verschmolzen, und Mmabatho gehört heute zu Mafikeng. Mmabatho wurde als Hauptstadt des „autonomen" Homelands Bophuthatswana erbaut und erlangte wegen ihrer monumentalen und absurden Bauwerke Berühmtheit, die Lucas Mangope, der korrupte Präsident von Bophuthatswana, dort errichten ließ.

Heute ist Mafikeng eine freundliche, entspannte Stadt mit vorwiegend schwarzer, mittelständischer Bevölkerung. Hauptanziehungspunkt für Touristen ist das großartige Museum von Mafikeng, das zu den besten Museen des Landes zählt.

Geschichte

Mafeking (wie die Europäer die Stadt nannten) wurde als Verwaltungssitz des britischen Protektorats von Bechuanaland (dem heutigen Botswana) gegründet. Die kleine Grenzstadt unter der Herrschaft des britischen Colonels Lord Baden-Powell wurde von Oktober 1899 bis Mai 1900 von den Buren belagert, was außergewöhnlich zivilisiert vonstatten ging. So kamen die Belagerungskräfte sonntags in die Stadt, um an der Messe teilzunehmen. Die sensationsgierige viktorianische Presse bauschte die Belagerung allerdings zum Symbol des Wagemuts und der Standhaftigkeit der Briten auf. Während dieser Zeit gründete Baden-Powell ein Kadettencorps für die Jungen der Stadt, das zum Vorläufer der späteren Pfadfinderbewegung wurde.

In Wahrheit labten sich die britischen Offiziere in der Offiziersmesse an Austernpastetchen und gegrilltem Spanferkel, während sich die Baralong und Mfengu von Hunden und Heuschrecken ernähren mussten, obwohl beide in gleichem Maße Verluste im Dienste der Kolonialisten erlitten. Als Mathakong Kodumela, der militärische Anführer der Baralong, Baden-Powell um Waffen bat, weil seine Truppen während der Nahrungsbeschaffung für die Stadtbevölkerung immer wieder von den Buren massakriert wurden, wies dieser ihn als „unkooperativ" zurück.

Orientierung

Mafikeng kann man gut zu Fuß erkunden. Die meisten Geschäfte und Banken verteilen sich um die Hauptbushaltestelle herum. Vom Zentrum Mafikengs sind es 5 km bis zum Megacity-Einkaufszentrum in Mmabatho. Man kann einfach einen der Ortsbusse dorthin nehmen.

Das Megacity eignet sich gut als Ausgangspunkt für Ausflüge Richtung Norden oder Westen. Es gibt dort Banken, ein Postamt und einen Supermarkt.

Praktische Informationen

GELD

Alle Banken haben Geldautomaten und können Reiseschecks einlösen oder Bargeld wechseln.

ABSA (Ecke Warren St. & Main St.)

First National Bank (Robinson St.) Zwischen Main St. und Shippard St.

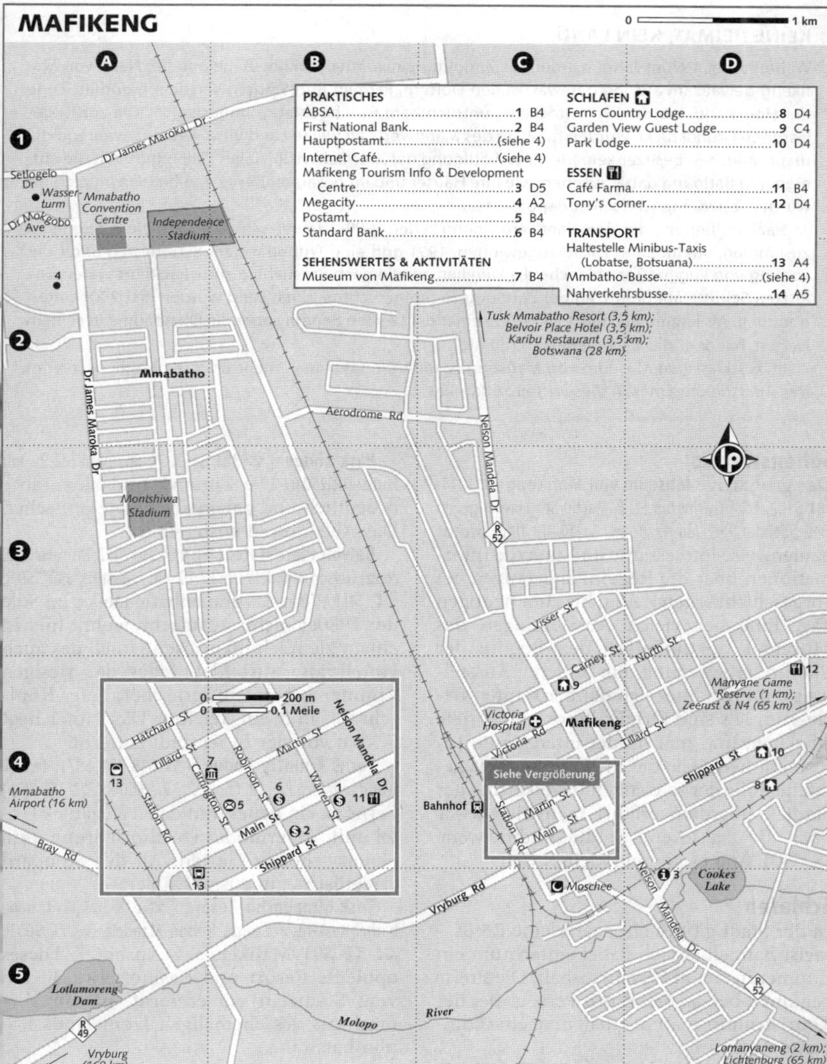

Standard Bank (Ecke Main St. & Robinson St.)

POST & INTERNET

Internetcafé (☎ 018-384 9071; pro Std. 20 R; ⌚ Mo–Do 8.30–17.30; Fr 8.30–16.30, Sa 9–14 Uhr) im Megacity-Einkaufszentrum.

Hauptpostamt Das Hauptpostamt befindet sich direkt neben Megacity.

Postamt (Carrington St.) Zwischen Main St. und Martin St.

TOURISTENINFORMATION

Mafikeng Tourism Info & Development Centre (☎ 018-381 3155; www.tourismnorthwest.co.za; Ecke Lichtenburg Rd. & Nelson Mandela Dr.; ⌚ Mo–Fr 8–18, Sa 8–12 Uhr)

KEINE HEIMAT, KEIN LAND

Während der 1970er-Jahre wurden die Batloung-Einwohner von Botshabelo in der Nähe von Mafikeng gewaltsam aus ihren gewachsenen Dörfern, Farmen und Städten vertrieben und im Zuge der Homelandverordnung in trockene, unfruchtbare Buschgebiete „umgesiedelt". Die zurückgelassenen Grundstücke wurden für 40 % des Marktwerts an weiße Landwirte verkauft, während die ursprünglichen Besitzer keinerlei Entschädigung dafür erhielten. In vielen Fällen mussten die enteigneten Batloung dabei zusehen, wie ihre Häuser und ihr gesamter Besitz von Bulldozern planiert wurden, bevor man sie selbst deportierte.

Nach Aufhebung der Homelandverordnung in den 1990er-Jahren schlossen sich die Enteigneten zusammen, um ihr Land zurückzugewinnen. 1991 griff eine Truppe weißer Extremisten unter der Leitung von Eugene Terreblanche die Familien an, die nach Botshabelo zurückgekehrt waren. Die letzten Schritte auf dem Weg der Batloung zu ihrem rechtmäßigen Land wurden erst 2001 unternommen. Als letzten Racheakt vergiftete einer der weißen Bauern sogar die Obstbäume in seinem Garten, bevor er das Land verlassen musste.

Im erstklassigen Museum von Mafikeng (s. unten) erfährt man mehr über die Machenschaften des Apartheidregimes in diesem Teil Südafrikas.

Sehenswertes

Das großartige **Museum von Mafikeng** (☎ 018-381 6102; Ecke Carrington St. & Martin St.; Eintritt gegen eine Spende; 🕑 Mo–Fr 8–16, Sa 10–13 Uhr) bietet haufenweise interessante und skurrile Informationen über die Region, angefangen bei vorgeschichtlichen Zeiten bis zum heutigen Tag. Eine der vielen Ausstellungen des Museums dokumentiert den Beginn der Pfadfinderbewegung, ein anderer Ausstellungsraum widmet sich der berühmten Belagerung. Es sind Originalfotos und -briefe zu sehen, und man findet interessante Informationen über die in Vergessenheit geratene Rolle der schwarzen Bevölkerung der Stadt. Außerdem erfährt man hier etwas über die „verlorene Stadt" Kaditshwene (S. 552), und es gibt ein kleines Café.

Schlafen

In der Stadt gibt es ein paar kleine B&Bs – meist handelt es sich dabei einfach um ein Zimmer in einem Privathaushalt. Die Preise beginnen bei ca. 150 R pro Person. Bei der Touristeninformation erhält man eine komplette Auflistung.

Garden View Guest Lodge (☎ 018-381 3110; Ecke North St. & Havenga St.; EZ/DZ mit Gemeinschaftsbad ab 150/220 R; 🅿) Die beste Wahl in Mafikeng in dieser Preisklasse. Die günstigsten Zimmer haben ein Gemeinschaftsbad. Wer um die 100 R zahlt, bekommt eines mit einem eigenen Bad. Die blitzblanken Zimmer haben alle einen Fernseher, Kühlschrank und eine Küchenzeile. Außerdem gibt es ein sehr geselliges Restaurant mit Bar.

Park Lodge (☎ 381 6753; 70 Shippard St.; Zi. mit Frühstück 250 R) Die Zimmer sind klein, aber ordentlich und haben alle einen Fernseher. Das Abendessen kostet 45 R.

Belvoir Place Hotel (☎ 018-386 2222; ihtm@iafrica.co.za; Nelson Mandela Dr.; EZ/DZ mit Frühstück 340/550 R; ❄ 🅿) Wem das grauenhafte Dekor im Stile der 1980er nichts ausmacht, wohnt hier in einem ziemlich luxuriösen Hotel, das auch Hotelkräfte ausbildet. Jedes der riesigen Zimmer hat einen Fernseher, Safe, Kühlschrank und ein Telefon. Das Hotel liegt 3,5 km von der Innenstadt entfernt.

Ferns Country Lodge (☎ 018-381 5971; ferns@worldonline.co.za; 12 Cook St.; Zi. 600 R; ❄ 💻 🅿) Ferns ist ein neues und dabei elegantes Hotel mit supermoderner Einrichtung und einem schönen Garten. Ab der Shippard Street ist es gut ausgeschildert.

Tusk Mmabatho Resort (☎ 018-389 1111; mmabatho@tusk-resorts.co.za; Nelson Mandela Dr.; Zi. 900 R; ❄ 💻 🅿) Mafikengs Luxushotel. Dieses opulente Resort und Kasino, etwa 3,5 km vom Stadtzentrum entfernt, ist ein Vermächtnis des ehemaligen Homelands Bophuthatswana.

Essen

Café Farma (☎ 018-381 4906; 17 Nelson Mandela Dr.; Hauptgerichte 20 R; 🕑 Mo–Sa Frühstück & Mittagessen) Dieses Café befindet sich in Era's Pharmacy und ist *der* Ort, um auch noch spät zu frühstücken, einen leichten Snack zu sich zu nehmen oder sich ein gehaltvolles Stück Kuchen zu gönnen. Im Café geht es immer ausgesprochen lebhaft zu.

Karibu Restaurant (☎ 018-386 2222; Nelson Mandela Dr.; Hauptgerichte 45–80 R; ⏰ Mittag- & Abendessen) Das großartige Restaurant im Belvoir Place Hotel zaubert leckere Gerichte (sehr zu empfehlen: das vegetarische Curry). Auch der Service ist angenehm altmodisch: Die Teller sind mit silbernen Hauben bedeckt, die von Kellnern im Smoking feierlich gelüftet werden.

Tony's Corner (☎ 018-381 0700; 12 Gemsbok St.; Hauptgerichte 30–60 R; ⏰ Mo–Sa Mittag- & Abendessen) Das Restaurant der gehobenen Klasse ist zugleich ein Pub und bietet eine interessante Speisekarte, auf der unter anderem Ente, Pfannengerichte und jede Menge Meeresfrüchte zu finden sind.

Anreise & Unterwegs vor Ort

Viele Reisende kommen auf ihrem Weg von bzw. nach Botswana an Mafikeng vorbei. Ramatlabama, 24 km weiter nördlich, ist der geschäftigste Grenzübergang und liegt an der Hauptstraße von bzw. nach Gaborone (Botswana).

SAAirlink (☎ 011-978 1111; www.saairlink.co.za) bietet an vier Tagen in der Woche Flüge nach Jo'burg (900 R) sowie Verbindungen zu anderen Städten an. Der Flughafen liegt 16 km nordwestlich von Mafikeng. Das Tusk Mmabatho Resort organisiert für seine Gäste einen Abholservice vom Flughafen.

Mmabatho Busse (☎ 018-381 2680; Megacity) fahren täglich vom Megacity nach Jo'burg (100 R, 6 Std.).

Die Minibustaxis, die über längere Strecken verkehren, halten auf dem Vorplatz des Bahnhofs von Mafikeng und fahren in Richtung der Grenze zu Botswana (5 R, die Busse fahren den ganzen Tag), nach Zeerust (15 R), Lobatse (Botswana; 20 R), Gaborone (35 R) und Rustenburg (30 R). Wie üblich fahren die meisten frühmorgens ab. Viele Stadtbusse bringen einen für ein paar Rand von der **Haltestelle Mafikeng** (Ecke Main St. & Station Rd.) zum Megacity.

POTCHEFSTROOM

☎ 018 / 122 100 Ew.

Potchefstroom war die erste europäische Stadt der historischen Provinz Transvaal und ist unter den Einheimischen auch als „Potch" bekannt. Bis zum heutigen Tag ist die Stadt durch und durch konservativ. Potchefstroom liegt abseits der N12, etwa 115 km südwestlich von Jo'burg. Von der Hauptstraße aus betrachtet wirkt die Stadt groß und wenig einladend. Der wahre Grund für einen Besuch ist für die meisten der Vredofort Dome (S. 409) im benachbarten Freistaat.

Karten von Potch und dem Vredefort Dome bekommt man bei der **Touristeninformation** (☎ 018-293 1611; Ecke Potgieter St. & Church St.; ⏰ Mo–Fr 9–17 Uhr).

Ganz Potch versammelt sich an sonnigen Wochenenden im **Lake Holiday Resort** (☎ 018-299 5473; Fax 018-299 5475; Zeltplatz 75, Rundhütten mit Gemeinschaftsbad ab 135 R; 🏊). Zu den Einrichtungen des Resorts zählen typische Kirmesattraktionen, Boote, ein Café und jede Menge *braais*. Die Rondavels (Rundhütten) gibt es in unterschiedlichen Größen.

Das elegante, moderne **Willows Garden Hotel** (☎ 018-297 6285; willowsgch@mweb.co.za; Ecke N12 & Mooiriver St.; EZ/DZ mit Frühstück 395/500 R; ❄ 💻 🏊) ist ein geschäftsmäßig wirkendes Hotel mit allem erdenklichen Komfort. Das Restaurant Dros nebenan bietet für notorische Bettlägerige auch Zimmerservice.

Die Busse von **Intercape** (☎ 0861-287 287; www.intercape.co.za) machen auf ihrer täglichen Strecke zwischen Pretoria (85 R, 3½ Std.) und Upington am Nordkap (225 R, 8 Std.) Zwischenstopp in Potch. Die **Greyhound-Busse** (☎ 012-323 1154; www.greyhound.co.za) fahren von Potch nach Kapstadt (420 R, 16 Std.) und Jo'burg (110 R, 2 Std.).

Auch der *Trans-Karoo*-Zug macht auf seinem Weg zwischen Pretoria (1./2. Klasse 80/60 R, 5 Std.) und Kapstadt (450/305 R, 24 Std.) in Potchefstroom Halt.

Northern Cape

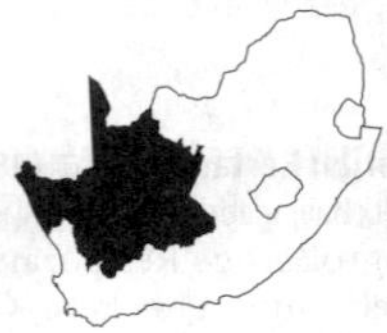

Die riesige, nur dünn besiedelte nördliche Kapprovinz (Northern Cape), die fast ein Drittel des Landes ausmacht, ist sicher eines der letzten unerforschten Grenzgebiete in Südafrika. Hier, in dieser mit ungezügelter Energie aufgeladenen Atmosphäre, erwartet man irgendwie, die Typen aus den alten Geschichten zu treffen – z. B. Indiana Jones, der sich mit dem Marlboro-Mann in einem rauen Saloon trifft und ihm bei ein paar Gläsern Ale Lara-Croft-Abenteuergeschichten erzählt.

Es ist ein Land der extremen Kontraste: Der rote Sand der Kalahari ergießt sich an der einsamen Atlantikküste in die aufgewühlten Gewässer des milchigen Ozeans. Die umbrafarbenen Gräser und die merkwürdig geformten *kopjes* (Hügel) der Karoo mit ihren weidenden Schafen, den wackligen Windmühlen und winzigen Dörfern machen der sonnenverbrannten Mondlandschaft des Namaqualandes Platz, wo die Straßen sich in der endlosen Weite verlieren. Auf den purpurnen Ebenen des abgelegenen Transfrontier Park schleichen sich die Löwen bei Tagesbeginn an ihre Beute heran. Am Abend ziehen phantastische Sonnenuntergänge die Besucher in ihren Bann.

Die nördliche Kapprovinz ist wie eine Zauberin, die ihre Zuschauer immer wieder mit neuen Tricks fesselt. Normalerweise zeigt sie sich als menschenfeindliche Wüste, so heiß und trocken, dass es fast ausgeschlossen erscheint, dass hier etwas wächst. Kaum hat man sich daran gewöhnt, da überrascht die Wüste mit neuen Tricks – und macht aus Staub Diamanten, aus Felsen Blumen: Die Berge um Kimberley haben genug von dem begehrtesten Stein der Welt hervorgebracht, um die eine oder andere Badewanne zu füllen; und im Frühjahr erblüht das Namaqualand in einem wundervollen Meer farbenprächtiger Wildblumen.

HIGHLIGHTS

- Im gleißenden roten Sand des abgelegenen und wunderschönen **Kgalagadi Transfrontier Park** (S. 580) Löwen aufspüren
- Im Frühling die Wildblumen-Farbenpracht im **Namaqua National Park** (S. 592) fotografieren
- In der alten Bergbaustadt **Kimberley** (S. 567) nach Diamanten suchen und ein bisschen Wildwestkultur erleben
- Durch die beeindruckende Bergwüste im **Richtersveld National Park** (S. 591), Südafrikas wildestem Park, wandern
- In der großartigen **Witsand Nature Reserve** (S. 580), wo die Wüste singt, perlweiße Dünen bestaunen, die sich aus dem purpurnen Sand erheben

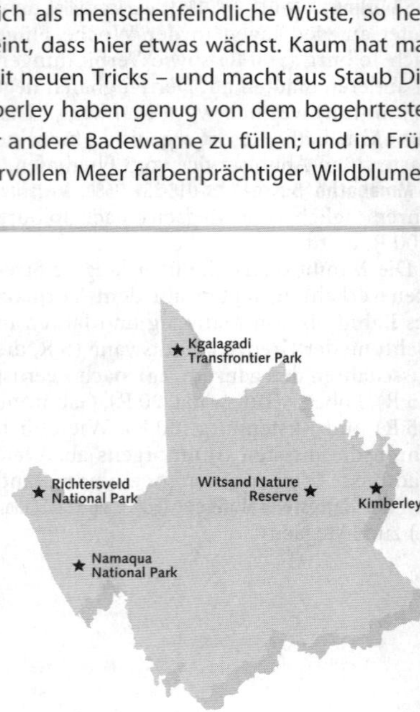

■ EINWOHNER: 816 976	■ FLÄCHE: 361 830 km²

GESCHICHTE

Die ersten Bewohner der nördlichen Kapprovinz waren die San. Es waren geschickte Jäger und Sammler, die sich langsam zu sesshaften Viehzüchtern entwickelten, welche als Buschmänner bekannt sind – Näheres zur Geschichte dieser Völker s. S. 32 und S. 33.

Ein bekannter Buschmänner-(Khoi-Khoi)-Stamm lebt im nordwestlichen Namaqualand. Es sind die Nama (auch als Namaqua oder Namakwa bekannt), die für ihre Fertigkeiten bei der Kupferbearbeitung berühmt sind. Es überrascht nicht, dass sie hierdurch die Aufmerksamkeit niederländischer Forschungsreisender auf sich zogen, die 1661 den ersten Kontakt zum Stamm hatten.

Wegen der ungünstigen Lage begann der Namaqualand-Kupferrausch aber erst so richtig in den 1850er-Jahren. Die erste kommerzielle Mine (heute ein Nationaldenkmal) wurde 1852 vor den Toren von Springbok errichtet. Auch heute gibt es noch eine Reihe von Kupferminen, die in Betrieb sind, z. B. in Nababeep.

Diamanten wurden im Gebiet um Kimberley zuerst 1866 entdeckt, als ein junger Mann namens Erasmus Jacobs über einen hübschen weißen Stein stolperte. Er hob ihn auf und veränderte so den Verlauf der südafrikanischen Geschichte entscheidend. In seinen Händen hielt er nämlich einen gelben, in der Folgezeit auf den Namen Eureka getauften Diamanten mit einem Gewicht von 21,25 Karat. Fünf Jahre später wurde die Herkunft des Steins ermittelt: ein kleiner Hügel, der bald als Colesberg Koppie (später Kimberley) bekannt wurde. Die Einrichtung einer Mine begann. 1872 hielten sich schon geschätzte 50 000 Diamantschürfer in dem Gebiet auf. Auch Cecil John Rhodes (s. Kasten auf S. 569) tauchte hier auf. Er erwarb später alle Schürfrechte und gründete eines der mächtigsten Diamantunternehmen der Welt, die De Beers Consolidated Mines Company.

Auch das Namaqualand ist ein wichtiger Fundort alluvialer Diamanten. Diamantensucher kamen im Jahr 1925 hierher, nachdem ein junger Soldat namens Jack Carstens in der Nähe von Port Nolloth einen kostbaren Stein gefunden hatte. Bald wurde deutlich, dass auch hier ein weiteres, enorm großes Diamantenvorkommen lagerte.

KLIMA

Northern Cape ist ein Land der Extreme. Die Landschaft gilt als Halbwüste, und im Sommer erreichen die Temperaturen in der Kalahari und der Karoo tagsüber oft über 40 °C und fallen dann nachts unter den Gefrierpunkt.

Regen fällt in diesem Gebiet nur selten – die jährliche Niederschlagsmenge liegt zwischen 50 und 400 mm, wovon das meiste in den westlichen Teilen der Provinz fällt. Im Namaqualand führt dieser Regen im Frühjahr (Juli–Nov.) zu einer grandiosen Wildblumenblüte. Wo der Oranje durch die Provinz fließt, sind die Flusstäler so fruchtbar, dass diese Region als „grüne Kalahari" bekannt ist.

NATIONALPARKS & SCHUTZGEBIETE

In der nördlichen Kapprovinz liegen die spektakulärsten und abgelegensten Nationalparks des Landes. Ganz im Norden der Provinz, an der Grenze zu Botsuana und Namibia, liegt der phantastische Kgalagadi Transfrontier Park (S. 580), einer der neueren Nationalparks Afrikas.

Der wildeste aller südafrikanischen Nationalparks ist der Richtersveld National Park an einer sehr abgeschiedenen Stelle an der namibischen Grenze in der Nordwestecke der Provinz. Der Park ist zumeist nur mit Allradfahrzeugen zugänglich. Weil die Anreise zu lange dauert, wird von Tagesbesuchen abgeraten. Am besten ist es, ihn im Rahmen einer organisierten Gruppentour zu erkunden (s. S. 592).

Zwei andere große Parks in der Region sind hingegen leicht zugänglich: der Augrabies Falls National Park (S. 585), wo sich der Oranje in einer Serie von Wasserfällen in die Tiefe stürzt, und der neu eingerichtete Namaqua National Park (S. 592), der in der Wildblumenblütezeit besonders prächtig wirkt.

Zu den schönsten Naturschutzgebieten gehört die Witsand Nature Reserve (S. 580) 200 km östlich von Upington: Hier bieten rotweiße Dünen ein Fest für die Augen.

SPRACHE

Die nördliche Kapprovinz ist nur eine von zwei Provinzen in der Republik Südafrika, in denen Farbige, nicht Schwarze, die Mehrheit der Bevölkerung stellen – die andere ist die westliche Kapprovinz. Die meistgesprochene Sprache ist Afrikaans, das von 66 % der Einwohner verwendet wird. Die Urbevölkerung ist sehr vielfältig: Zu ihr gehören die San, die immer noch in der Kalahari zu finden sind (kleinere San-Gruppen leben in abgelegenen Gegenden des Nachbarlandes Botsuana noch fast auf traditionelle Art und Weise), die Tswana und ein paar Khoi-Khoi-Gruppen. Tswana (19 %) und Xhosa (6 %) sind die anderen wichtigen Sprachen. Überall wird inzwischen aber auch Englisch gesprochen.

ANREISE & UNTERWEGS VOR ORT

Northern Cape ist leicht mit Auto, Bus, Zug und Flugzeug zu bereisen. Mit Ausnahme der Nationalparks Kgalagadi und Richtersveld, in denen man ein Auto benötigt, sind alle Orte mit ein bisschen Geduld per Bus zu erreichen. Es gibt tägliche Busverbindungen zwischen den Knotenpunkten Kimberley und Colesberg ab Kapstadt und Johannesburg. Außerdem verkehren Busse von und nach Kapstadt, Johannesburg und Windhoek (Namibia) mindestens dreimal pro Woche über Upington und Springbok. **South African Airlink** (SAAirlink; ☎ 054-838 3337; www.saairlink.co.za) bietet Flüge von Johannesburg und Kapstadt nach Kimberley und Upington.

Der öffentliche Personenverkehr in der Provinz ist normalerweise unkompliziert, und es entstehen gewöhnlich keine zu lan-

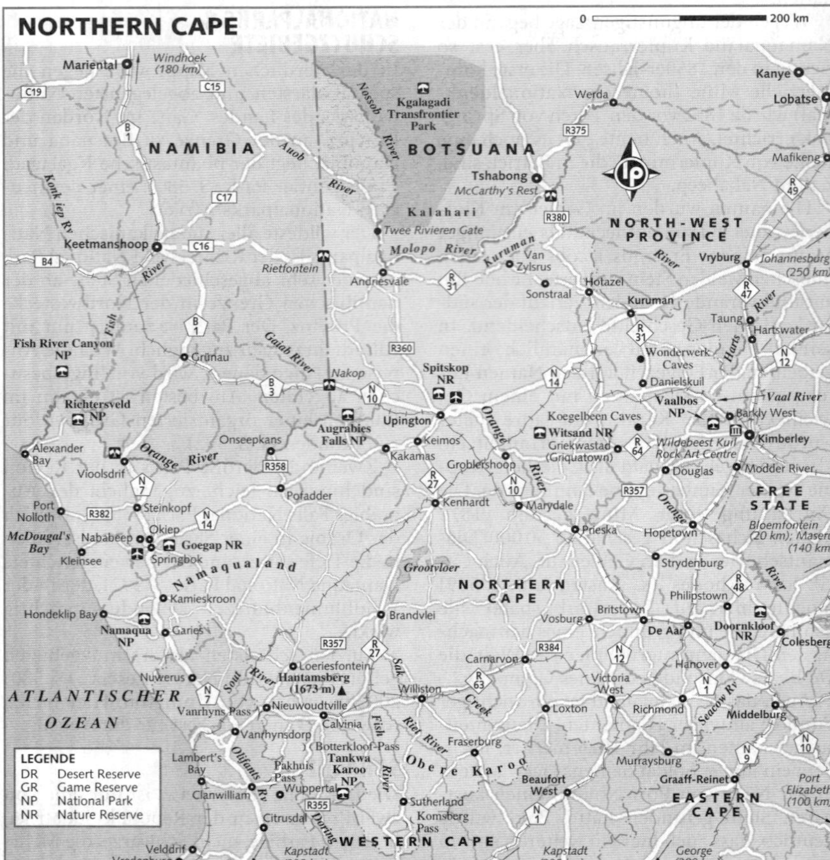

gen Wartezeiten. Wer trotz knappen Budgets den Kgalagadi National Park nicht in einer Gruppe besuchen möchte: In Upington kann man für ein paar Tage ein Auto mieten. Die Preise sind hier aber im Allgemeinen höher als in den größeren Städten des Landes.

KIMBERLEY & OBERE KAROO

Das Zentrum der nördlichen Kapprovinz ist Kimberley, eine alte Diamantenstadt mit einer bunten Vergangenheit und gleichzeitig Hauptstadt der Provinz. Sie ist auf jeden Fall ein paar Tage Aufenthalt wert. Die Nord-Süd-Straße N12, eine alternative Route zwischen Johannesburg und Kapstadt, verläuft durch Kimberley und kreuzt die in westöstlicher Richtung verlaufende N10 bei Britstown in der Oberen Karoo.

Über die Obere Karoo, Teil der Großen Karoo (s. S. 284 und S. 244), liegen kleine Orte verstreut, und außer Buschland gibt es hier wenig. Wahrscheinlich ist die Obere Karoo der abweisendste Teil der riesigen Karoo. Trotzdem verbringt fast jeder, der auf der N1 zwischen Kapstadt und Johannesburg unterwegs ist, die Nacht in Colesberg, da es auf etwa halber Strecke zwischen den beiden Metropolen liegt.

KIMBERLEY

☎ 053 / 166 000 Ew.

Wie alle guten Goldgräber- und Diamantsucherstädte ist Kimberley voller Legenden und Geistergeschichten. Beim Betreten eines der stimmungsvollen alten Pubs mit ihrer dunklen, verrauchten Einrichtung, den zerkratzten Holztischen und den Castle-Lager-Plakaten aus dem letzten Jahrhundert fühlen sich die Gäste in die wilde Zeit des Diamantrausches zurückversetzt. Genauso vermitteln die alten Hotels, in denen die leicht abgestandene Luft nur noch mehr zum Charme des Etablissements beiträgt, einen Eindruck von der Zeit am Ende des 19. Jhs.

Dies ist die Geburtsstätte von De Beers Consolidated Mines und die Stadt, in der Cecil John Rhodes (s. Kasten S. 569) und Ernest Oppenheimer, Bergbaubaron und Bürgermeister von Kimberley, reich wurden. Es ist alles schon mehr als ein Jahrhundert her, und doch ist Kimberley immer noch ein Synonym für Diamanten und Bergbau.

Nach der langen Fahrt durch die Karoo bilden die Lichter der Stadt eine recht willkommene Abwechslung. Das Big Hole ist atemberaubend, es gibt ein paar sehr gute Galerien in der Stadt, und die Township Galeshewe ist untrennbar mit der Geschichte des Kampfes gegen die Apartheid verbunden – leider werden die einst hoch gelobten Touren zum Thema zurzeit nicht mehr angeboten.

Orientierung

Das Stadtzentrum besteht aus einem Wirrwarr von Straßen, eine Hinterlassenschaft aus der Zeit, als Kimberley eine raue Hüttensiedlung war, die sich über das flache und offene Diamantenfeld ausbreitete. Bei der Suche nach dem Bahnhof hilft die Orientierung am rot-weißen Fernmeldemast. Ein gutes Mittel, um sich einen ersten Überblick zu verschaffen, ist die historische Straßenbahn, die beim Rathaus abfährt.

Die Township Galeshewe liegt nordwestlich vom Stadtzentrum.

Praktische Informationen

Diamantveld Visitors Centre (☎ 053-832 7298; tourism@kbymun.org.za; 121 Bultfontein Rd.; 🕑 Mo–Fr 8–17, Sa 8–12 Uhr) Hier gibt es gute Karten und Broschüren von Kimberley und der nördlichen Kapprovinz. Auch Ausflüge in die Umgebung können arrangiert werden.

Small World Net Café (☎ 053-831 3484; 42 Sidney St.; Std. 30 R; 🕑 Mo–Fr 8–17.30, Sa 9–14 Uhr) Internetcafé.

Sehenswertes

DAS BIG HOLE

Das Gebiet um das größte von Menschenhand gegrabene Loch der Welt wurde zuletzt einer etwa 30 Mio. Rand teuren Erneuerung unterzogen. Nach der Fertigstellung bietet der Touristenkomplex mit dem Namen **Big Hole Project** (☎ 053-833 1557; West Circular Rd.; Eintrittspreise und Öffnungszeiten telefonisch erfragen) eine beeindruckende Kombination von Geschichte und Unterhaltung. Er beherbergt sechs Hotels, verschiedene Restaurants, Geschäfte, ein Kino und eine riesige Diamantenausstellung. Das Big Hole selbst kann durch einen gläsernen Komplex mit inter-

TOP FIVE: AUTOTOUREN IN NORTHERN CAPE

Obwohl das Reisen in der nördlichen Kapprovinz fast überall ein großartiges Erlebnis ist, gibt es einige Routen, auf denen sich die unberührte Natur dieser Provinz dem Besucher auf ganz besonders eindringliche Art und Weise offenbart. Diese Strecken sind für erfahrene Nebenstreckenprofis genauso interessant wie für Reisende, die einfach nur eine schöne Stelle suchen, um ein paar gute Bilder zu machen.

- Etwas außerhalb von Kakamas (S. 584) ist an der N14 Richtung Keimos der Abzweig zu den **Riemvasmaak 4WD Trails** (☎ 054-431 0945). Hier können Fahrer – sowohl Anfänger als auch Experten – auf drei Allradtrails ihr Können testen. Die Existenz dieses Gebiets zeugt vom Sieg gegen die Apartheid. 1973 siedelte die Regierung die ortsansässigen Bewohner – Xhosa, Nama und Farbige – gewaltsam in die östliche Kapprovinz und nach Namibia um. Nach dem Übergang zur Demokratie im Jahr 1994 wurde damit begonnen, die umgesiedelte Bevölkerung zurückzuholen, und Riemvasmaak wurde zu einem der ersten Landrückgabeprojekte Südafrikas. 2002 erhielten die zurückgeholten Bewohner die Grundstücksrechte an dem Land, auf dem sie lebten, und eine gemeinschaftliche Tourismusinitiative wurde ins Leben gerufen. Zu dieser gehören heute die Allradtrails wie auch eine Mountainbikeroute, Wanderwege, eine natürliche heiße Quelle und Unterkünfte in Chalets.
- Die Route 364 zwischen Calvinia (S. 593) und Clanwilliam in der westlichen Kapprovinz verläuft durch eine karge Landschaft und über mehrere grandiose Pässe. Zum Frühlingsanfang gibt es hier phantastische Wildblumenteppiche. Vom **Botterkloof Pass** bietet sich ein toller Ausblick, und außerdem gibt es hier ein paar schöne flache Felsen über der Schlucht, die sich gut für ein Picknick eignen. Um Doringbos herum beginnt dann bewässertes Land, wo sich auch dramatische Blicke auf die Cederberg Range bieten. Die Fahrt hinauf zum **Pakhuis Pass** führt dann durch ein faszinierendes Sammelsurium bunter Felsen. Für diese Fahrt sollten mindestens zwei Stunden eingeplant werden – mehr, wenn noch ein Picknick eingeschoben wird oder man auch noch die Straße nach **Wuppertal** nimmt. Dies ist eine alte Station der Rheinischen Mission, die sich seit der Gründung 1830 nicht viel verändert hat. Die Mission besteht u.a. aus getünchten, reetgedeckten Cottages, und es gibt Zypressen und Esel.
- Zwischen Calvinia und Vanrhynsdorp in der westlichen Kapprovinz gibt es einen großartigen Abschnitt der Route 27 mit phantastischen Ausblicken über die Knersvlakte-Ebene vom **Vanrhyns Pass**. Im Frühling zeigt sich ein atemberaubender Kontrast zwischen den grünen, fruchtbaren Weizenfeldern, den Wildblumen auf der Passhöhe und der Wüste tief unten.
- Die Staubpisten an der **Hondeklip Bay** an der Küste der nördlichen Kapprovinz sind spektakulär. Nach dem Anstieg durch felsige Berge gelangt man nach unten in die wüstenartige Küstenebene, in der es riesige Diamantenminen gibt. Die Flora hier ist faszinierend – man sollte sich also auf jeden Fall Zeit für einen kleinen Spaziergang abseits der Straße nehmen. Für dieses Gebiet ist kein Allradfahrzeug notwendig.
- Die **Namaqua 4WD Route** führt östlich und südlich des Richtersveld National Park (S. 591) durch ein Gebiet, das zu den abgelegensten und zerklüftetsten Südafrikas gehört. Die Route ist in zwei Teile geteilt: von Pella Mission Station nach Vioolsdrif und von Vioolsdrif nach Alexander Bay. Für beide Teile ist eine Genehmigung nötig, die bei der **Touristeninformation** (☎ 027-712 2011) in Springbok erhältlich ist. Die Genehmigung kostet pro Fahrzeug und Route 150 R und umfasst eine detaillierte Karte und Informationen über ausgewiesene Zeltplätze an der Strecke. Die erste Strecke ist für Anfänger geeignet, sie ist 328 km lang, und man braucht etwa zwei bis vier Tage dafür. Die zweite Strecke ist 284 km lang und richtet sich an erfahrenere Fahrer, die diese gewöhnlich in sechs Stunden schaffen.

aktiven Displays und unterirdischen Zugängen besichtigt werden. Wiedereröffnung laut Auskunft von De Beers im November 2006. Das Loch ist jetzt 800 m tief und bis zu einer Tiefe von 150 m mit Wasser gefüllt. Es ist also immer noch beachtlich, aber die wahren Dimensionen werden erst vorstellbar, wenn man sich vor Augen führt, dass unter dem Wasserspiegel ein noch viermal so großes Loch wie darüber liegt. Der Diamantenabbau wurde hier 1914 eingestellt. Bis dahin waren 14,5 Mio. Karat Diamanten ausgegraben worden.

Zum Gesamtkomplex gehört auch das hervorragende **Kimberley Mine Museum**, das als Rekonstruktion des Kimberley der 1890er-Jahre angelegt wurde. Hier kann man in staubigen Geschäften z. B. Frauenschuhe, Trinkwasser und Unterröcke kaufen. Teil des Museums ist eine Diamantenschürfstelle – ideal für Kinder!

GALESHEWE TOWNSHIP

Die Satelliten-Township Galeshewe hat, ähnlich wie Soweto, eine Vielzahl von Aktivisten hervorgebracht, die gegen die Apartheid gekämpft haben. In der Township befinden sich das Haus und das Grab von Sol Plaatje, einem Gründungsmitglied des African National Congress (ANC). Er war ein bekannter Journalist und einer der ersten schwarzen Südafrikaner, von denen ein Roman auf Englisch veröffentlicht worden war. Hier war auch Robert Sobukwe zu Hause, Gründer und erster Präsident des damaligen Pan African Congress (PAC). Galeshewe war auch der Ort, wo Helen Joseph, die 1956 an der Organisation der Massendemonstration gegen die Verlängerung der Passgesetze in Pretoria beteiligt war, das Self Help Scheme (Selbsthilfeprogramm) umsetzte.

Ein Besuch in Galeshewe ist für viele sicher einer der Höhepunkte einer Reise nach Südafrika. Leider werden zurzeit keine organisierten Township-Touren angeboten. Trotzdem auf jeden Fall in der Touristeninformation nachfragen, da sich das jederzeit wieder ändern kann. Die Township ist nicht besonders gefährlich, und wer Galeshewe während des Tages mit dem eigenen Wagen besucht, sollte bei den Bewohnern auf mehr Freude als Ablehnung stoßen, besonders wenn er für die Gegend und ihre Geschichte Interesse zeigt. Das Verhalten von Besuchern sollte auf jeden Fall immer

CECIL RHODES

Cecil John Rhodes (1853–1906) war der kränkliche Sohn eines englischen Pfarrers und wurde 1870 zur Verbesserung seines Gesundheitszustands nach Südafrika geschickt. Kurz nach seiner Ankunft schloss er sich der Suche nach Diamanten an. Im Jahr 1887 gründete er nach fieberhaft intensiver Arbeit die De Beers Consolidated Mines Company und kaufte Barney Barnatos Kimberley Mine für 5 Mio. britische Pfund. 1891 besaß De Beers schon 90 % des Diamantenvorkommens der Welt und dazu einen Anteil an dem phantastischen Goldriff am Witwatersrand bei Johannesburg.

Aber persönlicher Reichtum und Macht allein stellten Rhodes nicht zufrieden. Er glaubte an die Idee eines britischen Weltreichs und träumte davon, so viel von der Welt wie möglich für das Empire zu beanspruchen und eine Eisenbahnstrecke vom Kap bis nach Kairo zu bauen, die komplett durch britisches Territorium führen sollte. Rhodes schaffte es, das Betschuanaland, das spätere Botsuana, unter britische Herrschaft zu bringen, ebenso das Gebiet, aus dem später Rhodesien und dann Simbabwe werden sollte.

Im Jahr 1890 wurde Rhodes zum Premierminister der Kapkolonie gewählt, musste aber nach fünf Jahren zurücktreten, nachdem er einen Überfall auf Paul Krugers Republik Transvaal (s. S. 37) unterstützt hatte. Für die britische Regierung bedeutete diese Aktion eine öffentliche Bloßstellung, und sie zwang Rhodes nicht nur zum Rücktritt, sondern übernahm auch die Kontrolle über seine persönlichen Machtgebiete Betschuanaland und Rhodesien.

Infolge dieser Rückschläge verschlechterte sich Rhodes' Gesundheit. Nach seinem Tod in Südafrika im Jahr 1906 wurde jedoch sein guter Ruf durch sein Testament beinahe wieder hergestellt, da er den größten Teil seines Vermögens der Verleihung von wissenschaftlichen Stipendien gewidmet hatte, mit denen auch heute noch Stipendiaten aus dem Commonwealth und anderen Ländern an der Universität Oxford studieren können.

Wer mehr über Rhodes erfahren möchte, dem sei *Rhodes* von Antony Thomas empfohlen, ein Buch, das positiv rezensiert worden ist. Thomas, ein Südafrikaner, der in erster Linie für seine Arbeit als Filmproduzent bekannt ist, wurde 1977 des Landes verwiesen, nachdem er einen Anti-Apartheid-Dokumentarfilm produziert hatte. Seine Rhodes-Biografie liefert ein umfassendes Bild des Mannes, ohne dem Leser zu viele persönliche Ansichten aufzuzwingen.

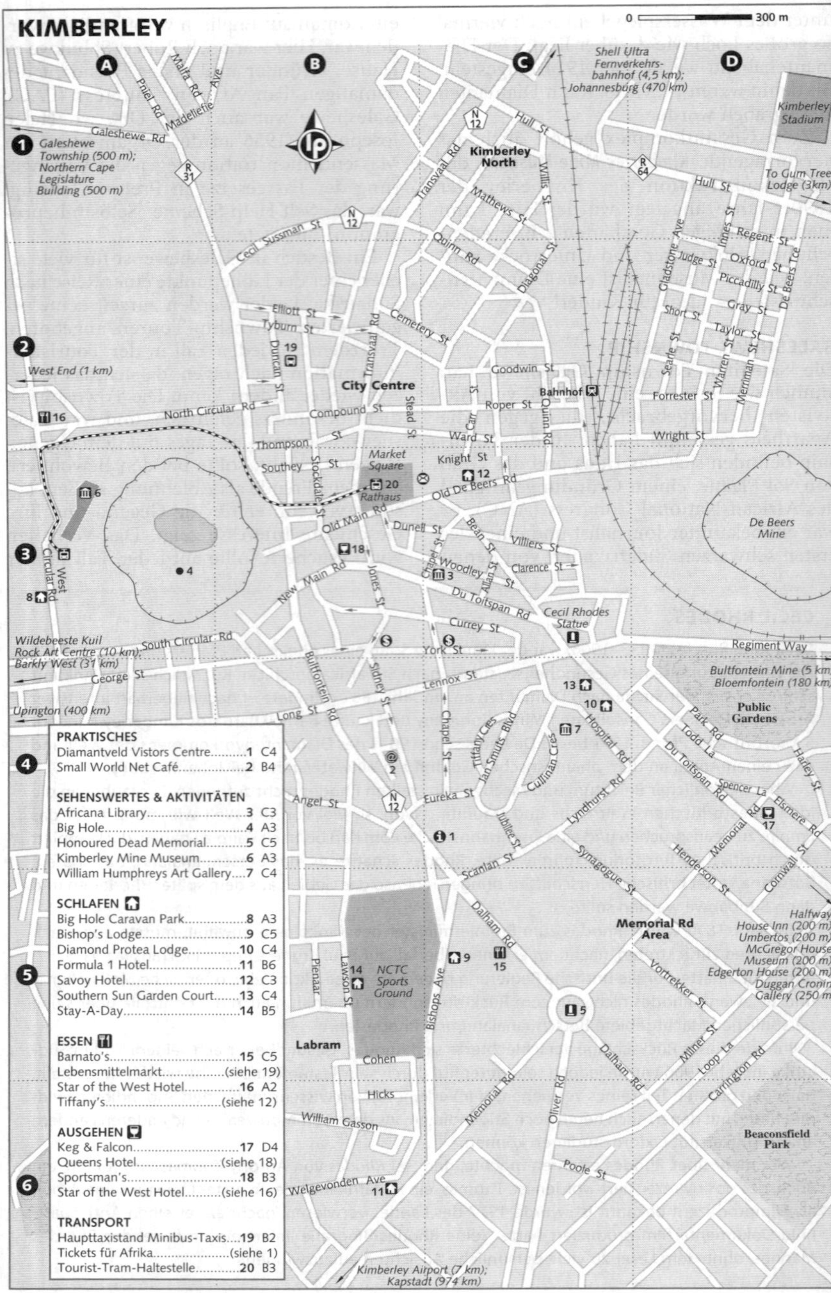
KIMBERLEY
0 300 m
A
B
C
D
1
2
3
4
5
6
Shell Ultra Fernverkehrs-bahnhof (4,5 km); Johannesburg (470 km)
Galeshewe Township (500 m); Northern Cape Legislature Building (500 m)
Kimberley Stadium
Kimberley North
To Gum Tree Lodge (3km)
West End (1 km)
City Centre
Bahnhof
Market Square
Rathaus
De Beers Mine
Cecil Rhodes Statue
Wildebeeste Kuil Rock Art Centre (10 km); Barkly West (31 km)
Upington (400 km)
Bultfontein Mine (5 km); Bloemfontein (180 km)
Public Gardens
Halfway House Inn (200 m); Umbertos (200 m); McGregor House Museum (200 m); Edgerton House (200 m); Duggan Cronin Gallery (250 m)
Memorial Rd Area
NCTC Sports Ground
Labram
Beaconsfield Park
Kimberley Airport (7 km); Kapstadt (974 km)
Galeshewe Rd
Malfa Rd
Madeliefie Ave
Phiel Rd
Hull St
Transvaal Rd
Mathews St
Willis St
Cecil Sussman St
Quinn Rd
Diagonal St
Gladstone Ave
Innes St
Regent St
Judge St
Oxford St
Piccadilly St
De Beers Tce
Gray St
Short St
Taylor St
Searle St
Warren St
Merriman St
Forrester St
Wright St
Elliott St
Tyburn St
Duncan St
Cemetery St
Goodwin St
Roper St
Quinn Rd
North Circular Rd
Compound St
Stead St
Carr St
Ward St
Thompson St
Southey St
Stockdale St
Knight St
Old De Beers Rd
Old Main Rd
Dunell St
Bean St
Villiers St
Clarence St
Woodley St
Allan St
Chapel St
New Main Rd
Jones St
Du Toitspan Rd
Currey St
York St
Regiment Way
West Circular Rd
South Circular Rd
George St
Bultfontein Rd
Sidney St
Lennox St
Long St
Tiffany Cres
Jan Smuts Blvd
Cullinan Cres
Hospital Rd
Park Rd
Todd La
Du Toitspan Rd
Harley St
Spencer La
Elsmere Rd
Memorial Rd
Angel St
Eureka St
Lyndhurst Rd
Jubilee St
Scanlan St
Synagogue St
Henderson St
Cornwall St
Dalham Rd
Vortrekker St
Pienaar
Lawson St
Bishops Ave
Cohen
Hicks
William Gasson
Milner St
Loop La
Carrington Rd
Dalham Rd
Memorial Rd
Oliver Rd
Poole St
Welgevonden Ave
PRAKTISCHES
Diamantveld Vistors Centre.......1 C4
Small World Net Café.......2 B4
SEHENSWERTES & AKTIVITÄTEN
Africana Library.......3 C3
Big Hole.......4 A3
Honoured Dead Memorial.......5 C5
Kimberley Mine Museum.......6 A3
William Humphreys Art Gallery....7 C4
SCHLAFEN
Big Hole Caravan Park.......8 A3
Bishop's Lodge.......9 C5
Diamond Protea Lodge.......10 C4
Formula 1 Hotel.......11 B6
Savoy Hotel.......12 C3
Southern Sun Garden Court.......13 C4
Stay-A-Day.......14 B5
ESSEN
Barnato's.......15 C5
Lebensmittelmarkt.......(siehe 19)
Star of the West Hotel.......16 A2
Tiffany's.......(siehe 12)
AUSGEHEN
Keg & Falcon.......17 D4
Queens Hotel.......(siehe 18)
Sportsman's.......18 B3
Star of the West Hotel.......(siehe 16)
TRANSPORT
Haupttaxistand Minibus-Taxis....19 B2
Tickets für Afrika.......(siehe 1)
Tourist-Tram-Haltestelle.......20 B3

respektvoll sein. Galeshewe bietet eine gute Gelegenheit, sich selbst von den Bemühungen des ANC zu überzeugen, den Menschen ein Dach über dem Kopf zu verschaffen. Allerdings existieren auch weiterhin noch vielerorts katastrophale Bedingungen, da für die vielen Menschen einfach zu wenig Geld zur Verfügung steht, um wirklich deutliche Verbesserungen zu erreichen.

Am Rand der Township befindet sich auch das **Northern Cape Legislature Building** (☎ 053-830 0600; Nobengula Rd.; verschiedene Öffnungszeiten), der Sitz der Provinzregierung. Das kreative Design des Gebäudes zeichnet sich durch das fast vollständige Fehlen harter Linien aus. Stattdessen gibt es abgeschwächte Winkel und einladende Kurven. Zahlreiche Skulpturen, die dem vielfältigen Gesicht der Menschen der Provinz Ausdruck verleihen, finden sich sowohl innen als auch außen am Gebäude, das sich somit als Gesamtkunstwerk präsentiert. Die Lage des Bauwerks in einer einkommensschwachen Gegend ist natürlich kein Zufall. Es sollten neue Beschäftigungsmöglichkeiten für die Menschen in der Township geschaffen werden.

SCHLACHTFELDER DES ZWEITEN BURENKRIEGS

Zwischen 1899 und 1902 lieferten sich Briten und Buren (Afrikaaner) in der Umgebung von Kimberley harte Gefechte. Die Belagerung von Kimberley durch die Buren dauerte 124 Tage, bevor die britische Armee unter Lord Roberts und Lord Kitchener die Stadt am 15. Februar 1900 einnahm. Das **Honoured Dead Memorial**, gewidmet denjenigen, die bei der Belagerung ihr Leben verloren, befindet sich an der Kreuzung Memorial Road und Dalham Road 2 km südlich des Stadtzentrums. Die große Kanone ist Long Cecil aus Kimberley; sie kam während der Belagerung zum Einsatz.

Mehrere große Schlachten fanden in der Nähe von Kimberley statt, sowohl während als auch nach der Belagerung. Die wichtigste war die bei Magersfontein am 11. Dezember 1899, als Buren, die sich hier in Schützengräben verschanzt hatten, die berühmte Highland-Brigade der Briten gnadenlos dezimierten. Auskünfte über die Diamond Fields N12 Battlefields Route südöstlich von Kimberley erteilt die Touristeninformation.

Rhodes hat die Belagerung von Kimberley in zwei Räumen unten in dem Gebäude überstanden, in dem jetzt das **McGregor House Museum** (☎ 053-442 0099; Atlas St.; Erw./Kind 8/4 R; Mo–Sa 9–17, So 14–17 Uhr) untergebracht ist. Das Museum beherbergt Exponate zum Burenkrieg und führt täglich **Magersfontein-Schlachtfeldtouren** (Tour 10 R) durch, wenn genügend Interesse besteht.

FELSENKUNST-BESUCHERZENTRUM WILDEBEEST KUIL

In dieser staatlich finanzierten **Tourismusinitiative** (☎ 053-833 7069; www.museumsnc.co.za/wildebeestkuil.htm; Barkly West Rd.; Erw./Kind 10/5 R; 9–17 Uhr) ist zurzeit noch nicht viel los, aber sie hat durchaus das Potenzial, zu einem kulturell faszinierenden Ausflugsziel zu werden. Mit Unterstützung des Ministeriums für Umwelt und Tourismus eingerichtet, um Arbeit für arme Ortsansässige zu schaffen und das Verständnis der Geschichte der Khoisan zu fördern, ist sie schon allein aus diesen Gründen einen Besuch wert. Auf dem Gelände gibt es zehn Stätten mit Felsbildern. Jede ist gekennzeichnet, und die Besucher erhalten für den Rundgang Audioführer. Sehenswert ist auch der 20-minütige Film über die Völker der Xun und Khwe. Das Andenkengeschäft hat eine kleine Auswahl von erschwinglichem Kunsthandwerk aus der Region. Das Besucherzentrum liegt etwa 10 km westlich der Stadt.

ANDERE MUSEEN

Eine einzigartige Sammlung von Fotos von Stämmen aus den 1920er- und 1930er-Jahren, als noch viele traditionelle Lebensweisen existierten, die später verschwanden, zeigt die **Duggan Cronin Gallery** (☎ 053-842 0099; Egerton Rd.; Eintritt gegen eine Spende; Mo–Sa 10–17, So 14–17 Uhr).

Eine hervorragende Sammlung zeitgenössischer Werke schwarzer Künstler plus Werke von niederländischen, flämischen, englischen und französischen Künstlern beherbergt die **William Humphreys Art Gallery** (☎ 053-831 1724; Eintritt 2 R; Mo–Sa 10–17, So 14–17 Uhr). Manche halten diese Galerie für die beste Südafrikas.

Die Sammlung der **Africana Library** (☎ 053-830 6247; 63-65 Du Toitspan Rd.; Eintritt frei; Mo–Fr 10–17 Uhr) behandelt die erste Zeit des Kontakts zwischen den Tswana und den Missionaren. Zu den Beständen gehört auch

Robert Moffats Exemplar seiner Übersetzung des Alten Testaments ins Tswana.

Geführte Touren

De Beers Tours (☎ 053-842 1321; Touren 15 R; ⏰ Mo–Fr 9 & 11 Uhr) bietet Gruppenführungen zu den Diamantenbearbeitungs- und -gewinnungsanlagen der Bultfontein-Mine 5 km östlich des Zentrums am Stadtrand. Die Führungen beginnen am Besucherzentrum am Mineneingang.

Diamond Tours Unlimited (☎ 053-861 4983; www.diamondtours.co.za; Touren ab 150 R) bietet eine Vielzahl von Touren an, wie etwa Besuche von Schlachtfeldern, Diamantengrabungen und Stadtbesichtigungen. Die Firma organisiert außerdem individuell gestaltete Gelbfisch-Angelausflüge. Abfahrtszeiten und Abholmodalitäten können telefonisch unter der angegebenen Nummer erfragt werden.

Um die wilde Vergangenheit von Kimberley einmal aus einer anderen Perspektive zu erleben, bietet sich eine Geistertour in die Vergangenheit an. Sowohl **Jaco Powell** (☎ 093-256 4795) als auch **Dirk Potgieter** (☎ 053-861 4983; www.diamondtours.co.za) bieten dreieinhalbstündige Touren für 150 R (vorausbuchen!). Die Touren beginnen um 18 Uhr am Honoured Dead Memorial (S. 571) – gerade rechtzeitig zum einsetzenden Sonnenuntergang und auch an einem passenden Ort: In der Gruft hier sollen die Seelen von 27 britischen Soldaten umherspuken, die während der Belagerung von Kimberley ums Leben kamen. Vom Denkmal aus führen die Touren dann zu den Orten in Kimberley, an denen es am meisten spukt, und sie geben so auf unterhaltsame und faszinierende Weise einen Einblick in die unheimlichen Legenden der Stadt.

Untergrundtouren (☎ 053-842 1321; Touren 80 R; ⏰ Mo 9.30, Di–Fr 8 Uhr), ebenfalls von De Beers durchgeführt, sind die abenteuerlicheren der Minentouren. Sie führen tief unter die Erde, sodass sich die Besucher einen Eindruck von der Arbeit eines Bergarbeiters verschaffen können.

Wegen des in der Tiefe herrschenden Drucks können keine Kontaktlinsen getragen werden, Leute mit Rissen im Trommelfell können nicht teilnehmen und die Teilnehmer müssen mindestens 16 Jahre alt sein. Ausgangspunkt der dreieinhalbstündigen Führungen ist das Besucherzentrum am Eingang der Bultfontein-Mine.

Schlafen

BUDGETUNTERKÜNFTE

In Kimberley gibt es keine traditionellen Backpacker-Unterkünfte, aber die Budgetunterkünfte sind durchaus okay für ein paar Nächte, wenn auch ein wenig steril.

Big Hole Caravan Park (☎ 053-053-830 6322; West Circular Rd.; Zelt 25 R plus 15 R pro Pers.; 🏊) Sich an einem heißen Tag im Pool abkühlen oder unter den schattigen Bäumen im Gras liegen und ein Buch lesen – dieser zentral gelegene Campingplatz hat sicher seinen Reiz.

Gum Tree Lodge (☎ 053-832 8577; Fax 053-831 5409; Ecke Hull St. & Bloemfontein Rd.; Schlafsaal 50 R, EZ/DZ 110/180 R; 🏊) Mit seinem Spielplatz und dem vielen Gras ist dieses ehemalige Gefängnis sehr familienfreundlich. Die Unterkünfte sind einfach, die Wohnungen haben Herd und Kühlschrank. Die sanitären Einrichtungen werden gemeinschaftlich genutzt. Die Lodge liegt etwa 3 km östlich des Stadtzentrums.

Stay-A-Day (☎ 053-832 7239; 72 Lawson St.; EZ/DZ ab 110/180 R) Diese Unterkunft hat nicht viel Atmosphäre, und die Zimmer sind winzig, aber auch sehr sauber. Nett ist, dass der Gewinn an ein Waisenhaus geht. Meist mit Etagendusche und Etagen-WC, aber es gibt auch ein paar Zimmer mit eigenem Bad für 250 R.

Halfway House Inn (☎ 053-831 6324; 229 Du Toitspan Rd.; EZ/DZ 160/190 R) Für Leute, die aus der Kneipe kommend gleich ins Bett fallen möchten, ist dies eine gute Wahl, denn nebenan gibt es einen munteren Pub. Personen, die Ruhe brauchen, sollten sich etwas anderes suchen. Die Zimmer sind groß und mit TV ausgestattet.

MITTELKLASSEHOTELS

Wem keine dieser Möglichkeiten zusagt, dem kann das Diamantveld Visitors Centre mit einer Liste von noch mehr Pensionen weiterhelfen.

Formula 1 Hotel (☎ 053-831 2552; www.formula1hotels.co.za; Ecke Memorial Ave & Welgevonden Ave; Zi. 200 R; ❄) Die Zimmer (für bis zu drei Personen) sind winzig, aber sauber. Sie haben Fernsehen und Klimaanlage und sind sehr preisgünstig. Das Hotel liegt etwas außerhalb, ist aber ideal für etwas größere Reisegrüppchen, die einfach einen Platz zum Schlafen suchen.

Savoy Hotel (☎ 053-832 6211; 15 Old De Beers Rd.; Zi. ab 300 R) Ein altmodisches, charmantes Hotel mit gemütlichen, liebevoll gepflegten Zimmern und dem sanften, anmutigen Ambiente einer lange zurückliegenden Vergangenheit – mit einem guten Preis-Leistungs-Verhältnis für Leute, die mehr an Stimmung als Ausstattung interessiert sind.

Bishop's Lodge (☎ 053-831 7876; www.bishopslodge.co.za; 9 Bishops Ave; Zi. ab 300 R;) Die modernen, makellosen Wohnungen verfügen über Wohnzimmer, TV und voll eingerichtete Kochzeilen. Der Pool lädt zum Abkühlen ein, der eigene *braai* (Grill) zum Brutzeln. Im Haupthaus gibt es billigere Doppelzimmer.

Diamond Protea Lodge (☎ 053-831 1281; dplkim@global.co.za; 124 Du Toitspan Rd.; Zi. ab 400 R;) Die Zimmer haben die übliche Hotelketteneinrichtung, aber sie sind größer als gewöhnlich und mit härteren Betten und schönerem Bettzeug, als man erwartet. Die gute Klimaanlage hilft an den wirklich heißen Tagen. Das Diamond ist relativ preisgünstig, und oft gibt es Sondertarife.

SPITZENKLASSEHOTELS

Southern Sun Garden Court (☎ 053-833 1751; Fax 053-832 1814; 120 Du Toitspan Rd.; Zi. 600 R;) Dieses Hotel besitzt eine riesige, recht vornehme Lobby. Die Zimmer sind alle haargenau gleich, aber mit allem Luxus, inklusive Wireless-Hotspot ausgestattet. Zum Hotel gehört auch das Restaurant Spur. Kinder übernachten gratis.

Edgerton House (☎ 053-831 1150; 5 Edgerton Rd.; Zi. 1000 R;) Exquisite Möbel, afrikanische Gastfreundlichkeit und ein Teegarten machen diese charmante Pension zur besten Luxusunterkunft in Kimberley. Nelson Mandela hat hier des Öfteren übernachtet.

Essen

Tiffany's (☎ 053-832 6211; Old De Beers Rd.; Hauptgerichte 25–50 R; Frühstück, Mittag- & Abendessen) Dies ist ein hübsches, wenn auch reichlich rosafarbenes Restaurant im alten Stil im Savoy Hotel, mit gutem Service und einer abwechslungsreichen Speisekarte, auf der es auch einige vegetarische Gerichte gibt. Die mit viel Leder und Holz eingerichtete Bar nebenan lädt zu einem ruhigen Drink vor dem Essen ein.

Umbertos (☎ 053-832 5741; 229 Du Toitspan Rd.; Hauptgerichte 35–80 R; Mittag- & Abendessen) Hier werden in schönem Ambiente große Portionen herzhaften italienischen Essens serviert. Abends können die Gäste zwischen der Dachterrasse mit guter Sicht auf den Sonnenuntergang und dem heimeligen Speisesaal im Untergeschoss wählen, der in Rot und Weiß gehalten ist. Es gibt viele verschiedene Pizzen und Nudelgerichte und auch eine Menge vegetarische Gerichte.

Star of the West Hotel (☎ 053-832 6463; North Circular Rd.; Hauptgerichte 35 R; Frühstück, Mittag- & Abendessen) Wer durch die dicke hölzerne Eingangstür kommt, wird in diesem Lokal voller Atmosphäre zurück in die goldene Bergbauzeit Kimberleys entführt. Die Tische sind zerkratzt, an den Wänden hängen alte Plakate und Zeitungsausschnitte. Bis Ende der 1980er-Jahre war dies eine Kneipe nur für Männer. Das Essen ist typisches Kneipenessen und die Gäste sind zumeist Einheimische. Trotz der Vergangenheit des Lokals sollten sich auch Frauen hier nicht unwohl fühlen.

Barnato's (☎ 053-833 4110; 6 Dalham Rd.; Hauptgerichte 60–90 R; Mo–Fr Mittag- & Abendessen, Sa Abendessen, So Mittagessen) Das vornehme Barnato's erfreut sich sowohl bei Einheimischen als auch bei Besuchern fortdauernder Beliebtheit. Es ist für seine kreative Gourmetkarte, seine elegante Atmosphäre und seinen professionellen Service bekannt.

Im indischen Einkaufszentrum an der Duncan Street gibt es einen Lebensmittelmarkt und Schnellimbisse.

Ausgehen

Kimberley ist eine der wenigen Städte in Südafrika mit einem breiten Angebot an guten Kneipen, von denen es einige schon seit der diamantenbedingten Blütezeit der Stadt gibt.

Halfway House Inn (☎ 053-831 6324; 229 Du Toitspan Rd.) In dieser Spelunke lassen sich die rauen alten Zeiten problemlos wiederbeleben. Früher einmal ein Pub, in das man hineinreiten konnte (offenbar kam Rhodes auf diese Idee, da er Angst hatte, vom Pferd zu steigen und seine wahre Größe zu offenbaren), ist es heute so etwas wie eine Drive-in-Kneipe – die Gäste können tatsächlich vorfahren und hupen, und dann kommt jemand heraus und bringt ihnen ihr Bier. Aber drinnen ist es interessanter, man kann bei einem Whisky an der mitgenommen aussehenden alten Theke inmitten von uralten Bierplakaten, staubigen Spiegeln und Spucknäpfen auf dem Fußboden sitzen. Unten stehen auch Billardtische, und freitags und samstags gibt es im netten Dachbiergarten Livemusik.

Star of the West Hotel (☎ 053-832 6463; North Circular Rd.) Im großen Biergarten spielen oft Bands, drinnen beleben Billardtische und eine Cocktailbar die Atmosphäre.

Queens Hotel (☎ 053-831 3704; 12 Stockdale St.) In dieser großen Kneipe in einem Hotel im Stadtzentrum wird es am Wochenende für Leute mit Platzangst allerdings etwas ungemütlich, und man kann hier seiner Spielsucht frönen. Das Sportsman's ist die angegliederte Disko und hat höchstens etwas mit Tanzsport zu tun.

Keg & Falcon (☎ 053-833 2075; 187 Du Toitspan Rd.; Hauptgerichte 35–60 R) Wer ein etwas älteres Publikum bevorzugt, der ist hier richtig. Gäste unter 23 Jahren haben keinen Zutritt, und die Kleidung sollte elegant-leger sein. Hier gibt es auch etwas zu essen.

An- & Weiterreise

BUS

Translux (☎ 011-774 3333; www.translux.co.za) hält in Kimberley auf der Strecke zwischen Johannesburg/Pretoria (140 R, 7 Std., tgl.) und Kapstadt (230 R, 10 Std., tgl.).

Greyhound (☎ 012-323 1154; www.greyhound.co.za) und **Intercape** (☎ 086-128 7287; www.intercape.co.za) haben ähnliche Preise und befahren auch ähnliche Routen.

Für alle drei Busunternehmen gibt es im Diamantveld Visitors Centre über **Tickets for Africa** (☎ 053-832 6043) Fahrkarten. Die Busse halten am Fernbusbahnhof bei der Shell Ultra City an der N12.

FLUGZEUG

SA Express (☎ 011-978 5315; www.saexpress.co.za) bietet regelmäßig Direktflüge von Johannesburg (1000 R, 1½ Std.) und **SAAirlink** (☎ 054-838 3337; www.saairlink.co.za) unterhält eine direkte Verbindung nach Kapstadt (1600 R, 2 Std.).

MINIBUSTAXI

Der Haupttaxistand für die Minibustaxis ist in der Duncan Street am indischen Einkaufszentrum in der Stadtmitte. Von hier fahren Minibustaxis z. B. auch nach Bloemfontein (50 R, 2½ Std.), Kuruman (75 R, 2 Std.), Johannesburg (120 R, 7 Std.), Upington (75 R, 4 Std.) und Kapstadt (135 R, 10 Std.).

ZUG

Auskünfte über Zugverbindungen gibt es telefonisch bei **Spoornet** (☎ 053-838 2111; www.spoornet.co.za). Der *Trans Karoo* verkehrt täglich zwischen Kapstadt (150 R, 18 Std.) und Johannesburg/Pretoria (80 R, 9 Std.) über Kimberley; der *Diamond Express* verkehrt über Nacht zwischen Johannesburg/Pretoria und Bloemfontein über Kimberley (80 R, 9 Std., 3-mal wöchentl.); und der langsame *Trans Oranje* zwischen Kapstadt und Durban (120 R, 18 Std., wöchentl.) macht einen Umweg über Kimberley.

Unterwegs vor Ort

Der Flughafen von Kimberley ist etwa 7 km von der Stadt entfernt. Ein Taxi kostet etwa 150 R.

Es gibt noch eine historische Straßenbahn in Kimberley (einfach/hin & zurück 7/14 R), die täglich zwischen 9 und 16 Uhr jeweils zur vollen Stunde von der Endhaltestelle beim Rathaus zum Big-Hole-Besucherkomplex fährt.

Ein Minibustaxi in der Stadt kostet etwa 1,50 R. Einzeltaxis, z. B. abends vom Pub, bieten **AA Taxi** (☎ 053-861 4015) und **Rikki's Taxi** (☎ 083-342 2533).

VAALBOS NATIONAL PARK

Dies ist der einzige **Nationalpark** (☎ 053-561 0088; Erw./Kind 60/30 R) in Südafrika, in dem drei verschiedene Ökosysteme existieren: die Karoo, *grasveld* (Grasland) und die Kalahari. Der 1986 eingerichtete und durch privates Land in zwei Teile zerschnittene Park liegt 61 km nordwestlich von Kimberley an der Route 31. Es gibt **Campingplätze** (Zelt 75 R) und **Cottages für Selbstversorger** (bis zu 4 Pers. 350 R), aber man muss seinen gesamten Proviant einschließlich Getränken selbst mitbringen, da es im Park weder Restaurants noch Einkaufsmöglichkeiten gibt.

DE AAR

☎ 053 / 26 000 Ew.

Diese Kleinstadt ist ein größeres Versorgungszentrum für die Karoo, hinterlässt aber keinerlei bleibende Erinnerungen. Allerdings eignet sich der Ort gut für eine mittägliche Erholungspause vom Fahren.

Das **De Aar Hotel** (☎ 053-631 2181; Friedlander St.; EZ/DZ 180/260 R;) ist groß und gut in Schuss und hat eine angenehme Atmosphäre. Es ist nicht luxuriös, aber die Badezimmer sind sauber, und die Zimmer sind mit TV ausgestattet. Zum Hotel gehören ein Restaurant und eine Bar.

Das **Upstairs Restaurant** (☎ 053-631 1000; Ecke Hoof St. & Voortrekker St.; Hauptgerichte 25–50 R; Frühstück, Mittag- & Abendessen) bietet eine recht umfangreiche Auswahl an Pizzen und Meeresfrüchte-, Nudel- und Fleischgerichten. Von der Veranda oben lässt sich wunderbar das Treiben oder dessen Ausbleiben auf der Hauptstraße des Ortes beobachten.

Der *Trans Karoo* und der *Blue Train* (Johannesburg/Pretoria–Kapstadt) sowie der *Trans Oranje* (Durban–Bloemfontein–Kimberley–Kapstadt) halten hier; s. S. 698.

BRITSTOWN

☎ 053

Das nette und ordentliche, winzige Britstown liegt in der Mitte eines florierenden Schafzuchtgebiets in der Oberen Karoo an der Kreuzung zwischen der N10 und der N12. Reisende, die hier abends ankommen und übernachten möchten, können es bei der alteingesessenen **Transkaroo Country Lodge** (☎ 053-672 0027; Fax 053-672 0363; EZ/DZ 200/380 R;) versuchen. Das Ambiente der Lodge mit einer gemütlichen Lounge, freundlichem Personal und altmodisch hübsch eingerichteten, makellos sauberen Zimmern hat etwas provinziell Französisches. Im angegliederten Restaurant mit Bar gibt es ein Abendbüfett für 75 R und leichte Mittagsspeisen. Die Lodge organisiert außerdem Ausflüge, wie etwa zur Vogelbeobachtung und zu San-Felsenkunststätten.

Minibusse fahren über Britstown. Informationen dazu gibt es in der Transkaroo Country Lodge.

COLESBERG

☎ 051 / 12 000 Ew.

Colesberg ist ein klassischer Karoo-Ort, dessen einzige Attraktion darin besteht, dass er einen idealen Zwischenstopp auf der N1 auf halbem Weg zwischen Kapstadt und Johannesburg abgibt. Er ist groß genug für ein paar Übernachtungsmöglichkeiten und Essensangebote, aber sich zu verlaufen ist hier schon recht schwer. Der Ort wurde 1829 gegründet, und viele alte Gebäude haben überdauert, z. B. die 1866 gebaute **Niederländisch-Reformierte Kirche**.

Die freundliche **Touristeninformation** (☎ 051-753 0678; belinda@mjvn.co.za; Murray St.; Mo–Fr 8–16.30 Uhr) befindet sich im Stadtmuseum. Zugang zum Internet gibt es in der **Colesberg Apteek** (☎ 051-753 0618; 18 Church St.; Std. 60 R; Mo–Sa 9–17 Uhr).

Schlafen

Die meisten Unterkünfte der Stadt befinden sich in der Church Street, die manchmal auf Afrikaans angegeben ist: Kerk Street.

Colesberg Backpackers (☎ 051-753 0582; 39 Church St.; Schlafsaal/DZ 50/120 R) Diese schlichte Unterkunft direkt an der Hauptstraße hat nicht besonders viel Atmosphäre, ist aber ruhig und preisgünstig. Sie ist oft so leer wie die Kalahari, sodass man als Gast wahrscheinlich einen Schlafsaal für sich hat. Die sanitären Einrichtungen werden dennoch gemeinschaftlich genutzt.

Light House (☎ 051-753 0043; 40A Church St.; Zi. 250 R) Das Light House, die beste Übernachtungsmöglichkeit des Ortes, ist ein altes, verwinkeltes Haus mit großzügigen, gut ausgestatteten luftigen Zimmern.

Colesberg Lodge (☎ 051-753 0734; Fax 051-753 0667; Church St.; Zi. 280–360 R;) Die Colesberg Lodge bietet hervorragenden Service und drei Arten von Zimmern – Budget, regulär und Luxus. In den Budget-Zimmern gibt es nur Ventilatoren, in den Luxuszimmern hingegen Klimaanlagen und Fernseher. Zur Lodge gehören eine Bar und ein Restaurant.

Essen

Bordeaux Coffee Shop & Restaurant (☎ 051-753 1582; 7A Church St.; Hauptgerichte 20–50 R; Frühstück, Mittag- & Abendessen) Gemütliche Atmosphäre, eine gute Weinkarte und schmackhafte, wenn auch recht konventionelle Landküche – dies ist das beste Speiselokal von Colesberg. Vegetarier sind vielleicht woanders besser aufgehoben.

JC's Pizzeria (☎ 051-753 1170; 29 Church St.; Hauptgerichte 30–55 R; Mittag- & Abendessen) Der Schwerpunkt im besten Restaurant für Vegetarier in Colesberg liegt auf Pizzen, Nudelgerichten und Steaks, wobei die Pizzen am besten sind. Draußen locken Tische unter Weinranken, drinnen lockt das Speisen bei Kerzenlicht.

Anreise & Unterwegs vor Ort

Translux (☎ 011-774 3333; www.translux.co.za) und **Intercape** (☎ 086-128 7287; www.intercape.co.za) halten beide in Colesberg auf ihrer täglichen

Fahrt von Johannesburg (220 R, 7½ Std.) nach Kapstadt (300 R, 9½ Std.), und zwar an der Shell Ultra nördlich der Stadt an der N1. Intercape bietet auch Verbindungen nach Bloemfontein (110 R, 2½ Std., tgl.).

DIE KALAHARI

Eine Reise in die Kalahari ist wie eine Reise in ein anderes Universum – ein surreal anmutendes Erlebnis wie bei Alice im Wunderland, wo der Betrachter sich winzig klein vorkommt und alles um ihn herum überlebensgroß erscheint. Der große einsame Raum setzt sich scheinbar bis in die Unendlichkeit fort. Formen flirren unter der gleißenden Hitze der Wüste. Dieses Gebiet, eine betörende Collage aus feurigen Sonnenuntergängen und purpurfarbenen Wanderdünen, aus saftigen grünen Feldern und schäumenden Wasserfällen, aus grandiosen Wildtierreservaten und winzigen Weingütern, hinterlässt bei allen Reisenden einen unauslöschlichen Eindruck. Laurens Van der Post beschrieb die Kalahari in vielen seiner Bücher wie etwa *Die verlorene Welt der Kalahari* und *Durchs große Durstland müßt ihr ziehn,* aber selbst für diejenigen, die diese Bände auswendig kennen, ist die Begegnung mit der wirklichen Kalahari ein mitreißendes Erlebnis.

Die Kalahari ist nicht auf die Republik Südafrika beschränkt, sondern bedeckt auch große Teile von Botsuana und stößt auch nach Angola und Namibia vor. In Südafrika ist sie in zwei unterschiedliche Bereiche gegliedert – die trockenen Halbwüsten- und Wüstenregionen am Rand und die „grüne Kalahari", die bewässerte, fruchtbare Region am Ufer des Oranje. Die meisten Südafrikabesucher lassen die Kalahari links liegen, aber das ist ein Fehler. Selbst der große Umweg, der nötig ist, um zum Kgalagadi Transfrontier Park zu kommen, lohnt sich auf jeden Fall.

KURUMAN

☎ 053 / 9000 Ew.

Dank einer permanenten Versorgung mit Wasser aus einer faszinierenden natürlichen Quelle ist Kuruman eine Oase in der Wüste, und es verströmt die Vitalität eines Außenpostens der Zivilisation im Herzen der wilden Natur. Der Name des Ortes stammt von einem San-Wort, aber auch die Batlhaping, ein Batswana-Stamm, ließen sich hier um das Jahr 1800 nieder.

Die Hauptstraße heißt treffend Main Road, und die meisten Geschäfte gruppieren sich um deren Kreuzung mit der Voortrekker Street und Tsening Street.

Neben dem Eye of Kuruman befindet sich die gute **Touristeninformation** (☎ 053-712 1095; Main Rd.; 🕑 Mo–Fr 8–16.30, Sa 8–12.30 Uhr).

Sehenswertes & Aktivitäten

Für diejenigen, die sich für Greifvögel interessieren, ist Kuruman einen Umweg wert. Im **Raptor Rehabilitation Centre** (☎ 053-712 0620; Tsening St.; Eintritt frei; 🕑 Mo–Fr 8–16.30 Uhr), einer Einrichtung für verletzte Individuen, gibt es eine Karte mit den besten Strecken für die Suche nach diesen Tieren. Die Kalahari bietet 40 der 67 südafrikanischen Greifvogel- und Geierarten ein Zuhause.

Das **Eye of Kuruman** (Main Rd.; Erw./Kind 1/0,50 R) ist eine natürliche Quelle, die Tag für Tag 18 bis 20 Mio. Liter Wasser liefert. Deren Umgebung ist zu einem passablen Picknickplatz gestaltet worden. Dieser eignet sich gut für eine Rast von der Fahrt, wenn man noch einmal bei einem Naturschauspiel zusehen möchte, denn über dem Teich haben Maskenweber ihre Nester gebaut.

Schlafen & Essen

Kuruman Caravan Park (☎ 053-712 1479; Voortrekker St.; Zelt 50 R, Chalets 200 R) Eine gute Übernachtungsmöglichkeit mit gut ausgestatteten, gemütlichen Chalets. Die Zeltstellplätze liegen zumeist im Schatten, und das Ganze ist nur einen kurzen Spaziergang von der Stadtmitte entfernt.

Riverfield Guesthouse (☎ 053-712 0003; www.riverfield.co.za; 12 Seodin Rd.; EZ/DZ 210/330 R; ❄ 🅟) Die Zimmer sind preisgünstig, recht komfortabel und modern ausgestattet. Das Grundstück ist schön schattig, und die Bar hier ist ein guter Treffpunkt: Unter der Woche kann man Abendessen bekommen, und das im Preis inbegriffene Frühstück ist sehr reichhaltig.

Over-de-Voor (☎ 053-712 3224; Hoof St.; Hauptgerichte ab 25 R; 🕑 Mittag- & Abendessen) Over-de-Voor, wo „Kalahari-Küche" serviert wird, ist die beste Essgelegenheit des Ortes. Aber nichts für Vegetarier – auf der Karte steht Fleisch und nochmals Fleisch, also höchstens Beilagen bestellen.

Anreise & Unterwegs vor Ort

Intercape (☎ 086-128 7287; www.intercape.co.za) hält täglich in Kuruman auf der Fahrt zwischen Johannesburg (250 R, 7 Std.) und Upington (170 R, 3 Std.).

Der Taxistand befindet sich neben dem Supermarkt Shop Rite in der Voortrekker Street.

MOFFAT MISSION

Die London Missionary Society errichtete 1816 für die Arbeit mit den örtlichen Batlhaping die erste weiße Siedlung in der Gegend, die **Moffat Mission** (☎ 053-732 1352; Erw./Kind 5/2 R; Mo–Sa 8–17, So 15–17 Uhr). Die Mission wurde nach Robert und Mary Moffat aus Schottland benannt, die von 1817 bis 1870 hier arbeiteten. Sie bekehrten die Batlhaping zum Christentum, gründeten eine Schule und übersetzten die Bibel ins Tswana. Die Mission wurde zu einem berühmten Zwischenstopp für Entdeckungsreisende und Missionare auf ihrem Weg ins Innere des Kontinents. In der Missionskirche, einem Gebäude aus Stein mit einem Strohdach und 800 Sitzplätzen, heiratete die Tochter der Moffats, Mary, den Afrikaforscher David Livingstone.

Die Mission ist heute ein friedlicher Ort mit einer schönen Stimmung im Schatten großer Bäume, die einen perfekten Schutz vor der Hitze der Wüste bieten. Sie liegt an der Route 31 Richtung Hotazel, etwa 4 km von der N14 entfernt.

UPINGTON

☎ **054 / 53 000 Ew.**

Am Ufer des Oranje liegt das wohlgeordnete und wohlhabende Upington, ein guter Ort für eine erfrischende Pause vor oder nach der Fahrt durch die Kalahari.

Das Gebiet um die Stadt wird dank der Bewässerungsanlagen, die vom Fluss gespeist werden, landwirtschaftlich stark genutzt. Breite Boulevards mit einigen Supermärkten und Geschäften bilden das Zentrum des Städtchens, aber abseits dieser Straßen bietet sich ein Bild, das, geprägt vom trägen Fluss und endlosen Baumreihen, eine ruhige und friedvolle Atmosphäre ausstrahlt - ideal für einen netten Nachmittagsspaziergang, falls es nicht zu heiß ist.

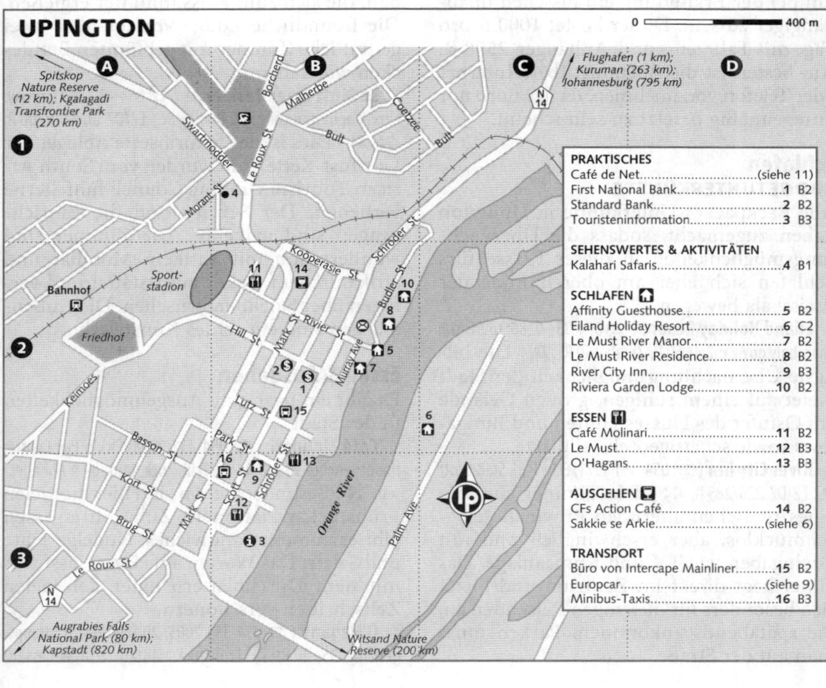

Praktische Informationen

Café de Net (☎ 054-331 2252; Pick 'n Pay Centre; ½ Std. 20 R; ⏲ Mo–Fr 8.30–17 Uhr) Internetcafé hinter dem Pub Dros. Es wird in Halbstundenblöcken abgerechnet. Wer ein bisschen länger braucht, muss also noch einmal 20 R bezahlen.

First National Bank (Ecke Schröder St. & Hill St.) An der nordwestlichen Ecke.

Standard Bank (Ecke Hill St. & Scott St.)

Touristeninformation (☎ 054-332 6046; greenkal@mweb.co.za; ⏲ Mo–Fr 8–17, Sa 9–12 Uhr) Diese gute Touristeninformation befindet sich im Kalahari Oranje Museum.

Geführte Touren

Der Tourenveranstalter **Kalahari Safaris** (☎ 054-332 5653; www.kalaharisafaris.co.za; 3 Oranje St.) ist von Lesern sehr empfohlen worden. Er bietet thematisch unterschiedlich eingerichtete Safaris nach Kgalagadi, zu den Augrabies Falls, zur Witsand Nature Reserve und zum Kruger-Nationalpark an. Die dreitägige Kgalagadi-Tour kostet ab 3500 R inklusive Eintrittsgeldern, Ausrüstung und Mahlzeiten.

Wer sich lieber nur einen Führer nimmt, um bei der Erkundung ein bisschen unabhängiger zu sein: Dieser kostet 1000 R pro Tag, mit Fahrzeug und Anhänger 2500 R. Am besten ist die Buchung übers Internet oder Telefon vorzunehmen, da das Büro nur unregelmäßig besetzt zu sein scheint.

Schlafen

BUDGETUNTERKÜNFTE

Alle Backpacker-Unterkünfte in Upington haben zugemacht, sodass die Übernachtungsmöglichkeiten in dieser Klasse fürs Schlafen sich eher am oberen Ende der Preisskala bewegen.

Eiland Holiday Resort (☎ 054-334 0286; tourism@kharahais.gov.za; Zelt 60 R, Zi. ab 150 R; 🅿) Die billigste Übernachtungsmöglichkeit der Stadt bietet auf einem ruhigen, großen Gelände am Ostufer des Flusses Hütten und Bungalows sowie schattige Zeltstellplätze.

River City Inn (☎ 054-331 1971; Ecke Park St. & Scott St.; EZ/DZ 225/285 R; ❄) Die Zimmer sind die eines typischen alternden Provinzhotels – schmucklos, aber erschwinglich und mit Dreingaben wie TV und Klimaanlage. Das Hotel liegt direkt im Zentrum und bietet sich besonders für diejenigen Reisenden an, die spätabends ankommen. Parken muss man auf der Straße.

MITTEL- & SPITZENKLASSEHOTELS

In der Budler Street gibt es einige wunderschöne Pensionen mit viel Gras und Blick auf den Fluss.

Affinity Guesthouse (☎ 054-331 2101; www.affinityguesthouse.co.za; 4 Budler St.; EZ/DZ 280/380 R; ❄ 🅿) Diese preisgünstige Unterkunft liegt direkt am Fluss. Die Zimmer sind klein, aber gemütlich, die Matratzen nicht durchgelegen, und zur Unterhaltung gibt es einen Spielfilmkanal. Die Klimaanlage ist gut genug, um die Hitze des Tages erträglich zu machen. Am schönsten sind die Zimmer mit Blick auf den Fluss – sie haben riesige Fenster, die sich zum Garten hin öffnen.

Le Must River Manor (☎ 054-332 3971; www.lemustupington.com; 12 Murray Ave; EZ/DZ ab 390/580 R; ❄ 🅿) Für Leute mit etwas schmalerem Geldbeutel: Das River Manor ist nur ein bisschen weniger luxuriös als die River Residence (siehe unten), und es ist ebenfalls empfehlenswert.

Riviera Garden Lodge (☎ 054-332 6554; 16 Budler St.; DZ mit Frühstück 400 R; 🅿) Die Gärten hier sind märchenhaft, voller süß duftender Blumen, schöner Laubbäume und Kaskaden, die sich zum Fluss hinunter ergießen. Die freundliche Lodge verfügt über zwei gemütliche Zimmer mit geblümten Bettdecken wie daheim.

Le Must River Residence (☎ 054-432 3971; www.lemustupington.com; 14 Budler St.; EZ/DZ ab 590/700 R; ❄ 🅿) Dies ist der luxuriöseste Ableger der Le-Must-Kette. Ihm wurden vom South African Tourism Grading Council fünf Sterne verliehen. Der Service und die Einrichtungen sind makellos. Die Zimmer sind wunderschön mit antikem Mobiliar und afrikanischem Dekor ausgestattet und verfügen über Satellitenfernsehen. Die Außenanlagen sind ein echtes Kunstwerk.

Essen & Ausgehen

Es gibt ein paar gute Ausgehmöglichkeiten in der Stadt.

Café Molinari (☎ 054-331 2928; Pick'n Pay Centre; Hauptgerichte 20–40 R; ⏲ Frühstück, Mittag- & Abendessen; ❄) Besonders schön sind hier die vielen Frühstücksvariationen. Zum Mittagessen gibt es zumeist Sandwiches, Nudelgerichte und Salate. Das Warten aufs Essen lässt sich mit dem Durchblättern einer der vielen Zeitschriften verschönern.

O'Hagans (☎ 054-331 2005; 20 Schröder St.; Hauptgerichte 35–60 R; ⏲ Frühstück, Mittag- & Abendessen)

Für ein frühes Abendessen gibt es keinen besseren Platz als bei O'Hagans – nämlich draußen auf der Veranda mit Blick auf den Fluss. Außerdem hat das Lokal das beste Essen der Kneipenkettenpubs. Die Portionen sind großzügig, und die Auswahl ist ebenfalls groß. Wer keinen Hunger hat, kann auch einfach an der Bar oder auf der Veranda den einen oder anderen Drink zu sich nehmen.

Le Must (☎ 054-332 3971; 11 Schröder St.; Hauptgerichte 65–90 R; ⏰ Mittag- & Abendessen) Die Präsidenten Nelson Mandela, Thabo Mbeki und F. W. de Clerk haben alle hier gegessen, und für ein Essen in diesem bekannten, exzellenten Restaurant, das äußerst schmackhafte Kalahari-Kreationen serviert, lohnt sich auf jeden Fall ein Umweg. Hier werden nur die allerbesten Zutaten verwendet. Die Resultate der Kombination von Cape-Malay- und Karoo-Küche sind einfach grandios. Gemessen am professionellen Service, dem phänomenalen Mahl und dem kühlen modernen Interieur erscheinen die Preise sehr niedrig.

Sakkie se Arkie (☎ 082-564 5447; Eintritt 35 R) Eine Sonnenuntergangsfahrt auf dem Oranje ist eine perfekte Art, den Abend einzuläuten. Der Preis ist nur für die Bootsfahrt, Getränke müssen extra bezahlt werden. Von vielen der Pensionen am Fluss kann man sich abholen lassen.

CFs Action Café (☎ 054-332 1414; 65 Mark St.) Tanz und Billard ziehen ein junges, lautes Publikum an.

An- & Weiterreise

AUTOVERMIETUNG

Ein Auto zu mieten ist hier normalerweise teurer als in Johannesburg oder Kapstadt. Am Flughafen von Upington gibt es eine Filiale von **Avis** (☎ 054-332 4746). Im River City Inn ist eine **Europcar-Agentur** (☎ 082-426 8489). Bei beiden kostet ein Allradfahrzeug etwa 950 R pro Tag, ein Fahrzeug der Kompaktklasse 400 R.

BUS

Durch zwei Intercape-Verbindungen hat Upington Anschluss an den Rest des Landes. Tickets gibt es im **Büro von Intercape Mainliner** (☎ 054-332 6091; Lutz St.). Busse verkehren nach Johannesburg und Pretoria (260 R, 10 Std., tgl.), Windhoek in Namibia (250 R, 12 Std., 4-mal wöchentl.), Kapstadt (220 R, 10½ Std., 4-mal wöchentl.) und Calvinia (145 R, 5 Std., 4-mal wöchentl.).

FLUGZEUG

Wer nicht viel Zeit hat und den Kgalagadi-Park sehen möchte, sollte sich überlegen, nach Upington zu fliegen und hier ein Auto zu mieten. **SAAirlink** (☎ 054-838 3337; www.saairlink.co.za) bietet Flüge von bzw. nach Johannesburg (1660 R, tgl.) und von bzw. nach Kapstadt (1660 R, So–Fr). Die Hotels in Upington übernehmen normalerweise die Kosten für ein Taxi vom Flughafen.

MINIBUSTAXI

Minibustaxis gibt es beim Supermarkt Checkers nahe der Ecke Mark Street/Basson Street. Nicht alle Ferntaxis fahren hier ab, aber zumindest lassen sich dort Informationen einholen. Fahrpreise und -zeiten sind z. B.: Johannesburg: 170 R, 10 Std., Kapstadt: 180 R, 10 Std., Windhoek: 170 R, 10 Std. Normalerweise gibt es jeden Tag mindestens einen Bus.

VIP Taxis (☎ in Port Nolloth 027-851 8780) unterhält an Werktagen einen Taxiservice von Port Nolloth über Springbok nach Upington. Die Fahrt von Upington nach Springbok kostet 80 R. Man kann vorher anrufen, um sich abholen zu lassen.

RUND UM UPINGTON

Das kleine **Spitskop Nature Reserve** (☎ 054-332 1336; teuns@intekom.co.za; Erw./Kind 12/6 R, Zelt pro Erw./Kind 25/12 R, Hütten/Chalets pro Pers. 60/80 R), etwa 13 km nördlich von Upington, ist wegen seiner ungewöhnlichen Tierarten interessant. Am faszinierendsten sind die sechs schwarzen Springböcke: Ihre Farbe ist auf genetische Mutationen zurückzuführen, die selten anzutreffen sind. Das gänzlich „schwarze" Zebra, das eine Gruppe von Zebrastuten dominiert, ist der Kümmerling eines Ponys, das sich entschlossen hat, die Herde zu übernehmen – sein intensiver Gesichtsausdruck, wenn er eine ausgebrochene Zebrastute wieder zur Herde zurückbringt, spricht Bände. Die Kamele sind die Restbestände von den Tieren, die deutsche Kameltreiber nach Gefechten im Ersten Weltkrieg zurückließen.

Außerdem gibt es hier *gemsboks* (Riedböcke), *springboks* (Springböcke), *wildebeests* (Gnus), *bonteboks* (Buntböcke), *zebras* (Zebras) und *elands* (Elenantilopen) sowie andere, kleinere Tiere.

Durch das Reservat führen 37 km Schotterstraßen, und es gibt auch drei kurze Wanderwege sowie eine Allradpiste für Anfänger. Vom auffälligen Spitskop lassen sich die Tiere durch ein Fernrohr beobachten.

Zu den Übernachtungsmöglichkeiten gehören sandige, schattige Zeltplätze und ein Vierbettchalet, aber die faszinierendste ist eine rustikale „Veldhütte" in der Mitte des Gebiets (eigenes Bettzeug mitbringen!). In der Hütte, die Platz für fünf Personen bietet, gibt es keinen Strom.

WITSAND NATURE RESERVE

Als ob ein **Naturschutzgebiet** (☎ 053-313 1062; www.witsandkalahari.co.za; Erw./Kind 20/10 R; 🕑 8–18 Uhr) mit einer 9 km breiten, 2 km langen und 100 m hohen weißen Sanddüne, die aus dem typischen roten Sand der Kalahari hervorsticht, nicht schon genug wäre – hier gibt es noch dazu eine spezielle Geräuschkulisse. Wenn der Wind weht, röhrt der Sand. Dieses als „singender Sand" bekannte Phänomen verdankt seine Entstehung dem Strömen von Luft über die Dünen, durch die ein tiefes, orgelähnliches Geräusch entsteht. Das Laufen im Sand produziert ein unterdrücktes Stöhnen.

Das Naturreservat liegt etwa 200 km östlich von Upington bzw. 200 km südwestlich von Kuruman. Herumlaufen ist überall im Park gestattet, aber Allradfahrzeuge müssen auf den Straßen bleiben. Eine Vogelbeobachtungshütte sowie das Mieten eines Mountainbikes (pro Tag 50 R) oder „Dünenbretts" (pro Tag 70 R) bieten zusätzliche Abwechslung.

Es gibt ein reizendes Buschcamp mit zwei Pools und zehn geschmackvoll eingerichteten **Lodges für Selbstversorger** (pro Erw./Kind 200/100 R;) mit Strohdach und durchgehender Wohnfläche. Die Lodges verfügen über drei Schlafzimmer, und es werden bis zu sechs Personen aufgenommen. An Wochenenden liegt der Mindestmietpreis pro Lodge bei 660 R. Es gibt kein Restaurant und auch keine Bar im Reservat, aber für 725 R pro Person bereitet ein Koch den Gästen in ihrer Lodge ein gutes Frühstück und Abendessen zu.

Im Preis inbegriffen sind die Unterkunft, der Eintritt zum Park und ein geführter Spaziergang. Auf jeden Fall im Voraus reservieren! **Campen** (Zelt pro Pers. 50 R) ist eine andere Möglichkeit.

KGALAGADI TRANSFRONTIER PARK

Wenn man ein Fahrzeug hat, ist der Besuch des phantastischen **Kgalagadi Transfrontier Park** (☎ 054-561 0021; www.sanparks.org; Erw./Kind 120/60 R) die Mühe der Anfahrt mehr als wert. Die Landschaft in diesem magischen Nationalpark ist einfach phänomenal. Selbst die Fahrt hinein, eine scheinbar endlose Ruckelei entlang purpurroten staubigen Straßen, ist faszinierend, da sie die Bilder von den großen afrikanischen Safaris der Geschichte heraufbeschwört. Im Park selbst ist das beeindruckendste Erlebnis der Anblick eines riesigen schwarzmähnigen Löwen im Schatten eines Kameldornbaumes inmitten des rotweißen Sandes. Herden sanft aussehender Antilopen bahnen sich ihren Weg durch die karge Vegetation.

Die gigantischen gelbrosa Sonnenuntergänge, für die der Kontinent so bekannt ist, sowie die Gelegenheit, wilde Tiere ohne große Besuchermassen zu beobachten, tragen zu der Attraktivität dieses abgelegenen Parks bei.

Kgalagadi wurde im April 1999 zum Nationalpark erklärt, als Ergebnis des Zusammenschlusses des schon länger bestehenden Kalahari-Gemsbok National Park in Südafrika und des Mabuasehube-Gemsbok National Park in Botsuana.

Der zugängliche Teil liegt in einem dreieckigen Stück auf dem Territorium der Republik Südafrika zwischen Namibia und Botsuana. Dieses Gebiet ist 9591 km² groß. Das Schutzgebiet setzt sich auf der anderen Seite der Grenze in Botsuana fort – es gibt keine Grenzzäune – und umfasst weitere 28 400 km². Der südafrikanische Teil ist seit 1931 Nationalpark, der botsuanische seit 1938. Kgalagadi ist eines der größten geschützten Wildnisgebiete in Afrika, sodass Antilopen, die in Zeiten der Trockenheit auf der Suche nach Wasser und Futter große Strecken zurücklegen müssen, ungehindert wandern können.

Obwohl das Terrain hier bei einer jährlichen Niederschlagsmenge von etwa 200 mm als halbtrocken beschrieben wird, ist es fruchtbarer als es scheint, und beherbergt große Populationen von Vögeln, Reptilien, Nagetieren, kleinen Säugetieren und Antilopen. Diese wiederum ernähren eine große Anzahl von Raubtieren. Die meisten Tiere zeigen eine erstaunliche Toleranz gegenüber Autos. Daher kann man außergewöhnlich nahe an die wilden Tiere herankommen – es scheint so, als ob die Besucher für die Tiere unsichtbar wären. Erst wenn jemand aus dem Fahrzeug aussteigt, kommt es zur Fluchtreaktion.

Die Landschaft ist gespenstisch schön – man hat den Eindruck, sich am Ende der Welt zu befinden. Der Nossob und der Auob River, die beide gewöhnlich trocken sind, fließen durch den Park und treffen ein paar Kilometer nördlich des Parkeingangs am Restcamp Twee Rivieren zusammen. Zwischen den beiden Flüssen zeigen die Kalahari-Dünen aufgrund des im Sand enthaltenen Eisenoxids ihr charakteristisches Rot. In anderen Gebieten wechseln sich gelblich-rosafarbener und grauer Sand ab.

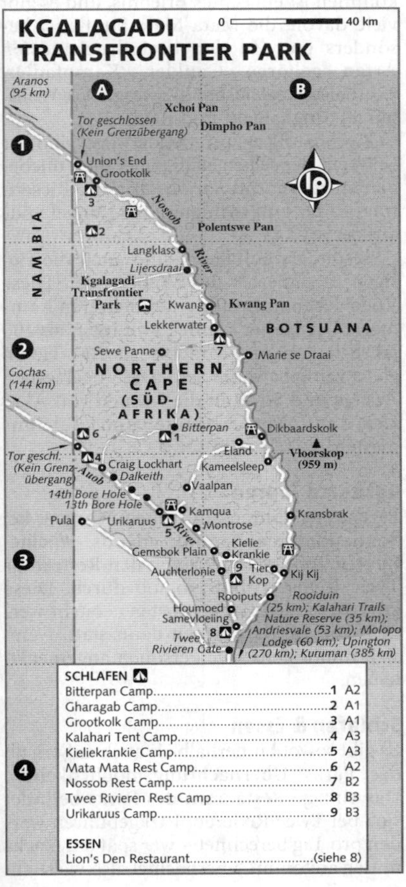

Orientierung & Praktische Informationen

Besucher dürfen nur vier Schotter- bzw. Staubpisten benutzen – eine führt durch das Flussbett des Nossob River, eine durch das des Auob River (es gibt auch ein paar Rundwege), und zwei weitere verbinden diese beiden. Die leeren Weiten der Kalahari lassen sich am ungestörtesten von einer dieser Verbindungsstraßen erleben. Man muss im Auto bleiben, außer an ein paar wenigen ausgewiesenen Picknickplätzen.

Die beste Besuchszeit liegt in den Monaten Juni und Juli. Dann sind die Tage am kühlsten (und die Nächte frostig), und die Tiere zieht es zu den Wasserlöchern an den trockenen Flussbetten. September bis Oktober ist die feuchte Jahreszeit, und wenn es regnet, verteilen sich viele der Tiere über die Ebenen, um das frische Weideland zu nutzen. Obwohl die Temperaturen im Dezember und Januar oft 45 °C erreichen, sind die Chalets im Park während der Schulferien immer ausgebucht.

Alle Restcamps verfügen über Geschäfte, in denen es die wichtigsten Lebensmittel sowie Softdrinks und Alkohol gibt – frisches Gemüse ist nur schwer zu bekommen. Diese Läden sind von 7 Uhr bis 30 Minuten nach Schließung der Parktore geöffnet. An jedem Rastlager gibt es Benzin und Diesel. Außerdem stehen am Restcamp Twee Rivieren (s. S. 583) öffentliche Telefone, ein Pub, ein Pool und ein Informationszentrum, in dem die Geschichte des Parks und seine Flora und Fauna erläutert werden (an vier Abenden der Woche gibt es auch Diashows), zur Verfügung.

Die Öffnungszeiten des Parks ändern sich je nach Monat, folgen jedoch gewöhnlich den Zeiten von Sonnenauf- und Sonnenuntergang. Die Tore werden zwischen 5.30 und 7.30 Uhr geöffnet und zwischen 18 und 19 Uhr geschlossen.

Die Höchstgeschwindigkeit beträgt 50 km/h. Die Mindestfahrzeit vom Eingang bei Twee Rivieren zum Restcamp Nossob ist 3½ Stunden, zum Restcamp Mata Mata 2½ Stunden. Zum Erreichen der Camps sollte genügend Zeit eingeplant werden, da nach Anbruch der Dunkelheit nicht mehr gefahren werden darf.

Wer in den botsuanischen Teil des Parks wechseln möchte, kann dies nur über eine Allradpiste tun. Außerdem muss das Vorhaben mit dem **Botsuana Department of Wildlife & National Parks** (☎ 09-267 580774) in Gaborone arrangiert werden.

Tiere & Pflanzen

PFLANZEN

Nur sehr robuste Pflanzen überleben die regelmäßigen Dürren in der Kalahari. Viele haben sich an die Gegebenheiten angepasst: Innerhalb von vier Wochen nach einem Regenschauer keimen sie und produzieren Samen.

Die größte Pflanzenvielfalt gibt es in den Flussbetten. Hier sind verschiedene Kameldornbaumarten dominierend. Diverse Gräser und knorrige Sträucher überleben auf den Dünen. Gelegentlich sieht man einen Hirtenbaum (auch Weißrindenbaum, *Boscia albitrunca*) mit seiner typischen weißen Rinde und einem Dickicht aus kurzen, niedrigen Ästen, unten denen viele Tiere in der Hitze des Tages Zuflucht suchen. Der Dreidorn *(Rhigozum trichotomum)*, mit feinen Blättern und gegabelten Ästen, ist der häufigste Strauch im Park.

Viele der Tiere sind auf die Pflanzen als Feuchtigkeitsspender angewiesen. Besonders die Tsamma-Melone *(Citrillus lanatus)*, ein Rankengewächs mit melonenartigen Früchten, ist eine wichtige Wasserquelle. Es gibt mehrere Stachelgurken, die für das Überleben der Tiere wichtig sind, besonders für die Antilopen.

TIERE

Tiere zu finden erfordert Glück, Geduld und ein bisschen Erfahrung. Es gibt keine Garantie dafür, eine der großen Raubkatzen zu sehen, aber hier ist es zumindest wahrscheinlicher als an vielen anderen Orten. Die meisten Tiere der Region mit Ausnahme von Elefanten, Nashörner und Zebras kommen im Park vor.

Es gibt hier 19 Raubtierarten. Dazu zählen der schwarzmähnige Kalahari-Löwe sowie Gepard, Leopard, Hyänenhund, Tüpfelhyäne, Schabrackenschakal, Löffelhund, Kapfuchs, Honigdachs und Erdmännchen. Die häufigste Antilope ist der Springbock, aber es gibt auch eine große Zahl an Riedbock, Elenantilope, Rote Kuhantilope und Streifengnu.

Man sollte sich vormittags und nachmittags etwa eine Stunde in der Nähe eines Wasserlochs aufhalten und auf Zeichen von Unruhe in einer Antilopenherde achten – sie fliehen nicht automatisch, wenn sie ein Raubtier sehen, sondern warten, bis es auch wirklich angreift.

Auch sollte man Felsgrate oberhalb der Flussbetten im Auge behalten, da sich dort oft Raubtiere aufhalten, die nach dem nächsten Mahl Ausschau halten. Löwen laufen gerne am Straßenrand, da der weiche Staub angenehm für ihre Pranken ist.

Frische Fährten können anzeigen, dass sich ein Löwe gerade von der Straße wegbegeben hat, da er das sich nähernde Auto gehört hat. Auf jeden Fall Ferngläser mitnehmen!

Etwa 215 Vogelarten sind hier registriert worden. Einen Greifvogel zu Gesicht zu bekommen ist ein echtes Erlebnis, und es gibt viele davon; die Mata-Mata-Straße ist besonders gut. Zu den beeindruckendsten Arten gehören Gaukler, Kampfadler, *r*Rothalsfalke, Halsband-Zwergfalke, Weißbürzel-Singhabicht und Raubadler.

Zwei häufig anzutreffende Vögel sind der Sekretär, der selbstgefällig über die Tonebenen stolziert, und *koribustard,* die Riesentrappe, der größte flugunfähige Vogel Südafrikas.

Besonders auffallend sind auch die riesigen Strohnester des Webervogel. Diese Vögel leben in Nestern mit mehreren Kammern. Die Nester können weit mehr als 100 Jahre halten und von bis zu 200 Tieren gleichzeitig bewohnt sein. Die Vögel weben Zweige und Stroh in die Kronen von Akazien, auf Köcherbäume und Telefonmasten.

Geführte Touren

Parkranger führen am frühen Morgen, bei Sonnenuntergang und abends **Wildlife-Fahrten** (Erw./Kind 110/55 R) von den Restcamps Twee Rivieren und Nossob durch. Diese können an den Rangerposten gebucht werden. Die Fahrten finden dann statt, wenn sich mindestens vier Personen angemeldet haben.

Schlafen & Essen

Es gibt sowohl innerhalb als auch außerhalb des Parks Übernachtungsmöglichkeiten. Das einzige Restaurant des Parks befindet sich bei Twee Rivieren. Parkgebühren werden pro Tag berechnet – wer spät am Nachmittag ankommt, übernachtet also vielleicht besser außerhalb des Parks, um nicht noch die Tagesgebühren bezahlen zu müssen.

IM PARK

Es gibt drei Restcamps und sechs Luxus-Wildniscamps. Alle können über das **South African National (SAN) Parks Board** (☎ 012-428 9111; www.sanparks.org; 643 Leyds St, Muckleneuk, Pretoria) gebucht werden. Es empfiehlt sich vorauszubuchen.

Traditionelle Restcamps

Alle Rastlager verfügen über **Zeltplätze** (für 2 Pers. 110 R, zusätzliche Person 38 R) ohne Strom und mit gemeinschaftlichen sanitären Einrichtungen. Außerdem gibt es in den Camps verschiedene Hütten, Bungalows und Cottages mit Bettzeug, Handtüchern, Pfannen, Töpfen und Essbesteck, Küchen und Badezimmern.

Twee Rivieren (6-Bett-Cottage für 2 Pers. 520 R, zusätzl. Erw./Kind 110/54 R; ❄ 🏊) Das dem Parkeingang am nächsten gelegene Camp und das mit den meisten Einrichtungen ist auch das einzige, das einen Pool und eine Klimaanlage besitzt.

Mata Mata (DZ 275 R, 6-Pers.-Chalets für 4 Pers. 660 R, pro zusätzl. Erw./Kind 110/54 R) Dieses Camp, 2½ Autostunden von Twee Rivieren entfernt, liegt an der westlichen Parkgrenze zu Namibia. Es ist von dornigem Kalahari-Dünen-*bushveld* umgeben und ein guter Ort, um Giraffen zu sehen. Es gibt nur eine begrenzte Zahl von Häusern und Chalets; also sollte man über SAN (siehe oben) unbedingt vorbuchen.

Nossob (2-Pers.-Chalets 400 R, 4-Pers.-Guesthouse 785 R) Dieses Camp liegt im trockenen Flussbett des Nossob und eignet sich gut für die Beobachtung von Raubtieren. Es gibt sogar ein Raubtier-Informationszentrum. Das Camp liegt 3½ Stunden von Twee Rivieren entfernt.

Lion's Den Restaurant (Frühstück/Abendessen ab 30/60 R; 🕑 7.30–9 & 18.30–21 Uhr) Das Restaurant im Restcamp Twee Rivieren bietet zumeist Fleisch- und Meeresfrüchtegerichte, aber nur ein einziges vegetarisches Gericht. Das Essen ist nicht schlecht. Es gibt auch eine Snackbar, an der Hamburger und anderes zum Mitnehmen verkauft wird.

Wildniscamps

Vor ein paar Jahren baute der Nationalpark drei Luxus-Wildniscamps, die so erfolgreich besucht waren, dass die Verwaltung noch drei weitere baute. Diese abgelegenen Unterkünfte bieten den Besuchern die Möglichkeit, die ausgetretenen Pfade wirklich zu verlassen.

Die Camps sind nicht umzäunt, was bedeutet, dass die Tiere problemlos in sie hineinkommen können. Zur Sicherheit ist immer ein Ranger im Einsatz. In den Camps gibt es weder Benzin noch Trinkwasser, sodass von beidem genügend mitgeführt werden sollte. In allen sechs Lagern können auch Menschen mit Behinderung unterkommen. Die Camps sind immer beizeiten ausgebucht, also ist Vorausbuchung zu empfehlen.

Bitterpan Camp (2-Pers.-Hütten 600 R) Dieses aus Schilfrohr und Zelttuch erbaute Camp auf Stelzen fügt sich schön in die Umgebung ein. Es liegt an einer Einbahn-Allradroute, die in Nossob beginnt, und es bietet die Möglichkeit zur Erkundung eines sehr abgelegenen Teils des Parks.

Die Fahrt von Nossob nach Bitterpan dauert etwa 2½ Stunden. Also muss man entweder früh losfahren oder die Nacht in Nossob verbringen. Von Bitterpan sind es dann etwa drei Stunden zurück nach Twee Rivieren.

Gharagab Camp (2-Pers.-Hütten 660 R) Die Blockhütten in diesem neuen Camp in einem Kameldornveld in den nördlichen Gebieten des Parks sind auf Stelzen über dem heißen Sand gebaut. Besonders nett an diesem einsamen Plätzchen sind Freiluftduschen und eigene Terrassen mit schönem Blick auf eine Wasserstelle.

Grootkolk Camp (2-Pers.-Hütten 660 R) Dieses Camp, inmitten von roten Sanddünen gelegen und nur 20 km von Union's End entfernt, wo Südafrika, Botsuana und Namibia zusammentreffen, ist nach sechs Stunden Fahrt vom Restcamp Twee Rivieren zu erreichen. Es verfügt über Wüstenhütten aus Sandsäcken und Zelttuch – auf jeden Fall ein ganz besonderes Schlaferlebnis. Abends und nachts sind die Ruhe und der Sternenhimmel einfach überwältigend.

Kieliekrankie Camp (2-Pers.-Hütten 660 R) Eines der neuesten Camps in der Gegend, das sich etwa 44 km nördlich von Twee Rivieren befindet. Der Eingang ist ziemlich spektakulär – ein Tunnel durch eine Düne hindurch. Die vier in den roten Sand gebauten Hütten verfügen über eigene Balkone mit

Blick auf eine praktisch gelegene Wasserstelle.

Urikaruus Camp (2-Pers.-Hütten 660 R) Die vier neuen Hütten am Ufer des Auob River liegen inmitten von knorrigen alten Kameldornbäumen, oberhalb des trockenen Flussbetts, und sind durch Holzstiege miteinander verbunden. Das Camp ist leicht erreichbar, auf halber Strecke an der Straße zwischen Twee Rivieren und Mata Mata.

Kalahari Tent Camp (2-Pers.-Wüstenzelte 690 R, 3-Pers.-Zelte 800 R, Flitterwochenzelte 820 R; ☐) Das zugänglichste der Wildniscamps ist zugleich das luxuriöseste. Es liegt nur 3 km vom Restcamp Mata Mata entfernt. Die Unterbringung erfolgt in 15 Wüstenzelten aus Holz, Sand und Zelttuch, die rustikal ausgestattet sind.

AUSSERHALB DES PARKS

An der Straße zum Twee-Rivieren-Parkeingang gibt es ein paar Unterkünfte.

Rooiduin (☎ 082-589 6659; Zelt pro Pers. 25 R) Rooiduin liegt etwa 32 km vom Parkeingang Twee Rivieren entfernt an der Straße, die in den Park hineinführt, und bietet Zeltstellplätze unter Holzkonstruktionen (diese sollen verhindern, dass Sand hineingeweht wird). Hier kann man für 25 R Sandboards mieten, inklusive einer kurzen Einweisung. Außerdem werden Ausritte auf die Dünen für 50 R pro halbe Stunde angeboten.

Kalahari Trails Nature Reserve (☎ 054902 und dann nach 91634 fragen; www.kalahari-trails.co.za; Zelt 60 R, EZ/DZ ab 170/340 R) Dieses 3500 ha große Reservat wird von einem ehemaligen Professor für Tierverhalten und Wüstenökologie geführt und liegt 35 km vom Parkeingang Twee Rivieren entfernt an der Route 360 Richtung Andriesvale. Es beherbergt außer den großen Katzen alle Tierarten, die im Park zu finden sind, und bietet den Besuchern ein Kalahari-Erlebnis, wie es vom Auto aus nicht möglich ist. Auf morgendlichen und abendlichen Dünenspaziergängen (35 R pro Pers.) und Tierbeobachtungsfahrten (45 R, 3 Std.) gibt es Einführungen in die Kunst des Spurenlesens und die Geologie der Region. Hier liegt der Schwerpunkt auf nachhaltigem Tourismus – der Gastgeber hofft, dass die Besucher das Reservat mit einem tieferen Respekt für die Kalahari und all ihre Bewohner verlassen. Es gibt eine Vielzahl von Übernachtungsmöglichkeiten von Zelt-Buschchalets 2 km in das Reservat hinein bis zu einem Guesthouse für vier Personen. Mahlzeiten können arrangiert werden. Hier erhalten die Besucher einen ganz anderen Blick auf die wunderbare Welt der Kalahari, und daher ist ein solcher Besuch sehr zu empfehlen.

Molopo Kalahari Lodge (☎ 054-511 0008; www.molopo.co.za; EZ/DZ 200/400 R; ☐ ☐ ☐) Diese attraktive Lodge im traditionellen afrikanischen Safarilodgestil liegt etwa 60 km vor dem Parkeingang Twee Rivieren an der Route 360. Die Unterbringung erfolgt in strohgedeckten Hütten, der Loungebereich ist angefüllt mit Tierhäuten. Die Lodge eignet sich gut für einen Aufenthalt vor oder nach dem Besuch des Parks. Kinder bis zwölf Jahre zahlen nur die Hälfte. Es gibt auch ein Restaurant.

An- & Weiterreise

Die 385 km lange Fahrt von Kuruman nach Twee Rivieren dauert etwa sechs Stunden. Von Upington zum Parkeingang Twee Rivieren sind es 250 km, davon 190 km Bitumen und 60 km Staubpisten.

Bei der Fahrt auf den Staubpisten sollte man sehr vorsichtig sein. Schon mehrere Leser haben auf dieser Strecke ihr Auto zu Schrott gefahren. Beim Anhalten nicht zu weit von der Straße herunterfahren, sonst besteht die Gefahr, im Sand stecken zu bleiben. Vorsicht auch vor Stellen mit tiefem Sand und losem Schotter, wodurch Kurven sehr gefährlich werden können. Zwischen Upington und Twee Rivieren gibt es keine Tankstellen, sodass der Tank bei der Abfahrt voll sein sollte.

Es ist wichtig, genügend Wasser mitzuführen, da man bei einer Panne eventuell länger auf Hilfe warten muss.

KEIMOS & KAKAMAS

☎ 054

Die N14 folgt südwestlich von Upington dem Lauf des Oranje und führt durch Oasen mit Weinbergen, die immer noch mit hölzernen Wasserrädern bewässert werden, sowie durch die urigen und verschlafenen kleinen Orte Keimos und Kakamas. Kaimos ist besonders grün, mit palmengesäumten Straßen und viel saftigem Gras. Der Abzweig zum Augrabies Falls National Park ist gleich westlich von Kakamas.

Mit großen Rasenflächen, auf denen zwischen den voll ausgestatteten Cottages

Springböcke weiden, ist **Die Werf** (☎ 054-461 1634; EZ/DZ 215/308 R;) die beste Unterkunft in Keimos. Das angegliederte **Café** (Hauptgerichte 15–60 R; Frühstück, Mittag- & Abendessen) mitsamt Bar ist gut für eine schnelle Mahlzeit, besonders wenn die Zeit knapp ist. Abends sind dann größere Gerichte im Angebot. Das Café ist den ganzen Tag geöffnet, sodass denjenigen, die außerhalb der üblichen Öffnungszeiten hier ankommen, ein Mittagessen mit einer Tüte Chips von der Tankstelle erspart bleibt. Die Werf liegt an der N14, von Upington kommend auf der rechten Seite kurz vor Keimos.

In Kakamas bietet das **Kalahari Gateway Hotel** (☎ 054-431 0838; www.kalaharigateway.co.za; Main Rd.; EZ/DZ 275/385 R;) große Zimmer mit Couchtischen, Sofas und TV. Das Restaurant mit Zebradekor (Hauptgerichte ab 50 R, Pizzen 30 R, abends geöffnet) und die Bar im Hotel servieren eine Auswahl an Steak- und Meeresfrüchtegerichten sowie Nudelgerichte, Hamburger und Pizzen. Bei der umfangreichen Weinkarte liegt der Schwerpunkt auf Weinen der Region. Außerdem bietet das Hotel Informationen zur Gegend, und es kann Allradfahrzeuge vermitteln.

AUGRABIES FALLS NATIONAL PARK

☎ 054

Die Khoisan nannten ihn „Aukoerbis", Ort des großen Lärms. Und wenn der Wasserfall, nach dem dieser **Park** (☎ 054-452 9200; www.sanparks.org; Erw./Kind 60/30 R; Sonnenaufgang bis Sonnenuntergang) benannt ist, vom Regenwasser der feuchten Jahreszeit anschwillt, ist sein donnerndes Röhren wirklich spektakulär. Hier gibt es keine großen Tiere, aber das ist in diesem Fall nicht so schlimm.

Die Augrabies Falls liegen in einem Felsmosaik um eine 18 km lange Schlucht herum, durch die der Oranje fließt. Das Interessanteste an den Wasserfällen sind eigentlich die faszinierenden Wüsten- und Flussökosysteme auf beiden Seiten des Flusses.

Die Schlucht entstand vor etwa 500 Mio. Jahren, als ein Riss in dem darunterliegenden Granit dazu führte, dass der Fluss einen tiefen Abgrund mit mehreren beeindruckenden Katarakten ausgrub. Die Hauptfälle stürzen sich 56 m in die Tiefe, während die Bridal Veil Falls auf der Nordseite 75 m tief fallen.

Im Park herrscht ein raues Klima, mit einer jährlichen Niederschlagsmenge von nur 107 mm und Tagestemperaturen, die im Sommer oft 40 °C erreichen. An Pflanzen gibt es z. B. den Köcherbaum, die Namaquafeige sowie verschiedene Dornbäume und Sukkulenten. Im Park kommen 47 zumeist kleinere Säugetierarten vor wie etwa *klipspringer* (Klippspringer) und andere Antilopenarten, *rock dassie* (Klippschliefer) und *ground sqirrel* (Erdhörnchen).

Aktivitäten

Der drei Stunden dauernde bzw. 9 km lange **Dassie Trail** lohnt sich auf jeden Fall, vor allem, wenn die Zeit knapp ist. Man muss in einer zauberhaften Landschaft ein bisschen über Felsen klettern – wer noch keine der niedlichen kleinen Klippschliefer gesehen hat, dem bietet sich hier eine gute Gelegenheit.

Die populäre, 40 km lange Dreitagewanderung auf dem **Klipspringer Hiking Trail** (125 R) führt am Südufer des Oranje entlang. Die beiden Übernachtungen erfolgen in aus örtlichem Stein gebauten Hütten, die bis zu zwölf Personen beherbergen können. Zelten ist verboten. Die Wanderer müssen ihren eigenen Schlafsack und Proviant mitbringen. Eine Vorausbuchung ist empfehlenswert. Wegen der Hitze ist der Weg von Mitte Oktober bis Ende März geschlossen.

Auf der **Gariep 3-in-1 Route** kann man Kanu fahren, wandern und Mountainbike fahren. Im Besucherzentrum am Parkeingang gibt es Informationen und Buchungsmöglichkeiten.

Das **Kalahari Adventure Centre** (☎ 054-451 0177; www.kalahari.co.za) bietet Kanu- und Floßfahrten auf dem Oranje. Sehr populär ist der „Augrabies Rush". Dabei geht es in einem aufblasbaren Kajak 8 km den Oranje hinab, der hier die Nerven kitzelnde Schwierigkeitsstufen 2 und 3 hat. Das Ganze kostet 275 R pro Person. Außerdem ist eine fünftägige, 60 km lange Kanuwanderung mit vier Übernachtungen für 1695 R im Angebot. Wer die Wüste wirklich erkunden möchte, sollte an einer Safaritour teilnehmen. Bei der Suche nach Tieren im Kgalagadi Transfrontier Park (S. 582) glänzen die Führer mit ihrem ungeheuren Wissen. Die Fünf-Tage-und-vier-Nächte-Tour kostet etwa 5250 R pro Person, doch basieren die Preise auf den Benzinkosten, die sich schnell

ORANJE-WEINROUTE

Obwohl das Weinanbaugebiet am Oranje nicht so bekannt ist wie die Anbaugebiete in der westlichen Kapprovinz, holt es langsam auf. Weinverköstigungen sind hier eine viel ungezwungenere Angelegenheit, und eine Rundfahrt zwischen den fünf von der **Orange River Wine Cellars Cooperative** (☎ 054-337 8800; www.owk.co.za) betriebenen Weingütern ist eine nette Möglichkeit, einen Nachmittag zu verbringen.

Die Anfänge des Weinanbaus in dieser Region liegen im frühen 20. Jh., als in dem fruchtbaren Flusstal zur Erzeugung von Rosinen Weinberge angelegt wurden. Jedoch fand man heraus, dass sich die Sultanatrauben viel besser zur Wein- als zur Rosinenproduktion eigneten, und so wurden 1965 die Orange River Wine Cellars geboren. Die ersten Trauben wurden 1968 in Upington gelesen, und seitdem ist die Kooperative zur größten in Südafrika herangewachsen, mit 750 Mitgliedern und fünf Weinkellereien entlang der N10 und der N14. Hier werden etwa 30 verschiedene Produkte wie z. B. Traubensaftkonzentrate hergestellt. Am bekanntesten sind die Weinerzeuger für ihre Dessertweine. Probieren sollte man den erdigen Jerepigo mit seinem Ananas-Pflaumen-Geschmack oder den süßen Muscadel mit blumigen Untertönen und Pfirsich-Aprikosen-Fruchtnoten.

Alle fünf Kellereien sind ausgeschildert – die Orange-River-Wine-Trail-Schilder weisen den Weg. Keimos und Kakamas sind gute Ausgangspunkte für eine Erkundung der Region, und in beiden Orten gibt es eine Kellerei. Die **Keimos Winery** (☎ 054-461 1006; Eintritt frei; hMo–Fr 8–17, Sa 8.30–12 Uhr) liegt abseits der N14 etwas nördlich der Kreuzung mit der Route 2. Die **Kakamas Winery** (☎ 054-431 0830; Eintritt frei; 🕓 Mo–Fr 8–17, Sa 8.30–12 Uhr) liegt abseits der N14 in Kakamas. Beide Kellereien bieten Weinproben und während der Zeit der Weinlese von Mitte Januar bis Mitte März Führungen durch die Weinberge und vielleicht die Gelegenheit, mit den Winzern zu sprechen.

ändern können. Das Büro des Abenteuercenters liegt 10 km außerhalb des Parks an der Straße, die von Kakamas kommt. Schilder weisen den Weg.

Schlafen & Essen

Unterkünfte im Park können über das **SAN Parks Board** (☎ 012-428 9111; www.sanparks.org; 643 Leyds St, Muckleneuk, Pretoria) gebucht werden, oder man kann sein Glück einfach vor Ort versuchen, da es oft noch Platz gibt. Es gibt **Campingplätze** (für 2 Personen 110 R, zusätzliche Pers. 38 R) und verschiedene **voll ausgestattete Chalets** (ab 420 R).

Viele der Chalets bieten wunderschöne Ausblicke und liegen in Hörweite der Wasserfälle.

Es gibt eine Cafeteria, in der Sandwiches und kalte Getränke verkauft werden, und ein **Restaurant** (Hauptgerichte etwa 65 R; 🕓 Mittag- & Abendessen) mit Steak- und Hühnerfleischgerichten. Kaltes Wasser gibt es gratis aus dem Wasserspender – im Sommer ist der sicher schnell leer getrunken.

Der freundliche **Augrabies Falls Backpackers** (☎ 054-451 0177; www.kalahari.co.za; Zelt pro Pers. 30 R, EZ/DZ 75/150 R) hat eine schöne Schilfrohrbar, von der aus sich wunderbar beobachten lässt, wie sich in der Ferne die Gewitterwolken zusammenbrauen, dazu eine entspannte Atmosphäre und saubere, komfortable Zimmer mit Bettzeug, das mit den Fährten von Tieren bedruckt ist. Die Unterkunft wird vom **Kalahari Adventure Centre** (☎ 054-451 0177; www.kalahari.co.za) betrieben und eignet sich bestens zum Relaxen nach einem Tag auf dem Fluss.

Das Domizil liegt etwa 10 km vor dem Augrabies Falls National Park an der von Kakamas kommenden Straße. Schilder weisen den Weg.

An- & Weiterreise

Für die An- und Weiterreise empfiehlt sich ein eigenes Transportmittel. Der Park liegt 38 km nordwestlich von Kakamas und 120 km von Upington entfernt. Für 150 R pro Person (mindestens vier Personen) bietet das Kalahari Adventure Centre einen Shuttleservice ab Upington und anderen Orten in der Gegend.

NAMAQUA

In der zerklüfteten Nordwestecke der nördlichen Kapprovinz scheinen sich die Straßen, die die weite, unberührte und sich ständig ändernde Landschaft des Namaqualandes und der Hantam Karoo durchziehen, endlos fortzusetzen.

Diese Region ist riesig – eine wilde Leere, die sich von der Grenze zu Namibia im Norden hin zu den kahlen Stränden der Westküste erstreckt, dann nach Süden in Richtung Vanrhynsdorp in der westlichen Kapprovinz, bevor sie mit dem als Buschmannland bekannten Gebiet im Osten verschmilzt.

Diese Region mit ihrer kargen, aber doch schönen Landschaft vermittelt dem Besucher das Gefühl, sich am Ende der Zivilisation zu befinden, und die Diamantensucher hier tragen noch zum Wildwestgefühl bei. Dies ist ein Land weiter Horizonte und öde erscheinender Landstriche. Nachts ist der Himmel voller glitzernder Sterne. Man kann hier stundenlang fahren, ohne einem anderen Fahrzeug zu begegnen.

SPRINGBOK

☎ **027 / 10 400 Ew.**

Springbok liegt in einem Tal inmitten von abweisenden felsigen Bergen, die sich während der Wildblumenblüte in ein Meer von Farben verwandeln. Außerhalb der Blütezeit gibt es hier wenig zu sehen und zu tun, obwohl die Abgeschiedenheit des Ortes eine eigene Anziehungskraft ausübt. Die Luft scheint hier immer frisch zu sein, die desolate Landschaft hat auch etwas Liebenswertes, und nachts findet man nichts als Stille.

Im Jahre 1852 wurde die erste von Europäern betriebene Kupfermine, die Blue Mine, am Ortsrand gegründet.

Von einem unruhigen Ort am Rande der Zivilisation hat sich Springbok zu einem geschäftigen Versorgungszentrum für die Kupfer- und Diamantenminen der umliegenden Gegend gewandelt.

In den 1920er-Jahren wohnten in Springbok viele Juden, die in der Region Handel trieben. Die meisten sind inzwischen wieder weggezogen, und ihre 1929 gebaute Synagoge ist in ein kleines, aber gutes **Museum** (☎ 027-712 2011; Eintritt frei; ⏲ Mo–Fr 9–16 Uhr) umgewandelt worden. Es liegt hinter dem Springbok Hotel, westlich der Kowie Cloete Street.

DIE WILDBLUMEN DES NAMAQUALANDS

Die meiste Zeit des Jahres erscheint das Namaqualand als leeres Ödland, in dem nur die robustesten Sträucher überleben können. Aber mit dem Regen des Winters kommt die Offenbarung eines Geheimnisses: Das trockene Land wird in ein Kaleidoskop von Farben verwandelt, da Gänseblümchen, Stauden, Aloen, Lilien und eine Vielzahl anderer Arten den Boden wie ein Teppich bedecken und so einen Anblick bieten, der das Auge erfreut, den Betrachter fesselt und faszinierende Motive für Maler und Fotografen bietet. Zu dieser Zeit kommen Besucher aus aller Welt in diese sonst oft vergessene Ecke der Erde. Insgesamt wachsen etwa 4000 Pflanzenarten in der Region.

Die beste Besuchszeit ändert sich von Jahr zu Jahr, aber die größte Chance, die Blumen zur schönsten Blütezeit zu sehen, besteht zwischen Mitte August und Mitte September (manchmal beginnt die Blütezeit schon Anfang August oder dauert bis Mitte Oktober). Auch die besten Wildblumengebiete sind jedes Jahr verschieden, sodass man sich vor Ort nach dem besten erkundigen sollte. Die meisten Wildblumenarten stehen unter Naturschutz, und das Pflücken kann hohe Geldstrafen nach sich ziehen.

Die Blumen sind auf Regen angewiesen, der auch mal ausbleiben kann, und die Blüten können in den heißen Winden schnell verwelken. Viele der Blumen sind lichtempfindlich und öffnen sich nur bei hellem Sonnenschein. Bei bedeckten Wetterverhältnissen, die meistens nur einen oder zwei Tage anhalten, zeigen sich die Blumen bei weitem nicht von ihrer besten Seite, und selbst an sonnigen Tagen öffnen sich ihre Blüten nur zwischen etwa 10 und 16 Uhr vollständig. Außerdem richten sie sich nach der Sonne aus, also grob Richtung Norden, sodass es am besten ist, die Sonne im Rücken zu haben.

Gewöhnlich gibt es gute Wildblumen östlich der N7 zwischen Garies und Springbok. Andere normalerweise gute Wildblumenstrecken sind zwischen Springbok und Port Nolloth und in der Region Kamiesberg, die südöstlich von Kamieskroon Richtung Garies liegt. Die Goegap Nature Reserve (S. 590) östlich von Springbok und die Berge um Nababeep sind auch gut.

Orientierung & Praktische Informationen

Der Ort ist ziemlich weit auseinander gezogen, aber die meisten wichtigen Plätze sind von dem kleinen *kopje* (Hügel) an der Stelle, wo die Hauptstraße einen Knick macht, zu Fuß zu erreichen.

Touristeninformation (☎ 027-718 2985; Voortrekker St.; Mo–Fr 7.30–16.15, Sa & So 9–12 Uhr) Hat eine Menge Informationen über Wildblumen, Sehenswürdigkeiten und Ausflüge ins Umland.

Schlafen

Während der Wildblumenblüte können die Unterkünfte in Springbok schnell gefüllt sein. Die Touristeninformation hält dann Infos über private Unterkünfte bereit. Der Unterschied zwischen den hier angegebenen Nebensaisonpreisen und den Preisen zur Blütezeit ist recht groß.

Cat Nap Accommodation (☎ 027-718 1905; Voortrekker St.; Schlafsaal 80 R, Zi. ab 300 R) Eine der Unterkünfte mit dem besten Preis-Leistungs-Verhältnis. An den Wänden in diesem geräumigen alten Haus hängen Naturfotos und Originalkunst, und die gemütlichen Zimmer sind afrikanisch dekoriert. Es gibt auch eine Gästeküche. In der Scheune ist ein Schlafsaal für Backpacker untergebracht.

Annie's Cottage (☎ 027-712 1451; annie@springbokinfo.com; 4 King St.; EZ/DZ ab 185/370 R) Jedes der zehn Zimmer ist verschieden eingerichtet, aber alle sind schön. Der Pool- und Gartenbereich ist mit seinen Brunnen, Bäumen, Blumen und Bänken recht urig. Die Zimmerpreise richten sich nach der Ausstattung. Eine hervorragende Unterkunft.

Springbok Lodge (☎ 027-712 1321; Fax 027-712 2718; 37 Voortrekker St.; EZ/DZ ab 190/310 R) Diese Lodge ist eigentlich eine Ansammlung alter Häuser in der ganzen Stadt, die mit den Jahren ständig verschönert worden sind. Die Zimmer haben unterschiedliche Größen, von der kleinen Matchbox zu den großen Die Gewelhuis und Die Ark.

Springbok Hotel (☎ 027-712 1161; Fax 027-712 1932; 87 Van Riebeeck St.; EZ/DZ 200/325 R) Dies ist ein typisch südafrikanisches Touristenhotel – nichts Besonderes, aber die sauberen und passablen Zimmer haben TV. Zum Hotel gehört ein Restaurant (Hauptgerichte 35–

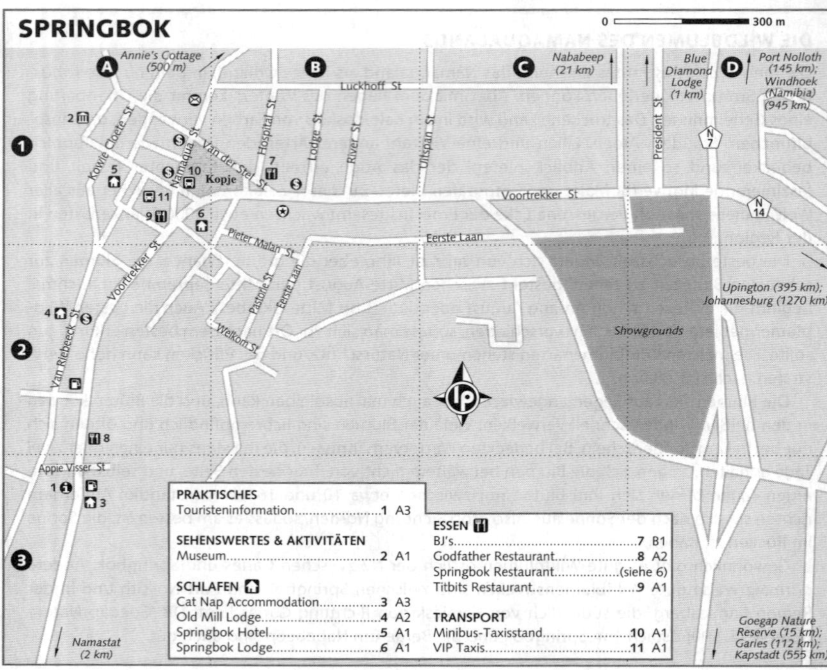

70 R), in dem es ein Frühstücksbüfett und Mittagessen gibt.

Blue Diamond Lodge (☎ 027-718 2624; 19 Union St.; EZ/DZ inklusive Frühstück 270/400 R;) Eine attraktive Unterkunft nördlich des Ortszentrums mit gepflegten Einheiten um einen Pool herum. Dazu gibt es einen Ara als ständigen Bewohner und einen Weg, der hinter der Lodge den Berg hinaufführt und schöne Ausblicke bietet.

Old Mill Lodge (☎ 027-718 1705; 69 Van Riebeeck St.; DZ/3BZ inklusive Frühstück 400/500 R) In dieser Lodge, nett in einer ruhigen Seitenstraße in einem friedlichen Garten vor den Felsen gelegen, präsentieren sich die Zimmer vornehm und mit moderner Kunst geschmückt. Die Bäder sind größer als gewöhnlich, mit netten kleinen Details wie Kerzen an der Badewanne. Die Betten haben feste Matratzen und flauschige weiße Schlafdecken.

Essen

Springbok Restaurant (☎ 027-712 1321; 37 Voortrekker St.; Hauptgerichte 20–50 R; Frühstück, Mittag- & Abendessen;) Die Wände zieren Bilder und Tierköpfe, die Gäste sitzen an Plastiktischen. Das Frühstücksangebot ist gut und reichhaltig. Mittags und abends gibt es Steak, Hühnchen und Schnitzel sowie Pizza und Hamburger.

Titbits Restaurant (☎ 027-718 1455; Ecke Namaqua St. & Voortrekker St.; Hauptgerichte 25–50 R; Frühstück, Mittag- & Abendessen) Trotz des Namens und des Gemäldes einer Frau mit großen Brüsten an der rosa Wand hat das Lokal eine recht anregende Atmosphäre. Es gibt viel leckeres Essen, z. B. Sandwiches, Steaks, Pasta, Pizza und verschiedenes Frühstück, außerdem einen Balkon und eine Kinderkarte.

Godfather Restaurant (☎ 022-518 1877; Voortrekker St.; Hauptgerichte 25–50 R; Mittag- & Abendessen) Dieses einfache, kleine Lokal hat eine große Karte mit allem von Fleisch bis Nudeln und Sandwiches, und als Beilage gibt es ziemlich peppige Hintergrundmusik. Hinten ist außerdem noch eine witzige Bar.

BJ's (☎ 027-718 2270; Ecke Van der Stel St. & Hospital St.; Hauptgerichte 35–50 R; Mittag- & Abendessen;) Dieses edle Restaurant mit Gewölbeatmosphäre bietet schmackhafte, recht preisgünstige Steaks, die exakt nach Wunsch zubereitet werden. Weiße Bögen, Holzbalken und Leopardenfelldekor charakterisieren das Interieur. Das Ambiente wird weiter durch klassische Musik verfeinert, und auch das Essen enttäuscht nicht. Nicht unbedingt etwas für Vegetarier.

An- & Weiterreise

AUTOVERMIETUNG

Springbok ist ein beliebter Ausgangspunkt für Fahrten zum Richtersveld National Park und nach Namibia. Allradfahrzeuge gibt es z. B. bei **Cat Nap Accommodation** (☎ 027-718 1905; Voortrekker St.), für 750 R pro Tag oder 900 R pro Tag mit Campingausrüstung. Diese Preise sind inklusive unbegrenzter Kilometer und Versicherung. Andere Möglichkeiten lassen sich in der **Springbok Lodge** (☎ 027-712 1321; 37 Voortrekker St.) oder in der **Touristeninformation** (☎ 027-718 2985; Voortrekker St.) erfragen.

BUS

Intercape (☎ 086-128 7287; www.intercape.co.za) bietet Busse nach Kapstadt (210 R, 7½ Std., 2-mal wöchentl.), die gegenüber der Springbok Lodge abfahren. Von derselben Stelle fahren um 18.45 Uhr Busse nach Windhoek in Namibia (330 R, 12 Std., 4-mal wöchentlich).

MINIBUS-TAXI

Van Wyk's Busdiens (☎ 021-559 1601) bietet täglich ein Taxi von Tür zu Tür nach Kapstadt (160 R, 5 Std.) und Kamieskroon (45 R, 1 Std.). Gewöhnliche Minibus-Taxis findet man am Taxistand gegenüber der First National Bank in der Nähe des *kopje*. Es gibt z. B. Taxis nach Kapstadt (160 R, 5 Std., tgl.) und Port Nolloth (40 R, 2½ Std., 5-mal wöchentl.).

VIP Taxis (☎ 027-851 8780) bietet ein Taxi von Springbok nach Upington (80 R, 4 Std., Mo–Fr), das vom Masonic Hotel (gegenüber vom Springbok Hotel) abfährt.

RUND UM SPRINGBOK

Nababeep

☎ 027

Die Berge um Nababeep herum sind während der Wildblumenblüte einfach phantastisch, wenn sie sich in einen Teppich aus allen Farben des Regenbogens verwandeln. Der Ort liegt auf dem Gelände einer großen Kupfermine, und für Bergbauinteressierte lohnt sich sicher ein Besuch im **Nababeep Mine Museum** (☎ 027-713 8121; Eintritt frei; 9–17 Uhr). Das **Nababeep Hotel** (☎ 027-713 8151; EZ/DZ 110/190 R) ist ein einfaches Landhotel an der

Hauptstraße des Ortes, in dem es auch etwas zu essen gibt. Frühstück kostet etwa 40 R, Abendessen ab 65 R. Während der Blütezeit der Wildblumen steigen die Preise hier beträchtlich.

Nababeep liegt 16 km nordwestlich von Springbok an der N7. Öffentliche Transportmittel steuern den Ort nur sporadisch an. Am Minibusstand in Springbok kann man fragen, ob vielleicht Busse in diese Richtung fahren.

Goegap Nature Reserve

Dieses **Naturreservat** (☎ 027-712 1880; Eintritt 10 R; 🕑 7.45–16.15 Uhr) ist auf jeden Fall einen Besuch wert. Es ist berühmt für seine außergewöhnliche Blumenpracht im Frühling und eine Baumschule mit 200 faszinierenden Karoo- und Namaqualand-Sukkulenten im **Hester Malan Wildflower Garden**.

Im Reservat gibt es nur wenige Fahrstraßen. Am meisten sehen Besucher auf einem der Rundwanderwege (4 km, 5,5 km und 7 km). Außerdem bietet das Reservat zwei **Mountainbikerouten** (14 km und 20 km), die während der Blütezeit besonders beeindruckend sind. Für ein Fahrrad muss selbst gesorgt werden (7 R Fahrradgebühr pro Pers.).

PORT NOLLOTH

☎ 027 / 5000 Ew.

Schon die Fahrt nach Port Nolloth ist ein besonderes Erlebnis: Zuerst geht es durch die mit rotem Kalaharisand bedeckte Ödnis, dann kommt nach dem Überfahren einer Bergkuppe plötzlich helleres Terrain, und am Horizont taucht das eisigblaue Wasser des endlosen Atlantiks auf. Der Ort liegt wirklich jenseits aller Touristenpfade am Ende der Welt und verströmt eine dazu passende Vitalität.

Es ist eine der Natur ausgelieferte, sandige kleine Stadt, wo die erfrischende Luft nach Fisch und Salz riecht, und sie beherbergt eine bunte multikulturelle Gruppe von Glücksuchenden.

Port Nolloth wurde ursprünglich als Hafen für die Verschiffung von Kupfer angelegt und ist jetzt von den Fischerbooten abhängig, mit denen man auf Diamanten- und Hummersuche geht. Die Boote sind mit Pumpen ausgerüstet, und Taucher saugen das lockere Gestein, in dem sich die Diamanten verbergen können, vom Meeresboden ab.

Das **Bedrock** (☎ 027-851 8865; www.bedrocklodge.co.za; EZ/DZ/3BZ/4BZ ab 225/300/380/460 R) ist eine extrem funkige Unterkunft, vollgestopft mit allem erdenklichen Schnickschnack und vielen Antiquitäten, und es befindet sich in einer Reihe alter Holzcottages am Wasser. Die etwas nautisch-heruntergekommen aussehenden Cottages für Selbstversorger sind groß und bieten Ausblick aufs Meer. Wenn man von der Hauptstraße rechts auf die Uferstraße abbiegt, dann ist das Bedrock das zweite Haus.

Die andere Übernachtungsmöglichkeit, das **Scotia Inn Hotel & Restaurant** (☎ 027-851 8353; EZ/DZ 195/225 R), liegt auch an der Uferstraße, in einem großen weißen Gebäude links. Es ist modern, und die Zimmer sind behaglich und haben große Fenster.

Gegenüber vom Scotia liegt **Anita's Tavern Seafood & Grill** (☎ 084-726 7090; Hauptgerichte 25–

ILLEGALER DIAMANTENKAUF

In Südafrika dürfen Diamanten nur an die De Beers Consolidated Mines Company verkauft werden. Daher sind die Diamantenminen die reinsten Festungen. Die unabhängigen Taucher, die vor Port Nolloth und auf anderen Diamantenfeldern am Meeresboden vor der Westküste arbeiten, haben jedoch mehr Möglichkeiten, Diamanten aus ihren Funden abzuzweigen und auf dem Schwarzmarkt zu verkaufen. Das Tauchen nach Diamanten ist harte Arbeit und nicht lukrativ – die Taucher können wegen des Wetters nur an zehn Tagen im Monat arbeiten.

Illegaler Diamantenverkauf bzw. -kauf (in Südafrika bekannt als IDB – *illegal diamond buying*) ist in der Gegend um Port Nolloth nichts Ungewöhnliches. Es kann daher gut sein, dass ein paar der Gäste in einer Kneipe in einem Diamantenort Undercoveragenten der IDB-Abteilung der Polizei sind. Vielleicht treffen Touristen Einheimische, die ihnen billige Diamanten verkaufen wollen – aber Hände weg! Das ist zum einen illegal, zum anderen bekommt man wahrscheinlich einen *slenter*, einen falschen Diamanten, angedreht. Diese werden aus Bleikristall geschnitten, und nur Experten können den Unterschied feststellen.

40 R; ⌚ Abendessen), eine rustikale Strandhütte aus Schilfrohr, voller Fischereikrimskrams und mit einem nonchalanten Charakter. Nicht schlecht für einen Drink oder ein Abendessen. Der Schwerpunkt liegt (natürlich) auf Meeresfrüchten.

Das **Mare Sole** (☎ 082-821 2083; Main Rd.; Hauptgerichte 20–40 R; ⌚ Frühstück, Mittag- & Abendessen) ist eine andere Möglichkeit. Es ist ein nettes kleines Lokal mit fröhlichen gelben Wänden und einer hellen Umgebung. Auf der Karte stehen verschiedene Frühstücke, Sandwiches, leichte Gerichte und eine Auswahl an Tee und Kaffee.

Hier verkehren nur wenige öffentliche Transportmittel, und für das Trampen vom Abzweig von der N7 bei Steinkopf ist viel Geduld erforderlich. **VIP Taxis** (☎ 027-851 8780) bietet ein Taxi nach Springbok (40 R, 2½ Std., 5-mal wöchentl.).

ALEXANDER BAY

☎ 027

Dieser Prototyp eines abgeschiedenen Küstenortes ist eigentlich eine von der Regierung betriebene Diamantenmine am Südufer der Oranje-Mündung – auf der Nordseite liegt Namibia. Es ist im Grunde eine kleinere, noch abgelegenere Version von Port Nolloth, und entsprechend wenig ist hier auch los. Die Straße von Port Nolloth ist zugänglich, aber Anhalten ist verboten. Die Straße zur namibischen Grenze nördlich von Alexander Bay ist komplett für die Öffentlichkeit gesperrt.

Eine Beschäftigungsmöglichkeit hier sind **Minentouren** (☎ 027-331 1330; ⌚ Do 8 Uhr), die einen Tag im Voraus gebucht werden sollten. Vogelfreunde kommen wegen der *Barlow's lark* (Barlowlerche), die es nur in dieser Gegend gibt.

Brandkaros (☎ 027-831 1856; Fax 027-831 1390; Zelt pro Pers. 50 R, DZ 150 R; 🏊) ist eine Zitrusfruchtfarm am Fluss, etwa 30 km nordöstlich von Alexander Bay. Hier gibt es einen tollen Pool. Die Farm liegt auf dem Weg zum Richtersveld National Park und ist eine gute Basis für Ausflüge in dieser Gegend. Die Unterbringung ist in *rondavels* (Rundhütten) für Selbstversorger. Proviant ist selbst mitzubringen.

VIOOLSDRIF

Dieser Ort liegt an der Grenzstation zu Namibia an der N7, 677 km nördlich von Kapstadt. Die kurze Fahrt hierher von Steinkopf ist wegen der Ausblicke auf den Oranje, der sich seinen Weg durch die trostlosen Berge schneidet, spektakulär. Die Grenze ist von 7 bis 19 Uhr geöffnet.

Peace of Paradise (☎ 027-761 8968; Zelt 150 R, EZ/DZ 200/300 R) liegt 22 km westlich von Vioolsdrif am Ufer des Oranje. Mit seinen heißen Duschen, sauberen Toiletten und Strom für Camper ist es eine sehr angenehme Unterkunft. Außerdem werden Kanus vermietet. 100 m vom Camp entfernt gibt es San-Felsbilder. Im Fluss kann man sich abkühlen.

RICHTERSVELD NATIONAL PARK

Inmitten einer Bergwüste – einer spektakulären Wildnis voller zerklüfteter Berggipfel, grotesker Felsformationen und tiefer Schluchten – liegt dieser riesige, 185 000 ha große **Nationalpark** (☎ 027-831 1506; www.sanparks.org; Erw./Kind 80/40 R; ⌚ 7–18 Uhr). Besonders spektakulär ist er während der Wildblumenblüte im Frühjahr, wenn er sich in ein Farbenmeer verwandelt.

Der Park in der Nordschleife des Oranje nordwestlich von Vioolsdrif und der N7 gehört dem hier ansässigen Volk der Nama, die weiterhin ein halbnomadisches Dasein als Viehhirten führen.

Hoffentlich profitieren sie vom durch den Tourismus verbesserten Arbeitsplatzangebot und von den Pachtzahlungen der Parkverwaltung.

Die Wandermöglichkeiten in dieser surreal anmutenden, fast mondähnlichen Landschaft sind exzellent, wenn auch anspruchsvoll. Obwohl die Region offensichtlich sehr karg ist, gibt es hier eine Vielzahl von Sukkulenten – 30 % der bekannten südafrikanischen Sukkulentenarten wachsen hier.

Vor der Fahrt in den Park sollten Tank und Kühlbox aufgefüllt werden – es gibt im Park kein wirkliches Geschäft, nur eine Tankstelle und einen kleinen Laden in Sendelingsdrift (s. S. 592). Beide sind am Wochenende geschlossen.

Wanderwege

Drei Wanderwege sind im Park eingerichtet worden. Der **Ventersvalle Trail** (42 km, 4 Tage) führt durch die südwestliche Wildnis, der **Lelieshoek-Oemsberg Trail** (23 km, 3 Tage) führt u. a. an einem riesigen Amphitheater und einem Wasserfall vorbei, und der **Kodaspiek Trail** (15 km, 2 Tage) ermöglicht durchschnittlich fitten Wanderern einen Einblick in die Bergwüstenlandschaft. Die Wanderer übernachten in *matjieshuise* (geflochtenen Nama-Mattenhütten), und es gibt Feldtoiletten.

Die Wege sind von April bis September geöffnet und dürfen nur mit Führer begangen werden. Preise können beim **SAN Parks Board** (☎ 012-428 9111; www.sanparks.co.za; 643 Leyds St, Muckleneuk, Pretoria) erfragt werden.

Geführte Touren

Eine organisierte Tour ist vielleicht die einfachste Art, diesen abgelegenen Park zu besuchen. **Richtersveld Challenge** (☎ 027-718 1905; www.adventureaddicts.com) wird vom Fotografen Rey van Rensburg aus Springbok betrieben und ist zwischen April und Oktober aktiv. Rey ist ein begeisterter und erfahrener, wirklich guter Kenner dieser Gegend. Eine Fünftagefahrt kostet inklusive Campingausrüstung und Mahlzeiten 650 R pro Tag und Person (mindestens acht Personen). Man sollte ein paar Monate im Voraus buchen.

Schlafen & Essen

Buchungen für Übernachtungen können beim **Nationalpark** (☎ 027-831 1506; www.sanparks.org) vorgenommen werden.

Es gibt ein brandneues Restcamp bei **Sendelingsdrift** (2-Pers.-Zelt 110 R, Chalets ab 415 R;), das für diese einsame Gegend überraschend luxuriös ist. Die Chalets für Selbstversorger haben Veranden mit Ausblick auf den Fluss, und man kann sich im glitzernden Pool abkühlen.

Tatasberg (Chalets 420 R) und **Ganakouriep** (Hütten 420 R) sind die Wildniscamps des Parks. Beide bieten abgeschiedene und einfache Unterkünfte in rustikalen Hütten und Chalets für Selbstversorger. Trinkwasser muss selbst mitgebracht werden.

Es gibt vier weitere **Campingplätze** (für 2 Pers. 110 R) im Park. Alle Unterkünfte sollten im Voraus gebucht werden.

Anreise & Unterwegs vor Ort

Im größten Teil des Parks kann man sich eigentlich nur mit einem voll ausgestatteten Allradfahrzeug und am besten mit einem ortskundigen Führer bewegen, obwohl der Park langsam leichter zugänglich gemacht wird. Mit Fahrzeugen nur mit Front- oder Heckantrieb, aber hohem Bodenabstand, wie etwa einem *bakkie* (offener Kleintransporter), kann der südliche Teil des Parks normalerweise völlig problemlos befahren werden.

KAMIESKROON & UMGEBUNG

☎ 027

Draußen inmitten von Steppenläufern und Gestrüpp liegt Kamieskroon, das aussieht, als wäre es vom Rest der Welt vergessen worden, im Herzen der wilden Landschaft. Zerklüftete Berge und felsbrockenübersäte Hügel umringen diesen Ort.

Die Atmosphäre ist einsam und verlassen, und viele der Straßen im Ort sind noch nicht asphaltiert. Der Name Kamieskroon bedeutet in der Nama-Sprache Wirrwarr oder Zusammenkauern. Ein toller Ort, um Ruhe zu haben und die Gegend zu erkunden, besonders zur Zeit der Wildblumenblüte.

Der **Stadtschreiber** (☎ 027-672 1627; Voortrekker St.; Mo–Fr 9–17 Uhr) fungiert auch als Touristeninformation.

Etwa 18 km südwestlich von Kamieskroon liegt der neu eingerichtete **Namaqua National Park** (☎ 027-672 1948; www.sanparks.org; Eintritt 60 R; Juli–Okt. 8–17 Uhr), der auch die alte Skilkop Nature Reserve umfasst. Das Buschland und die alten Weizenfelder erblühen im Frühjahr, und hier sind die Farben so klar und die Blumen so überwältigend, dass dies für Fotografen oft die beste Gegend während der Blumenblüte ist – zwischen 10 und 16.30 Uhr sehen die Blumen am besten aus. Der Park ist nur während der Blütezeit geöffnet, und es gibt keine Übernachtungs- und Essensmöglichkeiten – vor der Abfahrt sollte also Proviant für ein Picknick eingepackt werden.

Etwas abseits der N7 (Schilder weisen den Weg) liegt **Kamieskroon Hotel & Caravan Park** (☎ 027-672 1614; www.kamieskroonhotel.com; Zelt pro Pers. 45 R, EZ/DZ 150/250 R;). Hotel und Park sind ziemlich komfortabel und zu Recht beliebt, besonders von Juli bis September, wenn sich Vorausbuchungen empfehlen und die Preise steigen. Es gibt jeden Abend ein Festpreisabendessen für 80 R sowie Frühstück für 35 R. Während der Blumenblüte finden hier Fotoworkshops statt.

Kamieskroon liegt 80 km südlich von Springbok an der N7. **Van Wyk's Busdiens**

(☎ 021-559 1601) bietet eine Busverbindung nach Springbok (45 R, 1 Std., tgl.). Ein kleines landschaftliches Abenteuer bietet die Weiterfahrt von hier Richtung Westen nach Hondeklip Bay.

Während der Ort selbst nur eine kleinere, weniger interessante Version von Port Nolloth darstellt, sind die Staubpisten der Gegend spektakulär.

CALVINIA

☎ 027 / 8100 Ew.

Das inmitten einer Wildwestlandschaft gelegene Calvinia ist das Zentrum der Hantam Karoo. Wenn die Kirchturmuhr die Stunden schlägt, verstärkt sich beim Besucher das Gefühl der zeitlosen Leere noch mehr. Die nahe gelegene Township ist freundlich und hat mehrere gesellige Speiselokale und *shebeens* (illegale Kneipen).

Die **Touristeninformation** (☎ 027-341 1712; 44 Church St.; ⌚ Mo–Fr 8–13 & 14–17, Sa 8–12 Uhr) neben dem Museum ist gut organisiert. Das Personal kann mit einem Ortsplan mit Rundgängen aufwarten und hilft bei der Suche nach Unterkünften. Während der Blumenblüte ist Vorausbuchung empfehlenswert.

Sehenswertes

Für eine kleine Stadt hat das **Calvinia Museum** (☎ 027-341 1712; 44 Church St.; Eintritt 2 R; ⌚ Mo–Fr 8–17, Sa 8–12 Uhr) überraschend viel zu bieten. Das Hauptgebäude war früher eine Synagoge. Erstaunlicherweise findet man in winzigen, abgelegenen Orten in Südafrika relativ häufig nicht mehr genutzte jüdische Einrichtungen.

Der Schwerpunkt im Museum liegt auf der Besiedlung der Region durch die Weißen und auf Themen wie Schafzucht und Landwirtschaft. Es gibt auch ein paar tolle Merkwürdigkeiten wie ein vierbeiniges Straußenküken (eine von einem umherziehenden Schwindler benutzte Fälschung) und einen Raum, der dem Leben eines Geschwisterquartetts von Vierlingen aus dem Ort gewidmet ist.

Schlafen & Essen

Die Tuishuis, Die Dorphuis & Die Hantamhuis (☎ 027-341 1606; www.calvinia.co.za; 44 Hoop St.; EZ/DZ ab 225/370 R, Hauptgerichte 100 R) Dies ist ein Komplex sehr alter Pensionen, die zu den ältesten Gebäuden des Ortes gehören.

Die Tuishuis und Die Dorphuis beherbergen die Unterkünfte: Beide sind mit Antiquitäten möbliert und bieten verschiedene elegante Zimmer. Kerzen und romantische Musik bestimmen die Atmosphäre für die traditionellen Drei-Gänge-Abendessen, die im Hantamhuis serviert werden. Zu den Gerichten gehören Klassiker wie Hammel am Spieß.

Pionierslot (☎ 027-341 1263; 35 Water St.; EZ/DZ inklusive Frühstück 180/320 R) Eines der schönsten B&Bs im Ort – die Gastgeber sind freundlich, aber nicht zudringlich.

Cobusegat (☎ 027-341 2326; Höhlen pro Pers. 70 R, Steinhäuser pro Pers. 90 R) Eine Übernachtung hier, 116 km südlich von Calvinia an der Route 355, ist sicher ein einzigartiges Erlebnis. Man kommt in Höhlen unter (und versorgt sich selbst) – eigentlich sind es mehr überstehende Felsen, die an drei Seiten geschlossen sind –, und es gibt Strom, einen Kühlschrank und einen Herd. In jeder Höhle können bis zu acht Personen übernachten. Außerdem gibt es zwei strohgedeckte Steinhäuser. In der Gegend findet man Ausschürfungen von Gletschern der letzten Eiszeit.

Die Blou Nartjie Restaurant (☎ 027-341 1484; Pionierslot St.; Hauptgerichte 35–75 R; ⌚ Mo–Sa Mittag- & Abendessen) Die Auswahl in diesem hervorragenden Restaurant ist begrenzt, aber das Essen ist für so eine kleine Stadt sehr gut. Besonders schön ist auch die offene Küche. Das traditionelle *bobotie* (mit Curry gewürztes Hackfleisch, darauf ein geschlagenes Ei, serviert mit Kurkumareis und Chutney) ist köstlich.

An- & Weiterreise

Intercape (☎ 086-128 7287; www.intercape.co.za) bietet Busse nach Kapstadt (170 R, 6 Std., 4-mal wöchentl.) und Upington (145 R, 5 Std., 4-mal wöchentl.). Buchen kann man im **Reisebüro** (☎ 027-344 1373), das komischerweise beim *slaghuis* (Fleischer) untergebracht ist. Die Busse halten bei der *trokkie*-(Lkw-)Haltestelle auf der Westseite des Ortes.

Lesotho

DI JONES

Lesotho

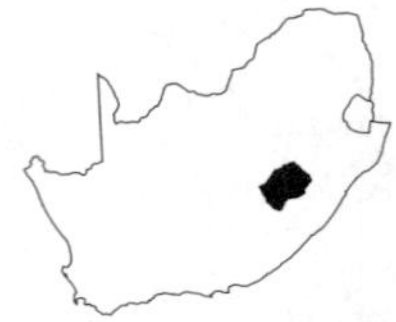

Lesotho trägt den Beinnamen „Südafrikas Königreich im Himmel“, und das aus gutem Grund. Dieses überwältigend schöne Bergland schmiegt sich wie eine Insel in die Mitte Südafrikas. Es entstand in den unruhigen Jahren des frühen 19. Jhs., als sowohl die *difaqane* (Zwangsumsiedlung) als auch das Vordringen der Buren ins Hinterland sich auf dem Höhepunkt befanden. Unter der Führung des legendären Königs Moshoeshoe des Großen suchte das Volk der Basotho Zuflucht und strategische Vorteile in dem unwirtlichen Land um den Drakensberg und die Maluti-Berge.

Reisende, die nach Lesotho wollen, müssen den Weg durch Südafrika nehmen. Der kleine Staat präsentiert sich als spannender Abstecher vom größeren Nachbarn aus. Er bietet eine großartige Gebirgskulisse, endlose Wanderwege und die Chance, entlegene Gebiete auf Basotho-Ponys zu erkunden. Außerdem ist es hier möglich, Menschen zu treffen und bei ihnen zu wohnen, die noch die traditionelle Lebensweise pflegen.

Die Infrastruktur lässt sich nicht mit der Südafrikas vergleichen, doch Lesotho verfügt über angemessene und schöne Einrichtungen, darunter eine Handvoll komfortabler Hotels und Lodges. Für die meisten Touren reicht ein normaler Mietwagen aus.

Die „Tiefland“-Gebiete (die alle mehr als 1000 m hoch liegen) bieten einige interessante kulturelle Punkte: Es gibt Kunsthandwerksläden um Teyateyaneng ebenso wie die Spuren der Dinosaurier in der Gegend von Quthing und Leribe (Hlotse). Doch am schönsten ist Lesotho im Hochland des Nordostens und der Mitte. Hier steigen die Berge bis auf 3000 m an, zwischen ihnen verlaufen grüne Täler und plätschernde Bäche. Wer zu Fuß oder auf dem Pony von Dorf zu Dorf zieht, kann das Gebiet am besten erkunden.

HIGHLIGHTS

- Pony-Trekking in der Umgebung von **Malealea** (S. 616) und **Semonkong** (S. 615)
- Fahrt nach **Sani Top** (S. 613) hinauf, das phantastische Aussichten vom Sani Pass bietet
- Die wunderbare Einsamkeit im **Sehlabathebe National Park** (S. 620), **Ts'ehlanyane National Park** (S. 610) oder **Bokong Nature Reserve** (S. 615) genießen
- Wandern im **nordöstlichen** und **zentralen Hochland** (S. 610)
- Kauf von Kunsthandwerk in **Teyateyaneng** (S. 607), **Leribe** (S. 608) oder **Maseru** (S. 605)

- EINWOHNER: 2,1 MIO.
- FLÄCHE: 30 355 km²

GESCHICHTE

Die frühe Zeit

Lesotho ist die Heimat der Basotho – Völker der Sotho-Tswana, die ursprünglich in kleinen Stammesfürstentümern im Highveld im heutigen Free State lebten. Sie betrieben Viehzucht und Ackerbau, der Handel stand im Mittelpunkt ihres täglichen Lebens.

In den ersten Jahrzehnten des 19. Jhs. geriet diese relativ ruhige Existenz in Gefahr. Die Voortrekker und verschiedene weiße Unternehmer begannen auf das Weideland der Basotho, das diese selbst schon bis zum Äußersten nutzten, vorzudringen. Dazu kam noch die *difaqane* (s. S. 36), die Zwangsumsiedlung mit ihren zerstörerischen Folgen.

Doch im Gegensatz zu benachbarten Gruppen, die zerstreut oder dezimiert wurden, gingen die Basotho aus dieser Zeit geeint hervor. Dies verdankten sie vor allem der Führung des geschickten Moshoeshoe des Großen, eines Stammesfürsten, der sein Volk vereinte und ein mächtiges Königreich schuf. Dazu führte Moshoeshoe zuerst die Bewohner seines eigenen Dorfes in die Bergfestung von Butha-Buthe. Hier richtete er eine Basis ein, von der aus es ihm gelang, dem frühen Vordringen der *difaqane* zu widerstehen. Im Jahr 1824 begann Moshoeshoe zur Festigung seiner eigenen Position Flüchtlinge der *difaqane* zu unterstützen, die ihm im Gegenzug bei der Verteidigung halfen. Er verlegte sein Hauptquartier in das leichter zu kontrollierende Bergnest Thaba-Bosiu, von wo aus er Welle um Welle der Angreifer zurückschlug.

1840 hatte sich Moshoeshoes Herrschaft fest etabliert. Sein Stamm zählte über 40 000 Menschen, und seine Machtbasis wurde von Gruppen geschützt, die sich auf dem umliegenden Land angesiedelt hatten und teilweise unter seiner Herrschaft standen. Schließlich gelang es Moshoeshoe, diese verschiedenen Stämme als Teil des locker verbundenen Basotho-Staates zusammenzuführen, dessen Bevölkerung zur Zeit seines Todes mehr als 150 000 Menschen umfasste.

Moshoeshoe empfing auch christliche Missionare in seinem Herrschaftsbereich. Die ersten kamen 1833 von der Paris Evangelical Missionary Society. Moshoeshoe ernannte einen von ihnen zu seinem Berater und dehnte die geschickte Diplomatie, die er in den Verhandlungen mit den Stammesfürsten eingesetzt hatte, auf den Umgang mit den Europäern aus. Die Missionen, oft in entlegenen Gegenden des Königreichs angesiedelt, dienten als greifbares Symbol seiner Autorität. Als Gegenleistung für ein gewisses Maß an Christianisierung der Basotho-Sitten halfen die Missionare, die Rechte der Basotho gegen die neueste Bedrohung zu verteidigen: die Ausbreitung der Buren und Briten.

Verteidigung des Gebietes

Die Basotho verbrachten zu Beginn und in der Mitte des 19. Jhs. viel Zeit damit, das Vordringen der Buren in ihr Gebiet zurückzudrängen. 1843 – als Antwort auf fortwährende Übergriffe der Buren – verbündete sich Moshoeshoe mit der britischen Kolonie am Kap. Dadurch kamen zwar Verträge zustande, in denen die Grenzen festgelegt wurden, doch auch diese konnten die kleinen Kämpfe mit den Buren nicht verhindern, die sich im fruchtbaren Lowveld westlich des Mohokare (Caledon) River niedergelassen hatten. 1858 führten die Spannungen zum Ausbruch eines Krieges. Diesem folgte 1865 ein zweiter Krieg zwischen den Buren und den Basotho. Nach anfänglichen Erfolgen erlitt Moshoeshoe Rückschläge und musste schließlich einen großen Teil seines westlichen Gebietes im Tiefland abgeben.

1868 suchte Moshoeshoe wieder die Hilfe der Briten; dieses Mal überging er die Verwaltung der Kapkolonie und wandte sich direkt an die königliche Regierung in London. Inzwischen bestand kein Zweifel mehr daran, dass ein Vertrag zwischen den Buren und den Basotho nicht lange Gültigkeit haben würde, und die Briten betrachteten den ständigen Krieg zwischen dem Oranje-Freistaat und den Basotho als unvorteilhaft für ihre eigenen Interessen. Um diesen Konflikt zu lösen, annektierten die Briten das Land der Basotho.

Das Jahrzehnt nach Moshoeshoes Tod war gekennzeichnet durch ständige Kämpfe um die Nachfolge und zunehmende koloniale Angriffe auf die Autonomie der Basotho. Nach einem kurzen Zwischenspiel als Kapkolonie kam das Land der Basotho 1884 wieder direkt unter britische Kontrolle. Ein unerwarteter Vorteil dieser Regelung zeigte sich 1910, als Südafrika entstand: Basothol-

and war britisches Protektorat und wurde deshalb nicht dem Staat Südafrika zugeteilt. Hätte die Kapkolonie die Herrschaft behalten, wäre Lesotho ein Teil davon gewesen und später unter dem Apartheid-Regime ein Homeland geworden.

Endlich unabhängig

Während des frühen 20. Jhs. zogen mehr Wanderarbeiter nach Südafrika, und die Basotho erhielten unter der britischen Verwaltung größere Autonomie. Das wichtigste Regierungsorgan vor Ort zu dieser Zeit war das Basotholand National Council (Nationalrat von Basotholand), eine beratende Körperschaft der Kolonialregierung. Mitte der 1950er-Jahre forderte das Council eine eigene Regierung für die inneren Angelegenheiten und Wahlen, um die Mitglieder des Council zu bestimmen. Es entstanden politische Parteien, allen voran die Basotholand Congress Party (BCP; entsprechend dem African National Congress in Südafrika) und die Basotholand National Party (BNP), eine konservative Gruppierung, geführt von Chief Leabua Jonathan.

Lesothos erste Wahlen fanden 1960 statt und wurden von der BCP gewonnen, deren oberste Priorität der Kampf um die völlige Unabhängigkeit von Großbritannien war. Es kam zu einem Abkommen, dass die Unabhängigkeit für 1966 in Aussicht stellte. Bei den nächsten Wahlen, 1965, verlor die BCP, und die BNP übernahm die Regierung.

Chief Jonathan wurde der erste Premierminister des neuen unabhängigen Königreichs von Lesotho mit König Moshoeshoe II. als Staatsoberhaupt mit ausschließlich repräsentativen Aufgaben.

Chief Jonathans Regierungsstil war unpopulär und bei den nächsten Wahlen übernahm 1970 wieder die BCP die Herrschaft. Chief Jonathan setzte daraufhin die Verfassung außer Kraft, verhaftete den König, und wies ihn schließlich aus und verbot oppositionelle Parteien. Lesotho wurde damit zum Einparteienstaat.

Ein Militärputsch setzte Chief Jonathan 1986 ab und Moshoeshoe II. wurde wieder zum Staatsoberhaupt. Nach fortdauernden Auseinandersetzungen zwischen dem König und dem Führer des Putsches setzte dieser Moshoeshoe II. zugunsten von dessen Sohn, Prinz Mohato Bereng Seeisa (Letsie III.) ab. Bei den Wahlen 1993 übernahm die BCP wieder die Regierung. 1995 dankte Letsie III. zugunsten seines Vaters ab, dem es wieder gelang, eine gewisse Ordnung in Lesotho herzustellen. Knapp ein Jahr nachdem er als König wieder eingesetzt worden war, kam Moshoeshoe II. bei einem Autounfall in den Maluti-Bergen ums Leben. Wieder wurde Letsie III. König. Als Staatsoberhaupt besitzt, Letsie III. keinerlei Regierungsgewalt. Nach traditionellen Gesetzen kann er von einem Rat der Häuptlinge abgesetzt werden. Die wirkliche Macht liegt in den Händen des Kabinetts unter Leitung des Premierministers und beim Zweikammer-Parlament, das aus den 120 gewählten Mitgliedern der Nationalversammlung und dem Senat besteht, in dem die 22 Häuptlinge und 11 ernannte Mitglieder sitzen.

Die BCP spaltete sich in zwei Lager, von denen das eine weiterhin Premierminister Ntsu Mokhehle als Parteivorsitzenden favorisierte, während das zweite gegen ihn opponierte. Als Antwort gründete Mokhehle die neue Partei Lesotho Congress for Democracy (LCD) und regierte weiterhin, jetzt mit der BCP als Opposition. Mokhehle starb 1998 und Pakalitha Mosisili übernahm die Führung der LCD. Im gleichen Jahr errang die LCD einen überwältigenden Sieg bei den Wahlen, die internationale Beobachter als relativ fair bezeichneten, die aber in Lesotho heftig angegriffen wurden. Die Spannungen zwischen dem Beamtenapparat und der Regierung erreichten einen neuen Höhepunkt, und auch das Militär war geteilt. Im September 1998 rief die Regierung ihre Partner aus der Southern African Development Community (SADC) – Botsuana, Südafrika und Simbabwe – zu Hilfe, um die Ordnung im Land wiederherzustellen. Rebellen in der Armee Lesothos leisteten Widerstand, und es kam zu heftigen Kämpfen und weit verbreiteten Plünderungen in Maseru. Wahlen, die ursprünglich für 2000 geplant waren, fanden schließlich im Mai 2002 statt. Die LCD siegte und Mosisili begann seine zweite fünfjährige Amtszeit als Premierminister.

Aktuelle Ereignisse

Seit 2002 erfreut sich Lesotho einer Zeit relativen Friedens, und die Parlamentsreform kommt ebenso gut voran wie die politischen Vorgänge im Allgemeinen. Ein vergleichsweise hoher Anteil der Bevölkerung Lesothos kann lesen (etwa 85 %), trotzdem zählt der Staat zu den ärmeren Ländern der Region und besitzt nur wenige natürliche Ressourcen außer Wasser und Diamanten. Fast im ganzen 20. Jh. war Arbeit der wichtigste Exportartikel Lesothos; etwa 60 % der männlichen Bevölkerung arbeiten in Südafrika, vor allem in den Minen. Seit den frühen 1990er-Jahren sanken diese Zahlen fast um die Hälfte, vor allem wegen der Umstrukturierung des südafrikanischen Goldabbaus, wegen stärkerer Mechanisierung und der Schließung kleinerer Minen. Während so in Südafrika eine große Zahl an Wanderarbeitern eingespart wurde, veränderte sich die Wirtschaft in Lesotho durch das rasche Wachstum der Textilindustrie. Seit jener Zeit verloren Tausende ihre Jobs durch die starke Konkurrenz aus China und durch Veränderungen aufgrund von internationalen Abkommen (s. Text im Kasten, S. 610). Heute wird die Arbeitslosigkeit auf 45 % geschätzt, und die heimatliche Wirtschaft sieht sich außerstande, Abhilfe zu schaffen. Doch besteht Hoffnung, dass Wirtschaftsinitiativen in naher Zukunft die einheimische Ökonomie wiederbeleben können.

Überschattet werden die politischen und wirtschaftlichen Themen von HIV/Aids. Die Zahl der Neuansteckungen (unter Erwachsenen) liegt schätzungsweise bei 30 % – eine der höchsten in der Region und weltweit. Regierung, Wirtschaft, Privatinitiativen und Gemeindeorganisationen versu-

LESOTHO

chen, die Situation zu bekämpfen, doch die geringen finanziellen Mittel, der Mangel an medizinischen Fachkräfte und die soziale Ächtung, die mit der Krankheit verbunden ist, behindern diese Bemühungen.

Die Wahlen von 2007 stellen das Land möglicherweise vor neue Herausforderungen. Soll der aktuelle Premierminister für eine dritte Amtszeit wiedergewählt werden? Tritt die Regierung der Korruption energisch genug entgegen? Vernachlässigt die Partei ihre Wurzeln zugunsten der Bessergestellten?

KLIMA

In Lesotho gibt es im Hochland klare, kalte Winter mit Frost und Schnee, deshalb sollten Reisende unbedingt warme Kleidung mitbringen. Im Sommer (Ende November bis März) sind heftige Gewitter an der Tagesordnung, ebenso wie dichter, alles umhüllender Nebel. Die Temperaturen steigen dann in den Tälern bis auf über 30 °C, doch in den Bergen ist es wesentlich kühler, manchmal sinkt dort das Thermometer sogar unter den Gefrierpunkt. Fast die gesamte Regenmenge fällt zwischen Oktober und April. Das ganze Jahr über kommt es zu berüchtigten Wetterumschwüngen

Reisen sind ganzjährig möglich, am angenehmsten gestalten sie sich im gemäßigten Frühling und Herbst. Weitere Informationen s. S. 20.

NATIONALPARKS & SCHUTZGEBIETE

Sehlabathebe ist Lesothos berühmtester Nationalpark. Hier treffen Besucher zwar nicht auf die Big Five (Löwe, Flusspferd, Büffel, Elefant und Nashorn), aber Grasland, Seen, Moore und geradezu außerirdisch wirkende Felsformationen auf großer Höhe bieten ein hinreißendes Naturerlebnis für Wanderer und Zivilisationsmüde. Sehlabathebe steht unter der Verwaltung des **Parks Office** (☎ 2232 3600) des Ministry of Forestry & Land Reclamation, nahe der Raboshabane Rd. in der Hauptstadt Maseru.

Die anderen wichtigen Naturschutzgebiete des Landes – Ts'ehlanyane National Park (S. 610), Bokong Nature Reserve (S. 615) und die Liphofung Cave Cultural Historical Site (S. 611) – verwaltet das **Lesotho Highlands Development Authority Nature Reserves** (LHDA; ☎ 2246 0723, 2291 3206; www.lesothoparks.com), das auch alle Buchungen von Unterkünften vornimmt. In allen Parks und Schutzgebieten gibt es einfache Unterkünfte, gekennzeichnete Wege und hilfsbereites Personal; die Plätze sind relativ gut zu erreichen und lohnen einen Besuch.

SPRACHE

Die offiziellen Sprachen sind Süd-Sotho (Sesotho) und Englisch. Einige nützliche Worte und Sätze in Süd-Sotho stehen im Kapitel Sprache auf S. 707. Mehr zur Sotho-Sprache und -kultur s. www.sesotho.web.za (auf Englisch).

GEFAHREN & ÄRGERNISSE

Vor einigen Jahren führten hohe Arbeitslosenzahlen und eine schwache Wirtschaft zu einem Ansteigen der Kriminalität. Überfälle auf Autos und Straßenraub waren vor allem

TOUREN-AUSWAHL IN LESOTHO

Lesotho ist für Abenteuerreisende ein Ziel *par excellence*. Ob mit dem Mietwagen, auf einem Pony oder mit öffentlichen Verkehrsmitteln, auf geht's in die entlegeneren Winkel des Landes. Einige mögliche Routen:

- Einreise nach Lesotho an der Grenzstation Tele Bridge bei Quthing, dann über Mt. Moorosi, Mphaki und Qacha's Nek östlich zum Sehlabathebe National Park
- durchs bergige „Tiefland" von Qacha's Nek nach Westen über Quthing und Mohale's Hoek bis Malealea, dann weiter nach Morija, Roma hinauf nach Semonkong
- Rundreise zu einigen der spektakulärsten Plätze im ganzen südlichen Afrika: von Butha-Buthe nach Oxbow und Mokhotlong (mit einem möglichen Abstecher nach Sani Top), dann zurück entweder über Thaba-Tseka und den Katse Dam oder nach Maseru über Likalaneng und den Mohale Dam
- Schleife von Maseru über Morija nach Malealea, von dort per Pony nach Semonkong und dann über Roma zurück nach Maseru

in Maseru an der Tagesordnung. Die Zahl solcher Vorfälle ist zwar zurückgegangen, doch Reisende sollten Wertsachen nicht zur Schau stellen und insbesondere auf einsamen Straßen in Maseru und bei Nacht große Vorsicht walten lassen.

Wer ohne Führer wandert, den bedrängen in entlegenen Gegenden möglicherweise Hirten wegen Geld oder „Geschenken", und es besteht ein geringes Risiko, Opfer eines Raubüberfalls zu werden.

Jedes Jahr kommt es zu einigen Todesfällen durch Blitzschläge, deshalb während eines Gewitters hoch gelegene Flächen meiden und nicht im freien Land campen. Wasserdichte Kleidung ist beim Wandern und bei Ponyritten wichtig.

AN- & WEITERREISE

Es besteht die Möglichkeit, von Südafrika nach Lesotho zu fliegen, aber die meisten Reisenden nutzen den Bus oder das Auto. Details s. S. 676. Innerhalb von Lesotho gibt es im ganzen Land gute Bus- und Minibus-Taxi-Verbindungen. Information zu Bus s. S. 690 und zu Minibus-Taxi S. 695. Minibus-Taxis verkehren normalerweise nicht nach Fahrplan, sondern warten bis alle Plätze besetzt sind, bevor sie abfahren.

Über Charterflüge innerhalb von Lesotho gibt die Gesellschaft **Mission Aviation** (☎ 2232 5699) Auskunft.

MASERU

175 000 Ew./ 1600 m

Maseru breitet sich im tiefer gelegenen Westen Lesothos aus, eingefasst von der Berea- und der Qeme-Hochebene. 1869 errichteten die Briten hier eine Verwaltungsstelle, doch relativ lange blieb die Stadt ein rückständiges Nest und wer heute von Johannesburg (Jo'burg) aus hier ankommt, hält sie vielleicht immer noch dafür. Doch Maseru dehnte sich in den letzten Jahrzehnten rasch aus und rühmt sich einer Reihe moderner Einrichtungen.

Ein größeres Aufbauprogramm für die Stadt half, die einst sichtbaren Wunden der politischen Unruhen von 1998 (s. S. 597) zu verbergen.

Die Stadt lockt mit einem gemäßigten Klima, gut sortierten Geschäften, einer ordentlichen Auswahl an Restaurants und Unterkünften und angenehmen, tatkräftigen Menschen.

Maseru ist der ideale Ort, um sich zu orientieren, Pläne zu machen und seine Vorräte aufzufüllen, bevor der Aufbruch ins Hochland stattfindet.

Orientierung

Die Hauptstraße von Maseru ist der Kingsway, 1947 anlässlich eines Besuchs von König George VI. asphaltiert und lange Jahre die einzige befestigte Straße der Stadt. Er führt vom Grenzübergang an der Maseru Bridge durch das Stadtzentrum bis zum Circle – einem wichtigen Kreisverkehr, der am besten an den Türmen der Kathedrale an seinem Ostrand zu erkennen ist. Am Circle teilt sich der Kingsway in die zwei Hauptverkehrsadern Lesothos: Main North Road (nach Teyateyaneng und anderen Orten im Norden) und Main South Road (nach Mohale's Hoek und anderen Orten im Süden). Eine Umgehungsstraße streift die Stadt im Süden.

Etwa auf der Hälfte des Kingsway steht das nach der traditionellen Kopfbedeckung benannte kegelförmige Basotho Hat Building, ein guter Orientierungspunkt.

Obwohl es in Maseru nur wenige Sehenswürdigkeiten gibt, macht es Spaß, einfach durch die Stadt zu spazieren und ein Gefühl für das Leben in Lesotho zu bekommen. Es ist für sich sehenswert genug. Wer sich abenteuerlustig genug fühlt, kann die städtisch wirkenden Dörfer um Maseru besuchen, um vor Ort das Leben der Einheimischen kennenzulernen.

KARTEN

Das **Department of Land, Surveys & Physical Planning** (Lerotholi Rd; ⏲ Mo–Fr 9–15 Uhr) verkauft einen guten Stadtplan von Maseru im Maßstab 1:50 000 (50 m), eine Karte von Lesotho im Maßstab 1:250 000 (50 m) und Wanderkarten für das ganze Land im Maßstab 1:50 000 (35 m). Auf dem braunen Gebäude steht „LSPP". Auch die Touristeninformation am Kingsway verkauft eine Lesotho-Karte (5 m).

Praktische Informationen

BUCHLÄDEN

Basotho Hat (☎ 2232 2523; Kingsway; ⏲ Mo–Sa 8–17 Uhr) Dieser Kunsthandwerksladen führt auch Bücher über Lesotho.

Maseru Book Centre (Kingsway; ⏲ Mo–Fri 8–16.30, Sa 9–12 Uhr) bei der Nedbank

MASERU

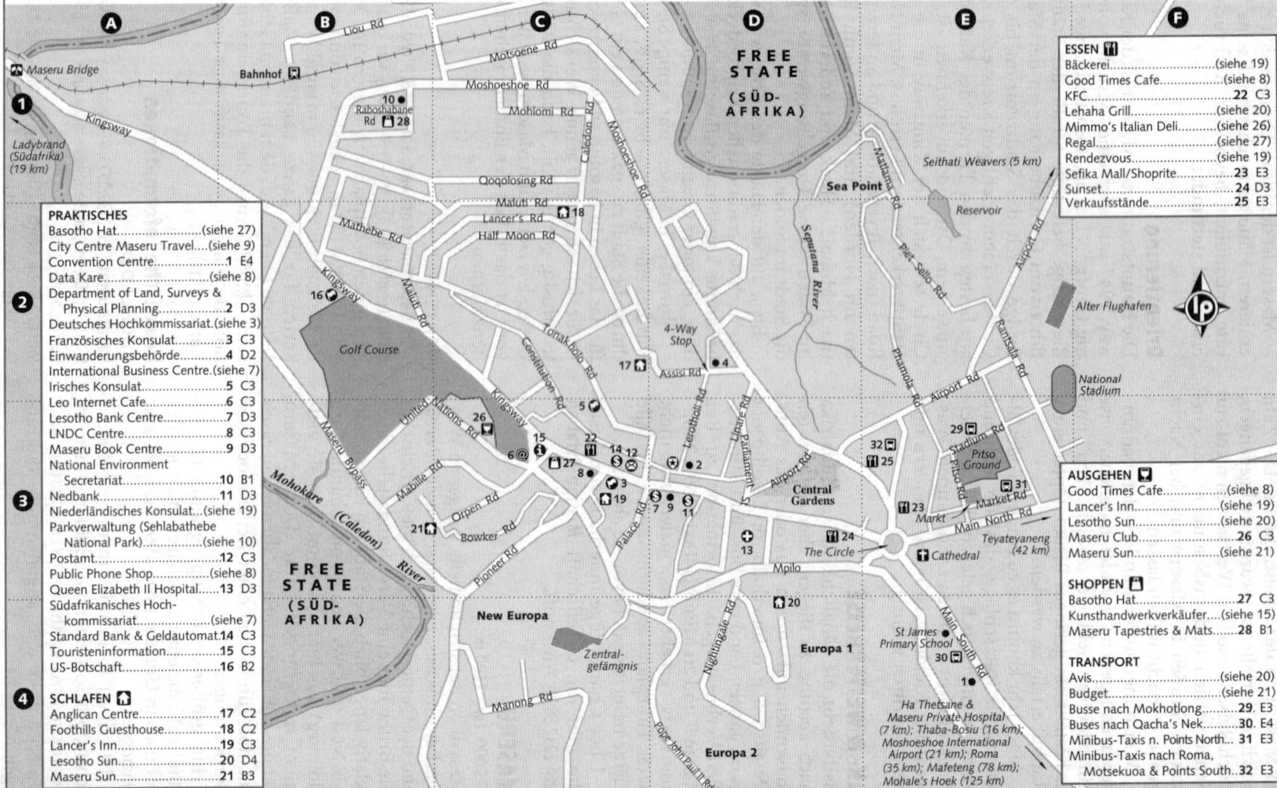
0 500 m
A
B
C
D
E
F
1
2
3
4
Maseru Bridge
Ladybrand (Südafrika) (19 km)
Kingsway
Bahnhof
Liou Rd
Motsoene Rd
Moshoeshoe Rd
Mohlomi Rd
Caledon Rd
Raboshabane Rd
Qoqolosing Rd
Maluti Rd
Lancer's Rd
Half Moon Rd
Mathebe Rd
Golf Course
Tonakholo Rd
Constitution Rd
United Nations Rd
Maseru Bypass
Mohokare (Caledon) River
FREE STATE (SÜD-AFRIKA)
Mabille Rd
Orpen Rd
Bowker Rd
Pioneer Rd
Palace Rd
New Europa
Zentral-gefängnis
Manong Rd
Pope John Paul II Rd
Nightingale Rd
Europa 1
Europa 2
Mpilo
Assisi Rd
4-Way Stop
Lerotholi Rd
Linare Rd
Parliament St
Airport Rd
Central Gardens
The Circle
Cathedral
Markt
Main North Rd
Market Rd
Pitso Rd
Stadium Rd
Pitso Ground
Teyateyaneng (42 km)
Main South Rd
St James Primary School
Ha Thetsane & Maseru Private Hospital (7 km); Thaba-Bosiu (16 km); Moshoeshoe International Airport (21 km); Roma (35 km); Mafeteng (78 km); Mohale's Hoek (125 km)
Sea Point
Seputana River
Matlama Rd
Piet Sello Rd
Phamola Rd
Reservoir
Seithati Weavers (5 km)
Rantsala Rd
Alter Flughafen
National Stadium
PRAKTISCHES
Basotho Hat (siehe 27)
City Centre Maseru Travel (siehe 9)
Convention Centre 1 E4
Data Kare (siehe 8)
Department of Land, Surveys & Physical Planning 2 D3
Deutsches Hochkommissariat (siehe 3)
Französisches Konsulat 3 C3
Einwanderungsbehörde 4 D2
International Business Centre (siehe 7)
Irisches Konsulat 5 C3
Leo Internet Cafe 6 C3
Lesotho Bank Centre 7 D3
LNDC Centre 8 C3
Maseru Book Centre 9 D3
National Environment Secretariat 10 B1
Nedbank 11 D3
Niederländisches Konsulat (siehe 19)
Parkverwaltung (Sehlabathebe National Park) (siehe 10)
Postamt 12 C3
Public Phone Shop (siehe 8)
Queen Elizabeth II Hospital 13 D3
Südafrikanisches Hochkommissariat (siehe 7)
Standard Bank & Geldautomat 14 C3
Touristeninformation 15 C3
US-Botschaft 16 B2
SCHLAFEN
Anglican Centre 17 C2
Foothills Guesthouse 18 C2
Lancer's Inn 19 C3
Lesotho Sun 20 D4
Maseru Sun 21 B3
ESSEN
Bäckerei (siehe 19)
Good Times Cafe (siehe 8)
KFC 22 C3
Lehaha Grill (siehe 20)
Mimmo's Italian Deli (siehe 26)
Regal (siehe 27)
Rendezvous (siehe 19)
Sefika Mall/Shoprite 23 E3
Sunset 24 D3
Verkaufsstände 25 E3
AUSGEHEN
Good Times Cafe (siehe 8)
Lancer's Inn (siehe 19)
Lesotho Sun (siehe 20)
Maseru Club 26 C3
Maseru Sun (siehe 21)
SHOPPEN
Basotho Hat 27 C3
Kunsthandwerkverkäufer (siehe 15)
Maseru Tapestries & Mats 28 B1
TRANSPORT
Avis (siehe 20)
Budget (siehe 21)
Busse nach Mokhotlong 29 E3
Buses nach Qacha's Nek 30 E4
Minibus-Taxis n. Points North 31 E3
Minibus-Taxis nach Roma, Motsekuoa & Points South 32 E3

GELD

Die meisten Spitzenklassehotels wechseln ausländisches Geld, allerdings zu schlechten Kursen. Andere Möglichkeiten:

International Business Centre (Parterre, Lesotho Bank Tower, Kingsway; Mo–Fr 8.30–15.30, Sa 8.30–12 Uhr)

Nedbank (Kingsway) bietet von Montag bis Freitag Geldwechsel

Standard Bank (Kingsway) verfügt auch über einen Geldautomaten

INTERNETZUGANG

Data Kare (LNDC Centre, Kingsway; Std. 10 m; 8–21 Uhr) Hier gibt es den besten und billigsten Internetzugang.

Leo (Orpen Rd.; Min. 0,50 M; Mo–Fr 8–17 Uhr) hinter dem Basotho Hat Building

MEDIZINISCHE VERSORGUNG

Bei schweren Erkrankungen müssen Reisende nach Südafrika transportiert werden. In Notfällen ist es ratsam, die jeweilige Botschaft zu kontaktieren (S. 655), da diese meist eine Liste empfohlener Allgemeinmediziner vorliegen haben.

Maseru Private Hospital (☎ 2231 3260) in Ha Thetsane, etwa 7 km südlich von Maseru

Queen Elizabeth II Hospital (☎ 2231 2501; Kingsway) gegenüber Husters Pharmacy

NOTFALL

Ambulanz (☎ 2231 2501)

Feuerwehr (☎ 115)

Polizei (☎ 2231 9900)

POST

Postamt (Ecke Kingsway & Palace Rd.) bietet nicht gerade zuverlässige Dienste für postlagernde Sendungen an

TELEFON

Auslandsgespräche sind teuer. Wer warten kann, sollte nicht von hier, sondern von Südafrika aus telefonieren. Achtung: Im Hochland funktioniert kein Telefonnetz. Handy-Signale sind sehr selten und nur auf einigen Gebirgspässen zu bekommen. Reisende sollten sich deshalb nicht auf ihr Mobiltelefon verlassen.

Öffentliche Telefone finden sich im **Public Phone Shop** (LNDC Centre, Kingsway).

TOURISTENINFORMATION & REISEBÜROS

City Centre Maseru Travel (☎ 2231 4536; Kingsway), im Book Centre Building neben der Nedbank, nimmt Buchungen für regionale und internationale Flüge vor. Auch der Kauf von Tickets für Intercape und andere Fernbusse ist hier möglich.

Tickets für Greyhound- und Intercape-Busse sind außerdem auch beim Kiosk von Shoprite's „Money Market" in der LNDC Mall erhältlich.

Die **Touristeninformation** (☎ 2231 2427; Kingsway; Mo–Fr 8–16.30, Sa 8.30–17 Uhr), von der Lesotho Tourism Development Corporation betrieben, hilft mit Broschüren, Listen von Touren-Führern, Informationen zu den öffentlichen Verkehrsmitteln und kostenlosen Stadtplänen von Maseru (falls man Glück hat).

Gefahren & Ärgernisse

Maseru ist verhältnismäßig sicher, doch empfiehlt es sich nicht, nachts herumzuspazieren, vor allem abseits der Hauptstraße. Am Tag stellen kleinere Delikte wie Handtaschenraub und Taschendiebstahl die Hauptrisiken dar.

Geführte Touren

Die **Touristeninformation** (☎ 2231 2427; Kingsway) verfügt über eine aktuelle Liste von Anbietern; viele der in diesem Kapitel aufgeführten Lodges organisieren ebenfalls geführte Touren und andere Aktivitäten.

Einige südafrikanische Anbieter bieten Touren zum Sani Pass und auch über die Grenze hinweg nach Lesotho an, s. S. 381 und 694.

Schlafen

Maseru besitzt nur eine kleine Auswahl an Unterkünften, doch für ein oder zwei Nächte sollte sich etwas Geeignetes finden lassen.

Als Alternative zu Maseru bietet sich eine Übernachtung in Thaba-Bosiu oder Roma an, die beide leicht von der Hauptstadt aus zu erreichen sind.

BUDGETUNTERKÜNFTE

Anglican Centre (☎ 2232 2046; B/2BZ mit Gemeinschaftsbad 50/100 M) Hier gibt es karge, aber saubere Zimmer und Mahlzeiten ohne Voranmeldung. Die Unterkunft liegt etwa 500 m nördlich des Kingsway an der Kurve, wo aus der Assisi Rd. die Lancer's Rd. wird. Wer sich nicht zurecht findet, fragt nach der St. James Church, die sich direkt daneben befindet.

LESOTHO

EIN GUTES FRÜHSTÜCK & EINE HEISSE DUSCHE

Obwohl sie sich selbst „bed & breakfasts" nennen, umfasst der Preis bei vielen B&Bs in Lesotho kein Frühstück. In diesem Kapitel ist angegeben, wo – in Hotels, Lodges, B&Bs – das Frühstück inklusive ist. Ansonsten müssen Gäste mit 35 M bis 55 M pro Person rechnen.

Auch eine Dusche ist in Lesotho ein seltener Luxus. Viele Unterkünfte – sogar einige der besseren Hotels – besitzen nur Badewannen, und das Wasser (wenn es denn zur Verfügung steht) ist kochend heiß.

MITTEL- & SPITZENKLASSEHOTELS

Foothills Guesthouse (☎ 5870 6566; melvin@xsinet.co.za; 121 Maluti Rd.; EZ/DZ mit Frühstück 295/450 M) Die willkommene Ergänzung zu den Unterkünften in Maseru präsentiert sich als umgebautes Sandsteinhaus mit großen, luftigen Zimmern, die im Stil der 1960er-Jahre ausgestattet sind, und einer hübschen Veranda als Frühstücksraum. Das Gebäude liegt in einem ruhigen Teil der Stadt, aber zu Fuß ein bisschen weit vom Zentrum entfernt.

Lancer's Inn (☎ 2231 2114; lancers-inn@ilesotho.com; Ecke Kingsway & Pioneer Rd.; EZ/DZ/3BZ mit Frühstück 475/575/695 M;) Geschäftsreisende strömen wegen der angenehmen Kolonialzeit-Atmosphäre und des ausgezeichneten Restaurants in diese zentral gelegene Unterkunft, doch der Preis liegt im Verhältnis zur Leistung zu hoch. Das Hotel befindet sich hinter dem französischen Konsulat im Stadtzentrum.

Maseru Sun (☎ 2231 2434; maseru@sunint.co.za; 12 Orpen Rd.; Zi. 945 M;) Bei diesen bequemen, modernen Zimmern mit Blick ins Grüne kann nichts schief gehen, auch wenn die Spielautomaten ein paar zusätzliche Münzen verschlingen. Das Maseru Sun liegt südwestlich der Kreuzung von Kingsway und Pioneer Road und ist durch Hinweisschilder gekennzeichnet. Hier werden häufig Wochenendangebote offeriert.

Lesotho Sun (☎ 2231 3111; lesoresv@sunint.co.za; Zi. 970 M;) Das andere Sun in Lesotho – auf einem ruhigen Hügel in großartiger Landschaft oberhalb der Stadt – ist eine sichere Sache. Es rühmt sich seines Kasinos sowie zweier Restaurants und bietet typische moderne Motel-Atmosphäre. Es bestehen Pläne zum weiteren Ausbau. Mitunter gibt es spezielle Angebote.

Essen

Glücklicherweise bietet Maseru im Vergleich zu den eher spärlichen Unterkünften eine größere Auswahl an Lokalen, darunter einige gute Restaurants.

Rendezvous (☎ 2231 2114; Lancer's Inn, Kingsway; Hauptgerichte 37–70 M; Mittag- & Abendessen) Hier verbirgt sich ein Lieblingsplatz der Ausländer und Einheimischen, die sich im Gartencafé unterhalten oder sich im traditionellen Restaurant ausgestattet mit Kronleuchtern, Stoffservietten und einer umfangreichen Speisekarte einen Drink genehmigen.

Mimmo's Italian Deli (☎ 2232 4979; Maseru Club, United Nations Rd.; Hauptgerichte ab 28 M; Mittag- & Abendessen) Das Ambiente von Mimmo's in einem alten Gebäude mit einer Terrasse ist so angenehm wie seine Pizzas und Pastagerichte wohlschmeckend sind.

Lehaha Grill (☎ 2231 3111; Lesotho Sun; Mahlzeiten ab 55 m; Abendessen) Dieses Lokal steht für gestärkte Tischdecken, ein Drei-Gänge-Menü und eine gute Auswahl à la carte. Wem das alles nicht passt, kann sich normalerweise am Abend für chinesisches Essen im zweiten Restaurant der Sun nebenan entscheiden. Das Mittagsbüffet kostet 92 M.

Regal (☎ 2231 3930; Level 1, Basotho Hat; Hauptgerichte 22–49 M; Mo–Sa Mittag- & Abendessen) Asien spielt hier die Hauptrolle: Fotos, schöne Kissen, mit Seide bezogene Barhocker und Gerichte von indischen Currys über chinesische Nudeln bis hin zu ausgezeichneten vegetarischen Alternativen.

Good Times Cafe (☎ 2231 7705; Level 1, LNDC Mall; Frühstück, Mittag- & Abendessen 18–50 M) Die tollen Wildledersofas in Rot und Blau, die stylischen Lampen (mit Saxophonmotiv) und glänzende Chromverzierungen erheben das Café in den Augen der Einheimischen zum absolut angesagten Platz. Freundliches Personal, Fernsehbildschirme und regelmäßig Livemusik (einschließlich Jazz) sind weitere Pluspunkte.

Sunset (☎ 6276 0030; Kingsway; Hauptgerichte 15–28 M; Mittag- & Abendessen) Dieses bei den einheimischen Geschäftsleuten beliebte Restaurant mit seinen cremefarbenen und braunen Tischdecken bietet das authentischste „À-la-Carte-Angebot" der Stadt mit dem besten Preis-Leistungs-Verhältnis. Es liegt über Fruit & Veg City.

Am östlichen Ende des Kingsway, in der Nähe der Minibus-Haltestellen bei Shoprite, gibt es **Verkaufsstände** (Mahlzeiten etwa 8 M; ⌚ Mittagessen), an denen gegrilltes Fleisch, Currys und Reis verkauft wird. Das beste westliche Fastfood bietet KFC am Kingsway. Selbstversorger gehen am besten zu Shoprite.

Neben dem Lancer's Inn liegt eine gute **Bäckerei** (⌚ 7–20.30) mit Torten, Kuchen und anderen Köstlichkeiten.

Ausgehen

Zu den beliebten Treffpunkten gehören das **Lancer's Inn** (☎ 2231 2114; lancers-inn@ilesotho.com; Ecke Kingsway & Pioneer Rd.), der **Maseru Club** (☎ 2232 6008; United Nations Rd.) sowie die Spielsalons im **Maseru Sun** (☎ 2231 2434; 12 Orpen Rd.) und im **Lesotho Sun** (☎ 2231 3111; lesoresv@sunint.co.za). Auch das kürzlich erst eröffnete **Good Times Cafe** (☎ 2231 7705; Level 1, LNDC Mall) lohnt einen Besuch.

Shoppen

Basotho Hat (☎ 2232 2523; Kingsway; ⌚ Mo–Sa 8–17 Uhr) Dieser von der Regierung betriebene Laden mit Kunsthandwerk eignet sich bestens als Ausgangspunkt, obwohl die Preise im Allgemeinen höher liegen als anderswo im Land. Wer eine Wanderung oder Pony-Trekking plant, sollte sich zur Abwehr von Fliegen einen der Rosshaar-Fächer besorgen, die hier verkauft werden.

Die **Verkäufer von Kunsthandwerk** (Kingsway) vor der Touristeninformation bieten geflochtene Basotho-Hüte und andere Souvenirs an. Die berühmten handgewebten Wollteppiche gibt es bei **Maseru Tapestries & Mats** (☎ 2231 1773; Raboshabane Rd.), in der Nähe des Bahnhofs, und bei **Seithati Weavers** (☎ 2231 3975), etwa 7 km von der Stadt entfernt an der Straße zum Flughafen.

An- & Weiterreise

Reisemöglichkeiten von Südafrika nach Maseru s. S. 682.

Es gibt drei wichtige Haltepunkte nordöstlich vom Circle: hinter Shoprite/Sefika Mall für Minibus-Taxis nach Roma (8 M), Motsekuoa (13 M) und anderen Orten im Süden; gleich bei der Main North Road in der Nähe von Pitso Ground (Abzweigung beim KFC-Zeichen nehmen) für Minibus-Taxis zu Orten im Norden und etwa zwei Blocks von dort, über die gleiche Abzweigung zu erreichen, für große Busse nach Süden und Norden. Busse nach Mokhotlong (35 M) fahren beim Feida-Supermarkt an der Stadium Rd. hinter Pitso Ground ab, während Busse nach Qacha's Nek (96 M) bei den St. James Primary and High Schools an der Main Road South starten.

Es gibt auch Autovermietungen: **Avis** (☎ 2232 0087) befindet sich im Lesotho Sun und **Budget** (☎ 2231 6344) im Maseru Sun. Avis besitzt auch einen Kiosk am Flughafen.

Unterwegs vor Ort

VOM/ZUM FLUGHAFEN

Der Moshoeshoe International Airport liegt 21 km von der Stadt entfernt; Minibus-Taxis von der Haltestelle bei der Main South Road (bei Shoprite/Sefika Mall) aus kosten 5 M. Ein privates Taxiunternehmen verlangt etwa 50 M für die Fahrt.

MINIBUS-TAXI & TAXI

Der Standardpreis für ein Minibus-Taxi innerhalb der Stadt liegt bei 2,50 M. Zu den Taxiunternehmen zählen **Moonlite** (☎ 2231 2605), **Planet** (☎ 2231 7777) und **Luxury** (☎ 2232 6211). Taxis können auch für weitere Strecken zu anderen Orten im Land angeheuert werden.

RUND UM MASERU

In Maserus Umgebung liegen mehrere Sehenswürdigkeiten, die sich leicht in Ein- oder Zweitagesausflügen erkunden lassen. Sie folgen im Uhrzeigersinn von Norden nach Süden.

Thaba-Bosiu

Etwa 25 km östlich von Maseru liegt der berühmte Tafelberg von Thaba-Bosiu (Berg der Nacht), wo König Moshoeshoe der Große 1824 seine Bergfestung errichtete (s. S. 497). Der Berg gilt als Geburtsort des Basotho-Staates und stellt Lesothos wichtigste historische Stätte dar, obwohl es kein spektakulärer Ort ist.

Die Ursprünge des Namens sind unbekannt. Einige sagen, dieser gehe darauf zurück, dass die Basotho den Berg zuerst bei Nacht einnahmen, andere glauben, dass sie zur Abschreckung ihrer Feinde das Gerücht verbreiteten, dass der Thaba-Bosiu – tagsüber ein Hügel – nachts zu einem uneinnehmbaren Berg anwachse.

Am Fuß des Bergs befindet sich ein **Besucherzentrum** (Eintritt 5 M; ⌚ Mo–Fr 8–17, Sa 9–13

LESOTHO

Uhr), wo es Karten und eine Informationsbroschüre gibt. Ein offizieller Führer begleitet die Besucher bei dem kurzen Weg auf den Gipfel des Berges – und erwartet dafür ein Trinkgeld.

Vom Gipfel aus bietet sich ein guter Blick über die Umgebung, einschließlich des **Qiloane Hill**, der angeblich als Vorbild für die Basotho-Hüte diente. Nicht versäumen sollten Besucher auch die Ruinen der Festung, das Grab von Moshoeshoe und Teile der ursprünglichen Siedlung.

Die gut organisierte **Mmelesi Lodge** (☎ 5250 0006; EZ/DZ 220/250 M) mit ihren von Blumen umgebenen Rondavels (Rundhütten mit kegelförmigen Dächern) liegt etwa 2 km vor dem Besucherzentrum und ist die einzige Unterkunftsmöglichkeit. Die Lodge betreibt einen regen Handel mit den Produkten der Regierungswerkstätten und besitzt einen Speisesaal.

AN- & WEITERREISE

Minibusse nach Thaba-Bosiu (8 M, 30 Minuten) fahren in Maseru an der Haltestelle Shoprite/Sefika Mall ab. Mit dem Auto geht es rund 13 km über die Mafeteng Rd. und dann an der Abzweigung nach Roma nach links. Nach weiteren 6 km zeigt ein Wegweiser nach links. Von dort aus sind es noch 10 km bis Thaba-Bosiu.

Ha Baroana

Ha Baroana ist eine der wichtigsten und bekanntesten Stätten in Lesotho mit Felsmalereien. Diese lohnen einen Besuch, falls die Zeit reicht, obwohl Vernachlässigung und Vandalismus bereits ihren Tribut gefordert haben.

Um nach Ha Baroana zu kommen, nehmen Autofahrer von der Mafeteng Rd. aus die Abzweigung nach Roma und fahren dann etwa 8 km weiter bis zur Thaba-Tseka-Kreuzung. Dort geht es über die nördliche Abzweigung (nach Thaba-Tseka) etwa 12 km bis zum Dorf Nazareth. Direkt vor Nazareth beginnt eine ausgeschilderte Kiesstraße, die zu den Malereien führt. Nach 3 km nimmt der Weg beim Dorf Ha Khotso am Fußballplatz eine Kurve nach rechts. Nach weiteren 2,5 km ist ein Hügel oberhalb einer Schlucht erreicht. Ein Fußweg führt im Zickzack den Hügel hinunter zu dem Felsvorsprung mit den Malereien. Minibus-Taxis fahren bis Nazareth.

Roma

Roma, das sich 35 km südlich von Maseru zwischen Sandsteinfelsen schmiegt, wurde in den 1860er-Jahren als Missionssiedlung gegründet. Heute ist es die Schulstadt Lesothos mit der einzigen Universität des Landes, mehreren Priesterseminaren und höheren Schulen. Wer von Süden nach Roma kommt, durchquert eine hinreißende Schluchtenlandschaft, die sich am Morgen oder am Spätnachmittag im besten Licht präsentiert.

Das attraktive **Trading Post Guest House** (☎ 2234 0202/67; www.tradingpost.co.za; Zeltplätze pro Pers. 50 M, B 80 M, Rondavels pro Pers. 175 M, EZ/DZ mit Gemeinschaftsbad 150/300 M; 🚭) stammt noch aus Lesothos Kolonialzeit: Das Haus diente einst als Laden, der seit 1903 von der Familie Thorn, den heutigen Wirten der Pension, betrieben wurde. Es gibt unterschiedliche Unterkunftsangebote, darunter Rondavels (Rundhütten) und das ursprüngliche Sandsteinhaus mit gemeinsamer Küche inmitten eines üppigen Gartens. Ein einzelnes Cottage für bis zu sechs Personen (Minimum zwei) kostet 300 M. Auch Frühstück und Abendessen werden angeboten (35/65 m). Die Gastgeber arrangieren Pony-Trekking, Wanderungen, Fahrten im Allrader und andere Abenteuer. In der Nähe finden sich sogar *minwane* (Fußabdrücke von Dinosauriern). Zu erreichen ist die Unterkunft vom westlichen Ende der Stadt aus; von dort den Wegweisern ab, einfach der Abzweigung von der Hauptstraße (Semonkong) von Maseru folgen.

Etwa 35 km südöstlich an der gleichen Straße liegt das Dorf Ramabanta, wo die gleichen Besitzer das **Trading Post Adventures Guest House** (Zeltplätze pro Pers. 50 M, Rondavels pro Pers. 200 M, Zi. pro Pers. 175 m) mit Einrichtungen für Selbstversorger betreiben – ein guter Stützpunkt um Ein- oder Zweitagestouren zu Fuß oder zu Pferd nach Roma, Ramabanta und anderen Plätzen der Gegend zu unternehmen. Buchungen für das Trading Post Adventures Guest House nimmt das Trading Post Guest House an.

Die sehr schlichten Restaurants **Speakeasy Restaurant** und **Kaycees** (Mahlzeiten 30 M) servieren einfache Kost.

Minibus-Taxis verkehren den ganzen Tag über nach/von Maseru (8 M, 30 Minuten). Sie fahren in Maseru an der Haltestelle bei der Sefika Mall/Shoprite ab.

Morija

In diesem winzigen, aber geschichtsträchtigen Ort entstand die erste europäische Mission in Lesotho. Morija ist leicht zu erreichen und für alle, die sich für die Geschichte und Kultur Lesothos interessieren, ein Muss. Vor dem Besuch lohnt die Lektüre von Tim Couzens' *Murder at Morija,* einer Geschichte, die versucht, den Gifttod eines der frühen Missionare im Jahr 1920 aufzuklären.

SEHENSWERTES & AKTIVITÄTEN

Morija Museum & Archives (☎ 2236 0308; www.morijafest.com; Eintritt 6 M; 🕑 Mo–Sa 8–17, So 12–17 Uhr) Das beste Museum in Lesotho zeigt gut präsentierte völkerkundliche Objekte, Stücke aus den Archiven der frühen Mission und wissenschaftliche Arbeiten. Das Personal weiß viel, eine gute Auswahl an Büchern stehen zum Verkauf, darunter auch das des Kurators. Das Personal des Museums führt auch zu den nahe gelegenen Dinosaurier-Fußspuren (gegen eine kleine Gebühr) und berät über Unterkünfte. Im Hof gibt es sogar ein kleines Café.

Ebenfalls einen Besuch lohnen das **Maeder House Crafts Centre** (☎ 2236 0487; 🕑 nach Vereinbarung So), beim Museum, und Lesothos erste **Druckerpresse** auf dem gleichen Gelände. Die Morija Guest Houses organisieren auch **Pony-Trekking** (50 M pro Std., bei längeren Touren weniger) und **Wanderungen mit Übernachtung** (200 m inkl. Mahlzeiten, über den Preis für einen Führer kann verhandelt werden) – bitte einen Tag im Voraus reservieren.

FESTIVALS & EVENTS

Das populäre **Morija Arts & Cultural Festival** (www.morijafest.com) findet jährlich Anfang Oktober statt und zeigt die Vielfalt der Sotho-Kultur mit Tanz, Musik und Theater, aber auch Pferderennen und *moraba-raba*-Wettbewerbe (afrikanische Entsprechung von Schach). Das Festival existiert seit 1999. Es soll nach den politischen Unruhen des Jahres 1998 die Bevölkerung wieder vereinen, verschiedene Aspekte der Kultur wiederbeleben und den Tourismus ankurbeln.

SCHLAFEN & ESSEN

Mophato Oa Morija (☎ 2236 0219; mophatooamo@leo.co.ls; B 60 m) Dieses ökumenische Zentrum nimmt mitunter Reisende auf, doch empfiehlt es sich, im Voraus zu buchen. Mahlzeiten sind möglich. Die erste Straße nach dem Museum rechts und etwa 700 m zurück – Einheimische können den Weg zeigen.

Morija Guest House (☎ 6306 5093; mgh@leo.co.ls; Zi. pro Pers. 180 M) Besucher würden die Veranda dieses gemütlichen und sehr bequemen Steinhauses mit Strohdach am liebsten gar nicht mehr verlassen – die Aussicht ist so angenehm wie die Unterkunft selbst. Es gibt eine Küche, aber Mahlzeiten können auch serviert werden. Die Straße vom Museum nehmen und nach etwa 1,5 km rechts beim Hinweisschild abbiegen.

Es gibt noch weitere kleine Pensionen, die gemeinsam mit dieser Hauptpension geführt werden. Backpackers, die mit öffentlichen Verkehrsmitteln kommen, müssen eventuell weniger zahlen.

AN- & WEITERREISE

Minibus-Taxis verkehren den ganzen Tag zwischen Maseru und Morija (10 M, 45 Minuten, 40 km).

NÖRDLICHES LESOTHO

Das nördliche Lesotho – das Gebiet von Maseru bis Butha-Buthe – ist relativ dicht besiedelt und von einer Reihe quicklebendiger Tieflandstädte durchsetzt. Die Städte selbst bieten für den durchschnittlichen Touristenanspruch nur wenig, außer Teyateyaneng und Leribe (Hlotse), die beide ein sehr gutes Angebot an Kunsthandwerksläden aufweisen. Doch sollten Reisende die Region nicht übergehen.

Sie ist ein wichtiger Übergang zu Südafrika und das Haupttor zum spektakulären Hochland im Nordosten. Autofahrer sollten einen halben Tag oder auch mehr einplanen, um die regionalen Eigenheiten aufzunehmen: die Märkte, die herzlichen Einheimischen und die einzigartige Landschaft. Wer mit öffentlichen Verkehrsmitteln kommt, übernachtet am besten in Teyateyaneng oder Leribe.

Teyateyaneng

Teyateyaneng (Ort des Treibsands; meist kurz „TY" genannt) ist das Handwerkszentrum Lesothos, und es lohnt einen Halt, um Teppiche zu kaufen oder bei ihrer Herstellung zuzusehen.

Einige der besten Teppiche stammen von **Helang Basali Crafts** (☎ 2250 0382; 🕑 8–17 Uhr) bei der St. Agnes Mission, etwa 2 km vor

BASOTHO-DECKEN

Die Basotho-Decke gehört als wichtiger Teil zum öffentlichen und privaten Leben, nicht nur als praktisches Kleidungsstück, sondern auch als Statussymbol. Die Decke ist so allgegenwärtig, dass jeder denkt, sie sei eine jahrhundertealte Tradition. Doch in Wirklichkeit schenkten europäische Kaufleute 1860 König Moshoeshoe I. eine Decke. Das Volk der Basotho begeisterte sich so sehr dafür, dass sie auf ihre Tierhäute verzichteten und die Händler bereits in den 1880er Jahren mit Anfragen überschütteten. Die Originaldecken bestanden aus Tuch von hoher Qualität, das aus England stammte und in Fraser's Stores (einige der Läden gibt es noch heute) verkauft wurde. Die Hersteller experimentierten bald mit den Mustern und verbesserten die Qualität noch weiter. Die Beliebtheit der Decke schwankte in den Jahren nach 1900 durch den Einfluss der Europäer und vor allem der Missionare. (Es heißt, dass beim Besuch des Prinzen von Wales 1925 in Lesotho alle mit Decken in den Hintergrund verbannt wurden.)

Heute stellt die Decke für die Basotho einen wichtigen praktischen und symbolischen Gegenstand dar (nicht zu verwechseln mit den einfachen, oft synthetischen Decken, die von denen getragen werden, die sich nichts Besseres leisten können). Eine Decke schützt vor Hitze und Kälte und ist ein Statussymbol – ein Exemplar kostet den gewaltigen Betrag von 500 M. Typische Muster sind ein Maiskolben (ein Fruchtbarkeitssymbol), eine Krone oder ein Militärabzeichen (ein Erbe des britischen Imperialismus) und ein Kohlblatt (steht für Wohlstand). Junge verheiratete Frauen tragen eine Decke um ihre Hüften, bis sie ihr erstes Kind empfangen haben, und Jungen bekommen bei der Beschneidung eine Decke, die ihr Fortschreiten vom Kind zum Mann symbolisiert.

Die festen Kanten der Decke werden senkrecht getragen – die Basotho glauben, dass sie waagrecht getragen Wachstum, Reichtum und Entwicklung hemmen.

Weniger weit verbreitet, doch in ländlichen Gegenden immer noch zu sehen, ist der Basotho-Hut, der *mokorotlo* oder *molianyeo*, mit seiner typischen Kegelform und der eigenartigen Verzierung. Das Aussehen des Hutes ahmt vermutlich die spitz zulaufende Form des Qiloane Hill (S. 606), bei Thaba-Bosiu, nach.

Teyateyaneng und östlich der Straße von Maseru durch Wegweiser gekennzeichnet. Weitere gute Einkaufsmöglichkeiten bestehen unter anderem bei den Läden (beide zu den gleichen Zeiten geöffnet) Setsoto Design, in der Nähe des Blue Mountain Inn, und Hatooa Mose Mosali, direkt westlich der Hauptstraße an der Einfahrt in die Stadt.

Elelloang Basali Weavers liegt rund 4 km nördlich von Teyateyaneng. Meist können Besucher auch den Webern bei der Arbeit mit den Schiffchen zusehen.

Blue Mountain Inn (☎ 2250 0362; EZ/DZ 230/280 M) bietet tatsächlich blaue Zimmer mit motelmäßiger Ausstattung in einem schattigen Anwesen. Neue Zimmer werden gerade gebaut – eine gute Aussicht, dass in Zukunft noch mehr Gäste einen Platz finden. Zum Inn gehört ein Restaurant, es liegt etwa 1 km abseits der Hauptstraße und ist ausgeschildert.

Minibus-Taxis verkehren tagsüber zwischen Teyateyaneng und Maseru (12 M, 45 Minuten, 35 km). Im Taxi aus Maseru kostet die einfache Fahrt 130 M.

Maputsoe

Diese leicht chaotische Grenzstadt, 86 km nördlich von Maseru, liegt am Mohokare (Caledon) River, am gegenüberliegenden Ufer von der Stadt Ficksburg im Freistaat.

Lautes Knallen in der Nähe des **Sekekete Hotel** (☎ 2243 0789; EZ/DZ etwa 220/280 M) hat nichts mit Sektflaschen zu tun.

Besucher sollten besser auf der anderen Seite der Grenze in Ficksburg (s. S. 417) bleiben.

Maputsoe ist ein wichtiger Verkehrsknotenpunkt, und wer von Maseru nach Norden will, muss meist hier umsteigen. Minibus-Taxis nach Maseru (17 M, 1 Std.), Butha-Buthe (13 M, 45 Minuten) und Leribe (7 M, 30 Minuten) verkehren tagsüber ab der Total-Tankstelle.

Leribe (Hlotse)

Leribe (auch als Hlotse bekannt) ist ein geschäftiger regionaler Marktplatz. Die Briten nutzten es als Verwaltungszentrum, wie einige alte, langsam verfallende Gebäude in den begrünten Straßen beweisen. Die Hauptsehenswürdigkeit ist der abbröckelnde

Major Bell's Tower beim Markt. Er entstand 1879 und diente die meiste Zeit als Lager für Regierungsakten.

Das gute **Leribe Craft Centre** (☎ 2240 0323; ⏰ Mo–Fr 8–16.30, Sa 9.30–13 Uhr), ein kleines Stückchen abseits der Hauptstraße am nördlichen Ende der Stadt, verkauft eine breite Palette an hochwertigen Wollwaren (und ausgezeichnete Bücher über Lesotho) zu vernünftigen Preisen.

Dinosaurier-Fußspuren gibt es um Leribe in Hülle und Fülle. Die zugänglichsten befinden sich einige Kilometer südlich der Stadt beim Dorf Tsikoane. Direkt hinter der Tsikoane Primary School führt eine kleine Staubpiste nach rechts zwischen Felsnasen hindurch.

Auf dieser geht es bis zur Kirche. Viele der Kinder sind ganz wild darauf, Besucher auf dem 1 km langen mühsamen Weg hinauf zu den *minwane*, in einer Reihe von Höhlen, zu begleiten. Die Spuren sind auf den Felsen deutlich zu erkennen.

Etwa 7 km nördlich von Leribe gibt es die Dinosaurier-Fußspuren vom Subeng River. Vom Wegweiser, der zum Fluss zeigt, geht es etwa 250 m über einen Betondamm. Die leicht ausgewaschenen Spuren von wenigstens drei Dinosaurierarten liegen etwa 15 m flussabwärts am rechten Ufer.

Wer ins Hochland fährt, hat in Leribe die letzte gute Gelegenheit, seine Vorräte aufzufüllen. Seit Frühjahr 2006 gibt es einen neuen Shoprite-Supermarkt.

SCHLAFEN & ESSEN

Leribe Hotel (☎ 2240 0559; Main St.; EZ/DZ 180/250 M; Mahlzeiten ab 25 M) Die Einrichtung des Speisesaals könnte aus der britischen TV-Komödienserie *Fawlty Towers* stammen, doch das Hotel im Stil der 1970er-Jahre bietet saubere Unterkünfte im Hauptgebäude oder in einzelnen Rondavels. Es besitzt einen einladend grünen und üppig bewachsenen Teegarten und serviert auch Essen. Das Hotel, das zu den besten im Land gehört, liegt etwa 100 m oberhalb der zentralen Kreuzung.

Pelican Steakhouse & Bar (Main St.; Hauptgerichte 15–20 M) Authentischer geht's in Sachen Lokal nicht mehr; hier gibt es täglich herzhafte Hammel- und Schweinfleischgerichte sowie Hähnchen-Currys aus großen Töpfen. Das Restaurant liegt direkt gegenüber dem Golden Rule Funeral House kurz vor dem Leribe Hotel.

AN- & WEITERREISE

Minibus-Taxis fahren täglich zwischen Leribe und Maseru (26 M, 1½ Std.), meist mit Umsteigen in Maputsoe. Auch zwischen Leribe und Katse (36 M, 3 Std.) sowie zwischen Leribe und Butha-Buthe (8 M, 35 Minuten) gibt es täglich mehrere Verbindungen, viele davon kommen weit aus dem Süden.

Butha-Buthe

Lesothos zweitgrößte Stadt Butha-Buthe (Platz zum Hinlegen) bekam ihren Namen von König Moshoeshoe dem Großen, weil sich sein Volk zunächst während der Wirren der *difaqane* dorthin zurückzog. Den Eindruck der unvollständigen Grenzstadt mildert die wunderschöne Lage am Hlotse River, mit den herrlichen Maluti-Bergen als Kulisse.

SCHLAFEN & ESSEN

Ha Thabo Ramakatane Hostel (B 30 M) Die Kommentare im Gästebuch – „magisch", „Lieblingsplatz" – machen eine Übernachtung hier zu einem Muss. Die Behausung der Familie Ramakatane (Herr Ramakatane ist jetzt 95) besitzt nur wenige Annehmlichkeiten und die Gäste lernen den ländlichen Lebensstil aus erster Hand kennen: Wasser vom Brunnen, Kochen auf Gas und Kerzenlicht (eigene Kerzen mitbringen). Die Besucher kommen mit einem Allrader oder zu Fuß. Das Hostel liegt 3,5 km von dem Dorf Ha Sechele entfernt: Mitten in Butha-Buthe beim Wegweiser zur St. Paul's High School abbiegen, hinter der Schule die Straße nach links nehmen, dann die nächste rechts. Wer erst einmal auf dieser Straße ist, sollte sich weiter durchfragen.

Crocodile Inn (☎ 2246 0223; Reserve Rd.; EZ/DZ/3BZ ab 198/231/335 M) Das „Krokodil" zeigt manchmal seine Zähne, wenn ihm das Lebenselement fehlt. Die recht einfachausgestatteten, aber sauberen Zimmer haben oft kein Wasser. Die neueren, hübscheren Rondavels liegen nach hinten und werden fürs Schlafen in der Nacht und das Ruhen am Tag angeboten (auch das Letztere steht in der Werbung). Das zugehörige Restaurant ist das wichtigste Lokal in Butha-Buthe. Das weiße Hotel befindet sich etwa 500 m abseits der Hauptstraße (Wegweiser zum Butha-Buthe Hospital), am Südende von Butha-Buthe.

AN- & WEITERREISE

Viele Minibus-Taxis verkehren zwischen Maseru und Butha-Buthe (1½ Std.) über Maputsoe, wo die Reisenden meist umsteigen müssen. Von Maputsoe aus kostet die Fahrt 13 M und dauert etwa 20 Minuten. Sowohl Minibus-Taxis als auch Busse fahren nach Mokhotlong. Die Minibus-Taxis kosten 50 M, die Busse 35 M. Auf einer Fahrt in den Norden ist Butha-Buthe der letzte Ort, wo es mit Sicherheit Benzin gibt.

Ts'ehlanyane National Park

Der von der LHDA (Lesotho Highlands Development Authority) verwaltete **Nationalpark** (Eintritt pro Pers./Fahrzeug 15/5 M) schützt ein herrliches 5600 ha großes Stück wilde Natur, darunter einer der wenigen Urwälder Lesothos. Dieser unterbewertete und nicht gerade vielbesuchte Park liegt so weit von aller Zivilisation entfernt wie nur möglich und eignet sich perfekt zum Wandern und Beobachten von Hochlandtieren.

Als Unterkünfte gibt es eine **Pension** (6 Pers. 350 M), ein **Konferenzzentrum** (DZ & 3BZ pro Pers. 60 M) am Parkeingang und verschiedene **Campingplätze** (pro Pers. ab 20 M). Leider wurde die Ausstattung aus den hübschen Stein-Rondavels entfernt, doch vielleicht lohnt sich ein Blick auf ihren Zustand. Buchungen laufen über die **LHDA** (☎ 2246 0723, 2291 3206; www.lesothoparks.com). Essen und Kochausrüstung sind mitzubringen.

Neben Tageswanderungen lockt ein anspruchsvoller 39 km langer Trail vom Südwesten Ts'ehlanyanes zum Bokong Nature Reserve (S. 615), der durch einige der dramatischsten Landschaften Lesothos führt. Führer bekommen 30 M pro Tag. **Pony-Trekking** (halber/ganzer Tag 50/75 M) kann bei Vorbestellung von der LHDA arrangiert werden.

Autofahrer nehmen die gekennzeichnete Abzweigung von der Hauptstraße etwa 8 km südlich von Butha-Buthe, von dort geht es 31 km über eine Kiesstraße (leicht mit einem normalen Pkw zu bewältigen). Gelegentlich fahren auch Taxis von Butha-Buthe zum Parkeingang, aber meist nur bis Khabo an der Zufahrtsstraße.

NORDÖSTLICHES & ZENTRALES HOCHLAND

Nordöstlich von Butha-Buthe windet sich die Straße dramatisch zwischen grandiosen Bergen – ein Teil des Ukhahlamba-Drakensberg-Massivs – mit steinigen Klippen und sanften Hügeln. Südafrika vermarktet zwar seinen Teil des Drakensberg-Massivs sehr geschickt, doch an ursprünglicher Schönheit lässt sich dieser nicht mit dem Abschnitt in Lesotho vergleichen. Dessen Kombination aus Schnee (im Winter), geringer Bevölkerungsdichte und phantastischem Hochlandpanorama ist nämlich kaum zu schlagen. In allen hier beschriebenen Gebieten lässt sich hervorragend wandern, doch muss die Aus-

AUF UND AB

1999 sah es für die Basotho auf dem Arbeitsmarkt in Lesotho gut aus. Investoren aus der Volksrepublik China und aus Taiwan strömten ins Land, um Textilfabriken einzurichten und die billige Arbeitskraft und den problemlosen Marktzugang zu nutzen, den die Bestimmungen des amerikanischen African Growth and Opportunity Act (AGOA) ermöglichten. Durch dieses Gesetz erhielten Textilexporte aus bestimmten afrikanischen Ländern zollfreien Zugang zum US-Markt.

Rasch wuchs die Textilindustrie zur Stütze der Wirtschaft Lesothos heran. 2003 zählte Lesotho zu den großen Textilproduzenten – mit etwa 31 % der Textilexporte im Rahmen der AGOA-Bestimmungen. Die Textilindustrie gab 2002 etwa 20 000 Menschen und 2004 rund 56 000 Menschen Arbeit. Die Textilexporte stiegen von 140 Mio. US$ auf 456 Mio. US$ im Jahr 2004 und machten damit etwa 90 % des Exportaufkommens von Lesotho aus.

Doch alles änderte sich Ende 2004. Der sinkende Dollarkurs und das Ende der WTO-Beschränkungen auf chinesische Importe in die Vereinigten Staaten kappten Lesothos Verbindungen zum US-Markt. Sechs Fabriken schlossen über Nacht (Gerüchte besagen, dass viele Unternehmer ohne Zahlung der Löhne verschwanden) und Tausende standen ohne Arbeit da. Seitdem hat auch noch die Mehrheit der übrigen Fabriken dicht gemacht, trotz Bemühungen der Regierung, einschließlich Exportanreizen, die Werke am Leben zu erhalten. Obwohl Lesotho noch immer zollfreien Zugang zum US-Markt hat, heißt es, dass die fortgeschrittene Technologie in China Lesothos Chancen weiter einschränkt.

BRÄUCHE DER BASOTHO

Die traditionellen Bräuche der Basotho sind noch höchst lebendig. Die farbenprächtigen Feste begleiten die Menschen auf ihren wichtigsten Stationen wie Geburt, Pubertät, Heirat und Tod und bilden den zentralen Teil des Dorflebens. Wanderer hören vielleicht das *lekolulo,* ein flötenähnliches Instrument, das Hütejungen spielen, das *thomo,* ein Saiteninstrument der Frauen und das *setolotolo,* ein Saiteninstrument, das die Männer mit dem Mund zum Klingen bringen ähnlich wie der Wind eine Windharfe. Dem Vieh kommt eine wichtige Stellung im täglichen Leben zu, sowohl als Opfertier als auch als Symbol für Reichtum. Auch der Anbau von Getreide und das Wetter spielen eine zentrale Rolle und stehen im Mittelpunkt vieler Traditionen.

Die Basotho glauben an ein höheres Wesen und legen großen Wert auf die *balimo* (Vorfahren), die als Mittler zwischen den Menschen und den launischen Kräften der Natur und der Geisterwelt agieren. Das Böse ist eine ständige Gefahr, hervorgerufen durch *boloi* (Zauberei; Hexen können weiblich oder männlich sein) und *thkolosi* (kleine boshaft verspielte Wesen, ähnlich den tokoloshe der Xhosa). Wer von diesen Kräften geplagt wird, macht sich auf zum nächsten *ngaka* – einem weisen Mann, teils Zauberer, teils Medizinmann –, der sie bekämpfen kann. Basotho werden traditionell in sitzender Stellung begraben mit dem Blick zur aufgehenden Sonne, bereit zum Aufspringen, wenn der Ruf ertönt.

rüstung unbedingt stimmen: ein warmer Schlafsack, wasserdichte Ausrüstung, topografische Karten und ein Kompass. Das Forellenfischen gilt als erstklassig.

Liphofung Cave Cultural & Historical Site

Genau hinter dem Dorf 'Muela steht der Wegweiser an der Abzweigung zu dieser kleinen, von der LHDA verwalteten Stätte, zu der eine Höhle mit einigen Malereien der San und steinzeitliche Werkzeuge gehören. Es kursiert das Gerücht, dass König Moshoeshoe der Große hier während seiner Reisen durch Lesotho Halt gemacht habe.

Es gibt ein **Besucherzentrum** (Erw./Kind 15/5 M; Mo–Fri 8.30–16.30, Sa & So 9–16.30 Uhr) mit Personal, das leider kaum weiterhelfen kann, und einem kleinen Laden, der regionales Kunsthandwerk verkauft. Als Unterkünfte stehen zwei einfache steinerne **Rondavels** (pro Pers. 50 M, Minimum 2) für je vier Personen mit Kochgelegenheit zur Verfügung. Doch selten kocht ein Gast (das Schild besagt „Tagesruhe und Übernachtung verfügbar"). **Camping** (20 M) kann auch gestattet werden – im Besucherzentrum nachfragen. Gäste müssen Lebensmittel mitbringen. Tageswanderungen sind möglich, auch lässt sich nach vorheriger Vereinbarung **Pony-Trekking** (2 M pro Std.) arrangieren.

Liphofung liegt einen 1,5-km-Spaziergang über einen Asphaltweg von der Hauptstraße entfernt. Als öffentliches Verkehrsmittel bietet sich ein Taxi an, das von Butha-Buthe nach Moteng fährt und das Fahrgäste an der Abzweigung nach Liphofung aussteigen lässt (8 M, 25 Minuten). Für Gäste, die in Liphofung übernachten, kommt der Bus nach Mokhotlong am Morgen vorbei (Zeiten erfragen).

Oxbow

Über den spektakulären Moteng Pass (2820 m), erreichen Reisende Oxbow, das aus einigen Hütten und einer Reihe von Lodges besteht, die inmitten der herrlichen Bergkulisse liegen. Ohne auf die Annehmlichkeiten der Zivilisation verzichten zu müssen, lässt sich hier die Stille und Abgelegenheit genießen. Im Winter schneit es hier regelmäßig, und es gibt eine 1,5 km lange Skipiste. Auch südafrikanische Forellenangler und Vogelbeobachter bevorzugen das Gebiet. Abgesehen von einigen grundlegenden Produkten im Laden der New Oxbow Lodge besteht keine Möglichkeit, die Vorräte aufzufüllen.

Skifahren ist möglich dank **Afri-Ski** (www.afriski.co.za), etwa 10 km hinter Oxbow.

New Oxbow Lodge (☎ in Südafrika 051-933 2247; www.oxbow.co.za; EZ/DZ mit Frühstück 310/545 M) ist ein alpines Chalet, dass hier an den Ufer des Malibamat'so River etwas fehl am Platz wirkt und besser nach Österreich passen würde. Doch die Atmosphäre, die gemütliche Bar und das gute Restaurant locken Urlauber an. Skivermietung, Halbpension und Drei- und Vierbettzimmer stehen zur Verfügung.

Der Bus von Maseru nach Mokhotlong lässt Fahrgäste in Oxbow (50 M, 4½ Std.) aussteigen. Mehrere Minibus-Taxis verkehren täglich zwischen Butha-Buthe und Oxbow (25 M, 1½ Std.). Die Strecke geht über eine Reihe von Haarnadelkurven den Pass hinauf und kann bei Schnee und Eis gefährlich sein.

Mokhotlong

Von Oxbow klettert eine gute Asphaltstraße über eine Reihe von mehr als 3200 m hohen Pässen und durch eine phantastische Gebirgskulisse, bevor sie nach Mokhotlong (Ort des Waldrapps) wieder abfällt. Die Route stellte die ursprüngliche Strecke der **Roof of Africa Rally** (www.roofofafrica.org.ls) dar.

Mokhotlong ist die wichtigste Stadt im östlichen Lesotho, aber trotzdem wirkt sie wie ein Vorposten und vermittelt ein wenig Wildwest-Feeling. Es gibt kaum etwas zu tun, außer das vorbeiziehende Leben zu betrachten, die Einheimischen in Basotho-Decken auf ihren Pferden. Doch die Quelle des Senqu (Orange) River – Lesothos Hauptwasserstraße – liegt bei Mokhotlong, und die Stadt eignet sich als Ausgangspunkt für Wanderungen. Sie verfügt über eine Reihe leidlich gut bestückter Läden, manchmal gibt es auch Benzin und Diesel.

SCHLAFEN & ESSEN

Molumong Guesthouse & Backpackers (☎ in Südafrika 033-394 3072; molumong@worldonline.co.za; Zeltplätze pro Pers. 45 M, B/DZ 70/180 M) Die meisten Reisenden verlassen die Stadt in Richtung Molumong (gesprochen „mudumong"), auf das etwa 15 km südwestlich von Mokhotlong an der Straße nach Thaba-Tseka Schilder hinweisen. Diese rustikale Lodge, ein früherer kolonialer Laden, gehört zum Dorf und bietet einfache Unterkünfte (ohne Strom) für Selbstversorger. Lebensmittel müssen aus Mokhotlong mitgebracht werden. Die Zimmer sind hell – genau wie die zahlreichen Sterne in dieser Höhe. Pony-Trekking ist möglich.

Grow (☎ 2292 0205; B 50 R) Dieses Entwicklungsprogramm für Lesotho besitzt ein Büro nicht weit von der Hauptstraße nach Mokhotlong. Es bietet saubere, schlichte Schlafsäle und eine einfache Küche. Wenn die Zimmer nicht von Gruppen, die sich zum Training hier aufhalten, belegt sind, werden sie gern an Gäste vermietet.

St. James Lodge (☎ in Südafrika 033-326 1601; stjamesguestlodge@yahoo.com; B/DZ 75/95 M) Hierbei handelt es sich um die neueste Lodge in der Gegend, in einem alten Steingebäude auf einer früheren Mission. Da sie sich an Selbstversorger wendet, heißt es eigene Vorräte mitbringen. Pony-Trekking und Spaziergänge durch die Landschaft werden angeboten. Die Unterkunft liegt 12 km südlich von Mokhotlong an der Straße nach Thaba-Tseka.

Senqu Hotel (☎ 2292 0330; EZ/DZ mit Gemeinschaftsbad 180/240 M, EZ/DZ 200/280 M) Der vor kurzem fertiggestellte Bau eines neuen Flügels hat das Hotel deutlich aufgewertet. Trotz der älteren, etwas schäbigen Zimmer machen es die neuen Räume zu einer perfekten Wahl (mit Restaurant). Es liegt am westlichen Ende der Stadt an der Hauptstraße.

Bei Hunger und Durst empfiehlt sich das Thia-Lala Butchery & Café neben der Bücherei, das Sandwiches zum Mitnehmen und einige Grundnahrungsmittel, darunter eisgekühlte Säfte, anbietet.

AN- & WEITERREISE

Täglich verkehren einige Minibus-Taxis zwischen Butha-Buthe und Mokhotlong (55 M, 6 Std.). Einen Bus gibt es täglich von/nach Maseru, er fährt in jede Richtung um etwa 8 Uhr ab (70 M, 8 Std.), außer sonntags (nur von Mokhotlong nach Maseru) und samstags (nur von Maseru nach Mokhotlong). Täglich fährt auch ein Minibus-Taxi von Mokhotlong nach Sani Top und über den Sani Pass weiter nach Underberg (Süd-

CAMPING-RATSCHLAG

Wer in Lesotho sein Zelt aufstellen will, sollte immer die Erlaubnis des Häuptlings im nächsten Dorf einholen. Und das nicht nur aus Gründen der Höflichkeit, sondern weil mit der Erlaubnis des Häuptlings Schwierigkeit meist gar nicht erst entstehen (immer daran denken: Alles Land ist aufgeteilt, und somit befindet sich der Camper immer auf dem Besitz irgendeines Menschen). Es ist möglich, dass der Häuptling den Fragenden einlädt, sein Zelt in der Nähe seines Heims aufzustellen, oder in einem sicheren Bereich. Für das Recht zu campen sollte ein kleiner Betrag angeboten bzw. bezahlt werden.

afrika). Es startet in Mokhotlong um 6 Uhr (65 M, 5 Std. bis Underberg). Minibus-Taxis nach Linakaneng (an der Straße nach Thaba-Tseka) lassen Fahrgäste an der Molumong Lodge aussteigen. Für die Weiterfahrt von Molumong zum Sani Pass an der Straße warten, die an der Lodge vorbeiführt und ein Minibus-Taxi nehmen.

Sani Top

Sani Top liegt oben am steilen Sani Pass, der einzigen zuverlässig befahrbaren Straße in Lesotho durch das Drakensberg-Massiv nach KwaZulu-Natal. Es besticht an klaren Tagen mit herausragenden Blicken und unbegrenzten Wandermöglichkeiten.

Ausgehend von **Thabana-Ntlenyana** (3482 m), Afrikas höchstem Gipfel südlich des Kilimandscharo, bietet sich eine beliebte, doch lange und mühsame Wanderung an. Die Höhe des Berges wurde erst 1955 berechnet, und es dauerte weitere 30 Jahre, bis sie durch Satellitentechnik bestätigt wurde. Es gibt zwar einen Pfad, doch ein Führer würde sich lohnen. Auch ein Aufstieg zu Pferd bzw. Basotho-Pony liegt im Bereich des Möglichen.

Die Wanderung um die **Hodgson's Peaks** (3258 m), 6 km südlich, ist wesentlich einfacher. Von dort reicht der Blick bis in den Sehlabathebe National Park und nach KwaZulu-Natal.

Im Bereich des **Sehlabathebe National Park** ist eine anstrengende Dreitageswanderung möglich, die vom Sani Top Chalet (s. unten) nach Süden entlang des abgelegenen Massivs bis zum Sehlabathebe National Park führt. Diese Tour sollten nur gut trainierte, erfahrene Wanderer in einer Gruppe von mindestens drei Personen unternehmen.

Weitere Wanderungen in dieser Gegend beschreibt das ausgezeichnete Büchlein *A Backpackers' Guide to Lesotho* von Russell Suchet, das beim **Morija Museum** (☎ 2236 0308; www.morijafest.com) oder der **Sani Lodge** (☎ in Südafrika 033-702 0330; www.sani-lodge.co.za) am Sani Pass zu beziehen ist.

SCHLAFEN & ESSEN

Sani Top Chalet (☎ in Südafrika 033-702 1158; www.sanitopchalet.co.za; Zeltplätze pro Pers. 50 M, B 85 M, Zi. mit Gemeinschaftsbad 300 M) Am Rand des Massivs in luftigen 2874 m Höhe liegt allein im weiten Umkreis diese beliebte Einrichtung, die einem altmodischen Ski-Chalet ähnelt und sich rühmt, das höchste Pub in Afrika zu besitzen. Die Zimmer sind einfach, aber gemütlich, das Essen schmeckt lecker. Der Schlafsaal für Backpackers verdient kein Lob – sein Zustand hat sich in den letzten Jahren verschlechtert und trotz des wunderbaren Kamins lässt der zugige, fleckige Raum kaum Begeisterung aufkommen. Neue Rondavels sind im Bau – eine Hoffnung für den Reisenden mit kleinem Geldbeutel. Im Winter liegt manchmal genug Schnee zum Skifahren; bei Voranmeldung kann Pony-Trekking arrangiert werden.

Es gibt auch auf der anderen Seite des Passes in KwaZulu-Natal einige gute Hostels; s. S. 381.

AN- & WEITERREISE

Ein Minibus-Taxi verkehrt täglich von Mokhotlong über Sani Top bis nach Underberg (Südafrika) und zurück (65 M, 5 Std.). Von Norden kommend kosten Taxis ab Butha-Buthe 53 M.

Selbstfahrer brauchen einen Allrader, um zum Pass hinauffahren zu können. Die südafrikanische Grenzstation ist täglich von 8 bis 16 Uhr geöffnet, die Station in Lesotho bleibt bis 17 Uhr offen, um die letzten Autos durchzulassen. Das Trampen funktioniert am besten am Wochenende.

Die Hostels am Fuß des Passes in KwaZulu-Natal arrangieren den Transport zum Pass, verschiedene Reisebüros in Himeville und Underberg (den nächsten südafrikanischen Städten) organisieren Touren dorthin – s. S. 380.

Thaba-Tseka

Thaba-Tseka liegt am Westrand der Central Range. Der Weg zu diesem abgelegenen Ort führt über den manchmal etwas tückischen Mokhoabong Pass. Die Stadt entstand 1980 als Zentrum für den Bergdistrikt und wirkt etwas zusammengestückelt; sie hat vor allem als Verkehrsknotenpunkt in Richtung Norden nach Katse oder in den Westen nach Maseru Bedeutung.

Das **Farmer Training Centre** (☎ 2290 0294; B/Zi. 50/100 M) bietet das Übliche: einen kargen Raum mit wenig Ausstattung und eine Pension. Es liegt in der Straße hinter dem Turm. Das Farbenprächtigste in Thaba-Tsekas wichtigstem Hotel, dem **Mountain Star Hotel** (☎ 2290 0415; EZ/DZ 140/170 M), sind das leuchtend rote Sofa in der Lounge und die

„Adam"- und „Eva"-Schilder an den Toiletten. Ansonsten erwartet die Gäste ein eher trister, aber angemessener Aufenthalt.

Die Lilala Butchery and General Cafe bietet in sauberer Umgebung eine ansprechende Auswahl an Sandwiches, Getränken und Tiefkühlkost.

Drei Busse verkehren täglich zwischen Maseru und Thaba-Tseka (34 M, 7 Std.); sie starten in Maseru zwischen 8 und 9.30 Uhr. Minibusse fahren bis Sehonghong (22 M, 2 Std.); dort brauchen die Fahrgäste etwas Glück, um nach Thaba-Tseka mitgenommen zu werden.

Von Thaba-Tseka nach Mokhotlong nehmen Reisende zuerst ein Minibus-Taxi nach Linakaneng (22 M, 2 Std.) und von dort ein weiteres, das bis nach Mokhotlong (14 M, 2 Std.) fährt.

Mehrere Minibus-Taxis verkehren täglich auf der nicht asphaltierten, aber guten Straße von Thaba-Tseka über Katse (16 M) nach Leribe (32 M) und Maseru (50 M, 5 Std.).

Mohale-Damm

Der beeindruckende 145 m hohe Felsschüttdamm über den Senqunyane River, der Mohale-Damm, wurde 2004 als zweite Phase des Lesotho Highlands Water Project fertiggestellt. Er bietet großartige Ausblicke über den See und das dahinterliegende Bergmassiv. Die Zufahrt ist bis zum Mohale-Tunnel möglich, der auf einer Strecke von 32 km den Mohale- und den Katse-Damm miteinander verbindet.

Basotho Pony Trekking Centre

Etwa 85 km westlich von Thaba-Tseka, auf der Passhöhe des God Help Me Pass, liegt das **Basotho Pony Trekking Centre** (☎ 2231 2318). Im Vergleich zu anderen Anbietern von Pony-Trekking wird hier nur das Nötigste geboten und die Gäste müssen viel selbst tun. Dafür ist das Zentrum aber von Maseru aus relativ leicht zu erreichen. Es gibt Berichte, dass der Service hier in letzter Zeit nachgelassen hat; der Stall steht unter der Verwaltung des Landwirtschaftsministeriums, wurde aber zur Privatisierung angeboten. Vor dem Buchen sollten sich Interessenten im **Maseru Tourist Information Office** (☎ 2231 2427; Kingsway; Mo–Fr 8–16.30, Sa 8.30–17 Uhr) informieren.

Katse

Das winzige Katse entstand als Basis für das Lesotho Highlands Water Project und kann sich rühmen, dass hier Afrikas höchste Staumauer (185 m) liegt. Der dadurch entstandene See, umgeben von steilen grünen Hügeln, vermittelt eine angenehme Atmosphäre, sodass die Gegend auch Besucher, die sich nicht für technische Errungenschaften interessieren, zu einer erholsamen Pause einlädt. An den Ufern ist das Angeln erlaubt, Angelscheine gibt es im Bokong Nature Reserve oder im Informationsbüro für 10 M.

Das **Besucherzentrum** (Eintritt 6 M) bietet ein Video über den Damm, Führungen zum Damm direkt (9 und 14 Uhr) und zu einem Aussichtsplatz. Ein stark dem Wetter aus-

LESOTHO HIGHLANDS WATER PROJECT

Das Lesotho Highlands Water Project (LHWP) ist ein ehrgeiziges Projekt, das Lesotho und Südafrika gemeinsam entwickelten, um die bedeutenden Wasservorräte Lesothos zur Wasserversorgung für Südafrika und zur Stromgewinnung in Lesotho nutzen zu können. Im Rahmen des Projekts, das in einzelnen Stufen bis 2020 verwirklicht werden soll, entstehen fünf große (zwei – Katse und Mohale – sind schon fertig) und viele kleinere Stauseen sowie eine Tunnelstrecke von rund 200 km.

Zu den bereits vorhandenen Nebeneffekten des Projekts gehören bessere Straßen und ein verbessertes Telefonnetz im Inneren des Landes, wovon vor allem die Bewohner entlegener Dörfer profitieren.

Doch es gibt auch schädliche Nebenwirkungen. Dazu zählt die Überflutung von bedeutenden Teilen der sowieso geringen urbaren Landfläche Lesothos und mögliche Sandanschwemmungen. Die Umsiedlung der Bevölkerung schafft manches Problem. Große Tafeln mit Aids-Warnungen in jedem Dorf machen deutlich, welche anderen Risiken der leichtere Kontakt mit der Außenwelt durch die verbesserten Straßen birgt. Gegen mehrere der internationalen Firmen, die am Bau des Projekts beteiligt sind, wurden Korruptionsvorwürfe erhoben. Nähere Information zum gesamten Projekt gibt es unter www.lhwp.org.ls.

gesetzter, windiger Zeltplatz ist auch vorhanden. Das Zentrum liegt etwa 2 km östlich der Kreuzung im Dorf Katse an der Hauptstraße.

Die **Katse Lodge** (☎ 2291 0202; B 145 M, EZ/DZ inkl. Frühstück 240/430 M) am anderen Ende des Dorfs Katse, das wie eine Vorstadt wirkt, ähnelt einem Krankenhaus – im Aussehen, nicht im Charakter. Eine Übernachtung in den sauberen, nicht zu großen Schlafsälen mit Gemeinschaftsbad ist mehr zu empfehlen (danach fragen, weil sie nicht immer angeboten wird). Wegweisern nach Katse helfen bei der Orientierung.

Ab der Hauptstraße im Dorf Pitseng zeigen Hinweisschilder den Weg zu **Aloes Guest House** (☎ 2700 5626; EZ/DZ 150/180 M) an, das sich als bequemer Ausgangspunkt für die Erforschung von Katse oder dem Bokong Nature Reserve anbietet. Die Zimmer und Rondavels auf dem Gelände eines alten Sandstein-Handelsplatzes besitzen einen eleganten afrikanischen Touch; der Blick geht über einen üppigen Garten zu den Bergen. Hier lässt sich das Ansichtskartenschreiben perfekt nachholen.

AN- & WEITERREISE

Die 122 km lange Straße zwischen Leribe und Katse ist ausgezeichnet, allerdings steil und kurvenreich und bei Regen glatt. Für den Weg müssen Reisende zwei Stunden einkalkulieren, noch mehr Zeit jedoch bei der Benutzung öffentlicher Verkehrsmittel.

Minibus-Taxis verkehren täglich zwischen Leribe und Katse (37 M, 3 bis 5 Std.), einige fahren weiter bis Thaba-Tseka (51 M). In Katse halten öffentliche Verkehrsmittel an der Kreuzung.

Wanderer interessiert vielleicht auch das Ruderboot, das als Fähre die Einheimischen am Damm zu drei verschiedenen Dörfern bringt – Ha Sepinare, Ha Theko und Ha Lihalahaleng (5 M).

Bokong Nature Reserve

Bokong besitzt vermutlich die dramatischste Landschaft der drei LHDA-Schutzgebiete, mit phantastischen Ausblicken über das Lepaqoa Valley vom **Besucherzentrum** (Erw./Kind 5/3 M; ⌚ 8–17 Uhr) aus, mehreren kurzen Spazierwegen und einer guten, wildromantischen Zwei- bis Dreitageswanderung zum Ts'ehlanyane National Park (S. 610). Bartgeier, imposante Felsvorsprünge und von Bächen gespeiste Feuchtgebiete zählen zu den Höhepunkten. Ein beeindruckender Wasserfall stürzt in der Nähe des Besucherzentrums und des **Zeltplatzes** (pro Pers. 20 M) herab. Es besteht auch eine Übernachtungsmöglichkeit in einer sehr einfachen **Hütte** (pro Pers. 40 M) für vier Personen – Lebensmittel, Schlafsack, Matratze und Heizofen mitbringen. **Führer** (pro Pers. 20 M) stehen zur Verfügung und **Pony-Trekking** (halber/ganzer Tag 50/75 M) lässt sich arrangieren. Das Schutzgebiet liegt über 3000 m hoch, und die Nächte sind kalt; darauf müssen sich Besucher einstellen. Buchungen sind über die **LHDA** (☎ 2246 0723, 2291 3206; www.lesothoparks.com) möglich.

Bokong befindet sich etwa in der Mitte zwischen Katse und Leribe auf der Höhe des Mafika-Lisiu Pass (3090 m). Minibus-Taxis ab Leribe setzen Fahrgäste am Besucherzentrum ab (22 M, 1½ Std.); es kann allerdings eine Weile dauern, bis zur Weiterfahrt ein Minibus-Taxi mit freien Plätzen vorbeikommt.

Semonkong

Semonkong (Ort des Rauches) liegt in den hohen, sonnigen Thaba-Putsoa-Bergen. Der Standort eignet sich perfekt als Ausgangspunkt für Pony-Trekking, Wandern oder Bergsteigen und auch die **Maletsunyane Falls** (204 M) sind nur einen eineinhalbstündigen Spaziergang oder eine minutenlange Klettertour entfernt. Die Wasserfälle wirken im Sommer am spektakulärsten – vor allem vom Grund der Schlucht aus, wo die **Zeltplätze** (pro Pers. 20 M) zu finden sind.

Die **Ketane Falls** (122 m) liegen einen aufregenden Tagesritt, der durch eine grandiose Schlucht führt, 30 km von Semonkong entfernt.

Die friedliche, sehr empfehlenswerte **Semonkong Lodge** (☎ in Südafrika 051-933 3106; www.placeofsmoke.co.ls; Zeltplätze pro Pers. 40 M, B/EZ/DZ 80/230/380 m) in der Nähe des Maletsunyane River ist eine der Unterkunftsmöglichkeiten, zum guten Angebot gehören auch Camping und Rondavels. Für alle, denen es nicht reicht, die Atmosphäre oder das ausgezeichnete Essen und die Getränke in Restaurant und Bar zu genießen, werden Wanderungen und Ponytrekking angeboten, außerdem das (angeblich) weltweit längste Abseilen (204 m) in einem Stück zu den Maletsunyane Falls. Ab dem Ortszentrum weisen Schilder auf die Lodge hin.

AN- & WEITERREISE

Semonkong liegt etwa 120 km südöstlich von Maseru, hinter Roma. Die letzten 70 km geht es über Kies, der sich allerdings in relativ gutem Zustand befindet (kein Allrader nötig). Fahrzeit ab Maseru drei bis vier Stunden. Busse zwischen Maseru und Semonkong (25 M) fahen in beiden Orten am Morgen ab und kommen am späten Nachmittag an. Die Straße endet in Semonkong; um nicht den gleichen Weg zurücknehmen zu müssen, empfiehlt sich eine Wanderung nach Süden zur Christ the King Mission (siehe S. 619) auf der Straße nach Quthing-Qacha's Nek.

SÜDLICHES LESOTHO

Der Süden Lesothos – von Mafeteng und Malealea südwärts bis zum Sehlabathebe National Park im Südosten – ist weniger entwickelt als der Nordwesten zwischen Maseru und Butha-Buthe, doch ebenso (wenn nicht in höherem Maß) spektakulär. Die riesigen Bergketten, die beeindruckenden Täler, Flüsse (darunter der Senqu River) und Dörfer haben etwas Verlockend-Außergewöhnliches. Die Asphaltstraße endet östlich von Qacha's Nek, und die öffentlichen Verkehrsmittel brauchen länger als im Norden, doch der Aufwand wird reichlich belohnt.

Malealea

Kurz vor Malealea liegt der Gates of Paradise Pass. Ein Schild verkündet: „Wanderer – halte ein und wirf einen Blick auf die Pforte zum Paradies". Das sagt alles. Die atemberaubende Bergwelt in der Umgebung und dieses kleine Dorf führen viele Reisende in das Leben Lesothos ein; dieser Platz ist ideal, um die lokalen Sitten kennenzulernen, Informationen zu sammeln und mit der Erforschung des Landes zu beginnen.

Das Gebiet ist seit Jahrhunderten besiedelt, wie die vielen **Felsmalereien der San** in der Nähe zeigen. Heute bildet die Malealea Lodge (s. S. 617) das Herz des Ortes; sie bietet eine Vielfalt an kulturellen und sportlichen Aktivitäten und wirbt sehr passend für sich mit dem Slogan „Lesotho in der Nussschale". „Verlassen Sie Lesotho nicht, ohne …" wäre ebenfalls passend.

PONY-TREKKING & WANDERN

Pony-Trekking ist einer der Trümpfe Lesothos. Dabei werden trittsichere Basotho-Ponys eingesetzt. Sie gelten als Züchtung u. a. aus Pferden, die von den Holländern aus Java mitgebracht wurden, und englischen Vollblütern; auch Connemara-Ponys sollen eine Rolle gespielt haben. Von König Moshoeshoe dem Großen heißt es, dass er 1830 ein Basotho-Pony geritten hat. Seitdem haben sich diese Tiere zum festen Bestandteil des Lebens im Hochland entwickelt und stellen für viele Dorfbewohner das bevorzugte Transportmittel dar.

Es empfiehlt sich, im Voraus zu buchen; Reiterfahrung ist nicht nötig. Doch egal, wie viel Erfahrung der Reiter hat, ein ganzer Tag im Sattel macht sich bemerkbar. Für mehrtägige Touren müssen Essen (Vorräte in Maseru besorgen), ein Schlafsack und warme, wasserfeste Kleidung mitgebracht werden. Folgende Stellen organisieren das Trekking:

- Malealea Lodge (S. 617)
- Semonkong Lodge (S. 615)
- LHDA-Schutzgebiete: Ts'ehlanyane National Park (S. 610), Bokong Nature Reserve (S. 615) und die Liphofung Cave Cultural Historical Site (S. 611).

Wandern ist neben dem Pony-Trekking die beste Art, Lesotho zu erkunden. Wer Interesse hat, sollte unbedingt einen Tag in Maseru einplanen, um Karten und Vorräte zu besorgen. Spezielle Wanderausrüstung, einschließlich Kompass, sollte aus Südafrika mitgebracht werden. Auf dem Trail bitte die Steinhügel respektieren, die Gräber markieren. Auf einen Steinhaufen am Trail, vor allem zwischen zwei Hügeln, dürfen Wanderer einen Stein hinzufügen. Dieser soll Glück bringen, zumindest wenn er zuerst bespuckt und dann auf den Haufen geworfen wird.

Einige Lodges haben ein Netz von Trails in ihrem Gebiet ausgearbeitet, darunter Malealea und Semonkong. Der Besitzer des Fuleng Guest House hilft auch beim Planen von Wanderungen. Weitere Wandermöglichkeiten s. im Kapitel über Sani Top (S. 613).

SEHENSWERTES & AKTIVITÄTEN

Andere Aktivitäten

Besuche in Dörfern geben interessante Einblicke in das Leben und die Sitten der einheimischen Bevölkerung. Das winzige Museum in einer traditionellen Basotho-Hütte lohnt den Besuch wegen seines Besitzers/Führers ebenso wie wegen der Exponate. Auch der Besuch eines **sangoma** (nur für wirklich Interessierte) und eines von Mr. Musis kultivierter Donga (s. rechts) ist möglich. Die Malealea Lodge gibt auch Tipps für gute Fahrrouten durch interessante Landschaften sowohl für normale Pkws als auch für Allrader.

Pony-Trekking

Die meisten Sehenswürdigkeiten dieser Gegend sind per **Pony-Trekking** (pro Pers. pro Trek 160–750 M, mit Übernachtung 260-330 M) zu erreichen. Herausragende Touren sind: der Ribaneng-Wasserfall (zwei Tage, eine Nacht); Ribaneng- und Ketane-Wasserfall (vier Tage, drei Nächte) und Semonkong (fünf bis sechs Tage). Lebensmittel, Schlafsack, Regenkleidung, Sonnenschutz, warme Kleidung, eine Taschenlampe und Tabletten zum Wasserreinigen gehören zum notwendigen Gepäck. Übernachtet wird in den **Basotho village huts** (pro Pers. 50 M).

Wandern

Die Malealea Lodge (s. unten) bietet Karten für Wanderer an und kann Packponys für die Ausrüstung organisieren. Zu den herrlichsten Zielen zählen der Botso'ela-Wasserfall (hin & zurück 2 Std.), die Pitseng-Schlucht (hin & zurück 6 Std., Badekleidung nicht vergessen), das Pitseng-Plateau (1 Std. hin & zurück) und die Ufer des Makhaleng River. Spaziergänge führen zu den umliegenden Dörfern und Stätten mit **San-Kunst**. Auch längere Touren mit Übernachtung sind möglich.

SCHLAFEN & ESSEN

Malealea Lodge (☎ in Südafrika 051-436 6766, 082-552 4215; www.malealea.co.ls, www.malealea.com; Zeltplätze pro Pers. 50 M, Backpacker-Hütten mit Gemeinschaftsbad pro Pers. 80 M, Zi. pro Pers. 100–200 M) Der Dreh- und Angelpunkt des örtlichen Lebens, die Malealea Lodge, bietet einen hervorragenden Einstieg ins „Königreich im Himmel" und seine kulturellen Reichtümer. Die Lodge entstand 1905 als Handelsposten, eingerichtet von dem Lehrer, Diamantenschürfer und Soldaten Mervyn Smith. Ab 1986 führten Mick und Di Jones (auch „Mrs Malealea" genannt) – beide hoch angesehen – den Laden, bevor sie ihn in eine Unterkunft umwandelten und in beeindruckender Weise in die Gemeinde integrierten.

2003 gewannen sie alle renommierten Imvelo-Preise für verantwortungsvollen Tourismus im südlichen Afrika, der verliehen wird; ein Teil der Einnahmen und Spenden von Touristen geht direkt an Hilfsprojekte in diesem Gebiet.

Fast jede Nacht tritt der örtliche Chor in der Lodge auf.

Die Auswahl an Unterkunftsmöglichkeiten reicht von Zeltplätzen und „Wald"- oder Backpackerhütten für zwei Personen (mit Bettwäsche 100 M) in einer hübschen bewaldeten Umgebung bis zu schlichten, gemütlichen Zimmern und Rondavels (afrikanische Rundhütten).

Die Lodge bietet auch eine Bar, herzhafte Mahlzeiten (Frühstück/Mittagessen/Abendessen 40/50/70 M) und Einrichtungen für Selbstversorger. Im Laden im Dorf stehen die Grundnahrungsmittel und einige Getränke bereit.

Die Lodge besitzt kein Telefon (nur CB-Funk), deshalb müssen Anfragen über Südafrika laufen. September bis November sind die belebtesten Monate.

DONGAS

In ganz Lesotho gibt es durch die Erosion ausgewaschene Wasserrinnen, die sich vom Gipfel der Berge bis ins Tal schlängeln. Sie heißen Dongas und entstanden vor allem durch den Gebrauch von Stahlpflügen zur Erweiterung des Ackerlandes in der zweiten Hälfte des 19. Jhs. Der lose Boden geriet durch schwere Sommerstürme rasch in Bewegung. Immer häufiger bauen Einheimische Steindämme (oder Terrassen), um den Schwemmsand und die Steinbrocken aufzufangen. Wenn der Bereich oberhalb des Damms oder der Terrasse sich füllt, wird ein weiterer Damm weiter unten gebaut, bis die Rinne mit fruchtbarem Boden, Gras und Bäumen zum Befestigen wieder aufgefüllt ist. Ein solches, sehr erfolgreiches Projekt zeigt die Familie Musi auf ihrer Farm bei Malealea (s. S. 616).

AN- & WEITERREISE

Zwei Sprinter-Minibus-Taxis verbinden Maseru und Malealea; die Abfahrt in Maseru ist etwa um 11.30 und 16.30 Uhr und in Malealea um 6 und 14 Uhr (40 M, 2½ Std., 83 km). Ansonsten können Reisende auch ein Minibus-Taxi ab der Haltestelle bei Shoprite/Sefika Mall bis zur Kreuzung in Motsekuoa (13 M, 2 Std.) benutzen, von dort gibt es häufige Verbindungen nach Malealea (10 M, 30 Minuten).

Autofahrer nehmen ab Maseru für 52 km die Mafeteng Rd. (Main Rd. South) nach Süden bis Motsekuoa. Hier heißt es nach den Schilder der Malealea Lodge Ausschau halten. Nach links (Osten) auf die Asphaltstraße abbiegen. Nach weiteren 10 km an der Gabelung die rechte Straße nehmen und weitere 15 km geradeaus fahren. Am Wegweiser nach Malealea abbiegen, die letzten 7 km zur Lodge führen über eine unbefestigte Straße.

Malealea ist auch von Süden über Mpharane und Masemouse zu erreichen, doch wegen der schlechten Straße nehmen die meisten Fahrer den Weg über Motsekuoa.

Mafeteng

Mafeteng (Ort des Volks von Lefeta) ist nach einem frühen Verwaltungsbeamten, Emile Rolland, benannt, dem die einheimischen den Namen Basotho Lefeta (Er, der vorbeigeht) gaben. Wenig hat sich hier seitdem verändert, ein Aufenthalt lohnt nicht. Der Ort ist eine wichtige Umsteigestation für Busse und Minibus-Taxis, ein Grenzort (Wepener im Free State liegt 22 km entfernt) und eine Möglichkeit, vor der Weiterfahrt in den Süden die Vorräte aufzufüllen. Im Ortszentrum steht eine kleine Statue, die an die Soldaten der Cape Mounted Rifles erinnert, die im Gun War von 1880 fielen.

Das **Golden Hotel** (☎ 2270 0566; EZ/DZ 175/240 M), ein kleiner Backsteinbau, besitzt so viel Charme wie ein Roboter, doch die Zimmer und das Essen sind akzeptabel. Das Haus liegt an der Hauptstraße am Nordrand des Ortes.

Direkt aus der Fernseh-Sitcom *Lost in Space* aus den 1960er-Jahren scheint das vieleckige **Mafeteng Hotel** (☎ 2270 0236; EZ/DZ ab 200/250 M) zu stammen. Zu seinen Charakteristika zählen die am Bett angebrachten Knöpfe fürs Radio, die pfirsichfarbene Innenausstattung und der Pool, der von seiner Form her zu den verrücktesten auf dieser Seite des Drakenbergs gehört. Ab der Hauptstraße am Südende des Ortes weisen Schilder darauf hin. Die Unterkunft besitzt einen Garten, ein Restaurant und eine Disco.

Minibus-Taxis verkehren häufig zwischen Mafeteng und Maseru (15 M, 1½ Std.) und Mohale's Hoek (9 M, 30 Minuten). Nach Quthing in Mohale's Hoek ist Umsteigen nötig.

Mohale's Hoek

Der Name Mohale's Hoek geht auf den jüngeren Bruder von König Moshoeshoe dem Großen, Mohale, zurück, der 1884 dieses Stück Land der englischen Verwaltung zur Verfügung stellte. Auch in jüngerer Zeit wurde die Stadt durch königlichen Besuch geehrt: Der britische Prinz Harry verbrachte hier eine Zeit lang, um im Waisenhaus eines nahe gelegenen Dorfes zu helfen. Das Ortszentrum ist ganz angenehm, und ein besserer Platz zum Übernachten als Mafeteng.

Der **Monateng Lodge** (☎ 2278 5337; EZ/DZ 170/200 M) fehlt etwas – nämlich Sicherheit. Die häufig von Rowdys frequentierte Bar bietet Mahlzeiten an. Das **Hotel Mount Maluti** (☎ 2278 5224; mmh@leo.co.ls; EZ/DZ mit Frühstück 257/380 M), in den 1950er-Jahren gebaut, wirkt mit seinem üppigen Garten und den Rasenflächen, den bequemen Zimmern und einem guten Restaurant sehr anziehend. Im Januar 2006 hat das Management gewechselt. Ab der Hauptstraße zeigen Hinweisschilder den Weg.

Minibus-Taxis fahren regelmäßig nach Quthing (12 M, 45 Minuten) und tagsüber nach Mafeteng (9 M, 30 Minuten). Es gibt auch täglich mehrere Minibus-Taxis (25 M, 2½ Std.) und einen Bus (20 m) nach Maseru.

Quthing

Quthing, der südlichste Ort Lesothos, ist auch unter dem Namen Moyeni (Ort des Windes) bekannt. Es entstand 1877, wurde im Gun War von 1880 aufgegeben und an der heutigen Stelle wiedererbaut.

Die interessanten Plätze in Lower Quthing liegen an der Hauptstraße. Auf dem Hügel oberhalb der Schlucht des Senqu (Orange) River liegt Upper Quthing, das frühere koloniale Verwaltungszentrum, mit Postamt,

Krankenhaus, Polizeiwache, Hotel und einigen schönen Ausblicken. Minibus-Taxis verkehren zwischen Lower und Upper Quthing.

SEHENSWERTES & AKTIVITÄTEN

5 km westlich von Quthing liegt das faszinierende **Masitise Cave House Museum** (☎ 5879 4167; Eintritt frei, Spenden werden gern entgegengenommen), Teil einer alten Mission, die Reverend David-Frédéric Ellenberger, ein Schweizer, der zu den ersten Missionaren in Lesotho gehörte, 1866 direkt in einen Felsenunterstand der San hineinbaute. Mithilfe des Morija Museum verwandelte sich das Felsenhaus in ein kleines Museum mit interessanten Exponaten zur regionalen Kultur und Geschichte. An der Decke finden sich Dinosaurier-Fußabdrücke und nicht weit davon entfernt Felsmalereien der San. Autofahrer biegen am Wegweiser zur Masitise Primary School ab und folgen etwa 1,5 km der Straße, die an der kleinen Kirche vorbeiführt. Das Haus der Hausmeisterin (dort gibt es den Schlüssel zum Felsenhaus) liegt direkt dahinter; zum Museum sind es weitere 5 Minuten Fußweg. Eine Unterkunftsmöglichkeit besteht auf B-&-B-Basis im Haus der Hausmeisterin (auch Pastorin der Kirche) oder in den sehr rustikalen (sprich unrenovierten) Rondavels. Da die Mahlzeiten einiges an Organisation kosten, bitte vorher anrufen (Frühstück/Mittagessen/Abendessen 25/40/40 m).

Quthing rühmt sich außerdem noch der zahlreichen **Dinosaurier-Fußspuren** in der Umgebung. Die am besten zugänglichen befinden sich neben der Hauptstraße in Richtung Mt. Moorosi; nach dem kleinen rosafarbenen Gebäude links Ausschau halten. Es heißt, dass die Spuren 180 Millionen Jahre alt sind.

Zwischen Quthing und Masitise, liegt von der Hauptstraße aus zu sehen die **Villa Maria Mission**, mit einer bemerkenswerten doppeltürmigen Sandsteinkirche. 10 km südöstlich des Ortes bei Qomoqomong gibt es eine Anzahl von **Felsenmalereien der San**. Mehrere Minibus-Taxis bedienen diese Strecke täglich. In Qomoqomong im Gemischtwarenladen nach einem Führer für den 20-Minuten-Weg zu den Malereien fragen.

Die Straße von Quthing nach Qacha's Nek gehört zu den faszinierendsten Routen in Lesotho, sie führt durch die gewundene Schlucht des Senqu (Orange) River und präsentiert einige grandiose Canyon-Landschaften, bevor sie nach oben steigt. Wer gut ausgerüstet ist, kann hier auch wunderbar wandern.

Am Weg liegt das Dorf **Mt. Moorosi**, benannt nach einem Basotho-Häuptling, der 1879 den Briten acht Monate auf seinem befestigten Berg Widerstand leistete, bis er getötet wurde; außerdem das hübsche Dorf **Mphaki**, ein möglicher Ausgangspunkt für Wanderungen, und die **Christ the King Mission** mit einem weiten Blick über das Tal des Senqu (Orange) River. Von der Mission aus brauchen Wanderer zwei bis drei Tage in nördliche Richtung bis zum Bergort Semonkong (S. 615).

SCHLAFEN & ESSEN

Fuleng Guest House (☎ 2275 0260; Zi. pro Pers. ab 80 M) Die Pension liegt auf einem Hügel und bietet Zimmer und Rondavels mit einem ausgezeichneten Preis-Leistungsverhältnis, mit tollem Blick und einer freundlichen Umgebung. In seinem Bestreben, den Tourismus zu fördern, organisiert der Besitzer auch Aktivitäten und Ausflüge. An der Hauptstraße genau vor der Biegung nach Upper Quthing steht ein Wegweiser.

Mountain Side Hotel (☎ 2275 0257; EZ/DZ 210/285 M) Dieses Hotel von leicht verblasstem Glanz bietet dunkle (wenn auch geräumige) Zimmer und ein ordentliches Restaurant. Die schöneren Zimmer liegen im Hauptgebäude. Das Hotel befindet sich etwa 100 m auf einer Staubpiste hinunter, die links von der Hauptstraße abzweigt, wo der Aufstieg nach Upper Quthing beginnt.

Eine preiswerte Mahlzeit (Grillhähnchen, Omelettes und anderes allgemein beliebtes Essen) serviert der gut ausgestattete, namenlose Laden in Lower Quthing, direkt vor dem Fuleng Guest House.

In Mphaki gibt es das attraktive **Farmers' Training Centre** (B 50 M) mit sauberen Rondavels, Schlafsälen und einer Küche (Mahlzeiten pro Tag 50 M). Außerdem sind hier auch einige kleine Läden zu finden.

Moorosi Chalets (☎ in Südafrika 051-436 6766; Chalet pro Pers. ab 80 M, mit Bad pro Pers. ab 100 M) Die Einwohner von Malealea bieten (gemeinsam mit dem Quthing Wildlife Development Trust) eine neue Initiative an – schlichte Unterkunft in Rondavels, Forellenangeln, Besichtigungen von „unbekannten" Buschmann-Malereien und andere Aktivitäten. Außerdem ist es möglich, sich in einem von zwei Basotho-Dörfern einzuquartieren, wo örtliche Gastgeber einfache, aber sehr bequeme Rondavels (pro Pers. 50 m) gebaut haben. Die Einnahmen gehen direkt ans Dorf und werden für Ausrüstung und Vorräte verwendet. Die Chalets liegen 6 km vom Dorf Mt. Moorosi entfernt; auf der Straße nach Qacha's Nek nach 2 km die Abzweigung nach Ha Moqalo nehmen.

AN- & WEITERREISE

Minibusse verkehren zwischen Quthing und Qacha's Nek (51 M, 3 Std.), außerdem bedient ein Bus, der in Quthing etwa um 9 Uhr startet, dieselbe Strecke (35 M, 5 Std.). Mehrere Minibus-Taxis fahren nach Maseru (96 M, 3½ Std.). Die Haltestelle liegt in Lower Quthing. Die Straße von Quthing nach Qacha's Nek ist durchgehend asphaltiert, trotz anderslautender Angaben in manchen Karten.

Qacha's Nek

Qacha's Nek wurde 1888 als Missionsstation am gleichnamigen Pass (1980 m) gegründet. Bekanntheit erwarb sich der Ort, weil 2005 die Feierlichkeiten zum 42. Geburtstag von König Letsie III. hier stattfanden. Es gibt eine hübsche Kirche und mehrere Sandsteingebäude aus der Kolonialzeit. In der Nähe ragen Sequoien auf, von denen manche mehr als 25 m Höhe erreichen.

SCHLAFEN & ESSEN

Anna's B&B (☎ 2295 0374; annasb&b@leo.col.ls; EZ 100–150 M, DZ 180–280 M) Die Unterkunft an der Hauptstraße, schräg gegenüber vom Farmers' Training Centre, bietet saubere, hübsche Zimmer im neuen Flügel und weniger verlockende mit Gemeinschaftsbad im alten Teil.

Letloepe Lodge (☎ 2295 0383; www.letloepelodge.co.ls; B/EZ/DZ mit Frühstück 125/280/400 M) Letloepe bedeutet „Palast direkt unter den Wolken", und tatsächlich gibt es hier gut ausgestattete Rondavels mit allem möglichen Schnick-Schnack (einschließlich der ausgefallensten Toilettenbezüge und Bettbezüge im südlichen Afrika) sowie einem wunderschönen Ausblick. Die Lodge liegt ganz oben am Hügel. Um einzutreten, müssen die Gäste das Haus umrunden (die Rückseite liegt zur Straße).

Hotel Nthatuoa (☎ 2295 0260; EZ/DZ mit Frühstück 250/300 M) Das überraschendste hier ist der „Speisesaal" mit dem dicken roten Teppich. An der Hauptstraße gibt es am Nordende des Ortes Hinweisschilder.

AN- & WEITERREISE

Minibus-Taxis verkehren regelmäßig zwischen Qacha's Nek und Maseru, über Quthing (96 M, 6 Std.). Es gibt auch eine tägliche Busverbindung zwischen Maseru und Qacha's Nek, Abfahrt in Maseru zwischen 5 und 6 Uhr (66 M, 9 Std.), sowie eine von Qacha's Nek zum Sehlabathebe National Park, Abfahrt in Qacha's Nek etwa 12 Uhr (30 M, 5 Std.).

Sehlabathebe National Park

Lesothos erster Nationalpark, gegründet 1970, ist abgelegen, wild und schön. Das Abenteuer, dorthin zu gelangen, lohnt sich vor allem für Menschen, die Wildnis, Einsamkeit und das Angeln lieben. Das hügelige Grasland, die Wildblumen und die Stille vermitteln ein Gefühl völliger Abgeschiedenheit; nur die zahlreichen Vögel (darunter der Bartgeier) und gelegentlich eine Rehantilope sind Zeichen für Leben. Zu Fuß (oder zu Pferd von Sani Top oder dem Drakensberg aus) sind die Wasserfälle und ihre Umgebung am besten zu erkunden; in den Flüssen und Stauseen des Nationalparks können Angler ihrer Leidenschaft frönen.

Besucher müssen die gesamten Lebensmittel ebenso wie Ausrüstung für jedes Wetter mitbringen. Hier regnet es im Sommer, und dichter Nebel, besonders gefährlich für Wanderer, tritt häufig auf. Die Winter sind klar, aber nachts kalt, mit gelegentlichem leichten Schneefall.

SCHLAFEN & ESSEN

Camping ist im Park erlaubt, obwohl es keine Einrichtungen gibt – nur sehr viel Wasser.

Sehlabathebe Park Lodge (☎ Buchungen 2232 3600; Zeltplätze pro Pers. 30 M, Zi. pro Pers. 80 M) Die einzige (wenn auch abgelegene) Unterkunftsmöglichkeit im Park mit einigen Einrichtungen ist ausgezeichnet. Sie entstand in den 1970er-Jahren für den damaligen Premierminister (er liebte wohl das Forellenangeln und deshalb wurde der Park eingerichtet) und garantiert heute, vom Zahn der Zeit benagt, einen tollen Aufenthalt. Sie liegt in einem flachen Grasland, der Blick geht über Hügel und Teiche. Alle Lebensmittel und Extra-Benzin oder -Diesel müssen mitgebracht werden – der Park selbst bietet davon nichts. Die Lodge kann bis zu zwölf Personen aufnehmen und stellt Bettzeug; eine voll ausgestattete Küche ist ebenfalls vorhanden. Die 12 km durch den Park, um die Lodge zu erreichen, lassen sich nur mit Allradern bewältigen. Wegen ihrer Abgelegenheit empfiehlt sich die Lodge nicht für Einzelreisende. Sehlabathebe steht gegenwärtig unter der Verwaltung des **National Environment Secretariat** (☎ 2231 1767 oder 2232 6075; New Postal Office Building, 6th Floor, Kingsway, Maseru), doch das Management scheint regelmäßig zu wechseln.

Die Busse erreichen Sehlabathebe am Abend, das heißt, dass die Reisenden im Dorf Mavuka beim Parkeingang übernachten müssen. Das saubere, moderne **Range Management Education Centre** (B 35 M), 2 km die Straße links hinter der Mavuka Primary School hinunter, besitzt Schlafsaalbetten, hatte aber zur Zeit der Entstehung dieses Buches weder Wasser noch Gas. Die andere Möglichkeit (ebenfalls ohne Luxus) ist das **Mabotle Hotel** (DZ 70 M) in Mavuka. Trotz der staubigen, leicht schäbigen Umgebung haben die Rondavels sauberen Linoleumfußboden, Betten mit neuen Kopfteilen (die Plastikverpackung wurde noch nicht entfernt) und blitzsaubere Badezimmer. Nur wenige Leute übernachten hier – es gibt kein Wasser.

AN- & WEITERREISE

In Paolosi, etwa 3 km südlich von Mavuka, gibt es eine Start- und Landebahn für Charterflüge.

Ein Bus täglich verbindet Qacha's Nek und Sehlabathebe, er startet in Qacha's Nek etwa um 12 Uhr und in Sehlabathebe um 17.30 Uhr (30 M, 5 Std.). Der Bus fährt nur bis zum Dorf Mavuka, nahe beim Eingang zum Park. Von hier aus müssen die Reisenden rund 12 km Fußweg bis zur Lodge zurücklegen. Für Autofahrer: Die Hauptstraße in den Park führt über Quthing und Qacha's Nek. Die Straße ab Qacha's Nek ist unbefestigt, aber in ganz vernünftigem Zustand; sie kann fast das ganze Jahr über mit einem Pkw mit Zweiradantrieb befahren werden. Es besteht die Möglichkeit, während der Dauer des Aufenthalts im Park das Auto an der Polizeiwache in Paolosi abzustellen.

Am einfachsten gelangen Wanderer über den 10 km langen Weg von Bushman's Nek in KwaZulu-Natal in den Park. Von Bushman's Nek bis zur Grenze in Nkonkoana Gate dauert es etwa sechs Stunden. **Khotso Trails** (☎ in Südafrika 033-701 1502; www.khotsotrails.co.za) in Underberg organisiert auch Pferde für den Weg.

Für die Straße von Sehlabathebe nach Sehonghong brauchen Reisende unbedingt einen Allrader. Selbst dann kann es durch Stürme oder Erdrutsche Schwierigkeiten geben. Sicherheitshalber immer bei den Einheimischen nachfragen – Schilder werden nur selten aufgestellt.

Swasiland

RICHARD I'ANSON

Swasiland

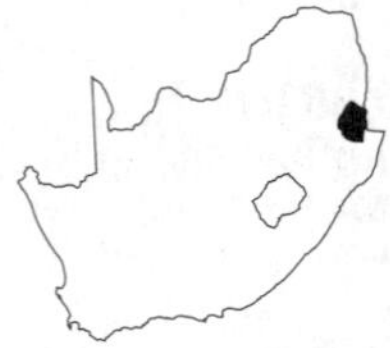

Das Königreich Swasiland wird von Mosambik und Südafrika umschlossen und ist eines der kleinsten Länder Afrikas. Was dem Land jedoch an Größe fehlt, macht es durch seine reiche Kultur, aber auch durch die lockere Atmosphäre wieder wett. Hier ist im Vergleich zu den größeren Nachbarn ein gelasseneres Tempo angesagt.

Während der Apartheid war Swasiland vor allem für seine Kasinos und Nachtclubs bekannt– verbotene Freuden zu dieser Zeit in Südafrika. Seit der Aufhebung der Apartheid ist dieser Ruf rasch verblasst, und die wahren Attraktionen des Landes sind ins Zentrum der Aufmerksamkeit gerückt. Die Besucher können hier wunderbar Tiere in freier Wildbahn beobachten, an spannenden Unternehmungen wie Wildwasser-Raften samt zugehörigem Adrenalinschub teilnehmen, das herrliche Bergpanorama bewundern und die lebendige Kultur genießen.

Über alldem wacht König Mswati III., einer der drei in Afrika verbliebenen Monarchen. Natürlich steht die Monarchie im Brennpunkt der Kritik, aber kombiniert mit der Geschichte der Swasi, nämlich ihrem Widerstand gegen die Buren, die Briten und die Zulus, hat sie den Nationalstolz beflügelt, sodass die Kultur im Lande nur so blüht.

Das hervorragende Straßennetz macht Swasiland leicht zugänglich – man kommt problemlos herum. Unterkünfte gibt es für jeden Geschmack, von anständigen Herbergen bis zu familienfreundlichen Hotels und teuren Resorts.

HIGHLIGHTS

- Tiere in freier Wildbahn beobachten, darunter die seltenen Spitzmaulnashörner im tollen **Mkhaya Game Reserve** (S. 646)
- Im **Malolotja Nature Reserve** (S. 642) oder in der **Ngwempisi Gorge** (S. 648) durch die Wildnis trecken
- In den Geschäften mit Kunsthandwerk und im königlichen Kernland im **Ezulwini Valley** (S. 634) sowie im **Malkerns Valley** (S. 638) umherstreifen
- Den reißenden **Usutu River** mit seinen Stromschnellen (s. Kasten „Wildwasser-Raften", S. 648) hinunterschießen
- Im **Mlilwane Wildlife Sanctuary** (S. 637) herumlaufen und in den ebenso tollen wie preiswerten Lodges hier entspannen
- Die Geisterstadt **Bulembu** (S. 644) im Nordwesten des Landes erkunden

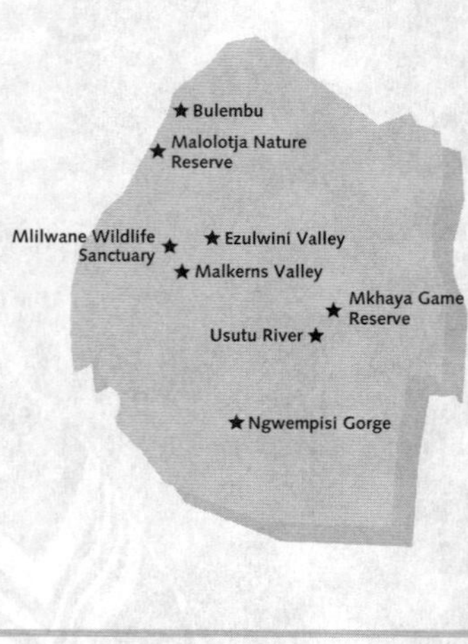

EINWOHNER: 1,1 MIO.	FLÄCHE: 17 364 km²

GESCHICHTE

Die Anfänge einer Nation

Das Gebiet des heutigen Swasiland ist seit Jahrtausenden besiedelt. Menschlich anmutende Überreste wurden in den Lebombo Mountains im Osten des Landes gefunden und sind vermutlich bis zu 100 000 Jahre alt. Die Swasi gehen allerdings davon aus, dass ihre Ahnen Neuankömmlinge erheblich jüngeren Datums sind. Um das Jahr 500 kamen nämlich im Rahmen der großen Bantu-Migration (S. 32) verschiedene Nguni-Stämme in die Region. Einer davon ließ sich in der Umgebung des heutigen Maputo (Mosambik) nieder, wo er die Dlamini-Dynastie gründete.

Mitte des 18. Jhs. führte der Dlamini-König Ngwane III. wegen des zunehmenden Drucks von anderen Clans in dieser Gegend sein Volk gen Südwesten an den Pongola River, heute im südlichen Swasiland und im nördlichen KwaZulu-Natal.

Die Region am Fluss wurde zum Kernland der Swasi, und dementsprechend betrachten die Swasi Ngwane III. heute auch als ihren ersten König.

Doch erst Ngwanes Nachfolger Sobhuza I. errichtete im Ezulwini Valley einen Stützpunkt, der bis heute die Heimat der Königsfamilie ist und auch das Zentrum des Brauchtums darstellt. Nach Sobhuza I. kam der berühmte König Mswazi (oder Mswati) auf den Thron, nach dem die Swasi benannt sind. Trotz des erheblichen Drucks von den benachbarten Zulus gelang es Mswazi, das Königreich zu einen. Er erweiterte zudem das Territorium gen Norden bis Hhohho – das heutige Nordwest-Swasiland –, und zwar als Reaktion auf die ständigen Übergriffe der Zulus auf das Swasi-Territorium im Süden. Als Mswazi schließlich 1868 verstarb, waren die Fundamente der jungen Swasi-Nation gesichert.

Seit Mitte des 19. Jhs. lockte Swasiland immer mehr Bauern aus Europa an, die Land für ihr Vieh brauchten, aber auch Jäger, Kaufleute und Missionare. Mswazis Nachfolger Mbandzeni erbte ein Königreich voller Abenteurer aus Europa. Seine Regierung erwies sich jedoch als erheblich schwächer als die von Mswazi. Unter Mbandzeni verlor das Königreich immer mehr Land: Es wurde an die Europäer verkauft, wovon der König in Form von Bestechungsgeldern profitierte.

In den nächsten Dekaden sahen die Swasi ihr Territorium dahingehen, denn die Briten und die Buren kämpften um die Macht in der Region. 1902, nach dem zweiten Anglo-Burischen Krieg (S. 38), zogen sich die Buren zurück, und die Briten übernahmen die Kontrolle in Form eines Protektorats.

Kampf um die Unabhängigkeit

Anfang des 20. Jhs. drehte sich in der Geschichte der Swasi alles um den Unabhängigkeitskampf. Unter der Führung von König Sobhuza II. (und seiner fähigen Mutter, die während seiner Kindheit die Regentschaft innehatte) gelang es den Swasi, einen Großteil ihres ursprünglichen Territoriums wiederzuerlangen. Das war zum einen durch Rückkäufe möglich, zum anderen aber auch durch einen Erlass der britischen Regierung. Als das Land dann 1968 unabhängig wurde, befanden sich rund zwei Drittel des Königreichs wieder unter der Kontrolle der Swasi. Diese Entwicklung hatte große Bedeutung, denn Swasi-Könige verwalten das Reich als Treuhänder für ihre Bürger, und somit ist Landbesitz mehr als eine rein wirtschaftliche oder politische Frage. Als ein Großteil des Landes im Besitz von Ausländern war, bedeutete das eine Bedrohung der Glaubwürdigkeit der Monarchie sowie der Existenz der Swasi-Kultur. Zu dieser Zeit suchten sich auch viele Swasi als Wanderarbeiter einen Job in den Witwatersrand Mines in Südafrika, um sich ihren Grund und Boden zurückkaufen zu können.

Im Jahr 1960 schlug König Sobhuza II. die Einrichtung eines Legislativrats vor, der sich aus nach europäischen Richtlinien gewählten Europäern zusammensetzen sollte, sowie eines Nationalrats, der mit der Swasi-Kultur konform ging. Eine der politischen Swasi-Parteien, die zu dieser Zeit gegründet wurde, war das Mbokodvo (Grindstone) National Movement. Diese Partei hatte das Ziel, die traditionelle Swasi-Kultur zu erhalten und gleichzeitig Rassendiskriminierung zu unterbinden. Als die Briten schließlich 1964 den Wahlen zustimmten, bekam Mbokodvo die Mehrheit. Bei den nächsten Wahlen, 1967, gewann die Partei alle Sitze. Am 6. September 1968 war die Unabhängigkeit als Höhepunkt eines langen und erstaunlich gewaltlosen Weges schließlich erlangt, 66 Jahre nach dem Beginn des britischen Protektorats.

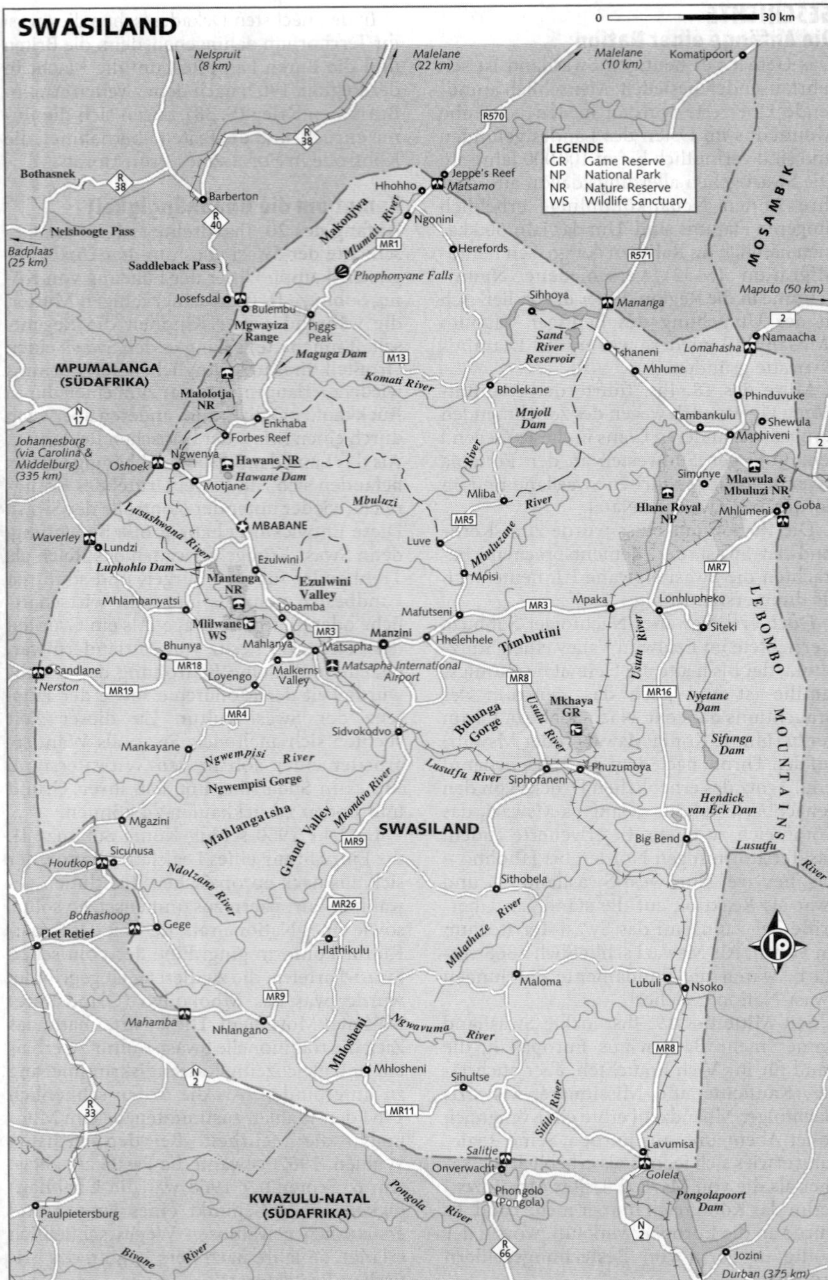
SWASILAND
0
30 km
LEGENDE
GR Game Reserve
NP National Park
NR Nature Reserve
WS Wildlife Sanctuary
Nelspruit (8 km)
Malelane (22 km)
Malelane (10 km)
Komatipoort
R570
R38
R40
R571
Bothasnek
Barberton
Nelshoogte Pass
Badplaas (25 km)
Saddleback Pass
Jeppe's Reef
Hhohho
Matsamo
Makonjwa
Mlumati River
Ngonini
Herefords
MR1
Phophonyane Falls
Josefsdal
Bulembu
Mgwayiza Range
Piggs Peak
Maguga Dam
M13
Komati River
Sihhoya
Mananga
Sand River Reservoir
Tshaneni
Mhlume
Maputo (50 km)
MOSAMBIK
2
Namaacha
Lomahasha
Phinduvuke
Tambankulu
Shewula
Maphiveni
MPUMALANGA (SÜDAFRIKA)
Malolotja NR
N17
Johannesburg (via Carolina & Middelburg) (335 km)
Oshoek
Ngwenya
Enkhaba
Forbes Reef
Hawane NR
Hawane Dam
Motjane
Bholekane
Mnjoli Dam
River
Mliba
Simunye
Hlane Royal NP
Mlawula & Mbuluzi NR
Goba
Mhlumeni
Mbuluzi
MBABANE
Lusushwana River
Waverley
Lundzi
Luphohlo Dam
Ezulwini
Mantenga NR
Ezulwini Valley
Luve
MR5
Mbuluzane River
Mpisi
MR7
Mhlambanyatsi
Lobamba
Mlilwane WS
Mahlanya
MR3
Manzini
Matsapha
Mafutseni
Hhelehhele
Mpaka
Lonhlupheko
Siteki
Timbutini
Usutu River
LEBOMBO MOUNTAINS
Bhunya
MR18
Sandlane
Nerston
MR19
Loyengo
Malkerns Valley
Matsapha International Airport
MR8
MR16
Nyetane Dam
MR4
Mkhaya GR
Sidvokodvo
Bulunga Gorge
Sifunga Dam
Mankayane
Ngwempisi River
Ngwempisi Gorge
Lusutfu River
Siphofaneni
Phuzumoya
Hendick van Eck Dam
Mgazini
Mahlangatsha
Grand Valley
Mkondvo River
SWASILAND
MR9
Big Bend
Lusutfu River
Sicunusa
Houtkop
Ndolzane River
Sithobela
MR26
Bothashoop
Piet Retief
Gege
Hlathikulu
Mhlathuze River
Maloma
Lubuli
Nsoko
Mahamba
Nhlangano
Ngwavuma River
MR8
Mhlosheni
Mhlosheni
Sihultse
N2
R33
MR11
Sitilo River
Lavumisa
Salitje
Onverwacht
Golela
KWAZULU-NATAL (SÜDAFRIKA)
Pongola River
Phongolo (Pongola)
Pongolapoort Dam
Paulpietersburg
R66
Bivane River
Jozini
Durban (375 km)

SWASILAND

DIE SÄULE DER POLYGAMIE

Als König Sobhuza II. im Alter von 83 Jahren verstarb, hinterließ er rund 120 offizielle Frauen. Inoffiziellen Schätzungen zufolge geht man allerdings von mehr als der doppelten Anzahl an Frauen und Geliebten aus. Der derzeitige König Mswati III. hat 13 Ehefrauen. Er geriet ins Kreuzfeuer der Kritik, als er 2001 ein 17-jähriges Mädchen heiratete, und zwar, nachdem er zwei Monate zuvor ein fünfjähriges Sexverbot erlassen hatte, das die jungen Mädchen des Königreichs betraf. Die zwangsweise Enthaltsamkeit wurde angeordnet, um die Verbreitung von Aids zu bekämpfen. Der König setzte das Verbot dann ein Jahr früher außer Kraft.

Obwohl die Prominenz des Landes generell mehrere Gattinnen hat, ist die Polygamie in Swasiland rückläufig. Einer der Hauptgründe sind die Kosten: Wenn ein Mann heiratet, muss er der Familie der Verlobten eine *lobola* (Brautgeld – meist in Form von Vieh) bezahlen. Dieser Brauch hat dazu geführt, dass immer mehr Männer inoffiziellen Affären den Vorzug geben.

Die erste Swasi-Verfassung war größtenteils ein Machwerk der Briten und wurde 1973 vom König mit der Begründung außer Kraft gesetzt, dass sie nicht mit der Swasi-Kultur übereinstimme. Vier Jahre später trat das Parlament unter einer neuen Verfassung zusammen, ganz unzeitgemäß die alle Macht dem König verlieh.

Sobhuza II., der seinerzeit am längsten regierende König der Welt, starb 1982. Eine seiner bedeutendsten Errungenschaften war, dass er die Existenz seines Landes und seiner Kultur sicherte, die seit den Tagen seines Vaters gefährdet waren. Bis heute ist er als „der verstorbene König" in aller Munde. 1986 bestieg der junge Mswati III. den Thron. Auch er hält am traditionellen Leben fest. Damit das auch klappt, regiert er als absoluter Monarch – recht und oft auch eher schlecht.

Aktuelle Ereignisse

Swasiland wird von König Mswati III. und einem kleineren Ministerrat regiert. Die meisten Swasi scheinen mit ihrem politischen System ganz zufrieden zu sein – oder sind mittlerweile einfach in Apathie verfallen. Jedenfalls pflegen sie ihre Kultur. Doch niemand setzt sich wirklich dafür ein, dass sie angesichts der Modernisierungen auch wirklich Fortbestand hat. Unterschwellig wird allerdings immer wieder Kritik an der Politik laut, und die Bewegung, die sich für einen Wechsel zur Demokratie stark macht, hat in den letzten zehn Jahren an Boden gewonnen. 1996 ernannte der König eine Kommission, die die Verfassung prüfen sollte, und 2003 wurde schließlich eine neue verabschiedet – die dann aber prompt von reformorientierten Swasi abgelehnt wurde, weil sie eigentlich bloß den Status quo aufrechterhielt.

Oppositionsparteien sind offiziell verboten, aber dennoch vorhanden. Zu den wichtigsten zählen People's United Democratic Movement (Pudemo) und Swasiland Youth Congress (Swayoco), wobei sich beide nur eines geringen Zulaufs erfreuen. Zudem setzt sich die Gewerkschaftsbewegung seit langem für einen Wechsel ein. Auch ihre Versammlungen sind verboten. Aber trotz dieser politischen Spannungen und der zunehmenden Unzufriedenheit der Bevölkerung über den Missbrauch königlicher Privilegien werden der König und seine Berater in absehbarer Zeit aller Wahrscheinlichkeit nach politisch die Oberhand behalten. Selbst Reformer befürworten nur eine Modifikation der Monarchie, was im Klartext bedeutet: eine konstitutionelle und keine absolute Monarchie. Von Abschaffung kann somit keine Rede sein.

Das ganze Gerangel um die Verfassung relativiert sich außerdem angesichts der Geißel Aids. Swasiland hat mittlerweile Botswana als Land mit der höchsten Rate an Aids-Infizierten der Welt überholt (s. Kasten „HIV/Aids", S. 628).

KLIMA

Fast ganz Swasiland erfreut sich eines Klimas, das so in etwa dem des Lowveld in Südafrika entspricht, nämlich mit regnerischen, drückend heißen Sommern und angenehmen, kühleren Wintern. Von Dezember bis Februar überschreiten die Temperaturen manchmal die 40-°C-Marke, sintflutartige Regenfälle sind an der Tagesordnung. Von Mai bis August ist es am kühlsten. In den höher gelegenen Regionen

HIV/AIDS

Swasiland hat mittlerweile Botsuana als das Land mit der höchsten HIV-Infektionsrate der Welt überholt – rund 39 % der Erwachsenen von Swasiland sind HIV-positiv. Zum Vergleich: 1992 waren es noch 3,9 %. Einer Untersuchung des Gesundheitsministeriums zufolge wird bis 2010 ein Viertel der Bevölkerung von Swasiland an Aids sterben. Über 60 000 Kinder haben bereits einen, wenn nicht beide Elternteile verloren.

Gründe, weshalb das so ist, gibt es zuhauf: Immer mehr Swasi arbeiten vor allem in Südafrika in der Bergbau-, Zucker- und Holzindustrie, und diese Bevölkerungsgruppen – einschließlich der zu Hause zurückgebliebenen Frauen und Freundinnen – sind einem besonderen Risiko ausgesetzt. Weitere Gründe sind kulturell bedingte Bräuche wie die so genannte Witwenvererbung: Die Frau wird während der Abwesenheit ihres Mannes der Obhut des Schwagers anvertraut. In manchen Fällen hat der Rückgang der Polygamie zu mehr „informellen", außerehelichen Beziehungen geführt. Weitere Faktoren sind die fehlende Gleichberechtigung der Frauen vor dem Gesetz, die unproblematische Einreise nach Swasiland samt seinen guten Straßen (nützliche Strecken für den Güterverkehr) und das Stigma, das Aids anhaftet und somit Kommunikation und Prävention unterbindet.

im Westen wird es im Winter nachts knackig kalt, und manchmal gibt's sogar Frost.

NATIONALPARKS & SCHUTZGEBIETE

Swasiland verfügt über fünf bedeutende Reservate, die die abwechslungsreiche Topografie des kleinen Landes beeindruckend widerspiegeln. Am einfachsten ist das Mlilwane Wildlife Sanctuary (S. 637) im Ezulwini Valley zu erreichen. Es wird von **Big Game Parks** (☎ 528 3944; www.biggameparks.org) in Mlilwane verwaltet. Der gleichen Organisation unterstehen auch das herrliche Mkhaya Game Reserve (S. 646) mit Spitzmaulnashörnern (englisch *Black Rhinos*) und vielen anderen Tieren sowie der Hlane Royal National Park (S. 645).

Im nordwestlichen Hochland befindet sich das wunderschöne Malolotja Nature Reserve (S. 642). Es ist vor allem für seine Wanderwege bekannt. Zusammen mit dem Mlawula Nature Reserve (S. 645) im östlichen Lowveld und dem winzigen Mantenga Nature Reserve (S. 634) im Ezulwini Valley wird er von der **National Trust Commission** (☎ 416 1151, 416 1178; www.sntc.org.sz) verwaltet, die ihre Hauptniederlassung im Nationalmuseum von Lobamba (Ezulwini Valley) hat. Buchungen sind in der **Touristeninformation** (☎ 404 2531; www.welcometoswaziland.com) im Ezulwini Valley möglich.

SPRACHE

Die offiziellen Landessprachen sind Swati und Englisch, wobei Englisch die offizielle – geschriebene – Verwaltungssprache ist. Informationen über Swati sind im Kapitel „Sprache" (S. 707) zu finden.

GEFAHREN & ÄRGERNISSE

Die Straßenkriminalität nimmt in Mbabane ständig zu. Man sollte also seinen gesunden Menschenverstand einschalten und vor allem nachts die entsprechenden Vorsichtsmaßnahmen ergreifen. In Manzini steigt die Anzahl an Übergriffen auf Touristen und Einheimische – Wertsachen also nicht herumliegen lassen und immer auf der Hut sein.

Es treten in Swasiland Bilharziose und Malaria auf. Informationen, wie sich diese Krankheiten vermeiden lassen, sind auf S. 701 und S. 703 zu finden.

ANREISE & UNTERWEGS VOR ORT

Es gibt Flüge nach Swasiland (Matasapha International Airport) von Johannesburg (Jo'burg) und Durban in Südafrika sowie von Maputo in Mosambik; s. S. 679.

Swazi Express Airways (☎ 518 6840; www.swaziexpress.com) und ihre Schwestergesellschaft Steffen Air Charters bieten Charterflüge innerhalb des Königreichs sowie in der Region an.

Die meisten Backpacker kommen auf dem Landweg nach Swasiland. Einzelheiten zu den Grenzübergängen s. S. 680, Busverbindungen s. S. 682 und Informationen für Leute, die mit dem Auto herumfahren wollen (inklusive Mietwagen), s. S. 688.

In Swasiland selbst besteht ein gutes Minibussystem, das das ganze Land abdeckt. Privattaxis gibt es in Mbabane, im Ezulwini

Valley und in Manzini. Einzelheiten befinden sich in den Abschnitten „An- & Weiterreise" der jeweiligen Region.

MBABANE

60 000 Ew.

Hauptstadt von Swasiland und zweitgrößte Stadt ist Mbabane (gesprochen: mm-bahbahn). Das klingt vielleicht recht toll, ist es aber nicht. Die Stadt ist trotzdem noch ganz akzeptabel, außerdem liegt sie hübsch in den Dlangeni Hills. Jedenfalls lässt sich hier viel erledigen. Es gibt eine Handvoll annehmbare Lokale, diverse Unterkünfte und einen betriebsamen Markt, doch das angrenzende Ezulwini Valley hat die meisten Sehenswürdigkeiten zu bieten. Mbabane wächst rasant und hat in letzter Zeit auch wirtschaftlich zugelegt, sodass der Kontrast zur ländlichen Umgebung nun schon beachtlich ist.

Während der Kolonialzeit waren die Briten ursprünglich in Manzini stationiert, gingen dann aber 1902 nach Mbabane, denn dort oben auf den Hügeln war es kühler.

Orientierung

In den letzten Jahren wurden die Straßennamen in Mbabane geändert. Sie sind mittlerweile in den offiziellen Stadtplänen verzeichnet. Manchmal benutzen die Leute aber auch noch die alten Namen.

Die Gwamile Street ist die Hauptstraße. Sie verläuft grob von Norden nach Süden durchs Stadtzentrum. Am südlichen Ende liegt das Swazi Plaza, ein großes Einkaufszentrum mit der Touristeninformation, Banken und Geldautomaten, einem Internetcenter und einer breiten Auswahl an Geschäften. Gleich auf der anderen Straßenseite wartet das zweite wichtige Einkaufszentrum der Stadt, die Mall.

In der Innenstadt mit den Geschäften lässt sich locker alles zu Fuß bewerkstelligen.Weiter draußen in den Wohngegenden wird es grün, und die Straßen schlängeln sich über die Hügel. Wer in den B&Bs dort Quartier bezieht, weiß die Vorzüge eines Autos zu schätzen.

KARTEN

Die **Touristeninformation** (☎ 404 2531; www.welcometoswaziland.com; ⌚ Mo–Do 9–16.45, Fr 9–16, Sa 9–13 Uhr) hält eine kostenlose Karte mit Mbabane, Manzini und Swasiland auf der einen und Informationen auf der anderen Seite bereit.

Praktische Informationen

BUCHLÄDEN

CNA (Swazi Plaza) Guter Laden.

Webster's (120 Dzeliwe St.) Der am besten sortierte Buchladen in Mbabane.

GELD

Geldautomaten, die sich mit den gängigen internationalen Karten nutzen lassen, befinden sich in der Standard Bank und Nedbank im Swazi Plaza sowie im Royal Swazi Sun Hotel ein Stück außerhalb von Mbabane im Ezulwini Valley.

First National Bank (Msunduza St.) Wechselt Bargeld und Reiseschecks und verfügt über einen Geldautomaten, der die meisten Kreditkarten nimmt.

Nedbank (Swazi Plaza) Wechselt Bargeld und Reiseschecks.

Standard Bank (Swazi Plaza) Den Automaten benutzen, auf dem „international transactions" steht. Die Bank wechselt auch Bargeld und Reiseschecks (Kaufbeleg mitbringen).

INTERNETZUGANG

Es gibt Internetcenter in der Swazi Post oben im Swazi Plaza und in der Mall in der Nähe vom Spar; ab 25 E pro Stunde.

Tink Big BizNet (109 Dzeliwe St.) Der coolste Internetschuppen in ganz Swasiland.

MEDIZINISCHE VERSORGUNG

Mbabane Clinic (☎ 404 2423; St Michael's Rd.) Bei einem Notfall diese Klinik im Südwesten der Stadt gleich bei der Umgehungsstraße aufsuchen.

Mbabane Pharmacy (☎ 404 2817; Gwamile St.) In der Innenstadt und gut sortiert.

NOTFALL

Feuer (☎ 404 3333)

Polizei (☎ 404 2221, 999)

POST

Post (Msunduza St.) Es gibt hier einen Postlagerservice, aber absolut zuverlässig klappt das nicht immer. Außerdem kann man ins Ausland telefonieren (keine R-Gespräche).

REISEBÜROS

Harvey World Travel (☎ 404 1538; www.harveyworld.co.za; Swazi Plaza) Ist bei der Buchung von Flügen und allem rund ums Reisen behilflich.

Royal Swazi National Airways Office (Swazi Plaza) Bucht Inlandsflüge.

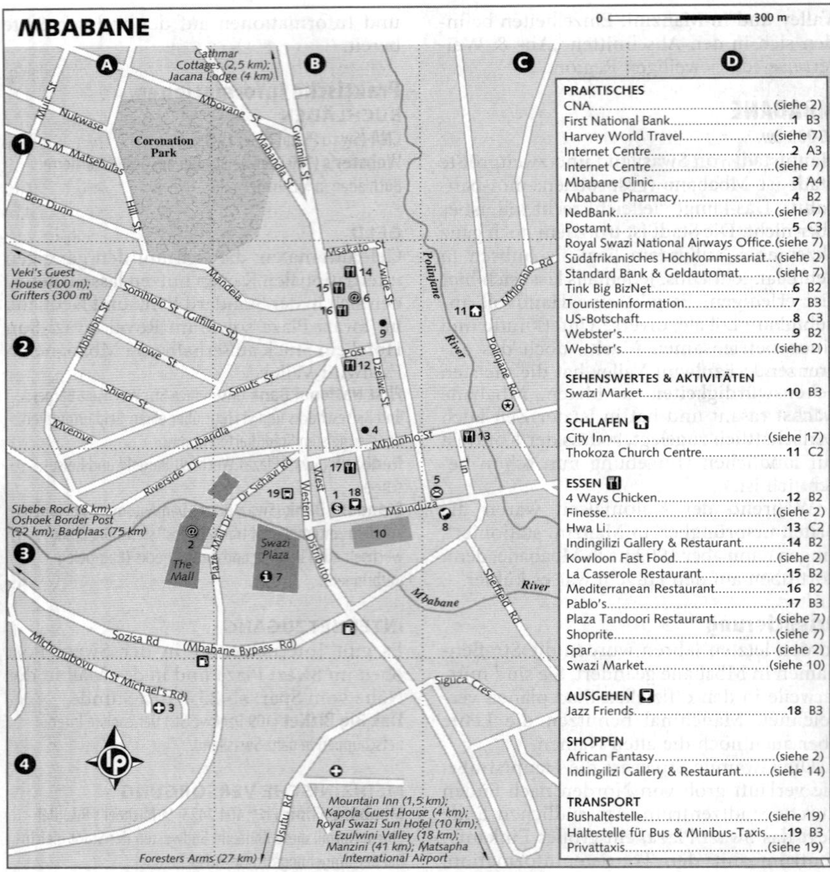

TOURISTENINFORMATION

Touristeninformation (☎ 404 2531; www.welcometoswaziland.com; 🕑 Mo–Do 9–16.45, Fr 9–16, Sa 9–13 Uhr) Am Rand vom Swazi Plaza. Neben Kartenmaterial und Broschüren gibt es hier auch kostenlose Publikationen mit den neuesten Nachrichten in Sachen Hotels, Restaurants und Unterhaltung, außerdem *What's Happening in Swaziland* und das weniger umfangreiche *What's on in Swaziland* – die reinste Fundgrube für Backpacker.

Sehenswertes & Aktivitäten

Ein Bummel durchs Stadtzentrum, einkaufen gehen und irgendwelche Sachen erledigen sind die Hauptbeschäftigungen der meisten Backpacker in Mbabane. Es lohnt sich, auf dem **Swazi Market** ein bisschen herumzustöbern. Die Waren sind gut, aber teuer, außerdem gibt es jede Menge frische Sachen zu futtern. Allerdings ist Obst vom Marktstand nicht ganz unproblematisch. Man kann zur Not ein feuchtes Tuch im Gefäß mitführen und die Frucht vor dem Verzehr abreiben.

Rund 8 km nordöstlich von Mbabane liegt der **Sibebe Rock**, ein Ungetüm von einem Granitblock, der über der Landschaft aufragt. Ein Großteil des Felsens ist nackt und bloß und dementsprechend gefährlich, wenn man stürzt. Es gibt aber einen guten Adrenalinschub und kann auch Spaß machen, einen Blick in den Abgrund zu tun. Mit **Swazi Trails** (☎ 416 2180; www.swazitrails.co.sz) im Ezulwini Valley kann man den Felsen erklimmen.

SWASILAND

Geführte Touren

Viele Veranstalter, die auf S. 694 gelistet sind, machen auf ihren Touren auch einen Abstecher nach Swasiland.

In Swasiland selbst ist die wichtigste Agentur **Swazi Trails** (☎ 416 2180; www.swazitrails.co.sz) im Mantenga Craft Centre im Ezulwini Valley. Angeboten werden Wildwasser-Raften, Trecking und Touren, wohin man eben so will.

Wer ein bisschen ins Landleben hineinschmecken möchte, wendet sich an Myxo. Das Unternehmen für geführte Wanderungen und Touren ist in der Touristeninformation im Tum's George Hotel in Manzini stationiert – Einzelheiten s. S. 641.

Schlafen

Halbwegs anständige Billigunterkünfte gibt es in Mbabane kaum. Aber wer ein paar Scheine mehr locker macht, kann hier besser übernachten als in Manzini gleich in der Nähe.

BUDGETUNTERKÜNFTE

Grifters (☎ 404 5342, 617 0218; www.grifterslodge.com; End St.; Campingplatz pro Pers. 45 E, B 75 E, DZ mit Gemeinschaftsbad 165 E) Das coole, aber auch ein bisschen angegammelte Haus in Laufweite vom Zentrum ist bei Backpackern beliebt. Die Mehrbettzimmer mit Spitzdach haben den Standard etwas gehoben, die netten Besitzer tun ihr Übriges und sind bei der Reiseorganisation behilflich. Grifters ist nur für Selbstversorger gedacht; es liegt an der Somhlolo Road.

Thokoza Church Centre (☎ 404 6681; Polinjane Rd.; EZ/DZ mit Gemeinschaftsbad 125/160 E, EZ/DZ 190/210 E) Die kleinen, sauberen Zimmer erinnern – wie passend – an Mönchszellen. Preiswertes Essen auf Wunsch. Um von der Gwamile Street zu Fuß herzukommen, muss man in die Mhlonhlo Street einbiegen, dann am Fuß des Berges die Brücke überqueren, an der Polizeiwache links abbiegen und dann zehn Minuten die Polinjane Road bergauf gehen.

Es empfiehlt sich, nachts ein Taxi (20 E ab Swazi Plaza) zu nehmen.

Veki's Guest House (☎ 404 8485; www.swazilodgings.com/cathmar; 233 Gilfillan St.; EZ/DZ 220/300 E) Ziemlich überteuertes und nichtssagendes Haus mit einem Hauch Hippieflair. Die sieben Zimmer haben Satelliten-TV; Essen auf Anfrage.

MITTEL- & SPITZENKLASSEHOTELS

Cathmar Cottages (☎ 404 3387; www.swazilodgings.com/cathmar; 167 Lukhalo St.; Zi. ab 200–320 E; 🅿) Diverse Cottages für Selbstversorger und Blockhütten wie Puppenhäuschen sind in einem ruhigen Garten auf einem Hügel mit Blick auf den Sibebe Rock verstreut, etwa 3,5 km nördlich vom Stadtzentrum (Abzweig von der Pine Valley Road). Alle verfügen über TV und Minikühlschrank und sind so weit okay bis ganz nett. Essen ist erhältlich.

City Inn (☎ 404 2406; cityinn@realnet.co.sz; Gwamile St.; EZ/DZ inkl. Frühstück 300/390 E) Der rote Teppich und die olivgrünen Bäder im zentralsten Hotel der Stadt, eine Institution in Mbabane, sind noch der farbenfroheste Teil eines ansonsten eher drögen Aufenthalts. Fragen Sie nach einem Zimmer im neueren Westflügel.

Jacana Lodge (☎ 405 0277; www.jacanalodge.co.sz; EZ/DZ inkl. Frühstück ab 350/490 E; 🅿) Noch ein gutes B&B, das viel fürs Geld bietet. Die helle, blitzblanke Pension liegt ruhig auf einem Hügel 5 km vom Stadtzentrum entfernt. Es gibt ein Familienzimmer mit Balkon und einem gewaltigen Bad, und ein kleiner Pool ist auch noch vorhanden. Das Personal organisiert preislich akzeptable Touren durch Swasiland.

Kapola Guest House (☎ 404 0906; www.kapola_eden.co.sz; EZ/DZ inkl. Frühstück 390/650 E) Man mache es sich auf der riesigen Veranda der komfortablen Behausung gemütlich und lasse den Blick über all das Grün schweifen. Die Zimmer – alle mit Pflanzen und massig Nippes – sind flotter als der Chef, der diverse Gerichte à la carte (26 bis 65 E) zubereitet. Das Hotel liegt rund 5 km von Mbabane entfernt an der MR 3. Halten Sie nach der mit Fahnen bemalten Wand Ausschau.

Foresters Arms (☎ 467 4177; www.forestersarms.co.za; EZ & DZ mit Halbpension ab 445 E) Schon allein wegen des britischen Tees und Ambientes fühlt man sich hier auf diesem Landsitz gleich wohl. Er befindet sich 27 km südwestlich von Mbabane in den Bergen von Mhlambanyatsi (*Watering Place of the Buffaloes* – Wasserstelle von Büffeln) und ist eine hervorragende Alternative für Backpacker, die nicht in der Stadt übernachten wollen. Die Zimmer sind gemütlich, die Gärten hübsch, und jede Menge Aktivitäten sind geboten, nämlich Forellenfischen, Reiten und Wassersport am Luphohlo Dam in der Nähe. Beim Mittagsbüfett am Sonntag lässt sich reichlich schlemmen (besser reservieren), und der Besitzer weiß auch noch alles über Swasiland. Die Anfahrt erfolgt über die MR 19 von Mbabane. Wer von hier aus Swasiland verlassen möchte, kann auf der MR 19 in Richtung Südwesten weiterfahren und den Grenzübergang bei Sandlane nehmen.

Mountain Inn (☎ 404 2781; www.mountaininn.sz; EZ/DZ inkl. Frühstück ab 525/670 E;) In diesem Gasthof fühlt man sich in die Kolonialzeit zurückversetzt. Die Zimmer haben etwas Herrschaftliches und Luxuriöses. Von Pool, Bibliothek und Rasen bietet sich wie auch vom einladenden Restaurant (Gerichte ab 45 E, Frühstück, Mittag- und Abendessen) ein schöner Panoramablick über das Tal und die Berge.

Essen

Pablo's (☎ 404 2406; Gwamile St.; Burger ab 12 E, Frühstück ab 20 E; Frühstück, Mittag- & Abendessen) Allein der Geruch des Fettes macht schon deutlich, dass man hier richtig ist für Burger und Pommes.

4 Ways Chicken (Gwamile St.; Hauptgerichte 13 E; 7–18 Uhr) Das Lokal ist an sich nichts Besonderes, aber für ihren Preis sind die Hühnergerichte ganz schön lecker.

Plaza Tandoori Restaurant (☎ 404 7599; Swazi Plaza; Hauptgerichte 32–85 E; Mittag- & Abendessen) So groß wie das Taj Mahal ist das Lokal sicher nicht, aber was die Atmosphäre angeht, kann es locker mithalten. Außerdem gibt's hier preisgünstige Currygerichte, das Übliche an Gegrilltem und Burgern plus einen Touch internationale Küche.

eDladleni (☎ 404 5743; Manzini/Mbabane Hwy; Hauptgerichte 40–80 E; Mittag- & Abendessen) Das abgelegene Lokal hat sich selbst zur „Königin des Swasi-Essens, das königlich mundet" gekürt und macht seinem Namen auch alle Ehre. Hier gibt's das beste vegetarische Essen weit und breit. Das Restaurant befindet sich rund 6 km von Mbabane an der Schnellstraße.

Indingilizi Gallery & Restaurant (☎ 404 6213; indingi@realnet.co.sz; 112 Dzeliwe St.; Snacks ab 22 E, kleinere Gerichte ab 22–45 E; Mo–Fr 8–17, Sa 8.30–14 Uhr) Das kleine Café im Freien bietet Quiches, Salate und Ähnliches, außerdem echt dekadente Desserts und nebenan auch noch eine Galerie, in der recht qualitätsvolles Kunsthandwerk verkauft wird.

Hwa Li (☎ 404 5986; Dhlan'ubeka House, Mhlonhlo St.; Hauptgerichte ab 35 E; Mo–Sa Mittag- & Abendessen) Gute Adresse für Frühlingsrollen, Chow mein und pikante Suppen.

La Casserole Restaurant (☎ 404 6426; Gwamile St.; Hauptgerichte 49–80 E; Mittag- & Abendessen) Das nette, gut eingeführte Restaurant hat einen französischen Namen, aber es kommt trotzdem deutsches und internationales Essen auf den Tisch – außerdem gibt's Pizza. Angeboten werden auch einige vegetarische Gerichte, und die Auswahl an Weinen ist gut.

Mediterranean Restaurant (☎ 404 3212; Gwamile St.; Hauptgerichte 49–100 E; Mittag- & Abendessen) In Anbetracht der pikanten indischen Currygerichte und leckeren portugiesischen Happen ist die dröge Atmosphäre schnell vergessen.

Finesse (☎ 404 5936; the Mall; Hauptgerichte 69–100 E; Mo–Sa Mittag- & Abendessen) Das Restaurant unter französischer Leitung bietet mit seiner überdachten Terrasse ein schickes Ambiente. Die Auswahl an Meeresfrüchte- und Fleischgerichten ist prima, viele sind von der Küche am Indischen Ozean inspiriert.

Im Swazi Plaza befindet sich ein Shoprite und in der Mall ein Spar. Wem der Sinn nach Fastfood steht, findet Straßenhändler am **Swazi Market** (Msunduza St.). Eine Alternative ist das Kowloon Fast Food in der Mall.

Ausgehen

Die meisten fahren ins Ezulwini Valley, um sich ins Nachtleben zu stürzen (s. S. 636). In Mbabane lohnt die **Plaza Bar** (Swazi Plaza), eine beliebte Kneipe. Das **Jazz Friends** (Gwamile St.) ist auch angesagt.

Shoppen

Indingilizi Gallery & Restaurant (☎ 404 6213; indingi@realnet.co.sz; 112 Dzeliwe St.; Mo–Fr 8–17, Sa 8.30–14 Uhr) Diese Galerie überzeugt mit einer eigenwilligen Sammlung, die zwar ihren Preis hat, aber dennoch einen Blick lohnt. Zu haben ist traditionelles Kunsthandwerk, darunter auch einige interessante alte Stücke, sowie Hervorragendes von zeitgenössischen Künstlern aus Swasiland.

African Fantasy (☎ 404 0205; Shop 11, the Mall) Das African Fantasy bietet eine super Aus-

SWASI-ZEREMONIEN

Incwala (Fruchtbarkeitszeremonie)

Incwala (auch Ncwala) ist die heiligste Zeremonie der Swasi. Es handelt sich um eine Feierlichkeit zu Ehren der „ersten Früchte", bei der der König seinem Volk die Erlaubnis erteilt, die ersten Feldfrüchte im neuen Jahr zu verzehren. Die Vorbereitungen für das Incwala-Fest beginnen schon Wochen im Voraus und richten sich nach den Mondphasen. *Bemanti* (weise Männer) reisen in die Lebombo Mountains, um Pflanzen zu sammeln. Andere *bemanti* holen Wasser in den Flüssen von Swasiland, und wieder andere überqueren die Berge, um am Indischen Ozean die Gischt von den Wellen zu schöpfen. Der König zieht sich unterdessen in die Einsamkeit zurück.

In der Vollmondnacht ernten die jungen Männer im ganzen Land Äste vom *lusekwane*, einem kleinen Baum, und begeben sich auf einen langen Marsch zum Königskral in Lobamba. Wenn sie bei Morgengrauen eintreffen, errichten sie aus den Ästen einen Kral. Ist ein Ast verwelkt, gilt das als Zeichen, dass der junge Mann, der den Ast mitgebracht hat, unerlaubten Sex hatte. Es werden Lieder gesungen, die das restliche Jahr über verboten sind, und die *bemanti* treffen mit ihren Pflanzen, dem Wasser und der Gischt ein.

Am dritten Tag der Zeremonie wird ein Bulle geopfert. Am vierten Tag kommt der König auf Bitten aller Regimenter von Swasiland aus seiner Enklave, um vor seinem Volk zu tanzen. Er verspeist einen Kürbis – als Zeichen, dass die Swasi nun die Feldfrüchte des neuen Jahres verzehren dürfen. Zwei Tage später werden in Form eines Rituals alle Objekte, die in der Zeremonie verwendet wurden, verbrannt – in der Hoffnung auf Regen.

Umhlanga-Tanz (Schilftanz)

Der Umhlanga-Tanz ist zwar nicht heilig wie der Incwala, er hat aber eine ähnliche Funktion, nämlich die Nation zusammenzuhalten und das Volk an seine Beziehung zum König zu erinnern. Der Brauch ist eine Art mehrwöchige Tanzveranstaltung für junge Swasi-Frauen im heiratsfähigen Alter, die aus dem ganzen Königreich anreisen, um mitzuhelfen, das Zuhause der Königinmutter in Lobamba herzurichten.

Nachdem sie in Lobamba angekommen sind, ruhen sie einen Tag aus. Dann ziehen sie los, um nach Schilf zu suchen, und kehren nicht vor der vierten Nacht zurück. Am sechsten Tag wird, wenn sie das Schilf der Königinmutter bringen, der Schilftanz aufgeführt. Dieser Tanz wird am nächsten Tag wiederholt. Wer Fackeln trägt, hat nachts nach Schilf gesucht. Mädchen mit roten Federn im Haar sind Prinzessinnen.

Da die Königinmutter in Swasiland nicht dem königlichen Clan angehören muss, dient der Schilftanz auch dazu, dem König mögliche Gattinnen zu präsentieren. Wie bei der Incwala-Zeremonie gibt es Zeichen, die eine Teilnehmerin als unkeusch ausweisen – ein Ansporn, vorehelichen Sex zu unterlassen.

wahl an T-Shirts und Karten aus heimischer Herstellung. Filialen finden sich im Mantenga Craft Centre (S. 637) und im Gables Shopping Centre (S. 637).

Anreise & Unterwegs vor Ort

Die Haupthaltestelle für den Bus und die Minibus-Taxis befindet sich direkt hinter dem Swazi Plaza. Minibus-Taxis fahren am frühen Morgen nach Jo'burg ab. Ansonsten empfiehlt es sich, in Manzini den Bus zu nehmen. Einzelheiten zu Verbindungen von bzw. nach Südafrika und Mosambik finden sich auf S. 676. Mehrere Minibus-Taxis verkehren jeden Tag nach Piggs Peak (12,50 E, 1 Std.), nach Ngwenya und zum Grenzposten Oshoek (5 E, 50 Min.) sowie ins Malkerns Valley (7 E, 45 Min.). Alle Fahrzeuge nach Manzini (7 E, 35 Min.) und Orte weiter östlich fahren durchs Ezulwini Valley, meistens aber auf der Umgehungsstraße.

Privattaxis stehen hinter dem Swazi Plaza. Nachts steht in der Regel in der Nähe vom City Inn ein Taxi bereit. Ein Privattaxi ins Ezulwini Valley kostet ab 50 E, in Richtung Talende ab 100 E, und nachts wird es noch teurer. Zum Matsapha International Airport sind an die 140 E locker zu machen.

EZULWINI VALLEY

Das Ezulwini Valley oder Valley of Heaven („Tal des Himmels"), wie die Region auch heißt, ist das königliche Kernland von Swasiland sowie das touristische Zentrum. Das Tal nimmt ein Stück außerhalb von Mbabane seinen Anfang und reicht noch über Lobamba (18 km) hinaus. Es ist auch die Heimat der Königsfamilie. Wer die Sehenswürdigkeiten und die opulente Landschaft sehen möchte, nimmt, anstatt auf der Umgehungsstraße MR 3 vorbeizudüsen, die alte MR 103. Von ein paar vergammelten Hotels sollte man sich nicht abschrecken lassen. Ein Stück landeinwärts von der Straße sind die Wälder einfach zauberhaft – leuchtend orangefarbene Flammenbäume, blühende Jacarandas und ein toller Blick über die Berge. Die Auswahl an Übernachtungsmöglichkeiten ist gut, außerdem ist hier mit das beste Kunsthandwerk von Südafrika erhältlich.

Praktische Informationen

Im Gables Shopping Centre gibt es mehrere Geldautomaten.

Big Game Parks (☎ 528 3943; www.biggameparks.org) Zugang über das Mlilwane Wildlife Sanctuary. Vermittelt auch Unterkünfte im Mlilwane Wildlife Sanctuary, Mkhaya Game Reserve und im Hlane Royal National Park.

Friendly Whistle Internet Cafe (38 E pro 30 Min.; 🕓 8.30–18.30 Uhr) Im Gables Shopping Centre, gegenüber vom Happy Valley Motel.

National Trust Commission (☎ 416 1151, 416 1178; www.sntc.org.sz) Zentrale der Mlawula, Malolotja and Mantenga Nature Reserves; sie befindet sich im Nationalmuseum von Lobamba.

Swazi Trails (☎ 416 2180; www.swazitrails.co.sz) Im Mantenga Craft Centre gibt es hier eine Touristeninformation, die auch Buchungen für die Malolotja, Mlawula und Mantenga Nature Reserves vornimmt und Unmengen Aktivitäten organisiert, wie Wanderungen und Exkursionen im ganzen Königreich.

Lobamba

Lobamba ist das Herz im Royal Valley (Königliches Tal) – eine Position, die der Ort seit Beginn der Monarchie innehat. Der Royal Embo State Palace wurde von den Briten errichtet, ein gewaltiges Gebäude, denn es musste den gesamten königlichen Clan beherbergen – Sobhuza II. hatte 600 Kinder! Der Palast ist nicht öffentlich zugänglich, und fotografieren darf man auch nicht. Die Swasi-Könige residieren jetzt im **Lozitha State House**, an die 10 km von Lobamba entfernt.

Wer die Monarchie in voller Aktion erleben möchte, besucht den **Royal Kraal** (Eludzidzini Royal Residence) während der Incwala-Zeremonie oder des Umhlanga-Tanzes (s. Kasten „Swasi-Zeremonien", S. 633). Der Kral befindet sich neben dem Lozitha State House. Ein Stück gen Norden in Richtung Hauptstraße wartet das **Somhlolo National Stadium**, in dem alle möglichen Sportveranstaltungen stattfinden – vor allem Fußball –, aber auch wichtige Staatszeremonien wie Krönungen.

Das **National Museum** (Erw./Kind 20/10 E; 🕓 Mo–Fr 8–16, Sa & So 10–16 Uhr) gleich in der Nähe zeigt interessante Exponate zur Swasi-Kultur, außerdem ein traditionelles Bienenstockdorf und eine Viehkoppel.

Neben dem Museum befindet sich das **Parlament**. Es kann manchmal besichtigt werden. Wer dazu Lust hat, muss anständige Klamotten anhaben und den Seiteneingang benutzen. Auf der anderen Straßenseite, gegenüber vom Museum, beeindruckt ein **Denkmal** von König Sobhuza II., der von allen Swasi-Königen am meisten verehrt wird. Eine Eintrittskarte fürs Museum und das Denkmal kostet 25 E pro Erwachsener und 15 E pro Kind.

Rund 3 km von der Mantenga Lodge liegt das **Mantenga Nature Reserve** (Erw./Kind 45/11 E; 🕓 7–18 Uhr). Im Eintrittspreis ist das **Swazi Cultural Village** inbegriffen. Dieses „lebendige" Kulturdorf bietet authentische Bienenstockhütten und Ausstellungen zur Swasi-Kultur. Es werden auch Führungen angeboten, bei denen der **Sibhaca-Tanz** (🕓 11.15 & 15.15 Uhr) vorgeführt wird. Nebenan lässt es sich im netten Restaurant im üppigen Regenwald (Achtung, die Affen klauen, was ihnen zwischen die Finger kommt) von der Hitze erholen. Die **Mantenga Falls,** sehenswerte Wasserfälle, gehören mit zum Reservat und sind im Rahmen einer geführten Wanderung zu besichtigen.

Wer sich etwas Gutes tun will, macht sich auf zu den **heißen Thermalquellen** (☎ 416 1164; Erw./Kind 5/2 E; 🕓 6–22 Uhr) im Tal. Im gleichen Komplex befindet sich das **Swazi Spa Health & Beauty Studio** (☎ 416 1164; 🕓 10–18 Uhr) mit Dampfkabinen, die Aromatherapie anwenden, die Sauerstoffmehrschritttherapie sowie einem Jacuzzi.

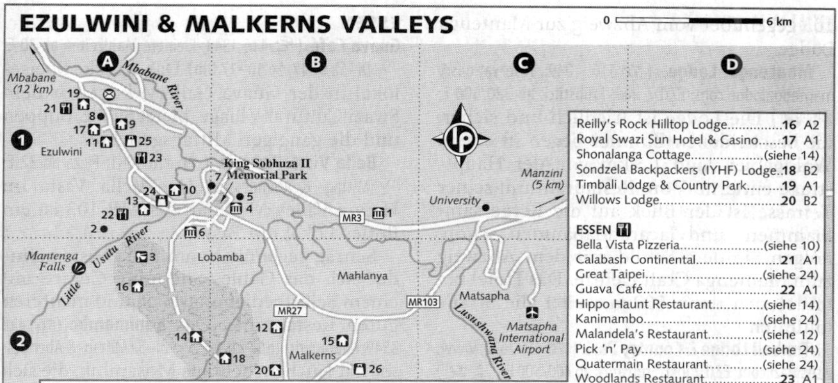

PRAKTISCHES
Big Game Parks........(siehe 18)
Friendly Whistle Internet Cafe........(siehe 24)
Geldautomaten........(siehe 24)
National Trust Commission........(siehe 4)
Swazi Trails........(siehe 13)
Touristeninformation........(siehe 13)
Ziggy's Internet Cafe & Tourist Information........(siehe 12)

SEHENSWERTES & AKTIVITÄTEN
King Sobhuza Memorial........(siehe 4)
Lozitha State House........1 B1
Mantenga Nature Reserve & Swazi Cultural Village........2 A1
Mlilwane Wildlife Sanctuary........3 A2
National Museum........4 B1
Parlament........5 B1
Royal Kraal........6 A1
Somhlolo National Stadium........7 B1
Swazi Spa Health & Beauty Studio & Cuddle Puddle........8 A1

SCHLAFEN
Beehive Village........(siehe 14)
Ezulwini Sun Hotel........9 A1
Happy Valley Motel........10 A1
Legends Backpackers Lodge........(siehe 13)
Lugogo Sun Hotel........11 A1
Malandela's B&B........12 B2
Mantenga Lodge........13 A1
Mlilwane Wildlife Sanctuary Main Camp........14 A2
Nyanza Cottages........15 B2
Reilly's Rock Hilltop Lodge........16 A2
Royal Swazi Sun Hotel & Casino........17 A1
Shonalanga Cottage........(siehe 14)
Sondzela Backpackers (IYHF) Lodge..18 B2
Timbali Lodge & Country Park........19 A1
Willows Lodge........20 B2

ESSEN
Bella Vista Pizzeria........(siehe 10)
Calabash Continental........21 A1
Great Taipei........(siehe 24)
Guava Café........22 A1
Hippo Haunt Restaurant........(siehe 14)
Kanimambo........(siehe 24)
Malandela's Restaurant........(siehe 12)
Pick 'n' Pay........(siehe 24)
Quatermain Restaurant........(siehe 24)
Woodlands Restaurant........23 A1

UNTERHALTUNG
Beer Garden........(siehe 9)
House on Fire........(siehe 12)
If Not Go-Go Bar........(siehe 10)
Sportsman's Bar........(siehe 11)
Why Not ?........(siehe 10)
Winner's Action Bar........(siehe 17)

SHOPPEN
Baobab Batik........(siehe 15)
Gables Shopping Centre........24 A1
Gone Rural........(siehe 12)
Guava Gallery........(siehe 22)
Mantenga Craft Centre........(siehe 13)
Roadside Craft Market........25 A1
Swazi Candles........26 B2

SCHLAFEN

Im Dorf Lobamba existieren keine Quartiere in einer der preiswerteren Kategorien, man kann allenfalls bei Privatleuten nachfragen. Dafür gibt es aber in der Nachbarschaft gleich mehrere Übernachtungsmöglichkeiten.

Budgetunterkünfte

Unterkünfte in der Gegend von Lobamba gibt es im Mlilwane Wildlife Sanctuary (S. 637).

Legends Backpackers Lodge (☎ 416 1870; legends@mailfly.com; Campingplätze pro Pers. 50 E, B 75 E, DZ mit Gemeinschaftsbad 190 E; 💻) Die Lodge hat es eher grundlos zu gewissem Ruhm gebracht: Sie sieht genauso schäbig und fertig aus wie die Abenteurer, die losziehen, um an einer organisierten Tour von Swazi Trails, der Schwesterfirma der Lodge, teilzunehmen. Und sie hat genauso wie jemand, der bei einem *shebeen* in der Lodge in Sachen Alkohol über die Stränge geschlagen hat, eine gewisse Auffrischung nötig. Aber was soll's, ein Bett ist ein Bett, und man soll auch nicht zu gehässig werden.

Mittelklassehotels

Es stehen mehrere gute Mittelklassehotels zur Auswahl.

Mantenga Nature Reserve (☎ 416 1151, 416 1178; mnr@africaonline.co.sz; Bienenstockhütten pro Pers. 60 E, EZ/DZ in zeltförmigen Chalets inkl. Frühstück 305/460 E) Einen Hauch von Safari und Abenteuer vermitteln die hübschen Häuschen in Zeltform mitten im Buschland. Sie haben eine kleine Terrasse und kreative Duschen im Freien. Es besteht auch die Möglichkeit, in einer traditionellen Bienenstockhütte im Cultural Village zu übernachten. Das Restaurant bietet eine breite Auswahl an Mittagsgerichten – von Nudeln bis zum Steak.

Happy Valley Motel (☎ 416 1061; happyvalley@africaonline.co.sz; Zi. inkl. Frühstück 370 E; ❄ 🏊) Das Motel hat so eine Art multiple Persönlichkeit: Das dröge Äußere verbirgt eine gesellige Seite, nämlich eine Pizzeria, ein Steakhaus und eine Bar. Es gibt einen großzügigen Aspekt (unter der Woche oft ermäßigte Preise, Kinder unter zwölf gratis) und einen verruchten: die If Not Go-Go Bar und die Disko Why Not? (Gäste haben freien Eintritt). Zu finden ist das Motel an der MR

103 gegenüber vom Abzweig zur Mantenga Lodge.

Mantenga Lodge (☎ 416 1049; reservations@mantengalodge.com; EZ/DZ inkl. Frühstück ab 380/500 E;) Die Lodge ist friedlich und sicher, die bescheidenen Zimmer liegen in einem Waldgebiet rund 1,5 km von der Hauptstraße entfernt. Vom Restaurant mit seiner Terrasse ist der Blick auf die Berge samt Flammen- und Jacarandabäumen schön. Folgen Sie dem Schild mit dem Abzweig zum Mantenga Craft Centre. Das Hotel befindet sich dann 500 m weiter die Straße hinunter.

Timbali Lodge & Country Park (☎ 416 2632; www.visitswazi.com; EZ/DZ inkl. Frühstück ab 400/500 E;) Die etwas bessere Bleibe am westlichen Ende des Tals bietet moderne weiße Cottages für Selbstversorger auf einem hübschen, verschwiegenen grünen Grundstück.

Spitzenklassehotels

Die Nobelherbergen sind praktisch alle in der Hand der Kette Sun, die hier gleich drei Hotels hat, und sie befinden sich an der MR 3, rund 6 km nordwestlich von Lobamba und an die 3 km von Mbabane entfernt. Die Preise ändern sich ständig, deshalb vorher anfragen. Sonderangebote am Wochenende sind aber ganzjährig immer mal wieder zu haben – so etwa zum halben Preis. Alle Hotels haben ein Restaurant.

Lugogo Sun Hotel (☎ 416 4500; www.suninternational.com; EZ/DZ 1205/1300 E;) Das größte und etwas weniger feudale der Sun-Hotels in Swasiland ist hell und freundlich und der Hit bei Kleinkindern – für die Minis ist das Kamp Kwena geboten. Das Hotel liegt im gleichen Areal wie das Royal Swazi Sun.

Ezulwini Sun Hotel (☎ 416 6500; www.suninternational.com; EZ/DZ 1330/1425 E;) Der zweistöckige pinkfarbene Palast ist weniger prunkvoll als seine Pendants auf der anderen Straßenseite. Die Atmosphäre ähnelt eher einer Wohnanlage mit den üblichen Merkmalen eines internationalen Hotels, darunter mehrere Pools und Tennisplätze.

Royal Swazi Sun (☎ 416 5000; www.suninternational.com; EZ/DZ 1910/2025 E;) Das Hotel ist so super, wie der Zusatz im Namen schon vermuten lässt, und somit das luxuriöseste der drei Sun-Hotels – mit Golfplatz, Tennisplätzen, Internetcafé und dem notwendigen Geldautomaten.

ESSEN

Guava Café (☎ 416 1343; kleinere Mahlzeiten ab 30 E; Di–Sa 9–17, So 10–17 Uhr) Das schicke Speiselokal in der Guava Gallery, kurz vor dem Swazi Cultural Village, bietet Salate, Suppen und die gängigen Mittagsgerichte.

Bella Vista Pizzeria (☎ 416 1061; Pizza ab 32 E; Mittag- & Abendessen) Das Bella Vista im Happy Valley Motel an der MR 103 ist ein flottes Lokal mit Biss.

Schräg gegenüber vom Bella Vista befindet sich das Gables Shopping Centre mit einem Selbstbedienungslokal und mehreren guten Restaurants. Das **Kanimambo** (☎ 416 3549; Hauptgerichte 57–100 E; Di–Sa Mittag- & Abendessen) hat Küchenchefs aus Mosambik, die sich auf Meeresfrüchte und *piri-piri*-(Chili-) Fleischgerichte spezialisiert haben. Im **Great Taipei** (☎ 416 2300; Hauptgerichte ab 45 E; Mittag- & Abendessen) ist man richtig, wenn einem der Sinn nach Chopsuey und anderem chinesischen Essen steht.

Quatermain's (☎ 416 3023; Hauptgerichte 58–80 E; Di–So Mittag- & Abendessen) Das Lokal ist nach dem Autor von *König Salomons Minen* benannt. Wer dort isst, unternimmt eine kulinarische Reise durch Afrika – die Speisekarte erklärt die Orte, die mit dem jeweiligen Gericht zu tun haben. Geboten ist alles – von leckeren Pfannkuchen bis zu gigantischen Steaks.

Calabash Continental (☎ 416 1187; Hauptgerichte 60–100 E; Mittag- & Abendessen) Deutsche und österreichisch-schweizerische Küche sind die Highlights in dem seit langem beliebten Lokal. Es befindet sich am oberen Ende des Ezulwini Valley und lässt sich problemlos von Mbabane aus erreichen.

Woodlands Restaurant (☎ 416 3466; Mittag- & Abendessen) Wer auf dem Ezulwini Kunsthandwerksmarkt bis zum Umfallen beim Shoppen war, geht anschließend gerne in das hübsche Lokal nebenan mit schattiger Veranda. Die vegetarischen Gerichte sind lecker, und die internationale Küche kann sich auch sehen lassen – z. B. das für Deutschland typische Eisbein.

UNTERHALTUNG

Why Not? (☎ 416 1061; Happy Valley Hotel; Eintritt 30 E) Der Name sagt schon alles. Wer so richtig auf den Putz hauen will (oder die anderen dabei beobachten möchte), ist hier genau richtig. Außerdem gibt es noch die schummrige If Not Go-Go Bar (im Eintritt ins Why

DIES UND DAS AUS SWASILAND

Im Zentrum der Swasi-Kultur steht die Monarchie, die auf dem König (*ngwenyama*, der Löwe) wie auch auf seiner Mutter (*ndlovukazi*, der weibliche Elefant) beruht. Neben der Loyalität gegenüber der Monarchie stützt sich die Identität der Swasi auf eine lange Tradition an königlichen Militärregimentern, die sich nach dem Alter staffeln. Während der *difaqane* (Zwangsmigration) sorgten diese Regimenter für die militärische Schlagkraft, um Eindringlinge abzuhalten. In den letzten Jahren leisteten sie einen Beitrag zur Reduzierung von Differenzen zwischen den Stämmen und zur Stärkung der Nation samt ihrem König.

Die Gottheit der Swasi ist Mkhulumnchanti. Respekt für die Alten und Vorfahren spielt eine wichtige Rolle. Im Gegensatz zu vielen anderen Ländern nach der Kolonialzeit ist das Tragen traditioneller Kleidung in der verwestlichten Mittelschicht wie auch bei Landarbeitern an der Tagesordnung. Es ist nicht ungewöhnlich, einen Mann auf dem Weg zur Arbeit in einer *amahiya* (traditionelles Swasi-Gewand) zu sehen – in der einen Hand den Speer, in der anderen den Aktenkoffer.

Not? inbegriffen). Es treten regelmäßig Livebands auf (40 E).

In den Sun-Hotels finden sich auch einige Lokalitäten, darunter der **Beer Garden** (☎ 416 6500; Ezulwini Sun Hotel) mit Livemusik und Essen. Die **Sportsman's Bar** (☎ 416 1550; Lugogo Sun Hotel) bietet eine Pubnight am Mittwoch, und in der **Winner's Action Bar** (Royal Swazi Sun Hotel) gibt's am Freitag Livemusik.

Es lohnt sich auch herauszufinden, was im **House on Fire** (☎ 528 2001; houseonfire@africaonline.co.sz) im Malkerns Valley geboten ist.

SHOPPEN

Das Ezulwini Valley und das Malkerns Valley gleich in der Nähe bieten mit das beste Kunsthandwerk in der ganzen Region. Die Auswahl ist groß, die Qualität hochwertig, und auch die Preise halten sich im vernünftigen Rahmen.

Mantenga Craft Centre (☎ 416 1136) Das Handwerkszentrum an der Zufahrtsstraße zur Mantenga Lodge sieht ein bisschen müde aus, bietet jedoch zig Geschäfte, in denen von Webarbeiten über Wandteppiche, Kerzen, Schnitzereien und T-Shirts alles erhältlich ist.

Guava Gallery (☎ 416 1343; ⌚ Di–Sa 9–17, So 10–17 Uhr) Eine schicke Boutique mit vielfältigem Kunsthandwerk.

Auf dem gut bestückten Kunsthandwerksmarkt an der M103 gleich südlich vom Ezulwini Sun Hotel sind viele Holzschnitzereien, Webarbeiten und Artefakte aus heimischer Produktion zu haben.

AN- & WEITERREISE

Privattaxis von Mbabane kosten 60 bis 100 E; der Preis hängt davon ab, wie weit man ins Tal hinunterfährt. Wer sich im Ezulwini Valley abholen lassen möchte, muss die Taxizentrale in Mbabane anrufen.

Tagsüber verkehren Minibusse nach Manzini. Dem Fahrer muss allerdings klargemacht werden, dass man im Tal aussteigen will. Viele halten nicht gerade gerne an.

Autofahrer, die von Mbabane oder Manzini kommen, nehmen die Ausfahrt Ezulwini Valley/Lobamba an der Umgehungsstraße. Auf diese Weise ist die MR 103 zu erreichen, wo dann alles ausgeschildert ist.

Mlilwane Wildlife Sanctuary

Dieses herrliche und ruhige **private Wildschutzgebiete** (☎ 528 3943; www.biggameparks.org; Eintritt 25 E; ⌚ 6–17 Uhr) in der Nähe von Lobamba war das erste Naturschutzgebiet in Swasiland. Ted Reilly rief es in den 1950er-Jahren auf der Farm seiner Familie ins Leben. Später eröffnete Reilly dann das Mkhaya Game Reserve, und es wurde unter seiner Aufsicht auch der Hlane Royal National Park angelegt.

Mlilwane heißt so viel wie „kleines Feuer" und hat seinen Namen von den vielen Feuern, die in dieser Gegend durch Blitzschlag entstehen. Das Reservat ist nicht so weitläufig und dramatisch wie die größeren Parks von Südafrika, aber gut zugänglich und lohnt einen Besuch. Das Areal wird vom Berg Nyonyane „kleiner Vogel" beherrscht, von wo sich mehrere schöne Wandertouren anbieten. An Tieren gibt es Zebras, Giraffen, Warzenschweine, zahlreiche Antilopenarten, Krokodile, Nilpferde sowie viele verschiedene Vogelarten.

Im Sommer lassen sich bei Nyonyane auch schwarze Adler sehen.

An Aktivitäten bieten sich im Park **Wanderungen** (pro Pers. mit Führer 25 E), zweistündige **Safaris mit dem Auto** (pro Pers. 130 E), **Radtouren** (pro Pers. pro Std. 40 E) und **Ausritte** (pro Pers. ab 100 E) wahlweise nur tagsüber oder inklusive Übernachtung an.

Während der Schulferien in Südafrika (s. S. 658) geht es in Mlilwane hoch her. Der Parkeingang befindet sich 2 km südöstlich vom Happy Valley Motel an der alten Straße von Mbabane nach Manzini. Er ist ab der Abzweigung ausgeschildert. In der Nacht gibt es einen anderen Eingang.

SCHLAFEN & ESSEN

Alle Quartiere im Naturschutzgebiet können bei **Big Game Parks** (☎ 528 3943; www.biggameparks.org) hinter der Sondzela Backpackers Lodge gebucht werden, welches entweder durch das Reservat oder über Malkerns erreicht werden kann. Notwendig ist das aber nicht, denn Buchungen werden auch per E-Mail oder telefonisch angenommen. Bezahlt wird im Voraus per Postanweisung oder Kreditkarte.

Sondzela Backpackers (IYHF) Lodge (☎ 528 3117; www.biggameparks.org; Campingplätze pro Pers. 40 E, B 55 E, mit Gemeinschaftsbad 100/160 E, EU/DZ Rondavels 150/200 E) Sondzela liegt im Südteil des Reservats, rund 1,5 km hinter dem Hauptzeltplatz und an die 2 km vom Malandela's B&B und Gone Rural im Malkerns Valley entfernt. Diesem „afrikanischen Rolls-Royce der Backpacker-Hostels", wie die Herberge sich selbst so schön nennt, würde es nicht schaden, wenn er einen Tick aufgemöbelt würde – zumindest ein paar der Gemeinschaftsbäder wurden aber schon renoviert. Dennoch bietet die Lodge einen gehobenen Standard. Sie hat einen großen Garten, einen zentralen Wohnbereich samt der Hog & Wart Bar (manchmal recht laut), und die Lage oben auf dem Berg macht sie zu einer der tollsten Backpacker-Bleiben von ganz Südafrika. Vor dem Malandela's im Malkerns Valley (s. rechts) hält der **Baz Bus** (☎ in Durban 031-304 9099; www.bazbus.com), der einen hinbringt. Wer selbst fährt, muss den Haupteingang vom Mlilwane Wildlife Sanctuary benutzen, den Eintritt bezahlen und dann durch den Park bis zur Lodge fahren.

Mlilwane Wildlife Sanctuary Main Camp (Campingplatz pro Pers. 45 E, B 80 E, EZ/DZ 2-Personen-Hütte 240/340 E) Das anheimelnde Camp befindet sich malerisch in einem Waldgebiet rund 3,5 km vom Eingang entfernt und bietet einfache Hütten mit Strohdach, außerdem traditionelle Bienenstockhütten (EZ/DZ pro Pers. 225/320 E, mit Gemeinschaftsbad 150/240 E) – und gelegentlich schnüffeln hier *warthogs* (Warzenschweine) herum. Es gibt ein kleines Geschäft, das Hippo Haunt Restaurant (Büfett 90 E) und einen Grillplatz. Wenn Gruppen da sind, finden abends oft Tanzvorführungen statt.

Shonalanga Cottage (EZ/DZ 290/380 E, pro weitere Pers. 110 E) Das geräumige Cottage für Selbstversorger befindet sich in der Nähe vom Hauptcamp und ist ideal für Familien.

Reilly's Rock Hilltop Lodge (EZ/DZ ab 855/1450 E) Die luxuriöse und ruhige Lodge wirbt mit ihrem „malerischen Kolonialstil" – also nichts wie hin! Und sie hat wirklich eine schillernde Geschichte: Sie war die erste Behausung in Swasiland mit elektrischem Licht. Das ursprüngliche Gebäude wurde im Austausch für einen Ochsenkarren im Wert von 80 UK£ errichtet. Die Lodge liegt inmitten von Aloebäumen und Farnpalmen. Der Blick übers Tal und die Mdzimba Mountains ist wirklich toll.

MALKERNS VALLEY

Rund 7 km südlich von Lobamba befindet sich an der MR 103 der Abzweig ins fruchtbare Malkerns Valley, das für seine Geschäfte mit Handwerkskunst bekannt ist. Hier – wie auch im Ezulwini Valley – macht es Spaß, einfach so durch die malerische Landschaft zu kutschieren.

Im **Ziggy's Internet Cafe & Tourist Information** (☎ 528 3423; 45 E pro Std.; ⌚ Mo–Sa 9–18 Uhr) hat man Internetzugang und bekommt auch alle touristischen Informationen.

Schlafen & Essen

Wer eine Billigunterkunft sucht, sollte sich auch Sondzela Backpackers (IYHF) Lodge (gegenüber) ansehen. Sie ist vom Malkerns Valley aus problemlos erreichbar.

Nyanza Cottages (Nyanza Horse Trails; ☎ 528 3090; nyanza@africaonline.co.sz; B 65 E, Wohnwagen EZ/DZ 160/220 E, DZ 190 E, Cottages pro Erw. 220 E) Die Farm samt Ställen ist bewirtschaftet. In den Cottages können vier Personen übernachten, sie haben Küche, sind abgeschieden und bieten einen schönen Blick über die Weiden. Die Kids können auf der Farm mithelfen, und den Ausritten sind keine Grenzen gesetzt (rund 80/370 E pro Std./Tag). Es gibt auch

SWASILAND

einen kleinen Schlafsaal für Backpacker und einen gut ausgestatteten Wohnwagen, in dem bis zu sechs Leute unterkommen. Wer zelten, im Caravan oder im Mehrbettzimmer nächtigen will, muss seine eigenen Handtücher mitbringen. Das Nyanza liegt gleich bei der Hauptstraße. Neben dem Baobab Batik weist ein Schild den Weg.

Malandela's B&B (☎ 605 2598, 528 3448; Zi. pro Pers. mit Frühstück 180 E;) Geboten sind kreative, schicke Zimmer mit einem Hauch Afrika, ein Pool und ein Skulpturengarten. Das Malandela's liegt an der MR 27, rund 1 km von der Kreuzung mit der MR 103 entfernt.

Malandela's Restaurant (☎ 528 3115; Vorspeisen ab 15 E, Hauptgerichte 30–60 E; Mo–Sa Mittag- & Abendessen, So Mittagessen) Das Restaurant nebenan gehört zum Malandela-Komplex und gilt als eines der besten in der Region. Auf den Tisch kommen gute, traditionelle Fleisch- und Meeresfrüchtegerichte. Serviert wird unter einem Strohdach.

Willows Lodge (☎ 602 1284; www.swaziwillows.com; EZ/DZ 270/395 E) Die kleine Bar mit Blick auf die Zuckerrohrfelder gibt einen Vorgeschmack auf die neun ruhigen, hübschen Cottages (für vier oder fünf Personen, mit Selbstversorgung). Die Lodge befindet sich im Malkerns Valley in der Nähe vom Malandela's B&B – zu erreichen über die MR 27.

Unterhaltung

House on Fire (☎ 528 2001; houseonfire@africaonline.co.sz) Ob nun Kulturschuppen, Galerie oder Experimentierbühne, es treffen sich in dem mit Mosaiken und Skulpturen voll gestopften Haus jedenfalls coole Einheimische und auch Reisende. Die Einrichtung gehört mit zum Malandela-Komplex. Geboten wird hier so ziemlich alles: afrikanisches Theater, Musik und Filme, Raves und sonstige Amüsements. An manchen Abenden geht die Post ab, aber auch untertags lohnt sich ein Besuch. Wer wissen will, was wann los ist, ruft einfach an.

Shoppen

Die Einkaufsmöglichkeiten im Malkerns Valley sind wirklich super.

Gone Rural (☎ 528 3436; www.goneruralswazi.com; Mo–Sa 8–17, So 9–17 Uhr) Hier muss man hin, wenn man einen Korb, Matten oder einen traditionellen Tontopf erstehen möchte – alles von den einheimischen Frauen gefertigt. Der Laden befindet sich im Malandela's B&B. Hier findet sich auch Baobab Too, wo bunte afrikanische Batiken zu haben sind, und Southern Country verkauft handgemachte Lederwaren.

Swazi Candles (☎ 528 3219; www.swazicandles.com; 8.30–17 Uhr) Bei den mit Pigmentfarben gefärbten, kreativen Kerzen wird man in eine schon poetische Stimmung versetzt. Es ist jedes Tier Afrikas vertreten. Das Geschäft 7 km südlich vom Abzweig MR 103/Malkerns ist ausgeschildert. In der Umgololo Gallery im gleichen Gebäude ist Kunsthandwerk zu haben. Man kann also beim Einkaufen wie Wachs nur so dahinschmelzen und sich dann im Coffeeshop bei einem Imbiss stärken.

Baobab Batik (☎ 528 3242; www.baobab-batik.com; 8–17 Uhr) Es macht Spaß, in dem kleinen Laden neben den Nyanza Cottages, 1 km weiter von Swazi Candles, herumzustöbern, und zwar vor allem, wenn man einen Wandteppich erstehen will. Die Werkstatt lohnt auch eine Stippvisite.

An- & Weiterreise

Der **Baz Bus** (☎ in Durban 031-304 9099; www.bazbus.com) hält vor dem Malandela's. Hier steigt man ein, wenn man zur Sondzela Backpackers Lodge im Mlilwane Wildlife Sanctuary will. Es besteht auch die Möglichkeit, ein Minibus-Taxi von hier ins Ezulwini Valley zu nehmen. Der Preis von 2 bis 5 E hängt vom genauen Fahrziel ab. Da immer mehr Geschäfte mit Kunsthandwerk und Lodges eröffnen, ist ein Auto generell von Vorteil.

MANZINI

80 000 Ew.

Manzini nahm 1890 bis 1902 seinen Anfang als Verwaltungszentrum der sich zankenden Briten und Buren. Deren Beziehung war so feindselig, dass während des Anglo-Burischen Kriegs ein abtrünniges Burenkommando die Stadt schlichtweg abfackelte. Heute ist Manzini die größte Stadt von Swasiland und ein wichtiges Handels- und Industriezentrum. Die kleine Innenstadt beherrschen ein paar Bürobauten und Einkaufszentren. Manzini ist auch Dreh- und Angelpunkt der öffentlichen Verkehrsmittel. Wer kein eigenes Auto hat, kommt hier also mit ziemlicher Wahrscheinlichkeit automatisch durch. Ansonsten hat die Stadt kaum etwas zu bieten. Es macht mehr Spaß, sich im Ezulwini Valley zu etablieren. Nachts sollte man besonders vorsichtig sein und sich vor Taschendieben schützen. Die Kriminalität nimmt ständig zu; Raubüberfälle sind an der Tagesordnung.

Hauptattraktion von Manzini ist der bunte **Markt** (Ecke Mhlakuvane St. & Mancishane St.; So geschl.). Im oberen Areal wird jede Menge Kunsthandwerk aus ganz Afrika feilgeboten. Am Donnerstagmorgen kommen die Verkäufer vom Land, um ihre Waren an die Einzelhändler zu verhökern. Viele Händler aus Mosambik verkaufen Holzschnitzereien, und es sind auf dem Markt auch Unmengen Textilien aus ganz Afrika zu haben.

Orientierung

Das Zentrum von Manzini ist wie ein Schachbrett angelegt. Die meisten Aktivitäten spielen sich rund um die Ngwane und die Nkoseluhlaza Street ab, die beiden Hauptdurchgangsstraßen von Ost nach West. Die große Bhunu Mall mit vielerlei Läden befindet sich in der Ngwane Street zwischen der Sandlane und der Louw Street.

Praktische Informationen

Internet Café (EG, Bhunu Mall; Std. 25 E) Gegenüber von Milady's.

Standard Bank (Ecke Nkoseluhlaza St. & Louw St.) Wechselt ausländische Währung (nur montags bis freitags).

Geführte Touren

Bei Drucklegung dieses Buches war Myxo, ein Führer und auch der ehemalige Besitzer von Myxo's Backpackers (gibt's nicht mehr), gerade dabei, eine neue Unterkunft für Backpacker zu eröffnen. Myxo selbst findet man in der **Touristeninformation** (☎ 604 4102) neben dem Tum's George Hotel. Er organisiert überaus empfehlenswerte **Dorfbesuche** und Übernachtungen (420 E), inklusive Transfer, Essen und Führer.

Schlafen

Swaziland Backpackers (☎ 518 7225; www.swazilandbackpackers.com; Campingplätze pro Pers. 45 E, B 75 E, DZ mit Gemeinschaftsbad 180 E;) Das ehemalige Haus eines Arztes ist so effizient wie ein OP,

PRAKTISCHES
Internet Cafe .... (siehe 12)
Standard Bank 1 C2

SEHENSWERTES & AKTIVITÄTEN
Markt 2 B2

SCHLAFEN
Park Hotel 3 D2
Tum's George Hotel 4 D1

ESSEN
Currie House Halal 5 C2
Debonaire's Pizza .... (siehe 10)
Egg Yolk Coffee Shop/Sports Bar .. (siehe 4)
Fontana di Trevi Pizzeria 6 B2
Gil Vincente Restaurant 7 C1
KFC 8 C1
KFC 9 C1
Kowloon Fast Foods 10 C1
Mozambique Hotel & Restaurant 11 C1
Nando's .... (siehe 12)

SHOPPEN
Bhunu Mall 12 C2
Shoprite .... (siehe 12)
Super Spa 13 B2

TRANSPORT
Haupthaltestelle für Minibus-Taxis ... 14 C1
Minibus-Taxis nach Mosambik ..... (siehe 9)

aber viel amüsanter. Die Aktivitäten konzentrieren sich hauptsächlich auf die Dschungelbar und den Pool. Geboten sind ein Wäscheservice, E-Mail, Küche (es gibt auch Frühstück und Abendessen) und ein kleiner Pool in einem wild wuchernden Garten mit Mangobäumen. Die Anfahrt erfolgt 8 km westlich der Stadt auf der m 103 in Richtung Ezulwini Valley. Die Anlage befindet sich gegenüber vom Taiwanese Agricultural Mission Compound. Eine Baz-Bushaltestelle ist vorhanden.

Park Hotel (☎ 505 7423; 9 Mancishane St.; EZ/DZ inkl. Frühstück 200/250 E; ❄) Das Interessanteste an dem Hotel ist der Name. Aber die Zimmer mit Balkon, Klimaanlage, TV und Telefon sind durchaus anständig. Das Hotel befindet sich am östlichen Stadtrand einen Block von der Polizeiwache entfernt.

Matsapha Inn (☎ 518 6893; MR 103; EZ/DZ 210/280 E) Das Hotel ist nicht weit weg vom Flughafen und sieht ironischerweise auch wie ein Hangar aus. Geboten sind saubere, spartanisch eingerichtete Zimmer und ein Restaurant.

Gibela Getaway (☎ 505 3024; www.visitswazi.com/gibela; DZ 250 E, Cottages ab 450 E) Das Hotel liegt 10 km nordöstlich von Manzini unweit der Hauptstraße. Die geschmackvollen Cottages aus Stein für Selbstversorger mit so klangvollen Namen wie „*Leopard*" („Leopard"), „*Lion*" („Löwe") und „*Cub*" („Bärenjungs") sowie den unvermeidlichen Tierdarstellungen liegen nicht weit weg vom Salugazi River in einer Gartenanlage. Sie ersparen einem eine klinische sterile Hotelerfahrung. Es empfiehlt sich aber, bei Tageslicht einzutreffen und sich vorher telefonisch nach dem Weg zu erkundigen.

Tum's George Hotel (☎ 505 8991; www.tgh.sz; Ecke Ngwane St. & du Toit St.; E//DZ inkl. Frühstück ab 600/800 E; ❄) Das neueste und schickste Hotel in Manzini bemüht sich um internationales Flair und ist für Geschäftsleute gedacht. Geboten sind ein Fitnessraum, eine Poolbar und mehrere elegante Restaurants mit ellenlangen Speisekarten.

Essen

Currie House Halal (☎ 505 6144; Ecke Mancishane St. & Louw St.; Hauptgerichte ab 10 E) Hier gibt's jede Menge billige und leckere Currygerichte – alles zum Mitnehmen.

Egg Yolk Coffee Shop/Sports Bar (Ecke Ngwane St. & du Toit St.; Snacks ab 15 E, Pizza 30 E; 🕑 Frühstück, Mittag- & Abendessen) Nicht übel, um mal Rast zu machen, und eine breite Auswahl an Snacks gibt's auch noch. Das Lokal wird vom Tum's George Hotel nebenan geführt.

Fontana di Trevi Pizzeria (☎ 505 3608; the Hub, Villiers St.; Frühstück/Pizza ab 23/30 E; 🕑 Frühstück, Mittag- & Abendessen) Das Lokal in einer afrikanischen *piazza* – einem Einkaufszentrum – ist die beste Adresse für einen anständigen Kaffee sowie Pizza, Pasta, Salate und Burger. Und der Preis stimmt auch.

Mozambique Hotel & Restaurant (☎ 505 2489; Mahleka St.; Hauptgerichte 30–55 E; 🕑 Frühstück, Mittag- & Abendessen) Eine gute Adresse, um in das Leben auf der anderen Seite der Grenze hineinzuschmecken. Auf den Tisch kommen köstliche Garnelen und Meeresfrüchte, diverse portugiesische Gerichte und eine Riesenauswahl an Weinen aus Portugal und Südafrika.

Gil Vincente Restaurant (☎ 505 3874; Ilanga Centre, Martin St.; Hauptgerichte 40–60 E; 🕑 Di–So Frühstück, Mittag- & Abendessen) Noch ein guter Tipp, wenn die Geschmacksknospen nach Küche aus Portugal und Mosambik verlangen.

In der Louw Street in der Stadt gibt es einige schlichtere Lebensmittelgeschäfte, die untertags offen haben. In der Bhunu Mall finden sich verschiedene Fastfoodlokale, darunter auch das Nando's. Zwei Kentucky Fried Chicken, Debonaire's Pizza und Kowloon Fast Foods warten in der Ngwane Street auf Kundschaft.

Shoppen

Die **Bhunu Mall** (Ngwane St.) ist das Haupteinkaufszentrum mit Fastfood, vielerlei Geschäften und einem Shoprite. Das Hub-Einkaufszentrum befindet sich in der Mhlakuvane Street und bietet auch einen Super-Spa-Supermarkt.

An- & Weiterreise

Die Haupthaltestelle für Busse und Minibusse befindet sich am nördlichen Ende der Louw Street, wo auch ein Privattaxi zu bekommen ist. Eine Fahrt mit dem Minibus das Ezulwini Valley hinauf bis nach Mbabane kostet 8 E (35 Min.). Für ein Privattaxi zum Matsapha International Airport sind rund 50 E zu berappen. Minibus-Taxis nach Mosambik fahren am Parkplatz neben Kentucky Fried Chicken ein Stück bergauf ab.

Weitere Informationen über Verkehrsmittel von bzw. nach Südafrika s. S. 685.

DER NORDEN VON SWASILAND

Der Norden von Swasiland mit seinen üppigen Hügeln, Plantagen und Wäldern, Bächen und Wasserfällen sowie steilen Schluchten ist einfach herrlich. Er ist aber nicht nur die schönste Region des Landes, sondern bietet auch hervorragende Bedingungen zum Trecken und gute Übernachtungsmöglichkeiten.

Von der MR 1 abgesehen, die etwa vom Grenzposten Oshoek gen Nordosten zum Grenzposten Jeppe's Reef verläuft, sind alle Straßen unasphaltiert, lassen sich jedoch trotzdem mit einem gewöhnlichen Pkw fast ganzjährig befahren. Vor allem im Sommer kann Dunst die Sicht bis auf beinahe null reduzieren.

Ngwenya

Das winzige Ngwenya (das Krokodil), 5 km östlich der Grenze mit Mpumalanga, ist der erste Ort, den man in Swasiland erreicht, wenn man über Oshoek kommt. Wer es nicht erwarten kann, im Ezulwini Valley seine Einkäufe zu erledigen, findet hier mehrere Geschäfte mit Kunsthandwerk, darunter die **Ngwenya Glass Factory** (☎ 442 4142; ⌚ Mo–Fr 7–17, Sa & So 8–16.30 Uhr) mit reizenden Tierfiguren aus recyceltem Glas sowie **Endlotane Studios/Phumulanga Swaziland Tapestries** (☎ 442 4196; ⌚ 8–17 Uhr). Dort sind schöne Wandteppiche erhältlich, und die Weber lassen sich bei der Arbeit sogar über die Schulter schauen.

Beide Geschäfte liegen nur 1 km auseinander und sind an der Hauptstraße ausgeschildert.

Außerdem befindet sich hier noch die **Ngwenya Iron Ore Mine** (Eintritt 25 E; ⌚ 8–16 Uhr). Diese Eisenerzmine datiert um rund 40 000 v. Chr. und zählt zu den ältesten der Welt. Sie gehört zum Malolotja Nature Reserve (unten) und verfügt über das neue **Ngwenya Mines & Visitors Centre** mit einer interessanten Fotoausstellung, Informationen und Originalwerkzeug. Es gibt auch einen Picknickplatz mit Blick auf die Mine. Der Eingang ist in der Nähe der Ngwenya Glass Factory ausgeschildert, in das eigentliche Reservat gelangt man allerdings nicht. Wer die Mine besichtigen will – auch mit Grubenfahrzeugen –, muss sich von einem Ranger begleiten lassen.

In der Nähe, auf der anderen Straßenseite der MR 1, finden sich der **Hawane Dam,** ein Damm, und das kleine **Hawane Nature Reserve** (keine touristischen Einrichtungen).

SCHLAFEN & ESSEN

Hawane Resort (☎ 627 6714, 442 4744; www.hawane.co.sz; B 86 E, DZ Chalets inkl. Frühstück 524 E, Bienenstockhütten pro Pers. 120 E) Die schicken Chalets im luxuriösen Landhausstil werden von den Malolotja-Gipfeln umrahmt. Sie präsentieren sich als eine interessante Mischung aus traditionellen Swasi-Materialien und Glas samt afrikanischem Ethno-Ambiente im Inneren. Die Backpacker werden in einem umfunktionierten Schuppen untergebracht – eines der phantasievollsten Quartiere weit und breit. Die Anlage eignet sich bestens, um das Malolotja Nature Reserve zu besuchen, Ausritte zu unternehmen und anschließend die köstliche afrikanische Fusionsküche im Resortrestaurant zu genießen. Sie liegt nach der Kreuzung von MR 1 und MR 3 rund 8 km die Piggs Peak Road hinauf 1,5 km von der Hauptstraße entfernt.

Malolotja Nature Reserve

Das wunderschöne Middleveld/Highveld-**Reservat** (☎ 416 1151, 442 4241; www.sntc.org.sz; Erw./Kind 20/12 E; ⌚ 6–18 Uhr) ist die wahre Wildnis, zerklüftet und ziemlich unberührt. Es bietet sich mit seinen 200 km Wanderwegen zum Trecken an und ist mit 280 Vogelarten – darunter einige sehr seltene Exemplare – auch ein Paradies für Ornithologen. Die seltenen Pflanzen wie verschiedene Farnpalmen, die nur in diesem Teil Afrikas gedeihen, sind toll.

Hier sind zudem diverse Antilopenarten beheimatet, außerdem Herden von Zebras, Elenantilopen und *wildebeests* Weißschwanzgnus. Das Terrain ist abwechslungsreich und besteht aus bergigem Grasland in Höhenlagen bis zu Wäldern und Bushveld weiter unten.

Durch das Reservat schlängeln sich viele Bäche, und es wird von drei Flüssen durchschnitten, darunter der Komati River, der in Richtung Osten mit etlichen Wasserfällen und Stromschnellen durch eine Schlucht rauscht, bis er das Lowveld erreicht.

Es bieten sich viele Möglichkeiten zum Wandern – von kurzen Spaziergängen bis hin zu einem wochenlangen Treck, der in Ngwenya im Süden seinen Anfang nimmt und im Norden am Mgwayiza Range endet. Für längere Touren muss man seine gesamte Verpflegung mitbringen, außerdem einen Campingkocher, da es nicht gestattet ist, außerhalb des Basiscamps Feuer zu machen. Zudem ist es notwendig, im Büro am Eingang des Reservats eine Genehmigung (5 E) zu erwerben. Fahrten durch die Wildnis werden auf Voranmeldung organisiert.

Neben der Ngwenya Mine lässt sich auch die **Forbes Reef Goldmine** im Forbes Reef Forest, eine Goldmine mehr in Richtung Parkmitte, besichtigen.

Übernachtet wird in **Zelten** (pro Pers. im Hauptcamp/am Treckingpfad 60/40 E), und zwar entweder im gut ausgestatteten (wenig genutzten) Hauptcampingplatz mit Waschräumen und Grillbereich oder an den Wanderwegen, wo allerdings keinerlei Einrichtungen vorhanden sind. Es gibt auch einige hübsche, voll ausgestattete **Holzhütten** (pro Pers. 230 E, Kinder halber Preis) für Selbstversorger, in denen bis zu sechs Personen Platz haben. Buchen kann man bei **Swazi Trails** (☎ 416 2180; www.swazitrails.co.sz) oder direkt bei der **National Trust Commission** (☎ 416 1151, 416 1178; www.sntc.org.sz). Beide befinden sich im Ezulwini Valley.

Das Eingangstor zum Malolotja-Reservat liegt rund 35 km nordwestlich von Mbabane an der Piggs Peak Road (MR 1). Minibus-Taxis setzen einen hier ab.

Piggs Peak & Umgebung

Diese kleine Stadt erlebte ihre Blütezeit Ende des 19. und Anfang des 20. Jhs., als William Pigg 1884 hier Gold fand. Die letzte Mine wurde 1954 geschlossen. Heute ist die dröge Grenzstadt das kleine Zentrum der Holzindustrie von Swasiland, die auf den vielen Kiefernplantagen in der Gegend basiert. Außerdem finden sich hier noch ein paar Tankstellen, ein, zwei Banken (kein Wechsel ausländischer Währung) und ein Supermarkt.

Piggs Peak ist hügelig und bewaldet und somit überaus malerisch. Zu den Highlights zählen die **Phophonyane Falls**, imposante Wasserfälle rund 8 km im Norden der Stadt.

Von der schönen Landschaft abgesehen, ist die Region Piggs Peak aber auch für ihr Kunsthandwerk bekannt. Das Angebot im Peak Craft Centre ein Stück nördlich vom Orion Piggs Peak Hotel & Casino ist gut. Dort findet sich auch **Ethnic Bound** (☎ 437 3099; ethnicbound@africaonline.co.sz), ein Geschäft, das sich auf afrikanische Stoffe spezialisiert hat, sowie **Likhweti Kraft** (☎ 437 3127), eine Zweigstelle von **Tintsaba Crafts** (☎ 437 1260; www.tintsaba.com), wo Sisalkörbe, Schmuck und jede Menge anderes Kunsthandwerk aus Swasiland zu haben sind. An der Straße von Mbabane haben sich Unmengen fliegender Händler etabliert.

SCHLAFEN & ESSEN

Highlands Inn (☎ 437 1144; EZ/DZ inkl. Frühstück 160/300 E) Dieser Gasthof, 1 km südlich vom Stadtzentrum an der Hauptstraße entfernt, ist die einzige Möglichkeit, im Ort selbst zu übernachten, und nur bei knapper Kasse eine Überlegung wert. Der Khulilie Craft Shop sowie das Woodcutter's Restaurant (Hauptgerichte ab 25 E, Frühstück, Mittag- und Abendessen) sind an den Gasthof angeschlossen.

Jabula Guest House (☎ 437 1052; www.swaziplace.com/jabulaguesthouse; EZ/DZ 225/375 E; 🚗) Am Schild zur Piggs Peak Clinic muss man rechts abbiegen und dann gleich die erste Straße rechts nehmen. Das Jabula ist das beste B&B in Piggs Peak und wartet mit kleinen, netten Zimmern in einem Wohngebiet auf.

Phophonyane Lodge & Nature Reserve (☎ 437 1319; www.phophonyane.co.sz; Zelte 490–700 E, EZ/DZ Cottages inkl. Frühstück ab 700/980 E) Die tolle Lodge liegt nordöstlich von Piggs Peak an einem Fluss in einem eigenen Naturreservat mit üppigen Wäldern. Rund um den Fluss und den Wasserfall erstreckt sich ein Netz von Wanderwegen; mehrere kleine Seen bieten sich zum Schwimmen an. Übernachtet wird in komfortablen Cottages (auch für Selbstversorger) oder in luxuriösen Safarizelten im ostafrikanischen Stil mit Blick auf die Wasserfälle. Das Essen in der Dining Hut (Hauptgerichte ab 50 E, Frühstück, Mittag- und Abendessen) ist wirklich lecker. Der Eintritt ins Reservat und somit zur Lodge kostet 20 E für einen Erwachsenen und 10 E für ein Kind. Wer nur für einen Tagesausflug herkommt, muss 30 bzw. 20 E pro Erwachsener bzw. Kind hinblättern. Die Lodge ist rund 14 km von Piggs Peak entfernt. Man fährt gen Nordwesten (Richtung Kasino). Der Abzweig befindet sich dann rund 1,5 km vor dem Kasino und ist ausgeschildert. Minibus-Taxis halten hier. Dann geht es weiter die Straße hinunter und über eine Brücke, die über einen Wasserfall führt. Der Abzweig zur Lodge kommt dann 500 m weiter rechts. Man kann sich aber auch auf Wunsch von der Lodge in Piggs Peak abholen lassen. Ein Taxi kostet etwa 60 E.

Orion Piggs Peak Hotel & Casino (☎ 437 1104; www.oriongroup.co.za; DZ mit Halbpension 1200 E) Die Südafrikaner strömen nur so hierher. Die noble Ferienanlage mit allem Schnickschnack hat nämlich auch gleich noch ein Kasino. Sie befindet sich rund 10 km nordöstlich von Piggs Peak an der Straße zum Grenzposten Jeppe's Reef. Werktags werden oft Sondertarife angeboten.

Bulembu

Ein toller Abstecher von Piggs Peak führt auf kurvenreichen Straßen 20 km durch eine malerische Landschaft mit zig Plantagen zur historischen Ortschaft Bulembu. Das Städtchen wurde 1936 für die Havelock Mine errichtet, die zur fünftgrößten Asbestmine der Welt avancierte. Hier waren in den besten Tagen 10 000 Bergleute tätig, aber dann nahmen die Erträge ab, sodass die Minen schließlich geschlossen wurden. 2003 war Bulembu bereits eine Geisterstadt mit gerade einmal 100 Einwohnern ohne jegliche Infrastruktur. Wer heute herkommt, macht eine Reise in die Vergangenheit. Tausende von verlassenen, rostigen Eisenhäusern und Unmengen Art-déco-Gebäude finden sich in der schönen Hügellandschaft. Es gibt einige Kirchen, ein **Art-déco-Kino**, ein **Krankenhaus** (die Ausstattung aus den 1930er-Jahren ist komplett erhalten), einen Golfplatz und die längste **Drahtseilbahn** der Welt. Sie reicht von der alten Mine bis ins 20 km entfernte Barberton. Die Stadt hatte mit vielen Widrigkeiten zu kämpfen – von Rechtsstreitigkeiten wegen der Minen bis zu wichtigen Fragen des Umweltschutzes und der Ökologie. Heute haben zwei engagierte Investoren, die auch das Sägewerk und die Kohleöfen betreiben, große Pläne, was die Zukunft des Dorfes betrifft.

Es bieten sich hier tolle Wanderungen an, z. B., auf den höchsten Gipfel von Swasiland zu steigen, den Emlembe Peak (1863 m). Außerdem macht es Spaß, abseits der Straßen mit dem Mountainbike zwischen Bächen, Wasserfällen, Wäldern und Plantagen herumzukurven. Anschließend lockt eine Abkühlung im Schwimmbad des Dorfes. Die Region ist charakterisiert durch die ältesten Berge der Welt mit den angeblich ältesten Lebensformen.

Wohnen kann man im **Bulembu Lodge** (☎ 437 3888, 602 4577; bulembulodge@realnet.co.sz; pro Pers. ab 150 E) im Domizil des ehemaligen Managers oder in den schicken Cottages des Direktors, die allesamt renoviert wurden. Wem weniger an Prestige und mehr an Innovation liegt, nimmt das für Backpacker umfunktionierte Cottage (80 E). Es gibt auch Suiten für Familien. Alle Mahlzeiten werden angeboten (Frühstück/Mittagessen/Abendessen 40/35/65 E).

AN- & WEITERREISE

Wer in den Hlane Royal National Park will, muss sich auf schlechte Staubstraßen gefasst machen, die allerdings mit einem gewöhnlichen Pkw befahrbar sind, insofern man langsam macht.

Die Staubstraße westlich von Piggs Peak nach Bulembu kann sich bei Niederschlägen in Morast verwandeln. Weiter in Richtung Barberton (Mpumalanga) ist die Straße dann oft echt übel.

Der Standplatz der Minibus-Taxis befindet sich neben dem Markt am oberen Ende der Hauptstraße. Auf dem Fahrplan stehen mehrere Verbindungen täglich nach Mbabane (14 E, 1 Std.).

DER OSTEN VON SWASILAND

Das Lowveld im Osten des Landes liegt im Schatten der Lebombo Mountains. Von hier kommt man locker mit dem Auto zur Grenze nach Mosambik. Die Region ist für ihre Zuckerrohrplantagen bekannt, außerdem für das Lubombo Conservancy, ein Naturschutzgebiet, das den Hlane Royal National Park, das Mkhaya Game Reserve sowie die Mlawula, Shewula und Mbuluzi Nature Reserves umfasst. Sie alle bieten tolle kulturelle Erfahrungen und Möglichkeiten, Tiere in freier Wildbahn zu beobachten.

Simunye

Simunye ist eine gepflegte Stadt mit Zuckerindustrie. Sie ist touristisch wenig interessant, bietet sich aber als Standquartier an, wenn man den Hlane Royal National Park oder das Mlawula bzw. Mbuluzi Nature Reserve besichtigen möchte.

Wer Landleben und Kultur abseits der Touristenpfade schätzt, besucht das **Shewula Mountain Camp** (☎ 605 1160, 603 1931; shewula@realnet.co.sz; B/Zi. 75/220 E), ein Camp in Gemeindebesitz nordöstlich von Simunye in den

SWASILAND

Lebombo Mountains. Nach 36 km über Staubstraßen ist man dort. Neben dem tollen Panorama werden kulturell ausgerichtete, geführte Wanderungen in die umliegenden Dörfer angeboten, außerdem Exkursionen, um wilde Tiere und Vögel zu beobachten (geführte Wanderungen 10 E pro Pers.). Übernachtet wird im Zelt oder im einfachen Rondavel mit Gemeinschaftswaschräumen und Kochmöglichkeit. Nationalgerichte (Frühstück/Mittagessen/Abendessen 25/40/40 E) müssen vorbestellt werden. Der Besuch hier lässt sich über **Swazi Trails** (☎ 416 2180; www.swazitrails.co.sz) organisieren. Wer mit öffentlichen Verkehrsmitteln kommt, nimmt ein Minibus-Taxi ab Simunye zum Camp (9 E, 1 Std.).

Tambankulu Country Club B&B (☎ 373 7111; tam@realnet.co.sz; EZ/DZ 244/352 E;) bietet gemütliche, wenn auch etwas abgewohnte Zimmer, dazu grünen Rasen, ein Restaurant, einen Pool und einen Tennisplatz. Der Club liegt nördlich von Simunye – von der Kreuzung bei Maphiveni geht es 6 km gen Westen, und dann sind es noch 3 km ab der Tshaneni Road.

Simunye Country Club (☎ 313 4792; www.visitswazi.com; EZ/DZ ab 244/352 E, Cottages 347/580 E;) Der freundliche, ruhige Club bietet kleine Einzelzimmer, moderne Cottages für Selbstversorger und ein Restaurant mit Bar. Es sind auch Gäste von außerhalb willkommen. Sie können alle Einrichtungen nutzen wie den Pool, Golfplatz sowie die Tennis- und Squashplätze.

Mehrere Minibus-Taxis verkehren täglich nach Simunye (und weiter gen Norden bis zur Kreuzung nach Mlawula und Mbuluzi) von Manzini (18 E, 1 Std.). Mindestens ein Minibus-Taxi fährt täglich nach Piggs Peak (30 E, 2½ Std.) und zurück.

Hlane Royal National Park

Dieser **Park** (☎ 528 3943; www.biggameparks.org; Eintritt 25 E; 6–18 Uhr) befindet sich in der Nähe des ehemaligen königlichen Jagdreviers. Hlane (der Name bedeutet „Wildnis“) ist das größte Naturschutzgebiet von Swasiland und das Zuhause von Elefanten, Löwen, Geparden, Leoparden, Breitmaulnashörnern und vielen Antilopenarten – eine tolle Gelegenheit also, diese Tiere in freier Wildbahn zu erleben.

Angeboten werden geführte Wanderungen (30 E pro Pers.), auf denen man Elefanten und Rhinozerosse bewundern kann, aber auch Autosafaris von zwei Stunden Dauer (130 E pro Pers., ab zwei Teilnehmern) und eine Kulturexkursion durchs Dorf mit Tanzvorführung (40 E pro Pers., ab vier Teilnehmern). Außerdem kann man sich ein Mountainbike leihen (55 E pro Std.).

Hlane verfügt über zwei gute Camps. Beide lassen sich über **Big Game Parks** (☎ 528 3944; www.biggameparks.org) im Mlilwane Wildlife Sanctuary buchen.

Ndlovu Camp (Campingplätze pro Pers. 40 E, EZ/DZ Rondavels ab 225/320 E, Cottage für 8 Personen pro Pers. 190 E) Das Camp ist nett und rustikal, hat keinen Strom und kann mit Gaskochern und einem Lokal aufwarten. Übernachtet wird in Rondavels (Selbstversorgung) und Cottages. Die Anlage befindet sich hinter dem Haupteingang und in der Nähe von einem Wasserloch (abgezäunt; gelegentlich lassen sich Antilopen blicken). Essen und Getränke sind mitzubringen.

Das **Bhubesi Camp** (EZ/DZ Cottages 290/380 E) mit Blick über einen Fluss, etwa 10 km vom Ndlovu Camp, ist eine Wucht. Die Gäste sind in geschmackvollen Steincottages (Selbstversorger) für bis zu vier Personen untergebracht, und Strom ist auch vorhanden.

Die Minibus-Taxis nach Simunye halten am Eingang zum Hlane (5 E; das Tor befindet sich rund 7 km südlich von Simunye). Der Park selbst lässt sich größtenteils mit einem gewöhnlichen Auto ohne Allradantrieb erkunden, vom Löwenareal einmal abgesehen. Dafür muss man sich einen Führer (30 E pro Stunde) nehmen. Die Hauptzufahrt in den Park zweigt rechts kurz vor dem Ndlovu Camp ab.

Mlawula Nature Reserve

Das ruhige **Reservat** (☎ 416 1151; www.sntc.org.sz; Erw./Kind 25/12 E; 6–18 Uhr), wo die Ebenen des Lowveld auf die Lebombo Mountains stoßen, tut sich unter anderem mit diversen Antilopenarten und Hyänen hervor und ist auch toll geeignet, um etliche Vogelarten zu beobachten. Man kann sich für 20 E eine Angel leihen und auch sein eigenes Mountainbike mitbringen.

An Unterkunft bietet sich das **Sara Camp** (EZ/DZ 150/300 E) mit Doppelzelten im Safaristil für Selbstversorger an. Es befindet sich rund 3 km vom Haupteingang entfernt. Eine Alternative ist der **Siphiso Camping Ground** (Campingplatz pro Pers. 60 E), wo man sein eigenes Zelt aufschlagen darf. Das **Mapelepele Cottage** (für 4 Pers. 500 E) bietet Selbstversorgern einen Gasofen und einen Kühlschrank. Im Süden des Reservats werden gerade 20 neue Chalets gebaut. Es ist eine Zufahrt von Siteki aus in Planung. Die Quartiere sind über die **National Trust Commission** (☎ 416 1151, 416 1178; www.sntc.org.sz) zu buchen.

Der Abzweig zum Parkeingang befindet sich rund 10 km nördlich von Simunye. Von dort sind es noch einmal 4 km von der Hauptstraße. Minibus-Taxis halten an der Kreuzung (17 E, 1¼ Std. von Manzini). Von der Kreuzung zum Reservat gibt es keine öffentlichen Verkehrsmittel, aber man kann anrufen, und wenn gerade ein Auto zur Verfügung steht, wird man abgeholt. Lassen Sie sich zur Information das Faltblatt *Trails and Day Walks* geben.

Mbuluzi Game Reserve

Das kleine, private **Mbuluzi Game Reserve** (☎ 383 8861; mbuluzi@swazi.net; Erw./Kind 20/10 E) beheimatet viele Tiere, darunter Giraffen, Zebras, Nilpferde, diverse Antilopenarten und Weißschwanzgnus. Es wurden hier auch über 300 Vogelarten gesichtet.

An Quartieren sind hübsche **Lodges** (EZ/DZ 375/530 E; ⌘) für fünf oder acht Personen vorhanden (Selbstversorgung), was im Vergleich zum Mlawula Nature Reserve schon der reinste Luxus ist. Einige Lodges haben große Veranden mit Blick über den Mlawula River. **Campingplätze** (pro Pers. 30 E) stehen in der Nähe des Mbuluzi River auch noch zur Auswahl.

Der Abzweig nach Mbuluzi ist der gleiche wie nach Mlawula. Der Eingang zum Reservat befindet sich an die 600 m vom Abzweig auf der linken Seite.

Siteki

Siteki („Ort der Hochzeiten") ist eine Handelsstadt in den Ausläufern der Lebombo Mountains, rund 8 km von Lonhlupheko entfernt bei der MR 16. Seinen Namen bekam der Ort, als Mbandzeni (der Urgroßvater des derzeitigen Königs) es den Grenztruppen gestattete zu heiraten. Die Strecke von Manzini über Siteki zur Grenze Mhlumeni/Goba ist die kürzeste nach Mosambik. Der Ort liegt über dem Lowveld, bietet ein tolles Panorama, ist weniger heiß und hat auch noch einen lebhaften Markt. In der Hauptstraße gibt es einen Geldautomaten.

Mit dem **Siteki (Stegi) Hotel** (☎ 343 4126; EZ/DZ mit Halbpension 195/280 E) mit seinen Rattanstühlen, seinem Raucherbereich und seinen bescheidenen Zimmern wird ein Rückgriff auf die Kolonialzeiten unternommen. Die nette Marie, die schon seit über 30 Jahren hier arbeitet, hat das Sagen.

Geschichtsfreaks werden die Relikte aus der Kolonialzeit bewundern, die das hübsche Cottage, die **Mabuda Farm** (☎ 343 4124; www.geocities.com/mabudafarm; EZ/DZ inkl. Frühstück 200/400 E), zieren. Die Farm ein Stück außerhalb von Siteki ist bewirtschaftet. Andere freuen sich an dem vielen Grün hier. Jedenfalls überaus empfehlenswert.

Minibus-Taxis verkehren zweimal täglich (13 E, 1 Std.) von Manzini. Außerdem gibt es noch zwei Minibus-Taxis, die Siteki mit Big Bend (10 E, 1 Std.) und Simunye (7 E, 30 Min.) verbinden.

Mkhaya Game Reserve

Das **Privatreservat** (☎ 528 3943; www.biggameparks.org) der Spitzenklasse wurde 1979 gegründet, um die Nguni-Rinder vor dem Aussterben zu bewahren. Es wurden schließlich aber auch noch andere Tiere unter Schutz gestellt, so z. B. Pferde- und Rappenantilopen, Hyänenhunde, Elefanten sowie Breit- und Spitzmaulnashörner. Jedenfalls rühmt sich der Park, dass die Besucher hier mehr Nashörner zu Gesicht bekommen als irgendwo sonst in Afrika.

Das Reservat befindet sich in der Nähe des Weilers Phuzumoya an der Straße von Manzini nach Big Bend. Seinen Namen hat es vom *mkhaya*-Baum (Akazienart), der hier in Hülle und Fülle wächst. *Mkhaya*s werden nicht nur wegen ihrer Früchte geschätzt, aus denen die Swasi Bier brauen, sondern auch, weil sie Insekten und Vögeln einen Lebensraum bieten.

Aber Achtung: Das Reservat lässt sich ausschließlich nach Voranmeldung besuchen, und selbst dann ist es nicht möglich, auf eigene Faust hineinzufahren. Man wird in Phuzumoya zu einem bestimmten Zeitpunkt in Empfang genommen, meist um 10 oder 16 Uhr.

Tagestouren werden organisiert, mehr Spaß macht es jedoch, mindestens einmal hier zu übernachten.

SWASILAND

Das **Stone Camp** (all-inclusive, EZ/DZ mit Vollpension 1035/1780 E) weckt Erinnerungen an ein Jagdcamp aus dem 19. Jh. Die Unterkünfte in rustikalen, luxuriösen Cottages liegen mitten im Busch. Im Preis inbegriffen sind Safaris in die Wildnis mit dem Auto oder zu Fuß, die Eintrittsgebühr in den Park und die Mahlzeiten. Im Vergleich zu den Privatreservaten in der Nähe vom Kruger-Nationalpark in Südafrika ist viel mehr fürs Geld geboten.

DER SÜDEN VON SWASILAND

In früheren Jahren wurde der Süden von Swasiland wegen des guten Zugangs nach KwaZulu-Natal gern besucht – da ging es allerdings um die Roulettetische und nicht um die Landschaft. Heute sind die Touristen nicht mehr so sehr in Spiellaune. Die Gegend ist ländlich, ruhig und somit gut geeignet, um zu Fuß oder mit dem Fahrrad das „echte" Swasiland zu erkunden, und zwar vor allem rund um die Ngwempisi Gorge, eine Schlucht. Außerdem bietet sich die Umgebung von Nsoko auch Reiten an.

Big Bend

Die malerischen Ausblicke vom Stadtrand stehen in Kontrast zu der verschlafenen Stadt mit ihrer Zuckerindustrie. Sie liegt – wie der Name schon sagt – an einer großen Schleife des Lusutfu River, kurz bevor er in den Usutu mündet. Wer im Sommer hier ist, kann sich im Pool des Bend Inn Hotel erfrischen.

In der First National Bank neben der BP-Tankstelle in der Hauptstraße kurz vor dem Bend Inn Hotel befindet sich auch ein Geldautomat.

SCHLAFEN & ESSEN

Riverside Motel (☎ 363 6910; EZ/DZ mit Frühstück 171/262 E; ❄) Freundlich mit anständigen Zimmern und einem guten Restaurant (Hauptgerichte 40 bis 70 E; Frühstück, Mittag- & Abendessen). Es befindet sich fast 2 km weiter südlich hinter der Lismore Lodge an der MR 8.

Bend Inn Hotel (☎ 363 6855; EZ/DZ 189/280 E; 🏊) Das Foyer dieses klassischen Hotels zeugt mit seinen von zitronengrünen Vorhängen gerahmten Pseudofenstern, die einen Blick in den Wald suggerieren, von eher verblichenem Glanz. Die echte Aussicht ist aber eigentlich gar nicht so übel. Vom Hügel oben im Süden der Stadt reicht der Blick über den Fluss. Ein Restaurant und eine Bar im Freien sind auch noch vorhanden.

Lismore Lodge (☎ 363 6613; DZ ab 200 E) Diese Lodge bietet kleine, gemütliche und auch preiswerte Doppelzimmer. Sie liegt rund 4 km südlich von Big Bend an der MR 8.

LL Restaurant Bar (☎ 363 6380; Hauptgerichte 40–80 E; 🕓 Mittag- & Abendessen). Das Lokal befindet sich neben der Lismore Lodge. Die Gerichte mit Meeresfrüchten, darunter Tintenfisch, Meeresfrüchte-Kebab und Meeresfrüchte-Curry, sind echt lecker.

AN- & WEITERREISE

Big Bend bietet sich an, um auf dem Weg von oder nach KwaZulu-Natal in Südafrika einen Zwischenstopp einzulegen. Minibus-Taxis verkehren täglich nach Manzini (15 E, 1 Std.) und zum Grenzposten Lavumisa (16 E, 1 Std.).

Nsoko

Nsoko, auf halber Strecke zwischen Big Bend und dem Grenzposten Lavumisa, liegt im Herzen des Zuckerrohrlandes mit den Lebombo Mountains als Kulisse.

Nisela Safaris (☎ 303 0318; www.niselasafaris.co.za; Campingplätze pro Pers. 65 E, Bienenstockhütten 100 E, Lodge inkl. Frühstück pro Pers. ab 250 E) ist ein kleines und auch touristisches Reservat in Privathand, aber günstig gelegen, wenn man von Süden kommt. Es gibt eine Fülle von Übernachtungsmöglichkeiten, darunter kreative Chalets im Safaristil mit Bäumen und Becken im Innenbereich sowie einfache Bienenstockhütten. Angeboten werden Fahrten in die Wildnis (65 E pro Pers., ab zwei Teilnehmern) und geführte Wanderungen (30 E pro Pers.). Ein Restaurant mit Souvenirladen und traditionellen Swasi-Tanzvorführungen ist auch noch geboten.

Nhlangano

Nhlangano ist die am nächsten gelegene Stadt zum Grenzposten Mahamba. Wer das Kasino besuchen will, ist hier richtig, ansonsten kann man sich den Aufenthalt schenken. Der Spar-Supermarkt im Einkaufszentrum in der Innenstadt ist, wie es sich gehört, gut sortiert.

Das hübsche **Phumula Farm Guest House** (☎ 207 9099; EZ/DZ inkl. Frühstück 230/460 E) liegt an die 3 km vom Grenzübergang und 1 km von der Hauptstraße entfernt. Die Pension bietet

WILDWASSER-RAFTEN

Eines der Highlights von Swasiland ist Wildwasser-Raften auf dem Usutu River (er heißt dann später Lusutfu River). Der Fluss ist meist verschlammt und recht ruhig, aber in der Nähe vom Mkhaya Game Reserve führt er durch die schmale Bulungu Gorge, eine Schlucht, die die Mabukabuka von den Bulunga Mountains trennt. Dort gibt es jede Menge Stromschnellen.

Swazi Trails (☎ 416 2180; www.swazitrails.co.sz) ist die beste Adresse, wenn man an einer organisierten Rafting-Tour teilnehmen will. Meist werden Ganztagestouren (610 E pro Person, ab zwei Teilnehmern, inkl. Mittagessen und Ausrüstung) angeboten. Dabei geht es 10 m einen Wasserfall hinunter. Dann kommt eine gemütliche Fahrt durch die malerische Landschaft, auf der sich hin und wieder ein *crocodile* (Krokodil) blicken lässt, das gerade am Ufer ein Sonnenbad nimmt. Die Krokos haben in letzter Zeit niemanden verschlungen, daher soll das Raften hier sicherer sein als eine Fahrt durch Johannesburg. Da Stromschnellen vom Grad IV zu passieren sind, ist die Tour für Leute mit schwachen Nerven trotzdem nichts. Mit einer gewissen Abenteuerlust kommen aber auch Neulinge ganz gut damit zurecht.

einen gepflegten Rasen, einen hübschen Garten und nette Zimmer sowie einen Grillbereich. Abendessen auf Wunsch.

Das **Nhlangano Sun Hotel & Casino** (☎ 207 8211; EZ/DZ 597/665 E; ⛝) befindet sich in toller Lage und bietet etwas verblichene, winzige Zimmer sowie ein beliebtes Kasino. Es befindet sich 4 km südöstlich der Stadt an der Straße nach Lavumisa (MR 11).

Mehrere Minibus-Taxis verkehren täglich zwischen Nhlangano und Manzini (16 E, 1½ Std.). Dort warten andere Fahrzeuge, mit denen sich Mbabane erreichen lässt. Außerdem bestehen häufig Verbindungen zum Grenzposten Mahamba (4 E), wo man nach Piet Retief in Südafrika umsteigen kann (20 E, 1 Std.). Große Minibus-Taxis fahren direkt nach Jo'burg (110 E, 4½ Std.).

Ngwempisi Gorge

Die **Ngwempisi Gorge** (☎ 625 6004), eine Schlucht 30 km südlich vom Malkerns Valley, ist eine der letzten unberührten Landschaften von Swasiland mit herrlichen Wäldern und dem Ngwempisi River. Abenteuerlustige begeistert der **Ngwempisi Hiking Trail**, ein von der Gemeinde unterhaltener 33 km langer Wanderweg in den Ntfungula Hills an der Straße von Mankayane nach Vlelzizweni. Man kann locker zwei oder drei Tage lang die Gegend erkunden und in den zwei verschiedenen Hütten übernachten. Die stimmungsvolle zweistöckige **Khopho Hut** (B 90 E) wurde um massive Findlinge errichtet. Die Mhlabeni Hut ist nicht weit von einem Wasserfall entfernt. Es ist Pflicht, sich einen Führer zu nehmen (50 E pro Tag plus 10 E für jeden Wanderer; sein Auto kann man sicher in der Nähe der Rezeption abstellen). Verpflegung und Decken sind mitzubringen, Gepäckträger (15 E pro Tag) tragen jedoch die Ausrüstung. Als weitere Übernachtungsmöglichkeit bietet sich das **Horseshoe Estate B&B** (☎ 606 1512) an. Es befindet sich beim Trailzugang und organisiert auch Touren.

Allgemeine Informationen

INHALT

AKTIVITÄTEN

Dank der unterschiedlichen Landschaften und des günstigen Klimas ist in Südafrika nahezu alles möglich – vom Reiten auf Straußen bis zum höchsten Bungeesprung der Welt. Seriöse Anbieter und gute Ausbilder bieten jedem Urlauber die Möglichkeit, eine neue Sportart auszuprobieren.

Die Zahl der Veranstalter ist riesig, viele werden im Buch genannt. Gute Informationsquellen sind aber auch andere Reisende oder das Personal der Hostels. Die Erfahrung hat gezeigt, dass es sich lohnt, Tagestouren oder Touren mit einer Übernachtung vor Ort zu buchen. Die lokalen Angebote sind in der Regel günstiger als die überregionaler Anbieter.

Fischen & Angeln

Hochseefischen ist in Südafrika sehr verbreitet, da sowohl der warme Indische Ozean als auch der kalte Atlantik sehr artenreich sind. Das Angeln in den Flüssen der Parks und Schutzgebiete ist eine beliebte Freizeitbeschäftigung – am gefragtesten ist die Forelle. Einige der besten Hochlandflüsse liegen in den Drakensbergen. Die (günstigen) Angelscheine geben die Parkbüros aus, ab und zu wird auch das Equipment ausgeliehen. Ganz informativ sind die folgenden Websites: **South African Fishing** (www.safishing.co.za), **South African Bass Fishing** (www.bassfishing.co.za) und **Fly Fishing South Africa** (www.flyfisher.co.za).

PRAKTISCH & KONKRET

- Alle drei Länder verwenden bei Maßen und Gewichten das metrische System.
- 220–250 V Wechselstrom, 50 Hz. Die Stecker sind dreipolig (mit runden Stiften, allerdings hat Südafrika eine eigene Version); in Campingabteilungen sind sie relativ leicht zu finden.
- Beste Wochenzeitung: Mail & Guardian. Beste Tageszeitung: Sowetan. Weitere Zeitungen sind Sunday Independent; Sunday Times, der Star in Johannesburg und Business Day. Reiseneuigkeiten gibt's in der Zeitschrift Getaway.
- Der Fernsehsender SABC bringt Nachrichten (SABC3 meist auf Englisch). e-TV kommentiert von einem unabhängigeren Standpunkt aus. M-Net zeigt Spielfilme und Sport.
- SABC Radio sendet in elf Sprachen. Der World Service der BBC ist auf Kurz-, Mittelwelle und in Lesotho und Umgebung auf FM zu empfangen.

Lesotho gilt unter Forellenanglern als Insider-Tipp. Saison ist von September bis Mai (wie auch in Südafrika), der Angelschein kostet nicht viel. Die Größe der Fische ist beschränkt, außerdem dürfen nicht mehr als zwölf Fische auf einmal geangelt werden. Generell ist nur das Angeln mit Schnur und künstlichen Fliegen erlaubt. Genauere Information gibt die **Ministry of Agriculture Livestock Division** (☎ 2232 3986; Private Bag A82, Maseru 100). Das nächstgelegene Angelrevier von Maseru aus liegt am Makhaleng River, 2 km flussabwärts von der Molimo-Nthuse Lodge (2 Std. Fahrt ab Maseru). Weitere Angelreviere liegen am Malibamat'so River bei Oxbow; am Mokhotlong River bei Mokhotlong im Nordosten und am Thaba Tseka Dam.

Flugsportarten

Ideale Wetterbedingungen und eine Vielzahl von hoch gelegenen Startplätzen machen Südafrika zu einem idealen Ziel für alle, die sich für Flugsportarten begeistern. Hinzu kommt, dass das Fliegen in Südafrika relativ preiswert und das ganze Jahr über möglich ist. Eine nützliche Kontaktadresse ist der **Aero Club of South Africa** (☎ 0861-018 018; www.aeroclub.org.za).

Südafrika ist weltweit eine der Top-Adressen für Gleitschirmflieger – zu den Spitzendestinationen zählt der Tafelberg. Fliegen kann man ganzjährig, die beste Thermik herrscht von November bis April. Für erfahrene Flieger gibt es nur wenige Beschränkungen – wer will, kann lange in der Luft bleiben. Die **South African Hang Gliding and Paragliding Association** (☎ 012-668 1219; www.sahpa.co.za) hat eine Liste der Anbieter, viele Schulen bieten Anfängerkurse. In Kapstadt ist **Paragliding Cape Town** (☎ 021-554 0592) empfehlenswert. In Swasiland bietet die **Emoyeni Paragliding School** (☎ 505 7405; airsports@realnet.co.sz) in Manzini Kurse an.

Gute Destinationen für Ballonfahrer sind Sabie (S. 483) und die Umgebung von Mpumalanga. Ein Flug mit einem Ultraleichtflieger ist eine weitere Möglichkeit, das Land aus der Vogelperspektive kennen zu lernen. Ein Überblick und eine Liste von Flugplätzen finden sich unter www.otto.co.za/micro/.

Südafrika wirbt mit dem welthöchsten Bungeesprung (S. 261) an der Bloukrans River Bridge zwischen Plettenberg Bay und Storms River. Beliebt ist auch die Gouritz Bridge bei Mossel Bay (S. 226).

Kanu & Kayak fahren; Raften

Südafrika hat nur wenige größere Flüsse, doch alle ganzjährig fließenden bieten gute Möglichkeiten für Kanuten und Rafter. Beliebt sind der Blyde River und der Sabie River, die beide in der Provinz Mpumalanga liegen. Weiterhin interessant sind in der Provinz Western Cape die Flüsse um Wilderness (S. 233) und im Wilderness National Park (S. 234), der Senqu (vor allem im Augrabies Falls National Park; S. 585) und der Tugela (S. 335). Ruhige Kanutouren sind im Greater St. Lucia Wetland Park (S. 363) möglich. Als klassisches Rafting-Terrain in Swasiland gilt der Great Usutu River (S. 648).

Rafting ist von den Niederschlägen abhängig, die besten Möglichkeiten bieten sich zwischen Dezember/Januar und April. Gute Kontaktadressen sind **Felix Unite** (☎ 021-425 5181; www.felixunite.com), **Hardy Ventures** (☎ 013-751 1693; www.hardyventure.com) und **Intrapid Rafting** (☎ 021-461 4918). In Swasiland ist **Swazi Trails** (☎ 416 2180; www.swazitrails.co.sz) der wichtigste Anbieter.

Kayaktouren auf dem Meer organisieren das in Kapstadt ansässige Unternehmen **Coastal Kayak** (☎ 021-439 1134; www.kayak.co.za) und die **Sea Kayaking Association of South Africa** (☎ 021-790 5611; www.doorway.co.za/kayak/recskasa/).

Klettern

Einige der herausforderndsten Klettertouren bieten die fast senkrechten Wände der Drakensberge in KwaZulu-Natal. Eine weitere Top-Kletterdestination ist Waterval Boven in Mpumalanga. Das **South African Climbing Info Network** (www.saclimb.co.za) bietet Listen und aussagekräftige Fotos von vielen weiteren Klettergebieten. Interessenten können sich auch an die örtlichen Clubs des **Mountain Club of South Africa** (MCSA; ☎ 021-465 3412; www.mcsa.org.za) wenden. **Roc'n Rope** (☎ 013-257 0363; www.rocrope.com) ist ebenfalls ein nützlicher Kontakt.

Kloofing (Canyoning)

Kloofing (das außerhalb Südafrikas unter dem Stichwort Canyoning betrieben wird) ist eine Mischung aus Klettern, Wandern, Schwimmen und weiten Sprüngen. In Südafrika gibt es eine kleine, aber rasch wach sende Anhängerschaft. Als Ausgangspunkt eignen sich Kapstadt (mit ebenfalls mehreren Möglichkeiten rund um die Stadt, s. S. 142) und die Drakensberge (S. 479) in Mpumalanga. Zu den Anbietern entsprechender Touren zählen **Adventure World** (www.adventurevillage.co.za), **Day Trippers** (www.daytrippers.co.za) und **Abseil Africa** (www.abseilafrica.co.za). Die Sportart ist nicht ganz ungefährlich, umso wichtiger ist es, sorgfältig bei der Auswahl der Anbieter zu sein!

Mountainbiken

Fast überall in Südafrika gibt es Mountainbikestrecken. Hier einige interessante Destinationen: De Hoop Nature Reserve (S. 206) mit ein- und zweitägigen Touren, die Fahrt über den Sani Pass an der Grenze zwischen Südafrika und Lesotho (S. 613), Citrusdal (S. 254) mit einem ganzen Netz an Routen, das Gebiet um die Cederberg Wilderness Area (S. 252), der Mountain Zebra National Park (S. 285), Knysna (S. 235) und Umgebung mit einer guten Auswahl an Strecken und Sabie (S. 483) mit hervorragenden Routen. In Swasiland ist das Mlilwane Wildlife Sanctuary (S. 637) interessant. Kapstadt ist so eine Art inoffizielles nationales Drehkreuz der Mountainbiker.

Auskünfte können **Mountain Bike South Africa** (www.mtbsa.co.za), **Mountain Bike South Africa e-zine** (www.mtb.org.za) die **Linx Africa trail listing** (www.linx.co.za/trails/lists/bikelist.html) geben, ganz hilfreich ist auch Paul Legers *Guide to Mountain Bike Trails in the Western Cape*. Das alle zwei Monate erscheinende *Ride* ist die wichtigste Mountainbiker-Zeitschrift Südafrikas.

Naturbeobachtung

Die afrikanische Tierwelt ist eine der größten Attraktionen des Landes. Im Vergleich mit den Nachbarländern lassen sich die Tiere hier relativ einfach beobachten, dazu kommen gute Straßen und ausgezeichnete Unterkünfte in allen Kategorien. Weitere Informationen zu diesem Thema finden sich im Kapitel Natur & Umwelt (S. 71) und Kruger National Park (S. 501).

Swasiland bietet ebenfalls hervorragende Möglichkeiten zur Naturbeobachtung. Zu den Highlights zählen das Mlilwane Wildlife Sanctuary (S. 637), das Mkhaya Game Reserve (S. 646) und der Hlane Royal National Park (S. 645).

Reiten & Pony-Treks

Südafrika und Swasiland bieten viele Möglichkeiten für Ausritte – egal in welcher Länge und Schwierigkeitsstufe. Zu den günstigen Gebieten in Südafrika zählen die Drakensberge in KwaZulu-Natal (S. 370), die Waterberg Range in Limpopo, die Waterberge (S. 533) und die Wild Coast (S. 303). Auch einige Nationalparks bieten Ausritte an, darunter der Addo Elephant (S. 274) und der Golden Gate (S. 412) National Park. In Swasiland kann man im Mlilwane Wildlife Sanctuary (S. 637) reiten.

Einige Kontaktadressen:

Equus Horse Safaris (www.equus.co.za) Waterberg.

Fynbos Horse Trails (www.fynbostrails.com) Western Cape.

Horizon Horseback Adventures (www.ridinginafrica.com) Waterberg.

Khotso Horse Trails (www.khotsotrails.co.za) Drakensberge.

Nyanza Horse Trails (nyanza@africaonline.co.sz) Swasiland.

Wild Coast Trails (www.wildcoast.org.za) Wild Coast.

In Lesotho sind Ausritte ins Hochland auf den robusten Basotho-Ponys sehr beliebt (s. S. 612).

Surfen

Unter Surfern ist Jeffrey's Bay ein Begriff, doch Südafrika hat auch sonst noch viele Surfspots zu bieten, vor allem an der Küste der Provinz Eastern Cape (ab Port Alfred Richtung Norden). Die beste Jahreszeit zum Surfen an den südlichen und östlichen Küsten ist der Herbst und Frühwinter (also in den Monaten April–Juli).

Surfbretter und Ausrüstung lassen sich in den meisten großen Küstenstädten kaufen. Neue Bretter kosten etwa 185 US$, gebrauchte Bretter in guter Qualität etwa 100 US$. Wer in Jeffrey's Bay surfen will, braucht ein relativ großes Brett, da hier die Wellen sehr schnell sind.

Weitere Informationen stehen in den Kästen auf den Seiten 229 und 263. Informativ ist auch die Internetseite www.wavescape.co.za und **Zig Zag** (www.zigzag.co.za), die südafrikanische Surfzeitschrift.

Tauchen

Am Südende des afrikanischen Kontinents können Wassersportler sich aussuchen, in welchem Meer sie tauchen wollen. Im Westen konzentrieren sich die wichtigsten

SICHERES TAUCHEN

Aus beliebten Tauchgebieten, einschließlich der Sodwana Bay, wird immer wieder von schlampig geplanten Tauchausflügen berichtet. Bei der Auswahl des Tourveranstalters sollte die Qualität im Vordergrund stehen, nicht der Preis. Dabei spielen die Erfahrung und die Qualifikationen des Anbieters eine Rolle, ebenso das Wissen und die Ernsthaftigkeit des Personals, und außerdem die Frage, ob die Firma erst seit kurzem besteht oder bereits gut etabliert ist. Auch die Art und der Zustand der Ausrüstung und die Wartungshäufigkeit sind wichtige Kriterien. Interessenten sollten darauf achten, dass die Firma und ihre Mitarbeiter professionell wirken und ruhig auch nach den Sicherheitsvorkehrungen (Funkgeräte, Sauerstoff, Notfallpläne, Zuverlässigkeit des Bootes und der zusätzlichen Motoren, Erste-Hilfe-Ausrüstung, Leuchtsignale und Schwimmwesten) fragen. Gibt es bei längeren Tauchausflügen zwischendurch eine energiereiche Mahlzeit oder nur Tee und Kekse?

Ein Vorteil von Anbietern, deren Kurse PADI- oder NAUI-zertifiziert sind, liegt darin, dass die dort erworbenen Scheine überall auf der Welt in PADI- oder NAUI-Tauchzentren anerkannt werden. Über die Qualifikation eines Anbieters gibt die **South Africa Underwater Federation** (☎ 021-930 6549; www.sa-underwater.org.za) Auskunft.

Tauchreviere um die Kap-Halbinsel, die für ihre Schiffswracks und die Kelpwälder berühmt ist. Im Osten liegt das Haupttauchgebiet an der Nordküste von KwaZulu-Natal, wo es – insbesondere um Sodwana Bay – hervorragende Möglichkeiten zum Warmwassertauchen gibt. Die Korallenriffe sind wunderschön, außerdem stehen die Chancen nicht schlecht, Delfine und manchmal sogar Walhaie zu sehen. Vor der Küste der Provinz Eastern Cape bei Port Elizabeth liegen weitere Tauchgründe, in vielen Strandorten an der Garden Route haben sich Tauchschulen etabliert.

Die Bedingungen sind allerdings ziemlich unterschiedlich: Die beste Zeit für das Tauchen an der Küste von KwaZulu-Natal sind die Monate Mai bis September, dann sind die Sichtverhältnisse am besten. An der Atlantikküste ist das Wasser immer kalt, die besten Sichtverhältnisse hat man von November bis Januar/Februar.

In allen Küstenorten mit akzeptablen Tauchmöglichkeiten gibt es Tauchbasen, die Kosten liegen hier im Allgemeinen niedriger als anderswo im südlichen Afrika. Ein viertägiger Tauchkurs kostet in der Regel 2000 R, der Preis für das Ausleihen einer kompletten Ausrüstung beginnt bei 200 R. Mit Ausnahme der Sodwana Bay (dort reicht in den wärmeren Monaten ein 3-mm-Wetsuit) brauchen Taucher in der Regel mindestens einen 5-mm-Wetsuit. An einigen Stellen im Süden und auf jeden Fall im Westen ist ein Trockenanzug notwendig. Starke Strömungen und ein häufig wehender starker Wind sorgen dafür, dass auch erfahrene Taucher gefordert sind. Sodwana Bay ist das ganze Jahr über ein idealer Ort für Anfänger dieser Sportart.

Etwas ganz Spezielles ist das Tauchen mit Haien: Dafür werden Taucher in einem Käfig ins Wasser gelassen und können aus ihrem sicheren Gehäuse heraus die Haie aus nächster Nähe beobachten – ohne Angst haben zu müssen, ihre nächste Mahlzeit zu sein. Das so genannte *shark diving* wird vor allem in Gansbaai bei Hermanus (S. 200) angeboten. Einige Anbieter lassen auch Schnorchler und nicht nur erfahrene Taucher in die Käfige. Haitauchen hat aber auch seine Schattenseiten: Am problematischsten ist die Tatsache, dass durch das Anfüttern Haie in Küstennähe gelockt werden und Menschen mit Nahrung assoziieren.

Vogelbeobachtung

Vogelbeobachter bezeichnen Südafrika mit seiner unbeschreiblichen Vielfalt an Lebensräumen und der dadurch bedingten Artenvielfalt als Paradies. Zu den besten Beobachtungsplätzen zählen:

Kap-Halbinsel & West Coast Am Kap der Guten Hoffnung im Table Mountain National Park (S. 174) lassen sich ausgezeichnet Seevögel beobachten, ebenso im West Coast National Park (S. 249), etwa 120 km weiter nördlich.

Kruger National Park (S. 501) Eine der Top-Destinationen zur Vogelbeobachtung auf dem gesamten Kontinent: der Süden und der Norden des Parks gelten als die besten Spots. Der Park ist vor allem für seine Greif- und Zugvögel bekannt.

Der Norden von KwaZulu-Natal Im 36 000 ha großen Mkhuze Game Reserve (S. 370) wurden über 400 Arten klassifiziert. Der Greater St. Lucia Wetland Park (S. 363) schützt einen der bedeutendsten Brutplätze für Wasservögel im südlichen Afrika.

Weitere gute Vogelbeobachtungsgebiete sind Eyries in Lesotho, die Maluti Mountains am Ostabfall der Drakensberge und das Malolotja Nature Reserve (S. 642) in Swasiland.

In allen südafrikanischen Großstädten gibt es Vereine, die sich mit Vögeln beschäftigen, viele Parks und Schutzgebiete führen Listen, welche Vögel gesehen wurden. Weitere nützliche Informationen bietet **Southern Africa Birding** (www.sabirding.co.za), das auch für Lesotho und Swasiland zuständig ist, außerdem **Birdlife South Africa** (www.birdlife.org.za) und **Cape Birding Route** (www.capebirdingroute.org).

Viele Parks und Schutzgebiete stellen Infomaterial zur Verfügung, doch lohnt es sich, ein eigenes Bestimmungsbuch mitzubringen.

Walbeobachtung

Südafrika zählt zu den weltweit besten Plätzen, um die eleganten Meeressäuger vom Land aus zu beobachten. Südliche Glatt- und Buckelwale sind regelmäßig zwischen Juni/Juli und November vor der Küste zu sehen, gelegentlich tauchen auch Brydewale und Orcas auf. Hermanus (S. 200) ist die inoffizielle „Hauptstadt" der Walbeobachtung (vor der Küste kalben die Südlichen Glattwale) und veranstaltet sogar alljährlich ein Wal-Festival.

In der nahe gelegenen Walker Bay kommen Wale bis auf 50 m an die Küste heran. Weitere beliebte Plätze sind die Küste der False Bay (vor allem zwischen Cape Point und Muizenberg), die Küste von Gordon's Bay aus nach Südosten, Mossel Bay (S. 226) und Plettenberg Bay (S. 241). Die Wale setzen ihren Weg ums Kap herum bis an die Küste von KwaZulu-Natal fort. Bei Durban sind sie dann schon deutlich weiter draußen in der offenen See. Weitere Informationen stehen im Kasten S. 199.

Wandern

SÜDAFRIKA

Südafrika eignet sich herrlich zum Wandern und hat ein hervorragendes Netz an gut markierten Wanderwegen in allen Schwierigkeitsstufen. An einigen Wegen liegen Unterkünfte – das Spektrum reicht von Campingplätzen bis zu einfachen Hütten mit Strom und fließend Wasser. Generell müssen die Unterkünfte lange im Voraus gebucht werden. Auf vielen Routen ist die Zahl der Wanderer beschränkt, auf Fernwanderwegen und Wildnisgebieten müssen die Gruppen mindestens aus drei Personen bestehen.

In ausgewiesenen Wildnisgebieten wie der Cederberg Wilderness Area (S. 252) gibt es überhaupt keine Wege. Dort wird bewusst nur spärlich über mögliche Routen informiert: Wanderer sollen sich dort auf eigene Faust durchschlagen.

KwaZulu-Natal Nature Conservation (KZN Wildlife; 033-845 1000; www.kznwildlife.com) überwacht die meisten Wege in KwaZulu-Natal. Ansonsten stehen die Wanderwege unter der Verwaltung des **SAN Parks Board** (☎ 012-428 9111; www.sanparks.org) oder verschiedener Forstbehörden. Informationen zu örtlichen Wanderclubs gibt **Hiking South Africa** (☎ 083-535 4538; www.hiking-south-africa.info).

Einstündige bis ganztägige Wanderungen lassen sich fast überall und ohne große Planung unternehmen. Zu den Hauptwandergebieten zählen die Kap-Halbinsel um Cape Point und die Drakensberge.

Die Nationalparks bieten geführte Wanderungen in Begleitung bewaffneter Ranger an. Die Strecken sind eher kurz, das Naturerlebnis ist aber sehr intensiv (s. S. 89).

Die Sicherheit ist zwar nur selten ein Problem, auf einigen Fernwanderwegen wurden aber Überfälle gemeldet. Die örtlichen Wanderclubs können am besten über die Sicherheitslage informieren. Generell gilt: auf längeren Strecken in Gruppen wandern und so wenig Wertsachen wie möglich mitnehmen!

Wandern ist ganzjährig möglich, im Sommer machen aber die extreme Feuchtigkeit und die große Hitze zu schaffen. Die beste Wanderzeit sind die Monate März bis Oktober.

Informative Wanderführer sind *Drakensberg Walks* und *Western Cape Walks* von David Bristow und *Südafrika entdecken* von Willie und Sandra Olivier. Jaynee Levys *Complete Guide to Walks & Trails in Southern Africa* ist leider zu schwer für unterwegs, bietet aber einen guten Überblick.

LESOTHO

Das ganze Land ist abseits der großen Ortschaften ein gutes Wandergebiet. Besonders attraktiv ist das östliche Hochland mit den

SÜDAFRIKAS SCHÖNSTE WANDERWEGE

Nachfolgend ein Überblick über die schönsten Wanderwege in Südafrika und die Kontaktadressen für die Buchung. Weitere Details finden sich in den entsprechenden Kapiteln.

Kap-Halbinsel & Western Cape

Hoerikwaggo Hiking Trails (S. 113; Table Mountain National Park; ☎ 021-465 8515; www.hoerikwagotrails.co.za) Insgesamt drei Wege (zwei sind schon offen, der dritte soll im Dezember 2007 eröffnet werden), führen von der Innenstadt Kapstadts über den Tafelberg und entlang der herrlichen Atlantikküste bis zum Cape Point.

Boesmanskloof Trail (S. 215; Cape Nature Conservation; ☎ 028-425 5020; www.capenature.org.za) Zwei-Tages-Wanderung von Greyton nach McGregor durch die Riversonderend Mountains mit ihrer beeindruckenden Fynbos-Vegetation.

Whale Hiking Trail (S. 206; De Hoop Nature Reserve; ☎ 028-425 5020) Fünf-Tages-Wanderung entlang der Küste im De Hoop Nature Reserve. Während der Walsaison lassen sich von hier aus die Wale beobachten.

Eastern Cape

Otter Trail (S. 260; SAN Parks Board; ☎ 012- 428 9111; www.sanparks.org) Fünf-Tages-Wanderung an der Küste entlang der Garden Route (Achtung, dieser Weg ist fast immer ausgebucht).

Tsitsikamma Trail (S. 260; Forestry Department; ☎ 042-281 1712) Eine Fünf-Tages-Wanderung, die im Landesinneren parallel zum Otter Trail verläuft. Der Weg wird aber in der entgegen gesetzten Richtung begangen und ist so gut wie nie ausgebucht.

Amathole Trail (S. 294; Department of Water Affairs & Forestry; ☎ 043-642 2571; www.amatola.co.za) Bis zu sechs Tage lange Wanderung in den früheren Ciskei Homelands; der Weg endet am Tyumie River bei Hogsback.

Free State

Rhebok Hiking Trail (S. 412; SAN Parks Board; ☎ 012-428 9111; www.sanparks.org) Zwei-Tages-Wanderung im Golden Gate Highlands National Park.

KwaZulu-Natal

Giant's Cup (S. 381; KZN Wildlife; ☎ 033-845 1000) Bis zu fünf Tage in den südlichen Drakensbergen. Es gibt auch Wilderness Trails und geführte Wanderungen in Hluhluwe-Imfolozi, Mkhuze und Lake St. Lucia.

Limpopo

Hanglip Trail (S. 536; Komatiland Eco-Tourism; ☎ 013-754 2724; www.komatiecotourism.co.za) Bis zu zwei Tage in der üppig grünen Soutpansberg Range.

Mpumalanga

Blyde River Canyon Hiking Trail (S. 488; Mpumalanga Parks Board; ☎ 013-759 5432; mpbinfo@cis.co.za) Bis zu zweieinhalb Tage im Gebiet des Blyde River Canyon.

Kruger National Park (S. 515; SAN Parks Board; ☎ 012-428 9111; www.sanparks.org) Trails und geführte Wanderungen.

Northern Cape

Klipspringer Hiking Trail (S. 585; Augrabies Falls National Park; ☎ 054-452 9200) Drei-Tages-Wanderung vor phantastischer Kulisse am Ufer des Senqu (Orange River).

Kodaspiek Trail (S. 592; Richtersveld National Park; ☎ 027-831 1506) Zwei-Tages-Wanderung inmitten großartiger Gebirgswüsten.

Parks Sehlabathebe (S. 620) und Ts'ehlenyane (S. 610), dem Bokong Nature Reserve (S. 615) und die Gegend um Sani Top (S. 613). Malealea (S. 616) und Semonkong (S. 615) sind dabei gute Startpunkte. Die Zahl der gut markierten Wanderwege ist kleiner als in Südafrika (meist sind es nach europäischen Maßstäben eher Pfade). Doch mit Kompass und einer entsprechenden topografischen Karte (S. 601) ist Wandern im Prinzip überall möglich.

In allen Gebieten, vor allem im entlegenen östlichen Hochland, kann das Wandern für Unerfahrene und schlecht Ausgerüstete schnell gefährlich werden: Die Temperaturen fallen selbst im Sommer gelegentlich auf den Gefrierpunkt, es gibt häufig Gewitter und dichten Nebel. Wasserfeste Ausrüstung und warme Kleidung dürfen deshalb in keinem Gepäck fehlen. Die Flüsse sind ein weiteres Problem: Sie treten im Sommer häufig über die Ufer, auch Furten können dann sehr gefährlich werden. Manchmal ist es nötig, die Route zu ändern oder zu warten, bis das Hochwasser zurückgegangen ist.

Am Ende der Trockenzeit herrscht häufig Wasserknappheit, vor allem in höher gelegenen Gebieten. Weitere Information siehe Kasten S. 614.

SWASILAND

Die besten Wandermöglichkeiten bietet das Malolotja Nature Reserve (S. 642), doch auch im Mlawula Nature Reserve (S. 645) gibt es ein paar schöne Routen. Auf dem Land kann man gut auf den Wegen laufen, die sich seit Generationen kreuz und quer durch den Staat ziehen.

Die Wetterbedingungen sind weniger extrem als in Lesotho, doch im Sommer müssen Wanderer mit Platzregen und Hagel rechnen.

ALLEINREISENDE

In Südafrika, Lesotho und Swasiland ist das Alleinreisen – egal ob Mann oder Frau – kein Problem. In ländlichen Gebieten erregen Alleinreisende, vor allem Frauen, möglicherweise etwas Aufsehen, doch meist interessiert es keinen Menschen, wie man unterwegs ist.

Eine Ausnahme bilden Safaris (um Geld zu sparen), Fernwanderungen (die aus Sicherheitsgründen immer in Gruppen von mindestens drei Personen stattfinden sollen) sowie das abendliche Ausgehen. Vor allem in den Städten und im Dunklen sollten allein reisende Frauen vorsichtig sein und möglichst abgelegene Ecken meiden (s. auch S. 659).

ARBEITEN IN SÜDAFRIKA

Südafrika leidet unter hoher Arbeitslosigkeit, entsprechend schwierig ist es, dort eine Arbeit zu finden. Arbeitgeber, die Ausländer ohne Arbeitserlaubnis einstellen, müssen hohe Strafen fürchten. Trotzdem arbeiten viele Ausländer in den Restaurants und Bars der Touristenzentren.

Wer einen Job findet, kann mit einem Verdienst von etwa 25 R pro Stunde plus Trinkgeld (das recht hoch liegen kann) rechnen. Die beste Zeit für die Arbeitssuche sind der Oktober und November, also vor der Hochsaison und vor den studentischen Semesterferien.

BOTSCHAFTEN & KONSULATE

Botschaften Südafrikas im Ausland

Eine vollständige Liste aller Botschaften und Konsulate steht im Internet unter www.dfa.gov.za/foreign/sa_abroad/index.htm.

Deutschland (☎ 030-22 0730; www.suedafrika.org; Tiergartenstraße 18, 10785 Berlin)
Kenia (☎ 020-282 7100; sahc@africaonline.co.ke; Roshanmaer Place, Lenana Rd., Nairobi)
Malawi (☎ 01-773 722; sahc@malawi.net; 3. Stock, Kang'ombe House, Robert Mugabe Crescent, Lilongwe)
Mosambik (☎ 01-490059, 491614; sahc@tropical.co.mz; Avenida Eduardo Mondlane 41, Maputo)
Namibia (☎ 061-205 7111; sahcwin@iafrica.com.na; RSA House, Ecke Jan Jonker St. & Nelson Mandela Ave., Windhoek 9000)
Österreich (☎ 01-320 6493; www.saembvie.at; Sandgasse 33, 1190 Wien)
Schweiz (☎ 031-350 1313; www.southafrica.ch; Alpenstrasse 29, 3006 Bern)
Simbabwe (☎ 04-753147; dhacon@mweb.co.zw; 7 Elcombe St., Belgravia, Harare)

Botschaften des Königreichs Lesotho

Lesotho unterhält in Österreich und der Schweiz keine diplomatischen Vertretungen. Für Österreich ist die Botschaft in Berlin zuständig.

Deutschland (☎ 030-257 5720; embleso@yahoo.com; Kurfürstenstraße 84, 10787 Berlin)
Schweiz (☎ 044-201 44 45; Bleicherweg 45, 8002 Zürich)

Botschaft des Königreichs Swasiland

Swasiland hat in Deutschland, Österreich und der Schweiz keine diplomatischen Vertretungen. Für die Länder ist die Botschaft in Brüssel zuständig:

Botschaft des Königreichs Swasiland (☎ 02-347477188; Avenue Winston Churchill, 1180 Brüssel)

Botschaften & Konsulate in Südafrika

Die Botschaften der meisten Länder haben ihren Sitz in der Landeshauptstadt Pretoria und eine Filiale oder ein Konsulat in Kapstadt. Einige größere Länder unterhalten daneben auch Konsulate in Johannesburg und in Durban.

Südafrika ist ideal für Reisende, die Visa für andere afrikanische Länder brauchen. Wer eine Rundreise im südlichen Afrika vorhat, sollte sich hier so viele Visa wie möglich besorgen.

Die Visaabteilungen der meisten aufgeführten Botschaften empfangen nur vormittags Besucher (in der Regel im Zeitraum von 9-12 Uhr).

Eine vollständige Liste aller diplomatischen Vertretungen findet sich unter www.dfa.gov.za/foreign/forrep/index.htm. Nachfolgend eine Auswahl häufig konsultierter Vertretungen:

Botsuana Hochkommissariat in Pretoria (Karte S. 460–461; ☎ 012-430 9640; 24 Amos St., Colbyn); Konsulat in Kapstadt (Karte S.116–117; ☎ 021-421 1045; 4. Stock, Southern Life Centre, 8 Riebeeck St., City Bowl); Konsulat in Jo'burg (Karte S. 429); ☎ 011-403 3748; 2. Stock, Future Bank Bldg., 122 De Korte St., Braamfontein)

Deutschland Deutsche Botschaft in Pretoria (Karte S. 460–461; ☎ 012-427 8977; germanembassypretoria@gonet.co.za; 180 Blackwood St.); Deutsches Konsulat in Kapstadt (Karte S. 116–117; ☎ 021-405 3000; 19. Stock, Safmarine House, 22 Riebeeck St.)

Lesotho Hochkommissariatin Pretoria (Karte S. 460–461; ☎ 012-460 7648; 391 Anderson St., Menlo Park); Konsulat in Jo'burg (Karte S. 429; ☎ 011-339 3653; 76 Juta St., Indent House, Braamfontein); Konsulat in Durban (Karte S. 328–329; ☎ 031-307 2168; 2. Stock, Westguard House, Ecke West St. & Gardiner St.)

Mosambik Hochkommissariat in Pretoria (Karte S. 460–461; ☎ 012-401 0300; 529 Edmond St., Arcadia); Konsulat in Jo'burg (Karte S. 424–425; ☎ 011-327 2938, 327 2944; 252 Jeppe St.); Konsulat in Cape Town (Karte S. 116–117; ☎ 021-426 2944; 3. Stock, Castle Bldg., 45 Castle St.); Konsulat in Durban (Karte S. 328-329; ☎ 031-304 0200; Zimmer 520, 320 West St.); Konsulat in Nelspruit (Karte S. 492; ☎ 013-753 2089; 43 Brown St.)

Namibia (Karte S. 460–461; ☎ 012-481 9100; secretary@namibia.org.za; 197 Blackwood St., Arcadia, Pretoria)

Österreich Österreichische Botschaft in Pretoria (Karte S. 460–461; ☎ 012-452 9155; 1109 Duncan St., Brooklyn); Österreichisches Generalkonsulat in Kapstadt (Karte S. 116–117; ☎ 021-421 1440; 1 Thibault Sq., 3. Stock)

Schweiz Schweizer Botschaft in Pretoria (Karte S.460–461; ☎ 012-452 0660; www.eda.admin.ch/pretoria; 225 Veale St., Parc Nouveau, New Muckleneuk); Schweizer Generalkonsulat in Kapstadt (Karte S. 116–117; ☎ 021-418 3665; 1 Thibault Sq., 26. Stock)

Simbabwe Hochkommissariat in Pretoria (Karte S. 460–461; ☎ 012-342 5125; 798 Merton Ave., Arcadia); Konsulat in Kapstadt (Karte S. 116–117; ☎ 021-461 4710; 55 Kuyper St., Zonnebloem); Konsulat in Jo'burg (Karte S. 429; ☎ 011-838 2156; 17. Stock, 20 Anderson St.)

Swasiland Hochkommissariat in Pretoria (Karte S. 460–461; ☎ 012-344 1910; 715 Government Ave., Arcadia); Konsulat in Jo'burg (Karte S. 429; ☎ 403 7372, 403 2036; 6. Stock, Braamfontein Centre, 23 Jorissen St.)

Botschaften in Lesotho

Österreich und die Schweiz unterhalten keine diplomatischen Vertretungen in Lesotho. Staatsbürger aus Österreich können sich mit Fragen und Problemen auch an die deutsche Botschaft und Bürger der Schweiz an die Schweizer Botschaft in Pretoria wenden.

Deutschland (Karte S. 602; ☎ 2233 2292; germanembassypretoria@gonet.co.za; 70C Maluti Rd., Maseru West)

Südafrika (Karte S. 602; ☎ 2231 5758; sahcmas@leo.co.ls; 10. Stock, Lesotho Bank Towers, Kingsway, Maseru)

Botschaften & Konsulate in Swasiland

Deutschland, Österreich und die Schweiz haben keine diplomatischen Vertretungen in Swasiland; zuständig sind die jeweiligen Botschaften in Pretoria.

Mosambik (Karte S. 630; ☎ 404 3700; Mountain Inn Rd. Mbabane)

Südafrika (Karte S. 630); ☎ 404 4651; sahc@africaonline.co.sz; 2. Stock, The Mall, Plasmall St., Mbabane)

BÜCHER

Die nachfolgend genannten Bücher – eine Mischung aus Sachbüchern und Romanen – bieten einen guten ersten Einblick in das Leben und die Kulturen der Region (siehe auch S. 23).

A Short History of Lesotho from the Late Stone Age to the 1993 Elections von Stephen J Gill. Eine knapp gefasste und Geschichte des Bergkönigreiches.

Basali: Stories by and about Women in Lesotho von K. Limakatso. Ein guter Einblick in das ländliche Leben Lesothos aus der Sicht einheimischer Frauen.

Country of my Skull von Antjie Krog. Eine berührende Nacherzählung der Anhörungen vor der Truth & Reconciliation Commission unter der Leitung von Desmond Tutu, verfasst von einer prominenten weißen südafrikanischen Journalistin.

Das Herz des kleinen Jägers von Laurens van der Post. Ein faszinierendes Buch über das südafrikanische Volk der San und seine Kultur.

Indaba. Ein Medizinmann der Bantu erzählt die Geschichte seines Volkes von Credo Mutwa. Eine ausgezeichnete Sammlung traditioneller mythologischer Geschichten und Märchen.

Keine Zukunft ohne Versöhnung von Desmond Tutu. Eine weitere Chronik zur Arbeit der Truth and Reconciliation Commission, etwas positiver betrachtet von ihrem Vorsitzenden.

Strikes Have Followed Me All My Life von Emma Mashinini. Eine wirklich sehr beeindruckende Erzählung vom Kampf einer Frau gegen Unterdrückung und Ungerechtigkeit.

The Wild Almond Line von Larry Schwartz. Ein Erinnerungsbericht über eine Jugend in einem Land der Rassentrennung und über den Militärdienst in der Armee des Apartheidregimes.

ERMÄSSIGUNGEN

Mit einem Ausweis von **Hostelling International** (www.hihostels.com) oder einem damit verbundenen Jugendherbergswerk bekommen Reisende gelegentlich Ermäßigungen bei Busgesellschaften, Reiseveranstaltern, Surfläden etc.

Ab und zu wird er auch in Museen und anderen kulturellen Einrichtungen akzeptiert.

ESSEN

Das Essen in Südafrika ist im Allgemeinen sehr gut und seinen Preis wert. In einem gehobenen Restaurant (mit Ausnahme der Spitzenrestaurants) liegen die Preise pro Person zwischen 60 R und 80 R (in Pubs etwas niedriger).

Restaurants haben in der Regel täglich von etwa 11.30 Uhr bis 14.30/15 Uhr (Mittagessen) und 18.30/19 bis 22 Uhr (Abendessen) geöffnet.

Cafés öffnen in Swasiland von 7.30/8 bis etwa 17 oder 18 Uhr. Sonntag oder Montag haben Restaurants oder Cafés teilweise geschlossen.

Wenn die Öffnungszeiten von der Regel abweichen, werden sie genannt.

Weitere Details siehe Kapitel Essen & Trinken (S. 96).

FEIERTAGE

Feiertage

Nach den Wahlen im Jahr 1994 ging bei den Feiertagen alles drunter und drüber. So wurde etwa aus dem Gelöbnistag, den die Buren im Gedenken an den Sieg in der Schlacht am Blood River feierten, der Tag der Versöhnung. Der offiziell nicht beachtete, doch häufig gefeierte Soweto-Tag zur Erinnerung an die Unruhen in Soweto wird jetzt als Tag der Jugend bezeichnet. Der Tag der Menschenrechte findet am Jahrestag des Massakers von Sharpeville (S. 42) statt.

Folgende Feiertage werden heute wieder regelmäßig begangen:

SÜDAFRIKA

Neujahr 1. Januar
Tag der Menschenrechte 21. März
Karfreitag März/April
Ostersonntag März/April
Ostermontag März/April
Tag der Familie 17. April
Tag der Verfassung (Freiheitstag) 27. April
Tag der Arbeit (Soweto Day) 1. Mai
Tag der Jugend 16. Juni
Tag der Frauen 9. August
Heritage Day (Tag des kulturellen Erbes) 24. September
Versöhnungstag 16. Dezember
1. Weihnachtsfeiertag 25. Dezember
2. Weihnachtsfeiertag (Day of Goodwill) 26. Dezember

LESOTHO

Neujahr 1. Januar
Moshoeshoe-Tag 11. März
Karfreitag März/April
Ostermontag März/April
Heldentag 4. April
Tag der Arbeit 1. Mai
Himmelfahrt Mai
Geburtstag des Königs 17. Juli
Unabhängigkeitstag 4. Oktober
1. Weihnachtsfeiertag 25. Dezember
2. Weihnachtsfeiertag 26. Dezember

SWASILAND

Neujahr 1. Januar
Karfreitag März/April
Ostermontag März/April
Geburtstag von König Mswati III. 19. April
Nationaler Flaggentag 25. April
Geburtstag von König Sobhuza II. 22. Juli
Umhlanga (Schilfrohr) Tanz August/September

Somhlolo-Tag 6. September (Unabhängigkeit)
1. Weihnachtsfeiertag 25. Dezember
2. Weihnachtsfeiertag 26. Dezember
Incwala-Zeremonie Dezember/Januar (das Datum variiert)

Schulferien

Die wichtigsten Ferienzeiten in Südafrika sind die Schulferien im Dezember/Januar und um Ostern. In diesem Zeitraum schließen viele Läden, die Unterkünfte in den Nationalparks und Touristenzentren sind voll belegt und verlangen Hochsaisonpreise. Zu Beginn und Ende dieser Ferienzeiten sind Plätze in öffentlichen Verkehrsmitteln sowie bei Inlands- und internationalen Flügen rar, an den Grenzübergängen bilden sich lange Schlangen.

Die Situation während der anderen Schulferien ist ähnlich, aber nicht ganz so extrem. Aber auch dann steigen die Übernachtungspreise. Die Ferienzeiträume sind in der Reiseplanung zu beachten.

Die Schulferienzeiten variieren von Provinz zu Provinz. In der Regel gibt es zwei Wochen Osterferien (Beginn Ende März bis Anfang April in Abhängigkeit von Ostern), drei Wochen Winterferien (Beginn Ende Juni–Mitte Juli), zwei Wochen Frühjahrsferien (Beginn Ende Sept.–Anfang Okt.) und fünf Wochen Sommerferien (Anfang Dez.–Mitte Jan.). Die genauen Daten stehen unter www.saschools.co.za/sas/calendar.htm. Die Schulferien in Lesotho und Swasiland entsprechen denen in Südafrika.

FESTIVALS & EVENTS

In Südafrika finden Dutzende von Festivals statt, irgendwo im Land ist immer etwas los. Die folgende Liste bietet eine kleine Auswahl, darunter auch wichtige Feste in Lesotho und Swasiland. Weitere Events sind jeweils bei den einzelnen Orten aufgeführt. Im Internet bieten die Websites www.safrica.info/plan_trip/holiday/culture_heritage/festivals.htm und www.festivals.co.za gute Informationen zu aktuellen Veranstaltungen.

JANUAR

Cape Town New Year Karnaval (Cape Town Minstrel Carnival) Kapstadts älteste Straßenparty findet am 1. und 2. Januar statt, mit deftigen Liedern und Tanzparaden, farbenprächtigen Kostümen und allgemeinen Festlichkeiten. Ihm folgt ein Jazzathon an der Waterfront.

FEBRUAR

Kavadi Festival Das wichtigste Hindufest findet zweimal jährlich (Jan.–Feb. und April–Mai) in Durban zu Ehren des Hindugottes Muruga statt. Manche Teilnehmer durchbohren sich als Zeichen der Demut Lippen und Wangen mit Spießen.

MÄRZ

Cape Argus Cycle Tour (www.cycletour.co.za) Das Rennen um die Kap-Halbinsel findet in der zweiten Märzwoche statt. Es ist mit mehr als 30 000 Teilnehmern das größte Radrennen der Welt und für Zuschauer und Aktive ein Riesenspektakel.
Absa Klein Karoo National Arts Festival (☎ 044-203 8600; info@kknk.co.za) Im Mittelpunkt des Festivals steht alles, was mit Afrikaans zu tun hat. Das Festival, das Ende März/Anf. April in Oudtshoorn (Western Cape) stattfindet, versucht die Einheit zwischen Afrikaans sprechenden Menschen aller Rassen zu schaffen.

APRIL

Old Mutual Two Oceans Marathon (www.twooceansmarathon.org.za) Eine der schönsten Marathonstrecken der Welt liegt auf der Kap-Halbinsel; das Rennen findet am Ostersonntag statt.
Rustler's Valley One World Unity Party (www.rustlers.co.za) Eine unkonventionelle Musik-Party, die am Osterwochenende stattfindet: Die Party ist das jährliche Highlight für alle Liebhaber alternativer Lebensstile. Rustler's Valley, Free State.
Splashy Fen Music Festival (www.splashyfen.co.za) Rock, Pop und Jazz, dazu ein Fringe-Festival. Veranstaltungsort ist die Splashy Fen Farm, sie liegt etwa 20 km nördlich von Underberg in den Ausläufern der südlichen Drakensberge. Ende April.

JUNI

Comrades Marathon (www.comrades.com) Mitte Juni findet das 89 km lange Straßenrennen (Königin der Marathons) zwischen Durban und Pietermaritzburg statt, die Richtung wechselt jedes Jahr.
Durban International Film Festival (diff@ukzn.ac.za) Ein Forum für Filme aus dem Land und dem ganzen Kontinent, Veranstaltungsort ist Durban.

JULI

National Arts Festival (www.nafest.co.za) Das größte Kunstfestival Südafrikas gibt einen Überblick über die lebendige Kunstszene. Jährlich Anfang Juli in Grahamstown (Eastern Cape).

AUGUST/SEPTEMBER

Umhlanga Dance Der Schilfrohrtanz ist Swasilands einwöchiger "Debütantinnenball" im August/September: Junge Swasi-Frauen reisen nach Lobamba, helfen bei der

Renovierung des Hauses der Königinmutter und tanzen vor ihrem König.

OKTOBER

Morija Arts & Cultural Festival (www.morijafest.com) Bei diesem Kunst- und Kulturfestival wird die Basotho-Kultur gefeiert. Anfang Oktober in Morija (Lesotho).

Standard Bank Awesome Africa Music Festival (www.awesomeafricafestival.co.za) Musik- und Theatergruppen des ganzen Kontinents treffen sich Anfang Oktober in Durban.

NOVEMBER

Diwali Die indische Bevölkerung Durbans feiert drei Tage lang das Lichterfest.

DEZEMBER

Soweto Arts Festival (☎ 011 487 2818; www.joburg.org.za) Einwöchiges Festival zu Förderung der Kunst, Einheit und Kultur. Es findet jährlich Mitte bis Ende Dezember an verschiedenen Plätzen in Soweto statt.

Incwala Der Termin des Regen- und Erntefestes der Swasi im Dezember oder Januar richtet sich nach dem Mond.

FOTOS & VIDEO

In Südafrika gibt es überall in den großen Städten Filme (Dias und Negativ), Kameras und Zubehör zu kaufen und genügend Geschäfte, die Filme in guter Qualität entwickeln (einschließlich Diafilmen). Auch Videokassetten werden in allen größeren Städten angeboten. In Lesotho und Swasiland ist die Auswahl geringer.

Für Naturaufnahmen reicht eine nicht zu schwere 35-mm-Automatik-Kamera mit einem Festobjektiv zwischen 210 und 300 mm. Videokameras mit Zoom ermöglichen bessere Nahaufnahmen, Digitalkameras erweitern nochmals die technischen Möglichkeiten.

Wer gute Aufnahmen machen möchte, sollte früh starten, weil die meisten Tiere während der kühleren Morgenstunden aktiv sind.

Die beiden Stunden nach Sonnenaufgang und die beiden letzten Stunden vor Sonnenuntergang sind an sonnigen Tagen die besten Aufnahmezeiten. In Lesotho und Swasiland sorgt die besondere Stimmung nach einem Sommersturm oft für phantastische Effekte.

In allen drei Ländern ist es riskant, Fotos von Soldaten, Polizisten, Flughäfen, Verteidigungseinrichtungen und Regierungsgebäuden zu machen. Und natürlich verlangt es die Höflichkeit, Menschen vor dem Fotografieren um ihr Einverständnis zu fragen, vor allem auf dem Land.

Gute Tipps rund ums Fotografieren bietet der Lonely-Planet-Band *Travel Photography: A Guide to Taking Better Pictures* von Richard Anson.

FRAUEN UNTERWEGS

Verhalten gegenüber Frauen

Sexismus ist unter südafrikanischen Männern, egal welcher Hautfarbe, relativ weit verbreitet. Selbstverständlichkeiten wie die Gleichheit der Geschlechter sind für viele Männer immer noch ein Fremdwort. Frauen werden meist „Ladies" genannt, beim Sport auch als „Girls" bezeichnet.

Glücklicherweise ändert sich auch in dieser Hinsicht einiges, viele Frauen akzeptieren die konservative Haltung ihrer Landsmänner nicht mehr. Insgesamt gesehen hinkt aber die südafrikanische Gesellschaft in ihren Ansichten um Jahrzehnte hinter denen der meisten Länder der ersten Welt hinterher. Angesichts der Tatsache, dass schwarze Frauen beim Befreiungskampf in vorderster Front standen und viele von ihnen anschließend in die Politik gegangen sind, kann man hoffen, dass sich schon bald eine bessere Akzeptanz der Frauen durchsetzen wird.

Durch die vielen unterschiedlichen Kulturen unterscheidet sich das Leben der Frauen von Region zu Region sehr stark. In den traditionellen schwarzen Kulturen haben die Frauen oft einen schweren Stand, doch auch dort ändert sich vieles, nicht zuletzt dadurch, dass eine erstaunlich hohe Zahl an jungen Mädchen die Schule besuchen darf (während die Jungen zum Arbeiten geschickt werden). In den weißen Gemeinden Südafrikas liegt die Zahl der Mädchen, die eine weiterführende Schule abschließt, deutlich unter der Zahl der Jungen – entgegen dem internationalen Trend!

Die Beschneidung ist in den traditionellen Kulturen Südafrikas, Lesothos und Swasilands nicht üblich.

In Südafrika werden viele Sexual- und Gewaltdelikte gegenüber Frauen verübt, meistens in den Townships und ländlichen Gegenden. Erschwerend kommt die große Verbreitung von HIV/Aids hinzu – die Gefahr einer Ansteckung ist sehr hoch.

Das südafrikanische Justizsystem verstärkt das Problem durch seine Milde gegenüber Sexualstraftätern, die oft mit verhältnismäßig kurzer Strafe davonkommen. Frauengruppen im ganzen Land versuchen verstärkt auf die Regierung einzuwirken, das Strafmaß zu erhöhen.

Es kam auch vereinzelt zur Vergewaltigung von ausländischen Reisenden, diese Fälle lösten jedes Mal großes Entsetzen unter den Einheimischen aus. Die meisten Besucherinnen empfinden die paternalistische Haltung der südafrikanischen Männer aber als sehr viel unangenehmer als die Angst vor einem möglichen Angriff.

Sicherheitsmaßnahmen

Alleinreisende Frauen sind im südlichen Afrika immer noch die Ausnahmen und fallen deshalb entsprechend auf. Andererseits erfahren sie viel Hilfe und erleben eine große Gastfreundschaft.

Es ist schwierig, das Risiko eines Übergriffs (das eindeutig besteht) zu bewerten, unbestritten ist aber auch, dass rein statistisch die Mehrzahl der alleinreisenden Frauen sicher und ohne Probleme durch Südafrika reist.

Das Risiko ist je nach Reisegebiet und Aktivität ganz unterschiedlich groß: Wer alleine als Frau trampt, ist verrückt. Viele Risiken lassen sich minimieren, wenn sich Frauen zusammentun oder eine Frau sich einem Mann oder einer Gruppe anschließt. Trotz der Abschaffung der Apartheid erregen schwarz-weiße Paare immer noch große Aufmerksamkeit und lösen manchmal feindselige Reaktionen aus – alte Haltungen und Ansichten lassen sich eben nur schwer ausrotten.

Hinsichtlich Kleidung sollte man vor allem im Landesinneren und in den traditionellen schwarzen Gemeinden besonders respektvoll sein. Auch wenn an der Küste Freizeitkleidung üblich ist, ist es generell besser, sich unauffällig zu kleiden. Wer abends das Zimmer verlassen will, sollte niemals alleine auf der Straße laufen, sondern sich ein Taxi bestellen.

Generell gilt: sowohl tagsüber als auch abends einsame Gegenden, Straßen und Strände meiden und nicht alleine trampen! Wer alleine im Auto unterwegs ist, sollte immer ein einsatzbereites Handy bei sich haben.

FREIWILLIGENARBEIT

Freiwilligenarbeit ist möglich, vor allem als Lehrer oder im Naturschutzsektor. Als Erstkontakt eignet sich **Volunteer Abroad** (www.volunteerabroad.com); dort gibt es auch ausführliche Listen mit möglichen Stellen für Freiwillige.

Alle Interessenten ohne britischen Pass brauchen auch für die Freiwilligenarbeit eine Arbeitserlaubnis. Anträge nehmen die südafrikanische Botschaft oder ein Konsulat im Heimatland des Antragsstellers entgegen. Die Bearbeitung dauert normalerweise etwa einen Monat.

GEFAHREN & ÄRGERNISSE

Kriminalität

Kriminalität ist ein wichtiges Thema im Land und – abgesehen von Autounfällen – das größte Risiko, dem Reisende in Südafrika ausgesetzt sind. Doch auch hier ist alles relativ: Trotz aller Statistiken und Schlagzeilen reist die Mehrheit der Touristen unbehelligt durch das Land.

Das höchste Risiko besteht in Johannesburg, gefolgt von einigen Arealen in den Townships und städtischen Zentren. Es gibt in Johannesburg Gegenden, in denen Überfälle selbst am helllichten Tag keine Seltenheit sind, auch das U-Bahn-Netz der Stadt kämpft mit der Gewaltkriminalität. Reisende können aber ganz wesentlich selbst dazu beitragen, die Risiken so klein wie möglich zu halten.

Generelle Vorsichtsmaßnahmen:

- So wenig Wertsachen wie möglich mitnehmen und nie die Kamera zu offensichtlich benutzen. Dokumente und Wertsachen in einem Safe aufbewahren, wenn einer vorhanden ist.
- Nie den Eindruck erwecken, dass Wertsachen vorhanden sein könnten, d. h.: keine Uhren, Ketten und Ohrringe tragen. Auch ein teuer aussehendes T-Shirt lässt einen reich aussehen. Und auf keinen Fall Geldbeutel sichtbar über der Kleidung tragen.
- Gruppen mit jungen Männern meiden – ältere gemischt geschlechtliche Gruppen sind vertrauenswürdiger.
- Immer das Geld auf verschiedene Stellen verteilen und auf jeden Fall etwas Geld oder einen Geldbeutel griffbereit halten, um bei einem Überfall das Gewünschte schnell aushändigen zu können. In den

Gesäßtaschen sollte grundsätzlich kein Geld aufbewahrt werden.

- Das mitgenommene Geld sollte so verteilt werden, dass bei Einkäufen nicht alles gezeigt werden muss.
- Eine der größten Gefahren bei Überfällen auf Fußgänger oder auf Autofahrer (vor allem in Jo'burg) besteht darin, dass die Angreifer vermuten, die Überfallenen wären bewaffnet und würden jede Gelegenheit nützen, sie zu töten. Ruhig bleiben und den Tätern keinen Anlass geben, mit Gegenwehr zu rechnen.
- Die Informationen der Einheimischen hinsichtlich unsicherer Gebiete unbedingt ernst nehmen.
- Einsame Gegenden bei Tag und Nacht meiden, dazu gehört z. B., sich abends und an Wochenenden nicht in den Geschäftsvierteln der Städte aufzuhalten.
- Townships sollten nur mit vertrauenswürdigen Führern oder im Rahmen einer Tour besucht werden.
- Nie den Anschein erwecken, ängstlich oder orientierungslos zu sein.
- Nachts nicht Autofahren, immer die Autotüren verriegeln und die Fenster geschlossen halten. Alleinfahrende sollten ein funktionsfähiges Handy dabei haben. Autos sollten nachts auf einem sicheren Parkplatz abgestellt werden und komplett leer geräumt sein.

Die Verbrechensrate in Lesotho und Swasiland ist nicht annähernd so hoch wie in Südafrika. In Maseru gab es zwar bewaffnete Überfälle, Einbrüche und Entführungen von Autos, doch in weitaus geringerem Maß als in Südafrika. Die Straßenkriminalität in Mbabane und Manzini steigt. Doch wer die grundlegenden Sicherheitsvorkehrungen beachtet, sollte in beiden Ländern keine Probleme bekommen. Außerhalb der Städte gibt es in Lesotho und Swasiland so gut wie keine Kriminalität.

SICHERHEITSRATSCHLÄGE

Die Websites der Außenministerien sind eine gute Informationsquelle zur aktuellen Sicherheitslage im jeweiligen Reisegebiet. Es lohnt sich, vor einer Reise die Hinweise zu Südafrika zu lesen.

Deutschland (www.auswaertiges-amt.de)
Österreich (www.bmaa.gv.at)
Schweiz (www.eda.admin.ch)

Drogen

Dagga oder *zol* (Marihuana) spielte im Handel der Xhosa mit den San eine bedeutende Rolle. Heute ist es zwar illegal, aber leicht zu bekommen. Auf den Konsum und den Besitz stehen hohe Strafen, doch die Zahl der Drogenkonsumenten ist hoch. Manche zeigen ihre Sucht ganz offen, wie man in einigen Backpacker-Hostels und Bars schnell feststellen wird. Das südafrikanische Rechtssystem macht übrigens keinen Unterschied zwischen weichen und harten Drogen.

Ecstasy gehört in Südafrika genauso zur Rave- und Club-Szene wie anderswo. Das Land gilt auch als Hauptmarkt für das Barbiturat Mandrax, das heute wegen seiner verheerenden Auswirkungen in vielen Ländern (darunter Südafrika) verboten ist. Drogen wie Kokain oder Heroin lassen sich ohne größere Schwierigkeiten beschaffen – ihr Konsum ist schuld an einem großen Teil der Eigentumsdelikte.

GELD

Südafrikas Währung ist der Rand (R), der in 100 Cent unterteilt ist. Es gibt keinen Schwarzmarkt. Münzen existieren im Wert von 1, 2, 5, 10, 20 und 50 Cent sowie 1, 2 und 5 Rand. Die Banknoten haben einen Wert von 10, 20, 50, 100 und 200 Rand. Seit gefälschte 200-Rand-Noten in Umlauf sind, zögern manche Geschäftsleute, diesen Schein anzunehmen.

In Lesotho heißt die Währung Loti (pl.: Maloti, M) und unterteilt sich in 100 Lisente. In Swasiland heißt die Landeswährung Lilangeni (pl.: Emalangeni, E). Loti und Lilangeni sind an den südafrikanischen Rand gekoppelt. In Lesotho und Swasiland akzeptieren Geschäftsleute auch den Rand, geben aber als Wechselgeld Maloti bzw. Emalangeni heraus.

Der Kurs des Rand unterlag in den letzten Jahren heftigen Schwankungen; gegenwärtig befindet er sich im Aufschwung. Trotzdem ist Südafrika immer noch preiswerter als Europa oder Nordamerika. Die Wechselkurse stehen in einer Tabelle auf der vorderen inneren Umschlagseite. Information zu den Preisen finden sich auf S. 21. Als ganz nützlich hat sich die Mitnahme von Euro, US-Dollar oder britischem Pfund in einer Mischung aus Reiseschecks und Bargeld erwiesen, außerdem eine Visa- oder MasterCard, um an Geldautomaten Geld ziehen zu können.

Geldautomaten

In allen südafrikanischen Städten stehen Geldautomaten, von denen die meisten mit Karten, die dem Cirrus-System angeschlossen sind, funktionieren.

In Lesotho gibt es in Maseru einen Geldautomaten, der internationale Karten akzeptiert. Alle anderen Geldautomaten in Lesotho geben nur an Besitzer eines einheimischen Kontos Geld ab.

In Swasiland gibt es Geldautomaten für internationale Karten in Mbabane, im Ezulwini Valley und an einigen anderen Orten im Land.

Geldwechsel

SÜDAFRIKA

Banken (First National, Nedbank und Standard Bank eignen sich in der Regel am besten) und Wechselstuben tauschen in allen größeren Städten Geld um.

Die meisten Banken tauschen gegen Gebühren auch Reiseschecks in den gängigen Währungen. Nedbank ist mit American Express verbunden, First National Bank und Nedbank mit Visa. Thomas Cook gibt Reiseschecks in Rand aus, doch es empfiehlt sich, Reiseschecks in US-Dollar zu kaufen. Wer doch einige Reiseschecks in Rand kaufen will, sollte dies erst kurz vor der Abreise tun, damit die Entwertung sich möglichst gering auswirkt.

Thomas Cook wird in Südafrika von Rennies Travel (einer großen Reisebürokette) vertreten, American Express hat Niederlas-

ACHTUNG VOR GAUNERN AM GELDAUTOMATEN

Die größte Wahrscheinlichkeit in Südafrika betrogen zu werden, besteht an den Geldautomaten. Es gibt Dutzende von Möglichkeiten, um das Bargeld, die Karte oder die PIN-Nummer zu stehlen – in der Regel sind aber alle drei hinterher im Besitz der Diebe. Sie gibt es in Stellenbosch ebenso wie in der Innenstadt von Jo'burg – meistens handelt es sich um gut gekleidete Männer mit gutem Benehmen.

Am häufigsten manipuliert der Dieb den Automaten, sodass die Karte stecken bleibt. Bis der Bankkunde das bemerkt, hat er bereits eine PIN eingegeben. Der Dieb beobachtet das und wenn der ahnungslose Kunde in die Bank geht, um zu melden, dass die Karte eingezogen wurde, nimmt er die Karte und etliche Tausend Rand obendrein. Wir übernehmen keine Garantie, aber die Beachtung der folgenden Regeln verringert zumindest die Erfolgschancen der Diebe.

- Nie nachts oder an entlegenen Ecken Geldautomaten benutzen. Am sichersten sind meist Reihen von Automaten in Einkaufszentren.
- Die meisten Geldautomaten werden von Sicherheitspersonal überwacht. Wenn niemand da ist, muss der Bankkunde persönlich hinter sich schauen oder jemand anderen beobachten lassen, was hinter seinem Rücken vorgeht.
- Sorgfältig beobachten, wer vorher den Geldautomaten benutzt hat. Wenn jemand verdächtig aussieht, ist es sinnvoll, zu einem anderen Automaten zu gehen.
- Geldautomaten während der Öffnungszeiten der Banken benutzen und wenn möglich nicht allein hingehen. So kann, falls die Karte eingezogen wird, einer beim Automaten bleiben und der andere in der Bank um Hilfe bitten.
- Nach dem Einführen der Karte sofort auf „Cancel" drücken. Wenn die Karte zurückgegeben wird, ist der Automat nicht manipuliert und sollte ohne Probleme verwendet werden können.
- Keinesfalls Hilfe bei der Benutzung eines Geldautomaten in Anspruch nehmen, auch wenn das Zurückweisen unhöflich erscheint.
- Wenn jemand Hilfe anbietet, die Aktion sofort beenden und zu einem anderen Automaten gehen.
- Die Telefonnummer zur Sperrung der Karte immer dabei haben und im Fall eines Verlustes sofort dort anrufen.

sungen in allen großen Städten. Beide berechnen keine Gebühr für eigene Reiseschecks, allerdings bieten Banken meist die günstigeren Wechselkurse. Rennies Travel tauscht auch andere Reiseschecks ohne Gebühr ein.

Wer bei der Ausreise seine restlichen Rand eintauschen will, muss dafür unbedingt Umtauschbelege aufbewahren.

LESOTHO

In Maseru besteht mit Sicherheit die Möglichkeit, ausländisches Geld und Reiseschecks in die heimische Währung umzutauschen. Die Gebühren betragen in der Regel 2,5 % bei Reiseschecks (mindestens 25 M) und 1,25 % bei Bargeld (mindestens 40 M). Auf Wunsch stehen meist auch Rand-Banknoten zur Verfügung.

SWASILAND

Die First National und die Nedbank tauschen Bargeld und Reiseschecks um. Die Kurse sind bei beiden vergleichbar, doch die Gebühren unterscheiden sich.

Die Standard Bank hat Filialen in Mbabane, Manzini, Nhlangano, Piggs Peak, Simunye, Tshaneni, Matsapha und Big Bend. Die First National hat ebenfalls Filialen im ganzen Land, während die Nedbank mit Zweigstellen nur in Mbabane, Manzini und Matsapha vertreten ist.

Kreditkarten

Vor allem MasterCard und Visa erfreuen sich in Südafrika sehr großer Beliebtheit, mit beiden Karten kann an vielen Geldautomaten Geld abgehoben werden. Nedbank ist der offizielle Visa-Vertreter, die Standard Bank repräsentiert MasterCard – beide haben im ganzen Land Filialen.

In Lesotho und Swasiland akzeptieren nur die wichtigsten Touristeneinrichtungen Kreditkarten.

Steuern & Erstattungen

SÜDAFRIKA

Die Mehrwertsteuer (VAT) liegt in Südafrika bei 14 %. Ausländische Besucher können sich bei ihrer Ausreise einen Großteil der Steuer auf ausgeführte Waren erstatten lassen. Dies gilt allerdings nur für Waren, die in einem Laden gekauft wurden, der dem VAT-Erstattungssystem für Ausländer angeschlossen ist. Der Gesamteinkaufswert muss 250 R übersteigen, für alle Waren müssen entsprechende Belege vorliegen. Meist reicht der Kassenbon, auf dem Folgendes stehen muss:

- „tax invoice"
- die VAT-Steuernummer des Verkäufers
- der Name und die Adresse des Verkäufers
- eine Beschreibung der gekauften Ware
- der Preis und der Mehrwertsteuerbetrag oder die Erklärung, dass im Preis die Mehrwertsteuer enthalten ist
- eine Rechnungsnummer
- das Kaufdatum.

Bei Käufen über 500 R müssen auch Name und Adresse des Käufers sowie die Anzahl der Waren auf der Rechnung stehen. Alle Rechnungen müssen im Original vorliegen – Fotokopien werden nicht akzeptiert.

Bei der Abreise müssen einige Formulare ausgefüllt und dem Zollbeamten vorgelegt werden. Am Flughafen unbedingt darauf achten, dass der Zoll die Waren begutachten kann, bevor das Gepäck eingecheckt wird. Nach der Kontrolle wird ein Scheck über den Erstattungsbetrag ausgestellt. An einigen Flughäfen können die Beträge gleich bei einer Bank eingelöst werden (in allen wichtigen Währungen). Beträgt der Erstattungsbetrag mehr als 3000 R, geht ein Scheck an die Heimatadresse. In der Touristeninformation in Kapstadt und anderen großen Städten besteht die Möglichkeit, die Formulare vorab auszufüllen. Die Erstattung kann auch auf ein Kreditkartenkonto erfolgen.

An folgenden Flughäfen besteht die Möglichkeit, die Schecks gleich einzulösen: an den internationalen Flughäfen von Jo'burg, Kapstadt und Durban sowie an folgenden regionalen Flughäfen: Bloemfontein, Gateway, Lanseria, Mmabatho, Mpumalanga Kruger (Nelspruit), Port Elizabeth und Upington. Auch an den Grenzübergängen Beitbridge (Simbabwe) und Komatipoort (Mosambik) sowie in den wichtigsten Häfen bearbeitet der Zoll die Erstattungsanträge.

LESOTHO & SWASILAND

Auch Lesotho und Swasiland erheben jeweils eine Mehrwertsteuer von 14 %, doch gibt es in diesen Ländern noch kein Erstattungssystem. Viele Hotels zeichnen ihre Preise ohne die Mehrwertsteuer aus, im Buch wird aber der Preis inklusive der Mehrwertsteuer angegeben.

Trinkgeld

Da die Löhne niedrig sind, wird ein Trinkgeld erwartet; in den Touristengebieten meist zwischen 10 und 15 %. Ausnahmen bilden die ländlichen Regionen in Lesotho und Swasiland, wo üblicherweise einfach die Rechnung aufgerundet wird.

INTERNETZUGANG

Internetzugang gibt es fast überall in Südafrika. Viele Hostels bieten die Möglichkeit, E-Mails zu versenden und zu empfangen, Internetcafés existieren in jeder größeren Stadt. Die Kosten liegen im Schnitt zwischen 10 R und 30 R pro Stunde. Wer mit eigenem Computer unterwegs ist, kann sich in der Regel im Hotelzimmer problemlos einloggen – nur ein passender Adapter für das Modem ist nötig. Die meisten Top-Hotels haben kabellosen Zugang und/oder Breitband (und stellen meist auch das Kabel zur Verfügung).

In Swasiland hat man in Mbabane, Manzini und an einigen Orten im Ezulwini und Malkerns Valley Internetzugang; im restlichen Land sind Internetanschlüsse eher eine Seltenheit. In Lesotho können Reisende sich in Maseru einloggen.

KARTEN & STADTPLÄNE

Es gibt viele gute Karten für alle drei Länder; wer selbst mit dem Auto fährt, sollte auf jeden Fall in ordentliches Kartenmaterial investieren. Empfehlenswert sind unter anderen die *Tourist Map* (1:2 500 000) und die Kartenserie der Automobile Association of South Africa (AASA), die das ganze Land abdeckt. Michelinkarten existieren ebenfalls für Südafrika, Lesotho und Swasiland. Die *Cape Town City Map* von Lonely Planet ist für Autofahrer und Fußgänger gleichermaßen nützlich. Alle Karten werden in den Buchhandlungen der größeren Städte verkauft. Eine tolle Auswahl führt das **Map Studio** (www.mapstudio.co.za) mit Filialen in Kapstadt, Durban und Jo'burg. Auch viele Buchhandlungen der CAN-Kette bieten eine gute Auswahl an Autoatlanten.

Für Wanderungen abseits der gut gekennzeichneten Wanderwege empfiehlt sich die Anschaffung einer topografischen Karte. Regierungskarten vertreibt **Maps Unlimited** (☎ 011-882 1741; www.mapoffice.co.za; 10 Rembrandt Park Plaza, Ecke Lister Rd. & Heine Rd., Rembrandt Park, Jo'burg). Karten für die Drakensberge – ein Muss auf jeder Wanderungen – sind bei der KwaZulu-Natal Nature Conservation (S. 89) erhältlich.

In Lesotho veröffentlicht das Department of Land, Surveys & Physical Planning (S. 601) eine topografische Karte im Maßstab 1:50 000. Es verkauft auch eine gute Karte des Landes im Maßstab 1:250 000 (1994). Die AASA gibt *Motoring in Lesotho* heraus, das an den Touristeninformationen und Buchhandlungen zu bekommen ist.

In Swasiland verteilt die Touristeninformation eine kostenlose Karte des Landes (mit Stadtplänen von Mbabane und Manzini auf der Rückseite), doch das Kartenmaterial ist nicht besonders genau. Besser ist die Karte *Motoring in the Kingdom of Swaziland* vom AASA, die in der Touristeninformation in Mbabane und in Buchhandlungen verkauft wird. Topografische Karten (1:50 000) vertreibt das **Ministry of Public Works & Transport Surveyor General's office** (☎ 404 2321; Mhlambanyatsi Rd., Mbabane).

KINDER

Südafrika

Südafrika eignet sich wunderbar zum Reisen mit Kindern. Mit seinen zahlreichen Nationalparks, Stränden, Swimmingpools und Wanderwegen, einer ganzen Anzahl interessanter Museen und einer Hand voll Vergnügungsparks bietet es auch Kindern und Jugendlichen eine Menge Abwechslung in relativ sicherer Umgebung.

Die meisten Südafrikaner sind sehr kinderfreundlich und unterstützen reisende Eltern ganz selbstverständlich mit Rat und Tat. Wer weitergehende Information sucht und Kinderausstattung mieten oder kaufen will, kann sich an **Tiny Tourists** (www.tinytourists.com) in Kapstadt wenden.

PRAKTISCH & KONKRET

Wickelräume gibt es nur selten. In den allgemein sauberen Waschräumen besteht meist auch die Möglichkeit, Windeln zu wechseln. Windeln, Milchpulver und Babynahrung sind mit Ausnahme einiger weniger ländlicher Gegenden überall erhältlich. Schwieriger gestaltet es sich, fertige Babynahrung ohne Zuckerzusatz zu finden. Doch in den Supermärkten der großen Städte wird auch zuckerfreie Nahrung angeboten. Wichtig sind das Verschlusssiegel und das Haltbarkeitsdatum! Viele Hotels und Resorts in den Touristengegenden organisieren auch eine Kinderbetreuung.

Viele Wildlife Lodges verweigern Kindern unter zwölf Jahren den Zugang, doch die wichtigsten Unterkunftsmöglichkeiten in Nationalparks und Schutzgebieten sind eh Campingplätze oder Unterkünfte für Selbstversorger. Ansonsten gibt es in Südafrika sehr viele familienfreundliche Unterkünfte, darunter Hotels mit Dreibettzimmern oder Vier- bis Sechs-Personen-Cottages für Selbstversorger.

Viele Hotels in Südafrika stellen auch Kinderbetten zur Verfügung. Andere Hotels reduzieren für Kinder den Preis um bis zu 50 %.

Der Eintrittspreis für Kinder unter zwölf Jahren in den Parks, Museen und anderen Sehenswürdigkeiten ist ebenfalls ermäßigt (frei für Kinder unter zwei Jahren, teilweise bekommen sogar Kinder bis 16 Jahren Ermäßigungen).

Viele Mietwagenfirmen stellen gegen Gebühr Kindersitze zur Verfügung, sie müssen aber vorab gebucht werden. Bei der Routenplanung sollten Eltern darauf achten, dass keine zu langen Strecken am Stück gefahren werden.

Die schwarze Bevölkerung fühlt sich nicht durch den Anblick einer stillenden Mutter gestört; wenn möglich, sollte man jedoch das Stillen in der Öffentlichkeit besser vermeiden.

Wer in Malariagebiete (überall im Lowveld, einschließlich Kruger National Park) reist, sollte sich über die Malaria-Prophylaxe für Kinder informieren. Beim Schwimmen in Bächen besteht die Gefahr einer Bilharziose-Infektion. Ansonsten existieren nur wenige Gesundheitsgefahren. Falls Kinder krank werden, gibt es in allen großen Städten eine ausgezeichnete medizinische Versorgung.

Lonely Planets *Travel with Children* von Cathy Lanigan bietet zahlreiche Tipps für das Reisen mit Kindern.

SEHENSWERTES & AKTIVITÄTEN

Der botanische Garten, das Aquarium, die Seilbahn zum Tafelberg, einige Schwimmbäder und eine lockere Atmosphäre machen Kapstadt zum angenehmsten städtischen Ziel für Reisende mit Kindern. Unter den kleineren Städten des Landes ist Oudtshoorn (S. 221) dank seiner Strauße und der nahe gelegenen Cango Caves besonders interessant.

Von den Küstenorten eignen sich einige Strände bei Kapstadt und entlang der Garden Route hervorragend für Familien. Arniston (S. 205) bietet relativ ruhiges Wasser und eine geschützte Umgebung.

Mit größeren Kindern können Wanderungen in den Drakensbergen ein spannendes Abenteuer sein.

Wenn Kinder Geduld haben, sind Tierbeobachtungen natürlich sehr lohnenswert. Der Addo Elephant National Park ist einer der attraktivsten Parks mit Kindern, da er malariafrei ist und sich die Elefanten relativ zuverlässig zeigen. Der Kruger National Park ist durch seine leichte Zugänglichkeit und die familienfreundlichen Rest Camps interessant, sein größter Nachteil ist die Malariaansteckungsgefahr (am geringsten ist sie in den Wintermonaten). Generell sollten Kinder mit Moskitonetzen, Mückenmitteln und geeigneter Kleidung geschützt werden.

Lesotho & Swasiland

Auch Lesotho und Swasiland sind ebenfalls schöne Familienziele, das gilt vor allem für Swasiland, wo die Menschen sehr kinderfreundlich sind und das Leben in ruhigen Bahnen verläuft. Weniger geeignet sind die tiefer liegenden Gegenden des Landes wegen des hohen Malariarisikos. Lesotho hat durch seine Lage auf dem Hochplateau keine Malariaprobleme, doch das bergige Gelände eignet sich eher für größere Kinder, die Spaß am Wandern oder an Pony-Ausritten haben (viele Anbieter erlauben aber nur Kindern über zwölf Jahren die Teilnahme an den Pony-Treks).

Viele Hotels in Swasiland bieten familienfreundliche Unterkünfte, einige haben z. B. eine Minigolfanlage für die jungen Gäste angelegt. Lesotho ist eher etwas für abenteuerlustige Eltern und Kinder. Babysitter können in beiden Ländern organisiert werden (im Hotel nachfragen). Größere Hotels haben westliche Toiletten, auf dem Land sind die Plumpsklos immer noch die Regel. Windeln, Milchpulver und Babynahrung gibt es in Mbabane, Manzini und Maseru; in kleineren Städten ist das Angebot entsprechend geringer.

Einfache medizinische Probleme können in Mbabane und Maseru behandelt werden, doch bei ernsten Erkrankungen empfiehlt es sich, nach Südafrika auszureisen.

KLIMATABELLEN

Südafrika hat eines der angenehmsten Klimate des ganzen afrikanischen Kontinents mit vielen sonnigen und trockenen Tagen. Die wichtigsten Einflussfaktoren auf das Kleinklima sind die jeweilige Höhe und die Lage zum Meer (s. S. 20 mit Informationen zur besten Reisezeit).

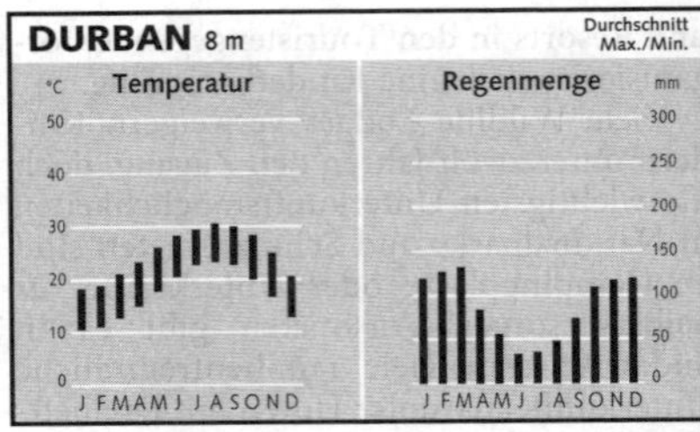

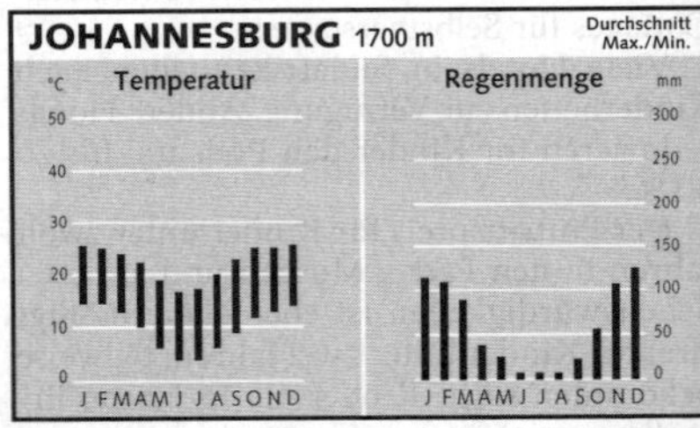

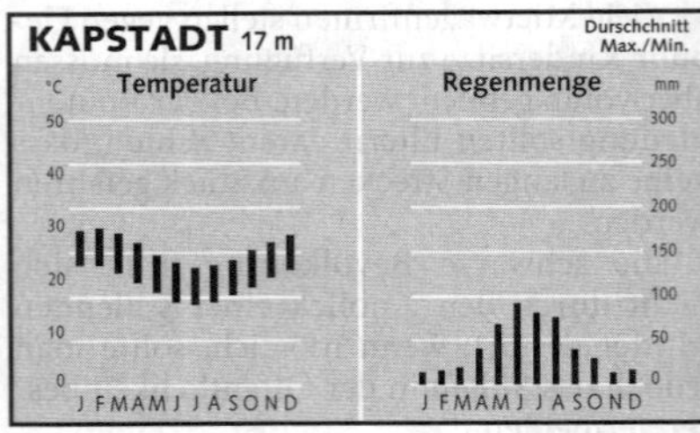

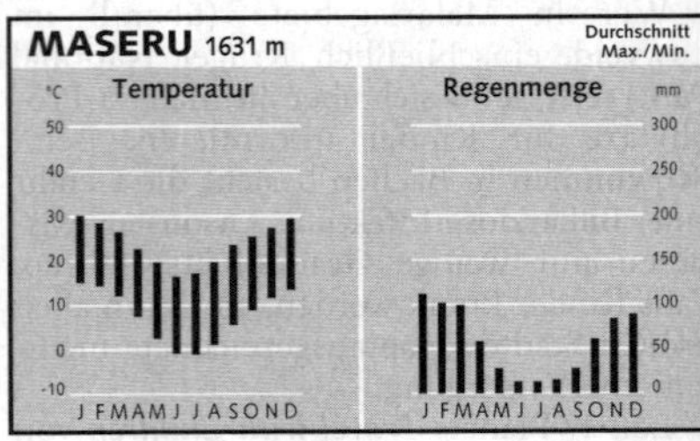

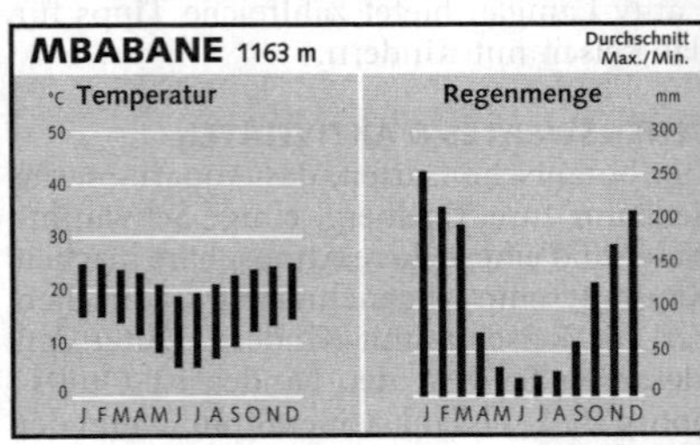

KURSE

Sprache

Es gibt zahlreiche Sprachschulen, die Kurse in Xhosa, Zulu und Afrikaans anbieten:

Inlingua Cape Town (☎ 021-419 0494; www.inlingua.co.za) Afrikaans.

Interlink Cape Town (☎ 021-439 9834; www.interlink.co.za) Afrikaans & Xhosa.

Language Teaching Centre Cape Town (☎ 021-425 3585; www.languageteachingcentre.co.za) Afrikaans & Xhosa.

University of Natal (☎ 031-260 2510; www.nu.ac.za/department/default.asp?dept=zuludund; Durban) Zulu.

University of the Witwatersrand (☎ 011-717 4245; http://slls.uiplay.co.za/index.aspx?Action=AFL) Zulu.

Eine gute Möglichkeit, um Südafrika hautnah kennen zu lernen, bietet **TALK** (Transfer of African Language Knowledge; ☎ 011-487 1798; www.phaphama.org). Es organisiert Besuche bei Einheimischen, bei denen die Gäste entweder in einer Township oder einem ländlichen Gebiet bei einer Familie wohnen, während sie etwa eine Stunde täglich Unterricht in einer afrikanischen Sprache haben und in die regionale Kultur eingeführt werden.

Die Preise variieren, doch im Schnitt liegen sie bei 600 R pro Person für einen Aufenthalt mit drei Übernachtungen. Den Schwerpunkt für solche Angebote bildet Soweto, doch es besteht auch die Möglichkeit für Besuche in anderen Teilen des Landes.

Weinkurse

Weinliebhaber sollten sich in einem malerischen B&B in den Weinanbaugebieten einmieten und sich für einen der angebotenen Weinkurse einschreiben. Einige nützliche Kontakte:

Cape Wine Academy (☎ 021-889 8844; www.capewineacademy.co.za) Mit Sitz in Stellenbosch, sie bietet Kurse in Stellenbosch und in Kapstadt an.

Nose Wine Bar (Karte S. 124–125; ☎ 021-425 2200;

www.thenose.co.za; Cape Quarter, Dixon St., Waterkant) Weinkurse.

ÖFFNUNGSZEITEN

Die üblichen Öffnungszeiten stehen auf der vorderen Umschlagseite, alle Ausnahmen werden jeweils an der entsprechenden Stelle im Buch genannt. Viele Wechselstuben haben über die üblichen Banköffnungszeiten hinaus bis 17 Uhr (Mo–Fr) und samstags 12 Uhr geöffnet. In vielen städtischen Bereichen sind viele Supermärkte bis 18 oder 20 Uhr und sonntags von 9 bis 12 Uhr geöffnet.

POST

Postämter haben montags bis freitags von 8.30 bis 16.30 Uhr und samstags von 8 bis 12 Uhr geöffnet. In Südafrika und Swasiland ist der Postdienst im Land als auch ins Ausland zuverlässig, allerdings teilweise ziemlich langsam. In Lesotho ist die Zustellung generell langsam und unzuverlässig. Wer Wertvolles versenden muss, sollte lieber auf die Dienste eines privaten Postdienstes zurückgreifen. In allen großen Städten Südafrikas, in Lesothos Hauptstadt Maseru sowie in Manzini und Mbabane in Swasiland besteht die Möglichkeit, postlagernde Sendungen zu empfangen.

RECHTSFRAGEN

Wer das Pech hat, in Südafrika verhaftet zu werden, darf die Aussage verweigern und hat das Recht, auf Kaution oder nach einer Verwarnung freigelassen zu werden (falls nicht gute Gründe für eine vorläufige Inhaftierung sprechen). Dazu kommt das Recht auf einen Anwalt, auf Essen und angemessene Haftbedingungen.

Neben Straßenverkehrsdelikten wie zu schnellem Fahren und Fahren unter Alkoholeinfluss ist vor allem der Gebrauch und Besitz von Drogen strafbar: Wer erwischt wird, kommt in Haft und muss mit einer empfindlichen Strafe rechnen.

REISEN MIT BEHINDERUNG

Südafrika ist auf dem ganzen Kontinent eines der besten Ziele für behinderte Reisende. Das Angebot für Gehbehinderte oder Blinde wird ständig größer. **SAN Parks** (☎ 012-428 9111; www.sanparks.org) bietet einen ausgezeichneten Überblick über die Unterkünfte und die Zugänglichkeit der Wanderwege für Gehbehinderte in allen Parks, vor allem im Kruger. Ihre Website ist sicher die beste Reise-Website hinsichtlich der Integration von Informationen für Behinderte in die allgemeinen Informationsseiten.

In manchen botanischen Gärten stehen Rollstühle für Besucher bereit, beispielsweise in Kirstenbosch (Kapstadt), zur Sicherheit sollte man aber immer vorab anrufen.

Kirstenbosch und einige weitere Naturschutzgebiete haben in Braille-Schrift ausgeschilderte Wege angelegt und/oder bieten auch spezielle Führungen für sehbehinderte Menschen an.

Nicht unerwähnt bleiben sollte der herrliche Penguin Trail im Table Mountain National Park (S. 114) sowie der Discovery Trail und die Möglichkeiten von Ausritten im Addo Elephant National Park (S. 274). Weitere Ziele mit Einrichtungen für Behinderte sind jeweils bei den einzelnen Orten angegeben.

Avis (S. 688) und andere große Mietwagenfirmen (s. S. 688) in den großen Städten sowie im Skukuza Camp des Kruger (Avis) vermieten auch behindertengerechte Fahrzeuge.

Einen hilfreichen ersten Kontakt stellt der **National Council for Persons with Physical Disabilities in South Africa** (☎ 011-726 8040; www.ncppdsa.co.za) dar. Weitere nützliche Informationsquellen sind:

Access-Able Travel Source (www.access-able.com) Hat eine Liste mit Anbietern von Touren für behinderte Reisende.

Carpe Diem Tours (☎ /Fax 027-217 1125) Spezialisiert auf Touren für Behinderte und Senioren in den Provinzen Western Cape und Northern Cape.

Central Reservations (www.centralres.co.za/disabled.html) Eine kleine Liste mit Adressen behindertengerechter Unterkünfte.

Eco-Access (www.eco-access.org) Ein Überblick über die Behinderteninitiativen Südafrikas.

Epic-Enabled (www.epic-enabled.com) Hilft bei der Organisation von Touren, einschließlich Safaris zum Kruger National Park.

Flamingo Tours (www.flamingotours.co.za) Touren für Behinderte in den Provinzen Western Cape und Eastern Cape, dem Kruger National Park und sonstwo in Südafrika.

Linx Africa (www.linx.co.za/trails/lists/disalist.html) Hat eine Liste mit behindertengerechten Wanderwegen in jeder Provinz.

Rolling SA (www.rollingsa.co.za) Touren allgemein und Safaris in den Kruger National Park.

SCHWULE & LESBEN

Die südafrikanische Verfassung gehört zu den wenigen weltweit, die eine Diskriminierung aufgrund der sexuellen Orientierung verbieten. Es gibt in Kapstadt, Jo'burg, Pretoria und Durban eine aktive Schwulen- und Lesbenszene. Kapstadt ist zweifellos der Dreh- und Angelpunkt der Szene – die Stadt ist sicher die schwulen und lesbenfreundlichste des ganzen Kontinents.

Vieles hat sich seit 1990 geändert, als in Jo'burg eine Gay Pride Parade stattfand, bei der die Teilnehmer braune Papiertüten über den Köpfen tragen mussten, um ihre Identität zu verbergen. Die Parade, die jedes Jahr Ende September abgehalten wird, findet noch immer regen Zuspruch. Alljährlich wird das Schwulen- und Lesben-Filmfestival **Out in Africa** (www.oia.co.za) veranstaltet. Es zeigt eine gute Auswahl an internationalen und regionalen Filmen in Jo'burg, Pretoria und Kapstadt. Im Dezember kämpft jeder um Karten für die beliebte **Mother City Queer Project Party** (www.mcqp.co.za) in Kapstadt.

Trotz der Liberalität der neuen Verfassung wird es noch eine Weile dauern, bis die konservativeren Kreise der Gesellschaft Schwule und Lesben akzeptieren. Außerhalb der Städte, sowohl in schwarzen als auch in weißen Gemeinden, wird Homosexualität noch immer nicht akzeptiert oder sogar als Tabu betrachtet.

Die älteste Schwulenzeitung des Landes ist die monatlich erscheinende **Exit** (www.exit.co.za). Das Hochglanzmonatsheft *OUTright* wendet sich an Schwule; *Womyn* ist das lesbische Gegenstück. Beide gibt es bei CNA und anderen Buchhandelsketten im ganzen Land. Das in Gauteng ansässige Magazin *Rush* ist oft in Schwulentreffs erhältlich. Es gibt einen Schwulen- und Lesbenlink auf der südafrikanischen Tourismus-Website (www.southafrica.net). Einen weiteren empfehlenswerten Kontakt stellt Kapstadts **Triangle Project** (☎ 021-448 3812; www.triangle.org.za) dar: Es bietet professionelle psychologische und juristische Beratung und Bildungsprogramme an und leitet auch eine Aids-Hilfegruppe. Informativ ist auch die Internetseite www.mask.org.za und die Kästen auf S. 163 und S. 443.

Swasiland ist wesentlich konservativer eingestellt als Südafrika. Die Aktivitäten von Schwulen und Lesben sind offiziell illegal, homosexuelle Beziehungen unterliegen einem kulturellen Tabu. In Lesotho gibt es kein offizielles Verbot homosexueller Aktivitäten, doch gleichgeschlechtliche Beziehungen sind tabu. Das öffentliche Zeigen von Zuneigung – egal bei welcher sexuellen Orientierung – wird schief angesehen.

SHOPPEN

Südafrika

Kunsthandwerkliche Arbeiten in ganz unterschiedlicher Qualität gibt es überall zu kaufen – sie kosten hier allerdings mehr als in Lesotho oder Swasiland. Die meisten Schnitzarbeiten (Tiere und Menschen) haben im Land zwar keine Tradition, sind aber trotzdem recht attraktiv. Es lohnt sich nach Töpfer- und Schnitzarbeiten der Venda sowie nach Perlenarbeiten und Körben der Zulu Ausschau zu halten. Arbeiten aus den Townships, etwa aus Draht gefertigte, sind großartige Geschenke – sie kosten und wiegen nicht viel.

Westliche Konsumgüter gibt es überall in den großen Städten, vor allem in den Kaufhäusern und Einkaufszentren.

Lesotho

Die berühmten Lesotho-Decken – das Allzweckkleidungsstück des Landes – werden in der Regel außerhalb Lesothos gefertigt, doch es gibt noch einige Hersteller vor Ort. Die bunten Decken aus Wolle und Mohair wurden von den international anerkannten Moteng-Webern als Wandbehänge angeboten und dadurch künstlerisch aufgewertet.

Daneben gibt es viele Flechtprodukte wie Matten, Körbe und den allgegenwärtigen Basotho-Hut. Wanderstöcke finden die Besucher an jeder Ecke – mal schlicht, mal verziert.

Swasiland

Da in Swasiland viele Traditionen erhalten blieben, wird eine Reihe von Gegenständen heute für den einheimischen Markt und für Touristen gefertigt. Zu den beliebten Stücken zählen Flechtarbeiten wie die *liqhaga* (die „Flaschen" sind so dicht gewebt, dass es möglich ist, darin Wasser zu transportieren) und Matten, außerdem Holzarbeiten von Schüsseln bis zu *knobkerries*, den traditionellen südafrikanischen Waffen bzw. Stöcken. Einen Blick lohnen auch die Swasi-Kerzen – sie sind wahre Kunstwerke aus Wachs. Besucher sollten sich am besten in

Malkerns, Mbabane und dem Ezulwini Valley umschauen.

Handeln

Außer an den Ständen mit einem touristischen Sammelsurium handelt man in Südafrika nicht. In Lesotho und Swasiland gibt es Läden mit festen Preisen, aber auch Stände, an denen die Verkäufer bereit sind, zu handeln.

TELEFON

Südafrika

Südafrika hat bereits ein gut ausgebautes Telefonnetz. Wenn der bereits genehmigte zweite Anbieter (SNO Telecommunications) seine Arbeit aufnimmt und das langjährige Monopol der Telkom SA fällt, wird sich die Qualität weiter verbessern (und die Preise werden fallen).

Ortsgespräche sind relativ billig (3 Min. 1 R), Ferngespräche (1 Min. ab 2 R) und Auslandsgespräche (1 Min. ab 7 R nach Europa) können dagegen ein teuerer Spaß werden. Telefonkarten werden fast überall im Land verkauft. Es gibt auch private Telefonzentralen, in denen Gespräche bar bezahlt werden können, doch kosten sie dort etwa doppelt soviel wie in Telefonzellen. Auslandsgespräche sind an Werktagen ab 20 Uhr und an Wochenenden (Fr 20 Uhr bis Mo 8 Uhr) günstiger.

Wer Kosten sparen will, kann die „Country Direct"-Nummer für ein R-Gespräch wählen, mit der er zur Vermittlung im Heimatland verbunden wird.

Deutschland Direkt (☎ 0800 990 049)

HANDYS

Das Funknetz deckt fast das ganze Land ab, die Zahl der Handybesitzer steigt. Das Netz arbeitet mit dem GSM-Digital-System.

Die drei wichtigsten Provider sind **Vodacom** (www.vodacom.co.za), **MTN** (www.mtn.co.za) und **Cell C** (www.cellc.co.za). Ein Leihhandy ist relativ preiswert, die Gesprächsgebühren liegen bei etwa 3 R pro Minute. Einige Mietwagenfirmen bieten spezielle Angebote für Handys. Eine einfache Alternative besteht darin, dass eigene (kompatible) Handy zu benutzen und mit einer im Land gekaufte Prepaid-Sim-Karte von einem der drei Provider zu bestücken. Diese Karten gibt es fast überall in Einkaufszentren und Läden der größeren Städte zu kaufen.

Die wichtigsten Vorwahlen für Handys sind ☎ 082 (Vodacom), ☎ 083 (MTN) und ☎ 084 (Cell C).

TELEFONVORWAHLEN

Die Ländervorwahl für Südafrika ist ☎ 27. Um aus Südafrika, Lesotho und Swasiland ins Ausland zu telefonieren, muss zunächst die ☎ 09 gewählt werden, dann die Ländervorwahl, die Ortsvorwahl (ohne die Null) und dann die Teilnehmernummer.

Südafrikanische Telefonnummern sind zehnstellig (einschließlich der regionalen Vorwahl). Die Vorwahl entfällt nur bei Ortsgesprächen. Die regionalen Vorwahlen werden entweder zu Beginn eines Abschnittes oder jeweils bei den einzelnen Telefonnummern genannt. Es gibt außerdem vierstellige Vorwahlen mit sechsstelligen Nummern, sie gelten ausschließlich im Land. Dazu gehören: ☎ 0800 (kostenlos), ☎ 0860 (als Ortsgespräch berechnet) und ☎ 0861 (Festpreis).

Lesotho

Lesothos Telefonsystem funktioniert recht gut, obwohl schon wenige Kilometer außerhalb der Städte überhaupt kein Telefonsystem mehr existiert.

Die Ländervorwahl lautet ☎ 266; es gibt keine regionalen Vorwahlen. Für internationale Anrufe (einschließlich Südafrika) müssen die ☎ 00, dann die Ländervorwahl, die Ortsvorwahl (ohne die Null) und die Teilnehmernummer gewählt werden.

Der wichtigste Handyprovider ist **Vodacom Lesotho** (www.vodacom.co.ls) mit Sitz in Maseru. Das Funknetz reicht im Norden bis Butha-Buthe, im Süden bis Quthing (Moyeni) und im Osten bis zum Mohale Dam. Die Gebühren entsprechen denen in Südafrika.

Swasiland

Swasiland besitzt ebenfalls ein recht gutes Telefonnetz. Die Ländervorwahl ist die ☎ 268; es gibt keine regionalen Vorwahlen. Für internationale Anrufe (einschließlich Südafrika) wählt man die ☎ 00, danach die Ländervorwahl, die Ortsvorwahl und die Teilnehmernummer.

Internationale Gespräche sind teuer; der Gebrauch einer Telefonkarte vereinfacht die Sache. Internationale Gespräche (allerdings keine R-Gespräche) sind auch am Postamt in Mbabane möglich. Außerhalb der großen

Städte müssen internationale Gespräche bei der Vermittlung angemeldet werden (☎ 94).

Sowohl **MTN** (www.mtn.co.sz) als auch **Vodacom** (www.vodacom.co.za) stehen als Handyprovider zur Verfügung.

TOILETTEN

Eine saubere Toilette im westlichen Stil zu finden, ist in Südafrika selten ein Problem. Es gibt nur wenige öffentliche Toiletten, doch Touristeninformationen und Restaurants geben in der Regel bereitwillig den Schlüssel zu ihren sanitären Einrichtungen heraus.

In ländlichen Gebieten und außerhalb der wichtigsten Städte in Swasiland und Lesotho bestehen Toiletten meist aus einem Loch im Boden, manchmal mit einer Fußstütze oder einem improvisierten Sitz.

TOURISTENINFORMATION

Südafrika

Die wichtigste offizielle Touristeninformation ist **South African Tourism** (☎ 011-895 3000, 083-123 6789; www.southafrica.net), die eine nützliche Website mit aktuellen Daten von Events/Festivals und einer Reihe von Links bietet.

Die einzelnen Provinzen haben eigene Touristeninformationen, allerdings in unterschiedlicher Qualität. Darüber hinaus unterhält fast jede Stadt wenigstens eine Touristeninformation. Diese sind meist in Privathand und verdienen ihr Geld durch die Kommission (meist 5 % bei der Vermittlung eines Hotelzimmers). Viele Touristeninformationen sind dadurch nicht objektiv, sondern empfehlen nur diejenigen Dienstleister, die auch zahlen. Es lohnt sich also, bei der Frage nach z. B. einer günstigen Unterkunft nicht gleich aufzugeben, sondern sich weiter umzuhören.

Folgende Provinzen haben eigene Touristeninformationen:

Eastern Cape Tourism Board (☎ 043-701 9600; www.ectb.co.za)

Free State Tourism Board (☎ 051-447 1362; www.dteea.fs.gov.za)

Gauteng Tourism Authority (☎ 011-832 2780; www.gauteng.net)

KwaZulu-Natal Tourism Authority (☎ 031-366 7500; www.kzn.org.za)

Limpopo Tourism Board (☎ 015-295 8262, 0860-730 730; www.golimpopo.com)

Mpumalanga Tourism Authority (☎ 013-752 7001; www.mpumalanga.com)

North-West Province Parks & Tourism Board (☎ 018-397 1500, 293 1611; www.tourismnorthwest.co.za)

Northern Cape Tourism Authority (☎ 053-832 2657; www.northerncape.org.za)

Western Cape Tourism Board (☎ 021-426 5639; www.tourismcapetown.co.za)

TOURISTENINFORMATIONEN IM DEUTSCHSPRACHIGEN RAUM

South African Tourism Deutschland, Österreich, Schweiz (D: ☎ 01805-722 255, A: ☎ 0820-500739, CH: ☎ 0848-66 35 22; D: info.de@southafrica.net, A: info.at@southafrica.net, CH: info.ch@southafrica.net.;www.southafrica.net; Friedensstraße 6–10, D-60311 Frankfurt/Main)

Lesotho & Swasiland

Die sehr nützliche **Touristeninformation** (☎ 2231 2427; Kingsway) in Maseru (s. S. 603) gibt Auskunft über alle wichtigen Touristenzentren, außerdem bietet sie Landkarten und Hinweise zu Verkehrsmitteln. Allgemeine Informationen liefert die Tourismusseite der **Homepage der Regierung von Lesotho** (www.lesotho.gov.ls/tourism).

Swasilands wichtigste und kenntnissreichste **Touristeninformation** (☎ 404 2531; www.welcometoswaziland.com; Swazi Plaza) liegt in Mbabane. Informationen gibt es auch unter www.mintour.gov.sz.

UNTERKUNFT

Südafrika bietet eine große Auswahl an Unterkünften mit einem guten Preis-Leistungs-Verhältnis. Für jeden Geldbeutel findet sich etwas, die Qualität ist hoch und meist wesentlich preiswerter zu bekommen als anderswo auf der Welt.

Für alle, die nicht so viel Geld ausgeben wollen, gibt es Campingplätze, Backpacker-Hostels und Cottages für Selbstversorger. Mit wenigen Ausnahmen kann man mit einem sauberen Umfeld und ordentlichen sanitären Einrichtungen rechnen. Das einzige Problem ist die immer noch zu geringe Zahl der Angebote. Abseits der wichtigen touristischen Destinationen muss man meistens zelten.

Im mittleren Preisbereich ist das Preis-Leistungs-Verhältnis besonders gut, vor allem bei B&Bs. Zu einem sauberen bequemen Zimmer gehört eigentlich immer ei eigenes Bad. Auch die Preise für Selbstversorgerunterkünfte in den Nationalparks – meist im unteren bis mittleren Preisbereich angesiedelt – sind fair.

Am oberen Ende der Preisskala rangieren einige der besten Wildlife-Lodges der Region, klassische Guesthouses und großartige Hotels. Häuser dieser Preisklasse enttäuschen nicht die Erwartungen, die Preise sind vergleichbar mit Europa oder liegen sogar etwas niedriger. Doch es gibt auch schwarze Schafe, die viel verlangen, aber nicht die damit verknüpften Erwartungen erfüllen – ein sorgfältiges Auswählen macht sich auf jeden Fall bezahlt.

Das Preisniveau in Swasiland ist mit dem südafrikanischen vergleichbar. Es gibt eine Handvoll Backpacker-Hostels und in den meisten Gegenden die Möglichkeit zu kostenlosem Zelten. Lesotho ist nicht gerade für Spitzenklassehotels bekannt, doch Ausnahmen bestätigen die Regel. Außerhalb der wichtigsten Städte bieten sich viele Gelegenheiten zum Campen.

Die im Buch genannten Unterkünfte gliedern sich in die Kategorien Budgetunterkünfte, Mittelklasse- und Spitzenklassehotels. In touristischen Top-Destinationen wie Kapstadt (einem der teuersten Orte des südlichen Afrika) müssen Besucher mit etwas höheren Preisen rechnen, in Lesotho mit etwas niedrigeren.

Die Preise schwanken je nach Saison. Während der Schulferien im Dezember und Januar und zu Ostern liegen die Preise teilweise doppelt so hoch, dann wird häufig auch eine Mindestaufenthaltsdauer verlangt. Ohne Reservierung geht dann gar nichts. Auch alle anderen Schulferien werden oft als Hochsaison bezeichnet, allerdings steigen die Preise in diesen Ferien moderater. Während der Nebensaison im Winter gibt es immer mal wieder Schnäppchen, außerdem ist diese Jahreszeit ideal für die Tierbeobachtung.

Viele Unterkünfte bieten in der Wochenmitte Rabatte; es lohnt sich danach zu fragen. Die einzigen günstigen Optionen während der Hochsaison sind die Campingplätze, die Backpacker-Hostels und die Cottages für Selbstversorger.

B&Bs & Guesthouses

B&Bs und Guesthouses (der Unterschied ist oft kaum erkennbar) sind zwei überaus attraktive Übernachtungsmöglichkeiten in Südafrika. Sie sind im ganzen Land zu finden – in den Großstädten ebenso wie in Kleinstädten, dazu kommen die günstigen Farmübernachtungsangebote auf dem Land. Wie überall gibt es auch unter den B&Bs schwarze Schafe, doch im Großen und Ganzen liegt ihr Standard hoch und die Zimmer sind ihren Preis wert.

Im Gegensatz zu britischen B&Bs sind die südafrikanisches B&Bs oft sehr luxuriös und haben meist eine sehr persönliche Note. Alte Möbel, eine private Veranda, große Gärten und ein Pool sind fast schon Standard. In den Winelands nördlich von Kapstadt und in anderen ländlichen Regionen liegen die Häuser meistens in herrlicher Landschaft. Viele der Zimmer haben einen separaten Gästeeingang und ein eigenes Bad. Das Frühstück ist in der Regel üppig und lecker. Die Preise beginnen bei 400 R für ein Doppelzimmer mit Bad einschließlich Frühstück.

In Soweto (S. 454), Khayelitsha (S. 175) und einigen anderen Gegenden ist es auch möglich, in B&Bs in den Townships zu übernachten – eine ausgezeichnete Möglichkeit, um einen Einblick in das Leben innerhalb der Townships zu bekommen. Viele Besitzer bieten auch Führungen für ihre Gäste an, dazu kommt in sehr vielen Fällen die unbeschreibliche afrikanische Gastfreundschaft. Die Preise liegen bei 200 R pro Person.

Camping

Campingplätze, auch mit Stellplätzen für Wohnwägen, sind seit langem die bevorzugte Unterkunft vieler südafrikanischer Familien. Die meisten Städte haben einen preisgünstigen städtischen Campingplatz, das Spektrum reicht von hübscher bis ziemlich uninteressanter Lage. In der Nähe größerer Städte lässt die Sicherheit auf diesen Plätzen oft zu wünschen übrig. Privat geführte Campingplätze und die Zeltplätze in den Nationalparks sind deshalb allemal vorzuziehen: Alle sind schön angelegt und haben eine gute Ausstattung mit Waschräumen, Steckdosen, Kochgelegenheiten und Wasserversorgung.

In Touristengebieten gibt es häufig traumhafte Resorts mit Swimmingpool, Restaurant und Mini-Supermarkt. Die Preise der Campingplätze gelten entweder pro Person (um die 80 R) oder pro Stellplatz (im Schnitt 100 R für zwei Personen, jede weitere Person 10 R). Campingplätze in beliebten Feriengebieten sind während der Schulferien oft ausgebucht.

Viele Plätze verbieten undurchlässige Zeltunterlagen, um so das Gras zu schützen. Wer nur ein oder zwei Nächte bleibt, kann den Manager eines Platzes meist überzeugen, dass das Zelt keinen Schaden anrichtet. Einige Wohnwagenplätze lassen überhaupt keine Zelte zu, doch für ausländische Besucher ohne Wohnwagen wird schon mal eine Ausnahme gemacht.

In Lesotho und Swasiland gibt es neben den Plätzen in den Nationalparks und Schutzgebieten nur einige wenige offizielle Campingplätze. Doch es ist im Allgemeinen erlaubt, wild zu campen. Aus Respekt sollte man immer vor dem Zeltaufstellen den Dorfältesten um Erlaubnis fragen, damit kann man auch das Sicherheitsrisiko minimieren. Aus Höflichkeit bieten die Dorfbewohner dann oft eine Hütte für die Nacht an; sie kostet etwa 5 R. In Südafrika sollte man auf wildes Campen völlig verzichten.

Hostels

Südafrika ist ein gutes Reiseland für Rucksackreisende und hat viele Hostels. Leider konzentrieren sie sich in beliebten Urlaubsregionen wie Kapstadt und entlang der Garden Route. Anderswo im Land ist Zelten oft die einzige billige Übernachtungsmöglichkeit. Viele Hostels haben einen hohen Standard mit Internetzugang, Einrichtungen für Selbstversorger und einem Schwarzen Brett. Viele bieten Mahlzeiten an und geben Auskunft über die Region und die besten Verkehrsverbindungen. Die meisten liegen auch an Baz-Bus-Linien (S. 446), wenn nicht, ist das Personal meist bereit, seine Gäste an der nächsten Haltestelle abzuholen. Neben Betten in Schlafsälen (die im Schnitt 80 R pro Nacht kosten) werden oft auch Doppelzimmer ab etwa 180 R angeboten. Manchmal können Einzelreisende einen Preisnachlass für ein Doppelzimmer aushandeln. Einige Hostels erlauben das Aufstellen von Zelten auf ihrem Gelände.

In Swasiland gibt es in Mbabane, im Ezulwini Valley und in Manzini Hostels für Backpacker; in Lesotho in oder bei Malealea, Semonkong, Mokhotlong und am Sani Pass. Die Preise und das Angebot sind mit denen südafrikanischer Hostels vergleichbar. Viele Städte in Lesotho haben Agricultural Training Centres oder Farmers' Training Centres, die freie Plätze an Reisende vermieten. Die Zimmer sind einfach, aber okay und haben in der Regel ein Gemeinschaftsbad. Der Preis liegt bei 50 R pro Person. Oft gibt es eine Gemeinschaftsküche.

Nur wenige Hostels sind Mitglied der internationalen Youth Hostel Association (YHA), doch den Jugendherbergsausweis sollte man trotzdem mitnehmen. Oft gewähren Busunternehmer, Tourveranstalter, Surf-Shops und andere Läden Ermäßigungen. Links zu nationalen YHAs und Informationen zur Mitgliedschaft unter www.hihostels.com.

Hotels

Es gibt einige altmodische Country Hotels, in denen ein Doppelzimmer ab 250 R kostet und die Reisende neben einer Mahlzeit auch noch den neuesten Klatsch im Pub bieten. Doch viele sehr günstige Hotels sind zu heruntergewirtschaftet, um noch bequeme Zimmer bieten zu können. Die Auswahl an Mittelklassehotels ist besser; dort stimmt in der Regel das Preis-Leistungs-Verhältnis. Für 350 R pro Doppelzimmer bekommt man in der Regel ein stimmungsvolles Ambiente gratis dazu.

Sehr häufig vertreten sind Hotelketten, die ihre Häuser in allen größeren Städten und Touristengebieten haben. Zu den wichtigsten gehören die folgenden Ketten:

Formula 1 (☎ 011-807 0750; www.hotelformula1.co.za) Das billigste mit praktischen, aber voll gestopften Zimmern ab 229 R ohne Frühstück.

City Lodge (☎ 011-884 5327; www.citylodge.co.za) Der Preis stimmt; zur Auswahl stehen Road Lodges (etwas höherer Standard als Formula 1, 3BZ 285 R), Town Lodges (DZ 520 R), City Lodges (sehr hübsch mit gutem Frühstücksbüffet, DZ 700 R) und Courtyard Hotels (DZ 940 R).

Holiday Inn (☎ 0861-447 744, 011-461 9744; www.southernsun.com) Schlichte Zimmer in den „Express by Holiday Inn"-Hotels; bessere Zimmer bei geringem Service bieten die „Garden Court"-Hotels und noch mehr Komfort die „Holiday Inn"-Hotels. Es lohnt sich, nach Wochenendangeboten zu fragen!

Southern Sun Group (☎ 0861-447 744, 011-461 9744; www.southernsun.com) Neben der südafrikanischen Holiday-Inn-Kette betreibt dieses Gruppe mehrere teurere Hotels, darunter die InterContinentals.

Protea (☎ 0861-119 000, 021-430 5000; www.proteahotels.com) Ein Netz von Drei- bis Fünf-Sterne-

ALTERSGRENZEN

- Das Mindestalter für Wähler liegt in Südafrika, Lesotho und Swasiland bei 18 Jahren.
- Das Führen eines Fahrzeugs ist ab 18 Jahren erlaubt.
- Ab 18 Jahren darf man legal Alkohol konsumieren.
- Einvernehmlicher heterosexueller Geschlechtsverkehr ist ab 16 (in Swasiland ab 18) Jahren erlaubt. In Lesotho liegt das Alter dafür bei 14 Jahren für Jungen und bei 16 Jahren für Mädchen.
- Einvernehmlicher homosexueller Geschlechtsverkehr ist in Südafrika ab 19 Jahren legal, in Lesotho und Swasiland bestehen keine Regelungen.

Hotels. Die Prokard-Club-Karte von Protea bietet Mitgliedern 20 % Rabatt.

Sun International (☎ 011-780 7800; www.sun-international.co.za) Betreibt Spitzenklassehotels in Swasiland und den früheren Homelands. Meist ist ein Kasino dabei – ein Überbleibsel aus der Apartheidzeit, als das Glücksspiel in Südafrika verboten, in den Homelands aber legal war. Der Standard ist immer hoch, dazu kommen Spezialangebote.

Lodges

In und um die Nationalparks können Reisende in Wildnisambiente bequem entspannen; das gilt vor allem für den Kruger National Park. In der Regel übernachtet man in einem Safarizelt oder in einer luxuriösen Lodge. Die Lodges bieten alle Annehmlichkeiten eines Spitzenklassehotels (einschließlich eigenem Bad mit fließend heißem und kalten Wasser, bequemen Betten, köstlicher Küche etc.). Häufig fehlen allerdings Telefon und Fernseher. In den Preisen der meisten Luxus-Lodges ist alles inklusive (Pirschfahrten und Mahlzeiten).

Online-Buchung

Viele Regionen haben B&B-Organisationen und Touristeninformationen, die sich um Buchungen kümmern (siehe Adressen in den Regionalkapiteln und auf S. 446). Es gibt aber auch viele Online-Buchungsdienste, die für ganz Südafrika zuständig sind. Da diese Dienste in der Regel Vermittlungsgebühren von den Anbietern kassieren, sind die preiswertesten Unterkünfte selten dabei. Auch Campingplätze (einschließlich der Cottages für Selbstversorger) fehlen bei diesen Online-Angeboten, das Angebot außerhalb der Haupttouristenzentren ist aber generell sehr beschränkt.

www.bookabed.co.za Für die meisten Provinzen.
www.bookaholiday.co.za Kapstadt und die Garden Route.
www.farmstay.co.za Farmaufenthalte.
www.hostelafrica.com Hostels in ganz Afrika, auch Buchungen für Baz Bus.
www.portfoliocollection.com Für anspruchsvolle B&Bs, private Lodges in Game Reserves und Boutique-Hotels, auch Unterkünfte in Swasiland.
www.sabreakaway.co.za Meist teurere Unterkünfte in den meisten Provinzen und Ezulwini Valley in Swasiland.
www.seastay.co.za Küstengebiete.
www.wheretostay.co.za Fast das ganze Land, auch Adressen von behindertengerechten Unterkünften.

UNTERKUNFT ONLINE BUCHEN

Weitere Besprechungen von und Empfehlungen für Unterkünfte von Lonely-Planet-Autoren bietet der Online-Buchungsservice unter www.lonelyplanet.com. Dort gibt es viele Insider-Tipps hinsichtlich der besten Übernachtungsmöglichkeiten. Die Besprechungen sind genau und unabhängig. Und das Beste: Es besteht die Möglichkeit, online zu buchen.

Unterkunft für Selbstversorger

Das Preis-Leistungs-Verhältnis kann perfekt sein, die Preise beginnen ab 500 R pro Vier-Personen-Cottage (die auch schon mal Chalet, Cabin oder Rondavel heißen). Farm Cottages sind normalerweise am günstigsten. Die Informationszentren kleiner Städte sind gute Informationsquellen, in einer kleinen Gemeinde besteht auch die Möglichkeit, dass für Reisende ohne Auto eine Mitfahrgelegenheit zu den Farm Cottages organisiert wird.

Chalets oder Cottages für Selbstversorger gibt es auch oft auf städtischen und privaten Campingplätzen, vor allem in Küsten- und anderen touristischen Gegenden.

Abgesehen von gelegentlichen herunter gekommenen Häusern, die gerade mal ein Zimmer mit Matratze und Waschbecken

MISSBRAUCH DES RECHTS AUF EINLASS *Simon Richmond*

Trotz der Abschaffung der Apartheid bleibt Rassendiskriminierung in Südafrika ein wichtiges Thema, auf das fast jeder empfindlich reagiert. Als *Cape Argus*, eine Zeitung aus Kapstadt, vor kurzem eine Untersuchung durchführte, ob Lodges für Backpacker ihre Unterkünfte nach rassistischen Kriterien vergeben, kamen sie zu bestürzenden Ergebnissen. Die beiden Undercover-Reporter – ein junger schwarzer Mann und eine junge weiße Frau – fragten bei sechs der Lodges in der Stadt nach einem freien Zimmer. Bei drei Lodges bekam der schwarze Reporter die Auskunft, dass alle Zimmer belegt seien, während seine weiße Kollegin gleichzeitig ein Zimmer bekam.

Die Lodges, die den schwarzen Reporter abgewiesen hatten, verteidigten ihr Handeln mit dem Recht, selbst zu entscheiden, wen sie aufnehmen wollen und wen nicht. Solche Praktiken sind häufig – nicht nur in Backpacker-Lodges und nicht nur in Südafrika. Die Sicherheit und der Komfort der Gäste steht im Vordergrund und es ist klar, dass Manager in Sekundenbruchteilen eine Entscheidung treffen müssen, ob sie einen potenziellen Gast akzeptieren oder nicht. Es ist auch klar, das es schwierig ist, immer die richtige Entscheidung zu treffen.

Doch die Untersuchung von *Cape Argus* sowie Leserberichte sprechen dafür, dass dieses Entscheidungsrecht gelegentlich missbraucht wird. Vor allem für nicht-weiße südafrikanische Männer besteht eine deutlich höhere Wahrscheinlichkeit, nicht akzeptiert zu werden als für eine nicht-weiße südafrikanische Frau, einen weißen Südafrikaner, eine weiße Südafrikanerin oder gar Gäste aus Übersee. Dass Gäste abgewiesen werden, passiert selbst bei einer Vorausbuchung.

Vom South African Grading Council bewertete Unternehmen können ihre Sterne verlieren, wenn sich herausstellt, dass in ihren Häusern Rassendiskriminierung vorkommt. Lonely Planet bittet alle Reisenden, solche Vorfälle den örtlichen Tourismusbehörden und dem Verlag mitzuteilen: Solche Informationen werden bei zukünftigen Reiseführern berücksichtigt.

bieten, gibt es in den Unterkünften für Selbstversorger meist auch Bettwäsche, Handtücher und eine vollständig eingerichtete Küche. Es lohnt sich in jedem Fall, sich vorher bestätigen zu lassen, was vorhanden ist. In einigen Farm Cottages müssen die Gäste ohne Elektrizität auskommen und vielleicht sogar das Wasser an der Pumpe holen.

Das **South African National (SAN) Parks Board** (☎ 012-428 9111; www.sanparks.org) bietet voll ausgestattete Bungalows und Cottages zu einem vernünftigen Preis. Sie sind für Familien gedacht, die Preise beginnen bei etwa 550/935 R für zwei bzw. vier Personen. Viele Parks stellen auch einfache Hütten mit Gemeinschaftsbad und -küche (DZ ab 200 R) zur Verfügung.

VERSICHERUNG

Eine Reiseversicherung, die Diebstahl, Verlust und medizinische Probleme abdeckt, ist sehr zu empfehlen. Reisebüros können über die richtige Versicherungen für eine Reise nach Südafrika informieren. Im Kleingedruckten steht auch, welche „gefährliche Aktivitäten" nicht über die Police abgedeckt sind, dazu können Sportarten wie Tauchen, Motorradfahren, Bungee-Jumping u. ä. zählen. Die Police sollte auf jeden Fall einen Notfalltransport nach Jo'burg oder besser noch den Rücktransport nach Hause einschließen. Wer auch nach Lesotho und Swasiland reisen will, sollte prüfen, ob der Rücktransport auch von diesen Ländern aus abgesichert ist.

Manche Versicherungen verlangen, dass Arztkosten vom Patienten zunächst einmal vorgeschossen werden, in diesem Fall sollte man alle Belege sorgfältig aufheben. Manche Versicherungen verlangen einen Anruf im Heimatland, wo ein Arzt eine telefonische Analyse der Krankheit/Situation vornimmt.

Informationen zur Kfz-Versicherung s. S. 690 und Krankenversicherung S. 699.

Weltweiten Versicherungsschutz für Deutsche, Österreicher und Schweizer gibt es online unter www.lonelyplanet.com/travel_services.

VISA

Südafrika

Deutsche, Österreicher und Schweizer brauchen für Urlaubsreisen kein Visum. Bei der Einreise wird eine kostenlose Einreiseerlaubnis ausgestellt, die bis zu 90 Tagen gilt. Wenn das Rückflugdatum jedoch früher liegt, setzt der Beamte der Einwanderungsbehörde dieses Datum als Ende der Aufenthaltszeit ein (es sei denn, der Reisende bittet explizit um einen anderen Termin).

Im Reisepass, der noch mindestens sechs Monate gültig sein muss, müssen für jede Einreise wenigstens zwei vollständig freie Seiten vorhanden sein.

VISAVERLÄNGERUNGEN

Anträge auf Verlängerung eines Visums oder einer Einreiseerlaubnis müssen an das **Department of Home Affairs** (http://home-affairs.pwv.gov.za) gestellt werden. Das Ministerium hat Büros in Kapstadt (S. 113, Durban, Jo'burg und Pretoria.

Lesotho

Deutsche, Österreicher und Schweizer bekommen an der Grenze eine kostenlose Einreisebestätigung, die im Normalfall zwei Wochen gilt, doch auf Anfrage hin auch für eine längere Zeit ausgestellt wird. Ein Visum ist bei einem Urlaubsaufenthalt von bis zu drei Monaten nicht erforderlich. Wer einen längeren Aufenthalt plant, muss sich im Voraus an den **Director of Immigration & Passport Services** (☎ 2232 3771, 2232 1110; PO Box 363, Maseru 100) wenden.

Swasiland

Deutsche, Österreicher und Schweizer brauchen für die Einreise kein Visum, aber einen sechs Monate gültigen Reisepass.

Wer mehr als 60 Tage bleiben will, muss eine zeitweilige Aufenthaltsgenehmigung beim **Chief Immigration Officer** (☎ 404 2941; PO Box 372, Mbabane) beantragen.

Visa für Nachbarländer

Deutsche, Österreicher und Schweizer benötigen für Aufenthalte von bis zu 90 Tagen für Namibia und Mosambik kein Visum, sondern nur einen gültigen Reisepass. Für Simbabwe brauchen sie ein Visum, das an der Grenze bei Vorlage eines gültigen Reisepasses, eines Rückflugtickets und des Nachweises ausreichender finanzieller Mittel gegen eine Gebühr ausgestellt wird. Es gilt für 90 Tage.

Wer sein Visum für Simbabwe im Voraus in Südafrika beantragt, muss mit einer Bearbeitungszeit von wenigstens einer Woche rechnen.

ZEIT

Die South African Standard Time ist der MEZ eine Stunde voraus; während der mitteleuropäischen Sommerzeit herrscht Zeitgleichheit in Südafrika und Deutschland, Österreich und der Schweiz.

In Südafrika wird ein sehr großes Gebiet mit einer einzigen Zeitzone abgedeckt: So geht die Sonne in Durban im Osten beträchtlich früher auf und unter als im viel weiter westlich gelegenen Kapstadt.

ZOLL

Zollfrei dürfen 1 l Spirituosen, 2 l Wein, 400 Zigaretten und Geschenke bis zu einem Wert von 250 R eingeführt werden. Weitere Informationen gibt das **Department of Customs & Excise** (☎ 012-422 4000, 0800 002 870; Private Bag X923, Pretoria 0001).

Der Import und Export von allen Artikeln, die von geschützten Tieren stammen (etwa Elfenbein) ist verboten.

Verkehrsmittel & -wege

INHALT

AN- & WEITERREISE

Flüge, Touren und Bahntickets kann man auch online buchen: www.lonelyplanet.com/travel_services.

EINREISE

Reisedokumente

Wer die Visa- und Einreisebestimmungen beachtet (s. S. 674), kann problemlos nach Südafrika, Lesotho und Swasiland fahren.

Südafrika

Mit einem Visum (Aufenthalt von mehr als 90 Tagen) oder einer an der Grenze ausgestellten Besuchergenehmigung gestaltet sich die Einreise nach Südafrika sehr einfach und problemlos. Wer per Flugzeug ankommt, muss oft ein Rückflug- oder Anschlussticket vorweisen können, vorzugsweise ein Flugticket, obwohl auch Tickets für die Aus- oder Weiterreise über Land (Bus, Zug) offenbar teilweise akzeptiert werden. Bei der Einreise muss man dem Grenzbeamten möglicherweise plausibel machen können, dass man über ausreichende Finanzmittel verfügt – es zahlt sich also aus, ordentlich und höflich aufzutreten.

Wer Südafrika nach einem vorherigen Aufenthalt in einem Gelbfiebergebiet – dazu zählen große Teile Ost-, West- und Zentralafrikas sowie Südamerikas – besucht, muss einen international gültigen Impfpass mit entsprechendem Gelbfieber-Impfnachweis vorlegen. Andere Impfungen sind nicht vorgeschrieben, wobei sich einige durchaus empfehlen (s. S. 699).

Lesotho

Fast alle Lesotho-Besucher reisen über Land von Südafrika aus ein, es gibt aber auch eine Verbindung per Flugzeug von Johannesburg (Jo'burg). Die Einreiseerlaubnis erhält man ziemlich einfach an allen Grenzpunkten Lesothos sowie im Flughafen. Sofern man aus einem Land kommt, für das Visumpflicht besteht, sollte man sich allerdings besser schon vorher um die Einreiseerlaubnis kümmern (s. S. 675). Die Impfbestimmungen sind dieselben wie in Südafrika.

Swasiland

Auch die meisten Besucher Swasilands reisen auf dem Landweg ein, es gibt aber auch Flugverbindungen von Südafrika oder Mosambik aus. Die Einreise selbst gestaltet sich meist problemlos. Wer aus einem Land mit Visumpflicht für Swasiland stammt, kann sich dieses direkt an der Grenze ausstellen

DIE DINGE ÄNDERN SICH

Die Angaben in diesem Kapitel unterliegen in besonderem Maße schnellen Veränderungen. Deshalb sollte man immer direkt bei der Airline oder beim Reisebüro nähere Auskünfte über Tickets einholen und u.a. fragen, welche besonderen Umbuchungs- oder Stornierungsbedingungen gelten und wie sich der Preis genau zusammensetzt. Außerdem sollte man sich vorab nach den aktuellsten Sicherheitsbestimmungen für internationale Flüge erkundigen. Die Hinweise in diesem Kapitel sind nur Empfehlungen und können die eigene sorgfältige Suche und Auswahl nach den besten Angeboten nicht ersetzen.

lassen (s. S. 675), allerdings erspart man sich das Warten in der Schlange, wenn man das Visum schon vor Reiseantritt beantragt und erhält. Die Impfbestimmungen sind die dieselben wie in Südafrika.

MIT DEM FLUGZEUG

Flughäfen & Fluglinien

Das wichtigste Luftdrehkreuz Südafrikas und der gesamten Region ist der **Johannesburg International Airport** (JIA oder JNB; ☎ 011-921 6262; www.worldairportguides.com/johannesburg-jnb). Im Flughafen findet man außerdem eine große Auswahl an Geschäften, Internetzugang, Bankautomaten, Wechselstuben sowie Handy- und Autovermieter.

Auf dem **Cape Town International Airport** (CPT; ☎ 021-937 1200; www.airports.co.za) landen zahlreiche Nonstop-Flüge aus Europa, sodass dieser Flughafen zunehmend wichtiger wird. Hier gibt es ein Forex-Büro, außerdem Handy- und Autovermieter.

Den kleineren **Durban International Airport** (DUR; ☎ 031-451 6758; www.airports.co.za) fliegen verschiedene Regionallinien an, ebenso den **Mpumalanga Kruger International Airport** (MQP; ☎ 013-753 7500; www.kmiairport.co.za) bei Nelspruit am Kruger National Park.

Der **Moshoeshoe International Airport** (MSU; ☎ 2235 0777) in Lesotho, 21 km südöstlich von Maseru gelegen, sowie der **Matsapha International Airport** (MTS; ☎ 518 6840) 8 km westlich von Manzini in Swasiland dienen ausschließlich als Regionalflughäfen.

South African Airways (SAA; Airlinekürzel SA; ☎ 0861-359 722, 011-978 5313; www.flysaa.com; Basis ist JIA) ist die nationale Fluggesellschaft Südafrikas mit einem ausgezeichneten Liniennetz und sehr hohen Sicherheitsstandards. Neben den internationalen Routen bedient SAA mit den Tochtergesellschaften **South African Airlink** (SAAirlink; ☎ 011-978 5313; www.saairlink.co.za) und **South African Express** (☎ 011-978 5577; www.saexpress.co.za) auch zahlreiche regionale Strecken.

Zu den internationale Fluggesellschaften, die Jo'burg anfliegen, gehören u. a.:

Air France (AF; ☎ 0860-340 340; www.airfrance.fr) Flughafenbasis: Charles de Gaulle Airport, Paris.

Air Namibia (SW; www.airnamibia.com.na) Jo'burg (☎ 011-390 2876); Kapstadt (☎ 021-936 2755) Flughafenbasis: Chief Hosea Kutako Airport, Windhoek. Fliegt auch nach Kapstadt.

British Airways (BA; www.britishairways.com) Jo'burg (☎ 011-441 8600); Kapstadt (☎ 021-936 9000) Flughafenbasis: Heathrow Airport, London. Fliegt auch nach Kapstadt.

Cathay Pacific (CX; ☎ 011-700 8900; www.cathaypacific.com) Flughafenbasis: Hong Kong International Airport.

Comair (MN; ☎ 0860-435 922, 011-921 0222; www.comair.co.za) Flughafenbasis: JIA. Der Partner-Carrier von British Airways innerhalb Afrikas.

Egyptair (MS; ☎ 011-390 2202, 011-880 4126/9; www.egyptair.com.eg) Flughafenbasis: Cairo International Airport.

Emirates Airlines (EK; ☎ 011-883 8420; www.emirates.com) Flughafenbasis: Dubai International Airport.

Kenya Airways (KQ; ☎ 011-881 9795, 011-571 8817; www.kenya-airways.com) Flughafenbasis: Jomo Kenyatta International Airport, Nairobi.

KLM (KL; ☎ 0860-247 474, 011-881 9696; www.klm.com) Flughafenbasis: Schiphol Airport, Amsterdam. Fliegt auch nach Kapstadt.

LTU International Airways (LT; ☎ 021-936 1190; www.ltu.de) Flughafenbasis: Düsseldorf. Fliegt ausschließlich nach Kapstadt.

Lufthansa (LH; ☎ 0861-842 538, 021-415 3506; www.lufthansa.com) Flughafenbasis: Frankfurt am Main. Fliegt auch nach Kapstadt.

Malaysia Airlines (MH; www.malaysiaairlines.com) Jo'burg (☎ 011-880 9614); Kapstadt (☎ 021-419 8010) Flughafenbasis: Kuala Lumpur. Fliegt auch nach Kapstadt.

Qantas (QF; ☎ 011-441 8550; www.qantas.com.au) Flughafenbasis: Kingsford Smith Airport, Sydney.

Singapore Airlines (SQ; www.singaporeair.com) Jo'burg (☎ 011-880 8560); Kapstadt (☎ 021-674 0601) Flughafenbasis: Singapore Changi Airport. Fliegt auch nach Kapstadt.

Swiss International Airlines (LX; ☎ 0860 040 506; www.swiss.com) Flughafenbasis: Flughafen Kloten, Zürich.

Virgin Atlantic (VS; ☎ 011-340 3400; www.virginatlantic.com) Flughafenbasis: London. Fliegt auch nach Kapstadt.

SAAirlink ist die einzige kommerzielle Airline, die gegenwärtig nach Lesotho fliegt. **Swazi Express Airways** (☎ 518 6840; www.swaziexpress.com) und **Swaziland Airlink** (☎ 518 6155; www.saairlink.co.za), beide mit Basis am Matsapha International Airport, sind die wichtigsten Regionalgesellschaften, die Swasiland anflie-

AUSREISEGEBÜHR

In Südafrika ist die Flughafenausreisesteuer bereits im Ticketpreis enthalten. In Lesotho beträgt diese 20 M, in Swasiland 20 E. Bei Flügen von Swasiland nach Südafrika muss man eine zusätzliche Gebühr in Höhe von 120 R entrichten.

KLIMAWANDEL & REISEN

Der Klimawandel stellt für das Ökosystem, von dem wir Menschen schließlich auch abhängen, eine ernsthafte Bedrohung dar – und der Luftverkehr ist einer der am schnellsten wachsenden Verursacherfaktoren für dieses Problem. Nach Ansicht von Lonely Planet hat das Reisen allerdings auch eine positive globale Wirkung. Gleichzeitig meinen wir, dass wir alle eine persönliche Verantwortung dafür tragen, unseren eigenen Anteil an der globalen Erwärmung zu begrenzen.

Fliegen & Klimawandel

Eigentlich erzeugt fast jede Art des motorisierten Reisens Kohlendioxid (CO_2), den Hauptverursacher des von Menschen produzierten Klimawandels. Flugzeuge sind aber die mit Abstand schlimmsten CO_2-Schleudern: Nicht nur wegen der riesigen Entfernungen, auf denen man per Flugzeug heute reist, sondern auch, weil sie die Treibhausgase in der höheren Atmosphäre freisetzen. Die Statistik spricht eine deutliche und Angst einflößende Sprache: Zwei Personen, die von Europa in die USA und zurück fliegen, verursachen dabei so viel Schaden wie der Gas- und Stromverbrauch eines durchschnittlichen Haushalts in einem Jahr.

CO_2-Gegenrechnung

Climatecare.org und andere Websites bieten einen „Kohlenstoff-Rechner", mit dem man die durch das eigene Reisen freigesetzten Treibhausgase ermitteln und in Spenden für Projekte zur Reduzierung der globalen Erwärmung umrechnen kann. Diese Projekte für ökologisches Reisen findet man u. a. in Indien, Honduras, Kasachstan und Uganda.

Lonely Planet unterstützt gemeinsam mit den Rough Guides und anderen verantwortungsbewussten Partnern der Reiseindustrie die Initiativen zum Ausgleich für die Entstehung von Kohlendioxid nach dem Modell von climatecare.org. Für die notwendigen Reisen seiner Mitarbeiter und Reiseautoren zahlt Lonely Planet entsprechende Beiträge an ökologische Projekte.

Weitere Informationen zum Thema findet man auf unserer Website: www.lonelyplanet.com.

gen. Swaziland Airlink, ein Gemeinschaftsunternehmen der Regierung des Landes mit SAAirlink aus Südafrika, hat die Royal Swazi Airways als nationale Fluggesellschaft des Landes ersetzt.

Tickets

Südafrika wird von etlichen europäischen Airlines angeflogen. Die Ticketpreise sind meist im Dezember und Januar sowie zwischen Juli und September am höchsten. Am niedrigsten liegen sie im April und Mai (mit Ausnahme der Osterzeit) und im November. Der Rest des Jahres ist eher eine Nebensaison, wobei es sich lohnt, ganzjährig nach billigen Angeboten Ausschau zu halten. Die preiswertesten Flüge findet man meist ab London. Tickets für Flüge direkt nach Jo'burg sind in der Regel billiger als Nonstop-Flüge nach Kapstadt. (Bei den hier angegebenen Preisen handelt es sich um die Normaltarife in der Economy Class.) Außerdem sollte man immer nach zeitlich begrenzten/saisonalen Specials und Frühbucher-Rabatten sowie anderen Sondertarifen fragen – und natürlich die Websites der Fluggesellschaften nach Online-Angeboten checken. Gute Online-Fluganbieter sind u.a. diese Websites:

Billig fliegen (www.billig-fliegen.de)
Billigflüge (www.billigfluege.de)
Expedia (www.expedia.de)
Flights.com (www.flights.com)
LowestFare.com (www.lowestfare.com)
OneTravel.com (www.onetravel.com)
Orbitz (www.orbitz.com)
STA Travel (www.sta-travel.de)
Travelchannel (www.travelchannel.de)
Travelocity (www.travelocity.de)

KURIERFLÜGE

Kurierflüge sind manchmal eine preiswerte Alternative zu einem regulären Flug nach Südafrika, obwohl man möglicherweise auf Reisegepäck verzichten muss und nur Bordgepäck mitnehmen darf. Die meisten dieser Flüge landen in Jo'burg, einige auch in Kapstadt. Die Website der **Air Courier Association** (www.aircourier.org) hilft bei der Vorbereitung; man muss allerdings einen geringen Mitgliedsbeitrag zahlen, um sich die Flugpreise anschauen zu können. Achtung: Die meisten dort angegebenen Preise für Kurierflüge gelten nur für den einfachen Flug.

INTERKONTINENTALTICKETS (ROUND-THE-WORLD)

Interkontinentaltickets für „kleine Weltreisen", meist Round-the-world (RTW)-Tickets genannt, erlauben eine Flugweltreise innerhalb eines vorgegebenen Zeitraums (meist ein Jahr): Man kann mit einem solchen Ticket alle Ziele der jeweiligen Fluggesellschaft und ihrer Partner anfliegen, solange man die vorgegebene Anzahl der Gesamtmeilen bzw. der Stopps nicht überschreitet und nur in eine Richtung fliegt. RTW-Tickets mit Stopps in Jo'burg oder Kapstadt und Start in Frankfurt bekommt man ab ca. 2000 € (der Preis richtet sich nach der gewünschten Meilenzahl). Zwar kann man Jo'burg und Kapstadt auf einer solchen Route anfliegen, das heißt aber, dass man in einer der beiden Städte ankommt und von der jeweils anderen wieder abfliegt. Zwischen beiden Metropolen muss man dann über Land reisen oder einen Inlandsflug buchen.

In Reisebüros kann man sich aber auch „alternative" RTW-Tickets ausstellen lassen: Diese sind zwar teurer, aber auch flexibler. Wer mehrere Reiseziele anfliegen, sich aber ein teures RTW-Ticket sparen möchte, sollte vielleicht mehrere Tickets von Billigairlines kombinieren.

Einige der Online-Anbieter von RTW-Tickets sind:

Oneworld (www.oneworld.com) Eine Allianz von Fluggesellschaften, die auch RTW-Angebote bereithält.
Roundtheworldflights.com (www.roundtheworldflights.com) Für RTW-Tickets ab Großbritannien.
Star Alliance (www.staralliance.com) Das Airline-Bündnis, in der auch die Lufthansa Mitglied ist. Auch die Star Alliance bietet RTW-Tickets an.

Afrika

Auf dem afrikanischem Kontinent gibt es gute Flugverbindungen zwischen Jo'burg und den meisten afrikanischen Großstädten, und zwar mit SAA und anderen Regionallfluggesellschaften.

Antananarivo, Madagaskar Air Madagascar (www.airmadagascar.mg) Flüge nach Mauritius und Réunion.
Bulawayo, Simbabwe Air Zimbabwe (www.airzim.co.zw)
Dar es Salaam, Tansania SAA (www.flysaa.com); Kenya Airways (www.kenya-airways.com)
Gaborone, Botsuana Air Botswana (www.airbotswana.co.bw)
Harare, Simbabwe Air Zimbabwe; Comair (www.comair.co.za); Kulula.com (www.kulula.com)
Lagos, Nigeria SAA
Lusaka, Sambia Kulula.com; SAA
Maputo, Mosambik SAA; Linhas Aéreas de Moçambique (www.lam.co.mz)
Mauritius Air Mauritius (www.airmauritius.com)
Nairobi, Kenia SAA; Kenya Airways
Victoriafälle, Simbabwe-Seite Air Zimbabwe; Comair
Vilankulo, Mosambik Pelican Air Services (www.pelicanair.co.za) Einige Flüge zum Mpumalanga Kruger International Airport, alle mit Verbindung in das Bazaruto-Archipel in Mosambik.
Windhoek, Namibia Comair; Kulula.com; Air Namibia (www.airnamibia.com.na) Air Namibia bietet auch Direktflüge zwischen Windhoek und Kapstadt an.

Außerdem sollte man sich die Homepage des Anbieters **1time** (www.1time.co.za) anschauen, da dieser die Aufnahme von Regionalflügen plant. Die meisten innerafrikanischen Flugpreise sind sehr stabil, die in anderen Teilen der Welt üblichen Discounts und Sonderpreise sind relativ selten. Dennoch kann man auch hier gute Angebote finden: Bei Buchung von Hin- und Rückflug sollte man immer nach Rundreise- („roundtrip")-Tarifen sowie Studentenermäßigungen fragen. Billiganbieter sind u. a. **Rennies Travel** (www.renniestravel.com) und **STA Travel** (www.statravel.co.za). Beide unterhalten überall in Südafrika Büros. **Flight Centre** (☎ 0860 400 727, 011-778 1720; www.flightcentre.co.za) unterhält Filialen in Jo'burg, Kapstadt und einigen anderen Städten.

Der einzige kommerzielle Flugverbindung von/nach Lesotho sind die Flüge (3-mal tgl.) von SAAirlink zwischen Jo'burg und dem Moshoeshoe Airport (1 Std.).

Swaziland Airlink, eine Tochter von SAAirlink, verkehrt dreimal täglich zwischen Matsapha und Jo'burg (1 Std.). Swazi Express verbindet den Matsapha Airport in Swasiland mit Durban (1 Std.) und bietet Weiterflüge nach Maputo und Vilankulo in Mosambik an.

Europa

Flüge nach Südafrika sind eigentlich aus jeder europäischen Hauptstadt möglich; die wichtigsten Drehkreuze sind Paris, Amsterdam, Frankfurt am Main und bis zu einem gewissen Grad auch Zürich. Die Flüge von all diesen Städten nach Jo'burg dauern in der Regel um die neun Stunden. Alle auf S. 677 aufgeführten Airlines fliegen nach Jo'burg, viele andere, darunter British Airways und KLM, steuern auch Kapstadt an. Bei einigen Fluggesellschaften kann man ohne Extragebühr unterschiedliche An- und Abreisestädte in Südafrika wählen. Bei den folgenden Anbietern erhält man Discounttarife:

Airfair (☎ 020 620 5121; www.airfair.nl) Niederlande.
Just Travel (☎ 089 747 3330; www.justtravel.de) Deutschland.
Lastminute (www.lastminute.fr; www.lastminute.de) Frankreich; Deutschland.
STA Travel (☎ 01805-456 422; www.statravel.de) Für Reisende unter 26 Jahren.

AUF DEM LANDWEG

Fahrrad

Für die Mitnahme eigener Fahrräder nach Südafrika, Lesotho oder Swasiland gibt es keinerlei Einschränkungen. Zwei nützliche Informationsquellen sind der **International Bicycle Fund** (☎ in den USA 206-767 0848; www.ibike.org) sowie **SA-Cycling** (www.sa-cycling.com).

Grenzübergänge

BOTSUANA

Insgesamt gibt es 18 offizielle Grenzübergänge zwischen Südafrika und Botsuana. Alle sind von 8 bis 16 Uhr geöffnet, viele haben auch längere Öffnungszeiten.

Grobler's Bridge (🕓 8–18 Uhr) Nordwestlich von Polokwane/Pietersburg.
Kapfontein/Tlokweng Gate (🕓 6–22 Uhr) Ein Hauptgrenzübergang nördlich von Zeerust.
McCarthy's Rest (🕓 8–16.30 Uhr) In der Nähe des Kgalagadi Transfrontier Park.
Ramatlhabama (🕓 6–20 Uhr) Ein Hauptgrenzübergang nördlich von Mafikeng.
Skilpadshek/Pioneer Gate (🕓 6–22 Uhr) Ein Hauptgrenzübergang nordwestlich von Zeerust.

Einige der entlegenen Grenzübergänge sind für herkömmliche Pkw mit Zweiradantrieb nicht passierbar und können bei Hochwasser auch geschlossen sein. Ansonsten ist der Grenzübertritt überall unkompliziert.

LESOTHO

Alle Grenzen von Lesotho (s. unten) stoßen an Südafrika und sind einfach zu überqueren. Der Hauptgrenzübergang ist die Maseru Bridge östlich von Bloemfontein; die Autoschlangen bei der Ausreise aus Lesotho und an manchen Wochenenden auch bei der Einreise ins Land sind hier aber oft ziemlich lang, sodass man, sofern möglich, besser einen anderen Grenzübergang wählen sollte.

DIE GRENZEN VON LESOTHO

Grenzübergang	Öffnungszeiten	Nächstgelegene Stadt in Lesotho/Südafrika
Caledonspoort	6–22 Uhr	Butha-Buthe/Fouriesburg
Ficksburg Bridge	24 Std.	Maputsoe/Ficksburg
Makhaleng Bridge	8–16 Uhr	Mohale's Hoek/Zastron
Maseru Bridge	24 Std.	Maseru/Ladybrand
Nkonkoana Gate	8–16 Uhr	Sehlabathebe/Bushman's Nek
Ongeluksnek	8–16 Uhr	Mphaki/Matatiele
Peka Bridge	8–16 Uhr	Peka/Clocolan
Qacha's Nek	7–20 Uhr	Qacha's Nek/Matatiele
Ramatseliso's Gate	8–16 Uhr	Tsoelike/Matatiele
Sani Pass	8–16 Uhr	Mokhotlong/Himeville
Sephapo's Gate	8–16 Uhr	Mafeteng/Boesmanskop
Tele Bridge	8–22 Uhr	Quthing/Sterkspruit
Van Rooyen's Gate	6–22 Uhr	Mafeteng/Wepener

MOSAMBIK

Die Grenzübergänge zwischen Südafrika und Mosambik sind:

Giriyondo (🕓 Okt.–März 8–16 Uhr, April–Sept. 8–15 Uhr) Westlich von Massingir (Mosambik).
Komatipoort/Ressano Garcia (🕓 6–22 Uhr) Östlich von Nelspruit; starker Verkehr.
Kosi Bay/Ponta d'Ouro (🕓 8–16 Uhr) An der Küste gelegen, ziemlich weit nördlich von Durban.
Pafuri (🕓 8–16 Uhr) Im nordöstlichen Winkel des Kruger National Park.

NAMIBIA

Grenzübergänge zwischen Südafrika und Namibia findet man u. a. bei Nakop/Ariamsvlei (24 Std. geöffnet) westlich von Upington, bei Vioolsdrif/Noordoewer (24 Std.) nördlich von Springbok, an der Straße nach Kapstadt sowie in Rietfontein/Aroab (8–16.30 Uhr) gleich südlich vom Kgalagadi Transfrontier Park. Allerdings kann man die Grenze im Kgalagadi Transfrontier Park selbst nicht passieren; Rietfontein ist hier der nächstgelegene Übergang. Darüber hinaus gibt es einen Grenzübergang in Alexander Bay/Oranjemund (6–22 Uhr) an der Küste, wobei hier öffentlicher Grenzverkehr meist nicht gestattet wird. Nicht vergessen:

Visa für Namibia sind an keinem dieser Grenzübergänge erhältlich!

SIMBABWE

Der einzige Grenzübergang zwischen Simbabwe und Südafrika liegt in Beitbridge (24 Std. geöffnet) am Limpopo River. In dieser Gegend wird viel geschmuggelt, sodass die Grenzbeamten sehr gründlich kontrollieren – die Folge sind lange Warteschlangen. Die nächstgelegene südafrikanische Grenzstadt ist Musina (15 km südlich), wo man auch Geld wechseln kann.

Bei der Ein- und Ausreise von und nach Südafrika müssen Autofahrer an der Grenze eine Maut für die Benutzung der Limpopo Bridge zahlen. Südafrikaner benötigen für die Einreise nach Simbabwe ein Visum (kostenfrei), das man auch an der Grenze erhält. Staatsbürger anderer Länder benötigen ein Visum, das man an der Grenze erwirbt und ausschließlich in US-Dollar bezahlen kann.

Die vielen Händler an der Grenze (auf der Seite von Simbabwe), die einem unbedingt durch die Grenz- und Zollformalitäten „helfen" wollen, sollte man einfach ignorieren – auch wenn einem diese mit großem Nachdruck einreden wollen, dass die Einreisepapiere etwas kosteten, stimmt das nicht: Für die Vordrucke zahlt man keinen Cent.

SWASILAND

An der Grenze zwischen Südafrika und Swasiland gibt es insgesamt elf Grenzübergänge, die man alle ohne jedes Problem passieren kann. Die kleineren Posten schließen allerdings schon um 16 Uhr. Am meisten Verkehr (und daher auch eine gute Möglichkeit, eine Mitfahrgelegenheit zu bekommen) ist bei Oshoek/Ngwenya (7–22 Uhr), rund 360 km südöstlich von Pretoria gelegen. Zu den sonstigen Grenzübergänge gehören:

Golela/Lavumisa (⏲ 7–22 Uhr) Auf der Strecke zwischen Durban und dem Ezulwini Valley in Swasiland.

Josefsdal/Bulembu (⏲ 8–16 Uhr) An der nicht ausgebauten Straße von Piggs Peak nach Barberton (Mpumalanga) und bei Regenwetter nicht ganz leicht zu befahren.

Mahamba (⏲ 7–22 Uhr) Der vom Piet Retief in Mpumalanga aus am besten erreichbare Grenzübergang.

Mananga (⏲ 7–18 Uhr) Südwestlich von Komatipoort.

Matsamo/Jeppe's Reef (⏲ 7–20 Uhr) Südwestlich von Malelane; mögliche Anfahrt zum Kruger National Park.

Onverwacht/Salitje (⏲ 8–18 Uhr) Nördlich von Pongola in KwaZulu-Natal.

Der Hauptgrenzübergang zwischen Swasiland und Mosambik ist Lomahasha/Namaacha (7–17 Uhr) im äußersten Nordosten des Landes; ein weiterer und deutlich ruhigerer Grenzübergang findet sich in Goba/Mhlumeni. Visa für Mosambik (Südafrikaner selbst reisen jetzt visumfrei ein) werden gegenwärtig noch an der Grenze ausgestellt; allerdings empfiehlt sich die Ausstellung schon in Mbabane – besser und preiswerter!

Wer mit dem Auto nach Swasiland einreist, muss eine Maut von 5 E bezahlen; wer von hier aus weiter nach Mosambik fährt, muss außerdem zwei rote Warndreiecke mitführen (für den Fall einer Autopanne). Alle Grenzübergänge nach Swasiland kann man mit herkömmlichen Pkw bequem passieren, nur in Josefsdal/Bulembu sollte man besser nur mit einem Wagen mit Allradantrieb erscheinen.

Auto & Motorrad

Wer mit Motorrad oder Auto nach Südafrika einreist, benötigt dafür den Fahrzeugschein, eine Haftpflichtversicherung und den Führerschein (s. S. 686). Darüber hinaus muss man ein *carnet de passage en douane* vorlegen, einen Zollbegleitschein, der als Verzichtserklärung für den Einfuhrzoll gilt. Das Zolldokument – das man beim ADAC und anderen Automobilclubs erhält – sollte alle mitgeführten größeren Ersatzteile auflisten.

Fahrzeuge, die in Südafrika angemeldet sind, benötigen für die Einreise in die Nachbarländer Südafrikas keinen Zollbegleitschein.

Die Einreisebestimmungen für Swasiland und Lesotho sind dieselben wie für Südafrika. Wer einen Pkw in Südafrika mietet und in andere Staaten fahren möchte – dazu gehören auch Lesotho und Swasiland –, benötiget von der Mietwagenfirma eine entsprechende Erlaubnis.

Informationen über Straßenverkehrsregeln s. S. 689.

An Grenzübergängen findet man in der Regel keine Tankstellen oder Autowerkstätten, dafür muss man schon in die nächstgelegene größere Stadt fahren.

VERKEHRSMITTEL & -WEGE

Bus

Etliche Busunternehmen fahren auf grenzüberschreitenden Busstrecken zwischen Südafrika und den Nachbarländern; dies ist sicher die effizienteste Reiseart, sofern man keinen eigenen Mietwagen zur Verfügung hat – denn abgesehen von manchmal längeren Schlangen beim Grenzübertritt sind die Busfahrten sehr unkompliziert. An der Landesgrenze muss man aussteigen und die Einreise- bzw. Visumsformalitäten erfüllen und kann dann wieder in denselben Bus einsteigen. Die Visumsgebühren sind in den Busfahrpreisen nicht enthalten. Viele Busunternehmen bieten auch Studententarife an (bei Vorlage eines Studentenausweises).

Man kann alle Nachbarländer Südafrikas auch per Minibus-Taxi erreichen; dabei gibt es einige Direktverbindungen. Manchmal muss man allerdings an der Grenze aussteigen, zu Fuß einreisen und dann auf der anderen Seite in ein anderes Minibus-Taxi umsteigen.

Botsuana

BUS

Von Jo'burg/Pretoria aus betreibt **Intercape Mainliner** (☎ 0861 287 287, 021-380 4400; www.intercape.co.za) eine tägliche Buslinie nach Gaborone (150 R, 6 Std.). Eine preiswertere, aber nicht so sichere Alternative ist einer der Minibusse, die den ganzen Tag über zwischen Jo'burg und Gaborone (ca. 100 R, 6 Std.) über Mafikeng (North-West Province) verkehren.

In Gaborone starten die Minibusse ab 6 Uhr in der nordwestlichen Ecke des Zentralen Busbahnhofs. In Jo'burg fahren sie an der Park Station ab. Wer die Reise in mehrere Fahrtabschnitte unterteilen möchte, nimmt den City Link Bus von Jo'burg nach Mafikeng, von wo aus direkte Minibus-Verbindungen über die Grenze nach Lobatse (1½ Std.) bestehen. Daneben gibt es direkte Minibus-Linien zwischen Jo'burg und Palapye (Botsuana) mit Stopp in Martin's Drift (8 Std.).

ZUG

Zwar gibt es keine grenzüberschreitenden Zugverbindungen, aber immerhin kann man in Botsuana die Strecke zwischen Francistown an der Grenze zu Simbabwe und Lobatse an der Grenze zu Südafrika (über Gaborone) mit dem Zug zurücklegen.

Lesotho

AUTO

Wer per Auto oder Motorrad unterwegs ist, reist am einfachsten an der nördlichen und westlichen Grenze ein. Die meisten Grenzübergänge im Süden und Osten sind nämlich nicht asphaltiert (wobei alle mit Ausnahme der Grenzstation am Sani Pass auch für Pkw mit Zweiradantrieb passierbar sind). Wer über den Sani Pass nach Lesotho einreisen möchte, muss einen Wagen mit Allradantrieb nehmen – zwar kommt man hier auch mit einem regulären Wagen weiter (mit möglichst hohem Bodenabstand), aber ein richtiger Geländewagen ist an dieser Stelle wirklich empfehlenswert.

Übrigens ist es preiswerter, einen Mietwagen in Südafrika zu organisieren und nicht in Lesotho (dazu benötigt man die entsprechenden Papiere; s. S. 688). Bei der Einreise nach Lesotho ist eine Straßenmaut von 5 M (an kleineren Grenzübergängen 4 M) fällig.

BUS

Big Sky Coaches (www.bigskycoaches.co.za) bietet zweimal täglich Busse in beide Richtungen zwischen Bloemfontein und Maseru Bridge (35 R, 3 Std.) an. Am Freitag- und Samstagmorgen gibt es ab Bloemfontein auch einen Expressbus (2 Std.) und am Freitag- und Sonntagnachmittag eine Expressbuslinie ab Maseru Bridge. Bustickets werden an den Big-Sky-Schaltern am Central Park in Bloemfontein und bei Maseru Bridge im Bus verkauft.

Die schnellste Verbindung mit Minibus-Taxis ist die Strecke von Bloemfontein nach Botshabelo (Mtabelo; 30 R, 1 Std.); von dort geht es dann weiter nach Maseru (15 R, 1½ Std.). Darüber hinaus fährt mindestens dreimal wöchentlich ein Bus von Jo'burg nach Maseru (6–7 Std.), außerdem gibt es täglich Minibus-Taxis jeweils zwischen Jo'burg und Ladybrand (16 km vom Grenzübergang bei Maseru Bridge entfernt) und Maseru. Alle diese Busse fahren von Südafrika nach Maseru; wer von Maseru aus fahren will, muss sich auf die südafrikanische Seite der Maseru Bridge begeben.

Weitere praktische Verbindungen sind ein tägliches Minibus-Taxi zwischen Mokhotlong (Lesotho) und Underberg (Südafrika) über den Sani Pass; außerdem gibt es mehrere Taxis täglich zwischen Qacha's

Nek (Lesotho) und Matatiele (Südafrika; ca. 15 R, 45 Min.). Wer von Jo'burg ins nördliche Lesotho reist, kann im Minibus-Taxi nach Ficksburg fahren, die Grenze passieren und dann ein Minibus Taxi weiter nach Butha-Buthe und zu Orten weiter im Norden nehmen. Manchmal gibt es sogar direkte Minibus-Taxis zwischen Jo'burg und Butha-Buthe mit Stopp an der Grenze bei Caledonspoort (ca. 125 R, 5 Std.).

Mosambik

AUTO

Wer von/nach Mosambik über die Grenzstation bei Kosi Bay ein- oder ausreist, benötigt dafür einen eigenen Mietwagen (von Mosambik aus kommend einen Pkw mit Allradantrieb). Eine Alternative sind Arrangements, die fast alle Unterkünfte in Ponta d'Ouro (Mosambik) anbieten, nämlich einen Transport über die Grenze für rund 20 US$. Trampen zwischen der Grenze und Ponta d'Ouro ist an Wochenenden und während der südafrikanischen Schulferien relativ einfach.

Daneben gibt es eine gut ausgebaute Straße zwischen Jo'burg und Maputo (über Ressano Garcia), auf der man allerdings in Südafrika Mautgebühren zahlen muss: Zwischen Middelburg und Witbank, in Machadodorp und 45 km östlich von Nelspruit.

Auf der Fahrt von Mosambik nach Swasiland über Namaacha oder Goba findet man gut asphaltierte Straßen vor, die man leicht mit einem herkömmlichen Pkw bewältigen kann.

BUS

Verschiedene größere „Luxus"-Busse fahren täglich zwischen Jo'burg/Pretoria und Maputo über Nelspruit und Komatipoort (160–220 R, 8–9 Std.). Hier eine Auswahl der Betreiber:

Greyhound (☎ 012-323 1154; www.greyhound.co.za)
Intercape Mainliner (☎ 0861 287 287, 021-380 4400; www.intercape.co.za)
Panthera Azul (☎ 011-618 8811, in Maputo 021-302 077, 302 083; www.pantherazul.com)
Translux (☎ 011-774 3333; www.translux.co.za)

Man kann mit diesen Buslinien zwischen Nelspruit und Maputo in beide Richtungen fahren, aber nicht zwischen Nelspruit und Jo'burg.

Eine Alternative sind die Busse von **Baz Bus** (☎ 021-439 2323; www.bazbus.com) zwischen Jo'burg/Pretoria, Nelspruit und Durban und Manzini (Swasiland): Von dort aus kann man ein Minibus-Taxi nach Maputo nehmen. S. S. 446 für weitere Infos über den Baz-Bus.

Panthera Azul bietet dreimal wöchentlich Busse zwischen Durban und Maputo (230 R, 8½ Std.) über Big Bend (Swasiland) und Namaacha an.

Minibusse starten in Maputo täglich morgens zum Grenzübergang bei Namaacha/Lomahasha (2 US$, 1½ Std.); einige fahren auch weiter bis nach Manzini (4,50 US$, 3½ Std.).

ZUG

Der täglich außer samstags verkehrende *Komati*-Zug des Unternehmens Shosholoza Meyl (s. S. 698) verbindet Jo'burg und Komatipoort über Pretoria und Nelspruit (1./2./Economy-Klasse ab 185/130/70 R, 13–14 Std.).

In Komatipoort angekommen, kann man den Zug nach Maputo nehmen (15 000 Mtc, nur Economy-Klasse, 5. Std.); allerdings ist der Zug in Mosambik recht langsam, daher empfiehlt sich hier eher ein Minibus-Taxi (3,50 US$, 1½ Std.). Selbst wer ein Ticket für die gesamte Strecke löst, muss an der Grenze noch ein Ticket für die Zugteilstrecke in Mosambik kaufen.

Namibia

BUS

Der **Intercape Mainliner** (www.intercape.co.za) fährt viermal in der Woche zwischen Kapstadt und Windhoek über Upington (485 R, 20 Std.). Außerdem kann man mit Intercape Mainliner an den gleichen Tagen auch von Jo'burg nach Windhoek (615 R, 25 Std.) fahren, dabei muss man in Upington umsteigen.

ZUG

Die **Trans-Namib** (☎ Namibia 061-298 2175; www.transnamib.com.na) "StarLine" verkehrt zweimal wöchentlich zwischen Windhoek und Upington (25 Std.).

Simbabwe

BUS

Zur Zeit der Recherche für diesen Reiseführer waren die Busverbindungen zwischen Jo'burg und Simbabwe eingestellt – nicht zuletzt aus Benzinmangel. Mehr über Verbindungen zwischen Jo'burg und der Grenze s. S. 447.

Swasiland

BUS

Die besten Verbindungen unterhält **Baz Bus** (☎ 021-439 2323; www.bazbus.com). Die Busse des Unternehmens fahren von Jo'burg/Pretoria nach Manzini (über Nelspruit) sowie zwischen Durban und Manzini an der KwaZulu-Natal-Küste entlang.

Minibus-Taxis verkehren täglich zwischen Jo'burg (Park Station), Mbabane und Manzini (7 R, 4 Std.), zwischen Manzini und Durban (120 R, 8 Std.) sowie zwischen Manzini und Maputo (Mosambik; 4,50 US$, 2½ Std.). Auf vielen Routen muss man die Minibusse an der Grenze verlassen und umsteigen. Die meisten Minibus-Taxis mit Fernzielen starten früh am Morgen.

VERKEHRSMITTEL & -WEGE

TRAMPEN

Wer nach Swasiland trampen möchte, sollte am Grenzübergang Oshoek/Ngwenya warten, da hier die meisten Südafrikaner die Grenze passieren. Die Kasinos im Norden (in der Nähe der Grenzstelle bei Matsamo/Jeppe's Reef) und im Südwesten (in der Nähe der Grenzübergangsstelle Mahamba) sind vor allem an Wochenenden ziemlich gut besucht, daher eignen sich diese Grenzübergänge besonders gut.

Weitere allgemeine Infos zum Trampen s. S. 697.

ÜBERS MEER

Südafrika ist ein wichtiges Ziel der internationalen Schifffahrtslinien; vor allem Kapstadt ist ein bedeutender Hafen für Kreuzfahrtschiffe. Viele Kreuzfahrtschiffe halten auch in Durban.

Etliche Frachterlinien aus Europa bieten ebenfalls Passagierkabinen an. Kreuzfahrt- und Frachtschiffe, die südafrikanische Häfen mit verschiedenen Zielen in Mosambik (darunter auch das Bazaruto-Archipel), Madagaskar und Mauritius verbinden, findet man ebenfalls.

Doch das Erlebnis, den südlichsten Zipfel des Kontinents vom Meer aus anzusteuern, ist nicht ganz billig. Selbst auf Frachtschiffen sind die Kabinen meist ziemlich bequem (manchmal sogar luxuriös), deshalb sollte man auch hier mit rund 2500 US$ pro Person rechnen (einfache Fahrt, ca. 23–27 Tage, etwa von einem britischen Hafen nach Kapstadt, oft mit einem Stopp auf den Kanaren). Die Schiffspassagen von Südafrika aus sind tendenziell preiswerter als Fahrten mit dem Ziel Südafrika.

Einige nützliche internationale Adressen zur ersten Orientierung:

Freighter World Cruises Inc. (☎ 800-531 7774, 626-449 3106; www.freighterworld.com) Ein Anbieter in den USA.

Royal Mail Ship St. Helena (☎ 020-7575 6480; www.rms-st-helena.com) Ein Anbieter aus Großbritannien.

Safmarine (☎ 021-408 6911; www.safmarine.com) Das Unternehmen sucht aktiv Passagiere für seine Containerschiffe, die alle wichtigen Häfen der Welt ansteuern; die Preise sind oft verhandelbar.

Starlight Lines (www.starlight.co.za) Eine gute Adresse für Fahrten nach Mosambik, Madagaskar und Mauritius; ein südafrikanischer Anbieter.

Strand Voyages (☎ 020-7766 8220; www.strandtravel.co.uk) Englischer Anbieter.

Tall Ships (www.tallships.co.za) Frachtschiffe, die zwischen Durban und verschiedenen Häfen in Mosambik verkehren und manchmal Passagiere mitnehmen; ein südafrikanisches Unternehmen.

The Cruise People (☎ 020-7723 2450, 0800 526 313; www.cruisepeople.co.uk) Ein britisches Unternehmen.

Eine weitere gute Informationsquelle über Schifffahrtslinien und -routen ist der *OAG Cruise & Ferry Guide*, den die **Reed Travel Group** (☎ 01582-600 111) in Großbritannien viermal im Jahr herausgibt. Durban emp-

GRENZÜBERSCHREITENDER ZUGVERKEHR

Abgesehen vom *Trans-Namib* und der grenzüberschreitenden Komati-Bahnverbindung gibt es keine regulären Personenzüge zwischen Südafrika und den Nachbarstaaten. Allerdings fahren einige der auf S. 696 beschriebenen Sonderzüge auch auf grenzüberschreitenden Strecken: Der *Shongololo Express* fährt auf seiner 16-tägigen Südafrikareise auch nach Mbabane (Swasiland), Bulawayo, Great Zimbabwe und Victoria Falls (alle Simbabwe) sowie nach Maputo (Mosambik); ein weiterer Zug verbindet Kapstadt mit verschiedenen Zielen in Namibia. *Rovos Rail* bietet einen Zug zwischen Pretoria und Swapkomund (Namibia) an, außerdem einen, der auf seiner Fahrt zwischen Kapstadt und Dar es Salaam (Tansania) auch in Victoria Falls und Bulawayo hält.

fiehlt sich als Ausgangsstation, wenn man auf einer Privatyacht an der ostafrikanischen Küste mitsegeln möchte.

GEFÜHRTE TOUREN & PAUSCHALREISEN

Es gibt zahllose Tour- und Safarianbieter, die organisierte Reisen nach Südafrika anbieten. Wer lieber individuell reist, kann alternativ auch Flüge und Hotels für die ersten Nächte selbst buchen und sich dann vor Ort nach Führungen und Touren umsehen (s. S. 694). Bei fast allen Anbietern gehören der Kruger National Park, Kapstadt und die Halbinsel zum Reiseplan. Spezialangebote (Vogelbeobachtung, Blumen- und Botaniktouren usw.) findet man oft in Fachmagazinen. Einige Anbieter sind in der folgenden Liste aufgeführt:

Deutschland

Erlebe Südafrika (☎ 02837-668 27 12; www.erlebesuedafrika.de) Ein Spezialist für Überlandtouren per Auto sowie Special-Interest-Reisen quer durchs Land (Kultur, Natur, Tierwelt).

Outback Africa (☎ 037437-538 04; www.outbackafrica.de) Organisiert eine Vielzahl von Touren, darunter auch Überlandfahrten sowie Wander- und Trekkingtouren durch Südafrika, Lesotho und Swasiland sowie Namibia.

Adventure Purists (www.afrika-pur.de) Ein kleiner, lokaler Anbieter vor Ort in Südafrika, der Safaris in Südafrika und Botsuana organisiert.

African Bikers (☎ 07542-221 21; www.african-bikers.de) Spezialist für Erlebnisreisen auf dem Fahrradsattel, daneben gibt es auch Wander- und Lauftouren.

Mosstours (☎ 027-72-288 228; www.mosstours.de) Ein deutschsprachiger Anbieter von Rad-, Wander- und Lauftouren sowie Safaris und anderen Erlebnisreisen. Vorteil: Mosstours sitzt direkt vor Ort in West Beach.

Großbritannien

Dragoman (☎ 0870-499 4475; www.dragoman.co.uk) Überlandtouren.

Exodus Travels (☎ 0870-240 5550; www.exodustravels.co.uk) Organisiert eine Vielzahl von Touren, darunter auch Überlandfahrten sowie Wander- und Radtouren durch Südafrika, Lesotho und Swasiland.

Guerba (☎ 01373-826 611; www.guerba.com) Überlandtouren.

In the Saddle (☎ 01299-272 997; www.inthesaddle.com) Ein Anbieter, der sich ausschließlich an Pferdefreunde wendet und Ausritte in Südafrika, darunter am Western Cape und im Greater St. Lucia Wetlands Park organisiert.

Naturetrek (☎ 01962-733 051; www.naturetrek.co.uk) Ein Spezialist für Naturtouren, darunter im Frühjahr eine Tour mit Schwerpunkt Wildblumen in Namaqualand sowie eine Botaniktour in die Drakensberge und nach Lesotho.

Temple World (☎ 020-8940 4114; www.templeworld.co.uk) Gehobene und komfortable Bildungsreisen durch Südafrika und Swasiland; weitere Ziele in der Region mit Schwerpunkt auf Geschichte, Umwelt und Tieren.

Wildlife Encounters (☎ 01737-214 214; www.wildlife-encounters.co.uk) Safaritouren mit dem Zug durch Südafrika, darunter auch zum Kruger National Park.

UNTERWEGS VOR ORT

AUTO & MOTORRAD

Südafrika ist ideal für Auto- und Motorradfahrer; neben den Bus- und Zugverbindungen ist ein eigener Mietwagen die beste Möglichkeit, um das Land zu erkunden – und als Gruppe kann man dabei sogar Geld sparen. Die meisten großen Straßen sind hervorragend ausgebaut, und abseits der Hauptstrecken gibt es interessante Nebenstraßen zu entdecken.

Das Land wird von vielen Nationalstraßen durchkreuzt (z. B. der N1). Auf einigen Abschnitten muss man Maut zahlen, je nach Entfernung. Diese gebührenpflichtigen Strecken sind deutlich gekennzeichnet (durch ein schwarzes „T“ in einem gelben Kreis), und es gibt immer eine Alternativstrecke dazu (gekennzeichnet durch ein schwarzes „A“ in einem gelben Kreis). Auf den Alternativstrecken ist die Beschilderung etwas weniger komfortabel, meist werden nicht die nächsten größeren Städte, sondern nur kleinere Städte oder Straßennummern angezeigt. Kleinere Straßen sind durchnummeriert (z. B. R44 – in diesem Buch als Route 44 ausgewiesen). Wer nach der Richtung fragt, wird eher auf Straßennummern verwiesen als zum eigentlich Ziel – eine gute Straßenkarte zahlt sich also aus.

In Lesotho und Swasiland kann man ebenfalls gut Auto fahren, obwohl hier abseits der Hauptstraßen deutlich mehr Schotterstraßen oder unbefestigte Wege zu finden sind. Hauptstraßen in Lesotho sind durchnummeriert und beginnen mit der A1 (Hauptroute nach Norden); abgehende Seitenstraßen haben Nummern mit einem „B“. Im Winter sind die Straßen manchmal vereist und nicht ganz ungefährlich.

Swasiland wird von West nach Ost von der MR3 durchkreuzt, der Hauptautobahn, die nach Osten bis nach Manzini führt. Gute

Teerstraßen verbinden auch andere große Städte miteinander; weiter außerhalb findet man meist nur ungepflasterte Straßen, die aber normalerweise in ordentlichem Zustand sind, außer nach schweren Regenfällen. Mehr zu den Straßenbedingungen findet man auf S. 689.

Hinweise auf gute und aktuelle Straßenkarten, die es überall in den drei Ländern gibt, stehen auf S. 664.

AUTODIEBSTAHL (CARJACKING)

In Jo'burg und in geringerem Ausmaß auch in anderen großen Städten ist Carjacking, das Entwenden von Autos im Beisein des Besitzers, ein Problem, allerdings eher für die Eigentümer schicker Schlitten als für den Fahrer eines herkömmlichen Mietwagens. Carjacker sind meist bewaffnet und machen von den Waffen durchaus Gebrauch, um in den Besitz des Autos zu gelangen. Man muss also immer auf der Hut sein, die Fenster sollten hochgekurbelt bleiben, die Türen hält man vor allem nachts während der Fahrt verschlossen – und man sollte vielleicht besser kein allzu auffälliges oder Begehrlichkeiten weckendes Fahrzeug wählen ... Wer an einer roten Ampel steht und etwas Verdächtiges beobachtet, sollte schnell prüfen, ob die Straße frei ist, und dann einfach bei Rot losfahren. Und sollte man wirklich Carjackern in die Hände fallen, händigt man am besten ohne Zögern die Schlüssel aus.

Automobilvereinigungen

Die **Automobile Association of South Africa** (AASA; ☎ Mitgliedschaft 083-843 22, Notfälle 083-843 22; www.aasa.co.za) verfügt über einen begrenzten Pannendienst, der nützlich sein kann, sofern man in den von der AASA abgedeckten Gebieten unterwegs ist. Der Verband hat gutes Kartenmaterial im Angebot, das für Mitglieder gratis ist und in vielen Verkehrsbüros und Buchläden zum Verkauf angeboten wird. Um den Pannendienst in Anspruch nehmen zu können, erhält man mit der Mitgliedschaft auch Fensteraufklebetiketten. Der anfängliche Beitrag wird Mitgliedern vieler ausländischer Automobilvereinigungen erlassen, daher lohnt es sich, entsprechende Unterlagen von zu Hause mitzubringen.

Theoretisch ist die AASA auch für Lesotho und Swasiland zuständig, obwohl der Abschlepp- und Pannendienst dort nicht arbeitet. In Südafrika kann man den Notfalldienst in Gauteng, Kapstadt, Durban, Pietermaritzburg, East London und Port Elizabeth in Anspruch nehmen. In Lesotho und Swasiland muss man sich in den größeren Städten auf örtliche Werkstätten verlassen.

Benzin & Ersatzteile

Benzin kostet in allen drei Ländern ungefähr 5,40 R pro Liter (bleifrei oder verbleit) und muss bar bezahlt werden. Es gibt keine Selbstbedienung. Ein Tankwart betankt das Auto, wäscht die Scheiben und kümmert sich um Öl und Wasser. Als Trinkgeld erwartet er zwischen 2 und 5 R. Neben bleifreiem Benzin (für neuere Autos mit Katalysator) gibt es für ältere Fahrzeuge, die mit 97 Oktan verbleitem Benzin betrieben wurden, auch einen Ersatztreibstoff, der abgekürzt als LRP („lead-replacement petrol") bezeichnet wird.

An den Hauptstraßen in Südafrika und Swasiland gibt es zahlreiche Tankstellen, die meisten haben rund um die Uhr geöffnet. In ländlichen Gebieten und in Lesotho sollte man aber besser tanken, wann immer sich die Möglichkeit bietet, außerdem sollte man stets einen gefüllten Reservekanister mit sich führen. Bleifreies Benzin ist mit Ausnahme der ländlichen Gegenden in Lesotho überall erhältlich. In Südafrika findet man Tankstellen in praktisch allen größeren Städten. In Lesotho hat Maseru das beste Angebot, in den anderen großen Städten des Landes ist die Zahl der Tankstellen deutlich niedriger. Swasiland, Mbabane und Manzini verfügen über die besten Serviceeinrichtungen; Ersatzteile bekommt man am besten in Manzini.

Mit dem eigenen Fahrzeug unterwegs

Alle notwendigen Infos zur Mitnahme des eigenen Autos s. S. 683.

Führerschein

In Südafrika gilt ein ausländischer Führerschein nur dann, wenn er auf Englisch ausgestellt ist (oder eine beglaubigte Übersetzung beigefügt ist), außerdem muss das Foto des Inhabers enthalten sein, d. h. auch wer einen neuen EU-Führerschein besitzt kommt nicht umhin, sich einen internationalen Führerschein ausstellen zu lassen und mitzuführen! Diesen erhält man im Heimatland beim Einwohnermeldeamt oder der entsprechenden Führerscheinstelle. Wichtig: Gültig ist der internationale Führerschein nur zusammen mit dem nationalen Führerschein, daher muss man beide auf die Reise mitnehmen. In Lesotho und Swasiland werden die Führerscheine der meisten Länder akzeptiert, sofern man sich nicht länger als sechs Monate im Land aufhält, und eine beglaubigte Übersetzung vorliegt. Auch dort ist also ein internationaler Führerschein ratsam.

Gefahren auf der Straße

Südafrika hat eine erschreckende Unfallbilanz mit jährlich rund 10 000 Todesfällen (einige schätzen die Zahl sogar auf weit über 15 000) vorzuweisen. Die N1 zwischen Kapstadt und Beaufort West gilt als gefährlichster Streckenabschnitt des Landes.

Das Hauptproblem im Straßenverkehr sind die anderen Autofahrer, die häufig ohne Sicht oder mit viel zu geringem Abstand auch an riskanten Stellen überholen. Die nachfolgenden Fahrer erwarten, dass man auf den Seitenstreifen ausweicht, um sie überholen zu lassen, selbst wenn dort bereits jemand fährt. Fahrer auf wenig befahrenen Landstraßen geben häufig einfach Gas, offenbar ohne daran zu denken, dass sich vielleicht noch andere Autos auf der Straße befinden könnten. Vor allem in unübersichtlichen Kurven muss man sich vor entgegenkommenden Fahrzeugen in Acht nehmen. In Südafrika und in Swasiland gibt es Alkoholkontrollen, aber wenn man die zulässige, ziemlich hohe Promillegrenze (über 0,8 in Südafrika und 1,5 in Swasiland) bedenkt, ist klar, dass man mit alkoholisierten Fahrern rechnen muss.

Tiere und Fußgänger auf den Straßen stellen eine weitere Gefahrenquelle dar, vor allem in ländlichen Gebieten. Als Faustregel gilt: Fährt man in einer etwas unsicheren Gegend ein Tier an, sollte man nicht aussteigen, sondern zur nächsten Polizeidienststelle fahren, um den Unfall anzuzeigen. Während der Regenzeit und vor allem in den höher gelegenen Teilen von KwaZulu-Natal kann dichter Nebel die zügige Weiterfahrt behindern.

Im Lowveld gibt es im Sommer heftige Hagelschauer, die sogar das Auto beschädigen können.

In Lesotho drohen steil abfallende Straßen, scharfe Kurven, Eis und andere Tücken des Wetters.

In Swasiland stellen neben betrunkenen Fahrern und umherwanderndem Vieh die rasend schnellen Minibusse eine Gefahr dar, vor allem auf Schotterstraßen.

GESCHWINDIGKEITSBESCHRÄNKUNGEN

In Südafrika beträgt die Höchstgeschwindigkeit außerhalb der Städte 100 km/h, und auf den meisten Highways liegt sie bei 120 km/h – was die meisten Fahrer aber ignorieren. In Städten liegt die Begrenzung meist bei 60km/h.

In Lesotho beträgt die Höchstgeschwindigkeit auf Hauptstraßen 80 km/h und in Dörfern 50 km/h. In Swasiland liegt sie außerhalb der Orte ebenfalls bei 80 km/h, in den Städten bei 60 km/h.

Kauf

Südafrika ist am besten geeignet, um einen Gebrauchtwagen für eine längere Reise oder einen größeren Aufenthalt in den Regionen südlich der Sahara zu kaufen. Obwohl entsprechende Pkw in Jo'burg günstiger zu sein scheinen, kaufen die meisten Leute ihren Wagen in Kapstadt, wo der ein- bis zweiwöchige Aufenthalt, den man für einen solchen Kauf benötigt, wesentlich angenehmer ist. Auch der Wiederverkauf ist in Kapstadt leichter, da die Preise auf dem (relativ überschaubaren) Markt besser sind.

Die meisten Gebrauchtwagenhändler findet man auf der Voortrekker Road zwischen Maitland und Belleville Street; viele dieser Händler lassen sich auch auf einen späteren Rückkauf ein.

Wer aus privater Hand kauft, hat keine Händlergarantie, dafür aber einen günstigeren Kaufpreis. Im Wochenmagazin **Cape Ads** (www.capeads.com) findet man die meisten Anzeigen. Ebenfalls gut: **Auto Trader** (www.autotrader.co.za), in dem Tausende von Autos landesweit zum Verkauf annonciert sind.

Egal, wo man sein Auto kauft, man muss auf jeden Fall darauf achten, dass die Detailangaben zum Fahrzeugbrief passen, dass an der Windschutzscheibe die entsprechende Zulassungsplakette klebt und dass das Auto vom **Police Clearance Department** (☎ in Kapstadt 021-945 3891; Mo–Fr 7.30–15.30 Uhr) begutachtet wurde. Man sollte dort auch den Namen des Eigentümers mit den Angaben im Ausweis vergleichen und den Motor und die Fahrgestellnummer überprüfen. Ratsam ist es, das Auto bei einer Werkstatt checken zu lassen – in Kapstadt z. B. in der **Same Garage** (Karte S. 126–127; ☎ 434 1058; 309 Main Rd., Sea Point). Eine Rundumkontrolle kostet um die 300 R; für eine einfachere Inspektion werden etwa 150 R verlangt.

Billige Autos werden häufig ohne das „roadworthy certificate" – durchaus vergleichbar mit der deutschen TÜV-Plakette – verkauft. Diese Bescheinigung benötigt man aber, wenn man den Besitzerwechsel registrieren lässt und die Steuer für die Zulassung zahlt. Das „roadworthy certificate" ist nicht immer leicht zu bekommen, aber einige private Werkstätten dürfen das Dokument seit einiger Zeit ausstellen (220 R), einige schauen auch großzügig über kleinere Mängel hinweg.

Für einen einigermaßen anständigen Gebrauchtwagen muss man mindestens 25 000 R hinblättern. Für einen Pkw mit Allradantrieb, z. B. die Landrover-Serien 1, 2 und 3, beträgt der Kaufpreis zwischen 15 000 R und 40 000 R – je nach Zustand. Eine gute Anlaufstelle in Kapstadt ist **Graham Duncan Smith** (☎ 021-797 3048), ein Landrover-Experte, der Leuten in der Vergangenheit schon beim Kauf von solchen Fahrzeugen behilflich war; er verlangt 120 R Beratungsgebühr und 165 R pro Stunde für Mechanikertätigkeiten.

Um sein Auto registrieren zu lassen, muss man mit einem gültigen „roadworthy certificate", einem korrekten Fahrzeugbrief, einem vollständig ausgefüllten Formblatt zum Besitzerwechsel (vom Verkäufer ausgefüllt), einer guten Fotokopie des Reisepasses (plus Original) und genügend Geld für die Gebühren beim **City Treasurer's Department, Motor Vehicle Registration Division** (Karte S. 126–127; ☎ 021-400 4900; 🕒 Mo–Fr 8–14 Uhr) im Civic Centre von Kapstadt vorstellig werden. Am besten erkundigt man sich vorher telefonisch danach, wie viel Geld man braucht, es werden aber auf jeden Fall weniger als 500 R sein. Blanko-Besitzerwechselformulare erhält man ebenfalls dort.

Mietwagen

Ein Auto zu mieten ist in Südafrika nicht besonders teuer. Die meisten Autovermietungen setzen ein Alterslimit von 21 Jahren (23 Jahre in Swasiland). Alle gängigen Kreditkarten werden akzeptiert. Die Mietgebühren in Swasiland gleichen denen in Südafrika. Wer Lesotho mit dem Mietwagen erkunden möchte, sollte das Fahrzeug besser in Südafrika anmieten und mit dem Wagen dann nach Lesotho einreisen.

Die großen internationalen Autovermietungen sind unten aufgeführt. Alle in Südafrika verzeichneten Verleiher haben Niederlassungen in den großen Städten; in Swasiland gibt es nur in Manzini Vertretungen; in Lesotho befinden sich diese in Maseru.

Die Mietpreise beginnen bei 40 US$ pro Tag inklusive Versicherung und 200 Freikilometer täglich. Autos mit Allradantrieb bekommt man ab 60 US$, manchmal kann man aber auch einen besseren Preis aushandeln. Wer weniger zahlen möchte und keine Kilometerbeschränkungen wünscht, sollte den Wagen am besten über sein Reisebüro zuhause im Voraus buchen und bezahlen. Wenn ein nicht angemeldeter Fahrer einen Unfall verursacht, trägt die Versicherung den Schaden nicht.

Around About Cars (☎ 0860 422 0422; www.aroundaboutcars.com)
Avis Südafrika (☎ 0861-113 748, 011-923 3660; www.avis.co.za); Swasiland (Matsapha Airport ☎ 518 6226); Lesotho (Moshoeshoe Airport ☎ 2235 0328, Lesotho Sun Hotel ☎ 2232 0087)
Budget Südafrika (☎ 0861-016 622, 011-398 0123; www.budget.co.za); Lesotho (☎ 2231 6344)
Europcar (☎ 0800 011 344, 011-574 4457; www.europcar.co.za) Südafrika.
Hertz (☎ 021-935 4800, 011-390 9700; www.hertz.co.za) Südafrika.

Immer lohnend ist ein Blick ins Internet, z. B. bei **Travelocity** (www.travelocity.de) oder der Billigfluglinie **Kulula.com** (www.kulula.com); beide bieten oft günstige Mietwagen an. Lokale Autovermieter sind häufig preiswerter, aber manche von ihnen schränken die Entfernung zum Mietort vertraglich ein. Einige sind unten angeführt, alle haben Vertretungen in den großen Städten. Auch in den Unterkünften für Rucksackreisende sollte man nachfragen; viele vermitteln Autos für 25 US$ pro Tag oder weniger.

Affordable Car Hire (☎ 404 9136; affordable@posix.co.sz) Swasiland.
Imperial Südafrika (☎ 0861 131 000, 011-574 1000; www.imperialcarrental.co.za); Swasiland (☎ 404 0459, 518 4396); Lesotho (☎ 2235 0292)
Tempest (☎ 0860-031 666, 011-396 1080; www.tempestcarhire.co.za) Südafrika.

Ein Mietwohnmobil kann ebenfalls interessant sein, obwohl Fahrten mit Rückgabe an einem anderen Ort häufig nicht möglich oder immens teuer sind. Einige Wohnmobilvermieter liefern gleich die Campingausrüstung mit. „Bakkie"-Wohnmobile, in denen man zu zweit im hinteren Bereich eines überdachten Kleinbusses schlafen kann, sind günstiger. Zwei lohnenswerte Anbieter in Jo'burg sind **African Leisure Travel** (☎ 011-792 1884; www.africanleisure.co.za) und **Britz 4x4 Rentals** (☎ 011-396 1860; www.britz.co.za).

Motorräder kann man unter anderem bei **Motozulu** (www.motozu.lu.ms) in Port Shepstone (KwaZulu-Natal) und **Le Cap Motorcycle Hire** (☎ 021-423 0823; www.lecap.co.za) in Kapstadt mieten; s. dazu auch S. 167. Mietmopeds und -motorroller findet man in Kapstadt und in anderen Touristengegenden.

Straßenzustand

SÜDAFRIKA

Die Hauptstraßen sind im Regelfall in ausgezeichnetem Zustand. Außerhalb von großen Städten und Orten trifft man gelegentlich auf unbefestigte Straßen, die aber meist regelmäßig gepflegt werden und relativ eben sind. In den früheren Homelandgebieten sollte man auf gefährliche Schlaglöcher, ausgewaschene Straßen und plötzliche scharfe Kurven achten.

LESOTHO

Das Autofahren in Lesotho ist etwas anstrengender, wird aber allmählich leichter, da in Verbindung mit dem Highlands Water Project neue Straßen angelegt werden. Die befestigten Straßen im Hochland sind gut, an manchen Stellen jedoch sehr steil. Regen verlangsamt die Fahrt, Eis und Schnee können im Winter gefährlich werden. Wer einen Automatikwagen fährt, muss sich sehr auf seine Bremsen verlassen können, um steile Kurven auf der Fahrt talwärts bewältigen zu können. Abseits der Hauptstraßen gibt es viele Strecken, auf denen selbst ein Wagen mit Allradantrieb nicht immer problemlos weiterkommt. Neben den schlechten Straßen stellen die nach Sommerstürmen über ihre Ufer tretenden Flüsse oft das größte Hindernis dar. Auch Menschen und Tiere auf den Straßen können zum Problem werden.

Manchmal trifft man auf Straßensperren der Armee, zumeist wird dann nach gestohlenen Autos gefahndet. Wer mit einem Wagen fährt, der zuvor in Südafrika angemietet wurde, und hier angehalten wird, muss unbedingt eine entsprechende Erlaubnis des Autoverleihs für Fahrten nach Lesotho vorweisen können.

SWASILAND

Swasilands Straßennetz ist ziemlich gut ausgebaut, die meisten Straßen sind asphaltiert. Sogar durchs Buschland führen einige einigermaßen solide Nebenstraßen. Die Verbindung zwischen Tshaneni (nordwestlich des Hlane Royal National Park) und Piggs Peak ist größtenteils eine Schotterstraße und bei Nässe ziemlich glatt.

Malagwane Hill – zwischen Mbabane und dem Ezulwini Valley – wurde einst im *Guinness-Buch der Rekorde* als gefährlichster Streckenabschnitt der Welt geführt. Obwohl die Bedingungen seither deutlich verbessert wurden, kann die Fahrt hinunter ins Ezulwini Valley bei starkem Verkehr und schlechten äußeren Bedingungen immer noch gefährlich sein. Außer in Ballungsräumen und in der Nähe von Grenzübergängen gibt es ziemlich wenig Verkehr.

Verkehrsregeln

In Südafrika, Lesotho und Swasiland fährt man auf der linken Straßenseite, so wie auch in Großbritannien, Japan und Australien. Sicherheitsgurte sind für Fahrer und Beifahrer in allen drei Ländern Pflicht.

Bei den Verkehrsregeln gibt es einige landestypische Besonderheiten. Eine davon betrifft den „four-way stop", also eine Kreuzung, wie sie auch auf Hauptstraßen vorkommen kann. Alle Fahrzeuge müssen dann anhalten; wer zuerst kam, darf auch zuerst weiterfahren (auch wenn er von einer untergeordneten Straße kommt). Auf Schnellstraßen erwarten schnellere Fahrer, dass man sich auf den Seitenstreifen begibt,

> **PARKEN**
>
> Für Johannesburg und andere Gegenden, in denen man seinen Wagen nur auf sicheren Parkplätzen abstellen sollte, wurden entsprechende Hinweise (P) aufgenommen. In ländlichen Gebieten sowie in Lesotho und Swasiland bieten Hotels generell bewachte Parkplätze.

ENTFERNUNGEN (KM)

	Bloemfontein	Cape Town (Kapstadt)	Durban	East London	George	Graaff-Reinet	Johannesburg	Kimberley	Maseru	Mbabane	Nelspruit	Polokwane (Pietersburg)	Port Elizabeth	Pretoria	Springbok	Upington
Bloemfontein	---															
Cape Town (Kapstadt)	998	---														
Durban	628	1660	---													
East London	546	1042	667	---												
George	764	436	1240	630	---											
Graaff-Reinet	422	672	945	388	342	---										
Johannesburg	396	1405	598	992	1168	826	---									
Kimberley	175	960	842	722	734	501	467	---								
Maseru	157	1160	590	630	913	519	438	334	---							
Mbabane	677	1680	562	1238	1450	1097	361	833	633	---						
Nelspruit	754	1779	689	1214	1509	1167	358	832	713	173	---					
Polokwane (Pietersburg)	727	1736	929	1323	1499	1595	331	798	769	488	315	---				
Port Elizabeth	676	756	927	300	330	251	1062	763	822	1548	1373	1398	---			
Pretoria	454	1463	656	1050	1226	859	58	525	488	372	328	273	1119	---		
Springbok	975	554	1642	1365	846	911	1274	800	1252	1678	1543	1474	1289	1200	---	
Upington	576	821	1243	958	857	667	875	401	731	1157	1144	1075	902	813	387	---

um sie vorbeizulassen – zum Dank gibt es einen kurzen Gruß mit der Lichthupe. Im Kreisverkehr haben Fahrzeuge, die sich bereits im Kreis befinden, und die von rechts kommenden Fahrzeuge Vorfahrt.

In Swasiland muss man, wenn eine offizielle oder königliche Autokolonne herannaht, rechts an den Straßenrand fahren und anhalten.

In Johannesburg und anderen Großstädten gibt es Autowächter – meist ansonsten arbeitslose Afrikaner aus anderen Ländern, die ein Auge auf das geparkte Fahrzeug werfen, während man beispielsweise zum Einkaufen geht. Man sollte nett zu ihnen sein und ihnen zwischen 2 und 5 R Trinkgeld geben.

Versicherung

Eine Kaskoversicherung, also eine Versicherung für Schäden, die durch Dritte verursacht werden sowie für Schäden oder den Verlust des eigenen Fahrzeugs, wird dringend empfohlen. Es ist nicht unbedingt einfach, eine solche Versicherung für einen Monat einzurichten, doch bei der AASA kann man einen Jahresvertrag aushandeln, der dann je nach Besitzdauer beim Wiederverkauf anteilmäßig zurückgezahlt wird. Zu den Versicherungsagenturen gehören **African Independent Brokers** (☎ 086-100 1002), **Lions Head Insurance Brokers** (☎ 021-761 8332) und **First Bowring** (☎ 021-425 1460), alle mit Sitz in Kapstadt.

BUS

Südafrika

Busse in Südafrika sind nicht so günstig wie in vielen anderen Ländern, gelten aber dennoch neben den weniger aufregenden Minibus-Taxis (s. S. 695) als wichtigste öffentliche Verkehrsmittel mit einem verlässlichen und einigermaßen angenehmen Liniennetz, das alle größeren Städte miteinander verbindet. Bei der Reiseplanung ist zu beachten, dass einige der Langstreckenverbindungen Übernachtfahrten sind.

Eine gute Alternative zu den Standardbuslinien bietet das Unternehmen **Baz Bus** (☎ 021-439 2323; www.bazbus.com), das hauptsächlich Rucksack- und andere Fernreisende bedient. Man kann unterwegs ein- und aussteigen oder einen Tür-zu-Tür-Service zwischen Kapstadt und Jo'burg über Northern Drakensberg, Durban und die Garden Route in Anspruch nehmen. Außerdem gibt es eine Rundfahrt von Durban über Zululand und Swasiland nach Jo'burg, wobei man dicht am Kruger National Park vorbeikommt. Die Preise für Fahrten von Tür zu Tür sind teurer als bei regulären Verbindungen, günstiger ist allerdings die Möglichkeit, unterwegs aus- und später wieder zuzusteigen. Es lohnt sich darüber hinaus auch, über Ein- bzw. Zweiwochenreisepässe nachzudenken.

Baz Bus hält an vielen Hostels entlang des Weges und bedient gegen einen geringen Aufpreis auch alle, die abseits der Hauptstrecken liegen. Tickets bekommt man direkt bei Baz Bus oder auch in den meisten Hostels.

Als Partner von Translux hat **City to City** (☎ 011-774 3333, 0861-589 282; www.translux.co.za) die Routen übernommen, auf denen einst, zur Zeit des Apartheidsystems, die Leute aus den Homelands in die großen Städten fuhren. Dieser Service ist günstiger als der anderer Linien und führt an abgelegenen Orten vorbei, darunter Townships und Minenstädte. Zu den von Jo'burg aus erreichbaren Zielen gehören Mthatha, Nelspruit, Hazyview, Beitbridge (nach Simbabwe), Piet Retief und verschiedene andere Städte in KwaZulu-Natal. Viele Linien beginnen ihre Fahrt an der Park Station in Jo'burg, wo man auch die Schalter für Tickets und Auskünfte findet.

Ein ausgedehntes Streckennetz mit Routen und Preisen, die mit denen von Translux vergleichbar sind, bietet **Greyhound** (☎ 083-915 9000; www.greyhound.co.za) an. Dieses Unternehmen fährt ebenfalls auf der Strecke von Jo'burg nach Durban über Zululand und Richards Bay und hat häufig spezielle Angebote.

Intercape Mainliner (☎ 0861 287 287, 021-380 4400; www.intercape.co.za) fährt vor allem Ziele im Westen des Landes sowie Nelspruit (auf dem Weg nach Mosambik) an. Die Preise liegen etwas niedriger als bei Translux und Greyhound. Bei längeren Fahrten lohnt es sich durchaus, mehr zu bezahlen (ungefähr 8 %) und dafür aber einen sehr bequemen, zurückklappbaren Sessel in den neuen Sleepliner-Bussen von Intercape zu bekommen. Man erreicht ausgeruht sein nächstes Ziel.

SA Roadlink (☎ 011-333 2223; www.saroadlink.co.za) ist eine neue Linie, die von Pretoria über Bloemfontein, Port Elizabeth, East London, Mthatha und Durban nach Johannesburg verkehrt. Obwohl die Anzahl der Fahrten immer noch beschränkt ist, sind die Preise doch sehr anständig – im Allgemeinen nur etwas höher als die Tarife von Stadt zu Stadt.

Der größte Langstreckenanbieter, **Translux** (☎ 011-774 3333, 0861-589 282; www.translux.co.za), bedient Kapstadt, Knysna, Plettenberg Bay, Durban, Bloemfontein, Port Elizabeth, East London, Mthatha, Nelspruit (auf dem Weg nach Mosambik) und verschiedene Städte entlang der Garden Route.

Bei keiner der Buslinien gibt es eine Klasseneinteilung, obwohl die neueren Busse von Translux, Intercape, Greyhound und SA Roadlinks eher im Luxussektor anzusiedeln sind, da sie mit Klimaanlage und zumeist mit Video und Toiletten ausgerüstet sind. Keine Extras bieten die Busse, die zwei Städten miteinander verbinden.

Mit Ausnahme von Baz Bus, die ihre eigene Preisstruktur haben, kalkulieren alle Unternehmen die Fahrpreise ungefähr nach Entfernung; kurze Fahrten sind allerdings im Vergleich überproportional teuer. Einige ungefähre Beispiele für einfache Strecken (Preis/Reisedauer): Jo'burg nach Kapstadt (440 R, 19 Std.); Jo'burg nach Durban (85–150 R, 8 Std.), Kapstadt nach Knysna (170 R, 8 Std.). Einfache Fahrt bei Baz Bus (mit der Möglichkeit, die Reise zu unterbrechen): Kapstadt nach Durban über die Garden Route (1600 R); Rundfahrt Johannesburg–Swasiland–Durban–Drakensberg–Johannesburg (1010 R).

Die Preise werden während der Schulferien erhöht; alle Linien bieten Preisnachlässe für Studenten und Senioren; Intercape hat zusätzlich noch einen Discount für Rucksackreisende. Man sollte sich nach speziellen Reisepässen erkundigen, wenn man mehrere Busreisen unternimmt. Manche Busunternehmen haben Angebote, bei denen man bis zu 40 % sparen kann.

Für die Hauptstrecken sollte man mindestens 24 Stunden im Voraus reservieren (bei Intercape Mainliner und insgesamt während der Hochsaison besser 72 Stunden). Manchmal lässt sich ein Sitzplatz auch noch in letzter Minute ergattern, man sollte sich allerdings nicht darauf verlassen.

GÜNSTIGE MIETWAGEN

Südafrika ist ein wirklich großes Land, wer aber nur wenig Zeit hat, muss ja nicht unbedingt Miettarife für unbegrenzte Meilen bezahlen. Wer einfach nur ein wenig herumfahren möchte, sollte mit 400 km am Tag auskommen, vielleicht sogar mit 200 km.

Wer bei großen internationalen Autovermietern den Wagen schon vor der Abreise reservieren lässt, bekommt die unbegrenzten Kilometer häufig ohne Aufpreis (ggf. mit Ausnahme der Hochsaison Dezember bis Januar). Bei der Frage nach dem Preis sollte man darauf achten, ob die südafrikanische Mehrwertsteuer (14 %) schon inbegriffen ist oder nicht.

Eine Rückgabe des Mietwagens an einem anderen Ort ist meistens nur bei größeren Autoverleihern möglich, und auch da nur in größeren Städten; manchmal muss man dafür eine Zusatzgebühr zahlen.

Wichtig: Immer einen Pkw wählen, der für das geplante Zielgebiet auch stark genug ist. Kleinwagen sind meist für eine Person ganz in Ordnung, aber schon bei zwei Insassen kriechen sie förmlich die Hügel hinauf – und selbst auf den wichtigen Highways sind die Steigungen mitunter recht heftig. Bei wirklich steilen Bergen oder Hügeln kann die Fahrt im Automatikwagen schon einmal kompliziert werden. Wer nach Lesotho reist, ist vermutlich mit einem Allrad-Fahrzeug am besten bedient.

In den Sommermonaten können Hagelschauer die Karosserie beschädigen und Kosten verursachen, deshalb sollte man beim Vertragsabschluss darauf achten, ob dieser Schaden abgedeckt ist. Manche Mietverträge enthalten auch eine Vorschrift, wonach man mit dem Wagen nicht in Townships fahren darf – das ist heute zwar nur noch selten der Fall, trotzdem sollte man darauf achten. Wer Swasiland, Lesotho oder ein anderes Land besuchen möchte, muss vorher genau überprüfen, ob der Vertrag dies zulässt, und er benötigt die Standardbestätigung des Autovermieters mit der entsprechenden Genehmigung.

Last but not least: Unbedingt die Eigenbeteiligung („excess") bei der Autoversicherung genau ansehen. Einige wenige Unternehmen bieten gegen Aufpreis auch einen Vollkaskoschutz inklusive Diebstahlabsicherung an.

Lesotho

Lesotho bietet ein gutes Netz an Bus- und Minibuslinien (unter Einheimischen „Minibus-Taxis" oder einfach „Taxis"). Busse sind etwas billiger und langsamer als Minibus-Taxis und fahren überwiegend größere Städte an. Minibus-Taxis halten in Groß- und Kleinstädten.

In größeren Bussen sollte man (wenn man Langstreckentarife bezahlen muss) besser nur eine Fahrkarte zur nächsten großen Stadt lösen; die meisten Mitfahrer steigen dort sowieso aus, und man müsste warten, bis der Bus wieder voll ist – also besser in einen anderen Bus wechseln, der früher abfährt. Einzeltickets sind auch nur unwesentlich teurer als durchgehende Fahrkarten. Wer von Maseru aus in Richtung Nordosten fährt, muss normalerweise in Maputsoe umsteigen; manchmal passiert das aber auch auf offener Strecke Richtung Maputsoe, wenn sich die Busse aus beiden Richtungen begegnen und kurzerhand anhalten.

Es gibt keine Klasseneinteilungen, der Service ist recht schlicht, und es ist nicht nötig (und auch gar nicht möglich), einen Sitzplatz im Voraus zu reservieren. Die meisten Busse fahren am Morgen ab (im Allgemeinen gilt: je weiter die Reise, desto früher die Abfahrt).

Swasiland

In Swasiland gibt es nur wenige Inlandsbusse; die meisten Linien starten und enden an der Hauptthaltestelle im Zentrum von Mbabane. Hauptverkehrsmittel ist der Minibus.

Minibusse fahren fast überall, halten auf der Strecke und kosten nur wenig mehr als Busse. Sie fahren ab, sobald sie voll sind; Reservierungen sind nicht erforderlich. Als Strecken- und Preisbeispiele: Mbabane nach Manzini (7 E, 35 Min.); Mbabane nach Piggs Peak (13 E, 1 Std.); Manzini nach Big Bend (7 E, 1 Std.).

FAHRRAD

Südafrika

Wer sich den vielen Hügeln Südafrikas gewachsen fühlt, wird hier mit tollen Radfahrmöglichkeiten belohnt, denn das Gelände ist landschaftlich abwechslungsreich und schön, Campingplätze findet man zu dem fast überall im Land, dazu viele gute Straßen mit geringem Verkehrsaufkommen (die meisten verfügen allerdings über keinen Seitenstreifen).

Die Kaphalbinsel und die Winelands des Westlichen Kaps sind ausgezeichnete Radfahrergebiete. Die Wild Coast am Östlichen Kap ist reizvoll und hügelig, im nördlichen Lowveld stößt man dagegen auf weitläufige Ebenen.

Bei der Planung sollte man bedenken, dass in großen Teilen des Landes (außer im Westlichen Kap und an der Westküste) die Niederschläge vor allem im Sommer auftreten (Ende November bis März), und zwar oft in Form heftiger Gewitterstürme. Wenn es jedoch nicht regnet, können die Sommertage unangenehm heiß werden, insbesondere im stickig-heißen Lowveld.

Die Entfernungen zwischen den größeren Städten sind häufig recht groß, aber außer in abgelegenen Gebieten wie Karoo oder der Provinz Limpopo ist man selten weit von einem Dorf oder Gehöft entfernt.

Die Sicherheit ist ein weiterer wichtiger Punkt. Bevor man sich aufmacht, sollte man sich über lokale Radfahrvereine oder Fahrradgeschäfte mit anderen Radfahrern in Verbindung setzen, um die aktuellsten Hinweise auf den Zustand der Straßen zu erhalten. **SA-Cycling** (www.sa-cycling.com) veröffentlicht Reisetagebücher von Radfahrern, hilft einem mit Routenvorschlägen weiter und hält eine Liste der Radfahrvereine bereit. Übrigens ist Radfahren auf Autobahnen verboten, und die Straßen rund um städtische Ballungsgrenzen sind zum Radfahren meist nicht geeignet.

Die Kombination von Radfahren und öffentlichen Verkehrsmitteln funktioniert dagegen meist nicht so gut, da die meisten Busunternehmen keine Räder in ihren Gepäckfächern dulden und Minibusse nichts auf dem Dach transportieren dürfen. In manchen Fällen muss man sein Rad mit einem Transportunternehmen befördern lassen.

Mountainbikes und entsprechende Ersatzteile findet man überall. Schwieriger zu finden sind jedoch spezielle Teile für Tourenräder, besonders außerhalb von Kapstadt und Jo'burg. Es lohnt sich also, nach einem guten Fahrradladen in der Stadt Ausschau zu halten, bevor man sich in den Busch aufmacht. Dieser kann einem im Notfall dann die entsprechenden Ersatzteile über einen Kurierdienst zustellen lassen.

Ein gutes Schloss ist immer wichtig, gestohlen wird nämlich überall. Man sollte sein Rad daher auch in die Unterkunft mitnehmen (am besten aufs Zimmer) und unterwegs immer an einem festen Gegenstand anketten.

Lesotho & Swasiland

Lesotho wie auch Swasiland sind ausgezeichnete Ziele für Radfahrer, vor allem Lesotho; wegen der bergigen Gegend sollte man allerdings nur mit guter Kondition dorthin aufbrechen.

Für beide Länder benötigt man ein Mountainbike; mit entsprechenden Ersatzteilen sollte man sich besser in Südafrika eindecken.

Die klassische Mountainbikeroute in Lesotho führt über den Sani Pass, es gibt aber auch unzählige andere Streckenvarianten. Gelegentlich kann man auch Räder in einigen der Lodges auf der südafrikanischen Seite des Sani Pass mieten.

Swasiland ist ebenfalls ein Radfahrparadies, allerdings mit Ausnahme der größeren Städte und des überlaufenen Ezulwini Valley. Weitere Möglichkeiten bieten die kürzeren Mountainbikewege im Hlane Royal National Park und im Mlilwane Wildlife Sanctuary; in beiden Parks kann man Fahrräder leihen.

Mieten & Kaufen

Wer gerne ausgiebig Fahrrad fährt, sollte sein eigenes Rad mitbringen. Für Tagesausflüge kann man in einigen Herbergen (Hostels) auch ein Rad leihen. Gelegentlich verleihen auch Fahrradgeschäfte in Kapstadt und anderen Städten Räder, gewöhnlich muss man dann eine Kreditkartenanzahlung als Pfand leisten.

In allen größeren Städten Südafrikas, vor allem in Kapstadt, wird eine gute Auswahl an Mountainbikes zum Kauf angeboten. Tourenräder besorgt man sich man am besten in Kapstadt oder in Jo'burg. Wenn man sein Rad am Ende der Reise wieder verkaufen möchte, macht man am besten einen Aushang am Schwarzen Brett seiner Unterkunft.

FLUGZEUG

Fluggesellschaften in Südafrika, Lesotho & Swasiland

South African Airways (SAA; ☎ 0861-359 722, 011-978 5313; www.flysaa.com) ist nicht nur die Vorzeigelinie für den internationalen Flugverkehr, sondern auch die wichtigste Inlandsfluggesellschaft. Das weit verzweigte und gut funktionierende Netz verbindet alle großen Städte miteinander. Die Tochtergesellschaften **SAAirlink** (☎ 011-978 5313; www.saairlink.co.za) und **SA Express** (☎ 011-978 5577; www.saexpress.co.za) fliegen ebenfalls auf den Inlandsrouten und weisen wie die SAA einen ausgezeichneten Sicherheitsstandard auf.

Inlandsflüge sind nicht unbedingt preiswert: Wenn man Flüge innerhalb des Landes plant, sollte man sich vorher bei seinem Reisebüro nach günstigen Angeboten erkundigen, denn häufig ist es billiger, Inlandsflüge bereits zuhause zu buchen. Auch bei Anschlussflügen im Land ist es häufig günstiger, bereits von daheim aus einen passenden Inlandsflug zu buchen, als einen Flug mit der internationalen Gesellschaft zu wählen, mit der man angereist ist. Außerdem spart man oft eine Menge Geld (egal ob zuhause oder vor Ort in Südafrika) bei Online-Buchungen; dabei kann man bis zu 50 % gegenüber dem handelsüblichen Ticketpreis sparen. Hinweise zu Preisen und Informationen über Streckenverbindungen findet man in den jeweiligen Kapiteln; die örtlichen Reiseveranstalter findet man unter der Rubrik „Praktische Informationen" der großen Städte.

Neben der SAA und ihren Tochtergesellschaften fliegen folgenden Linien Inlandsziele an:

1time (☎ 0861-345345; www.1time.co.za) Einfacher Service zwischen Jo'burg und Kapstadt, Durban und East London, George und Port Elizabeth sowie zwischen Kapstadt und East London. Autovermietung ist ebenfalls im Angebot.

Comair (☎ 0860-435 922, 011-921 0222; www.comair.co.za) Zuständig für die British-Airways-Flüge innerhalb Afrikas. Flüge zwischen Kapstadt, Durban, Jo'burg und Port Elizabeth.

Kulula.com (☎ 0861-585 852; www.kulula.com) Ohne viel Extras; Flüge zwischen Jo'burg, Kapstadt, Durban, George, Port Elizabeth und Mpumalanga Kruger. Flughafenshuttle- und Autovermietungsservice werden ebenfalls angeboten.

Nationwide Airlines (☎ 0861 -737 737, 011-344 7200; www.nationwideair.co.za) Partner von Virgin Atlantic. Verbindungen zwischen Jo'burg, Kapstadt, Durban, George, Port Elizabeth, Sun City und Nelspruit.

Swazi Express Airways (☎ 518 6840, 031-408 1115; www.swaziexpress.com) Mehrere Flüge in der Woche zwischen Manzini und Durban sowie Maputo und Vilankulo (Mosambik); Charterservice in Swasiland und der angrenzenden Region.

Swaziland Airlink (☎ 518 6155; www.saairlink.co.za) Tägliche Flüge zwischen Jo'burg und Manzini/Matsapha.

GEFÜHRTE TOUREN

In Südafrika tummeln sich unzählige Anbieter von Touren; das Angebot reicht von günstigen Trucktouren über Land bis hin zu exklusiven Luxussafaris. Über Angebote für Backpacker informiert man sich am besten in den Hostels. In vielen dieser Unter-

VERHALTEN IN MINIBUS-TAXIS

Bevor man in ein Minibus-Taxi einsteigt, sollte man sich immer die Situation vor Ort genau anschauen und sich außerdem bei Einheimischen über die jeweilige Strecke und die Zielgegend informieren. Wer mit dem Minibus-Taxi fährt, sollte außerdem einige wichtige Tipps fürs Verhalten beherzigen:

- Fahrgäste mit viel Gepäck gehören in die erste Reihe hinter dem Fahrer.
- Den Fahrpreis zahlt man besser in Münzen, nicht in Scheinen. Ist das Taxi voll, reicht man das Geld (den eigenen Anteil und das Geld der Passagiere, die um einen herum sitzen) nach vorne durch – dort gibt man es einem Fahrgast auf einem der vorderen Sitze, nicht aber dem Fahrer selbst. Wer selbst ganz vorne landet, muss dementsprechend das Geld der anderen Mitfahrer in Empfang nehmen und ggf. Wechselgeld herausgeben.
- Wer auf dem Klappsitz an der Tür sitzt, muss die Tür jeweils öffnen und schließen, wenn neue Fahrgäste ein- und aussteigen; dafür muss man selbst jedes Mal ebenfalls aussteigen.
- Wenn man sein Ziel erreicht hat und aussteigen möchte, sagt man „Thank you, driver!", aber nicht „Stopp".

künfte findet man Aushänge für Rucksacktouristen, einige stehen direkt mit Anbietern von günstigen Touren in Verbindung.

Einige Veranstalter zur Auswahl:

African Routes (☎ 031-563 5080; www.africanroutes.co.za) Camping- und Überlandreisen für jüngere Leute, darunter eine ziemlich kompakte Woche im Kruger National Park, in Swasiland und den Drakensbergen, außerdem verschiedene Touren für Ältere.

BirdWatch Cape (☎ 021-762 5059; www.birdwatch.co.za) Ein kleiner Anbieter für Vogelkundler mit Schwerpunkt Kapstadt und Umgebung.

Bok Bus (☎ 082-320 1979; www.bokbus.com) Günstige Touren entlang der Garden Route.

Bundu Safari Company (☎ 011-675 0767; www.bundusafaris.co.za) Günstige Ein- und Mehrtagestouren mit Schwerpunkt Kruger National Park und Umgebung.

Cape Town Gourmet Adventure Tours (☎ 083-693 1151; http://gourmet.cape-town.info) Essen und Trinken in Kapstadt sowie Wellness-Touren und viele andere Angebote in und um Kapstadt und am Westlichen Kap.

Connex (☎ 011-274 41; www.connex.co.za) Ähnlich wie Springbok-Atlas.

Eco-Ist (☎ 021-559 2420; www.eco-tourisminvestments.co.za) Outdoor-Programm in der Umgebung von Kapstadt, außerdem längere Ausflüge im Kruger National Park, entlang der Garden Route und in interessante Gebiete, auf denen man die Artenvielfalt des Landes entdecken kann Besonders empfohlen wird die Blumentour an der Westküste.

Encompass Africa (☎ 021-434 9932; encompassafrica@yebo.co.za) Auf Rucksackreisende ausgerichtet; mehrere Reiserouten ab Kapstadt.

Malealea Lodge (☎ 051-436 6766; www.malealea.co.ls) Der wichtigste Tourenveranstalter für Lesotho, dessen Angebote von Pferdetrecks bis zu Ausflügen mit dem Geländewagen reichen; man kann sich auch in Bloemfontein in Südafrika abholen lassen.

Springbok-Atlas (☎ 021-460 4700; www.springbokatlas.com) Einer der größten Kutschtourenveranstalter mit mittleren Touren entlang beliebter Strecken, darunter auch Tagesausflüge. Die Zielgruppe sind ältere Touristen.

Swazi Trails (☎ 416 2180 in Swasiland; www.swazitrails.co.sz) Spezialisiert auf Tages- oder Halbtagsausflüge in Swasiland; Wildwasser-Rafting, Kulturreisen und Wandern.

Thaba Tours (☎ 033-701 2888; www.thabatours.co.za) Autotouren mit Allradantrieb durch Lesotho und über den Drakensberg.

Thompsons South Africa (☎ 031-201 3100; www.thompsonssa.com) Komplettangebote mittlerer und gehobener Preisklasse, darunter eine zweiwöchige Tour mit den wichtigsten Orten.

Wilderness Safaris (www.wilderness-safaris.com) Veranstalter für hochklassige Luxussafaris und „Spezialtouren", darunter Vogelbeobachtungstouren, botanische und Radfahrausflüge. Außerdem betreibt dieser Veranstalter einige Luxusbuschcamps.

Wildlife Safaris (☎ 011-791 4238; www.wildlifesaf.co.za) Safaris mittlerer Preisklasse von Jo'burg und Pretoria zum Kruger und zum Pilanesberg National Park. Für Einzelreisende und kleinere Gruppen.

NAHVERKEHR

Für den Personenverkehr innerhalb einer Stadt gibt es Stadtbusse, Minibus-Taxis und reguläre Taxis – in Letzteren fährt man gemeinsam mit anderen oder auch allein. In einigen Städten wie Kapstadt und Durban gibt es zusätzlich noch das *rikki* (kleiner offener Lastwagen) und das *tuk-tuk* (motorisiertes Dreirad). Kapstadt, Jo'burg und Pretoria besitzen außerdem noch ein Metro-Netz (s. S. 698).

Bus

Kapstadt, Jo'burg, Pretoria und einige andere städtische Ballungsräume verfügen über Stadtbuslinien. Die recht preiswerten Busse verkehren jedoch nur bis zum frühen Abend, und am Wochenende ist der Service deutlich eingeschränkt.

Minibus-Taxi

Minibus-Taxis fahren praktisch überall – innerhalb von Städten, zu den Vororten und den Nachbarstädten. Sie starten allerdings erst, wenn alle Plätze besetzt sind. Glücklicherweise bedeutet „voll" in Südafrika nicht das Gleiche wie in vielen Nachbarländern. Die meisten Minibus-Taxis bieten Platz für 14 bis 16 Leute; die etwas größeren „Sprinter" nehmen bis zu 20 Leuten mit.

Minibus-Taxis haben den Vorteil, ein riesiges Streckennetz zu billigen Preisen zu bedienen. Leider lassen Fahrweise und Zustand der Busse oft zu wünschen übrig, sodass es immer wieder zu Unfällen kommt. Vereinzelt kommt es sogar zu regelrechten Schießereien zwischen konkurrierenden Minibusunternehmen, und vollbesetzte Taxis wurden dabei schon mit Maschinengewehren beschossen – alles das ist dem Ruf natürlich nicht gerade förderlich. Obwohl sich die Lage in den letzten Jahren entspannt hat, gelten Minibusse in einigen Vierteln und auf einigen Strecken immer noch als äußerst unsicher, und Berichte über Raubüberfälle auf Minibusse gehören zum südafrikanischen Alltag. In anderen

MIT DEM ZUG UNTERWEGS

Zugfahrten in Südafrika sind etwas Besonderes und bei Eisenbahnfreunden sehr beliebt. Neben den in diesem Abschnitt genannten Strecken – bei denen es vor allem um praktische Verbindungen geht – gibt es auch zahlreiche spezielle Züge und Linien.

Blue Train

Der berühmteste Zug Südafrikas, der **Blue Train** (☎ 012-334 8459, 021-449 2672; www.bluetrain.co.za), genießt unter Eisenbahnfans einen einzigartigen Ruf, sodass manche Leute nur nach Südafrika reisen, um einmal mit diesem Zug gefahren zu sein. Die Fahrpläne wechseln und umfassen heute nur noch einen Bruchteil dessen, was einst angeboten wurde. Geblieben ist aber die Verbindung zwischen Pretoria und Kapstadt ein- oder zweimal pro Woche. Diese 27-stündige Luxusreise kostet bei einfacher Fahrt pro Person jeweils 9695/10 470 R für Deluxe-/Luxus-Abteile, inklusive aller Mahlzeiten und Getränke.

Neben den hier aufgeführten Adressen nehmen auch einige Reisebüros (in Südafrika und im Ausland) Buchungen für diesen Zug vor. Man sollte sich unbedingt nach besonderen (Pauschal-) Angeboten, beispielsweise mit Flug von Pretoria/Jo'burg nach Kapstadt inklusive einer Übernachtung, erkundigen. Und wer zwischen Januar und August bzw. Mitte November und Ende Dezember fahren möchte, kommt vielleicht in den Genuss günstiger Nebensaison-Preise.

Rovos Rail

Neben *Blue Train* gelten die Züge von **Rovos Rail** (☎ 012-315 8242; www.rovos.co.za) als luxuriöseste und teuerste in Südafrika; die Züge fahren im regulären Linienverkehr, u. a. auf der Strecke Pretoria–Kapstadt (Reisedauer zwei Nächte/drei Tage – im Gegensatz zum *Blue Train* mit einer Nacht/zwei Tagen). Der Zug hält unterwegs in Matjiesfontein und Kimberley. Bedient werden auch die Strecken Pretoria–Durban sowie Kapstadt–George.

Shongololo Express

Nicht ganz so luxuriös wie die anderen Bahnklassiker (aber immer noch sehr akzeptabel) ist der **Shongololo Express** (☎ 011-781 4616; www.shongololo.com); hier fährt man nachts und kann tagsüber zum Sightseeing aussteigen. Zu den diversen Reiseangeboten gehört u. a. eine 16-tägige Rundtour zu den wichtigsten Attraktionen Südafrikas.

Tulbagh.com

Tulbagh.com (☎/Fax 023-230 1348; http://tulbagh.com/Visitor's%20Information/attractions.htm) organisiert eine ganze Reihe von Pauschalzugreisen von Kapstadt nach Tulbagh, ins Klein Cederberg Nature Reserve und nach Matjiesfontein.

Union Ltd. Steam Rail Tours

Der *Union Limited* war einst der Star unter den großen Zügen Südafrikas – bis der *Blue Train* kam. In diesem Zug nach Kapstadt fuhren vor allem Reisende, die sich dort auf den Kreuzfahrtdampfern nach Europa einschifften. Damals war der Zug sehr luxuriös – und ist inzwischen wunderbar restauriert worden. Die **Union Ltd. Steam Rail Tours** (☎ 021-449 4391; http://home.intekom.com/blue grass/sites/steamsa) veranstaltet mehrere Fahrten, darunter die sechstägige „Golden Thread"-Tour von Kapstadt an der Küste entlang nach Oudtshoorn und zurück. Die Fahrgäste haben heute an Bord mehr Platz als früher; zwei Personen teilen sich ein Vierbettabteil, Einzelreisende bekommen ein Zweibett-Abteil. Daneben gibt es auch noch Dampflokomotiven

Gegenden – vor allem im Zentrum von Kapstadt, wo sie nützlich und weit verbreitet sind – gehören Minibusse zu den sicheren Verkehrsmitteln.

Wo Bahnverbindungen fehlen und reguläre Busse nicht verkehren, sind Minibus-Taxis allerdings die einzigen öffentlichen Nahverkehrsmittel. Immerhin: Man gewinnt beim Reisen mit diesem Verkehrsmittel auch gleich einen guten Einblick in das Leben der einheimischen Bevölkerung. Wenn man sich auf dieses Abenteuer einlassen möchte, sollte man die Zeitungen studieren, nicht nachts fahren und vorher Einheimische fragen, welche Strecken es gibt und welche Gegenden man besser meidet. Die meisten Minibus-Taxis nehmen kein Gepäck aufs Dach, und auch das Verstauen von Rucksäcken kann schwierig werden.

Obwohl Minibus-Taxis in Lesotho und Swasiland auch nicht gerade die sichersten Verkehrsmittel sind, gibt es dort keine Probleme mit Gewalt wie in Südafrika. Sie werden von vielen für längere wie für kürzere Fahrten genutzt.

Reguläre Taxis

In den größeren Städten aller drei Länder gibt es einen privaten Taxiservice (in Lesotho nur in Maseru). Gelegentlich findet man einen Taxistand, aber meist muss man Taxis telefonisch anfordern. Nummern sind in diesem Buch in der Rubrik „Unterwegs vor Ort" bei der jeweiligen Stadt verzeichnet. Die Fahrpreise betragen durchschnittlich 8 R pro Kilometer.

Sammeltaxis

Sammeltaxis sind in einigen Orten (und auf manchen längeren Strecken) das einzige Verkehrsmittel. Im Prinzip sind sie eine Art kleinere Ausgabe von Minibussen, dafür aber etwas teurer und ungefähr so sicher wie diese.

SCHIFF/FÄHRE

Trotz der langen Küstenlinie Südafrikas gibt es nur wenige Angebote für Boots- und Schiffsreisen. Am empfehlenswertesten ist noch eine Schifffahrt zwischen Kapstadt und Durban. Auskünfte erteilen die Büros von **Safmarine** (☎ 021-408 6911; www.safmarine.com) und **Tall Ships** (www.tallships.co.za) und die lokalen Yachtclubs. Informative Hinweise findet man auch unter www.cruiser.co.za; dort gibt es eine Art Schwarzes Brett, um Mannschaften und Schiffe zusammenzubringen.

TRAMPEN

Trampen ist in keinem Land wirklich sicher. Das trifft vor allem auf Südafrika zu und gilt hier ganz besonders rund um Großstädte. Gerade in Südafrika ist von Trampen abzuraten! In manchen ländlichen Gegenden ist Trampen allerdings häufig der einzige Weg, überhaupt irgendwohin zu kommen. Wer trampen möchte, sollte das aber nur zu zweit tun, keinesfalls nachts, und außerdem sollte man vorher stets jemanden darüber informieren, wohin die Reise geht. Außerdem ist es sinnvoll, zunächst mit öffentlichen Verkehrsmitteln aus einer Stadt herauszufahren und erst dann zu trampen. Frauen sollten niemals allein ein Auto anhalten.

In Swasiland und Lesotho ist Trampen einfacher und möglicherweise etwas sicherer, obwohl man sich auch da an die gleichen Grundregeln halten sollte. Auf Nebenstraßen muss man übrigens oft lange auf ein Auto warten und steht dann auch noch in Konkurrenz zu vielen einheimischen Anwärtern.

ZUG

In Südafrika werden Shosholoza-Meyl-Passagierzüge von **Spoornet** (☎ 011-773 2944; www.spoornet.co.za, auf „Passengers" klicken) betrieben. Sie verkehren regelmäßig zwischen großen Städten – ein bequemes (jedenfalls komfortabler als Busse) und sicheres, wenn auch etwas langsames Verkehrsmittel, um das Land zu erkunden. Zugfahrten sind durchaus bezahlbar, und im Gegensatz zu den Preisen bei Langstreckenbussen sind die Fahrkarten für Kurzstrecken nicht unverhältnismäßig teurer.

Bei Nachtzügen gibt es in der 1. und 2. Klasse eine Liege, dafür zahlt man allerdings einen kleinen Aufpreis. Alternativ dazu kann man auch ein ganzes Abteil mieten (mit vier Liegeplätzen in der 1. und sechs in der 2. Klasse), ein gute Möglichkeit, um sicher zu reisen. Essen gibt es im Speisewagen oder – noch komfortabler – sogar im eigenen Abteil.

Fahrkarten müssen mindestens 24 Stunden im Voraus gebucht werden (man kann bis zu drei Monaten vor Reiseantritt buchen). Landesweite Reservierungen sind an jedem Bahnhofsschalter oder beim **Shosholoza Meyl Reservations Centre** (☎ 0860-008 888, 011-774 4555) möglich. Einen Überblick über das Angebot der südafrikanischen Eisenbahn erhält man in **The Man in Seat 61** (www.seat61.com/South%20Africa.htm).

Strecken

Zu den Hauptstrecken im Land zählen u. a. folgende:

Algoa Jo'burg–Port Elizabeth über Bloemfontein; tgl.; 20 Std.

Amatola Jo'burg–East London über Bloemfontein; So–Fr; 20 Std.
Bosvelder Jo'burg–Musina über Makhado; tgl.; 17 Std.
Diamond Express Jo'burg-Bloemfontein; 3-mal wöchentl.; 9 Std.
Komati Jo'burg–Komatipoort über Pretoria, Middleburg und Nelspruit; tgl.; 13 Std.; mit dem Komatipoort-Maputo-Zug.
Trans Karoo Petoria/Jo'burg–Kapstadt über Kimberley; tgl.; 28 Std.
Trans Natal Jo'burg–Durban über Ladysmith und Pietermaritzburg; 5-mal wöchentl.; 13½ Std.
Trans Oranje Kapstadt–Durban über Kimberley, Bloemfontein und Kroonstad; wöchentl.; 31 Std.

Einige Preise für die 1./2./Economy-Klasse: Jo'burg–Durban 250/165/100 R; Kapstadt–Pretoria 550/350/230 R; Jo'burg–Port Elizabeth 365/245/145 R. Rückfahrkarten kosten doppelt so viel wie die einfache Fahrt. Im *Trans Karoo* kann man für zusätzliche 1345 R ein Fahrzeug mitnehmen.

Es gibt in Lesotho oder Swasiland keine Passagierzüge.

Metrozüge

Metrozüge gibt es in Jo'burg (S. 450), Kapstadt (S. 169) und Pretoria (S. 474), wobei die meisten Linien aus Sicherheitsgründen nicht empfohlen werden können.

Der neue **Gautrain** (www.gautrain.co.za) soll demnächst Johannesburg und Pretoria verbinden.

VERKEHRSMITTEL & -WEGE

Gesundheit

INHALT

Wer seinen Impfschutz aufgefrischt hat und die grundlegenden Sicherheitsvorkehrungen beachtet, wird vermutlich von den Krankheiten, die in diesem Kapitel aufgelistet sind, verschont bleiben. Obwohl es in Südafrika, Lesotho und Swasiland zahlreiche Tropenkrankheiten gibt, bekommen die meisten Besucher eher einmal eine schlimme Erkältung oder Durchfall. Das gilt allerdings nicht für Malaria, die sehr häufig in den tiefgelegenen Regionen Swasilands und im Osten von Südafrika auftritt.

VOR DER REISE

Sorgfältige Planung vor der Reise kann später eine Menge Ärger ersparen. Ein Besuch beim Zahnarzt und beim Allgemeinmediziner, um festzustellen, ob chronische Krankheiten wie Asthma oder hoher Blutdruck vorliegen oder ob bestimmte Medikamente regelmäßig genommen werden müssen, ist die erste wichtige Maßnahme. Außerdem können eine Ersatzbrille oder -kontaktlinsen (sowie eine Kopie des Rezepts vom Augenarzt) unterwegs von Nutzen sein. Überhaupt sollte eine kleine Reiseapotheke auf keinem Trip fehlen. Wichtig ist auch, alle vorgeschriebenen Impfungen rechtzeitig vornehmen zu lassen.

Reisende können sich bei der **International Association for Medical Advice to Travellers** (IAMAT; www.iamat.org) registrieren lassen und erhalten bei Bedarf Adressen von zertifizierten Ärzten. Falls ein längerer Aufenthalt in weniger entwickelten Gegenden, etwa in bestimmten Teilen von Lesotho, geplant ist, könnte auch ein Erste-Hilfe-Kurs nützlich sein (Auskunft erteilt u.a. das Rote Kreuz).

Werden eigene Medikamente mit auf Reisen genommen, sollten diese nur in der Originalverpackung mit gut leserlicher Beschriftung aufbewahrt werden. Immer hilfreich ist auch ein vom Arzt unterschriebenes und mit Datum versehenes Dokument, das die Diagnose und die erforderlichen Medikamente (mit den Namen der Ersatzprodukte) auflistet. Wenn Spritzen und Nadeln (zum Beispiel bei Diabetes) mitgenommen werden, ist ebenfalls eine ärztliche Bescheinigung ratsam.

VERSICHERUNG

Zunächst ist zu klären, ob die eigene Versicherung medizinische Leistungen im Ausland direkt bezahlt oder ob die Kosten für eine Behandlung vorzustrecken sind und später zurückerstattet werden. In Südafrika, Lesotho und Swasiland erwarten die meisten Ärzte Barzahlung. Es kann durchaus vorkommen, dass ein Notfalltransport (zum Beispiel im Hubschrauber oder Flugzeug) in eine größere Stadt oder sogar nach Hause erforderlich wird, möglicherweise sogar mit medizinischer Betreuung. Deshalb sollte auch die Deckung dieser Kosten durch die Versicherung gewährleistet sein. So etwas bieten nicht alle Gesellschaften an, also sollte man den Vertrag genau überprüfen. Im Krankheitsfall kann eventuell die Versicherung helfen, das nächste Krankenhaus ausfindig zu machen, ansonsten geben oft auch die Hotels entsprechende Auskunft. Außerdem bei Notfällen immer die Botschaft oder das Konsulat informieren.

EMPFOHLENE IMPFUNGEN

Die **Weltgesundheitsorganisation** (WHO; www.who.int/en/) empfiehlt allen Reisenden, sich gegen

Diphtherie, Tetanus, Masern, Mumps, Röteln, Polio und Hepatitis B impfen zu lassen, ganz unabhängig vom Reiseziel. Diese Krankheiten sind keineswegs ausgerottet und können schwerwiegende Schädigungen hinterlassen.

Laut Auskunft der **Centers for Disease Control & Prevention** (www.cdc.gov) sind folgende Impfungen dringend geboten, wenn die Reise nach Südafrika, Lesotho oder Swasiland geht: Hepatitis A und B, Tollwut und Typhus, außerdem eine Auffrischung des vorhandenen Impfschutzes gegen Tetanus, Diphtherie und die Masern. Zwar besteht in den drei Staaten kein Gelbfieberrisiko, doch wird bei der Einreise ein Impfnachweis verlangt, wenn Reisende sich zuvor in einer gefährdeten Region aufgehalten haben (s. S. 699).

REISEAPOTHEKE

Gerade bei kleineren Erkrankungen sind Erste-Hilfe-Koffer und eine Reiseapotheke ungemein nützlich. Folgende Dinge gehören auf jeden Fall ins Gepäck:

- Antibiotika (rezeptpflichtig), z. B. Ciprobay/Ciproxin oder Norfloxacin
- Mittel gegen Durchfall (z. B. Imodium)
- Paracetamol oder Aspirin
- Entzündungshemmende Mittel (z. B. Ibuprofen)
- Antihistamine (gegen Heuschnupfen und andere allergische Reaktionen)
- Antibakterielle Salben für Schnitt- und Schürfwunden (nur mit Rezept)
- Anti-Malaria-Tabletten (nur wichtig bei Aufenthalt in Malariagebieten)
- Mullbinden und Bandagen
- Schere, Pinzette, Sicherheitsnadeln und Taschenmesser
- Anti-Insektenspray auf DEET-Basis
- Anti-Insektenspray auf Permethrinbasis für Kleidung, Zelte und Moskitonetze
- Sonnencreme
- Rehydrationslösungen zum Trinken
- Jodtabletten (zur Desinfektion von Wasser)
- Sterile Nadeln, Spritzen und Desinfektionsflüssigkeit bei Reisen in weniger entwickelte Gegenden

INFOS IM INTERNET

Im Internet gibt es eine Fülle von Informationen über die Gesundheitsvorsorge auf Reisen. Die Website www.lonelyplanet.com bietet einen guten Einstieg. Die Weltgesundheitsorganisation (WHO) veröffentlicht außerdem jährlich den Ratgeber *International Travel and Health*, der kostenlos unter www.who.int/ith/ zur Verfügung steht.

Reiseinformationen auf Deutsch bietet www.travelmed.de; immer hilfreich sind auch die entsprechenden Gesundheitsempfehlungen für jedes Land auf der Homepage des Auswärtigen Amtes (www.auswaertiges-amt.de).

NOCH MEHR LEKTÜRE

- H. Döring: *Ärztlicher Ratgeber für den Aufenthalt in den Tropen* (1998)
- Isabelle Young: *Healthy Travel Africa* (2000)
- Cathy Lanigan: *Travel with Children* (2004)

UNTERWEGS

THROMBOSE

Durch langes Stillsitzen kann es auf Flugreisen zu Thrombose (Bildung von Blutklumpen, vor allem in den Adern der Beine) kommen. Je länger der Flug dauert, desto größer das Risiko. Die meisten Blutklümpchen lösen sich normalerweise ohne weitere Folgen von selbst wieder auf, wenn ein größerer Klumpen sich jedoch löst und durch die Blutgefässe in die Lunge wandert, kann das lebensgefährlich werden.

Die Hauptsymptome sind zunächst Schmerzen und Schwellungen am Fuß, am Knöchel oder der Wade – auf einer Seite, manchmal auch auf beiden. Wandert ein Blutklumpen in die Lunge, kommt es zu Atemnot und Schmerzen in der Brust. Bei solchen Symptomen muss unbedingt ein Arzt verständigt werden. Das Anspannen der Beinmuskulatur im Sitzen oder ab und zu ein Gang durchs Flugzeug können helfen, eine solche Thrombose zu vermeiden. Außerdem viel Flüssigkeit (allerdings keinen Alkohol!) trinken!

IN SÜDAFRIKA, LESOTHO & SWASILAND

MEDIZINISCHE VERSORGUNG & KOSTEN

Alle großen südafrikanischen Städte bieten eine medizinische Versorgung von hoher Qualität, und der Standard in den privaten Krankenhäusern ist in der Regel hervorragend. Im Gegensatz dazu sind die öffentlichen Krankenhäuser oft unterfinanziert und überfüllt. Hinzu kommt, dass vor allem in den ehemaligen Homelands sowie in Lesotho und Swasiland die medizinische Ausstattung erhebliche Defizite aufweist.

Um Medikamente zu erhalten, braucht man in Südafrika generell ein Rezept. Mittel zur Behandlung chronischer Krankheiten sollten von zuhause mitgebracht werden. Vorsicht bei Bluttransfusionen in Südafrika – die Gefahr einer Aids-Ansteckung durch HIV-infiziertes Blut ist groß. Die **BloodCare Foundation** (www.bloodcare.org.uk) kann in Notfällen sicheres, getestetes Blut innerhalb von 24 Stunden in alle Teile der Welt transportieren.

INFEKTIONEN

Hier die wichtigsten Krankheiten, die in Südafrika, Lesotho oder Swasiland vorkommen. Wer ein paar grundlegende Präventivmaßnahmen beachtet, kann eine Ansteckung aber in der Regel vermeiden.

Bilharziose (Schistosomiase)

Vor allem im Osten Südafrikas und in Swasiland besteht durchaus die Gefahr, an Bilharziose zu erkranken (Lesotho gilt glücklicherweise als bilharziosefrei). Die Krankheit wird durch winzige Würmer übertragen, die in stehenden oder langsam fließenden Gewässern vorkommen. Diese Würmer dringen bei Wasserkontakt (zum Beispiel beim Schwimmen) in die menschliche Haut ein und wandern von dort in die Blase oder den Darm. (Der Kreis schließt sich, wenn sie im menschlichen Urin oder Kot ausgeschieden werden und wieder ins Süßwasser gelangen.) Deswegen ist es besser, den Kontakt mit verdächtigem Wasser zu meiden. Die Symptome der Bilharziose reichen bis zu vorübergehendem Fieber und Ausschlag, manchmal bleiben sie aber auch ganz aus. In schwereren Fällen kann auch Blut im Urin oder Stuhl auftreten. Der Nachweis erfolgt über eine Blutuntersuchung, eine Therapie ist dann sofort möglich – allerdings nur durch einen Arzt. Falls die Krankheit nicht behandelt wird, können Störungen der Nierenfunktion oder eine chronische Schädigung der Blase die Folge sein. Eine Ansteckung von Mensch zu Mensch ist aber nicht möglich.

Cholera

Cholera wird von Bakterien ausgelöst, die durch kontaminiertes Trinkwasser in den Körper gelangen. In Südafrika ist es ziemlich unwahrscheinlich, sich anzustecken. Gefährlicher ist es allerdings in ländlichen Gebieten im Osten; dort sollte man kein rohes und ungeschältes Obst oder Gemüse essen. Das Hauptsymptom der Cholera ist wässriger Durchfall in großen Mengen; das führt zu einer rapiden Schwächung, wenn der Flüssigkeitsverlust nicht schnell ausgeglichen wird. Zwar gibt es eine Schluckimpfung gegen die Cholera, doch die ist nicht sehr zuverlässig. Am besten lässt sich eine Ansteckung vermeiden, wenn man beim Essen und beim Trinkwasser sehr vorsichtig ist. Die Erkrankung wird durch erhöhte Flüssigkeitsaufnahme (entweder durch Getränke oder über einen Tropf) behandelt, aber manchmal sind zur vollständigen Heilung auch Antibiotika nötig. Von einer Behandlung ohne ärztliche Hilfe ist daher abzuraten.

Dengue-Fieber

Das Dengue-Fieber wird durch Moskitostiche verbreitet. Es handelt sich um eine fiebrige Erkrankung mit Kopf- und Muskelschmerzen, die an die Beschwerden einer langwierigen und schweren Grippe erinnern. Auch Hautausschläge zählen zu den Symptomen. Die beste Prävention ist ein zuverlässiger Schutz vor Moskitostichen. Das Dengue-Fieber tritt vor allem an der Küste im Südosten von Südafrika sowie in Lesotho und Swasiland auf. Mit Bettruhe und Paracetamol lässt sich die Erkrankung auskurieren.

Filariose

Filariose wird durch sehr kleine Würmer hervorgerufen, die ins Lymphsystem gelangen und dort umherwandern. Übertragen werden sie durch Stiche von infizierten Moskitos. Die Symptome einer Filariose sind Juckreiz und ein Anschwellen der Beine und/oder der Genitalien. Gegen Filariose hilft nur eine ärztliche Behandlung, in die man sich schnell begeben sollte.

Gelbfieber

Zwar stellt das Gelbfieber in Südafrika, Lesotho und Swasiland kein Problem dar, doch von Reisenden, die aus einem infektionsgefährdeten Land nach Südafrika einreisen, wird ein Impfnachweis verlangt. Zu diesen Risikoländern gehören auch viele der Nachbarstaaten Südafrikas. Eine Auflistung aller Länder ist auf der Website der **WHO** (www.who.int/wer/) oder des **Centers for Disease Control & Prevention** (www.cdc.gov/travel/blusheet.htm) zu finden.

Hepatitis A

Hepatitis A tritt sowohl in Südafrika als auch in Lesotho und Swasiland auf. Sie wird durch Nahrung (vor allem Muscheln und andere Schalentiere) und verseuchtes Wasser übertragen. Bei Ausbruch der Krankheit kommt es zur Gelbsucht. Die ist zwar meistens nicht tödlich, beeinträchtigt den Patienten aber stark, und die Heilung verläuft sehr langsam. Auch nach der Genesung sollte man bis zu sechs Monate lang auf Alkohol verzichten; Spätfolgen sind dann bei Hepatitis A normalerweise nicht zu erwarten. Die allerersten Symptome sind ein dunkler Urin und eine Gelbfärbung des Augapfels. Auch Fieber und Bauchschmerzen können manchmal schon im frühen Stadium auftreten. Eine Impfung vor der Reise ist möglich; die erste Dosis schützt etwa ein Jahr. Danach wirkt die Auffrischungsspritze zehn Jahre lang. Eine Schnellimpfung, z. B. mit Hepatyrix, ist möglich. Eine Behandlung ohne ärztliche Hilfe ist ausgeschlossen.

Hepatitis B

Ähnlich wie Hepatitis A kommt auch die Variante B in allen drei Ländern vor. Allerdings erfolgt die Übertragung dieser Variante durch Kontakt mit infiziertem Blut oder Speichel, beispielsweise durch verseuchte Spritzennadeln oder sexuelle Kontakte. Hepatitis B beeinträchtigt die Funktion der Leber und führt zur Gelbsucht und in einigen Fällen sogar zu Leberversagen. Die meisten Erkrankten genesen wieder vollkommen, doch manche tragen das Virus ein Leben lang in sich, und es kann später sogar Leberzirrhose oder -krebs hervorrufen. Wer sich für lange Zeit in hochgefährdeten Gebieten aufhält oder durch seine sozialen oder beruflichen Umstände Gefahr läuft, sich anzustecken, sollte unbedingt an einen Impfschutz denken. In Deutschland sind Hepatitis-B-Impfungen mittlerweile Routine und gehören vielfach schon zum Standardprogramm der Schutzimpfungen bei Kindern. Der Impfpass zeigt, ob diese Impfung durchgeführt wurde oder nicht. Eine mehrmalige Impfung bietet mindestens fünf Jahre Schutz.

Eine Behandlung auf eigene Faust ohne medizinische Hilfe ist nicht möglich.

HIV/Aids

HIV, also das Virus, das Aids auslöst, ist in Südafrika, Lesotho und Swasiland weit verbreitet und hat verheerende Auswirkungen auf die Gesundheit und die gesellschaftlichen Strukturen in diesen Ländern. KwaZulu-Natal hat mit 40 % eine der höchsten Infektionsraten des gesamten Kontinents, und in Südafrika leben mehr HIV-positive Menschen als in jedem anderen Land der Welt. Ähnlich ernüchternd sehen die Statistiken für Lesotho und Swasiland aus: Nirgendwo sonst hat Aids so überhand genommen wie in Swasiland; Lesotho liegt nur knapp dahinter.

Das Virus wird durch infiziertes Blut oder Blutprodukte übertragen, außerdem beim sexuellen Kontakt mit einem infizierten Partner und sogar von der Mutter auf das Baby. Auch die Verwendung verunreinigter medizinischer Instrumente, z. B. Nadeln von Spritzen, überträgt den Erreger. Zurzeit ist noch kein Heilmittel gegen Aids bekannt. Medikamente, die den Ausbruch der Erkrankung hinauszögern und den Verlauf ein wenig abmildern, sind für die allergrößte Mehrheit der Südafrikaner zu teuer oder nicht zugänglich.

Wenn der dringende Verdacht einer Ansteckung mit Aids besteht, ist ein Bluttest unerlässlich. Allerdings kann dieser erst drei Monate nach der möglichen Infektion Klarheit verschaffen, da erst nach dieser Zeitspanne Antikörper im Blut nachweisbar werden. Eine Behandlung ohne Arzt ist unmöglich.

Malaria

Malaria tritt vor allem in der Osthälfte Südafrikas (nördliches KwaZulu-Natal, Mpumalanga, Limpopo) und in Swasiland auf; auch in Teilen der Nordwest-Provinz ist der Erreger nachweisbar. Abgesehen von Verkehrsunfällen stellt eine Malariaerkrankung statistisch wohl das größte Risiko für Reisende in der Region dar, deshalb sind Vorsichtsmaßnahmen unerlässlich. Malaria wird durch einen Parasiten hervorgerufen, der sich im Blut des Anopheles-Moskitos aufhält und durch den Einstich eines weiblichen Tiers auf andere Lebewesen übertragen wird. Es gibt verschiedene Arten der Malaria: Die Falciparum-Malaria ist die gefährlichste Ausprägung und leider auch die in Südafrika vorherrschende. Das Infektionsrisiko hängt von der Jahreszeit und den klimatischen Bedingungen ab. Es gibt verschiedene Mittel, um einer Infektion vorzubeugen, und ständig kommen neue hinzu. Deshalb ist es wichtig, sich vor der Reise bei einem Facharzt zu erkundigen.

Im Frühstadium der Malaria treten vor allem Kopfschmerzen, Fieber, Gliederschmerzen und Unwohlsein auf, weswegen die Krankheit oft mit einer Grippe verwechselt wird. Andere Symptome sind Bauchschmerzen, Durchfall und Husten. Jeder, der solche Beschwerden in einem Malariagebiet bei sich feststellt, sollte sich deshalb auf Malaria untersuchen lassen, auch wenn er Medikamente zur Vorbeugung eingenommen hat. Wird die Krankheit nicht schon im Anfangsstadium behandelt, tritt innerhalb von 24 Stunden die nächste Stufe ein, vor allem dann, wenn Falciparum der auslösende Parasit ist: Es kommt zur Gelbsucht, dann zu Bewusstseinsstörungen und schließlich zum Koma, das meist mit dem Tod endet. Eine Behandlung im Krankenhaus ist lebenswichtig, da die Todesrate auch bei bester Versorgung auf der Intensivstation immer noch bei 10 % liegt.

Viele Reisende glauben, Malaria sei eigentlich nicht so schlimm und präventive Mittel gegen Malaria richteten mehr Schaden durch Nebenwirkungen an als die Krankheit selbst. Leider stimmt das nicht. Wer keine Anti-Malariamittel nimmt, geht ein sehr hohes Risiko ein. Etwas Schutz bieten dann natürlich Mückennetze und Anti-Insektensprays. Wenn aber dennoch Fieber oder grippeähnliche Symptome auftreten, muss so schnell wie möglich ein Arzt konsultiert werden. Vom Versuch, Malaria nur mit homöopathischen Mitteln zu bekämpfen, ist abzuraten.

In der Schwangerschaft führt eine Ansteckung mit Malaria fast immer zu einer Fehlgeburt oder zu vorzeitigen Wehen, und dementsprechend hoch ist die Gefahr für das Leben von Mutter und Kind. Schwangere sollten daher genau überlegen, ob eine Reise in eine Malariaregion wirklich das

KLEINES ABC DER MALARIAPROPHYLAXE

- **A** – Achtung: Es bleiben Risiken! Kein Medikament wirkt mit absoluter Sicherheit, aber ein Schutz von immerhin bis zu 95 % ist mit den meisten Medikamenten zu erreichen, falls die folgenden Vorsichtsmaßnahmen ergriffen werden.
- **B** – Bisse bzw. Stiche durch Mücken unbedingt vermeiden! In abgeschirmten Räumen zu schlafen, Moskitosprays oder -spulen zu verwenden und ein mit Permethrin imprägniertes Netz über das Bett zu spannen senkt das Risiko. Zusätzlich können langärmlige Hemden und lange Hosen, die ebenfalls mit Permethrin behandelt wurden, vor Moskitostichen schützen. Wichtig ist auch, abends die freiliegende Haut mit Anti-Insektenspray zu besprühen.
- **C** – Chemische Mittel (z. B. Malariamedikamente) sind in Malariagebieten unerlässlich. Dazu sollte aber der Rat eines Experten eingeholt werden, da das Virus manchmal schon immun gegen bestimmte Wirkstoffe ist und neue Stoffe eingesetzt werden müssen. Außerdem sind nicht alle Arzneien für jeden geeignet. Die meisten Medikamente müssen mindestens eine Woche vor der Einreise und bis zu vier Wochen nach der Ausreise aus einem Malariagebiet eingenommen werden.
- **D** – Diagnose: Sollten innerhalb eines Jahres nach der Reise in ein malariagefährdetes Gebiet Fieber oder grippeähnliche Symptome auftreten, ist eine Malariainfektion nicht auszuschließen. Deshalb einen Arzt aufsuchen und ihn auch über diese Möglichkeit informieren.

Risiko wert ist. Erwachsene, die in der Kindheit schon einmal eine Malariaerkrankung überstanden haben, sind übrigens weitgehend immun und haben bei einer neuen Infektion nur sehr abgeschwächte Beschwerden zu befürchten. Die meisten westlichen Reisenden besitzen aber gar keine Immunität. Außerdem nimmt die Immunität schon nach eineinhalb Jahren wieder spürbar ab, sodass selbst Menschen, die in einem Risikogebiet gelebt und die Krankheit überstanden haben, nicht zwangsläufig resistent sind.

Tollwut

Tollwut wird durch den Biss eines infizierten Tieres auf den Menschen übertragen, oder auch, wenn eine offene Wunde mit dem Speichel von infizierten Tieren in Berührung kommt. In Südafrika sind Erkrankungen bei Menschen eher selten, wobei das Infektionsrisiko in ländlichen Gebieten am größten ist. Tollwut nimmt immer einen tödlichen Verlauf, wenn die klinischen Symptome erst einmal aufgetreten sind. Diese können sogar noch mehrere Monate nach der Ansteckung auftreten, weswegen so schnell wie möglich nach der Infektion (etwa durch einen Biss) eine nachträgliche Impfung erfolgen sollte. Solch eine Impfung (unabhängig davon, ob schon eine vorherige Schutzimpfung verabreicht wurde oder nicht) hält das Virus davon ab, ins zentrale Nervensystem vorzudringen. Wer mit Tieren in Kontakt kommt oder in eine weniger entwickelte Region reisen möchte, sollte sich auf jeden Fall auch vorher impfen lassen. Dabei werden über einen Monat verteilt drei Injektionen gespritzt. Bei einer nachträglichen Impfung erfolgen fünf Injektionen innerhalb von 24 Stunden, und zwar möglichst unmittelbar nach dem Tierbiss. Eine Möglichkeit zur Selbstbehandlung gibt es nicht.

Tuberkulose

Tuberkulose (TB) wird durch unmittelbaren Kontakt mit der Atemluft eines Erkrankten übertragen, manchmal auch durch kontaminierte Milch oder Milchprodukte. Eine Impfung wird dringend empfohlen, vor allem, wenn man voraussichtlich mit vielen Menschen in Kontakt kommen wird. Allerdings bietet auch eine Impfung nur mäßigen Schutz. Tuberkulose kann völlig ohne Symptome verlaufen und erst später bei einer Routineuntersuchung sichtbar werden. Bei normalem Verlauf sind Husten, Gewichtsverlust oder Fieber die Folge, manchmal Monate oder sogar Jahre nach der Infektion. Eine Behandlung ohne ärztliche Hilfe ist nicht möglich.

Typhus

Typhus wird durch Nahrungsmittel oder Wasser übertragen, die mit infiziertem menschlichen Kot in Berührung gekommen sind. Zum Typhus gehören meist Fieber oder ein roter Hautausschlag auf dem Bauch. Manchmal kommt es auch zur Sepsis (Blutvergiftung). Die Typhusimpfung bietet meist einen dreijährigen Schutz. Die Behandlung erfolgt in der Regel durch Antibiotika, und ein tödlicher Verlauf ist selten, solange keine Sepsis auftritt. Typhus sollte generell durch einen Arzt behandelt werden.

DURCHFALLERKRANKUNGEN

Obwohl die Wahrscheinlichkeit, in Südafrika an Durchfall zu erkranken, geringer ist als auf dem Rest des Kontinents, handelt es sich doch um eine recht verbreitete Reisekrankheit. Manchmal wird Durchfall einfach durch ungewohnte Nahrungsmittel verursacht. Besonders bei langen Aufenthalten in ländlichen Regionen ist eine Diarrhö nicht ungewöhnlich, vor allem dann, wenn man in eher billigen Gaststätten sein Essen zu sich nimmt. Einfachste Schutzmaßnahme: nur frisches, geschältes Obst und gekochtes Gemüse essen. Vorsicht ist auch bei Molkereiprodukten geboten, da sie unpasteurisierte Milch enthalten könnten. Unbedenklich ist vor allem frisch zubereitete (also gut gekochte, noch heiße und völlig gare) Nahrung. Da aber auch Teller, Tabletts und anderes Geschirr verschmutzt sein können, ist auch hier Vorsicht angebracht, gerade was die Angebote von Straßenverkäufern angeht.

Sollte es trotzdem zu einer Durchfallerkrankung kommen, unbedingt den Flüssigkeitsverlust wieder ausgleichen, wobei Rehydrationslösungen mit viel Wasser, etwas Salz und Zucker am besten wirken. Bei leichten Durchfallerscheinungen ist noch keine Behandlung nötig. Sollte der Durchfall aber stärker werden, sind entsprechende Antibiotika oder Anti-Diarrhö-Mittel (z. B.

Imodium) ratsam. Bei Blut im Stuhl, das möglicherweise noch von Fieber, Schüttelfrost oder schlimmen Bauchschmerzen begleitet wird, muss dringend ein Arzt konsultiert werden.

Amöbenruhr

Nachdem die Einzeller, die die Ruhr auslösen, durch verunreinigte Speisen und Getränke aufgenommen wurden, verursachen sie blutigen Stuhlgang. Der Krankheitsverlauf kann relativ undramatisch sein und nur ganz allmählich fortschreiten, doch eine medizinische Behandlung, also mit Hilfe von Antibiotika, ist trotzdem ratsam, da die Krankheit nicht von selbst wieder verschwindet. Neben der Darmerkrankung gibt es auch eine Verlaufsform, die die Leber erheblich schädigt – der Gang zum Arzt ist also wichtig.

Giardiase

Giardiase wird ebenso wie die Ruhr durch die Aufnahme infizierter Nahrung übertragen. Sie bricht gewöhnlich etwa eine Woche nach dem Kontakt mit dem Parasiten aus. Die Symptome können sich auf kurze Anfälle von Reisedurchfall beschränken, aber auch dauerhaft anhaltender Durchfall ist möglich.

Im Idealfall sollte bei Verdacht auf Infektion ein Arzt konsultiert werden, aber in Regionen ohne Zugang zu medizinischer Hilfe kann auch eine Selbstbehandlung mit Antibiotika durchgeführt werden.

GESUNDHEITSRISIKEN

Erschöpfung durch Hitze

Zu einem Erschöpfungszustand infolge von Hitze kommt es, wenn die betroffenen Personen heftig schwitzen, also viel Flüssigkeit verlieren, ohne mit Wasser und genügend Salz für einen Ausgleich zu sorgen. Diese Gefahr besteht vor allem bei ungewohnt anstrengenden Tätigkeiten in großer Hitze. Zu den Symptomen gehören Kopfschmerzen, Schwindelanfälle und Müdigkeit. Schon wenn sich Durst bemerkbar macht, leidet der Körper unter Wassermangel – also unbedingt immer genug trinken! Bei einem solchen Erschöpfungsanfall viel Wasser und/oder Fruchtsaft trinken und mit kaltem Wasser oder einem Ventilator für Kühlung sorgen. Um den Salzverlust auszugleichen, reicht es, salzige Flüssigkeiten, etwa Suppen, zu sich zu nehmen oder die normalen Speisen etwas stärker als sonst zu salzen.

Hitzschlag

Ein Erschöpfungszustand ist nur Vorbote des viel gefährlicheren Hitzschlags. Dabei fällt zunächst die natürliche Abkühlung durch Schweißbildung aus, es kommt zu einem enormen Anstieg der Körpertemperatur, zu irrationalem und hyperaktivem Verhalten und schließlich zur Ohnmacht oder sogar zum Tod. Wenn ein Hitzschlag auftritt, muss der Körper sofort mit kaltem Wasser begossen oder mit einem Ventilator abgekühlt werden. In den meisten Fällen ist auch eine Infusion erforderlich, um den Verlust von Flüssigkeit und Elektrolyten auszugleichen.

Insektenbisse und -stiche

Moskitos tragen zwar nicht immer Malaria oder Dengue-Fieber in sich, aber auch „normale" Stiche können sich entzünden. Das Gleiche gilt für andere Insekten. Allgemeine Schutzmaßnahmen sind also immer ratsam. Bienen- und Wespenstichen hingegen sind nur für Menschen mit einer echten Allergie (Anaphylaxe) gefährlich. Für den Fall eines Stiches sollten Betroffene immer das von ihrem Arzt verordnete Mittel in der Reiseapotheke mit sich führen.

Skorpione kommen in trockenen Gegenden vor. Ihr Stich ist sehr schmerzhaft und kann in manchen Fällen lebensbedrohlich werden. Ein Schmerzmittel ist also ratsam. Kommt es dann noch zu einem Zusammenbruch, muss dringend medizinische Hilfe in Anspruch genommen werden.

Außerhalb städtischer Gebiete stellen Zecken ein großes Problem dar. Hat sich eine Zecke in die Haut eingebissen, ist die beste Entfernungsmethode, die Haut herunterzudrücken, mit einer Pinzette den Kopf der Zecke zu packen und diesen mit vorsichtiger Drehung nach oben zu ziehen. Dabei ist es wichtig, nicht auf den hinteren Teil des Zeckenkörpers zu drücken – das Tier könnte platzen, und der Körperinhalt läuft dann in die Einstichstelle und kann zu Infektionen führen. Bei einer Zecke, die sich schon festgebissen hat, helfen chemische Mittel meist nicht.

Schlangenbisse

Grundlegend gilt: Bisse unbedingt vermeiden! Nicht barfuß laufen oder in Löcher oder Erdspalten fassen! Zur Beruhigung ist aber anzumerken, dass nur die Hälfte der Menschen, die von Schlangen gebissen werden, auch wirklich mit Gift in Berührung kommen. Wer von einer Schlange gebissen wird, sollte auf keinen Fall in Panik verfallen. Wichtig ist in so einem Fall, die gebissene Körperstelle mit einer Schiene (zum Beispiel einem Stock) zu fixieren und eine sehr fest gespannte Bandage an die verletzte Stelle zu legen, ähnlich wie bei einer Verstauchung. Schlangenexperten raten mittlerweile davon ab, die Vene abzuklemmen oder den Biss anzuschneiden oder auszusaugen. Stattdessen muss sofort medizinische Hilfe geholt werden.

Wasser

Wasser von hoher Qualität ist in Südafrika überall zugänglich, und auch das Leitungswasser ist (außer in ländlichen Gegenden) unbedenklich. In Lesotho und Swasiland sollte aber auf Wasser in Flaschen zurückgegriffen werden; falls das nicht möglich ist, Wasser gründlich abkochen oder mit Jodtabletten desinfizieren.

GESUNDHEIT

TRADITIONELLE MEDIZIN

Schätzungen zufolge verlassen sich in Südafrika, Lesotho und Swasiland 85 % der Bevölkerung ganz oder teilweise auf traditionelle Medizin. Allein in Südafrika dürfte es rund 200 000 traditionelle Heiler (im Vergleich zu 20 000 westlichen Medizinern) geben. Da westliche Medizin vergleichsweise teuer und in ländlichen Gebieten schwer zugänglich ist, sind traditionelle Mediziner für einen großen Teil der Bevölkerung die erste Anlaufstelle. Der *sangoma* (traditioneller Heilkundiger) und *inyanga* (Kräuterheiler) sind in vielen Gemeinden hoch angesehen, und die traditionellen medizinischen Produkte sind auf vielen Märkten erhältlich. Doch diese Art von Heilkunst hat auch ihre Schattenseiten: Tötungen von Menschen, um Teile ihres Körpers zu medizinischen Zwecken zu verwenden, kommen auch heute noch vor – fast monatlich wird von solchen Verbrechen berichtet. Auch die Gefahr des Missbrauchs ist groß; viele Mittel sind eigentlich unwirksam, und manche Krankheiten werden durch unhygienische Vorgehensweisen oft nicht geheilt, sondern eher noch verbreitet.

Eine staatliche Überwachung der traditionell praktizierenden Ärzte gibt es bisher nicht. Immerhin gibt es aber einige Dachverbände, etwa die Traditional Healer´s Association of South Africa und die African Herbal Medicine Association. Diese setzen sich für eine Hebung der Qualität in der traditionellen Heilkunst ein, ihre Bemühungen stehen aber erst am Anfang.

Sprache

INHALT

WER SPRICHT WAS WO?

Südafrika

Lange Zeit galten in Südafrika nur Englisch und Afrikaans als Amtssprachen, aber mittlerweile sind neun weitere Sprachen hinzugekommen. Die folgende Übersicht enthält alle elf offiziellen Sprachen und den Anteil der Bevölkerung, der diese Sprache als erste Muttersprache verwendet. In Klammern ist auch die korrekte Schreibung des Namens in der jeweiligen Sprache selbst angegeben. Die Prozentangaben beziehen sich auf die aktuellste Zählung (2001):

Zulu (isiZulu)	23,8 %
Xhosa (isiXhosa)	17,6 %
Afrikaans	13,3 %
Northern Sotho (Sepedi)	9,4 %
Englisch, **Tswana** (Setswana)	8,2 %
Süd-Sotho (Sesotho)	7,9 %
Tsonga (Xitsonga)	4,4 %
Swati (siSwati)	2,7 %
Venda (Tshivenda)	2,3 %
Ndebele (isiNdebele)	1,6 %

Formulare, Broschüren, Fahrpläne und andere offizielle Schreiben sind in Südafrika zweisprachig (in Englisch und Afrikaans) gehalten, bei Straßenschildern gibt es keine einheitliche Regelung. Die meisten Menschen mit der Muttersprache Afrikaans sprechen auch gutes Englisch, in ländlichen Kleinstädten und unter älteren Menschen ist das allerdings nicht immer der Fall. In den größeren Städten jedoch sprechen viele Schwarze mindestens sechs Sprachen; die Weißen beherrschen dort für gewöhnlich zwei Sprachen.

In und um Kapstadt herum dominieren drei Sprachen: Afrikaans (vor allem bei Weißen und Farbigen), Englisch (von fast jedem gesprochen) und Xhosa (überwiegend unter der schwarzen Bevölkerung verbreitet).

Lesotho & Swasiland

Die beiden Amtssprachen in Lesotho sind Süd-Sotho (Sesotho) und Englisch.

In Swasiland sind es Swati (Siswati) – auch Swazi genannt – und Englisch. Englisch wird in allen Schulen gesprochen und deshalb von einem großen Teil der Bevölkerung verstanden. Alle Debatten im Parlament werden in beiden Sprachen parallel gehalten.

AFRIKAANS

Obwohl Afrikaans vor allem die Sprache der „Afrikaaner" (Buren), also der Menschen niederländischer Abstammung in Südafrika ist, gebrauchen auch viele Farbige diese Sprache. Ironischerweise war Afrikaans wahrscheinlich sogar lange Zeit die gemeinsame Sprache der farbigen Bevölkerung am Kap und kehrte dann auf dem Umweg über farbige Kindermädchen und Dienstboten zu den Weißen zurück. Rund sechs Millionen Menschen sprechen Afrikaans, wobei das Verhältnis zwischen weißen „Afrikaanern" und Farbigen (dazu zählen alle Volksgruppen, die nicht zu den Weißen, Schwarzen oder Asiaten gerechnet werden) ungefähr gleich ist.

Afrikaans hat sich aus dem Hochniederländischen des 17. Jhs. entwickelt. Dabei hat es die komplizierte niederländische Grammatik abgelegt und seinen Wortschatz um Begriffe aus dem Französischen, Englischen, aus afrikanischen und sogar asiatischen Sprachen erweitert. Die Sprache ist erweiterungsfähig, kraftvoll und ausdrucksstark; sie wird erst seit 1925 als Amtssprache anerkannt. Zuvor galt Afrikaans offiziell nur als niederländischer Dialekt.

Aussprache

a	kurzes „a" wie in „Pappe"
e	klingt wie in „nett", wenn die Silbe betont ist; ohne Betonung wie ein offenes „e" (wie in „Tante")
i	wird eigentlich wie das „i" im Deutschen ausgesprochen (wie in „Kind"); als unbetonter Vokal klingt es wie ein schwaches „e" (wie in „Tante")
o	wird als kurzes, offenes „o" gesprochen (etwa wie in „Wort")
u	wie das „ü" im Deutschen, z. B. in „Tür"
r	wird immer als Zungen-r gesprochen, also gerollt
aai	wie das „ei" im Deutschen, z. B. in „Kleid"
ae	wie ein langes „a", z. B. in „Tal"
ee	wie ein langes „i", z. B. in „Tier"
ei	ist als Diphthong im Deutschen nicht bekannt; etwa wie das „ey" in „Hey!"
oe	wie das kurze „u", z. B. in „Kuss"
oë	ist als Halbvokal im Deutschen nicht bekannt; ausgesprochen wie ein „u", auf das kurz darauf ein „e" folgt (etwa wie das „uhe" in „Truhe")
ooi/oei	entspricht dem deutschen „eu", z. B. in Feuer
tj	wie das „tsch" in „Kutsche"

Grüße & Konversation

Hallo.	*Hallo.*
Guten Morgen.	*Goeiemôre.*
Guten Tag.	*Goeiemiddag.*
Guten Abend.	*Goeienaand.*
Gute Nacht.	*Goeienag.*
Bitte.	*Asseblief.*
(Vielen) Dank	*(Baie) Dankie.*
Wie gehts?	*Hoe gaan dit?*
Gut, danke.	*Goed dankie.*
Entschuldigung.	*Ekskuus.*
Ja.	*Ja.*
Nein.	*Nee.*
Was?	*Wat?*
Wie?	*Hoe?*
Wie viel(e)?	*Hoeveel?*
Wo?	*Waar?*
Sprechen Sie Englisch?	*Praat U Engels?*
Sprechen Sie Afrikaans?	*Praat U Afrikaans?*
Ich verstehe nur ein wenig Afrikaans.	*Ek verstaan net 'n bietjie Afrikaans.*
Wo kommen Sie her?	*Waarvandaan kom U?*
Aus …	*van …*
Sohn/Junge	*seun*
Tochter/Mädchen	*dogter*
Ehefrau	*vrou*
Ehemann	*eggenoot*
Mutter	*ma*
Vater	*pa*
Schwester	*suster*
Bruder	*broer*
schön/gut/angenehm	*lekker*
schlecht	*sleg*
preiswert	*goedkoop*
teuer	*duur*
Fest	*jol*

Shoppen & Service

Anfragen	*navrae*
Apotheke/Drogerie	*apteek*
Ausgang	*uitgang*
Bank	*bank*
Büro	*kantoor*
Gebäude	*gebou*
Information	*inligting*
Kirche	*kerk*
Kleinstadt	*dorp*
Kunstgalerie	*kunsgalery*
Notaufnahme	*nood*
Polizei	*polisie*
Polizeistation	*polisiestasie*
Post	*poskantoor*
Stadt	*stad*
Stadtzentrum	*middestad*
Touristikbüro	*toeristeburo*
Zimmer	*kamers*

Unterwegs vor Ort

Berg	*berg*
Bucht	*baai*
Feld/Ebene	*veld*
Fluss	*rivier*
Furt	*drif*
See	*meer*
Spielplatz	*wildtuin*
Strand	*strand*
Sumpf	*vlei*
Wanderweg	*wandelpad*
Wohnwagenanlage	*woonwapark*

Uhrzeit & Datum

Wann?	*Wanneer?*
morgens/nachmittags	*vm/nm*
bald	*nou-nou*
heute	*vandag*
morgen	*môre*
gestern	*gister*

täglich/wöchentlich	*daagliks/weekblad*
Feiertag	*openbare vakansiedag*
Montag	*Maandag (Ma)*
Dienstag	*Dinsdag (Di)*
Mittwoch	*Woensdag (Wo)*
Donnerstag	*Donderdag (Do)*
Freitag	*Vrydag (Vr)*
Samstag	*Saterdag (Sa)*
Sonntag	*Sondag (So)*

Verkehrsmittel & -wege

Allee	*laan*
Ampel	*verkeerslig*
Auto	*kar*
Autobahn	*vrymaak*
Bahnhof	*stasie*
Pick-Up-Fahrzeug	*bakkie*
Schnellstraße	*snelweg*
Spur/Gleis	*spoor*
Straße	*straat*
Weg	*pad, weg*
Ankunft	*aankoms*
Abfahrt	*vertrek*
Hinfahrtticket	*enkel kaartjie*
Rückfahrtticket	*retoer kaartjie*
nach	*na*
von	*van*
links	*links*
rechts	*regs*
an der Ecke	*op die hoek*

Zahlen

1	*vier*
5	*vyf*
6	*ses*
7	*sewe*
8	*ag*
9	*nege*
10	*tien*
11	*elf*
12	*twaalf*
13	*dertien*
14	*veertien*
15	*vyftien*
16	*sestien*
17	*sewentien*
18	*agtien*
19	*negentien*
20	*twintig*
21	*een en twintig*
30	*dertig*
40	*veertig*
50	*vyftig*
60	*sestig*
70	*sewentig*
80	*tagtig*
90	*negentig*
100	*honderd*
1000	*duisend*

ENGLISCH

Fragewörter

Wer?	*Who?*
Was?	*What?*
Wo?	*Where?*
Wann?	*When?*
Wie?	*How?*
Warum?	*Why?*
Welcher?	*Which?*
Wie viel?	*How much?*
Wie viele?	*How many?*

Gesundheit

Wo ist der/die/das nächste ...?
Where's the nearest ...?

Apotheke	*chemist*
Zahnarzt	*dentist*
Arzt	*doctor*
Krankenhaus	*hospital*

Ich brauche einen Arzt.
I need a doctor.

Gibt es in der Nähe eine (Nacht-)Apotheke?
Is there a (night) chemist nearby?

Ich habe mich verirrt.
I'm lost.

Wo ist die Toilette?
Where are the toilets?

Ich bin krank.
I'm sick.

Es tut hier weh.
It hurts here.

Ich habe mich übergeben.
I've been vomiting.

Ich habe Durchfall/Fieber/Kopfschmerzen.
I have diarrhoea/fever/headache.

Ich bin allergisch gegen ...
I'm allergic to ...

Antibiotika	*antibiotics*
Aspirin	*aspirin*
Penizillin	*penicillin*

Konversation & Nützliches

Guten Tag.	*Hello.*
Hallo.	*Hi.*
Guten ...	*Good ...*
Tag	*day*
Morgen	*morning*
Tag	*afternoon*
Abend	*evening*

SPRACHE

ENGLISCH IN SÜDAFRIKA

Während der langen Zeit, die es in Südafrika schon gesprochen wird, hat sich das Englische dort ganz schön verändert. Neue Wörter sind hinzugekommen, alte haben ihre Bedeutung gewechselt, und unter dem Einfluss des Afrikaans hat die Aussprache einen eigentümlichen Akzent erhalten. Der Wortschatz orientiert sich eher am britischen als am amerikanischen Englisch („Aufzug" heißt zum Beispiel „lift" und nicht „elevator", Benzin ist „petrol" und nicht „gas"). Das Gleiche gilt für die Aussprache und Grammatik. Daneben gibt es aber auch viele Einflüsse aus den Sprachen der einheimischen Bevölkerung, etwa aus Zulu oder Xhosa. Die Wiederholung als Mittel der Betonung zählt dazu: Dinge, an denen man sich verbrennen kann, sind „hot hot", und nach einem kräftigen Regen sind die Felder „green green"; ein überfüllter Minibus, in dem kein Zentimeter mehr frei ist, gilt als „full full" – und so weiter. Hier nur ein paar Beispiele für Ausdrücke aus afrikanischen Sprachen, die ihren Eingang ins südafrikanische Englisch gefunden haben:

babalaas (aus dem Zulu) – Riesenkater nach durchzechter Nacht
bakkie – Pick-Up-Truck; Hilfsmittel
bonnet – Garage
boot – Kofferraum
cool drink – Limonade
Howzit? – Hallo! Wie geht's?
Izzit? – Ist das so? Tatsächlich?
just now – bald
lekker – lecker, köstlich
naartjie – Mandarine
petrol – Benzin
robot – Ampel
rubbish – Müll
(Og) shame! – Oh, wie süß! (wenn man ein Baby oder etwas anderes Niedliches sieht). Wirklich? Nein, wie schlimm! (in mitfühlendem Ton)
soda – Mineralwasser mit Kohlensäure
sweeties – Lutscher oder Bonbons
tekkies – Jogger

Auf Wiedersehen. *Goodbye.*
Bis später. *See you later.*
Tschüss. *Bye.*
Wie geht es Ihnen?
Wie geht es dir?
How are you?
Danke, gut.
Fine. And you?
Und Ihnen?
Und dir? ... *and you?*
Wie ist Ihr Name?
Wie heißt du?
What's your name?
Mein Name ist .../Ich heiße ...
My name is ...
Ja. *Yes.*
Nein. *No.*
Bitte. *Please.*
Danke./Vielen Dank. *Thank you (very much).*
Bitte (sehr). *You're welcome.*
Entschuldigung. *Excuse me, ...*
Entschuldigung. *Sorry.*

Notfälle

Hilfe! *Help!*
Es ist ein Notfall! *It's an emergency!*
Rufen Sie die Polizei! *Call the police!*
Rufen Sie einen Arzt! *Call a doctor!*
Rufen Sie einen Krankenwagen! *Call an ambulance!*
Lassen Sie mich in Ruhe! *Leave me alone!*
Gehen Sie weg! *Go away!*

Papierkram

Name *name*
Staatsangehörigkeit *nationality*
Geburtsdatum *date of birth*
Geburtsort *place of birth*
Geschlecht *sex/gender*
(Reise)Pass *passport*
Visum *visa*

Schilder

Polizei *Police*
Polizeiwache *Police Station*
Eingang *Entrance*
Ausgang *Exit*
Offen *Open*
Geschlossen *Closed*
Kein Zutritt *No Entry*
Rauchen verboten *No Smoking*
Verboten *Prohibited*
Toiletten (WC) *Toilets*
Herren *Men*
Damen *Women*

Staatsangehörigkeit *nationality*
Geburtsdatum *date of birth*
Geburtsort *place of birth*
Geschlecht *sex/gender*
(Reise)Pass *passport*
Visum visa

Shoppen & Service

Ich suche ...
I'm looking for ...
Wo ist der/die/das (nächste) ...?
Where's the (nearest) ...?
Wo kann ich ... kaufen?
Where can I buy ...?
Ich möchte ... kaufen.
I'd like to buy ...
Wie viel (kostet das)?
How much (is this)?
Das ist zu viel/teuer.
That's too much/expensive.
Können Sie mit dem Preis heruntergehen?
Can you lower the price?
Haben Sie etwas Billigeres?
Do you have something cheaper?
Ich schaue mich nur um.
I'm just looking.
Können Sie den Preis aufschreiben?
Can you write down the price?
Haben Sie noch andere?
Do you have any others?
Können Sie ihn/sie/es mir zeigen?
Can I look at it?

mehr *more*
weniger *less*
kleiner *smaller*
größer *bigger*

Nehmen Sie ...? *Do you accept ...?*
Kreditkarten *credit cards*
Reiseschecks *travellers cheques*

Ich möchte ... *I'd like to ...*
Geld umtauschen *change money (cash)*
einen Scheck einlösen *cash a cheque*
Reiseschecks einlösen *change some travellers cheques*

ein Geldautomat *an ATM*
eine Geldwechselstube *an exchange office*
eine Bank *a bank*
die ... Botschaft *the ... embassy*
das Krankenhaus *the hospital*
der Markt *the market*
die Polizei *the police*
das Postamt *the post office*
ein öffentlichesTelefon *a public phone*
eine öffentlicheToilette *a public toilet*

Wann macht er/sie/es auf/zu?
What time does it open/close?

Ich möchte eine Telefonkarte kaufen.
I want to buy a phone card.
Wo ist hier ein Internet-Café?
Where's the local Internet cafe?
Ich möchte ...
I'd like to ...
Internetzugang haben *get Internet access*
meine E-Mails checken *check my email*

Straßenschilder

Gefahr *Danger*
Einfahrt verboten *No Entry*
Einbahnstraße *One-way*
Einfahrt *Entrance*
Ausfahrt *Exit*
Ausfahrt freihalten Keep Clear
Parkverbot *No Parking*
Halteverbot *No Stopping*
Mautstelle *Toll*
Radweg *Cycle Path*
Umleitung *Detour*
Überholverbot *No Overtaking*

Uhrzeit & Datum

Wie spät ist es? *What time is it?*
Es ist (ein) Uhr. *It's (one) o'clock.*
Zwanzig nach eins. *Twenty past one.*
Halb zwei.
Half past one.
Viertel vor eins.
Quarter to one.

morgens/vormittags *am*
nachmittags/abends *pm*

jetzt *now*
heute *today*
heute Abend *tonight*
morgen *tomorrow*
gestern *yesterday*
Morgen *morning*
Nachmittag *afternoon*
Abend *evening*

Montag *Monday*
Dienstag *Tuesday*
Mittwoch *Wednesday*
Donnerstag *Thursday*
Freitag *Friday*
Samstag *Saturday*
Sonntag *Sunday*

Januar *January*
Februar *February*

März *March*
April *April*
Mai *May*
Juni *June*
Juli *July*
August *August*
September *September*
Oktober *October*
November *November*
Dezember *December*

Unterkunft

Wo ist ...?
Where's a ...?
eine Pension *bed and breakfast, guesthouse*
ein Campingplatz *camping ground*
ein Hotel *hotel*
ein Privatzimmer *room in a private home*
eine Jugendherberge *youth hostel*
Wie ist die Adresse?
What's the address?
Ich möchte bitte ein Zimmer reservieren.
I'd like to book a room, please.
Für (drei) Nächte/Wochen.
For (three) nights/weeks.
Haben Sie ein ...?
Do you have a ... room?
Einzelzimmer *single*
Doppelzimmer *double*
Zimmer mit Doppelbett *twin*

Wie viel kostet es pro ...?
How much is it per ...?
Nacht *night*
Person *person*

Kann ich es sehen?
May I see it?
Kann ich noch ein Zimmer bekommen?
Can I get another room?
Es ist gut, ich nehme es.
It's fine. I'll take it.
Ich reise jetzt ab.
I'm leaving now.

Verkehrsmittel & -wege

Öffentliche Verkehrsmittel

Wann fährt ... ab?
What time does the ... leave?
das Boot *boat*
der Bus *bus*
der Zug *train*
Wann fährt der ... Bus?
What time's the ... bus?
erste *first*
letzte *last*
nächste *next*

Wo ist der nächste U-Bahnhof?
Where's the nearest underground station?
Wlcher Bus fährt ...?
Which (bus) goes to ...?

U-Bahn *underground*
(U-)Bahnhof *(underground) station*
Straßenbahn *tram*
Straßenbahnhaltestelle *tram stop*
S-Bahn *suburban (train) line*

Eine Fahrkarte ... nach (Cape Town).
A ... ticket to (Kapstadt).
einfache Fahrkarte
one-way
Rückfahrkarte
return
Fahrkarte erster Klasse
1st-class
Fahrkarte zweiter Klasse
2nd-class

... ist gestrichen.
The ... is cancelled.
... hat Verspätung.
The ... is delayed.
Ist dieser Platz frei?
Is this seat free?
Muss ich umsteigen?
Do I need to change trains?
Sind Sie frei?
Are you free?
Was kostet es bis ...?
How much is it to ...?
Bitte bringen Sie mich zu (dieser Adresse).
Please take me to (this address).

Eigene Verkehrsmittel

Wo kann ich ... mieten?
Where can I hire a...?
Ich möchte ... mieten.
I'd like to hire a/an ...
ein Fahrzeug mit Automatik
automatic
ein Fahrrad *bicycle*
ein Auto *car*
ein Allradfahrzeug *4WD*
einen Schaltwagen *manual*
ein Motorrad *motorbike*

SPRACHE

Wie viel kostet es pro ...?
How much is it per ...?

Tag	*day*
Woche	*week*

Benzin	*petrol*
Diesel	*diesel*
bleifreies Benzin	*unleaded*
Autogas	*LPG*

Wo ist eine Tankstelle?
Where's a petrol station?
Führt diese Straße nach ...?
Does this road go to ...?
(Wie lange) Kann ich hier parken
(How long) Can I park here?
Wo muss ich bezahlen?
Where do I pay?
Ich brauche einen Mechaniker.
I need a mechanic.
Ich habe (in ...) eine Panne mit meinem Auto.
The car has broken down (at ...)
Ich hatte einen Unfall.
I had an accident.
Das Auto/Motorrad springt nicht an.
The car/motorbike won't start.
Ich habe eine Reifenpanne.
I have a flat tyre.
Ich habe kein Benzin mehr.
I've run out of petrol.

Verständigung

Verstehen Sie (mich)?
Do you understand (me)?
Ich verstehe (nicht).
I (don't) understand.
Könnten Sie ...?
Could you please ...?
bitte langsamer sprechen
speak more slowly
das bitte wiederholen
repeat that
das bitte aufschreiben
write it down

Wegweiser

Können Sie mir bitte helfen?
Could you help me, please?
Wo ist (eine Bank)?
Where's (a bank)?
Ich suche (den Dom).
I'm looking for (the cathedral).
In welcher Richtung ist eine öffentliche Toilette?
Which way's (a public toilet)?
Wie kann ich da hinkommen?
How can I get there?
Wie weit ist es?
How far is it?
Können Sie es mir (auf der Karte) zeigen?
Can you show me (on the map)?

links	*left*
rechts	*right*
nahe	*near*
weit weg	*far away*
hier	*here*
dort	*there*
an der Ecke	*on the corner*
geradeaus	*straight ahead*
gegenüber ...	*opposite ...*
neben ...	*next to ...*
hinter ...	*behind ...*
vor ...	*in front of ...*
Norden	*north*
Süden	*south*
Osten	*east*
Westen	*west*

Biegen Sie ... ab.
Turn ...
links/rechts
left/right
an der nächsten Ecke
at the next corner
bei der Ampel
at the traffic lights

Zahlen

1	*one*
2	*two*
3	*three*
4	*four*
5	*five*
6	*six*
7	*seven*
8	*eight*
9	*nine*
10	*ten*
11	*eleven*
12	*twelve*
13	*thirteen*
14	*fourteen*
15	*fifteen*
16	*sixteen*
17	*seventeen*
18	*eighteen*
19	*nineteen*
20	*twenty*
21	*twenty-one*

22	*twenty-two*
30	*thirty*
31	*thirty-one*
40	*forty*
50	*fifty*
60	*sixty*
70	*seventy*
80	*eighty*
90	*ninety*
100	*one hundred*
1000	*one thousand*
2000	*two thousand*
eine Million	*one million*

NDEBELE

Ndebele (isiNdebele) wird nur noch von einer kleinen Gruppe in den nördlichen Provinzen Südafrikas als erste Sprache verwendet.

Hallo.	*Lotsha.*
Auf Wiedersehen.	*Khamaba kuhle/Sala kuhle.*
Ja.	*I-ye.*
Nein.	*Awa.*
Bitte.	*Ngibawa.*
Danke.	*Ngiyathokaza.*
Wie heißen Sie?	*Ungubani ibizo lakho?*
Ich heiße ...	*Ibizo lami ngu ...*
Ich komme aus ...	*Ngibuya e...*

NORD-SOTHO

Die meisten Menschen mit Nord-Sotho (Sepedi) als Muttersprache leben im nordöstlichen Teil Südafrikas, die Mehrheit von ihnen in Limpopo.

Hallo.	*Thobela.*
Auf Wiedersehen.	*Sala gabotse.*
Ja.	*Ee.*
Nein.	*Aowa.*
Bitte.	*Ke kgopela.*
Danke.	*Ke ya leboga.*
Wie heißen Sie?	*Ke mang lebitso la gago?*
Ich heiße ...	*Lebitso laka k e...*
Ich komme aus ...	*Ke bowa kwa ...*

SÜD-SOTHO

Süd-Sotho (Sesotho) ist neben Englisch die Amtssprache von Lesotho. Auch das Volk der Basotho im Free State, in der North-West Province und in Gauteng spricht Sesotho. Einige grundlegende Sätze können beim Aufenthalt in Lesotho sehr hilfreich sein, vor allem in abgelegenen Gebieten.

Hallo.	*Dumela.*
Ich grüße dich, Vater.	*Lumela ntate.*
Friede mit dir, Vater.	*Khotso ntate.*
Ich grüße dich, Mutter.	*Lumela 'me.*
Friede mit dir, Mutter.	*Khotso 'me.*
Ich grüße dich, Bruder.	*Lumela abuti.*
Friede mit dir, Bruder.	*Khotso abuti.*
Ich grüße dich, Schwester.	*Lumela ausi.*
Friede mit dir, Schwester.	*Khotso ausi.*

Um „Wie geht es?" zu fragen, gibt es drei verschiedene Möglichkeiten:

Wie geht es ?	*O kae?* (Sg.) *Le kae?* (Pl.)
Wie leben Sie?	*O phela joang?* (Sg.) *Le phela joang?* (Pl.)
Wie sind Sie aufgestanden?	*O tsohele joang?* (Sg.) *Le tsohele joang?* (Pl.)

Die Antworten darauf sind:

Ich bin hier.	*Ke teng.* (Sg.) *Re teng.* (Pl.)
Ich lebe gut.	*Ke phela hantle.* (Sg.) *Re phela hantle.* (Pl.)
Ich bin gut aufgestanden.	*Ke tsohile hantle.* (Sg.) *Re tsohile hantle.* (Pl.)

Diese Fragen und Antworten sind weitgehend austauschbar. Jemand könnte fragen: *O phela joang?* Und die Antwort könnte *Ke teng* lauten.

Ist man unterwegs, fragen die Leute *Lea kae?* (Wo gehen Sie hin?) und *O tsoa kae?* bzw. im Plural *Le tsoa kae?* (Wo kommen Sie her?). Beim Abschied sind folgende Aussagen gebräuchlich:

Bleiben Sie gesund.	*Sala hantle.* (Sg.) *Salang hantle.* (Pl.)
Gehen Sie gut.	*Tsamaea hantle.* (Sg.) *Tsamaeang hantle.* (Pl.)

„Danke" heißt *kea leboha* und wird „ke·ja le·bo·a" ausgesprochen. Hirtenjungen fragen oft nach *chelete* (Geld) oder *lipompong* (Süßigkeiten), was wie „di·pom·pong" klingt. „Ich habe keine(s)" heißt *ha dio* („ha di·o").

SWATI

Swati (siSwati) ist neben Englisch die zweite Amtssprache in Swasiland; sie ist auch in der Provinz Mpumalanga in Südafrika weitverbreitet. Die Sprache ähnelt dem Zulu, und die Sprecher der beiden Sprachen können sich gegenseitig gut verstehen.

Hallo. (zu einer Person) *Sawubona.* (wörtlich: „Ich sehe Sie")
Hello. (zu mehreren Personen) *Sanibonani.*
Wie geht's? *Kunjani?*
Mir gehts gut. *Kulungile.*
Uns geht es sehr gut. *Natsi sikhona.*
Auf Wiedersehen. (sagt derjenige, der geht)
Salakahle. (wörtlich: „Bleiben Sie gut")
Auf Wiedersehen. (sagt derjenige, der bleibt)
Hambakahle. (wörtlich: „Gehen Sie gut")
Bitte. *Ngicela.*
Danke. *Ngiyabonga.*
Wir danken. *Siyabonga.*
Ja. *Yebo.* (auch als Gruß beliebt)
Nein. *Cha.* (hört sich wie ein Klicken an)
Entschuldigung. *Lucolo.*
Wie heißen Sie? *Ngubani libito lakho?*
Ich heiße ... *Libitolami ngingu ...*
Ich komme aus ... *Ngingewekubuya e ...*
Haben Sie? *Une yini?*
Wie viel? *Malini?*
Fährt ein Bus nach ...? *Kukhona ibhasi yini leya?*
Wann fährt er ab? *Isuka nini?*
Wo ist das Touristenbüro? *Likuphi lihovisi leti vakashi?*
heute *lamuhla*
morgen *kusasa*
gestern *itolo*
Morgen *ekuseni*
Nachmittag *entsambaba*
Abend *kusihlwa*
Nacht *ebusuku*

TSONGA

Tsonga (Xitsonga) wird vor allem im Norden Südafrikas, insbesondere in den Provinzen Limpopo und Gauteng, gesprochen, in geringerem Maße auch in Mpumalanga und der North-West Province.

Hallo. *Avusheni.* (vormittags)
Inhelekani. (nachmittags)
Riperile. (abends)
Auf Wiedersehen. *Salani kahle.*
Ja. *Hi swona.*
Nein. *A hi swona.*
Bitte. *Nakombela.*
Danke. *I nkomu.*
Wie heißen Sie? *U mani vito ra wena?*
Ich heiße ... *Vito ra mina i ...*
Ich komme aus ... *Ndzihuma e ...*

TSWANA

Tswana (Setswana) wird vor allem in der North-West Province und in Gauteng als Muttersprache gesprochen. Die Sprache wird aber auch im Osten der Nördlichen Kapregion und im Westen des Free State verwendet.

Hallo. *Dumela.*
Auf Wiedersehen. *Sala sentle.*
Ja. *Ee.*
Nein. *Nnya.*
Bitte. *Ke a kopa.*
Danke. *Ke a leboga.*
Wie heißen Sie? *Leina la gago ke mang?*
Ich heiße ... *Leina la me ke ...*
Ich komme aus ... *Ke tswa ...*

VENDA

Venda (Tshivenda) ist auf die nordöstliche Grenzregion der südafrikanischen Provinz Limpopo beschränkt.

Hallo. *Ndi matseloni.* (morgens)
Ndi masiari. (nachmittags)
Ndi madekwana. (abends)
Auf Wiedersehen. *Kha vha sale zwavhudi.*
Ja. *Ndi zwone.*
Nein. *A si zwone.*
Bitte. *Ndikho u humbela.*
Danke. *Ndo livhuwa.*
Wie heißen Sie? *Zina lavho ndi nnyi?*
Ich heiße ... *Zina langa ndi ...*
Ich komme aus ... *Ndi bva ...*

XHOSA

Xhosa (isiXhosa) ist die Sprache des Volkes der Xhosa. Xhosa wird vor allem in Eastern Cape gesprochen, ist aber auch in anderen Regionen zu hören.

Wichtig: Bei der Anrede eines älteren Mannes verwendet man *bawo* als Zeichen des Respekts.

Guten Morgen. *Molo.*
Gute Nacht. *Rhonanai.*
Sprechen Sie Englisch? *Uyakwazi ukuthetha siNgesi?*

Geht es Ihnen gut?	*Uphilile na namhlanje?*
Ja, mir geht es gut.	*Ewe, ndiphilile kanye.*
Woher kommen Sie?	*Uvela phi na okanye ngaphi na?*
Ich komme aus ...	*Ndivela ...*
Wann kommen wir an?	*Siya kufika nini na?*
Die Straße ist gut.	*Indlela ilungile.*
Die Straße ist schlecht.	*Indlela imbi.*
Ich habe mich verlaufen.	*Ndilahlekile.*
Führt diese Straße nach ...?	*Yindlela eya ... yini le?*
Könnten Sie mir den Weg nach ... zeigen?	*Ungandibonisa na indlela ey e...?*
Kann man den Fluss überqueren?	*Kunokwenzeka ukuwela umlambo?*
Wie teuer ist es?	*Idla ntoni na?*
Tag	*usuku*
Woche	*iveki*
Monat (Mond)	*inyanga*
Osten	*empumalanga*
Westen	*entshonalanga*

ZULU

Zulu (isiZulu) ist die Sprache des gleichnamigen Volkes. Die Zulu stellen die größte Sprachgruppe Südafrikas dar, die meisten Muttersprachler leben in KwaZulu-Natal.

Zulu besitzt verschiedene Klicklaute, deren perfekte Aussprache eine Menge Übung erfordert. Viele probieren es erst gar nicht, obwohl es den Versuch wert ist – und sei es, um die Zuhörer zum Lachen zu bringen. Um eine Frage zu stellen, muss die Silbe *na* ans Ende des Satzes angehängt werden.

Hallo.	*Sawubona.*
Auf Wiedersehen.	*Sala kahle.*
Bitte.	*Jabulisa.*
Danke.	*Ngiyabonga.*
Ja.	*Yebo.*
Nein.	*Cha.*
Entschuldigen Sie mich.	*Uxolo.*
Wohin führt diese Straße?	*Iqondaphi lendlela na?*
Welche Straße führt nach ...?	*Iphi indlela yokuya ku ...?*
Ist es weit?	*Kukude yini?*
Norden	*inyakatho*
Süden	*iningizimu*
Osten	*impumalanga*
Westen	*intshonalanga*
Wasser	*amanzi*
Essen	*ukudla*
Löwe	*ibhubesi*
Spitzmaulnashorn	*ubhejane*
Breitmaulnashorn	*umkhombe*

SPRACHE

Glossar

Weitere Stichworte rund ums Essen und Trinken stehen auf S. 96 und im Glossar auf S. 103; allgemeine Wendungen s. das Kapitel „Sprache" auf S. 707.

amahiya – Traditionelles Swazigewand
ANC – Afrikanischer Nationalkongress; nationale demokratische Organisation; 1912 zur Repräsentation der schwarzen Bevölkerung gegründet
AWB – Afrikaaner Weerstandsbeweging; Widerstandsbewegung der Afrikaaner, also der weißen Einwohner Südafrikas mit niederländischer Abstammung; rechtsextreme politische Gruppe

bakkie – Pick-up-Truck
balimo – Ahnen (Sotho)
Bantu – Wörtlich „Volk"; der Begriff wurde in der Zeit der Apartheid als abschätzige Bezeichnung für Schwarze verwendet, heute wird er nur noch zur Bezeichnung der Sprache gebraucht
Bantustans – s. Homelands
BCP – Basotholand Congress Party (politische Partei)
Big Five – Löwe, Leopard, Elefant, Kaffernbüffel, Spitzmaulnashorn
bilharzia – Bilharziose, eine durch Kontakt mit verseuchtem Wasser übertragene Krankheit
biltong – Getrocknetes Fleisch
bittereinders – Afrikaanswort für die Widerstandskämpfer der Buren, die im Krieg von 1899–1902 bis zum „bitteren Ende" kämpften
BNP – Basotholand National Party
bobotie – Gewürztes Hackfleisch, das mit einer Eierspeise garniert wird
Boers – s. Trekboers
braai – Abkürzung für *braaivleis*, ein häufig zelebrierte Grillfest, bei dem Fleisch über offenem Feuer zubereitet wird (Afrikaans)
Broederbond – Geheimbund, der nur männliche protestantische Afrikaaner aufnimmt; er besaß während der Regierungszeit der National Party großen politischen Einfluss
bubblegum –Township-Musik, die von westlichem Pop beeinflusst ist
byala – Traditionelles Bier

coloureds – Begriff aus der Zeit der Apartheid für Menschen, die weder zu den Weißen noch zu den Schwarzen oder den Asiaten zählen

dagga – Marihuana, auch als *zol bekannt*
diamantveld – Diamantenfelder
difaqane – Unfreiwillige Auswanderung bzw. Vertreibung vieler Mitglieder des südafrikanischen Ngunivolkes (in Zulu auch als *mfecane* bekannt)
dorp – Kleines Dorf oder ländliche Siedlung
drostdy – Wohnsitz eines Landdrosten

free-camp – Freies Campen an einem beliebigen Ort, unabhängig von offiziellen Campingplätze; dabei sollte jedoch trotzdem zuerst die Erlaubnis eingeholt und eine Bezahlung angeboten werden
fynbos – Wörtlich „feinblättriges Gebüsch", vor allem Protea, Heidekraut und Erika

gogo – Großmutter (Zulu)

highveld – hochgelegenes Grasland
homelands – Für die schwarze Bevölkerung während der Apartheid eingerichtete Gebiete, die von Südafrika (aber nie von den Vereinten Nationen) als eigene Staaten angesehen und nach 1994 wieder mit Südafrika zusammengeführt wurden

IFP – Inkatha Freedom Party; politische Bewegung der Schwarzen; um 1975 zum Kampf gegen die Apartheid gegründet
igogogo – Musikinstrument, das aus Ölkannen hergestellt wird
iGqirha – Geistheiler der Xhosa
impi – Zulukrieger
indunas – Stammesoberhaupt
inyanga – Medizinmann und Kräuterheiler, der auch die Zukunft aus der Anordnung von hingeworfenen Knochen liest
isicathamiya – Musikstil aus KwaZulu-Natal
iXhwele – Xhosa-Kräuterheiler

jol – Fest, fröhliches Beisammensein

karamat – Grab eines muslimischen Heiligen
Khoekhoen – Hirtenvolk der Khoi Khoi
Khoesaan – Kollektiver Name für die eng verwandten Volksstämme der San und der Khoi Khoi
kloof – Schlucht
kloofing – Kanufahren
knobkerry – Traditionelle afrikanische Waffe aus einem Stock mit rundem Knauf an der Spitze, wird als Keule oder Wurfgeschoss gebraucht
kommando – Militäreinheit der Buren
kopje – Kleiner Hügel

kraal – Hüttendorf, oft mit einer Umzäunung zur Viehhaltung ausgestattet; ein umzäuntes Dorf der Zulu
kroeg – Bar
kwaito – Form der Township-Musik, in der sich Mbaqanga, Jive, Hip-Hop, House, Ragga und andere Tanzstile mischen
kwela – Township-Version des amerikanischen Swing

Landdrost – Beamter, der als örtlicher Administrator, Steuereintreiber und manchmal auch als Richter fungiert
lapa – Mit niedrigen Wänden und Strohdach versehenes Rundgebäude, das zum Kochen und für Feiern benutzt wird
LCD – Lesotho Congress for Democracy (politische Partei)
lekgotla – Versammlungsplatz
lekker – sehr gut, lecker oder köstlich
lekolulo – Eine Art Hirtenflöte (Sotho)
lesokoana – Hölzerner Stab oder Löffel, der traditionellerweise zum Umrühren von Mehlbrei benutzt wird
liqhaga – Geflochtene „Flaschen" mit so dichtem Gewebe, dass sie zum Wassertransport benutzt werden
lowveld – Tiefgelegener, mit Buschland bewachsener Landstrich

maskanda – Zulustil des Gitarrenspiels
matjieshuis – Afrikaanswort für traditionelle Nama 'mat'-Hütten
mbaqanga – Form der Township-Musik, bei der Kirchenchoräle, Doo-Wop und Sax-Jive miteinander verschmelzen
mdube – Musikstil, der Elemente europäischer und afrikanischer kirchlicher Vokalmusik verbindet
mfecane – s. *difaqane*
minwane – Fußspuren von Dinosauriern
Mkhulumnchanti – Swasigottheit
mokorotlo – Kegelförmiger Hut der Basotho
molianyeoe – s. *mokorotlo*
moraba-raba – Beliebtes Brettspiel mit Holzperlen und vier Rinnen; in anderen Teilen Afrikas auch als *mancala* oder *bao bekannt*
moroka-pula – Regenmacher
mqashiyo – Musikstil, dem *mbaqanga* vergleichbar
muti – Traditionelle Medizin

Ncwala – Erntezeremonie der Swasi
ndlovukazi – Elefantenkuh; traditioneller Titel der Königsmutter der Swasi
ngaca – (auch *ngaka*) Gelehrter
ngwenyama – Löwe; traditioneller Titel der Swasikönige

PAC – Pan African Congress (Panafrikanischer Kongress); 1959 gegründete politische Organisation der Schwarzafrikaner, die sich für Gleichberechtigung und eine Mehrheitsregierung einsetzte
piri-piri – Scharfer Chili
pinotage – Ein Wein, der die Eigenschaften von Pinot Noir und Hermitage oder Shiraz vereint
pont – Flussfähre
Poqo –Bewaffneter Arm des PAC
rikki – Kleiner offener Lieferwagen, der in Kapstadt als öffentliches Verkehrsmittel eingesetzt wird
robot – Ampel
rondavel – Rundhütte mit kegelartigem Dach

San – Nomadenstamm von Jägern und Sammlern
sandveld –Gebiet mit sandigem, trockenen Land
sangoma – Traditioneller Heiler, Medizinmann
setolo-tolo – Saiteninstrument, das von Männern mit dem Mund gespielt wird (Sotho)
shebeen – Kneipe in den Townships; früher verboten, heute ohne Lizenz zum Alkoholausschank
slaghuis – Metzgerei
slenter – Unechter Diamant
snoek – Fisch mit festem Fleisch, der im Juni und Juli am Kap gefangen wird; geräuchert, in Salz eingelegt oder gewürzt
sourveld – Form von Grasland
swart gevaar – „Schwarze Gefahr"; der Begriff wurde in den 1920er-Jahren von weißen Nationalisten geprägt

Telkom – Nationaler Telekommunikationsanbieter
thkolosi – Kleine, bösartige Fabelwesen der Sotho
thomo – Saiteninstrument, das Sothofrauen spielen
thornveld – Landstrich, in dem Dornengewächse vorherrschen
tokoloshe – Böse Geister der Xhosa, ähnlich den *thkolosi der Sotho*
township – Eigens für die farbige und schwarze Bevölkerung eingerichtete Siedlungen, die noch aus der Zeit der Apartheid stammen
Trekboers – Die ersten holländischen Siedler, die ins Landesinnere des heutigen West Cape zogen; später zu Boers (Buren) abgekürzt
trokkie – Fernfahrerlokal
tronk – Gefängnis (Afrikaans)
tuk-tuk – Motorisiertes Fahrzeug mit drei Rädern

uitlanders – Wörtlich „Ausländer"; ursprünglich die Bezeichnung der Afrikaaner für die Einwanderer, die nach der Entdeckung von Gold in Transvaal in Scharen einreisten
Umkhonto we Sizwe – Bewaffneter Arm des ANC

veld – Hoch gelegenes, offenes Grasland
velskoene – Handgefertigte Lederschuhe
VOC – Vereenigde Oost-Indische Compagnie (Niederländische Ostindien-Kompanie)
volk – Afrikaansbegriff für die weißen Afrikaaner
volkstaal – Volkssprache (Afrikaans)
volkstaat – Unabhängiger, weißer Burenstaat (Afrikaans)
Voortrekkers – Siedler im Oranje-Freistaat und in Transvaal, die die Kolonie am Kap in den 1830er-Jahren auf der Suche nach größerer Unabhängigkeit verließen

Hinter den Kulissen

ÜBER DIESES BUCH

Dies ist die 1. deutsche Auflage von *Südafrika, Lesotho & Swasiland*, basierend auf der mittlerweile 7. englischen Auflage von *South Africa, Lesotho & Swaziland*. Richard Everist und Jon Murray haben die 1. Auflage verfasst. Die Aktualisierungen für die 2., 3. und 4. Auflage übernahmen Jon Murray and Jeff Williams. Die 5. Auflage haben Simon Richmond, Alan Murphy, Kim Wildman und Andrew Burke betreut. Für die 6. Auflage waren Mary Fitzpatrick, Becca Blond, Gemma Pitcher, Matt Warren und Simon Richmond verantwortlich. An dieser 7. Auflage haben Mary Fitzpatrick, Kate Armstrong, Becca Blond, Michael Kohn, Simon Richmond und Al Simmonds mitgewirkt. Einzelbeiträge stammen von Jane Cornwell (Musik), Dr. Caroline Evans (Gesundheit), Chester Mackley, David Malherbe, Patrick Moroney und Nic Vorster (Kastentexte über das Surfen).

Dieser Führer wurde von dem Lonely-Planet-Büro in Melbourne in Auftrag gegeben und von den folgenden Mitarbeitern betreut:

Leitende Redakteure Will Gourlay; Lucy Monie; Marg Toohey; Tasmin McNaughtan; Janine Eberle
Redaktionelle Koordination Dianne Schallmeiner; Trent Holden
Koordination der Kartografie Erin McManus
Layout Vicki Beale
Redaktion Suzannah Shwer
Kartografie Shahara Ahmed
Redaktionsassistenz Elizabeth Anglin; Yvonne Byron; Monique Choy; Pete Cruttenden; Brooke Lyons; Anne Mulvaney
Assistenz der Kartografie James Ellis; Matthew Kelly; Valentina Kremenchutskaya; Simon Tillema
Covergestaltung Annika Roojun
Sprachen Quentin Frayne
Projektleitung Chris Love
Dank an Sally Darmody; Jennifer Garrett; Kate McDonald; Raphael Richards; Celia Wood.

DANKSAGUNG DER AUTOREN

KATE ARMSTRONG

Herzlichen Dank an Will Gourlay und Mary Fitzpatrick, die mir dieses großartige Afrika-Abenteuer ermöglicht haben. Dank auch an den exzellenten Fahrer Tom – für seine Fröhlichkeit und für die lohnenden Umwege … In KZN danke ich Pat, Keith, Donnée, Linda, Molly Barkes, Russell Suchet, Roland Vorwerk, Jeff Gaisford, Liz Spiret, Andy und Sheila. Ein Dank auch an Camilla, Carlos und Rose für ihre großartige afrikanische Gastfreundschaft. Lesotho: Ein dreifaches Hoch auf die Freundlichkeit und den Humor des Spontaneous Club – Di Jones, Tony Hocking und Elmar Neethling; und ein Dank an Stephen Gill, Colin Pedlar, Sponky Rakhetla und die Leute von der Touristeninformation in Maseru. Swasiland: Die Millens haben mir eine wunderbare Neujahrsfeier beschert! Und ein *ngiyabonga* an Elmar, dessen Fähigkeit, schon um 4 Uhr frühmorgens aufzubrechen, mich immer wieder beeindruckt hat.

DIE LONELY PLANET STORY

Die Geschichte begann mit einem klassischen Reiseabenteuer: Tony und Maureen Wheeler tourten 1972 durch Europa und Asien nach Australien. Damals gab es für die Reise über Land keine wirklich hilfreichen Informationen, also veröffentlichten Tony und Maureen ihren ersten Lonely Planet Führer, der dem ständig wachsenden Bedarf nach solchen Informationen entsprach.

Am Küchentisch fing alles an – heute ist Lonely Planet der weltweit größte, unabhängige Verlag für Reiseliteratur mit Büros in Melbourne (Australien), Oakland (USA) und London (Großbritannien). Lonely Planet deckt den ganzen Globus ab und die Liste der veröffentlichten Bücher und der Infos in verschiedenen Medien wird immer länger. Manche Dinge haben sich bis heute nicht verändert: Das Hauptziel ist nach wie vor, abenteuerlustigen Reisenden das an die Hand zu geben, was sie brauchen, um die Welt zu entdecken und besser zu verstehen.

Wir von Lonely Planet glauben, dass Traveller die Länder, die sie besuchen, durchaus bereichern können – sofern sie sich als Gäste respektvoll benehmen und ihr Geld klug ausgeben. Jedes Jahr spenden wir 5 % des Firmengewinns an karitative Einrichtungen rund um den Globus.

BECCA BLOND

Aaron und Shari, ihr beide seid die Besten! Danke, dass ihr die Reise durch den Free State mitgemacht habt. Ein großes Dankeschön auch an meine Co-Autoren bei Lonely Planet und an Will Gourlay, der mir die Chance gegeben hat, in mein Lieblingsland zurückzukehren. Dank schulde ich auch vielen Leuten, die ich unterwegs kennengelernt habe, z. B. John Martin von North-South Backpackers (Pretoria), Ilsa Roberts bei Amphitheatre Backpackers (Drakensburg), Bruce Weyer in Clarens, Yurietta in der Kloof Lodge (Bloem), Elly und Garth bei Wildside Backpackers sowie Pieter und Magda King in Upington. Und wie immer danke ich meiner Familie – David, Patricia, Jessica, Vera, Jennie und John– für ihre Unterstützung. Danke auch an Aaron, der immer da war, wenn ich ihn gebraucht habe.

MICHAEL KOHN

Zunächst danke ich dem großartigen Team der Redakteure und Kartografen bei Lonely Planet in Melbourne, besonders Will Gourlay und Shahara Ahmed. Danke auch an meine Co-Autoren und an Mary Fitzpatrick für ihre Organisation. Und ein Dank nach Südafrika, an Garth in Sabie, Andre in Graskop, Gustav in Waterval Boven, Paul in Nelspruit, Sean in Cintsa und an das hilfsbereite Team in Amapondo. Dankbar bin ich auch den vielen Leuten, deren Namen ich gar nicht kenne und die mir geholfen haben, wenn ich mich wieder einmal auf einer der vielen Nebenstraßen Südafrikas verfahren habe. Ein Dank geht natürlich auch an die Freunde und die Familie, vor allem an Baigalmaa für ihre geduldige Unterstützung.

SIMON RICHMOND

Wie immer war es ein großes Vergnügen, mit den Tourismus-Profis aus Kapstadt zusammenzuarbeiten, und das Leben in Kapstadt war wieder großartig. Ein Dankeschön geht an Mmatsatsi Ramasodi und ihr Team bei Cape Routes Unlimited, an Mariëtte du Toit und die Leute von Cape Town Tourism und an Fiona Kalk und ihre Mitarbeiter im Table Mountain National Park (ganz besonders an die hervorragenden Führer auf dem Hoerikwaggo Trail). Wie immer hat mir die wunderbare Sheryl Ozinsky bei den Tipps und Empfehlungen geholfen, ebenso meine beiden Kapstädter Schutzengel Lee und Toni. Danke auch an Brent Meersman und Lucy Jameson für viele Hinweise und die angenehme Gesellschaft, und natürlich an meinen Co-Autor Al Simmonds für gute Ratschläge. In den Cape Flats waren Thope Lekau und Faizal Gangat eine große Hilfe, Fiona Hinds, Sally Grierson, Trish Wood, Allan Wellburn und Jenny Trikoven haben mich im Süden der Halbinsel unterstützt. Natasha danke ich für das Apartment – und Tonny für all seine wertvolle Hilfe.

AL SIMMONDS

Ein großes Kompliment an Gabi, die meine Launen und meine ewigen Reisen ertragen musste und sich nach meiner Rückkehr auch noch mit meinem Jetlag arrangiert hat. Ihr und Jean danke dafür, dass sie sich Sorgen gemacht haben, ich könnte den Neujahrsmorgen ganz mutterseelenallein auf dem Sandveld verbracht haben. Anastacia von der Soweto Accommodation Association, Sie sind eine exzellente Gastgeberin, und Geoff Higgo von Around About Cars ist ein absoluter Prachtkerl. Ein Dank auch an Pretoria Backpackers und Highfield Backpackers in Knysna. Meinem Vater danke ich dafür, dass er mir in den Winelands seinen Wagen anvertraut hat, meiner Mutter, weil sie mich in Jozi ertragen hat. Und natürlich bin ich den vielen Leuten dankbar, bei denen ich mich in der Fremde heimisch fühlen durfte. Eine große Hilfe war natürlich auch das Team von Lonely Planet, das mich mit nützlichen Ratschlägen unterstützt hat.

WIR FREUEN UNS ÜBER EIN FEEDBACK

Post von Travellern zu bekommen ist für uns ungemein hilfreich – Kritik und Anregungen halten uns auf dem Laufenden und helfen, unsere Bücher zu verbessern. Unser reiseerfahrenes Team liest alle Zuschriften genau durch, um zu erfahren, was an unseren Reiseführern gut und was schlecht ist. Wir können solche Post zwar nicht individuell beantworten, aber jedes Feedback wird garantiert schnurstracks an die jeweiligen Autoren weitergeleitet, rechtzeitig vor der nächsten Nachauflage.

Wer uns schreiben will, schickt einfach eine Mail an lonelyplanet@mairdumont.com.

Hinweis: Da wir Beiträge möglicherweise in Lonely-Planet-Produkten (Reiseführer, Websites, digitale Medien) veröffentlichen, ggf. auch in gekürzter Form, bitten wir um Mitteilung, falls ein Kommentar nicht veröffentlicht oder ein Name nicht genannt werden soll. Wer Näheres über unsere Datenschutzpolitik wissen will, erfährt das unter www.lonelyplanet.com/privacy.

DANK VON LONELY PLANET

Wir möchten den Reisenden danken, die mit der letzten Ausgabe gereist sind und uns wertvolle Hinweise, nützliche Tipps und interessante Anekdoten mitteilten:

A Helen Abbott, Gillian Ackroyd, Brett Adamson, Liz Agostino, Vanessa Alberts, Zoe Alexander, Maja Arnold, Junjun Arpon, Britt Ashton, Claire Atkins **B** Frits Bakker, Jonathon & Claire Barnes, Trudie Barry, Hans Beckers, Bart Bender, Jan Bennink, Rob Bianchi, Klaus Blex, Damian Blogg, Cynthia Bothma, Carol Bouchard, John & Jill Bowden, Andrew Branch, Clare Brennan, Catherine Brinkley, Ian Brown, Christian Burtchen, John Butler, Christian Byhahn **C** Eleanor Callen, Fabienne Callens, Marco Cardillo, Marina Carmona, Faurie Caroline, Christophe Charier, Caroline Charlton, Odette Claassen, Mary Clay, Robin Coates, Alarmi Coetzee, Brian Coughlan, Allan Couthard **D** Laura Dalton, John Daniel, Gerald Davie, A J de Jesus Pinto, Floor de Vink, Karin Degenaar, Suzanne Deuleer, Alison Dieguez, Laura Dimopolus Madronal, Luc & Erna Doesburg, Laura Dominguez, Anouk Donker, Heike Doppstaedt, Robyn Doyle, Kornelia Drinhausen, Carien du Plessis **E** Steve Edwards, Markus Eichinger **F** Terri Festa, Arne Fleissner, Tuula Forsskåhl, Susan Freese **G** Rob Gabriel, Fabiana Gamberini, Marco Gandini, Simon George, Edwin Greyling, Peggy Gumede **H** Theo Hafmans, Marlene Haines, Paul Hand, Felix Hardach, James Harding, Haley Harvey, Wolfgang Haslinger, Brendan Haworth, Toby Hayes, Karin Heemskerk, Vincent Heemskerk, Sabine Heiland, Ken Henley, Chris Hillidge, Andrew Hindmarch, Tom Hollington, Corne de Hoon, Peter Hopley, David Howes, Anne Hughes, Niki Hurst, Julie-Ann Hurwood **J** Victoria Jacobsson, Johnathon Jacoby, Florence Jegoux, Sascha Jillich, Rob & Michael Joosten, Karen Julyan **K** Julia Karbaum, Raphael Keller, Marion Kelly, Phil Kenealy, Karen Kenny, Miriam Kersten, David Kezilas, David Knieter, Wilma Koeppen, Cheryl Kovarskis, Michal Kyselica **L** Jodi Lancaster, Susanne Laven, Ashley Leigh, Keith LeMieux, Rochelle Lester, Kaung-Chiau Lew, Jessy Lipperts, Ruth Lucas, Antje Ludewig, Renee Lustman, Lisa Lyons **M** Alexis Marchand, Claudia Marti, Horst Marz, Kirsty Mcadam, Alistair & Solveig McCleery, Mxolisi Mdluli, Amy Melsaether, John Mileham, Andrew Millar, Alan Mitzner, Charles Mondahl, Amanda Moore, John Moratelli, Arnd Morgenroth **N** Tessa Nagels, Amy Nahabedian, Tinie & Elly Need, Leni Neoptolemos, Amanda Nicholl, Kristopher Nichols, Eva Nott, Simon Nutt **O** Thea Oeschger, Amanda Oostendorp, Carsten Ottesen, Keith Otto **P** Tim Parker, Yogi Patel, Giorgio Perversi, Dale Pesmen, Monique Philipse, Sara Phillips, Peter Phillp, Gareth Pike, Thomas Preimesberger, Anne Pyke **R** Howard Radley, Markus Radner, Michael Read, Meloney Retallack, Christy Robinson, Egbert Ruschitzka, Joshua Russell **S** Sally & Robert Sale, Melanie Schneider, Perry Schneiderman, Michael & Juanita Schofiled, Alette Schoon, Mariska Schrever, Thorste Schröder, Hans Schuppert, Katie Sewell, Barbara Sheridan, Kerry & Tony Shilling, Raymond Short, Göran Simonsson, Maja Sjöskog, Pieter Slager, Helen Smith, Julia Smith, Lynda Smith, Paul Smith, Michelle Solomon, Martin Spierings, Lyyne Stephenson, Henk Stockmans, Simone Strothers Jack, Richard Stubbs **T** Ben Taylor, Donny Thieme, Ger Thijsen, William & Debra Thomson, Christopher Tilbury, James Tomlinson, John Towler, Linda Treviño **U** Shaun Unger, Wynand Uys **V** Sjoerd van de Steene, Marije van der Kooi, Jaap van der Meer, Thimo van Riet, Johan van Splunter, Jeffrey van Wylick, Jeremy Vera **W** Ian Walker, Chris Walton, Kate Walton, Vic Warren, Natalie Weber, Harald Wegele, Brad & Karin Weller, Rachel West, Mike Whillis, Jeff Widdup, Robert Wienand, Monica Wiese, Ro Wietecha, Susan Wilburn, Thomas Wiser, Debbie Wolfe, Jenny Woodford **Y** Brian Young **Z** Jeffrey Zoet, Pablo Zorzoli

QUELLENNACHWEIS

Weltkugel auf der Umschlagrückseite: ©Mountain High Maps 1993 Digital Wisdom, Inc.

Register

ABKÜRZUNGEN

CT	Cape Town (Kapstadt)
EC	Eastern Cape
FS	Free State
G	Gauteng
KNP	Kruger National Park
KZN	KwaZulu-Natal
L	Limpopo
LES	Lesotho
M	Mpumalanga
NC	Northern Cape
NWP	North-West Province
SWA	Swasiland
WC	Western Cape

000 Kartenseiten
000 Abbildungen

REGISTER

REGISTER

REGISTER

000 Kartenseiten
000 Abbildungen

000 Kartenseiten
000 Abbildungen

REGISTER

REGISTER

000 Kartenseiten
000 Abbildungen

000 Kartenseiten
000 Abbildungen

REGISTER

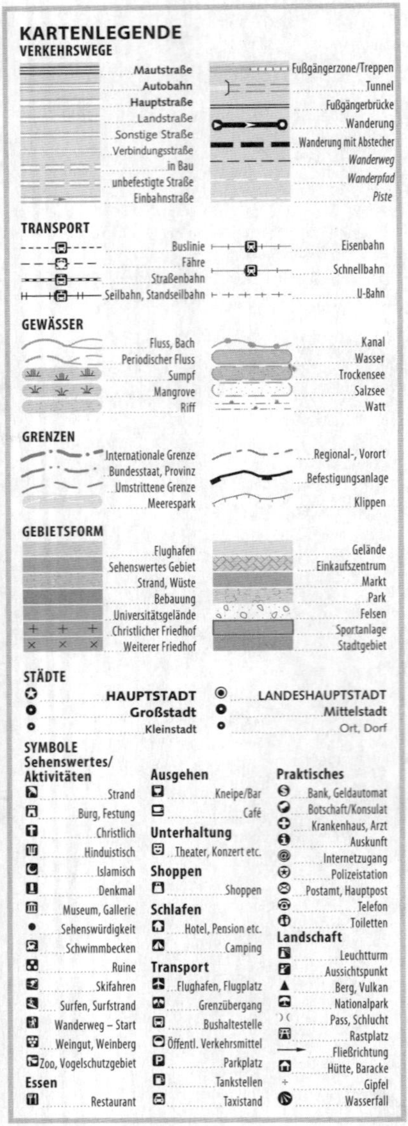

Lonely Planet Publications, Locked Bag 1, Footscray, Melbourne, Victoria 3011, Australia

Verlag der deutschen Ausgabe:
MAIRDUMONT, Marco-Polo-Str. 1, 73760 Ostfildern, www.mairdumont.com, lonelyplanet@mairdumont.com

Chefredakteurin deutsche Ausgabe: Birgit Borowski
Übersetzung: Petra Dubilski, Matthias Eickhoff, Mayela Gerhardt, Daniela Grapatin, Christiane Gsänger, Dr. Ulrike Jamin, Eva Kemper, Gunter Mühl, Uli Nickel, Jutta Ressel M.A., Kristiana Ruhl, Daniela Schetar, Jürgen Scheunemann,Christina Schmidt, Renate Weinberger
Redaktion: CLP Carlo Lauer & Partner, Aschheim
Technischer Support: Typomedia, Ostfildern/Scharnhausen

Südafrika, Lesotho & Swasiland
1. deutsche Auflage Juni 2007, übersetzt von *South Africa, Lesotho & Swaziland 7th edition,* November 2006 Lonely Planet Publications Pty

Printed in China

Titelfotos (Lonely Planet Images): Ein Rotschnabel-Madenhacker reinigt das Fell eines Zebras von Parasiten (Adrian Bailey; vorne); eine Swasi-Frau mit *makhoyane*, einem traditionellen Instrument (hinten; Ariadne Van Zandbergen).

Die meisten Fotos in diesem Reiseführer können bei Lonely Planet Images, www.lonelyplanetimages.com auch lizenziert werden.